CW00555712

Die tragbaren

EHRENZEICHEN

des Deutschen Reiches

einschließlich der vormals selbständigen
deutschen Staaten sowie des Kaisertums
und des Bundesstaates Österreich, der
Freien Stadt Danzig, des Großherzogtums
Luxemburg, des Fürstentums Liechtenstein und der Ehrenzeichen der NSDAP.

Von

DR. WALDEMAR HESSE EDLEN VON HESSENTHAL

und GEORG SCHREIBER

MIT 32 BILDTAFELN

VERLAG UNIFORMEN-MARKT OTTO DIETRICH
BERLIN SW 68

Printed and bound by Antony Rowe Ltd, Eastbourne

VORWORT

Während die Literatur von jeher für die Geschichte der Ritter- und Verdienstorden ein erhebliches Interesse gezeigt hat, wovon eine Reihe guter und zuverlässiger, wenn auch inzwischen meist veralteter Werke Zeugnis ablegen, blieb dem Gebiete der tragbaren Ehrenzeichen im engeren Sinne, dies sind die Tapferkeits-, Verdienst- und Rettungsmedaillen, Kriegs- und sonstige Erinnerungsdenkzeichen sowie Dienstaltersauszeichnungen, lange die verdiente Beachtung versagt.

Hermann von Heyden hatte schon als junger Offizier begonnen, solche Ehrenzeichen, und zwar von allen europäischen Staaten, zu sammeln. Mit Recht erblickte er insbesondere in den militärischen Ehrenzeichen ein richtiges Hilfsmittel zur Belebung des Studiums der Kriegsgeschichte, wie die Ehrenzeichen in ihrer Gesamtheit ja auch ein hochinteressantes Sondergebiet der Numismatik darstellen. v. Heyden blieb aber nicht nur Sammler, sondern er wurde auch zum Forscher und Fachmann auf dem Gebiete des Ehrenzeichenwesens. Auf seinen zahlreichen Reisen, die ihn durch Deutschland und einen großen Teil des Auslandes führten, hat er zahlreiche und wichtige Aktenbelege beigebracht. Er bewahrte durch seine emsige Forscher- und Sammlerarbeit so manches heute außerordentlich selten gewordene Ehrenzeichen vor dem Schicksal, in Vergessenheit zu geraten. Nachdem v. Heyden im Jahre 1890 mit einer kleineren Arbeit über den Concordienorden und die Ehrenmedaillen sowie Feldzugs- und Dienstalterszeichen des ehemaligen Großherzogtums und der Freien Stadt Frankfurt hervorgetreten war, vollendete er im Jahre 1897 sein Werk „Ehrenzeichen (Kriegsdenkzeichen, Verdienst- und Dienstalterszeichen) der erloschenen und blühenden Staaten Deutschlands und Österreich-Ungarns".

Hierzu sind dann noch in den Jahren 1898, 1906 und 1910 drei Nachträge erschienen. In der Zwischenzeit hatte v. Heyden im Jahre 1903 auch noch ein erschöpfendes Werk über die Ehrenzeichen und Abzeichen von Frankreich und Belgien und später (1910) noch ein ebensolches über die Ehrenzeichen und Abzeichen des Königreichs Italien herausgegeben. Der Weltkrieg brachte dann eine Fülle neuer Ehrenzeichen in Deutschland und Österreich. Hermann v. Heyden hatte hierüber bereits umfangreiches Material zur Hand, als ihn im März 1917 nach längerer schwerer Krankheit der Tod ereilte — und so die Herausgabe eines weiteren Ergänzungsbandes zum Werke über die deutschen Ehrenzeichen vorerst unmöglich machte. v. Heyden vermachte die schon vorhandenen Manuskripte seinem Sammlerfreunde Dr. v. Hessenthal mit dem Wunsche, daß dieser sie nach beendigtem Kriege veröffentlichen möge. Ganz unabhängig von diesem Plane hatte gleichzeitig aber auch Buchdruckereibesitzer Georg Schreiber in München, der ebenfalls mit Herrn v. Heyden gut bekannt war, von sich aus den Entschluß gefaßt, ein Ergänzungswerk über die seit 1910 neuerschienenen oder im Werke von Heyden nicht erwähnten älteren Ehrenzeichen der Deutschen Bundesstaaten herauszugeben und Irrtümer bei dieser Gelegenheit richtigzustellen.

Eine Verständigung mit seinem Sammlerfreunde Dr. W. v. Hessenthal führte dann zu dem Entschluß, diese Arbeit gemeinsam herauszugeben. So entstand das vorliegende Buch.

Die Autoren waren bemüht, zunächst auf Grund ihrer beiderseitigen großen Sammlungen und unter Hinzuziehung der v. Heydenschen Bücher und hinterlassenen Manuskripte das Gebiet des deutschen Ehrenzeichenwesens bis zur Gegenwart so eingehend und lückenlos wie irgend möglich zu bearbeiten. Dazu hielten sie es für unerläßlich, insbesondere der Beschreibung der Bänder eine viel größere Genauigkeit angedeihen zu lassen, als dies in den vorausgegangenen Veröffentlichungen der Fall war. Da war insbesondere die Sammlung Schreiber das wertvollste Hilfsmittel, denn diese enthält auch bei den historischen Ehrenzeichen fast durchweg die ursprünglich hierzu ausgegebenen Originalbänder.

Auch durch die bildliche Wiedergabe besonders seltener oder bemerkenswerter Ehrenzeichen glauben die Verfasser ihrem Buche einen bleibenden Wert für den Historiker sowohl als auch für den Numismatiker verschafft zu haben.

Allen den Herren, welche die Verfasser bei ihrer Arbeit unterstützten, so den Herren Vorstehern vieler Staats- und Münzarchive, welche in bereitwilligster Weise die Akteneinsicht gestatteten, sei an dieser Stelle nochmals verbindlichster Dank gesagt.

Besondere Erwähnung und herzlicher Dank gebührt Herrn Dr. Ottfried Neubecker, Heraldiker, Kleinmachnow bei Berlin, für seine wertvolle und uneigennützige Mitarbeit. Er hat seine bedeutende Sachkenntnis, dazu noch sein reiches Urkundenmaterial bei der Nachprüfung der Manuskripte und Korrekturen zur Verfügung gestellt und sich so um die Vollständigkeit unseres Buches ganz erhebliche und unvergängliche Verdienste erworben.

Die Bestätigung der Erwartung, daß diese Veröffentlichung den Beifall und die Anerkennung aller Leser finden möge, wäre den Herausgebern der schönste Lohn für ihre Mühe. Menschenwerk ist jedoch immer Stückwerk, dessen sind sich die Verfasser bewußt und deshalb fühlen sie sich auch für Mitteilungen aus dem Leserkreise über allenfallsige Auslassungen oder Irrtümer zu großem Danke verpflichtet.

Potsdam und München, im April 1940.

DR. WALDEMAR VON HESSENTHAL   GEORG SCHREIBER

INHALTSÜBERSICHT

ANHALT

ANHALT-BERNBURG

ANHALT-DESSAU UND ANHALT-BERNBURG

ANHALT-DESSAU

ANHALT (GESAMTSTAAT)

BADEN

BALTISCHER NATIONALAUSSCHUSS

II

BAMBERG

BAYERN

V

VI

VII

VIII

LIPPESCHE FÜRSTENTÜMER

a) Lippe

b) Schaumburg-Lippe

X

MECKLENBURG-STRELITZ

NASSAU

ÖSTERREICH (Kaisertum)

XII

XIV

FÜRSTENTÜMER REUSS

Ältere und Jüngere Linie

a) In beiden Staaten gleichmäßig verliehene Ehrenzeichen

XVI

XVIII

SCHWARZBURG-RUDOLSTADT, SCHWARZBURG

SCHWARZBURG-SONDERSHAUSEN

In SCHWARZBURG-RUDOLSTADT
und -SONDERSHAUSEN
gemeinsam verliehene Ehrenzeichen

THÜRINGEN

TRIER (KURTRIER)

WALDECK

XXI

WÜRZBURG

NATIONALSOZIALISTISCHE
DEUTSCHE ARBEITERPARTEI (NSDAP.)

BEMERKUNGEN FÜR DEN LESER

Die Bezeichnungen „nach links" oder „nach rechts" sind immer vom Standpunkt des Beschauers aus gesehen.

Die Abkürzungen „V" und „R" bedeuten Vorder- bzw. Rückseite.

Die Gewichtsangaben bei goldenen und silbernen Ehrenzeichen sind in der Regel nach vorgelegenen Stücken bestimmt oder nach amtlichen Mitteilungen erfolgt, und zwar einschließlich Öse und Ring, jedoch stets ohne Band.

Bänder sind nur in den vorschriftsmäßigen Breitenmaßen und Farben beschrieben worden. Es muß jedoch darauf hingewiesen werden, daß seit den letzten Weltkriegsjahren besonders bei den häufig verliehenen militärischen Auszeichnungen Unregelmäßigkeiten sowohl in der Breite als in der Farbenzusammenstellung der Bänder vorkommen.

Zu den vor Ausbruch der Revolution 1918 verliehenen Ehrenzeichen wurde als Endpunkt der Verleihung das Jahr 1918 angegeben, wenn nicht ein späterer Zeitpunkt der Einstellung der Verleihung sicher ermittelt werden konnte.

Da während des Druckes des Buches noch eine Anzahl weiterer Ehrenzeichen gestiftet und bei älteren Ehrenzeichen noch verschiedenartige Stempel und Metalllegierungen entdeckt wurden, so mußten einzelne Nummern mit Buchstaben versehen werden, um die durchlaufende Ziffernfolge aufrechterhalten zu können.

Anhalt

Das Herzogtum Anhalt-Köthen fiel nach dem Tode seines letzten Regenten Herzog Heinrich († 23. Dezember 1847), an Anhalt-Dessau, welches dann zunächst „Anhalt-Dessau-Köthen" hieß. Nach dem Ableben des ebenfalls kinderlos (19. 8. 1863) gestorbenen Herzogs Alexander Carl von Anhalt-Bernburg wurde dann auch dessen Land mit Anhalt-Dessau-Köthen zum nunmehrigen Herzogtum Anhalt verschmolzen. 1863—12. November 1918 Herzogtum, dann Freistaat.

Das Herzogtum Anhalt hatte einen Orden, den am 18. November 1836 gestifteten Hausorden „Albrecht des Bären". Die Ehrenzeichen waren folgende:

Gemeinsam

1. **Goldene Verdienstmedaille**
2. **Goldene Verdienstmedaille, Bronze goldplattiert**
3. **Goldene Verdienstmedaille, Bronze goldplattiert mit Schwertern**
4. **Silberne Verdienst-Medaille**
5. **Silberne Verdienstmedaille mit vergoldeten Schwertern des gemeinschaftlichen Hausordens „Albrecht des Bären" (1. Prägung)**

Diese Verdienstmedaillen wurden am 18. November 1836 zusammen mit dem Hausorden „Albrecht des Bären" von den damaligen Herzögen Heinrich von Anhalt-Köthen (1830—1847), Leopold Friedrich von Anhalt-Dessau (1817 bis 1871) und Alexander Carl von Anhalt-Bernburg (1834—1863) als Belohnung „für Treue und Anhänglichkeit, Talente und gesetzmäßige Amtstätigkeit" gestiftet. Am 18. Juli 1864 kam die Schwerterdekoration für Verdienst im Kriege dazu, und zwar sowohl für die „Goldene" (Bronze goldplattiert) als auch für die silbernen Verdienstmedaillen aus goldplattierter Bronze in antiker Form, oben mit Öse zwischen Tragring und Medaillenöse angebracht. Die „goldenen" Verdienstmedaillen wurden nur in den ersten Jahren ihrer Verleihung aus echtem Gold geprägt.

V: Der nach rechts auf einer mit Zinnen und Pforte versehenen Mauer ansteigende Bär mit Krone und Halsband. Umschrift zwischen zwei Kreislinien: „FUERCHTE GOTT UND BEFOLGE SEINE BEFEHLE", am Ende ein Sternchen.

R: Der anhaltische Wappenschild mit darüber freischwebender Krone, Umschrift: „ALBRECHT DER BAER REG. 1123 BIS 1170". Daneben ein sechsstrahliges Sternchen.

Größe: 32 mm, Gewicht der goldenen Medaille 4 Dukaten (13,6 g), der silbernen Medaille (ohne Schwerter) 13 g.

Band: 36 mm breit, dunkelgrün mit zwei je 9 mm breiten, ponceauroten Randstreifen.

6. **Bronze goldplattierte Verdienstmedaille mit Krone**
7. **Bronze goldplattierte Verdienstmedaille mit Krone und Schwertern**
Abbildung am Schluß des Bandes.

9

8. **Bronze goldplattierte Verdienstmedaille ohne Krone**

9. **Bronze goldplattierte Verdienstmedaille ohne Krone mit Schwertern**

10. **Silberne Verdienstmedaille mit Krone**

11. **Silberne Verdienstmedaille mit Krone und (vergoldeten) Schwertern**
Abbildung am Schluß des Bandes.

12. **Silberne Verdienstmedaille ohne Krone**

13. **Silberne Verdienstmedaille ohne Krone mit (vergoldeten) Schwertern des gemeinschaftlichen Hausordens „Albrecht des Bären" (2. Prägung)**

Am 19. August 1904 wurde zu dieser Verdienst-Medaille „für Fälle besonderen Verdienstes" von Herzog Friedrich II. (reg. 1904—1918) die Krone gestiftet. Diese gefütterte Herzogskrone ist aus goldplattiertem Metall bzw. aus Silber und hat eine Höhe von 12 mm. Sie ist mit einem Scharnier an der Öse der Medaillen befestigt bzw. in gleicher Weise mit den zwischen Krone und oberem Medaillenrand angebrachten, stets vergoldeten Schwertern verbunden.

Durch die Neuanfertigung der Stempel und öfteren Wechsel des Herstellers ergaben sich gegenüber der ursprünglichen Prägung kleine Verschiedenheiten, und zwar:

V: Der aufsteigende Bär ist schlanker gezeichnet. Die Buchstaben der Umschrift sind ebenfalls in ihren Grundstrichen schlanker gehalten.

R: Die schwebende Herzogskrone zeigt etwas veränderte Zeichnung, die Buchstaben der Umschrift sind auch hier in den Grundstrichen schlanker als bei Nr. 1 bis 5 einschließlich.

Größe, Gewicht gleich geblieben.

Band: 38 mm breit, von etwas hellerem Grün mit zwei dunkelrosa je 9 mm breiten Randstreifen.

Anhalt-Köthen

14. **Goldene Medaille für Verdienst, Anhänglichkeit und Treue**

15. **Silberne Medaille für Verdienst, Anhänglichkeit und Treue (verliehen 1835—1847)** Abbildung am Schluß des Bandes.

Gestiftet von Herzog Heinrich von Anhalt-Köthen (reg. 1830—1847) im Jahre 1835 für hervorragende Verdienste von Staatsdienern. Nach der Stiftung des Hausordens Albrecht des Bären bzw. seiner Verdienstmedaillen (Nr. 1 ff.) im Jahre 1836 wurden die Medaillen nur noch für vollendete 50 Dienstjahre verliehen, und zwar die goldene Medaille nur an höhere, die silberne Medaille jedoch an untere Beamte. Die Medaillen sind von Gottfried Loos, Berlin, lt. Vertrag vom 12. 7. 1835 geliefert worden, und zwar 12 goldene und 100 silberne Stücke. (Gottfried Loos, geb. 1773 zu Berlin, war 1792 Graveur, 1813 General-Münzwardein, später Kgl. Münzrat an der Berliner Hauptmünze und führte seit 1821 die von seinem verstorbenen Vater Daniel Loos gegründete Medaillen-Münze.) — Es kamen jedoch bis zur Vereinigung der Herzogtümer Anhalt-Köthen und Anhalt-Dessau im Jahre 1847 nur 4 goldene sowie 12 silberne Medaillen zur Verleihung.

V: In einem unten mit Doppelschleife gebundenen Eichenlaubkranz ein „H", überragt von freischwebender (gefütterter) Herzogskrone.

R: Der anhaltische Wappenschild mit oben aufsitzender (gefütterter) Krone. Umschrift: „FUER VERDIENST ANHAENGLICHKEIT U. TREUE".

Größe: 29 mm, Gewicht in Gold 4 Dukaten = 13,6 g, in Silber 10 g.

Band: 33 mm breit, weiß mit zwei dunkelgrünen, je 3,5 mm breiten Seitenstreifen mit 2 mm Abstand von den äußeren Bandkanten.

16. Eiserne Kriegsgedenkmünze für 1813

17. Eiserne Kriegsgedenkmünze für 1814

18. Eiserne Kriegsgedenkmünze für 1813, 1814

19. Eiserne Kriegsgedenkmünze für 1815

20. Eiserne Kriegsgedenkmünze für 1813, 1815
Abbildung am Schluß des Bandes.

21. Eiserne Kriegsgedenkmünze für 1814, 1815

22. Eiserne Kriegsgedenkmünze für 1813, 1814, 1815

Gestiftet von Herzog Ferdinand Friedrich von Anhalt-Köthen (1818—1830) im Jahre 1819 als „Campagne-Medaille" zum Andenken an seinen Regierungs-Vorgänger, Herzog Ludwig (1812—1815) „für alle, welche im Anhalt-Köthen'schen Militär an dem Krieg gegen Frankreich 1813—1815 Teil genommen". (Anhalt-Köthen hatte damals zwei Infanterie-Kompagnien nebst einem Reservestamm). Diese Medaillen, besonders aber Nr. 20—22, sind sehr selten. Es kommen hiervon schlechte Nachgüsse vor, kenntlich an den brüchigen Rändern und an den unscharfen Inschriften.

V: Unter der gefütterten, schwebenden Herzogskrone ein deutsches „£.", umgeben von zwei gekreuzten kleinen Lorbeerzweigen.

R: In vier Zeilen (bei Nr. 16 bis 21) bzw. in fünf Zeilen (bei Nr. 22):

Den / Vaterlands- / Vertheidigern / 1813.
Den / Vaterlands- / Vertheidigern / 1814.
Den / Vaterlands- / Vertheidigern / 1813. 1814.
Den / Vaterlands- / Vertheidigern / 1815.
Den / Vaterlands- / Vertheidigern / 1813. 1815.
Den / Vaterlands- / Vertheidigern / 1814. 1815.
Den / Vaterlands- / Vertheidigern / 1813. 1814/1815.

Größe: 30 mm, Band: 35 mm breit, halb dunkelgrün, halb weiß.

23. Dienstauszeichnungskreuz (für 25 Dienstjahre der Offiziere), Bronze vergoldet (verliehen 1847)

Gestiftet von Herzog Heinrich am 29. Oktober 1847 für die Offiziere des anhalt-köthenschen Kontingents (ein Infanteriebataillon) nach 25 treuen Dienstjahren. Der Stifter starb vor Herausgabe der Statuten, welche erst von Herzog Leopold Friedrich von Anhalt-Dessau-Köthen als Regierungsnachfolger unterm 9. Dezember 1847 bekanntgegeben wurden. Es kamen nur drei Exemplare dieses seltenen Kreuzes zur Verleihung.

Das scharfkantige Kreuz mit glatten, sich verbreiternden Armen aus vergoldetem Kupfer hat ein weißes, eingelassenes rundes Mittelschildchen aus Porzellan, worauf auf der

V: ein in Gold gemaltes „H", darüber die Herzogskrone, auf der
R: in Gold gemalt die Zahl „XXV".

Größe: 36 mm.

Band: 36 mm breit, hellgrün.

24. Dienstauszeichnung 1. Klasse (für 21 Dienstjahre für Soldaten vom Feldwebel abwärts), vergoldete Schnalle mit silbernem Rahmen
Abbildung am Schluß des Bandes.

25. Dienstauszeichnung 2. Klasse (für 15 Dienstjahre für Soldaten vom Feldwebel abwärts), silberne Schnalle mit schwarz lackiertem Rahmen

26. Dienstauszeichnung 3. Klasse (für 9 Dienstjahre für Soldaten vom Feldwebel abwärts), schwarz lackierte Schnalle mit silbernem Rahmen
(verliehen 1847)

Gestiftet gleichzeitig mit Nr. 23; sie sind aber für Unteroffiziere und Soldaten, ebenso für die Gendarmen bestimmt gewesen. Die ersten Verleihungen erfolgten schon unter der Regierung des Herzogs Leopold Friedrich von Anhalt-Dessau-Köthen, trugen aber zum Andenken an den Stifter, Herzog Heinrich, zunächst noch dessen Namenszug; sie sind sehr selten.

Die rechteckigen, 37 mm langen und 11 mm hohen Platten (Schnallen) tragen auf der Vorderseite links den geprägten Namenszug „ƒi.", in der Mitte das herzogliche Wappen, rechts davon aber die Zahlen „XXI", „XV" oder „IX" auf gekörntem Grund. Die Schnalle für 21 Jahre ist vergoldet mit silbernem, erhöhten Rahmen, diejenige für 15 Jahre silbern mit schwarz lackiertem Rahmen und die Schnalle für 9 Dienstjahre aus schwarz lackiertem Metall mit silberner Umrahmung. Die Umrahmungen sind stets 1 mm breit, kantig und auf die geprägten Platten gelötet, hinten haben diese Auszeichnungen einen Metallstreifen zum Durchziehen des Bandes.

Band: 36 mm breit, hellgrün.

27. Dienstauszeichnung 1. Klasse (für 21 Dienstjahre für Soldaten vom Feldwebel abwärts), vergoldete Schnalle mit silbernem Rahmen

28. Dienstauszeichnung 2. Klasse (für 15 Dienstjahre für Soldaten vom Feldwebel abwärts), silberne Schnalle mit schwarz lackiertem Rahmen

29. Dienstauszeichnung 3. Klasse (für 9 Dienstjahre für Soldaten vom Feldwebel abwärts), schwarz lackierte Schnalle mit silbernem Rahmen
(verliehen 1848—1855)

Bis zur Vereinigung des Köthener Infanterie-Bataillons mit dem Anhalt-Dessauer Bataillon wurden die Anhalt-Köthener Dienstauszeichnungen bei sonst gleicher Form mit dem gekrönten Namenszug „L" (Leopold Friedrich) links neben dem Anhalter Wappen verliehen statt des seitherigen „H". Eine besondere Verfügung über diese Abänderung ist jedoch nicht erfolgt bis zur ausdrücklichen Aufhebung der Anhalt-Köthener Dienstauszeichnungen (Befehl vom 28. Februar 1856). Auch diese Schnallen sind außerordentlich selten.

Anhalt-Bernburg

30. Goldene Medaille für Verdienst um Kunst und Wissenschaft

31. Silberne Medaille für Verdienst um Kunst und Wissenschaft (verliehen 1855—1863)

Gestiftet von Herzog Alexander Carl (reg. 1834—1863) und seiner Gemahlin Friederike, geb. Prinzessin von Schleswig-Holstein-Sonderburg-Glücksburg (Herzogin-Mitregentin zu Anhalt-Bernburg vom 8. Oktober 1855 bis zum Tode des Herzogs am 19. August 1863), im Jahre 1856 für Verdienst um Kunst und Wissenschaft. Sie wurde nur in wenigen Exemplaren in Gold und Silber verliehen.

V: Die hintereinandergestellten Köpfe der Stifter nach links blickend. Unter dem Halsabschnitt des im Vordergrund stehenden Kopfes des Herzogs: „ G. LOOS DIR." — Umschrift: „ALEX. CARL HERZOG U. FRIEDERIKE HERZOGIN U. MITREGENTIN V. ANHALT". Unten am Rande: „F. STAUDIGEL FEC."

R: Auf rundem Mittelschild umgeben von einem dicken, dichten Lorbeer- und Eichenlaubkranz: „FÜR / VERDIENST / UM KUNST UND / WISSENSCHAFT" sowie gleichfalls geprägt „AN" und dann der volle Name des Beliehenen und das Jahr der Verleihung.

Größe: 42 mm.

Band: Die Medaillen waren zunächst nicht zum Tragen bestimmt, doch wurde auf Ansuchen einigen damit Beliehenen die Erlaubnis dazu erteilt und denselben dann das Band zur Medaille für 50jährige Diensttreue zugestellt: 35 mm breit, dunkelgrün mit zwei weißen je 7 mm breiten Seitenstreifen, so daß noch an den Rändern je ein 1 mm breiter grüner Strich sichtbar ist. (Vergl. Nr. 34/35.)

32. Kriegsdenkzeichen für 1814, 1815, eiserne Medaille

Gestiftet von Herzog Alexius Friedrich Christian (reg. 1796—1834) am 4. 1. 1818 für diejenigen, welche im anhalt-bernburgischen Militär gegen Napoleon 1814—1815 gefochten hatten. Angefertigt (gegossen) 1818 von G. Loos, Berlin, und in der staatlichen Eisengußanstalt Mägdesprung, insgesamt 660 Stück. Es wurde in späteren amtlichen Verlautbarungen auch „Kriegsgedenkmünze" und „Campagne-Medaille" genannt.

V: Die Anfangsbuchstaben „A. f. C" des herzoglichen Namens, überhöht von der schwebenden, gefütterten Krone, umgeben von zwei übereinandergelegten Lorbeerzweigen.

R: „Den / Vaterlands- / Vertheidigern /1814 . 1815" darunter zwei kleine Eichenzweige übereinandergelegt.

Größe: 30 mm.

Band: 35 mm breit, hellgrün mit zwei weißen, je 7 mm breiten Seitenstreifen mit 1 mm Abstand gegen die äußere Bandkante.

33. Alexander-Carl-Denkmünze für 1848—1849, helle Bronze

Gestiftet von Herzog Alexander Carl von Anhalt-Bernburg am 8. Mai 1853 „zur Belohnung für diejenigen Offiziere, Unteroffiziere und Soldaten, sowie Militärbeamten, welche in der Zeit vom 1. März 1848 bis 1. October 1849 im aktiven Militärdienst gestanden und während der Revolutionszeit dem Herzoglichen Hause unerschütterlich treu geblieben waren".

Die Medaillen haben eine mehrfach gekerbte kräftige Öse mit beweglichem Ring.

V: Auf zwei gekreuzten Schwertern ruhend der gekrönte Wappenschild mit dem auf der Zinnenmauer nach rechts ansteigenden Bären, darüber bogig: „**Fürchte Gott und befolge seine Befehle**", umgeben unten herum von einem Lorbeer- und Eichenzweig, am Rande: „G. LOOS D."

R: „1848 / ALEXANDER / CARL / 1849", über und unter dem Namen je eine waagerechte Abteilungslinie. Umschrift zwischen zwei Kreislinien: „SEINEN BRAVEN KRIEGERN" (oben) „FÜR UNERSCHÜTTERLICHE TREUE" (unten), die Umschriftgruppen durch ein Kreuzchen getrennt.

Größe: 30 mm.

Band: 26 mm breit, weiß mit drei dunkelgrünen Streifen, wovon der mittlere 2 mm, die beiden Seitenstreifen jedoch je 3 mm breit sind.

34. Goldene Medaille für 50jährige Diensttreue (verliehen 1835—1863)

35. Silberne Medaille für 50jährige Diensttreue (verliehen 1843—1863)

Abbildung am Schluß des Bandes.

Eingeführt von Herzog Alexander Carl für alle herzoglichen Beamten und Diener im Jahre 1835, nachdem schon Herzog Alexius Friedrich Christian die Stiftung von goldenen Medaillen im Jahre 1825 beschlossen hatte. Die Stempel hierzu stammen von Juwelier Brosenius in Quedlinburg, die Prägung erfolgte bei G. Loos, Berlin. Dieser durfte aber für Privatsammler nur bronzene ungehenkelte Abschläge fertigen. Von 1835—1843 kamen nur goldene Medaillen zur Verleihung, ohne Unterschied des Ranges der Empfänger. Wegen der hohen Herstellungskosten erhielten fortab aber nur noch die höheren Beamten sowie Geistliche goldene Medaillen, während alle übrigen Hof- und Staatsdiener stets mit der silbernen Medaille bedacht wurden. Nach der Vereinigung des Herzogtums Anhalt-Bernburg mit Anhalt-Dessau-Köthen (1863) nicht mehr verliehen, sondern durch Nr. 56 ersetzt.

V: Unter einer freischwebenden Herzogskrone der Namenszug des Herzogs Alexius Friedrich Christian „A. F. C", umgeben von zwei übereinandergelegten Lorbeerzweigen.

R: In drei Zeilen in Frakturbuchstaben:
„Für / funfzigjährige / Diensttreue".
Darunter ein dünner Strich sowie zwei übereinanderliegende Eichenzweige.

Größe: 32 mm.

Band: 36 mm breit, hellgrün mit zwei weißen, je 7 mm breiten Seitenstreifen, Abstand von der äußeren Bandkante je 2 mm.

Gewicht in Gold = 4 Dukaten (13,6 g), in Silber etwa 13 g.

36. Dienstauszeichnungskreuz 1. Klasse (für 50 Jahre, mit Krone), Bronze vergoldet

37. Dienstauszeichnungskreuz 2. Klasse (für 25 Jahre), Bronze vergoldet
(verliehen 1847—1863).

Gestiftet von Herzog Alexander Carl von Anhalt-Bernburg am 24. März 1847 zur Belohnung langjähriger, treuer Dienste der Offiziere des anhalt-bernburgischen Militärs. Das Kreuz für 50 Dienstjahre wurde nur zweimal verliehen. Mit der Vereinigung der anhaltischen Lande im Jahre 1863 hörte die Verleihung dieser Kreuze auf.

Die scharfkantigen Kreuze mit glatten Armen tragen auf dem Mittelschilde der Vorderseite in deutschen Buchstaben den erhabenen Namenszug des Stifters: „A C" unter der schwebenden, offenen Krone, auf der Rückseite die Zahl „L" bzw. „XXV". Die Kreuze für fünfzig Dienstjahre sind außerdem von einer kleinen Krone überragt, welche mit Scharnier an deren Öse befestigt ist.
Größe: 36 mm hoch und breit.
Band: 36 mm breit, grasgrün.

38. Dienstauszeichnung 1. Klasse (für 21 Dienstjahre der Unteroffiziere und Mannschaften), bronzevergoldete Schnalle

39. Dienstauszeichnung 2. Klasse (für 15 Dienstjahre der Unteroffiziere und Mannschaften), silberne Schnalle Abbildung am Schluß des Bandes.

40. Dienstauszeichnung 3. Klasse (für 9 Dienstjahre der Unteroffiziere und Mannschaften), eiserne schwarz lackierte Schnalle (verliehen 1847—1863)
Gestiftet von Herzog Alexander Carl von Anhalt-Bernburg am 24. März 1847 zur Belohnung langjähriger, treuer Dienste der Unteroffiziere und Soldaten des anhalt-bernburgischen Militärs. Auch diese Schnallen wurden nur bis 1863 verliehen.

Die Metallplatten sind 38 mm lang, 10 mm hoch, tragen in der Mitte ein ovales 15 mm hohes Schildchen mit den Zahlen „XXI", „XV" bzw. „IX", sowie links und rechts von demselben den abgekürzten Namen ALEX: CARL. — Die Schnallen sind an der Rückseite mit einem angelöteten Metallstreifen zum Durchziehen des Bandes und mit einer Nadel zum Befestigen des Ehrenzeichens auf der linken Brustseite versehen.
Band: hellgrün, 36 mm breit, bei der vergoldeten Schnalle mit goldgelbem, bei der silbernen Schnalle mit weißem, bei der eisernen Schnalle mit schwarzem Randstreifen (je 3 mm breit).

41. Erinnerungszeichen der Herzogin-Witwe Friederike von Anhalt-Bernburg, Silber vergoldet (verliehen 1901)
Herzogin Friederike, die Witwe des letzten Herzogs von Anhalt-Bernburg (geborene Prinzessin von Schleswig-Holstein-Sonderburg-Glücksburg, welche am 10. Juli 1902 starb) stiftete mit Genehmigung des Herzogs von Anhalt an ihrem 90. Geburtstag, am 9. Oktober 1901, ein Erinnerungszeichen, welches sie an ihre nächsten Verwandten, an nahestehende Personen sowie an Beamte ihres Hofstaates verlieh. Es kamen nur 132 Erinnerungszeichen zur Verausgabung, davon 19 Stück an Fürstlichkeiten.

Das ovale einseitige, durchbrochen gearbeitete Erinnerungszeichen ist in Silber geprägt und vergoldet. Es besteht aus dem verschlungenen Namenszuge der Stifterin „F C J" (Friederike Caroline Juliane), darunter die Zahl „90". Der Namenszug ist von einem ovalen, dichten Eichenlaubkranze umgeben, auf welchem unten „9. October", links „1811" und rechts „1901" erhaben geprägt ist. Eine 13 mm hohe offene Herzogskrone, in deren Reichsapfel der Ring zum Durchziehen des Bandes hängt, ist mit Scharnier am oberen Rand des Ehrenzeichens angebracht.

Größe: 48 mm hoch (einschließlich Krone), 30 mm breit.

Band: 36 mm breit, grün mit silbernen Seitenstreifen, letztere je 5 mm breit, an den Bandkanten noch je ein 1 mm breiter grüner Strich sichtbar.

Anhalt-Dessau und Anhalt-Bernburg

42. Medaille (Verdienst-Ehrenzeichen) für Rettung aus Gefahr, Silber (verliehen 1850—1918)

Gemeinschaftlich gestiftet am 4. Dezember 1850 von Herzog Leopold Friedrich von Anhalt-Dessau-Köthen und am 26. Dezember 1850 von Herzog Alexander Carl von Anhalt-Bernburg. „Zur Anerkennung einer ausgezeichneten Hülfeleistung bei Rettung aus Gefahr". Die Medaille wurde auch nach Vereinigung der anhaltischen Lande in unveränderter Weise als Auszeichnung für Rettung aus Gefahr beibehalten bis Ende 1918. Selbstverständlich ergaben sich im Laufe der langen Zeit, ähnlich wie bei den Verdienstmedaillen des Hausordens (Nr. 1 bis 8), kleine Stempelverschiedenheiten. (Siehe die dort gemachten Bemerkungen.)

V: Genau übereinstimmend mit Nr. 1.

R: In einem unten gebundenen Eichenkranz vierzeilig:
„FÜR / RETTUNG / AUS / GEFAHR"
(Die Buchstaben haben bei früheren Exemplaren stärkere Grundstriche, auch ist das Laub des umgebenden Kranzes etwas dichter als bei späteren Prägungen.)

Größe: 32 mm.

Band: 37 mm breit, dunkelgrün mit zwei je 2 mm breiten dunkelrosa Randstreifen.

Anhalt-Dessau

43. Feldzugskreuz für 1813, 1814, 1815, Bronze

Herzog Leopold Friedrich Franz (1751—1817) verlieh am 26. Februar 1815 allen Freiwilligen, welche bei den anhalt-dessauischen Truppen die Feldzüge gegen Frankreich mitgemacht hatten, ein zwei Zoll langes Band in den anhaltischen Farben, „weiß, rot und grün", zum Tragen auf der linken Brustseite. Dasselbe wurde am 17. März 1816 auch allen Militärs verliehen, welche beim Regiment Anhalt die Feldzüge 1813, 1814, 1815 gegen Frankreich mitgemacht hatten.

Erst am 5. Februar 1823 stiftete Herzog Leopold Friedrich von Anhalt-Dessau (1817—1871) das Feldzugskreuz aus Bronze, welches fortan an dem bereits verliehenen Bande getragen werden sollte.

Das Kreuz ist von heller Bronze und zeigt zwischen seinen Armen einen Lorbeerkranz, welcher leicht mit grüner Lackfarbe überzogen ist. In der quer angeprägten Öse hängt ein ovaler Tragring. Es hatten insgesamt 1068 Krieger Anspruch auf dieses Denkzeichen.

V: Auf dem oberen Arm die Herzogskrone, — quer über die zwei waagerechten Arme „L. F. Franz", — auf dem unteren Arm „H. z. A.".

R: Auf dem oberen Arm in deutscher Schrift „Anhalts", quer über die zwei waagerechten Arme „tapfern Kriegern", auf dem unteren Arm in zwei Zeilen „1813./1815.".

Größe: 28 mm hoch und breit.

Band: 36 mm breit, weiß, dunkelgrün, rosa, drei gleichbreite Streifen.

Anhalt-Dessau-Köthen

44. Goldene Medaille für Verdienst um Kunst und Wissenschaft.

45. Silberne Medaille für Verdienst um Kunst und Wissenschaft (verliehen 1854—1869)

Gestiftet von Herzog Leopold Friedrich im Jahre 1854 zur Belohnung hervorragender Verdienste um Kunst und Wissenschaft. Die außerordentlich seltenen Medaillen wurden durch den anhaltischen, im Jahre 1873 gestifteten Verdienstorden für Wissenschaft und Kunst ersetzt und im ganzen nur fünfzehn Mal in Gold und sieben Mal in Silber verliehen. (Für Privatzwecke wurden auch Bronzeabschläge angefertigt.)

V: Der Kopf des Stifters nach links. Umschrift: LEOPOLD FRIEDRICH HERZOG ZU ANHALT". Am Halsabschnitt: „G. LOOS DIR.".

R: Auf rundem Mittelschild (21 mm), umgeben von einem dicken, dichten Lorbeer- und Eichenzweig, „FÜR / VERDIENST / UM KUNST UND / WISSENSCHAFT" sowie, gleichfalls geprägt, DEM Name des Beliehenen und das Jahr der Verleihung, z. B. „DEM Dʳ WÖPCKE / 1855".

Größe: 42 mm.

Band: Die Medaillen wurden erst ab Mitte der 1860er Jahre in einigen Fällen mit Öse und Ring, dann am Bande des Denkzeichens für 50jährige Diensttreue verliehen: 36 mm breit, dunkelgrün mit zwei weißen, je 7 mm breiten Seitenstreifen (vergl. auch Nr. 56).

46. Dienstauszeichnungskreuz (für 25jährige Dienstzeit der Offiziere), Bronze vergoldet (verliehen 1848—1867)

Gestiftet von Herzog Leopold Friedrich am 1. Februar 1848 für die Offiziere des nunmehr vereinigten anhalt-dessau-köthischen Militärs nach 25 treuen Dienstjahren. Als im Jahre 1863 auch Anhalt-Bernburg zu Anhalt-Dessau-Köthen fiel, wurden die Statuten am 8. Mai 1864 neu aufgestellt. Das Kreuz wurde dann noch bis zum Abschluß der Militär-Konvention mit Preußen (1867) verausgabt.

Es hat die achtspitzige Form des Johanniter-Kreuzes mit gekörnten Armen. Sein weiß emailliertes rundes Mittelschildchen trägt auf der Vorderseite mit Goldfarbe gemalt ein gekröntes „L", auf der Rückseite die Zahl „XXV".

Größe: 35 mm.

Band: 36 mm breit, dunkelgrün.

47. Dienstauszeichnung 1. Klasse (für Militärpersonen vom Feldwebel abwärts — bzw. Unteroffiziere und Mannschaften nach 20 Dienstjahren), silbervergoldete Schnalle

2

48. Dienstauszeichnung 2. Klasse (für Militärpersonen vom Feldwebel abwärts — bzw. Unteroffiziere und Mannschaften nach 12 Dienstjahren), silberne Schnalle (verliehen 1848—1870)

Gestiftet von Herzog Leopold Friedrich am 1. Februar 1848 zur Belohnung langjähriger treuer Dienste der Unteroffiziere und Soldaten zunächst des Anhalt-Dessauer Militärs. Nach Einverleibung des Köthener Bataillons im Jahre 1855 (1. Februar) auch auf dieses ausgedehnt. Nach der Vereinigung sämtlicher anhaltischer Truppen im Jahre 1863 mit neuen Statuten versehen am 8. Mai 1864. In dieser Form verausgabt auch noch nach Abschluß der Militär-Konvention mit Preußen an Anhalter Landessöhne im Infanterie-Regt. Nr. 93 bis 6. April 1870.

Die Metallplatten sind 38 mm lang, 11 mm hoch, tragen in der Mitte den gekrönten anhaltischen Wappenschild, links von demselben ein „L." und rechts die Zahl „XX" bzw. „XII" auf gekörntem Grund. Auf der Rückseite sind die Platten mit angelöteten Metallstreifen zum Durchziehen des Bandes und mit einer Nadel zum Befestigen des Ehrenzeichens auf der linken Brustseite versehen.
Band: 36 mm breit, dunkelgrün.

Anhalt (Gesamtstaat)

49. Verdienstorden für Wissenschaft und Kunst, Bronze vergoldet (erste Form verliehen 1873—1905)

Gestiftet von Herzog Friedrich I. von Anhalt (1871—1904) durch Beschlüsse vom 30. Juli 1873 und 19. September 1875 „als eine Anerkennung und Belohnung ausgezeichneter und besonderer Leistungen im Gebiete der Wissenschaft und Kunst".

Das ovale bronzene, goldplattierte Ehrenzeichen ist von 24 spitzen Strahlen umgeben und von einer angeprägten 13 mm hohen gefütterten Herzogskrone überhöht, welche den beweglichen Bandring trägt.
V: Auf senkrecht schraffiertem Grund der verzierte Buchstabe „F" (gotischer Charakter), darum zwischen ovalen Perlenlinien die Aufschrift: „HERZOG VON ANHALT" (im unteren Teil).
R: Zwischen zwei unten mit Doppelschleife gebundenen Lorbeerzweigen (vierzeilig): „FÜR / WISSENSCHAFT / UND / KUNST".
Größe: 48 mm hoch, 34 mm breit.
Band: Siehe Nr. 1—13.

50. Verdienstorden für Wissenschaft und Kunst, Bronze vergoldet (zweite Form verliehen 1905—1912)

Herzog Friedrich II. (1904—1918) gab durch Erlaß vom 1. Januar 1905 dem am 30. Juli 1873 gestifteten Verdienstorden für Wissenschaft und Kunst eine neue Gestalt.

Das in stark vergoldeter Bronze geprägte Ehrenzeichen hat die ovale Form der Ritterzeichen des Anhaltischen Hausordens. Es ist umgeben von einem viermal von Band umschlungenen 6 mm breiten, dichten Lorbeerkranz und überragt von der 18 mm hohen beweglichen, gefütterten Herzogskrone, in deren Reichsapfel der Ring zum Durchziehen des Bandes hängt. Das ovale Mittelschild ist 29 mm hoch und 23 mm breit.

V des Mittelfeldes: Das anhaltische Wappen im Oval, umgeben von einem 4 mm breiten Bande mit der Aufschrift: „FÜR WISSEN-SCHAFT UND KUNST". Unten ein sechsstrahliges Sternchen.

R: Im ovalen Felde, umgeben von einem 3 mm breiten, vertieften Rande, die Initiale des Stifters „F" in gotischer Schriftart.

Größe: 58 mm hoch, 34 mm breit.

Band: Wie Nr. 1—13

51. Verdienstorden für Wissenschaft und Kunst I. Klasse, Bronze vergoldet

52. derselbe Orden II. Klasse, Bronze vergoldet

53. derselbe Orden III. Klasse, Silber
(dritte Form verliehen 1912—1918)

Herzog Friedrich II. erließ am 19. August 1912 nachstehende Verfügung: „Der mit unserem Hausorden verbundene Verdienstorden für Wissenschaft und Kunst besteht fortan aus drei Klassen; das Ordenszeichen der ersten und zweiten Klasse ist in Gold, das der dritten Klasse in Silber ausgeprägt. Die Form des Ordenszeichens bleibt unverändert, jedoch ist das der ersten Klasse etwas größer als das der übrigen Klassen und außerdem neben dem Lorbeergewinde durchbrochen. Die erste Klasse wird an einem grünen, zu beiden Seiten mit einem roten und weißen Streifen versehenen Bande um den Hals, die zweite und dritte Klasse an einem etwas schmaleren, aber sonst gleichen Bande auf der linken Brust oder im Knopfloch getragen." Die Prägung war dieselbe wie bei Nr. 50.

Größe der I. Klasse: Einschließlich Krone 64 mm hoch, 38 mm breit; Höhe der beweglichen gefütterten Herzogskrone 22 mm; dieselbe trägt einen langgestreckten Drahtring zum Durchziehen des Bandes. Größe der II. und III. Klasse: 58 mm hoch, 34 mm breit.

Band für die I. Klasse: 50 mm breit, dunkelgrün mit je zwei weißen und dunkelrosa Randstreifen, diese je 4 mm breit. Für die II. und III. Klasse: 30 mm breit, die weißen und rosa Randstreifen aber nur je 3 mm breit.

Damen tragen die gleichen Bänder, aber bei allen drei Klassen zur Schleife geformt, an der linken Schulter.

54. Friedrich-Kreuz, dunkle Bronze

54a. dasselbe „am grünen, mit zwei weißen Streifen eingefaßten Bande"
(verliehen 1914—1918) Abbildung am Schluß des Bandes.

Gestiftet von Herzog Friedrich II. am 12. Dezember 1914 „für Offiziere, Militärbeamte, Unteroffiziere und Mannschaften sowie für sonstige Personen ohne Unterschied des Ranges und Standes, die sich auf dem Kriegsschauplatz besonders ausgezeichnet oder während des Krieges im Heimatsgebiet hervorragend betätigt haben".

Das Ehrenzeichen besteht aus einem gleicharmigen Kreuz von dunkelgefärbter Bronze, dessen leicht geschweifte Arme hell umrandet sind.

V: Im 12 mm großen Mittelschild „ℱ". Dasselbe ist umrahmt von einem 5 mm breiten Eichenlaubkranz, der von den senkrechten

2*

Armen verdeckt wird. Im oberen Kreuzarme eine Krone, im unteren „1914".

R: Im 22 mm großen Mittelschilde: „FÜR / VERDIENST / IM / KRIEGE".

Größe: 37 mm.

Band: für Verdienste auf dem Kriegsschauplatz 30 mm breit, dunkel-grün mit dunkelrosa je 2 mm breiten Randstreifen,
in allen anderen Fällen 30 mm breit, dunkelgrün mit weißen je 2 mm breiten Randstreifen.

55. Marienkreuz, Kriegsverdienstkreuz für Frauen und Jungfrauen, Weißmetall (verliehen 1918) Abbildung am Schluß des Bandes.

Gestiftet von Herzog Friedrich II. am 10. Januar 1918 aus Anlaß des großen Weltkrieges zu Ehren der Herzogin Marie, seiner Gemahlin. „Das Verdienstkreuz ist für Frauen und Jungfrauen bestimmt, die sich in der Pflege verwundeter und erkrankter Krieger persönlich betätigt oder sonst auf dem Gebiete der Kriegsfürsorge andauernd in opferwilliger Weise verdient ge-macht haben." (Aus der Stiftungs-Urkunde.)

Das Kreuz ist aus weißer Metallegierung gefertigt, hat vier gleich-lange an den Enden oval verbreiterte, gekörnte Arme mit polierten, er-habenen Rändern.

V: Im 14 mm großen runden Mittelschild der verschlungene Namens-zug „M F" (Marie, Friedrich); im oberen Kreuzarm eine kleine Krone, im unteren: „1918".

R: Im 14 mm großen Mittelschild das anhaltische Wappen kreisförmig.

Größe: 35 mm.

Band: 26 mm breit, dunkelgrün mit je zwei weißen je 1 mm breiten Seitenstreifen links und rechts, diese voneinander wieder je 1¹/₂ mm entfernt, gegen die Bandkanten zu aber noch je ein 3 mm breiter grüner Streifen sichtbar.

56. Denkzeichen für 50jährige Diensttreue, silberne Medaille (verliehen 1864—1918)

Gestiftet von Herzog Leopold Friedrich am 12. Mai 1864 für die vereinigten anhaltischen Lande im Anschluß und an Stelle der bis 1863 in Anhalt-Bern-burg verausgabten Medaillen für 50jährige Diensttreue (Nr. 34) und zur Be-lohnung allen „Herzoglichen Beamten und Dienern nach zurückgelegtem 50. Jahre treuer Dienstzeit" verliehen.

V: Unter der schwebenden Herzogskrone ein deutsches „£", umgeben von zwei unten übereinandergelegten schlanken Lorbeerzweigen.

R: In deutscher Schrift in drei Zeilen: „Für / funfzigjährige / Dienst-treue". Darunter ein Querstrich und zwei gekreuzte Eichenzweige.

Größe: 32 mm. Gewicht: etwa 13 g.

Band: 35 mm breit, dunkelgrün mit je einem 7 mm breiten weißen Seitenstreifen, so angeordnet, daß gegen die Ränder zu noch ein je 2 mm breiter grüner Streifen sichtbar ist.

57. Dienstauszeichnung I. Klasse für 21 Dienstjahre (vergoldete Schnalle)

58. dieselbe II. Klasse für 15 Dienstjahre (silberne Schnalle)

59. dieselbe III. Klasse für 9 Dienstjahre (eiserne, schwarz lackierte Schnalle mit silberner Umrahmung) (verliehen 1870—1914)

Nach Abschluß der Militärkonvention mit Preußen gelangte zunächst noch die frühere Schnalle für „XX" bzw. „XII" Dienstjahre (Nr. 47/48) zur Verleihung, aber nur an Anhalter Landeskinder im Unteroffizierkorps des nunmehrigen Infanterie-Regts. Nr. 93. Die ebenfalls dort dienenden preußischen Untertanen gingen bis zum Frühjahr 1870 leer aus, da sie weder die anhaltischen noch die preußischen Dienstauszeichnungen bekommen konnten. Erst seit 6. April 1870 erhielten dann sämtliche Unteroffiziere des genannten Regiments unter den entsprechenden Voraussetzungen die neu gestifteten Anhalter Dienstauszeichnungen in drei Klassen. Diese Schnallen erhielten auch die Mitglieder der Landjäger- (Gendarmen-) Brigade, dabei wurde die Dienstauszeichnung I. Klasse aber schon nach 20 Dienstjahren verliehen.

Die Dienstauszeichnung I. Klasse besteht aus einer bronzevergoldeten, diejenige II. Klasse aus einer silbernen, die III. Klasse aus einer eisernen Platte mit silbernem Rahmen. Diese silberne Umrahmung war ursprünglich 1 mm, später aber 2 mm breit und ist auf die eiserne Platte gelötet. Diese trägt in der Mitte den gekrönten, herzförmigen anhaltischen Wappenschild, links von diesem ein „£." und rechts die Zahlen „XXI", „XV" bzw. „IX". Die Rückseite ist mit einem angelöteten Metallstreifen zum Durchziehen des Bandes versehen.

Größe: 43 mm lang, 13 mm hoch.

Band: 35 mm breit, zuerst dunkelgrün, in den letzten Jahren etwas heller.

60. Dienstauszeichnung I. Klasse für 15 Dienstjahre der Unteroffiziere, Kreuz von Kupfer (verliehen 1914—1918)

Gestiftet von Herzog Friedrich II. am 1. Januar 1914 in Abänderung der Bestimmungen vom 28. Juni und 10. Juli 1867 sowie der Verordnung vom 8. Mai 1869, gleichzeitig mit den Dienstauszeichnungen II. und III. Klasse (Nr. 61 und 62). Die bis dahin zur Verausgabung gelangten Dienstauszeichnungen für 21, 15 und 9 Dienstjahre (Nr. 57—59) wurden durch ein Kreuz für 15 und Medaillen für 12 und 9 Dienstjahre ersetzt. Die nicht mehr im aktiven Dienst stehenden Personen konnten sich für die erworbenen Dienstauszeichnungen die neue Form auf eigene Kosten beschaffen. Hierbei kamen die verkürzten Tragezeiten in Anrechnung.

Die Dienstauszeichnung I. Klasse für die Unteroffiziere und Mannschaften des anhaltischen Kontingents sowie der Jägerbrigade nach vollendeter 15jähriger Dienstzeit (Kreispolizei) besteht aus einem scharfkantigen Kreuz von Kupfer, dessen glatte Arme mit 3 schmalen Linien eingefaßt sind.

V: Im Mittelschilde die Namenschiffre „ƒ" unter der Herzogskrone.

R: Im Mittelschilde die Zahl „XV".

Größe: 36 mm.

61. Dienstauszeichnung II. Klasse für 12 Dienstjahre der Unteroffiziere, Medaille, Goldbronze („Tombak")

62. Dienstauszeichnung III. Klasse für 9 Dienstjahre der Unteroffiziere, Medaille, Weißmetall („Argentan")
(verliehen 1914—1918)

Gleichzeitig mit der Dienstauszeichnung I. Klasse (Nr. 60) gestiftet für vollendete 12- bzw. 9jährige Dienstzeit.

V: Die Namenschiffre „ℱ" unter der Herzogskrone. Umschrift im oberen Teile in deutscher Schrift: „𝔗𝔯𝔢𝔲𝔢 𝔇𝔦𝔢𝔫𝔰𝔱𝔢", im unteren: „𝔟𝔢𝔦 𝔡𝔢𝔯 𝔣𝔞𝔥𝔫𝔢".

R: Die waagerecht schraffierte Zahl „XII" bzw. „IX".

Größe: 30 mm.

Band: 30 mm breit, grasgrün, für Nr. 60, 61, 62.

63. Ehrenzeichen für Mitglieder der Feuerwehren, silberne Medaille
(verliehen 1888—1918)

Gestiftet von Herzog Friedrich I. am 21. November 1888 für Personen, „welche während eines ununterbrochenen Zeitraumes von 25 Jahren bei einer freiwilligen Feuerwehr treue und nützliche Dienste geleistet haben". Ausnahmsweise konnten das Ehrenzeichen auch Personen erhalten „welche sich als langjährige Mitglieder einer Berufsfeuerwehr oder in anderer Weise im Feuerwehrdienste ausgezeichnet haben".

V: Der mit der Krone bedeckte anhaltische Wappenschild, umgeben von zwei unten mit einer einfachen Schleife zum Kranze gebundenen Eichenzweigen.

R: Im Felde ein Feuerwehrhelm und darunter zwei gekreuzte Beile. Am Rande oben die Umschrift: „FÜR TREUE DIENSTE", unten zwei mit einer Schleife gebundenen Lorbeerzweige.

Größe: *32 mm.*

Band: 40 mm breit, grasgrün mit zwei je 7 mm breiten weißen Seitenstreifen und einem hellroten 7 mm breiten Mittelstreifen, an den Rändern noch eine je 1 mm breite grüne Kante.

64a. Feuerwehr-Erinnerungszeichen für 50jährige treue Dienstzeit, bronzevergoldete Medaille

64b. Feuerwehr-Erinnerungszeichen für 25jährige treue Dienstzeit, versilberte Medaille
(verliehen 1926—1934)

Durch Erlaß des Anhaltischen Staatsministeriums vom 10. April bzw. 8. November 1926 wurden diese Medaillen neu eingeführt. Voraussetzung für die Verleihung des Erinnerungszeichens für 50jährige Diensttreue ist „vorwurfsfreie und verdienstvolle Betätigung im Feuerlöschdienst in einer organisierten anhaltischen Feuerwehr". Ausnahmsweise konnten diese Ehrenzeichen auch an Beamte und sonstige Personen verliehen werden, welche, ohne die Dienstzeit in der Feuerwehr erfüllt zu haben, „seit einer längeren Reihe von Jahren mit besonderem Eifer und Erfolg in den Angelegenheiten des Feuerlöschwesens tätig gewesen sind". Der Besitz des früheren herzoglichen Ehrenzeichens (Nr. 63) schloß die Verleihung des Erinnerungszeichens für 25 Dienstjahre aus, nicht aber die Verleihung des Dienstzeichens für 50 Dienstjahre.

V: Mauer mit vier Zinnen, worauf nach links schreitend der Anhaltische Bär. Darüber (bogig): „FREISTAAT", darunter (bogig): „ANHALT".

R: Feuerwehrhelm auf gekreuzter Spitzhacke und Beil, darunter (in drei Zeilen): „FÜR / TREUE / DIENSTE".

Größe: 34 mm.

Band: 40 mm breit, grasgrün mit hellrotem 7 mm breiten Mittelstreifen und zwei je 7 mm breiten weißen Seitenstreifen, an den Rändern noch eine je 1 mm breite grüne Kante (gleich wie Nr. 63).

65. Regierungsjubiläumsmedaille 1896 „in Gold", Silber goldplattiert

66. dieselbe in Silber

Am Tage seines 25jährigen Regierungsjubiläums, den 22. Mai 1896, gestiftet von Herzog Friedrich I. für verwandte Fürstlichkeiten in stark vergoldetem Silber (goldplattiert), außerdem in Mattsilber für deren Gefolge, dann für Hof- und Staatsbeamte und die diensthabenden Offiziere der Garnison Dessau. ebenso für die herzogliche Dienerschaft. Die vergoldete Jubiläumsmedaille wurde vom Stifter selbst 16 höchsten Persönlichkeiten überreicht.

V: Das nach rechts gewandte Brustbild des Stifters in der Uniform des Anhaltischen Infanterie-Regiments Nr. 93.

R: Eine gekrönte sitzende weibliche Figur, welche in der linken Hand einen Schild mit der Jahreszahl „1896", in der rechten aber einen halbverdeckten Schild mit „1871" hält. Der Sockel trägt in vertiefter Schrift die Inschrift: „den 22. Mai". Auf demselben sitzen zu Füßen der weiblichen Figur zwei Kinder, welche die Schilde bekränzen. Im Hintergrunde ein Knabe, der Posaune bläst und in der rechten Hand einen Palmzweig trägt. Um den Rand läuft ein schmaler Perlenkranz auf Vorder- und Rückseite.

Größe: 32 mm. Gewicht: etwa 18 bzw. 17 g.

Band: 28 mm breit, rosarot mit je 2 hellgrünen und silbernen Randstreifen (je 3 mm breit).

67. Goldenes Kreuz für langjährige Diensttreue weiblicher Dienstboten

68. Silbernes Kreuz für langjährige Diensttreue weiblicher Dienstboten
(verliehen 1894—1918)

Gestiftet von Herzog Friedrich I. am 17. April 1894, welcher die Verleihung der Kreuze seiner Gemahlin, der Herzogin Antoniette, geborenen Prinzessin von Sachsen-Altenburg, überließ. Diese bestimmte am 18. April 1894, daß das silberne Kreuz an „weibliche Dienstboten, welche Anhaltische Staatsangehörige sind und bei tadelloser moralischer Führung einer und derselben Familie 25 Jahre hindurch ununterbrochen treue Dienste geleistet haben", „das goldene Kreuz unter gleichen Bedingungen bei einer Dienstzeit von 40 Jahren" verliehen werden solle.

Die Kreuze, welche bei matter Oberfläche hohl gearbeitet sind, haben gerade Arme und sind beide von einer 14 mm hohen goldenen, an Scharnier beweglichen Krone überragt, welche an der Rückseite eine Öse zum Durchziehen des Bandes hat. Der untere Arm des Kreuzes ist länger als die drei anderen.

V: Im oberen Arme graviert „FÜR" und quer über die mittleren Arme „TREUE DIENSTE." in lateinischen Buchstaben mit schraffierten Grundstrichen.

R: Bis 1904 in der Mitte graviert ein gekröntes „A" (Antoinette). Seit dem Regierungsantritt des Herzogs Friedrich II. verlieh dessen Gemahlin, Herzogin Marie (geborene Prinzessin von Baden) die Kreuze. Sie wurden seit dieser Zeit mit glatter Rückseite, also ohne Namenszug, verausgabt.

Größe: 81 mm hoch, 42 mm breit.

Am grünen schmalen Samtband um den Hals zu tragen.

69. Ehrenzeichen „Für Treue in der Arbeit", silberne Medaille (verliehen 1895—1918)

Gestiftet von Herzog Friedrich I. am 29. April 1895 „für solche unbescholtenen männlichen Personen, welche während eines ununterbrochenen Zeitraumes von 25 Jahren in ein und demselben Arbeits- oder Dienstverhältnis gestanden und sich durch Treue gegen den Landesherrn und durch Vaterlandsliebe ausgezeichnet haben".

V: Der nach rechts gewendete Kopf des Stifters mit Vollbart. Umschrift: „FRIEDRICH HERZOG VON ANHALT". Unten drei kleine Sternchen.

R: In einem aus zwei Eichenlaubzweigen unten mit einer Schleife gebundenen Kranze in deutscher Schrift in vier Zeilen: „Für / Treue / in der / Arbeit".

Größe: 32 mm. Gewicht: etwa 12 g.

Band: 28 mm breit, drei gleichbreite Streifen weiß, hellgrün, dunkelrosa.

70. Ehrenzeichen für Hebammen für 30jährige Berufstätigkeit, Gold (verliehen seit 1906)

Gestiftet von Herzog Friedrich II. am 1. Januar 1906 für Hebammen, „welche 30 Jahre hindurch ihre Berufstätigkeit im Lande vorwurfsfrei ausgeübt und sich tadellos geführt haben".

Das Ehrenzeichen besteht aus einem hohlgearbeiteten, goldenen geradarmigen Kreuze, welches in Form und Größe mit dem Kreuze für langjährige Diensttreue weiblicher Dienstboten (Nr. 67, 68) übereinstimmt und von einer 14 mm hohen goldenen Krone überragt ist. Die gravierte Inschrift der Vorderseite lautet aber „FÜR / TREUE IM BERUF." (Buchstaben mit schraffierten Grundstrichen). Die Rückseite ist glatt.

Größe und Band wie bei Nr. 67 und 68.

71. Rettungsmedaille am Bande, Mattsilber (verliehen 1925—1934)

Unterm 18. September 1925 wurde mit Erlaß des Anhaltischen Staatsministeriums eine neue Auszeichnung für Rettung eingeführt. Deren erste Klasse ist eine längliche, ovale, mattsilberne (gegossene) Medaille. Voraussetzung für die Verleihung war „eine besonders erhebliche mit der Hilfe verbundene Lebensgefahr und daneben ein vorzüglicher Beweis von Entschlossenheit und Selbstaufopferung oder ein sehr wichtiger Erfolg". Für jugendliche

Lebensretter wurde die Verleihung der Rettungsmedaille am Bande so lange ausgesetzt, bis sie das 18. Lebensjahr vollendet hatten.

Außer dieser tragbaren Rettungsmedaille wurde auch noch gleichzeitig eine große runde, mattsilberne, gegossene (55 mm Durchmesser) „Erinnerungsmedaille für Rettung aus Gefahr" gestiftet, welche aber hier nicht näher beschrieben werden soll, weil sie nicht zum Tragen bestimmt war. Sie hatte im übrigen die gleiche Prägung wie die Medaille am Bande. Im Mai 1934 hörte die Verleihung aller einzelstaatlichen Auszeichnungen, somit auch der anhaltischen Rettungsmedaille auf. Fortab erfolgt die Erteilung von Auszeichnungen für Rettung durch das Reich.

V: Mauer mit 4 Zinnen, worauf der Anhaltische Bär nach links schreitet. Darunter in zwei Zeilen: „FREISTAAT / ANHALT".

R: In vier Zeilen: „FÜR / RETTUNG / AUS / GEFAHR".

Größe: 48 mm hoch, 28 mm breit. Die Medaille hat eine quer verlaufende, angeprägte Öse zur Aufnahme des Bandes.

Band: 37 mm breit, dunkelgrün mit zwei schmalen dunkelrosa, je 2 mm breiten Kanten (gleich wie bei Nr. 42).

Baden

Bis 1803 Markgrafschaft, dann Kurfürstentum, ab 1806 Großherzogtum bis 1918, dann Freistaat.

Das Großherzogtum Baden hatte vier Orden, den Hausorden der Treue (gestiftet am 17. Mai 1715), den Militärischen Karl Friedrich-Verdienstorden (gestiftet am 4. April 1807), den Orden vom Zähringer Löwen (gestiftet am 26. Dezember 1812), und den Orden Berthold des Ersten (gestiftet am 29. April 1877). Die Ehrenzeichen sind folgende:

72. Goldene Karl Friedrich-Militär-Verdienstmedaille

73. Silberne Karl Friedrich-Militär-Verdienstmedaille
(1. Prägung, verliehen 1807—1813)

Gestiftet am 4. April 1807 von Großherzog Karl Friedrich (reg. 1788—1811) zur „Belohnung hervorstechender, vor dem Feinde verübter, tapferer und kluger Taten auch der Unteroffiziere und Gemeinen". Ausnahmsweise wurden aber diese Medaillen bis zur Stiftung der Militär-Dienstauszeichnungen (am 18. Februar 1831) auch „für lange treu geleistete Dienste, deren Erfordernis auf 25 Jahre festgesetzt" war, verliehen. Dann wurde die Militärische Verdienstmedaille, als Bestandteil des Karl Friedrich-Militär-Verdienstordens, eine ausschließlich nur für Tapferkeit vor dem Feinde verliehene Auszeichnung.

Die Benennung der Medaille ist anfangs schwankend; in der Stiftungsurkunde ist von einer „militärischen Verdienst-Medaille" die Rede; 1831 wird sie die Medaille des Karl Friedrich-Militär-Verdienstordens genannt; in den letzten Jahrzehnten allgemein wie hier im Titel angegeben.

Im Laufe der Zeit ergaben sich natürlich durch Neuanfertigung der Stempel verschiedene Prägungsabarten. Die älteste von 1807 ist wie folgt:

V: Der geflügelte Greif mit dem badischen Schrägbalkenschild in der linken Pranke und dem aufrechten Schwert in der rechten. Der Wappenschild sitzt mit seiner ganzen, wenig abgerundeten unteren

Kante auf einem schmalen, geraden Sockel senkrecht auf. Letzterer trägt noch ein Kanonenrohr (teilweise verdeckt), daneben vier Kugeln, am rechten Rand des Sockels (klein) der Graveurname „M. B." (= Max Bolschetshauser); dieser war Graveur und später Münzmeister an der Mannheimer Münze von 1778 bis 1803 (gestorben 1811).

R: In einem lichten Lorbeerkranz, gebildet aus zwei unten übereinanderliegenden Zweigen mit Gruppen von kleinen Blättern an kurzen Stielen, in zwei Zeilen: „DEM / TAPFERN" (Buchstaben 2 mm hoch mit schlanken Grundstrichen). Darunter freies Feld zum Eingravieren des Empfängernamens in lateinischer Schreibschrift. Diese Medaillen haben einen quer angelöteten Bügel zum Durchziehen des Bandes.

Größe: 40 mm. Gewicht: in Gold 12 Dukaten (44,5 g), in Silber etwa 25 g.

Band: 36 mm breit, Mitte rot (13 mm), an den Seiten goldgelb (je 10 mm), dazu an den Kanten noch je ein weißer 1¹/₂ mm breiter Strich. (Band des Militärischen Karl Friedrich-Verdienstordens).

74. Goldene Karl Friedrich-Militär-Verdienstmedaille.

75. Silberne Karl Friedrich-Militär-Verdienstmedaille (2. Prägung, verliehen ab 1813) Abbildung am Schluß des Bandes.

V: Der Greif ist etwas größer (schlanker) und steht nicht mehr so steil aufgerichtet, auch hat er einen längeren Hals als bei Nr. 72/73. Der badische Wappenschild ruht nur mehr mit einem Teil seiner stark abgerundeten Unterseite auf dem breiter gewordenen Sockel, welch letzterer nur mehr drei Kanonenkugeln, am rechten Rand aber klein den Namen „DOELL" trägt. (Carl Wilhelm Doell war von 1813 bis 1848 Graveur an der Karlsruher Münze.)

R: Die beiden Lorbeerzweige haben etwas größere Blattgruppen — sonst alles wie bei der ersten Prägung.

Größe, Gewicht und Band wie bei Nr. 72 ff.

76. Goldene Karl Friedrich-Militär-Verdienstmedaille.

77. Silberne Karl Friedrich-Militär-Verdienstmedaille (3. Prägung, verliehen bis 1838)

V: Gleicher Stempel wie bei der zweiten Prägung.

R: Die beiden Lorbeerzweige haben wieder etwas andere Zeichnung, die Blätter sind länger und in noch lichteren Gruppen angeordnet als bei Nr. 74/75.

Die silbernen Medaillen haben auch eine größere Dicke und sind entsprechend schwerer.

Größe, Gewicht in Gold sowie Band wie vorher; Gewicht in Silber etwa 34 g.

78. Goldene Karl Friedrich-Militär-Verdienstmedaille.

**79. Silberne Karl Friedrich-Militär-Verdienstmedaille (4. Prägung, ver-
liehen nur 1848)**

Während des badischen Aufstandes 1848 wurden an treugebliebene Unter-
offiziere und Soldaten mehrfach für Auszeichnung in den Gefechten gegen die
Aufrührer auch militärische Verdienstmedaillen in nachstehender abweichender
Prägung verliehen.

Die Buchstaben sind jetzt bei etwas fetteren Grundstrichen 3 mm
hoch. Beim Wort „FÜR" sind die beiden Punkte teilweise nicht mehr
sichtbar. Der Greif und das Kanonenrohr auf dem breiteren Sockel
zeigen gegen die frühere Prägung etwas veränderte Zeichnung. Unter
dem Sockel die Buchstaben „D. F." (Doell fecit).

R: Im Lorbeerkranz mit dichteren Blattgruppen, der unten mit Doppelschleife gebunden ist, ein freies Feld, in welches der Name des Gefechtes, für das die Auszeichnung verliehen worden war, in
Schreibschrift eingraviert ist, z. B. „Kandern" oder „Freiburg"
usw. Die sonst üblichen (geprägten) Worte „DEM TAPFERN"
fehlen also hier, ebenso der gravierte Name des Trägers.

Größe, Henkel, Gewicht und Band wie früher bei Nr. 72 ff.

Es kamen nur wenige Stücke dieser außerordentlich seltenen Abart zur Verleihung.

80. Goldene Karl Friedrich-Militär-Verdienstmedaille

81. Silberne Karl Friedrich-Militär-Verdienstmedaille
mit Stempelschneiderzeichen „D. F." (v. C. W. Doell)

82. Goldene Karl Friedrich-Militär-Verdienstmedaille

**83. Silberne Karl Friedrich-Militär-Verdienstmedaille ohne Stempel-
schneiderzeichen (5. und 6. Prägung, verliehen in den Kriegen 1849,
1866 und 1870/71)**

V: Uebereinstimmend mit Nr. 78. Unter dem Sockel waren noch die
Buchstaben D. F. (Doell fecit) angebracht, die aber bei späteren
Nachprägungen fehlen.

R: Buchstaben bei Inschrift „DEM TAPFERN" ebenfalls 3 mm hoch
und fetter als früher bei Nr. 76/77. Der Lorbeerkranz hat dichtere
Blattgruppen und ist unten mit Schleife gebunden wie bei Nr. 78.
Der Name des Inhabers wurde fortab mit schraffierten lateinischen
Druckbuchstaben eingraviert, z. B.: „SCHWEIZER".

Größe, Henkel, Gewicht und Band wie bei Nr. 72 ff.

84. Goldene Karl Friedrich-Militär-Verdienstmedaille

85. Dieselbe Silber vergoldet (verliehen ab 1916)

86. Silberne Karl Friedrich-Militär-Verdienstmedaille (7. Prägung)

In dieser Form während des Weltkrieges 1914—1918 verliehen.

V: Bei sonst gleicher Prägung hat das Wort „FÜR" (Badens Ehre)
richtig die beiden Punkte.

R: Wie bei Nr. 80/81.

Größe, Henkel, Gewicht und Band wie bei Nr. 72 ff.

Band: In den Farben gleich Nr. 72, aber nur mehr 30 mm breit (roter Mittelstreifen = 11 mm, goldgelbe Seitenstreifen je 8 mm, weiße Kanten je 1¹/₂ mm breit). Wenn nur das Band (ohne Medaille) getragen wird, werden die beiden Stufen durch auf das Band gesetzte Lorbeerkränze von 1,2 mm Durchmesser gekennzeichnet, die vergoldet für Nr. 84/85, silbern für Nr. 86 sind. (Erlaß vom 17. 11. 1917.)

87. Große silberne Civil-Verdienstmedaille

88. Kleine silberne Civil-Verdienstmedaille (verliehen 1768—1789)

Nachdem schon vorher verschiedene Medaillen mit fast gleicher Prägung unter der Regierung des damaligen Markgrafen Carl Friedrich gestiftet worden waren, die aber stets ohne Öse und Band zur Verleihung gelangten, also nicht hierher gehören, scheint gegen Ende des 18. Jahrhunderts die nachstehend beschriebene Medaille, in besonderen Fällen wenigstens, mit der Erlaubnis zum Tragen ausgegeben zu sein. Der Name des Inhabers oder auch manchmal der Grund der Verleihung war auf der Rückseite eingraviert, z. B. ist ein gehenkeltes Stück bekannt mit der gravierten Inschrift: „Fischer / Reif von Hagen / rettete 3 Menschen / aus dem / Niessenfluss 1788". Ein anderes, ebenfalls gehenkeltes Stück trägt die Gravierung „F. W. 1782" (jetzt im Münzkabinett Karlsruhe). Natürlich sind diese tragbaren Medaillen sehr selten, und es ist nicht festzustellen, ob davon auch allenfalls goldene Stücke seinerzeit verliehen worden sind.

V: Stehender, nach links gewendeter Genius, der im linken Arm ein Füllhorn trägt, mit der rechten Hand aber einen Kranz darbietet. Umschrift: „GENIVS BADENS", unten im Abschnitt: „INST. MDCCLXIX", rechts davon (klein) „L. H." (Johann Handmann, Stempelschneider in Basel 1740—1769).

R: Ein dichter Eichenlaubkranz, darin freies Feld zum Eingravieren des Namens usw. Außen Umschrift: „VIRTVTIS NON PRAEMIVM SED TESSERA".

Größe: 43 mm bzw. 36 mm.

Gewicht: a) der großen Civil-Verdienstmedaille etwa 30 g, b) der kleinen Civil-Verdienstmedaille etwa 24 g.

Band: 36 mm breit, zitronengelb.

89. Silberne Civil-Verdienstmedaille mit Brustbild Markgraf Carl Friedrichs (1798)

An Stelle der seitherigen Civil-Verdienstmedaillen eingeführt. Auch sie wurde wahrscheinlich nur in ganz besonderen Fällen mit Öse und Band verliehen. (Sammlung Bally besaß unter Nr. 1199 einen Zinnabschlag.) Ob auch goldene Exemplare verliehen worden sind, war nicht festzustellen. Ebenso konnte nicht erwiesen werden, wie lange diese Form der Civil-Verdienstmedaille im Gebrauch war. Nachdem 1803 Carl Friedrich Kurfürst und 1806 Großherzog geworden war, hätte die Umschrift der Vorderseite ihre Berechtigung verloren gehabt. Es sind jedoch nirgends Anhaltspunkte dafür vorhanden, daß die Verleihung von ähnlichen Medaillen mit „Kurfürst" oder „Großherzog" in der Umschrift zum Bilde Carl Friedrichs erfolgt ist.

V: Das nach rechts gewendete bezopfte Brustbild des Stifters in antiker Toga. Umschrift: „CAR. FRID. MARCH. BAD." Auf dem Mantelabschnitt: „1798", darunter: „BÜCKLE / F." (Johann Martin Bückle, Münzmeister in Durlach, 1778—1803 [† 1811]).

R: Ein Eichenlaubkranz, der ein freies Feld umschließt, das zum Eingravieren des Namens usw. diente. Außen Umschrift: „DEM
VERDIENST UM DAS VATERLAND".

Größe: 40 mm. Gewicht etwa 35 g.

Band: Wie bei Nr. 88.

90 Goldene Civil-Verdienstmedaille

91. Silberne Civil-Verdienstmedaille mit Brustbild Großherzog Carl Friedrichs (verliehen 1810—1811) Abbildung am Schluß des Bandes.

Nach der Annahme des Großherzogtitels erschien die Umschrift der Civil-
Verdienstmedaillen nicht mehr passend. Aber erst im Jahre 1810 kamen
Medaillen mit neuer Rückseite bzw. geänderter Vorderseite zur Ausgabe. Die-
selben sind ebenfalls sehr selten.

V: Das nach rechts gewendete bezopfte Brustbild des Stifters in an-
tikem Gewande; Umschrift: „CAROL. FRID. MAGN. D. BAD.
D. ZAERING." Auf dem Mantelabschnitt „1798", darunter klein
(freistehend): „BÜCKLE" und auf dem erhöhten Medaillenrand „F".

R: Die stehende, nach links blickende Kybele mit Mauerkrone. Sie
stützt ihre Linke auf den Kopf des sitzenden, nach rechts blickenden
Greifen und bietet mit der rechten Hand einen Lorbeerkranz dar.
Auf dem Sockel, neben dem rechten Fuß der Figur, ein Füllhorn.
Im Abschnitt unter dem Sockel (klein): „DOELL F.". — Umschrift:
„DEM VERDIENST GEWIDMET V. FÜRST U. VATERLAND."

Größe, Gewicht in Silber und Band wie bei Nr. 88/89. Gewicht in Gold
etwa 12 Dukaten.

92. Goldene Civil-Verdienstmedaille

93. Silberne Civil-Verdienstmedaille mit Bild Großherzog Carls (verliehen 1817/18)

Großherzog C a r l Ludwig Friedrich (reg. 1811—1818) ließ erst 1817 diese
Verdienstmedaillen von C. W. Doell mit seinem Bild herstellen. Sie sind bei
ihrer kurzen Verleihungszeit natürlich von größter Seltenheit.

V: Kopf des Stifters nach links mit gelockten Haaren und kleinem
Backenbart. Umschrift: „CARL GROSHERZOG VON BADEN",
unter dem Halsabschnitt: „DOELL F". Am Medaillenrand (unten):
„1817".

R: Die stehende, nach links gewendete Kybele mit Mauerkrone. Sie
stützt die Linke auf den Kopf des sitzenden, nach rechts blickenden
Greifen und bietet mit der Rechten einen Lorbeerkranz dar. Auf
dem kurzen Sockel, neben dem rechten Fuß der Kybele, ein Füllhorn. Unter dem Sockel „C W D.". Umschrift, deren Buchstaben
rechts und links 2 bis 3 mm vom Rand des Sockels abstehen: „DEM
VERDIENST GEWIDMET V. FÜRST U. VATERLAND."

Diese Medaillen haben eine quer angelötete breite Öse.

Größe: 40 mm. Gewicht: in Gold 12 Dukaten, in Silber etwa 30 g.

Band: Wie bei Nr. 88 ff.

94. Große goldene Civil-Verdienstmedaille

95. Kleine goldene Civil-Verdienstmedaille
Abbildung am Schluß des Bandes.

96. Silberne Civil-Verdienstmedaille mit Bild des Großherzogs Ludwig, Stempel von Doell (verliehen 1818—1827)

Diese Medaillen wurden seit 1818 mit einem neuen Vorderseitenstempel von Doell geprägt und sind ebenfalls sehr selten.

V: Der nach rechts stehende Kopf des Großherzogs Ludwig (reg. 1818 bis 1830) mit kurzem Haar und Backenbart. Umschrift: „LUDWIG GROSHERZOG VON BADEN", im Halsabschnitt bei Nr. 94 und Nr. 96 „DOELL", bei Nr. 95 aber „DOELL F".

R: Bei Nr. 94 und Nr. 96 gleich wie bei Nr. 92/93.
Bei der Kleinen goldenen Civil-Verdienstmedaille ebenso, nur auch alle Maße entsprechend kleiner. Umschrift: „DEM VERDIENST GEWIDMET V. FÜRST U. VATERLAND." Auf dem Sockel ein „D".

Die Medaillen haben einen quer aufgelöteten breiten Henkel.

Größe: 40 bzw. 32 mm.

Gewicht: in Gold 12 bzw. 6 Dukaten, in Silber etwa 30 g.

Band: Wie bei Nr. 88 ff.

97. Große goldene Civil-Verdienstmedaille

98. Silberne Civil-Verdienstmedaille mit Bild Großherzog Ludwigs, Vorderseiten-Stempel von Kachel (verliehen zwischen 1827 und 1831)

An Stelle der bisherigen Vorderseiten-Stempel (von Doell) schnitt L. Kachel zur großen goldenen sowie zur silbernen Civil-Verdienstmedaille (wahrscheinlich im Jahre 1827) einen neuen Stempel. Auch diese Medaillen sind sehr selten.

V: Das nach rechts gewendete Stifterbild zeigt gelocktes Haar und kleinen Backenbart. Im Halsabschnitt (vertieft): „L. KACHEL F."

R: Wie bei Nr. 92 und Nr. 93.

Größe, Henkel, Gewicht und Band unverändert.

99. Große goldene Civil-Verdienstmedaille, Stempel von Kachel (V.) und Doell (R.)

100. Kleine goldene Civil-Verdienstmedaille, Stempel von Doell (V. und R.)

101. Silberne Civil-Verdienstmedaille, Stempel von Kachel (V.) und Doell (R.), alle mit Bild Großherzog Leopolds (verliehen 1830 bis 1841)

Bald nach Beginn der Regierungszeit (1830—1852) des Großherzogs Leopold in nachstehender Prägung verliehen.

V: a) Bei Nr. 99 und Nr. 101: Jugendlicher Stifterkopf nach rechts, mit kleinem Backenbart. Umschrift: „LEOPOLD GROSHERZOG VON BADEN", auf dem Halsabschnitt (vertieft): „KACHEL".

b) Bei Nr. 100: Kopf des Stifters in ähnlicher Zeichnung und mit gleicher Umschrift, jedoch alles entsprechend kleiner. Unter dem Halsabschnitt: „W. DOELL F."

R: a) Bei Nr. 99 und Nr. 101 gleich wie bei Nr. 92/93.

b) Bei Nr. 100 wie bei Nr. 95.

Größe, Henkel, Gewicht und Band unverändert.

102. Große goldene Civil-Verdienstmedaille, geänderter Rückseitenstempel von Doell

103. Kleine goldene Civil-Verdienstmedaille, veränderter V.- und R.-Stempel von Doell

104. Silberne Civil-Verdienstmedaille, geänderter R.-Stempel von Doell mit Bild Großherzog Leopolds (verliehen 1842—1852)

V: a) Bei Nr. 102 und Nr. 104 gleichgeblieben wie bei Nr. 99/101.

b) Bei Nr. 103 Umschrift gleichgeblieben, jedoch zwischen zwei feinen Kreislinien auf mattem Grund unten noch ein sechsstrahliges Sternchen; unter dem Halsabschnitt: „DOELL".

R: a) Bei Nr. 102 und Nr. 104: Die Figur der Kybele ist etwas größer dargestellt, der Sockel reicht fast bis zum inneren Medaillenrand; unter demselben ein kleines „D". Umschrift in fetten Lettern: „DEM VERDIENST GEWIDMET VON FÜRST UND VATERLAND", wobei deren Anfangs- und Endbuchstaben auf dem oberen Rand des Sockels aufstehen.

b) Bei Nr. 103: Auch hier ist die Kybele etwas kräftiger gezeichnet, der Sockel, aber ohne Stempelschneiderzeichen, ist breiter, so daß die Anfangs- und Endbuchstaben der gleichgebliebenen abgekürzten Umschrift die oberen Kanten des Sockels nahezu berühren.

Größe, Henkel, Gewicht und Band wie vorher.

105. Kleine goldene Civil-Verdienstmedaille
   mit Bild des Großherzogs Leopold, 3. Stempelverschiedenheit

Von der Kleinen goldenen Civil-Verdienstmedaille gibt es noch folgende weitere Abart, bis zum Ende der Regierungszeit Leopolds 1852 verliehen:

V: Wie bei Nr. 103, nur fehlt der Name „DOELL".

R: Die an sich gleichgebliebene Umschrift („von" sowie „und" abgekürzt) ist jetzt ebenfalls, wie die der Vorderseite, zwischen zwei feinen Linien auf mattem Grund, wobei das so gebildete Band auf dem wieder breiter gewordenen Sockel (ohne Stempelschneidername) endigt.

Größe, Henkel, Gewicht in Gold und Band unverändert.

106. Große goldene Civil-Verdienstmedaille

107. Mittlere goldene Civil-Verdienstmedaille

108. Kleine goldene Civil-Verdienstmedaille

109. Silberne Civil-Verdienstmedaille
   mit dem Bild des Prinzregenten Friedrich (Stempel von Kachel)
   (verliehen 1852—1856)   Abbildung am Schluß des Bandes.

Friedrich I. (reg. 1852—1907) führte zuerst als Prinzregent von 1852 bis 1856 für seinen geisteskranken Bruder Ludwig († 1858) die Regierung. Die Verdienstmedaillen gelangten in dieser Zeit in nachstehender Prägung zur Verleihung.

V: Der nach rechts gewendete jugendliche Stifterkopf, leicht gelockt, mit Schnurrbart. Darunter (klein): „L. KACHEL F."; Umschrift: FRIEDRICH PRINZ UND REGENT VON BADEN".

R: Die mit der Mauerkrone geschmückte Kybele setzt den gebeugten rechten Fuß auf das am Sockel liegende Füllhorn, stützt den linken Arm auf den Kopf des sitzenden Greifen und hält mit der ausgestreckten Rechten einen bebänderten Lorbeerkranz. Umschrift: „DEM VERDIENST GEWIDMET VON FÜRST UND VATERLAND".

Diese Verdienstmedaillen, besonders aber die drei verschiedenen goldenen, sind sehr selten.

Größe, Henkel, Gewicht und Band wie früher, die mittlere goldene Verdienstmedaille ist ebenfalls 40 mm groß, aber nur 8 Dukaten schwer.

110. Große goldene Civil-Verdienstmedaille

111. Silberne Civil-Verdienstmedaille
   mit dem Bild des Prinzregenten Friedrich, Stempelverschiedenheit.

Es gibt Exemplare, welche bei sonst ganz gleicher Prägung statt des Namens „L. KACHEL F." u n t e r dem Halsabschnitt die Buchstaben „L. K." (vertieft) a u f dem Halsabschnitt tragen.

112. Große goldene Civil-Verdienstmedaille

113. Mittlere goldene Civil-Verdienstmedaille

114. Kleine goldene Civil-Verdienstmedaille

115. Silberne Civil-Verdienstmedaille
   mit dem jugendlichen Bild Großherzog Friedrichs I. (von Kachel)
   (verliehen 1856—1865)

Nach der Annahme der Großherzogswürde verlieh Friedrich I. ab 1856 die Civil-Verdienstmedaille in nachstehender Prägung:

V: a) Bei Nr. 112, 113, 115 das jugendliche Bild des Stifters leicht gelockt mit Schnurrbart nach rechts; Umschrift „FRIEDRICH GROSHERZOG VON BADEN", auf dem Halsabschnitt: „L. K.".

   b) Bei Nr. 114 alles wie vorher, aber u n t e r dem Halsabschnitt „KCHL".

R: Wie bei Nr. 106 bis Nr. 109.

Größe, Henkel, Gewicht und Band unverändert. Die „mittlere" goldene Verdienstmedaille ist ebenfalls 40 mm groß, aber dünner, nur 8 Dukaten schwer.

116. Große goldene Civil-Verdienstmedaille

117. Mittlere goldene Civil-Verdienstmedaille

118. Kleine goldene Civil-Verdienstmedaille
Abbildung am Schluß des Bandes.

119. Silberne Civil-Verdienstmedaille
mit dem geänderten jüngeren Bild Großherzog Friedrichs I. (von Balbach), (verliehen von 1865 bis Ende 1867)

V: Der nach rechts gewendete Kopf zeigt etwas reifere Züge mit schlichtem Haar, Schnurr- und Knebelbart. Umschrift wie seither, der Name des Medailleurs fehlt jedoch. Der Vorderseitenstempel stammt von Münzmedailleur Balbach, Karlsruhe, der den Kopf nach einer Büste von Voigt, München, modelliert hatte.

R: a) Bei Nr. 116, 117 und Nr. 119 sind die Worte „von" (V.) sowie „und" (U.) abgekürzt, die Umschrift hat daher mit ihrem Anfangs- und Endbuchstaben je 3 mm Abstand von der oberen Kante des nunmehr breiter gezeichneten Sockels.

b) Bei Nr. 118 unverändert.

Größe, Henkel, Gewicht und Band unverändert. Während des Krieges 1866 wurden mehrfach kleine goldene, sowie silberne Verdienstmedaillen auch am Bande der Militärischen Carl-Friedrich-Verdienstmedaille verliehen (vgl. Nr. 72 ff.).

120. Große goldene Verdienstmedaille

121. Kleine goldene Verdienstmedaille

122. Silberne Verdienstmedaille
mit dem älteren Bild Großherzog Friedrichs I. (v. C. Schnitzspahn) (verliehen 1868—1881)

Nachdem der Großherzog bereits am 30. September 1866 unter Aufhebung der bis dahin gebräuchlich gewesenen „Civil-Verdienstmedaillen" „für treu geleistete Dienste sowie als Merkmal besonderer Anerkennung" die „Verdienstmedaillen" für Personen niederen Ranges gestiftet hatte, wurde der damals in Darmstadt lebende Hofmedailleur Professor Christian Schnitzspahn (geb. 1790, gest. 1877) mit der Herstellung von neuen Vorderseiten-Stempeln betraut, die er Ende 1868 ablieferte. Die Stempel der Rückseite waren von Münzrat Ludwig Kachel schon vorher fertiggestellt worden.

V. Der nach links gewendete Kopf des Stifters mit starkem Vollbart. Umschrift: „FRIEDRICH GROSHERZOG VON BADEN". Unter dem Halsabschnitt: „C. SCHNITZSPAHN F.".

R: In einem dicken, unten mit Doppelschleife gebundenen Kranz von Eichenlaub (zweizeilig): „FÜR / VERDIENST".

Auch diese Medaillen haben die üblichen breiten angelöteten Henkel.

Größe und Gewicht unverändert.

Band: 36 mm breit, zitronengelb. Doch wurde in den Kriegen 1866 und 1870/71 sowie 1902 (Expedition nach China), 1905 ff. (Schutztruppengefechte) mehrfach für Verdienste im Felde das Band der Karl Friedrich-Militär-Verdienstmedaille hierzu verliehen (vgl. Nr. 72 ff.).

123. Große goldene Verdienstmedaille

124. Kleine goldene Verdienstmedaille

125. Silberne Verdienstmedaille mit dem älteren Bildnis Friedrichs I., ohne Medailleurname (verliehen von Ende 1881—1908)

Im November 1881 schnitt der damalige Münzrat Frank die Karlsruher Münze nach dem bisherigen stark abgenützten Stempel von Schnitzspahn neue Stempel. Auf der Vorderseite fehlt als einzige Abweichung der Medailleurname.

Größe, Henkel, Gewicht und Band unverändert.

126. Große goldene Verdienstmedaille

127. Große goldene Verdienstmedaille, Silber vergoldet

128. Große goldene Verdienstmedaille, vergoldetes Kriegsmetall

129. Kleine goldene Verdienstmedaille

130. Kleine goldene Verdienstmedaille, Silber vergoldet

131. Kleine goldene Verdienstmedaille, vergoldetes Kriegsmetall

132. Silberne Verdienstmedaille

133. Silberne Verdienstmedaille, versilbertes Kriegsmetall
    mit dem Bild Großherzog Friedrichs II. (reg. 1907—1918)

Abbildung am Schluß des Bandes.

Bald nach dem Regierungsantritt des Großherzogs Friedrich II. (30. 9. 1907) wurden zu den Verdienstmedaillen neue Stempel geschnitten von Professor Rudolf Mayer an der Kunstgewerbeschule zu Karlsruhe. Von Anfang 1908 bis 1912 wurden die goldenen Medaillen in echtem Metall an der Karlsruher Münze geprägt, dann nur mehr in vergoldetem Silber. Während des Weltkrieges, wo überaus zahlreiche Verdienstmedaillen an Unteroffiziere und Mannschaften für kriegerische Leistung im Felde am Bande des Militär. Karl-Friedrich-Verdienstmedaille verliehen wurden, erfolgte ab Anfang 1917 die Prägung nur mehr in sogenanntem Kriegsmetall (vergoldet oder versilbert).

V: Brustbild in Uniform nach rechts, Umschrift: FRIEDRICH II GROSSHERZOG VON BADEN., neben dem Kragen (klein): „R M" (Rudolf Mayer).

R: Innerhalb eines lichten Eichenlaubkranzes (zweizeilig): „FÜR / VERDIENST".

Größe von Nr. 126/128 und Nr. 132/133 37 mm, von Nr. 129/131 29 mm.

Es kommen aber auch kleine goldene (aus vergoldetem Kriegsmetall) Stücke mit nur 27 mm vor.

Gewicht in Gold: 34 g bzw. 19 g, in Silber 30 g.

Band: a) 30 mm breit, goldgelb für Friedensverdienst,
    b) 30 mm breit, ponceaurot mit 2 je 8 mm breiten goldgelben Seitenstreifen und $1^1/_2$ mm breiten weißen Kanten für Verdienst im Kriege 1914/18 (Band des Militärischen Karl-Friedrich-Verdienstordens). Das Band erhält, auch wenn es allein (ohne die Medaille) getragen wird, keine Sonderabzeichen (vgl. Nr. 84/86).

134. Badische Staatsmedaille

Gestiftet vom Staatsministerium mit Beschluß vom 30. 9. 1927/21. 11. 1927. Nicht zum Tragen bestimmt. Von den fünf hergestellten Medaillen (silbern oder silbervergoldet) sind nur drei Stück verliehen worden.

V: Das badische Staatswappen mit den beiden schildhaltenden Greifen mit der Umschrift „DAS BAD. STAATSMINISTERIUM".

R: In fünf Zeilen die mit einzelnen Lorbeerzweigen verzierte Aufschrift „Für Verdienste um den Staat" und das Künstlerzeichen, ein in ein H gestelltes E (Heinrich Ehehalt).

Größe: 100 mm; Gewicht etwa 600 g.

135. Große goldene Medaille für landwirtschaftliches Verdienst

136. Kleine goldene Medaille für landwirtschaftliches Verdienst
1. Stempel der V. mit „C. W. DOELL F."

137. Kleine goldene Medaille für landwirtschaftliches Verdienst
2. Stempel der V. mit „DOELL F.". Umschrift zwischen zwei Kreislinien

138. Kleine goldene Medaille für landwirtschaftliches Verdienst
3. Stempel der V. Umschrift zwischen zwei Kreislinien (ohne Stempelschneidername)

139. Silberne Medaille für landwirtschaftliches Verdienst, alle mit dem Bild Großherzog Leopolds (verliehen zwischen 1842—1852)

Diese von Großherzog Leopold ohne Statuten anfangs der 1840er Jahre gestifteten Verdienstmedaillen wurden in der Regel ohne Öse und Band ausgegeben, in ganz vereinzelten Fällen nur am Bande der Civil-Verdienstmedaille, dann aber stets mit der quer angelöteten breiten Bügelöse verliehen.

V der großen goldenen und silbernen Medaillen: wie bei Nr. 99 u. 101. Bei den kleinen goldenen Medaillen bestehen, abgesehen von den verminderten Größenmaßen, drei Verschiedenheiten, und zwar:

1. Kopf mit Umschrift auf glattem Grund und darunter „W. DOELL F". (Nr. 136.)
2. Kopf mit Umschrift, letztere zwischen zwei Kreislinien auf glattem Grund, unten: „DOELL F". (Nr. 137.)
3. Alles wie bei Nr. 137, aber unten fehlt der Stempelschneidername. (Nr. 138.)

R: Bei allen Stücken gleich, nur bei Nr. 136/138 entsprechend kleiner dargestellt:

In einem unten mit Doppelschleife gebundenen Kranze aus Aehren, Weinlaub und Früchten dreizeilig angeordnet, dabei die mittlere Zeile im Bogen: „FÜR / LANDWIRTSCHAFTLICHES / VERDIENST", darunter ein Pflug, unter der Kranzschleife ein kleines „D" (Doell).

Größe: 40 bzw. 36 mm, Gewicht in Gold 12 bzw. 6 Dukaten, in Silber zuerst etwa 30 g, später etwa 34 g.

Anmerkung: Die bei von Heyden unter Nr. 55/56, dann unter Nr. 66/67 beschriebenen Medaillen „Für Landwirtschaft, Handel und Gewerbe" mit jüngerem oder älterem Bild Großherzogs Friedrichs wurden stets ohne Öse und Band verliehen, haben daher hier keine Aufnahme gefunden.

140. Große goldene Medaille für Rettung

141. Kleine goldene Medaille für Rettung

142. Silberne Medaille für Rettung mit älterem Bild Großherzog Friedrichs I., Stempel von Schnitzspahn (verliehen 1868—1882)

Gestiftet am 30. September 1866 „für Rettung von Menschenleben und Eigentum durch mutvolles, opferwilliges Handeln“.

V: Hierzu wurde der Stempel zu Verdienstmedaillen Nr. 120/122 benützt.

R: In einem dicken, unten mit Doppelschleife gebundenen Eichenlaubkranz in zwei Zeilen: „FÜR / RETTUNG“.

Die großen und kleinen goldenen Rettungsmedaillen sind damals in nur wenigen Exemplaren geprägt worden; die große goldene scheint überhaupt nie verliehen worden zu sein, aber auch von der kleinen goldenen Rettungsmedaille erfolgten seit 1890 keine Verleihungen mehr. Auch diese Medaillen haben eine breite aufgelötete Drahtöse.

Band: 36 mm breit, zusammengesetzt aus drei ponceauroten und zwei goldgelben, je 6,5 mm breiten Streifen, an den Kanten noch je 1,5 mm goldgelber Rand.

Größe und Gewicht wie bei Nr. 120 ff.

143. Große goldene Medaille für Rettung

144. Kleine goldene Medaille für Rettung

145. Silberne Medaille für Rettung mit älterem Bild Großherzog Friedrichs I., ohne Stempelschneidername (verliehen 1882—1908)

Ab November 1882 wurden auch zur Prägung der Rettungsmedaillen Stempel ohne den Namen „Schnitzspahn“ verwendet, hergestellt vom Münzrat Frank entsprechend den gleichzeitigen Verdienstmedaillen Nr. 123 ff. Sonst bestehen keinerlei Verschiedenheiten in Prägung und Gewicht gegenüber Nr. 140 ff. Verliehen wurden allerdings nur silberne Exemplare dieser Art.

Band: Zunächst noch wie bei Nr. 140 ff., dann bei gleichen Farben nur mehr 30 mm breit, die einzelnen roten Streifen je 5 mm breit, an den Kanten je ein 1 mm breiter gelber Rand sichtbar.

146. Große goldene Medaille für Rettung

147. Kleine goldene Medaille für Rettung

148. Silberne Medaille für Rettung mit dem Bild Großherzog Friedrichs II. (verliehen 1908—1918) Abbildung am Schluß des Bandes.

Im Jahre 1908 wurden die Rettungsmedaillen mit dem Bild des Großherzogs Friedrich II. neu geprägt, gleich den Verdienstmedaillen Nr. 126 ff.

Sie sind ebenfalls mit matter Oberfläche und ohne Überrand. Tatsächlich wurden nur silberne Rettungsmedaillen verliehen. Da aber möglicherweise doch auch einige goldene (große und kleine) Medaillen angefertigt worden sind, sollen dieselben hier nicht unerwähnt bleiben.

V: Wie bei Nr. 126 ff.

R: Innerhalb eines dichten Eichenlaubkranzes „FÜR / RETTUNG".
Größe, Gewicht und Öse wie bei Nr. 126 ff.
Band: 30 mm breit wie bei Nr. 143 ff.

149. Rettungsmedaille in Bronze
(verliehen 1920—1934)

Gestiftet durch Entschließung der vorläufigen Volksregierung vom 28. Februar 1919; die neue Medaille wurde im Juni 1920 durch den Karlsruher Bildhauer Heinrich Ehehalt (geb. 1879 zu Straßburg) angefertigt. Die Zuständigkeit zur Verleihung durch die Landesregierung erlosch durch die VO des Reichspräsidenten vom 22. Juni 1933 über die Rettungsmedaille (Nr. 407) mit dem 8. April 1934. Die letzte badische Rettungsmedaille kann als selten bezeichnet werden, denn es wurden im ganzen nur 120 Stück angefertigt, d. i. gegossen und ziseliert.

V: Ein Mann, der auf dem Rücken einen offenbar aus dem Wasser Geretteten trägt. Umschrift: „FÜR DIE RETTENDE TAT.". Bei einer Anzahl von Stücken unter dem Sockel (vertieft): „H. EHEHALT".

R: Oben im Feld je ein Eichenlaub- und Lorbeerzweig übereinandergekreuzt, darunter (zweizeilig): „REPUBLIK / BADEN", darunter ein dicker Punkt. Um den Rand der Rückseite eine schmale Perleneinfassung.

Die Medaillen haben eine gewöhnliche Öse mit beweglichem Ring.
Größe: 38 mm.
Band: Wie bei Nr. 146 ff.

150. Verdienstkreuz vom Zähringer Löwen am Friedensband, Goldbronze (verliehen 1889—1918)

150a. Verdienstkreuz vom Zähringer Löwen am Bande für Kriegsverdienst (verliehen 1915—1918) Abbildung am Schluß des Bandes.

Gestiftet von Großherzog Friedrich I. am 29. April 1889 als Unterabteilung des Ordens vom Zähringer Löwen. Das Kreuz hat gekörnte, nach außen breiter werdende Arme mit erhabener, polierter Umrahmung. Der Tragring ist länglich oval und hängt in einer kleinen angeprägten Öse. Nr. 150a war laut einer Bekanntmachung des Preuß. Kriegsministeriums vom 16. 5. 1915 für Feldwebelleutnants vorgesehen.

V: Im 17 mm großen runden Mittelschildchen, umrandet von einer 2 mm breiten, erhaben geprägten Schnur, der nach (heraldisch) rechts gewendete aufrechte Löwe.

R: Im gleich großen Mittelschildchen von der erhöht geprägten Schnur umrandet, der gekrönte, verzierte Namenszug „F".
Größe: 43 mm.
Band: 30 mm breit
   a) im Frieden: orangegelb mit zwei je 3 mm breiten hellgrünen Seitenstreifen, letztere mit 1,5 mm Abstand von den Bandkanten,
   b) im Kriege (1914—1918): Band der Militärischen Karl-Friedrich-Verdienstmedaille Nr. 84 ff. In der Mitte zinnoberrot (11 mm), daneben zwei je 8 mm breite goldgelbe Seitenstreifen sowie je 1½ mm breite weiße Kanten. Wenn das Band ohne das Verdienstkreuz angelegt wird, wird ein 12 mm hohes gekörntes „F" auf demselben angebracht (Erlaß vom 13. 11. 1917).

151. Erinnerungskreuz für freiwillige Hilfstätigkeit während des Krieges 1870/71, Goldbronze Abbildung am Schluß des Bandes.

Gestiftet von Großherzog Friedrich am 25. Juni 1871 „für diejenigen Männer, Frauen und Jungfrauen, welche sich" „durch Pflege der Verwundeten und Kranken, durch Fürsorge für die Truppen und Unterstützung der Familien der zum Kriegsdienst gezogenen Reservisten und Landwehrmänner nach besten Kräften und in ersprießlicher Weise gewidmet haben".

Das Kreuz hat die Form des·Eisernen Kreuzes mit geriffeltem Rand und geriffeltem Ring um die Mittelschilder.

V: Im runden Mittelschild das Genfer Kreuz als Zeichen der vaterländischen Hilfsvereine, auf dem oberen Arm eine Krone, auf dem unteren der badische Wappenschild, auf dem linken Seitenarm „1870", auf dem rechten „1871".

R: Im runden Mittelschild zwei verschlungene „F", von einer Krone überragt, in lateinischer Schreibschrift.

Band: 36 mm breit, in der Mitte goldgelb (13 mm), rechts und links hiervon ein karminroter, 11 mm breiter Seitenstreifen sowie weiße Kanten (1¹/₂ mm breit).

Größe: 38 mm.

152. Kreuz für freiwillige Kriegshilfe, ursprünglich genannt Kreuz für freiwillige Kriegshilfe 1914—1916 (Kriegshilfekreuz)
Abbildung am Schluß des Bandes.

153. Kreuz für freiwillige Kriegshilfe mit Eichenkranz, Goldbronze (verliehen 1914—1918) Abbildung am Schluß des Bandes.

Großherzog Friedrich II. erneuerte durch Verordnung vom 24. Dezember 1915 das am 25. Juni 1871 gestiftete Erinnerungskreuz für freiwillige Hilfstätigkeit während des Krieges 1870/71 (Nr. 151). Es wurde an Männer, Frauen und Jungfrauen verliehen, „die sich während des Krieges auf dem Gebiete der Verwundeten- und Krankenpflege und der sonstigen freiwillig geleisteten Kriegshilfe besondere Verdienste erworben haben". Für Verdienste im Kriegsgebiete wurde das Ehrenzeichen mit einem Eichenkranz zwischen den Kreuzarmen verliehen.

Die Kreuze haben leicht geschweifte, gekörnte Arme mit geriffelten und daneben erhabenen polierten Rändern und einem langgestreckten Tragring.

V: Im runden Mittelschild das Genfer Kreuz. Im oberen Arm eine Krone, im unteren das badische Wappen, im linken Arm „1914", im rechten „1916".

R: Im runden Mittelschild der gekrönte Namenszug „F" in lateinischer Schreibschrift.

Größe: 39 mm.

Band: 30 mm breit, zitronengelb mit zwei roten Seitenstreifen (je 7 mm breit) sowie weißen Kanten (je 1 mm breit).

154. Kriegsverdienstkreuz, Goldbronze (verliehen 1916—1918)

Abbildung am Schluß des Bandes.

Gestiftet von Großherzog Friedrich II. am 9. September 1916 „als Zeichen ehrender und dankbarer Anerkennung" für „solche Personen, die sich während des Krieges durch dienstliche oder freiwillige Tätigkeit besondere Verdienste um das Heer und die allgemeine Wohlfahrt erworben haben".

Das achtspitzige Malteserkreuz hat zwischen den Armen und dicht anliegend an die runden, versilberten Mittelschildchen der Vorder- und Rückseite einen schmalen Lorbeerkranz. Die Kreuzarme sind gekörnt mit erhabenen, geriffelten Rändern.

V: Im Mittelschildchen (15 mm Durchmesser) der badische Greif mit Schwert und Wappen.

R: Der gekrönte und verzierte Namenszug „F".

Größe: 37 mm.

Band: 30 mm breit, zinnoberrot mit zwei goldgelben, je 3,5 mm breiten Seitenstreifen sowie, in 2,5 mm Abstand hiervon, weißen Kanten, je 2,5 mm breit.

155. Große goldene Medaille für Kunst und Wissenschaft
mit dem älteren Bild Großherzog Friedrichs I. (47 mm), Stempel von Schnitzspahn, am Komturbande des Ordens Berthold I. (verliehen 1901—1902), bzw. am Ritterkreuzbande des Ordens vom Zähringer Löwen (1902)

Schon unter Großherzog Leopold waren seit 1848 goldene und silberne Medaillen für Kunst und Wissenschaft verliehen worden, welche aber, weil nicht zum Tragen bestimmt, ebenso wie die mit dem jugendlichen Bild des Prinzregenten und späteren Großherzogs Friedrich I. ausgegebenen Stücke hier keine Beschreibung finden. Im Jahre 1868 wurden dann diese Medaillen mit dem älteren Bild Großherzog Friedrichs I. mit Stempeln von Schnitzspahn neu geprägt. Als Großherzog Friedrich I. im Herbst 1901 verfügte, daß die Medaillen von nun ab am Bande zu tragen seien, waren noch 2 Stück goldene Exemplare und 4 Stück silberne Exemplare dieser Prägung bei der Ordenskanzlei vorrätig. Die 4 silbernen Stücke wurden nicht mehr verliehen, sondern im Sommer 1902 von der Karlsruher Münze eingeschmolzen. Dagegen sind die 2 goldenen Exemplare noch verliehen worden, und zwar am Bande des Komturkreuzes des Ordens Berthold I. Ihnen kommt daher eine sehr große Seltenheit zu. Ebenso wurde neun Inhabern und Inhaberinnen von schon in den vorausgegangenen Jahren verliehenen großen goldenen Medaillen nachträglich gestattet, dieselben fortan auf der Brust am Ritterbande des Ordens vom Zähringer Löwen zu tragen. Diese Medaillen wurden amtlich dann außer mit quer laufenden breiten goldenen Bügelösen auch mit am Rande eingraviertem Vor- und Zunamen versehen.

V: Der nach links gewendete Kopf Friedrichs I. mit Vollbart, Umschrift: „FRIEDRICH GROSHERZOG VON BADEN", unter dem Halsabschnitt: „C. SCHNITZSPAHN".

R: Innerhalb eines dichten Lorbeerkranzes, der unten von einem fliegenden Bande zusammengehalten ist, ein freies Feld, in welches jeweils der Name des Beliehenen eingraviert wurde. Außerhalb des Kranzes Umschrift: „FÜR KUNST UND WISSENSCHAFT", in der Mitte unten ein größeres, links und rechts von diesem je ein kleineres sechsstrahliges Sternchen.

Dieser Rückseitenstempel war von Kachel schon in den 1850er Jahren geschnitten worden. Die Medaille, soweit um den Hals zu tragen, hat eine kleine Öse, in welcher der bewegliche, langgestreckte Tragring hängt.

Größe: 47 mm, Gewicht mit Tragring: 76 g.

Komturband des Ordens Berthold I.: 55 mm breit, zinnoberrot mit zwei goldenen, je 7,5 mm breiten Seitenstreifen. Für die neun nachträglich gehenkelten goldenen Medaillen Ritterband des Zähringer Löwenordens, 36 mm breit, grasgrün mit zwei orangegelben Seitenstreifen (je 3,5 mm breit), Abstand von den Kanten je 1,5 mm.

156a. Goldene Medaille für Kunst und Wissenschaft am Komturband, Halsdekoration

156b. Goldene Medaille am Ritterkreuzband des Ordens Berthold I.

157. Silberne Medaille für Kunst und Wissenschaft am Ritterkreuzband des Ordens vom Zähringer Löwen
mit dem älteren Bild des Großherzogs Friedrich I. (ohne Stempelschneidername) (verliehen 1902—1908)

Im Juli 1902, anläßlich der ersten Verleihungen der silbernen Medaille für Kunst und Wissenschaft am Bande, wurden neue Stempel zur Rückseite derselben geschnitten und die silberne sowie auch die goldene Medaille dann nur mehr 40 mm groß bei sonst gleicher Prägung verliehen. Die goldene Medaille kam zunächst nur am Bande des Komturkreuzes, ab 1904 aber auch am Bande des Ritterkreuzes des Berthold-Ordens zur Verleihung. Die silberne Medaille wurde stets am Bande des Ordens vom Zähringer Löwen auf der Brust getragen. Die goldene Medaille hatte dementsprechend entweder einen langgestreckten beweglichen Tragring oder, wie auch stets die silbernen Exemplare, eine quer angelötete breite Drahtöse. Da von der goldenen Medaille von 1902 bis 1908 nur 11 Exemplare, von der silbernen aber nur 8 Exemplare verliehen worden sind, kann auch diese Medaille zu den großen Seltenheiten gezählt werden.

V: Siehe Verdienstmedaille Nr. 123 ff.

R: Gleich wie bei Nr. 155, nur alles entsprechend kleiner dargestellt.

Größe: 40 mm, Gewicht in Gold 12 Dukaten (44,5 g), in Silber etwa 34 g.

Band: Zur goldenen Medaille entweder 55 mm breit, wie bei Nr. 155. oder 36 mm breit, zinnoberrot mit 2 goldenen, je 3,5 mm breiten Seitenstreifen, Abstand von den Kanten je 1,5 mm.

Zur silbernen Medaille: 36 mm breit, grasgrün mit 2 orangegelben, je 3^1/$_2$ mm breiten Seitenstreifen, Abstand von den Kanten je 1,5 mm.

158. Goldene Medaille für Kunst und Wissenschaft

159. Silberne Medaille für Kunst und Wissenschaft mit dem Bild des Großherzogs Friedrich II. (verliehen 1908—1918)

In nachstehender Prägung seit 1908 bald nach dem Regierungsantritt Großherzog Friedrichs II. verliehen. Die Medaillen hatten nunmehr matte Oberfläche und keinen Überrand. Die goldene Medaille wurde an langgestrecktem, beweglichem Ring um den Hals, die silberne mit angelöteter breiter Öse auf der Brust getragen.

V: Bild des Großherzogs in Uniform nach links; rechts neben dem Kragen „R. M." (Rudolf Mayer). Umschrift: FRIEDRICH II. GROSSHERZOG VON BADEN", wie Nr. 126 ff.

R: Innerhalb eines dichten Lorbeerkranzes vierzeilig: „FÜR / KUNST / UND / WISSENSCHAFT", darunter ein sechsstrahliges Sternchen.

Größe: 38 mm, Gewicht: in Gold 34,5 g, in Silber 29 g.

Band: Für die goldene Medaille 55 mm breit, hellrot mit 2 goldenen, je 3¹/₂ mm breiten Seitenstreifen (wie bei Nr. 156a).

Für die silberne Medaille jetzt nur mehr 30 mm breit, hellgrün mit 2 orangegelben Seitenstreifen, diese je 3,5 mm breit, mit 1,5 mm Abstand von den Kanten.

160. Friedrich-Luisen-Medaille, Bronze vergoldet (verliehen 1906—1918)

Gestiftet von Großherzog Friedrich an seinem 80. Geburtstage am 9. September 1906 im Hinblick auf sein am 20. September 1906 stattfindendes 50jähriges Ehejubiläum. Die Medaille wurde verliehen „an Vorstandsmitglieder der Frauenvereine, des Vincentius- und des evangelischen Krankenvereins sowie ähnlicher Vereinigungen, an Ärzte, Oberinnen, Krankenschwestern und andere Personen, welche längere Zeit im Dienste der Wohltätigkeit oder Krankenpflege tätig sind oder sich sonst um sie besondere Verdienste erworben haben."

V: Die nach rechts gewendeten, hintereinander gestellten Brustbilder des Jubelpaares. Im Vordergrunde der Großherzog in Generalfeldmarschalls-Uniform. Unter dem Schulterabschnitt vertieft: „R. M." (Rudolf Mayer, Professor der Kunstgewerbeschule Karlsruhe).

R: Die schräggestellten, oben durch eine Lorbeergirlande vereinigten, mit der Großherzogskrone bedeckten Wappenschilde, und zwar links von Baden, rechts von Preußen. (Großherzogin Luise war die Tochter Kaiser Wilhelms I.) Unten zwischen den Schilden drei zum Strauß gebundene Rosen mit langen Stielen, links „1856", rechts „1906", darunter „20. 9.".

Die Medaille hat keinen Überrand und zeigt einen angelöteten breiten Henkel.

Größe: 38 mm.

Band: 25 mm breit, zinnoberrot mit zwei je 4 mm breiten goldgelben Seitenstreifen sowie weißen Kanten, letztere je 1 mm breit.

161. Jubiläums-Medaille, Gold

162. Jubiläums-Medaille, Bronze (verliehen 1902)

Gestiftet von Großherzog Friedrich I. zu seinem 50jährigen Regierungsjubiläum am 25. April 1902 für alle Personen, welche während seiner Regierung ihm und dem badischen Lande „in öffentlicher Tätigkeit Dienste geleistet haben". Die fürstlichen Teilnehmer an den Feierlichkeiten erhielten die Jubiläumsmedaille in Gold. Diese ist, weil nur in wenigen Stücken verliehen, sehr selten.

V: Auf lorbeergeschmücktem Untergrund das nach links sehende Brustbild des Jubilars in Generaluniform mit umgehängtem Mantel; rechts „1852/1902" (die Zahlen untereinanderstehend).

R: Ein widersehender gekrönter Greif mit dem badischen Schild. Im Sockelabschnitt (vierzeilig): „REGIERUNGSJUBILÄUM / S. K. H. des GROSHERZOGS / FRIEDRICH / von BADEN". Die Medaillen haben keinen Überrand, sind mit Kugelöse und beweglichem Tragring versehen.

Größe: 33 mm, Gewicht in Gold: 27 g.

Band: 28 mm breit, goldgelb mit zwei je 8 mm breiten zinnoberroten Seitenstreifen, am Rande noch je eine 1 mm breite gelbe Kante. Damen trugen das Band zur einfachen Schleife geformt.

163. Erinnerungszeichen für 1906, Bronze vergoldet mit Email

164. Dasselbe, Bronze vergoldet

165. Dasselbe, Bronze versilbert (verliehen 1906)

Gestiftet von Großherzog Friedrich I. am 20. 9. 1906 aus Anlaß seines goldenen Ehejubiläums mit Luise, geb. Prinzessin von Preußen, verliehen an Fürstlichkeiten, Hofbeamte und andere durch den Großherzog bezeichnete Persönlichkeiten.

V: Das ovale einseitige Ehrenzeichen ist durchbrochen gearbeitet, zeigt die verschlungenen lateinischen Buchstaben „F L" innerhalb eines mit Myrthenblüten durchsetzten Lorbeerkranzes. Dieser Kranz ist dreifach umschlungen mit einem Band, worauf die Zahlen „1856" — „20. 9." — „1906" stehen. Oben ist eine Großherzogskrone angeprägt. Die erste Klasse (nur für die fürstlichen Gäste und obersten Chargen) vergoldet; der Buchstabe „F" ist rot emailliert. Die zweite Klasse ist ebenfalls vergoldet, jedoch ohne Email. Beide Klassen haben auf der Rückseite eine Nadel zum Anstecken auf der linken Brustseite, doch wurde auch eine Anzahl vergoldeter Jubiläumszeichen ebenso wie alle Stücke in versilberter Bronze mit Öse und Ring zum Tragen am Band verliehen.

Größe: 53 mm hoch, 28 mm breit.

Band: 30 mm breit, hellrot mit zwei je 4 mm breiten hellgelben Seitenstreifen, die noch je eine 1¹/₂ mm rote Bandkante ersehen lassen.

166. Erinnerungsmedaille für 1906, Goldbronze (verliehen 1906)

Gestiftet von Großherzog Friedrich I. am 20. 9. 1906 aus Anlaß des goldenen Ehejubiläums des Großherzoglichen Paares, verliehen an Offiziere und Mannschaften, die bei den Einzugsfeierlichkeiten 1856 Dienst getan hatten, das Gefolge der am Jubiläumstag anwesenden fremden Fürstlichkeiten, die zum gleichen Tag kommandierten militärischen Deputationen, die fremden Vertreter und andere vom Großherzog bezeichnete Persönlichkeiten.

V: Die nach rechts gewendeten hintereinandergestellten Brustbilder des Jubelpaares. Umschrift: „FRIEDRICH UND LUISE VON BADEN 1856—1906".

R: Wie bei Nr. 160 (Friedrich-Luise-Medaille), aber alles entsprechend verkleinert dargestellt. Die Medaille hat keinen Überrand und eine breite eingelötete Drahtöse.

Größe: 34 mm.

Band: Wie bei Nr. 165.

167. Felddienst-Auszeichnung, Bronze bzw. Kupfer, 1839

168. Dieselbe, Stempelverschiedenheit

168a. Metallschleifen mit den Jahreszahlen 1806, 1806—1807, 1807, 1809, 1809—1810, 1812, 1808—1813, 1813, 1814, 1814—1815, 1815, 1848, 1849, 1866, 1870, 1870—1871, 1871.

Die Felddienstauszeichnung wurde gestiftet von Großherzog Leopold am 27. Januar 1838 für alle, welche bis dahin in badischen Diensten Feldzüge mitgemacht hatten. Die Medaillen waren bis 1866 aus dunkeloxydierter Kupferbronze, später aus oxydiertem Reinkupfer geprägt. Nach dem Kriege 1866 verlieh Großherzog Friedrich I. am 7. September dieses Jahres allen Kriegsteilnehmern ebenfalls diese Felddienstauszeichnung mit einer Metallschleife mit der Jahreszahl „1866". Denjenigen Offizieren und Soldaten sowie Veteranen, welche schon von früheren Feldzügen die badische Felddienstauszeichnung besaßen, wurden ebenfalls hierzu solche „Schleifen" mit den Jahreszahlen der mitgemachten Kriege nachträglich verliehen. Diese Schleifen sind gerade Spangen und 39 mm breit und 5 mm hoch, aus dunkler Bronze geprägt, Jahreszahl und Umrandung erhaben. Bandschleifen mit den Jahreszahlen zwischen 1806—1815 sind sehr selten. Eine Verordnung vom 1. April 1871 sprach die Metallschleifen auch den Kriegsteilnehmern von 1870/71 zu. Unter 168a sind alle Abarten derselben aufgeführt.

Die Felddienstauszeichnung selbst hat folgende Prägung:

V: Der streitbare Greif auf Sockel mit Kanonenrohr und drei Kugeln stehend. Er hält in der linken Pranke den badischen Schild mit dem Schrägbalken, in der rechten das Schwert. Im oberen Teil Umschrift: „FÜR BADENS EHRE". Rechts unter dem Wappenschild „K" (Kachel).

R: In einem unten gebundenen dichten Eichenlaubgewinde fünfzeilig, bei Nr. 167 „LEOPOLD / FÜR / TREUEN DIENST / IM / KRIEGE", bei Nr. 168: Das Wort „LEOPOLD" zeigt etwas größere Buchstaben als bei Nr. 167.

Größe: 31 mm.

Band: 35 mm breit, goldgelb mit zwei karminroten, je 3 mm breiten Seitenstreifen und weißen, je 1 mm breiten Kanten in 1 mm Abstand hiervon.

168b. Felddienst-Auszeichnung ohne Inschrift auf der Rückseite, 1848.

Nur an treugebliebene badische Offiziere und Soldaten im Jahr 1848 für die Gefechte bei Kandern, Güntersthal, Freiburg und Staufen gegen die Aufständischen verliehen.

V: Wie bei Nr. 167, 168.

R: In einem unten gebundenen dichten Eichenlaubgewinde freies Feld zum Eingravieren des betreffenden Gefechtsnamens.

Größe: Wie bei Nr. 167/168.

Band der Militärischen Karl-Friedrich-Verdienstmedaille (Nr. 72 ff.).

169. Gedächtnis-Medaille für 1849, helle Bronze

Gestiftet von Großherzog Leopold am 29. August „für alle diejenigen, welche den letzten Feldzug 1849 gegen die Rebellen in Baden tadellos mitgemacht". Die Medaille ist aus Geschützgut geprägt und hat eine angelötete eckige Drahtöse. Sie wurde besonders den verbündeten deutschen Hilfstruppen, welche den Aufstand niederwarfen, verliehen.

V: Ein unten mit fliegender Bandschleife gebundenes, dichtes Lorbeergewinde, darin fünfzeilige Inschrift: „DEM / TAPFEREN / BEFREIUNGS / HEER / 1849". Umschrift: „LEOPOLD GROSHERZOG VON BADEN".

Unter der Bandschleife des Kranzes „K" (Kachel).

R: Ein aufrechtes, antikes Schwert, umgeben von zwei Palmzweigen.

Größe: 31 mm.

Band: 37 mm breit, zitronengelb mit zwei sibernen Seitenstreifen (diese je 2 mm breit), Abstand von der Kante je 1½ mm. (Farben des Hausordens der Treue).

Es kommen Nachbildungen dieser Medaille vor, bei denen das Zeichen „K" des Stempelschneiders fehlt. — Auch haben sie statt der angelöteten Öse eine gewöhnliche Öse mit Ring (vgl. v. Heyden Nr. 70). Außerdem sind hauptsächlich von Offizieren auch Originalstücke vergoldet getragen worden. Diese eigenmächtige Veränderung ist also ebenfalls nicht offiziell.

170. Dienstauszeichnungskreuz für 25 Dienstjahre der Offiziere, Bronze vergoldet (verliehen 1831—1846)

Gestiftet von Großherzog Leopold am 18. Februar 1831 „für lange und treu geleistete Dienste in der Linie".

Das Kreuz hat glatte Arme in der achtspitzigen Form des Johanniterkreuzes an den Rändern mit dreifacher Linien-Einfassung. Es wurde in dieser Form bis 1846 verliehen.

V: Im runden Mittelschild (13 mm) ein gekröntes gotisches „L".

R: Im Mittelschild „XXV".

Größe: 38 mm.

Band: 38 mm, hochrot mit zwei goldgelben Seitenstreifen, je 4 mm breit, sowie je eine 1 mm breite weiße Kante.

171. Dienstauszeichnungskreuz für 40 Dienstjahre der Offiziere, Gold (verliehen vor 1846)

Als höhere Stufe des Kreuzes Nr. 170 eingeführt, zunächst in echt Gold, hohl gearbeitet, sonst ganz gleich in der Form wie ersteres. Es trägt aber auf dem Mittelschild der

R: die Zahl „XL".

Es wird von einer offenen, beweglichen Krone überragt. Dieses Kreuz wurde aber später, wohl der hohen Kosten wegen, durch Nr. 172 ersetzt. Es ist sehr selten.

Größe: 38 mm (ohne Krone), Gewicht etwa 7 g.

Band: Wie bei Nr. 170.

172. Dienstauszeichnungskreuz für 40 Dienstjahre der Offiziere, Bronze vergoldet (verliehen bis 1846)

Die Verleihung dieses Kreuzes hörte mit Einführung des Kreuzes Nr. 176 unterm 1. Juli 1846 auf.

Es stimmt in Größe und Prägung mit Nr. 171 überein, ist aber massiv aus Bronze geprägt und stark vergoldet. — Die acht Spitzen zeigen kleine Kugeln.

173. Vergoldete Schnalle für 25 Dienstjahre der Unteroffiziere und Soldaten

174. Silberne Schnalle für 18 Dienstjahre der Unteroffiziere und Soldaten

175. Eiserne Schnalle für 12 Dienstjahre der Unteroffiziere und Soldaten
(verliehen 1831—1868)

Gestiftet von Großherzog Leopold am 18. Februar 1831 „für lange und treugeleistete Dienste in der Linie". Diese Dienstauszeichnungen erhielten am 6. Juni 1846 neue Statuten. Nach Einführung der allgemeinen Wehrpflicht am 6. 5. 1868 ersetzt durch Nr. 180—182.

Die Metallplatten tragen in der Mitte den gekrönten Wappenschild des badischen Hauses, links die Namenschiffre „ℒ𝔊" und rechts die Zahlen „XXV" oder „XVIII" bzw. „XII". Die eiserne Schnalle hat eine schmale silberne Umrahmung aufgelötet. Auf der Rückseite der Platten ist ein Metallstreifen zum Durchziehen des Bandes und eine Nadel angelötet zum Befestigen des Ehrenzeichens auf der linken Brustseite.

Größe: Zuerst 42 mm breit, 14 mm hoch, bei ziemlich primitiver Ausführung der Prägung, später 41 mm brei, 13 mm hoch, Prägung schärfer und mit veränderter besserer Zeichnung der Aufschriften.

Band: Von 1831—1854 wie bei Nr. 170. Seit 30. Juli 1854: 38 mm breit, rot mit zwei gelben Seitenstreifen, letztere je 3 mm breit, Entfernung von den Kanten je 2 mm.

176. Dienstauszeichnungskreuz für 40 Dienstjahre der Offiziere Kupfer vergoldet

177. Dienstauszeichnungskreuz für 25 Dienstjahre der Offiziere, Kupfer vergoldet
(verliehen 1846—1854) Abbildung am Schluß des Bandes.

Gestiftet von Großherzog Leopold am 1. Juli 1846 unter Aufhebung der bisherigen Dienstauszeichnungskreuze (Nr. 170 bis Nr. 172).

Die Kreuze waren fortab von vergoldetem Kupfer und hatten wieder die achtspitzige Form des Johanniterkreuzes, dasjenige für 40 Jahre mit offener beweglicher Krone, jedoch ohne die kleinen Kugeln an den Spitzen.

V: Im runden (14 mm) Mittelschildchen ein gekröntes deutsches „ℒ".
R: Im Mittelschild: „XL" oder „XXV".
Größe: 40 mm.
Band: Wie bei Nr. 170 ff.

178. Dienstauszeichnungskreuz für 40 Dienstjahre der Offiziere, Bronze vergoldet

179. Dienstauszeichnungskreuz für 25 Dienstjahre der Offiziere, Bronze vergoldet (verliehen 1854—1870)

Gestiftet von Großherzog Friedrich I. am 30. Juli 1854 unter Aufhebung der Kreuze Nr. 176 und Nr. 177. Nach dem Abschluß der Militär-Konvention mit Preußen am 25. Dezember 1870 erhielten die Offiziere des badischen Kontingents das preußische Dienstauszeichnungskreuz für 25 Dienstjahre. Die badischen Dienstauszeichnungskreuze für 40 und 25 Jahre gelangten dann nur mehr an badische Gendarmerie-Offiziere.

Sie sind von vergoldetem Metall und haben geschweifte, gekörnte Arme mit erhabenen, polierten Rändern. Das Kreuz für 40 Dienstjahre wird von einer offenen Krone überragt. Diese Krone war zuerst 17 mm hoch, später 20 mm hoch und ist mit Scharnier oben am Kreuz befestigt.

V: Ein in Silber geprägter und aufgelöteter Greif mit badischem Wappenschild und Schwert. Das Ornament unter dem Greifen umschlingt ein Band mit der Zahl „XL" bzw. „XXV".

R: Glatt.

Größe: 38 mm.

Band: 40 mm breit, hochrot mit zwei goldgelben Seitenstreifen je 3 m breit, so daß noch je 1 mm breite rote Kanten sichtbar sind.

180. Dienstauszeichnung I. Klasse für 21 Dienstjahre, vergoldete Schnalle, für die Unteroffiziere

181. Dienstauszeichnung II. Klasse für 15 Dienstjahre, silberne Schnalle, für die Unteroffiziere

182. Dienstauszeichnung III. Klasse für 9 Dienstjahre, eiserne Schnalle mit silberner Umrahmung, für die Unteroffiziere (verliehen 1868—1913)

Von Großherzog Friedrich nach Einführung der allgemeinen Wehrpflicht, am 16. Mai 1868, nach preußischem Muster eingeführt.

Die Metallplatten tragen in der Mitte den gekrönten Wappenschild des badischen Hauses, links die großherzogliche Namensschiffre „ℒ 6" und rechts die Zahlen „XXI", „XV" bzw. „IX". Auf der Rückseite der Platten ist ein Metallstreifen zum Durchziehen des Bandes und eine Nadel zum befestigen der Dienstauszeichnung auf der linken Brustseite angelötet. Durch mehrfachen Wechsel der Lieferanten ergeben sich kleine Verschiedenheiten in der Zeichnung der Inschriften.

Größe: Zuerst 41 mm breit, 13 mm hoch.
       Später 42 mm breit, 14 mm hoch.

Band: Wie bei Nr. 178.

183. Landwehr-Dienstauszeichnung (erste Form, Schnalle, verliehen 1868—1913)

Gestiftet von Großherzog Friedrich I. am 4. Januar 1877 „für die nicht im Offiziersrange stehenden Personen des Beurlaubtenstandes" entsprechend der preußischen Landwehrdienstauszeichnung II. Klasse. In Baden war eine I. Klasse (für Offiziere) nicht nötig, da die badischen Offiziere als preußische galten und daher die preußischen Dienstauszeichnungen erhielten.

Die Schnalle, welche unter der Linie der sonstigen Orden auf der linken Brustseite getragen wurde, ist 45 mm lang, 16 mm breit und besteht in einer flachen eisernen Umrahmung, durch welche ein hochrotes Band gezogen ist, in welches mit goldgelber Seide in deutschen Buchstaben der Namenszug „F. W. L." (Friedrich Wilhelm Ludwig) und daneben zwei Landwehrkreuze eingewirkt sind. Dieses Band ist 42 mm breit (nicht gewässert).

184. Dienstauszeichnung I. Klasse für 15 Dienstjahre Kreuz aus Tombak-Bronze (verliehen 1913—1918)

Gestiftet von Großherzog Friedrich II. am 18. Dezember 1913 in Abänderung des Befehls vom 6. Mai 1868, die Dienstauszeichnungen für Unteroffiziere usw. betreffend.

Die Dienstauszeichnung I. Klasse für vollendete 15jährige Dienstzeit der Unteroffiziere des badischen Kontingents bestand nach der neuen Verordnung aus einem scharfkantigen Kreuz mit nach außen sich verbreiternden, geraden Armen von dunkel oxydierter Tombak-Bronze mit einem 14 mm großen runden Mittelschilde.

V: Innerhalb eines schmalen Lorbeerkranzes ein gekröntes verziertes „F".

R: Innerhalb eines schmalen Lorbeerkranzes die Zahl „XV".

Größe: 37 mm

Band: Zuerst 40 mm breit wie bei Nr. 178, später aber nur mehr 30 mm breit ausgegeben (goldgelbe Seitenstreifen wieder 3 mm breit), am Rande noch rote, je 1 mm breite Kanten sichtbar.

185. Dienstauszeichnung II. Klasse für 12 Dienstjahre, Medaille aus Goldbronze

186. Dienstauszeichnung III. Klasse für 9 Dienstjahre, Medaille aus Neusilber (verliehen 1913—1918)

Gleichzeitig mit Nr. 184 gestiftet.

V: Innerhalb eines schmalen, oben und unten gebundenen Lorbeerkranzes ein gekröntes, verziertes „F".

R: In drei Zeilen in deutschen Buchstaben „Für / treue Dienste / bei der Fahne". Darunter in einem kleinen, mit Doppelschleife gebundenen Eichenlaubkranz „XII" bzw. „IX".

Größe: 31 mm.

Band: Wie bei Nr. 184.

187. Landwehr-Dienstauszeichnung, Medaille aus Tombak-Bronze (zweite Form verliehen 1913—1918)

Gleichzeitig mit den Dienstauszeichnungen für das stehende Heer (Nr. 184 ff.) am 18. Dezember 1913 gestiftet. Diese Medaille wurde an Stelle der bis dahin zur Verausgabung gelangenden Landwehr - Dienstauszeichnung, Schnalle (Nr. 183), verliehen. Personen, welchen die letztere bisher zuerkannt worden war, konnten sie in der neuen Form auf eigene Kosten anlegen.

V: Wie bei Nr. 185, aber entsprechend kleinere Ausmaße.

R: In deutscher Schrift „für / treue Dienste / in der Reserve / und Land- / wehr.".

Größe: 25 mm.

Band: Wie bei Nr. 184 ff.

188. Medaille für Arbeiter und männliche Dienstboten, dunkle Bronze (verliehen 1895—1918)

Gestiftet von Großherzog Friedrich I. am 11. November 1895 für Personen, welche während 25 Jahren in treuer Pflichterfüllung in ein und demselben Dienstverhältnis gestanden haben.

V: Das nach links gewendete Brustbild des Stifters in Generaluniform mit umgehängtem Mantel; links und rechts neben dem Brustabschnitt: „GÖTZ / MAYER", Umschrift: „FRIEDRICH GROSHERZOG VON BADEN". Um das Ganze zwischen zwei Kreislinien ein von einem Bande umschlungener schmaler, dichter Lorbeerkranz.

R: Auf einem in Renaissancecharakter gehaltenen, liegenden Schilde „FÜR TREUE ARBEIT"; darüber und darunter Verzierungen; oben, umgeben von Fruchtgirlanden ein Bienenkorb, unten Handwerksgeräte. Um das Ganze der Lorbeerkranz wie auf der Vorderseite.

Größe: 35 mm.

Band: 36 mm breit, orangegelb mit drei je 4 mm breiten, zinnoberroten Streifen, diese je 6 mm voneinander entfernt.

189. Medaille für Arbeiter und männliche Dienstboten, dunkle Bronze

Diese Medaillen wurden später bei sonst gleicher Prägung mit richtig gestellter Inschrift: GROSSHERZOG (statt „GROSHERZOG") hergestellt.

Größe und Band wie bei Nr. 188.

190. Ehrenzeichen für Mitglieder der freiwilligen Feuerwehren nach 25 Dienstjahren, Schnalle aus Goldbronze (verliehen 1877—1918)

Gestiftet von Großherzog Friedrich I. am 21. Dezember 1877.

Das Ehrenzeichen besteht aus einer einseitigen, vergoldeten Platte, welche wie die Dienstauszeichnungen auf der Rückseite einen Blechstreifen hat, an dem eine mit Scharnier befestigte Nadel zum Anstecken an der linken Brustseite angebracht ist. Die rechteckige Platte (mit vorgeschobenen Ecken) hat einen erhöhten polierten Rand, trägt in der Mitte des gekörnten Feldes den mit der Krone bedeckten badischen Wappenschild und zu beiden Seiten desselben die Zahl „25". — In den vier Ecken der Platte je ein dicker Punkt. Über dem oberen Rande kreuzen sich zwei zusammengebundene Beile, und auf denselben ruht ein Feuerwehrhelm.

Größe: 38 mm breit, 28 mm hoch.

Band: 36 mm breit, siebenmal rot und sechsmal goldgelb gestreift, rot je 3 mm, gelb je 1½ mm breit.

191. Ehrenzeichen für Mitglieder der freiwilligen Feuerwehren nach 40jähriger Dienstzeit, Bronze-Medaille (verliehen 1898—1918)

Gestiftet von Großherzog Friedrich I. am 28. August 1898. Durch diese Stiftung wurde das Statut vom 21. Dezember 1877 erweitert.

Das Ehrenzeichen besteht aus einer Medaille aus dunkler Bronze.

V: Im Felde Feuerwehrabzeichen, bestehend aus zwei gekreuzten, von einem Schlauch umwundenen Beilen, zwischen diesen oben ein Feuerwehrhelm. Um die Beilstiele schlingt sich unten ein Band, auf welchem die Zahl „40" steht. Das Ganze ruht auf einem Eichenlaubzweige, dessen Stiel den unteren Rand der Medaille berührt. Am Medaillen-Rande entlang zieht sich ein Band mit der Inschrift: „· GOTT ZUR EHR ·:· DEM NÄCHSTEN ZUR WEHR ·".

R: Im Felde der von einer Krone bedeckte badische Wappenschild. Derselbe ruht auf einem Lorbeerzweige, dessen Stiel den unteren Rand der Medaille berührt. Am Medaillen-Rande entlang ein Band, welches unten an beiden Seiten des Stieles in die Höhe läuft und den Lorbeer rechts und links vom Wappenschilde umschlingt. Das Band trägt die Inschrift „· FÜR 40 JÄHRIGE DIENSTE BEI DER FREIW. FEUERWEHR ·". Die Medaille hat eine breite angelötete Drahtöse.

Große: 41 mm.

Band: Wie bei Nr. 190.

192. Ehrenzeichen für 25jährige Dienstleistung bei der freiwilligen Feuerwehr, vergoldete Schnalle (verliehen 1920—1934)

Durch Verordnung des Staatsministeriums vom 3. November 1920 eingeführt, um die bis Ende 1918 verliehene Großherzogliche Feuerwehr-Dienstauszeichnung Nr. 190 zu ersetzen.

Das Ehrenzeichen bestand nunmehr aus einem quadratischen vergoldeten Rahmen (37 × 37 mm), der rückseitig mit kleinen Ösen auf einer gleichfalls vergoldeten Metallplatte befestigt war, über welch letztere das Band gespannt wurde. In der Mitte des Rahmens ausgespart, also auf dem Bande ruhend, eine rechteckige Fläche (12 mm hoch, 32 mm breit) mit der aufgeprägten Inschrift: 25 JAHRE DIENSTE BEI / DER FREIWILLIGEN / FEUERWEHR". Zwischen den drei Zeilen dieser Inschrift zwei waagrechte Linien. Hinten angelötet an der Metallplatte eine Nadel zum Anstecken des Ehrenzeichens an der linken Brustseite.

Band: 35 mm breit, aus 6 hellroten und 5 goldgelben gleichbreiten Streifen zusammengestellt.

193. Ehrenzeichen für 40jährige Dienstleistung bei der freiwilligen Feuerwehr, Bronze-Medaille (verliehen 1920—1934)

Eingeführt durch Verordnung des Staatsministeriums vom 3. November 1920 als Ersatz für die frühere Medaille Nr. 191.

Dieses neue Ehrenzeichen besteht aus einer bronzenen, dunkel oxydierten Medaille mit quer angelöteter breiter Drahtöse.

V: In moderner Auffassung eine Gruppe von drei mit dem Löschen einer Flamme beschäftigten Feuerwehr-Männern auf schmalem, waagerechtem Sockel. Darunter im Abschnitt (vierzeilig): „GOTT ZUR EHR / DEM NÄCHSTEN / ZUR / WEHR".

R: (fünfzeilig): FÜR TREUE / VIERZIG / JÄHRIGE DIENSTE BEI / DER FREIWILLIGEN / FEUER - WEHR". Zwischen letzteren zwei Worten ein kleiner badischer Wappenschild.

Größe: 38 mm.

Band: Wie bei Nr. 192.

194. Ehrenzeichen für 25jährige Dienstleistung bei der freiwilligen Feuerwehr, silberne Schnalle (verliehen 1934—1936)

Gemäß Verordnung des Staatsministeriums vom 18. April 1934 ist das vorher beschriebene Ehrenzeichen Nr. 193 seit dem 1. Mai 1934 durch die nachfolgende Auszeichnung ersetzt. Die Zuständigkeit zur Verleihung erlosch mit der Verordnung des Reichsministers des Innern vom 22. Dezember 1936 (Nr. 437).

Eine rechteckige (17 mm hohe und 60 mm breite) silberne Platte trägt in der Mitte (dreizeilig) die Inschrift: „25 JAHRE BEI / DER FREIW. / FEUERWEHR".

Zwischen den drei Zeilen der Inschrift je eine waagrechte Trennungslinie, links davon ein Hakenkreuz, rechts der badische Schrägbalkenschild, beides von schmalen erhabenen Linien eingerahmt.

Die silberne Metallplatte hat rückseitig eine Nadel am Scharnier befestigt und ist auf einen etwas höheren Metallstreifen gelötet, über welchen das Band genäht ist.

Band: 52 mm breit, hellrot mit zwei goldgelben je 5 mm breiten Seitenstreifen, so daß noch je $2^{1}/_{2}$ mm rote Ränder sichtbar bleiben.

194a. Ovale Fahnen-Medaille mit Krone, Bronze vergoldet
194b. dieselbe ohne Krone, Silber

für die badischen Militärvereine nach 50jährigem bzw. 25jährigem Bestehen

Gestiftet gelegentlich des Kriegertages in Karlsruhe 1895. Diese Medaillen wurden an langen zweiteiligen Bandschärpen befestigt, welche oben zur Schleife geformt, am Knauf der Fahnenspitze angebracht waren.

Die Bandenden haben 60 mm lange goldene Fransen. Die Medaille für 50jähriges Bestehen hat im feststehenden Ring über der 28 mm hohen und 35 mm breiten offenen Bügelkrone einen breiten, aus Draht geformten Bügel eingehängt zum Durchziehen des Bandes. Auf der

Vorderseite der Krone ist die vergoldete Zahl „50" angebracht. Bei der silbernen Medaille für 25jähriges Bestehen ist oben ein breiter Drahtbügel für das Band angelötet.

V: Der gekrönte Greif mit Schwert nach links gewendet, den badischen Schrägbalkenschild haltend, auf verziertem Sockel. Umschrift zwischen zwei Linien: „GROSSHERZOGTUM BADEN", unten zwischen zwei Arabesken: „1870".

R: Der deutsche Reichsadler, Umschrift zwischen zwei Linien: „DEUTSCHES KAISERREICH". Unten zwischen zwei Arabesken „1871".

Größe: 87 mm hoch, 67 mm breit, Gewicht in Silber: 155 g.

Band: In den Farben der badischen Felddienstauszeichnung (Nr. 167 ff.), 80 mm breit, goldgelb mit zwei ponceauroten, je 6 mm breiten Seitenstreifen, daneben je 1 mm gelber Strich und zwei weiße Kanten von je 3 mm Breite.

195. Kreuz für weibliche Dienstboten nach 50 Dienstjahren, Silber vergoldet

196. Kreuz für weibliche Dienstboten nach 40 Dienstjahren, Silber vergoldet

197. Kreuz für weibliche Dienstboten nach 25 Dienstjahren, Silber (verliehen seit 1876)

Gestiftet am 16. Februar 1876 von Großherzogin Luise von Baden auf Vorschlag des badischen Frauen-Vereins. Die feierliche Verleihung erfolgte jedes Jahr am 3. Dezember, dem Geburtstag der Stifterin.

Die Kreuze haben vier gerade, nach außen sich etwas verbreiternde Arme, von denen der untere etwas länger ist als die anderen drei, mit polierter, erhaben geprägter Einfassung. In der Mitte ein rundes Schildchen (18 mm Durchmesser) mit gekröntem „£" innerhalb eines Perlkreises. — Zwischen den vier Armen bei Nr. 196 und Nr. 197 je eine durchbrochene kreisförmige Verzierung, bei dem Kreuz für 50 Jahre (Nr. 195) jedoch statt dieser Kreisverzierung ein dichtes, breites Lorbeergewinde.

Die glatte Rückseite enthält den eingravierten Namen der Besitzerin. Diese Kreuze wurden mittels eines beweglichen länglichen Ringes am silbernen oder goldenen Kettchen um den Hals getragen.

Größe: 52 mm breit, 78 mm hoch.

198. Dienstauszeichnung für 25 Dienstjahre, Silber vergoldet

199. dieselbe für 20 Dienstjahre, Silber vergoldet

200. dieselbe für 15 Dienstjahre, Silber

201. dieselbe für 10 Dienstjahre, Stahl
für die Krankenschwestern des badischen Frauen-Vereins (verliehen seit 1872)

Gestiftet von Großherzogin Luise als Protektorin des Frauen-Vereins im Jahre 1872. Bei Verleihung einer höheren Klasse waren die früher erhaltenen Auszeichnungen zurückzugeben.

4*

V: Die geschweiften, nach außen abgerundeten Arme, von denen der obere etwas kürzer ist als die übrigen drei, tragen auf gekörntem Grund die Zahlen: „XXV", „XX", „XV" oder „X" erhaben, stets in vergoldetem Silber (aufgelötet), dazu bei der Auszeichnung für 25 Jahre auf dem unteren Arm noch ein gekröntes „L". Die Kreuze haben eine erhabene polierte Einfassung und längliche, bewegliche Tragringe.

R: Glatt zum Eingravieren des Namens der Trägerin.

Größe: 41 mm breit, 45 mm hoch.

202. Jubiläums-Medaille für Hebammen nach 35 Berufsjahren, Silber, oval

203. dieselbe wie vorher nach 25 Berufsjahren, Silber, oval

204. dieselbe wie vorher für treue Dienste, Silber, oval

Von Großherzogin Luise im Jahre 1884 gestiftet zur Belohnung tadelloser Berufstätigkeit „jener Frauen, in deren Hände die ernste und schwerwiegende Verantwortung eines Berufes gelegt wurde, der nicht ernst und gewissenhaft genug erfaßt und erfüllt werden kann".

Zunächst wurden diese ovalen, silbernen Medaillen nur für 35 Berufsjahre, ab 1887 aber schon für 25jährige Tätigkeit, in besonderen Fällen auch ohne Rücksicht auf eine bestimmte Dienstzeit verliehen, stets durch Vermittlung des Badischen Frauenvereins und unter Zustimmung des Staatsministeriums des Innern.

V: Innerhalb einer Einfassung aus Bogenlinien ein Engelköpfchen mit abwärts gebogenen Flügeln, darunter ein Band und ein kleines Medaillon am Kettchen, weiter nach unten ein fliegendes gebogenes Spruchband, worauf die Inschrift: „FÜR 25 (35) JAHRE" oder aber „FÜR TREUEN DIENST". Den Rand des Ehrenzeichens ziert eine schmale Perlenlinie.

R: Glatt zum Eingravieren des Namens der Besitzerin. Die Medaillen haben eine längliche verzierte und profilierte Öse.

Größe: 45 mm hoch, 35 mm breit.

Band: Aus schwarzem Samt (um den Hals zu tragen).

205. Goldenes Kreuz für langjährige Dienstzeit weiblicher Personen, (Silber vergoldet)

206. Silbernes Kreuz für langjährige Dienstzeit weiblicher Personen

Das silberne Kreuz wurde schon anfangs der 1880er Jahre, das silbervergoldete jedoch erst 1897 von Großherzogin Luise gestiftet für solche weiblichen Personen, welchen eine sonstige Auszeichnung nicht verliehen werden konnte, „nach treuer, langjähriger Pflichterfüllung". Meistens erhielten diese Auszeichnungen Zeichen-, Handarbeits- und Haushaltungslehrerinnen, „welche entweder als solche nicht vollbeschäftigt oder, wenn vollbeschäftigt, nicht als Hauptlehrerinnen angestellt" waren.

Die Kreuze haben vier außen geschweifte, sonst gerade Arme, von denen der untere etwas länger ist. Die ganze Vorderseite in Mattsilber (bzw. vergoldetem Silber) ist ohne Inschrift und die Arme haben eine erhabene, polierte Einfassung.

R: Glatt, worauf der Name und die Zahl der Dienstjahre eingraviert wurde. Die Kreuze haben in kleiner Öse einen länglichen, gemusterten Ring hängen zum Tragen der Ehrenzeichen an silbernen oder goldenen Halskettchen.

Größe: 50 mm hoch, 70 mm breit.

Gewicht: Etwa 20 g.

207. Arbeiterinnenkreuz für 50 Dienstjahre, Silber vergoldet

208. Arbeiterinnenkreuz für 30 Dienstjahre, Silber
(verliehen 1902—1918)

Von Großherzogin Luise nach erfolgter Zustimmung des Großherzoglichen Ministeriums des Innern gestiftet und durch Vermittlung des Badischen Frauenvereins ab Januar 1902 verliehen an solche Arbeiterinnen in Baden, welche nach dem vollendeten 14. Lebensjahr ohne Unterbrechung mindestens 30 Jahre im gleichen Industriebetriebe tätig waren und „wegen ihrer Zuverlässigkeit und Rechtschaffenheit einer besonderen Auszeichnung würdig erscheinen". Die Verleihungen erfolgten jeweils am 9. September jeden Jahres, dem Geburstage des Großherzogs Friedrich I. in feierlicher Weise.

Die silbervergoldeten bzw. silbernen Kreuze sind ganz gleich in der Form. Sie haben matte Arme, von denen der untere länger ist, und welche an den Enden stark abgerundet und mit $1^1/_2$ mm breiter polierter, erhöhter Einfassung versehen sind. Rückseite glatt zum Eingravieren des Namens der Besitzerin. Oben ist eine flache runde Öse angeprägt, durch die ein länglicher, ebenfalls flacher Tragring geht. Die Arbeiterinnenkreuze für 50 bzw. 30 Dienstjahre wurden an einem schwarzen Samtband um den Hals getragen.

Größe: 57 mm hoch, 41 mm breit.

209. Ehrenauszeichnung für Lehrerinnen, Vorsteherinnen usw. für 40 Dienstjahre

210. Ehrenauszeichnung für Lehrerinnen, Vorsteherinnen usw. für 25 Dienstjahre
(verliehen seit 1880)

Gestiftet von Großherzogin Luise im Dezember 1880, um „langjährige treue Leistungen von Frauen auf .... humanitären Tätigkeitsgebieten .... auch da zu ehren und zu belohnen, wo diese Leistungen in beruflicher Lebensstellung außerhalb des Vereinsverbandes ihre Entwicklung fanden".

Die Verleihungen wurden vom Badischen Frauenverein vermittelt.

Die Ehrenzeichen bestehen in spitzovalen, silbervergoldeten bzw. silbernen Medaillen, welche auf gekörntem, mit schmaler Perleneinfassung eingesäumten Grunde ein vergoldetes Kreuz mit geschweiften Armen tragen, von denen der untere länger ist. In der Mitte des Kreuzes die Zahlen „XXXX" bzw. „XXV", im unteren Arm zwei schräg übereinander liegende „L". Die Medaillen haben eine kleine angeprägte Öse mit beweglichem, länglichem und verziertem Ring zum Tragen der Ehrenzeichen an Halskettchen.

Rückseite glatt zum Eingravieren des Namens der Besitzerin.

Größe: 55 mm hoch, 33 mm breit.

Baltischer Nationalausschuß

Der Baltische Nationalausschuß bildete 1918/1919 die politische Vertretung der deutsch-baltischen Bevölkerung in Südlivland und Kurland (heute Lettland).

210a. Baltenkreuz (verliehen 1919—1921)

Gestiftet im Sommer 1919 ohne Stiftungsurkunde durch den Baltischen Nationalausschuß zur Erinnerung an die Befreiungskämpfe 1918/1919 gegen die Bolschewiken. Die ersten Verleihungen erfolgten im Juli 1919, Voraussetzung war Einstellung vor dem 1. Juli 1919 und drei Monate Felddienst. Die Anlegung des Baltenkreuzes wurde zuerst der Polizei zum 16. Mai 1933 gestattet und ist seitdem in allen deutschen Ordensbestimmungen vorgesehen.

Die Auszeichnung besteht aus einem schwarzoxydierten metallenen gleicharmigen Balkenkreuz von 10 mm Breite.

V: Das Kreuz ist belegt mit einem goldenen, 4 mm breiten Lilienkreuz, in der Form des Kreuzes des Hochmeister des Deutschen Ritterordens.

R: Glatt mit Anstecknadel.

Größe: 45 mm hoch und breit.

Band: 26 mm breit, weiß mit 6 mm breitem dunkelblauem Mittelstreifen und 2 mm breiten dunkelblauen Seitenstreifen mit 4 mm Abstand von den Kanten.

Das Kreuz wird ohne Band als Steckkreuz an der linken Brustseite getragen. Das Band kann allein oder neben dem Kreuz an der Ordensschnalle oder im Knopfloch getragen werden.

Bamberg

Das Fürstbistum Bamberg wurde nach dem Frieden zu Lunéville 1802 säkularisiert und dann Pfalz-Bayern zugeteilt.

Das Fürstbistum Bamberg hatte einen Militärverdienstorden „pour le mérite" (gestiftet 1797).

211. Goldene Militair-Verdienstmedaille (verliehen 1797)

Diese goldene sowie die silberne Militair-Verdienstmedaille (Nr. 212) für die Unteroffiziere und Soldaten des bambergischen Reichskontingentes wurden, gleichzeitig mit einem Orden pour le mérite für die Offiziere von Fürstbischof Christoph Franz von Buseck (1795—1802) am 7. Januar 1797 gestiftet, „um einzelne heldenmütige Handlungen durch ein öffentliches und fortdauerndes Ehrenzeichen der Vergessenheit zu entreißen". Diese Medaillen gehören zu den größten Seltenheiten des Sammelgebietes.

V: Auf einer Pyramide, umgeben von Kriegstrophäen, in einem unten gebundenen Lorbeerkranz die verschlungenen Buchstaben „C. F.", — darunter im herzförmigen Schilde das bambergische Landeswappen:

der aufrecht schreitende Löwe mit dem darüber gelegten Schrägbalken.

R: In einem Lorbeerkranz in vier Zeilen „LOHN / DER / TAPFER- /
KEIT". Unten ein W., das Zeichen der Würzburger Münzstätte.

Die Medaille hat eine breite, queraufgelötete goldene Bandöse.

Größe: 32 mm, Gewicht 3 Dukaten (etwa 10,5 g).

Band: 38 mm breit, karminrot.

212. Silberne Militair-Verdienstmedaille
(verliehen 1797) Abbildung am Schluß des Bandes.

Gleichzeitig mit der goldenen Militär-Verdienstmedaille gestiftet. Vergleiche
Nr. 211. Auch diese Medaille ist von größter Seltenheit.

V: Unter einer schmalen Lorbeer-Guirlande, von Fahnen und Kriegstrophäen umgeben, das vom Fürstenhut überragte Wappen des
Bistums: der aufrecht schreitende bambergische Löwe mit dem
darüber gelegten Schrägbalken. Unten ein kleines W., das Zeichen
der Würzburger Münzstätte.

R: In einem unten mit Schleife gebundenen schlanken, Lorbeerkranz,
in vier Zeilen „LOHN / DER / TAPFER- / KEIT.". Unten wieder
das „W", als Zeichen der Würzburger Münzstätte.

Die Medaille hat eine breite, queraufgelötete Bandöse.

Größe: 36 mm, Gewicht: etwa 15 g.

Band: 38 mm breit, karminrot.

Bayern

Bis Ende 1805 Kurfürstentum, ab 1. Januar 1806 bis November 1918
Königreich, dann Freistaat.

Bayern hatte zehn Orden, den Sankt Hubertus-Orden (gestiftet
1444), den Haus-Ritterorden vom heiligen Georg (erneuert 1729), den
Militär-Max-Joseph-Orden (gestiftet 8. Juni 1797), den Verdienst-Orden
der bayerischen Krone (gestiftet 19. Mai 1808), den Verdienst-Orden
vom heiligen Michael (gestiftet 1693, umgestaltet 16. Februar 1837), den
Maximilians-Orden für Kunst und Wissenschaft (gestiftet 28. November
1853), den Militär-Verdienstorden (gestiftet 19. Juli 1866), den Militär-
Sanitätsorden (gestiftet 16. Oktober 1914), daneben die beiden Damenorden, den Königlichen Theresien-Orden (gestiftet 12. Dezember 1827)
und den St. Elisabethen-Orden (gestiftet 18. Oktober 1766). Der erwähnte Kronen-Orden ist an Stelle des Pfälzischen Ordens des goldenen Löwen getreten, der am 1. Januar 1768 gestiftet worden war.
Die Ehrenzeichen sind folgende:

213. Goldene Militär-Verdienstmedaille

214. Silberne Militär-Verdienstmedaille
mit Brustbild des Kurfürsten Carl Theodor
(verliehen 1794—1797) Abbildung am Schluß des Bandes.

Kurfürst Carl Theodor (regiert 1777—1799) stiftete diese Militär-Verdienst-medaille am 30. Oktober 1794 „zur Belohnung einer im Kriege erfolgten tapferen Handlung" für die Mannschaften der Kurbayerischen Truppen vom Feldwebel abwärts. Am 22. November wurden diese Ehrenzeichen mit Statuten versehen. Die Stempel schnitt Cajetan Destouches, der von 1784—1807 in München Medailleur war.

Die Medaillen haben eine angeprägte Öse zum Durchziehen des Bandes.

V: Das nach rechts gewendete bezopfte Brustbild des Stifters im Harnisch mit dem Orden vom goldenen Vließ. Umschrift: „CARL · THEOD · PF · B · RH · H · I · B · CHVRFVRST". Im Armabschnitt „C. D. F." (Cajetan Destouches fecit).

R: Der aufrechte gekrönte bayerische Löwe hält mit der linken Pranke den ovalen kurfürstlichen Wappenschild, in der rechten ein blankes Schwert. Umschrift: „DER TAPFERKEIT".

Sowohl die goldenen Medaillen, von denen nur 12 Stück ausgegeben worden sind, als auch die silbernen mit 29 in den Koalitionskriegen 1794 und 1797/99 verliehenen Exemplaren gehören zu den größten Seltenheiten.

Größe: 34 mm; Gewicht in Gold 5 Dukaten (17,1 g), in Silber etwa 15 g.

Band: 35 mm breit, schwarz mit je zwei weiß-blauen Seitenstreifen (diese wieder je 3 mm breit) bei 1 mm breiten schwarzen Band-kanten.

216. Silberne Militär-Verdienstmedaille
mit Brustbild des Kurfürsten Max Josef IV.
(verliehen zwischen 1799 und 1806)

Nach dem Regierungsantritt des Kurfürsten Max Josef IV. (am 16. Februar 1799) mit veränderter Vorderseite in den Kriegen der Jahre 1800 und 1805 verliehen. Die Stempel zur Vorderseite schnitt wieder Destouches.

V: Das geharnischte, nach rechts gewandte Brustbild des Stifters mit Zopf. Im Armabschnitt: „D" (Destouches). Umschrift: „MAX · IOS · CHVRF · ZV · PFALZBAIERN·".

R: Wie bei Nr. 214.

Auch bei diesen Medaillen wurde das Band, das aus dünner Seide bestand, unmittelbar durch die angeprägte Öse gezogen. Es kommen, wie auch bei Nr. 213, 214, Stücke mit breiten Drahtbügeln vor. Letztere sind eigenmächtige Zutaten der Besitzer.

Größe, Gewicht und Band wie bei Nr. 213, 214.

217. Goldene Militär-Verdienstmedaille

218. Silberne Militär-Verdienstmedaille
mit dem (kleineren) Brustbild Königs Max Josef I.
I. Stempel von Losch
(verliehen zwischen 1806 und 1815)

Nachdem Kurfürst Max Josef IV. als Max Josef I. am 1. Januar 1806 (regiert bis 1825) den Königstitel angenommen hatte, wurde die Vorderseite der Militär-Verdienstmedaillen wie folgt geändert:

V: Das nach links gewendete bartlose Brustbild des Stifters in Generaluniform (ohne Zopf). Umschrift „MAXIMILIAN IOSEPH

56

KÖNIG VON BAIERN", unten „LOSCH" (Josef Losch war Stempelschneider an der Münchener Münze von 1803—1826).

R: Wie bei Nr. 214, nur ist die Figur des Löwen etwas verändert, sowie der neue königliche Wappenschild an Stelle des kurfürstlichen getreten; auch die Buchstaben der Umschrift „DER TAPFERKEIT" sind etwas größer als früher.

Größe, Gewicht und Band wie bei Nr. 213, 214.

219. Goldene Militär-Verdienstmedaille
220. Silberne Militär-Verdienstmedaille
mit dem (kleineren) Brustbild Königs Max Josef I.
II. Stempel ohne „LOSCH"
(verliehen zwischen 1848 und 1870)

Bei Neuprägungen anläßlich von Verleihungen in den Kriegen 1848/49 wurden die Stempel zu den Militär-Verdienstmedaillen ebenfalls erneuert. Es wurden von 1848—1870 hiervon geprägt 117 goldene und 326 silberne Stücke. Diese Abart kann sohin als selten bezeichnet werden.

V: Die Umschrift um das Brustbild des Königs zeigt etwas fettere und größere Buchstaben. Unten fehlte der Name des Stempelschneiders.

R: Auch hier haben die Buchstaben: „DER TAPFERKEIT" kräftigere Grundstriche.

Die Medaillen selbst haben derbere und größere Ösen. Die silbernen Stücke sind außerdem etwas dicker, daher auch schwerer als früher.

Größe: Wie vorher, Gewicht in Gold 6 Dukaten, in Silber etwa 19,5 g.

Band: 40 mm breit, schwarz mit je 4 mm breiten weißen und blauen Seitenstreifen und je 1 mm breiten schwarzen Kanten.

221. Goldene Militär-Verdienst- (Tapferkeits-) Medaille
222. Silbervergoldete Militär-Verdienst- (Tapferkeits-) Medaille
223. Silberne Militär-Verdienst- (Tapferkeits-) Medaille
mit dem (größeren) Brustbild Max Josef I.
(verliehen 1870/71 und 1914/18) Abbildung am Schluß des Bandes.

1871 wurden vom damaligen Münzmedailleur Johann Ries (zuerst in Darmstadt, dann an der Münchener Münze tätig) neue Vorderseitenstempel zur Militär-Verdienstmedaille geschaffen. Die Rückseite erlitt dagegen keine Abänderung. In dieser Prägung wurden 1871 133 goldene und 612 silberne Exemplare hergestellt. Im Weltkriege von 1914 bis Ende 1916 kamen dann noch 745 goldene Exemplare zur Verleihung, dann wurden sie nur mehr in vergoldetem Silber verliehen, und zwar prägte die Münchener Münze davon noch 453 Stück, dazu während der Kriegsjahre 1914/18 insgesamt 2932 silberne Exemplare.

V: Das größere nach links gewendete Brustbild Königs Max Josef I. mit Backenbart in Generaluniform. Umschrift: „MAXIMILIAN JOSEPH KOENIG VON BAIERN". Unter dem Armabschnitt: „J. RIES".

R: Siehe Nr. 219/220.

Seit 1914 wurden die Militär-Verdienstmedaillen amtlich auch „Tapferkeits-Medaillen" genannt. Sie haben ebenfalls die kräftige Öse wie Nr. 220.

Größe, Gewicht und Band wie dort.

224. Goldenes Militär-Sanitätsehrenzeichen

225. Silbernes Militär-Sanitätsehrenzeichen
Medaillen, I. Vorderseitenstempel von Losch
(verliehen 1812—1814)

226. Goldenes Militär-Sanitätsehrenzeichen

227. Silbernes Militär-Sanitätsehrenzeichen
Medaillen, II. Vorderseitenstempel von Losch
(verliehen von 1815—1870)

228. Goldenes Militär-Sanitätsehrenzeichen

229. Silbernes Militär-Sanitätsehrenzeichen
Medaillen, geänderter Rückseitenstempel
(verliehen 1871) Abbildung am Schluß des Bandes.

Gestiftet von König Maximilian Joseph am 8. November 1812 „zur Belohnung der ausgezeichneten Verdienste, welche mehrere Militär-Sanitäts-Individuen der königlichen Armee zur Zeit des Krieges, theils in Feld-Spitälern, theils auf dem Schlachtfelde selbst, in der mit Lebensgefahr verbundenen Besorgung der verwundeten und kranken Offiziere und Soldaten ..... sich erworben haben".

An die Stelle des Militär-Sanitätsehrenzeichens trat der am 16. Oktober 1914 gestiftete Militär-Sanitäts-Orden.

Es ergaben sich im Laufe der Zeit folgende drei Stempelverschiedenheiten bei diesen stets sehr selten verliehenen und mit lebenslänglichen Pensionen für die Inhaber bedachten Ehrenzeichen:

V: Bei Nr. 224/225 das nach links gewendete Stifterbildnis mit Backenbart in Generaluniform mit dem Großkreuz des Militär-Max-Joseph-Ordens. Umschrift: „MAXIMILIANUS IOSEPHUS REX BOIOARIAE". Unter dem Armabschnitt: „LOSCH". Bei Nr. 226 bis 229 steht dieser Stempelschneidername nicht u n t e r, sondern a u f dem Armabschnitt.

R: Bei Nr. 224 bis 227: In einem Kranze, gebildet aus je einem dünnen Lorbeer- und Eichenzweig, unten mit Doppelschleife zusammengebunden, sechszeilige Inschrift: „OB · / MILITES · / INTER · PRAELIA / ET · ARTE / ET · VIRTUTE / SERVATOS". Bei Nr. 228 und Nr. 229, abgesehen von den dicken Grundstrichen der Inschrift, heißt es nun „INTER PROELIA" (statt INTER PRAELIA) und die Punkte nach jedem Wort sind weggefallen.

Auch hat der umgebende Kranz dichtere und größere Blattgruppen, ferner unter der Doppelschleife ein kleines „R" (Ries).

Die Stücke Nr. 224/227 haben ziemlich große Ösen aus flach gewalztem Gold- bzw. Silberdraht, aber, wie alle bayerischen Verdienstmedaillen, keinen Ring. Nr. 228/229 haben derbere und abgerundete Drahtösen.

Von den verschiedenen Arten wurde je folgende Anzahl verliehen bzw. geprägt: In Gold Nr. 224 und Nr. 226 verliehen 26 Stück zusammen; in Gold von Nr. 228 geprägt nur 15 Stück (1871); in Silber Nr. 225 und Nr. 227 verliehen 63 Stück zusammen; in Silber von Nr. 229 geprägt nur 40 Stück.

Größe: 41 mm, Gewicht in Gold stets 10 Dukaten (35,5 g), in Silber bei Nr. 225/227 etwa 30 g, bei Nr. 229 etwa 28 g.

Band: Zuerst 35 mm breit, schwarz mit je zwei weißen und himmelblauen Seitenstreifen (je 3 mm breit); später aber 40 mm breit, schwarz mit je 4 mm breiten weißen und himmelblauen Seitenstreifen. In beiden Fällen hatten die Bänder noch 1 mm breite schwarze Kanten.

230. Militär-Verdienstkreuz
231. dasselbe mit Schwertern (Kriegsdekoration)
(erste Form verliehen 1866—1905) Abbildung am Schluß des Bandes.

Gestiftet von König Ludwig II. (regierte 1864—1886) am 19. Juli 1866 gleichzeitig mit dem Militär-Verdienstorden (dieser für Offiziere), als dessen letzte Stufe, bestimmt: „zur Belohnung außergewöhnlicher Verdienste der Unteroffiziere, Soldaten und unteren Militärbeamten". Eine Statutenänderung vom 19. Februar 1891 (unter der Regierung des Prinzregenten Luitpold) bestimmte mit rückwirkender Gültigkeit für die Kriege 1866 und 1870/71, daß bei Verleihung „für tapfere Thaten und hervorragende Leistungen im Kriege" über dem oberen Kreuzarm zwei gekreuzte römische Schwerter aufgelötet werden sollen. Letztere hatten sich die bisherigen Inhaber selbst zu beschaffen. Diese Bestimmung traf ohne weiteres nur auf Personen des Soldatenstandes zu; die Schwerter konnten Militär- und Zivilbeamten sowie Zivilpersonen für Verdienste auf dem Kriegsschauplatz verliehen und für 1866 und 1870/71 auf Gesuch zuerkannt werden.

Das achtspitzige, silberne, dunkelblau emaillierte Malteserkreuz hat oben eine Verzierung mit Öse und beweglichem Ring.

V: Ein echt goldenes Schildchen (17 mm breit), hierauf in der Mitte auf schwarz emailliertem Grund ein erhabenes goldenes „L" mit Krone, darum liegt ein weiß emailliertes, goldgefaßtes Band, worauf die Widmung: „MERENTI", links und rechts je eine Arabeske, unten aber eine Schließe mit Dorn, alles in Gold.

R: Auf gleich großem, ebenfalls schwarz emailliertem, goldenem Mittelschildchen der nach links schreitende gekrönte Löwe, erhaben in Gold. Auf dem weiß emaillierten, außen herumlaufenden Bande mit Schließe und Dorn, oben „1866", links und rechts zwei Arabesken, alles in Gold.

Im Laufe der Zeit ergaben sich natürlich durch mehrmaligen Wechsel der Hersteller kleine Verschiedenheiten. Die letzten Verleihungen des Militär-Verdienstkreuzes erster Form mit Schwertern erfolgten im Chinakrieg 1900/01. Ab 24. November 1905 führten die Träger desselben den Titel: „Inhaber des Militär-Verdienstkreuzes I. Klasse".

Größe: 40 mm.

Band: 35 mm breit, weiß mit zwei dunkelblauen, je 5 mm breiten Seitenstreifen, welche gegen den Rand noch je eine 1½ mm breite weiße Kante sichtbar lassen.

232. Militär-Verdienstkreuz I. Klasse

233. Militär-Verdienstkreuz I. Klasse mit Schwertern

234. Militär-Verdienstkreuz II. Klasse

235. Militär-Verdienstkreuz II. Klasse mit Schwertern
alle aus Silber
(zweite Form verliehen von 1905—1913)

Nach den neuen Satzungen vom 24. November 1905 wurde das bisherige Militär-Verdienstkreuz (Nr. 230) in zwei Klassen geteilt. Diese beiden Klassen sind von Silber und haben nunmehr gekörnte (nicht mehr blau emaillierte) achtspitzige Arme mit polierten, schmalen Rändern. Sie unterscheiden sich voneinander durch das Mittelschildchen, das nur bei der ersten Klasse emailliert ist. Wenn das Kreuz für tapfere Taten oder hervorragende Leistungen im Kriege an Personen des Unteroffiziers- und Mannschaftsstandes sowie an Militärbeamte entsprechender Grade verliehen wurde (z. B. im Südwestafrikanischen Feldzug 1905/06), kamen über dem oberen Arm zwei gekreuzte, römische Schwerter dazu.

V. der I. Klasse: das 17 mm große Mittelschild auf silbervergoldetem Grund genau wie bei Nr. 230.

Bei der II. Klasse ist das Mittelschildchen (17 mm groß) aus Silber geprägt ohne Email, zeigt aber die gleiche Darstellung wie bei der I. Klasse.

R: Bei beiden Klassen gleiches, in Silber geprägtes Mittelschildchen (17 mm groß), worauf in der Mitte der aufspringende gekrönte Löwe erhaben auf poliertem Grund, auf dem umgebenden Band mit Schnalle und Dorn aber in erhabener Schrift: (oben) „1866", rechts und links je eine Arabeske ersichtlich.

Größe und Band unverändert.

236. Militär-Verdienstkreuz I. Klasse mit Krone

237. Militär-Verdienstkreuz I. Klasse mit Krone und Schwertern am Kriegsband

237a. Militär-Verdienstkreuz I. Klasse mit Krone und Schwertern am Kriegsband für Beamte usw.

238. Militär-Verdienstkreuz I. Klasse (ohne Krone)

239. Militär-Verdienstkreuz I. Klasse (ohne Krone) mit Schwertern am Kriegsband

240. Militär-Verdienstkreuz I. Klasse (ohne Krone) mit Schwertern am Kriegsband für Beamte usw.

241. Militär-Verdienstkreuz II. Klasse mit Krone

242. Militär-Verdienstkreuz II. Klasse mit Krone und Schwertern am Kriegsband

243. Militär-Verdienstkreuz II. Klasse mit Krone und Schwertern am Kriegsband für Beamte usw.

243a. Militär-Verdienstkreuz II. Klasse (ohne Krone)

243b. Militär-Verdienstkreuz II. Klasse (ohne Krone) mit Schwertern am Kriegsband

243c. Militär-Verdienstkreuz II. Klasse (ohne Krone) mit Schwertern am Kriegsband für Beamte usw.

244. Militär-Verdienstkreuz III. Klasse mit Krone
Abbildung am Schluß des Bandes.

245. Militär-Verdienstkreuz III. Klasse mit Krone und Schwertern am Kriegsband

246. Militär-Verdienstkreuz III. Klasse mit Krone und Schwertern am Kriegsband für Beamte usw.

247. Militär-Verdienstkreuz III. Klasse (ohne Krone)

248. Militär-Verdienstkreuz III. Klasse (ohne Krone) mit Schwertern am Kriegsband

249. Militär-Verdienstkreuz III. Klasse (ohne Krone) mit Schwertern am Kriegsband für Beamte usw.
(dritte Form verliehen von 1913—1918)

Nach einer Verordnung Königs Ludwig III. vom 22. Dezember 1913, ergänzt durch Verordnungen vom 11. Oktober und 14. November 1914, wurden die Satzungen vom 24. November 1905 abermals geändert: Das Militär-Verdienstkreuz hatte in der Folge drei Klassen, jede wieder mit oder ohne Krone. Für hervorragende Leistungen im Kriege kamen zu allen Klassen wieder die gekreuzten, über dem oberen Kreuzarm aufgelöteten römischen Schwerter, jeweils im Metall der betreffenden Kreuze. Letztere bestanden von da ab in einer Kupferlegierung, bei der I. Klasse vergoldet, bei der II. Klasse versilbert, bei der III. Klasse aber in Kupfertönung. Die achtspitzigen Arme sind wie bei Nr. 232 ff. stets gekörnt mit schmalen, erhöhten und polierten Einfassungen. Oben ebenso die Verzierung, an welcher entweder der Ring oder die offene (15 mm hohe) Königskrone befestigt ist. Letztere hat dann im Reichsapfel den beweglichen Tragring.

V: Das 17 mm große Mittelstück ist bei der I. und II. Klasse schwarz emailliert, mit dem gekrönten „L" in der Mitte, umgeben von dem weiß emaillierten Band mit der Inschrift: „MERENTI", den kleinen Arabesken rechts und links und der Schnalle mit Dorn unten; alles dies ist bei der I. Klasse vergoldet, bei der II. versilbert.
Bei der III. Klasse ist das gleiche Mittelschildchen ohne Email in Kupferton erhaben geprägt.

R: Das 17 mm große Mittelschildchen genau wie bei Nr. 232/235, stets ohne Email (vergoldet, versilbert oder in Kupferton).

Größe: 40 mm.

Band: a) 35 mm breit, wie seither bei Nr. 230, f. Friedensdekorationen,
b) Kriegsband für Unteroffiziere und Soldaten: 35 mm breit, weiß mit zwei dunkelblauen, je 4 mm breiten, und zwei schwarzen, je 2 mm breiten Seitenstreifen, letztere nach außen von den blauen

Streifen 2 mm Abstand, dabei noch je 1 mm breite weiße Kante sichtbar (eingeführt seit 22. Dezember 1913).

c) Band für Kriegsverdienst an Nichtstreiter wie mittlere und untere Militärbeamte, Feldpost- und Bahnbeamte, auch Zivilpersonen usw. verliehen: 35 mm breit, schwarzweiß-dunkelblau-weiß-schwarz in fünf je 7 mm breiten Streifen (eingeführt seit 11. Oktober 1914).

Die schon früher mit Schwertern verliehen gewesenen Verdienstkreuze Nr. 231 bzw. Nr. 233 und 235 konnten nun ebenfalls am neuen „Kriegsband" getragen werden.

250. Militär-Verdienstkreuz III. Klasse mit Krone und Schwertern

251. Militär-Verdienstkreuz III. Klasse mit Schwertern aus Zink, Kriegsmetall (verliehen 1918—1919)

Der überaus große Mangel an Kupfer veranlaßte gegen Kriegsende die Herstellung der Militär-Verdienstkreuze III. Klasse aus einer Zinklegierung, dem sogenannten „Kriegsmetall", bei sonst gleicher Prägung. Bis Mitte 1919 wurden noch Kreuze in dieser letzten Form ausgegeben.

Band: 30 mm breit, in der Farbenzusammenstellung wie vorher, aber für Kämpfer die dunkelblauen Seitenstreifen nur mehr 4 mm, die schwarzen Seitenstreifen 1$^1/_2$ mm breit mit 2 mm Abstand voneinander. Für Nichtkämpfer (Beamte usw.) 30 mm breit, schwarz-weiß-blau-weiß-schwarz in fünf je 6 mm breiten Streifen.

252. Verdienstkreuz für die Jahre 1870/1871

Gestiftet von König Ludwig II. am 12. Mai 1871, um mit „demselben Männer, Frauen und Jungfrauen" zu belohnen, „welche sich auf dem Gebiete der Krankenpflege oder durch andere aufopfernde Handlungen zum Besten" des „Heeres während des Krieges gegen Frankreich bestimmte besondere Verdienste erworben haben" (Regierungsblatt 1871, Nr. 34).

Das Kreuz ist von mattem Silber, die geraden, nach außen breiter werdenden Arme mit goldener Einfassung; am oberen Arm befindet sich eine goldene, 7 mm hohe Ösenverzierung, an welcher der ebenfalls goldene Ring hängt.

V: Im weißemaillierten, schwarzgeränderten Mittelschild (17 mm Durchmesser) das rote Kreuz.

R: Das gestrahlte silberne Mittelschild trägt ein goldenes gekröntes „L" aufgelötet und auf himmelblau emaillierter Umrahmung in Silber die Jahreszahlen „1870" (oben), „1871" (unten), rechts und links je eine kleine silberne Arabeske.

Größe: 34 mm hoch (ohne die Ösenverzierung).

Band: 33 mm breit, himmelblau (von Damen als Schleife getragen). Fürstliche Inhaberinnen konnten das Verdienstkreuz an einem 75 mm breiten Band von der rechten Schulter zur linken Hüfte tragen laut Verfügung vom 24. August 1871. Es kamen nur 25 Verleihungen „am großen Bande" vor.

253. Verdienstkreuz für freiwillige Krankenpflege, Silber (verliehen 1901)

254. dasselbe mit silbernen Spangen „1870/71." — **„1914"** („mit der Kriegsauszeichnung")

255. dasselbe mit der silbernen Krone und Spange „1914"

Bildet eine Abteilung des „Ehrenzeichen's für freiwillige Krankenpflege" (vgl. Nr. 324).

Gestiftet von Prinzregent Luitpold am 5. März 1901 „als Friedens- und Kriegsauszeichnung" „für hervorragende Leistungen im Dienste der freiwilligen Krankenpflege und besondere Förderung ihrer auf die Unterstützung des Militär-Sanitätsdienstes gerichteten Bestrebungen". Bei der Kriegsauszeichnung wird auf dem Bande je eine 32 mm breite, 5 mm hohe silberne Spange mit der Jahreszahl des Feldzuges befestigt, in welchem sich der Beliehene ausgezeichnet in der freiwilligen Krankenpflege bewährt hat. Personen, welche schon während der Kriege 1866 und 1870/71 auf dem Kriegsschauplatz im Dienste des Roten Kreuzes gestanden hatten, konnten silberne Spangen mit „1866." bzw. „1870/71." zum Bande anlegen. Tatsächlich gibt es aber nur Spangen mit „1870/71.".

Seit 8. Juli 1915 wurden diese Bestimmungen auch auf solche Personen ausgedehnt, welche im Weltkriege sich Verdienste um die freiwillige Krankenpflege erworben hatten. Wenn ihnen aber bei wiederholter, ganz besonderer Auszeichnung das Verdienstkreuz „mit der silbernen Krone" im Kriege verliehen wurde, so hatte die silberne Spange mit „1914", welche unter der Krone auf dem Bande zu tragen war, nur 20 mm Breite bei 5 mm Höhe. Die durchbrochene silberne Krone (20 mm hoch) war einseitig (hohl) gearbeitet und hatte rückseitig, ebenso wie auch die Spangen, eine Nadel zum Befestigen auf dem Band.

Vom Verdienstkreuz mit Krone und Spange wurden während des Weltkrieges 1914—18 nur 8 Exemplare, und zwar mit einer einzigen Ausnahme, an Damen fürstlichen Ranges verliehen.

Das in der Satzungsänderung vom 8. Juli 1915 vorgesehene „Verdienstkreuz mit der silbernen Krone" (ohne Spange) ist nicht verliehen worden.

Die Kreuze haben leicht nach außen abgerundete Arme, welche gekörnt und mit poliert erhabenen Rändern versehen sind. Der obere Arm hat eine kleine Krone aufgeprägt, trägt oben eine 7 mm hohe verzierte Öse mit beweglichem Ring.

V. des 16 mm großen Mittelschildchens in Email: Auf weißem, hellblau umrandetem Grund das rote Kreuz.

R. des 16 mm großen Mittelschildchens: Auf fein gekörntem silbernem Grund der geschweifte bayerische Rautenschild.

Größe: 35 mm (ohne die verzierte Öse).

Band: 35 mm breit, dunkelblau mit zwei weißen, je 6 mm breiten Seitenstreifen, die noch je 1¹/₂ mm breite dunkelblaue Ränder ersichtlich lassen.

256. Silberne Civilverdienst-Medaille mit Brustbild des Kurfürsten Carl Theodor (verliehen 1792—1799) Abbildung am Schluß des Bandes.

Gestiftet von Kurfürst Carl Theodor im Jahre 1792 anläßlich seines 50jährigen Regentenjubiläums (31. Dezember 1792) „zur Belohnung von Verdiensten um das Regentenhaus und Vaterland". Der sehr sparsam verliehenen Medaille kommt heute ein großer Seltenheitswert zu. Ursprünglich nicht zum Tragen bestimmt, scheint wohl nach Stiftung von Nr. 257/258 später genehmigt worden zu sein, daß auch diese erste Form der Kurbayerischen Civilverdienst-Medaille am gleichen Bande getragen werden durfte.

V: Das nach rechts gewendete Brustbild des Stifters in Harnisch mit
Perücke. Umschrift: „CARL THEODOR PFALZ GRAV BEI
RHEIN CHVRFVRST". Darunter (klein): „A. S." (Anton Schäffer,
Münzmeister zu Mannheim, geb. 1722, gest. 1799). Unten im Ab-
schnitt von schmalen geschwungenen Linien eingefaßt, zweizeilig:
„IM FVNFZIGSTEN / REGIERVNGS IAHRE".

R: Inmitten von zwei mit Schleife zum Kranze gebundenen Eichenzweigen zweizeilig: „DEM / VERDIENSTE".

Größe: 40 mm, Gewicht: etwa 29 g.

Band: 36 mm breit, weiß mit zwei je 9,5 mm breiten himmelblauen
Seitenstreifen, am Rande noch je 1 mm breite blaue Kanten.

257. Goldene Civilverdienst-Medaille

258. Silberne Civilverdienst-Medaille
mit Bild des Kurfürsten Maximilian Josef IV.
(verliehen 1805)

Kurfürst Maximilian Josef IV. stiftete diese Medaillen am 2. November 1805
und verlieh sie in wenigen Exemplaren „zur Belohnung von Civilpersonen,
welche sich während des Krieges 1805 gegen Österreich ausgezeichnet hatten."
Da schon am 1. Januar 1806 der Kurfürst als Max Josef I. die Königswürde an-
nahm, wurden in der Folge diese Medaillen mit verändertem Vorderseitenstempel (siehe Nr. 259/260) geprägt und noch vorhandene Bestände sofort eingeschmolzen.

V: Nach rechts gewendetes Stifterbild mit gelocktem Haar in antiker
Gewandung. Umschrift: „MAXIMILIAN JOSEPH CHURFÜRST
ZU PFALZBAIERN", unten im Abschnitt: „LOSCH F."

R: In einem aus Lorbeer- (links) und Eichenzweig (rechts) gebildeten
Kranz fünfzeilig: „DEM / VERDIENSTE / UM FÜRST / UND
/ VATERLAND". Der erhabene Rand ist auf Vorder- und Rückseite
gemustert. Die Civilverdienst-Medaillen haben gewöhnliche Drahtösen, aber keinen Ring.

Größe: 35 mm, Gewicht in Gold 6 Dukaten (22,2 g), in Silber etwa 18 g.

Band: wie bei Nr. 256.

259. Goldene Civilverdienst-Medaille

260. Silberne Civilverdienst-Medaille
(seit 1808 auch „Medaille des Verdienstordens der Bayerischen
Krone" genannt und diesem als seine IV. Klasse angeschlossen),
1. Stempel mit Bild König Max Josefs I.
(verliehen ab 1806)

Die Medaille mußte seit dem 4. Juli 1838 nach dem Tode des Inhabers
zurückgeliefert werden.

Nach Annahme des Königstitels am 1. Januar 1806 erhielt die Vorderseite der Civilverdienst-Medaille die Inschrift: „MAXIMILIAN IOSEPH
KÖNIG VON BAIERN". Alles übrige blieb auf Vorder- und Rückseite
gleich.

Größe und Gewicht unverändert.

Band bis 13. April 1807 wie vorher bei Nr. 256.

Dann: 35 mm breit aus zwei weißen (je 7¹/₂ mm breiten) und drei himmelblauen Streifen (je 6,6 mm breit) zusammengesetzt.

261. Goldene Medaille

262. Silberne Medaille
des Verdienstordens der Bayerischen Krone (2. Stempel)

Bei einer späteren Neuanfertigung der Stempel wurden von Losch die Buchstaben der Inschriften auf Vorder- und Rückseite in der Zeichnung sorgfältiger ausgeführt; sie verlaufen auf der Rückseite auch etwas breiter.

Größe, Gewicht und Band unverändert.

263. Goldene Medaille

264. Silberne Medaille
des Verdienstordens der Bayerischen Krone (3. Stempel)

V: Zu dem gleich gebliebenen Kopf des Königs Max Josef wurde eine neue gleichlautende Umschrift geschnitten mit etwas größeren Buchstaben und fetteren Grundstrichen. Unter dem Kopf: „LOSCH". Es kommen aber Stücke vor, bei welchen der Stempelschneidername infolge Abnützung des Stempels oder weniger scharfer Prägung zum Teil oder auch manchmal ganz fehlt. Von Heyden hat hier irrtümlicherweise eine „Stempelverschiedenheit" angenommen und unter Nr. 110/111 in seinem Werke aufgeführt.

R: Die Buchstaben der auch hier gleichlautenden Inschrift haben ebenfalls gegen früher etwas fettere Grundstriche. Der umgebende Lorbeer- und Eichenzweig ist jetzt unten mit Doppelschleife gebunden und die Belaubung dichter als bei allen früheren Ausgaben. Statt der bisherigen schmalen, flachen Drahtöse mit einer derberen abgerundeten Öse mit beweglichem Ring versehen.

Größe, Gewicht in Gold unverändert, Gewicht in Silber etwa 20 g.

Band: 35 mm breit, bei sonst gleicher Einteilung sind die drei, je 6¹/₂ mm breiten Streifen hellblau, nicht mehr himmelblau.

265. Verdienstkreuz mit der Krone des Ordens vom hl. Michael
(verliehen seit 1910)

266. Verdienstkreuz des Ordens vom hl. Michael, Silber
(verliehen seit 1887)

Unterm 16. Dezember 1887 verfügte Prinzregent Luitpold anläßlich der Erweiterung des Verdienstordens vom hl. Michael auch die Stiftung eines Verdienstkreuzes. Am 22. Februar 1910 wurde das Verdienstkreuz in zwei Abteilungen, nämlich solche mit und ohne Krone geteilt.

Die offene Bügelkrone, welche am Scharnier (beweglich) an der über dem oberen Kreuzarm angeprägten Verzierung befestigt ist, ist 15 mm hoch und hat im Reichsapfel einen runden beweglichen Ring. Die Verdienstkreuze ohne Krone haben statt der Verzierung am oberen Arm nur eine gewöhnliche Öse mit Ring. Die Kreuzarme sind stets gekörnt, gerade, nach außen zu breiter und mit erhöhter polierter Einfassung versehen.

5

V: Die auf ein ovales, poliertes Schildchen gelötete, erhaben geprägte Figur des heiligen Michael auf dem überwundenen Satan stehend, auf der Brust mit einem blauemaillierten Kreuz bezeichnet, in der Rechten das Blitzbündel, in der Linken einen ovalen Schild mit der dunkelblau emaillierten Inschrift: „QUIS / UT / DEUS".

R: Im runden polierten Mittelschild (Durchmesser 15 mm) blau emailliert: „VIRTUTI".

Größe (ohne Krone): 37 mm.

Band: 35 mm breit, aus drei rosaroten und zwei dunkelblauen (je 7 mm breiten) Streifen zusammengesetzt.

267. Silberne Medaille des Verdienstordens vom hl. Michael (verliehen seit 1887)

268. Bronzene Medaille des Verdienstordens vom hl. Michael (1. Prägung, Stempel von Alois Boersch) (verliehen seit 1894)

Die (silberne) Medaille des Ordens wurde gleichzeitig mit dem Verdienstkreuz (Nr. 266) am 16. Dezember 1887 gestiftet und zur Belohnung von Verdiensten aller Art an Staatsdiener und andere Personen unterer Rangstufen verliehen. Die bronzene Medaille kam erst am 30. April 1894 dazu und wurde dann vorzugsweise an Arbeiter in Staats- und Privatdiensten für langjährige Dienstzeit verliehen.

V: Die auf dem überwundenen Satan stehende Figur des hl. Michael, auf der Brust mit einem Kreuz bezeichnet, in der Rechten das Blitzbündel, in der Linken den ovalen Schild mit der Inschrift: „QUIS / UT / DEUS". Hinter dem hl. Michael ein schraffiertes Kreuz von der der Form des Ordenskreuzes, rechts unten (klein): „A. BOERSCH" (Alois Börsch war Medailleur am Hauptmünzamt München).

R: In einem unten mit Doppelschleife gebundenen Eichenkranz: „VIRTVTI".

Die Medaillen haben eine kräftige angeprägte Drahtöse.

Größe: 36 mm, Gewicht in Silber etwa 20 g.

Band: 35 mm breit, aus drei dunkelblauen und zwei rosaroten, je 7 mm breiten, Streifen zusammengesetzt.

269. Silberne Medaille des Verdienstordens vom hl. Michael

270. Bronzene Medaille des Verdienstordens vom hl. Michael (2. Prägung)

Bei späterer Erneuerung des Stempels erwiesen sich folgende kleine Abweichungen: Der Name „A. BOERSCH" fehlt auf der Vorderseite. Der Eichenkranz auf der Rückseite hat etwas größere Blattgruppen und Früchte.

Größe, Gewicht und Band unverändert.

271. König Ludwig-Kreuz (verliehen 1916—1918)   Abbildung am Schluß des Bandes.

Gestiftet von König Ludwig III. am 7. Januar 1916 „als Zeichen ehrender und dankbarer Anerkennung für solche Personen, die sich während dieses

Krieges durch dienstliche oder freiwillige Tätigkeit in der Heimat besondere Verdienste um das Heer oder um die allgemeine Wohlfahrt des Landes erworben haben". Das Kreuz wurde ohne Unterschied des Standes oder Ranges, und zwar nur an solche Personen verliehen, die keine Bayerische Kriegsauszeichnung hatten oder solche, an die vermutlich keine andere bayerische Kriegsauszeichnung verliehen werden würde; andernfalls war es abzulegen. Es war zuerst aus schwarz gebeiztem Eisen, dann aus schwarz gebeizter Bronze, noch später aus Zink (ebenfalls schwarz gebeizt) in der Kgl. Münze zu München hergestellt; der Bildhauer Professor Bleeker in München hat den Kopf des Königs auf der Vorderseite modelliert.

Das Kreuz hat glatte, nach außen etwas verbreiterte, leicht abgerundete Arme.

V: Im ovalen, 23 mm hohen Mittelschild der nach links gewendete Stifterkopf.

R: Im ovalen, 23 mm hohen Mittelschild auf den bayerischen Rauten erhaben: „7. I. / 1916" (in zwei Zeilen).

Größe: 42 mm hoch, 39 mm breit.

Band: 35 mm breit, himmelblau, hat 19 mm breite blau-weiße Querrippen, so daß an jeder Seite noch ein 8 mm breiter, himmelblauer Rand sichtbar ist. Damen tragen das Band aber nur 27 mm breit, an der linken Schulter zur Schleife geformt mit 15 mm breiten blau-weißen Querrippen und an jeder Seite noch 6 mm breitem himmelblauem Rand.

272. Rettungsmedaille, Silber
(verliehen 1889—1931) 1. Form   Abbildung am Schluß des Bandes.

Gestiftet von Prinzregent Luitpold am 27. Februar 1889 „zur Anerkennung mutvoller und opferwilliger Rettung von Menschenleben". Die Rettungsmedaille wurde ohne Änderung ihrer Vorderseite auch im Freistaat Bayern bis Ende 1931 verliehen, dann erst durch Nr. 273 ersetzt.

V: Das nach links gewendete Brustbild des Stifters in großer Generalsuniform mit umgehängtem Mantel. Umschrift: „LUITPOLD PRINZREGENT VON BAYERN"; am Armabschnitt (vertieft): A. SCHARFF (Professor Anton Scharff, k. k. Medailleur und Direktor der Graveurakademie des Münzamtes in Wien).

R: Zwischen zwei mit Doppelschleife gebundenen Eichenzweigen (zweizeilig): „FÜR / RETTUNG".

Die Medaillen haben eine kräftige runde Drahtöse.

Größe: 40 mm, Gewicht etwa 31 g.

Band: 35 mm breit, hellblau-weiß-hellblau-weiß-hellblau, 5 je 7 mm breite Streifen.

273. Rettungsmedaille, Silber, 2. Form (verliehen 1931—1934)

Am 14. Dezember 1931 wurde mit Verfügung des bayerischen Staatsministeriums eine neue Form der Rettungsmedaille eingeführt. Dieselbe blieb bis zum 1. Mai 1934 in Verwendung, von wann ab dann die bundesstaatlichen Auszeichnungen für Lebensrettung durch die entsprechende neue Rettungsmedaille des Reiches ersetzt wurden.

V: Im unten mit Doppelschleife gebundenen Lorbeerkranz, vierzeilig: „Für / Rettung / aus / Lebensgefahr".

5*

R: Im Felde das neue bayerische Wappen, am Medaillenrande entlang eine schmale Perleneinfassung.

Es wurden nur 30 Stück dieser sehr seltenen Medaille an der Münchner Münze geprägt.

Größe: 41 mm, Gewicht: etwa 31,5 g.

Band: 35 mm breit, wie bei Nr. 272, eine feine weiße Kante bleibt aber sichtbar.

274. Goldene Ludwigs-Medaille für Wissenschaft und Kunst, seit 1872

275. Silberne Ludwigs-Medaille für Wissenschaft und Kunst, seit 1914
Abbildung am Schluß des Bandes.

276. Goldene Ludwigs-Medaille für Industrie, seit 1872

277. Silberne Ludwigs-Medaille für Industrie, seit 1914
Abbildung am Schluß des Bandes.

Die goldenen Medaillen beider Arten wurden gestiftet von König Ludwig II. am 25. August 1872 für hervorragende Leistungen von In- und Ausländern „auf dem Gebiete der Wissenschaft, der Kunst und der Industrie (Gewerbe, Landwirtschaft und Handel)". Es sollten von jeder Abteilung nur sechs goldene Medaillen im Jahre verliehen werden. Diese Bestimmung scheint bei den goldenen Medaillen für Wissenschaft und Kunst nicht immer befolgt worden zu sein, es wurden von 1872 bis 1918 im ganzen 417 Stück geprägt (letzte Verleihung 25. Juli 1918). Dagegen blieb die goldene Medaille für Industrie mit insgesamt 112 verliehenen Exemplaren eine sehr seltene Auszeichnung. Von den erst am 13. Juli 1914 gestifteten silbernen Medaillen beider Arten wurden insgesamt verliehen; für Wissenschaft und Kunst 35 Stück und für Industrie 45 Stück. Demzufolge sind auch diese beiden silbernen Ehrenzeichen sehr selten.

Die Medaillen haben eine geschmackvolle goldene oder silberne Verzierung aufgelötet, welche den beweglichen Ring trägt.

V: Das jugendliche Bild Ludwig II. mit Spitzbart nach rechts. Umschrift: „LUDWIG II KOENIG V. BAYERN". Unter dem Halsabschnitt: „J. RIES".

R: Bei Nr. 274 und Nr. 275 geflügelter Genius mit Lorbeerkranz und Palmzweig; oben Umschrift: „FÜR WISSENSCHAFT UND KUNST". Rechts unten (klein): „VOIGT" (Carl Friedrich Voigt war von 1829 ab Medailleur an der bayerischen Münze).
Bei Nr. 276 und 277 in unten mit Doppelschleife gebundenem Lorbeerkranz zweizeilig: „DEM / VERDIENSTE".

Größe (ohne Verzierung): 36 mm, Gewicht in Gold und in Silber etwa 27 g. (Die goldenen Stücke sind dünner als die silbernen.)

Band: 35 mm breit, weiß mit zwei 9,5 mm breiten himmelblauen Seitenstreifen, in der Mitte (stehende) himmelblaue Rauten mit je 2,5 mm Abstand, eingefaßt von schmalen, blauen Linien. Außen noch je 2 mm weiße Kante sichtbar.

278. Prinzregent Luitpold-Medaille in Gold am roten Band

279. Prinzregent Luitpold-Medaille in Silber am roten Band

280. Prinzregent Luitpold-Medaille in Bronze am roten Band (verliehen 1905—1912)

281. Prinzregent Luitpold-Medaille in Bronze am Jubiläumsband
(verliehen 1911—1912)

282. Prinzregent Luitpold-Medaille in Gold mit der Krone am roten Band Abbildung am Schluß des Bandes.

283. Dieselbe „am Jubiläumsband"

284. Prinzregent Luitpold-Medaille in Silber mit der Krone am roten Band

285. Prinzregent Luitpold-Medaille in Bronze mit der Krone am roten Band

286. Dieselbe „am Jubiläumsband".
(verliehen 1911—1912)

Dieselben sind gestiftet vom Prinzregent Luitpold am 30. Juni 1905 als Verdienst- und Gedenkmedaille. — § 1 der Stiftungsurkunde lautet: „Die Verleihung der Medaille erfolgt durch Uns aus eigener Bewegung".

Die Medaillen sind in Größe und Prägung übereinstimmend. Die goldene Medaille, welche oben mit einer verzierten Öse (gleich derjenigen der Ludwigs-Medaille für Wissenschaft und Kunst und für Gewerbe) versehen ist, in welcher ein langgestreckter, blattartig in gotischem Stil verzierter Ring hängt, wird um den Hals getragen. Die silbernen und die bronzenen Medaillen haben einfache Ösen mit rundem Ring und werden auf der Brust getragen.

V : Der nach links schauende Kopf des Stifters, nach einem Relief von Professor W. v. Hildebrand (geb. 1847 zu Marburg a. d. Lahn, gest. 1921 zu München). Umschrift: „LUITPOLD PRINZ-REGENT VON BAYERN", unter dem Halsabschnitt ein kleines Lorbeerreis.

R : In der Mitte der bayerische Rautenschild, auf welchem die Königskrone ruht. Umschrift im oberen Teile: „IN TREVE FEST". Zu beiden Seiten des Schildes „19/05".

Zu seinem 90. Geburtstag (12. 3. 1911) stiftete Prinzregent Luitpold am 24. 2. 1911 als höhere Auszeichnung zu den Medaillen aller 3 Stufen die Krone und metallene Bandschleife, letztere mit den Jahreszahlen „1821" „1911"; die goldene Medaille mit der Krone (Nr. 282) hatte wieder die langgestreckte blattartig verzierte Öse, aber von etwas veränderter Zeichnung wie Nr. 278, zum Tragen um den Hals.

Die silberne und bronzene Prinzregent-Luitpold-Medaille mit der Krone erhielten in der Regel nur solche Personen, welche vorher bereits die entsprechenden Stufen der Medaille ohne Krone besessen hatten (gegen Rückstellung der letzteren).

Die goldene Medaille mit der Krone erhielten nur ganz wenige höchste Persönlichkeiten im Militär- sowie im Hof- und Staatsdienst.

Größe ohne Krone: 40 mm hoch, 31 mm breit, mit der Krone 62 mm hoch, 31 mm breit. Gewicht in Gold mit Krone und Bandöse 40 g, in Gold ohne Krone 35 g. Gewicht in Silber mit Krone 27 g, in Silber ohne Krone 20 g.

Band: Für Zivilpersonen und Beamte ponceaurot, für silberne und bronzene Medaillen 35 mm breit, für goldene Prinzregent-Luitpold-Medaillen aber 40 mm breit. Die goldene Medaille mit der Krone

69

sowie die bronzene Medaille mit und ohne Krone wurde jedoch auch am 6. März 1911 am sog. „Jubiläumsbande" (hellrot mit hellgrünen Rändern) verliehen (40 mm bzw. 35 mm breit, die grünen Randstreifen 3 mm bzw. 2 mm breit). So erhielten alle Offiziere, Unteroffiziere (Kapitulanten), Militärbeamte, auch die Offiziere und Beamten des Beurlaubtenstandes, welche seit 12. März 1905 in die Armee eingetreten und die Jubiläums-Medaille Nr. 328 (oder Nr. 330 beim Feldartillerie-Regt.) noch nicht hatten, die bronzene Prinzregent-Luitpold-Medaille ohne Krone „am Jubiläumsband". Ebenso am gleichen Tage die Offiziere, Beamten, Unteroffiziere (Kapitulanten) der kaiserlichen Marine und der Schutztruppen, soweit sie die bayerische Staatsangehörigkeit hatten, dann auch noch die sämtlichen Inhaber des bayerischen Militär-Sanitäts-Ehrenzeichens und der Militärverdienst- (Tapferkeits-) Medaillen. In der Folge kamen auch noch bronzene Medaillen mit und ohne Krone „am Jubiläumsband" an Zivilpersonen für Verdienste um die bayerische Armee oder um das Kriegervereinswesen. Mit dem Tode des Stifters am 12. Dezember 1912 hörten die Verleihungen auf.

287. Feuerwehr-Verdienstkreuz, Bronze vergoldet (verliehen 1901—1918)

Gestiftet von Prinzregent Luitpold am 25. Februar 1901 „für langjährige Dienste und Verdienste um das Feuerlöschwesen in Bayern".
Der Besitz von Nr. 323 war in der Regel Voraussetzung.

Das langgestreckte Kreuz zeigt matte, gekörnte Arme, welche an den Außenseiten eingebogen sind und einen erhabenen, glatten Doppelrand haben. Auf die Mitte ist ein ovaler, 23 mm hoher, 19 mm breiter Schild gelötet.

V. des Mittelschildes: Auf gekörntem Grunde das nach links gewendete Brustbild des Stifters in Uniform. Umschrift auf blauemaillierter Umrandung, vergoldet: „LUITPOLD PRINZREGENT v. BAYERN", unten zwischen zwei Punkten „1901".

R. des Mittelschildes: Innerhalb eines ovalen, oben und unten kreuzweise gebundenen Eichenlaubkranzes: „FÜR / FEUERWEHR / VERDIENSTE" (dreizeilig).

Größe: 46 mm hoch, 43 mm breit.

Band: 38 mm breit, himmelblau mit 6 je 1,5 mm breiten Streifen in etwa 4 mm Abstand voneinander und weißem Vorstoß.

287a. Feuerwehrehrenzeichen für hervorragende Leistungen, ovale Medaille aus schwarzem Gußeisen, 1. Form (verliehen 1921—1922)

287b. Dasselbe 2. Form, aus dunklem Bronzeguß (verliehen 1922—1923)

287c. Dasselbe 3. Form, in Bronze geprägt (verliehen 1923—1928)

Als Ersatz für das seit November 1918 nicht mehr verliehene „Feuerwehr-Verdienstkreuz" (Nr. 287) schuf die Bayerische Staatsregierung am 1. Juli 1920 eine ovale Medaille, das „Feuerwehrehrenzeichen für hervorragende Leistungen".

Es wurde zunächst bis Ende 1922 aus schwarz gebranntem Eisen gegossen. In der Folge wurde es bis Ende 1922 in dunkelbraun gebeiztem Bronzeguß hergestellt. Ab Anfang 1923 endlich erfolgte seine Herstellung in Bronzeprägung mit dunkelbrauner Tönung. In allen seinen Ausführungen hatte dieses Feuerwehr-Ehrenzeichen eine verzierte runde, von oben nach unten gelochte Öse, in die mittels eines kleinen Verbindungsringes der Bandring eingehängt ist. Mit der Stiftung des „Feuerwehr-Verdienstkreuzes" (Nr. 288) hörte Anfang Juli 1928 die Verleihung dieses ovalen „Feuerwehr-Ehrenzeichens" auf.

V: Ein Feuerwehrhelm, umgeben von stilisierten Lorbeerzweigen. Unten am Rande „U".

R: Die siebenzeilige Inschrift „FÜR / HERVOR- / RAGENDE / LEISTUNGEN / IM / FEUERWEHR- / DIENST".

Auf der Vorder- und Rückseite ist die Medaille mit einer doppelten erhöhten Linie umrandet.

Größe: 30 mm breit, 40 mm hoch.

Band: 35 mm breit:
a) für Berufsfeuerwehrleute aller Grade karmoisinrot;
b) für Mitglieder der freiwilligen Feuerwehren oder sonstige Personen: himmelblau mit 8 weißen, je 1,25 mm breiten Streifen in je 3,6 mm Entfernung voneinander.

288. Feuerwehrehrenzeichen für hervorragende Leistungen, bronze= vergoldetes Kreuz (verliehen 1928—1936)

Nachdem die bayerische Staatsregierung Anfang Juli 1928 beschlossen hatte, das „Feuerwehr-Verdienstkreuz" wieder zu verleihen, erhielt es bei Verwendung der noch vorhandenen alten Kreuze bzw. des Prägestempels zu denselben nur veränderte ovale Mittelschildchen in kupferfarbigem Metall von 23 mm Höhe und 19 mm Breite.

V. des Mittelschildes: Ein Feuerwehrhelm, umgeben von zwei schlanken Lorbeerzweigen, unten (klein) ein „U".

R. des Mittelschildes: In drei Zeilen „FÜR / FEUERWEHR / VERDIENSTE", darunter eine waagrechte Linie: —.—

Größe: 46 mm hoch, 43 mm breit.

Band: 35 mm breit.
a) für Berufsfeuerwehrmänner aller Grade karmoisinrot.
b) für Mitglieder der freiwilligen Feuerwehren und sonstige Personen himmelblau mit 8 weißen, je 1¼ mm breiten Streifen mit 3,6 mm Abstand voneinander.

289. St. Georgs-Medaille, Gold
290. Dieselbe silbervergoldet (verliehen 1889)

Abbildung am Schluß des Bandes.

Gestiftet am 15. 12. 1889 zum 50jährigen Jubiläum (8. Dezember 1889) des Prinzregenten Luitpold als Ritter des Haus-Ritterordens vom hl. Georg für die bei den Jubiläumsfestlichkeiten anwesenden Georgiritter. Es kamen nur 78 Exemplare zur Verleihung. Auf Ansuchen konnte an Ritter noch je ein zweites silbervergoldetes Stück ausgefolgt werden, während später nach einer testamentarischen Verfügung des Stifters keine Nachprägungen mehr vorgenommen werden sollten. Nach Ausweis der Akten des Hauptmünzamtes München wurden nur 11 silbervergoldete Georgs-Medaillen geprägt; sie sind also noch viel seltener als die goldenen Stücke.

V: Brustbild des Prinzregenten in Ordenstracht, als Großmeister-Stellvertreter, nach links. Umschrift: „LUITPOLD PRINZ-REGENT VON BAYERN". Unter dem Armabschnitt (vertieft): „A. SCHARFF".

R: Der heilige Georg zu Roß ersticht den Drachen. Unten klein: „A. B." (Alois Börsch). Umschrift zwischen dem erhabenen Medaillenrand und einem dünnen Lorbeerkranz: „ZUR . ERINNERUNG . AN . DEN . 8. DEZEMBER . 1889". Unten eine vierblättrige kleine Rosette.

Die Medaillen haben eine flache Golddrahtöse mit beweglichem Ring. Obwohl sie ihrem Zweck nach zweifellos eine Jubiläumserinnerungsmedaille darstellen, wurden dieselben doch an erster Stelle v o r allen übrigen bayerischen Orden und Ehrenzeichen an der Ordensschnalle getragen.

Größe: 40 mm, Gewicht in Gold 50 g, in vergoldetem Silber 29 g.

Band: 35 mm breit, himmelblau mit zwei hellroten Seitenstreifen und weißen Randstreifen, sämtliche je 3 mm breit.

291. Veteranen-Denkzeichen, Denkzeichen für die Feldzüge 1790 bis 1812, Bronzekreuz (verliehen 1848)

Gestiftet von König Maximilian II. (reg. 1848—1864) am 30. Juni 1848 „für alle diejenigen, welche den Feldzügen 1790 bis 1812 bzw. der Fortsetzung des Krieges gegen Rußland bis nach der Schlacht bei Leipzig (18. Oktober 1813) im streitbaren Stande des bayerischen Heeres beiwohnten." Auch alle Militärbeamte, die während der genannten Kriegsjahre Dienst bei der Feldarmee geleistet hatten, erhielten das Veteranen-Denkzeichen.

Es hat vier spitz zulaufende Arme, deren Grund dunkel oxydiert ist, mit hell hervortretenden erhabenen Rändern.

V: Das Mittelschildchen (15 mm Durchmesser) zeigt die bayerischen Rauten, umgeben von schmalem Eichenkranz in heller Bronze. Auf den vier Armen verteilt die Inschrift „MAX II / KÖNIG / VON / BAYERN".

R: Im Mittelschildchen (15 mm) auf gerautetem Grund ein nach links schreitender, ein Zepter und ein Schwert haltender widersehender königlich gekrönter Löwe innerhalb eines schmalen Eichenkranzes; auf die vier Kreuzarme verteilt:

„DEN" (oben) / „VETERA NEN" (rechts) / „DES BAYER" (links) / „HEERES" (unten).

Größe: 37 mm.

Band: 36 mm breit, hellblau mit zwei karmoisinroten, je 4 mm breiten Seitenstreifen, wobei noch eine je $^1/_2$ mm breite hellblaue Kante sichtbar bleibt.

292. Militärdenkzeichen für 1813, 1814, 1815, bronzenes Halskreuz für Feldmarschall Fürst Wrede

293. Militärdenkzeichen für 1813, 1814, 1815, Bronzekreuz für Offiziere und Mannschaften (verliehen am 27. Mai 1817 sowie 1818)

Gestiftet 4. 12. 1814 von König Maximilian Joseph I. für alle, „welche in dem Etat der ausgerückten Armee in den Jahren 1813, 1814, 1815 oder auch nur in einem derselben aufgenommen waren und unter die Zahl der Streitenden gerechnet werden". Mit Ausnahme des Ober-Kommandierenden, Fürst Wrede (gest. 1837), erhielten alle Kriegsteilnehmer vom General bis zum gemeinen Mann das gleiche Denkzeichen.

Dieses hat abgerundete Arme, deren vertiefte Stellen mit einer schwarzgrünen Farbe überzogen sind, während die erhabenen Ränder und Inschriften in heller Bronzefarbe hervortreten. Das Halskreuz für den Feldmarschall Fürst Wrede war doppelt so groß und dessen erhabenen Stellen waren stark vergoldet, sonst von gleicher Prägung und Form wie die übrigen Militärdenkzeichen.

V: Im Mittelschildchen (14 mm Durchmesser), von einem schmalen, dichten Lorbeergewinde umschlossen, der verschlungene Namenszug „M J". Auf den vier Kreuzarmen verteilt: „FÜR" (oben) „DIE" (links) „JAHRE" (rechts) „1813 / UND / 1814" (unten).

R: Im Mittelschildchen, innerhalb eines schmalen, dichten Lorbeergewindes, auf gerautetem Grund ein nach links schreitender, ein Zepter und ein Schwert haltender, königlich gekrönter Löwe. Auf den vier Kreuzarmen verteilt: „KÖNIG" (oben) „UND" (links) „VATER" (rechts) „LAND" (unten).

Größe: 32 mm, beim Halskreuz des Fürsten Wrede etwa 60 mm.

Band: 35 mm breit, weiß mit 2 himmelblauen, je 4,3 mm breiten und nach außen anschließenden schwarzen, je 3,5 mm breiten Seitenstreifen, sowie mit je 2 mm breiten himmelblauen Kanten.

Anmerkung: Das bei v. Heyden unter Nr. 123 beschriebene Militärdenkzeichen 1813/15 ist eine private Nachbildung und konnte daher hier keine Aufnahme finden.

293a. Medaille des Militärdenkzeichens für 1813, 1814, 1815 für die Militärbeamten, Bronze

Für die Militärbeamten, die den genannten Feldzügen in dieser Eigenschaft beigewohnt hatten, wurde am 19. Dezember 1848 die Verteilung einer Medaille mit der leicht veränderten Zeichnung des Militärdenkzeichens Nr. 293 genehmigt. Sie wurde im Jahre 1850 auch den dem Heere damals zugeteilten Zivilkommissären bewilligt.

Die Medaille ist aus dem gleichen Material wie das Militärdenkzeichen angefertigt.

V: Die Zeichnung des Militärdenkzeichens Nr. 293, an den Rand stoßend, jedoch mit 4 Strahlen in den Kreuzwinkeln und mit einem „M" in Druckschrift statt des „M J" in Schreibschrift.

R: Die Rückseite des Militärdenkzeichens mit der einzigen Veränderung, daß auch hier die Winkelstrahlen erscheinen.

Größe: 30 mm.

Band: 36 mm breit, weiß mit 2 himmelblauen, je 4,5 mm breiten und nach außen anschließenden schwarzen, je 4 mm breiten Seitenstreifen, sowie mit je 1 mm breiten himmelblauen Kanten.

294. Denkzeichen für das Jahr 1849, Bronze-Medaille

Gestiftet von König Maximilian II. am 10. Juni 1849 als Gedächtnismedaille für „die Soldaten, Unteroffiziere, Offiziere, Stabsoffiziere, Generale und Militärbeamten der Heeresabteilungen in der Pfalz im Jahre 1849 für ihre während der Zeit des dortigen Aufstandes bewährte Pflichttreue", mit Statuten vom 17. März 1850.

V: Der nach rechts gewendete Kopf des Stifters. Umschrift: „MAXI-MILIAN II KOENIG V. BAYERN". — Unter dem Halsabschnitt in Diamantschrift der Name des Stempelschneiders: „C. VOIGT".

R: In einer Umrahmung in Form einer Sternschanze, welche an die Verteidigung der Feste Landau gegen die Aufständischen erinnern soll, in drei Zeilen: „IN / TREUE FEST / 1849".

Größe: 31 mm.

Band: Ponceaurot, 37 mm breit, mit zwei hellgrünen je 2 mm breiten Kanten.

295. Feldzugs-Denkzeichen 1849, Bronze-Kreuz

Gestiftet von König Ludwig II. am 6. Oktober 1866 für die „im Jahre 1849 gegen Dänemark in das Feld gerückten bayerischen Truppen" mit Statuten vom 7. Oktober 1866. An diesem Krieg nahmen an Bayern teil: 1 Brigade zu 4 Bataillonen Infanterie, 1 Chevauleger-Regiment und zwei Batterien Artillerie.

Das Kreuz hat dunkel gebeizte, schraffierte, nach außen leicht geschweifte Arme, deren erhöhte Ränder in heller Bronze hervortreten.

V: Im Mittelschilde innerhalb eines oben und unten gebundenen Eichenkranzes der nach links schreitende königlich gekrönte bayerische Löwe auf Rautengrund.

R: Im Mittelschilde in einem oben und unten gebundenen Eichenlaubkranz die Jahreszahl „1849" in heller Bronze erhöht hervortretend.

Größe: 37 mm.

Band: Wie bei Nr. 294, jedoch nur 35 mm breit mit zwei hellgrünen je 2 mm breiten Kanten.

296. Armeedenkzeichen 1866, bronzenes Halskreuz mit Email für Feldmarschall Prinz Carl von Bayern

297. Armeedenkzeichen 1866, Bronzekreuz

Gestiftet von König Ludwig II. am 25. August 1866 „zum Andenken an den Feldzug dieses Jahres für alle diejenigen, welche denselben mitgemacht und an seinen Strapazen und Gefahren teil genommen haben". Das Kreuz konnte somit nur an Angehörige der mobilen Armee, nicht aber an in der Etappe tätig gewesene Offiziere und Mannschaften verliehen werden.

Der Kommandeur des damaligen 7. Deutschen Bundes-Armeekorps, welches allein von Bayern gestellt wurde, Feldmarschall Prinz Carl von Bayern (Großonkel König Ludwig II.), erhielt ein besonderes Denkzeichen, das um den Hals zu tragen war, welches der Prinz aber nie anlegte, weil er sich nach dem unglücklichen Verlauf des Mainfeldzuges sofort von allen seinen militärischen Würden zurückgezogen hatte (gestorben 1875). Das Armeemuseum München bewahrt dieses Stück neben sonstigen Orden des Prinzen-Feldmarschalls. Die Sammlung Schreiber besitzt ein zweites Stück, das offenbar als Ersatz damals mit angefertigt worden war.

Das bronzene Halskreuz hat zu dunkel oxydierten, schraffierten und nach außen gerundeten Armen eine erhabene Einfassung in starker Vergoldung.

V: Der vergoldete, nach links schreitende bayerische Löwe auf hellblau und weiß emailliertem Rautenschild, umgeben von dem grün emaillierten Eichenkranz auf Goldgrund. Das Kreuz hat einen langgestreckten, vergoldeten Tragring.

R: Im dunklen Mittelschilde, das von einem grün emaillierten Eichenkranz auf Goldgrund umgeben ist, die vergoldete Zahl „1866".

Die übrigen Armeedenkzeichen 1866 haben bei entsprechend kleineren Ausmaßen die gleiche Prägung, nur sind sie aus Bronze mit dunkler Oxydierung an den vertieften Stellen und ohne Vergoldung der erhöhten Stellen bzw. Emaillierung. Ihre Vorder- und Rückseite gleicht, abgesehen von der veränderten Jahreszahl („1866" statt „1849"), genau Nr. 295.

Größe: a) des Halskreuzes 62 mm,
b) der normalen Armeedenkzeichen 37 mm.

Band beim Halskreuz: 41 mm breit; sonst: 35 mm breit, weiß mit zwei himmelblauen, je 4,5 mm breiten Seiten- und Randstreifen, zwischen denselben je ein weißer Strich von 1 mm Breite sichtbar.

298. Erinnerungszeichen für Zivilärzte 1866
Abbildung am Schluß des Bandes.

Am 25. Februar 1867 verlieh König Ludwig II. dieses Ehrenzeichen den Ärzten und Wundärzten des Zivilstandes, „welche sich um die Pflege der Verwundeten und Kranken im Kriege 1866 verdient gemacht hatten, sowie denjenigen Persönlichkeiten, welche bei dieser Behandlung als Assistenten verwendet worden sind".

Das Erinnerungszeichen besteht in einem bronzenen Kreuz mit dunkeloxydierten, leicht geschweiften und schraffierten Armen, worauf je ein Äskulapstab ist. Im Mittelschildchen (8 mm Durchmesser), umgeben von einem schmalen Eichenkranz, auf dem Rautengrund die Zahl „1866". Die Rückseite ist ohne Inschrift; sie trägt eine Nadel am Scharnier zum Anstecken des Erinnerungszeichens an der linken Brustseite. Es kamen nur ungefähr 60 Exemplare dieses seltenen Erinnerungszeichens zur Verleihung. Der Stempel hierzu existiert nicht mehr. Es gibt aber gegossene und nachziselierte Fälschungen.

Größe: 54 mm hoch, 46 mm breit.

299. Ehrenkreuz des Ludwigsordens für 50 Dienstjahre, Gold (verliehen 1827—1916)

300. Ehrenkreuz des Ludwigsordens für 50 Dienstjahre, Silber vergoldet (verliehen 1916—1918) Abbildung am Schluß des Bandes.

Am 25. August 1827, seinem Geburts- und Namenstag, gestiftet von König Ludwig I. zur Belohnung von Hof- und Staatsdienern, „welche 50 Dienstjahre in Rechtschaffenheit und Fleiß zur Allerhöchsten Zufriedenheit zurückgelegt haben". Jedes Jahr eines mitgemachten Feldzuges durfte dabei doppelt gerechnet werden. Das Ehrenkreuz des Ludwigsordens konnte jedoch nur an Personen mit Rat- oder Offiziersrang verliehen werden. Es war bis Anfang 1918 aus echtem Gold, dann aus vergoldetem Silber gefertigt. Die vier Arme laufen spitz zu. Über denselben schwebt eine (15 mm hohe) offene Krone, welche im Reichsapfel den gewöhnlichen runden Ring trägt.

V: Im weiß emaillierten Mittelschildchen (22 mm Durchmesser) der erhabene, nach rechts schauende Stifterkopf in Gold. Auf den vier glatten goldenen Armen umschriftartig verteilt: „LUDWIG / KOENIG / VON / BAYERN".

R: Im weiß emaillierten Mittelschildchen in Goldbuchstaben (sechszeilig): „FÜR / EHREN / VOLLE / FÜNFZIG / DIENSTES / JAHRE". Auf den vier Armen umschriftartig verteilt: „AM / 25 / AUGUST / 1827".

Größe (ohne Krone): 40 mm.

Band: Zuerst 40 mm breit, karmoisinrot mit zwei je 4 mm breiten himmelblauen Rändern, später 35 mm breit mit zwei je 3 mm breiten himmelblauen Randstreifen.

301. Goldene Ehrenmünze des Ludwigsordens (verliehen 1827—1847)

302. Dieselbe, Stempelverschiedenheit der Rückseite (verliehen 1847 bis 1918)

303. Dieselbe, gleicher Stempel, aber silbervergoldet, für 50 Dienstjahre (verliehen 1918) Abbildung am Schluß des Bandes.

Gleichzeitig gestiftet mit dem Ehrenkreuz für Hof- und Staatsdiener sowie Militärpersonen niederen Ranges nach ehrenvoll zurückgelegten 50 Dienstjahren. Kriegsjahre galten auch hier doppelt.

V: Der nach rechts gewendete Stifterkopf. Umschrift: „LUDWIG KOENIG VON BAYERN".

R: Im dichten Eichengewinde (sechszeilig): „FÜR / EHREN- / VOLLE / FÜNFZIG / DIENSTES / JAHRE". Außerhalb des Kranzes (unten klein): „AM 25. AUGUST 1827".

Diese ersten Stempel stammen von Münzmedailleur Stiglmair. Im Jahre 1847 schnitt J. Ries einen neuen Rückseitenstempel: Bei der sechszeiligen Inschrift etwas größere und dem Zeitgeschmack gemäß veränderte Buchstaben. Auch die Ehrenmünzen wurden des großen Edelmetallmangels wegen ab 1. Februar 1918 in vergoldetem Silber geprägt, und zwar im ganzen nur mehr 50 Exemplare.

Größe: 40 mm; Gewicht in Gold: 34 g; silbervergoldet: etwa 35 g (bei größerer Metalldicke).

Band: 35 mm breit, karmoisinrot mit zwei himmelblauen, je 3 mm breiten Randstreifen.

304. Veteranenschild für 40jährige Dienstzeit in der bayerischen Armee (verliehen 1816—1865)

Gestiftet von König Maximilian I. Joseph, gleichzeitig mit dem Veteranenschild für 24jährige Dienstzeit (Nr. 305), am 13. Januar 1816 nach treu erfüllter 40jähriger Dienstzeit der Veteranen. Vier ohne Unterbrechung zurückgelegte Kapitulationen zu je sechs Jahren hatten, bei ununterbrochener Dienstzeit, die Erklärung des betreffenden Individuums als „Veteran" zur Folge.

Das einseitige, sternförmige, achteckige Schild von Messingblech trägt in der Mitte auf ovalem, punktiertem 42 mm hohen, 30 mm breiten

Grund das römische Liktoren-Bündel mit einem darauf ruhenden antiken Helm, umgeben von vier offenen bayerischen Fahnen. Es wurde „auf rotem Uniformtuch aufgenäht, auf der linken Brust befestigt getragen".

Größe: 75 mm hoch, 63 mm breit.

Es gibt hiervon wie von Nr. 305 Verkleinerungen, ebenso aber auch nachgegossene Fälschungen, kenntlich an der größeren Metalldicke und den unscharfen Konturen der Abbildungen.

305. Veteranenschild für 24jährige Dienstzeit in der bayerischen Armee (verliehen 1816—1865)

Gestiftet von König Maximilian I. Joseph, gleichzeitig mit dem Veteranenschild für 40jährige Dienstzeit (Nr. 304), am 13. Januar 1816, zur Verleihung nach treu erfüllter 24jähriger Dienstzeit.

Das einseitige ovale Schild von Messingblech trägt auf mattem (punktiertem) Grund einen aufrecht nach links schreitenden königlich gekrönten Löwen mit dem Schwert in der rechten Pranke, am Rande umgeben von einem Lorbeerkranz. Es wurde, auf rotem Uniformtuch aufgenäht, an der linken Brust getragen.

Größe: 55 mm hoch, 47 mm breit.

Über Nachgüsse, Verkleinerungen gilt das gleiche wie bei Nr. 304.

306. Dienstalterszeichen für 40 Dienstjahre (verliehen 1865—1918), ab 1876 „Dienstauszeichnungskreuz I. Klasse"

Gestiftet von König Ludwig II., gleichzeitig mit dem Dienstalterszeichen für 24 Dienstjahre (Nr. 307), unter Fortfall des Veteranenschildes (Nr. 304) am 3. März 1865. Dieselben wurden „als Sinnbild der Zusammengehörigkeit aller Dienstgrade, wie an die Unteroffiziere und Soldaten, so auch an die Generale, Stabs- und Oberoffiziere sowie an die Militärbeamten des Heeres erteilt". Feldzugsjahre zählten doppelt.

Das Dienstauszeichnungskreuz erster Klasse für 40 Dienstjahre besteht aus einem silbernen Kreuz, dessen schraffierte Arme geschweift und an den Enden mit je einem Knopfe versehen sind.

V: Im Mittelschilde, in einem grün emaillierten, unten und oben gebundenen Eichenlaubkranz, der geschweifte bayerische Rautenschild in Silber und mit blauem Email.

R: Im Mittelschilde, in einem grün emaillierten Eichenlaubkranz, auf geschweiftem, blau emailliertem Schilde in Silber dreizeilig: „XL. / DIENST- / JAHRE".

Größe: 46 mm.

Band: Bei der Stiftung 35 mm breit, himmelblau mit je zwei 2¹/₂ mm breiten weißen Seiten- und Randstreifen, zwischen welchen noch ein ebensobreiter blauer Zwischenraum sichtbar ist. In späteren Jahren wurde ein helleres Blau für das Band eingeführt.

307. Dienstalterszeichen für 24 Dienstjahre, aus dunkler Bronze (verliehen 1865—1906), ab 1876 „Dienstauszeichnungskreuz II. Klasse"

Gestiftet von König Ludwig II., gleichzeitig mit dem Dienstalterszeichen für 40 Dienstjahre (Nr. 306), am 3. März 1865 unter Fortfall des Veteranenschildes Nr. 305, zunächst für alle Angehörigen der Armee ohne Unterschied des Ranges.

Es besteht aus einem Kreuz von dunkler Bronze, dessen schraffierte Arme geschweift und an den Enden mit je einem Knopf versehen sind.

V: Wie bei Nr. 306, nur ohne Email in dunkler Bronze.

R: Im Mittelschilde, in einem Eichenlaubkranz, auf einem geschweiften Wappenschild in drei Zeilen: „XXIV / DIENST- / JAHRE".

Seit dem 21. Januar 1876 kam das Dienstauszeichnungskreuz II. Klasse nur mehr an aktive Offiziere, Sanitätsoffiziere und obere Militärbeamte zur Verleihung.

Größe und Band: Wie bei Nr. 306 ff.

308. Dienstauszeichnungskreuz II. Klasse aus heller Bronze (verliehen 1906—1918)

Unterm 28. April 1906 wurde bei sonst gleichbleibender Form des Dienstauszeichnungskreuzes II. Klasse verfügt, daß dasselbe nicht mehr in dunkler, sondern in heller Bronze hergestellt werden soll. Den bisherigen Inhabern blieb es freigestellt, ihre Kreuze entsprechend verändern zu lassen oder sie wie seither in dunkler Färbung zu tragen.

Größe und Band: Wie bei Nr. 306.

309. Dienstauszeichnung I. Klasse für 21 Dienstjahre der Unteroffiziere, vergoldete Schnalle

310. Dienstauszeichnung II. Klasse für 15 Dienstjahre der Unteroffiziere, silberne Schnalle

311. Dienstauszeichnung III. Klasse für 9 Dienstjahre der Unteroffiziere, Schnalle aus schwarz lackiertem Eisen mit silberner Einfassung (verliehen 1876—1913)

Gestiftet von König Ludwig II. am 21. Januar 1876 unter Aufhebung der bis dahin gebräuchlichen Chevrons für die Mannschaften vom Feldwebel abwärts für vollendete 21, 15 bzw. 9 Dienstjahre. Feldzugsjahre zählen doppelt. Die Dienstalterszeichen für 40 und 24 Dienstjahre (Nr. 306, 307) wurden als Dienstauszeichnungskreuz I. und II. Klasse unverändert beibehalten, letzteres aber nur mehr an Offiziere, Sanitätsoffiziere und höhere Militärbeamte verliehen.

Die Schnallen tragen vorne den erhaben geprägten Namenszug „L. II.", der Grund ist matt (gekörnt), die Einfassung wieder erhaben poliert. Rückseitig befindet sich eine Metallschleife, durch welche das Band gezogen wird. Letzteres wurde dann über 35 mm hohe Blechstreifen genäht, daran wieder eine Nadel zum Anstecken der betreffenden Dienstauszeichnung auf der linken Brust unter der Reihe der sonstigen Ehrenzeichen.

Größe: 40 mm breit, 14 mm hoch.

Band: Wie bei Nr. 306 ff.

312. Dienstauszeichnung I. Klasse für 15 Dienstjahre, Kreuz aus Tombak

313. Dieselbe II. Klasse für 12 Dienstjahre, Medaille aus Tombak

314. Dieselbe III. Klasse für 9 Dienstjahre, Medaille aus Neusilber (verliehen 1913—1919)

Eingeführt durch Verordnung des Prinzregenten Ludwig am 30. August 1913 an Stelle der bis dahin an Unteroffiziere usw. nach vollendeten 21, 15 und 9

Dienstjahren verliehenen Dienstauszeichnungen (Nr. 309/311). Dem aktiven Heere nicht mehr angehörende Träger dieser bisherigen Dienstschnallen konnten die neuen Dienstauszeichnungen auf eigene Kosten beschaffen und entsprechend den zurückgelegten Dienstjahren anlegen.

Die D i e n s t a u s z e i c h n u n g I. K l a s s e besteht aus einem Kreuz von hellem (gelbem) Tombak, hat geschweifte, schraffierte Arme, welche an ihren acht Ecken abgeschrägt sind.

V: Auf dem runden (19 mm großen) Mittelschild der geschweifte, bayerische Rautenschild.

R: Ein geschweifter Schild mit der Zahl „XV" innerhalb des runden (19 mm großen) Mittelstückes.

Größe: 40 mm hoch und breit.

Die D i e n s t a u s z e i c h n u n g e n II. K l a s s e für 12 Dienstjahre und III. K l a s s e für 9 Dienstjahre haben Medaillenform, und zwar ist die erstere aus Tombak, diejenige der III. Klasse aber aus weißem Metall (Neusilber) geprägt.

V: Verkleinerte Darstellung des Kreuzes Nr. 306, aber ohne Knöpfe an den Kreuzenden; zwischen die vier Kreuzarme verteilt: „TREUE / DIENSTE / BEI DER / FAHNE".

R: Innerhalb eines oben und unten kreuzweise gebundenen Eichenlaubkranzes ein geschweifter Schild mit der Zahl „XII" bzw. „IX". Umschrift: „DIENSTAUSZEICHNUNG", unten „II. KLASSE" bzw. „III. KLASSE".

Größe: 33 mm.

Band: Für alle drei Klassen gleich wie bei Nr. 306 ff.

315. Landwehr-Dienstauszeichnung I. Klasse (verliehen seit 1876)

Gestiftet von König Ludwig II. am 21. Januar 1876 für jene Offiziere und Sanitätsoffiziere des Beurlaubtenstandes, welche freiwillig eine zwanzigjährige Dienstpflicht im stehenden Heere und in der Landwehr 1. Aufgebotes übernommen und sich durch reges Interesse für den Dienst hervorgetan hatten.

Durch Entschließung vom 17. September 1906 verfügte dann Prinzregent Luitpold, daß auch die im Offiziersrang stehenden oberen Militärbeamten die Landwehr-Dienstauszeichnung I. Klasse erhalten konnten.

Das silberne, achtspitzige Malteser-Kreuz hat polierte Arme.

V: Der gekrönte, verzierte Namenszug „L II" auf matt grundiertem rundem Mittelschildchen (16 mm Durchmesser).

R: Die Zahl „XX" auf dem mattgrundierten runden Mittelschildchen.

Größe: 38 mm hoch und breit.

Band: Wie bei Nr. 306 ff.

316. Landwehr-Dienstauszeichnung II. Klasse, Schnalle (verliehen 1876—1913)

Gestiftet von König Ludwig II. am 21. Januar 1876, gleichzeitig mit Nr. 315 für diejenigen Personen des Beurlaubtenstandes, welche einen Feldzug mitgemacht hatten oder mindestens im ganzen 3 Monate aus dem Beurlaubtenverhältnis zum aktiven Dienst einberufen waren; unterm 6. Oktober 1906 auch auf die oberen Militärbeamten des Beurlaubtenstandes ausgedehnt.

Die Auszeichnung besteht aus einem 35 mm breiten himmelblauen Seidenband ohne Wässerung mit je zwei weißen, je 2 mm breiten Seiten- bzw. Randstreifen in 2 mm Abstand voneinander und hat in der Mitte, weiß eingewebt, den Namenszug „L. II.".

Dieses Band wurde durch eine schwarz lackierte Eisenschnalle von 42 mm Breite und 20 mm Höhe gezogen und rückseitig über einen Blechstreifen mit Nadel genäht getragen.

317. Landwehr-Dienstauszeichnung II. Klasse, kupferne Medaille (verliehen 1913—1918)

An Stelle von Nr. 316 eingeführt am 30. August 1913. Bedingungen für die Verleihung blieben die gleichen. Personen, welche die seitherige Landwehr-Dienstauszeichnung II. Klasse Nr. 316 schon hatten, konnten sich auf eigene Kosten die neue Form derselben beschaffen.

V: Eine Nachbildung der Mannschafts-Dienstauszeichnung I. Klasse (Vorderseite) Nr. 313, zwischen den Kreuzarmen verteilt: „TREUE / DIENSTE / RESERVE / LANDWEHR".

R: Im oben und unten mit Doppelschleife gebundenen Eichenlaubkranz in vier Zeilen: „LANDWEHR / DIENST / AUSZEICHNUNG / II. KLASSE".

Größe: 33 mm.

Band: Wie bei Nr. 306 ff.

318. Luitpoldkreuz für 40 Dienstjahre in Staats- und Gemeindedienst, Goldbronze (verliehen 1911—1918)

Gestiftet von Prinzregent Luitpold am 24. Februar 1911 aus Anlaß seines bevorstehenden 90. Geburtsfestes (12. 3. 1911) für alle Personen, „die im Hof-, Staats-, Kirchen- oder Gemeindedienst vierzig Jahre treu und ehrenvoll gedient haben". An die Mitglieder des Ludwigsordens, an Inhaber des militärischen Dienstauszeichnungskreuzes I. Klasse und an Personen, die auf das militärische Dienstauszeichnungskreuz Anwartschaft haben, wurde das Luitpoldkreuz nicht verliehen. Personen, welche am 12. März 1911 nicht mehr im Dienste waren, erhielten aber nachträglich dieses Kreuz, wenn sie die geforderten Bedingungen während ihrer Dienstzeit erfüllt hatten.

Das an der Münchener Münze geprägte Ehrenzeichen besteht aus einem Kreuz von matter Goldbronze, dessen gerade Arme breit gerändert sind und sich nach innen verjüngen. Der runde Mittelschild der Vorder- und Rückseite ist 17 mm groß.

V: Innerhalb einer schmalen erhöhten Umrandung der nach links gewendete Kopf des Stifters. Umschrift: „LUITPOLD PRINZ-REGENT VON BAYERN".

R: Innerhalb einer schmalen erhöhten Umrandung: „FÜR / EHREN- / VOLLE / VIERZIG / DIENSTES- / JAHRE". Auf dem oberen Kreuzarm ist eine Königskrone, auf dem linken Arm steht „12.", auf dem rechten „MÄRZ", unten aber „1911".

Größe: 37 mm hoch und breit.

Band: 35 mm breit, karmoisinrot mit je einem 3 mm breiten himmelblauen Randstreifen.

319. Dienstaltersauszeichnung für 40jährige Dienstzeit der Arbeiter in den Heereswerkstätten, silberne Medaille

320. Dienstaltersauszeichnung für 25jährige Dienstzeit der Arbeiter in den Heereswerkstätten, bronzene Medaille (verliehen 1898—1918)

Gestiftet vom Prinzregenten Luitpold am 27. Oktober 1898 — veröffentlicht am 1. November 1898, dem Geburtstage des Stifters — „für langjährige mit Treue und Eifer geleistete Dienste der Arbeiter in der Heeresverwaltung". Das Ehrenzeichen besteht in einer silbernen bzw. bronzenen Medaille. Mit der Verleihung wurde ein Geldbetrag gewährt, und zwar bei 25jähriger Dienstzeit 50 Mark für Arbeiter, 80 Mark für Meistergehilfen, 100 Mark für die nicht etatsmäßigen Meister der technischen Institute; bei 40jähriger Dienstzeit das Doppelte der vorgenannten Beträge.

V: Der nach links gewendete Kopf des Stifters. Unter dem Halsabschnitt: „A. BÖRSCH". — Umschrift: „LUITPOLD PRINZREGENT VON BAYERN".

R: Innerhalb zweier, unten mit einer Doppelschleife zum Kranze gebundenen Eichenlaubzweige: „FÜR / 40 (bzw. 25) JÄHRIGE / TREUE / DIENSTLEISTUNG.". Das letzte Wort im Bogen.

Größe: 35 mm, Gewicht in Silber: etwa 22 g.

Band: Das der militärischen Dienstauszeichnungen (wie bei Nr. 306 ff.).

321. Sicherheitsdienst-Auszeichnung I. Klasse und

322. Sicherheitsdienst-Auszeichnung II. Klasse, vergoldete Bronze-Kreuze (verliehen 1906—1918)

Gestiftet von Prinzregent Luitpold am 22. Februar 1906. Die erste Klasse wurde „nach 35jähriger, die zweite nach 20jähriger zufriedenstellender Dienstleistung in der Gendarmerie oder in der Königl. Schutzmannschaft in München" verliehen.

Das Ehrenzeichen besteht aus einem Kreuz von Bronze in sogen. Altgoldtönung, auf dessen nach außen leicht abgerundeten Armen je ein kleiner Knopf sitzt. Auf dem Knopfe des oberen Armes sitzt eine längliche Öse, in welcher der Ring hängt. Bei dem Kreuz für 35 Dienstjahre, zwischen den Armen verteilt, vier grün emaillierte Lorbeerzweige zu je drei Blättern und zwei Beeren.

V: Im aufgelöteten runden Mittelschild (15 mm Durchmesser) auf strahlendem Grunde ein gekröntes „£".

R: Im aufgelöteten Mittelschilde (15 mm Durchmesser) der nach links schreitende aufgerichtete gekrönte Löwe mit Zepter und Schwert in der rechten Pranke auf gekörntem Grunde. Auf den Armen oben, bei Nr. 321 „FÜR / XXXV", bei Nr. 322 „FÜR / XX" — links „JAHRE" — rechts „DIENST" — unten „ZEIT".

Größe: 41 mm.

Band: 35 mm breit, hellblau mit zwei weißen, je 3½ mm breiten Seitenstreifen, die gegen die Kanten zu noch einen je 3 mm breiten hellblauen Rand ersehen lassen.

6

323. Ehrenzeichen für Mitglieder der Feuerwehren nach 25jähriger Dienstleistung

ältere Form 1884—1918 = vergoldete Schnalle.

Gestiftet von König Ludwig II. am 24. Juni 1884 „für diejenigen Mitglieder einer freiwilligen Feuerwehr, welche durch fünfundzwanzigjährigen treuen und eifrigen Dienst sich ausgezeichnet haben".

Das Ehrenzeichen besteht in einer vergoldeten, durchbrochen gearbeiteten Platte aus Bronze, welche in der Mitte das gekrönte bayerische Wappen, umgeben von je einem Lorbeer- und Eichenzweig, zeigt; links davon: „XXV jähr.", rechts: „Dienstzeit", unten aber ein Feuerwehrhelm mit je zwei gekreuzten Beilen und Leitern. Diese Platte ist auf einen Blechstreifen gelötet, über den das Band gespannt wird und der rückseitig eine Nadel hat zum Anstecken des Ehrenzeichens auf der linken Brustseite unter der Reihe der sonstigen Ehrenzeichen.

Größe: 19 mm hoch, 43 mm breit.

Band: 39 mm breit, hellblau mit sechs, je 1¹/₂ mm breiten weißen Streifen und weißen Vorstößen.

323a. Feuerwehrehrenzeichen für 40jährige Dienstzeit

323b. Dasselbe für 25jährige Dienstzeit, ovale Medaille aus schwarzem Gußeisen (verliehen 1920—1922)

Als Ersatz für das seit November 1918 nicht mehr verliehene Feuerwehrehrenzeichen (Schnalle) für 25 Dienstjahre (Nr. 323) stiftete die Bayerische Regierung am 1. Juli 1920 ein neues Ehrenzeichen.

Dieses war zunächst aus schwarz gebranntem Eisenguß hergestellt in Gestalt einer ovalen Medaille, deren Vorderseite ebenso wie die Öse genau mit derjenigen des „Ehrenzeichens für hervorragende Leistungen" (Nr. 287a ff.) übereinstimmt.

R: Fünfzeilige Inschrift „FÜR / 40- (25-) / JÄHRIGE / DIENST- / ZEIT".

Größe: 30 mm breit, 40 mm hoch.

Band: 30 mm breit, für 40jährige treue und aktive Feuerwehrdienste weinrot, für 25jährige treue und aktive Feuerwehrdienste himmelblau mit 8 weißen, je 1,25 mm breiten Streifen in je 3,6 mm Entfernung voneinander.

323c. Feuerwehrehrenzeichen für 40jährige Dienstzeit

323d. Dasselbe für 25jährige Dienstzeit, ovale Medaille aus grauem Zink (verliehen 1922—1928)

Seit Anfang 1922 bis Mitte 1928 wurden die Ehrenzeichen für 40- und für 25jährige Dienstzeit bei der Feuerwehr nicht mehr aus schwarzem Gußeisen hergestellt, sondern aus einer grauschwarz patinierten Zinklegierung geprägt.

Vorder- und Rückseite, Größe und Bänder wie seither.

323e. Feuerwehr-Ehrenzeichen für 40jährige Dienstzeit, ovale vergoldete Medaille

323f. Feuerwehr-Ehrenzeichen für 25jährige Dienstzeit, ovale versilberte Medaille (verliehen 1928—1936)

Ende Juni 1928 wurde verfügt, daß nunmehr die Feuerwehrehrenzeichen bei gleichbleibender Prägung in vergoldeter Bronze für 40 Dienstjahre und in versilbertem Argentan (Neusilber) für 25 Dienstjahre verliehen werden sollten. In dieser Form blieben die Ehrenzeichen dann bis zur Einstellung der Verleihung Ende 1936.

Vorder-, Rückseite, Größe und Bänder wie seither.

324. Dienstauszeichnung für freiwillige Krankenpflege, Bronze (verliehen 1901—1918).

Bildet eine Abteilung des „Ehrenzeichens für freiwillige Krankenpflege" (vgl. N. 253).

Gestiftet von Prinzregent Luitpold am 5. März 1901 für „Angehörige des bayerischen Landeshilfvereins und des bayerischen Frauenvereins vom Roten Kreuz für 20jährige, ersprießliche Tätigkeit". Das Kreuz wurde auch an Mitglieder des Haus-Ritterordens vom heiligen Georg und der bayerischen Genossenschaft des Johanniterordens verliehen, sowie an Angehörige derjenigen Korporationen, Anstalten und Vereine, welche zur freiwilligen Krankenpflege im Kriege wie im Frieden diesen Orden unterstellt waren.

Das dunkle Bronzekreuz stimmt in Form, Größe und Ausstattung mit dem silbernen Verdienstkreuz für freiwillige Krankenpflege (Nr. 253) überein und unterscheidet sich von diesem nur dadurch, daß auf dem Mittelschilde (16 mm Durchmesser) der Vorderseite nur das „Rote Kreuz" (durchsichtig) rot emailliert ist, während der Grund in dunkler Bronze erscheint.

Band: 35 mm breit, dunkelblau mit zwei weißen, je 6,5 mm breiten Seitenstreifen in 2 mm Abstand von den Kanten.

325. Luitpold-Medaille, Silber (verliehen 1897—1918).

Gestiftet vom Prinzregenten Luitpold am 12. März 1897 „für diejenigen Veteranen-, Krieger- und Kampfgenossen-Vereine, welche 50 Jahre bestehen und zugleich während der letzten 10 Jahre ihres Bestehens ununterbrochen dem Bunde (dem Veteranen-, Krieger- und Kampfgenossen-Bunde) angehört haben".

Die Medaille wird nicht von den Mitgliedern der Vereine getragen, sondern mittels schmalen weißblauen Seidenbandes an der Fahne bzw. Standarte des betreffenden Vereins angeheftet.

V: Das nach links gewendete Brustbild des Stifters in Uniform. Umschrift: „LUITPOLD PRINZ-REGENT VON BAYERN". Am Armabschnitt vertieft: „A. SCHARFF". — Es ist dies die Vorderseite der Medaille für Rettung von Menschenleben (Nr. 272).

R: Der gekrönte, ovale, bayerische Wappenschild in Barockcharakter, mit Randverzierung und Lorbeerzweigen. Unten Umschrift: „50 JAHRE IN TREUE FEST". Die Rückseite schnitt Alois Boersch.

Größe: 39 mm; Gewicht: etwa 33 g.

Band: 25 mm breit, halb weiß, halb himmelblau, nicht gewässert.

326. Silberne Inhaber-Jubiläums-Medaille

327. Bronzene Inhaber-Jubiläums-Medaille (verliehen 1904)

Gestiftet am 30. April 1904 von Prinzregent Luitpold anläßlich des 50jährigen Jubiläums als Inhaber des K. u. K. österreichischen (galizischen) Korps-Artillerie-Regiments Nr. 10.

Die silbernen Medaillen waren für die aktiven Offiziere und ehemaligen Regimentskommandanten, die bronzenen aber für die älteren Unteroffiziere dieses Regiments bestimmt.

V: Brustbild in Uniform nach links mit umgehängtem Mantel. Umschrift: „LUITPOLD PRINZ-REGENT VON BAYERN", im Halsabschnitt: „A. SCHARFF" (gleicher Stempel wie zur bayerischen Rettungsmedaille Nr. 272).

R: Inschrift in 7 Zeilen: „DEM / K. U. K. CORPS- / ARTILLERIE- / REGIMENT N⁰ 10 / VON SEINEM / INHABER / 1854—1904". Darunter ein Eichenzweig.

Der Stempel zur Rückseite ist von Alois Boersch geschnitten. Die an der bayerischen Münze zu München geprägten Medaillen haben eine kräftige runde Drahtöse. Es kamen nur 81 silberne und 123 bronzene Stücke zur Ausgabe.

Größe: 40 mm, Gewicht in Silber: etwa 32 g.

Band: 35 mm breit, weiß mit zwei je 7 mm breiten hellblauen Seitenstreifen und je einem ¹/₂ mm breiten hellblauen Randstrich.

328. Jubiläumsmedaille (für die Armee), helle Bronze, oval (verliehen 1905) Abbildung am Schluß des Bandes.

Gestiftet von Prinzregent Luitpold anläßlich seines 70jährigen Militärjubiläums am 12. März 1905, „um der Armee auch durch ein äußeres Zeichen einen Beweis" seiner „unwandelbaren Gesinnung zu geben". Die Medaille wurde allen aktiven Offizieren, Unteroffizieren (Kapitulanten), Militärbeamten, dann den Reserve- und Landwehroffizieren, endlich auch den Offizieren und Beamten z. D. und a. D. verliehen. Auch die noch lebenden Inhaber der bayerischen goldenen und silbernen Militärverdienst- (Tapferkeits-) Medaille erhielten ebenfalls die Jubiläumsmedaille.

V: Übereinstimmend mit derjenigen der „Prinzregent-Luitpold-Medaille" (Nr. 278 ff.).

R: In 8 Zeilen: „AM 70 / JAHRESTAG / MEINES DIENST- / ANTRITTES / DER BAYER. / ARMEE / GEWIDMET / XII. III. MCMV".

Es wurden 22 033 Stück Jubiläumsmedaillen an der bayerischen Münze geprägt. Private Nachprägungen haben flacheres Gepräge, auch ist der Kopf der Vorderseite hier von nicht sehr ähnlichem Gesichtsausdruck, ebenso die Inschriften abweichend in der Zeichnung der Buchstaben.

Größe: 38 mm hoch, 32 mm breit.

Band: 35 mm breit, zinnoberrot mit zwei grasgrünen (je 3 mm breiten) Randstreifen (in den Farben des St. Hubertus-Ordens).

329. Goldene Jubiläumsmedaille mit der Krone und den Jahreszahlen 1839—1909

330. Jubiläumsmedaille mit der Krone und den Jahreszahlen 1839—1909, Messing vergoldet

331. Jubiläumsmedaille mit der Krone und den Jahreszahlen 1821—1911, Messing vergoldet

332. Dieselbe, aber in dunkler Bronze

Zum 70. Gedenktag seiner am 1. November 1839 erfolgten Ernennung zum Inhaber des 1. Artillerie-Regiments durch Handschreiben vom 24. Oktober 1909 gestiftet.

Es erhielten diese Medaille die Mitglieder des Militärischen Hauses, die Ritter des Militär-Max-Joseph-Ordens, die Offiziere, Sanitätsoffiziere, oberen Militärbeamten, Unteroffiziere, Waffenmeister, Fahnenjunker und Reserveoffiziere des 1. Feldartillerie-Regiments nach dem Stande vom 1. November 1909, alle Offiziere, Sanitätsoffiziere und oberen Militärbeamten des aktiven, inaktiven und Beurlaubtenstandes, die im 1. Feldartillerie-Regiment gedient hatten, alle ehemaligen Unteroffiziere und Mannschaften, welche an einem der früheren Feldzüge im Regiment teilgenommen hatten oder mit der Erlaubnis zum Tragen der Uniform des Regiments ausgeschieden sind. Denjenigen hierzu berechtigten Personen, welche die Jubiläumsmedaille von 1905 (Nr. 328) bereits besaßen, wurde die neue Medaille mit der Krone an Stelle der ersteren verliehen.

Die ovale Jubiläumsmedaille mit der Krone stimmt in Prägung und Größe mit der Jubiläumsmedaille 1905 (Nr. 328) vollständig überein, nur trägt sie am oberen Rande aufgelötet ein doppeltes fliegendes Metallband mit den Jahreszahlen „1839" „1909" und darüber die bewegliche offene Königskrone. Die letztere sowie das Band wurden in der Kunstanstalt von Jacob Leser in Straubing hergestellt. Diese neuen Jubiläumsmedaillen zeigen eine hellere Metalltönung (sog. Altgoldtönung) als diejenigen von 1905 ohne Krone und sind aus Messing geprägt. Anläßlich des 90. Geburtstages des Prinzregenten Luitpold kam neben den aus diesem Anlaß gestifteten „Prinzregent-Luitpold-Medaillen mit der Krone" auch noch eine kleine Anzahl Jubiläumsmedaillen mit der Krone zur Verleihung. Letztere hatten dann bei sonst gleich gebliebener Prägung auf dem fliegenden Bande unter der beweglichen Krone die Jahreszahlen „1821—1911", und zwar wurden in Messing (Altgoldtönung) nur 33 Stück, in dunkel oxydierter Bronze jedoch nur 30 Stück ausgegeben an frühere bayerische Militärs, die mit dem Inhaber-Regiment des Stifters in Verbindung gestanden. Sie sind dementsprechend sehr selten. Noch wertvoller ist allerdings die in nur sechs Exemplaren am 1. November 1909 verliehene goldene Jubiläumsmedaille mit der Krone, welche an einer länglich geformten mit Blattornamenten (in gotischem Stil) verzierten Öse um den Hals getragen wurde.

Größe (mit der Krone): 63 mm hoch, 32 mm breit; Gewicht der goldenen Jubiläumsmedaille mit Krone und verzierter Öse: 40 g.

Band: In der Regel wie bei Nr. 328, bei der goldenen Jubiläumsmedaille mit der Krone 41 mm breit, zinnoberrot mit zwei grasgrünen Randstreifen, diese je 4 mm breit.

333. Landwirtschaftliche Jubiläumsmedaille in Gold
334. Landwirtschaftliche Jubiläumsmedaille in Silber

335. Landwirtschaftliche Jubiläumsmedaille in Bronze (verliehen 1910)

Gestiftet von Prinzregent Luitpold am 16. September 1910 zur Erinnerung an das 100jährige Bestehen des Landwirtschaftlichen Vereins in Bayern. Die Medaillen wurden nur an diesem einen Tage verliehen. Die goldene Medaille erhielt nur eine kleine Anzahl von höchsten Staatsbeamten und Würdenträgern, die silberne Medaille die Mitglieder des bayerischen Landwirtschaftsrates, die Vorsitzenden der Landwirtschaftlichen Preisausschüsse sowie Beamte, welche mit der Landwirtschaftspflege in Verbindung standen, die Bronzemedaille die Mitglieder der Landwirtschaftlichen Preisausschüsse, die Professoren der Landwirtschaftlichen Abteilungen und andere Personen, welche sich um den Verein verdient und das Jubiläumsfest (Oktoberfest 1910) mitgemacht hatten.

Der Entwurf zur Vorderseite der runden Medaille stammt von Professor Hildebrand in München.

V: Innerhalb eines am Rande der Medaillen hinlaufenden schmalen, stilisierten Lorbeerkranzes der nach links gewendete Kopf des Stifters. Umschrift: „LUITPOLD PRINZREGENT VON BAYERN". (Nach einer Plakette von Professor Hildebrand geschnitten.)

R: Innerhalb eines schmalen, stilisierten Lorbeerkranzes: „DER / PROTEKTOR DEM / LANDWIRTSCHAFTL. / VEREIN / IN BAYERN / ZUR HUNDERT- / JAHRFEIER / 1810—1910".

Es kamen nur 54 goldene (35 g), dann 147 silberne (23 g) sowie 1175 bronzene Exemplare zur Ausgabe.

Größe: 36 mm.

Band: 35 mm breit, grasgrün mit zwei je 3 mm breiten ponceauroten Randstreifen.

336. Goldene Hochzeits-Jubiläumsmedaille (verliehen 1918)

Gestiftet von König Ludwig III. anläßlich der goldenen Hochzeitsfeier mit seiner Gemahlin Maria Theresia (geb. Erzherzogin von Österreich-Este) am 20. Februar 1918 und an alle Beamten und Bediensteten seines Hofes, dann die Leibgarde der Hartschiere sowie an eine Anzahl sonstiger Personen verliehen, welche sich um das Zustandekommen der Jubiläumsfestlichkeiten zu München verdient gemacht hatten.

V: Die hintereinandergestellten Brustbilder des königlichen Jubelpaares, umgeben von einer Lorbeergirlande, oben und unten mit Blumensträußen (modelliert von Profesor Georgii, München).

R: In sechs Zeilen: „ZUR / ERINNERUNG / AN DIE / GOLDENE / HOCHZEIT / 20. FEBR. 1918". Darunter die beiden Wappenschilde gegeneinandergelehnt, verbunden mit Rosenzweigen, überragt von der Krone. (Die Stempel zur Rückseite sind von Alois Boersch geschnitten.)

Von dieser Medaille sind aus einer grauen Zinklegierung (sogenanntes „Kriegsmetall") in der Hauptmünze München 2711 Stück hergestellt worden.

Größe: 33 mm hoch, 16 mm breit.

Band: 22 mm breit, halb himmelblau, halb weiß, in der Mitte ein 3 mm breiter goldener Streifen.

337. Erinnerungzeichen an die goldene Hochzeit des Königspaares (verliehen 20. Februar 1918)

Verliehen an die diensttuenden General- und Flügeladjutanten sowie zu den Feierlichkeiten kommandierten Offiziere und Personen des Hofstaates.

Dieses ovale Erinnerungzeichen ist aus dunkler Bronze durchbrochen gearbeitet, zeigt zwei mehrfach gebundene Lorbeerzweige, welche oben im Band die Jahreszahlen „1868" (links) und „1918" (rechts) tragen. Darüber schwebt die Königskrone. In der Mitte ist eine kleine einseitige, ovale Medaille aus vergoldetem Zink (17 mm hoch, 13 mm breit) mit den Brustbildern des Jubelpaares, nach rechts gewendet, aufgelötet (modelliert von Professor W. Georgii, geprägt an der Münchener Münze). Das Ehrenzeichen selbst ist hohl gearbeitet, hat rückseitig eine senkrecht angebrachte Nadel zum Anstecken an der rechten Brustseite. Es kamen nur wenige Stücke dieses geschmackvollen und seltenen Erinnerungzeichens zur Verleihung. Die Stempel zu dem Mittelstück sowohl als auch zu der Umrahmung sind nicht mehr vorhanden.

338. Jubiläumskreuz für Offiziere und Unteroffiziere des K. u. K. (ungarischen) Infanterie-Regts. Nr. 62 „Ludwig III. König v. Bayern", Eisen (verliehen 1918) Abbildung am Schluß des Bandes.

Gestiftet Anfang April 1918 anläßlich des 50jährigen Inhaber-Jubiläums König Ludwigs III.

Das aus schwarz gebeiztem Eisen geprägte Kreuz stimmt in Größe und Form sowie Prägung der Vorderseite genau mit dem „König-Ludwig-Kreuz" (Nr. 271) überein.

R: Auf dem ovalen, 23 mm hohen, 19 mm breiten Mittelschild die bayerischen Rauten, darauf die Jahreszahlen „1868" „1918" untereinanderstehend.

Alle Oberoffiziere, Militärbeamte, älteren Unteroffiziere sowie die früheren Kommandeure des genannten Regiments erhielten dieses Jubiläumskreuz. Die Münze zu München prägte hiervon 350 Stück. Dieses Jubiläumskreuz ist daher als selten zu bezeichnen.

Größe: 42 mm hoch und 39 mm breit.

Band: 35 mm breit, weiß mit zwei hellblauen Seitenstreifen (je 7 mm breit) sowie zwei je 1 mm breiten hellblauen Kanten.

339. Silbernes Erinnerungskreuz für die Mitglieder beider Kammern (Reichsrat und Landtag) beim 100jährigen Jubiläum der bayerischen Verfassung (verliehen 1918) Abbildung am Schluß des Bandes.

Gestiftet am Jubiläumstage, 26. Mai 1918, für alle Reichsräte der Krone Bayern und für alle Landtagsabgeordneten.

V: Wie beim König-Ludwig-Kreuz (Nr. 271).

R: Im ovalen, 23 mm hohen, 19 mm breiten Mittelschild die bayerischen Rauten, darauf in drei Zeilen untereinanderstehend: „1818 / 26. V. / 1918".

Die Münze zu München fertigte 250 Stück dieser seltenen Erinnerungskreuze in mattem Silber.

Größe und Band wie bei Nr. 338; Gewicht 18 g.

339a. Goldene Hochzeits-Erinnerungsmünze, Eisen (verliehen 1921—1935)

König Ludwig III. hatte die Absicht, an diejenige Truppenteile, deren Inhaber er war, als Weihnachtsgabe im Jahre 1918 eine Geschenkmedaille verteilen zu lassen. Diese Medaille sollte gleichzeitig ein nachträgliches Erinnerungszeichen sein an die Feier der goldenen Hochzeit des Königspaares am 20. Februar 1918. Es wurden davon ungefähr 14 000 Stück aus schwarz gebeiztem Eisen hergestellt und zwar, weil nicht zum Tragen bestimmt, ohne Öse und Ring. Der Entwurf der Vorderseite stammt von Professor Theodor Georgii, derjenige der Rückseite von Münzmedailleur Alois Boersch, beide in München. Die Novemberrevolution des gleichen Jahres verhinderte jedoch die Verteilung der Medaillen und diese ruhten dann in Kisten verwahrt mehrere Jahre unbeachtet auf dem Dachboden des Münzgebäudes zu München. Erst im Frühjahr 1922 wurden sie an Kronprinz Rupprecht ausgefolgt, weil die Herstellungskosten von seinem am 18. Oktober 1921 verstorbenen Vater aus privaten Mitteln bezahlt worden waren. Kronprinz Rupprecht verteilte zunächst eine größere Zahl dieser Gedenkmedaillen ohne Öse und Band an offizielle Teilnehmer an der feierlichen Beisetzung seiner verstorbenen Eltern, später auch an solche Persönlichkeiten in Bayern, welche sich besondere Verdienste um die Wiedererweckung und Pflege des vaterländischen Gedankens erworben hatten. Einer Anregung aus dem Kreise der Inhaber Folge leistend, gestattete er späterhin, daß die Goldene Hochzeits-Erinnerungsmedaille auf Kosten der damit Beliehenen mit Öse und Ring versehen und am Bande der Jubiläumsmedaille für die Armee vom Jahr 1905 (vgl. Nr. 328) getragen werden durfte.

V: Die nach rechts gewendeten hintereinander gestellten Köpfe des Königs Ludwig III. und seiner Gemahlin Therese (geborene Erzherzogin von Österreich-Este), darunter bogig: „WEIHNACHTEN 1918". Am Rande der Medaille entlang läuft ein lichter Kranz von stilisierten Lorbeerblättern.

R: Fünfzeilige Inschrift „ZUR / ERINNERUNG / AN DIE / GOLDENE HOCHZEIT / 20. FEBR. 1918", darunter die aneinander gelehnten Wappen von Bayern und Österreich-Este unter einer Königskrone, umrankt von zwei Myrtenzweigen. Ganz unten am Rande „A. B." (Alois Boersch).

Größe: 38 mm.

Band: 35 mm breit, zinnoberrot mit 2 grasgrünen, je 3 mm breiten Randstreifen.

Anmerkung: Die Inhaber der vorstehend beschriebenen Medaille ließen sich dieselbe vielfach vergolden, wie auch an Stelle des vorschriftsmäßigen Bandes dazu dasjenige der goldenen Hochzeits-Jubiläums-Medaille (vgl. Nr. 336) getragen wurde.

339b. Kronprinz Rupprecht-Medaille in Gold

339c. Dieselbe silbervergoldet

339d. Kronprinz Rupprecht-Medaille in Silber und

339e. Dieselbe in Bronze (verliehen 1925—1933)

Gestiftet von Kronprinz Rupprecht am 18. Mai 1925 zur Anerkennung von Verdiensten um den vaterländischen Gedanken sowie zur Erinnerung für dem Stifter besonders nahestehende Persönlichkeiten. Von der goldenen Medaille wurden in der Hauptmünze zu München aus Versehen 12 Stück geprägt, während die Ausgabe nur in vergoldetem Silber beabsichtigt war. Dazu kamen noch 15 silbervergoldete Exemplare an Personen höchsten Ranges, außerdem 252 mattsilberne und 1381 bronzene Exemplare.

Die Kronprinz Rupprecht-Medaille hat eine kleine, von oben nach unten gelochte Öse, in welcher ein langgestreckter gerillter Tragring hängt.

V: Der nach links gewendete Kopf des Stifters mit der Umschrift „RUPPRECHT · MCMXXV". Unten am Rande sehr klein das Monogramm des Künstlers „Th G" (Theodor Georgii).

R: Der königlich gekrönte bayerische gevierte Wappenschild, umgeben von 2 unten übereinander liegenden Lorbeerzweigen, am Rande entlang eine Perlenschnureinfassung.

Größe: 32 mm; Gewicht in Silber (Silber vergoldet) 15 g.

Band des Hausritterordens vom hl. Georg: 35 mm breit, hellblau mit 2 je ½ mm breiten dunkelblauen und je 4½ mm breiten weißen Seitenstreifen, die letzteren je 1 mm von den Kanten entfernt. Die goldene bzw. silbervergoldete Kronprinz Rupprecht-Medaille wird am gleichen Bande um den Hals getragen.

339f. Erinnerungszeichen an den 60. Geburtstag des Kronprinz Rupprecht, Bronze vergoldet (verliehen 1929)

Für die Vertreter der militärischen und vaterländischen Vereinigungen sowie seine persönliche Umgebung stiftete Kronprinz Rupprecht am Tage seines 60. Geburtstages (18. Mai 1929) ein besonderes Ehrenzeichen. Der Entwurf hierzu stammt von Professor Julius Diez in München. Das ovale Ehrenzeichen ist von einer angeprägten Krone überragt und besteht aus matt vergoldeter Messingbronze.

V: In der Mitte, auf einem Rautengrund ruhend, der erhöhte Buchstabe „R", umgeben von einem dichten stilisierten Lorbeerkranz mit Früchten.

R: Glatt mit der erhöhten Inschrift „18 · 5 · 1929". Außerdem ist eine senkrechte Nadel angebracht zum Anstecken des Erinnerungszeichens an der rechten Brustseite.

Größe: 45 mm hoch, 25 mm breit.

339g. Pfalz-Medaille, dunkle Bronze (verliehen 1930)

Diese Erinnerungsmedaille wurde von Kronprinz Rupprecht in seiner Eigenschaft als Protektor des Pfälzischen Kriegerverbandes am 30. Juni 1930, dem Tage des Abzugs der Besatzungstruppen aus der Pfalz, gestiftet. Es kamen ungefähr 500 Medaillen zur Ausgabe. Anfertigung und Verleihung erfolgten im Auftrage des Stifters durch den Präsidenten des Pfälzischen Kriegerverbandes, und zwar im Anschluß an den zur Befreiung der Pfalz angesetzten „Pfälzischen Kriegerappell", der in Landau am 6. und 7. September 1930 stattfand.

Die Medaille besteht aus dunkelbraun getönter Bronze. Sie hat eine kugelförmige Öse mit gewöhnlichem Ring, jedoch keinen Überrand.

V: Der nach rechts gewendete Kopf des Stifters mit der Umschrift „IN · TREUE · FEST". Unten ein sechsstrahliges Sternchen sowie das Monogramm des Künstlers, Professor Theodor Georgii.

R: In der Mitte auf kreisförmigem Rautengrund der Pfälzer Löwenschild, darüber „1. 12. 18." (Beginn der Besetzung), darunter „30. 6. 1930" (Beendigung der Besetzung). Außen herum eine erhöhte Kreisfläche mit der Umschrift „ZUR · BEFREIUNG · DER · PFALZ".

Größe: 37 mm; Band: 30 mm breit, himmelblau mit einem weißen 1¹/₂ mm breiten Mittelstreifen und 2 ebensolchen, je 4,5 mm breiten Seitenstreifen, letztere in 3 mm Abstand von den Bandkanten.

Braunschweig

Herzogtum bis November 1918, dann Freistaat.

Braunschweig hatte einen Orden, den am 25. 4. 1834 gestifteten Orden Heinrichs des Löwen. Die Ehrenzeichen sind folgende:

340. Verdienstkreuz I. Klasse des Ordens Heinrichs des Löwen, Gold (verliehen 1834—1912)

341. Dasselbe Silber vergoldet (verliehen 1912—1918)

342. Dasselbe mit Schwertern, Gold (verliehen 1879—1918)
Abbildung am Schluß des Bandes.

343. Dasselbe mit Schwertern, Silber vergoldet (verliehen 1912—1918)

344. Verdienstkreuz II. Klasse des Ordens Heinrichs des Löwen, Silber (verliehen 1834—1918)

345. Dasselbe mit Schwertern (verliehen 1879—1918)
Abbildung am Schluß des Bandes.

Diese Verdienstkreuze wurden am 25. 4. 1834 von Herzog Wilhelm (reg. 1831 bis 1884) als untere Stufe des am gleichen Tage gestifteten Ordens Heinrichs des Löwen eingeführt, „um die Mittel zur Auszeichnung und Belohnung zu vermehren".

Die Kreuze tragen an drei Enden ihrer nach außen stark geschweiften Arme je einen kleinen Knopf. Dabei ist der untere Kreuzarm etwas länger als die übrigen drei Arme. Alle erhöhten Teile, wie Schrift und Einfassung der Arme, sind glatt, die vertieften Stellen aber matt (gekörnt). Die Kreuze I. Klasse haben zudem noch einen grün emaillierten Eichenlaubkranz mit roten Früchten, zwischen den Armen verteilt. Die nachträglich im Jahre 1879 gestifteten Schwerter für Auszeichnung vor dem Feinde gehen gekreuzt durch die Mitte der Kreuze.

V: Im ovalen Mittelschildchen ein gekröntes „W"; auf den vier Armen verteilt, erhaben: „IM (oben) / MO (links) / TA (rechts) / FI / DES" (übereinander unten) (Unerschütterliche Treue).

R: Glatt, poliert.

Seit 1912 kamen die Verdienstkreuze I. Klasse nur mehr in vergoldetem Silber zur Verleihung.

Größe: 33 mm hoch, 28 mm breit; Gewicht in Gold: 8—9 g, in Gold mit Schwertern: etwa 10 g, in Silber ohne Schwerter: 7—8 g, in Silber mit Schwertern: 9 g.

Band: 38 mm breit, zinnoberrot mit zwei je 5 mm breiten goldgelben Rändern (des Ritterkreuzes des Ordens Heinrich des Löwen).

346. Ehrenzeichen I. Klasse, Silber (verliehen 1903—1918)

347. Dasselbe Silber vergoldet (verliehen 1908—1918)

348. Ehrenzeichen II. Klasse des Ordens Heinrichs des Löwen, Bronze (verliehen 1908—1918)

Das Ehrenzeichen in Silber wurde durch Verfügung des Herzog-Regenten Prinz Albrecht von Preußen (reg. 1885—1906) am 25. April 1903 gestiftet „zu dem allgemeinen Zwecke, zu welchem das Verdienstkreuz gestiftet ist, ... insbesondere ... als Anerkennung langjähriger, treuer Pflichterfüllung in einem und demselben Arbeitsverhältnisse" und dem Orden Heinrichs des Löwen angeschlossen.

Bei der Ausgestaltung des Ordens Heinrichs des Löwen und der ihm angegliederten Verdienst- und Ehrenzeichen durch den Regenten Johann Albrecht Herzog zu Mecklenburg (reg. 1907—1913) am 25. April 1908 wurde dann noch das Ehrenzeichen zweiter Klasse in Bronze gestiftet. Beide Klassen haben Medaillenform und stimmen in Prägung und Größe überein; ohne daß eine besondere Verfügung bestand, kam das Ehrenzeichen I. Klasse mehrmals in Gold, d. i. Silber vergoldet, zur Verleihung.

V: Innerhalb eines unten mit einer Doppelschleife gebundenen Eichenlaubkranzes der Namenszug des früheren Herzogs Wilhelm „W" unter der schwebenden Herzogskrone.

R: „IMMOTA / FIDES" (zweizeilig), der Wahlspruch des Ordens Heinrich des Löwen. Darüber ein kleiner sechsstrahliger Stern, darunter zwei gekreuzte Eichenlaubzweige.

Größe: 30 mm; Gewicht in Silber: 12 g.

Band: 30 mm breit, hellrot mit goldgelben Randstreifen, letztere je 3 mm breit.

349. Militärverdienstmedaille für 1815, Silber

Abbildung am Schluß des Bandes.

Herzog Carl (reg. 1823—1831) stiftete Anfang der 1820er Jahre diese Medaille zur nachträglichen Belohnung von militärischen Verdiensten aus dem Kriegsjahr 1815. Die Stempel stammen von den Medailleuren Lévêque und Leclerc (letzterer 1831 in Gent). Ursprünglich sollen nur 2 Stück verliehen worden sein, danach wäre also diese Medaille von der größten Seltenheit. Leider aber sind offenbar mehrere noch nicht verliehen gewesene Stücke und auch nachträglich Silber- und Bronzeabschläge in den Verkehr gekommen, wodurch sich das öftere Vorhandensein der Militärverdienstmedaille in Sammlungen erklärt.

V: Das nach links gewendete Brustbild des Stifters in zeitgenössischer Uniform, Haar- und Barttracht. — Umschrift: „CARL HERZOG ZU BRAUNSCHWEIG.". Am Armabschnitt: „LECLERC F". — Unten am Rand: „LEVEQUE. ED.".

R: Im aus je einem Eichen- und Lorbeerzweig zusammengeflochtenen, unten gebundenen Kranz (vierzeilig): „FÜR / MILITÄR / VER-

DIENSTE. / 1815." (alle I mit Punkten). Darunter ein dünner Querstrich.

Diese Medaillen haben eine gewöhnliche (bei den alten Originalen derbere) Drahtöse mit beweglichem Ring.

Größe: 33 mm; Gewicht: 18 g.

Band: 37 mm breit, hellblau mit zwei weißen, je 5 mm breiten Randstreifen.

350. Zivil-Verdienstmedaille, Silber   Abbildung am Schluß des Bandes.

Gestiftet ebenfalls von Herzog Carl, gleichzeitig mit der Militärverdienstmedaille Nr. 349. Auch von dieser außerordentlich seltenen Medaille, welche nur dreimal verliehen worden ist, gibt es Silber- und Bronzeabschläge. Aber letztere sind hier leicht von den ursprünglich verliehenen Stücken, auch wenn gehenkelt, dadurch zu unterscheiden, daß die Originale angeprägte, oben abgerundete Ösen haben, welche von oben nach unten gelocht sind und den Bandring tragen.

V: Der nach links gewendete Kopf des Stifters mit Umschrift „CARL HERZOG ZU BRAUNSCHWEIG", am Halsabschnitt in kleiner Schrift „LECLERC · F.", unten am Rand: „LEVEQUE . ED.".

R: Innerhalb zweier unten mit Schleife gebundenen Lorbeerzweige (vierzeilig): „FÜR / CIVIL / VERDIENSTE / 1815" (alle I mit Punkten), darunter ein kleiner Querstrich.

Größe: 33 mm; Gewicht: etwa 18 g.

Band: 38 mm breit, hellblau mit zwei weißen, je 3 mm breiten Seitenstreifen, daneben noch je ¹/₂ mm breite hellblaue Kanten.

351. Waterloo-Ehrendukat, Gold (verliehen 1815)

Bald nach der siegreichen Schlacht bei Belle-Alliance (Waterloo), am 18. Juni 1815 sandten die beiden Prinzen Carl und Wilhelm acht Dukaten holländischen Gepräges mit der Jahreszahl 1814, welche sie von ihrem bei Quatrebras (16. Juni 1815) gefallenen Vater Herzog Wilhelm geschenkt erhalten hatten, an das Kommando der braunschweigischen Truppen. Diese Dukaten sollten an Unteroffiziere und Mannschaften weitergegeben werden, welche sich in den Schlachten vom 16. bis 18. Juni 1815 ganz besonders ausgezeichnet hatten. Nach Auswahl einer besonderen Kommission wurden dann am 13. August 1815 bei Clichy, unweit von Paris, 5 Unteroffiziere sowie 3 Soldaten mit diesen 8 Dukaten beliehen. Es wurde dabei bestimmt, daß sie an einem goldenen Bügel nebst hellblauem Bande getragen werden sollten. Am 16. Juni 1834 hatten aber die noch lebenden Inhaber diese Auszeichnungen abzulegen und erhielten dafür das neu gestiftete Verdienstkreuz II. Klasse des Ordens „Heinrich des Löwen" (Nr. 344). Leider konnte kein Stück zur Beschreibung beigebracht werden. Abbildung enthält aber das alte Werk von Vechelde „Ordensaal" auf Tafel 6.

352. Militär-Kriegsverdienstkreuz, Gold (1879)

Das von Herzog Wilhelm am 11. Dezember 1879 gestiftete Militär- (Kriegs-) Verdienstkreuz „für erhöhte, nochmalige und besonders tapfere Taten" sollte an Militärpersonen vom Feldwebel abwärts verliehen werden. Bei der Neugestaltung des Ordens Heinrich des Löwen am 25. 4. 1908 wurde das Kreuz, ohne inzwischen verliehen worden zu sein, wieder aufgehoben. Die Sammlung Gg. Schreiber, München, besitzt ein silbervergoldetes Exemplar (Probestück?).

Dieses Kreuz hat glatte gerade, nach außen breiter werdende Arme, welche mit drei erhöhten Linien eingefaßt sind.

V: Im runden aufgelöteten (16 mm) Mittelschildchen (zweizeilig):
„KRIEGS / VERDIENST", darunter zwei übereinanderliegende
Lorbeerreiser.

R: Im aufgelöteten (16 mm) Mittelschildchen ein „W" in gotischer
Schrift unter der schwebenden Herzogskrone auf gekörntem Grund.

Größe: 37 mm.

Band: Wie bei Nr. 340—345.

353. Militär-Verdienstkreuz 1914/18, Silber vergoldet
Abbildung am Schluß des Bandes.

Eine Verordnung vom 18. August 1914 (Gesetz- und Verordnungs-Sammlung
Nr. 63 vom 23. August 1914) lautet: „Das von der Hochseligen Herzogs Wilhelm
Hoheit am 11. Dezember 1879 gestiftete Militär-Verdienstkreuz (Gesetz- und
Verordnungs-Sammlung von 1879 Nr. 74) trägt auf der Rückseite den Namenszug „E. A." mit der Krone. Das Ordenszeichen und das Band bleiben im
übrigen unverändert." In Wirklichkeit hat das achtspitzige, Silber vergoldete
Kreuz jetzt Malteserform. Seine glatten Arme sind mit erhabenen Doppellinien eingefaßt. Das Kreuz ist als Auszeichnung „für erhöhte nochmalige und
besonders tapfere Taten" für Militärpersonen vom Feldwebel abwärts bestimmt.

V: Im runden aufgelöteten Mittelschildchen (15 mm) (zweizeilig):
„KRIEGS- / VERDIENST", darunter zwei kleine, übereinandergelegte Lorbeerzweige.

R: Im runden (15 mm) Mittelschildchen der verschlungene Namenszug
„E. A." unter einer aufsitzenden Krone auf gekörntem Grund.

Größe: 36 mm; Gewicht: etwa 19 g.

Band: Wie bei Nr. 340—345.

354. Kriegsverdienstkreuz I. Klasse, Bronze (verliehen 1918)
Abbildung am Schluß des Bandes.

Gestiftet von Herzog Ernst August (reg. 1913—1918) am 20. März 1918 für
solche Angehörige der Armee, welche das Kriegsverdienstkreuz II. Klasse
(Nr. 355) bereits erworben hatten und sich im Kriege 1914/18 wiederholt besonders auszeichneten.

Die Kreuzarme sind nach außen geschweift und haben eine erhöhte
Einfassung. Die Kreuze selbst sind nach oben etwas gewölbt.

V: Auf fein gekörntem Grund in der Mitte „E A", auf dem linken und
rechten Kreuzarme je zwei Eichenblätter, im oberen Arme die Herzogskrone, im unteren Arme „1914".

R: Glatt mit Nadel zum Anstecken auf der linken Brustseite unter der
Ordensschnalle.

Größe: 40 mm.

355. Kriegsverdienstkreuz am blau-gelben Bande (für Kombattanten), Bronze (verliehen 1914 bis 1918)

356. Dasselbe Kreuz am gelb-blauen Bande (für Nichtkombattanten) (verliehen 1915—1918)

Gestiftet von Herzog Ernst August am 23. Oktober 1914. „Das Kriegs-
verdienstkreuz soll nur in einer Klasse ohne Unterschied des Ranges und
Standes für Verdienst im Kriege verliehen werden." (Gesetz- und Verordnungs-
Sammlung Nr. 77 vom 28. Oktober 1914.)

Das Ehrenzeichen besteht in einem Kreuz von dunkler Bronze mit nach außen zu geschweiften Armen und glatter erhöhter Umrandung, genau in der Ausführung wie Nr. 354.

V: Wie bei Nr. 354 (nur alle Maße etwas kleiner).

R: Im oberen Arme „für", quer über die waagerechten Arme „Derdienst im", im unteren Arme „Kriege".

Die Originale haben eine oben abgerundete, mitgeprägte und von oben nach unten durchlochte Öse, welche durch ein kleines Ringchen mit dem größeren gewöhnlichen Bandring verbunden ist.

Größe: 30 mm.

Band: a) für Kämpfer: 30 mm breit, dunkelblau mit zwei schwefelgelben (je 3 mm breiten) Seitenstreifen, gegen die Bandkanten je 2 mm Abstand;

b) für Nichtkämpfer: 30 mm breit, schwefelgelb mit 2 dunkelblauen (je 3 mm breiten) Seitenstreifen. (Gestiftet am 17. 11. 1915.)

357. „Bewährungs-Abzeichen" zum Kriegsverdienstkreuz II. Klasse, für Frontkämpfer

Gestiftet am 20. März 1918 für solche Inhaber des Kriegsverdienstkreuzes II. Klasse, welche zwei Jahre ununterbrochen im Felde gestanden hatten. Das einseitige bronzene, mattversilberte (oxydiert) Ehrenzeichen ist durchbrochen gearbeitet und zeigt in einem Eichenlaubkranz das nach links aufspringende Pferd, oben auf dem Kranz eine kleine Krone, unten zwei antike, gekreuzte Schwerter. Das Ehrenzeichen ist 30 mm hoch, 23 mm breit und wird mit zwei rückseitig angebrachten Stiftchen auf das Band gesteckt.

358. Kriegs-Verdienstkreuz für Frauen und Jungfrauen, Bronze (verliehen 1917—1918)   Abbildung am Schluß des Bandes.

Gestiftet von Herzog Ernst August am 13. September 1917. Es wurde verliehen an Frauen und Jungfrauen für besondere Verdienste auf dem Gebiete der Nächstenliebe und Kriegsfürsorge. Es ist aus dunkler Bronze, hat vier nach außen zu und an den Außenseiten selbst leicht geschweifte Arme.

V: In der Mitte „1914", zwischen den Kreuzarmen zieht sich ein kreisförmiges Band, auf welchem je zweimal abwechselnd die verschlungenen Namenszüge „E A" und „V L" (Herzogin Viktoria Luise, Tochter Kaiser Wilhelms II.) erscheinen. Über den vier Namenszügen stets eine freistehende Krone.

R: Im oberen Arm „für", über die beiden Seitenarme laufend „aufopfernde Dienste", im unteren Arme (zweizeilig): „im / Kriege". Das kreisförmige Band mit den vier Namenszügen und den kleinen freistehenden Kronen darüber ist auch auf der Rückseite sichtbar.

Die Kreuze haben eine mitgeprägte, von oben nach unten durchlochte Öse, durch welche ein kleines Ringlein läuft, das wieder mit dem eigentlichen größeren Bandring verbunden ist.

Größe: 31 mm.

Band: 30 mm breit, schwefelgelb mit zwei dunkelblauen Seitenstreifen und ebensolchen Mittelstreifen, je 3 mm breit, Abstand derselben voneinander 8,5 mm, nach den Kanten des Bandes noch ein je 2 mm breiter gelber Rand.

359. Rettungsmedaille, Silber (verliehen 1836—1918)
Abbildung am Schluß des Bandes.

Gestiftet von Herzog Wilhelm am 25. April 1836 zur Auszeichnung für diejenigen „Untertanen, welche sich durch entschlossene und mutige Handlungen hervorgetan und ohne Rücksicht auf eigene Gefahr für die Rettung des Lebens oder des Eigentums ihrer Mitmenschen rühmliche Anstrengungen gemacht haben". Die ursprüngliche Anordnung, auf den Rand der Medaillen den Namenszug des Empfängers sowie das Jahr der Verleihung einzugravieren, scheint nur kurze Zeit befolgt worden zu sein, denn alle bis jetzt vorgekommenen Stücke sind ohne Randschrift. Die zylinderförmige angelötete Öse trägt den gewöhnlichen Bandring.

V: Auf einem von der Herzogskrone bedeckten geschweiften Schild der Namenszug „W", rechts und links davon je vier Fahnen und je ein Löwe (liegend), mit dem Vorderkörper hervorsehend. Im oberen Teil Umschrift: „EHRENZEICHEN" über einem Sternchen, unten im Abschnitt die dreizeilige Inschrift: „GESTIFTET / AM / XXV. APR. MDCCCXXXVI" (die dritte Zeile bogig).

R: Ein auf dem Flügel eines auf dem Rücken liegenden Seeungeheuers stehender Engel mit der Rechten auf einen über seinem Kopfe leuchtenden Kreis von acht kleinen Sternchen weisend, in der linken Hand eine Palme tragend. Umschrift: „MUTHIGER THATEN EHRENDER LOHN".

Größe: 34 mm; Gewicht 24—26 g (die früheren Stücke haben größere Metallstärke und dementsprechend auch höheres Gewicht als die später geprägten Medaillen).

Band: 36 mm breit, dunkelgrün.

360. Verdienstzeichen I. Klasse für Kunst und Wissenschaft, Silber vergoldet (verliehen 1908—1918)

361. Dasselbe II. Klasse mit der Krone, Silber (verliehen 1912—1918)

362. Dasselbe II. Klasse (ohne Krone), Silber (verliehen 1908—1918)

Gestiftet vom Regenten Johann Albrecht zu Mecklenburg (reg. 1906—1913) bei der Ausgestaltung des Ordens Heinrichs des Löwen am 25. April 1908, „um Verdienste auf dem Gebiete der Kunst und Wissenschaft zu belohnen".

Das Verdienstzeichen besteht in einer ovalen silbervergoldeten Schaumünze bzw. aus oxydiertem Silber, welche von einem 4 mm breiten Lorbeerkranze mit Blütenverzierungen umrandet wird. Alle Medaillen haben eine langgestreckte, doppelt gewundene ovale Drahtöse. Die II. Klasse wurde gemäß Verfügung vom 9. 4. 1912 in zwei Abteilungen verliehen, nämlich mit und ohne Krone.

V: Das nach rechts gewendete Brustbild des Herzogs Karl I. (reg. 1735 bis 1780) im Küraß mit Haarbeutel und Zopf. Karl I. war ein besonders eifriger Förderer der Kunst und Wissenschaft. Unter dem

Schulterabschnitt vertieft in Diamantschrift: „1908 / W. ACHTEN-
HAGEN" (Bildhauer in Magdeburg). Umschrift: „CAROLVS · D · G ·
DVX · BRVNSVIC · ET · LVNEBVRG".

R: Im ovalen, senkrecht schraffierten, gekrönten Wappenschilde. das
nach links springende Pferd. Umschrift: „DEM · VERDIENST · IN ·
KVNST · VND · WISSENSCHAFT".

Die 1912 gestiftete Krone zur II. Klasse ist 14 mm hoch, 21 mm breit,
gefüttert und oben mit der Lorbeerkranzumrahmung fest verbunden.

Größe ohne Krone: 50 mm hoch, 38 mm breit, in Silber mit Krone
64 mm hoch. Gewicht ohne Krone: etwa 29 g, mit Krone: etwa
33 g.

Band für das Verdienstzeichen I. Klasse: 50 mm breit, zinnoberrot
mit zwei je 6 mm breiten goldgelben Randstreifen (um den Hals zu
tragen); für die II. Klasse (mit und ohne Krone) gleich wie bei
Nr. 340 (Ritterkreuzband des Hausordens Heinrichs des Löwen), auf
der linken Brustseite zu tragen. Damen tragen alle drei Klassen an
den entsprechenden Bändern zur Schleife geformt nahe der linken
Achsel.

363. Frauen-Verdienstkreuz I. Klasse, Silber vergoldet

364. Frauen-Verdienstkreuz II. Klasse, Silber (verliehen 1912—1918)

Gestiftet vom Herzog-Regenten Johann Albrecht am 25. April 1912 für
Frauen und Jungfrauen, „die sich durch aufopfernde persönliche Tätigkeit auf
dem Gebiete der Nächstenliebe verdient gemacht haben". Das Kreuz in Gold
wurde nur solchen Personen verliehen, welche das silberne Kreuz bereits
10 Jahre besaßen. (Gesetz- und Verordnungssammlung Nr. 36 v. 25. April 1912.)

Das einseitige, gleicharmige Kreuz hat geschweifte Arme mit blatt-
förmigen Enden. Dasselbe ist auf der Vorderseite mit einem feinen,
blauen Emailstreifen umrandet. Es trägt auf den senkrechten Armen
in untereinandergestellten, blau emaillierten Unzial-Buchstaben die Inschrift: „WIRKE TREU IN" und auf den waagerechten Armen in entsprechender Ausführung „NÄCHSTENLIEBE", wobei das E von WIRKE
mit dem E von NÄCHSTEN zusammenfällt.

Größe: 43 mm hoch und breit.

Band: 35 mm breit, weiß mit dunkelblauen, je 2½ mm breiten Randstreifen.

365. Silberne Ehrenmedaille und

366. Bronzene Ehrenmedaille für die Feldzüge in Spanien und Portugal 1810—1814 mit dem Herzoglichen Namenszug „C"

Abbildung am Schluß des Bandes.

Gestiftet von Herzog Carl am 30. Oktober 1824 in Silber für Offiziere, in
Bronze für die Unteroffiziere und Soldaten, „welche in englisch-braunschwei-
schen Diensten an den Kriegen in Spanien und Portugal 1810—1814 teilgenommen und zur Zeit der Stiftung noch im braunschweigischen Dienste standen
oder Wartegeld bezogen". Der Herzog ließ diese Medaille während seines
Aufenthaltes in Paris 1823—24 anfertigen.

V: Auf einem von Kriegstrophäen und Fahnengruppen umgebenen, nach links geneigten, rechteckigen, an den Ecken abgeschrägten Schilde der verschlungene doppelte Namenszug des Stifters: „C". Darunter im Abschnitt links in Diamantschrift: „BRASSEUX FRERES". Zwischen den Trophäen verteilt drei kleine Eichenzweige.

R: In einem aus einem Eichenzweig (links) und einem Lorbeerzweig (rechts) zusammengesetzten, unten mit Doppelschleife gebundenen Kranze „PENINSULA".

Die Medaillen, von welchen besonders die silbernen Exemplare außerordentlich selten sind, haben eine derbe eiserne Öse und einen großen ebensolchen (runden) Tragring.

Größe: 34 mm; Gewicht in Silber: etwa 20 g.

Band: Zuerst 40 mm, später nur mehr 36 mm breit, karmoisinrot.

367. Silberne Ehrenmedaille und

368. Bronzene Ehrenmedaille für die Feldzüge in Spanien und Portugal 1810—1814 mit dem herzoglichen Namenszuge „C" (verliehen 1833), Stempelverschiedenheit von Nr. 365/366

Die Stempel hierzu schnitt der Gold- und Silberarbeiter F. Streuber in Braunschweig, vermutlich im Jahre 1833. Da die 1823 von Brasseux frères in Paris gelieferten Medaillen nicht ausreichten, so wurden die Streuberschen Prägungen zu einigen nachträglichen Verleihungen, dann wohl auch als Ersatz für verlorengegangene Medaillen verwendet.

V: Wie bei Nr. 365/366. Die Kriegstrophäen, welche das schräggestellte Schildchen mit dem verschlungenen doppelten Namenszuge des Herzogs Carl „C" umgeben, sind etwas größer gezeichnet. Links unten liegen sechs, bei den Brasseuxschen Medaillen aber nur drei Kanonenkugeln. Im Abschnitt links „F. STREUBER".

R: Wie bei Nr. 365/366, aber der Kranz ist dicker und das Wort „PENINSULA" auch größer gezeichnet.

Größe, Gewicht und Band wie vorher.

369. Silberne Ehrenmedaille und

370. Bronzene Ehrenmedaille für die Feldzüge in Spanien und Portugal 1810—1814 mit dem herzoglichen Namenszuge „W"

Die beiden Medaillen wurden von Herzog Wilhelm am 21. September 1833 an die früheren Offiziere in Silber, an die früheren Unteroffiziere und Soldaten in Bronze verliehen, welche an den Feldzügen in Spanien und Portugal teilgenommen, aber statutengemäß die Ehrenmedaille mit dem Namenszug „C" (Nr. 365) nicht erhalten konnten.

V: Auf einem von Kriegstrophäen und Fahnengruppen umgebenen schrägliegenden Schild der Namenszug des Stifters: „W", im Abschnitt unten links in Diamantschrift: „BRASSEUX FRERES".

R: Band, Größe und Gewicht wie bei Nr. 365 ff.

371. Silberne und

372. Bronzene Ehrenmedaille für die Feldzüge in Spanien und Portugal 1810—1814 mit dem herzoglichen Namenszuge „W", Stempelverschiedenheit von Nr. 369, 370 (verliehen 1833)

Auch zu diesen Medaillen wurden gegen Ende 1833 von Goldarbeiter F. Streuber in Braunschweig neue Stempel geschnitten und sicher waren auch diese Medaillen Ersatzstücke für die Nr. 369 ff.

V. und R. wie bei Nr. 367/368, abgesehen von dem auf dem Schilde der Vorderseite erscheinenden Namenszug des Herzogs Wilhelm: „W".

Größe, Gewicht und Band wie vorher.

373. Silbervergoldetes und

374. Bronzekreuz für den Feldzug 1809, verliehen von Herzog Carl
Abbildung am Schluß des Bandes.

Gestiftet von Herzog Carl am 30. Oktober 1824 für die Offiziere in vergoldetem Silber, für die Unteroffiziere und Soldaten in Bronze „für Alle, welche 1809 seinem Vater, dem Herzog Friedrich Wilhelm, auf dem Zuge von Böhmen nach England gefolgt waren und zur Zeit der Stiftung noch in braunschweigischem Dienste standen oder Wartegeld bezogen".

Das silbervergoldete Kreuz hat einen erhabenen, glänzenden Rand, während die innere Fläche matt grundiert ist. Die Arme beider Kreuze sind durch einen Eichenlaubkranz verbunden, welcher bei dem Kreuz für Offiziere je drei grün emaillierte Blätter mit einer roten Eichel zeigt. Die Arme verbreitern sich nach außen stark.

V: Im abgeschrägten Mittelfelde das braunschweigische Wappentier, das nach links springende Roß auf einem Rasenboden; auf den vier Armen verteilt: „CARL / FRIEDRICH / AUGUST / WILHELM".

R: Im eckigen Mittelschilde „1809", auf den vier Armen verteilt: „FÜR / TREUE / UND / TAPFERKEIT".

Bei beiden Kreuzen hängt in einer angeprägten rechteckigen Öse ein langgestreckter, gekerbter Tragring.

Größe: 32 mm hoch und breit; Gewicht des silbervergoldeten Kreuzes etwa 15 g.
Band: 40 bzw. 37 mm breit, dunkelblau.

375. Silbervergoldetes und

376. Bronzekreuz für den Feldzug 1809, verliehen von Herzog Wilhelm

Diese wurden von Herzog Wilhelm am 21. 9. 1833 an diejenigen früheren Offiziere, Unteroffiziere und Soldaten, an erstere silbervergoldet, an die letzteren in Bronze, verliehen, welche an dem heldenmütigen Zuge von Böhmen nach England teilgenommen, aber statutengemäß die Kreuze mit dem Namenszuge des Herzogs Carl nicht erhalten konnten. Das silbervergoldete Kreuz wurde nur an 11 Offiziere verliehen.

V: Im abgeschrägten Mittelschilde das nach links springende braunschweigische Roß; auf den vier Armen verteilt: „WILHELM / AUG. / MAX / FRIEDR. LUDW.".

377. Waterloo-Medaille, Bronze (verliehen 1818)

Gestiftet von dem Prinzregenten Georg, in vormundschaftlicher Regierung für den noch minderjährigen Herzog Carl am 11. Juli 1818 „für Alle, welche im Herzoglich Braunschweigischen Truppencorps an dem Feldzuge des Jahres 1815 teilgenommen". Die Medaillen sind aus Bronze eroberter Geschütze geprägt und tragen auf dem Rande Vor- und Zunamen sowie den Charakter des Inhabers, „welchen er während des Feldzuges und namentlich vom 16. bis 18. Juni gehabt".

V: Das nach links gewendete Brustbild des in der Schlacht bei Quatrebras (16. Juni 1815) an der Spitze seiner Truppen gefallenen Herzogs in Uniform mit der Umschrift: „Friedrich Wilhelm" (links) „Herzog." (rechts). Am Abschnitt des Armes in Diamantschrift „C. Häseler" in lateinischer Schreibschrift.

R: In einem aus einem Lorbeerzweig (links) und einem Eichenlaubzweig (rechts) zusammengesetzten Kranze „1815". Umschrift, außerhalb des Kranzes: „Braunschweig seinen Kriegern." (oben), „Quatrebas und Waterloo." (unten), die Umschriftteile durch Rosetten abgetrennt.

Es sind drei verschiedene Stempel zur Prägung der Vorderseite verwendet worden. Diese unterscheiden sich untereinander durch die verschiedene Größe und Form der Feldmütze des Herzogs Wilhelm. Bei einer dieser Stempelverschiedenheiten ist außerdem der Armabschnitt nahezu gerade verlaufend dargestellt, während er in der Regel bogig ausläuft.

Die Dicke der Medaille ist sehr verschieden, sie hat oben einen eisernen Zapfen als Öse, durch dessen Lochung der ziemlich große eiserne Bandring geht. Soweit Stücke mit anderen Ösen vorkommen, handelt es sich hierbei um nachträgliche eigenmächtige Änderungen durch die Inhaber.

Größe: 34 mm.

Band: 40 mm breit, schwefelgelb mit zwei (je 8 mm breiten) hellblauen Seitenstreifen, wobei gegen die Bandkanten noch je ein 1 mm gelber Rand sichtbar ist.

378. Medaille für Verdienste um die Feuerwehr, Silber (verliehen 1912—1918)

Gestiftet vom Herzog-Regenten Johann Albrecht am 25. April 1912 „in Ergänzung und Erweiterung der Verordnung vom 28. November 1887, Nr. 34, als Zeichen der Anerkennung für besondere Verdienste um die Feuerwehr". Das Ehrenzeichen wurde verliehen an Personen, „welche 40 Jahre lang als Mitglieder einer freiwilligen Feuerwehr treue und nützliche Dienste geleistet oder ... in anderer Weise sich um das Feuerlöschwesen des Landes oder einer Gemeinde verdient gemacht haben". (Gesetz- und Verordnungssammlung Nr. 37 vom 25. April 1912).

V: Ein von der Krone bedeckter Schild mit dem kleinen Wappen des herzoglichen Hauses Braunschweig. Umschrift: „GOTT ZUR EHR" (oben), „DEM NÄCHSTEN ZUR WEHR" (unten), die Umschriftgruppen durch Sternchen abgetrennt.

R: Ein Feuerwehrhelm auf zwei gekreuzten Beilen, woran ein aufgerolltes Seilbündel hängt. Umschrift: „FÜR VERDIENSTE UM DIE FEUERWEHR". Unten ein sechsstrahliges Sternchen.

Größe: 31 mm; Gewicht: 13 g.

Band: 38 mm breit, zusammengestellt aus sechs goldgelben (je 3,4 mm breiten) und sieben himmelblauen (je 2,5 mm breiten) Streifen.

379. Erinnerungsmedaille für die Feldzüge 1848, 1849, Bronze

Gestiftet von Prinzregent Albrecht von Preußen (1885—1906) am 8. Mai 1891 für Offiziere, Ärzte, Beamte, Unteroffiziere und Mannschaften der braunschweigischen Truppenteile, die an den schleswig-holsteinischen Feldzügen 1848 bis 1849 teilgenommen hatten. Bei der geringen Zahl der damals noch lebenden Braunschweiger Veteranen aus dem Jahre 1848/49 sind natürlich diese Erinnerungsmedaillen in sehr beschränkter Anzahl geprägt worden und daher selten.

V: In einem unten mit Doppelschleife gebundenen lichten Lorbeerkranz der gekrönte Namenszug des 1885 gestorbenen Herzogs Wilhelm, in dessen Regierungszeit diese Feldzüge fielen; unter der Doppelschleife: „C. F.".

R: Innerhalb einer Kreislinie „SCHLESWIG- / HOLSTEIN / 1848—1849" (dreizeilig), darüber ein sechsstrahliges Sternchen.

Größe: 33 mm.

Band: 34 mm breit, goldgelb mit zwei je 10 mm breiten hellblauen Seitenstreifen bei je 1 mm Abstand von den Kanten.

Anmerkung: Dieses Band kommt irrtümlicherweise auch meist an der Waterloo-Medaille Nr. 377 vor.

380. Goldenes Kreuz für 25 Dienstjahre der Offiziere (verliehen 1828—1833)

Gestiftet vom Herzog Carl im Jahre 1828.

Das einseitige goldene Kreuz hat auf den vier Armen blaue, durchscheinende Glasbalken, eingelassen zwischen den Armen aber goldene Strahlenbündel. Das rot emaillierte Mittelschild zeigt in goldener Umrahmung ein gekröntes „C" in Gold. Die Bandöse wird aus zwei Lorbeerzweigen gebildet, welche durch eine kleine Öse mit dem oberen Kreuzarm verbunden sind.

Größe: 34 mm.

Band: 40 mm breit, dunkelblau-weiß-rot in gleichbreiten Streifen.

381. Kreuz für 25 Dienstjahre der Offiziere, Silber vergoldet (verliehen 1833—1886)

Am 1. April 1833 in Abänderung von Nr. 380 durch Herzog Wilhelm gestiftet für diejenigen Offiziere, „welche 25 Jahre und länger ehrenvoll gedient haben, als eine öffentliche Anerkennung der von ihnen geleisteten Dienste". Nach Abschluß der Militärkonvention mit Preußen (18. 3. 1886) wurde das braunschweigische Dienstauszeichnungskreuz für Offiziere durch das preußische Dienstauszeichnungskreuz ersetzt.

Es hängt mit der Öse in einem beweglichen, aus zwei Lorbeerzweigen gebildeten silbervergoldeten Kranz, der den Bandring darstellt.

V: In die vier geraden Arme sind rubinrote, durchsichtige Glasbalken eingelassen, so daß jeweils 2 mm breite vergoldete Ränder außen sichtbar sind. Das aufgelötete, weiß emaillierte, goldumrandete

Mittelschildchen (13 mm Durchmesser) zeigt ein goldenes gekröntes gotisches „W".

R: Glatt polierte, vergoldete Arme. Das vergoldete Mittelschildchen (13 mm), ebenfalls aufgelötet, trägt auf gekörntem Grund die erhabene Zahl „25", umrahmt von einer schmalen Zierleiste. Es kommen kleine Verschiedenheiten in der Zeichnung des „W", dann in der Prägung der Zahl „25" und in der Färbung der roten Glasbalken vor.

Größe: 37 mm.

Band: 40 mm breit, dunkelblau mit zwei schwefelgelben (je 7 mm breiten) Seitenstreifen, an den Bandkanten noch je ein 1 mm dunkelblauer Rand sichtbar.

382. Silbernes Kreuz für 25 Dienstjahre der Unteroffiziere usw.

383. Silbernes Kreuz für 20 Dienstjahre der Unteroffiziere usw.
(verliehen 1833—1879)

Gestiftet vom Herzog Wilhelm am 1. April 1833, gleichzeitig mit Nr. 381, als eine öffentliche Anerkennung für diejenigen Unteroffiziere und Soldaten, „welche eine Reihe von Jahren ununterbrochen untadelhaft gedient haben".

Das Kreuz für 25 Jahre hat zwischen seinen vier polierten, nach außen wesentlich breiter werdenden Armen ebensoviel silberne Strahlenbündel.

V: Im runden (13 mm) aufgelöteten Mittelschildchen ein gekröntes gotisches „W" auf gekörntem Grund, umrahmt von einer schmalen Zierleiste.

R: Im ebenfalls aufgelöteten Mittelschildchen (13 mm) auf gekörntem Grund innerhalb einer schmalen Zierleiste „25" bzw. „20".
Die Kreuze haben eine gewöhnliche Drahtöse mit beweglichem Ring. Es kommen Exemplare des Kreuzes für 20 Dienstjahre vor, bei denen die Krone über dem herzoglichen Namenszug fehlt. Auch gibt es kleine Abweichungen in der Zeichnung des Namenszuges und der Zahlen „25" bzw. „20".

Größe: 32—33 mm; Gewicht: etwa 17 g bzw. 15 g.

Band: Wie bei Nr. 381.

384. Silberne Schnalle für 15 Dienstjahre der Unteroffiziere

385. Eiserne Schnalle für 10 Dienstjahre der Unteroffiziere
(verliehen 1833—1879)

Gestiftet gleichzeitig mit Nr. 382 und Nr. 383. Diese Schnallen sind 12 mm hoch und 89 mm breit und haben rückseits einen angelöteten Metallstreifen zur Befestigung des Bandes, an welchem die Schnallen getragen werden.

V: In der Mitte ein quer liegendes ovales Schildchen mit den Zahlen „15" bzw. „10" auf gekörntem Grund. Der vertiefte Grund der von hellpolierter Umrahmung umgebenen Schnallen ist gemustert, bei der eisernen Schnalle mit schwarzem Lack überzogen.

Band: 37 mm breit, dunkelblau mit zwei schwefelgelben Seitenstreifen (je 7 mm breit), dunkelblaue Bandkanten, je 1 mm breit.

386. Silbernes Kreuz für 21 Dienstjahre der Unteroffiziere (1879—1886)

Seit 11. Dezember 1879 wurden auch die Dienstauszeichnungen für braunschweigische Unteroffiziere nach preußischem Vorbild verliehen, und zwar nunmehr für 21, 15 bzw. 9 vollendete Dienstjahre. Demzufolge wurde das Kreuz Nr. 382 für 21 Dienstjahre verliehen. Nach dem Abschluß der Militärkonvention mit Preußen (am 18. 3. 1886) erhielten Nr. 382 und Nr. 383 nur noch die Angehörigen der herzoglichen Gendarmerie.

V: Wie bei Nr. 382.

R: Im (13 mm) Mittelschildchen die Zahl „21".

Größe: 31 mm; Gewicht: etwa 14 g.

Band: 37 mm breit, wie bei Nr. 384/385.

387. Eiserne Schnalle für 9 Dienstjahre der Unteroffiziere (1879)

Siehe das bei Nr. 385 Gesagte. Die Schnalle für 15 Dienstjahre blieb weiterhin ganz unverändert. Bei denjenigen für 10 Dienstjahre wurde lediglich die Zahl „10" durch „9" ersetzt. Die Prägung ist aber schärfer als früher.

Größe: Jetzt 13 mm hoch, 42 mm breit.

Band: Wie bei Nr. 385.

388. Landwehr-Dienstauszeichnung I. Klasse, silbernes Kreuz (verliehen 1879—1886)

Gestiftet von Herzog Wilhelm am 11. Dezember 1879 nach preußischem Vorbilde für die Offiziere und Ärzte des Beurlaubtenstandes, welche mindestens acht Jahre über die gesetzliche Dienstzeit freiwillig im Militärverhältnis geblieben sind. — Seit der Militärkonvention mit Preußen (18. 3. 1886) erhielten die Offiziere und Ärzte die preußische Landwehr-Dienstauszeichnung I. Klasse.

Das Kreuz stimmt in Form und Größe mit dem vergoldeten Kreuz für 25 Dienstjahre der Offiziere, Nr. 381, überein, ist aber von Silber.

V: In die Arme des Kreuzes sind purpurrote Glasbalken eingelassen, so daß ein zwei Millimeter breiter silberner Rand sichtbar bleibt. Im 13 mm großen Mittelschildchen auf weiß emailliertem Grund das gotische gekrönte „W", hier in Silber innerhalb einer silbernen Zierleiste.

R: Polierte silberne Arme, im aufgelöteten Mittelschildchen (13 mm) auf gekörntem Grund „XX" innerhalb einer gleichen Zierleiste.

Größe: 37 mm.

Band: Zuerst 40 mm, später 37 mm breit, wie bei Nr. 385.

389. Landwehr-Dienstauszeichnung II. Klasse (verliehen 1879—1886)

Gestiftet von Herzog Wilhelm am 11. Dezember 1879 nach preußischem Vorbilde gleichzeitig mit der I. Klasse (Nr. 388) für alle, „welche nach vorwurfsfrei erfüllter Dienstpflicht in der Reserve und Landwehr (Seewehr) einen Feldzug mitgemacht oder bei außergewöhnlichen Veranlassungen im ganzen mindestens 3 Monate aus dem Beurlaubtenstande zum aktiven Dienst einberufen gewesen sind".

Die Dienstauszeichnung besteht aus einer 45 mm langen, 16 mm hohen, schwarz lackierten eisernen Umrahmung, durch welche ein dunkelblaues Band derartig gezogen wird, daß auf demselben der herzogliche Namenszug „W" und zu beiden Seiten desselben je ein Landwehrkreuz, in goldgelber Seide eingewirkt, sichtbar sind. Seit 18. März 1886 durch die preußische Landwehr-Dienstauszeichnung II. Klasse ersetzt.

389a. Feuerwehr-Ehrenzeichen, Schnalle (verliehen 1887—1918)

Gestiftet vom Herzog-Regenten Prinz Albrecht von Preußen am 28. November 1887 für Mitglieder der Braunschweigischen Feuerwehren nach 25jähriger vorwurfsfreier Dienstzeit. (Gesetz- und Verordnungssammlung Nr. 34.)

Das Ehrenzeichen besteht aus einer einseitigen, verzierten, rechteckigen Platte aus oxydiertem Silber, darauf der vergoldete, ovale, gekrönte braunschweigische Wappenschild mit dem nach (heraldisch) rechts springenden Pferde im senkrecht schraffierten Felde. Unter dem Schilde gekreuzt zwei vergoldete Leitern, zwei Beile und ein Feuerwehrhelm. Die Mitte der Platte durchzieht ein waagerechtes, erhöhtes silbernes Rechteck mit der Aufschrift: „XXV JÄHR: / DIENSTZEIT". An der Rückseite ist ein Metallstreifen mit Nadel zum Überstreifen des Bandes angebracht. Das Ehrenzeichen wird auf der linken Brustseite unter der Ordensschnalle getragen.

Größe: 42 mm hoch, 21 mm breit.

Band: 42 mm breit, siebenmal goldgelb (je 3 mm breit) und sechsmal hellblau (je 3,5 mm breit) gestreift.

Daneben gibt es noch ein vom Landesfeuerwehrverband ausgegebenes Ehrenzeichen für 20, 15 und 10 Dienstjahre. Dies besteht aus einer oxydierten querrechteckigen Platte, deren Ecken gerundet abgeschrägt sind. Auf gekörntem Grunde zwei Eichenzweige. Die Platte ist nach oben halbkreisförmig ausgebuchtet und an dieser Stelle mit einer silbernen, kreisförmigen Scheibe belegt, darin die Zahlen „20", „15" oder „10" zwischen einem ins Spitzoval gelegten Lorbeerkranz. Vor dem ganzen ist ein vergoldetes Emblem angebracht, das aus einer querliegenden Leiter mit einem dahinter hängenden Seilbündel vor zwei gekreuzten Beilen und darüber einem Feuerwehrhelm besteht. Das Ganze wird auf einer mit dem Band überzogenen Platte (35 × 45 mm) angebracht. Das Band ist gelb mit einem himmelblauen Mittelstreifen von 18 mm Breite und zwei ebensolchen Seitenstreifen von 3,5 mm Breite, diese in 1,5 mm Abstand von der Kante.

Freie Stadt Danzig

Freistaat von 28. Juni 1919 bis zum 1. September 1939,
seitdem Bestandteil des Deutschen Reiches

390. Kreuz von Danzig I. Klasse, emailliertes Steckkreuz

390aa. Kreuz von Danzig II. Klasse, emailliertes Kreuz am Bande

Gestiftet unter dem 31. August 1939 von Gauleiter Albert Forster als Staatsoberhaupt von Danzig und größtenteils am 24. Oktober 1939, aber auch schon vorher, ausgegeben. Bis zum 11. Dezember 1939 sind 88 Kreuze I. Klasse und 253 Kreuze II. Klasse ausgegeben worden. Laut der Fassung der Verleihungsurkunde wurden beide Klassen verliehen „für Verdienste um den Aufbau der Nationalsozialistischen Deutschen Arbeiterpartei im Gau Danzig und des nationalsozialistischen Staates Danzig", sowie auch für den Aufbau der Verteidigung Danzigs vor dem 31. August 1939. Das Kreuz von Danzig ist eine Friedens-, keine Kriegsauszeichnung.

Das Kreuz hat bei der I. Klasse schwach bogig sich verbreiternde Arme. Das Kreuz I. Klasse ist etwas gewölbt und trägt auf der Rückseite eine senkrechte Nadel mit einem Scharnier; das Kreuz II. Klasse hat oben eine gewöhnliche, seitlich offene Drahtöse mit dem darin hängenden Tragring.

V: Weiß emailliert mit goldener Ränderung und goldenem Innensaum, der in der Mitte noch einmal einen tief gravierten Strich hat. Das Kreuz ist belegt mit zwei kleinen, schwach ausladenden goldenen Kreuzen übereinander, deren unteres auf dem Mittelpunkt des großen Kreuzes aufliegt, während über dem oberen eine fünfblätterige Krone schwebt (Wappenbild von Danzig). Der obere Arm des oberen kleinen Kreuzes ist auf den sichtbaren Innenrand der Krone gelegt, die ihrerseits zur Hälfte über die Oberkante des großen Kreuzes hinausragt.

R: Glatt, unten das Künstlersignum „B. v. A." (Benno von Arent) über dem Namen der Lieferfirma „Hülse-Berlin".

Größe: I. Klasse 61 mm hoch, 42,5 mm breit, II. Klasse 47,5 mm hoch, 35 mm breit.

Band der II. Klasse: 29 mm breit, rot mit 3,5 mm breiten weißen Seiten- und in 1,5 mm Abstand davon 1,5 mm breiten gelben Randstreifen (Danziger Wappenfarben).

390a. Rettungsmedaille, Silber (verliehen 1927—1939)

Durch Beschluß des Senates der Freien Stadt Danzig vom 18. Februar 1927 wurde eine Rettungsmedaille gestiftet. Sie wurde zur Anerkennung für die unter eigener Lebensgefahr ausgeführte Rettung eines Menschenlebens ohne Rücksicht auf die Staatsangehörigkeit des Retters verliehen.

Die Medaille ist mattsilbern und hat einen Durchmesser von 38 mm.

V: Das große Danziger Staatswappen (der Schild von zwei Löwen über Wellenlinien gehalten) mit der Umschrift „FREIE · STADT · DANZIG". Zwischen den einzelnen Worten ein Punkt und oberhalb des Wappens ein achtstrahliger Stern; unten das Künstlerzeichen MB.

R: Innerhalb erhöhten Randes in deutscher Druckschrift vierzeilig die Inschrift „für / Rettung / aus / Lebensgefahr". Aus dem Rande sprießen unten an den Seiten Lorbeerzweige hervor.

Band: 30 mm breit, rot, mit je 4 mm breiten, weißen Seiten- und je 4 mm breiten, gelben Bordstreifen.

390b. Erinnerungszeichen für Verdienste um das Feuerlöschwesen, goldbronzen (verliehen 1932—1939)

Der Senat der Freien Stadt Danzig beschloß am 21. Oktober 1932 die Verleihung dieses Erinnerungszeichens. Es wurde für verdienstvolle Betätigung im Feuerlöschwesen verliehen, insbesondere an solche Personen, welche mindestens 25 Jahre einer organisierten Feuerwehr als diensttuende Mitglieder angehört und sich dabei durch treue Erfüllung ihrer Dienstpflichten ausgezeichnet hatten.

Das einseitige Erinnerungszeichen ist Nr. 1398 nachgebildet und besteht aus einer runden, goldbronzenen Platte. Das 18 mm breite Mittelschild zeigt den Danziger Wappenschild, umgeben von der Inschrift „FREIE STADT / DANZIG". Auf dem 6 mm breiten Rande sitzt ein Feuerwehrhelm zwischen zwei Beilen. Der Helm ist mit dem großen Danziger Wappen und Feuerwehremblemen geziert. Auf dem Rande links, rechts und unten verteilt die Umschrift in lateinischer Schrift

„VER DIENST
VM DAS
FEVER LÖSCH
WESEN"

unterhalb des letzten Wortes zwei seitwärts gerichtete Schlauchmundstücke über zwei kleinen kranzartig gelegten und unten mit einer Schleife gebundenen Lorbeerzweigen. Auf der glatten Rückseite ist die Firma „STUMPF & SOHN" eingeprägt.

Größe: 30 mm breit und 37 mm hoch. Das Ehrenzeichen wurde mit einer Anstecknadel an der linken Brustseite getragen. Vergleiche Nr. 390c und 390d.

390c. Feuerwehr-Ehrenzeichen, 1. Stufe, emailliertes goldfarbenes Kreuz
390d. Dasselbe, 2. Stufe, emailliertes silberfarbenes Kreuz (verliehen 1939)

Der Präsident des Senates der Freien Stadt Danzig stiftete am 1. Mai 1939 als Anerkennung für Verdienste im Feuerlöschwesen das Feuerwehr-Ehrenzeichen. Es wurde in zwei Stufen verliehen. Die 1. Stufe wurde denen verliehen, welche sich im Feuerlöschwesen besondere Verdienste erworben hatten, außerdem für besonders mutiges und entschlossenes Verhalten bei der Bekämpfung von Bränden. Die 2. Stufe wurde Mitgliedern anerkannter Berufsfeuerwehren oder Freiwilliger Feuerwehren verliehen, die ihr 25. Dienstjahr als Feuerwehrangehörige in Ehren und Treue vollendet hatten. Die Empfänger von Nr. 390d legten eine vorher besessene Nr. 390b und die Empfänger von Nr. 390c legten eine vorher besessene Nr. 390b oder 390d ab. Nr. 390e—g und 390h—j darf neben Nr. 390c—d nur mit besonderer Genehmigung getragen werden.

Das Ehrenzeichen ist Nr. 438/439 nachgebildet; es ist ein gleichschenkliges Balkenkreuz und zeigt auf den Kreuzesarmen ein rotes Flammenkreuz auf weiß emailliertem Grunde.

V: In der Mitte das große Danziger Wappen (Schild von Löwen gehalten) über dem Hakenkreuz aus Metall. Durch die Arme schlingt sich ein metallener Ring mit der Umschrift: „FÜR VER- / DIENSTE / IM FEUER / LÖSCHWESEN" in lateinischer Schrift.

R: Glatt, mattiert. Die Metallteile sind bei der 2. Stufe silberfarben, bei der 1. Stufe goldfarben.

Größe: 43 mm hoch und breit.

Band: 31 mm breit, in der Mitte weiß 13 mm breit, daran anschließend auf jeder Seite ein hochroter Streifen von 7 mm Breite und ein braunroter Bordstreifen von je 2 mm Breite (wie bei Nr. 438/439).

390e. Treudienst-Ehrenzeichen, 1. Stufe, vergoldetes Kreuz

390f. Dasselbe, 2. Stufe, versilbertes Kreuz

390g. Dasselbe, Sonderstufe für Angestellte und Arbeiter in der freien Wirtschaft, versilbertes und teilweise vergoldetes Kreuz (verliehen 1938—1939)

Dieses Ehrenzeichen wurde vom Präsidenten des Senats am 20. Juni 1938 gestiftet. Es „ist eine Auszeichnung für langjährige treue Arbeit im Dienste für Volk und Staat". Das Treudienst-Ehrenzeichen wurde verliehen: An Beamte, Angestellte und Arbeiter im öffentlichen Dienst für 40jährige treue Dienstleistung in der 1. Stufe, für 25jährige treue Dienstleistung in der 2. Stufe; an Angestellte und Arbeiter in der freien Wirtschaft für 50jährige treue Dienstleistung bei einem und demselben Dienstherrn, Arbeitgeber oder Betrieb in einer Sonderstufe.

Das Treudienst-Ehrenzeichen ist ein Balkenkreuz mit geschweiften und an den Enden abgerundeten Armen. Das Kreuz ist gekörnt, die 2 mm breiten Ränder der Arme sind glänzend poliert.

V: Im Mittelschilde von 22 mm Breite das große Danziger Staatswappen (Löwen, den Schild haltend) über dem Hakenkreuz, umgeben von einem Perlenkranz und einem erhabenen, polierten Rande. Zwischen den Armen befindet sich ein Eichenkranz. Die 2. Stufe ist mattsilbern, die 1. Stufe mattgolden. Bei der Sonderstufe ist der Eichenkranz golden, ebenso die auf dem oberen Arme befindliche Zahl „50".

R: Glatt, matt gehalten.

Größe: 45 mm breit und hoch.

Band: 35 mm breit, dunkelkornblumenblau.

390h. Polizei-Dienstauszeichnung, 1. Stufe, goldfarbenes Kreuz

390i. Dieselbe, 2. Stufe, silberfarbenes Kreuz

390j. Dieselbe, 3. Stufe, mattsilberfarbene Medaille (verliehen 1938—1939)

Die Polizei-Dienstauszeichnung wurde vom Präsidenten des Senats am 20. Juni 1938 als Anerkennung für treue Dienste in der Polizei gestiftet. Sie wurde in 3 Stufen verliehen, und zwar für 25jährige treue Dienstleistung in der 1. Stufe, für 18jährige treue Dienstleistung in der 2. Stufe und für 8jährige treue Dienstleistung in der 3. Stufe.

106

Die Dienstauszeichnung 2. und 1. Stufe ist ein Balkenkreuz mit geschweiften Armen. Das Kreuz hat gekörnten Grund. Die Arme sind
mit 3 mm breitem, poliertem Rand eingefaßt.

V: In einem 23 mm breiten Mittelschild das große Danziger Wappen
über dem Hakenkreuz. Das Mittelschild ist von einem geperlten
Kranz und poliertem Rand umgeben. Zwischen den Kreuzesarmen
polierte Strahlen.

R: Glatt, matt gehalten. Die 2. Stufe ist mattsilbern, die 1. Stufe mattgolden gehalten.

Größe: 43 mm breit und hoch.

Die Dienstauszeichnung 3. Stufe ist eine runde, mattsilberfarbene Medaille von 39 mm Durchmesser. Sie zeigt auf der

V: das große Danziger Wappen über dem Hakenkreuz. Den Rand
bildet innerhalb doppelter Kreislinie ein oben und unten gebundener Eichenkranz.

R: In 3 Zeilen in deutscher Schrift die Inschrift: „für / treue Dienste /
in der Polizei". Darunter die Zahl „8". Neben dieser auf beiden
Seiten je ein Lorbeerzweig.

Größe: 40 mm.

Band: 35 mm breit, dunkelkornblumenblau.

390k. Ehrenzeichen des Roten Kreuzes der Freien Stadt Danzig, emailliertes goldfarbenes Kreuz.

Der Landesverband des Roten Kreuzes der Freien Stadt Danzig, welcher
unter der Schirmherrschaft des Präsidenten des Senates der Freien Stadt
Danzig stand, verlieh für besondere Verdienste um das Rote Kreuz nachstehendes Ehrenzeichen.

Ein weiß emailliertes, sich nach außen verbreiterndes Balkenkreuz
mit abgeschrägten Ecken.

V: Weiß emailliertes Mittelschild mit rotem Genfer Kreuz, umgeben
von rotem Rande, darin die goldene Inschrift in lateinischer Schrift
„ROTES KREUZ DER FREIEN STADT DANZIG".

R: Glatt. Die Metallteile sowie die Inschriften sind golden gehalten.
Oberhalb des oberen Kreuzes das große Danziger Wappen mit
3 Federn über dem Schild, hinter dem ein Ring zum Durchziehen
des Bandes angebracht ist.

Größe: 41 mm breit und 57 mm hoch, einschließlich des Wappens.

Band: 31 mm breit, rot mit 7 mm breitem weißem Rand, der einen
goldenen Saum von 1,5 mm Breite hat.

390l. Verdienstkreuz für Mitglieder des Roten Kreuzes der Freien Stadt Danzig, I. Klasse

390m. Dasselbe, II. Klasse, emailliertes, silberfarbenes Kreuz

Der Große Rat des Roten Kreuzes der Freien Stadt Danzig beschloß in
seiner Sitzung vom 13. Dezember 1934, ein Verdienstkreuz zu stiften. Es
wurde in 2 Klassen verliehen. Die 2. Klasse war bestimmt für 10 Dienstjahre,
die 1. Klasse für 25 Jahre eifriger und verdienstvoller Tätigkeit als aktives

Mitglied in den Sanitätskolonnen oder Schwesternschaften des Roten Kreuzes der Freien Stadt Danzig.

Das Verdienstkreuz besteht aus einem gleicharmigen, achtspitzigen, silberfarbenen, weiß emaillierten Kreuz (Malteserkreuz) mit breiten Metallkanten. Die 1. Klasse unterscheidet sich von der 2. dadurch, daß sich zwischen den Kreuzarmen silberne, am Ende abgerundete, Strahlen befinden.

V: Das Mittelschild mit 15 mm Durchmesser trägt das Rote Kreuz auf weißem Felde mit der herumlaufenden, unten beginnenden silbernen Umschrift in lateinischer Schrift „ROTES KREUZ DER FREIEN STADT DANZIG". Es ist von einem silbernen Lorbeerkranz umgeben.

R: Glatt.

Größe: 39 mm hoch und breit.

Band: 28 mm breit, weiß mit rotem Mittelstreifen (10 mm breit) und roten Seitenstreifen 1 mm breit, 2 mm vom Rande entfernt. Das Kreuz 1. Klasse wird mit einer Anstecknadel an der linken Brustseite getragen. Werden die Bänder ohne Kreuze getragen, so ist auf dem Bande als Zeichen der 1. Klasse ein kleiner silberner Lorbeerkranz von 10 mm Durchmesser aufgesteckt.

Deutsches Reich

Gegründet am 18. Januar 1871 als Kaiserreich (Bundesstaat mit dem jeweiligen König von Preußen an der Spitze mit dem Titel „Deutscher Kaiser"). Seit dem 9. November 1918 Freistaat. Am 30. Januar 1933 übernahm der Führer Adolf Hitler das Reichskanzleramt und errichtete das Dritte Reich, das in den folgenden Jahren die im Vertrag von Versailles verlorenen Gebiete größtenteils zurückgewann, sowie durch den Anschluß Österreichs, des Sudetenlandes und durch die Errichtung des Protektorats Böhmen und Mähren zum Großdeutschen Reich erweitert worden ist.

Das Deutsche Reich hat folgende Orden und ordensähnlichen Auszeichnungen: Den Verdienstorden vom Deutschen Adler (gestiftet am 1. Mai 1937), das am 30. Januar 1938 gestiftete Ehrenzeichen der Träger des deutschen Nationalpreises für Kunst und Wissenschaft, das Ehrenzeichen für deutsche Volkspflege (gestiftet am 1. Mai 1939), das aus dem am 22. April 1922 gestifteten Ehrenzeichen des Deutschen Roten Kreuzes hervorgegangen ist. Daneben werden als nicht tragbare Auszeichnungen verliehen: der Adlerschild (seit 1922), die Goethe-Medaille für Kunst und Wissenschaft (seit 1932), die Erinnerungsmedaille für Rettung aus Gefahr (seit 1933). Die übrigen Ehrenzeichen sind:

391. Kriegsdenkmünze 1870/71 aus Bronze, am Bande für Kämpfer

392. Dieselbe aus Stahl, am Bande für Kämpfer

393. Dieselbe aus Stahl, am Bande für Nichtkämpfer

Die Denkmünze für Kämpfer ist gestiftet von Kaiser Wilhelm I. (reg. als Deutscher Kaiser 1871—1888) am 20. Mai 1871 für die „vereint gewesenen deutschen Armeen, welche durch heldenmütige Tapferkeit und Ausdauer in einer Reihe glänzender Siege herrliche Ruhmestaten vollbrachten und die Einigung Deutschlands mit ihrem Blute besiegelten, für die glorreichen Feldzüge der Jahre 1870 und 1871". Am gleichen Tage kam dazu die Kriegs-Denkmünze für Nichtkämpfer, am 22. Mai noch für alle Offiziere, Ärzte und Soldaten, „welche die feindliche Grenze nicht überschritten hatten, aber in der Heimat tätig waren", die Denkmünze für Nichtkämpfer aus Stahl, am Bande für Kämpfer („Kombattanten"). Zur Herstellung der 1 080 000 „Kombattanten"-Denkmünzen wurden an der Kgl. Hauptmünze Berlin nicht weniger als 380 Zentner feindliches Geschützmetall verwendet. Die Stempel zu den Denkmünzen schnitt Hof- und Münz-Medailleur Wilhelm Kullrich (geb. 1821, seit 1859 als zweiter Medailleur, ab 1862 als erster Medailleur, 1864 Hofmedailleur, bis zu seinem Tode 1887 stets an der Berliner Hauptmünze tätig gewesen).

Die Denkmünzen haben, soweit aus Geschützbronze geprägt, eine Randschrift: „AUS EROBERTEM GESCHUETZ". Alle Original-Denkmünzen haben eine nachträglich angelötete, mehrfach eingekerbte Öse mit gewöhnlichem Ring. Mehrfach vorkommende Originale in Bronze ohne Randschrift sind später als Ersatz für verlorene Medaillen hergestellte Stücke. Außerdem gibt es natürlich noch eine Menge privater Prägungen, stets kenntlich an der gewöhnlichen Drahtöse und an etwas veränderter Zeichnung, bei stets fehlender Randschrift. Bei den Denkmünzen für Kämpfer aus Bronze:

V: Unter dem gekrönten „W" in zwei Zeilen „Dem siegreichen / Heere". Umschrift zwischen zwei Kreislinien: „Gott war mit uns Ihm sei die Ehre", unten ein kleiner sechseckiger Stern.

R: Ein Kreuz ähnlich dem Eisernen Kreuz mit Strahlenbündeln zwischen seinen vier Armen, um die Mitte ein Lorbeerkranz, innerhalb desselben zweizeilig die Zahlen „1870 / 1871".
Bei den Denkmünzen aus Stahl für Nichtkämpfer:

V: Die zweizeilige Inschrift lautet hier: „für Pflichttreue / im Kriege". Alles andere wie bei der „Kombattanten-Denkmünze".

R: Um die Mitte des Kreuzes mit Strahlen und Jahreszahlen „1870 / 1871" schlingt sich statt des Lorbeerkranzes ein Eichenkranz. Von der Denkmünze aus Stahl kamen 390 500 Stück zur Ausprägung.

Größe: 29 mm.

Band: a) für Kämpfer und Truppen in der Heimat: 30 mm breit, schwarz mit zwei weißen, je 5 mm breiten Seitenstreifen und einem hellroten, 5 mm breiten Mittelstreifen, dabei noch 2 mm breite schwarze Kanten;

b) für Nichtkämpfer: 30 mm breit, weiß mit einem roten, 5 mm breiten Mittelstreifen, zwei schwarzen, je 5 mm breiten Seitenstreifen und 2 mm breiten weißen Kanten. Damen trugen die Kriegsgedenkmünze 1870/71 aus Stahl an einer Schleife aus deren Band geformt.

393a. Spangen zur Kriegsdenkmünze 1870/71 für Kämpfer („Kombattanten") (verliehen 1895)

Gestiftet von Kaiser Wilhelm II. (reg. 1888—1918) am 18. August 1895 (Gedenktag der Schlacht bei Metz) aus Anlaß der 25. Wiederkehr der Siegestage des Krieges 1870/71 für diejenigen Besitzer der Kriegsdenkmünze, welche an einer der nachstehenden 25 Schlachten, Gefechte und Belagerungen teilgenommen". Für jedes dieser Treffen wurde je eine Spange auf dem Bande waagerecht befestigt, wozu auf der glatten Rückseite der Spangen zwei Messingstifte angelötet sind. Im übrigen war die Beschaffung der Schlachtenspangen dem hierzu Berechtigten auf dessen eigene Kosten überlassen. Es ergaben sich daher bei der großen Anzahl von privaten Herstellern eine Reihe von Verschiedenheiten in Größe und Schriftzeichnung. Hier soll nur der verschriftsmäßigen Ausführung gedacht werden.

Die vergoldeten Messingspangen sind demnach 33 mm lang und 7 mm hoch, haben auf gekörntem Grund in erhabener Prägung die folgenden Namen: „SPICHEREN", „WÖRTH", „COLOMBEY-NOUILLY", „VIONVILLE - MARS LA TOUR", „GRAVELOTTE - ST. PRIVAT", „BEAUMONT", „NOISSEVILLE", „SEDAN", „AMIENS", „BEAUNE LA ROLANDE", „VILLIERS", „LOIGNY - POUPRY", „ORLÉANS", „BEAUGENCY-CRAVANT", „AN DER HALLUE", „BAPAUME", „LE MANS", „AN DER LISAINE", „ST. QUENTIN", „MONT VALÉRIEN", „STRASSBURG". „PARIS", „BELFORT", „WEISSENBURG", „METZ".

394. Kriegerverdienst-Medaille I. Klasse in Gold, Silber vergoldet

395. Dieselbe I. Klasse, Silber
für die farbigen Offiziere der Polizei- und Schutztruppen in den Deutschen Schutzgebieten (verliehen 1892—1919)

Abbildung am Schluß des Bandes.

Die preußische Kriegerverdienstmedaille (Nr. 1324) diente bereits zur Zeit Wißmanns als Auszeichnung farbiger Soldaten für Tapferkeit vor dem Feinde und wurde am 11. Mai 1892 abgeändert. Die nunmehrige Kriegerverdienstmedaille für Farbige wurde in zwei Klassen geteilt, deren erste auf der Vorderseite den neuen ostafrikanischen Münzen nachgebildet war. Sie wurde weiterhin im Sinne von Tapferkeitsmedaillen, daher nur am schwarz-weißen Bande, verliehen. Für langjährige gute Friedensdienste kamen die Kronen-Ordens-(Nr. 1321 ff.) und die Rote Adler-Medaille (Nr. 1319 ff.) in Betracht.

Am 25. März 1893 bestimmte Kaiser Wilhelm II, „daß die bisher nur für farbige Offiziere und Mannschaften der Schutztruppe für Deutsch-Ostafrika bestimmten Kriegerverdienst-Medaillen I. und II. Klasse künftig auch an farbige Offiziere und Mannschaften der Polizei- und Schutztruppen in den übrigen deutschen Schutzgebieten zur Verleihung gelangen" sollten (Deutsches Kolonialblatt 1893 S. 189). Die Kriegerverdienst-Medaillen I. Klasse, besonders die in Gold, sind außerordentlich selten und stets nur für besondere Kriegshandlungen verliehen worden.

An eingeborene Zivilpersonen der deutschen Schutzgebiete konnten laut Bekanntmachung im Deutschen Kolonialblatt vom 1. Mai 1893 S. 215 die Rote Adler-Medaillen (Nr. 1319 ff.) und die Kronen-Ordens-Medaillen (Nr. 1321 ff.) verliehen werden.

Die Medaillen haben die Größe des preußischen Militär-Ehrenzeichens II. Klasse (Nr. 1284), auch dessen Rückseiten-Stempel ist zur Prägung verwendet worden. Die Medaille I. Klasse hat eine große runde angeprägte Öse, durch welche unmittelbar das Band gezogen wird.

V: Brustbild des Stifters in Uniform der Garde du Corps mit Küraß und Adlerhelm, nach links gewendet. Umschrift: „GUILELMUS II IMPERATOR". Im Armabschnitt: „E. W." (E. Weigand).

110

R: In einem unten mit Schleife gebundenen dichten Lorbeerkranz (zweizeilig): „KRIEGER / VERDIENST".

Größe: 39 mm; Gewicht: 24 g.

Band: 35 mm breit, schwarz (nicht gewässert) mit zwei je 6 mm breiten weißen Seitenstreifen und 3 mm breiten schwarzen Kanten.

396. Kriegerverdienst-Medaille II. Klasse in Gold (Silber vergoldet)

397. Dieselbe II. Klasse, Silber
für farbige Unteroffiziere und Mannschaften der Kaiserlichen Schutz- und Polizeitruppe in den deutschen Schutzgebieten (verliehen 1892—1919)

Hier gilt das schon zu Nr. 394 ff. Gesagte. Die Medaillen II. Klasse stimmen in Größe und Prägung genau mit der silbernen preußischen Kriegerverdienst-Medaille überein. Sie haben gewöhnliche Drahtösen mit Ring.

V: Der verschlungene gekrönte Namenszug „W R" in verzierten Buchstaben der lateinischen Schreibschrift.

R: In einem unten mit Schleife gebundenen Lorbeerkranz (zweizeilig): „KRIEGER / VERDIENST".

Größe: 25 mm; Gewicht 9 g.

Band: 25 mm breit, schwarz (ohne Wässerung) mit zwei weißen je 4,5 mm breiten Seitenstreifen und 1,5 mm breiten schwarzen Kanten.

398. Kriegerverdienst-Medaille II. Klasse, für die farbigen Schutztruppen, Silber (Stempelverschiedenheit)

Im Jahre 1893 wurden zuerst einige silberne Kriegerverdienst-Medaillen mit der zweizeiligen Inschrift „KRIEGS / VERDIENST" auf der Rückseite geprägt und wohl auch verliehen. Diese Inschrift wurde jedoch als nicht passend befunden. Es kamen dann bald nur noch Medaillen mit der Inschrift „KRIEGER / VERDIENST" zur Verleihung. Stücke mit ersterer Inschrift sind daher sehr selten.

Größe, Gewicht und Band wie bei Nr. 397.

399. Kaiser Wilhelm-Erinnerungsmedaille (sog. Zentenarmedaille) (verliehen 1897)

Gestiftet am 22. März 1897 von Kaiser Wilhelm II. zum Andenken an den 100. Geburtstag seines Großvaters, Kaiser Wilhelms I., für sämtliche Offiziere, Militärbeamte, Unteroffiziere und Soldaten, welche an diesem Tage der aktiven Armee und Marine angehörten, sowie den Schutztruppen; ebenso für die Veteranen aus den Kriegen 1848, 1849, 1864, 1866 und 1870/71. Die Medaille, aus Bronze eroberter Geschütze, ist in der Berliner Medaillenmünze L. Ostermann (vorm. G. Loos) geprägt worden. Der Entwurf stammt von Professor Walter Schott. Es gibt verschiedene nicht offizielle Nachprägungen, welche in der Zeichnung mehr oder weniger abweichen, dabei auch solche von nur 30 bis 33 mm Durchmesser.

V: Das nach rechts gewendete Bildnis Kaiser Wilhelms I. im offenen Pelzmantel und mit Helm. Links seitlich davon fünfzeilig in verschieden großer Schrift: „WILHELM / DER / GROSSE / DEUTSCHER / KAISER"; rechts vom Bildnis in drei Zeilen: „KOENIG / VON / PREUSSEN".

R: In sechs Zeilen, bei verschiedener Schriftgröße derselben, Inschrift: ZUM ANDENKEN / AN DEN / HUNDERTSTEN GEBURTSTAG / DES GROSSEN KAISERS / WILHELM I. / 1797 - 22. MAERZ - 1897". Darunter die Kaiserkrone mit Reichsschwert und Reichsapfel, auf Kissen ruhend, umrankt von je einem Lorbeer- und Eichenzweig.

Größe: 40 mm.

Band: 37 mm breit, orangegelb.

400. China-Denkmünze aus Bronze für Kämpfer

401. Dieselbe aus Stahl für Nichtkämpfer (verliehen 1901)

Gestiftet von Kaiser Wilhelm II. am 10. Mai 1901, in Bronze, für alle Teilnehmer an den kriegerischen Ereignissen in Ostasien (Bekämpfung des Boxer-Aufstandes vom 30. Mai 1900 bis 29. Juni 1901), sowie auch für die bei der Kranken- und Verwundetenpflege in den Kriegsgebieten tätig gewesenen Personen beider Geschlechter. Die Denkmünze aus Stahl erhielten alle Personen, welche an den Vorbereitungen zur Aufstellung und Entsendung der deutschen Streitkräfte beteiligt waren, ebenso die Besatzungen der Transportschiffe deutscher Reedereien von Truppen und Kriegsbedarf nach und von Ostasien.

Der Entwurf zu der China-Denkmünze stammt von Kaiser Wilhelm II. selbst, die Ausführung der Medaille aber von Professor Walter Schott, Berlin. Die Prägung besorgte die Firma Mayer & Wilhelm in Stuttgart. Die Denkmünzen laufen in eine Spitze aus, welche von oben nach unten durchlocht ist, zur Aufnahme eines kleinen länglichen Ringchens, in das wieder der runde größere Tragring eingehängt ist.

V: Ein gekrönter nach rechts hin fliegender Adler, welcher einen großen Drachen unter seinen Fängen hält. Am Rande entlang schmales, dichtes Lorbeergewinde.

R: Der Namenszug „W" unter der frei schwebenden Kaiserkrone mit flatternden Bändern. Umschrift bei den bronzenen Denkmünzen für Kämpfer: „DEN SIEGREICHEN STREITERN"; unten: „1900 CHINA 1901". Bei den Denkmünzen aus Stahl: „VERDIENST UM DIE EXPEDITION NACH CHINA". Am Rande entlang schmales dichtes Lorbeergewinde sowie bei der stählernen Denkmünze ein fünfstrahliges Sternchen.

Größe: 35 mm hoch, 32 mm breit.

Band: 35 mm breit, Mitte orangegelb 9 mm breit, anschließend daran nach links und rechts je ein weißer 2 mm, sowie roter je 3 mm, weißer 3 mm, schwarzer 3 mm breiter Streifen und weiße 2 mm breite Ränder.

401a. Gefechtsspangen zur China-Denkmünze 1900/01 aus Bronze für Kämpfer

Gleichzeitig mit den Denkmünzen gestiftet. Die 7 mm hohen und 33 mm langen vergoldeten Messingspangen waren auf eigene Kosten der Berechtigten anzuschaffen. Sie tragen je einen der nachstehend verzeichneten 14 Gefechtsnamen in erhöhter Schrift auf gekörntem Grund; außerdem haben die Spangen eine erhöhte schmale Linien-

umrahmung: „TAKU", „SEYMOUR - EXPEDITION", „TIENTSIN",
„PEKING", „PEITANG-FORTS", „LIANG-HSIANG-HSIEN", „KAUMI",
„TSEKINGKWAN", „KALGAN", „HUOLU", „KITCHOU", „HOPHU",
„FOUPHING".
Die Feststellung der Namen der Gefechtsorte erfolgte erst vom 5. 9. 1901 an.

402. Südwestafrika-Denkmünze aus Bronze für Kämpfer
403. Dieselbe aus Stahl für Nichtkämpfer (verliehen 1907)

Gestiftet von Kaiser Wilhelm II. am 19. März 1907 aus Bronze für alle an
der Niederwerfung der Eingeborenen-Aufstände in Südwestafrika 1904—1908
beteiligt gewesenen Streitkräfte, sowie für die an der Kranken- und Verwun-
deten-Pflege beteiligten Personen. Aus Stahl erhielten diese Denkmünze dann
solche Personen, welche an den Vorbereitungen zur Entsendung der Streitkräfte
in außergewöhnlichem Maße beteiligt gewesen, ebenso Angehörige der Besatzung von Schiffen deutscher Reedereien, welche zur Beförderung von Truppen
und Kriegsbedarf nach und von Südwestafrika gechartert waren. Der Entwurf zu diesen Denkmünzen stammt wieder von Kaiser Wilhelm II. Die Stempel
aber schnitt der Kgl. Medailleur O. Schultz an der Berliner Hauptmünze. In
Größe und Form gleich der Chinadenkmünze, laufen auch die Südwestafrika-
Denkmünzen oben in eine Spitze aus mit Lochung zur Aufnahme des kleinen
Verbindungs- und des Tragringes.

V: Der nach links blickende Kopf der Germania mit Flügelhelm und
Harnischansatz. Im Armabschnitt (klein): „SCHULTZ". Umschrift:
„SÜDWEST AFRIKA 1904—06".

R: Bei der Denkmünze für Kämpfer: In der Mitte in gotischen Buchstaben „W II", überragt von der Kaiserkrone mit fliegenden Bändern, unten zwei gekreuzte antike Schwerter. Umschrift: „DEN
SIEGREICHEN STREITERN".

R: Bei der Denkmünze aus Stahl für Nichtkämpfer: Das von der Kaiser-
krone überragte gotische „W", darunter aber statt der gekreuzten
Schwerter ein Lorbeerzweig. Umschrift: „VERDIENST UM DIE
EXPEDITION".

Es gibt Privatnachprägungen, welche neben Verschiedenheiten in
der Zeichnung auch von etwas geringerer Dicke sind und bei denen der
Medailleurname „Schultz" auf dem Armabschnitt fehlt.
Größe: 35 mm hoch, 32 mm breit.
Band: 35 mm breit, weiß mit zwei schwarzen, je 5 mm breiten Rand-
streifen und zinnoberroten 15 mm langen Querrippen in der Mitte.
Für Teilnehmer an Gefechten wurden auch zu der Südwestafrika-
Denkmünze Bandspangen mit 16 verschiedenen Gefechtsnamen gestiftet.
Diese vergoldeten Messingspangen sind 7 mm hoch und 33 mm lang,
von einer erhöhten polierten Linieneinfassung umrandet und haben auf
gekörntem Grund in erhabenen Buchstaben die folgenden Inschriften:
„HEREROLAND", „OMARURU", „ONGANJIRA", „WATERBERG",
„OMAHEKE", „GROSS - NAMALAND", „FAHLGRAS", „TOASIS",
„KARAS - BERGE" (die Vorschrift sagt: „KARASBERGE"), „GROSS-
NABAS", „AUOB", „NARUDAS" (11. 11. 1908 festgestellte Form statt:
„NURUDAS"), „NOSSOB", „ORANJE", „KALAHARI 1907", „KALA-
HARI 1908".

404. Kolonial-Denkmünze, Bronze, für Weiße

**405. Kolonial-Denkmünze, Bronze, für farbige Angehörige der Schutz-
und Polizeitruppen**

Gestiftet von Kaiser Wilhelm II. am 13. Juni 1912 in zwei verschiedenen
Größen in Bronze für Weiße bzw. farbige Angehörige der Schutztruppen und
Polizeitruppen, welche einen oder mehrere Kriegszüge gegen aufständische Ein-
geborene in den verschiedenen deutschen Kolonien mitgemacht hatten. Die
Denkmünzen für Weiße haben Größe und Form der China- und Südwestafrika-
Denkmünze, diejenigen für Farbige sind etwas kleiner, sonst aber auch gleich
in Prägung und Form.

V: Brustbild des Stifters nach rechts in Uniform, rechts daneben
kleines, von der Kaiserkrone überragtes „W II". Am Rande entlang stilisierte schmale Einfassung.

R: Unter der schwebenden Kaiserkrone mit fliegenden Bändern in
sechs Zeilen: „DEN / TAPFEREN / STREITERN / FÜR /
DEUTSCHLANDS / EHRE", umgeben von je einem Lorbeerzweig
(links) und Eichenzweig (rechts).

Größe für Farbige: 31 mm hoch, 28 mm breit; für Weiße: 35 mm hoch,
32 mm breit.

Band für Weiße: 30 mm breit, weiß mit vier roten, je 1½ mm breiten
Mittelstreifen, die je 2 mm voneinander und je 4 mm von den beiden
schwarzen Randstreifen entfernt sind. Letztere haben eine Breite
von 4 mm. Für farbige Soldaten (Askaris usw.) war das Band nur
28 mm breit bei entsprechender Verminderung der Breite der
Streifen.

Auch zur Kolonialdenkmünze sind Gefechtsspangen in vergoldetem
Messing eingeführt worden. Sie sind 7 mm hoch, 33 mm lang und haben
auf gekörntem Grund die Namen von 89 verschiedenen Kriegsaktionen
verzeichnet, stets in lateinischen Versalien und umrahmt von einer
erhöhten Linieneinfassung. Rückseitig haben die Spangen zwei Stifte
angelötet zum Befestigen auf dem Bande.

Die 89 Aufschriften lauten: „DEUTSCH - OSTAFRIKA 1888/89",
„— 1889/90", „— 1889/91", „— 1892", „— 1893", „— 1894", „— 1895",
„— 1896", „— 1897", „1897/98", „— 1898", „— 1899", „— 1900",
„— 1901", „— 1902", „— 1903", „— 1905/07", „— 1911", „— 1912";
„SÜDWEST-AFRIKA 1893/95", „— 1896", „— 1897", „— 1897/98",
„— 1901", „— 1903/04"; „KAMERUN 1884", „— 1886/91", „— 1889",
„— 1890", „— 1891", „— 1891/94", „— 1893", „— 1895/96", „— 1897",
„— 1898", „— 1898/99", „— 1899", „— 1899/1900", „— 1900",
„— 1900/01", „— 1901", „— 1901/02", „— 1902", „— 1902/03",
„— 1903", „— 1904", „— 1904/05", „— 1905", „— 1906", „— 1905/07",
„— 1906/07", „— 1907/08", „— 1908/09", „— 1911", „— 1912"; „SAMOA
1888"; „VENEZUELA 1902/03"; „PONAPE 1910/11"; „TOGO 1894/95",
„— 1895", „— 1896", „— 1896/97", „— 1897", „— 1897/98", „— 1898",
„— 1898/99", „— 1899", „— 1900", „— 1900/01", „— 1901", „— 1902",
„— 1903"; „DEUTSCH-NEUGUINEA 1893", „— 1897", „— 1899",
„— 1900", „— 1901", „— 1902", „— 1903", „— 1904", „— 1905",

„— 1906", „— 1907", „— 1908", „— 1909", „— 1910", „— 1911", „— 1912", „— 1913", „— 1913/14".

405a. Helvetia Benigna-Medaille, Silber (verliehen 1917—1919)

Gestiftet auf der Ausstellung für Internierten-Arbeit in Frankfurt a. M. vom damaligen Departementsdirektor im Kriegsministerium General Friedrich. Die Medaille „Helvetia Benigna" wurde schweizerischen Staatsangehörigen und einigen Deutschen, die sich dienstlich während des Weltkrieges in der Schweiz aufhielten, als Erinnerungszeichen der deutschen Regierung übergeben, wenn sich die Betreffenden um unsere Interessen in der Schweiz, vor allem also um die Fürsorge für die deutschen Kriegsgefangenen, besonders verdient gemacht hatten. Die Medaille hat zwar oben eine angeprägte kleine Öse mit einem länglichen Ring, dieser ist aber zur Aufnahme eines Bandes zu klein. Ein Band ist auch nicht mitgeliefert worden. Die Medaille kann an der Ordensschnalle nicht getragen werden und ist wohl mit Rücksicht auf die Schweizer Ordensbestimmungen so geschaffen worden, die schweizerischen Staatsangehörigen die Annahme von Orden und Ehrenzeichen verbietet. Die „Helvetia Benigna"-Medaille kann aber der Inhaber als „Anhänger" z. B. an der Uhrkette oder als „Brosche" tragen, ohne gegen die heimatlichen Bestimmungen zu verstoßen. Daneben wurde zur besonderen Ehrung bereits ausgezeichneter Persönlichkeiten im Sommer noch eine „große Helvetia Benigna"-Medaille von 8 cm Durchmesser geschaffen, die aber nicht tragbar war. Von dieser sind nur etwa 25 Stück vergeben worden.

Die Medaille ist aus Silber, 990 gestempelt und zeigt auf der

V: die Gestalt der Helvetia mit einem flachen Brotkorb in der Rechten und die Linke im Gespräch erhoben. Die Helvetia ist umgeben von 11 Personen jeden Alters, die Männer sämtlich in der Uniform verschiedener kriegführenden Nationen. Im Hintergrunde, von der Helvetia fast verdeckt, steht eine offene Truhe, vor einem mit dem Schweizer Wappen geschmückten Rondell. Über dem Ganzen die Überschrift „HELVETIA BENIGNA" (die gütige Schweiz).

R: Die fünfzeilige Inschrift „DAS DANKBARE / DEUTSCHLAND / ZUR ERINNERUNG / AN DEN / WELTKRIEG", umzogen von einem unten mit je einem Seitenast versehenen Ölblattkranz und überhöht von einem Strahlen aussendenden Kreuz, das durch seine senkrechte Schraffierung als das Rote Kreuz gekennzeichnet ist. Beide Seiten der Medaille sind mit dem Monogramm B. H. M. signiert (B. H. Mayer's Hofkunstpräge-Anstalt in Pforzheim).

Größe: 35 mm Durchmesser.

405b. Jerusalem-Kreuz (verliehen 1898)

Gestiftet von Kaiser und König Wilhelm II. am 31. Oktober 1898 für das Gefolge, das ihn beim Besuche von Palästina begleitet und in Jerusalem am 31. Oktober 1898 der Einweihung der deutschen evangelischen Erlöserkirche beigewohnt hatte.

Das Ehrenzeichen besteht aus einem silbervergoldeten, blutrot emaillierten Krückenkreuz, das in seinen Winkeln mit vier kleinen, gleichfalls rot emaillierten Krückenkreuzen geschmückt ist. Oben angeprägt eine silbervergoldete Verzierung, in welcher der gewöhnliche Ring hängt; in der Mitte ist ein 17 mm großes rundes Schildchen aufgelötet in nachstehender Ausstattung:

8*

V: Auf vergoldetem, strahlendem Grunde, unter der Kaiserkrone mit seitwärts flatternden Bändern, erhaben der Namenszug des Stifters „W. II. I. R." (Wilhelmus II. Imperator Rex).

R: Auf vergoldetem, gekörntem Grunde erhöht der große römische Buchstabe „X", darüber „XXXI", links „M D", rechts „CCC", unten „IIC" (31. X. 1898).

Größe: 45 mm hoch, 37 mm breit.

Band: 35 mm breit, zinnoberrot

406. Schwarzes Verwundetenabzeichen für die Armee

406a. Mattweißes Verwundetenabzeichen für die Armee

406b. Mattgelbes Verwundetenabzeichen für die Armee
(verliehen 1918, 1936 und 1939 für Weltkriegsteilnehmer)

Gestiftet am 3. März 1918 von Kaiser Wilhelm II. Die Stiftungsurkunde sagt: „Ich will den im Dienste des Vaterlandes Verwundeten als besondere Anerkennung ein Abzeichen verleihen. Das Abzeichen soll die auszeichnen, die für das Vaterland geblutet haben oder im Kriegsgebiet durch feindliche Einwirkung ihre Gesundheit verloren haben und infolgedessen dienstunfähig geworden sind." Es wurde durch A. K. O. vom 8. Juli 1918 auf die Kolonialtruppen erweitert. Ursprünglich wurde Nr. 406 bei ein- und zweimaliger, Nr. 406a bei drei- und viermaliger, Nr. 406b bei fünf- und mehrmaliger Verwundung verliehen. Mit der Verordnung, über das Verwundetenabzeichen vom 30. Januar 1936 (Reichsgesetzblatt, Teil I, S. 47) wird der entsprechende Berechtigungsausweis für die mattweiße bzw. das mattgelbe auch bei weniger häufiger, aber um so schwererer Verwundung oder Verstümmelung erteilt. Vgl. Nr. 1148. Im Jahre 1939 wurde die Verleihung auf Österreich, den Sudetengau und Memel ausgedehnt.

Die einseitigen, hohl gearbeiteten Abzeichen wurden durchweg aus Eisenblech gefertigt. Sie zeigen auf einem Schild mit gekörntem Grund einen Stahlhelm, auf zwei gekreuzten antiken Schwertern ruhend. Ein Lorbeergewinde faßt das Ganze ein.

Die Verwundetenabzeichen werden mit einer an der Rückseite angebrachten Nadel auf der linken Brustseite unter der Ordensschnalle getragen. Ausgesägte Stücke sind nicht vorschriftsmäßig.

Größe: 45 mm hoch, 39 mm breit.

406c. Schwarzes Verwundetenabzeichen für die Marine

406d. Mattweißes Verwundetenabzeichen für die Marine

406e. Mattgelbes Verwundetenabzeichen für die Marine
(verliehen 1918, 1936 und 1939)

Durch A. K. O. vom 24. Juni 1918 für die Marine eingeführt. Für die Verleihung dieser Verwundetenabzeichen gelten die gleichen Voraussetzungen wie bei Nr. 406/406b.

Sie bestehen aus ovalen Plaketten aus Eisen, hohl geprägt, in der Mitte auf gekörntem Grund ein Anker, vor welchem zwei antike Schwerter gekreuzt sind. Außen herum eine Ankerkette, welche sich oben durch den Ring des Ankers zieht.

Größe und Tragweise wie bei Nr. 406 ff.

406f. Goldene Hochzeits-Medaille I. Klasse, aus vergoldeter Bronze mit Email

406g. Dieselbe II. Klasse, aus vergoldeter Bronze

406h. Dieselbe III. Klasse, aus dunkeloxydiertem Kupfer (verliehen 1879)

Gestiftet von Kaiser und König Wilhelm I. am 11. Juni 1879 zur Erinnerung an die Feier seiner goldenen Hochzeit mit Kaiserin Augusta (geb. Prinzessin von Sachsen-Weimar-Eisenach). Die vergoldeten Medaillen I. Klasse waren für die fürstlichen Gäste und Verwandten bestimmt, diejenigen II. Klasse für die im Dienst befindlichen Beamten, Offiziere; die Medaillen III. Klasse aus dunkelbraun oxydiertem Kupfer jedoch für das Hofpersonal niederen Ranges.

Die Medaillen wurden mit Stempeln vom Münzmedailleur Kullrich geprägt, und zwar nur 100 Stück I. Klasse, 175 Stück II. Klasse sowie 100 Stück III. Klasse. Die Medaillen haben einen quer angelöteten Drahtbügel für das Band, der bei der I. Klasse wesentlich größer ist. Die oben angebrachte, eigens geprägte Kaiserkrone (15 mm hoch) wurde von den Hofgoldschmieden Sy und Wagner, Berlin, geliefert.

V: In der Mitte die verschlungenen und verzierten Namenszüge des Jubelpaares „W A"; Umschrift zwischen zwei Kreislinien und durch stilisierte Myrthenzweige getrennt: „11. JUNI" „1829" „1879".

R: Unter der schwebenden Königskrone die aneinandergelehnten Wappenschilde von Preußen (links) und Sachsen-Weimar(rechts); Umschrift zwischen zwei Kreislinien, durch die Krone oben getrennt: „GOTT / MIT UNS".

Die Goldenen Hochzeitsmedaillen I. Klasse haben außerdem noch auf ihrer Vorderseite die Umschrift auf himmelblau emailliertem Grund.

Größe: 29 mm (ohne Krone).

Band: für die I. Klasse (Nr. 406f): 36 mm breit, weiß (nicht gewässert) mit einem 5 mm breiten orangegelben Mittelstreifen sowie je 6 mm breiten schwarzen Seitenstreifen bei 3 mm Abstand von den Kanten. Bei Nr. 406g und Nr. 406h ist das ebenfalls nicht gewässerte weiße Band nur 22 mm breit, der orangegelbe Mittelstreifen sowie die beiden schwarzen Seitenstreifen je 3,5 mm breit bei 1,5 mm Abstand von den Bandkanten.

406i. Kolonialabzeichen, silbergraue Plakette (sog. Elefantenorden)

Abbildung am Schluß des Bandes.

Das Wiederaufbauministerium stiftete am 18. April 1922 ein Kolonialabzeichen für alle diejenigen, welche im Weltkriege in den Kolonien in deren Interesse tätig gewesen waren. Das Abzeichen wurde zunächst vom Wiederaufbauministerium verliehen, vom 31. Dezember 1935 ab sodann vom Auswärtigen Amt, welches die Erlaubnis zum Erwerb erteilte. Seit Januar 1936 verleiht der Führer und Reichskanzler das Abzeichen persönlich (nur noch in Einzelfällen). Das Abzeichen ist dem Bildhauer Moebius in Berlin-Wilmersdorf gesetzlich geschützt.

Das Kolonialabzeichen ist eine silbergraue, runde Plakette, die in der Mitte vor einer rechtsstehenden Palme einen mit erhobenem Rüssel vorwärtsschreitenden Elefanten zeigt, darüber im Halbkreis in doppelter Kreislinie in lateinischer Druckschrift die Worte: „SÜD-

SEE · AFRIKA · KIAUTSCHOU". Zwischen den Worten je ein vier-
strahliger Stern. Oberhalb des Wortes Afrika eine schleifenähnliche
Verzierung. Unterhalb des Elefanten im Halbkreis zwei in der Mitte
zusammengebundene Eichenlaubzweige. Das Abzeichen wird mit einer
Nadel an der linken Brustseite getragen.

Größe: 35 mm breit und 40 mm hoch.

406j. Schlesisches Bewährungsabzeichen (Schlesischer Adler), I. Stufe
Abbildung am Schluß des Bandes.

406k. Dasselbe, II. Stufe
Eisen (verliehen 1919—1921)

Gestiftet vom General-Kommando des VI. Armee-Korps am 16. Juni 1919 und
bestimmt für die Angehörigen der diesem unterstellten Grenzschutzformationen,
und zwar in der I. Stufe nach sechsmonatiger, in der II. Stufe nach drei-
monatiger Grenzschutzzeit. Grundsätzlich sollten Zivilisten nur die II. Stufe
erhalten können, einige Ausnahmen kommen — nur bei Männern — vor. Die
Anlegung dieser Auszeichnung ist seit dem 16. Mai 1933 gestattet und durch
alle folgenden ordensrechtlichen Bestimmungen förmlich als berechtigt bestätigt worden. Verboten ist die Hinzufügung von Schwertern, Eichenlaub
und dergl. Die Verleihung wurde am 15. 4. 1921 abgeschlossen.

Das Abzeichen I. Stufe wird an der linken Brustseite (unter dem Eisernen
Kreuz I. Klasse bzw. dem Verwundetenabzeichen) angesteckt. Das Abzeichen
II. Stufe wird am Bande im Knopfloch bzw. an der Ordensschnalle angelegt.
Der Entwurf stammt von Prof. Dr. h. c. von Gosen.

Das Abzeichen besteht in einem nach rechts (heraldisch links) sehenden stilisierten Adler aus mattgeschwärztem Eisen (also nicht
emailliert), dessen Brust mit einem silbernen, in der Höhlung mit einem
Kreuz besetzten Halbmond belegt ist. In den Fängen hält der Adler ein
abwärts gekrümmtes breites und kurzes schwarzes Band mit der silbernen Inschrift „FÜR SCHLESIEN". Die Rückseite ist glatt bzw. mit
der Anstecknadel versehen. Die II. Stufe trägt oben einen Bandring.

Größe: 42 mm hoch, 30 mm breit.

Band der II. Stufe: 24 mm breit, gelb, weiß, gelb, in gleich breiten
Streifen.

407. Rettungsmedaille am Bande (verliehen seit 1933)
Abbildung am Schluß des Bandes.

Diese Medaille wurde durch Verordnung des Reichspräsidenten über die Verleihung von Abzeichen für die Errettung aus Lebensgefahr vom 22. Juni 1933
gestiftet. Als Muster diente die preußische Rettungsmedaille (siehe Preußen),
die vom Jahre 1925 an durch Beschluß des Staatsministeriums in veränderter Form wieder verliehen worden war. Die Rettungsmedaille am
Bande wird verliehen, wenn sich der Retter in ganz besonders erheblicher
eigener Lebensgefahr befunden hat, die Erinnerungsmedaille dagegen, wenn
sich der Retter in erheblicher Lebensgefahr befunden hat. Bei jugendlichen
Rettern wird die Verleihung der Rettungsmedaille am Bande bis zur Vollendung
des 18. Lebensjahres ausgesetzt. Sie erhalten eine Belobigung. Die Erinnerungsmedaille dagegen kann ohne Rücksicht auf das Lebensalter des Retters verliehen werden, sie ist nicht am Bande zu tragen und hat 5 cm Durchmesser.

Die Rettungsmedaille ist in Silber geprägt durch die Staatliche
Hauptmünze Berlin.

V: Der stilisierte Reichsadler, auf dessen Brust dreieckiger Schild mit Hakenkreuz.

R: In vier Zeilen Inschrift: „FÜR / RETTUNG / AUS / GEFAHR", umgeben von starkblättrigem Eichenkranz.

Größe: 24 mm; Gewicht: 9 g.

Band: 30 mm breit, orange mit 4 mm breiten weißen Seitenstreifen, 1½ mm vom Rand entfernt.

407a. Großkreuz des Eisernen Kreuzes
407b. Ritterkreuz des Eisernen Kreuzes
Abbildung am Schluß des Bandes.

407c. Eisernes Kreuz 1. Klasse
407d. Eisernes Kreuz 2. Klasse

In Erneuerung und Erweiterung des preußischen Eisernen Kreuzes (Nr. 1285 ff.) gestiftet vom Führer am 1. September 1939. Die bisherigen Klassen wurden um das „Ritterkreuz" vermehrt, das die Stelle des früheren Ordens Pour le mérite einnimmt.

Die Kreuze gleichen in der äußeren Form denen des Weltkrieges (Nr. 1296 ff.). Das Großkreuz hat aber außerhalb des erhabenen silbernen geriffelten Randes eine vergoldete Einfassung von derselben Breite (2,5 mm breit). Durch die angelötete, von oben nach unten gelochte ringförmige vergoldete Öse ist der längliche, doppelt gewundene vergoldete Tragring gezogen. Das Ritterkreuz hat eine gleichartige, silberne Aufhängevorrichtung und wird ebenfalls am Halse getragen. Das Kreuz 1. Klasse ist gewölbt und auf der glatten (silbernen) Rückseite mit einer im Scharnier beweglichen silbernen Anstecknadel versehen.

V: In der Mitte das schrägstehende Hakenkreuz, unten die Jahreszahl der Erneuerung „1939".

R von Nr. 407a, b und d: Auf dem unteren Arm die Jahreszahl der Stiftung „1813".

Größe: Großkreuz 63 mm; Ritterkreuz 49 mm, 1. und 2. Klasse 43 mm.

Band (ohne Wässerung) des Großkreuzes: 60 mm breit, zinnoberrot mit 8 mm breiten weißen Seiten- und anschließenden, ebenso breiten schwarzen Randstreifen; des Ritterkreuzes 50 mm, die Seiten- und Randstreifen je 6 mm breit; der 2. Klasse: 30 mm, die Seiten- und Randstreifen je 4 mm breit. Die Webkante ist schwarz.

407e. Silberspange mit dem Hoheitsabzeichen und der Jahreszahl 1939 zum Eisernen Kreuz des Weltkrieges 1. Klasse
407f. Dieselbe zur 2. Klasse
Abbildung am Schluß des Bandes.

Gleichzeitig mit der Erneuerung des Eisernen Kreuzes von 1939 gestiftet für Inhaber des Eisernen Kreuzes aus dem Weltkrieg, und zwar entweder über dem Eisernen 1. Klasse zu tragen (Nr. 407e) oder auf dem Bande der 2. Klasse (Nr. 407f). Die Spangen werden verliehen, wenn eine Tat vollbracht worden ist, die mit der Verleihung des Eisernen Kreuzes der bereits seit dem Weltkrieg besessenen Klasse auszuzeichnen wäre.

Die Spange besteht aus dem Hoheitszeichen (auf dem eichenkranz-
umschlossenen polierten Hakenkreuz sitzender Adler mit nach rechts
— seiner Linken — gewendetem Kopf), darunter ein Schildchen in der
Form eines umgedrehten Trapezes, darin auf gekörntem Grunde die
polierte Jahreszahl „1939", oben und unten an den polierten Rand
stoßend. Die Spange zur 1. Klasse hat hinten eine senkrechte, im Scharnier bewegliche Anstecknadel, während die zur 2. Klasse gehörige
hinten mit vier biegsamen Stiften zur Anheftung an dem Bande des
Eisernen Kreuzes aus dem Weltkrieg (Nr. 1299) versehen ist. Nur der
Adler der Spange zur 2. Klasse ist kleiner als bei der 1. Klasse.

Größe: 31 mm hoch, Breite des Trapezes 27 mm, der Adlerflügelspann-
weite 45 mm bei der 1. Klasse, 30 mm bei der 2. Klasse.

407g. Kriegsverdienstkreuz 1. Klasse mit Schwertern

407h. Dasselbe (ohne Schwerter), silbernes Steckkreuz

407i. Dasselbe 2. Klasse mit Schwertern

407j. Dasselbe (ohne Schwerter), Bronze
Abbildung am Schluß des Bandes.

Gestiftet vom Führer am 18. Oktober 1939 „als Zeichen der Anerkennung für
Verdienste in dem uns aufgezwungenen Krieg, die keine Würdigung durch das
Eiserne Kreuz finden können". Es wird verliehen „mit Schwertern für besondere
Verdienste bei Einsatz unter feindlicher Waffenwirkung oder für besondere
Verdienste in der militärischen Kriegführung", „ohne Schwerter für besondere
Verdienste bei Durchführung von sonstigen Kriegsaufgaben, bei denen ein Ein-
satz unter feindlicher Waffenwirkung nicht vorlag".

Das Kreuz ist achtspitzig mit gekörnten, erhöht umrandeten Armen.
Im oberen Einschnitt ist bei der 2. Klasse eine von links nach rechts
gelochte Öse eingesetzt, durch die der Bandring läuft. Die Kreuze
1. Klasse sind nach oben gewölbt. Sie werden mit einer an der glatten
Rückseite befestigten Nadel an der linken Brustseite unter der Ordensschnalle getragen.

V: Das runde Mittelschild (15 mm Durchmesser) zeigt das von einem
  Eichenlaubkranz umzogene Hakenkreuz.

R der 2. Klasse: die Jahreszahl „1939".

Größe: 48 mm.

Band (ohne Wässerung): 29 mm breit, schwarz mit $3^3/_4$ mm breiten
  weißen Seiten- und ebenso breiten zinnoberroten Randstreifen
  sowie weißer Webkante.

408. Ehrenkreuz für Teilnehmer am Weltkriege, für Frontkämpfer
Abbildung am Schluß des Bandes.

409. Dasselbe für Kriegsteilnehmer

**410. Dasselbe für Witwen und Eltern
(seit 1934)**

Das Ehrenkreuz wurde vom Reichspräsidenten durch Verordnung vom
3. Juni 1934 zur Erinnerung an die unvergänglichen Leistungen des deutschen
Volkes im Weltkriege (1914—1918) gestiftet. Das Kreuz sollten ferner erhalten
die Witwen und Eltern Gefallener, an den Folgen von Verwundung oder in
Gefangenschaft gestorbener oder verschollener Kriegsteilnehmer.

120

Das Kreuz ist dem Kreuze nachgebildet, das sich auf der Rückseite der Kriegsdenkmünze von 1870 befindet. Es ist ein nach den Enden zu aufgebogenes, mit doppelter Linie eingefaßtes Balkenkreuz. Das Ehrenkreuz für Frontkämpfer besteht aus bronzegetöntem Eisen, ebenso das Kreuz für Kriegsteilnehmer. Das Kreuz für Witwen und Eltern Gefallener dagegen besteht aus mattschwarz lackiertem Eisen.

V: Mittelschild mit den Jahreszahlen 1914/1918 in zwei Zeilen, um die sich bei dem Frontkämpferkreuz ein oben offener, unten mit einer Schleife gebundener Lorbeerkranz schlingt. Durch das Mittelschild gehen zwei gekreuzte Schwerter. Bei dem Kreuz für Kriegsteilnehmer sowie demjenigen für Eltern und Witwen ist an Stelle des Lorbeerkranzes ein oben offener Eichenkranz. Die beiden letzteren haben keine Schwerter.

R: Glatt.

Größe: 37 mm.

Band: 30 mm breit, für Frontkämpfer und Kriegsteilnehmer gleich demjenigen der Kriegsdenkmünze 1870/71 für Kämpfer (Nr. 391/92), für Witwen und Eltern aber gleich dem Bande der Kriegsdenkmünze 1870/71 aus Stahl für Nichtkämpfer (Nr. 393).

410a. Spanien-Kreuz mit Schwertern in Gold (Silber vergoldet)

410b. Dasselbe in Silber

410c. Dasselbe in Bronze
Abbildung am Schluß des Bandes.

410d. Spanien-Kreuz (ohne Schwerter) in Silber

410e. Dasselbe in Bronze

Durch Verordnung vom 14. April 1939 stiftete der Führer und Reichskanzler das Spanien-Kreuz zur Anerkennung und zum Dank für die Verdienste deutscher Freiwilliger um die Niederwerfung des Bolschewismus im spanischen Freiheitskampfe.

Das Kreuz besteht aus einem achtspitzigen Kreuz (sogen. Malteserkreuz) mit gekörntem Grunde und polierter Einfassung. Zwischen den Balken des Kreuzes ist das Hoheitszeichen der Luftwaffe — fliegender Adler mit Hakenkreuz — angebracht.

V: In der Mitte des Kreuzes auf gekörntem Grunde das Hakenkreuz innerhalb eines von einer doppelten Kreislinie eingefaßten gekörnten Ringes.

R: Glatt.

Gewicht von Nr. 410d: 32 g.

Größe: 57 mm hoch und breit, Mittelschild 16 mm.

Das Spanien-Kreuz wird in Gold, in Silber oder in Bronze verliehen, in ersterem Fall stets mit Schwertern, in Silber und Bronze entweder mit oder ohne Schwerter. Die Schwerter sind gekreuzt und unter den Hoheitszeichen sowie durch das Mittelschild geführt.

Für besonders hervorragende Leistungen wurde das Kreuz in Gold mit Brillanten verliehen.

Das Spanienkreuz wird auf der rechten Brustseite unterhalb des Blutordens getragen.

410f. Ehrenkreuz für Hinterbliebene deutscher Spanienkämpfer, Bronze

Abbildung am Schluß des Bandes.

Durch eine weitere Verordnung vom 14. April 1939 stiftete der Führer und Reichskanzler dieses Ehrenkreuz für den nächsten Angehörigen deutscher Spanienkämpfer, die entweder gefallen oder in Gefangenschaft verstorben oder verschollen oder tödlich verunglückt oder an den Folgen von Verwundungen u. dergl. verstorben sind. Als nächster Angehöriger gilt die Witwe, der älteste volljährige Sohn bzw. die Tochter, der Vater, die Mutter, der Bruder, die Schwester (in dieser Reihenfolge).

Das Ehrenkreuz ist eine verkleinerte Darstellung des Spanienkreuzes ohne Schwerter in Bronze, es wird am Bande getragen.

Größe: 42 mm Durchmesser.

Band: 31 mm breit, 18 mm schwarz mit weiß-rot-gelb-roten Seitenstreifen von je 1,5 mm Breite und 0,5 mm breitem, weißem Vorstoß.

410g. Silbernes Verwundetenabzeichen

410h. Schwarzes Verwundetenabzeichen für deutsche Freiwillige im spanischen Freiheitskampf 1936/39

Für die freiwilligen Angehörigen der Legion Condor und der an Kampfhandlungen in spanischen Gewässern beteiligt gewesenen Kriegsmarine, die durch feindliche Kampfmittel verwundet oder beschädigt wurden, stiftete der Führer durch Verordnung vom 22. Mai 1939 ein Verwundetenabzeichen.

Das Verwundetenabzeichen ist dasselbe wie für die Weltkriegsteilnehmer des Heeres (s. Nr. 406 ff.), jedoch ist der Stahlhelm durch ein auf der Spitze stehendes Hakenkreuz verziert. Das Abzeichen wird je nach der Anzahl der Verwundungen oder Beschädigungen entweder in schwarzer oder versilberter Ausführung verliehen. Es wird auf der linken Brustseite getragen.

410i. Verwundetenabzeichen in Gold

410j. Dasselbe in Silber

410k. Dasselbe in Schwarz

Abbildung am Schluß des Bandes.

Der Führer und Reichskanzler stiftete durch Verordnung vom 1. September 1939 ein neues Verwundetenabzeichen, das dem Verwundetenabzeichen Nr. 410g und h gleich ist, aber eine Klasse (vergoldet) mehr hat. Das Verwundetenabzeichen wird nach den gleichen Grundsätzen verliehen wie das des Weltkrieges (Nr. 406 ff.)

411. Deutsches Schutzwall-Ehrenzeichen, bronzene Medaille

Abbildung am Schluß des Bandes.

Durch Verordnung vom 2. August 1939 hat der Führer und Reichskanzler zum sichtbaren Ausdruck seines Dankes und seiner Anerkennung für Verdienste um die Anlage und Errichtung des deutschen Schutzwalles dieses Ehrenzeichen gestiftet. Es wird an Personen verliehen, die an der Schaffung der dem Schutze des deutschen Volkes dienenden Befestigungsanlagen mitgearbeitet haben.

Das Ehrenzeichen ist eine ovale, bronzene, von einem oben und unten gebundenen Eichenkranz umgebene Medaille von 26 mm Breite und 35 mm Höhe.

V: Ein Bunker unter einem mit einem Spaten gekreuzten Schwert und darüber das Hoheitszeichen des Reiches.

R: In sechs Zeilen in lateinischer Druckschrift die Inschrift: „FÜR / ARBEIT / ZUM / SCHUTZE / DEUTSCH- / LANDS".

Band: 26 mm breit, hellbraun mit 3¹/₃ mm breiten weißen Seitenstreifen, 1¹/₂ mm vom Rande entfernt.

411a. Deutsches Olympia-Ehrenzeichen I. Klasse
411b. Deutsches Olympia-Ehrenzeichen II. Klasse
(verliehen 1936—38) Abbildung am Schluß des Bandes.

Der Führer und Reichskanzler verordnete am 4. Februar 1936 folgendes: „Zum sichtbaren Ausdruck meiner Anerkennung und des Dankes des deutschen Volkes für Verdienste um die Deutschland übertragenen Olympischen Spiele 1936 stifte ich das Deutsche Olympia-Ehrenzeichen. Das Ehrenzeichen wird in zwei Klassen verliehen."

Die I. Klasse ist ein aus fünf Balken bestehender‚ weiß emaillierter, goldumrandeter Stern, der von fünf goldenen, gerieften Strahlen unterbrochen ist (vergoldete Metallmischung). Die Mitte des Sterns trägt die fünf olympischen Ringe in weißem, goldumrandetem Email. Über dem oberen Strahl schwebt mit ihm verbunden das Hoheitszeichen des Reiches, gleichfalls in weißem, goldumrandetem Email. Die Rückseite ist glatt. Die I. Klasse wird um den Hals getragen, die II. Klasse im Knopfloch.

Größe der I. Klasse: 70 mm hoch, 60 mm breit; der II. Klasse: 50 mm hoch, 45 mm breit.

Band: a) für die I. Klasse 50 mm breit (nicht gewässert), ziegelrot, in der Mitte fünf je 1 mm breite weiße Striche mit je 2,5 mm Abstand voneinander, dann noch 2 mm breite schwarze Kanten;

b) für die II. Klasse 30 mm breit (nicht gewässert), ziegelrot, in der Mitte fünf je 0,5 mm breite weiße Striche mit je 1,5 mm Abstand voneinander, dann noch 1 mm breite schwarze Kanten.

412. Deutsche Olympia-Erinnerungsmedaille
Abbildung am Schluß des Bandes.

In Ergänzung der Verordnung über die Stiftung eines Ehrenzeichens für Verdienste um die Olympischen Spiele 1936 vom 4. Februar 1936 (RGBl. I Seite 51) stiftete der Führer und Reichskanzler für verdienstvolle Mitarbeit bei den Olympischen Spielen 1936 die „Deutsche Olympia-Erinnerungsmedaille" am 31. Juli 1936. Die runde Medaille besteht aus weißem Metall mit matter Oberfläche.

V: Das Hoheitszeichen des Reiches, hinter dem ein die fünf olympischen Ringe tragender Eckturm steht. Am Fuße des Turmes links „19", rechts „36".

R: In sieben Zeilen die Worte in lateinischer Schrift: „FÜR / VERDIENSTVOLLE / MITARBEIT / BEI DEN / OLYMPISCHEN SPIELEN / 1936". Darunter ein vierblättriger Eichenzweig.

Größe: 37 mm.

Band: Wie beim „Olympia-Ehrenzeichen II. Klasse".

412a. Ehrenkreuz der deutschen Mutter, 1. Stufe, emailliertes, vergoldetes Kreuz

412b. Dasselbe, 2. Stufe, emailliertes, versilbertes Kreuz

412c. Dasselbe, 3. Stufe, emailliertes, bronzenes Kreuz

Abbildung am Schluß des Bandes.

Durch Verordnung des Führers und Reichskanzlers vom 16. Dezember 1938 wurde dieses Ehrenkreuz als sichtbares Zeichen des Dankes des deutschen Volkes an kinderreiche Mütter gestiftet. Das Ehrenkreuz wird in 3 Stufen verliehen: die 1. Stufe an Mütter von 8 und mehr Kindern, die 2. Stufe an Mütter von 6 und 7 Kindern, die 3. Stufe an Mütter von 4 und 5 Kindern. Die Voraussetzung für die Verleihung ist, daß die Eltern der Kinder deutschblütig und erbtüchtig sind, die Mutter der Auszeichnung würdig ist und die Kinder lebend geboren sind.

Das Ehrenkreuz besteht aus einem Balkenkreuz mit stark geschweiften Armen, der untere Arm ist länger als die 3 andern. Die Arme sind kornblumenblau mit weißer Umrandung emailliert, letztere ist mit einer vergoldeten, versilberten oder bronzenen Kante eingefaßt. Zwischen den Armen Strahlenbündel. Die Kreuze haben eine angeprägte, rechteckige Öse zum Durchziehen des Bandes. Alle sichtbaren Metallteile sind bei der 1. Stufe vergoldet, bei der 2. Stufe versilbert, bei der 3. Stufe bronzen.

V: Das aufgelötete metallene Mittelschild hat 15 mm Durchmesser und ist in der Mitte weiß emailliert mit schwarz emailliertem, geradestehendem Hakenkreuz. Umschrift auf dem gekörnten Grunde: „DER DEUTSCHEN MUTTER".

R: Glatt mit gravierter Inschrift in lateinischer Schreibschrift in drei Zeilen: „16. Dezember 1938", darunter in Faksimile die Unterschrift des Führers „Adolf Hitler". Es sind auch Kreuze mit der Inschrift: „Das Kind adelt die Mutter" verliehen worden.

Größe: 43 mm hoch und 35 mm breit.

Band: 75 cm lang, 10 mm breit, dunkelkornblumenblau mit 2 weißen, je 3,5 mm breiten Rändern, letztere in der Mitte je von einem dunkelkornblumenblauen Streifen von 1 mm Breite durchzogen. Das Band wird um den Hals getragen.

Dienstauszeichnung für die Wehrmacht

413. Dienstauszeichnung I. Klasse mit Eichenlaub (für 40 Dienstjahre) (seit 1939)

Abbildung am Schluß des Bandes.

413a. Dieselbe I. Klasse (für 25 Dienstjahre)

Abbildung am Schluß des Bandes.

414. Dieselbe II. Klasse (für 18 Dienstjahre)

Abbildung am Schluß des Bandes.

415. Dieselbe III. Klasse (für 12 Dienstjahre)

416. Dieselbe IV. Klasse (für 4 Dienstjahre)

(seit 1936) Abbildung am Schluß des Bandes.

Der Führer und Reichskanzler stiftete am 16. März 1936 anläßlich des Jahrestages der Wiedereinführung der allgemeinen Wehrpflicht die „Dienstauszeichnung" als Anerkennung treuer Dienste in der Wehrmacht (RGBl. I Seite 165). Die Dienstauszeichnung wird allen Angehörigen der Wehrmacht verliehen, die sich am 16. März 1935 oder später im aktiven Wehrdienst befanden. Durch Verordnung vom 10. März 1939 stiftete der Führer außerdem das Eichenlaub zur I. Klasse.

Die Dienstauszeichnung der I. Klasse besteht aus einem eisernen goldbronzierten, breit endenden Balkenkreuz mit gekörnten Armen und polierter Einfassung.

V: Rundes Mittelschild mit dem Wehrmachtadler auf gekörntem Grunde.

R: Im Mittelschilde die Zahl „25" auf gekörntem Grunde.

Größe: 40 mm.

Die Dienstauszeichnung II. Klasse besteht aus einem eisernen versilberten, breit endenden Balkenkreuz. Das Kreuz ist glatt poliert mit dreifacher Linieneinfassung.

V: Im Mittelschild der Wehrmachtadler auf gekörntem Grunde.

R: Die Zahl „18" im Mittelschilde auf gekörntem Grunde.

Größe: 35 mm.

Die Dienstauszeichnungen sind aus Eisen gefertigt; die III. und IV. Klasse sind runde Medaillen, und zwar die IV. Klasse matt versilbert, die III. Klasse matt vergoldet.

V: Die Vorderseite der beiden Medaillen trägt in erhabener Prägung den Wehrmachtadler mit Hakenkreuz in den Fängen und die Umschrift in gotischen Buchstaben: „Treue Dienste in der Wehrmacht".

R: Eine „4" bzw. „12" innerhalb eines dichten, oben und unten gebundenen Eichenlaubkranzes.

Größe: 30 mm.

Band für alle vier Auszeichnungen: 30 mm breit, kornblumenblau. Auf dem Bande wird außerdem das Hoheitszeichen der Wehrmacht getragen in der Metallfarbe der betreffenden Dienstauszeichnung. Die Luftwaffe trägt auf dem Bande das für diese bestimmte Hoheitsabzeichen, einen fliegenden Adler mit dem Hakenkreuz in einem Fang. Die I. und die III., die II. und die IV. sowie die III. und die IV. Klasse werden zusammen angelegt.

Das Eichenlaub zur I. Klasse besteht in zwei unten gebundenen, vergoldeten Eichenzweigen, die je 3 Eichenblätter zeigen. Das Eichenlaub wird oberhalb des Kreuzes, aber unterhalb des Hoheitszeichens auf dem Bande getragen.

Treudienst-Ehrenzeichen

417. Treudienst-Ehrenzeichen 1. Stufe (für 40jähr. treue Dienstleistung) für Beamte, Angestellte und Arbeiter im öffentlichen Dienst

418. Dasselbe 2. Stufe (für 25jährige treue Dienstleistung)

419. Treudienst-Ehrenzeichen der Sonderstufe für Angestellte und Arbeiter der freien Wirtschaft (für 50jähr. treue Dienstleistung) (seit 1938) Abbildung am Schluß des Bandes.

Die „Treudienst-Ehrenzeichen" wurden vom Führer und Reichskanzler aus Anlaß der fünften Wiederkehr des Tages der nationalen Erhebung als Anerkennung für treue Arbeit im Dienste des deutschen Volkes am 30. Januar 1938 gestiftet (RGBl. I, Nr. 8).

Das Kreuz für 25 und 50 Dienstjahre ist aus versilbertem, das Kreuz für 40 Dienstjahre aus vergoldetem Metall. Das Kreuz ist nach außen zu geschweift, mit gekörnten Armen und polierten Rändern.

V: In der Mitte des Kreuzes ein viereckiges Schild mit schwarz emailliertem Hakenkreuz.

R: Ein viereckiges Schild in der Mitte mit dreizeiliger Inschrift in gotischer Schrift: „für / treue / Dienste", bei dem Kreuz für 50 Dienstjahre: „für / treue / Arbeit".

Die Kreuze haben zwischen den Armen einen zweiblättrigen Eichenkranz in der Farbe des Kreuzes, nur bei dem Kreuz für 50 treue Dienstjahre ist dieser auch vergoldet, ferner befindet sich auf dem oberen Arme dieses Kreuzes die vergoldete Zahl „50".

Größe: 41 mm.

Band: 36 mm breit, kornblumenblau.

Polizei-Dienstauszeichnung

420. Polizei-Dienstauszeichnung 1. Stufe (für 25jährige treue Dienstleistung) Abbildung am Schluß des Bandes.

421. Dieselbe 2. Stufe (für 18jährige treue Dienstleistung) Abbildung am Schluß des Bandes.

422. Dieselbe 3. Stufe (für 8jährige treue Dienstleistung) Abbildung am Schluß des Bandes.

Die Polizei-Dienstauszeichnung wurde vom Führer und Reichskanzler aus Anlaß der fünften Wiederkehr des Tages der nationalen Erhebung als Anerkennung für treue Dienste in der Polizei am 30. Januar 1938 gestiftet.

Die Polizei-Dienstauszeichnung 1. Stufe ist ein vergoldetes, breit endendes Balkenkreuz, matt grundiert gekörnt, mit breiter, polierter Einfassung.

V: Auf einem ovalen Mittelschild das Hoheitszeichen der Polizei in erhabener Prägung.

R: Im ovalen Mittelschild in lateinischer Schrift in fünf Zeilen: „FÜR / TREUE / DIENSTE / IN DER / POLIZEI".

Größe: 42 mm breit und hoch.

Das Kreuz der 2. Stufe ist das gleiche wie das der 1. Stufe, aber versilbert.

Die Polizei-Dienstauszeichnung 3. Stufe ist eine runde, versilberte Medaille.

V: Das Hoheitszeichen der Polizei in erhabener Prägung.

R: In der Mitte die Zahl „8", darum in gotischen Buchstaben: „𝔉ür treue Dienſte in der Polizei".

Größe: 38 mm.

Band: Ursprünglich 36 mm breit, kornblumenblau. Das Band der 1. und 2. Stufe trägt eingewebt das Hoheitszeichen der Polizei in der Farbe der betreffenden Dienstauszeichnung. Das Hoheitszeichen wurde auf einem besonderen Bandstück über eine Spange gezogen und mittels dieser auf dem eigentlichen Band angebracht. Seit Ende 1939 ist das Band 50 mm breit und trägt das unmittelbar eingewebte Hoheitszeichen der Polizei.

422a. Zollgrenzschutz-Ehrenzeichen, bronzenes Kreuz
Abbildung am Schluß des Bandes.

Der Führer und Reichskanzler stiftete dieses Ehrenzeichen durch Verordnung vom 17. Februar 1939 für treue Dienste im Zollgrenzschutz. Es kann verliehen werden, 1. den Beamten des Zollgrenzschutzes im höheren und im gehobenen, mittleren Dienst nach vierjähriger Dienstzeit, 2. den Beamten des Zollgrenzschutzes im einfachen, mittleren Dienst, und zwar a) den Versogungsanwärtern nach vierjähriger Grenzdienstzeit, b) den Zivilanwärtern nach achtjähriger Grenzdienstzeit.

Das Ehrenzeichen ist ein nach außen geschweiftes Balkenkreuz mit gekörntem Grunde. Die Arme sind erhöht eingefaßt und von einem $2^1/2$ mm breiten, glatten Rande umgeben.

V: In der Mitte das Hoheitszeichen umgeben von einem runden, oben offenen, unten gebundenen Akanthuskranz.

R: In der Mitte in fünf Zeilen die Inschrift: „Für / treue Dienste / im / Zollgrenz- / ſchutz" in lateinischer Schrift. Es gibt auch Stücke von schwererer Ausführung, bei denen auch der Bindestrich hinter „Zollgrenz" fehlt.

Größe: 43 mm.

Band: 50 mm breit, kornblumenblau, mit dem gelb aufgestickten Hoheitszeichen auf der Mitte der Vorderseite.

Dienstauszeichnung für den Reichsarbeitsdienst

423. Dienstauszeichnung 1. Stufe (für 25jährige treue Dienstleistung)
424. Dieselbe 2. Stufe (für 18jährige treue Dienstleistung)
425. Dieselbe 3. Stufe (für 12jährige treue Dienstleistung)
426. Dieselbe 4. Stufe (für 4jährige treue Dienstleistung)
Abbildung am Schluß des Bandes.

Dienstauszeichnung
für den Reichsarbeitsdienst (Arbeitsdienst der weiblichen Jugend)

427. Dienstauszeichnung 1. Stufe (für 25jährige treue Dienstleistung)
428. Dieselbe 2. Stufe (für 18jährige treue Dienstleistung)
429. Dieselbe 3. Stufe (für 12jährige treue Dienstleistung)
430. Dieselbe 4. Stufe (für 4jährige treue Dienstleistung)
Abbildung am Schluß des Bandes.

Die Dienstauszeichnung für den Reichsarbeitsdienst wurde aus Anlaß der fünften Wiederkehr des Tages der nationalen Erhebung als Anerkennung für treue Dienste im Reichsarbeitsdienste vom Führer und Reichskanzler am 30. Januar 1938 gestiftet.

Die Dienstauszeichnung der 1. Stufe ist eine ovale, vergoldete Medaille, gerandet von einem oben und unten gebundenen Eichenkranze, die 2. und 3. Stufe ist aus versilbertem Metall, die 4. Stufe aber bronzen.

V: Für den männlichen Arbeitsdienst in erhabener Prägung das Zeichen des Reichsarbeitsdienstes, und zwar zwei stilisierte Ähren, zwischen denen ein Spaten emporragt, der mit dem Hakenkreuz belegt ist; für den weiblichen Arbeitsdienst zwei Ähren, zwischen denen das Hakenkreuz erscheint.

R: In gotischer, siebenzeiliger Inschrift: „Für / treue / Dienste / im / Reichs- / arbeits- / dienst".

Größe: 40 mm hoch, 33 mm breit.

Band: 36 mm breit, kornblumenblau. Auf dem Bande der 2. Stufe wird das silberfarbene Hoheitszeichen eingewebt getragen, bei der 1. Stufe goldfarben.

⚡⚡ -Dienstauszeichnung

431. Dienstauszeichnung 1. Stufe (für Führer, Unterführer und Männer nach 25jähriger Dienstleistung)

432. Dieselbe 2. Stufe (für Führer, Unterführer und Männer nach 12jähriger Dienstleistung)

433. Dieselbe 3. Stufe (für Führer, Unterführer und Männer nach 8jähriger Dienstleistung) Abbildung am Schluß des Bandes.

434. Dieselbe 4. Stufe (für Unterführer und Männer nach 4jähriger Dienstleistung) Abbildung am Schluß des Bandes.

Die ⚡⚡-Dienstauszeichnung wurde vom Führer und Reichskanzler aus Anlaß der fünften Wiederkehr des Tages der nationalen Erhebung als Anerkennung für treue Dienste in der ⚡⚡-Verfügungstruppe, den ⚡⚡-Totenkopfverbänden und den ⚡⚡-Junkerschulen am 30. Januar 1938 gestiftet.

Durch Verordnung des Führers und Reichskanzlers vom 21. Oktober 1938 wurde die Gestalt der ⚡⚡-Dienstauszeichnungen folgendermaßen festgestellt:

Die ⚡⚡-Dienstauszeichnung 1. Stufe ist ein vergoldetes Hakenkreuz von 37 mm Breite und Höhe mit matten Armen und polierten Rändern.

Die 2. Stufe hat die gleiche Form wie die 1. Stufe, ist aber versilbert.

V: In der Mitte die von einem unten gebundenen Eichenkranz umgebenen Sigrunen.

R: Die Inschrift „FÜR / TREUE DIENSTE IN DER / ⚡⚡" in drei Zeilen.

Die ⚡⚡-Dienstauszeichnung 3. Stufe ist eine runde, bronzegetönte Medaille von 41 mm Durchmesser.

V: Ein waagerecht stehendes Hakenkreuz, darauf die von einem unten gebundenen Eichenkranz umgebenen Sigrunen.

R: Die große Zahl „8" überdeckt von der vierzeiligen Inschrift: „FÜR / TREUE DIENSTE / IN DER / ⚡⚡".

Die ᛋᛋ-Dienstauszeichnung 4. Stufe ist eine runde, schwarzgetönte Medaille von 41 mm Durchmesser.

V: Die Sigrunen umgeben von einem unten gebundenen, oben offenen Eichenkranz.

R: Die große Zahl „4" überdeckt von der vierzeiligen Inschrift: „ſUꞱ / TꞱEUE DJEꞱTE / JꞱ DEꞱ / ᛋᛋ".

Band: Kornblumenblau. Das Band der 1. und 2. Stufe trägt eingewebt die Sigrunen. Wenn das Band ohne die Medaille oder das Hakenkreuz (in Originalgröße) angelegt wird, wird eine Kleinausführung der Ehrenzeichen auf das Band geheftet.

435. Luftschutz-Ehrenzeichen 1. Stufe, Kreuz
Abbildung am Schluß des Bandes.

436. Dasselbe 2. Stufe, Medaille   Abbildung am Schluß des Bandes.

Das Luftschutz-Ehrenzeichen wurde aus Anlaß der fünften Wiederkehr des Tages der nationalen Erhebung als Anerkennung für Verdienste um den Luftschutz in Deutschland und um die deutsche Luftverteidigung vom Führer und Reichskanzler am 30. Januar 1938 gestiftet.

Das Ehrenzeichen wird in zwei Stufen verliehen, und zwar: Die zweite Stufe an Personen, die sich in Deutschland nach dem 30. Januar 1933 auf dem Gebiete des Luftschutzes betätigt und sich hierbei besondere Verdienste erworben haben. Die erste Stufe wird Personen verliehen, die sich besonders hervorragende Verdienste um die Förderung des Luftschutzes in Deutschland erworben haben. Die Verleihung der ersten Stufe setzt den Besitz der zweiten Stufe nicht voraus. Die Entwürfe stammen von Egon Jantke in Berlin.

Das Ehrenzeichen 1. Stufe ist ein vergoldetes Kreuz mit vier geschweiften Armen und außen abgerundeten Kreuzesenden. Das Kreuz ist gekörnt und mit breiten, polierten Rändern eingefaßt.

V: In der Mitte ist das Kreuz mit einem polierten Hakenkreuz in erhabener Prägung belegt, welches von einem Schriftring umgeben ist mit der Inschrift: „FÜR VERDIENSTE IM LUFTSCHUTZ".

R: Auf den waagerechten Kreuzesarmen verteilt die Jahreszahl „1938".

Größe: 39 mm.

Das Ehrenzeichen 2. Stufe ist eine kreisrunde Medaille aus grau oxydiertem Leichtmetall.

V: Innerhalb eines unten gebundenen Eichenlaubkranzes und einer Kreislinie das Hakenkreuz. Umschrift: „FÜR VERDIENSTE IM LUFTSCHUTZ".

R: Innerhalb desselben Eichenlaubkranzes und der Kreislinie die Jahreszahl „1938" auf gekörntem Grund.

Größe: 39 mm.

Band: 31,5 mm breit, Mitte (17,5 mm) blaßlila mit zwei je $1/2$ mm breiten weißen Strichen eingefaßt, daneben je ein zinnoberroter (2 mm breiter) und ein weißer ($2^1/2$ mm breiter) Seitenstreifen sowie schwarze je 2 mm breite Kanten.

437. Feuerwehr-Ehrenzeichen I. Klasse, Steckkreuz (verliehen 1936 bis 1938)

438. Feuerwehr-Ehrenzeichen I. Klasse am Bande (verliehen seit 1938)

9

439. Feuerwehr-Ehrenzeichen II. Klasse am Bande (verliehen seit 1936)

Abbildung am Schluß des Bandes.

Geschaffen vom Reichsminister des Innern unter dem 22. Dezember 1936 mit folgender Verordnung: „Zur Anerkennung von Verdiensten im Feuerlöschwesen wird ein Reichsfeuerwehrehrenzeichen geschaffen." Es besteht in zwei Klassen. „Die 1. Klasse wird Mitgliedern anerkannter Berufs- oder Freiwilliger Feuerwehren sowie sonstigen Personen verliehen, die sich um das Feuerlöschwesen besondere Verdienste erworben haben. Außerdem wird die 1. Klasse verliehen für besonders mutiges und entschlossenes Verhalten bei der Bekämpfung von Bränden. Die 2. Klasse wird Mitgliedern einer anerkannten Berufs- oder Freiwilligen Feuerwehr verliehen, die nach dem 1. Mai 1936 ihr 25. Dienstjahr als Feuerwehrangehörige vollenden."

Das Feuerwehr-Ehrenzeichen beider Klassen, dessen Entwurf von dem Geschichtsmaler Herbert Knötel, Berlin, stammt, bestand zunächst in nur durch Größe und Tragweise verschiedenen versilberten geradarmigen Kreuzen. Dieselben sind auf der Vorderseite weiß emailliert mit hellrotem Flammenkreuz. Im runden Mittelschild erscheint das schwarz emaillierte Hakenkreuz auf weißem Grund. Zwischen den vier Kreuzarmen hindurch zieht sich ein matt versilberter Reif mit der Inschrift: „FÜR VERDIENSTE IM FEUERLÖSCHWESEN". Auf der glatten versilberten Rückseite des früheren Kreuzes I. Klasse befindet sich eine Nadel zum Anstecken unter der Reihe der sonstigen Auszeichnungen; die II. Klasse hat ebenfalls eine glatte versilberte Rückseite. Durch Verordnung des Führers vom 30. Januar 1938 ist das Feuerwehr-Ehrenzeichen I. Klasse in seiner seitherigen Form abgeändert worden und gleicht fortab in Größe ganz der II. Klasse. Nur sind die sichtbaren Metallteile bei der I. Klasse nunmehr vergoldet; sie wird, wie die II. Klasse, am Bande getragen.

Größe der ursprünglichen I. Klasse: 50 mm, der jetzigen I. Klasse und der II. Klasse: 43 mm.

Band: 30 mm breit, weiß mit zwei je 8 mm breiten zinnoberroten Seitenstreifen und je einer 1 mm breiten dunkelroten Kante.

440. Reichsgrubenwehr-Ehrenzeichen, erste Form (verliehen 1936 bis 1938) Abbildung am Schluß des Bandes.

In der Verordnung zur Ausführung des Gesetzes über Titel, Orden und Ehrenzeichen vom 14. November 1935 wurde dem Reichswirtschaftsminister die Schaffung und Verleihung eines Reichsgrubenwehr-Ehrenzeichens vorbehalten. Dieser verlieh vom November 1936 an nachstehendes Ehrenzeichen, eine blanke graue Eisenplakette.

V: Das Hoheitszeichen des Reichs vor gekreuztem Schlägel und Hammer. Darum ein Rand, in dessen oberer Hälfte in gotischer Schrift: „Für Verdienste", im unteren Teil: „um das Grubenwehrwesen". Zwischen beiden Inschriften je ein Eichenblatt.

R: Glatt, mit Nadel zum Anstecken.

Größe: 50 mm.

Dieses Ehrenzeichen wurde dann durch nachstehendes ersetzt:

441. Grubenwehr-Ehrenzeichen, neue Form (verliehen seit 1938)

Abbildung am Schluß des Bandes.

Der Führer und Reichskanzler erließ unter dem 30. Januar 1938 eine Verordnung, deren § 1 lautet: „Als Anerkennung für Verdienste um das Grubenwehrwesen verleihe ich das Grubenwehr-Ehrenzeichen." Das Ehrenzeichen wird verliehen: 1. an Mitglieder einer Grubenwehr, die 15 Jahre in einer Grubenwehr in vorwurfsfreier Weise Dienst getan haben; 2. an Mitglieder einer Grubenwehr mit kürzerer Dienstzeit, wenn sie wegen eines Unfalls im Dienste aus der Wehr ausscheiden müssen; 3. an Mitglieder einer Grubenwehr oder andere Bergleute für besonders mutiges und entschlossenes Verhalten im Dienste der Wehr oder bei Rettungswerken.

Das Ehrenzeichen besteht in einer versilberten Medaille.

V: Das Hoheitszeichen des Reichs vor gekreuztem Schlägel und Hammer.

R: In gotischer Schrift fünfzeilige Inschrift: „𝔣ür / 𝔙erdien𝔰te / im / 𝔊ruben- / 𝔴ehr𝔴e𝔰en". Um die Inschrift ein stilisierter Eichenkranz aus vier Blättern auf jeder Seite.

Größe: 35 mm.

Band: 30 mm breit, orangegelb, schwarz (3,5 mm breit) eingefaßt und 1,5 mm breit weiß gesäumt.

442. Deutsche Verdienstmedaille (verliehen seit 1937)

Abbildung am Schluß des Bandes.

442a. Dieselbe mit Schwertern (verliehen seit 1939)

Zugleich mit dem Verdienstorden vom Deutschen Adler vom 1. Mai 1937 stiftete der Reichskanzler und Führer in Artikel 3 der Satzung dieses Verdienstordens, der zur Ehrung ausländischer Staatsangehöriger geschaffen wurde, die „Deutsche Verdienstmedaille" in mattsilberfarbenem Metall. Sie wird für verdienstvolle Leistungen für das Deutsche Reich verliehen. Das Modell der Medaille ist von Prof. Richard Klein in München nach den Entwürfen von Dr. Ottfried Neubecker in Berlin hergestellt.

Durch Verordnung vom 20. April 1939 hat der Führer bestimmt, daß für militärische Verdienste der Verdienstorden vom Deutschen Adler in Zukunft in allen Stufen mit Schwertern verliehen wird. Bei der Medaille Nr. 442a werden zwei übereinander geschrägte Schwerter am Ringe befestigt.

V: Die Abbildung des Ordenskreuzes, ein Johanniterkreuz, zwischen dessen Armen der Reichsadler mit Kranz und Hakenkreuz sichtbar ist.

R: Die dreizeilige Inschrift: „𝔇eut𝔰𝔠he / 𝔙erdien𝔰t- / medaille" in Frakturschrift.

Größe: 38 mm; Gewicht 24 g.

Band: 37 mm breit, hellrot mit weißen (1 mm) und schwarzen (2 mm breiten) Seitenstreifen und 1½ mm breiten weißen Kanten.

443. Medaille des Deutschen Roten Kreuzes

Abbildung am Schluß des Bandes.

Diese Medaille wurde mit Ermächtigung des Führers und Reichskanzlers vom Präsidenten des Deutschen Roten Kreuzes, Herzog Carl Eduard von Sachsen-Coburg und Gotha, am 6. April 1937 gestiftet und erstmalig am 21. April 1937 verliehen. Sie ist bestimmt für erfolgreiche Tätigkeit in langjähriger, treuer Pflichterfüllung im Dienste des Roten Kreuzes.

9*

Die Medaille ist ein gleicharmiges altsilberfarbiges Balkenkreuz, das mit den Enden auf einem weiß emaillierten Ring aufliegt.

V: Rot emailliertes Kreuz, in der Mitte ein schwarz emaillierter Adler aufgelegt, der in den Fängen einen goldenen Kranz mit schwarzem Hakenkreuz trägt.

R: Altsilbern, auf den waagerechten Kreuzesarmen in zwei Zeilen in Frakturschrift: „Für Verdienste um das / Deutsche Rote Kreuz" auf gekörntem Grund.

Größe: 38 mm.

Band: 30 mm breit, rot mit zwei je 5 mm breiten weißen Randstreifen.

443a. Medaille für deutsche Volkspflege, versilbert
Abbildung am Schluß des Bandes.

An Stelle des mit Zustimmung des Führers vom Präsidenten des Deutschen Roten Kreuzes verliehenen Ehrenzeichens und der Medaille des Deutschen Roten Kreuzes, welche in Zukunft nicht mehr verliehen werden, stiftete der Führer und Reichskanzler durch Verordnung vom 1. Mai 1939 das „Ehrenzeichen für deutsche Volkspflege" für Verdienste auf dem Gebiet der Volkswohlfahrt, des Winterhilfswerks, der Pflege der Kranken und Verwundeten im Frieden wie im Kriege, des Rettungswesens, der Pflege des deutschen Volkstums sowie der Fürsorge für deutsche Volksgenossen im Ausland. Das Ehrenzeichen wird in vier Stufen verliehen. Die vierte Stufe ist die „Medaille für deutsche Volkspflege". Da das Ehrenzeichen erster bis dritter Klasse ordensartig aufgebaut ist, so wird an dieser Stelle nur die Medaille beschrieben.

Die Medaille besteht aus versilbertem Metall und ist 32 mm breit und hoch.

V: Die Medaille hat einen erhöhten Rand von 1 mm und zeigt das Ehrenzeichen für deutsche Volkspflege eingeprägt: Ein gleichschenkliges Balkenkreuz, das in der Mitte in stilisierter Form das Hoheitszeichen des Deutschen Reiches trägt.

R: In drei Zeilen in deutscher Schrift die Inschrift „Für / Deutsche / Volkspflege".

Band: 30 mm breit, ponceaurot mit 5 mm breiten weißen Randstreifen.

444. Medaille zur Erinnerung an den 13. März 1938 (Österreich-Medaille), aus mattsilber getöntem Metall
Abbildung am Schluß des Bandes.

Am 1. Mai 1938 hat der Führer und Reichskanzler die nachstehende Verordnung über die Stiftung einer Medaille zur Erinnerung an den 13. März 1938 erlassen: „Zum sichtbaren Ausdruck meiner Anerkennung und meines Dankes für Verdienste um die Wiedervereinigung Österreichs mit dem Deutschen Reich stifte ich die Medaille zur Erinnerung an den 13. März 1938."

Die Medaille wird an Personen verliehen, die sich um die Wiedervereinigung besondere Verdienste erworben haben.

Gemäß Verordnung des Führers und Reichskanzlers vom 27. August 1938 wird die Medaille zur Erinnerung an den 13. März 1938 folgendermaßen geprägt: Die Medaille ist aus mattsilber getöntem Metall hergestellt. Der Entwurf stammt von Prof. Richard Klein in München.

V: Die symbolische Darstellung: „2 männliche Gestalten auf einem Sockel vorwärtsschreitend mit der Flagge des Dritten Reiches. Auf dem Sockel das Hoheitszeichen."

R : Das Datum des „13. / MÄRZ / 1938" in drei Zeilen mit der Umschrift: „EIN VOLK, EIN REICH, EIN FÜHRER", zwischen den einzelnen Aussprüchen je ein kleines Hakenkreuz.

Größe: 34 mm.

Band : 35 mm breit, zinnoberrot mit weiß-schwarz-weißen Randstreifen, letztere je 1 mm breit.

444a. Medaille zur Erinnerung an den 1. Oktober 1938 (Sudetenland-Medaille), Bronze Abbildung am Schluß des Bandes.

Der Führer und Reichskanzler stiftete durch Verordnung vom 18. Oktober 1938 als Ausdruck seiner Anerkennung und seines Dankes für Verdienste um die Wiedervereinigung der sudetendeutschen Gebiete mit dem Deutschen Reiche diese Medaille.

Die Medaille gleicht in ihrer Form der vom Führer gestifteten Medaille für Verdienste um die Wiedervereinigung Österreichs mit dem Deutschen Reiche.

V : wie Nr. 444.

R : wie Nr. 444, aber in der Mitte dreizeilig, „1. / OKTOBER / 1938".

Größe: 33 mm.

Band : 34 mm breit, schwarz-rot-schwarz in gleich breiten Streifen, ½ mm weiß gesäumt.

444b. Spange zur Medaille zur Erinnerung an den 1. Oktober 1938, Bronze . Abbildung am Schluß des Bandes.

Der Führer bestimmte durch Verordnung vom 1. Mai 1939, daß die Medaille auch für Verdienste anläßlich der Schaffung des Protektorates Böhmen und Mähren verliehen würde. Sofern der Beliehene diese Medaille bereits besitzt, erhält er statt einer neuen Medaille auf dem Bande eine Spange.

Die bronzene Spange, 30 mm lang und 25 mm hoch, zeigt in einer reliefartigen Darstellung das Bild der Prager Burg, eingefaßt von 1 mm breiter Erhöhung.

444c. Die Medaille zur Erinnerung an die Heimkehr des Memellandes (Memel-Medaille), Bronze Abbildung am Schluß des Bandes.

Diese Medaille wurde vom Führer und Reichskanzler durch Verordnung vom 1. Mai 1939 gestiftet für alle diejenigen, die sich um die Heimkehr des Memellandes verdient gemacht haben.

Die Medaille ist dunkelbronzefarben getönt.

V : wie Nr. 444.

R : Ein unten gebundener, oben offener Eichenkranz, in dem in sieben Zeilen in lateinischer Schrift „ZUR · / ERINNERUNG / AN · DIE · HEIM- / KEHR · DES / MEMELLANDES / 22. MÄRZ / 1939" steht.

Größe: 30 mm.

Band : 30 mm breit, weiß, in der Mitte ein 6 mm breiter, grasgrüner Streifen, in 3½ mm Entfernung davon auf jeder Seite ein 6 mm breiter, zinnoberroter Streifen, so daß an den Rändern noch je ein weißer Streifen von 2 mm Breite bleibt.

Frankfurt a. M.

Bis 1806 Freie Reichsstadt, von 1806 bis 1813 Großherzogtum, 1813
bis 1866 Freie Stadt, dann preußisch

Das Großherzogtum Frankfurt hatte einen Orden, den am 15. August
1813 gestifteten Concordien-Orden.

445. Goldene Ehrenmedaille

446. Silberne Ehrenmedaille

**447. Dieselbe, Stempelverschiedenheit der Rückseite, mit dem Bild
des Fürstprimas
(verliehen 1809)** Abbildung am Schluß des Bandes.

Gestiftet von Carl von Dalberg als Fürstprimas des Rheinischen Bundes am
3. Mai 1809 zur Belohnung besonders rühmlicher Handlungen der Unteroffiziere
und Soldaten des Frankfurter Bataillons, welches von 1808—1813 in Spanien
mit größten Verlusten, aber höchst ehrenvoll unter französischem Oberbefehl
gekämpft hatte. Die Stempel dieser sehr seltenen Medaille sind von Conrad
Christian l'Allemand (geb. 1752 zu Hanau, bis 1814 Stempelschneider an der
Frankfurter Münze, dort gestorben 1830).

Während die Prägung der Vorderseite keine Schwierigkeiten machte,
mußte l'Allemand für die Rückseite allein viermal den Stempel schnei-
den, bis deren Prägung tadellos gelang. Es wurden dann 7 goldene
und 20 silberne Exemplare unter Leitung des Münzmeisters Bunsen angefertigt und am 3. Oktober 1809 dem fürstlichen Kriegskommissariat
berechnet. Die Medaillen haben einen angelöteten, breiten, gelochten
Bügel als Bandöse.

Nachdem aber zwei Medaillen mit etwas veränderter Rückseite be-
kanntgeworden sind, die bestimmt getragen waren, ist anzunehmen,
daß unter den 1809 geprägten 20 silbernen Stücken doch auch solche
von dem einen der drei gesprungenen Stempel waren.

V: Das nach rechts gewendete Brustbild des Stifters mit Hermelinmantel, Perücke und Kreuz um den Hals. Umschrift: „CARL
   THEODOR FÜRST PRIMAS.". Auf dem Armabschnitt: „L'ALL".

R: In einem Kranz, welcher aus einem Eichenzweig (rechts) und einem
   Lorbeerzweig (links) gebildet und unten mit Doppelschleife gebunden ist, die vierzeilige Inschrift: „DAS / VATERLAND / SEINEM
   TAPFERN / VERTHEIDIGER". Darunter eine kleine Trophäe, gebildet aus vier Fahnen, Trommel, Kanonenrohr sowie fünf Kugeln
   nebst einem Lorbeerreis.

Bei zwei bekanntgewordenen silbernen Stücken sind folgende kleine
Abweichungen festzustellen: Die rechte Partie der Kriegstrophäe ist
undeutlich (verwischt), auch sind sechs Kanonenkugeln vorhanden. Die
Zeichnung des Lorbeer- und Eichenzweiges ist ebenfalls etwas verändert, die Kranzschleife kleiner. Goldene Stücke sind in Sammlungen
überhaupt nicht bekannt.

Größe: 39 mm; Gewicht in Gold: 6 Dukaten = 20,5 g, in Silber 19 g.
Band: 36 mm breit, dunkelrosa, entsprechend demjenigen des Ritterkreuzes der kaiserlichen französischen Ehrenlegion.

448. Goldene Ehrenmedaille

449. Silberne Ehrenmedaille mit dem Bild Großherzog Carls
(verliehen 1811) Abbildung am Schluß des Bandes.

Unterm 23. Januar 1811 hatte der Kommandeur der Frankfurter Truppenteile,
General von Zwerger, dem seit 1. März 1810 von Napoleon zum Großherzog von
Frankfurt ernannten Fürstprimas Carl von Dalberg eine Eingabe vorgelegt, in
welcher unter Hinweis auf neuerliche Verleihungsmöglichkeit der Ehrenmedaille
an Unteroffiziere und Mannschaften des heimischen Bataillons in Spanien um Neuprägung von goldenen und silbernen Ehrenmedaillen gebeten wurde, weil von
den ursprünglich erhaltenen Stücken nur noch eine silberne Medaille beim Stab
vorhanden war. Medailleur l'Allemand wurde bald darauf mit der Herstellung
neuer Stempel beauftragt, da ja die seitherige Umschrift der Medaillen nach
der Rangerhöhung des Stifters nicht mehr zutraf.

Es wurden davon 6 goldene und 13 silberne Stücke in geringerer
Größe als seither geprägt. Auch diese Medaillen haben wieder den
breiten Bügel zum Durchziehen des Bandes oben angelötet. Es ist
jedoch nur die Verleihung von zwei goldenen und einem silbernen
Exemplar dieses Gepräges bestimmt nachzuweisen. Später wurden
für Sammlungen noch einige Stücke nachgeprägt, deren Vorderseite
etwas nach oben gewölbt erscheint.

V: Das nach rechts gewendete Stifterbildnis mit Hermelinmantel,
   Perücke und Halskreuz. Umschrift: „CARL GROSHERZOG ZU
   FRANKFURT.".

R: Entsprechend Nr. 445 ff. Die Zeichnung der Darstellung nur entsprechend kleiner.

(Ein Exemplar in der Sammlung der Stadtbibliothek Frankfurt a. M.)
Größe: 35 mm; Gewicht in Gold: 18,5 g, in Silber: etwa 19 g.
Band: 36 mm breit, dunkelrosa (wie bei Nr. 445 ff.).

450. Goldene Kriegsdenkmünze für die Schaar der Freiwilligen für 1814

451. Silberne Kriegsdenkmünze für die Schaar der Freiwilligen für 1814

Gestiftet vom Senat der Freien Stadt durch Ratsbeschluß vom 5. Juli 1814
für die aus dem Gebiete der Stadt stammenden Freiwilligen, welche am Feldzug
1814 gegen Frankreich teilgenommen hatten. Es wurden am 18. November 1814
an 373 hierzu berechtigten Personen silberne Medaillen verteilt. Außerdem
erhielten dann noch der österreichische Feldmarschall-Lieutenant Erbprinz Friedrich von Hessen-Homburg als Kommandant der Südarmee und dessen Bruder
Prinz Philipp von Hessen-Homburg als früherer Generalgouverneur von Frankfurt
(2. November 1813 bis 20. Mai 1815), dann der österreichische Generalmajor
v. Mecsery je eine goldene Denkmünze am Bande. Die Fahne der Freiwilligen
erhielt noch nachträglich im Jahre 1828 eine goldene Denkmünze. Die Medaillen
wurden nach einem Entwurf von Professor Dr. phil. Fr. Chr. Matthiä (seit 1806
Rektor des Gymnasiums Frankfurt, dort gestorben 1822) geprägt bei G. Loos,
Berlin. Sie haben eine angeprägte Öse.

V: In der Mitte der mit einer Mauerkrone gekrönte Frankfurter Adler
   mit Kleestengeln auf den geöffneten Schwingen, ein „F" auf der

Brust. Darunter (bogig): „S. P. Q. F." (Senatus populus que franco-
furtanus). Zwischen zwei Kreislinien die Umschrift: „GOTT
SPRACH ES WERDE LICHT UND ES WARD LICHT ·".

R: Vierzeilig: „FÜR / DEUTSCHLANDS / BEFREIUNG / 1813—1814".
Außerhalb zwischen zwei Kreislinien die Umschrift: „SCHAAR
DER FREIWILLIGEN VON FRANKFURT AM MAIN".

Größe: 35 mm; Gewicht in Gold: 6 Dukaten (20,5 g), in Silber: 15 g.

Band: 35 mm breit, ponceaurot mit zwei weißen (je 6 mm breiten)
Seitenstreifen mit je 1 mm Abstand von den Kanten, sowie mit
einem weißen (3 mm breiten) Mittelstreifen.

452. Ehrenkreuz für die Offiziere der treugebliebenen Freiwilligen des 2. Landwehr-Bataillons (Fulda), Silber vergoldet
Abbildung am Schluß des Bandes.

453. Ehrenkreuz für die treugebliebenen Freiwilligen des gleichen Bataillons, Kupfer vergoldet (verliehen 1814)

Am 30. Juli 1814 kam es bei obengenanntem Truppenteil zu einer Revolte, an
welcher sich rund 400 Mann einschließlich einer Anzahl Unteroffiziere beteiligten.
Die Aufrührer bemächtigten sich der Fahne, des Patronenwagens und zogen
trotz heftiger Gegenwehr der Offiziere unter Bedrohung der letzteren mit den
ebenfalls mitgenommenen Waffen unter dem Kommando eines Sergeanten
geschlossen in der Richtung nach Fulda, ihrer Heimat, ab. — Später, nach Ab-
urteilung der Meuterer, erfolgte durch den Kommandeur Major v. Zobel der
Antrag an den Generalgouverneur von Frankfurt a. M., k. k. Feldzeugmeister
Prinz Heinrich XIII. v. Reuß-Greiz, den treugebliebenen Mannschaften (43 Unteroffiziere und 136 Soldaten) wie auch den Offizieren des Bataillons Fulda Erinnerungskreuze zu verleihen.

Als dann am 9. September 1814 die Beurlaubung des Landwehrbataillons
Fulda verfügt wurde, erfolgte gleichzeitig die Bekanntmachung von der Stiftung der Erinnerungskreuze für die Offiziere bzw. für Freiwillige durch den
Generalgouverneur von Frankfurt a. M. Die Kreuze der Offiziere mußten auf
eigene Kosten von Silberarbeiter J. H. Ph. Schott, Frankfurt, beschafft werden.
der auch die Kreuze für die Mannschaften lieferte. (Er fertigte insgesamt
28 Kreuze für Offiziere um je 3 Gulden 12 Kreuzer.) Von beiden Kreuzen gibt
es Nachbildungen, die von den außerordentlich seltenen Originalen nur sehr
schwer zu unterscheiden sind, weil auch die letzteren aus freier Hand gearbeitet
und graviert worden waren.

Die Offizierskreuze haben stark geschweifte Arme mit ausgerundeten
Winkeln und sind aus im Feuer vergoldetem Silberblech geschnitten.
Eine von oben nach unten gelochte angelötete Öse trägt den Ring.

V: Im oberen Arme: „Fulda", quer über die beiden Seitenarme:
„G. G. F." (General-Gouvernement Frankfurt), im unteren Arme:
„1814".

R: Oberer Arm: „M. G.", quer über die beiden Seitenarme: „F. D. V."
(mit Gott für das Vaterland), im unteren Arm: „1813". Alles in
lateinischer Schreibschrift eingraviert.

Die Mannschaftskreuze sind etwas kleiner und dicker, dabei haben
dieselben aber nicht so stark geschweifte Arme und eine gewöhnliche
Drahtöse mit Ring.

V: Auf die vier Kreuzarme verteilt die Buchstaben „G. G. F." (General-Gouvernement Frankfurt), unten „1814".

R: Wie bei den Offizierskreuzen, aber die Buchstaben kleiner und in etwas veränderten Schriftzügen graviert.

An den Kanten der Arme entlang zieht sich bei beiden Kreuzarten eine ebenfalls gravierte (vertiefte) Linieneinfassung. Die städtische Münz- und Medaillensammlung hat ein Originalstück des Mannschaftskreuzes sowie eine ganz genaue Abbildung des Offizierskreuzes (nach dem Original des Prinzen Heinrich XIII. Reuß), ebenso die Sammlung Georg Schreiber, München.

Größe: 27 mm für die silbervergoldeten Offizierskreuze, etwa 11 g schwer; für die Mannschaftskreuze nur 26 mm.

Band: 38 mm breit, schwarz, ohne Wässerung, mit zwei (je 6 mm breiten) weißen Seitenstreifen und einem 3 mm breiten Mittelstreifen. Außen gegen die Kanten zu noch je ein 2 mm schwarzer Rand sichtbar (schwarz-weiß waren die Farben des Fuldaer Landes).

454. Ehrenkreuz für die Offiziere der Linie, Bronze
455. Dasselbe (Stempelverschiedenheit)
(verliehen 1814) Abbildung am Schluß des Bandes.

Nachdem der Senat der Stadt Frankfurt eine Anregung des Generalgouverneurs Prinz Heinrich XIII. v. Reuß-Greiz abgelehnt hatte, welcher vorschlug, die inzwischen gestiftete silberne Denkmünze für die Schaar der Freiwilligen auch der Linie zuzubilligen, stiftete letzterer für die Offiziere der Linientruppen seines Befehlsbereiches unterm 22. Oktober 1814 ein besonderes Ehrenkreuz. Dieses ist aus heller Bronze gegossen und nachziseliert. Der Grund ist mit leichter, dunkler Lackschicht überzogen, so daß Beschriftung und erhöhter Rand hell hervortreten. Bei manchem der Kreuze sind diese erhabenen Teile vergoldet. Der Stifter legte das Kreuz selbst an und trug dasselbe am vorgeschriebenen Band um den Hals. Er verlieh es nebst Diplom in der Folge an 100 Offiziere, Kriegsärzte und Beamte. Außerdem erhielten noch 42 Personen das Diplom allein mit der Befugnis, sich das Ehrenkreuz aus eigenen Mitteln zu beschaffen.

Am 5. Juli 1815 erhielt der Kommandeur des Frankfurter Bataillons, Oberstleutnant Schiller, nachträglich die Erlaubnis, sein Ehrenkreuz am Bande um den Hals zu tragen. Für die Kreuze fertigte Münzmechanikus Samuel Tomschütz (geboren 1781 in Weißenburg, gestorben 1859 als Münzmeister in Frankfurt) zwei Formen, welche etwas voneinander abweichen.

V: Im querovalen Mittelschild „DEUTSCH / LAND" (zweizeilig), im oberen Arm „Fr" (Franz), im linken Arm „Al" (Alexander), im rechten Arm „FW" (Friedrich Wilhelm), unten „1814".

R: Im querovalen Mittelschild „H XIII RG" (Heinrich XIII. Reuß-Greiz).

Die Kreuze haben eine von oben nach unten durchlochte angegossene Öse mit beweglichem, langgestrecktem Ring. Die Abart Nr. 455 unterscheidet sich, abgesehen von der Größe, 38 mm gegen 39 mm, auch dadurch von Nr. 454, daß bei letzterem Kreuz die Buchstaben klarer und schärfer hervortreten und die Zeichnung von Nr. 455 mehrfach abweicht.

Band: 40 mm breit (nicht gewässert), bestehend aus einem schwarzen, einem goldgelben (Mitte) und einem organgegelben Streifen, alle drei je 10,3 mm breit, getrennt durch zwei weiße (je 4 mm breite) Streifen. (Farben der verbündeten Mächte Österreich, Preußen und Rußland.)

456. Kriegsdenkmünze für Offiziere und Mannschaften der Linie und Landwehr aus dem Gebiete der Stadt, 1814, Silber

Durch Ratsbeschluß vom 15. September 1846 nachträglich gestiftet für die damals noch lebenden 84 Mitglieder der drei Linien-Landwehrbataillone, „welche nach der Auflösung des Großherzogtums Bürger der Freien Stadt geblieben waren und am Feldzug 1814 teilgenommen".

Zur Prägung dieser Medaille wurde für die Vorderseite der schon vorhandene Aversstempel der Guldenstücke der Ausgabe 1842/1855 verwendet, während der Rückseitenstempel von Münzmechanikus Tomschütz neu geschnitten worden war. Die sehr seltenen getragenen Originalstücke haben eine angeprägte breite Öse, durch welche unmittelbar das Band gezogen wurde. Meist kommen aber nachträglich mit Ösen und Ringen von verschiedener Art versehene Exemplare vor, welche offenbar für Sammelzwecke (ohne Öse) später geprägt worden sind.

V: Der städtische gekrönte Wappenadler, Umschrift (oben): „FREIE STADT", links und rechts davon je eine Arabeske, unten: „FRANKFURT".

R: Im dichten, unten mit Doppelschleife gebundenen Eichenlaubkranz „1814".

Außen am Rand entlang auf Vorder- und Rückseite eine schmale Perlenschnureinfassung.

Größe: 31 mm; Gewicht: 11,5 g.

Band: 35 mm breit, weiß mit einem 6 mm breiten ponceauroten Mittelstreifen und zwei je 2 mm breiten ebensolchen Seitenstreifen, letztere mit je 1¹/₂ mm Abstand gegen die Kanten.

457. Kriegsdenkmünze für die Offiziere und Mannschaften aus dem Gebiete der Stadt, 1815, in Gold

458. Dieselbe in Silber

Gestiftet durch Senatsbeschluß vom 30. Januar 1816 für die Freiwilligen sowie für die Angehörigen des Frankfurter Linienmilitärs, welche den Feldzug 1815 mitgemacht hatten. (Gefecht bei Selz am 26. 6., Einschließung von Straßburg 29. 6.—22. 7. 1815.) Ein Exemplar gelangte in Gold zur Verleihung an die Fahne des Linienbataillons und ist jetzt nebst dem langen Band in der städtischen Münzen- und Medaillensammlung Frankfurt aufbewahrt. Von den silbernen Stücken gelangten 340 Stück zur Verleihung. Die Stempel schnitt wieder Münzenmechanikus Tomschütz.

V: Der städtische, mit einer Mauerkrone gekrönte Wappenadler mit Kleestengeln auf den Flügeln und „F" auf der Brust.

R: In fünf Zeilen: „FRANKFURTS / STREITERN / IM / BUNDE / 1815", umgeben von einem Kranz, zusammengestellt aus einem

Eichenzweig (links), und einem Palmenzweig (rechts). Die Medaillen haben eine angeprägte runde Öse, durch welche unmittelbar das Band gezogen wurde.

Größe: 34 mm; Gewicht in Silber: 14 g, in Gold: etwa 6 Dukaten.

Band: Zunächst aus Vorräten von Nr. 451 entnommen. Spätere Neuanfertigung: 34 mm breit, ponceaurot mit zwei weißen, je 5 mm breiten Seitenstreifen mit je ¹/₂ mm Abstand von den Kanten, und einem weißen Mittelstreifen von 4 mm Breite.

459. Felddienstzeichen für das Linienbataillon, 1848/1849, Bronzekreuz

Gestiftet durch Ratsbeschluß vom 21. Februar 1854 für das mobile Linienbataillon der Freien Stadt Frankfurt. Das Bataillon hatte ehrenvollen Anteil an der Expedition nach Schleswig-Holstein 1848 sowie an der Bekämpfung des badischen Aufstandes 1849. Die Stempel zu dem bronzenen Kreuz schnitt der Graveur T. Ph. Henrich zu Frankfurt. Am 26. Mai 1854 wurden davon 612 Stück verteilt.

Die Kreuze haben leicht geschweifte Arme und eine kugelförmige Öse mit Ring.

V: Auf gekörntem Grund im oberen Arm der Frankfurter Adler, quer über die seitlichen Arme: „1848 UND 1849", im unteren Arm ein aus zwei Eichenzweigen gebildeter kleiner Kranz.

R: Im oberen Arm: „FÜR", quer über die seitlichen Arme: „TREUEN DIENST", im unteren Arm: „IM / KRIEGE" (zweizeilig).

Größe: 32 mm.

Band: 34 mm breit, weiß mit zwei je 7,5 mm breiten ponceauroten Seitenstreifen, gegen die Kanten noch je ein 2 mm weißer Rand.

460. Kreuz für 50 Dienstjahre der Offiziere, Gold (verliehen 1841—1866)

Durch Senatsbeschluß vom 6. 7. 1841 gestiftet und im ganzen in nur zwei Exemplaren hergestellt, von denen jedes von zwei Offizieren nacheinander getragen worden war. Das zweite Exemplar wurde erst am 1. 1. 1847 erstmals ausgegeben. Beide Kreuze befinden sich in der städtischen Münzen- und Medaillensammlung Frankfurt. Sie sind von einer Krone mit drei Blättern im gotischen Stil überragt, welche durch einen kleinen Ring mit der Kreuzöse verbunden ist. Das erste Exemplar hat einen gewöhnlichen Tragring, während das andere Exemplar seit seiner zweiten Verleihung im Jahre 1864 (an Oberst Hemmerich) einen langgestreckten goldenen Tragbügel erhielt, weil sein nunmehriger Besitzer die Erlaubnis hatte, das Kreuz um den Hals zu tragen. Die beiden Kreuze wurden 1841 bzw. 1847 von Goldarbeiter J. Wirsing, Frankfurt, gefertigt.

V: Auf leicht gekörntem Grund im oberen Arm „L", auf den drei übrigen Armen „JAHRE / TREUER / DIENSTE". Im senkrecht schraffierten, von einem schmalen Eichenlaubkranz umschlossenen Mittelschildchen der Frankfurter Adler.

R: Die Arme gekörnt, das Mittelschildchen ist ebenfalls von einem Eichenlaubkranz umgeben und trägt beim ersten Stück die Jahreszahl „1841", beim zweiten aber die Zahl „1864" (aus der ursprünglichen Zahl „1847" nachträglich abgeändert).

Größe: 27 mm, die Krone 12 mm hoch.

Band: 35 mm breit, ponceaurot mit zwei weißen, je 6 mm breiten Seitenstreifen, dabei noch je eine 1 mm rote Kante sichtbar.

461. Kreuz für 50 Dienstjahre der Unteroffiziere, Silber (verliehen 1845)

Genau in Größe, Form und Prägung mit dem goldenen Kreuz für 50 Dienstjahre der Offiziere übereinstimmend, wurde nur einmal, nämlich am 16. Dezember 1845, an den damaligen Feldwebel Heinrich Jung verliehen. Dieses einzigartige Stück ist aber jetzt verschollen; es soll dem Inhaber mit ins Grab gegeben worden sein. Es wurde von den Silberarbeitern Hessenberg & Co., Frankfurt, zum Preis von 12 Gulden geliefert.

462. Kreuz für 25 Dienstjahre der Offiziere, Silber vergoldet

463. Kreuz für 25 Dienstjahre der Unteroffiziere und Soldaten, Silber

464. Kreuz für 15 Dienstjahre der Unteroffiziere und Soldaten, Silber

465. Kreuz für 10 Dienstjahre der Unteroffiziere und Soldaten, Bronze (verliehen 1840—1866)

466. Kreuz für 10 Dienstjahre, Bronze, Stempelverschiedenheit (verliehen 1865—1866)

Diese Dienstauszeichnungskreuze wurden durch Ratsbeschluß vom 15. Dezember 1840 gestiftet „zur Anerkennung und Belohnung vieljährig treu und vorwurfsfrei geleisteter Dienste im Linienmilitär der Stadt". Die Stempel hierzu schnitten Münzmechanikus Tomschütz, Frankfurt, und der Herzoglich Nassauische Medailleur Zollmann in Wiesbaden.

Die Kreuze sind, abgesehen von den verschiedenen Dienstjahrbezeichnungen, in Form, Zeichnung und Größe vollständig gleich. Sie haben nach außen zu breiter werdende, an den Außenseiten eingeschnittene Arme sowie gewöhnliche Drahtösen mit runden, beweglichen Ringen. Das Mittelschildchen hat auf Vorder- wie Rückseite stets 12 mm Durchmesser, nur bei Nr. 466 (von welchem 1865 nochmals 100 Stück von einem neuen Stempel nachgeprägt wurden) sind die Mittelschildchen 13,5 mm groß und haben auf einem umgebenden Eichenkranz 25 statt 23 Blattgruppen. Außerdem bestehen auch bei den übrigen Kreuzen noch zwei kleine Abweichungen in deren Rückseite insofern, als bei dem 1847 neugefertigten Stempel von der Jahreszahl „1840" die etwas größere „4" oben über die Linie der übrigen Ziffern hinausragt, während bei den vor 1847 mit dem ersten Rückseitenstempel geprägten Stücken aller Klassen die „4" und ebenso die „0" etwas nach unten stehen und auch größer sind als die anderen Ziffern der Jahreszahl „1840".

V: Im Mittelschildchen, umrahmt von einem schmalen Eichenkranz, auf senkrecht schraffiertem Grund der Frankfurter Adler. Auf den vier Kreuzarmen verteilt: „XXV (oben) / JAHRE (rechts) / TREUER (unten auf dem Kopf) / DIENSTE (links)", die ganze Inschrift umschriftartig, aber in geraden Zeilen.

R: Arme glatt poliert, im Mittelschildchen, umgeben vom Eichenkranz, „1840",

Größe: 27 mm; Gewicht: in Silber 17 g.

Band: Wie bei Nr. 460 ff.

Hannover

Bis 1816 Kurfürstentum, 1816—1866 Königreich, am 1. Oktober Preußen
als Provinz einverleibt

Das Königreich Hannover hatte 3 Orden, den St. Georgsorden (gestiftet am 23. April 1839), den Guelphenorden (gestiftet am 12. August 1815), den Ernst August-Orden (gestiftet am 15. Dezember 1865). Die Ehrenzeichen sind folgende:

467. Goldenes Verdienstkreuz des Ernst August-Ordens

468. Silbernes Verdienstkreuz des Ernst August-Ordens (verliehen 1865—1866) Abbildung am Schluß des Bandes.

Durch königliches Patent vom 15. Dezember 1865 gestiftet von König Georg V. (reg. 1851—1866) zugleich mit den übrigen fünf Klassen des Ernst-August--Ordens, „um die Mittel zur Auszeichnung und Belohnung zu vermehren". Da diese Kreuze während der ohnehin sehr kurzen Zeit ihres Bestehens auch noch dazu sparsam verliehen worden sind, kommt ihnen ein hoher Seltenheitswert zu. Die Stempel sind von Medailleur und Münzgraveur Friedrich Brehmer an der Münze Hannover (geboren 1815, gestorben 1889 als königlich preußischer Münzrat).

Die Kreuze haben Malteserform mit acht kleinen Kugeln an den Spitzen der vier Arme; letztere sind gekörnt und haben erhöhte schmale polierte Ränder, oben an einer stilisierten Blattverzierung eine Kugelöse, in welcher der gewöhnliche Ring hängt. Die goldenen Kreuze sind hohl geprägt.

V: Das Mittelschild von 22 mm Durchmesser zeigt unter der hannoverschen Königskrone den verschlungenen Namenszug „E A" (König Ernst August, Vater des Stifters) in verzierter lateinischer Schreibschrift, umgeben von zwei Kreislinien, zwischen denselben der Wahlspruch: „SUSCIPERE" (links) „ET · FINIRE" (rechts), unten eine kleine Verzierung.

R: Im Mittelschild (wie vorher) unter der Krone der gleichfalls verzierte verschlungene Namenszug des Stifters: „G V R." (Georgius V. Rex), umgeben von der Inschrift: „DEN · XV · DEZEMBER · MDCCCLXV", ebenfalls zwischen zwei Kreislinien.

Größe: 37 mm; Gewicht: in Gold etwa 11 g, in Silber etwa 30 g.

Band: 38 mm breit, ponceaurot mit zwei himmelblauen, je 6 mm breiten Seitenstreifen; gegen die Kanten mit je 1 mm Abstand.

469. Guelphen-Medaille (für Militärverdienst im Kriege), Silber (verliehen 1815)

Gleichzeitig mit dem Guelphen-Orden gestiftet am 12. August 1815 vom Prinzregenten Georg (von 1820—1830 als Georg IV. König von Großbritannien und Hannover) im Namen seines Vaters König Georg III. (reg. 1760—1820), „für Unteroffiziere und Soldaten, welche sich durch Tapferkeit und Klugheit in den vergangenen Kriegen vor dem Feinde ausgezeichnet haben." Besonders für Auszeichnung in der ruhmvollen Schlacht bei Waterloo (Belle-Alliance) am

18. 6. 1815 gelangte diese Medaille dann häufiger zur Verleihung, und zwar im ganzen 595 Stück. Die Stempel schnitt der Londoner Medailleur William Wyon (geboren 1795, gestorben 1851).

Die Medaillen haben eine zapfenförmige eiserne Öse, welche durch einen Stift mit dem eisernen Bügel (41 mm breit) verbunden ist. Durch diesen Bügel wurde das Band gezogen. Auf dem Rande Name, ehemaliger Dienstgrad und Truppenteil des Beliehenen in lateinischen Versalien eingraviert.

V: Bildnis des Stifters mit Lorbeerkranz in antiker Gewandung nach rechts. Umschrift: „GEORG · PRINZ · REGENT 1815".

R: In einem unten mit einer Schleife gebundenen Lorbeerkranz: „VERDIENST / UMS / VATERLAND".

Größe: 36 mm; Gewicht: 30 g.

Band: 38 mm breit, hellblau.

470. Goldene und

471. Silberne Verdienst-Medaille mit Bild des Prinzregenten Georg (verliehen 1815—1831)

Ebenfalls von Prinzregent Georg im Namen seines Vaters 1815 gestiftet, „um jegliches Verdienst öffentlich anzuerkennen und würdig zu belohnen."

Diese Medaillen unterscheiden sich von Nr. 469 nur dadurch, daß der breite Bügel nach unten zu geschweift ist und aus Gold bzw. Silber besteht. Er hängt, an einem Zapfen drehbar, in der oben am Medaillenrande eingepreßten Kugelöse. Außerdem ist das Band selbst durch eine 41 mm breite und 12 mm hohe goldene bzw. silberne Schnalle mit vier Dornen zusammengehalten. Die goldenen, außerordentlich seltenen Stücke sind zum Schutze gegen Beschädigung von einer gegen die Mitte zu erhöhten (konvexen) Glaskapsel umschlossen. Die Stempel stammen ebenfalls von W. Wyon, London.

Gewicht: in Gold (einschließlich Glashülle und Bandschnalle) etwa 48 g, in Silber 33 g.

Band und Randschrift wie bei Nr. 469, nur enthält letztere statt der Angabe des Truppenteils hier den Stand des Inhabers.

472. Goldene und

473. Silberne Verdienst-Medaille mit Bild König Wilhelms IV. (verliehen 1831—1841)

Im Jahre 1831 wurden zur Vorderseite neue Stempel durch Medailleur Fritz in Braunschweig (1832—1845) angefertigt mit dem Bildnis des Königs Wilhelm IV. (reg. 1830—1837).

V: Kopf des Königs nach rechts; Umschrift (oben): „WILHELM IV. KÖNIG", (unten) „1831".

R: Wie bei Nr. 470, 471.

Größe, Gewicht, Randschrift und Band wie bei Nr. 469.

Die Medaillen dieser Prägung, besonders aber die goldenen Stücke, sind sehr selten. Sie haben auch den goldenen bzw. silbernen ge-

schweiften und in der Kugelöse drehbaren Bügel wie Nr. 470 und 471.
Die Schnalle auf dem Band war dagegen nicht mehr üblich.

474. Goldene und

475. Silberne Verdienst-Medaille mit kleinerem Kopf des Königs Ernst August und Jahreszahl 1837 (verliehen 1841—1846)

Neu gestiftet am 5. Juni 1841 von König Ernst August (reg. 1837—1851) zugleich mit dem Allgemeinen Ehrenzeichen, „um die neben den Orden zur Belohnung ausgezeichneter Verdienste geeigneten Mittel zu vermehren". (Gesetzsammlung 1841 Abt. I Nr. 46.) Die goldene Verdienstmedaille konnte nur für ganz ausgezeichnete Verdienste zur Verleihung kommen. In der Regel mußten aber dann schon vorher das Allgemeine Ehrenzeichen (für Militär- oder Zivildienst) sowie die silberne Verdienstmedaille erworben worden sein.

Die Medaillen haben nicht mehr den breiten, drehbaren Bügel für das Band, sondern eine zylinderförmige, oben mit kleinen Zargen am Medaillenrand befestigte Öse, durch welche der bewegliche gewöhnliche Tragring geht. Die Randschrift ist auch nicht mehr graviert, sondern mit Stahlpunzen eingeschlagen (lateinische Versalien).

V: Der nach rechts sehende kahle Kopf des Stifters mit leichtem Schnurr- und Backenbart. Umschrift: „ERNST AUGUST V. G. G. KOENIG V. HANNOVER.", unten: „1837."; im Halsabschnitt, vertieft: „FRITZ F.", hergestellt nach einer Büste von Hofbildhauer Wassel.

R: Wie bei Nr. 470 ff.

Größe und Farbe des Bandes wie bei Nr. 469 ff., letzteres aber nunmehr 40 mm breit; Gewicht: in Gold 14 g, in Silber 26 g.

476. Goldene und

477. Silberne Verdienst-Medaille mit kleinerem Kopf des Königs Ernst August und Jahreszahl 1837, Stempelverschiedenheit mit veränderter Rückseite

Dieselben stimmen genau in Prägung der Vorderseite, Größe, Gewicht und Band mit Nr. 474 bzw. Nr. 475 überein. Dagegen schnitt Medailleur Fritz zur Rückseite einen neuen Stempel. Die Inschrift „VERDIENST UMS VATERLAND" ist nunmehr von einem großblättrigen, unten mit einer Doppelschleife gebundenen Eichenkranz umgeben.

478. Goldene und

479. Silberne Verdienst-Medaille mit dem größeren Kopf des Königs Ernst August (verliehen 1846—1866)

Im Jahre 1846 schnitt Münzgraveur Fr. Brehmer zur Vorderseite der Verdienstmedaille neue Stempel.

V: Der kahle Kopf des Stifters ist nunmehr größer und mit starkem Schnurr- und Backenbart, bei entsprechend älteren Gesichtszügen, nach rechts gewendet dargestellt. Umschrift: „ERNST AUGUST KOENIG VON HANNOVER", unter dem Halsabschnitt: „BREHMER F.".

143

Rückseite, Größe, Gewicht und Band wie bei Nr. 474/475. Die Randschrift zeigt seit Anfang 1860 nur mehr den (abgekürzten) Vor- sowie den Zunamen des Besitzers.

480. Allgemeines Ehrenzeichen für Militär-Verdienst, silberne Medaille (verliehen 1841—1866)

Gestiftet von König Ernst August am 5. Juni 1841 „für ausgezeichnete militärische Verdienste" von Unteroffizieren und Soldaten. (Gesetzsammlung 1841, Abt. I Nr. 46 S. 250—252.)

Diese Medaille hat eine gewöhnliche, angeprägte Öse mit beweglichem Ring. Bis Anfang der 1860er Jahre war auf dem Rand Dienstgrad sowie Schreibname des damit Beliehenen eingeschlagen; von da ab aber nur mehr der (abgekürzte) Vor- sowie der Zuname.

V: Der verschlungene gekrönte Namenszug „E A R" (Ernst August Rex) in lateinischer Schreibschrift.

R: In einem unten mit Schleife gebundenen Lorbeerkranz zweizeilig: „KRIEGER / VERDIENST".

Größe: 25 mm; Gewicht: 14 g.

Band: 37 mm breit, weiß mit zwei goldgelben, je 9,5 mm breiten Seitenstreifen, an den Kanten ist noch je ein 1,5 mm breiter weißer Rand sichtbar.

481. Allgemeines Ehrenzeichen für Civil-Verdienst, silberne Medaille (verliehen 1841—1866)

Gleichzeitig mit Nr. 480 gestiftet am 5. 6. 1841 „für ausgezeichnete Dienste jeder Art" von Unterbeamten und Zivilpersonen ohne Rang. (Gesetzsammlung 1841 Abt. I Nr. 46 S. 250—252.)

Auch diese Medaille hat wie Nr. 480 gewöhnliche Öse mit Ring und bis zum Jahre 1860 auf dem Rand den Stand (Titel) sowie Zunamen, später nur mehr den (abgekürzten) Vor- und den Zunamen des Inhabers.

V: Gleich wie bei Nr. 480.

R: In einem dichten, unten mit Schleife gebundenen Eichenkranz dreizeilig: „VERDIENST / UMS / VATERLAND".

Größe und Gewicht wie bei Nr. 480.

Band: 35 mm breit, halb schwarz, halb weiß, in der Mitte getrennt durch einen 5 mm breiten goldgelben Streifen, an der weißen Hälfte außen ferner noch eine 3 mm breite schwarze Kante.

482. Goldene und

483. Silberne Große Verdienstmedaille für besondere Verdienste aller Art (verliehen 1840—1843)

Gestiftet 1840 von König Ernst August und meist für Verdienste um Kunst und Wissenschaft verliehen. Diese Medaillen kamen in der Regel ohne Öse und Band, selten mit gewöhnlicher Öse und Ring zur Verleihung. Die Stempel stammen von dem Medailleur Professor Henri François Brandt an der Berliner Königlichen Münze (geboren 1789 zu La Chaux-de-Fonds, seit 1817 an der Berliner Münze, gestorben 1845).

V: Der nach rechts gewandte behaarte Kopf des Stifters mit aufwärts gedrehtem Schnurrbart und mit dem Schnurrbart verbundenem kurzem Backenbart. Umschrift: „ERNST AUGUST KOENIG VON HANNOVER". Auf dem Halsabschnitt (vertieft): „BRANDT F.".

R: Innerhalb eines Perlenkranzes ein freies Feld, worin der Anlaß der Verleihung (z. B. „Für Kunst und Wissenschaft" usw.) eingraviert wurde, und zwar in gotischem Schriftcharakter. Am Rande wurden Name und Stand des Inhabers eingraviert.

Größe: 50 mm; Gewicht: in Gold etwa 26 Dukaten = etwa 90 g.

Band: 38 mm breit, dunkelblau.

484. Goldene Ehren-Medaille für Kunst und Wissenschaft, Stempel von Brandt (verliehen 1843—1846)

Gestiftet von König Ernst August und mit Statuten versehen am 30. April 1843 „als eine Anerkennung und Belohnung ausgezeichneter und besonderer Leistungen in Kunst und Wissenschaft".

Die Medaille hat eine einfache Öse mit beweglichem Ring und auf dem Rande den Vor- und Zunamen des Beliehenen eingraviert (in lateinischer Schreibschrift).

V: Wie bei Nr. 482.

R: In drei Zeilen: „FÜR KUNST / UND / WISSENSCHAFT". Außen herum ein profilierter Rand.

Größe, Gewicht und Band wie bei Nr. 482.

485. Goldene Ehren-Medaille für Kunst und Wissenschaft, Stempel von Fickenscher (verliehen 1846—1847)

Im Jahre 1846 wurde von Medailleur Fickenscher eine neue Vorderseite zur Medaille für Kunst und Wissenschaft geschaffen.

V: Der nach rechts gewendete kahle Kopf des Stifters mit älteren, gefurchten Zügen und starkem Backenbart sowie herabhängendem Schnurrbart. Unter dem Halsabschnitt: „FICKENSCHER"; Umschrift: „ERNST AUGUST KOENIG VON HANNOVER".

Rückseite, Größe, Gewicht und Band wie bei Nr. 484.

Diese Medaille hat eine zylinderförmige Öse, welche mit Zargen und kleinem Stift oben am Medaillenrande befestigt ist und den beweglichen Ring trägt.

486. Goldene Ehren-Medaille für Kunst und Wissenschaft, Stempel von Brehmer (verliehen 1847—1866)

Abbildung am Schluß des Bandes.

Wahrscheinlich schon Ende 1846 schnitt der Medailleur Brehmer neue Stempel zur Vorderseite.

V: Der Kopf des Stifters ist dem von Fickenscher stammenden Nr. 485 sehr ähnlich, hat aber unter dem Halsabschnitt: „BREHMER F."; auch die Umschrift ist die gleiche geblieben, ebenso die zylinderförmige Öse mit Ring.

Rückseite, Größe, Gewicht, Band und Randschrift wie bei Nr. 484.

10

Auch diese, wie alle hannoverschen goldenen Ehrenmedaillen für Kunst und Wissenschaft sind schon wegen ihres hohen Metallwertes und wegen ihrer sehr sparsamen Verleihung außerordentlich wertvoll geworden.

487. Verdienst-Medaille für Rettung aus Gefahr, Silber, 1. Prägung, Stempel von Fickenscher (verliehen 1845)

Abbildung am Schluß des Bandes.

Gestiftet am 8. August 1845 von König Ernst August für alle, „welche durch ein entschlossenes und mutvolles Benehmen, ohne Berücksichtigung der ihnen selbst drohenden Gefahr, das Leben oder das Eigentum anderer gerettet oder durch außerordentliche Anstrengungen zu solcher Rettung beigetragen haben".

Die Stempel schnitt zunächst Medailleur Fickenscher.

Die Rettungsmedaille hat ebenfalls die typische zylinderförmige Öse mit beweglichem Ring sowie am Rande (eingeschlagen) Vor- und Zuname des Inhabers.

V: Kahler Kopf des Stifters nach rechts mit hängendem Schnurr- und Backenbart; Umschrift: „ERNST AUGUST KOENIG VON HANNOVER"; unter dem Halsabschnitt: „FICKENSCHER".

R: In einem kräftigen, unten mit Doppelschleife gebundenen Eichenkranz vierzeilig: „FÜR / RETTUNG / AUS / GEFAHR".

Größe: 36 mm; Gewicht: 27 g.

Band: 43 mm breit, orangegelb mit zwei lichtblauen, je 11 mm breiten Seitenstreifen, von den Kanten in je 2 mm Abstand.

488. Verdienst-Medaille für Rettung aus Gefahr, Silber, 2. Prägung, Stempel von Brehmer (verliehen 1847—1866)

V: Später, wahrscheinlich seit 1847, wurden zu den Rettungsmedaillen auch die Vorderseitenstempel der Verdienstmedaille Nr. 486 (mit dem größeren Kopf des Stifters, von Brehmer) verwendet, dessen Zeichnung fast genau mit dem kleiner gehaltenen Kopfe von Fickenscher (Nr. 487) übereinstimmt.

R: Hier bestehen ebenfalls kleine Abweichungen in der Zeichnung des Eichenkranzes, auch ist die Schleife jetzt größer.

Größe, Gewicht, zylinderförmige Öse, Randschrift wie bei Nr. 487.

489. Kriegsdenkmünze für die im Jahre 1813 freiwillig in die Hannoversche Armee eingetretenen Krieger, aus Geschützbronze

Gestiftet von König Ernst August am 11. Mai 1841 „für diejenigen Untertanen, welche 1813 freiwillig zu den Waffen griffen, als auch für die Ausländer, die damals in die hannoversche Armee traten, um zur Befreiung des Vaterlandes vom französischen Joche beizutragen". (Gesetzsammlung 1841 Abt. I Nr. 21 S. 159—162.)

Die Denkmünze hat eine gewöhnliche Öse mit beweglichem Ring, jedoch keine Randschrift; sie ist aus Bronze eroberter Geschütze geprägt. Vergoldung an Medaillen, welche ziemlich häufig vorkommt, ist nicht offiziell.

V: Ein breites Kreuz mit leicht geschweiften Armen und feingekörntem Grund; diese mit erhöhter glatter Umrandung; im oberen Arm die

hannoversche Königskrone, in der Mitte der verschlungene Namenszug „E A R", im unteren Arm „1813".

R: In einem unten mit Schleife gebundenen Lorbeerkranz groß „1813".
Größe: 34 mm.

Band: 35 mm breit, weiß mit zwei goldgelben, je 8 mm breiten Seitenstreifen, von den Kanten in je 1 mm Abstand.

**490. Kriegsdenkmünze für die bis zum Abschlusse des Ersten Pariser
Friedens 1814 freiwillig in die Königlich-Großbritannisch-Deutsche
Legion eingetretenen Krieger, aus Geschützbronze**

Gleichzeitig mit Nr. 489 von König Ernst August gestiftet für diejenigen
„Untertanen, welche durch ihren freiwilligen Eintritt in die Königlich-Deutsche
Legion ihr treues Festhalten an ihrem angestammten Herrn und ihre Vater-
landsliebe bewährten und ... von 1803 bis zu dem 1814 in Paris abgeschlossenen
Frieden zur Bekämpfung des Feindes wesentlich beitrugen", ebenso „auch den-
jenigen Ausländern, welche sich als brave Waffen-Gefährten den Reihen der
Königlich-Deutschen Legion anschlossen". (Hannoversche Gesetzsammlung
1841 I. Abt. Nr. 22 Seite 163—166.)

Auch diese Denkmünze ist aus der Bronze eroberter französischer
Kanonen geprägt und hat keine Randschrift.

V: Ein Kreuz mit vier leicht geschweiften Armen, erhöhten glatten
Rändern, die vertieften Stellen aber feingekörnt, oben die hannoversche Königskrone, in der Mitte der verschlungene Namenszug
„E A R" wie bei Nr. 489, aber das Kreuz in der Zeichnung schlanker
gehalten.

R: In der Mitte dreizeilig: „TAPFER / UND / TREU"; Umschrift inner-
halb eines unten mit Schleife gebundenen Lorbeerkranzes:
„KÖNIGLICH-DEUTSCHE LEGION", unten eine kleine Rosette.
Größe und Band wie bei Nr. 489.

491. Waterloo-Medaille, 1815, Silber

Gestiftet von Prinzregent Georg im Namen seines Vaters, des Königs
Georg III. von Großbritannien und Hannover, im Dezember 1817 für alle
Soldaten seiner welfischen Erblande, welche am siegreichen Kampfe bei
Waterloo (Belle-Alliance) am 18. Juni 1815 teilgenommen hatten.

Die Stempel sind von W. Wyon, London, gefertigt. Oben befindet
sich eine eiserne zapfenförmige Öse mit großem beweglichen Ring.
Am Rande sind Dienstgrad, Vor- und Zuname sowie Truppenteil des
Trägers in lateinischen Versalien eingeschlagen.

V: Das nach rechts blickende Bild des Stifters in antiker Gewandung
mit Lorbeerkranz. Umschrift: „GEORG · PRINZ · REGENT",
unten „1815"; unter dem Halsabschnitt „W. WYON". Die Zeichnung entspricht, abgesehen von kleineren Verschiedenheiten, z. B.,
daß der Lorbeerkranz hier etwas weiter aus der Stirne gerückt ist
und die Punkte zwischen den drei Worten der Umschrift etwas
kleiner sind, auch der Backenbart etwas dichter erscheint, ganz
dem V-Stempel von Nr. 471.

10*

R: Unter einer kleinen Trophäe, bestehend aus Küraß nebst zwei gekreuzten Fahnen, in zwei Zeilen „WATERLOO / JUN. XVIII"; darunter zwei mit Schleife zusammengebundene Lorbeerzweige, außen Umschrift: „HANNÖVERSCHER (oder „HANNOVERSCHER") · TAPFERKEIT".

Größe: 35 mm; Gewicht: 27—32 g.

Band: 37 mm breit, karmoisinrot mit zwei hellblauen je 5 mm breiten Randstreifen.

492. Waterloo-Medaille, 1815, Silber, Stempelverschiedenheit
Abbildung am Schluß des Bandes.

Wohl nachträglich als Ersatzstücke für zahlreiche verlorengegangene Medaillen ausgegeben. Die eisernen Ösen waren nämlich nur mit Zargen angeklemmt, und die Medaillen sind daher beim längeren Tragen leicht locker geworden und dann verloren gegangen. Vielfach wurden hierzu auch statt der vorschriftsmäßigen, aber unschönen eisernen Öse silberne Bügel, in einer Kugelöse drehbar, getragen.

V: Entspricht ganz dem V-Stempel zu Nr. 471 (Verdienst-Medaille von 1815). Es fehlt also, abgesehen von dem schon bei Nr. 491 beschriebenen kleinen Abweichungen hier auch der Name des Medailleurs Wyon.

R: Auch nur kleine Abweichungen gegenüber Nr. 491. Die kleine Waffentrophäe ist näher an das Wort „Waterloo" herangerückt, die Stangen der Fahnen sind schärfer ausgeprägt und näher beisammen, auch haben die beiden Fahnen nur je eine Quaste gegenüber je zwei solcher bei Nr. 491.

Größe, Gewicht, Randschrift und Band wie vorher.

493. Medaille zum 50jährigen Militärjubiläum des Königs Ernst August, Silber (verliehen 1840)
Die Medaille wurde von König Ernst August aus Anlaß seines am 17. März 1840 gefeierten 50jährigen Militärjubiläums am 26. August 1840 bei einem Besuch des Dorfes Isernhagen an die sechs ältesten Männer dieses Ortes verliehen, welche den König schon 1790 als Hauptmann im 9. leichten Dragoner-Regiment in Isernhagen gekannt und ihm am Jubiläumstage in Hannover als Deputation ihre Glückwünsche dargebracht hatten. Der König hatte als Prinz dieses Regiment im Kriege 1793/94 mit großer Tapferkeit geführt, dabei am 10. Mai 1794 ein Auge eingebüßt.

Die Medaille, in der V o r d e r s e i t e ganz der Verdienst-Medaille Nr. 475 entsprechend, weil vom gleichen V-Stempel geprägt, hat eine gewöhnliche Öse mit beweglichem Ring, aber keine Randschrift. Sie ist begreiflicherweise außerordentlich selten. Ein Exemplar war in der bekannten Sammlung August Finkham in Hannover, jetzt im Besitze der Stadt Hannover.

R: Innerhalb eines unten mit Doppelschleife gebundenen Lorbeerkranzes (eingraviert) zweizeilig: „17. MÄRZ 1790 / 17. MÄRZ 1840".

Größe: 36 mm; Gewicht: etwa 27 g.

Band des „Allgemeinen Ehrenzeichens für Civil-Verdienst": 35 mm
breit, halb schwarz, halb weiß, in der Mitte getrennt durch einen
5 mm breiten goldgelben Streifen, an der weißen Hälfte eine 3 mm
breite schwarze Kante.

494. Langensalza-Medaille, Kriegsdenkmünze, Messing (verliehen 1866)

Gestiftet von König Georg V. (reg. 1851—1866) am 27. Juli zum Andenken
an das tapfere Verhalten seiner Truppen in deren letztem Gefecht bei Langensalza am 27. Juni gegen die preußische Division Flieẞ „für Alle, welche in
dieser Schlacht tapfer, wenn auch ohne Erfolg, gekämpft haben".

Die Medaille hat eine gewöhnliche, ziemlich derbe Drahtöse mit
beweglichem Ring, am Rande ist Vor- und Zuname des Besitzers
eingeschlagen.

V: Der nach links gewendete Kopf mit Backen- und Schnurrbart, unter
dem Halsabschnitt „JAUNER"; Umschrift: „GEORG V v. G. G.
KOENIG v. HANNOVER".

R: In einem unten mit Doppelschleife gebundenen Lorbeerkranz dreizeilig: „LANGENSALZA / 27. JUNI / 1866.".

Größe: 36 mm.

Band: 35 mm breit, weiß mit zwei goldgelben, je 9 mm breiten Seitenstreifen und je 1 mm breiten weißen Kanten.

495. Wilhelms-Kreuz, Gold

496. Dasselbe Bronze vergoldet für 25 Dienstjahre der Offiziere usw. (verliehen 1837—1866)

Gestiftet von König Wilhelm IV. am 2. März 1837 kurz vor seinem Tode
(gestorben 20. 6. 1837) für die Offiziere, und nach dem Patent vom 20. April 1855
auch für die General-Auditeure, Stabs-Auditeure und Garnison-Auditeure der
hannoverschen Armee nach zurückgelegter 25jähriger Dienstzeit. (Gesetzsammlung 1837 I. Abt. Nr. 7) — Kriegsjahre wurden doppelt gerechnet.

Die Kreuze haben polierte, gerade, nach außen zu breiter werdende
Arme, eingefaßt von dreifacher Linie. Seit Anfang 1860er Jahre
wurden sie nicht mehr in echt Gold (hohl), sondern in vergoldetem
Metall ausgegeben.

V: Im Mittelschilde (15 mm Durchmesser) unter der hannoverschen
Königskrone in zwei Zeilen „W R / IV" erhaben geprägt auf gekörntem Grund.

R: Im Mittelschild erhaben „XXV" auf gekörntem Grund.

Größe: 34—35 mm; Gewicht: in Gold 9 g.

Band: Zuerst 37 mm breit, karmoisinrot mit zwei je 7 mm breiten
kornblumenblauen Randstreifen, in den 1860er Jahren aber nur
mehr 35 mm breit mit je 5 mm breiten kornblumenblauen Randstreifen.

497. Ernst August-Kreuz (für 50 Dienstjahre der Offiziere), Gold

498. Dasselbe, Bronze vergoldet
(verliehen 1844—1866) Abbildung am Schluß des Bandes.

Gestiftet von König Ernst August am 15. Mai 1844 für 50 treue Dienstjahre als Offizier seiner Armee. Bei Berechnung der Dienstzeit wurden, im Gegensatz zum Wilhelms-Kreuz (Nr. 495), die Kriegsjahre nicht doppelt gerechnet. Das Patent betreffend die Ausdehnung des Wilhelms-Kreuzes (s. Nr. 495/496) vom 20. 4. 1855 galt auch hier.

Die Kreuze stimmen in der Prägung und Größe mit dem Wilhelms-Kreuz überein, sind aber noch von der hannoverschen (14 mm hohen und 18 mm breiten) Königskrone überragt, welche den Bandring trägt und mit einer kleinen Öse in das angeprägte Öhr des Kreuzes eingehängt ist. Seit Anfang 1860 sind auch die Ernst August-Kreuze nur mehr aus vergoldetem Metall gefertigt worden.

V: Auf mattem Grund des 15 mm großen Mittelschildchens der Namenszug „E A R" in verschlungener lateinischer Schreibschrift, von einer aufsitzenden Krone überhöht.

R: Auf mattem Grund im Mittelschildchen die Zahl „50". Die späteren, aus vergoldetem Metall gefertigten Stücke haben etwas mehr gewölbte Arme als die goldenen Ernst-August-Kreuze.

Größe: 35 mm, später 34 mm; Gewicht: in Gold etwa 13 g.

Band: Wie bei Nr. 495/496.

499. Goldene und

500. Silberne Wilhelms-Medaille mit dem Bilde des Königs Wilhelm IV.
(verliehen 1837—1841)

Gestiftet von König Wilhelm IV., gleichzeitig mit dem Wilhelms-Kreuz (Nr. 495) am 2. März 1837, und zwar in Gold für Unteroffiziere, welche seit der Beförderung zum Korporal 25 Jahre aktiv gedient, in Silber für Unteroffiziere und Soldaten, welche 16 Jahre treu gedient haben; Kriegsjahre zählten doppelt.

Die Medaillen haben eine zapfenförmige eiserne Öse mit ebensolchem Ring. Die goldenen Wilhelms-Medaillen sind zudem auf dem Rande mit Dienstgrad, Namen und Truppenteil des Inhabers graviert.

V: Der nach rechts sehende Kopf des Stifters ohne Umschrift, im Halsabschnitt „F" (Zeichen des Medailleurs Fritz).

R: In vier Zeilen bei der goldenen Wilhelms-Medaille: „FÜR / XXV JÄHRIGE / TREUE / DIENSTE", in fünf Zeilen bei der silbernen Medaille: „FÜR / SECHSZEHN- / JÄHRIGE / TREUE / DIENSTE"; darunter bei beiden Arten eine schmale waagerechte Zierleiste.

Größe: 26 mm; Gewicht: in Gold 12 g, in Silber 13 g.

Band: 37 mm breit, karmoisinrot mit 7 mm breiten kornblumenblauen Randstreifen.

501. Goldene und

502. Silberne Wilhelms-Medaille mit dem (jüngeren) Bild des Königs Ernst August (verliehen 1841—1847) Abbildung am Schluß des Bandes.

Seit Frühjahr 1841 kamen die Wilhelms-Medaillen mit veränderter Vorderseite zur Verleihung. Die Stempel hierzu stammen vom Medailleur Fritz, Braunschweig. Die goldenen Stücke wurden in der Regel auf dem Rande mit dem Dienstgrad, Namen und Truppenteil des Besitzers versehen (eingeschlagen).

V: Der nach rechts gewendete Kopf des Königs Ernst August mit aufwärtsgedrehtem Schnurrbart und langem Backenbart; ohne Umschrift.

Rückseite, Größe, Gewicht, Öse und Band wie bei Nr. 499/500.

503. Goldene und

504. Silberne Wilhelms-Medaille mit dem älteren Bilde des Königs Ernst August (verliehen 1847—1866)

In bezug auf ihre Bestimmung wie seither verliehen. Die Wilhelms-Medaillen wurden im Jahre 1847 aber mit einer neuen Vorderseite, zu welcher Brehmer den Stempel schnitt, geprägt und in dieser Form bis zum Ende der Regierung König Georgs V. verausgabt. Die Medaillen haben nun eine angeprägte kugelförmige Öse mit beweglichem Ring aus Gold bzw. Silber. Bei den goldenen Stücken ist meist der Name des Trägers (ohne Vorname und Truppenteilangabe) in lateinischen Versalien eingeschlagen.

V: Der nach rechts gewendete, größer dargestellte kahle Kopf Ernst Augusts mit stark gefurchten Zügen, ohne Umschrift; unter dem Halsabschnitt „BREHMER F.".

Rückseite, Größe, Gewicht und Band waren gleichgeblieben, bei der Rückseite hat „SECHSZEHN" jetzt keinen Bindestrich mehr; das Band ist seit Anfang 1860er Jahre nur mehr 35 mm breit mit 5 mm breiten kornblumenblauen Rändern.

505. Silberne und

506. Bronzene Erinnerungs-Medaille an die Feier des 81. Geburtstages der Königin Marie von Hannover (verliehen 1898)

Verliehen von Herzog Ernst August von Cumberland am 14. April 1898, dem 81. Geburtstage seiner Mutter, der Königin-Witwe Marie von Hannover (gest. 9. 1. 1907), an die Familienmitglieder, das Gefolge und sonstige der Königin noch nahgestanden habende Personen.

Die ovale, von der fest aufsitzenden 12 mm hohen Königskrone überragte Medaille hat eine erhöhte, 4 mm breite Umrandung von Lorbeer- und Eichenlaub, unten durch eine Schleife verbunden. Sie hängt, soweit an Damen verliehen, an einer langgestreckten geperlten Öse.

durch welche das Band gezogen wird. Sonst hat sie eine gewöhnliche Öse mit Ring. Die Medaille ist von dem K. und K. Kammergraveur Jauner in Wien entworfen worden.

V: Das nach rechts gewendete Brustbild der Königin. Umschrift im oberen Teile: „MARIE KÖNIGIN VON HANNOVER".

R: Das hannoversche Wappen unter der Königskrone, umgeben von dem Spruchbande mit der Inschrift „NUNQUAM RETRORSUM", gehalten links vom Löwen, rechts vom Einhorn, welche auf einem Bande mit dem Wahlspruch des Königs Ernst August „SUSCIPERE ET FINIRE" stehen. Darunter (bogig) „14. APRIL 1898". Umschrift: „ZUR FEIER DES 81. GEBURTSTAGES IHRER MAJESTÄT DER KÖNIGIN MARIE VON HANNOVER".

Größe: 45 mm hoch, 26 mm breit; Gewicht: in Silber 14 g.

Band: 36 mm breit, karmoisinrot (des Kgl. Hannoverschen Hausordens vom hl. Georg).

Freie Hansestädte
Bremen, Hamburg, Lübeck

507. Gemeinsame Kriegsdenkmünze für die Hanseatische Legion, Gold

507a. Dieselbe Silber (verliehen 1815) Abbildung am Schluß des Bandes.

Gestiftet von den Senaten der drei Hansestädte mit Ratsbeschlüssen vom 9.3.1815 (Hamburg), vom 31.3.1815 (Bremen) und vom 7.6.1815 (Lübeck) „für Alle diejenigen, welche während des Feldzuges von 1813, 1814 in der Hanseatischen Legion gestanden oder unter der . . . . Bürgergarde im offenen Felde gestanden". Die Medaillen wurden von G. Loos, Berlin, geliefert. der für ein silbernes Stück 1 Thlr. 16 Groschen berechnete. In Silber wurden 800 Medaillen, in Gold 12 Stück — diese laut Angebot zu 25 Thaler (mit Öhr), 5⅝ Dukaten schwer — angefertigt; letztere, auf gemeinschaftliche Kosten der drei Hansestädte hergestellt, wurden den Vertretern beim Wiener Kongreß zur Verfügung gestellt, um sie ausgezeichneten Staatsmännern zu überreichen. Im übrigen lieferte der Medailleur Loos 1815 zwei Abschläge in Gold nach Lübeck, einen als Geschenk, den andern auf private Bestellung. In amtlichem Auftrag des Lübecker Senats lieferte er ferner im Jahre 1822 zwölf Stück, die der Senat als Ehrengeschenk für verdiente Persönlichkeiten verwenden wollte, sowie vier weitere auf Privatrechnung, sämtlich ohne Öhr gearbeitet. Sechs von den Goldabschlägen sind vom Senat verliehen worden, zwei befinden sich in der Städtischen Münzsammlung (im Stadtarchiv) zu Lübeck, der Verbleib der übrigen ist nicht bekannt.

V: Inschrift (fünfzeilig) in deutschen Buchstaben: „Dem / Vaterländischen / Kampfe / 1813. 1814. / zum Andenken."; darunter ein kleines achtspitziges „Hanseatenkreuz". Umschrift zwischen zwei Kreislinien: „Hanseatische Legion. (oben) Lübeck. Bremen. Hamburg. (unten)."

R: Die ovalen Wappenschilde der drei Städte an einen Eichenbaum angelehnt, in der Mitte Lübeck, links Bremen, rechts Hamburg. Unten im Sockel: „LOOS", darüber (bogig): „Gott war mit uns".

Größe: 36 mm; Gewicht: 15 g.

Band: 35 mm breit, halb dunkelrosa, halb weiß.

Das Hanseatenkreuz (für Verdienste im Kriege 1914-1918)

508. Das bremische Hanseatenkreuz

509. Das hamburgische Hanseatenkreuz

510. Das lübeckische Hanseatenkreuz
  (verliehen 1915—1918) Abbildung am Schluß des Bandes.

Gestiftet gemeinsam von den Senatoren der drei Hansestädte für besondere Kriegsverdienste Einzelner ohne Unterschied des Ranges und Standes. Die betreffenden Stiftungsurkunden erfolgten in Lübeck unterm 21. 8. 1915, in Hamburg am 10. September 1915 und in Bremen am 14. September 1915. Nach § 2 dieser Urkunden sollte die Verleihung erfolgen an damalige oder frühere Angehörige der Infanterie-Regimenter Nr. 75 (Bremen), Nr. 76 (Hamburg) und Nr. 162 II. Bataillon (Lübeck) und die übrigen in den betreffenden drei Freien Staatsgebieten bei Ausbruch des Krieges stehenden oder hernach dorthin verlegten oder dort neu aufgestellten Truppenteile des Heeres und der Flotte, einschließlich der Besatzungen S.M.S. „Bremen", „Hamburg" und „Lübeck", ferner an hamburgische, bremische und lübeckische Staatsangehörige, die in anderen Truppenteilen des Heeres oder der Flotte am Kriege teilgenommen hatten, und an Personen, die im Dienste der freiwilligen Krankenpflege Bremens, Hamburgs oder Lübecks auf dem Kriegsschauplatze tätig gewesen sind.

Die Kreuze sind aus versilberter Kupferbronze und haben leicht geschweifte Arme, welche auf der Vorderseite rot emailliert sind. Oben in dem angeprägten Öhr ist ein gewöhnlicher Bandring mittels eines kleinen Verbindungsringchens eingehängt. (Die vielen etwas schlanker und dünner ausgeführten Nachbildungen haben dagegen oben eine gewöhnliche Drahtöse mit einfachem Ring.)

V: Im aufgelöteten Mittelschildchen (17 mm Durchmesser):

  a) Für Bremen: Auf rot emailliertem Grund, versilbert, das bremische Wappenbild, ein schrägstehender Schlüssel.

  b) Für Hamburg: Auf rot emailliertem Grund das Hamburger Wappenbild, eine dreitürmige silberne Burg.

  c) Für Lübeck: Auf goldenem Grund das Lübecker Wappen, ein schwarz emaillierter Doppeladler mit weiß-rot geteiltem Brustschildchen.

R: Bei allen drei Abarten gleich. In der Mitte der matt versilberten Kreuzarme in rundem (17 mm) Schildchen, oben bogig angeordnet, die Inschrift „für Verdienst", darunter dreizeilig „im Kriege 1914".

Größe: 40 mm breit.

Band: 30 mm breit, bei Nr. 508 aus fünf weißen und vier zinnoberroten
Streifen, je 3,1 mm breit, zusammengestellt;
bei Nr. 509 weiß mit zwei je 8 mm breiten zinnoberroten Seitenstreifen und 2 mm breiten weißen Kanten;
bei Nr. 510 halb weiß, halb zinnoberrot.

Sonstige Ehrenzeichen:

a) Bremen

(Der Bremische Senat stiftete durch Beschluß vom 30. 8. 1910 eine nicht am
Bande tragbare Rettungsmedaille in zwei Klassen (Bronze und Silber). Diese
Medaille wurde bis 1933 verliehen. Außerdem ist vom Senat im Jahre 1823
eine Ehrenmedaille in Gold gestiftet worden, die bisher (bis 1939) in insgesamt
13 Fällen an solche Personen verliehen worden ist, die sich um Bremen besonders verdient gemacht haben.)

**511. Dienstauszeichnungs-Kreuz (golden, für Offiziere nach 25 Dienst-
jahren)**

**512. Dienst-Ehrenzeichen für 25 Dienstjahre (silbernes Kreuz, für
Unteroffiziere usw.)
(verliehen 1860—1867)**

Beide Kreuze wurden vom Senat am 21. Dezember 1860 für das bremische
Bundeskontingent zur Anerkennung vieljähriger treu geleisteter Militärdienste
gestiftet. Ein Kreuz Nr. 511 wurde noch 1870 verliehen.

Sie stimmen in Größe und Prägung überein. Die Rückseite ist glatt.
Die Kreuzarme sind leicht geschweift und im Grunde fein gekörnt bei
polierten erhöhten Stellen.

V: Im Mittelschild der schrägstehende Schlüssel, Wappenbild Bremens.

Größe: 35 mm; Gewicht: in Gold 3 Dukaten, in Silber 8 g.

Band: 36 mm breit, halb zinnoberrot, halb weiß.

513. Dienst-Ehrenzeichen für 20 Dienstjahre (goldene Schnalle)

514. Dasselbe für 15 Dienstjahre (silberne Schnalle)

**515. Dasselbe für 10 Dienstjahre (eiserne Schnalle)
der Unteroffiziere und Mannschaften des Bundeskontingents
(verliehen 1860—1867)**

Gestiftet gleichzeitig mit Nr. 511, 512. Die sämtlichen Dienstauszeichnungen
Nr. 511 bis 515 wurden nach Abschluß der Militärkonvention mit Preußen
(1. 10. 1867) nicht mehr verliehen.

V: Die rechteckigen, 40 mm breiten und 12 mm hohen Metallplatten
tragen in der Mitte auf mattem (gekörntem) Grund erhaben (poliert)
die Zahlen „XX" bzw. „XV" oder „X". Die erhöhte Umrahmung
der Schnallen Nr. 513 und Nr. 514 ist ebenfalls poliert; bei Nr. 515
dagegen ist eine silberne, etwa 1,5 mm breite Umrahmung nachträglich aufgelötet. Rückseitig ist bei allen drei Schnallen ein Metallstreifen zur Befestigung des Bandes angebracht.

Band: 36 mm breit, halb hellrot, halb weiß.

516. Der Eiserne Roland Abbildung am Schluß des Bandes.

Das Ehrenzeichen „Eiserner Roland" wurde im Februar 1919 anläßlich der Befreiung Bremens von der spartakistischen Herrschaft von dem damals bestehenden Bürgerausschuß, der mit Zustimmung der provisorischen Regierung handelte, gestiftet. Zum Tragen berechtigt ist jeder Teilnehmer an den Kampfhandlungen, vor allem des 4. Februar 1919 in und um Bremen, der auf Regierungsseite gestanden hat.

Das Ehrenzeichen ist eine hochovale eiserne Plakette, matt oxydiert.

V: Eine Wiedergabe des Denkmals vom Roland zu Bremen. Um das Denkmal von links nach rechts in lateinischen Buchstaben die Umschrift: „VRYHEIT DO IK JU OPENBAR. BREMEN 1919".

R: Glatt mit Anstecknadel.

Größe: 40 mm hoch, 30 mm breit.

b) Hamburg

(Der Hamburgische Senat verleiht seit etwa 1888 eine nicht tragbare „Ehrenmedaille" in Gold [1888—1938 25mal verliehen], seit 1938 auch in Bronze, an Persönlichkeiten, die sich um das öffentliche Wohl Hamburgs verdient gemacht haben; außerdem wurde durch Senatsbeschluß vom 30. September 1925 die ebenfalls nicht tragbare Bürgermeister-Stolten-Medaille gestiftet, die auf der V. das Bild des Bürgermeisters Stolten, auf der R. das hamburgische Wappen mit der Umschrift „Das Gemeinwohl ist das höchste Gesetz" [Entwurf Prof. Luksch] trägt.)

517. Medaille für die Hilfeleistung beim Stadtbrand am 5./8. Mai 1842, Bronze

Durch Ratsbeschluß vom 8. Mai 1843 gestiftet als ein Zeichen dankbarer Anerkennung der aufopfernden Hilfe während des großen Brandes der Stadt Hamburg am 5. und 6. Mai 1842. Diese Medaille wurde insbesondere den von auswärts herbeigeeilten Feuerwehren verliehen. — Sie war von Medailleur N. H. Wilkens in Bremen gefertigt aus dem geschmolzenen Glockenmetall unter Zusatz von Kupfer der Turmspitze der abgebrannten St.-Petri-Kirche (Gaedechens Band I Seite 124).

V: Das Wappen der Stadt in einem dichten, vierfach mit Bändern umwundenen Eichenlaubkranz; Umschrift: „DAS DANKBARE HAMBURG SEINEN FREUNDEN IN DER NOTH 1842 MAI 5—8".

R: Eine weibliche Gestalt (Hammonia), am Meeresgestade stehend, hält mit dem rechten Arm einen Lorbeerkranz empor. Im Hintergrund Schiffsrumpf und Mauertrümmer. Umschrift: „1843 — MAI 8". Unten im Abschnitt: „WILKENS FEC", „J. G. DEL".

Größe 34 mm.

Band: 32 mm breit, ponceaurot mit zwei je 5 mm breiten weißen Seitenstreifen und ebensolchen je 1 mm breiten Kanten in 5 mm Abstand von den Seitenstreifen.

Die Medaille hat eine angelötete derbe runde Öse.

518. Rettungs-Medaille, Silber (in tragbarer Form verliehen 1918—1934)

Geschaffen 1908 und durch Beschluß des Senats vom 15. Mai 1918 umgestaltet in eine tragbare Medaille zur Anerkennung für die unter eigener Lebensgefahr ausgeführte Rettung eines Menschenlebens. Die Staatsangehörigkeit des Retters kommt nicht in Betracht.

V: Unter der Umschrift „· ʄREJE · UND · ҺANSESTADT · ҺAMBURG ·"
das große hamburgische Staatswappen und darunter die Inschrift
„ʄÜR RETTUNG AUS / GEʄAҺR" in gotischen Buchstaben.

R: Ein Mann, der sich gegen die Umschlingung durch einen Polypen
wehrt.

Größe: 37 (vor 1918 42) mm; Gewicht: 20 g.

Band: 33 mm breit, rot, schmal weißgerändert mit zwei weißen
je 5 mm breiten Seitenstreifen in 5 mm Abstand von den Kanten,
wie Nr. 517.

519. Goldenes Kreuz für 25 Dienstjahre der Offiziere (verliehen 1839 bis 1858)

520. Silbernes Kreuz für 20 Dienstjahre für sämtliche Militärpersonen aller Grade (verliehen 1839—1858) Abbildung am Schluß des Bandes.

Gestiftet vom Senat der Freien Stadt am 6. Juni 1839 (veröffentlicht am
25. September 1839), gleichzeitig mit auf dem linken Oberarm zu tragenden
Chevrons (Bortenwinkel) für 10 und 15 Dienstjahre der Unteroffiziere und Soldaten zur Auszeichnung „für längere tadellose Dienste in dem Hamburger
regulären Militär".

Die achtspitzigen hohlen Kreuze haben polierte Arme mit schmaler,
schraffierter Einfassung.

V: Im Mittelschild (14 mm Durchmesser) das Wappenbild der Stadt, die
dreitürmige Burg.

R: Im Mittelschild die Zahlen „XXV" bzw. „XX".

Größe: 45 mm; Gewicht: in Silber etwa 10 g.

Band: 36 mm breit, ponceaurot mit zwei weißen, je 2½ mm breiten
Randstreifen.

520a. Offizierdienstkreuz (für 25 Jahre) (verliehen 1858—1867)

Durch die nachstehend (bei Nr. 521 ff.) aufgeführte Verordnung vom 30. Juli
1858 wurde das Offizierdienstkreuz (Nr. 519) etwas geändert.

Es hat nunmehr im Mittelschild der Rückseite nicht mehr die Jahreszahl „XXV", sondern das Wappenbild der Stadt, die dreitürmige Burg,
wie auf der Vorderseite.

521. Vergoldete Schnalle für 20 Dienstjahre

522. Silberne Schnalle für 15 Dienstjahre und

523. Silberne Schnalle mit schwarzem Grund, hellen Rändern und Wappen für 10 Dienstjahre der Unteroffiziere und Soldaten (verliehen 1858—1867)

Gestiftet vom Senat der Freien Stadt am 30. Juli 1858 (Hamburgische Verordnungen, Band 27, Seite 191—195) unter Aufhebung des silbernen Kreuzes
für 20 sowie der Chevrons für 15 und 10 Dienstjahre. Die Verleihung sämtlicher Dienstauszeichnungen hörte dann mit dem Abschluß der Militärkonvention
am 1. Oktober 1867 ganz auf.

Die rechteckigen, 41 mm langen, 12 mm hohen Metallplatten tragen
auf der Mitte ihrer Vorderseite das Wappen der Stadt, die dreitürmige
Burg. Auf der Rückseite sind zum Durchziehen des Bandes Metallstreifen angelötet, welche erhöht die Zahlen „XX", „XV" bzw. „X"

tragen. Bei den Schnallen für 10 Dienstjahre treten nur der schmale Rand und das Wappen hell hervor, der Grund aber ist schwarz lackiert.
Band: Wie bei Nr. 519/520.

524. Goldene ovale Medaille für 50jährigen und
Abbildung am Schluß des Bandes.

525. Silberne ovale Medaille für 25jährigen Dienst im Bürger-Militär (verliehen 1865—1867)

In Silber gestiftet vom Senat der Freien Stadt anläßlich des 50jährigen Jubiläums des Bürgermilitärs am 15. Januar 1865. Es wurden auch einzelne Exemplare in Gold für 50jährige Dienste verliehen, welche außerordentlich selten sind.

V: Ein Kreuz mit der dreitürmigen Burg im Mittelschilde; um dieses zwischen zwei Ovallinien: (oben) „HAMBURGER BÜRGER-MILITAIR, (und unten in 2 Zeilen) * GESTIFTET / D. 15. JANUAR 1865. *".

R: In der Mitte die Zahl „L" bzw. „XXV". Darum, zwischen zwei Ovallinien ein aus einem Lorbeer- (links) und einem Eichenzweig (rechts) mit Doppelschleife gebundener Kranz.

Größe: 27/32 mm; Gewicht: in Gold 13 g, in Silber 8 g.
Band: 35 mm breit, halb zinnoberrot, halb weiß.

525a. Abzeichen des Bürger-Militärs (getragen 1848)

Obwohl dieses Abzeichen kein Ehrenzeichen im eigentlichen Sinne ist, wirkt es dennoch durch seine Form so und sei daher hier erwähnt. Es wurde im Jahre 1848 von dem zur Aufrechterhaltung der Ordnung im Jahre 1848 im Dienst befindlichen Bürgermilitär getragen.

Es besteht aus einer durchbrochenen Medaille mit breitem Henkel.

V: Auf einem Ring oben die Umschrift: „Gott · mit · uns" in Frakturschrift, unten (ebenfalls in Frakturschrift): „1848 · d · 3 · Nov". Zwischen den Inschriftteilen zwei ziemlich große „Hanseatenkreuze". Innerhalb des Ringes, nach vier Seiten frei, die ineinandergestellten Buchstaben M und B (Bürgermilitär) auf einem Querstrich.

R: Glatt, in der Mitte die Nummer des Besitzers erhöht.
Größe: 40 mm.
Band: Halb rot, halb weiß.

c) Lübeck ·

(Der Lübeckische Senat verlieh seit 1835 eine nicht tragbare Ehrendenkmünze „Bene Merenti" in Gold und Silber. Die Rettungsmedaille [Nr. 525a] wurde mit der Inschrift „Für Treue im Dienst" [Treudienstmedaille] bis 1938 auch als Auszeichnung für langjährigen Dienst vielfach verliehen.)

525b. Rettungsmedaille, Silber (verliehen seit 1882, seit 1909 bis 1933 mit Band)

Gestiftet vom Senat am 29. Juli 1882 als Auszeichnung „für Rettung von Menschenleben aus drohender Gefahr".

V: Der lübeckische Wappenschild mit dem Doppeladler, auf dem geschlossenen Helm ein Federbusch, Arabesken statt der Helmdecken.

R: Innerhalb eines unten gebundenen Eichenkranzes in vier Zeilen „FÜR / RETTUNG / AUS / GEFAHR".

Größe: 50 mm Durchmesser.

Die Medaille war nicht zum Tragen bestimmt. Gemäß Senatsbeschluß vom 7. April 1909 erhielten die bisherigen Inhaber das Recht, das auch künftig mitverliehene Band im Knopfloch anzulegen.

Band: Für Uniformträger 30 mm breit, 14 mm weiß mit 6,5 mm breiten roten Seitenstreifen und 1,5 mm breiten Kanten; für Nicht-Uniformträger halb so breit, die übrigen Maße entsprechend verkleinert.

526. Goldenes Kreuz für 25 Dienstjahre und

527. Silbernes Kreuz für 20 Dienstjahre der Offiziere des ehemaligen Kontingents bzw. für 25 Dienstjahre der Unteroffiziere usw. (verliehen 1857—1867)

Durch Senatsbeschluß vom 27. Juni 1857 gestiftet (veröffentlicht am 18. August 1857).

Die einseitig geprägten Kreuze sind in der Prägung vollständig gleich und haben leicht geschweifte, fein gekörnte Arme mit erhöhten polierten Rändern, gewöhnliche Drahtöse und Ring.

V: Im runden Mittelschildchen das Wappen Lübecks, der Doppeladler mit dem waagerecht geteilten Brustschild.

R: Glatt.

Größe: 35 mm; Gewicht: in Gold 3 Dukaten, in Silber etwa 8 g.

Band: 36 mm breit, halb ponceaurot, halb weiß.

528. Goldene Schnalle für 20 Dienstjahre und

529. Silberne Schnalle für 15 Dienstjahre der Unteroffiziere und Soldaten des ehemaligen Kontingents (verliehen 1857—1867)

Gleichzeitig mit Nr. 526 und Nr. 527 gestiftet. — Die Unteroffiziere erhielten nach 25 Dienstjahren das silberne Kreuz Nr. 527.

Die lübeckischen Dienstauszeichnungen für Offiziere und Mannschaften wurden nach dem Abschluß der Militärkonvention mit Preußen vom 1. Oktober 1867 nicht mehr verliehen. Sie sind also bei der Kürze ihres Bestehens und dem kleinen Kreis von Personen, denen sie verliehen worden sind, sehr selten.

Die rechteckigen, 11 mm hohen und 41 mm breiten Metallplatten haben in der Mitte auf mattem Grund das erhöhte Staatswappen, den Doppeladler mit dem waagerecht geteilten Brustschildchen, außen herum eine erhöhte (polierte) Linieneinfassung. Rückseitig ist ein Metallstreifen zum Durchziehen des Bandes angelötet.

Band: 36 mm breit, halb weiß, halb ponceaurot.

Hessen

Bis 1806 Landgrafschaft, ab Juni 1806 Großherzogtum,
seit 1918 Freistaat.

Das Großherzogtum Hessen hatte vier Orden, den Goldenen Löwen-Orden (gestiftet am 14. August 1770, übernommen im Jahre 1876), den Ludewigs-Orden (gestiftet am 25. August 1807), den Verdienstorden Philipps des Großmütigen (gestiftet am 1. Mai 1840), den Stern von Brabant (gestiftet am 24. Juni 1914). Die Ehrenzeichen sind folgende:

530. Silbernes Kreuz des Verdienstordens Philipps des Großmütigen

531. Dasselbe mit Schwertern
erste, größere Form (verliehen 1849—1859)

Gestiftet von Großherzog Ludwig III. am 1. Mai 1849 in Erweiterung des von Großherzog Ludwig II. unter dem 1. Mai 1840 in vier Klassen gestifteten Verdienstordens Philipps des Großmütigen, „um weitere Mittel zur Belohnung zu gewinnen". An Militärpersonen (unter dem Offiziersrang) gelangten stets Kreuze mit zwei durch die Mitte gekreuzten Schwertern zur Verleihung.

Dieselben hatten bis zum Jahre 1859 die Größe des Ritterkreuzes (I. Klasse) und vier leicht geschweifte, auch an den Außenseiten eingebogene Arme mit matter, gekörnter Oberfläche. Eine angelötete, von oben nach unten gelochte Öse trägt den langgestreckten, doppelt eingekerbten Ring. Das Mittelschildchen (18 mm Durchmesser) ist auf Vorder- wie Rückseite aufgelötet.

V: Auf hellblau emailliertem Grund das eigens geprägte und aufgelötete silberne Brustbild des Landgrafen Philipp nach links gewendet mit Barett und Schaube; Umschrift auf silbernem Ring: „SI DEUS NOBISCUM QUIS CONTRA NOS".

R: Auf hellblau emailliertem Grund, umgeben von einem silbernen Ring mit der Inschrift „LUDOVICUS II MAGN · DUX HASSIAE INSTIT.", der aufrechte hessische Löwe in Silber.

Größe: 37 mm; Gewicht: 13 bzw. 15 g.

Band: 38 mm breit, ponceaurot mit zwei lichtblauen, je 2 mm breiten Kanten.

532. Silbernes Kreuz des Verdienstordens Philipps des Großmütigen

533. Dasselbe mit Schwertern (verliehen 1859—1918)

534. Dasselbe mit Krone

535. Dasselbe mit Krone und Schwertern
zweite, kleinere Form (verliehen 1881—1918)

Gleichzeitig mit der Stiftung des Ritterkreuzes II. Klasse am 10. November 1859 wurde verfügt, daß fortab auch das Silberne Kreuz des Philipps-Ordens dessen Größe haben soll. Dementsprechend sind also die silbernen Kreuze auch nur mehr 32 mm groß, mit einem Mittelschildchen von 16 mm Durchmesser. Sonst aber sind die Kreuze ganz gleich geblieben. Am 1. Dezember 1881 kam hierzu noch die silberne offene Krone (20 mm hoch) als besondere Auszeichnung; sie hängt mit einer Niete frei in der Öse des Kreuzes und trägt oben, in ein kleines Ringlein eingehängt, ebenfalls den langgestreckten gekerbten Bandring Ab 8. Mai 1893 konnten die Kreuze mit Schwertern nur mehr für Verdienste im Kriege, aber auch an Zivilpersonen verliehen werden.

Größe: 33 mm; Gewicht: 11 g, mit Schwertern 13 g, mit Krone 13 g, mit Krone und Schwertern 16 g.

Band: Zunächst wie bei Nr. 530/531, später nur 35 mm breit, ponceaurot mit 2,5 mm breiten himmelblauen Kanten; besonderes Kriegsband (ab 4. Januar 1902) für die silbernen Kreuze mit Schwertern: 3,5 mm breit, hellblau mit zwei je 7 mm breiten ponceauroten Seitenstreifen und 2 mm breiten hellblauen Kanten. Ab Anfang 1918 war das Kriegsband nur 30 mm breit mit 5 mm breiten roten Seitenstreifen.

536. Silbernes Kreuz I. Klasse des Ordens „Stern von Brabant"

537. Dasselbe mit der Krone

538. Silbernes Kreuz II. Klasse des Ordens „Stern von Brabant"

539. Dasselbe mit der Krone

540. Silbernes Damenkreuz des Ordens „Stern von Brabant" (verliehen 1914—1918)

Gleichzeitig gestiftet mit den höheren Klassen dieses dem Andenken an den Ahnherrn des Großherzoglichen Hauses, den Enkel der Heiligen Elisabeth, Heinrich I. (ersten Landgrafen von Hessen, geboren 1244, gestorben 1308, aus dem Stamme der Herzöge von Brabant) gewidmeten Ordens am 24. Juni 1914. Der Orden „Stern von Brabant" sollte hauptsächlich als Anerkennung von Verdiensten um das hessische Fürstenhaus und Volk, dann für Dienste der Nächstenliebe und Wohlfahrtspflege dienen. Da aber während des Weltkrieges die Verleihung fast ganz ruhte, sind die einzelnen Klassen dieses Ordens, also auch dessen silberne Kreuze, nur in kleiner Anzahl zur Ausgabe gekommen.

Das Silberne Kreuz I. Klasse ist aus dunkel oxydiertem Silber und hat auf der Vorderseite einen vergoldeten Stern mit vier langen, rechtwinklig zueinanderstehenden Strahlen, dazwischen noch vier sich kreuzende Strahlen, welch letztere nicht über das silberne Mittelschildchen (14 mm Durchmesser) hinausragen. Das Silberne Kreuz II. Klasse hat die gleichen Strahlen in poliertem Silber und ist selbst aus hellem Silber. Alle Kreuze haben gekörnte, außen abgerundete Arme und ein angelötetes, von oben nach unten gelochtes Öhr, durch das ein langgestreckter Drahtring geht.

R: Im Mittelschildchen der von einer Blätterkrone überragte Namensbuchstabe „H" (Heinrich, Herzog von Brabant).

Die als besondere Auszeichnung zu beiden Klassen des Silbernen Kreuzes gestiftete Krone (15 mm hoch) ist eine heraldische Blätterkrone (ohne Bügel) mit drei Blatt- und zwei Perlzinken. Auch sie ist bei der I. Klasse dunkel oxydiert, bei der II. Klasse aber aus hellpoliertem Silber gefertigt. Das Silberne Damenkreuz ist nur in einer Klasse (stets ohne Krone) in oxydiertem Silber verliehen worden und wurde an einer Bandschleife getragen. Es ist größer als die silbernen Kreuze I. Klasse für Männer (Mittelschild 19 mm Durchmesser), sonst in Ausführung ganz gleich mit diesen.

Größe: Für Männer 33 mm (ohne Krone), für Frauen 44 mm.

Gewicht: Für Männer 11 g, mit Krone 15 g; für Frauen 20 g.

Band: 35 mm breit, schwarz mit zwei je 4,5 mm breiten und zwei je 1,5 mm breiten goldgelben Seitenstreifen mit 3 mm breitem schwarzem Zwischenraum und 2 mm breiten schwarzen Kanten.

541. Silberne Medaille des Ordens „Stern von Brabant" (verliehen 1914—1918)

Gleichzeitig gestiftet mit den übrigen Klassen dieses Ordens am 24. Juni 1914. Diese Medaille konnte ebenfalls an Männer und Frauen verliehen werden. In letzterem Falle wird sie an einer Schleife aus dem Ordensband getragen. Die Inhaberinnen heißen „Damen der Medaille des Sterns von Brabant".

V: Auf einem achtstrahligen Stern, dessen schräge Strahlen fast so lang wie die Hauptstrahlen sind, ruht der waagerecht schraffierte Buchstabe „H" mit aufsitzender Blätterkrone.

R: In sechs Zeilen: „1244 / FÜRST / VOLK / NÄCHSTENLIEBE / WOHLFAHRT / 1914".

Außen am Medaillenrande entlang zieht sich auf der Vorder- und Rückseite ein schmaler Perlenstab.

Größe: 34 mm; Gewicht: 15 g.

Band: Wie Nr. 536—540.

542—568. Die Verdienstmedaillen des Ludewigs-Ordens

Schon Großherzog Ludwig II. (reg. 1840—1848) hatte die Stiftung von goldenen wie silbernen „Civil-Ehrenmedaillen" beschlossen. Es bestanden auch schon seit 25. 9. 1843 Statuten hierzu, wie auch bereits von dem damaligen Darmstädter Medailleur Stadelmann Probeprägungen hergestellt worden waren mit dem Bildnis des Großherzogs auf der Vorderseite und mit freiem „Feld" innerhalb eines Eichen- und Lorbeerkranzes auf der Rückseite, um, je nach Veranlassung der Verleihung, eine passende Inschrift anbringen zu können. Eine solche Probemedaille befindet sich im Münzkabinett Darmstadt. Zu Verleihungen dieser Prägung ist es aber nicht gekommen, und erst der Sohn des 1848 verstorbenen Großherzogs Ludwig II., Großherzog Ludwig III. (reg. 1848 bis 1877), brachte dann die Stiftung seines Vaters zur Durchführung. Neben einer schon seit Anfang 1849 ausgegebenen „Silbernen Verdienstmedaille", welche durch die Statuten von 14. 11. 1849 dann „Allgemeines Ehrenzeichen" genannt wurde (vergl. Nr. 569 ff.), verlieh Großherzog Ludwig III. seit ungefähr der gleichen Zeit auch eine „Goldene Civil-Ehrenmedaille", welche ab 8. 1. 1851 dann zunächst „Verdienstmedaille des Ludewigordens" benannt wurde. Die Statuten dazu sind vom 22. 2. 1853. Ab 30. Mai 1853 wurde ihr Name nochmals geändert in „Goldene Medaille des Großherzoglich-Hessischen Ludewigsordens" und durch weiteren Statutennachtrag vom 25. 10. 1859 kamen auch silberne Verdienstmedaillen hinzu. Die goldenen Stücke gelangten bis um die Mitte des Jahres 1853 mit dem Namen und Wohnort des damit Beliehenen (als Randschrift) zur Verleihung. Je nach der Veranlassung ihrer Verleihung tragen die Medaillen verschiedene Inschriften auf ihrer Rückseite. Die Stempel hierzu schnitt der damals an der Münchener Königlichen Münze als Medailleur tätig gewesene Carl Friedrich Voigt.

11

Die Medaillen des Ludewigsordens hatten in den ersten Jahren ihres Bestehens eine scharfkantige Öse angeprägt mit gewöhnlichem Ring; später aber hatten sie gewöhnliche Drahtösen mit Ring. Auch die Prägung ist bei früheren Stücken wesentlich tiefer und schärfer. Es gibt folgende Abarten:

542. Goldene und

543. Silberne Medaille des Ludewigsordens mit Bild Ludwigs III., Rückseiten-Inschrift: „FÜR / TAPFERKEIT"

544. Goldene und

545. Silberne Medaille des Ludewigsordens mit Bild Ludwigs III., Rückseiten-Inschrift: „FÜR / FÜNFZIG- / JÄHRIGE / TREUE / DIENSTE"

546. Goldene und

547. Silberne Medaille des Ludewigsordens mit Bild Ludwigs III., Rückseiten-Inschrift: „FÜR / VIEL- / JÄHRIGE / TREUE / DIENSTE"

548. Goldene und

549. Silberne Medaille des Ludewigsordens mit Bild Ludwigs III., Rückseiten-Inschrift: „FÜR / LANG- / JÄHRIGE / TREUE / DIENSTE"

550. Silberne Medaille des Ludewigsordens mit Bild Ludwigs III., Rückseiten-Inschrift: „FÜR / WIEDERHOLTE / RETTUNG / VON / MENSCHEN- / LEBEN"

551. Goldene und

552. Silberne Medaille des Ludewigsordens mit Bild Ludwigs III., Rückseiten-Inschrift: „FÜR / TREUE / DIENSTE"

553. Goldene und

554. Silberne Medaille des Ludewigsordens mit Bild Ludwigs III., Rückseiten-Inschrift: „FÜR / VERDIENSTE"
(verliehen 1850—1889)

V: Der nach rechts blickende Kopf des Großherzogs; Umschrift: „LUDWIG III GROSHERZOG VON HESSEN"; unter dem Halsabschnitt (klein): „C. VOIGT".

R: In einem unten mit Doppelschleife gebundenen Kranz, der aus einem Lorbeer- (links) und einem Eichenzweig (rechts) gebildet ist, eine der vorstehend aufgeführten Inschriften in sechs, fünf, drei oder zwei Zeilen angeordnet.

Besonders bemerkenswert ist, daß Nr. 550 nur einmal verliehen worden ist (1862 an den Schiffer H. Ebling in Nierstein a. Rh.). Von Nr. 542 „FÜR TAPFERKEIT" wurden nur sieben goldene sowie 28 silberne Exemplare verliehen in den Kriegen 1866 und 1870/71. Nr. 547 „für vieljährige treue Dienste" wurde Ende 1869 durch die Verdienstmedaille „für langjährige treue Dienste" ersetzt (Nr. 549).

Größe: 33 mm; Gewicht: in Gold anfangs 7 Dukaten = 24 g, ab 1852 dann 8 Dukaten = 27,5 g; in Silber zuerst 20 g, später aber 14—15 g.

Band: 38 mm breit, schwarz mit zwei je 8 mm breiten dunkelrosa Seitenstreifen und 1,5 mm breiten schwarzen Kanten (Band des Ritterkreuzes I. und II. Klasse des Ludewigs-Ordens).

555. Goldene

555a. Silbervergoldete und

556. Silberne Verdienst-Medaille des Ludewigsordens mit Bild Groß-herzog Ludwigs IV., Rückseiten-Inschrift: „FÜR / FÜNFZIG- / JÄHRIGE / TREUE / DIENSTE"

557. Goldene

557a. Silbervergoldete und

558. Silberne Medaille des Ludewigsordens mit Bild Großherzog Ludwigs IV., Rückseiten-Inschrift: „FÜR / TREUE / DIENSTE"

559. Goldene

559a. Silbervergoldete und

560. Silberne Medaille des Ludewigsordens mit Bild Großherzog Ludwigs IV., Rückseiten-Inschrift: „FÜR / VERDIENSTE" (verliehen 1889—1894)

Bis zum 8. Juni 1889 wurden die Medaillen des Ludewigsordens noch mit dem Bild des 1877 verstorbenen Großherzogs Ludwig III. ausge-geben. Dann erst erfolgte die Herstellung eines neuen Stempels mit dem Bild des Großherzogs Ludwig IV. (reg. 1877—1892). Da diese Prägung aber schon im Jahre 1894 wieder verändert worden ist, sind Medaillen des Ludewigsordens mit Kopf Ludwigs IV. viel seltener als diejenigen mit dem Bild Ludwigs III. Goldene Stücke kamen überhaupt nur in der ersten Zeit in wenigen Exemplaren, hauptsächlich für 50 Dienstjahre, zur Verleihung; dann wurden die Medaillen in feuer-vergoldetem Silber hergestellt. Die Stempel hierzu schnitt Hof-medailleur Ries in Darmstadt.

V: Kopf nach rechts mit Vollbart; Umschrift: „LUDWIG IV GROS / HERZOG VON HESSEN", unter dem Halsabschnitt: „J. RIES".

R: Wie bei Nr. 542—554 mit den vorbenannten vier verschiedenen In-schriften, in fünf, drei bzw. zwei Zeilen angeordnet.

Größe, Gewicht und Band ebenfalls wie bei Nr. 542—554.

561. Goldene (silbervergoldete) und

562. Silberne Medaille des Ludewigsordens mit Bild Großherzog Ernst Ludwigs, Rückseiten-Inschrift: „FÜR / FÜNFZIG- / JÄHRIGE / TREUE / DIENSTE"

563. Goldene (silbervergoldete) und

564. Silberne Medaille des Ludewigsordens mit Bild Großherzog Ernst Ludwigs, Rückseiten-Inschrift: „FÜR / LANG- / JÄHRIGE / TREUE / DIENSTE"

565. Goldene (silbervergoldete) und

566. Silberne Medaille des Ludewigsordens mit Bild Großherzog Ernst Ludwigs, Rückseiten-Inschrift: „FÜR / TREUE / DIENSTE"

567. Goldene (silbervergoldete) und

568. Silberne Medaille des Ludewigsordens mit Bild Großherzog Ernst Ludwigs, Rückseiten-Inschrift: „FÜR / VERDIENSTE" (verliehen 1894—1918)

V: Seit 1894 tragen die Verdienst-Medaillen des Ludewigsordens das Bild des Großherzogs Ernst Ludwig (reg. 1892—1918) nach links gewendet; Umschrift: „ENST LUDWIG GROSSHERZOG VON HESSEN".

Rückseite, Größe, Gewicht wie bei den früheren Prägungen.

Band: 36 mm breit, schwarz mit zwei je 7 mm breiten ponceauroten Seitenstreifen und 1,5 mm breiten schwarzen Kanten.

569—581. Allgemeines Ehrenzeichen mit Bild Großherzog Ludwigs III., silberne Medaille (verliehen 1849—1889)

Ebenfalls schon von Großherzog Ludwig II. am 25. 9. 1843 als „Civil-Ehrenzeichen" gestiftet, aber bis zu seinem Tode (1848) noch nicht verliehen gewesen. Von Großherzog Ludwig III. am 14. 11. 1849 mit Statuten versehen und mit seinem Bildnis „zur Belohnung und Anerkennung ausgezeichneter Verdienste, namentlich rühmlicher Handlungen und außerordentlicher Leistungen" verliehen, in der Regel an Personen ohne besonderen Rang. Das allgemeine Ehrenzeichen kam gleich den Medaillen des Ludewigsordens, mit verschiedenen Inschriften auf der Rückseite, fünfzeilig, dreizeilig oder zweizeilig angeordnet, zur Verleihung, und zwar als:

569. Allgemeines Ehrenzeichen mit der R-Inschrift: „FÜR / VERDIENSTE"

570. Dasselbe mit der R-Inschrift: „FÜR / TREUE / DIENSTE"

571. Dasselbe mit der R-Inschrift: „FÜR / VIEL- / JÄHRIGE / TREUE / DIENSTE"

572. Dasselbe mit der R-Inschrift: „FÜR / LANG- / JÄHRIGE / TREUE / DIENSTE"

573. Dasselbe mit der R-Inschrift: „FÜR / FÜNFZIG- / JÄHRIGE / TREUE / DIENSTE"

574. Dasselbe mit der R-Inschrift: „FÜR / TAPFERKEIT"

575. Dasselbe mit der R-Inschrift: „FÜR / RETTUNG / VON / MENSCHEN- / LEBEN"

576. Dasselbe mit der R-Inschrift: „FÜR / RETTUNG / AUS / LEBENS- / GEFAHR" Abbildung am Schluß des Bandes.

Die Medaillen trugen ursprünglich den Namen und Wohnort des Inhabers als Randschrift, aber schon ab Mitte 1853 wurde diese Vorschrift der Statuten nicht mehr eingehalten. Stücke mit Randschrift, die auch etwas dicker und schwerer sind als die später geprägten allgemeinen Ehrenzeichen, sind daher sehr selten anzutreffen. Das hinsichtlich der Prägung, Öse usw. bei den Medaillen des Ludewigsordens mit Bild Ludwigs III. Gesagte gilt auch für das „Allgemeine Ehrenzeichen". Die Inschrift „Für vieljährige treue Dienste" wurde seit 1869 durch die Inschrift „Für langjährige treue Dienste" ersetzt. Die allgemeinen Ehrenzeichen mit der Inschrift „Für Tapferkeit" gelangten in den Kriegen 1866 und 1870/71 in nur 49 Stücken zur Verleihung.

Vorderseite, Rückseite, Größe und Gewicht entsprechen genau den silbernen Medaillen des Ludewigsordens mit dem Bilde Ludwigs III. (Nr. 543 ff.).

Band: 38 mm breit, lichtblau mit zwei ponceauroten, je 2,5 mm breiten Kanten.

577. Allgemeines Ehrenzeichen mit Bild Großherzog Ludwigs IV., silberne Medaille mit R-Inschrift: „FÜR / VERDIENSTE"

578. Dasselbe mit der R-Inschrift: „FÜR / TREUE / DIENSTE"

579. Dasselbe mit der R-Inschrift: „FÜR / LANG- / JÄHRIGE / TREUE / DIENSTE"

580. Dasselbe mit der R-Inschrift: „FÜR / FÜNFZIG- / JÄHRIGE / TREUE / DIENSTE"

581. Dasselbe mit der R-Inschrift: „FÜR / RETTUNG / VON / MENSCHEN- / LEBEN" (verliehen 1889—1894)

Auch diese Medaillen wurden erst gemäß einer Kabinettsorder vom 8. Juni 1889 mit dem Bild des Großherzogs Ludwig IV. verliehen und stimmen in Prägung, Größe, Gewicht und Band mit den silbernen Medaillen des Ludewigsordens mit Bild des Großherzogs Ludwig IV. überein. Sie sind der Kürze ihrer Verleihungszeit entsprechend natürlich selten.

582. Allgemeines Ehrenzeichen mit Bild des Großherzogs Ernst Ludwig, silberne Medaille mit der R-Inschrift: „FÜR / VERDIENSTE"

583. Dasselbe mit der R-Inschrift: „FÜR / TREUE / DIENSTE"

584. Dasselbe mit der R-Inschrift: „FÜR / LANG- / JÄHRIGE / TREUE / DIENSTE"

585. Dasselbe mit der R-Inschrift: „FÜR / FÜNFZIG- / JÄHRIGE / TREUE / DIENSTE" (verliehen 1894—1918)

586. Dasselbe mit der R-Inschrift: „FÜR / RETTUNG / VON / MENSCHEN- / LEBEN" (verliehen bis 1896)

587. Dasselbe mit der R-Inschrift: „FÜR / WIEDERHOLTE / RETTUNG / VON / MENSCHEN- / LEBEN" (verliehen bis 1896)

588. Dasselbe mit der R-Inschrift: „FÜR / TREUE / ARBEIT / —·—"

589. Dasselbe mit der R-Inschrift: „FÜR / TAPFERKEIT"
    Abbildung am Schluß des Bandes.

590. Dasselbe mit der R-Inschrift: „FÜR / TAPFERKEIT", aus versilbertem Kriegsmetall (verliehen 1918)

591. Dasselbe mit der R-Inschrift: „FÜR / KRIEGS- / VERDIENSTE
—·—", versilbertes Kriegsmetall (verliehen 1918)

591a. Dasselbe mit der R-Inschrift: „FÜR / KRIEGS- / VERDIENSTE /
—·—", versilbertes Kriegsmetall (verliehen 1918)

Abbildung am Schluß des Bandes.

Vorderseite, Rückseite, Größe und Gewicht in Silber decken sich auch
hier wieder genau mit den silbernen Medaillen des Ludewigsordens
unter Großherzog Ernst Ludwig (Nr. 561 ff.).

Hinsichtlich des Allgemeinen Ehrenzeichens mit der Inschrift „FÜR / TAPFER-
KEIT", das im Weltkriege außerordentlich zahlreich an Offiziere und Soldaten
als „Hessische Tapferkeitsmedaille" verliehen wurde, ist zu bemerken, daß
schon im Jahre 1917 die Silberlegierung auf 25 Prozent Feingehalt herabgesetzt
worden war, während für zahlreiche Verleihungen gegen Ende des Krieges
und später nur mehr eine versilberte Metall-Legierung zur Verwendung gelangte. Das gleiche gilt für das Allgemeine Ehrenzeichen für Kriegsverdienste,
das erst am 17. September 1915 gestiftet wurde. Das Allgemeine Ehrenzeichen
mit der Inschrift „FÜR RETTUNG VON MENSCHENLEBEN" wurde dann ab
2. Mai 1896 für sich als „RETTUNGSMEDAILLE" an einem besonderen Bande
verliehen (siehe Nr. 593). In einigen seltenen Fällen gelangten bis zu diesem
Zeitpunkte auch Allgemeine Ehrenzeichen mit der Inschrift „Für wiederholte
Rettung von Menschenleben" zur Verleihung.

B ä n d e r : In der Regel 35 mm breit, hellblau mit zwei ponceauroten,
je 2 mm breiten Seitenstreifen und 1 mm breiten hellblauen Kanten.
Außerdem konnten die Allgemeinen Ehrenzeichen „Für treue Arbeit",
„Für treue Dienste" und „Für fünfzigjährige treue Dienste" und später
auch dasjenige „Für Verdienste" unter besonderen Voraussetzungen am
Bande des Philipps-Ordens verliehen werden: 35 mm breit, ponceaurot
mit je 2,5 mm breiten himmelblauen Kanten.

Das „Allgemeine Ehrenzeichen für Tapferkeit" wurde seit 4. Januar
1902 stets am Kriegsband verliehen; dieses war zunächst 35 mm breit,
hellblau mit je 7 mm breiten ponceauroten Seitenstreifen und 2 mm
breiten hellblauen Kanten.

Das „Allgemeine Ehrenzeichen für Kriegsverdienste", welches für
Verdienste bestimmt war, die während des Krieges 1914—1918, aber
nicht vor dem Feinde, erworben wurden, hatte, wenn an Militärpersonen verliehen, das „Kriegsband", sonst das normale hellblaue
Band des Allgemeinen Ehrenzeichens. Ab Anfang 1918 war das Kriegsband nur mehr 30 mm breit (rote Seitenstreifen je 5 mm breit). Das
Band für Zivilpersonen aber hatte vom gleichen Zeitpunkt ab nur
mehr eine Breite von 25 mm bei 2 mm breiten ponceauroten Seitenstreifen, diese je 1 mm von den Kanten entfernt.

592. Ehrenzeichen für Verdienste während der Wassersnot 1882/83,
silberne Medaille Abbildung am Schluß des Bandes.

Gestiftet von Großherzog Ludwig IV. am 24. 2. 1883 für diejenigen Personen, welche bei dem Hochwasser des Rheins und Mains Ende 1882 und
Anfang 1883 den Bedrohten zu Hilfe eilten und sich bei der Rettung von Leben
und Eigentum ihrer Mitbürger vorzugsweise ausgezeichnet hatten. Die silbernen Medaillen haben eine gewöhnliche Drahtöse mit Ring und sind mit neuem
Vorderseitenstempel von Schnitzspahn und bei Verwendung des schon zum

166

„Allgemeinen Ehrenzeichen für Rettung aus Lebensgefahr" seither benützten Rückseitenstempels von der Darmstädter Münze geprägt worden in einer Anzahl von nur 209 Stück. Die Medaille ist also sehr selten. Übrigens wurde nach ihrer Ausgabe nie mehr ein Allgemeines Ehrenzeichen mit der R-Inschrift „Für Rettung aus Lebensgefahr" verliehen.

V: In einem unten mit Doppelschleife gebundenen Kranz, zusammengestellt aus je einem Lorbeerzweig (links) und Eichenzweig (rechts), ein gekröntes „L" in lateinischer Schreibschrift, darunter „1882/83" und eine kleine waagerechte verzierte Leiste.

R: Wie bei Nr. 576.

Größe: 33 mm; Gewicht: 16 g.

Band: das des Philipps-Ordens = 38 mm breit, ponceaurot mit himmelblauen, je 2 mm breiten Kanten.

593. Rettungsmedaille, Silber

594. Dieselbe mit silberner Bandspange „Für wiederholte Rettung"

595. Dieselbe mit der Inschrift: „Für Rettung aus Lebensgefahr", Silber (verliehen 1896—1918)

Diese silbernen Medaillen stimmen in Größe, Prägung und Gewicht genau mit dem Allgemeinen Ehrenzeichen „Für Rettung von Menschenleben" usw. überein. Am 2. Mai 1896 waren sie als besondere Medaillen für Lebensrettung erklärt worden und daher fortan keine Abart des Allgemeinen Ehrenzeichens mehr. Es kamen nur Medaillen mit der fünfzeiligen Inschrift „FÜR / RETTUNG / VON / MENSCHEN- / LEBEN" zur Verleihung. In fünf Fällen von wiederholter Lebensrettung durch Inhaber der Medaille „Für Rettung von Menschenleben" (1906, 1908, 1909, 1911 und 1915) erhielten die Betreffenden eine silberne Spange auf das Band ihrer Medaille mit der erhöhten Prägung auf gekörntem Grund: „FÜR WIEDERHOLTE RETTUNG." In der Mitte dieser Spange war ein rechteckiges Schildchen angebracht, in welches das Jahr der zweiten edlen Tat eingraviert wurde. Die Größenverhältnisse dieser Spangen sind nicht mehr festzustellen gewesen.

Von den Medaillen „Für Rettung aus Lebensgefahr" sind wohl auch einige Stücke geprägt worden, aber deren Verleihung ist nie erfolgt. Da aber in mehrere bedeutende Sammlungen solche Stücke gelangt sind, soll ihrer hier der Vollständigkeit wegen gedacht sein.

Band: 35 mm breit, ponceaurot mit einem 3,5 mm breiten hellblauen Mittelstreifen, zwei je 4 mm breiten weißen, sowie zwei je 3,5 mm breiten, nach außen zu anschließenden hellblauen Seitenstreifen und ½ mm breiten weißen Kanten.

595a. Rettungsmedaille, Silber (verliehen 1927—1934)

Eine neue Rettungsmedaille wurde im Volksstaat Hessen im Juli 1927 eingeführt. Ihre Verleihung hörte am 8. April 1934 auf.

Die Medaille hat eine gewöhnliche Öse mit Ring.

V: Das Staatswappen mit gekröntem eckigen Schilde oberhalb der Umschrift „VOLKSSTAAT HESSEN".

R: Ein doppelrandiges, an den Rand anstoßendes Quadrat mit der fünfzeiligen Inschrift „FÜR (nach links gerückt) / RETTUNG / AUS (nach rechts gerückt) / LEBENS- / GEFAHR ·". In den Abschnitten des Medaillenrunds erscheinen die (zusammen 12) Spitzen einer hinter das Quadrat gelegten Strahlensonne, zwischen denen je ein vierstrahliges Sternchen steht.

Größe: 36 mm.

Band: 26 mm breit, weiß mit roten, 3,5 mm breiten Seitenstreifen in 1,5 mm Abstand von den Kanten.

596. Goldene und

597. Silberne Verdienst-Medaille für Wissenschaft, Kunst, Industrie und Landwirtschaft mit Bild Ludwigs III.
(verliehen 1853—1889)

Gestiftet von Großherzog Ludwig III. mit Statuten vom 21. Mai 1853 „zur Ermunterung und Belohnung solcher Personen, welche sich um Wissenschaft, Kunst, Industrie und Landwirtschaft wahre und ausgezeichnete Verdienste erworben haben".

Die Medaillen gleichen in Größe, Gewicht und Ausführung ganz den Medaillen des Ludewigsordens derselben Zeitperiode. Einziger Unterschied auf der

R: In einem aus Lorbeer- (links) und Eichenzweig (rechts) gebildeten, unten mit Doppelschleife zusammengehaltenen Kranz zweizeilig „DEM / VERDIENSTE".

Band: 36 mm breit, zusammengestellt aus fünf ponceauroten und vier weißen, je 4 mm breiten Streifen.

598. Goldene

598a. Silbervergoldete und

599. Silberne Verdienst-Medaille für Wissenschaft, Kunst, Industrie und Landwirtschaft mit Bild Ludwigs IV.
(verliehen 1889—1894)

Großherzog Ludwig IV. befahl durch Kabinettsorder vom 8. Juni 1889 die Ausgabe auch der Medaillen für Kunst, Wissenschaft usw. mit seinem Bild (von Ries). Bei der kurzen Zeit der Verleihung in dieser Prägung (bis 1894) sind natürlich nicht viel Medaillen zur Ausgabe gelangt. Insbesondere scheinen die goldenen Verdienstmedaillen mit Bild Ludwig IV. schon bald nur mehr in feuervergoldetem Silber verliehen worden zu sein.

V: Der nach rechts gewendete Kopf mit Umschrift: „LUDWIG IV GROSHERZOG VON HESSEN"; unten am Rand „Ries".

Rückseite, Größe, Gewicht und Band wie bei Nr. 596/597.

600. Goldene (Silber vergoldete) und

601. Silberne Verdienst-Medaille für Wissenschaft, Kunst, Industrie und Landwirtschaft mit Bild Ernst Ludwigs
(verliehen 1894—1904)

Im Jahre 1894 wurden, entsprechend den Verdienstmedaillen des Ludewigsordens und dem Allgemeinen Ehrenzeichen, auch die Verdienstmedaillen für Wissenschaft, Kunst usw. mit dem Bilde des Großherzogs Ernst Ludwig geprägt. Sie stimmen also in der Vorderseite genau mit Nr. 561 ff. und 582 ff. überein. Die Goldene Verdienstmedaille wurde nach einem Großherzoglichen Erlaß vom 2. August 1902 um den Hals getragen.

Rückseite, Größe, Gewicht und Band wie bei Nr. 596/597.

602. Goldene (silbervergoldete) und

603. Silberne Verdienstmedaille für Kunst und Wissenschaft

604. Goldene (silbervergoldete) und

605. Silberne Verdienstmedaille für Landwirtschaft und Gewerbe (verliehen 1904—1918)

Am 4. Juni 1904 wurden für „Kunst und Wissenschaft" sowie für „Landwirtschaft und Gewerbe" besondere Medaillen mit ganz veränderter Prägung gestiftet. Die Stempel hierzu schnitt Professor Rudolf Bosselt in Darmstadt (später in Düsseldorf, dann Braunschweig).

Die beiden Medaillen haben oben einen dreieckigen 3 mm hohen, eigens angelöteten Ansatz, durch dessen Lochung der längliche, oben breiter werdende Tragring geht.

Die goldenen Medaillen sind ebenso wie die silbernen matt bzw. matt vergoldet; die ersteren werden am gleichen Bande um den Hals getragen.

V der Medaillen für Kunst und Wissenschaft: Die auf einer Steinbank nebeneinander Hand in Hand sitzenden allegorischen Figuren von Kunst und Wissenschaft. Hinter denselben dichtes Laubwerk von zwei rechts und links der Ruhebank stehenden Lorbeerbäumen. Im Sockel, flach geprägt, „KUNST u. WISSENSCHAFT", ganz unten eine streng stilisierte Eule.

R: Auf einem hochrechteckigen, von einem dichten Lorbeerkranz umgebenen Schild innerhalb einer kreisförmigen Vertiefung der verschlungene Namenszug „E L", darunter (bogig) „· DEM VERDIENSTE ·". Auf dem Schilde die großherzogliche Krone, am Medaillenrande Umschrift zwischen zwei Kreislinien: „· VIELE · SIND · BERUFEN · ABER · WENIGE · SIND · AUSERWÄHLET ·".

V der Medaillen für Landwirtschaft und Gewerbe: In der Mitte, mit dem Rücken gegeneinandergekehrt, mit verschlungenen Händen aus einer Säule herauswachsend die allegorischen Figuren von Landwirtschaft und Gewerbe, auf der Säule der stehende hessische Löwe mit Schwert, auf den Köpfen der zwei Figuren ein Sockel, darauf ein streng stilisierter Adler. Im Hintergrund links ein von Sonnenstrahlen beschienenes bebautes Ackerland, unten zweizeilig „LANDWIRTH- / SCHAFT", rechts ein Fabrikgebäude mit einer Anzahl rauchender Schornsteine, im Abschnitt darunter „GEWERBE".

R: Wie bei Nr. 602, aber mit geänderter Umschrift: „IM · ANFANG · WAR · DIE · THAT".

Größe: 38 mm; Gewicht: 25 g.

Band: Wie bei Nr. 596.

606. Kriegerehrenzeichen in Eisen (verliehen 1917)

Abbildung am Schluß des Bandes.

Großherzog Ernst Ludwig stiftete diese Ehrenzeichen am 13. März 1917, dem Tage seines 25jährigen Regierungsjubiläums, gemäß dem Wortlaut der Stiftungsurkunde als erneutes äußeres Zeichen seiner Anerkennung für die ruhmvollen Kriegstaten seiner Hessen. Es war bestimmt für besondere Tapferkeit und dauernde Betätigung hessischer Staatsangehöriger in den vordersten Kampflinien.

Das Kriegerehrenzeichen besteht in dem versilberten gekrönten Monogramm „EL", durchbrochen gearbeitet, auf geschweiftem kleinem Sockel mit der vertieften Zahl „25". Das Ganze ist auf einen besonders geprägten, schwarz lackierten, dichten Lorbeerkranz gelötet. Letzterer trägt auf seiner glatten Rückseite eine Nadel zum Anstecken des Kriegerehrenzeichens auf der Brust unter der Ordensschnalle.
Größe: 46 mm hoch, 38 mm breit.

607. Militär-Verdienstkreuz 1870/71, Bronze

Gestiftet von Großherzog Ludwig III. am 12. September 1870, seinem Geburtstag, zur Auszeichnung von Militärpersonen ohne Unterschied des Ranges, welche sich vor dem Feinde durch besondere Einsicht, Tapferkeit und Geistesgegenwart ausgezeichnet haben. Die Verleihungen waren auf den Krieg 1870/71 beschränkt, doch erfolgten solche noch bis zum Jahre 1878.

Im ganzen wurden 550 Stück des von Professor Chr. Schnitzspahn entworfenen Kreuzes ausgegeben, das aus Geschützgut geprägt ist. Die Kreuze haben gerade, nach außen zu wesentlich breiter werdende Arme, zwischen denselben einen dichten Lorbeerkranz. Die angeprägte Öse ist von oben nach unten gelocht und trägt einen langgestreckten Drahtring. Es gibt private Nachbildungen mit gewöhnlicher Öse und Ring, welche, abgesehen von sonstigen Verschiedenheiten, auch gekörnte Arme haben, während diese bei den Originalen glatt (poliert) sind mit erhöhten Rändern.

V: In der Mitte ein gekröntes „L", auf den vier Armen verteilt „GOTT / EHRE / VATER- / LAND".

R: In der Mitte ein gekröntes „L". Auf den vier Kreuzarmen verteilt „DEN / 12. SEP- / TEMBER / 1870".

Größe: 38 mm.

Band: 36 mm breit, himmelblau mit zwei ponceauroten, je 8 mm breiten Seitenstreifen und 2 mm breiten himmelblauen Kanten.

608. Militär-Sanitäts-Kreuz 1870/71
609. Dasselbe mit der Bandspange „1914", Bronze

Gestiftet von Großherzog Ludwig III. am 25. August 1870 „für Personen jeden Standes und Geschlechts, welche sich durch verdienstliche Leistungen im Sanitätswesen überhaupt, insbesondere aber bei der Pflege und dem Transporte verwundeter und kranker Soldaten ausgezeichnet haben".

Diese Kreuze sind von Chr. Schnitzspahn und in der Darmstädter Münze aus Geschützbronze gefertigt. Die nach außen zu breiter werdenden Arme laufen an ihren Enden in je einen Spitzbogen aus und haben auf Vorder- und Rückseite, am Rande entlang gotische Verzierungen. Die angeprägte, von oben nach unten durchlochte Öse trägt einen länglichen Ring. Im ganzen kamen 911 Militär-Sanitätskreuze bis zum letzten Verleihungstermin im Jahre 1876 zur Ausgabe. Auch hier gibt es, wie beim Militär-Verdienstkreuz, Nachbildungen mit gekörnten Armen und gewöhnlicher Öse mit Ring.

V: Auf den vier Armen verteilt in verzierten Frakturbuchstaben „Für / Pflege der Soldaten / 1870".

R: In der Mitte der gekrönte Buchstabe „L", auf den vier Armen verteilt, ebenfalls in verzierter Frakturschrift, „Den / 25ten — Auguſt / 1870".

Am 12. August 1914 wurde gelegentlich der Erneuerung des Militär-Sanitäts-Kreuzes eine bronzene Bandspange gestiftet mit der Jahreszahl 1914 für solche Inhaber des Militär-Sanitäts-Kreuzes von 1870, welche sich im Weltkriege 1914/18 durch verdienstliche Leistungen erneut ausgezeichnet haben.

Größe: 45 mm; Größe der Bandspange 1914: 6 mm hoch, 40 mm lang.

Band: 36 mm breit, ponceaurot mit zwei je 4 mm breiten silbernen Seitenstreifen und 2 mm ponceauroten Kanten.

610. Militär-Sanitäts-Kreuz („für Pflege der Soldaten 1914"), Kupfer-Bronze

611. Dasselbe aus verkupfertem Zink am Kriegsbande

612. Militär-Sanitäts-Kreuz („für Pflege der Soldaten 1914"), Kupfer-Bronze

613. Dasselbe aus verkupfertem Zink am roten Bande mit silbernen Streifen (verliehen 1914—1918) Abbildung am Schluß des Bandes.

Großherzog Ernst Ludwig erneuerte unterm 12. August 1914 das von seinem Großvater für den Krieg 1870/71 gestiftete Militär-Sanitäts-Kreuz unter Beibehaltung seiner Statuten und Form. Dazu wurde noch verfügt, daß an Sanitätsoffiziere, -Unteroffiziere und -Mannschaften verliehene Kreuze am sogenannten „Kriegsbande" (der Tapferkeitsmedaille), andere aber am früheren roten Bande mit den silbernen Seitenstreifen getragen werden sollen.

V: Ebenfalls entsprechend dem Militär-Sanitäts-Kreuz für 1870/71, nur geänderte Inschrift in Frakturbuchstaben „für / Pflege der Soldaten / 1914".

Rückseite, Größe, Ausführung, Metall zunächst wie bei Nr. 608.

Seit Januar 1918 wurden diese Kreuze wegen des Mangels an Messing und Kupfer nur mehr in verkupfertem „Kriegsmetall" (d. i. eine Zinklegierung) ausgegeben.

Band: a) Für Verdienste von Sanitätsoffizieren, -Unteroffizieren und -Mannschaften 36 mm breit, hellblau mit je 7 mm breiten ponceauroten Seitenstreifen und 2 mm breiten hellblauen Kanten; von Anfang 1918 an aber nur mehr 25 mm breit mit 4,5 mm breiten ponceauroten Seitenstreifen, diese 1 mm von den Kanten entfernt.

b) Für sonstige Verdienste um die Krankenpflege während des Krieges 1914/18 36 mm breit, ponceaurot mit zwei je 4 mm breiten silbernen Seitenstreifen und 2 mm breiten roten Kanten. Ab Anfang 1918 nur mehr 25 mm breit mit 2,5 mm breiten silbernen Seitenstreifen, diese 1 mm von den Kanten entfernt.

614. Ehrenzeichen für Kriegsfürsorge, Bronze (verliehen 1915—1918)
Abbildung am Schluß des Bandes.

Gestiftet von Großherzog Ernst Ludwig am 17. 9. 1915 für Personen, „die sich im Dienste der Kriegsfürsorge bewährt haben, sowie in geeigneten Fällen für

Offiziere, Unteroffiziere und Mannschaften einschließlich Sanitätspersonal für militärische Verdienste, die nicht vor dem Feinde erworben sind". — (Armee-Verordnungsblatt Nr. 54 von 1915.) Ab 26. Juli 1916 aber wurde das Ehrenzeichen für Kriegsfürsorge nur mehr an Frauen für solche Verdienste verliehen, welche die für Verleihung des Militär-Sanitätskreuzes 1914 vorgeschriebenen Bedingungen nicht erfüllten. Inzwischen war für Männer ein verändertes „Kriegsehrenzeichen" im Juni 1916 gestiftet worden (siehe Nr. 615).

V: Unter der neuen großherzoglich hessischen Krone mit drei Bügeln „ELE" (Ernst Ludwig Elenore), daneben zwei Punkte, am Rande entlang schmale Zierleiste.

R: Innerhalb eines schmalen, dichten Lorbeerkranzes dreizeilige Inschrift „Für / Kriegsfür- / sorge".
Die Medaille hat eine gewöhnliche Öse mit Ring.

Größe: 24 mm.

Band: Zunächst 30 mm breit, ponceaurot mit zwei je 4 mm breiten weißen Seitenstreifen, ab Januar 1918 jedoch nur mehr 25 mm breit, ponceaurot mit zwei je 3 mm breiten weißen Seitenstreifen, Abstand von den Kanten stets je 1,5 mm.

615. Kriegsehrenzeichen in Bronze (verliehen 1916—1918)
616. Dasselbe in verkupfertem Kriegsmetall (verliehen 1918)

Im Juni 1916 durch Abänderung des Ehrenzeichens für Kriegsfürsorge gestiftet unter der Benennung „Kriegsehrenzeichen". Es konnte zuerkannt werden „für Verdienste, bei welchen die" zur Erlangung des Allgemeinen Ehrenzeichens für Tapferkeit bzw. für Kriegsverdienste oder „für Verleihung des Sanitätskreuzes vorgeschriebenen Bedingungen nicht erfüllt sind" (Armee-Verordnungsblatt Nr. 418 von 1916). Bereits verausgabte „Ehrenzeichen für Kriegsfürsorge" konnten gegen das „Kriegsehrenzeichen" umgetauscht werden.

V: Wie bei Nr. 614.

R: Die erhabene Inschrift „Für Kriegsfürsorge" innerhalb des schmalen Lorbeerkranzes von Nr. 614 ist abgeschliffen und dafür die vertiefte Inschrift „KRIEGS- / EHREN- / ZEICHEN" eingeschlagen. Ab Mai 1918 wurde das Kriegsehrenzeichen infolge Mangels an Bronze nur mehr in verkupferter Zinklegierung („Kriegsmetall") ausgegeben.

Größe und Band wie bei Nr. 614.

617. Silberne und
618. Bronzene Verdienst-Medaille
(verliehen 1881—1892)

Gestiftet von Großherzog Ludwig IV. (ohne Statuten) im Jahre 1881 zur Belohnung hervorragender Verdienste um das Großherzogliche Haus. Diese Medaillen waren nur für hessische Staatsangehörige bestimmt. Ihre Verleihung hörte mit dem Tode des Stifters auf; sie sind daher ziemlich selten. Die Stempel schnitt Medailleur Ries in Darmstadt. Die Medaillen haben eine gewöhnliche Drahtöse mit Ring.

V: Der Kopf des Stifters nach rechts gewendet; Umschrift: „LUDWIG IV GROSHERZOG VON HESSEN", unter dem Halsabschnitt (klein) „RIES".

R: Auf einem dichten, oben offenen Kranz, gebildet aus je einem Lorbeerzweig (links) und Eichenzweig (rechts), der unten mit

Doppelschleife gebunden ist, Szepter und Schwert, darauf, in der Mitte, eine gefütterte Bügelkrone ruhend.

Größe: 42 mm; Gewicht: in Silber 29 g.

Band: 27 mm breit, ponceaurot mit zwei je 4 mm breiten weißen und zwei je 1,5 mm breiten himmelblauen Seitenstreifen sowie 2 mm breiten weißen Kanten.

619. Silberne und

620. Bronzene Verdienstmedaille mit Bild der Großherzogin Alice, genannt „Alice-Medaille" Abbildung am Schluß des Bandes.

Gestiftet von Großherzog Ludwig IV. zum Andenken an seine 1878 verstorbene Gemahlin. Großherzogin Alice (geb. Prinzessin von Großbritannien und Irland, zweite Tochter der Königin Viktoria), am 25. April 1884 für die Damen des „Alice-Vereins" für Frauenbildung; später auch an solche Personen verliehen, welche sich bei der Einrichtung des von der verstorbenen Großherzogin noch gegründeten Hospitals verdient gemacht hatten, sowie an die Präsidenten verschiedener Wohlfahrtseinrichtungen. Die „Alice-Medaillen" wurden nach dem Jahre 1884 nicht mehr verliehen; daher ist besonders die silberne Medaille sehr selten. Sie haben gewöhnliche Drahtösen mit Ring.

V: Kopf der Großherzogin nach links; Umschrift „ALICE GROS-HERZOGIN VON HESSEN", unter dem Halsabschnitt (klein) „J. RIES".

R: In einem kräftigen, unten mit einer großen Doppelschleife gebundenen Lorbeerkranz die zweizeilige Inschrift „IN / MEMORIAM", unten ein kleines „R".

Größe: 42 mm; Gewicht: in Silber 29 g.

Band: Wie bei der Verdienst-Medaille Nr. 617/618.

621. Ernst Ludwig-Eleonoren-Kreuz, Silber (verliehen 1910—1918)

Gestiftet von Großherzog Ernst Ludwig am 23. März 1910. § 1 der Statuten lautet: „Das Ernst Ludwig-Eleonoren-Kreuz wird solchen Personen zur Belohnung verliehen, die in hervorragender Weise um die Wohlfahrtspflege verdient gemacht haben, und es kann dieses Kreuz jeder, sowohl Hesse als auch Nichthesse, erhalten, dessen Würdigkeit anerkannt ist und keinem Zweifel unterliegt."

Das mattsilberne Kreuz hat stark geschweifte, mit kleinen Lorbeerblättern belegte Arme und ein 34 mm großes rundes Mittelschild. Es wird an einer 23 mm langen geschweiften silbernen Spange ohne Band neben oder unter der Ordensschnalle getragen. Diese Spange hat zu diesem Zweck rückseitig eine Nadel. Damen befestigen es an der linken Schulter. — Die Stempel sind von Bildhauer Professor H. Jobst in Darmstadt, die Prägung erfolgte in der Kunstanstalt Karl Pöllath in Schrobenhausen (Bayern).

V: Die nach links gewendeten, hintereinandergestellten Brustbilder des großherzoglichen Paares; Umschrift: „ELEONORE" (links) „ERNST" (oben) „LUDWIG" (rechts).

R: Im vertieften Felde ein mit stilisierten Lorbeerzweigen belegtes Kreuz mit viereckigem Mittelstück, auf welchem der mit seinem Blute die Jungen nährende Pelikan dargestellt ist. Umschrift auf erhöhter kreisförmiger Umrandung: „FÜR VERDIENST IN DER WOHLFAHRTSPFLEGE".

Größe: 44 mm; Gewicht: 30 g.

622. Felddienstzeichen, allgemeine Kriegsdenkmünze, Bronze (verliehen 1840—1866)

Gestiftet von Großherzog Ludwig II. am 14. Juni 1840, dem Geburtstage seines Vaters, Ludwig I., für alle, welche in großherzoglich-hessischen Diensten als streitender oder nichtstreitender Militär einen Feldzug mitgemacht (Reg.-Blatt von 1840 Seite 193 und 283). Die Herstellung erfolgte an der Darmstädter Münze aus Metall alter hessischer Kanonen. Professor Chr. Schnitzspahn hatte hierzu die Stempel geschnitten. Zusammen mit allen in den Jahren 1842, 1850, 1867 erfolgten Nachprägungen gelangten 30 287 Stück zur Ausgabe für Teilnehmer an den Feldzügen 1780 bis 1815, 1848/49 und 1866. Die Medaillen haben eine angeprägte derbe Öse mit beweglichem Ring.

V: In einem unten mit Doppelschleife gebundenen Kranz, der aus einem Lorbeerzweig (links) und einem Eichenzweig (rechts) zusammengestellt ist, der gekrönte Buchstabe „L" in lateinischer Schreibschrift, darunter waagerechte Leiste und zweizeilige Inschrift „GESTIFTET AM / 14. IUNI 1840".

R: In einem aus einem Lorbeerzweig (links) und einem Eichenzweig (rechts) unten mit Doppelschleife gebundenen Kranz die vierzeilige Inschrift „FÜR / TREUEN DIENST / IM / KRIEGE"; darunter eine waagerechte kurze Leiste.

Größe: 31 mm.

Band: 36 mm breit, ponceaurot mit je 3 mm breiten weißen Seitenstreifen in 1,5 mm Abstand von den Kanten.

623. Militärisches Erinnerungszeichen für Kriegsveteranen von 1792 bis 1815   Abbildung am Schluß des Bandes.

Gestiftet von Großherzog Ludwig III. im Jahre 1869 für die wenigen noch überlebenden Veteranen aus den Kriegen in der Regierungszeit seines Großonkels, Ludwig I. (reg. 1790—1830), sowie die hessischen Fahnen.

Das einseitige ovale Ehrenzeichen aus vergoldeter Bronze wurde mit einer rückseitig angebrachten Nadel am Rocke befestigt. Soweit Uniform getragen werden durfte, ruhte es auf einer dunkelblauen, oval ausgeschnittenen Tuchunterlage.

Das Ehrenzeichen selbst ist durchbrochen gearbeitet. Es zeigt den Namenszug „L I" in verzierter lateinischer Schreibschrift unter der aufsitzenden offenen Krone, umgeben von einem Lorbeerzweig (links) und einem Eichenzweig (rechts), welche beide unten mit Doppelschleife zusammengefügt sind.

Größe: 51 mm breit, 45 mm hoch.

624. Erinnerungsmedaille an die erste Vermählung des Großherzogs Ernst Ludwig, Silber (verliehen 1894)

Gestiftet am 19. April 1894 für die an den Vermählungsfeierlichkeiten in Coburg beteiligten Gäste und Hofbeamten, Offiziere usw. (Die erste Gemahlin des Großherzogs Ernst Ludwig, Viktoria Melita, war eine Tochter des damals regierenden Herzogs Alfred von Sachsen-Coburg und Gotha.) Es kamen damals 562 Stück dieser Erinnerungsmedaillen zur Verleihung, welche in der Berliner Medaillen-Münze H. Oertel geprägt wurden.

V: Die nach links gewendeten, hintereinandergestellten Köpfe des großherzoglichen Paares. Umschrift: „ERNST LUDWIG GROSS-

HERZOG VICTORIA MELITA GROSSHERZOGIN V. HESSEN".
Auf dem erhöhten Rande unten „OERTEL BERLIN-JAUER DIR.".
R: Unter der Krone die verschlungenen Initialen „E L" und „V M",
darunter Umschrift: „VERMAEHLT AM 19. APRIL 1894". Auf dem
erhöhten Rande unten: „STARCK SC. E. DELLENBECK FEC.".
Größe: 33 mm; Gewicht: 17,5 g.
Band: 36 mm breit, weiß mit zwei je 7,5 mm breiten ponceauroten
Seitenstreifen, 1,5 mm von den Kanten entfernt.

625. Erinnerungszeichen an die zweite Vermählung des Großherzogs Ernst Ludwig, Silber (verliehen 1905)

Gestiftet von Großherzog Ernst Ludwig am 18. Februar 1905 zur Erinnerung
für die an der Vermählung des Großherzogs mit Eleonore Prinzessin zu
Solms-Hohensolms-Lich teilnehmenden Gäste sowie für die im Dienste anwesenden Offiziere und Hofdiener.

Das Erinnerungszeichen ist von Professor Habich, Darmstadt, entworfen. Es ist rhombenförmig, hat auf der Vorderseite eine erhabene
geschweifte Umrandung und wird von einer angeprägten Krone überragt. In die Krone sind übereinander zwei kleine Kettenglieder eingehängt, deren oberes den länglichen, nach oben keilförmig sich verbreiternden Bandring trägt.
V: Das verschlungene Monogramm des vermählten Paares „E L E".
R: Glatt. In der Mitte innerhalb einer doppelten Kreislinie zweizeilig
„II. FEBR. / 1905".
Größe: 45 mm hoch, 27 mm breit; Gewicht: 10 g.
Band: 33 mm breit, weiß mit zwei je 7 mm breiten ponceauroten
Seitenstreifen und einem 2 mm breiten ponceauroten Mittelstreifen
sowie 1 mm breiten weißen Kanten.

626. Jubiläums-Erinnerungszeichen für die Adjutantur (verliehen 1917)

Gleichzeitig mit dem Kriegerehrenzeichen (Nr. 606) stiftete Großherzog
Ernst Ludwig zum Tage seines Regierungsjubiläums (17. März 1917) auch ein
Erinnerungszeichen für sein militärisches Gefolge sowie für sonstige ihm besonders nahestehende Offiziere. Es kamen nur 55 Stück dieser seltenen Auszeichnung zur Verteilung.

Das Erinnerungszeichen ist durchbrochen gearbeitet aus vergoldeter
Bronze. Es zeigt innerhalb eines ovalen, liegenden Kranzes (links
Eichen-, rechts Lorbeerblätter) den verschlungenen gekrönten Na-
menszug „EL" in verzierter lateinischer Schreibschrift. Unten ein ge-
schweiftes Schildchen mit der Zahl „25". Auf der glatten Rückseite ist
eine Nadel (waagerecht) angebracht zum Anstecken des Jubiläums-
Erinnerungszeichens an der linken Brustseite unter der Ordensschnalle.
Größe: 38 mm hoch, 46 mm breit.

627. Jubiläums-Erinnerungszeichen für die Damen des Alice-Vereins (verliehen 1917)

Gestiftet von der Großherzogin Elisabeth mit Zustimmung des Großherzogs
Ernst Ludwig gelegentlich des 50jährigen Jubiläums des Alice-Vereins für

öffentliche Wohltätigkeit und Frauenbildung. Das Erinnerungszeichen erhielten um die Ziele des genannten Vereins verdiente Mitglieder.

Es besteht aus einer rechteckigen, silbernen Spange von 8 mm Höhe und 26 mm Länge, welche auf gekörntem Grund in der Mitte den Namenszug „A" (Alice), links und rechts davon aber die Jahreszahlen „1867" und „1917" trägt. Die glatte Rückseite hat eine Anstecknadel. Die Spange ruht auf einer schmalen Bandschleife von 18 mm Breite in den Farben des Ludewigsordens, d. i. schwarz mit zwei ponceauroten, hier je 3 mm breiten Seitenstreifen.

628. Militär-Dienstehrenzeichen für 25 Dienstjahre der Offiziere, Gold

629. Dasselbe für 25 Dienstjahre der Unteroffiziere und Soldaten, Silber, 1. Prägung (verliehen 1833—1839)

Gestiftet von Großherzog Ludwig II. am 26. Dezember 1833 „zur Anerkennung und Belohnung vieljähriger treu und vorwurfsfrei geleisteter Militärdienste" von Offizieren, Unteroffizieren und Soldaten.

Die Kreuze für Offiziere und Unteroffiziere unterscheiden sich lediglich durch das Metall. Ersteres ist aus Gold, hohl gearbeitet, letzteres jedoch aus Silber. Die Kreuze haben glattpolierte geschweifte Arme mit schmalen erhöhten Rändern. Die Mittelschildchen der Vorder- und Rückseiten sind eigens geprägt bei einem Durchmesser von 15 mm und nachträglich aufgelötet. Durch das von oben nach unten gelochte Öhr der Kreuze zieht sich ein langgestreckter Tragring, der beim goldenen Dienstehrenzeichen für Offiziere flach und eingekerbt ist. Die Herstellung der Dienstehrenzeichen erfolgte in der Darmstädter Münze.

V: Im Mittelschildchen auf gekörntem Grund ein gekröntes „L" (lateinische Kursivschrift).

R: Im Mittelschildchen die Zahl „XXV", umgeben von einer doppelten Kreislinie mit der Umschrift: „IAHRE TREUER DIENSTE · ".

Größe: 32 mm; Gewicht: in Gold 8 g, in Silber 16 g.

Band: 36 mm breit, ponceaurot mit zwei weißen, je 8 mm breiten Seitenstreifen, diese je 0,5 mm von den Kanten entfernt.

630. Militär-Dienstehrenzeichen für 25 Dienstjahre der Offiziere, Gold

631. Dasselbe für 25 Dienstjahre der Unteroffiziere und Soldaten, Silber, 2. Prägung (verliehen ab 1839)

Bald nach der Stiftung der Militär-Dienstehrenzeichen für Offiziere und Unteroffiziere nach 50 Dienstjahren (Nr. 632, 633) wurde das Mittelschildchen der Rückseite der Kreuze für 25 Dienstjahre abgeändert und trug fortab die Zahl „25" in schräg gestellten ungleich großen Ziffern. Diese wurden in späteren Jahren dann bei Neuprägungen geradestehend und gleichmäßig groß angebracht.

632. Militär-Dienstehrenzeichen für 50 Dienstjahre der Offiziere, Gold

633. Dasselbe für 50 Dienstjahre der Unteroffiziere, Silber (verliehen ab 1839)

Am 30. Oktober 1839 stiftete Großherzog Ludwig II. zu den schon bestehenden Dienstehrenzeichen für 25 Jahre die „Militärdienstehrenzeichen für

50 Dienstjahre" in Gold für Offiziere, in Silber für Unteroffiziere. Nunmehr konnten auch Personen des nicht streitenden Standes der Truppen diese Dienstehrenzeichen erhalten, ebenso Angehörige der Gendarmerie. Seit 1847 wurde das Dienstehrenzeichen für Offiziere auch Zivilstaatsdienern zugebilligt, welche als Beisitzer bei den Militärgerichten entsprechend lange tätig gewesen sind.

Die Kreuze für 50 Dienstjahre gleichen in Größe und Ausführung ganz denjenigen für 25 Dienstjahre, nur haben sie die Zahl „50" auf dem Mittelschildchen der Rückseite; sie sind außerdem von einer 20 mm hohen und 23 mm breiten Krone in Gold bzw. in Silber überragt. Diese Kronen hängen mit einer kleinen Öse im Öhr der Kreuze. Die Zahl „50" war zunächst ebenfalls schräggestellt und von ungleicher Größe der Ziffern. Spätere Neuprägungen zeigen dann die Zahl „50" geradegestellt bei gleicher Größe ihrer beiden Ziffern. Vorkommende bronzevergoldete Dienstehrenzeichen für Offiziere sind stets private Nachbildungen.
Gewicht in Gold mit Krone: 12,5 g; in Silber mit Krone: 20 g.
Band: Wie Nr. 628/629.

Die vier verschiedenen Stufen des militärischen Dienst-Ehrenzeichens sind als solche seit dem 8. Juni 1871 nicht mehr verliehen worden. Dagegen lebten sie durch eine großherzogliche Verfügung vom 5. Mai 1897 in gleicher Form wieder auf unter der Bezeichnung

634. Dienstehrenzeichen für höhere Hofchargen nach 50 bzw. 25 Dienstjahren in Gold bzw.

**634a. Dienstehrenzeichen für niedere Hofchargen nach 50 bzw. 25 Dienstjahren in Silber
(verliehen 1897—1918)**
Band: Wie Nr. 628/629.

635. Militär-Dienstalterszeichen für 20 Dienstjahre der Unteroffiziere und Soldaten, silberne Schnalle

636. Dasselbe für 15 Dienstjahre der Unteroffiziere und Soldaten, eiserne Schnalle mit silberner Umrahmung

**637. Dasselbe für 10 Dienstjahre der Unteroffiziere und Soldaten, eiserne Schnalle
(verliehen 1849—1871)**
Gestiftet von Großherzog Ludwig III. am 26. September 1849.

Die rechteckigen Platten („Schnallen") aus Silber, Eisen mit silberner, besonders aufgelöteter Umrahmung oder ganz in schwarz gebeiztem Eisen tragen auf der Vorderseite auf gekörntem Grund die Inschriften „20 Dienst Jahre" oder „15 Dienst Jahre" oder „10 Dienst Jahre". Die silberne Schnalle für 20 Jahre und eiserne für 10 Jahre haben eine erhöhte geprägte, polierte Einfassung. Rückseitig ist stets ein Blechstreifen mit Nadel zum Anstecken angelötet, über welchen das Band genäht wurde.
Größe: 14 mm hoch, 39 mm lang.
Band: Wie bei Nr. 628 ff.

638. Dienstauszeichnung I. Klasse für 21 Dienstjahre, vergoldete Schnalle

639. Dieselbe II. Klasse für 15 Dienstjahre, silberne Schnalle

640. Dieselbe III. Klasse für 9 Dienstjahre, eiserne Schnalle
(verliehen 1871—1913)

Seit dem Abschluß der Militärkonvention mit Preußen am 8. Juni 1871 wurden die bis dahin gebräuchlichen Dienstehrenzeichen und Dienstalterszeichen aufgehoben und letztere durch die nunmehrige Dienstauszeichnung in drei Klassen für Unteroffiziere ersetzt.

Auch diese Auszeichnungen haben gleiche Form („Schnallen") und Größe sowie auch das gleiche Band wie Nr. 628 ff. Nur sind die aufgeprägten Inschriften jetzt geändert in „21 Dienst Jahre" (vergoldete Schnalle aus Bronze), „15 Dienst Jahre" (silberne Schnalle) oder „9 Dienst Jahre" (eiserne, schwarz gebeizte Schnalle).

641. Landwehr-Dienstauszeichnung II. Klasse, Bandschnalle
(verliehen 1871—1913)

Gleichzeitig mit den Dienstauszeichnungen für Unteroffiziere Nr. 638 bis 640 gestiftet für alle Wehrpflichtigen aus Hessen, welche „ihre Dienstpflicht in der Reserve und Landwehr erfüllt und einen Feldzug mitgemacht haben". Offiziere erhielten die preußische Landwehrdienstauszeichnung I. Kl.

Die Landwehr-Dienstauszeichnung II. Klasse besteht in einer 19 mm hohen und 44 mm langen Umrahmung von schwarz lackiertem Eisen, durch welche, auf einen Blechstreifen genäht, das ponceaurote (nicht gewässerte) Band gezogen ist. In das Band ist in weißer Seide eingewebt der Namenszug „L. III", auf beiden Seiten desselben je ein kleines Landwehrkreuz. Die Landwehr-Dienstauszeichnung wurde mit einer rückseitig angebrachten Nadel an der linken Brustseite unter der Ordensschnalle befestigt.

642. Dienstauszeichnung I. Klasse für 15 Dienstjahre für Unteroffiziere, kupfernes Kreuz

643. Dieselbe II. Klasse für 12 Dienstjahre für Unteroffiziere, Medaille aus Tombak

644. Dieselbe III. Klasse für 9 Dienstjahre für Unteroffiziere, Medaille aus Neusilber

645. Landwehr-Dienstauszeichnung II. Klasse, Medaille aus Kupfer
(verliehen 1913—1918)

Nach einer Verfügung Großherzog Ernst Ludwigs vom 30. Juli 1913 wurden die seitherigen hessischen Dienstauszeichnungen für Unteroffiziere sowie die Landwehr-Dienstauszeichnung II. Klasse durch die obengenannten Dienstauszeichnungen ersetzt.

Dieselben bestehen

a) für 15 Dienstjahre aus einem kupfernen Kreuz, mit nach außen breiter werdenden Armen, welche glatt poliert sind und eine dreifache Linieneinfassung haben;

V: auf dem Metallschildchen (13 mm Durchmesser) eine Königskrone,

R: die Zahl „XV";

b) für 12 Dienstjahre aus einer Medaille aus Tombak;

V: in der Mitte eine Königskrone, Umschrift: (oben) „𝕿𝖗𝖊𝖚𝖊 𝕯𝖎𝖊𝖓𝖘𝖙𝖊", (unten) „𝖇𝖊𝖎 𝖉𝖊𝖗 𝖋𝖆𝖍𝖓𝖊",

R: die waagerecht schraffierte Zahl „XII";

c) für 9 Dienstjahre aus einer gleichgroßen Medaille von Neusilber („Argentan"):

V: wie vorher,

R: ebenfalls, nur mit der Zahl „IX".

Die Landwehr-Dienstauszeichnung II. Klasse besteht in einer kupfernen, aber kleineren Medaille mit der gleichen Vorderseite;

R: Inschrift in vier Zeilen: „𝕷𝖆𝖓𝖉𝖜𝖊𝖍𝖗- / 𝕯𝖎𝖊𝖓𝖘𝖙𝖆𝖚𝖘- / 𝖟𝖊𝖎𝖈𝖍𝖓𝖚𝖓𝖌 / II. 𝕶𝖑𝖆𝖘𝖘𝖊".

Größe: des Kreuzes für 15 Dienstjahre 35 mm, der Medaillen für 12 und 9 Dienstjahre 31 mm, der Landwehr-Dienstauszeichnung II. Klasse 25 mm.

Band: Zunächst wie bei Nr. 628, ab 1917 nur mehr 30 mm breit bei 6 mm breiten weißen Seitenstreifen.

646. Ehrenzeichen für Mitglieder der freiwilligen Feuerwehren nach 25 Dienstjahren (verliehen 1883—1918 und 1923—1938)

Gestiftet von Großherzog Ludwig IV. am 8. Dezember 1883 „für diejenigen Mitglieder einer freiwilligen Feuerwehr, welche durch 25jährigen treuen Dienst sich ausgezeichnet haben". Nach dem Weltkrieg ist die Verleihung gemäß Beschluß des Hessischen Gesamtministeriums vom 14. November 1922 ab 1923 wieder aufgenommen worden.

Es besteht aus einer einseitigen bronzenen, vergoldeten Platte, an deren Rückseite ein Metallstreifen angelötet ist, über welchen das Band genäht wurde. An diesem Metallstreifen sitzt eine Nadel, mittels welcher das Ehrenzeichen auf der linken Brustseite befestigt wird. Die rechteckige Platte hat vorgeschobene Ecken und einen erhöhten glatten Rand, trägt in der Mitte auf gekörntem Grund den mit der Krone bedeckten hessischen Wappenschild und zu dessen beiden Seiten die Zahl „25". In den vier Ecken der Platte steht je ein dicker Punkt. Auf dem oberen Rande sitzen zwei gekreuzte Beile, und auf denselben ruht ein Feuerwehrhelm.

Größe: 30 mm hoch, 39 mm breit.

Band: 36 mm breit, fünfmal ponceaurot, viermal weiß gleich breit gestreift.

Hiervon zu unterscheiden sind die vom Landesfeuerwehrverband ausgegebenen Dienstauszeichnungen in der Form der Militär-Dienstalterszeichen Nr. 635 637. Diese sind ebenfalls für 20, 15 und 10 Jahre eingerichtet, in den bezüglichen Abstufungen vergoldet, versilbert bzw. schwarzlackiert. Sie unterscheiden sich außerdem dadurch, daß sie 24 mm hoch sind und im oberen Felde einen Feuerwehrhelm vor zwei gekreuzten Beilen zeigen. Das Band ist rot.

12*

647. Ehrenzeichen für Mitglieder der freiwilligen Feuerwehren nach 40 Dienstjahren (verliehen bis 1918)

Als Ergänzung zu Nr. 646 nachträglich von Großherzog Ernst Ludwig gestiftet.

Dieses bronzevergoldete Ehrenzeichen gleicht in Zeichnung und Ausführung ganz demjenigen für 25 Dienstjahre. Um die rechteckige Platte mit den vorgeschobenen Ecken legt sich aber noch ein ebenfalls vergoldeter Eichenkranz, der unten mit Doppelschleife gebunden ist. Anstatt der Zahl „25" befindet sich zu beiden Seiten des kleinen hessischen Wappenschildes in der Mitte die Zahl „40".

Größe: 32 mm hoch, 63 mm breit.

Band: Wie bei Nr. 646.

647a. Ehrenzeichen für 40jährige treue Dienste bei der Feuerwehr, silberne Medaille (verliehen von 1923—1938)

Am 14. November 1922 beschloß das Hessische Gesamtministerium die Weiterverleihung des Feuerwehrehrenzeichens für 25jährige und 40jährige treue Dienstzeit. Für 40jährige treue Dienstzeit wurde eine neue Medaille geschaffen.

Die Medaille ist rund und hat auf der

V: die Darstellung des Siegels des Gesamtministeriums auf Grund der Verordnung über das hessische Staatswappen vom 20. April 1920 und das Rundschreiben des Gesamtministeriums vom 10. Dezember 1920 über die Dienstsiegel, nämlich auf glattem Grunde der hessische, mit einer offenen fünfblätterigen „Volkskrone" bedeckte Wappenschild mit dem gestreiften Löwen unter Andeutung der Farben durch die entsprechenden heraldischen Schraffierungen, umzogen von einem Inschriftring, darauf, durch ein Federzug-Ornament getrennt, oben „Volksstaat Hessen", unten „Gesamtministerium".

R: Die Darstellung gestaffelt aneinandergebauter Häuser, aus denen seitlich Flammen schlagen, davor ein Feuerwehrhelm, zusammengestellt mit einem Schlauch und einem Beil, darunter in drei Zeilen die Inschrift „für / vierzigjährige / treue Dienste", das nach unten verlängerte „D" von „Dienste" zwischen zwei kleinen Lorbeerreisern.

Größe: 35 mm Durchmesser.

Band: 35 mm breit, rot (14 mm) mit breiten weißen Seitenstreifen (8,5 mm) in 2 mm Abstand von den Kanten.

647b. Feuerwehrehrenkreuz (verliehen 1935—1938)

Mit Zustimmung der hessischen Landesregierung verlieh der Landesverband hessischer freiwilliger Feuerwehren seit Februar 1935 bis zur Stiftung des Reichsfeuerwehr-Ehrenzeichens am 30. Januar 1938 ein Feuerwehrehrenkreuz nach 40jähriger treuer Dienstzeit sowie für besondere Verdienste in der Feuerwehr.

Das Kreuz ist silbern, seine glatten Arme verbreitern sich nach außen und sind am Abschnitt noch einmal gestuft, in den Winkeln scheint ein Lorbeerkranz hindurch. Das runde Mittelschild der

V: hat 17 mm Durchmesser und trägt die vierzeilige Inschrift „Landesverband (bogig) / hessischer / freiwilliger / Feuerwehren (bogig) in
deutscher Schrift.

R: Glatt mit der einzeiligen Inschrift „für treue Dienste" in deutschen
Buchstaben.

Größe: 45,5 mm hoch und breit.

Band: Für Zivilpersonen blau, für Feuerwehrmänner lilarot.

**648. Erinnerungszeichen für Bedienstete der Staatsbahnen nach
25 Dienstjahren**

**649. Dasselbe nach 40 Jahren
(verliehen 1905—1918)**

Gestiftet von Großherzog Ernst Ludwig am 25. November 1905 im Anschluß
an das für die preußischen Bediensteten der Staatsbahnen gestiftete Erinnerungszeichen „für die Hessischen Beamten und Bediensteten der Staatseisen-
bahnverwaltung, die sich durch eine vorwurfsfreie 25- und 40jährige Gesamt-
dienstzeit ...", einschließlich der Militärdienstzeit, ausgezeichnet haben".

Das silberne, durchbrochen gearbeitete Erinnerungszeichen stimmt
mit dem preußischen in Form, Größe und Ausstattung überein und hat
an der hohlen Rückseite eine waagerecht angebrachte Nadel zur Befestigung auf der linken Brustseite unter der Ordensschnalle.

V: Das Flügelrad, überragt von einer Krone und auf einem liegend
rechteckigen Schildchen mit der Zahl „25" bzw. „40" ruhend. Um
das Schildchen und Flügelrad schlingt sich ein dichter, unten
kreuzweise gebundener Lorbeerkranz. Bei dem Erinnerungszeichen
für 40 Dienstjahre sind die Krone sowie das Schildchen vergoldet.

Größe: 54 mm hoch, 44 mm breit.

**650. Dienstauszeichnungskreuz für Krankenpflege mit der Zahl „10",
Silber**

651. Dasselbe mit der Zahl „15", Silber

652. Dasselbe mit der Zahl „20", Silber vergoldet

653. Dasselbe mit der Zahl „25", Silber vergoldet

653a. Dasselbe mit der Zahl „25", Bronze vergoldet

654. Dasselbe ohne Zahl, Silber vergoldet

654a. Dasselbe ohne Zahl, Bronze vergoldet

Gestiftet von Großherzog Ludwig IV. am 18. April 1891 „für Personen.
welche sich während der Friedenszeit der Pflege von Kranken und Verwundeten
gewidmet haben", nach 10-, 15-, 20- oder 25jähriger Tätigkeit in diesem Beruf.
Die Kreuze Nr. 654 und 654a wurden „bei besonderer Veranlassung als eine
Anerkennung für hervorragende Leistungen im Gebiete der Krankenpflege"
auch an solche Personen verliehen. welche sich nicht berufsmäßig derselben
gewidmet haben.

Die vier Arme laufen wie bei dem Militär-Sanitäts-Kreuz (Nr. 608)
in je einen zugespitzten Bogen aus und haben ebenfalls gotische Rand-
verzierungen auf der Vorder- und Rückseite.

V: Im oberen Arm bei Nr. 650 ff. die Zahl „10" bzw. „15", „20" oder „25", bei den Nr. 654 und 654a aber keine Zahlen. Quer über die mittleren Arme ist Vor- und Zuname des Beliehenen, in den unteren Arm aber das Jahr der Verleihung eingraviert.

R: In der Mitte ein gekröntes „L"; um dasselbe in deutscher Schrift auf den vier Armen verteilt: „Den / 25ten / August / 1870" (übereinstimmend mit der Vorderseite des Militär-Sanitäts-Kreuzes).

Die Kreuze für 20 Jahre bzw. diejenigen ohne Zahl waren zunächst aus stark vergoldetem Silber, seit 1906 aber nur mehr aus vergoldeter Bronze geprägt. Das Kreuz für 20 Jahre wurde einige Jahre darauf durch dasjenige für 25 Jahre ersetzt, also nicht mehr verliehen. Soweit Dienstauszeichnungskreuze an Berufsschwestern des Roten Kreuzes („Alice-Frauen-Vereins") verliehen worden sind, wurden sie nicht am Bande, sondern unten an der Dienstbrosche eingehängt getragen. Im übrigen haben alle Kreuze in der von oben nach unten gelochten Öse den länglichen Tragring wie die Militär-Sanitäts-Kreuze von 1870/71.

Größe: 45 mm.

Band: Für die Kreuze ohne Zahl 36 mm breit, ponceaurot mit 4 mm breiten silbernen Seitenstreifen bei 2 mm Abstand von den Kanten. (Von Damen als Doppelschleife mit ausgezackten Enden getragen.)

655. Goldenes Kreuz für weibliche Dienstboten nach 50jähriger Dienstzeit mit dem Namenszug „V. M."

656. Dasselbe nach 25jähriger Dienstzeit (verliehen 1895—1901)

Gestiftet mit Genehmigung des Großherzogs Ernst Ludwig von seiner ersten Gemahlin Victoria Melita, geborenen Prinzessin von Sachsen-Coburg und Gotha, am 11. März 1895 — dem Geburtstage der 1903 verstorbenen Prinzessin Elisabeth — für weibliche Dienstboten, „welche 25 bzw. 50 Jahre lang ununterbrochen in ein und derselben Familie treu gedient haben".

Das langgestreckte goldene Kreuz trägt auf der Mitte einen erhabenen Ring von 14 mm Durchmesser, innerhalb desselben unter der Krone den erhöhten Namenszug „V. M.". — Auf der glatten Rückseite wurde der Name der Besitzerin eingraviert. — Bei den Kreuzen für 50 Dienstjahre ist der Namenszug mit kleinen Brillanten verziert.

Größe: 48 mm hoch, 30 mm breit.

Band: Schwarz, um den Hals getragen.

657. Goldenes Kreuz für weibliche Dienstboten nach 50jähriger Dienstzeit mit dem Namenszug „E"

658. Dasselbe nach 25jähriger Dienstzeit (verliehen 1902—1918)

Die Kreuze wurden seit dem 11. März 1902 in derselben Größe, Ausstattung und mit dem gleichen Bande wie Nr. 655, aber mit einem gekrönten „E" im Mittelschilde, alljährlich am 11. März verliehen. Auf der Rückseite war der Name der Besitzerin eingraviert.

659. Erinnerungsmedaille zum 200jährigen Jubiläum des österr. Infanterie-Regiments Nr. 14 „Ernst Ludwig Großherzog von Hessen und bei Rhein", Goldbronze (verliehen 1933)

Als Inhaber des vorgenannten Infanterie-Regiments, das über 130 Jahre lang als oberösterreichisches Hausregiment in der Garnison Linz lag, stiftete Großherzog Ernst Ludwig anläßlich der Feier des 200jährigen Bestehens dieser Truppe eine Erinnerungsmedaille.

Diese ist in der Prägeanstalt Max Pöllath zu Schrobenhausen (Bayern), aus Goldbronze in ungefähr 800 Exemplaren hergestellt worden.

Sie hat eine gewöhnliche Öse und Ring, jedoch keinen erhöhten Rand.

V: Der nach links gewendete Kopf des Stifters mit der Umschrift „ERNST LUDWIG 1733—1933".

R: Die zweizeilige Inschrift „FUER / HESSENTREUE"; unten ein Eichenzweig, auf der linken Seite ein Lorbeerzweig.

Größe: 38 mm; Band, offizielle Form: 30 mm breit, ponceaurot mit zwei je 3 mm breiten weißen Seitenstreifen in 1^1/$_2$ mm Entfernung von den Kanten.

Da dieses Band zur Herstellung der in Österreich verschriftsmäßig gewesenen Dreieckform zu schmal war, wurde von seiten des mit der Verleihung des Ehrenzeichens betrauten „Hessen-Offiziers-Bundes" in Linz ein besonderes ponceaurotes Band beigegeben, das bei einer Breite von 40 mm zwei je 8 mm breite weiße Seitenstreifen hat, welch letztere je 2^1/$_2$ mm von den Bandkanten entfernt sind.

Hessen-Homburg

Landgrafschaft bis 1806 und 1815—1866, von 1806—1815 und 24. März 1860 bis 3. September 1866 Bestandteil von Hessen (-Darmstadt), seit Ende 1866 preußisch.

659a. Schwerterkreuz für 1814 u. 1815, Halsdekoration, Silber vergoldet
659b. Schwerterkreuz für 1814 u. 1815, Silber
Abbildung am Schluß des Bandes.

Landgraf Friedrich V. Ludwig (reg. 1766—1820) stiftete dieses Kreuz am 22. Mai 1819 für diejenigen seiner Landeskinder, welche im Kriege gegen Frankreich 1814/15 teilgenommen hatten. Es wurden 159 silberne sowie ein größeres silbervergoldetes Stück von Goldarbeiter Hessenberg zu Frankfurt a. M. angefertigt. Das größere vergoldete Stück war offenbar für Großherzog Ludwig I. von Hessen-Darmstadt bestimmt, unter dessen Regierung Hessen-Homburg während der Jahre 1806—1815 gestanden hatte. Wohl aus dem Grunde, daß ja Hessen-Homburg während der Freiheitskriege nicht souverän gewesen, wurde die Verleihung bald nach dem Tode des Stifters ganz eingestellt und es kamen nur wenige Stücke zur Ausgabe, welche zu den größten Seltenheiten gehören. Das größere vergoldete Halskreuz befindet sich jetzt in der Münzsammlung der Stadt Frankfurt a. M.

Alle Kreuze haben ein gewöhnliches, von oben nach unten gelochtes Öhr, durch welches der langgestreckte Tragring geht. Sie sind aus je einem senkrecht stehenden 53 mm langen und einem waagerechten 44 mm langen antiken Schwert zusammengestellt, welche in der Mitte von einem silbernen Band zusammen kreuzweise umschlungen werden. Die Klingen zeigen nach oben bzw. nach links, die Griffe stehen rechts bzw. unten.

V: Auf dem Bande schräg aufwärts „1814" und darunter zerteilt abwärts „18 — 15".

R: In der Mitte des Bandes eine Schnalle mit Dorn, links und rechts davon „F L L" (Friedrich Ludwig Landgraf).

Gewicht der silbernen Kreuze 9 g.

Band: 40 mm breit, je fünfmal karminrot und weiß gestreift, der an den Kanten befindliche weiße bzw. karminrote Streifen je 3 mm, alle übrigen Streifen aber je 4,25 mm breit.

660. Felddienstzeichen, Kriegsdenkmünze, Geschützbronze (verliehen 1850) Abbildung am Schluß des Bandes.

Gestiftet von Landgraf Ferdinand (reg. 1848—1866) am 4. Juni 1850 für die Hessen-Homburger Schützen-Kompagnie, welche in der Stärke von 203 Mann am Feldzuge 1849 gegen Dänemark in Schleswig-Holstein teilgenommen hatte. Die Stempel zu den Denkmünzen sind von Hofmedailleur Schnitzspahn in Darmstadt gefertigt, von dem auch die Stempel zu dem als Vorbild genommenen Großherzoglich-Hessischen Felddienstzeichen (vergl. Nr. 622) stammten.

Die Medaille hat eine breite angeprägte Öse mit beweglichem gewöhnlichem Ring.

V: In einem Kranz, welcher aus einem Lorbeerzweig (links) und einem Eichenzweig (rechts) gebildet und unten durch eine Doppelschleife zusammengehalten ist, ein gekröntes „F" in Schreibschrift, darunter in zwei Zeilen „GESTIFTET AM / 4 IUNI 1850".

R: In einem aus Lorbeer- und Eichenzweig (wie auf der V-Seite) zusammengebundenen Kranz vierzeilig „FÜR / TREUEN DIENST / IM / KRIEGE".

Größe: 31 mm.

Band: 36 mm breit, aus fünf karminroten und vier weißen, je 4 mm breiten Streifen zusammengestellt.

661. Kreuz für 50 Dienstjahre der Offiziere
662. Kreuz für 25 Dienstjahre der Offiziere, Gold
663. Kreuz für 25 Dienstjahre der Unteroffiziere, Silber (verliehen 1850—1866)

Gestiftet von Landgraf Ferdinand am 26. Februar 1850 in Übereinstimmung mit den in Hessen-Darmstadt schon seit 1833 bestehenden militärischen Dienstauszeichnungen (Landgräflich Hessisches Regierungsblatt Nr. 3 vom 3. 3. 1850).

Die Kreuze sind hohl gearbeitet und haben, die goldenen wie auch die silbernen Stücke, geschweifte polierte Arme mit erhöhter einfacher Linienumrandung. Sie stimmen in Größe und Prägung, abgesehen von den Ziffern der Dienstjahre, vollständig überein. Das goldene Kreuz für 50 Dienstjahre ist zudem von einer offenen, an der Öse eingehängten 21 mm hohen Krone überragt, welche den Ring für das Band trägt. Bei den Kreuzen für 25 Dienstjahre ist in das gewöhnliche, von oben nach unten gelochte Öhr ein ovaler Tragring eingehängt.

V: Im Mittelschildchen (15 mm Durchmesser) auf mattem Grund der erhöhte Buchstabe „F" in lateinischer Schreibschrift.

R: Im Mittelschildchen beim Kreuz für 50 Dienstjahre „50", bei den zwei Kreuzen für 25 Dienstjahre „25", umgeben von zwei erhöhten Kreislinien, zwischen denen die Umschrift: „IAHRE TREUER DIENSTE".

Größe: 31 mm.

Gewicht: in Gold mit Krone 13 g, in Gold für 25 Dienstjahre 9 g, in Silber 17 g.

Band: 38 mm breit, karminrot mit zwei weißen je 9 mm breiten Seitenstreifen und 1 mm breiten karminroten Kanten.

664. Dienstalterszeichen für 20 Dienstjahre der Unteroffiziere und Soldaten

665. Dasselbe für 15 Dienstjahre der Unteroffiziere und Soldaten
Abbildung am Schluß des Bandes.

666. Dasselbe für 10 Dienstjahre der Unteroffiziere und Soldaten (verliehen 1850—1866)

Gleichzeitig mit den Kreuzen für Offiziere und Unteroffiziere nach 50 bzw. 25 Dienstjahren gestiftet. Diese Dienstauszeichnungen („Schnallen") bestehen in rechteckigen Metallplatten, und zwar in Silber mit der Aufschrift „20 Dienst Jahre", in schwarz lackiertem Eisen mit silberner Umrahmung, Aufschrift „15 Dienst Jahre", oder in schwarz lackiertem Eisen, Aufschrift „10 Dienst Jahre". Auf der Rückseite ist ein Metallstreifen zum Durchziehen des Bandes angelötet.

Größe: 15 mm hoch, 39 mm lang.

Band: Wie bei Nr. 661—663.

Hessen-Kassel (Kurhessen)

Bis 1803 Landgrafschaft Hessen-Kassel, 1803—1813 Bestandteil des Königreichs Westphalen, dann bis zur Einverleibung in die preußische Monarchie Kurfürstentum.

Kurhessen hatte drei Orden, den Hausorden vom goldenen Löwen (gestiftet am 14. August 1770, übernommen vom Großherzogtum Hessen 1876), den Wilhelmsorden (gestiftet am 20. August 1851) und den Militär-Verdienstorden (gestiftet am 25. Februar 1769). Die Ehrenzeichen sind:

667. „Eiserner Helm" für Tapferkeit, erste Form, auf dem „Brabanter Kreuz" (verliehen 1814) Abbildung am Schluß des Bandes.

668. „Eiserner Helm", zweite Form, auf dem „Deutschen Kreuz" (verliehen 1815) Abbildung am Schluß des Bandes.

Gestiftet von Kurfürst Wilhelm I. (reg. 1785—1821) am 18. März 1814 nach dem Vorbild des preußischen Eisernen Kreuzes für Krieger der kurhessischen

Armee ohne Unterschied des Ranges, welche sich im Kampfe gegen Frankreich besonders ausgezeichnet hatten. Nach der Stiftungsurkunde sollten auch Eiserne Helme I. Klasse für wiederholte Auszeichnung verliehen werden, und zwar aus kreuzweise zusammengenähtem Ordensband. Es kamen aber dann doch nur „Eiserne Helme", am Band zu tragen, zur Verleihung.

Die Kreuze sind aus geschwärztem Gußeisen hergestellt und haben eine silberne Einfassung. Die senkrechten Arme sind bei beiden Formen länger als die waagerechten. Sie laufen bei Nr. 667 kleeblattförmig aus, während bei der zweiten Form die scharfkantigen Arme leicht geschweift sind, ähnlich wie beim preußischen Eisernen Kreuz. Die kleine silberne Öse ist bei der ersten Form von oben nach unten gelocht und trägt einen silbernen Sprengring, während Nr. 668 eine gewöhnliche silberne Öse und Ring hat.

V: Bei den zwei Kreuzen beider Formen ganz gleich: ein aus schwarzem Eisen gearbeiteter Ritterhelm, darauf fünf wallende Straußenfedern. Dieser Helm hat ein durchbrochenes geschlossenes Visier aus Silber, ebensolches Schildchen mit den Buchstaben „W K" (Wilhelm Kurfürst) auf der Mitte des Brustteils, während links und rechts davon je zwei silberne Nieten, auf dem Halsberg jedoch drei solcher Nieten (in zwei Reihen) sichtbar sind. Oben auf der Stirn des Helmes ein kleiner silberner Löwenkopf. Im unteren Kreuzarm, erhaben, die Jahreszahl „1814."

R: Glatt, mit dem Namen des Herstellers „KUMPFF" klein in der Mitte.

Es kamen am 22. 9. 1814 73 Eiserne Helme auf dem „Brabanter Kreuz", dazu im Jahre 1815 noch 63 Stück auf dem „Deutschen Kreuz" zur Verleihung. Diese Kreuze sind außerordentlich selten geworden.

Größe: Erste Form („Brabanter Kreuz") 61 mm hoch, 47 mm breit; zweite Form („Deutsches Kreuz") 60 mm hoch, 40 mm breit.

Band: Zuerst 46 mm breit, nicht gewässert, karmoisinrot mit zwei je 4 mm breiten weißen Seitenstreifen und 3 mm breiten karmoisinroten Kanten, später dann 38 mm breit, karmoisinrot (gewässert) mit zwei je 8 mm breiten weißen Seitenstreifen und je ½ mm breiten karmoisinroten Kanten.

669. Goldene (silbervergoldete) und
670. Silberne Militär-Verdienst-Medaille
(verliehen 1821—1832)   Abbildung am Schluß des Bandes.

Gestiftet im Jahre 1821 von Kurfürst Wilhelm II. (reg. 1821—1847) und zunächst für langjährige treue Dienste von Unteroffizieren und Mannschaften bestimmt. Nach der Stiftung des Militärverdienstkreuzes im Jahre 1832 (Nr. 675) wurden noch vorhandene Medaillen als „Preismedaillen der Akademie der bildenden Künste" zu Kassel verwendet. Sie wurden zu diesem Zweck dann mit der Inschrift „Academie der bildenden Künste" am Rand graviert.

Die tragbaren Militär-Verdienst-Medaillen haben kugelförmige Ösen mit beweglichem gewöhnlichem Ring. Besonders die silbervergoldeten Stücke sind sehr selten.

V: Das nach rechts blickende Brustbild des Stifters in Uniform und Hermelinmantel. Im Armabschnitt „K" (Name des Münzgraveurs

Wilhelm Körner zu Kassel); Umschrift: „WILHELM II. KURF. SOUV. LANDGR. V. HESSEN GR. H. V. FULDA.".

R: In einem unten durch große Schleife mit fliegenden Bandenden zusammengehaltenen Lorbeerkranz in zwei Zeilen „DEM / VERDIENST".

Größe: 37 mm; Gewicht: 20—22 g.

Band: 38 mm breit, karmoisinrot mit zwei je 8 mm breiten weißen Seitenstreifen sowie je ½ mm breiten karmoisinroten Kanten.

671. Silberne und
672. Bronzene Civil-Verdienstmedaille
(verliehen 1821—1832) Abbildung am Schluß des Bandes.

Gleichzeitig gestiftet mit Nr. 669/670, „um Hof- und Staatsdienern von geringerem Range, auch Gemeindebeamten, welche sich durch lange, treue Dienste, durch gemeinnützige Erfindungen oder durch vorzüglichen Mut in Gefahren oder durch sonstige Handlungen um den Regenten oder das öffentliche Wohl oder um ihre Mitbürger verdient gemacht, eine ehrende äußere Auszeichnung zu gewähren". Da diese Medaillen in der verhältnismäßig kurzen Zeit ihres Bestehens sparsam verliehen worden sind, kommt denselben jetzt ein hoher Seltenheitswert zu. Mit der Stiftung der „Verdienstkreuze" (Nr. 673/674) im Jahre 1832 hörte ihre Verleihung auf.

V: Unter einer freischwebenden Krone der Namenszug des Stifters „𝔚𝔎" in gotischen Buchstaben, in dem K eine kleine II.

R: In einem unten mit Schleife gebundenen Eichenkranz vierzeilig „Dem / Verdienſte / um den / Staat".

Größe: 35 mm; Gewicht: in Silber 26 g.

Band: 38 mm breit, karmoisinrot.

673. Goldenes (silbervergoldetes) und
674. Silbernes Verdienstkreuz mit den Namenszügen des Kurfürsten Wilhelm II. und des Kurprinzen Mitregenten Friedrich Wilhelm (verliehen 1832—1847)

Gestiftet am 26. Januar 1832 vom Kurprinzen (seit 1831 Mitregent) Friedrich Wilhelm im Namen des Kurfürsten Wilhelm II. unter Aufhebung der Militär- und Civilverdienstmedaillen Nr. 669 bis Nr. 672. — Diese Kreuze sollten für Verdienste in Friedenszeiten verliehen werden. Außerdem konnten sie auch an einem karmoisinroten Band mit weißen Seitenstreifen für besonders mutvolle Handlungen „vor dem Feinde" verliehen werden als „Militär-Verdienstkreuze". Da aber während der Zeit ihres Bestehens keine kriegerischen Ereignisse eintraten, kamen auch keine „Militärverdienstkreuze" dieser Prägung zur Verleihung.

Die Verdienstkreuze haben geschweifte Arme und eine gewöhnliche Öse mit mehrfach eingekerbtem Ring.

V: Im (18 mm Durchmesser) Mittelschildchen, das von einer erhöhten Kreislinie umrandet ist, der gekrönte Namenszug des Kurfürsten „𝔚𝔎 II" in gotischen Buchstaben. Auf den vier Kreuzarmen verteilt „für" (oben), „Ver-" (links), „dienst" (rechts), „und / Treue" (unten).

R: Im Mittelschildchen, das von einer erhöhten Kreislinie umrandet ist, der gekrönte Namenszug des Kurprinzen Mitregenten „𝔉𝔚", ebenfalls in gotischen Buchstaben. Auf den vier Kreuzarmen verteilt die Inschrift wie auf der Vorderseite.

Größe: 42 mm; Gewicht: 13 g.

Band: 38 mm breit, karmoisinrot.

675. Goldenes (silbervergoldetes) und

676. Silbernes Militärverdienstkreuz mit dem Namenszug des Kurfürsten Friedrich Wilhelm

677. Goldenes (silbervergoldetes) und

678. Silbernes Verdienstkreuz mit dem Namenszug des Kurfürsten Friedrich Wilhelm (verliehen 1847—1852) Abbildung am Schluß des Bandes.

Nach dem Regierungsantritt des Kurfürsten Friedrich Wilhelm (reg. 1847 bis 1866) wurde die Prägung auf dem Mittelschildchen der Verdienstkreuze, die sonst vollständig gleich blieben, geändert. Auch kamen während der Kriegsjahre 1848/49 40 Militärverdienstkreuze an dem schon früher hierfür vorgesehenen besonderen Band zur Verleihung. Da von den Verdienstkreuzen am Friedensband in dieser veränderten Prägung auch nur 17 Stück verliehen worden sind, ist dieses Ehrenzeichen sehr selten.

V: Im Mittelschildchen (18 mm Durchmesser) der gekrönte Namenszug „F W" in gotischen Buchstaben.

R: Im Mittelschildchen der nach links aufrecht schreitende gekrönte kurhessische Löwe.

Größe und Gewicht wie Nr. 673/674.

Band: 38 mm breit, für Militärverdienstkreuze karmoisinrot mit zwei je 8 mm breiten weißen Seitenstreifen bei 1/2 mm breiten karmoisinroten Kanten. Bei den Verdienstkreuzen (im Frieden) karmoisinrot.

679. Goldenes (silbervergoldetes) und

680. Silbernes Verdienstkreuz mit scharfkantigen Armen, letzte Form (verliehen 1852—1866) Abbildung am Schluß des Bandes.

Vom Mai 1852 ab wurden die Verdienstkreuze in veränderter Form verliehen. Sie gleichen mit ihren glatten polierten Armen, umrandet von dreifacher Linieneinfassung, sowie hinsichtlich der Rückseite ganz dem preußischen Roten-Adler-Orden IV. Klasse älterer Art (dem früheren preußischen Allgemeinen Ehrenzeichen I. Klasse). Hersteller war der Goldschmied G. Hossauer zu Berlin. Georg Hossauer (geb. 1794 in Berlin, gest. ebenda 1874), Geheimer Kommissionsrat und Hofgoldschmied der Könige Friedrich Wilhelm III., Friedrich Wilhelm IV. und Wilhelm I., gründete 1817 die Firma gleichen Namens, die er 1859 dann an die Herren Sy und Wagner verkaufte, da er keinen männlichen Erben hatte. Es ist nicht mehr genau festzustellen, ob und wieviel silbervergoldete Stücke dieser Prägung verliehen worden sind. Vorgesehen waren sie jedenfalls. Auch von den silbernen Verdienstkreuzen sind im ganzen nur 38 Exemplare verliehen worden bis zur Einverleibung des Kurfürstentums in Preußen.

V: Im Mittelschildchen (16 mm Durchmesser) der nach links schreitende gekrönte kurhessische Löwe auf waagerecht schraffiertem Grund.

R: Im Mittelschildchen der verschlungene Namenszug „F W." in lateinischer Schreibschrift, überragt von der (preußischen!) Königskrone.

Größe: 36 mm; Gewicht: 15 g.

Band: 35 mm breit, karmoisinrot.

681. Kriegsdenkmünze für 1814/1815 für Kämpfer, aus dem Metall eroberter Geschütze (verliehen 1821)

Gestiftet von Kurfürst Wilhelm II. am 14. März 1821 für alle kurhessischen „Krieger und Untertanen, welche in den Jahren 1814 und 1815" „unter den vaterländischen Fahnen ins Feld gerückt sind, den Rhein passiert und sich keines entehrenden Verbrechens schuldig gemacht haben" (Gesetzsammlung 1821 Seite 77). Die Medaillen wurden aus dem Metall eroberter französischer Geschütze geprägt, worauf auch die vertiefte Randschrift „AUS EROBERTEM GESCHÜTZ" hinweist. Die Stempel stammen vom Münzgraveur Wilh. Körner jun. (1804—1833 in Kassel tätig, dort gestorben 1864). Die Denkmünzen haben eine angelötete kugelförmige Öse mit beweglichem Ring.

V: In einem unten mit Bandschleife gebundenen Lorbeerkranz unter der schwebenden Krone vierzeilige Inschrift „Ḟ W II / ſeinen tapfern / ḟeſſen / 1821".

R: Ein scharfkantiges Kreuz, dessen vier Arme durch einen dichten Eichenkranz verbunden sind und zwischen denen sich zwei antike Lanzen kreuzen; der obere Kreuzarm ist mit einem „Ritterhelm" (mit geschlossenem Visier und mit Straußenfedern besteckt) belegt. Im Mittelschildchen des aufgeprägten Kreuzes, umgeben von einer doppelten Kreislinie mit Lorbeerkranz „1814 / 1815" (zweizeilig); Umschrift außen am Rande der Medaille auf einer Kreislinie: „Gott brach des ḟeindes Macht und ḟeſſen ward befreit".

Größe: 29 mm.

Band: 38 mm breit, dunkelblau mit zwei karmoisinroten, je 8 mm breiten Seitenstreifen und je ½ mm breiten dunkelblauen Kanten.

682. Kriegsdenkmünze für 1814/1815 für Nichtkämpfer, Eisen (verliehen 1821)

Im Juli 1821 auf Befehl des Kurfürsten Wilhelm II. ausgegeben an die während der Jahre 1814/15 beim Stabe und bei den Militärbehörden angestellt gewesenen Beamten und Bediensteten.

Vorderseite, Rückseite und Größe übereinstimmend mit Nr. 681.

Die Denkmünze für Nichtkämpfer ist aus schwarz gebeiztem Eisen und hat keine Randschrift; sie ist in ziemlich geringer Anzahl verliehen worden und daher in Originalstücken selten. Es kommen davon Fälschungen vor, hergestellt aus Nachgüssen der Kriegsdenkmünze für Kämpfer. Diese Stücke haben mehr oder minder deutliche Spuren der ursprünglichen Randschrift, dabei unscharfe Konturen von Schrift und Darstellung.

Band: 38 mm breit, weiß mit zwei karmoisinroten, je 8 mm breiten Seitenstreifen und je ½ mm breiten weißen Kanten.

683. Dienstauszeichnung für Offiziere, Bronze vergoldet (verliehen 1849—1866)

Gestiftet von Kurfürst Friedrich Wilhelm durch Befehl vom 16. März 1849 (Nr. 43) für Offiziere der kurhessischen Armee nach vollendeter 25jähriger Dienstzeit.

Das Kreuz hat gerade, nach außen zu breiter werdende gekörnte Arme mit erhöhter glatter Linieneinfassung sowie eine gewöhnliche Drahtöse mit Ring. Es ist aus vergoldeter Kupferbronze geprägt.

V: Im Mittelschildchen (16 mm Durchmesser) der Namenszug „F. W. / I" in gotischem Schriftcharakter unter der (preußischen!) Königskrone auf gekörntem Grund.

R: Im Mittelschildchen auf gekörntem Grund „XXV.".

Größe: 37 mm.

Band: 36 mm breit, karmoisinrot mit je 2 mm breiten gelben Rändern.

684. Dienstauszeichnungs-Kreuz für 20jährige Dienste der Unteroffiziere usw. aus dunkler Bronze

685. Dasselbe für 15jährige Dienste der Unteroffiziere usw. aus dunkler Bronze

686. Dasselbe für 10jährige Dienste der Unteroffiziere usw. aus dunkler Bronze (verliehen 1835—1849)

Gestiftet von Kurprinz Friedrich Wilhelm als Mitregent im Namen seines Vaters Wilhelm II. am 19. August 1835.

Die Kreuze stimmen, abgesehen von der Zahl der Dienstjahre, ganz überein. Sie sind aus dunkler Bronze geprägt und haben eine mehrfach eingekerbte Öse mit beweglichem Ring. Die scharfkantigen Arme verbreitern sich nach außen zu und haben eine erhöhte Linieneinfassung.

V: Im Mittelschildchen in einem schmalen Lorbeerkranz unter der Krone der Namenszug des Kurfürsten „W fi II" in gotischer Schrift, im oberen Arme „20" bzw. „15" bzw. „10", auf den übrigen drei Armen verteilt „IAHRE (rechts) / DIENST (unten auf dem Kopf stehend) / ZEIT." (links), jeweils am Armabschnitt entlang angeordnet.

R: Im Mittelschildchen in einem schmalen Lorbeerkranz unter der Krone der Namenszug „F W" des Kurprinzen-Mitregenten, ebenfalls in gotischen Buchstaben. Die Inschrift auf den vier Kreuzarmen entspricht genau derjenigen auf der Vorderseite.

Größe: 27 mm.

Band: 38 mm breit, dunkelrot mit dunkelblauen, je 3 mm breiten Rändern.

687. Dienstauszeichnung I. Klasse, vergoldete Schnalle, für Unteroffiziere nach 21 Dienstjahren

688. Dieselbe II. Klasse, silberne Schnalle, für Unteroffiziere nach 15 Dienstjahren Abbildung am Schluß des Bandes.

689. Dieselbe III. Klasse, eiserne Schnalle mit silberner Umrahmung, für Unteroffiziere nach 9 Dienstjahren (verliehen 1849—1866)

Unter Aufhebung der Kreuze für 20, 15 und 10 Dienstjahre (Nr. 684 bis 686) am 16. März 1849 gestiftet von Kurfürst Friedrich Wilhelm I. Die rechteckigen, 42 mm langen und 11 mm hohen Metallplatten haben in der Mitte auf gekörntem Grund den Namenszug „F. W. I." in gotischen Buchstaben, außen herum eine doppelte Linienumrahmung. Rückseitig ist zum Durchziehen des Bandes ein Metallstreifen angelötet, worauf klein der Name des Herstellers „KAUPERT" eingeschlagen ist.

Band: 37 mm breit, karmoisinrot, mit bei der I. Klasse goldgelben, bei der II. Klasse weißen und bei der III. Klasse schwarzen Rändern, diese stets 3 mm breit, mit ganz schmalem karmoisinrotem Vorstoß.

Hohenzollern

Die Fürsten von Hohenzollern-Hechingen und von Hohenzollern-Sigmaringen traten am 7. Dezember 1849 die Regierung über ihre Länder an die Krone Preußen ab. Die Linie Hohenzollern-Hechingen erlosch am 3. September 1869 im Mannesstamme; der Fürst von Hohenzollern-Sigmaringen nahm daraufhin den Titel und Namen „Fürst von Hohenzollern" an. Aus diesem Haus ist das regierende Haus Rumänien hervorgegangen.

Die Fürsten von Hohenzollern verfügen über zwei Orden, den am 5. Dezember 1841 gestifteten Fürstlich Hohenzollernschen Hausorden und den aus der Bene Merenti Medaille (Nr. 703/704) hervorgegangenen Bene Merenti Orden. Die fürstlich hohenzollernschen Orden und deren angeschlossene Medaillen verleiht auch der König von Rumänien in beschränkter Anzahl mit Genehmigung des jeweiligen Familienchefs, und zwar gemäß einer kgl. rumänischen Verordnung vom 20. Dezember 1935. Die Ehrenzeichen sind:

690. Goldene Ehrenmedaille

690a. Dieselbe, Silber vergoldet

691. Silberne Verdienstmedaille
   1. Prägung (verliehen 1842—1851)

Die goldene Ehrenmedaille und silberne Verdienstmedaille wurden gleichzeitig gestiftet mit dem gemeinsamen Ehrenkreuz der Fürstentümer Hohenzollern-Hechingen und -Sigmaringen mit Statuten vom 1. Januar 1842 von den beiden Landesherren, Fürsten Friedrich Wilhelm von H.-Hechingen (reg. 1838 bis 1840) und Carl von H.-Sigmaringen (reg. 1831—1848).

Die goldene Medaille, welche von einer ebenfalls goldenen, mit einem kleinen Öhr in deren Öse eingehängten gefütterten Fürstenkrone überragt ist, war zuerst als dritte Klasse des Ehrenkreuzes

(Hausordens) gedacht und für ausgezeichnetes Verdienst an Staats-
und Hofbeamte im Range eines Kollegialrates oder Amtsvorstandes
sowie an Militärs nicht unter dem Hauptmannsrang verliehen worden.
Ab April 1844 wurden sie aber nur mehr in vergoldetem Silber ver-
liehen und an ihrer Stelle das damals neugestiftete Ehrenkreuz III. Klasse
an die vorgenannten Rangstufen verliehen. Die silberne Verdienst-
medaille, abgesehen von der fehlenden Krone ganz gleich in der
Prägung mit der goldenen Ehrenmedaille, diente zur Belohnung von
Verdiensten und langjährigen Diensten von Personen ohne besonderen
Rang oder Stand. Sie stellte zunächst (bis 8. April 1844) die vierte
Stufe des gemeinsamen Ehrenkreuzes (Hausordens) dar. Die beiden
Medaillen wurden von Hofgoldschmied G. Hossauer, Berlin, geliefert,
dessen Name auch klein am Rande derselben eingeschlagen ist.
Goldene Exemplare sind außerordentlich selten, aber auch die silber-
vergoldeten und silbernen Stücke kommen sehr wenig vor.

V: In der Mitte nebeneinander die beiden Buchstaben „F * C" (Friedrich,
   Carl) in gotischer Schrift auf gekörntem Grund unter einem schwebenden Fürstenhut. Umschrift innerhalb zweier Kreislinien:
   „FÜR TREUE UND VERDIENST". Außen am Rande entlang ein
   dichter Kranz (links Lorbeer-, rechts Eichenlaub), der unten
   mit einer Schleife gebunden ist.

R: Der Hohenzollernschild im gekrönten Hermelinmantel auf gekörntem
   Grund, umgeben von einer Kreislinie und einem am Rande der
   Medaillen entlanglaufenden dichten Kranz aus Lorbeer- (rechts)
   und Eichenblättern (links), unten mit einer Schleife gebunden.

Größe: 32 mm (ohne Krone).

Gewicht: in Gold 6 Dukaten = 20,5 g, in Silber 30 g.

Band: 30 mm breit, weiß mit einem 2,5 mm breiten schwarzen Mittelstreifen und zwei schwarzen, je 4 mm breiten Seitenstreifen, letztere
   mit je 2 mm Abstand von den Kanten.

692. Goldene (silbervergoldete) Ehrenmedaille

693. Silberne Verdienstmedaille
   2. Prägung (verliehen ab 1850)

694. Silberne Verdienstmedaille mit Schwertern
   (verliehen ab 1871)

Nachdem die Fürsten Friedrich Wilhelm von H.-Hechingen und Carl Anton
von H.-Sigmaringen unterm 7. Dezember 1849 zugunsten Preußens auf die
Regierung ihrer seitherigen Länder verzichtet hatten, stiftete König Friedrich
Wilhelm IV. von Preußen am 23. August 1851 eine besondere Königliche Abteilung des Hausordens von Hohenzollern. Das seitherige fürstliche Ehrenkreuz nebst seinen Ehren- bzw. Verdienstmedaillen behielten sich die beiden
Fürsten zur Weiterverleihung vor; sie erweiterten diese Auszeichnung am
16. Februar 1852 unter gleichzeitiger Erteilung neuer Statuten und Veränderung der Ehren- bzw. Verdienstmedaillen.

Die goldene (jetzt silbervergoldete) Ehrenmedaille hatte keine
Krone mehr und war somit, abgesehen von der Metallfarbe, ganz der
silbernen Verdienstmedaille gleich geworden. Die am 18./20. De-

zember 1866 gestifteten vergoldeten antiken Schwerter wurden zur silbernen Verdienstmedaille erstmals im Januar 1871 verliehen an Unteroffiziere und Mannschaften des Hohenzollernschen Füsilier-Regiments Nr. 40, dessen Inhaber Fürst Carl Anton von Hohenzollern war.

V: Auf gekörntem Grund in der Mitte der verzierte geschweifte Hohenzollernsche Wappenschild unter der Fürstenkrone (nunmehr ohne Mantel); Umschrift zwischen zwei Kreislinien: „FÜR TREUE UND VERDIENST"; unten ein kleines Sternchen. Am Medaillen-rand entlang ein dichter Kranz, links aus Lorbeer-, rechts aus Eichenblättern zusammengestellt, unten mit Doppelschleife gebunden.

R: Im Mittelschildchen die verschlungenen Initialen der beiden Stifter „F C" unter der Fürstenkrone auf gekörntem Grund; Umschrift zwischen zwei Kreislinien: „DEN 5T DEZEMBER 1841"; unten ein kleines Sternchen. Außen am Rande entlang ein dichter Kranz aus Lorbeer- (rechts) und Eichenlaub (links).

Größe: 32 mm; Gewicht: mit Schwertern 19 g, ohne Schwerter 15 g.
Band: Wie bei Nr. 690 ff.

695. Goldene (silbervergoldete) Ehrenmedaille, 3. Prägung (wird noch verliehen)

696. Dieselbe mit Schwertern (verliehen bis 1918)

697. Silberne Verdienstmedaille, 3. Prägung (wird noch verliehen)

698. Dieselbe mit Schwertern (verliehen bis 1918)
Abbildung am Schluß des Bandes.

Die Ehrenmedaillen bzw. Verdienstmedaillen wurden in späteren Jahren mit dem Datum der ersten Statuten des Fürstlichen Ehren-kreuzes (Hausordens) „1T JANUAR 1842" auf der Rückseite versehen und seitdem so verliehen. Im Weltkriege erfolgte die Verleihung sowohl der goldenen Ehrenmedaille wie der silbernen Verdienst-medaillen mit vergoldeten antiken Schwertern meist an Unteroffiziere und Soldaten derjenigen deutschen Regimenter, deren Inhaber Fürst Wilhelm von Hohenzollern gewesen. Abgesehen von dem veränderten Datum ergeben sich auch noch in der Zeichnung des Hohenzollern-schildes, dann des fürstlichen Namenszuges kleine Abweichungen gegenüber der Prägung vom Jahre 1850.
Größe, Gewicht und Band wie Nr. 690 ff.

699. Verdienstkreuz in Gold (silbervergoldet)

700. Dasselbe mit Schwertern

701. Verdienstkreuz in Silber

702. Dasselbe mit (vergoldeten) Schwertern (verliehen 1910—1918)

Anläßlich einer Erweiterung des fürstlichen Hausordens (Ehren-kreuzes) am 6. Juni 1910 gestiftet von Fürst Wilhelm. Die Verdienst-

13

kreuze standen im Range zwischen dem fürstlichen Ehrenkreuz III. Klasse und der goldenen Ehrenmedaille. Sie haben, wie auch das Ehrenkreuz selbst, vier an den Außenseiten abgerundete Arme mit gekörntem Grund und polierter erhöhter Einfassung. Die Arme selbst verbindet ein dichter Kranz, links aus Lorbeer, rechts aus Eiche, auf der Rückseite daher entsprechend umgekehrt. Die Mittelschildchen von je 19 mm Durchmesser sind vorn und rückseitig aufgelötet.

V: Der erhöhte gekrönte Hohenzollernschild auf poliertem Grunde; Umschrift auf matt grundiertem, erhöhtem Spruchband: „FÜR TREUE UND VERDIENST". Unten je ein kleiner Lorbeer- und Eichenzweig, mit Schleife zusammengebunden.

R: Auf poliertem Grund der gekrönte und erhöhte Namenszug „W" in verzierter lateinischer Schreibschrift; Umschrift auf einem matt grundierten, erhöhten Band: „DEN 1ᵀᴱᴺ JANUAR 1910". Unten je ein kleiner Lorbeer- und Eichenzweig, mit Schleife zusammengebunden.

Größe: 38 mm; Gewicht: mit Schwertern 26 g, ohne Schwerter 24 g.
Band: Wie bei Nr. 690 ff.

Die durch die Mitte der Vorderseite gekreuzten, aufgelöteten antiken Schwerter sind stets aus vergoldetem Silber und wurden zum silbernen Verdienstkreuz nur in den Kriegsjahren 1914/18 an Portepee-Unteroffiziere, mit dem goldenen Verdienstkreuz aber nur an Feldwebelleutnants sowie an Militärbeamte des entsprechenden Ranges verliehen.

703. Bene merenti Medaille mit Krone und Schwertern

703a. Große goldene und

704. Kleine goldene Bene merenti Medaille
(verliehen seit 1910)

Die schon im Jahre 1857 vom Fürsten Carl Anton gestifteten Medaillen für Kunst und Wissenschaft mit dem Bilde der jeweiligen Fürsten von Hohenzollern und der Inschrift „Bene merenti" waren nicht zum Tragen bestimmt. Bei der Erweiterung der Statuten des fürstlich-hohenzollernschen Hausordens (Ehrenkreuzes) vom 6. Juni 1910 (bestätigt vom König von Preußen am 15. Juni 1910) wurde durch Fürst Wilhelm verfügt, daß die Medaillen fortan am Bande des fürstlich-hohenzollernschen Ehrenkreuzes II. und III. Klasse getragen werden sollten. Die Medaillen sind in der Königlichen Münze in Berlin geprägt worden. Die Bene merenti Medaille mit Krone und Schwertern wurde nur zwei- oder dreimal verliehen.

V: Der nach links gewendete Kopf des Fürsten Wilhelm; Umschrift: „GUILELMUS PRINCEPS DE HOHENZOLLERN"; auf dem Halsabschnitt „O. Schultz 07.".

R: Innerhalb eines oben und unten kreuzweise gebundenen Eichenlaubkranzes zweizeilig „BENE / MERENTI"; darunter ein waagerechter Strich.

Größe: 41 bzw. 30 mm.
Band: Wie bei Nr. 690 ff.

705. Goldene (silbervergoldete)

706. Silberne und

707. Bronzene Medaille zur Erinnerung an Fürst Carl Anton (verliehen 1911)

Gestiftet vom Fürsten Wilhelm von Hohenzollern am 7. September 1911 aus Anlaß der 100jährigen Wiederkehr des Geburtstages seines Großvaters, des Fürsten Carl Anton (reg. 1848—1849). — Es wurden 90 goldene, 300 silberne und 610 bronzene Medaillen verliehen, zum Teil ohne Band und Öse. Die silbervergoldeten Medaillen erhielten verwandte fürstliche Personen, die silbernen die Hofstaaten, Staatsbeamten, Geistlichen und andere Personen, welche zum Fürsten Carl Anton in Beziehung gestanden hatten, sowie die Offiziere des Füsilierregiments Nr. 40 und die wenigen noch lebenden ehemaligen fürstlich-hohenzollernschen Offiziere, die Bronzemedaille aber Subalternbeamte, Lehrer, Pensionäre, die fürstliche Dienerschaft, Arbeiter sowie andere Personen, welche unter dem Fürsten gedient hatten, dann die Feldwebel des Füsilierregiments Nr. 40, die ehemals hohenzollernschen Soldaten und auch noch die Fahnen derjenigen Kriegervereine, welche den Namen Fürst Carl Antons führten.

Die silbervergoldete und silberne Medaille haben matte Oberflächen, die bronzenen Stücke sind dunkel getönt. Alle Medaillen haben eine kugelförmige Öse mit gewöhnlichem Ring.

V: Das nach rechts blickende Dreiviertelprofilbild des Fürsten in Uniform mit dem Orden pour le mérite am Halse, links über der Schulter vertieft „SZIRMAÏ" (Tony Antoine Szirmaï, Skulpteur und Medailleur, geboren 1871 in Budapest); Umschrift: „FÜRST · CARL · ANTON · VON · HOHENZOLLERN".

R: Innerhalb eines unten mit doppelter Schleife gebundenen Kranzes (links Eichen-, rechts Lorbeerblätter) dreizeilig „1811 / 7 SEPTEMBER / 1911".

Größe: 35 mm; Gewicht: in Silber 21 g.

Band: 30 mm breit, schwarz mit zwei je 4,5 mm breiten silbernen Seitenstreifen und einem schmäleren, 3 mm breiten silbernen Mittelstreifen bei 1,5 mm breiten schwarzen Kanten.

708. Dienstauszeichnungskreuz für 25 Dienstjahre der Offiziere, vergoldete Bronze (verliehen 1841—1849)

Abbildung am Schluß des Bandes.

Gemeinschaftlich gestiftet am 19. bzw. 25. Februar 1848 von den Fürsten Friedrich von H.-Hechingen und Carl von H.-Sigmaringen für die Offiziere ihrer Militärkontingente.

Das achtspitzige Malteserkreuz hat glatte Arme mit dreifacher Linieneinfassung, gewöhnliche Öse mit Ring. Es ist aus feuervergoldeter Kupferbronze und soll nur viermal im ganzen verliehen worden sein, ist also sehr selten.

V: Im Mittelschildchen (15 mm Durchmesser) der gekrönte hohenzollernsche Wappenschild auf gekörntem Grund.

R: Im Mittelschildchen auf gekörntem Grund „XXV".

Größe: 36 mm.

13*

Band: 36 mm breit, schwarz mit zwei weißen, je 3 mm breiten Seitenstreifen mit 1,5 mm Abstand von den Kanten.

709. Dienstauszeichnung I. Klasse, vergoldete Schnalle

710. Dieselbe II. Klasse, silberne Schnalle

711. Dieselbe III. Klasse, silberne Schnalle mit schwarzem Grund (verliehen 1845—1849)

Gemeinschaftlich gestiftet von den Fürsten Friedrich von Hohenzollern-Hechingen und Carl von Hohenzollern-Sigmaringen am 12. August 1845 als Ersatz für die bis dahin gebräuchlichen Chevrons für die Soldaten vom Feldwebel abwärts nach vollendeter 20-, 15- bzw. 10jähriger Dienstzeit.

Die Schnallen tragen in der Mitte das gekrönte hohenzollernsche Wappen, links desselben in deutschen Buchstaben „f. h." (Fürstentümer Hohenzollern) und rechts die Zahlen „XX", „XV" bzw. „X" auf gekörntem Grund. Bei der Dienstauszeichnung III. Klasse ist der Grund schwarz gebeizt, so daß Wappen, Schrift und Rand hell in Silber hervortreten. Rückseitig sind sie auf einen Metallstreifen gelötet, über welchen das Band gezogen ist und der eine Nadel zum Anstecken der Schnalle trägt.

Größe: 14 mm hoch, 43 mm lang.

Band: Wie bei Nr. 708.

Isenburg

Von 1806—1815 selbständiges Fürstentum, seitdem Bestandteil des Großherzogtums und des Kurfürstentums Hessen.

712. Silberne Kriegsdenkmünze für 1814 und 1815

712a. Dieselbe, 1. Stempelverschiedenheit

712b. Dieselbe, 2. Stempelverschiedenheit.

Abbildung am Schluß des Bandes.

Fürst Karl (reg. 1806—1820) stiftete Ende 1814 für seine Landeskinder, welche, in die Truppen des Generalgouvernements Frankfurt eingereiht, den Krieg gegen Napoleon 1814 mitgemacht hatten, silberne Kriegsdenkmünzen. Im Jahre 1815 erhielten auch die Offiziere und Mannschaften des selbständigen Bataillons Isenburg diese Kriegsdenkmünze. Es gibt hiervon drei verschiedene Prägungen der Vorderseite. Die Münzsammlung der Stadt Frankfurt a. M. besitzt alle drei Arten.

V: Bei Nr. 712: Eine Säule auf Felsen stehend und von Waffen, Fahnen, Kanonenrohr, Mörser, Kanonenkugeln usw. umgeben. An der Säule ein kleines gekröntes Schildchen mit dem Buchstaben „J", über der Säule am Rande „1814".

V: Bei Nr. 712a: Wie vorher, aber das „J" sowie Mörser und Kanonenrohr sind etwas größer als bei Nr. 712; auch hängt bei der Fahne links unten die Quaste unmittelbar unter der Spitze, während sie bei Nr. 712 eine lange Schnur hat.

196

V: Bei Nr. 712b: Das „J" auf dem Schildchen ist so groß wie bei Nr. 712a. Die Fahne links unten hat aber keine Quaste, das Kanonenrohr ist größer und schiefer geneigt, die Säule etwas dicker als bei Nr. 712 und Nr. 712a.

R: Bei den drei Arten gleich: In einem lichten, unten mit Schleife gebundenen Eichenkranz dreizeilig: „MIT GOTT / FÜRS / VATER-LAND". Nr. 712a und Nr. 712b haben eine angeprägte runde Öse mit weiter Lochung, durch welche unmittelbar das Band gezogen wurde. Bei Nr. 712 dagegen hat die kleinere Öse einen längeren Stiel und durch die Lochung derselben geht ein beweglicher Trag-ring für das Band.

Größe: 28 mm; Gewicht: 10—11 g.

Band: 35 mm breit, weiß mit einem 10 mm breiten schwarzen Mittel-streifen, seitlich zwei je 2 mm breite hellblaue, daneben an-schließend zwei je 1 mm breite goldgelbe Seitenstreifen, wobei außen noch je eine 1 mm weiße Kante sichtbar bleibt.

Köln (Kurköln)

Bis 1801 Kurfürstentum.

713. Goldene

714. Silberne und

715. Bronzene Tapferkeits-Medaille (verliehen 1795—1799)

Gestiftet im Jahre 1795 vom Kurfürsten Maximilian Franz. Erzherzog von Österreich (reg. 1784—1801), dem jüngsten Sohne Maria Theresias und des Kaisers Franz I., für die in kurkölnischen Diensten stehenden Krieger, „welche sich durch eine tapfere Handlung vor dem Feinde besonders hervorgethan". Die Medaillen gelangten besonders während der Verteidigung der damals zu Kurtrier gehörigen Festung Ehrenbreitstein von 1795—1799 zur Verleihung Ein Bataillon Kurkölner Infanterie sowie die kurkölnische Artillerie hatten hieran mit großer Tapferkeit teilgenommen. — Die Stempel schnitt Johann Lindenschmidt in Mainz. (1790—1808 dort Medailleur, 1808—1819 Münzmeister in Usingen, Nassau.) Die Rückseite wurde gleichzeitig auch zur Prägung der Kurmainzer Tapferkeitsmedaillen verwendet.

V: In einem Lorbeerkranze, unter dem Kurhut, der verschlungene Namenszug des Stifters „M. F.". Unter dem Kranze in Diamant-schrift: „LINDENSCHMIT".

R: Eine fliegende Siegesgöttin, in der Rechten einen Lorbeerkranz haltend, mit der Linken auf die unten liegenden Kriegsgeräte deu-tend. Unter dem Lorbeerkranz, vierzeilig: „DAS / VATERLAND / SEINEM TAPFERN / VERTHEIDIGER".

Größe: 38 mm; Gewicht: in Gold 6 Dukaten, in Silber etwa 17 g.

Band: 40 mm breit, halb ponceaurot, halb weiß.

Liechtenstein

Das Fürstentum Liechtenstein gehörte bis 1866 zum Deutschen Bund.

Es hat einen am 22. Juli 1937 gestifteten Orden, den fürstlich liechtensteinischen Verdienstorden; die Ehrenzeichen sind folgende:

716. Dienstauszeichnung I. Klasse, vergoldete Schnalle
Abbildung am Schluß des Bandes.

717. Dieselbe II. Klasse, silberne Schnalle, und

718. Dieselbe III. Klasse, silberne Schnalle mit schwarzer Grundierung, mit dem Buchstaben „A"
(verliehen 1847—1858)

Gestiftet von Fürst Aloys (reg. 1836—1858) am 17. August 1847 anstatt der bis dahin gebräuchlichen Chevrons für die Soldaten vom Feldwebel abwärts nach 20-, 15- bzw. 10jähriger vollendeter Dienstzeit im liechtensteinischen Militärkontingent. — Das Fürstentum unterhielt, ebenso wie die hohenzollernschen Fürstentümer, die Stämme zu dem als Bundeskontingent im Kriegsfalle gemeinsam zu formierenden „Hohenzollern - Liechtensteinschen leichten Bataillon", zu welchem es den fürstlich liechtensteinschen Scharfschützenzug zu stellen hatte. Es nahm die in Hohenzollern seit 1845 schon eingeführten Dienstauszeichnungen (Schnallen) für Unteroffiziere und Soldaten in ganz ähnlicher Form auch für sein Militär an.

Die rechteckigen Schnallen tragen auf der Vorderseite auf gekörntem Grund, der bei der III. Klasse außerdem mit schwarzem Lack überzogen ist, in der Mitte den ovalen gekrönten Liechtensteinschen Wappenschild (quer geteilt, halb gelb, halb rot, die Farben durch Schraffierung ersetzt), links davon den Buchstaben „A", rechts die Zahl „XX" oder „XV" bzw. „X", in erhöhter Prägung. Die Schnallen haben außerdem eine glatte erhöhte Umrandung. Durch den rückseitig angelöteten Metallstreifen wurde das Band gezogen.

Größe: 15 mm hoch, 43 mm lang.

Band: 41 mm breit, ponceaurot mit zwei je 8 mm breiten weißen Randstreifen.

719. Dienstauszeichnung I. Klasse, vergoldete Schnalle

720. Dieselbe II. Klasse, silberne Schnalle

721. Dieselbe III. Klasse, silberne Schnalle mit schwarzer Grundierung mit dem Buchstaben „J"
(verliehen 1858—1868)

Seit dem Regierungsantritt des Fürsten Johann II. im Jahre 1858 trugen die Militär-Dienstauszeichnungen für Soldaten den Buchstaben „J" links vom liechtensteinschen Wappenschild. Sonst ist alles ganz unverändert geblieben bis zum Jahre 1868, seit welcher Zeit das Fürstentum Liechtenstein kein Militär mehr besitzt.

198

722. Jubiläums-Erinnerungs-Medaille, Bronze (verliehen 1908 und in Einzelfällen bis 1937)

Gestiftet d. d. Wien am 12. November 1908 von Fürst Johann II. zum Andenken an sein 50jähriges Regierungsjubiläum. Die Medaille wurde „allen gegenwärtig aktiv im Dienst stehenden Beamten und Dienern erfolgt, sowie jenen Personen, denen mit Rücksicht auf deren dem Fürstentume Liechtenstein gewidmete öffentliche Tätigkeit oder aus anderen Ursachen auf Grund spezieller Entschließung Seiner Durchlaucht verliehen" wurde. Die Statuten sind im Liechtensteinschen Landes-Gesetzblatt Nr. 5, Jahrgang 1908, veröffentlicht. Es kamen auch später noch Verleihungen der Jubiläums-Erinnerungsmedaillen bis zum Tode des Fürsten Johann (1937) vor.

Die Medaille hat keinen Überrand und ist, abgesehen vom Bildnis des Stifters, sehr flach geprägt.

V: Das nach rechts gewendete Brustbild des Fürsten in der Tracht der Ritter vom Goldenen Vließ; Umschrift: „JOHANN · FÜRST · (links) · VON · LIECHTENSTEIN · 1908 (rechts)". Neben dem Armabschnitt, klein: „L. HUJER". (Ludwig Hujer, Bildhauer und Medailleur in Wien.)

R: Zwei mit ihrem Laub zur gemeinsamen Krone verwachsene knorrige Eichen, zwischen deren Stämmen die vierzeilige Inschrift: „· ZUM · / 50 · JÄHRIGEN / REGIERUNGS / · JUBILÄUM".

Größe: 36 mm.

Band: 40 mm breit, ponceaurot mit zwei goldgelben, je 5 mm breiten Randstreifen.

722a. Fürstlich liechtensteinisches goldenes Verdienstzeichen, vergoldet

722b. Fürstlich liechtensteinisches silbernes Verdienstzeichen, versilbert (verliehen seit 1937)

Gestiftet von Fürst Franz I. von Liechtenstein im Zusammenhang mit dem gleichzeitig gestifteten „fürstlich liechtensteinischen Verdienstorden" am 22. Juli 1937.

Die Verdienstzeichen bestehen aus Kreuzen mit nach außen sich verbreiternden, leicht geschweiften, abgerundeten, gekörnten Armen, die mit einer erhöhten doppelten Linieneinfassung versehen sind, daran oben eine gewöhnliche Drahtöse mit Ring. Die Mittelstücke sind beim goldenen und beim silbernen Verdienstzeichen gleich, nämlich rund, dunkelblau mit roter Umrandung emailliert, golden gefaßt; V. und R. unterscheiden sich nur durch die Buchstaben in der Mitte des blauen Feldes, nämlich

V: ein goldenes erhöhtes und verziertes „L" (Liechtenstein),

R: die goldenen verschlungenen Buchstaben „F I L" (Franz I. Liechtenstein).

Größe: 45 mm.

Band: 40 mm breit, halb dunkelkornblumenblau, halb ponceaurot, dreieckig gefaltet, von Frauen zur Schleife gelegt.

Lippische Fürstentümer

Die beiden Lippischen Fürstentümer wurden bis 1918 von Fürsten aus dem Hause Lippe regiert. Die Linie zu Detmold regierte im Fürstentum Lippe (daher meist irrig Lippe-Detmold genannt), die Linie zu Bückeburg regierte im Fürstentum Schaumburg-Lippe. Seit November 1918 sind beide Länder Freistaaten unter den alten Namen.

Beide Fürstentümer hatten einen gemeinsam am 25. Oktober 1869 gestifteten Orden, das Ehrenkreuz; die Verbindung wurde gelöst, indem Schaumburg-Lippe am 18. September 1890 einen ganz ähnlichen eigenen Orden, den „Schaumburg-Lippischen Hausorden", stiftete.

Daneben schuf Lippe noch am 29. Februar 1908 den Leopold-Orden und am 30. Mai 1910 den Bertha-Orden.

Die Ehrenzeichen beider Fürstentümer waren immer voneinander unabhängig. Es sind folgende:

a) Im Fürstentum Lippe

723. Zivil-Verdienstmedaille, Silber (verliehen 1816—1869)

Abbildung am Schluß des Bandes.

Gestiftet im Jahre 1816 von der Fürstin Pauline als Vormünderin (1802—1820) des damals noch minderjährigen Fürsten Paul Alexander Leopold (reg. 1802 bis 1851) zur Belohnung und als Anerkennung von Verdiensten aller Art.

Die von Alfred Bernhard Loos in Berlin hergestellte Medaille hat eine angeprägte runde Öse, durch welche das Band gezogen wurde.

V: Oben die fünfblättrige lippische Rose. In der unteren Hälfte des Feldes eine Girlande von Vergißmeinnichtblumen, an beiden Enden mit Bandschleifen versehen.

R: Ein senkrecht stehender Eichenast mit einigen Nebenzweigen; durch das Laub schlingt sich im Kreise die Inschrift: „Des Verdienstes Anerkennung" in lateinischer Schreibschrift. Unten am Rande ein kleines „L" (Loos).

Größe: 36 mm; Gewicht: 14 g.

Band: 38 mm breit, ponceaurot mit zwei goldgelben, je 5 mm breiten Randstreifen und ½ mm breiten roten Kanten.

724. Militär-Verdienstmedaille, Bronze (1. Prägung von 1832)

Gestiftet von Fürst Paul Alexander Leopold am 16. Mai 1832 zur Auszeichnung derjenigen Personen, „welche durch lange, untadelhafte Dienstzeit, Auszeichnung in mitgemachten Feldzügen oder auf sonstige Weise sich um den Militärdienst verdient gemacht haben oder noch verdient machen werden".

Die Medaille ist aus dunkler Bronze und hat neben einer gewöhnlichen Drahtöse einen stählernen sogenannten Sprengring. Die Prägung erfolgte in der Berliner Medaillenmünze von G. Loos.

V: Der verschlungene Namenszug „P A L" unter dem freischwebenden Fürstenhut. Um den Namenszug im oben offenen Kreis angeordnet: „DEM MILITAIR-VERDIENSTE". Außen am Rande entlang
ein unten mit Schleife gebundener Eichenkranz.

R: In der Mitte die fünfblättrige lippische Rose, umgeben von einem
unten mit Schleife gebundenen Lorbeerkranz. Unten am Rand
(klein): „G. LOOS DIR.".

Größe: 36 mm.

Band: 41 mm breit, ponceaurot mit zwei goldgelben, je 1,5 mm breiten
Rändern.

725. Militär-Verdienstmedaille mit Schwertern, Bronze (2. Prägung, verliehen 1914—1918) Abbildung am Schluß des Bandes.

Seit Kriegsbeginn 1914 wurde die Militärverdienstmedaille als Kriegsauszeichnung zunächst zurückkehrenden Verwundeten in der alten Form verliehen. Bei einer neuen Prägung wurde die Militärverdienstmedaille mit
Schwertern hergestellt; sie sollte gegen die bisher verliehene ausgetauscht
werden. Die neue Medaille mit Schwertern wurde sodann bestimmt für solche
Unteroffiziere und Mannschaften des westfälischen Infanterie-Regiments Nr. 55
(II. Bat.): „welche als Lippische Staatsangehörige infolge von Verwundung
oder einer im Felde entstandenen Krankheit dienstuntauglich geworden und
nicht im Besitze des Eisernen Kreuzes II. Klasse oder dazu eingegeben sind."

Die Medaille ist aus dunkler Bronze und hat eine gewöhnliche
Öse mit Ring.

V: Abgesehen von kleinen Abweichungen in der Zeichnung des
Fürstenhutes und des Eichenkranzes, wie bei Nr. 724, sind unter
der Inschrift (unverändert: „MILITAIR") und auf dem Eichenkranz
ruhend noch zwei gekreuzte, antike Schwerter aufgeprägt.

R: Die Prägung der Rückseite ist, abgesehen von einigen ganz gering-
fügigen Abweichungen in der Zeichnung, gleichgeblieben. Der
Künstlername fehlt nunmehr.

Größe und Band: Wie bei Nr. 724.

726. Goldenes Verdienstkreuz (verliehen 1869—1912)
727. Dasselbe, Silber vergoldet (verliehen 1912—1918)
728. Silbernes Verdienstkreuz (verliehen 1869—1918)

Diese Verdienstkreuze wurden am 25. Oktober 1869 in den Fürstentümern
Lippe und Schaumburg-Lippe gleichzeitig mit den höheren Klassen des
gemeinsamen Hausordens gestiftet von den Fürsten Paul Friedrich Emil Leopold zur Lippe (reg. 1851—1875) und Adolf Georg von Schaumburg-Lippe
(reg. 1860—1893).

Während die Insignien des Lippischen Ehrenkreuzes (Hausordens)
bis zum Jahre 1890 in beiden Fürstentümern ganz gleich geformt
waren, trugen die Verdienstkreuze (bis zum 4. November 1887 „Verdienstehrenzeichen" genannt) schon von Anfang an verschiedene
Namenszüge und Wappen auf ihren Mittelschildchen. Die Verdienstkreuze haben achtspitzige Malteserform mit kleinen Knöpfchen an
den Spitzen und in einem Stück mitgeprägten Mittelschildchen. Die

Stempel hierzu stammen von Münzgraveur Friedrich Brehmer, Hannover. Oben ist eine fächerartige Verzierung angebracht, durch deren kugelförmige Öse der gewöhnliche Ring geht. Die Kreuzarme sind gekörnt mit erhöhter glatter Linieneinfassung. Die goldenen Verdienstkreuze wurden in Lippe zunächst hohl (aus zwei Teilen zusammengelötet) gefertigt, ab 1912 aber nur mehr in vergoldetem Silber (massiv). Nr. 727 und 728 „mit Schwertern" durch das Mittelschild sind nicht mehr zur Ausgabe gekommen.

V: Im Mittelschildchen (21 mm Durchmesser) auf gekörntem Grund der verschlungene Namenszug: „P F E L" (in verzierter lateinischer Schreibschrift) unter der Fürstenkrone. Umschrift zwischen zwei erhöhten Kreislinien: „DEN · XXV · OCTOBER · MDCCCLXIX".

R: Im Mittelschildchen auf gekörntem Grund die lippische Rose unter der auf dem Rand liegenden Fürstenkrone. Umschrift zwischen zwei erhöhten Kreislinien: „FÜR TREUE UND VERDIENST".

Die früheren silbernen Kreuze sind dicker und daher schwerer als die flacher geprägten Stücke beider Klassen in deren letzter Verleihungszeit.

Größe: 42 mm; Gewicht: in Gold 10 g, in Silber bzw. Silber vergoldet mit Schwertern 26 g, in Silber bzw. Silber vergoldet ohne Schwerter 30 g, später 20 g.

Band: 28 mm breit, zinnoberrot mit 4 mm breiten goldenen Randstreifen.

729. Goldene und

730. Silberne Verdienstmedaille (verliehen 1869—1877)

Auch diese Verdienstmedaillen wurden sowohl in Lippe als auch in Schaumburg-Lippe verliehen und waren gleichzeitig mit den vorher beschriebenen Verdienstkreuzen am 25. Oktober 1869 von beiden Landesherren gestiftet worden, „um besondere Verdienste um den Fürsten und um das Land zu belohnen und Einzelnen einen Beweis der Huld und Zuneigung geben zu können". Die silberne Medaille wurde zudem noch in Fällen verliehen, „wo die Rettung eines Menschenlebens mit Einsetzung des eigenen Lebens geschehen ist". Im Jahre 1877 hörte deren Verleihung in Lippe auf.

Die Medaillen haben eine kugelförmige Öse und gewöhnlichen Ring. Die Stempel hierzu schnitt ebenfalls Medailleur Friedrich Brehmer an der Kgl. Münze zu Hannover. Die lippischen Verdienstmedaillen zeigen folgende Prägung:

V: Der verschlungene Namenszug „P F E L" unter der Fürstenkrone und innerhalb eines mit Perlenlinien doppelt eingefaßten kreisförmigen Bandes mit der Aufschrift: „DEN XXV OCTOBER MDCCCLXIX".

R: Die lippische Rose, von der freischwebenden Krone überhöht, ebenfalls innerhalb eines kreisrunden Bandes mit doppelter Perleneinfassung und mit der Aufschrift: „FÜR TREUE UND VERDIENST".

Auf Vorder- wie Rückseite ist bis zum Medaillenrande je ein 3 mm breiter vertiefter, glatter Raum freigelassen.

Größe: 32 mm; Gewicht: in Gold 30 g, in Silber 29 g.

Band: Wie bei Nr. 726 ff.

731. Goldene (silbervergoldete) und
732. Silberne Verdienstmedaille
(1. Prägung, verliehen 1888—1905)

Am 25. Juni 1888 stiftete Fürst Woldemar (reg. 1875—1895) als Ersatz für die schon seit 1877 nicht mehr verliehenen Verdienstmedaillen Nr. 729 und 730 neue Verdienstmedaillen in vergoldetem Silber bzw. in Silber. Dieselben wurden bis 1905 in der Berliner Münze geprägt mit Stempeln von dem dortigen Medailleur Emil Weigand.

Die Medaillen sind mit einer vergoldeten bzw. silbernen gefütterten Fürstenkrone besetzt (17 mm hoch), welche mit Scharnier an der Medaille befestigt ist und durch deren Apfel der gewöhnliche Bandring geht.

V: Der nach rechts gewendete Kopf des Stifters mit Vollbart; Umschrift: „WOLDEMAR FÜRST ZUR LIPPE 1888", unten, klein, am Halsabschnitt: „WEIGAND F.".

R: In einem dichten, unten mit Doppelschleife gebundenen Eichenlaubkranz die vierzeilige Inschrift: „FÜR / TREUE / UND / VERDIENST", unten, klein, am Rand: „E. W.".

Größe ohne Krone: 33 mm; Gewicht: 29 g.

Band: 28 mm breit, zinnoberrot mit zwei je 4 mm breiten goldenen Randstreifen.

733. Goldene (silbervergoldete) und
734. Silberne Verdienstmedaille
(2. Prägung, verliehen 1905—1918)

Nach dem Tode des Fürsten Woldemar und noch bis zum Regierungsantritt des Fürsten Leopold IV. aus der Biesterfelder Linie (25. Oktober 1905) wurden die Verdienstmedaillen in ungeänderter Form von den alten Stempeln geprägt. Ab Ende 1905 aber erfolgte deren Herstellung nicht mehr an der Berliner Münze und auch mit neuen Stempeln, zudem wurde ein anderes Band eingeführt. Auch waren dieselben nicht mehr so dick wie früher und daher entsprechend leichter.

V: Das Bild des Fürsten Woldemar zeigt etwas veränderte Züge, da Nase und Ohr größer dargestellt sind. Unten fehlt der Stempelschneidername.

R: Der Eichenlaubkranz hat eine größere Doppelschleife als bei Nr. 731 und 732, auch stoßen die Anfangs- und Endbuchstaben des Wortes „VERDIENST" jetzt ganz an die zweiten Blattgruppen (von unten), während bei der 1. Prägung je ein kleiner Abstand war.

Größe ohne Krone: 33 mm; Gewicht: 20 g.

Band: 33 mm breit, ponceaurot mit zwei je 8 mm breiten hellkorn-blumenblauen Randstreifen.

735. Rettungs-Medaille, Silber (1. Prägung, verliehen 1888—1905)
736. Dieselbe (2. Prägung, verliehen 1905—1918)

Gleichzeitig mit den Verdienstmedaillen stiftete Fürst Woldemar am 25. Juni 1888 auch silberne Medaillen für Rettung aus Lebensgefahr. Auch diese wurden bis Ende 1905 in der Berliner Münze mit Stempeln von Emil Weigand hergestellt.

Die Medaillen haben kugelförmige Ösen mit gewöhnlichem Ring, und auch hier sind diejenigen der 1. Prägung dicker, also auch schwerer als die nach 1905 geprägten Stücke.

V: Unter der freischwebenden gefütterten Fürstenkrone der lippi-sche Wappenschild mit der fünfblättrigen Rose; unter demselben, klein: „E. W."; Umschrift zwischen zwei Kreislinien: „WOLDE-MAR FÜRST ZUR LIPPE" (oben), „1888" (unten). Bei der 2. Prä-gung fehlt die Stempelschneiderbezeichnung: „E. W.".

R: In einem dichten Kranz von Eichenlaub, der unten mit Doppel-schleife gebunden ist, die vierzeilige Inschrift: „FÜR / RETTUNG / AUS / GEFAHR", unten klein: „E. W.".

Bei der 2. Prägung von 1905 fehlt auf der Rückseite ebenfalls dieses Stempelschneiderzeichen, auch ist die Doppelschleife größer und die Blattgruppen des Eichenkranzes sind etwas flacher geprägt als bei den Stücken vom 1. Stempel (v. Weigand).

Größe: 33 mm; Gewicht: bis 1905 27 g, später 20 g.

Band: Zuerst 28 mm breit, zinnoberrot mit zwei goldenen, je 4 mm breiten Randstreifen; ab Ende 1905: 33 mm breit, hellkornblumen-blau.

736a. Rettungsmedaille, Silber (verliehen 1925—1934)

Die Landesregierung von Lippe stiftete am 12. Mai 1932 eine neue Rettungs-medaille für solche „Personen, die unter nicht unerheblicher eigener Gefahr im Lande Lippe ein Menschenleben retten oder zu dessen Rettung beitragen". Sie wurde bis zum 8. April 1934 für vor dem 9. April 1933 liegende Rettungs-taten verliehen.

Die Medaille hat eine gewöhnliche Öse mit Ring.

V: Die lippische Rose unterhalb der Umschrift „* LAND LIPPE *" und über zwei miteinander gekreuzten Lorbeerzweigen an je zwei Blattgruppen.

R: Innerhalb eines Lorbeergewindes die vierzeilige Inschrift: „FVR / RETTVNG / AVS / GEFAHR".

Größe: 27 mm.

Band: halb rot, halb gelb.

737. Silbernes Kreuz mit Krone (verliehen 1910—1918)
738. Silbernes Kreuz des Leopoldordens (verliehen 1908—1918)

Gleichzeitig gestiftet mit dem Leopold-Orden selbst am 29. Februar 1908 von Fürst Leopold IV. zur Lippe (aus der Linie L.-Biesterfeld, reg. 1905—1918) „für besondere Verdienste um das Fürstenhaus und das Land". Das Silberne Kreuz, das seit 1910 für besondere Verdienste auch mit einer silbernen Fürstenkrone (15 mm) verliehen werden konnte, welche mit Scharnier oben an der Öse befestigt ist, kam in der Regel an Zivilpersonen ohne besonderen Rang zur Verleihung.

Es hat vier außen stark abgerundete, geschweifte und gekörnte Arme mit erhöhter glatter Linienumrandung. Die runden Mittelschildchen von 19 mm Durchmesser sind in einem Stück mitgeprägt; sie enthalten:

V: Auf gekörntem Grund ein erhabenes, gekröntes „L" in verzierter, lateinischer Kursivschrift.

R: Auf gekörntem Grund die zweizeilige Inschrift: „FÜR / VERDIENST", darunter ein waagerechter, verzierter Strich.

Größe (ohne Krone): 36 mm; Gewicht mit Krone: 15 g, ohne Krone: 12 g.

Band: 35 mm breit, weiß mit zwei zinnoberroten, je 5 mm breiten Randstreifen.

739. Goldene (silbervergoldete) (verliehen 1910—1918)

740. Silberne und

741. Bronzene Medaille des Leopold-Ordens (verliehen 1908—1918)

Fürst Leopold IV. stiftete gleichzeitig mit dem Leopold-Orden bzw. dem silbernen Kreuz desselben (Nr. 737/38) auch silberne und bronzene Verdienstmedaillen. Dazu kamen am 30. Mai 1910 gelegentlich der Erweiterung des Leopold-Ordens auch noch „goldene", d. h. silbervergoldete Medaillen.

Diese haben, wie auch deren niedere Grade, matte Oberfläche bei sonst gleicher Prägung und eine kugelförmige Öse mit gewöhnlichem Ring.

V: Bild des Stifters nach links; Umschrift: „LEOPOLD IV FÜRST ZUR LIPPE".

R: Umgeben von zwei zum Kranze übereinandergelegten Lorbeerzweigen in zwei Zeilen: „FÜR / VERDIENST".

Größe: 28 mm; Gewicht in Silber: 11 g.

Band: Wie bei Nr. 738.

742. Orden für Kunst und Wissenschaft, die Lippische Rose, I. Klasse

743. Derselbe II. Klasse

744. Derselbe III. Klasse
(verliehen 1898—1918)

Diese als Ehrenzeichen zu betrachtende Auszeichnung für Kunst und Wissenschaft wurde in ihren drei Klassen am 9. Juni 1898 von Graf-Regent Ernst zur Lippe-Biesterfeld gestiftet.

Die Ehrenzeichen bestehen in einer silbernen, erhaben geprägten „Lippischen Rose"; zwischen deren fünf Blättern sind ebensoviele vergoldete spitzige Kelchblätter angebracht. Die Vorder- wie Rückseite hat je ein aufgelötetes, silbervergoldetes Mittelschildchen von

21 mm Durchmesser, welches bei den späteren Stücken im Grunde Stempelglanz zeigt, während dessen Vergoldung zuerst matt gehalten war.

V: Das Mittelschildchen trägt die allegorische Darstellung des Weihekusses der Muse; Umschrift in Gold auf blau emaillierten Reif: „FUER KUNST UND WISSENSCHAFT", unten eine kleine Arabeske.

R: Das Mittelschildchen trägt den von einer Krone überhöhten Namenszug „E". Umschrift am unteren Rande: „GESTIFTET DEN 9. JUNI 1898".

Die Abzeichen der drei Klassen sind in der Größe ganz gleich und unterscheiden sich wie folgt voneinander:

I. Klasse: Eine offene, 23 mm hohe und 28 mm breite silberne Krone ist durch Scharnier mit den oben an dem Ordenszeichen angeprägten zwei gekreuzten Blattstielen verbunden; sie trägt durch den Apfel einen kleinen Ring, in dem wieder der langgestreckte, doppelte Drahtring hängt.

II. Klasse: Statt der Krone ist oben in die gekreuzten silbernen Blattstiele ein dreiblättriges silbernes Eichenlaub mit kleiner Öse eingehängt, das rückseitig den runden Tragring angelötet hat.

III. Klasse: Hier ist an den silbernen gekreuzten Blattstielen eine gewöhnliche Drahtöse mit Ring angebracht, durch den das Band gezogen wird.

Größe (ohne Krone und Eichenlaub): 42 mm; Gewicht: bei Nr. 742 35 g, bei Nr. 743 28 g, bei Nr. 744 22 g.

Band: Für die I. Klasse (Halsband) 58 mm breit, weiß mit zwei kirschroten, je 8 mm breiten Seitenstreifen, Abstand von den Kanten je 3,5 mm.

Band: Für die II. und III. Klasse 30 mm breit, weiß mit zwei je 5 mm breiten kirschroten Seitenstreifen bei 3,5 mm Abstand von den Kanten.

745. Kriegsehrenkreuz für heldenmütige Tat, Geschützbronze (verliehen 1914—1918) Abbildung am Schluß des Bandes.

Gleichzeitig mit dem Kriegsverdienstkreuz (Nr. 746/747) am 8. Dezember 1914 gestiftet (Ges.-Slg. 1914 Nr. 33), „um ganz besonders hervorragendes Heldentum oder todesmutige Einzelkriegstaten auch in hervorragender Weise ehren zu können".

Das Kreuz ist aus vergoldeter Geschützbronze geprägt. Seine geschweiften und gekörnten Arme haben eine erhöhte glatte Umrahmung. Es ist einseitig und wird mit einer an der glatten Rückseite angebrachten Nadel auf der linken Brustseite getragen.

V: In der Mitte die fünfblättrige lippische Rose, in größerem Abstand umgeben von einem auf den Armen ruhenden, unten mit einer Schleife gebundenen, dichten Lorbeerkranz. Im oberen Kreuzarm der gekrönte Namenszug „L", quer über die mittleren Arme in zwei Zeilen „FÜR HELDEN / MÜTIGE TAT", im unteren Arm „1914".

Größe: 45 mm.

746. Kriegsverdienstkreuz (für Kämpfer), Geschützbronze
747. Dasselbe am „weißen Bande" (für Nichtkämpfer)
(verliehen 1914—1918) Abbildung am Schluß des Bandes.

Gestiftet von Fürst Leopold IV. am 8. Dezember 1914 (Gesetzsammlung von 1914 Nr. 33). — Mit dem Kreuz Nr. 746 sollten „diejenigen Personen ehrend belohnt werden, welche durch Tapferkeit bzw. besondere Leistungen im Kriege", mit dem Kreuze Nr. 747 diejenigen Personen, „welche durch in der Heimat erworbene Verdienste um die Interessen der Armee z. B. Leistungen für die Truppen, Sorge für die Verwundeten, amtliche oder private Tätigkeit, welche den kriegerischen Erfolg zu fördern geeignet ist, sich besonders hervorgetan haben". Nr. 747 führt die Benennung „Kriegsverdienstkreuz am weißen Bande".

Die Kreuze sind aus Geschützbronze geprägt und vergoldet. Sie haben geschweifte, gekörnte Arme mit glatter, erhöhter Umrandung sowie kugelförmige gewöhnliche Ösen mit Ring.

V: Wie Nr. 745, aber ohne die Inschrift auf den Seitenarmen.

R: Im oberen Arm „FÜR", quer über die beiden Seitenarme „AUS-ZEICHNUNG IM", im unteren Arm „KRIEGE". Zwischen den Winkeln sieht ein Lorbeerkranz hervor.

Größe: 40 mm.

Band: a) Für Kämpfer: 34 mm breit, goldgelb mit je zwei ponceau-roten Seiten- und weißen Randstreifen, alle je 3 mm breit.

b) Für Nichtkämpfer: 34 mm breit, weiß mit zwei ponceauroten Seiten- und zwei goldgelben Randstreifen, alle je 3 mm breit.

748. Kriegs-Ehrenmedaille, Bronze vergoldet (verliehen 1915—1918)

Gestiftet von Fürst Leopold IV. am 25. Oktober 1915 für „Männer, Frauen und Jungfrauen, die sich in Feindesland oder in der Heimat durch treue Arbeit in dienstlicher oder freiwilliger Tätigkeit namhafte Verdienste um die öffent-liche Wohlfahrt, insbesondere in der Pflege der verwundeten und erkrankten Krieger und in sonstiger Arbeit für das Rote Kreuz erworben haben" (Gesetz-sammlung von 1915 Nr. 16).

Die achteckige Medaille ist aus vergoldeter Geschützbronze geprägt und hat eine kugelförmige Öse mit gewöhnlichem Ring.

V: In verkleinerter Form, mit dem Rande der Medaille abschließend, die Abbildung der Vorderseite des Kriegsverdienstkreuzes Nr. 746. Die Felder zwischen den Kreuzarmen sind vertieft und glatt.

R: In vier Zeilen: „TREU BEWÄHRT / IN / SCHWERER ZEIT / 1915". Am Rande entlang ein schmaler Perlenstab.

Größe: 33 mm.

Band: a) Für Verdienst im Feindesland: 25 mm breit, goldgelb mit zwei, je 2 mm breiten ponceauroten Seitenstreifen und an-schließend zwei je 3 mm breiten weißen Randstreifen.

b) Für Heimatverdienste: 25 mm breit, weiß mit zwei ponceau-roten, je 2 mm breiten Seitenstreifen und zwei anschließen-den, je 3 mm breiten goldgelben Randstreifen.

749. Kriegervereins-Verdienstkreuz, Kupfer (verliehen 1906—1918)

Gestiftet von Fürst Leopold IV. am 30. Mai 1906 „zur Belohnung und Anerkennung besonderer Verdienste um das Kriegervereinswesen, namentlich für langjährige ehrenvolle Mitgliedschaft eines lippischen Kriegervereins. Den Vereinen, welche während eines Zeitraumes von 50 Jahren ohne Tadel bestanden haben, kann in die Spitze ihrer Fahne das Kriegervereins-Kreuz verliehen werden".

Das Kreuz ist aus dunkelbraun gebeiztem Kupfer geprägt und hat ein rundes Mittelschild von 19 mm Durchmesser. Von den geschweiften Armen sind die senkrechten etwas länger als die waagerechten. Die Arme sind gekörnt mit glatter erhöhter Umrandung. Auf der Vorderseite im oberen Arm eine Krone, im unteren Arm: „1906". Das Kreuz hat eine angelötete Kugelöse mit gewöhnlichem Ring.

V: Das Mittelschild trägt im vertieften glatten Felde den nach links gewendeten erhöhten Kopf des Stifters; Umschrift zwischen zwei Kreislinien: „· LEOPOLD IV ·" (oben) „FÜRST ZUR LIPPE" (unten).

R: „PFLICHT / UND / TREUE / ÜBER / ALLES" (in fünf Zeilen).

Größe: 35 mm hoch, 31 mm breit.

Band: 30 mm breit, halb ponceaurot, halb goldgelb.

750. Frauenverdienstkreuz, dunkle Bronze (verliehen 1910—1918)

Gestiftet von Fürst Leopold IV. am 30. Mai 1910, gleichzeitig mit und neben dem Bertha-Orden und der „Frauenverdienstmedaille". — Zur Verleihung waren, nach § 6 der Satzungen, nur solche Frauen und Jungfrauen in Vorschlag zu bringen, „die sich durch aufopfernde, persönliche Tätigkeit auf dem Gebiete der Nächstenliebe, auf kirchlichem oder sozialem Gebiete sowie auch durch treue, langjährige Dienstleistungen oder hervorragende Einzelhandlungen verdient gemacht haben".

Das dunkel gebeizte Bronzekreuz hat ein rundes Mittelschild (20 mm Durchmesser). Die geschweiften Arme sind gekörnt, an den Außenseiten abgerundet und glatt umrandet. Der untere Arm ist länger und trägt auf der Vorderseite die Jahreszahl "1910". Durch die kugelförmige Öse geht ein gewöhnlicher Ring.

V: Das Mittelschild trägt innerhalb eines dichten, unten gebundenen Lorbeerkranzes die gekrönten, verschlungenen Initialen des Fürstenpaares „L B" (Leopold - Bertha) in lateinischen Kursivbuchstaben.

R: Innerhalb eines dichten, unten gebundenen Lorbeerkranzes „DEM / FRAUEN / VERDIENST" dreizeilig.

Größe: 44 mm hoch, 38 mm breit.

Band: 30 mm breit, goldgelb mit je 2 ponceauroten, 3 mm breiten Seiten- und Randstreifen bei 1,5 mm Abstand voneinander. Das Band wird zur Schleife geformt an der linken Schulter getragen.

751. Frauenverdienst-Medaille, Bronze (1. Prägung Größe 27 mm)

752. Dieselbe (2. Prägung Größe 28 mm)

Diese Medaillen wurden am 30. Mai 1910 gleichzeitig mit dem „Frauen-verdienstkreuz" (Nr. 750) gestiftet. Sie sind ebenfalls aus dunkel ge-beizter Bronze geprägt und haben eine Kugelöse mit Ring. Die beiden Prägungsverschiedenheiten ergeben sich, abgesehen von unbedeutenden Veränderungen in der Zeichnung, durch ihre unterschiedliche Größe, wobei die erste Prägung kleiner ist. Der Zeitpunkt der Abänderung war nicht mehr festzustellen.

V: Innerhalb eines dichten Lorbeerkranzes, dieser unten mit einer Schleife gebunden, der verschlungene gekrönte Namenszug „L B" (in verzierten lateinischen Kursivbuchstaben); links und rechts da-von verteilt: „19 / 10".

R: Umgeben von einem unten mit einer Schleife gebundenen dichten Lorbeerkranz, die dreizeilige Umschrift: „DEM / FRAUEN / VER-DIENST".

Bei Nr. 752 sind die verschlungenen Buchstaben „L B" etwas größer als bei Nr. 751.

Größe: 27 bzw. 28 mm.

Band: Wie bei Nr. 750, ebenfalls zur Schleife geformt getragen.

753. Erinnerungsmedaille für den Feldzug 1866, Bronze

Gestiftet am 13. Februar 1867 von Fürst Paul Friedrich Emil Leopold für das Bataillon Lippe, welches, zur preußischen Main-Armee gehörig, den Feldzug des Jahres 1866 rühmlich mitgemacht hatte.

Die Denkmünze ist in der Berliner Münze aus Geschützgut ge-prägt worden und hat eine besonders eingesetzte, angelötete und mehrfach gekerbte Öse mit beweglichem Ring. (Die häufig vorkom-menden privaten Nachprägungen aus Messing haben, abgesehen von sonstigen kleinen Abweichungen, eine gewöhnliche angeprägte Drahtöse.)

V: Der verschlungene und vom Fürstenhut überhöhte Namenszug „P F E L" in verzierter lateinischer Schreibschrift.

R: In einem unten mit Doppelschleife gebundenen Lorbeerkranz: „1866".

Größe: 29 mm.

Band: 34 mm breit, zinnoberrot mit zwei je 4,5 mm breiten weißen Seitenstreifen und zwei goldgelben, je 3 mm breiten Randstreifen,

754. Erinnerungsmedaille an den Einzug des Graf-Regenten Ernst, Bronze (verliehen 1897)

Gestiftet von Graf Ernst zur Lippe-Biesterfeld am 17. Juli 1897, dem Tage seines Einzuges in die Residenzstadt Detmold.

Die Medaille ist aus dunkel gebeizter Bronze in der Münzanstalt Richard Diller, Dresden, geprägt worden und hat eine gewöhnliche Drahtöse mit Ring.

14

V: Die nach links blickenden, hintereinandergestellten Köpfe des Graf-Regenten und seiner Gemahlin. Umschrift: „ERNST GRAF-REGENT U. CAROLINE GRÄFIN ZUR LIPPE-BIESTERFELD".

R: In drei Zeilen angeordnet: „Gott / und / Mein Recht" (in gotischen Buchstaben), darunter die fünfblättrige lippische Rose. Umschrift: „ZUR ERINNERUNG AN DEN TAG UNSERES EINZUGS 17. JULI 1897."

Größe: 33 mm.

Band: 28 mm breit, dunkelrosa mit zwei je 4 mm breiten silbernen Randstreifen.

755. Erinnerungsmedaille an den erstrittenen Thronanspruch, Bronze vergoldet (verliehen 1905)

Gestiftet von Fürst Leopold IV. zur Erinnerung an den durch Urteil des Schiedsgerichtes vom 25. Oktober 1905 erstrittenen Anspruch auf die Thronfolge: „Für alle Personen, die zur Herbeiführung des erstrebten Zieles mitgewirkt haben". Auch diese Medaille wurde bei Richard Diller in Dresden geprägt und hat eine gewöhnliche Drahtöse mit Ring.

V: Die hintereinanderstehenden, nach links blickenden Köpfe des fürstlichen Paares. Umschrift: „LEOPOLD IV. FÜRST ZUR LIPPE * BERTHA FÜRSTIN ZUR LIPPE", unten (klein): „· 25. Oktober 1905 ·".

R: Die lippische Rose, umgeben von zwei, unten von fliegendem Band umschlungenen Lorbeerzweigen; Umschrift im oberen Teil: „1897 DURCH KAMPF ZUM SIEG 1905", unten am Rande (klein): „D" (Diller).

Größe: 33 mm.

Band: 30 mm breit, goldgelb mit zwei dunkelrosa Randstreifen, diese je 8 mm breit.

756. Dienstauszeichnungskreuz für 25 Dienstjahre der Offiziere, Bronze vergoldet (verliehen 1851—1867)

Gestiftet von Fürst Paul Friedrich Emil Leopold am 11. Juni 1851 für die Offiziere seines Militärkontingents nach 25 Dienstjahren. Das Kreuz wurde nur bis zum Abschluß der Militärkonvention mit Preußen am 1. Oktober 1867 verliehen und ist sehr selten, da Lippe bis dahin nur ein Bataillon Infanterie zu halten hatte.

Die Kreuzarme sind gekörnt, nach außen zu breiter und haben eine erhöhte glatte Umrandung sowie Mittelschildchen von 17 mm Durchmesser, welche von einer doppelten Linieneinfassung umrandet sind.

V: Die Anfangsbuchstaben des Stifternamens „P. F. E. L." unter dem Fürstenhut auf gekörntem Grund.

R: Auf gekörntem Grund „XXV.".

Größe: 38 mm.

Band: 38 mm breit, karminrot mit zwei je 3 mm breiten goldgelben Randstreifen.

757. Auszeichnung für 20 Dienstjahre der Unteroffiziere und Soldaten, silberne Schnalle

758. Auszeichnung für 10 Dienstjahre für Unteroffiziere und Soldaten, eiserne Schnalle (verliehen 1851—1867)

Gleichzeitig mit Nr. 756 gestiftet am 11. Juni 1851. Die rechteckigen Platten aus Silber bzw. schwarzem Eisen tragen auf leicht gekörntem Grund die erhöhten Buchstaben „P. F. E. L." und sind von einer doppelten schmalen Linie umrahmt. Rückseitig ist ein erhöhter Metallstreifen mit Anstecknadel angelötet, über welchen das Band gezogen wurde.

Größe: 10 mm hoch, 41 mm lang.

Band: 38 mm breit; bei Nr. 757 karminrot mit zwei goldgelben, je 3 mm breiten Seitenstreifen bei 1 mm Abstand von den Kanten; bei Nr. 758 goldgelb mit zwei je 3 mm breiten karminroten Seitenstreifen bei 1 mm Abstand von den Kanten.

759. Feuerwehr-Ehrenzeichen, silberne Schnalle (verliehen 1894—1918)

Gestiftet von Fürst Woldemar im Jahre 1894 für 25jährige Dienstzeit bei den freiwilligen Landesfeuerwehren.

Das Ehrenzeichen hat die Form einer silbernen rechteckigen Platte (Schnalle) mit schraffiertem Grund. In der Mitte befindet sich ein erhöhtes Rechteck mit vier vorgeschobenen Ecken, worauf das lippische Wappen auf einer Zusammenstellung von Feuerwehr-Emblemen (Helm, Leiter, Hacke, Beil und Seil) ruht. Die Schnalle hat außen herum eine schraffierte Umrahmung, worauf oben die Inschrift „XXV JÄHRIGE - DIENSTZEIT", in den beiden unteren Ecken aber je eine Arabesken-Verzierung. Oben in der Mitte wird die Schnalle von einer gefütterten, 8 mm hohen Krone überragt, welche mit dem Wappenschildchen durch den Buchstaben W in lateinischer Schreibschrift verbunden ist. Die silberne Schnalle ist rückseitig auf einen Blechstreifen gelötet, der eine Nadel zum Anstecken trägt und über welchen das Band gezogen ist.

Größe: 27 mm breit (ohne Krone), 49 mm lang.

Band: 46 mm breit, goldgelb mit acht je 2 mm breiten karminroten Streifen in 3,5 mm Abstand voneinander und je 3 mm Abstand von den Kanten.

b) Im Fürstentum Schaumburg-Lippe

760. Civil-Verdienstmedaille, Bronze (verliehen 1830—1869)

Gestiftet von Fürst Georg Wilhelm (reg. 1807—1860) für Verdienste aller Art in Friedenszeiten, ohne Unterschied des Ranges der Beliehenen.

Die ovale Medaille ist aus dunkler Bronze und hat eine gewöhnliche Öse mit Ring.

V. und R. gleich: Die fünfblättrige lippische Rose, umgeben von zwei übereinandergelegten Eichenzweigen. Über der Rose das Jahr der Stiftung: „1830".

Größe: 28 mm hoch, 22 mm breit.

14*

Band: 38 mm breit, ponceaurot mit zwei goldgelben, je 4 mm breiten Seitenstreifen.

761. Goldenes Verdienstkreuz (verliehen 1869—1918)

761a. Dasselbe, Silber vergoldet (verliehen 1917/1918)

762. Silbernes Verdienstkreuz (verliehen 1869—1918)

Gestiftet gleichzeitig mit den höheren Klassen des gemeinsamen Hausordens (Ehrenkreuzes) sowie mit den Verdienstkreuzen des Fürstentums Lippe am 25. Oktober 1869. Näheres hierüber sowie über die Form der schaumburg-lippischen Verdienstkreuze siehe bei Nr. 726 ff.

Entgegen dem Gebrauch in Lippe wurden die goldenen Verdienst-kreuze in Schaumburg-Lippe noch bis 1916 in echtem Metall (hohl aus zwei Teilen gearbeitet) verliehen. Dagegen sind auch in Schaumburg-Lippe in den späteren Jahren die Verdienstkreuze ebenfalls flacher geprägt worden und nicht mehr so schwer wie ursprünglich. Sie tra-gen im Mittelschildchen (21 mm Durchmesser) der

V: den verschlungenen, von der Fürstenkrone überhöhten Namenszug „A G" (Adolph Georg) in verzierter lateinischer Schreibschrift auf gekörntem Grund; Umschrift zwischen zwei Kreislinien: „· DEN · XXV · OCTOBER · MDCCCLXIX ·".

R: Im gekörnten Grund das schaumburg-lippische Wappenbild, das „Nesselblatt" mit dem (weiß-rot) geteilten, mit der Rose beleg-ten Mittelschildchen; darüber, auf der von zwei Kreislinien um-gebenen Umrahmung eine kleine Krone und die Umschrift: „FÜR TREUE UND VERDIENST".

Größe: 42 mm; Gewicht: in Gold 10 g, in Silber (oder Silber vergoldet) 30 g, bzw. 20 g.

Band: 28 mm breit, zinnoberrot mit zwei goldenen, je 4 mm breiten Randstreifen.

763. Goldene und

764. Silberne Verdienstmedaille (verliehen 1869—1893)

Auch diese Verdienstmedaillen bestanden seit 25. Oktober 1869 in beiden lippischen Fürstentümern. Hierfür gilt im allgemeinen das bei Nr. 729 ff. Gesagte.

Die schaumburg-lippischen Verdienstmedaillen bestanden in dieser ihrer ersten Form auch nur wenige Jahre, dann wurden dieselben nicht mehr verliehen. Sie sind dementsprechend selten.

V: der gekrönte Namenszug „A G" (Adolph Georg) in der Mitte, alles andere wie bei Nr. 729/730.

R: das (weiß-rot) geteilte Schildchen mit der fünfblättrigen Rose auf dem „Nesselblatt", sonst alles ebenfalls gleich wie bei Nr. 729/730.

Größe und Gewicht ebenfalls wie dort.

Band: 28 mm breit, zinnoberrot mit zwei goldenen, je 4 mm breiten Randstreifen.

765. Goldene und

766. Silberne Verdienstmedaille mit Bild des Fürsten Adolph Georg (verliehen 1885—1890)

Am 21. November 1885, anläßlich seines 25jährigen Regierungsjubiläums, stiftete Fürst Adolph Georg ein neue goldene und silberne Verdienstmedaille mit seinem Bilde. Die Stempel stammen von Medailleur Wilhelm Kullrich an der Berliner Münze, wo auch die Prägung erfolgte.

Die Verdienstmedaillen haben eine kugelförmige Öse mit gewöhnlichem Ring.

V: Der Kopf des Stifters mit Vollbart nach links gewendet; Umschrift: „ADOLPH GEORG FÜRST ZU SCHAUMBURG LIPPE"; unter dem Halsabschnitt klein „KULLRICH".

R: Auf kreisrundem, mit der Fürstenkrone besetztem Schild das schaumburg-lippische „Nesselblatt"-Wappen. Umschrift: „FÜR TREUE UND VERDIENST".

Größe: 32 mm; Gewicht: in Gold 32 g, in Silber 26 g.

Band: 38 mm breit, dunkelkornblumenblau mit zwei ponceauroten, je 10 mm breiten Seitenstreifen und 1 mm breiter weißen Kante.

767. Goldene und

768. Silberne Verdienstmedaille (verliehen 1890—1893)

Als am 18. September 1890 die bisherige Gemeinsamkeit des Hausordens (Ehrenkreuz) aufgehoben worden war, wurden die goldenen und silbernen Verdienstmedaillen in veränderter Prägung verliehen und dem neu gestifteten Schaumburg-Lippischen Hausorden angegliedert.

Sie hatten nunmehr eine gewöhnliche Öse mit Ring und folgende Prägung:

V: Der verschlungene und verzierte Namenszug „A G" in lateinischer Schreibschrift unter der freischwebenden offenen Krone; Umschrift: „FÜR TREUE UND VERDIENST".

R: Auf einem achteckigen Stern aus Strahlenbündeln die fünfblättrige lippische Rose.

Größe: 24 mm; Gewicht: in Gold 10 g, in Silber 8 g.

Band: Wie bei Nr. 765/766.

769. Goldene und

770. Silberne Verdienstmedaille (verliehen 1893—1905)

770a. Dieselbe am blauen Bande für männliche Dienstboten (verliehen 1899—1905)

Bald nach dem Regierungsantritt des Fürsten Georg (reg. 1893—1911) wurde die Prägung der schaumburg-lippischen Verdienstmedaillen wieder geändert. Offenbar hat die wenig ansehnliche Größe und Gestalt der seitherigen Medaillen nicht befriedigt.

Die Verdienstmedaillen hatten nunmehr eine oben an der Öse mit unsichtbarem Scharnier befestigte gefütterte Fürstenkrone (15 mm hoch), durch deren Apfel der gewöhnliche Bandring geht. Seit 14. März

1899 wurde dann die Silberne Verdienstmedaille „am hellblauen Bande" an männliche Dienstboten verliehen, welche nach vollendetem 14. Lebensjahr in derselben Familie oder auf demselben Hofe mindestens 25 Jahre gedient haben.

V: In vier Zeilen: „FÜR / TREUE / UND / VERDIENST", darunter eine waagerechte Zierleiste. (Die Worte „TREUE" und „VERDIENST" sind größer gehalten).

R: Der lippische Wappenschild mit der Rose, umgeben von dem „Nesselblatt".

Auf der Vorder- und Rückseite läuft am Rande der Medaillen entlang eine schmale Perlenschnur.

Größe (ohne Krone): 29 mm; Gewicht: in Silber 16 g.

Band: Wie bei Nr. 765/766, für langjährige Dienstzeit aber 34 mm breit, hellblau.

771. Goldene und

772. Silberne Verdienstmedaille (verliehen 1905—1914)

773. Dieselbe am blauen Band für Dienstboten (verliehen 1905—1918)

Am 30. Juni 1905 erließ Fürst Georg zu den Verdienstmedaillen Statuten, die bis dahin gefehlt hatten; gleichzeitig wurde die Prägung der Verdienstmedaillen wieder geändert, während die Größe und auch die Fürstenkrone über denselben gleich blieben. Die Verleihung erfolgte an solche In- und Ausländer, welche „durch ihre Dienstleistungen, Treue und Ergebenheit Verdienste um den Fürsten und sein Haus erworben haben". Am 17. 2. 1912 erging eine fürstliche Verordnung, wonach künftig die goldene Verdienstmedaille nach dem Tode des Inhabers zurückzugeben ist.

Nr. 773 konnte seit einem fürstlichen Erlaß vom 27. Dezember 1917 auch an weibliche Dienstboten verliehen werden.

Die Silberne Verdienstmedaille „am blauen Bande" für Dienstboten wurde weiter in dieser veränderten Form verliehen, und zwar bis zum November 1918, während die Verdienstmedaillen am normalen Bande unterm 28. Februar 1914 nochmals eine andere Prägung erhielten. (Siehe Nr. 776/777.)

V: Innerhalb eines unten mit Doppelschleife gebundenen dichten Eichenkranzes in vier Zeilen „FÜR / TREUE / UND / VERDIENST" (in gleich großen Buchstaben).

R: Auf dem sogen. „Nesselblatt" die fünfblättrige lippische Rose in der am 27. 5. 1904 berichtigten Form.

Größe, Gewicht und Bänder wie bei Nr. 765 ff.

774. Silberne Verdienstmedaille mit silberner Bandschnalle für langjährige Feuerwehrdienste (verliehen 1905—1918)

Gemäß Verordnung des Fürsten Georg vom 28. Juni 1905 wurde an Männer, „welche während eines ununterbrochenen Zeitraumes von 25 Jahren bei einer freiwilligen Feuerwehr treue und nützliche Dienste geleistet haben, desgleichen ausnahmsweise solchen Personen, welche sich als langjährige Mitglieder einer Pflichtfeuerwehr oder in anderer Weise im Feuerwehrdienste ausgezeichnet haben", eine besondere silberne Spange mit der silbernen Verdienstmedaille verliehen.

Die einseitig geprägte Schnalle ist 42 mm breit und 17 mm hoch; sie wird mit einem rückseitig angebrachten Blechstreifen über das normale Band der silbernen Verdienstmedaille Nr. 772 gestreift. Die Spange zeigt in einem rechteckigen, vertieften und leicht gekörnten Mittelfelde, erhöht geprägt, Feuerwehrgeräte; oben in einem schraffierten Rahmen, der an den vier Ecken mit Arabesken verziert ist, die Inschrift „XXV JAEHRIGE", unten „DIENSTZEIT".

775. Rettungsmedaille, Silber (verliehen 1911—1918)

Am 8. Juni 1911 von Fürst Adolf (reg. 1911—1916) gestiftet „zur Belohnung derer, welche sich zur Rettung und Hilfe ihrer Mitbürger in Gefahr begeben".

Diese Medaille ist ebenfalls von einer 15 mm hohen gefütterten Fürstenkrone überragt und hat die gleiche Größe und Rückseite wie die silberne Verdienstmedaille von 1905 (Nr. 772).

V: In einem unten mit Doppelschleife gebundenen Lorbeerkranz, vierzeilig: „FÜR / RETTUNG / AUS / GEFAHR".

Größe (ohne Krone): 29 mm; Gewicht: 16 g.

Band (das der III. und IV. Klasse des Hausordens): 28 mm breit, zinnoberrot, mit zwei je 4 mm breiten goldenen Randstreifen.

775a. Rettungsmedaille, Silber (verliehen 1929—1934)

Wieder eingeführt durch einen Beschluß der Landesregierung vom Jahre 1929 und im Aussehen der preußischen Rettungsmedaille Nr. 1306 nachgebildet.

V: Das Bild des schaumburg-lippischen Staatswappens, die Rose auf dem „Nesselblatt", dessen obere Ecken die Umschrift „FREISTAAT" „SCHAUMBURG" „-LIPPE **" zerteilen.

R: Innerhalb eines dichten Eichenlaubkranzes die vierzeilige Inschrift: „FÜR / RETTUNG / AUS / GEFAHR", ähnlich Nr. 1306.

Größe: 25 mm; Gewicht: 8 g.

Band: 30 mm breit, orangegelb mit zwei landesfarbigen (weiß-rotblauen — Blau innen —), je 5 mm breiten Seitenstreifen mit 1,5 mm Abstand von den Kanten.

776. Goldene (silbervergoldete) und
777. Silberne Verdienstmedaille mit Bildnis des Fürsten Adolf (verliehen 1914—1918)

Durch fürstlichen Erlaß vom 23. Februar 1914 wurden die Verdienstmedaillen nochmals in der Prägung geändert. Sie haben jetzt keine Krone mehr und die „goldenen" Verdienstmedaillen sind aus stark vergoldetem Silber geprägt. Die ursprüngliche Bestimmung, daß silberne Verdienstmedaillen auch nach späterem Erhalt der goldenen (silbervergoldeten) weiter getragen werden konnten, wurde aufgehoben. Die Verdienstmedaillen hatten nunmehr gewöhnliche Drahtösen mit Ring und keinen Überrand, sie sind matt geprägt. Bei der Kürze ihrer Verleihungszeit sind dieselben auch entsprechend selten.

V: Der Kopf des Stifters nach links gewendet. Umschrift: „ADOLF ·
FÜRST · ZU · SCHAUMBURG-LIPPE ·“.

R: Der gekrönte schaumburg-lippische Wappenschild mit dem sogen.
„Nesselblatt" auf senkrecht schraffiertem Grunde und der Rose in
der Mitte. Umschrift: „FÜR · TREUE · UND VERDIENST ·“.

Größe: 31 mm; Gewicht: 23 g.

Band: 38 mm breit, dunkelkornblumenblau mit zwei ponceauroten, je
10 mm breiten Seitenstreifen und 1 mm breiten weißen Kanten.

778. Militär-Verdienst-Medaille, 1. Prägung (verliehen 1850)

778a. Dieselbe mit gekreuzten Säbeln, Silber (verliehen 1870/71)

Gestiftet von Fürst Georg Wilhelm am 30. Mai 1850 für Verdienste von
Militärpersonen im Kriege ohne Unterschied des Ranges.

Die Medaillen haben eine oben mit kleinem Stift befestigte
zylinderförmige Öse, welche den runden Bandring trägt.
Ihre Herstellung erfolgte nach Stempeln von Friedrich Brehmer in der
Münze zu Hannover. Zwei Medaillen von 1850 haben die Randschrift
erhalten: „Düppeler Höhen den 17. April 1849". Sie wurden unter die
18 Jäger verlost, die am Sturm auf die Düppeler Höhen teilgenommen
hatten. Sonst tragen die Medaillen am Rande den Namen und Rang
des Beliehenen eingraviert.

V: Der verschlungene und verzierte Namenszug „G W" in lateinischer
Schreibschrift, überhöht vom freischwebenden Fürstenhut und umgeben von einem unten mit Doppelschleife gebundenen Lorbeerkranz.

R: In einem unten mit Doppelschleife gebundenen Lorbeerkranz die
dreizeilige Inschrift: „FÜR / MILITAIR / VERDIENST", darunter
zwei gekreuzte leichte Kavalleriesäbel.

Größe: 30 mm; Gewicht (ohne die Säbeldekoration): 18 g.

Band: 38 mm breit, zinnoberrot mit zwei je 8 mm breiten hellblauen
Randstreifen.

Im Feldzug 1870/71 kamen dazu noch zwei silberne gekreuzte
Kavalleriesäbel, welche mit rückseitig angelöteten Stiften auf dem
Bande befestigt wurden. Die Randschrift ist nicht mehr üblich
gewesen.

779. Silberne Militärverdienst-Medaille mit Schwertern, 2. Prägung

779a. Dieselbe mit „Rotem Kreuz"
(verliehen 1914—1918) Abbildung am Schluß des Bandes.

Seit August 1914 wurde die Militärverdienst-Medaille wieder verliehen, aber
nicht mehr mit gekreuzten Säbeln, sondern mit silbernen antiken Schwertern
auf dem Bande. Unterm 25. Oktober 1914 wurde von Fürst Adolf ferner verfügt, daß als Anerkennung einer aufopfernden Tätigkeit für das Wohl der
Kämpfenden und deren Angehörigen ebenfalls die Militärverdienst-Medaille
verliehen werden kann, aber in diesen Fällen statt der Schwerterdekoration
„ein rotes emailliertes Genfer Kreuz in weißem" Felde.

Demzufolge tragen dann solche Medaillen auf dem Bande ein acht-
eckiges, silbernes, poliertes Schildchen von 15 mm Durchmesser mit
schwarz emaillierter schmaler Einfassung und mit dem rot emaillierten
Kreuz in der Mitte. Die Militärverdienst-Medaillen selbst zeigen einige
Verschiedenheiten gegenüber ihrer ersten Prägung von 1850: Sie sind
nicht mehr so dick und daher etwas leichter, ferner haben sie eine gewöhnliche angeprägte Drahtöse mit Ring.

Größe und Band wie bei Nr. 778/778a.

Gewicht: 16 g (ohne Schwerter bzw. ohne „Genfer Kreuz").

780. Kreuz für treue Dienste, vergoldete Bronze (verliehen 1870/71)

Gestiftet im Jahre 1870 von Fürst Adolph Georg zur Erinnerung und Belohnung treuer Dienste für seine persönliche Umgebung während des Krieges
1870/71.

Die Kreuze sind einseitig geprägt und, da nur an einen sehr kleinen
Kreis verliehen, sehr selten. Es kommen nachgegossene Stücke vor,
kenntlich an der etwas brüchigen Oberfläche und der gewöhnlichen
Drahtöse, während die Originale eine derbe, hinten glatt mit der
flachen, polierten Rückseite abschneidende Öse haben. Die geraden,
nur an den Außenkanten leicht geschweiften Kreuze haben eine
doppelte schmale Linieneinfassung um die Vorderseite der polierten
Arme.

V: In der Mitte der erhaben geprägte verschlungene und verzierte Namenszug „A G" unter dem Fürstenhut; auf den vier Armen verteilt: „FÜR / TREUE — DIENSTE / 1870".

R: Glatt poliert.

Größe: 35 mm.

Band: 39 mm breit, dunkelkornblumenblau mit einem weißen Mittelstreifen (4,5 mm breit) und zwei ebensolchen Seitenstreifen, letztere
mit 1 mm Abstand von den Kanten.

781. Kreuz für treue Dienste, vergoldete Bronze

782. Dasselbe als Steckkreuz für fürstliche Personen

783. Dasselbe „am weißen Bande" für Nichtkämpfer
2. Prägung (verliehen 1914—1918)   Abbildung am Schluß des Bandes.

Fürst Adolph erneuerte am 18. November 1914 das von Fürst Adolph Georg
im Jahre 1870 gestiftete Kreuz „zur Anerkennung der Verdienste, welche sich"
seine „Mitkämpfer im Kriege erwerben". Es war in erster Reihe bestimmt für
Offiziere und Mannschaften des vom Fürsten geführten 2. kurhessischen Husaren-
Regiments Nr. 14, der Kavallerie-Division, zu welcher dieses Regiment gehörte,
des westfälischen Jäger-Bataillons Nr. 7 und des rheinischen Husaren-
Regiments Nr. 7 (Schaumburg-Lippische Landesverordnungen Jahrgang 1914
Nr. 34.)

Die Kreuze für treue Dienste gleichen in der Form und Größe ganz
denjenigen der ersten Prägung von 1870. Auch sie haben glatte,
doppelt mit Linien eingefaßte Arme und eine abgeflachte, hinten in einer

Ebene mit der glatten Rückseite verlaufende Öse nebst gewöhnlichem Bandring. Die Mitglieder des fürstlichen Hauses tragen jedoch das Kreuz für treue Dienste 1914 an einer auf der Rückseite angelöteten Nadel an der linken Brustseite unter der Ordensschnalle.

Nach einer Verordnung vom 23. Dezember 1916 wurde das Kreuz auch „an solche Männer und Frauen ohne Unterschied des Standes" verliehen, „welche sich als Beamte oder in Berufen, Betrieben oder Einrichtungen ausgezeichnet haben, die für die Zwecke der Kriegsführung oder der Volksversorgung unmittelbar oder mittelbar Bedeutung haben. Das Kreuz ist in diesen Fällen am weißen, rot-blau geränderten Bande zu tragen". (Schaumburg-Lippische Landesverordnungen Jahrgang 1916 Nr. 15.)

V: In der Mitte der Namenszug „A" in verzierter Schrift unter einer gefütterten Bügelkrone, auf den vier an den Außenkanten leicht geschweiften Armen: „FÜR / TREUE — DIENSTE / 1914".

Größe und Band wie bei Nr. 780.

Band für Nichtkämpfer: 30 mm breit, weiß mit zwei je 3 mm breiten ponceauroten Seitenstreifen und daran anschließend zwei himmelblauen Randstreifen, letztere je 2 mm breit.

784. Orden für Kunst und Wissenschaft, I. Klasse, silbernes Kreuz mit Email, erste Form (verliehen 1899—1914)

785. Derselbe Orden I. Klasse, Silber vergoldet mit Email, spätere Form (verliehen 1914—1918)

Gestiftet von Fürst Georg am 23. Oktober 1899 als höchste Auszeichnung für Verdienste um Kunst und Wissenschaft zugleich mit der ovalen, silbernen Medaille Nr. 786, welche als II. Klasse zu betrachten ist. Der Orden für Kunst und Wissenschaft war dem Hausorden angeschlossen.

Der Verdienstorden für Kunst und Wissenschaft war bis Februar 1914 ein silbernes achtspitziges Malteserkreuz mit gekörnten Armen und einen dichten, grün emaillierten Lorbeerkranz zwischen denselben. Eine gefütterte silberne Fürstenkrone ist an einer Verzierung am oberen Kreuzarm befestigt und trägt den Bandring. Die Mittelschilde (20 mm Durchmesser) der Vorder- und Rückseite sind eigens geprägt und aufgelötet.

V: Auf rot emailliertem Grund das silberne elfzackige Nesselblatt mit dem darauf ruhenden kleinen lippischen Wappenschild. Ein dunkelblauer Reif schließt das Ganze ein: er trägt in vergoldeten Buchstaben die Inschrift: „FÜR KUNST UND WISSENSCHAFT".

R: Auf gekörntem silbernem Grund ein gekröntes gotisches „G" (Georg).

Unterm 23. Februar 1914 verfügte Fürst Adolf, daß der Verdienstorden für Kunst und Wissenschaft I. Klasse fortan bei gleichbleibender Gestalt in Gold (Silber vergoldet) verliehen werden solle. Es erschienen sohin bei dieser zweiten Form alle sichtbaren Metallteile in Gold mit Ausnahme des silbernen Nesselblatt-Wappens auf dem Mittelschildchen der Vorderseite.

Größe (ohne Krone): 40 mm; Gewicht: 19 g.

Band: 28 mm breit, zinnoberrot mit zwei je 4,5 mm breiten goldenen Randstreifen (Band des Hausordens).

786. Silberne, ovale Medaille für Kunst und Wissenschaft (verliehen 1899—1902)

Gleichzeitig gestiftet am 23. Oktober 1899 mit dem Orden für Kunst und Wissenschaft als dessen II. Klasse. Bei der Erneuerung der Statuten des Fürstlich Schaumburg-Lippischen Hausordens am 17. November 1902 wurde diese Medaille aufgehoben und durch ein silbernes Kreuz, ohne Email, ersetzt, das fortan die II. Klasse des Ordens für Kunst und Wissenschaft darstellte, der dem Hausorden nunmehr angegliedert war.

Die ovale silberne Medaille hat eine kugelförmige Öse mit gewöhnlichem Ring,

V: Unter der gefütterten Fürstenkrone der spitz zulaufende, waagerecht (weiß-rot schraffiert) geteilte Wappenschild mit der lippischen Rose, welcher zwischen dem durch drei Nägel abgeteilten, in drei Teile zerschnittenen elfzackigen Nesselblatt steht.

R: Innerhalb zweier unten mit Doppelschleife zusammengehaltener Lorbeerzweige in fünf Zeilen „FÜR / KUNST / UND / WISSEN- / SCHAFT".

Größe: 39 mm hoch, 32 mm breit; Gewicht: 18 g.

Band: Wie bei Nr. 784/785.

787. Verdienstorden für Kunst und Wissenschaft II. Klasse, silbernes Kreuz (verliehen 1902—1918)

Am 17. November 1902 an Stelle der ovalen silbernen Medaille Nr. 786 als II. Klasse des Ordens für Kunst und Wissenschaft eingeführt.

Das Kreuz II. Klasse ist, abgesehen von dem hier fehlenden Email am Lorbeerkranz und Mittelschildchen (20 mm Durchmesser), in der Ausführung genau wie die I. Klasse (Nr. 785), nur etwas kleiner. Die aufsitzende silberne, gefütterte Fürstenkrone ist nur 14 mm hoch.

Die später verliehenen silbernen Kreuze II. Klasse haben zwischen ihren Armen einen breiteren und flacher geprägten Lorbeerkranz, der auch etwas mehr vom Mittelschildchen absteht als bei den ursprünglich ausgegebenen Stücken.

Größe (ohne Krone): 37 mm; Gewicht: 20 g.

Band: Wie bei Nr. 784/785.

788. Fürst Adolf-Medaille, Silber vergoldet (verliehen 1914—1918)

Gestiftet von Fürst Adolf am 23. Februar 1914 zur Belohnung und als Anerkennung „ganz besonderer Verdienste auf dem Gebiete der Kunst, Wissenschaft und Wohlfahrt und deren Förderung und Pflege".

Die ovale Medaille ist in vergoldetem Silber geprägt und trägt eine 20 mm hohe und 33 mm breite offene, sehr schön und massiv gearbeitete Krone, beweglich in der Weise angebracht, daß sie den oberen Rand der Medaille bedeckt. Die Krone hat in einem Öhr am Kreuze des Apfels eingehängt einen beweglichen länglichen Tragring.

V: in einem länglichen Oval (30 mm hoch, 20 mm breit) der nach links gewendete Kopf des Stifters, über demselben „· ADOLF ·", im

Halsabschnitt (vertieft) „Comes", unter dem Halsabschnitt „23. II. 1914". Um das Oval eine erhöhte Linienumrandung, außen herum zwei breite Palmzweige.

R: In einem länglichen Oval mit erhöhter Linienumrandung der senkrecht schraffierte gekrönte schaumburg-lippische Wappenschild mit dem sogen. Nesselblatt und der kleinen Rose in der Mitte, darüber „FUER", unter dem Wappenschild bogig „VERDIENST". Außen herum zwei breite Palmzweige. Die nur ganz selten verliehene Fürst Adolf-Medaille wird am Bande der III. bzw. IV. Klasse des Hausordens um den Hals getragen.

Größe (ohne Krone): 50 mm hoch, 37 mm breit; Gewicht: 55 g.

Band: 28 mm breit, zinnoberrot mit zwei je 4 mm breiten goldenen Randstreifen (von Männern um den Hals, von Damen zur Schleife geformt an der linken Achsel getragen).

789. Militär-Denkmünze für die Kriege 1808—1815, Silber

Abbildung 'am Schluß des Bandes.

Gestiftet am 15. November 1831 von Fürst Georg Wilhelm für diejenigen „Offiziere und Soldaten....", welche den seit Anfang des Jahres 1808 stattgefundenen Feldzügen beigewohnt und" dem Fürsten „wie dem Vaterlande mit Tapferkeit und Treue gedient haben".

Die silberne Denkmünze ist entsprechend der geringen Anzahl der hierzu Berechtigten sehr selten. Sie hat eine kleine scharfkantige Öse mit gewöhnlichem Ring.

V: Das nach links blickende Bildnis des Stifters mit der Umschrift „GEORG WILH. R. FÜRST Z. SCH. LIPPE &. &."

R: Im Kranz aus einem Lorbeerzweig (links) und Eichenzweig (rechts) die vierzeilige Inschrift „FÜR / TAPFERKEIT / UND / TREUE.".

Größe: 28 mm; Gewicht: 9 g.

Band: 30 mm breit, schwarzblau, ohne Wässerung, mit zwei weißen, je 2 mm breiten Seitenstreifen in 2 mm Abstand von den Kanten.

790. Gedenkkreuz für den Feldzug 1849, Bronze

Gestiftet von Fürst Adolf Georg am 1. August 1862 für alle noch lebenden Teilnehmer am Feldzuge in Schleswig und Jütland 1849. (Schaumburg-Lippische Landesverordnungen von 1862 Nr. 3.) Da Schaumburg-Lippe während des genannten Krieges nur eine Schützenkompanie im Felde hatte, ist auch dieses Ehrenzeichen sehr selten.

Es hat eine gewöhnliche Drahtöse mit Ring und an den Außenseiten stark abgerundete Arme, welche mit doppelter erhöhter Linieneinfassung versehen sind. Das Mittelschild hat 21 mm Durchmesser.

V: In der Mitte der verschlungene Namenszug „A G" in lateinischer Kursivschrift, umgeben von einem dichten Eichenkranz. Am Rande entlang im Kreise angeordnet die Umschrift „SEJNEN TAPFERN U. GETREUEN KRJEGERN".

R: In der Mitte im erhaben geprägten kleinen Kreis „1849", darum ein Eichenkranz, unten mit Doppelschleife gebunden.

Größe: 36 mm.

Band: 38 mm breit, dunkelblau mit einem 4 mm breiten karminroten
Mittelstreifen sowie zwei je 5 mm breiten karminroten Seitenstreifen, letztere mit 1 mm Abstand von den Kanten.

791. Erinnerungsmedaille an die silberne Hochzeit, Mattsilber (verliehen 1907)

Gestiftet von Fürst Georg am 16. April 1907, dem Tage seiner silbernen
Hochzeit mit Fürstin Marie Anna (geb. Prinzessin von Sachsen-Altenburg).
Diese in mattem Silber ohne Überrand nach dem Entwurf des akademischen
Bildhauers Max von Kawaczynski, Berlin, geprägte Medaille hat eine gewöhn-
liche Drahtöse mit Ring. Sie wurde an fürstliche Verwandte und Gäste, an den
Hofstaat sowie an die diensttuenden Militärs und Beamten verliehen.

V: Das nach links gewendete Bildnis des Jubelpaares, Fürst Georg
in Generaluniform mit umgehängtem Mantel im Vordergrund; Umschrift auf der oberen Hälfte der Medaille in gotischen Buchstaben:
„Marie · 1882 × 1907 · Georg". Unten am Rande in kleinster Schrift
„Max v. Kawaczyński n. d. Leben fec.".

R: Die aneinandergelehnten Wappenschilde des fürstlichen Paares
(Schaumburg-Lippe links, Sachsen rechts) mit den zugehörigen
(Kübel-)Helmen mit ihrer Helmzier, zwischen denselben oben eine
freischwebende Krone, über dieser ein kleiner strahlender Stern
mit der Zahl 25, unten Rosen. Unten im Sockel: „16 April" in gotischen Buchstaben, links und rechts neben den Wappenschilden
ganz klein „M. v. K. inv.". — „fec. Berlin".

Größe: 35 mm; Gewicht: 21 g.

Band: 30 mm breit, weiß mit zwei ponceauroten, je 3 mm breiten
Seitenstreifen und daran anschließend zwei himmelblauen Randstreifen, diese 2 mm breit.

792. Dienstauszeichnungskreuz für 50 Dienstjahre der Offiziere, Gold (verliehen 1850—1867)

Gestiftet von Fürst Georg Wilhelm am 13. Juni 1850. Das achtspitzige goldene
Kreuz (Malteserform) ist von einer goldenen Fürstenkrone überhöht. Es wurde
nur einigemal verliehen und ist daher außerordentlich selten.

V: Im Mittelschildchen der verschlungene Namenszug „G. W." unter
der Fürstenkrone.

R: Im Mittelschildchen „L", umgeben von zwei unten mit Doppelschleife
zum Kranze gebundenen Lorbeerzweigen.

Größe: 40 mm; Gewicht: 15,5 g.

Band: 33 mm breit, dunkelkornblumenblau mit zwei weißen, je 4 mm
breiten Seitenstreifen bei 2 mm Abstand von den Kanten.

793. Dienstauszeichnungskreuz für Offiziere nach 25 Dienstjahren, Bronze vergoldet (verliehen 1850—1867)

Gestiftet von Fürst Georg Wilhelm am 13. Juni 1850. Seit dem Abschluß
der Militärkonvention mit Preußen am 1. Oktober 1867 nicht mehr verliehen.

Das Kreuz hat gerade, nach außen breiter werdende gekörnte Arme mit erhöhter Linieneinfassung sowie eine gewöhnliche Öse mit Ring.

V: Im Mittelschildchen (17 mm Durchmesser) unter der freischwebenden Fürstenkrone der Namenszug „G. W." in gotischen Buchstaben.

R: Im Mittelschildchen „XXV".

Größe: 37 mm.

Band: Wie bei Nr. 792.

794. Dienstauszeichnung I. Klasse, vergoldete Schnalle

795. dieselbe II. Klasse, silberne Schnalle

796. Dieselbe III. Klasse, eiserne Schnalle mit silbernem Rand für 21, 15 und 9 Dienstjahre der Unteroffiziere usw. (verliehen 1850—1918)

Gestiftet von Fürst Wilhelm am 13. Juni 1850 gleichzeitig mit dem Dienstauszeichnungskreuz für die Offiziere. Während letzteres aber nur bis zum Abschluß der Militärkonvention mit Preußen am 1. Oktober 1867 verliehen worden ist, gelangten diese drei Dienstauszeichnungen auch fernerhin noch an Unteroffiziere des Westfälischen Jäger-Bataillons Nr. 7 zur Verleihung, soweit dieselben schaumburg-lippische Landeskinder waren, sowie an die Gendarmerie des Landes. Am 16. Juli 1913 verfügte Fürst Adolph, daß die Schnallen I. Klasse schon für 15, diejenigen II. Klasse aber statt für 15 Jahre nunmehr bereits für 12 Dienstjahre verliehen werden sollten.

Die rechteckigen Metallplatten (Schnallen) sind in vergoldeter Bronze, Silber oder Eisen geprägt und zeigen auf gekörntem Grund die erhöhten gotischen Buchstaben „G. W.". Sie haben ferner eine doppelte erhöhte Linienumrahmung. Die III. Klasse aus schwarz gebeiztem Eisen hat eine schmale silberne Umrahmung. Rückseitig ist ein Metallstreifen mit Nadel angelötet, über den das Band gestreift ist.

Größe: 11 mm hoch, 36 mm lang.

Band: Wie bei Nr. 792.

797. Goldenes Ehrenzeichen für 50jährige Dienste

797a. Dasselbe Bronze vergoldet

Gestiftet von Fürst Georg am 20. März 1909 für „Haus-, Hof- und Domanialbeamte und Diener, Staatsbeamte, Prediger und sonstige Diener der Kirche, Schullehrer und Beamte der Gemeinden und Kreise, welche 50 Jahre treu gedient haben" (Schaumburg-Lippische Landesverordnungen Jahrgang 1909 Seite 402).

Das einseitige ovale, durchbrochen gearbeitete goldene Ehrenzeichen wird mit einer an der glatten Rückseite befindlichen Nadel auf der linken Brustseite angesteckt. Es besteht aus dem mit der Fürstenkrone besetzten dreieckigen, senkrecht schraffierten Wappenschild mit der fünfblättrigen lippischen Rose, welche auf dem sogen. Nesselblatt ruht. Dieser Schild ist umgeben von einem 10 mm breiten ovalen Lorbeerkranze, auf dessen Schleife unten die Zahl „50" sich befindet. Die Herstellung erfolgte später nur mehr in feuervergoldeter Bronze.

Größe: 47 mm hoch, 37 mm breit.

798. Goldenes Kreuz für 40 Dienstjahre weiblicher Dienstboten (verliehen 1899—1918)

Gestiftet am 14. März 1899 von Fürstin Marie mit Genehmigung des Fürsten Georg zur Auszeichnung von weiblichen Dienstboten, „welche vierzig Jahre und länger in einer Familie oder auf einem Hofe ununterbrochen treu gedient und sich durch gute Führung der höchsten Gnade würdig gezeigt haben".

Das goldene, rückseitig glatte Kreuz hat auf der Vorderseite die Aufschrift „FÜR 40 JÄHRIGE TREUE DIENSTE" über die vier Kreuzarme verteilt. Es wird mit einer länglichen Öse an einem schwarzen Samtbande um den Hals getragen.

A n m e r k u n g : Leider lag kein Originalstück vor; daher mußten die Angaben über Größe, Gewicht usw. wegbleiben.

Luxemburg

Das Großherzogtum Luxemburg stand von 1815 bis 1890 in Personalunion mit dem Königreich der Niederlande, gehörte von 1815 bis 1866 zum Deutschen Bund, von 1842—1919 zum preußischen Zollverein bzw. deutschen Zollgebiet. Seit dem Jahre 1890 regiert dort das Haus Nassau älterer (Walramischer) Linie, das auch eine Reihe nassauischer Orden und Ehrenzeichen auf Luxemburg übertrug.

Luxemburg hat drei Orden, den Nassauischen Haus-Orden vom goldenen Löwen (gestiftet 29. 1./16. 3. 1856, erneuert am 20. 5. 1905, gemeinsam mit der in den Niederlanden regierenden Linie Oranien Nassau), den Orden der Eichenkrone (gestiftet am 29. 12. 1841) und den Militär- und Zivilverdienstorden Adolphs von Nassau (gestiftet am 8. 5. 1858 und auf Luxemburg übertragen). Die Ehrenzeichen sind folgende:

799. Goldene Verdienstmedaille des Ordens der Eichenkrone (verliehen 1858—1872)

799a. Silbervergoldete Verdienstmedaille des Ordens der Eichenkrone (verliehen seit 1872)

800. Silberne Verdienstmedaille des Ordens der Eichenkrone

801. Bronzene Verdienstmedaille des Ordens der Eichenkrone (verliehen seit 1858)

Gestiftet von König Wilhelm III. der Niederlande als gleichzeitigem Großherzog von Luxemburg am 2. Februar 1858 in Erweiterung des schon am 29. Dezember 1841 gestifteten Ordens der Eichenkrone.

Die Goldene Medaille wurde gemäß einem königl.-großherzogl. Beschluß vom 28. Oktober 1872 nur mehr in vergoldetem Silber ausgegeben. Die Medaillen haben die Form eines gleichseitigen Achtecks, wobei die einzelnen Seiten je 12 mm lang sind. Sie haben eine angelötete Kugelöse mit Ring. Die Prägung der Medaillen hat sich bis in die jetzige Zeit erhalten, nur sind die neueren Stücke nicht mehr so dick, also leichter.

V: Die erhöht geprägte Darstellung des Kreuzes vom Orden der Eichen-krone mit einem gekrönten gotischen „W" im senkrecht schraffier-ten Mittelschildchen. Die vier äußeren Linien der Kreuzarme wer-den dabei von den entsprechenden Außenseiten der Medaille selbst gebildet. Der vertiefte Grund zwischen dem abgebildeten Ordens-kreuz ist mit einer Guilloche-Schraffierung bedeckt.

R: Ein unten mit Doppelschleife gebundener, oben offener Eichenkranz, der in der Mitte ein freies Feld umschließt.

Größe: 29 mm; Gewicht: in Silber früher 20 g, später 18 g.

Band (das des Ritterkreuzes der Eichenkrone): ursprünglich 38,5 mm breit, dunkelgrün mit zwei je 8 mm breiten orangegelben Streifen, welche untereinander und von den Bandkanten je 7,5 mm entfernt sind.

Seit dem 24. Juli 1892 sind die Breitenverhältnisse der Farbstreifen derart verändert, daß das Band zu beschreiben ist: 36 mm breit, orange mit drei dunkelgrünen, je 4 mm breiten Streifen; Abstand voneinander je 8 mm, gegen die Kanten aber je 4 mm.

Gegenwärtig werden die Verdienstmedaillen mit schmälern Bändern als das Ritterkreuz ausgegeben, und zwar: 27,5 bis 28,5 mm breit, orange mit drei dunkelgrünen, je 2,5 (beim breiteren Band!) bis 3,5 mm breiten Streifen, Abstand voneinander je 5,5 mm (beim schmalen Band) bis 7,25 mm, gegen die Kanten aber je 2 mm.

801a. Goldene Medaille für Kunst und Wissenschaft

801b. Silberne Medaille für Kunst und Wissenschaft mit der Inschrift „Artibus et Scientiis" (verliehen seit 1927)

An Stelle der Medaille Nr. 935/936, die durch die neue von der Großherzogin Marie Adelheid erlassene Satzung des „Nassauischen Militär- und Zivil-Ver-dienst-Ordens Adolphs von Nassau" vom 5. April 1914 förmlich aufrecht-erhalten worden war, trat seit der Änderung der Satzung dieses Ordens durch Großherzogin Charlotte am 16. April 1927 — seitdem heißt der Orden „Militär-und Zivilverdienstorden Adolph's von Nassau" — eine neue größere Medaille mit veränderter Inschrift.

Der angelötete breite Henkel ist in Form eines unten gebundenen Eichenlaubkranzes ausgebildet. Die Medaille ist durch einen feinen erhöhten Rand begrenzt.

V: Auf mattem Grund die erhöht geprägte Darstellung des Kreuzes des Adolphs-Ordens (vgl. Nr. 922) mit folgenden Unterschieden: Der Buchstabe A trägt nicht eine alte Kaiserkrone, sondern die großherzogliche Krone, außerdem lautet die Inschrift nicht „VIRTUTE" wie auf dem Ordens- und dem Verdienstkreuz, son-dern „VIRTUTI", wie auf der Verdienstmedaille und der früheren Medaille für Kunst und Wissenschaft (Nr. 935/936). Die durch eine erhöhte Linie begrenzten Kreuzarme sind leicht gekörnt. Das Kreuz ist von zwei unten gekreuzten Palmzweigen hinterlegt.

R: Innerhalb eines aus rechts Eiche und links Lorbeer gebildeten, unten mit einer Doppelschleife gebundenen Kranzes die dreizeilige Inschrift „ARTIBUS / ET / SCIENTIIS", wobei die beiden letzten II in Scientiis je einen Punkt tragen.

Größe: 37 mm.

Band (das des Ritterkreuzes des Adolphsordens): 38,5 mm breit, dunkelkornblumen- (fast violett-) blau (sogen. Nassauisch Blau) mit orangefarbenen Randstreifen von 3,5 mm Breite mit blauer Webkante.

801c. Verdienstkreuz in Gold mit Schwertern (verliehen 1914—1927)

801d. Verdienstkreuz in Gold (ohne Schwerter) (verliehen seit 1914)

801e. Verdienstkreuz in Silber mit Schwertern (verliehen 1860—1927)

801f. Verdienstkreuz in Silber (ohne Schwerter) (verliehen seit 1860)

Aufrechterhalten gelegentlich der Erneuerung und Neueinteilung des „Nassauischen Militär- und Zivil-Verdienst-Ordens Adolphs von Nassau" durch das von der Großherzogin Maria Anna als Regentin am 27. Januar 1909 erlassene Statut, und zwar zunächst als „Verdienstkreuz" (aus Silber), erweitert durch die von der Großherzogin Marie Adelheid erlassene Satzungsänderung vom 5. April 1914 (vgl. Nr. 801 a und b). Diese Satzung schränkte die Verleihung der Schwerter ein auf Fälle von „Verdienst vor dem Feind", die gegenwärtig gültige, von der Großherzogin Charlotte erlassene Satzung vom 16. April 1927 (s. o. Nr. 801 a und b) schaffte die Schwerter überhaupt ab.

Die von den Großherzog(inn)en von Luxemburg verliehenen Verdienstkreuze unterscheiden sich von Nr. 921/922 nur dadurch, daß die Rückseiteninschrift wie beim Adolphs-Orden „1292/1858" lautet (nicht 1292/1860).

Größe usw. wie Nr. 921/922.

Band wie Nr. 801 a und b.

801g. Verdienstmedaille in Gold (Silber vergoldet)

801h. Dieselbe in Silber (verliehen 1909—1927)

801i. Dieselbe in Bronze (verliehen 1912—1927)

1. Prägung mit Stempeln von Börsch

Die Medaille des Adolphs-Ordens ist geschaffen worden durch das Erneuerungsstatut dieses Ordens vom 27. 1. 1909 (s. o. Nr. 801 c—f), zunächst in Gold und Silber und seit 1912 (Statut des Ordens vom 5. April 1914) auch in Bronze. Ihre Prägung erfolgte in der Kgl. Hauptmünze zu München. Von der silbervergoldeten Medaille wurden im ganzen 87, von der silbernen 159, von der bronzenen 50 Stück geprägt; die Prägung wurde Ende Oktober 1918 eingestellt.

Die Medaille hat eine derbe angeprägte Drahtöse mit gewöhnlichem Ring.

V: Älterer Kopf des Großherzogs Adolph nach rechts. Umschrift: „ADOLPH GROSSHERZOG V. LUXEMBURG HERZOG V. NASSAU". Unter dem Halsabschnitt „BÖRSCH".

R: Innerhalb eines oben offenen Kranzes, der aus zwei unten mit einer Doppelschleife zusammengebundenen Eichenzweigen besteht, „VIRTUTI".

Größe: 35 mm; Gewicht in Silber vergoldet bzw. in Silber: 27 g.

Band: Wie bei Nr. 801a ff.

801j. Verdienstmedaille in Gold (Silber vergoldet)

801k. Dieselbe in Silber

801l. Dieselbe in Bronze, 2. Prägung mit Stempeln von F. Rasumny (verliehen seit 1927)

Die Medaillen Nr. 801 g—h wurden bei der Statutenänderung des nunmehrigen „Militär- und Zivilverdienstordens Adolph's von Nassau" (vgl. Nr. 801 a, b) abgeändert.

Die Medaillen sind durch einen feinen erhöhten Rand begrenzt und haben eine kugelförmige Öse, durch die der Bandring gezogen ist. Der Grund der goldenen und der silbernen Medaille ist poliert, der der bronzenen matt.

V: Der Kopf des Großherzogs Adolph mit alten Gesichtszügen nach rechts gewendet, unter dem Halsabschnitt ziemlich klein „F. RASUMNY", darunter ein kleines Lorbeerreis. Die dort beginnende Umschrift lautet „ADOLPHUS MAGNUS DUX LUXEMBURGI NASSOVIAE DUX" (Adolph Großherzog von Luxemburg, Herzog zu Nassau).

R: Abgesehen von kleinen Abweichungen in der Zeichnung des Eichenkranzes mit der Bandschleife wie bei Nr. 801g ff.

Größe: 35 mm; Gewicht wie bei Nr. 801 g—i.

Band wie Nr. 801 a und b.

801m. Medaille in Silber für 25jährige treue Dienste im Großherzoglichen Hause, 1. Prägung mit Stempeln von A. Börsch, oval (verliehen 1907—1927)

801n. Dieselbe in Bronze (verliehen 1910—1927)

Gestiftet von Großherzog Wilhelm im Jahre 1907, wurde diese Medaille mit Stempeln von Münzmedailleur Alois Börsch im Hauptmünzamt zu München geprägt. Sie hat einen schmalen erhöhten Rand sowie eine derbe, angeprägte Öse mit gewöhnlichem Ring. Von der silbernen Medaille wurden 50 Stück Anfang Oktober 1907 und 25 Stück Mitte Januar 1916 geprägt, von der bronzenen Medaille sind Anfang April 1910 nur 30 Stück angefertigt worden.

V: Der ältere Kopf des Großherzogs Adolph nach rechts gewendet. Unter dem Halsabschnitt klein: „A. BÖRSCH SC.". Umschrift: „ADOLPH GROSSHERZOG VON LUXEMBURG HERZOG VON NASSAU". Unten am Rande ein kleines vierblättriges Röschen.

R: Innerhalb eines aus zwei unten mit einer Doppelschleife zusammengebundenen Eichenzweigen gebildeten Kranzes die fünfzeilige Inschrift: „FÜR / 25 / JAHRE / TREUER / DIENSTE".

Größe: 32 mal 38 mm; Gewicht: in Silber 25 g.

Band: Wie bei Nr. 801g ff.

801o. Medaille in Silber für 25jährige treue Dienste im Großherzoglichen Hause

801p. Dieselbe in Kupfer, 2. Prägung mit Stempeln von F. Rasumny (verliehen seit 1927)

Die Medaillen 801 m, n wurden durch die neue (gültige) Satzung des Adolph-Ordens vom 16. April 1927 diesem Orden angeschlossen und in Anlehnung an dessen Verdienstmedaillen verändert.

Die Medaille unterscheidet sich von Nr. 801 k ff. nur durch den breiten Henkel und die Rückseiteninschrift. Der Henkel ist beiderseits aus zwei aufgelöteten, miteinander gekreuzten, mit einer Doppelschleife gebundenen Ästen (auf der Vorderseite links Lorbeer, rechts Eiche) gebildet und oben durch einen schmalen Bügel geschlossen, über den das Band gezogen wird.

V: Wie Nr. 801 k ff.

R: Innerhalb des gleichen Kranzes wie bei Nr. 801 k und l in vier Zeilen die Inschrift „FIDELITER / MUNERE / PER XXV ANNOS / FUNCTO" (Dem, der 25 Jahre hindurch treu seines Amtes gewaltet hat).

Größe und Band wie bei Nr. 801 a ff.

801q. Medaille zur Erinnerung an das goldene Ehejubiläum des Großherzogs Adolph und der Großherzogin Adelheid, in Gold (Silber vergoldet)

801r. Dieselbe in Silber

801s. Dieselbe in Bronze (verliehen 1901)

Gestiftet von Großherzog Adolph am 2. April 1901 zu seiner goldenen Hochzeit am 23. April 1901. Die Stiftungsurkunde lautet u. a.: „Die Medaille wird Unsern hohen Verwandten, sowie allen an dem festlichen Tage in Unsern Diensten stehenden, oder in Unseren persönlichen Diensten seither gestandenen und den von Uns etwa weiter zu bezeichnenden Personen verliehen. Sie gelangt teils an einem schmalen blauen mit orangefarbigen Streifen versehenen Bande zum Tragen auf der linken Brust, teils als Andenken ohne Band, zur Verleihung..."

Die Medaille hat eine gewöhnliche Öse, durch die der Bandring gezogen ist.

V: Im vertieften, schüsselartigen Grunde erhaben geprägt die nach rechts sehenden, hintereinander gestellten Köpfe des Jubelpaares; der Rand ist durch vertiefte Kreislinien betont. Unter dem Halsabschnitt „A. BÖRSCH SC."

R: Unter der großherzoglichen Krone die Namensbuchstaben des großherzoglichen Paares, ein A in lateinischer Schreibschrift verschlungen mit einem ornamentierten A in lateinischer Druckschrift, hierdurch gezogen auf beiden Seiten ein Rosenzweig, darunter die Randschrift: „1851 23. APRIL 1901".

Größe: 28 mm; Gewicht in Silber: 14 g.

Band: 25 mm breit, dunkelkornblumenblau mit orangegelben, je 1,5 mm breiten Rändern.

801t. Medaille der Luxemburgischen Freiwilligen des Großen Krieges 1914—1918, Bronze (verliehen 1923)

Gestiftet von Großherzogin Charlotte am 10. Mai 1923 für diejenigen luxemburgischen Freiwilligen, die in den Armeen der Alliierten während wenigstens drei Monaten zwischen dem 2. August 1914 und dem 11. November 1918 gedient bzw. die das Kriegskreuz einer alliierten Macht erhalten haben oder wegen Dienstbeschädigung ausgeschieden sind. Die Medaille wurde auch nach dem Tode verliehen und den Angehörigen übergeben.

Das Ehrenzeichen besteht aus einer bronzenen Medaille von 27 mm Durchmesser (V. ohne Überrand), hinter der die sich verbreiternden, bogenförmig endenden Arme eines Kreuzes (mit Überrand) hervorkommen und hinter der zwei Schwerter derart gekreuzt sind, daß die Griffe an den Medaillenrand anschließen. Am oberen Kreuzarm ist mittels einer kleinen Verzierung eine dicke kugelförmige Öse mit Ring angebracht.

V: Das Bild Johannes des Blinden nach seinem Reitersiegel, nach rechts reitend, das Pferd in die luxemburgische Wappendecke gehüllt, mit der Randschrift „LVCEM — BVR — GVOS" (oben) und „VIRTVTI" (unten) in zeitgenössischen gotischen Majuskeln, letzteres Wort zwischen den vertieften Namen „AK." (links) und „J. MICH." (rechts). Der Reiter ragt mit seiner Helmzier etwas über den Medaillenrand heraus. Auf den Kreuzarmen oben bogenförmig „CRÉCY", unten „1346" (beides in der gleichen Schriftart wie die Medaillenumschrift), links Eichenlaub, rechts Lorbeer (beides hinter der Medaille hervorkommend).

R: Unter einem nach links gewendeten Stahlhelm französischen Typs mit auf den Schirm gelegtem Sturmriemen die Zahlen „1914" und „1918" übereinander, letztere z. T. in dem Laub der die Darstellung umziehenden unten gekreuzten Zweige (rechts Eiche, links Lorbeer) stehend. Auf den Kreuzarmen oben „MARNE / MEUSE", unten „YSER / VARDAR", links (gleichlaufend mit dem Armabschnitt) „AISNE", rechts (gleichartig) „SOMME".

Größe: 38 mm.

Band: 36 mm breit, 26,5 mm blau-weiß gerippt, mit 4,25 mm breiten roten Randstreifen und weißer Webkante.

802. Offizier-Dienstauszeichnungskreuz für 25 Jahre, silbervergoldetes Kreuz mit vergoldeter Krone

803. Dasselbe für 15 Jahre, silbervergoldetes Kreuz mit silberner Krone, große Form (verliehen 1850—1882)

Gestiftet durch königlich-großherzoglichen Beschluß vom 22. Februar 1850 für die Offiziere des damaligen Luxemburger Kontingents in der deutschen Bundesarmee sowie des dortigen Gendarmerie-Korps.

Die geraden, lilienendigen, beiderseits stark im neugotischen Stil ornamentierten Arme sind glattpoliert und von einem grün emaillierten Eichenkranz durchzogen. Durch die Mitte sind zwei silberne antike Schwerter gekreuzt, deren Klingen unter den Eichenblättern zu verschwinden scheinen. Die Mitte des Kreuzes ist mit einem silbernen, geometrisch genauen, reliefartig erhöhten achtstrahligen Stern belegt, dessen Ränder mit denen der Kreuzarme zusammenfallen. Das Kreuz ist von einer 20 mm hohen Krone überhöht. Der Unterschied zwischen Vorder- und Rückseite ist gering.

V: In der Mitte des achtstrahligen Sternes ein Kreis, darin ein gotisches „W".

R: Der Stern ist in der Mitte mit dem geradrandigen luxemburgischen Wappenschild (von Silber und Blau neunmal geteilt, überdeckt von einem golden gekrönten, roten doppelschwänzigen Löwen) belegt, dessen Farben durch die heraldischen Schraffierungen angedeutet sind.

Den Stempel zu diesen und den nachstehend beschriebenen Luxemburger Dienstauszeichnungskreuzen Nr. 804 ff schnitt Graveur Albert Wunsch in Diekirch (geb. 1834 in Luxemburg, dort gest. 1903).

Größe (ohne Krone): 43 mm; Gewicht: etwa 45 g.

Band: 37—38 mm breit, orangegelb mit zwei hellgrünen, je 5 mm breiten Seitenstreifen mit 4—4,5 mm Abstand von den Kanten.

804. Offizier-Dienstauszeichnungskreuz für 25 Jahre, silbervergoldetes Kreuz mit vergoldeter Krone

805. Dasselbe für 15 Jahre, silbervergoldetes Kreuz mit silberner Krone, spätere kleinere Form (verliehen seit 1882)

Im Jahre 1882 wurde an Stelle der großen Kreuze Nr. 802 und Nr. 803 ein. kleineres Muster bei fast gleicher Ausstattung und Prägung eingeführt. Der Unterschied besteht nur darin, daß der luxemburgische Wappenschild jetzt etwas geschwungenere Ränder hat und daß die Schwertklingen auf dem Kranz aufliegen. Die mit einem Scharnier am oberen Arm des Kreuzes befestigte offene Krone ist nur noch 13 mm hoch.

Größe (ohne Krone): 35 mm; Gewicht: etwa 20 g.

Band: Wie bei Nr. 803.

806. Dienstauszeichnungskreuz für 30jährige Dienstzeit, silbernes Kreuz mit Krone (verliehen 1859—1882)

807. Dasselbe für 20jährige Dienstzeit, silbernes Kreuz ohne Krone

808. Dasselbe für 10jährige Dienstzeit, Kreuz aus dunkler Bronze, große Form (verliehen 1850—1882)

Gleichzeitig gestiftet mit den Dienstauszeichnungskreuzen Nr. 802 und 803 am 22. Februar 1850, für Unteroffiziere und Mannschaften (Freiwillige) des damaligen Luxemburger Bundeskontingents, welches aus zwei Jägerbataillonen und dem Gendarmeriekorps bestand. Zunächst bestanden nur das silberne Kreuz für 20 und das bronzene Kreuz für 10 Dienstjahre. Erst am 19. Mai 1859 wurde durch Anfügung einer (20 mm hohen) offenen silbernen Krone an das silberne Kreuz die Auszeichnung für 30 Jahre geschaffen.

Diese Kreuze sind malteserkreuzförmig mit bogenförmigen Rändern; sie haben glatt polierte Arme mit doppelter, erhöhter Linieneinfassung. Sie haben ein verhältnismäßig großes Mittelstück in Form eines auf der Ecke stehenden Vierecks, durch das zwei antike Schwerter gekreuzt sind. In der Mitte erscheint ein Vierpaß, der innen jeweils mit einem dreifachen Bogenornament verziert ist. Er ist umzogen von einem unten mit einfacher Schleife gebundenen, der Viereckform angepaßt gelegten Lorbeerkranz. V. und R. sind fast gleich, jedoch enthalten die Vierpässe in der Mitte der

V: ein königlich gekröntes gotisches „W" auf gekörntem Grund,

R: den luxemburgischen Wappenschild vor einem aus dem Fürstenhut herabfallenden Wappenmantel, ebenfalls auf gekörntem Grund.

229

Größe (ohne Krone): 43 mm; Gewicht: in Silber mit Krone 38 g, ohne Krone 35 g.

Band: Wie bei Nr. 803 ff.

809. Dienstauszeichnungskreuz für 30jährige Dienstzeit, silbernes Kreuz mit Krone

810. Dasselbe für 20jährige Dienstzeit, silbernes Kreuz ohne Krone

811. Dasselbe für 10jährige Dienstzeit, Kreuz aus dunkler Bronze kleine Form (verliehen seit 1882)

Auch die Dienstauszeichnungskreuze für Unteroffiziere usw. erhielten im Jahre 1882 bei sonst ganz gleich gebliebener Ausführung eine kleinere Form. Die silberne Krone des Kreuzes für 30 Dienstjahre blieb zunächst 20 mm, ist gegenwärtig aber 15 mm hoch.

Größe ohne Krone: 30 mm; Gewicht in Silber mit Krone 20 g, ohne Krone 16 g.

Band: Wie bei Nr. 803 ff.

Die Generalversammlung des im Jahre 1882 gegründeten Landes-Feuerwehr-Verbandes genehmigte am 22. August 1897 das Statut des „Feuerwehrdienst-Abzeichens", das für 25jährige Dienstzeit in vergoldeter, für 20jährige in versilberter Ausführung und für 15jährige in gewöhnlicher Bronze verliehen wird. Das Abzeichen besteht aus einem Kreuz von 38 mm Durchmesser mit sich verbreiternden, lilienendigen Armen mit der Inschrift „XXV", bzw. „XX", bzw. „XV" (oben) „JÄHRIGE" (links), „DIENSTE" (rechts) „1882" (unten), hinter dem sich zwei Feuerwehrbeile kreuzen. Das runde Mittelschild (20 mm) enthält das mit der großherzoglichen Krone bedeckte Landeswappen, über Wolken und unter dem Strahlen aussendenden Gottesauge.

Die in Luxemburg üblichen Bürgermeister-Medaillen sind keine Auszeichnungen, sondern Amtsabzeichen.

Das Mittelschild ist in den Kreuzwinkeln von einem Reif mit der Inschrift „LANDES" (links oben) „FEUER" (rechts oben) „WEHR" (rechts unten) „VERBAND" (links unten) umzogen, der über die Beilstiele gelegt und nach außen von Eichenlaub begleitet ist, das hinter den Beilstielen durchgeht. Die Rückseite ist glatt. Das Abzeichen hat eine Kugellöse mit Ring. Das Band ist 30 mm breit, hellrot mit einem hellrot-weiß-blauen (in gleichen Teilen) Mittelstreifen von 10 mm Breite, der nach beiden Seiten durch einen gelben Strich von 1 mm Breite gegen den hellroten Grund abgesetzt ist.

Mainz (Kurmainz)

Bis 1803 geistliches Kurfürstentum

812. Goldene

813. Silberne und

814. Bronzene Tapferkeits-Medaille
(verliehen 1795) Abbildung am Schluß des Bandes.

Gestiftet von Friedrich Carl Joseph von Erthal, Erzbischof und Kurfürst zu Mainz, Fürstbischof von Worms (reg. 1774—1802), im Februar 1795 nach dre Wiedereroberung seines Landes für seine Krieger vom Feldwebel abwärts, welche sich vor dem Feinde besonders ausgezeichnet hatten.

V: Das nach rechts gewendete Brustbild des Stifters im Hermelinmantel mit Halskreuz und Perücke. Umschrift: „FRID · CAR · IOS · ERZB · V · KVRF · Z · MAINZ · F · B · Z · W ·". Unten am Rande in Diamantschrift „I. LINDENSCHMIT.". (Johann Lindenschmit ab 1790 bis 1808 Münzmeister in Mainz, dann bis 1819 in Usingen in Nassau).

R: Eine in Wolken fliegende Siegesgöttin, in der Rechten einen Lorbeerkranz haltend, mit der Linken auf die unten liegenden Kriegstrophäen hinweisend. Unter dem Lorbeerkranz in vier Zeilen „DAS / VATERLAND / SEINEM TAPFERN / VERTHEIDIGER".

Die Medaillen haben eine breite Öse, durch welche unmittelbar das Band gezogen wurde. Die Rückseite wurde von Lindenschmit auch zur Prägung der kurkölnischen Tapferkeitsmedaillen (siehe Nr. 713) verwendet.

Größe: 38 mm; Gewicht: in Gold 6 Dukaten = 20,5 g, in Silber 15 g.

Band: 38 mm breit, dunkelrosa.

815. Silberne Tapferkeits-Medaille für den Kurmainzer Landsturm 1799
und 1800 (verliehen 1800) Abbildung am Schluß des Bandes.

Gestiftet von Kurfürst und Erzbischof Friedrich Carl Joseph im Jahre 1800 zur Belohnung tapferer Handlungen des Landsturmes. Viele Landsturmmänner aus dem Spessart und dem Odenwald sowie auch Jäger des Albini'schen Freikorps erwarben sich in den Gefechten an der Nidda, bei Aschaffenburg und Neuhof diese Medaille. Dieselbe hat eine breite geprägte Öse zum Durchziehen des Bandes.

V: Ein aufgerichtetes antikes Schwert, umschlungen von einem Lorbeerzweig; Umschrift: „DIE TREUE UND TAPFERKEIT".

R: Geschweifter Schild mit dem kurmainzischen Wappen: dem silbernen Rad im roten Felde; Umschrift: „BELOHNT FRIEDR · CARL · IOS · KURFÜRST" und unten: „1800".

Größe: 34 mm; Gewicht: 14,75 g.

Band: 40 mm breit, dunkelgrün (nicht gewässert).

816. Silbervergoldete und

817. Silberne Verdienst-Medaille
(verliehen ab 1800) Abbildung am Schluß des Bandes.

Gestiftet von Kurfürst und Erzbischof Friedrich Carl Joseph zur Belohnung von Verdiensten aller Art um den Staat, vermutlich um 1800.

V: Das auf dem Hermelinmantel ruhende, vom Kurhut überhöhte Kurmainzer Radwappen.

R: In einem aus Eichen- und Lorbeerblättern geformten Kranz die dreizeilige Inschrift „GLORIA / VIRTUTIS / COMES".

Größe: 28 mm; Gewicht: 12 g.

Band: 38 mm, dunkelrosa.

Mecklenburg-Schwerin

Bis 1815 Herzogtum, vom 14. Juni 1815 an Großherzogtum, seit November 1918 Freistaat, seit 1. 1. 1937 mit Mecklenburg-Strelitz vereinigt zu „Mecklenburg".

Das Großherzogtum Mecklenburg-Schwerin hatte zwei Orden, den Hausorden der Wendischen Krone (gestiftet am 12. Mai 1864) und den Greifenorden (gestiftet am 15. September 1884). Die Ehrenzeichen sind:

818. Goldenes

818a. Silbervergoldetes und

819. Silbernes Verdienstkreuz des Ordens der Wendischen Krone
(verliehen 1864—1918)

Gleichzeitig gestiftet mit den höheren Klassen des vorgenannten Ordens gemeinschaftlich von den Großherzogen Friedrich Franz II. von Mecklenburg-Schwerin und Friedrich Wilhelm von Mecklenburg-Strelitz am 12. Mai 1864 „zur Auszeichnung besonderer Verdienste" von Personen ohne bestimmte Rangklasse.

Die Kreuze sind in M.-Schwerin und M.-Strelitz gleich gewesen in Größe, Metall und Prägung. Ein Unterschied besteht nur bei dem Mittelschildchen der Vorder- und Rückseite. Im Laufe der vielen Jahre von der Stiftung bis 1918 ergaben sich natürlich auch noch kleinere Abweichungen in der Größe, es sollen jedoch nur die beiden hauptsächlichen Größen untenstehend erwähnt werden. Die goldenen Kreuze wurden später nur mehr in vergoldetem Silber ausgegeben. Die Kreuze haben achtspitzige Johanniterform mit gekörnten, von erhöhter Linie umrahmten Armen. Zwischen denselben vier geflügelte Greife. Oben eine Arabeskenverzierung, an welcher die 17 mm hohen offenen Kronen beweglich befestigt sind. Letztere haben im Apfel einen runden Tragring.

V: Im Mittelschildchen (19 mm Durchmesser) auf gekörntem Grund die erhöht geprägte „Wendische Krone"; Umschrift zwischen zwei erhöhten Kreislinien „PER ASPERA AD ASTRA" („Durch rauhe Pfade zu den Sternen"), unten eine kleine Rosette.

R: Im Mittelschildchen auf gekörntem Grund der doppelt verschlungene Namenszug „F F" in verzierter lateinischer Schreibschrift.

Die Mittelschildchen der Vorder- und Rückseite sind jeweils von zwei dünnen Kreislinien eingefaßt.

Größe: Zuerst 45 mm, später auch 47 mm; Gewicht: in Gold 22 g, in Silber bzw. Silber vergoldet 23—28 g.

Band: 28 mm breit, karmoisinrot mit zwei hellblauen, je 2,5 mm breiten Seitenstreifen und goldgelben, ebenso breiten Randstreifen.

820. Ovale goldene und
821. Silberne Militär-Verdienstmedaille für 1813/15
Abbildung am Schluß des Bandes.

Gestiftet von Herzog Friedrich Franz am 23. Juli 1814 „zu rühmlicher Anerkennung der mutvollen Thaten und des ausgezeichneten Benehmens der Truppen in dem ewig denkwürdigen Kriege gegen fremde Unterjochung". Die goldene Medaille war für Offiziere, die silberne für Unteroffiziere und Soldaten bestimmt. Es kamen von den goldenen Medaillen nur ganz wenige Stücke zur Verleihung. Die ovalen, oben mit einer länglichen angeprägten Öse versehenen Medaillen tragen auf der

V: ein mit der Spitze nach unten gerichtetes antikes Schwert, hinter welchem ein kleiner Eichenzweig hervortritt. Links und rechts neben dem Schwert „18 / 13" und auf der

R: den verschlungenen Namenszug „F F.", darunter in zwei Zeilen „Mecklenburgs / Streitern.", alles in lateinischer Schreibschrift.

Größe: 28 mm hoch, 24 mm breit; Gewicht: in Gold 8 g, in Silber 7 g.

Band: 36 mm breit, hellblau mit zitronengelben 3 mm breiten Seiten-streifen und anschließend je 3 mm breiten ponceauroten Rand-streifen.

822. Goldene und
823. Silberne Verdienstmedaille mit dem Bilde des Herzogs Friedrich Franz
(verliehen 1798—1815) Abbildung am Schluß des Bandes.

Gestiftet von Herzog (ab 1815 Großherzog) Friedrich Franz (reg. 1785—1837) im Jahre 1798 nach einem Entwurf des Regierungsrates von Brandenstein. Diese Verdienstmedaillen wurden, wenigstens in den ersten Jahren ihrer Verleihungsperiode, nicht mit Öse und Ring versehen, waren also ursprünglich auch nicht zum Tragen bestimmt. Erst später und in besonderen Fällen konnten dieselben dann am Bande getragen werden. Die Prägung erfolgte mit Stempeln des Medailleurs Abraham Aaron (1798) in Schwerin. Die Medaillen sind auffallend dick (4,8 mm). Deren Rückseite ist zum Teil nicht waagerecht zum Bild der Vorderseite eingestellt (durch Verdrehung des R-Stempels beim Prägen).

V: Das nach links blickende Brustbild des Stifters in Uniform mit Backenbart und Zopf; Umschrift: „FRIEDRICH FRANZ HERZOG ZU MECKLENBURG"; unten am Armabschnitt (klein) „A. AARON".

R: In vier Zeilen „DEM / REDLICHEN MANNE / UND DEM / GUTEN BÜRGER". Die erste Zeile steht zwischen zwei kleinen Rosetten.

Größe: 42 mm.

Gewicht: in Gold 20 Dukaten (etwa 70 g), in Silber 60 g.

Band: 38 mm breit, himmelblau mit zwei goldgelben Seitenstreifen und daran anschließend zwei ponceauroten Randstreifen, alle je 3 mm breit.

824. Die von dem Großherzoge Friedrich Franz I. gestiftete Verdienst-Medaille mit der Inschrift „Dem redlichen Manne und guten Bürger" in Gold und mit dem Bande

825. Dieselbe in Silber

Nach der Annahme des Großherzogstitels durch Herzog Friedrich Franz (14. 6. 1815) ergab sich Anlaß zur Neuprägung dieser Verdienstmedaillen. In dieser Form blieben die Medaillen dann auch unter den Großherzögen Paul Friedrich (1837—1842) und Friedrich Franz II. bis zum Jahre 1872.

In der Regel wurden diese goldenen Verdienstmedaillen um den Hals, die silbernen aber auf der Brust getragen. Sie hatten beide ein angeprägtes langstieliges kleines Öhr, durch dessen Lochung ein oval gebogener Tragring aus doppeltem Gold- bzw. Silberdraht gesteckt ist. Es kamen aber auch, besonders in früheren Jahren, noch immer Verleihungen ohne Öse und Band vor. In letzterem Fall waren die Medaillen beim Ableben des Inhabers nicht zurückzugeben.

V: Kopf des Großherzogs nach links mit der Umschrift: „FRIEDRICH FRANZ GROSSHERZOG VON MECKLENBURG SCHWERIN".

R: In einem dichten, oben und unten kreuzweise mit Bändern umwundenen Eichenlaubgewinde vierzeilige Inschrift „DEM / REDLICHEN MANNE / UND DEM / GUTEN BÜRGER".

Größe: 43 mm; Gewicht: in Gold etwa 50 g, in Silber 32 g.

Band: a) Halsband für die goldene Medaille 55 mm breit, hellblau mit zwei je 4 mm breiten goldgelben Seitenstreifen und anschließend zwei ebenso breiten Randstreifen;
b) für die silberne Medaille wie Nr. 823.

826. Die Verdienst-Medaille in Gold

827. Dieselbe in Silber

828. Dieselbe in Bronze
mit dem Bilde des Großherzogs Friedrich Franz II. (verliehen 1859—1872)

Am 28. Februar 1859 hat Großherzog Friedrich Franz II. (reg. 1842—1883) eine neue Verdienstmedaille ohne Aufhebung der bisherigen (Nr. 824/825 und 858/859) gestiftet. Sie gelangte fortan unter dem Namen „Verdienstmedaille" mit dessen Bildnis zur Verleihung an Personen ohne besonderen Rang (Militär und Zivil) „für gute und treue, Uns, Unserm Großherzoglichen Hause und dem Vaterlande geleistete Dienste, für einzelne rühmliche Handlungen, und für hervorragende Leistungen auf den verschiedenen Gebieten der Künste, der Wissenschaft und des Gewerbefleißes".

Die goldene Verdienstmedaille wurde um den Hals, die silberne und bronzene jedoch auf der Brust getragen. Letztere ist stets feuervergoldet gewesen. Das kleine Öhr mit Stielansatz nebst dem doppelten langgestreckten Drahtring ist beibehalten worden.

V: Kahler Kopf des Stifters nach rechts mit Backen- und Schnurrbart, auf dem Halsabschnitt (klein) „W. KULLRICH F."; Umschrift: „FRIEDRICH FRANZ GROSSHERZOG V. MECKLENBURG-SCHWERIN".

R: In zwei Zeilen „DEM / VERDIENSTE", darunter eine waagerechte Leiste, außen herum ein dichter Eichenlaubkranz, von Bändern umwunden mit der vertieften Inschrift des Wahlspruches „PER / AS / PERA / AD / AS / TRA".

Größe: 41 mm; Gewicht: in Gold 45 g, in Silber 30 g.

Band: 36 mm breit, karmoisinrot mit zwei je 3 mm breiten hellblauen Seitenstreifen und ebenso breiten anschließenden goldgelben Randstreifen.

829. Die Verdienst-Medaille in Gold

830. Dieselbe in Silber

831. Dieselbe in Bronze
     mit dem älteren Bilde des Großherzogs Friedrich Franz II. (verliehen 1872—1918)

Seit dem Jahre 1872 bis zum Ende des Großherzogtums unverändert in folgender Prägung verliehen:

V: Der nach rechts gewendete kahle Kopf des Stifters mit starkem Vollbart; Umschrift: „FRIEDRICH FRANZ GROSSHERZOG V. MECKLENBURG SCHWERIN"; unten klein am Rande „W. KULLRICH".

Rückseite, Größe, Öse mit länglichem Tragring, Gewicht und Tragweise wie bei Nr. 826 ff.

Die bronzenen Verdienstmedaillen sind aber nicht mehr vergoldet, sondern in hellem Kupferton legiert.

Band: 36 mm breit, karminrot mit hellblau-zitronengelb-hellblauen (je 2 mm breiten) Rändern.

832. Die von dem Großherzoge Friedrich Franz I. gestiftete Verdienst-Medaille mit der Inschrift „Dem redlichen Manne und guten Bürger" in Gold und am Bande

833. Dieselbe in Silber

834. Dieselbe in Bronze
     mit dem älteren Bilde des Großherzogs Friedrich Franz II. (verliehen 1872—1883)

In besonderen Fällen, stets aber nur an Mecklenburger, verlieh Großherzog Friedrich Franz II. die Verdienstmedaillen Nr. 824/825 mit seinem Bilde. Da für die Rückseite der Stempel der älteren Verdienstmedaillen von 1815 (Nr. 824/825) weiter benutzt wurde, stimmt die Prägung genau damit überein, während die Vorderseite mit Nr. 829—831 gleich ist.

Größe: 43 mm; Gewicht: in Gold etwa 45 g, in Silber 32 g.

Öse und Band wie bei Nr. 829—831.

835. Die am 19. März 1885 gestiftete silberne Medaille, mit dem Bilde des Großherzogs Friedrich Franz III. mit gewöhnlicher Öse für Militärpersonen

835a. Dieselbe mit verzierter Öse für Zivilpersonen (verliehen 1885—1918)

Neben den großen Verdienstmedaillen mit dem Bilde Friedrich Franz II. wurden von seinem Sohn und Nachfolger Friedrich Franz III. (reg. 1883—1897) seit dem 19. März 1885 auch kleinere silberne Verdienstmedaillen verliehen als Anerkennung für gute, dem „großherzoglichen Haus geleistete Dienste". (Vgl Nr. 861.)

Je nachdem, ob dieselbe an Uniformträger (Unteroffiziere usw.) oder an Zivilpersonen verliehen wurden, hatten sie eine gewöhnliche Drahtöse mit Ring oder (für Zivilpersonen) eine angelötete, reich verzierte Öse, durch die das Band gezogen war. Um Vorder- und Rückseite läuft außen eine schmale Perlenschnur.

V: Der nach rechts gewendete Stifterkopf; Umschrift: „FRIEDRICH FRANZ GROSSHERZOG VON MECKLENBURG"; unten am Rand „W. KULLRICH F".

R: Der runde gekrönte siebenfeldige mecklenburgische Wappenschild; Umschrift: PER ASPERA AD ASTRA".

Größe: 29 mm; Gewicht: 10 g bzw. 11 g (mit verzierter Öse).

Band: 26 mm breit, hellblau. Vgl. Nr. 861 (anderes Band „für eine rühmliche Handlung").

836. Bronzene Verdienstmedaille mit dem Bilde des Großherzogs Friedrich Franz IV. (verliehen 1897—1918)

Bald nach seinem Regierungsantritt stiftete Großherzog Friedrich Franz IV. (reg. 1897—1918) eine bronzene Verdienstmedaille zu den anderen noch weiter fortbestehenden Verdienstmedaillen mit den Bildnissen der Großherzoge Friedrich Franz II. (Nr. 829—831) und Friedrich Franz III. (Nr. 835/835a).

Die Verdienstmedaille aus heller Kupferbronze hat gewöhnliche Öse mit Ring. Um die Vorder- und Rückseite läuft außen eine schmale Perlenschnur.

V: Kopf des Stifters nach rechts; Umschrift: „FRIEDRICH FRANZ GROSSHERZOG V. MECKLENBURG SCHWERIN". Unten am Rande (klein) „O. SCHULTZ F." (Otto Schultz, Medailleur an der Berliner Hauptmünze).

R: Wie Nr. 835.

Größe: 29 mm.

Band: 26 mm, hellblau.

837. Militär-Verdienstkreuz mit der Jahreszahl 1848

838. Dasselbe mit der Jahreszahl 1849

839. Dasselbe mit der Jahreszahl 1859

840. Dasselbe mit der Jahreszahl 1864
841. Dasselbe mit der Jahreszahl 1866

Gestiftet vom Großherzog Friedrich Franz II. am 5. August 1848 für hervorragende Beweise an Tapferkeit im Feldzuge gegen Dänemark in den Jahren 1848/1849. Eine Bestimmung aus dem Jahre 1849 änderte die Jahreszahl für das zweite Kriegsjahr in „1849". — Als sich dann im Jahre 1859 wieder Gelegenheit bot zur Auszeichnung einiger auf die oberitalienischen Kriegsschauplätze kommandierten Offiziere und auch mehrfach von höheren österreichischen Offizieren, wurden Militär-Verdienstkreuze auch mit der Jahreszahl 1859 verliehen. Diese sind aber in Originalstücken außerordentlich selten.

In den Kriegen 1864 gegen Dänemark sowie gegen Österreich und seine süddeutschen Verbündeten 1866 kamen wieder Militär-Verdienstkreuze mit den entsprechenden Jahreszahlen zur Verleihung. Ohne daß eine I. Klasse vorerst hierzu gestiftet worden war, scheint doch von einzelnen hohen Offizieren das mecklenburgische Militär-Verdienstkreuz als Steckkreuz schon mit den Jahreszahlen „1848", „1849", „1859", „1864" und „1866" getragen worden zu sein.

Die Sammlung Schreiber besitzt neben den normalen Kreuzen mit Öse und Ring mehrere solcher Steckkreuze, welche aus alten Beständen des Großherzoglichen Militärdepartements Schwerin stammen.)

Diese tragen auf der geprägten Rückseite, oben angelötet, zungenförmige Messingstifte zum Anstecken an der linken Brustseite. Irgendwelche Verfügungen über diese Tragart sind nicht bekannt geworden.

Die Militär-Verdienstkreuze mit den Jahreszahlen 1848, 1849, 1859, 1864, 1866 sind bei sonst gleicher, ziemlich primitiver Ausführung aus Geschützbronze hergestellt. Sie haben leicht geschweifte gekörnte und scharfkantige Arme, welche auf der Vorder- und Rückseite mit einer erhöhten schraffierten Einfassung versehen sind.

V: Im oberen Arm eine Krone, in der Mitte die Buchstaben „F F", im unteren Arm die entsprechende Jahreszahl, z. B. „1848" usw.

R: Im oberen Arm „Für", quer über die beiden waagerechten Arme „Auszeichnung im", auf dem unteren Arm „Kriege".

Die Kreuze von 1864 und 1866 sind etwas dünner als diejenigen für die vorhergehenden Feldzüge.

Größe: 39 mm.

Band: 38 mm breit, hellblau mit zwei zitronengelben, je 2 mm breiten Seitenstreifen und anschließenden, je 3,5 mm breiten ponceauroten Randstreifen.

842. Militär-Verdienstkreuz für Frauen am roten Bande und mit Jahreszahl 1864

843. Dasselbe mit der Jahreszahl 1866

Mehrfach an Damen meist hohen Ranges für besondere Verdienste um die Verwundetenpflege in den genannten beiden Feldzügen verliehen, ohne daß hierüber eigene Bestimmungen erlassen worden sind.

Die Kreuze sind aus vergoldeter Bronze und kleiner als die normalen Militär-Verdienstkreuze, denen sie sonst in der Prägung und Form gleichen. Sie sind aber sorgfältiger geprägt und haben oben in einer breitgehaltenen, von oben nach unten gelochten Öse einen länglichen gekerbten Tragring.

Größe: 34 mm.

Band: 30 mm breit, karminrot mit zwei je 2,5 mm breiten himmelblauen Seitenstreifen und anschließend daran ebenso breiten goldgelben Randstreifen (zur Schleife geformt getragen).

844. Militär-Verdienstkreuz (Steckkreuz) mit der Jahreszahl 1870/71

845. Dasselbe am Bande

845a. Dasselbe am roten Bande

Durch Verordnung vom 24. Dezember 1870 verfügte Großherzog Friedrich Franz II., daß das Militär-Verdienstkreuz künftig „in den Fällen, wo dasselbe für ein während des Krieges nicht unmittelbar vor dem Feinde erworbenes Verdienst verliehen" werden sollte, „am roten Bande des Hausordens der Wendischen Krone gegeben werden" sollte. Auch im Kriege 1870/71 wurde das Militärverdienstkreuz an höhere Offiziere als Steckkreuz mit glatter Rückseite und daran angebrachter Nadel gegeben; es wurde dann auf der linken Brustseite unter der Ordensschnalle getragen.

Die Militär-Verdienstkreuze stimmen in der Prägung und im Metall (Geschützbronze) mit den früher verliehenen Kreuzen überein, nur tragen sie auf der Vorderseite jetzt die Jahreszahl „1870/71" (im unteren Kreuzarm). Die Zahlen sowie die sonstigen Inschriften auf Vorder- und Rückseite sind aber schärfer geprägt und schlanker und besser gezeichnet.

Größe: 41 mm.

Band: 36 mm breit, hellblau mit zwei goldgelben Seitenstreifen und anschließenden ponceauroten Randstreifen, alle je 3 mm breit.
Rotes Band: 36 mm breit, ponceaurot mit je 3 mm breiten hellblauen Seiten- und goldgelben Randstreifen.

846. Militär-Verdienstkreuz II. Klasse für Frauen mit der Jahreszahl 1870/71.

Gemäß einer Bestimmung des Großherzogs Friedrich Franz II. vom 1. Mai 1871 gelangte das Militär-Verdienstkreuz in verkleinerter Form auch für den Krieg 1870/71, ähnlich wie 1864 und 1866, an Frauen zur Verleihung.

Dasselbe stimmt nunmehr genau in Prägung und Ausführung mit den Kreuzen II. Klasse überein, hat demzufolge auch eine gewöhnliche Drahtöse mit Ring.

Größe: 33 mm.

Band: Zur Schleife geformt (wie bei Nr. 842/843) 36 mm breit, karminrot mit zwei je 2,5 mm breiten himmelblauen Seitenstreifen und anschließend daran ebenso breiten goldgelben Rändern.

847. Militär-Verdienstkreuz I. Klasse mit der Jahreszahl 1877

848. Dasselbe II. Klasse mit der Jahreszahl 1877

849. Militär-Verdienstkreuz II. Klasse mit der Jahreszahl 1900

850. Militär-Verdienstkreuz II. Klasse ohne Jahreszahl

Bei vollständig gleichgebliebener Prägung und Größe (41 mm) wurden Militär-Verdienstkreuze I. Klasse und II. Klasse mit der Jahreszahl

1877 in einigen Fällen an russische und rumänische Fürstlichkeiten
sowie hohe dortige Offiziere verliehen anläßlich des russisch-türkischen
Krieges in den Jahren 1877/78. Diese Kreuze, besonders die
I. Klasse, sind sehr selten. Nach dem Chinafeldzug 1900/01 gelangten
auch mehrfach an mecklenburg-schwerinsche Landeskinder im
deutschen Ostasiatischen Expeditionskorps Militär-Verdienstkreuze
II. Klasse mit der Jahreszahl 1900 zur Verleihung. Während der verschiedenen
Kämpfe in den deutschen Kolonien, besonders aber für
Auszeichnung im Südwestafrikafeldzug der Jahre 1905/06 wurde ebenfalls
wieder das Militär-Verdienstkreuz II. Klasse öfter an Offiziere
und Mannschaften mecklenburg-schwerinscher Staatsangehörigkeit
verliehen. In allen diesen Kolonialkriegen kamen aber stets Militär-Verdienstkreuze
ohne Jahreszahl auf dem oberen Kreuzarm (Vorderseite)
zur Verleihung.

Größe: 41 mm.

Band der II. Klasse: Stets wie bei Nr. 845/846.

851. Militär-Verdienstkreuz I. Klasse, flach mit doppelseitiger Prägung
852. Dasselbe I. Klasse, einseitige Prägung mit gewölbter Oberfläche
Abbildung am Schluß des Bandes.

853. Dasselbe II. Klasse

853a. Dasselbe II. Klasse am roten Bande

854. Dasselbe II. Klasse, kleiner, für Frauen
alle mit der Jahreszahl 1914

Am 28. Februar 1915 wurde das mecklenburg-schwerinsche Militär-Verdienstkreuz von Großherzog Friedrich Franz IV. wieder erneuert, und zwar rückwirkend auf 2. August 1914. Die Verleihungen wurden Ende Mai 1929 abgeschlossen.

Es besteht wie seither aus vergoldetem Kanonenmetall. Die Verleihung
erfolgte nunmehr statutenmäßig in zwei Klassen, wobei die erste
als Steckkreuz unter der Ordensschnalle getragen wird. Zunächst
kamen Kreuze I. Klasse von ganz gleichem Gepräge wie diejenigen der
II. Klasse zur Ausgabe, d. h. mit der doppelseitigen Beschriftung. Lediglich
an der Rückseite war oben eine Anstecknadel mit Scharnier
angebracht. Später aber wurden die Kreuze I. Klasse wieder mit
glatter Rückseite (wie 1870 und 1877) hergestellt und außerdem die
Oberfläche der Kreuze nach oben gewölbt. Bei den Kreuzen II. Klasse
gab es auch wieder das sogenannte „rote Band" für besondere Verdienste
auf dem Gebiete der Nächstenliebe während des Krieges.
Frauen erhielten ein verkleinertes, sonst ganz gleiches Kreuz. Entgegen
dem früheren Gebrauch war jetzt das Kreuz II. Klasse und dasjenige
für Damen mit der seitherigen Rückseite nach vorne zu tragen.
Die Prägung ist gegen früher kaum verändert. Lediglich die Körnung
der Arme ist jetzt gröber als früher und die Inschrift auf der nunmehrigen
Vorderseite sowie die Buchstaben „F F" und Jahreszahl
1914 auf den Kreuzen I. Klasse und auf der Rückseite der II. Klasse
etwas niedriger und breiter gezeichnet.

Größe: 42 mm, der Frauenkreuze 33 mm.

Band für die II. Klasse und „rotes Band": Wie bei Nr. 845 bzw. 846. Für Frauen: 26 mm breit, als Schleife getragen, karminrot mit zwei hellblauen, je 2,5 mm breiten Seitenstreifen und anschließenden ebenso breiten zitronengelben Randstreifen.

855. Friedrich Franz-Kreuz, Goldbronze (verliehen 1917—1918)
Abbildung am Schluß des Bandes.

Gestiftet von Großherzog Friedrich Franz IV. am 1. August 1917 für besondere Verdienste von Männern und Frauen, welche bei Behörden, in Berufen und Betrieben, die für die Zwecke der Kriegsführung Bedeutung haben, beschäftigt waren.

Die aus vergoldetem Messing hergestellten Kreuze haben gekörnte, erhöht und glatt umrandete, stark geschweifte Arme, wovon der untere länger ist als die übrigen. Durch die vier Arme zieht sich ein blaßgrün legierter Lorbeerkranz.

V: Im oberen Arm (klein) die „Wendische Krone". Im Mittelschildchen (7 mm) auf gekörntem Grund zwei gegeneinandergestellte „F", im unteren Arm „1917".

R: Im Mittelschildchen auf gekörntem Grund und innerhalb erhöhter glatter Umrahmung die verkleinerte Abbildung des mecklenburgischen Militär-Verdienstkreuzes I. Klasse.

Größe: 41 mm hoch, 32 mm breit.

Band: 26 mm breit, goldgelb und ponceaurot 12 mm breit quer gerippt, anschließend je zwei goldgelbe und hellblaue (je 3 mm breite) Seiten- und Randstreifen.

856. Friedrich Franz-Alexandra-Kreuz, Silber

856a. Dasselbe am Bande des Militär-Verdienstkreuzes (verliehen 1912—1918)

Gestiftet von Großherzog Friedrich Franz IV. und der Großherzogin Alexandra, Prinzessin von Großbritannien und Irland, Herzogin von Braunschweig und Lüneburg, am 15. November 1912 „als Anerkennung für verdienstliche Leistungen auf dem Gebiete der Nächstenliebe" für Personen männlichen und weiblichen Geschlechtes jeden Standes. Das Kreuz wurde auch Zivilpersonen verliehen, „die sich auf den Kriegsschauplätzen oder in den besetzten Gebieten besondere Verdienste um die freiwillige Kranken- und Verwundetenpflege erworben" hatten. Die Prägung des Kreuzes erfolgte in der Berliner Hauptmünze mit Stempel von Münzmedailleur Professor Sturm; im ganzen wurden 951 Stück geprägt. Für Verdienst auf den Kriegsschauplätzen wurde das Friedrich Franz-Alexandra-Kreuz am Bande des Militär-Verdienstkreuzes verliehen.

Das silberne Kreuz hat geschweifte, an den Außenseiten abgerundete Arme und ein 26 mm großes, rundes Mittelschild sowie gewöhnliche Öse mit Ring.

V: Im Mittelschilde die nach links gewendeten hintereinandergestellten, stark erhöht geprägten Köpfe des großherzoglichen Paares. Die Arme der Kreuze haben eine schmale Randverzierung.

R: Im oberen Arm „FÜR / WERKE / DER", im linken Arm „NÄCH-STEN", im rechten „LIEBE" und im unteren Arm „15 NOV. / 1912".

Die Arme werden durch ein viereckiges Mittelstück verbunden, welches den verschlungenen Namenszug „F F A" trägt. Zwischen den Kreuzesarmen erscheinen die vier Segmente des runden Mittelschildes der Vorderseite, welche je ein kleines Genfer Kreuz zeigen.

Größe: 44 mm; Gewicht: 29 g.

Band: 30 mm breit: a) karmoisinrot mit hellblau-goldgelb-hellblauen Randstreifen (alle je 2 mm breit); b) (das des Militär-Verdienstkreuzes) hellblau mit goldgelben Seitenstreifen und daran anschließend ponceauroten Randstreifen (alle je 3 mm breit).

857. Die von dem Großherzoge Friedrich Franz I. gestiftete Medaille mit der Inschrift „Den Wissenschaften und Künsten" in Gold und mit dem Bande

858. Dieselbe in Silber mit dem Bilde des Großherzogs Friedrich Franz I. (verliehen 1815—1918)

858a. Dieselbe am Bande der Verdienstmedaille (verliehen 1900—1918)

Gestiftet 1815 von Großherzog Friedrich Franz I., aber erst am 28. Februar 1859 von Großherzog Friedrich Franz II. mit Statuten versehen und nach deren Wortlaut bestimmt „für besonders ausgezeichnete Leistungen, namentlich für eigenes Schaffen auf den Gebieten der Wissenschaften und Künste". Inhaberinnen tragen die Medaillen in allen Ausführungen an einer Schleife an der linken Schulter. In Einzelfällen konnte diese Medaille auch ohne Band, nicht zum Tragen bestimmt, verliehen werden. Sie war dann nach dem Ableben des Inhabers zurückzustellen.

In dieser Prägung wurden die Medaillen für Wissenschaft und Kunst in der Regel bis November 1918 verliehen. Sie haben ebenso wie die Verdienstmedaillen (Nr. 824/825) eine kleine, von oben nach unten gelochte Öse mit stielartigem Ansatz, welche den ovalen, langgestreckten und doppelt gewundenen Drahtring trägt.

V: Kopf des Stifters nach links mit Umschrift „FRIEDRICH FRANZ GROSSHERZOG VON MECKLENBURG SCHWERIN". (Stempel von Nr. 824/825.)

R: In einem dichten, oben und unten kreuzweise gebundenen Eichenlaubkranz vierzeilige Inschrift „DEN / WISSENSCHAFTEN / UND / KÜNSTEN".

Größe: 43 mm; Gewicht: in Gold etwa 50 g, in Silber 32 g.

Band: a) Für die goldene Medaille (um den Hals zu tragen): 55 mm breit, hellblau mit zwei goldgelben Seitenstreifen und anschließend ponceauroten Randstreifen (alle je 4 mm breit).

b) Für die silberne Medaille: 36 mm breit, hellblau mit zwei goldgelben je 3 mm breiten Seitenstreifen und zwei ebenso breiten anschließenden ponceauroten Randstreifen.

c) Für die silberne Medaille (dann um den Hals zu tragen) das der Verdienstmedaille (Nr. 831) 36 mm breit, karminrot mit hellblau-zitronengelb-hellblauen, je 2 mm breiten Rändern.

859. Die von dem Großherzoge Friedrich Franz I. gestiftete Medaille mit der Inschrift „Den Wissenschaften und Künsten" in Gold und mit dem Bande

860. Dieselbe in Silber
mit älterem Bild des Großherzogs Friedrich Franz II. (verliehen ab 1872)

Nachdem Großherzog Friedrich Franz II. schon im Jahre 1859 den seitherigen Medaillen für Kunst und Wissenschaft durch Beigabe von Statuten Fortbestand gesichert hatte, verlieh er in den späteren Jahren seiner Regierung in besonderen Fällen diese Auszeichnung auch mit seinem Bilde. Hierzu wurde der Vorderseitenstempel der Verdienstmedaillen Nr. 829/830 (von Kullrich) mit verwendet. Die Rückseite entspricht genau denjenigen von Nr. 857/858.

Größe, Gewicht, Bänder und Tragweise ebenfalls wie bei Nr. 857/858.

861. Die am 19. März 1885 gestiftete silberne Medaille, als Anerkennung für eine rühmliche Handlung
(verliehen 1885—1918)

Gestiftet am 19. März 1885 zugleich mit der silbernen Verdienstmedaille Nr. 835, der sie in Prägung und Gewicht vollständig gleich ist, „für eine rühmliche Handlung", „namentlich für Rettung eines Menschenlebens bei Gefährdung des eigenen Lebens".

Die Medaille hat dementsprechend, wenn an Militärs verliehen bzw. Gendarmerie, eine gewöhnliche Drahtöse mit Ring, sonst aber eine angelötete verzierte Bandöse.

Band: 26 mm breit, ponceaurot mit hellblau-zitronengelb-hellblauen Randstreifen, davon jeder 1,5 mm breit.

862. Medaille für opferwillige Hilfe in der Wassersnot, Bronze
(verliehen 1888) Abbildung am Schluß des Bandes.

Gestiftet von Großherzog Friedrich Franz III. für opferwillige Hilfeleistung bei der großen Überschwemmung der Elbniederung im Frühjahr 1888. Die Medaille ist in geringer Anzahl ausgegeben worden und daher sehr selten.

Sie hat eine kleine, von oben nach unten gelochte Öse mit stielartigem Ansatz und einen ovalen Tragring. Auf der Vorder- und Rückseite läuft am Rande der Medaille entlang eine schmale Perlenschnurumrahmung.

V: Der nach rechts gewendete Kopf des Stifters mit Umschrift „FRIEDRICH FRANZ GROSSHERZOG VON MECKLENBURG".

R: In fünf Zeilen „FÜR / OPFERWILLIGE / HÜLFE / IN WASSERS-NOTH / 1888", am oberen und unteren Rande je 7 Sternchen, 3 größere zwischen 4 kleineren.

Größe: 29 mm.

Band: 26 mm breit, karmoisinrot.

863. Krieger-Vereins-Medaille, Silber (verliehen 1899—1918)

Gestiftet von Herzog-Regent Johann Albrecht (1897—1904) am 2. Dezember 1899 „zur Belohnung für hervorragende Verdienste um das Kriegervereinswesen".

Die ovale silberne Medaille ist der Militär-Verdienstmedaille von 1813/15 (Nr. 821) nachgebildet, hat aber eine gewöhnliche Drahtöse mit Ring.

V: Ein mit der Spitze nach unten gerichtetes antikes Schwert, hinter dessen Klinge ein Eichenzweig hervorsteht. Zu beiden Seiten des Schwertes „18 / 70".

R: In der Mitte der verschlungene Namenszug „FF"; Umschrift: „Mit Gott für Kaiser, Fürst und Vaterland", unten „1899", alles in lateinischer Schreibschrift.

Größe: 29 mm hoch, 24 mm breit; Gewicht: 10 g.

Band: 26 mm breit, zitronengelb mit zwei karmoisinroten, je 3 mm breiten Seitenstreifen und hellblauen, ebenso breiten Randstreifen.

864. Kriegs-Denkmünze für 1808—1815, Geschützbronze (verliehen 1841) Abbildung am Schluß des Bandes.

Gestiftet von Großherzog Paul Friedrich (reg. 1837—1842) am 30. April 1841 „für Jeden, der in mecklenburg-schwerinschen Militär-Diensten von 1808—1812 im Rheinbund-Kontingent oder von 1812—1815 in der ins Feld gerückt gewesenen Brigade einen Feldzug als streitender oder nichtstreitender Militär tadellos mitgemacht hat".

Die Denkmünzen sind aus Bronze eroberter französischer Geschütze geprägt, sie haben scharfkantige, angeprägte Ösen mit Ring.

V: Unter einer freischwebenden Krone der verschlungene Namenszug des Stifters „P F M", darunter das Stiftungsjahr „1841.".

R: In einem unten mit Schleife gebundenen Lorbeerkranze in vier Zeilen „FÜR / TREUEN DIENST / IM / KRIEGE.".

Auf dem Rande ist vertieft der Name des Empfängers eingeschlagen.

Größe: 29 mm.

Band: 39 mm breit, zitronengelb mit zwei je 2,5 mm breiten karmoisinroten Seitenstreifen und anschließend je 3,5 mm breiten hellblauen Randstreifen.

865. Silberne Schnalle mit den Jahreszahlen 1813—1863
Abbildung am Schluß des Bandes.

Gestiftet von Großherzog Friedrich Franz II. am 17. April 1863 als ehrende Auszeichnung für die noch mit der Kriegsdenkmünze geschmückten Veteranen aus den Feldzügen von 1813—1815.

Die rechteckige Schnalle trägt auf gekörntem Grund in ihrer Mitte zwei erhöhte gekreuzte antike Schwerter, links von denselben die Jahreszahl „1813", rechts „1863". Sie ist auf der Rückseite zum Aufstreifen auf das Band der Kriegsdenkmünze Nr. 864 eingerichtet und wurde stets mit letzterer zusammen getragen.

Größe: 43 mm lang, 10 mm hoch.

866. Kriegs-Denkmünze für 1848/49, Geschützbronze (verliehen 1879)

Gestiftet am 10. November 1879 von Großherzog Friedrich Franz II. „für die Teilnehmer an den Kriegen 1848/49, welche Mitglieder eines mecklenburgischen

Kriegervereins waren und durch musterhafte Führung einer solchen Auszeichnung würdig befunden wurden". Mecklenburg-Schwerin hatte im Jahre 1848 in Schleswig-Holstein 2 Bataillone Infanterie sowie eine 6-Pfd.-Batterie. Im Jahre 1849 stellte Mecklenburg zur Niederkämpfung des Badischen Aufstandes eine Brigade.

Diese Denkmünzen haben keine Randschrift und sind bei der verhältnismäßig kleinen Zahl der hierzu berechtigt Gewesenen sehr selten.

V: Der verschlungene Namenszug „PFM" unter der schwebenden Krone, in ähnlicher Zeichnung wie bei Nr. 864, darunter „1848".

R: In einem unten mit Schleife gebundenen Lorbeerkranze in vier Zeilen „FÜR / TREUEN DIENST / IM / KRIEGE.".

Die Buchstaben dieser Inschrift sind kleiner, der Lorbeerkranz ist dagegen dichter als bei Nr. 864.

Größe: 29 mm.

Band: Wie bei Nr. 864.

867. Gedächtnismedaille für den Großherzog Friedrich Franz III., Silber (verliehen 1897)

Gestiftet von Herzog-Regent Johann Albrecht am 21. April 1897 zur Erinnerung an Großherzog Friedrich Franz III. für dessen Gefolge und Dienerschaft sowie für die offiziellen Teilnehmer an der Beerdigungsfeier. Es wurden in der Berliner Münze 3200 Stück geprägt.

V: Der nach rechts gewendete Kopf. Umschrift: „FRIEDRICH FRANZ III GROSSHERZOG VON MECKLENBURG".

R: Im Felde der runde gekrönte siebenfeldige großherzogliche Wappenschild. Die Umschrift im oberen Teil bildet, neben einem Stern, der Tag der Geburt „19. 3. 1851", neben einer kleinen Krone der des Regierungsantritts „15. 4. 1883" und neben einem kleinen Kreuze der Todestag „10. 4. 1897". Unten die Devise „PER ASPERA AD ASTRA".

Am Medaillenrande entlang läuft auf Vorder- wie Rückseite eine schmale Perlenschnur.

Größe: 30 mm; Gewicht: 11 g.

Band: 25 mm breit, goldgelb mit ponceauroten, je 1,5 mm breiten Rändern. (Band des Greifenordens.)

868. Erinnerungsmedaille für die Teilnehmer an der Afrika-Expedition 1907/08, Bronze (verliehen 1908)

Gestiftet von Großherzog Friedrich Franz IV. im Jahre 1908 für die Teilnehmer an der deutschen Expedition des Herzogs Adolf Friedrich nach Zentral-Afrika in den Jahren 1907/08.

Diese Denkmünze ist aus heller Bronze geprägt und hat gewöhnliche Öse mit Ring. Bei der geringen Zahl ihrer Verleihung ist sie sehr selten. Es wurden nur 70 Stück geprägt.

V: Das jugendliche Bild des Stifters nach rechts; Umschrift: „FRIEDRICH FRANZ GROSSHERZOG V. MECKLENBURG SCHWERIN". Am Rande (unten) ganz klein: „O. SCHULTZ F." (Graveur am Berliner Hauptmünzamt). (Gleicher Stempel wie Nr. 836.)

244

R: Zehnzeilige Inschrift: „DEUTSCHE / WISSENSCHAFTLICHE / ZENTRAL- / AFRIKANISCHE / EXPEDITION / UNTER FÜHRUNG / ADOLF FRIEDRICH'S / HERZOG'S ZU / MECKLENBURG / 1907—08". (Die zweite Zeile ist bogig.)

Am Medaillenrande entlang läuft auf Vorder- und Rückseite eine schmale Perlenschnur.

Größe: 29 mm.

Band: 25 mm breit, weiß mit hellblau-goldgelb-ponceauroten Seiten- bzw. Randstreifen, alle je 2 mm breit.

869. Offiziers-Dienstkreuz für 25, 30, 35, 40 usw. Dienstjahre, Gold (verliehen 1841—1872) Abbildung am Schluß des Bandes.

Gestiftet von Großherzog Paul Friedrich am 30. April 1841, um längere Dienstleistungen von Offizieren seines Mecklenburger Kontingentes durch ein äußeres Zeichen zu ehren. Seit dem Abschluß der Militärkonvention mit Preußen (19. 12. 1872) nicht mehr verliehen.

Das goldene Kreuz mit gewöhnlicher Öse und Ring hat gerade, nach außen zu breiter werdende glatte Arme, welche von doppelter erhöhter Linie eingefaßt sind. Das aufgelötete Mittelschildchen (17 mm Durchmesser) trägt auf der

V: auf leicht gekörntem Grund den verschlungenen Namenszug „P F M" (Paul Friedrich Mecklenburg) unter der Krone, umrandet von doppelter Kreislinie, dazwischen schmale Schraffierung und auf der

R: auf gekörntem Grund die Zahl der Dienstjahre, z. B. „XXV.", „XXX.", „XXXV." usw., umrandet von doppelter erhöhter Kreislinie, dazwischen schmale Schraffierung.

Es ist für diese mecklenburg-schwerinschen Offiziersdienstkreuze charakteristisch, daß ihr Mittelschildchen der Rückseite nach jeweils vollendeten 5 Dienstjahren ausgewechselt wurde. So gibt es Offiziersdienstkreuze mit ganz hohen Dienstzeiten-Bezeichnungen, die natürlich dann außerordentlich selten sind. (Die Sammlung Georg Schreiber besitzt z. B. neben dem goldenen Kreuz mit „XXV." je ein solches mit den Zahlen „XLV." und mit „LXV.".)

Größe: 35 mm; Gewicht: 14 g.

Band: In den früheren Jahren 37 mm breit, purpurrot mit zwei je 3 mm breiten hellblauen Seitenstreifen und anschließend zitronengelben ebensobreiten Randstreifen; später nur mehr 35 mm breit, karmoisinrot mit zwei je 2,5 mm himmelblauen Seiten- und anschließend ebensobreiten goldgelben Randstreifen.

870. Militär-Dienstkreuz für 25 Dienstjahre, Silber mit goldenem Mittelschild

871. Dasselbe für 20 Dienstjahre, Silber mit silbernem Mittelschild

872. Dasselbe für 15 Dienstjahre, Kupfer mit silbernem Mittelschild

873. Dasselbe für 10 Dienstjahre, Kupfer mit kupfernem Mittelschild der Unteroffiziere und Mannschaften (verliehen 1841—1868)

Gleichzeitig mit den Dienstkreuzen für Offiziere (Nr. 869) am 30. April 1841 gestiftet. Die Dienstkreuze für Unteroffiziere stimmen in Größe und Prägung genau mit den erstgenannten Dienstkreuzen überein. Die eigens geprägten und aufgelöteten Mittelschildchen (17 mm Durchmesser), bei Nr. 870 in Gold, bei Nr. 871/872 in Silber, sowie das in einem Stück mit dem Kreuz geprägte Mittelschild, zeigen auf der

V: den gekrönten verschlungenen Namenszug „P F M", auf der

R: golden, bei Nr. 870 die Zahl „XXV.",
  silbern, bei Nr. 871 die Zahl „XX.",
  silbern, bei Nr. 872 die Zahl „XV.",
  kupfern, bei Nr. 873 die Zahl „X."

Größe und Band: Wie bei Nr. 869.

Gewicht: in Silber 13 g.

874. Militär-Dienstkreuz I. Klasse für 21 Dienstjahre

875. Dasselbe II. Klasse für 15 Dienstjahre

876. Dasselbe III. Klasse für 9 Dienstjahre der Unteroffiziere und Mannschaften (verliehen 1872—1913)

Um die mecklenburg-schwerinsche Bestimmung „in eine für manche Verhältnisse wünschenswerte Übereinstimmung mit der entsprechenden Dienstauszeichnung für die Königlich Preußische Armee zu bringen", wurde von Großherzog Friedrich Franz am 12. November 1868 eine Veränderung der Dienstjahre verfügt (vgl. Nr. 913—915); nunmehr wurden die Dienstkreuze für Unteroffiziere nach 21, 15 bzw. 9 Dienstjahren verliehen. Dementsprechend ergeben sich folgende Änderungen:

Die Kreuze der drei Klassen sind unter Beibehaltung der Größe und Prägung nunmehr alle aus Kupfer. Die Mittelschildchen sind beim Kreuz für 21 Dienstjahre aus Gold, beim Kreuz für 15 Dienstjahre (unverändert) aus Silber und beim Kreuz für 9 Dienstjahre aus Kupfer. Auf der

V: der verschlungene gekrönte Namenszug „P F M";

R: die Zahl „XXI" bzw. „XV" bzw. „IX".

Größe und Band unverändert.

877. Landwehr-Dienstauszeichnung, Bandschnalle (verliehen 1874—1913)

Gestiftet von Großherzog Friedrich Franz II. am 1. August 1874 „für alle Unteroffiziere und Wehrmänner, welche ihre Dienstpflicht in der Reserve und Landwehr vorwurfsfrei erfüllt und einen Feldzug mitgemacht haben, oder bei außergewöhnlicher Veranlassung mindestens 3 Monate zum aktiven Dienst einberufen waren". Offiziere erhielten die Preußische Landwehr-Dienstauszeichnung I. Klasse.

Sie besteht aus einer 46 mm langen, 16 mm hohen eisernen, schwarzen Umrahmung, durch welche das ungewässerte karmoisinrote Band mit hellblauen und goldgelben Randstreifen gezogen wird, so daß der auf demselben mit goldgelber Seide eingewirkte Namenszug „F. F. II." und auf beiden Seiten desselben je ein kleines Landwehrkreuz sichtbar bleiben. Die Landwehr-Dienstauszeichnung II. Klasse wurde mit rückseitig angebrachter Nadel an der linken Brustseite unter der Ordensschnalle getragen.

878. Militär-Dienstkreuz I. Klasse, Kupfer, mit goldenem Mittelschilde, für 15 Dienstjahre

879. Dasselbe II. Klasse, Kupfer, mit silbernem Mittelschilde, für 12 Dienstjahre für Unteroffiziere usw.
(verliehen 1913—1918)

Gestiftet von Großherzog Friedrich Franz am 29. August 1913 (Reg.-Blatt von 1913 Nr. 39 „zur Aufrechterhaltung der Übereinstimmung mit den neuen für das Kgl. Preußische Heer erlassenen Bestimmungen über Dienstauszeichnungen". Das Statut vom 30. April 1841 über die Stiftung der „Militär-Dienstvember 1868 (Regierungsblatt von 1868 Seite 689) betreffend die Stiftung der Kreuze für 21, 15 und 9 Dienstjahre Nr. 874/76 wurden abgeändert und verordnet, daß das Militär-Dienstkreuz I. Klasse nunmehr schon für vollendete 15jährige, dasjenige II. Klasse für vollendete 12jährige Dienstzeit bei der Fahne verliehen werden solle.

Das Militär-Dienstkreuz III. Klasse für 9jährige Dienstzeit wurde in seiner bisherigen Prägung (Nr. 876) auch fernerhin verliehen, wie auch sonst in der Größe und Prägung der Dienstkreuze für 15 und 12 Jahre nichts geändert worden war. Lediglich sind nunmehr die Zahlen „XV" bzw. „XII" oder „IX" auf dem Mittelschildchen (jetzt 17 mm Durchmesser) der Rückseite größer und schärfer ausgeprägt als früher.

Band: Zunächst unverändert, nach 1914 aber 30 mm breit, karmoisinrot mit zwei hellblauen Seiten- und goldgelben Randstreifen, alle je 2,5 mm breit.

880. Landwehr-Dienstauszeichnung II. Klasse, Medaille von Kupfer
(verliehen 1913—1918)

Gleichzeitig mit den Militär-Dienstkreuzen Nr. 878 und 879 eingeführt am 29. August 1913 an Stelle der bis dahin zur Verausgabung gelangten, am 1. August 1874 gestifteten Landwehr-Dienstauszeichnung II. Klasse (Schnalle, Nr. 877). Die Medaille ist aus Kupfer geprägt und hat eine gewöhnliche Öse mit Ring.

V: Unter der offenen Krone der verschlungene Namenszug des Stifters „F F". Umschrift, obere Hälfte: „Treue Dienste", untere Hälfte: „Reserve Landwehr".

R: „Landwehr- / Dienstaus- / zeichnung / II. Klasse".

Größe: 25 mm.

Band: Wie bei Nr. 878/879, d. i. ab 1914 ebenfalls nur mehr 30 mm breit, karmoisinrot mit zwei himmelblauen Seiten- und goldgelben Randstreifen, diese alle nur mehr je 2 mm breit.

881. Silberne Medaille für Rettung aus Lebensgefahr (verliehen 1922—1934)

Nachdem zunächst die Verleihung aller Orden und Ehrenzeichen auch in Mecklenburg aufgehört hatte, beschloß das Staatsministerium wieder die Einführung einer silbernen Medaille für Rettung aus Gefahr. Dieselbe hat eine gewöhnliche Öse mit Ring und folgende Prägung:

V: Der mecklenburg-schwerinsche Wappenschild, unten abgerundet; im oberen Teil die Umschrift „MECKLENBURG-SCHWERIN". Außen am Rande entlang läuft eine schmale Perlenschnureinfassung.

R: Im unten mit Doppelschleife gebundenen dichten Eichenlaubkranz „FÜR / RETTUNG / AUS GEFAHR", dreizeilig.

Größe: 29 mm; Gewicht: 10 g.

Band: 26 mm, karmoisinrot mit hellblau-goldgelb-hellblauen Seiten- bzw. Randstreifen, alle je 1,5 mm breit.

Mecklenburg-Strelitz

Bis 1815 Herzogtum, ab 28. Juni 1815 Großherzogtum bis November 1918, dann Freistaat, seit 1. 1. 1937 mit Mecklenburg-Schwerin zu „Mecklenburg" vereinigt.

Das Großherzogtum Mecklenburg-Strelitz hatte dieselben Orden wie Mecklenburg-Schwerin, den Greifen-Orden aber erst seit 1904. Die Ehrenzeichen sind:

882. Goldenes,

883. Silbervergoldetes und

884. Silbernes Verdienstkreuz des Ordens der Wendischen Krone (verliehen 1864—1918)

Hier gilt alles wie bei Nr. 818/819 für das Mecklenburg-Schweriner Verdienstkreuz des gleichen Ordens Gesagte, das auch am 12. Mai 1864 gestiftet wurde. Ein Unterschied besteht lediglich in der Prägung der Mittelschildchen (19 mm Durchmesser). Diese zeigen auf der

V: auf gekörntem Grund die erhöht geprägte „Wendische Krone"; Umschrift zwischen zwei erhöhten Kreislinien „AVITO VIRET HONORE" („Er blüht in angestammter Ehre"), unten eine kleine Rosette und auf der

R: auf gekörntem Grund den verschlungenen und verzierten Namenszug „F W" in lateinischer Schreibschrift.

Größe: 45—47 mm; Gewicht: in Gold 22 g (hohl gearbeitet), in Silber 23—28 g.

Band: 30 mm breit, karmoisinrot mit zwei hellblauen, je 3 mm breiten Seitenstreifen und daran anschließend goldgelben, ebenso breiten Rändern.

885. Kreuz für Auszeichnung im Kriege, Silber; Inschrift: „Für Tapferkeit"

886. Dasselbe; Inschrift: „Tapfer und treu"

886a. Dasselbe am roten Band (für Nichtkombattanten) (verliehen 1871—1914)

Gestiftet von Großherzog Friedrich Wilhelm (reg. 1860—1904) am 10. März 1871 für „Auszeichnung im Kriege" besonders für Angehörige des Großherzogtums Mecklenburg-Strelitz, ohne Unterschied des militärischen Ranges. An fürstliche Personen wurde das Kreuz für Auszeichnung im Kriege stets mit der Inschrift „Für Tapferkeit" verliehen. Durch eine Bestimmung des Großherzogs Adolf Friedrich V. vom 27. Juli 1905 wurde gemäß dem Gebrauch in Mecklenburg-Schwerin ein besonderes Band für Nichtkombattanten eingeführt.

Die geschweiften scharfkantigen Arme sind glatt poliert und zeigen bei 1 mm Abstand von den Außenkanten eine erhöhte schraffierte Einfassung auf Vorder- und Rückseite, desgleichen um die runden Mittelschildchen ein dichtes Lorbeergewinde mit Früchten; Öse und Ring sind gewöhnlich.

V: Auf leicht gekörntem Grund der verschlungene Namenszug „F W" in verzierter lateinischer Schreibschrift.

R: Auf leicht gekörntem Grund bei Nr. 885: „FÜR TAPFERKEIT" zweizeilig; bei Nr. 886 „TAPFER UND TREU" dreizeilig.

Größe: 40 mm; Gewicht: 14 g.

Band: 29 mm breit, hellblau mit zwei zitronengelben, je 3 mm breiten Seitenstreifen und anschließend gleichbreiten ponceauroten Rändern.

Band für Nichtkombattanten: 29 mm breit, karmoisinrot mit hellblauen, je 3 mm breiten Seitenstreifen und anschließend goldgelben Randstreifen, diese je 2 mm breit.

887. Kreuz für Auszeichnung im Kriege, II. Klasse, Silber mit der Inschrift „Tapfer und Treu" (verliehen 1914—1916)

887a. Dasselbe Bronze versilbert (verliehen 1916—1924)

887b. Dasselbe Silber, am roten Bande (verliehen 1914—1916)

887c. Dasselbe Bronze versilbert (verliehen 1916—1924)

888. Kreuz für Auszeichnung im Kriege, II. Klasse, mit der Inschrift „Für Tapferkeit", Silber (verliehen 1914—1916)

888a. Dasselbe Bronze versilbert (verliehen 1916—1918)

Durch Verfügung vom 11. August 1914 erneuerte Großherzog Adolph Friedrich VI. das am 10. März 1871 gestiftete Kreuz für Auszeichnung im Kriege (Nr. 886/886a). Dasselbe wurde sowohl an Offiziere und Militärbeamte als auch an Unteroffiziere und Soldaten verliehen. Für besondere, dem Vaterlande während der Dauer des Krieges geleistete Dienste von Nichtkämpfern wurde das Kreuz für diese „am roten Bande" verausgabt. (Offizieller Anzeiger von 1914 Nr. 56.)

Die Kreuze waren zunächst aus Silber, ab Ende 1916 aber aus versilbertem Metall, d. i. Kupferbronze, zuletzt aus einer Zinklegierung. Sie stimmen in Größe und Form mit den Kreuzen für Auszeichnung im Kriege 1870/71 überein. Die Arme sind aber etwas weniger geschweift und dafür gedrungener gehalten. Die Körnung im Felde des Mittelschildchens (20 mm Durchmesser) ist gröber, der dasselbe umgebende Lorbeerkranz aber schärfer und erhabener geprägt als bei den Kreuzen von 1870.

V: Im Mittelschild auf gekörntem Grund der gekrönte verschlungene Namenszug „A F", im unteren Kreuzarm (vertieft) „1914".

R: Im Mittelschild auf gekörntem Grund bei Nr. 887 ff. „TAPFER UND TREU" dreizeilig; bei Nr. 888/888a „FÜR TAPFERKEIT" zweizeilig.

Letztere Kreuze wurden nur an Fürstlichkeiten verliehen. Seit 1. Januar 1915 führten die Kreuze für Auszeichnung im Kriege die Bezeichnung „II. Klasse", nachdem unter diesem Datum die I. Klasse dazu gestiftet worden war.

Größe: 40 mm; Gewicht: in Silber 15 g.

Band: a) Für Kämpfer wie bei Nr. 885/886.
b) Für Nichtkämpfer: Wie bei Nr. 886a.

889. Kreuz I. Klasse für Auszeichnung im Kriege, Silber (verliehen 1915—1917)

889a. Dasselbe in versilbertem Metall (verliehen 1917—1918)
Abbildung am Schluß des Bandes.

Gestiftet von Großherzog Adolph Friedrich VI. (reg. 1914—1918) am 1. Januar 1915 in Ergänzung der am 11. August 1914 verfügten Erneuerung des am 10. März 1871 gestifteten Kreuzes für Auszeichnung im Kriege. Das Kreuz I. Klasse wurde „für wiederholte hervorragende Tapferkeit vor dem Feinde verliehen, und zwar sowohl an Offiziere wie an Unteroffiziere und Soldaten". (Offizieller Anzeiger von 1915 Nr. 8.)

Das silberne, nach oben gewölbte Steckkreuz wird mit einer an der glatten Rückseite angebrachten Nadel und zwei Haken an der linken Brustseite unter der Ordensschnalle befestigt. Auch das Kreuz I. Klasse für Auszeichnung im Kriege wurde ab Anfang 1917 nur mehr in versilbertem Metall hergestellt.

V: Im Mittelschild auf gekörntem Grund und umgeben von einem dichten Lorbeergewinde die zweizeilige Inschrift „FÜR / TAPFERKEIT", im unteren Kreuzarm in einer Vertiefung erhöht geprägt „1914".

Größe: 40 mm; Gewicht: in Silber 21 g.

890. Kreuz für Auszeichnung im Kriege für Frauen, Silber (verliehen 1915—1917)

890a. Dasselbe in versilbertem Metall (verliehen 1917—1918)
Die Verordnung über die am 17. Juni 1915 erfolgte Stiftung lautet: „Das Kreuz (Nr. 887 ff.) soll in verkleinerter Form auch an Frauen als Anerkennung für besonders verdienstliche Leistungen auf dem Gebiete der Nächstenliebe verliehen werden".

Die Kreuze stimmen, abgesehen von der Größe, ganz genau mit dem Kreuz II. Klasse (Nr. 886) überein und haben ebenfalls gewöhnliche

Ösen mit Ring sowie auf der Vorderseite die Inschrift „TAPFER UND TREU". Seit Anfang des Jahres 1917 wurden sie nur mehr aus versilbertem Metall geprägt.

Größe: 33 mm; Gewicht: in Silber 15 g.

Band (zur Schleife geformt an der linken Schulter getragen): 30 mm breit, karminrot mit je 2,5 mm breiten hellblauen Seiten- und anschließenden goldgelben Randstreifen.

891. Silbervergoldete

892. Silberne und

893. Bronzene (kupferne) Verdienst-Medaille
(verliehen 1904—1914)

Gestiftet von Großherzog Friedrich V. (reg. 1904—1914) am 1. Oktober 1904 „als Anerkennung für gute, Uns und Unserem Großherzoglichen Hause und Lande geleistete Dienste, für Treue im Beruf sowie für einzelne rühmliche Handlungen".

Diese Verdienstmedaillen gelangten an Personen ohne besonderen Rang zur Verleihung. Sie haben eine gewöhnliche Öse mit Ring.

V: Der verschlungene und verzierte Namenszug „A F" unter der freischwebenden Krone.

R: „FÜR / VERDIENST" (zweizeilig).

Größe: 30 mm; Gewicht: in Silber bzw. Silber vergoldet 13 g.

Band: 28 mm breit, lilarot mit zwei je 5 mm breiten orangegelben Seiten- und anschließenden himmelblauen Randstreifen, letztere je 3,5 mm breit.

894. Silbervergoldete

895. Silberne und

896. Bronzene (kupferne) Verdienst-Medaille

896a. Dieselbe aus dunkeloxydiertem Metall mit dem Bilde des Großherzogs Adolf Friedrich VI.
(verliehen 1914—1918)

Großherzog Friedrich Adolf VI. stiftete am 1. Januar 1915 diese Verdienst-Medaille in Abänderung der seitherigen Prägung (Nr. 891 ff.).

Die Verdienstmedaillen haben nunmehr eine kleine kugelförmige Öse mit gewöhnlichem Ring. Am Rande eingeschlagen der Name des Herstellers „Godet-Berlin". Die „bronzene" Verdienstmedaille ist ebenso wie die seitherige zuerst aus hellem Kupfer geprägt worden. Bei Neuprägung in der zweiten Hälfte der Weltkriegszeit wurde jedoch ein matt und dunkel oxydiertes Metall dazu verwendet.

V: Das nach links gewendete Brustbild des Stifters in der Uniform des Mecklenburgischen Grenadier-Rgts. Nr. 89 (2. Bat.); Umschrift: „ADOLF FRIEDRICH VI. GROSSHERZOG VON MECKLENBURG-STRELITZ".

R: In einem aus zwei Lorbeerzweigen gebildeten Kranze zweizeilig „FÜR / VERDIENST".

Größe: 30 mm; Gewicht: in Silber bzw. Silber vergoldet 14 g.

Band: Wie bei Nr. 891 ff.

897. Silberne Medaille „für Rettung aus Lebensgefahr" (verliehen 1910—1918)

Durch einen Zusatz vom 15. Februar 1910 zu den Statuten für die am 1. Oktober 1904 gestiftete Verdienstmedaille Nr. 891/893 wurde bestimmt, daß „für Rettung aus Lebensgefahr bei Gefährdung des eigenen Lebens" die silberne Verdienstmedaille mit der Inschrift „Für Rettung aus Lebensgefahr" verliehen werden sollte.

V: Unter der Krone der verschlungene Namenszug des Stifters „A F" (übereinstimmend mit der Vorderseite von Nr. 892).

R: „FÜR / RETTUNG / AUS / LEBENSGEFAHR" in vier Zeilen; darunter ein Sternchen zwischen zwei waagerechten Strichen.

Die Medaille hat ebenfalls gewöhnliche Drahtöse mit Ring.

Größe: 30 mm; Gewicht: 11 g.

Band: 28 mm breit, goldgelb mit zwei ponceauroten Seitenstreifen und in 1½ mm Abstand hiervon zwei hellblaue Ränder je 1 mm breit.

898. Orden für Kunst und Wissenschaft, in Gold (Silber vergoldet)
899. Derselbe in Silber (verliehen 1909—1918)

Gestiftet von Großherzog Adolf Friedrich V. am 19. Juli 1909 „für hervorragende Leistungen, namentlich für eigenes Schaffen auf den Gebieten der Wissenschaft und Künste".

Das ovale, durchbrochen gearbeitete Ehrenzeichen, welches in den Statuten „Orden" genannt wird, ist mit der 13 mm hohen angelöteten offenen Krone bedeckt.

V: Der verzierte, verschlungene, durchbrochene und erhaben gearbeitete Namenszug „A F", umschlossen von einem ovalen 5 mm breiten dichten Lorbeergewinde.

R: Der durchbrochene verschlungene Namenszug (Rückseite) innerhalb einer ovalen Umrahmung zwischen zwei erhöhten Kreislinien mit der Aufschrift „FÜR KUNST UND WISSENSCHAFT" auf gekörntem Grund, unten ein Sternchen.

Größe: 47 mm hoch, 30 mm breit; Gewicht: 14 g.

Band: 34 mm breit, zitronengelb mit zwei zinnoberroten, je 7 mm breiten Seitenstreifen und anschließenden hellblauen Rändern, letztere je 2 mm breit.

899a. Große goldene Medaille für Kunst und Wissenschaft, Silber vergoldet
899b. Medaille für Kunst und Wissenschaft, Silber (verliehen 1928)

Gestiftet vom Mecklenburg-Strelitzschen Staatsministerium durch eine am 28. April 1928 erlassene und am 3. September 1928 aufgehobene Bekanntmachung. Die Medaille darf weiter getragen werden. Es sind im ganzen sechs goldene und zwei silberne Medaillen verliehen worden.

Die Medaillen sind 938 gestempelt; Nr. 899a hat eine kugelförmige Öse, durch die der ovale, langgestreckte und doppelt gewundene Drahtring gezogen ist; diese Medaille ist am Halse zu tragen; Nr. 899b hat eine hochstehende Öse mit flachem Ring.

V: Das mecklenburg - strelitzsche Staatswappen, auf dem erhöhten Rande die Umschrift in Unzialbuchstaben: MECKLENBURG-STRELITZSCHE LANDESREGIERUNG, Anfang und Ende durch einen Punkt getrennt.

R: Innerhalb eines den Rand bildenden, unten kreuzweise gebundenen dichten Lorbeerkranzes in Unzialbuchstaben: „FÜR / KUNST / UND / WISSEN- / SCHAFT" (fünfzeilig).

Größe: 38 mm.

Band: Nr. 899a 58 mm breit, hellblau mit zwei gelben, je 4,5 mm breiten Seitenstreifen und anschließenden roten, ebenso breiten Rändern; bei Nr. 899b 30 mm breit, die Seitenstreifen und Ränder nur je 3,5 mm breit.

900. Krieger-Vereins-Medaille, Mattsilber (verliehen 1906—1918)

Gestiftet von Großherzog Adolf Friedrich V. am 17. Juni 1906 aus Anlaß des 25jährigen Bestehens der mecklenburg-strelitzschen Kriegerkameradschaft für Verdienste um das Kriegervereinswesen.

Die Medaille ist aus oxydiertem Silber (matt) geprägt und hat eine gewöhnliche Öse mit Ring, aber keinen Überrand.

V: Der verschlungene Namenszug „A F" unter der freischwebenden Krone. Unten (bogig) „17. JUNI 1906.".

R: Im oberen Teil zwei gekreuzte, mit den Klingenspitzen nach oben zeigende Infanterie-Offiziersdegen; darunter in drei Zeilen „MIT GOTT / FÜR KAISER, FÜRST / UND VATERLAND.".

Größe: 30 mm; Gewicht: 13 g.

Band: 24 mm breit, halb kornblumenblau, halb ponceaurot mit zwei orangegelben, je 2 mm breiten Randstreifen.

901. Adolf Friedrich-Kreuz, Eisen

(verliehen 1917—1918) Abbildung am Schluß des Bandes.

Gestiftet von Großherzog Adolf Friedrich VI. durch Verordnung vom 17. Juni 1917. Es wurde „für besondere Verdienste an Männer und Frauen verliehen, die bei Behörden, behördlichen Einrichtungen, in der Land- und Forstwirtschaft, in kriegswirtschaftlichen Organisationen jeder Art oder in sonstigen Berufen und Betrieben, die für die Zwecke der Kriegsführung oder der Volksversorgung unmittelbar oder mittelbar Bedeutung haben, beschäftigt" waren.

Das Adolf Friedrich-Kreuz ist aus dunkel gebeiztem Eisen geprägt, offenbar nach dem Vorbilde des bayerischen „König-Ludwig-Kreuzes" (Nr. 271), dem es ganz ähnlich ist. Es hat leicht nach außen verbreiterte Arme und ein ovales Mittelschild (23 mm hoch, 20 mm breit), dasselbe ist auf Vorder- und Rückseite von einem schmalen dichten Lorbeergewinde umgeben und trägt folgende Inschrift:

V: Auf gekörntem Grund der gekrönte verschlungene Namenszug „A F" in lateinischer Schreibschrift.

R: Auf gekörntem Grund in fünf Zeilen „FÜR / WERKE / DER / KRIEGSHILFE / 1917".

Größe: 41 mm hoch, 39 mm breit.

Band: 26 mm breit, zusammengestellt aus fünf goldgelben und vier karmoisinroten gleichbreiten Streifen mit 1½ mm breiten hellblauen Kanten.

902. Goldene
903. Silbervergoldete und
904. Bronzevergoldete Medaille zur Erinnerung an die goldene Hochzeit des großherzoglichen Paares
(verliehen 1893)

Gestiftet von Großherzog Friedrich Wilhelm am 28. Juni 1893 zur Erinnerung für die geladenen Gäste, Hofbeamten und Hofdiener, welche an diesem Tage der Feier der goldenen Hochzeit des großherzoglichen Paares beigewohnt hatten.

Die Medaillen haben eine derbe, abgerundete Öse mit Ring; auf Vorder- wie Rückseite läuft am Rande entlang eine schmale Perleneinfassung.

Die goldenen Medaillen, welche nur für die fürstlichen Gäste bestimmt waren, sind nur in wenigen Stücken ausgegeben worden und daher sehr selten. Die Herstellung erfolgte in der Berliner Medaillenmünze von G. Loos Nachfolger (L. Ostermann).

V: Die beiden hintereinandergestellten, nach links gewendeten Köpfe des großherzoglichen Paares. Unter dem Halsabschnitt des im Vordergrunde stehenden Kopfes des Stifters „G. LOOS D.".

R: Zwischen zwei unten mit Doppelschleife gebundenen Lorbeerzweigen die gekrönten verschlungenen Namenszüge „F W" und „A C" (Augusta Caroline Prinzessin von Großbritannien und Irland). Oben (bogig) „28 JUNI 1843—1893".

Größe: 28 mm; Gewicht: in Silber vergoldet 13 g.

Band: 26 mm breit, hellblau mit zwei zitronengelben Seiten- und anschließenden ponceauroten Randstreifen, alle je 2 mm breit.

905. Silbervergoldete
906. Silberne und
907. Bronze-Medaille zur Erinnerung an die diamantene Hochzeit des großherzoglichen Paares
(verliehen 1903)

Gestiftet von Großherzog Friedrich Wilhelm am 28. Juni 1903 zur Einnerung für die geladenen Gäste, Hofbeamten und Hofdiener, welche an diesem Tage der Feier der diamantenen Hochzeit des großherzoglichen Paares beigewohnt hatten.

Die Medaillen haben gewöhnliche Ösen mit Ring sowie auf Vorder- und Rückseite am Rande entlang eine schmale Perleneinfassung.

V: Die hintereinandergestellten, nach links gewendeten Köpfe des großherzoglichen Paares. Unter dem Halsabschnitt des im Vordergrunde stehenden Kopfes des Großherzogs „G. LOOS D.".

R: Innerhalb zweier unten mit einer Doppelschleife zum Kranze gebundenen Lorbeerzweige unter der Krone die verschlungenen Namenszüge „F W" und „A C" (Auguste Caroline Prinzessin von Großbritannien und Irland). Oben (bogig) „28 JUNI 1843—1903".

Zur Prägung wurden die (für die Rückseite abgeänderten) Stempel von Nr. 902 ff. benutzt.

Größe: 28 mm; Gewicht: in Silber bzw. Silber vergoldet 11 g.

Band: 26 mm breit, zusammengestellt je zur Hälfte aus dem Band des Ordens der Wendischen Krone, hellblau mit goldgelb-roten Rändern, und des großbritannischen Michael- und Georgs-Ordens, dunkelblau-ponceaurot-dunkelblau mit weißem Vorstoß.

908. Gedächtnismedaille für den Großherzog Adolf Friedrich V., Silber (verliehen 1914)

Gestiftet von Großherzog Adolf Friedrich VI. für das Gefolge seines am 11. Juni 1914 verstorbenen Vaters sowie für die offiziellen Teilnehmer an den Trauerfeierlichkeiten in Neustrelitz.

Die silbernen Medaille hat gewöhnliche Öse mit Ring und ist in der Berliner Hauptmünze geprägt worden.

V: Der Kopf des verstorbenen Landesherrn nach links; Umschrift: „ADOLF FRIEDRICH V GROSSHERZOG v. MECKLENBURG STRELITZ". Unter dem Halsabschnitt, als Münzzeichen, ein kleines fünfstrahliges Sternchen.

R: Obere Hälfte (bogig) Umschrift „AVITO VIRET HONORE" (Wahlspruch des Ordens der Wendischen Krone). Im Felde, obere Hälfte, dreizeilig „* 22. JULI 1848 — (kleine Krone) 30. Mai 1904 — † 11. Juni 1914". In der unteren Hälfte des Feldes der gekrönte mecklenburg-strelitzsche Wappenschild.

Größe: 30 mm; Gewicht 14 g.

Band: 26 mm breit, hellblau mit zwei zitronengelben Seiten- und anschließenden ponceauroten Randstreifen, alle je 2 mm breit.

909. Militär-Dienstkreuz für Offiziere nach 25 Dienstjahren, Gold
909a. Dasselbe Bronze vergoldet
910. Militär-Dienstkreuz für Unteroffiziere nach 25 Dienstjahren, Silber
911. Dasselbe nach 18 Dienstjahren, Bronze mit silbernem Mittelschildchen
912. Dasselbe nach 12 Dienstjahren, Bronze (verliehen 1846—1872)

Gestiftet von Großherzog Georg (reg. 1816—1860) am 1. Juli 1846, um eine lange Dienstzeit beim Militär durch ein äußeres Abzeichen auszuzeichnen.

Die Kreuze Nr. 909—912 haben gerade, nach außen zu breiter werdende, glatt polierte Arme mit einer dreifachen erhöhten Linienumrandung. Sie sind, mit Ausnahme von Nr. 911, aus einem Stück geprägt, während bei Nr. 911 die silbernen Mittelschildchen (16 mm Durchmesser) eigens geprägt und aufgelötet sind. Die Kreuze für 25 Dienstjahre der Offiziere waren ursprünglich aus Gold, später aber nur mehr aus stark vergoldeter Kupferbronze geprägt. Sie wurden nur bis zum Abschluß der Militärkonvention mit Preußen vom 23. 12. 1872 verliehen.

V: Im Mittelschilde der gekrönte Namenszug „G" in gotischer Schrift.

R: Im Mittelschilde die Zahlen „XXV." oder „XVIII." bzw. „XII.".

Größe: 36 mm; Gewicht: in Gold 12 g, in Silber 11 g.

Band: 36 mm breit, karmoisinrot mit zwei himmelblauen Seiten- und anschließenden goldgelben Randstreifen, alle je 2,5 mm breit.

913. Militär-Dienstkreuz I. Klasse für Unteroffiziere für 21 Dienstjahre, Silber

914. Dasselbe II. Klasse für 15 Dienstjahre, Bronze mit silbernem Mittelschild (verliehen 1869—1913)

915. Dasselbe III. Klasse für 9 Dienstjahre, Bronze (verliehen 1869—1924)

Um auch die mecklenburg-strelitzschen Bestimmungen wie die mecklenburg-schwerinschen (vgl. Nr. 874/76) „mit den Bestimmungen der entsprechenden Dienstauszeichnung für die Königlich Preußische Armee in Übereinstimmung zu bringen", wurde von Großherzog Friedrich Wilhelm am 2. März 1869 eine Veränderung der Dienstjahre verfügt; nunmehr wurden die Dienstkreuze an die Unteroffiziere nach zurückgelegter 21-, 15- und 9jähriger Dienstzeit ausgegeben.

V: Im Mittelschilde der gekrönte Namenszug „G" in gotischer Schriftart.

R: Im Mittelschilde die Zahl der Dienstjahre: „XXI.", „XV." bzw. „IX.".

Die Kreuze für 21 und 9 Dienstjahre, welche wie diejenigen für 15 Dienstjahre ganz in Größe und Form den seitherigen Kreuzen Nr. 909 ff. gleichen, sind aus einem Stück geprägt, während bei denjenigen für 15 Dienstjahre die runden silbernen Mittelschildchen (16 mm Durchmesser) der Vorder- und Rückseite aufgelötet sind.

Größe: 36 mm; Gewicht: in Silber 13 g.

Band: Wie bei Nr. 909 ff.

916. Landwehr-Dienstauszeichnung II. Klasse, Bandschnalle (verliehen 1875—1913)

Gestiftet von Großherzog Friedrich Wilhelm am 9. Februar 1875 für alle Unteroffiziere und Wehrmänner, welche ihre Dienstpflicht in der Reserve und Landwehr erfüllt und einen Feldzug mitgemacht haben oder bei außergewöhnlicher Veranlassung mindestens drei Monate zum aktiven Dienst einberufen waren.

Sie besteht aus einer 45 mm langen, 16 mm hohen eisernen, schwarz lackierten Umrahmung, durch welche das karmoisinrote Band mit himmelblauen und zitronengelben Randstreifen derart gezogen ist, daß der auf demselben in zitronengelber Seide eingewirkte Namenszug „F. W." und auf beiden Seiten desselben je ein kleines Landwehrkreuz sichtbar bleiben. Die Landwehr-Dienstauszeichnung wurde auf der linken Brustseite unter der Ordensschnalle getragen.

917. Militär-Dienstkreuz I. Klasse für Unteroffiziere usw. für 15 Dienstjahre, Bronze versilbert

918. Dasselbe II. Klasse für 12 Dienstjahre, Bronze mit versilbertem Mittelschildchen
(verliehen 1913—1924)

Gestiftet von Großherzog Adolf Friedrich V. am 25. Juli 1913 (Offizieller Anzeiger von 1913 Nr. 36) in Abänderung der Verordnung vom 2. März 1869 (Offizieller Anzeiger von 1869 Nr. 7), betr. die Militär-Dienstkreuze für 21, 15 und 9 Dienstjahre (Nr. 913, 914, 915). Das Dienstkreuz I. Klasse wurde fortan für 15jährige, das Kreuz II. Klasse für 12jährige und das Kreuz III. Klasse für 9jährige aktive Dienstzeit bei der Fahne an Militärpersonen vom Feldwebel abwärts verliehen.

Das Dienstkreuz III. Klasse in Bronze wurde in seiner bisherigen Prägung (Nr. 915) auch fernerhin verliehen. Das Dienstkreuz I. Klasse ist versilbert und aus einem Stück geprägt, dasjenige II. Klasse von Kupfer mit versilbertem aufgelöteten Mittelschildchen (17 mm Durchmesser).

V: Im Mittelschilde der gekrönte Namenszug „G" in gotischer Schrift.

R: Im Mittelschilde die Zahl der Dienstjahre „XV." bzw. „XII.".

Größe: 37 mm.

Band: Wie vorher.

919. Landwehr-Dienstauszeichnung (II. Klasse), kupferne Medaille
(verliehen 1913—1924)

Geichzeitig mit den Dienstkreuzen Nr. 917/918 gestiftet am 25. Juli 1913 an Stelle der bis dahin zur Verausgabung gelangten, am 9. Februar 1875 gestifteten Landwehr-Dienstauszeichnung Nr. 916.

Die Medaille ist aus Kupfer geprägt.

V: Unter der Krone der verschlungene Namenszug des Stifters „A F"; Umschrift: oben „Treue Dienste" und unten „Reserve Landwehr".

R: Der gekrönte Wappenschild; Umschrift: „Landwehr Dienstauszeichnung", unten „·II. Klasse·".

Größe: 25 mm.

Band: 28 mm breit, karmoisinrot mit zwei himmelblauen Seiten- und anschließenden goldgelben Randstreifen, je 2 mm breit.

920. Rettungs-Medaille, Bronze (verliehen 1922—1933)

Das Ministerium des Freistaates Mecklenburg-Strelitz stiftete im Jahre 1922 eine neue Rettungsmedaille ohne Überrand in dunkeloxydierter Bronze.

Dieselbe hat gewöhnliche Öse und Ring.

V: Ein nackter Mann, der Sandalen trägt, von dessen Rücken ein langwallender Mantel herabfällt und dem eine mit einem gleichartigen antiken Gewand bekleidete weibliche Gestalt die Hand drückt. Links und rechts daneben „Dank / dem / Lebens / retter".

R: Oben der mecklenburg-strelitzsche Wappenschild, mit einer erhöhten Querleiste hinterlegt, darunter dreizeilig „Das Mecklenburg- / Strelitzsche Staats- / ministerium".

Größe: 35 mm.

17

Band: 25 mm breit, goldgelb mit zwei karmoisinroten, je 6 mm breiten Seitenstreifen und mit 1 mm Abstand ebensobreiten hellblauen Kanten.

920a. Goldenes Erinnerungskreuz für langjährige Diensttreue für Personen weiblichen Geschlechts, mit der Zahl 40

920b. Dasselbe, silbern, mit der Zahl 25 (verliehen 1911—1918)

Gestiftet am 7. September 1911 von Großherzogin Elisabeth mit Genehmigung des Großherzogs und von ihr verliehen, und zwar das goldene an mecklenburg-strelitzsche Staatsangehörige, „die bei tadelloser moralischer Führung 40 Jahre hindurch einen selbständigen Beruf im öffentlichen oder Privatdienste in treuer Pflichterfüllung ausgeübt" hatten, bzw. das silberne an solche Personen, die unter gleichen Voraussetzungen „25 Jahre hindurch ununterbrochen in derselben Familie oder bei demselben Dienstherrn gedient" hatten.

Die Kreuze sind glatt und geradarmig; der Querbalken ist über die Mitte hochgerückt, so daß die Querarme 16 mm, der obere Arm 19 mm, der untere Arm 42—44 mm lang ist. Beide Kreuze sind von der goldenen großherzoglichen Krone überhöht, an der hinten eine längliche Öse angelötet ist. Nichtamtlich wurden diese Kreuze „Elisabeth-Kreuz" genannt.

V: Die entsprechende Zahl „40" bzw. „25" innerhalb zweier unten übereinander und zum Kranz gelegter, aber auch mit je einem Nebenzweig auf die Querarme reichender Lorbeeräste, die außerdem über die Kreuzwinkel etwas hinausragen.

R: Auf dem Kreuzungspunkt ein gewölbtes, mit einer Linie eingefaßtes Oval, darauf der Namenszug der Großherzogin „E" unter der Krone. Die Rückseiten der Lorbeerblätter, die in den Kreuzwinkeln hervorscheinen, sind glatt.

Größe ohne die Krone: 71—72 mm hoch, 44 mm breit, Höhe der Krone 10,5 mm.

Band: Schmales schwarzes Samtband oder Kettchen, um den Hals zu tragen.

920c. Silbernes Erinnerungskreuz für langjährige Diensttreue für Personen weiblichen Geschlechts mit der Zahl 40

920d. Dasselbe mit der Zahl 30 (verliehen 1918)

Großherzogin Elisabeth änderte unter dem 5. Februar 1918 die Verleihungsbestimmungen von Nr. 920b dahingehend ab, daß auch nicht die mecklenburg-strelitzsche Staatsangehörigkeit besitzende Personen, die aber den größten Teil ihres Berufes bzw. ihrer Dienste in Mecklenburg-Strelitz ausgeübt, bzw. geleistet hatten, das Kreuz erhalten konnten. Das silberne Kreuz konnte nunmehr auch mit der Zahl 30 oder 40 an solche Personen verliehen werden, die entsprechende Voraussetzungen erfüllten und das Kreuz Nr. 920b nicht erhalten hatten.

V: Wie bei Nr. 920a und b, aber mit den Zahlen „40" bzw. „30".

R: Wie bei Nr. 920a und b.

258

Nassau

Bis 1866 Herzogtum, seit dem 3. Oktober 1866 Bestandteil Preußens.
Seit dem Jahre 1890 regiert das Herzogshaus Nassau im Großherzogtum Luxemburg (siehe dort).

Das Herzogtum Nassau hatte zwei Orden, den Hausorden vom goldenen Löwen und den „Herzoglich Nassauischen Militär- und Civil-
Verdienstorden Adolphs von Nassau", die nach Luxemburg übernommen worden sind (siehe dort). Die Ehrenzeichen sind:

921. Verdienstkreuz mit Schwertern, Silber

922. Dasselbe ohne Schwerter (verliehen 1860—1927)

Im Anschluß an den am 8. Mai 1858 gestifteten Militär- und Civil-Verdienstorden Adolphs von Nassau von Herzog Adolph am 2. November 1860 eingeführt
zur Belohnung hervorragender Verdienste „von Militärs vom Feldwebel abwärts und von Beamten der niederen Rangklassen". Militärpersonen erhielten
das aus Silber geprägte Kreuz mit zwei gekreuzten, zwischen den Armen her-
vorstehenden antiken Schwertern. Dasselbe Kreuz mit emaillierten Mittelschildchen ist das alte Kreuz IV. Klasse des Ordens.

Die Kreuze (Malteserform) haben an den Spitzen acht kleine Kugeln
sowie gekörnte Arme, welche mit einer schmalen erhöhten Linie eingefaßt sind. Die eigens geprägten und aufgelöteten Mittelschildchen
(14 mm Durchmesser) zeigen auf der

V: ein mit einer alten Kaiserkrone gekröntes „A" in gotischer Schrift,
auf gekörntem Grund, umgeben von einem Band mit zwei kleinen
Lorbeerzweigen (oben), und der Aufschrift „VIRTUTE" (durch
Verdienst).

R: Auf gekörntem Grund in zwei Zeilen „1292/1860", getrennt durch
eine kurze waagerechte Leiste, oben und unten ein kleines Ornament.

Am 5. Mai des Jahres 1292 wurde Adolph von Nassau zum deutschen
Kaiser gewählt. Die Verdienstkreuze werden auch jetzt noch von den
Großherzog(inn)en von Luxemburg in fast unveränderter Form ver-
liehen (vgl. Nr. 801 c—f).

Größe: 30 mm; Gewicht: mit Schwertern 14 g, ohne Schwerter 12 g.

Band: 30 mm breit, dunkelkornblumenblau mit goldgelben, später
orangegelben, je 2,5 mm breiten Randstreifen.

923. Goldene und

**924. Silberne Tapferkeitsmedaille mit dem Bilde des Herzogs Friede-
rich I. August (verliehen 1807—1818)**

Gestiftet durch Edikt vom 9. August 1807 von Herzog Friederich I. August
von Nassau-Usingen (1803—1816), zugleich im Namen des Fürsten Friedrich
Wilhelm von Nassau-Weilburg, für die seit dem Staatsvertrag vom 30. August
1806 zu einer Brigade vereinigten nassauischen Truppen, damit „in Zukunft ein-

zelne tapfere Handlungen bei dem Militär durch ein öffentlich fortdauerndes Ehrenzeichen der Vergessenheit entrissen" werden. Diese Tapferkeitsmedaillen wurden 1807 während der Belagerung von Colberg, 1808—1813 während der Feldzüge in Österreich und in Spanien, 1815 für besonders tapfere Handlungen von Nassauern in der Schlacht bei Waterloo (18. 6. 1815) verliehen. Es kamen im ganzen nur 51 goldene sowie 290 silberne Medaillen dieses Gepräges zur Verleihung.

Die Tapferkeitsmedaillen haben eine quer angeprägte Öse, durch welche das Band gezogen wurde.

V: Der nach rechts gewendete Kopf des Stifters mit der Umschrift „FRIEDERICH · I · HERZOG ZU NASSAU.". Am unteren Medaillenrande in kleinster Schrift „LINDENSCHMIT F." (Johann Lindenschmit, Medailleur in Mainz).

R: Ein schlanker Lorbeerkranz, unten mit Schleife gebunden, ruht auf einer Gruppe von vier gekreuzten und teilweise übereinanderliegenden Fahnen sowie zwei Standarten. Über denselben zweizeilig „DER / TAPFERKEIT.". Die Rückseite ist der Rückseite der österreichischen Tapferkeitsmedaille sehr ähnlich.

Größe: 34 mm; Gewicht: in Gold 17 g = 5 Dukaten, in Silber 14 g.

Band: Bei der Stiftung vorgesehen und auch zunächst so angefertigt: 36 mm breit, hellbraun mit zwei zitronengelben, je 4,5 mm breiten Seitenstreifen mit 1 mm Abstand von den Kanten. Tatsächlich verliehen aber: 35 mm breit, zitronengelb mit zwei dunkelblauen je 2,5 mm breiten Seitenstreifen mit 1 mm Abstand in den Kanten.

925. Goldene und

926. Silberne Tapferkeitsmedaille mit dem Bilde des Herzogs Wilhelm (verliehen 1818)

Gestiftet im Jahre 1818 von Herzog Wilhelm I. (reg. 1816—1835), welcher nach dem Tode des Herzogs Friederich August die Besitzungen Nassau-Weilburg und -Usingen zum Herzogtum Nassau vereinigt hatte, zur nachträglichen Auszeichnung von tapferen Handlungen in der Schlacht bei Waterloo. Es waren nämlich keine Vorräte mehr vorhanden. Von den 7 goldenen und 19 silbernen Tapferkeitsmedaillen dieser Prägung gelangten nur 1 goldene und 9 silberne Stücke zur Ausgabe. Die übrigen wurden im Jahre 1849 wieder eingeschmolzen. Ein silbernes Exemplar dieser überaus seltenen Medaille befindet sich in der Münzsammlung der Stadt Frankfurt a. M.

Auch diese Medaillen haben die quer angeprägte Bandöse wie Nr. 923/924.

V: Der nach rechts gewendete Kopf des Stifters; Umschrift: „WILHELM . I . HERZOG ZU NASSAU.". Unter dem Halsabschnitt „ZOLLMANN" (Johann Philipp Zollmann, Stempelschneider in Wiesbaden, 1843—1856 Münzmeister dortselbst).

R. und Größe wie bei Nr. 923/924.

Gewicht: in Gold etwa 22,5 g = 6,5 Dukaten, in Silber 15 g.

Band: 35 mm breit, zitronengelb mit zwei dunkelblauen, je 2,5 mm breiten Seitenstreifen mit je 1 mm Abstand von den Kanten.

927. Goldene und

928. Silberne Tapferkeitsmedaille mit dem Bilde des Herzogs Adolph (verliehen 1849) Abbildung am Schluß des Bandes.

Im Oktober 1849 wurden 6 goldene und 12 silberne Medaillen mit dem Kopfe des Herzogs Adolph (reg. 1835—1866) geprägt. Von diesen gelangten 7 silberne Exemplare 1849 während des Feldzuges in Baden zur Verleihung. Ein silbernes Stück erhielt das K. K. Münzkabinett in Wien, ein goldenes und ein silbernes die Münzsammlung des Nassauischen Altertumsforschenden Vereins in Wiesbaden, 4 goldene Exemplare wurden im März 1867 eingeschmolzen. Die Sammlung Georg Schreiber in München und die städtische Münzsammlung Frankfurt a. M. besitzen ebenfalls je ein silbernes Exemplar dieses außerordentlich seltenen Ehrenzeichens. Dasselbe hat auch wieder den angeprägten, quer verlaufenden Henkel.

V: Der jugendliche Kopf des Stifters nach rechts; Umschrift: „ADOLPH HERZOG ZU NASSAU". Auf dem Halsabschnitt „C. Z." (Christian Zollmann, Mitarbeiter seines Vaters Joh. Ph. Zollmann in Wiesbaden).

Rückseite, Größe und Band wie bei Nr. 925/926.

Gewicht: in Gold 20,5 g = 6 Dukaten, in Silber 14 g

929. Silberne Civil-Verdienst-Medaille mit dem Bilde des Herzogs Wilhelm (verliehen 1818—1841)

Die Civil-Verdienst-Medaillen in Gold und Silber von Herzog Friederich August am 12. Juli 1811 gestiftet und an Staatsdiener nach 50 Dienstjahren für besondere Leistungen auf dem Gebiete der Literatur und für andere hervorragende Verdienste verausgabt. Sie waren nicht zum Tragen bestimmt und sind deshalb hier nicht weiter behandelt. Herzog Wilhelm verlieh die Civil-Verdienst-Medaillen vom Dezember 1818 an in anderer Prägung mit seinem Bilde. Auch diese neuen Civil-Verdienst-Medaillen waren eigentlich nicht zum Tragen bestimmt. Nachdem aber in einem besonderen Falle dem Besitzer (Schiffer Wilh. Kimpel in Caub) gestattet wurde, dieselbe am „roten Bande" für mehrfache Rettung aus Lebensgefahr zu tragen, erfolgt hier doch deren Beschreibung.

Diese silberne Medaille hatte einen quer angelöteten Traghenkel.

V: Der nach rechts gewendete Kopf des Stifters; auf dem Halsabschnitt „ZOLLMANN".

R: In einem Kranz aus je einem Lorbeer- und Eichenzweig in fünf Zeilen „WILHELM SOUVERAINER HERZOG ZU NASSAU".

Größe: 47 mm; Gewicht: 42 g.

Band: 36 mm breit, ponceaurot (für Schiffer W. Kimpel in Caub).

930. Goldene und

931. Silberne Civil-Verdienst-Medaille mit dem jüngeren Bilde des Herzogs Adolph (verliehen 1841—1864)

Während der Regierung des Herzogs Adolph vom Februar 1841 an in dieser Prägung verausgabt. Es wurden 39 goldene und 61 silberne Exemplare verliehen.

V: Der nach rechts gewendete jugendliche Kopf des Herzogs mit kurzem Backenbart. Auf dem Halsabschnitt „ZOLLMANN".

R: In dem aus einem Lorbeer- und Eichenzweig gebundenen Kranze in vier Zeilen „ADOLPH / HERZOG / ZU / NASSAU".

Die Medaillen waren ursprünglich nicht zum Tragen bestimmt. Erst ab 13. Februar 1843 gestattete Herzog Adolph, daß dieselben am Bande getragen werden durften. Diese Medaillen haben einen aus Gold bzw. Silberdraht hergestellten, nachträglich angesetzten breiten Henkel für das Band.

Größe: 48 mm; Gewicht: in Gold 70 g = 20 Dukaten, in Silber 76 g.

Band: 41 mm breit, orangegelb mit drei dunkelblauen, je 5 mm breiten Streifen in je 6 mm Abstand voneinander.

932. Silberne Civil-Verdienst-Medaille mit dem älteren Bilde des Herzogs Adolph (verliehen 1865—1866) Abbildung am Schluß des Bandes.

Im Jahre 1864 wurde von Münzmeister Korn in Wiesbaden (1859—1866) ein neuer Stempel zur Vorderseite der Medaille geschnitten; davon wurden im Februar 1865 25 silberne Exemplare geprägt. Von diesen gelangten nur 12 Stück zur Verausgabung, 13 Stück wurden im März 1867 eingeschmolzen.

V: Der nach links gewendete ältere Kopf des Herzogs. Unter dem Halsabschnitt „KORN".

Rückseite, Größe und Band wie bei Nr. 931; Gewicht: 65 g.

933. Medaille für Rettung aus Lebensgefahr, Silber, mit dem jüngeren Bilde des Herzogs Adolph (verliehen 1843—1865)
Abbildung am Schluß des Bandes.

Gestiftet am 13. Februar 1843, von Herzog Adolph „zur Belohnung derjenigen, welche zur Rettung anderer aus Gefahren sich in eigene Lebensgefahr begeben haben". Es wurden im ganzen 54 Exemplare geprägt und auch verliehen.

Auch diese Rettungsmedaillen haben den quer angelöteten breiten Drahthenkel für das Band.

V: Der nach rechts blickende jugendliche Kopf des Stifters mit leichtem Backenbart; Umschrift: „ADOLPH HERZOG ZU NASSAU". Auf dem Halsabschnitt „C. Z." (Christian Zollmann jun.).

R: „FÜR / RETTUNG / AUS / LEBENSGEFAHR". Darunter eine waagerechte Verzierungsleiste.

Größe: 30 mm; Gewicht: 17 g.

Band: 36 mm breit, ponceaurot.

934. Medaille für Rettung aus Lebensgefahr, Silber, mit dem älteren Bilde des Herzogs Adolph (verliehen 1865—1866)

Im Juli 1865 schnitt Münzmeister F. Korn in Wiesbaden einen neuen Stempel zur Vorderseite. Damit und unter Benutzung des bisherigen Stempels der Rückseite wurden dann 30 Rettungsmedaillen geprägt. Im November 1866 wurden davon 25 Stück, welche noch nicht verausgabt waren, eingeschmolzen. Es sind also nur 5 Stück dieser außerordentlich seltenen Medaille zur Verleihung gekommen.

V: Der nach rechts gewendete ältere Kopf des Herzogs mit der Umschrift „ADOLPH HERZOG ZU NASSAU". Auf dem Halsabschnitt in Diamantschrift „KORN".

Rückseite, Band, Größe und Gewicht wie bei Nr. 933.

935. Goldene und

936. Silberne Medaille für Kunst und Wissenschaft (verliehen 1860 bis 1927) Abbildung am Schluß des Bandes.

Gestiftet von Herzog Adolph, gleichzeitig mit den silbernen Verdienstkreuzen (Nr. 921/922) am 2. November 1860 im Anschluß an den am 8. Mai 1858 gestifteten Militär- und Civil-Verdienstorden Adolphs von Nassau. Es wurden bis zur Besitzergreifung des Herzogtums durch Preußen 27 goldene und 17 silberne Exemplare verliehen. Die Medaillen für Kunst und Wissenschaft wurden aber bis 1927 von den Großherzog(inn)en von Luxemburg in unveränderter Form verliehen (vgl. Nr. 801a).

V: Auf guillochiertem Grunde die Nachbildung der Vorderseite des Verdienstordens Adolphs von Nassau bzw. dessen Verdienstkreuzes mit dem gekrönten „A", zwei Lorbeerzweigen und der Umschrift „VIRTUTE" im Mittelschilde.

R: Innerhalb eines dichten schmalen Lorbeerkranzes, der unten kreuzweise von Band umschlungen ist, die fünfzeilige Inschrift „FÜR / KUNST / UND / WISSEN- / SCHAFT", in den freien Räumen Rankenornamente.

Größe: 30 mm; Gewicht: in Gold 30 g, in Silber 20 g.

Band (das des Adolphs-Ordens): 30 mm breit, dunkelkornblumenblau mit goldgelben (später orangefarbenen) Randstreifen, diese je 2,5 mm breit.

937. Goldene und

938. Silberne Waterloo-Medaille (verliehen 1815)
Abbildung am Schluß des Bandes.

Gestiftet von Herzog Friederich August am 23. Dezember 1815 für „sämtliche Offiziere, Unteroffiziere und Soldaten der Nassauischen Division sowohl, als des späterhin erst in solche übersetzten Oranien-Nassauischen Regiments, welche in der Schlacht bei Waterloo gefochten haben". Nach Auskunft des Landesmuseums Nassauischer Altertümer wurden „für Fälle besonderer Auszeichnung" auch 10 goldene Waterloo-Medaillen verliehen.

V: Der nach rechts gewendete Kopf des Stifters mit der Umschrift „FRIEDRICH AUGUST HERZOG ZU NASSAU.". Unter dem Halsabschnitt in Diamantschrift „J. L.", die Initialen des Stempelschneiders Johann Lindenschmit.

R: Eine geflügelte Siegesgöttin, welche in der Rechten einen Lorbeerkranz hochhält, in der Linken aber eine Friedenspalme trägt, rechts davon ein Krieger in altrömischer Gewandung. Unter dem Sockelabschnitt in zwei Zeilen „DEN 18 JUNI / 1815". Umschrift: „DEN NASSAUISCHEN STREITERN BEY WATERLOO".

Größe: 29 mm; Gewicht: in Silber 10 g.

Band: 28 mm breit, dunkelblau mit orangegelben, je 2 mm breiten Randstreifen.

938a. Erinnerungsmedaille an das Gefecht bei Eckernförde 1849, Silber
Abbildung am Schluß des Bandes.

Gestiftet von Herzog Adolph gemäß Generalbefehl vom 25. Juli 1849 für die Offiziere, Unteroffiziere und Kanoniere der nassauischen Artillerie, welche am Gefecht bei Eckernförde (5. April 1849) rühmlichsten Anteil genommen hatten. Es kamen nur 127 Medaillen zur Ausgabe.

Dieselben haben quer verlaufende Traghenkel wie fast alle nassauischen Ordensmedaillen.

V: Der nach rechts blickende jugendliche Kopf des Stifters mit der
Umschrift „ADOLPH HERZOG ZU NASSAU". Auf dem Halsabschnitt „M. ZOLLMANN".

R: Eine Segelfregatte, darüber bogig „MEINEN TAPFERN KANO-
NIEREN". Unten im Abschnitt dreizeilig „ECKERNFÖRDE /
5. APRIL / 1849".

Größe: 30 mm; Gewicht: 13,5 g.

Band: 35 mm breit, dunkelblau.

939. Feldzeichen für 1866, Bronzemedaille (verliehen 1866)

Gestiftet von Herzog Adolph d. d. Günzburg in Bayern am 20. August 1866
für alle Offiziere, Unteroffiziere und Soldaten des nassauischen Kontingents,
welche infolge des siegreichen Vorrückens der preußischen Truppen mit dem
Herzoge das Land verlassen hatten und ihm nach Bayern gefolgt waren. Die
Medaillen haben eine scharfkantige, angeprägte Öse mit Ring und sind von
Goldarbeiter und Ordensfabrikanten R. Quellhorst in München aus heller
Messingbronze geprägt worden mit Stempeln von Münzenmeister Korn in
Wiesbaden.

V: Ein „Я" in schraffierter gotischer Schrift unter der Herzogskrone und
darunter in zwei Zeilen „JULI U: AUGUST / 1866.".

R: In zwei Zeilen „NASSAU'S / KRIEGERN", darunter ein verzierter
waagerechter Stab.

Größe: 29 mm.

Band: 28 mm breit, orangegelb mit je 2 mm breiten dunkelblauen
Randstreifen.

Anmerkung: Leider wurden die damals noch vorhandenen, inzwischen
aber vernichteten Originalstempel dazu mißbraucht, um davon einige silberne
Abschläge herzustellen, welche dann fälschlich als „Offiziers-Kriegsdenkmünzen"
in den Handel gekommen sind.

940. Goldene und
941. Silberne Preismedaille des Landwirtschaftlichen Vereins mit dem jüngeren Bilde des Herzogs Adolph (verliehen 1839—1864)

Schon unter Herzog Wilhelm bestanden solche Medaillen in Gold und
in Silber, welche aber nicht getragen werden durften und daher hier
nicht weiter behandelt werden. Auch die bald nach dem Regierungsantritt des Herzogs Adolph im Jahre 1839 mit dessen Bild neu geprägten Medaillen waren zunächst nicht zum Tragen bestimmt. Nachdem
aber später doch einzelnen Inhabern die Genehmigung erteilt worden
war, diese Medaillen am grünen Band zu tragen, sollen dieselben hier
beschrieben werden. Sie haben einen breiten, quer angelöteten Drahthenkel. Die Medaillen sind durch Umprägung der Rückseiten von
1-Taler-Stücken hergestellt. Die Umschrift „XIV EINE FEINE MARK"
(oben), „REINES SILBER" (unten) und die Inschrift „1 / THALER" sind
auf manchen Stücken noch erkennbar.

V: Der nach rechts blickende jugendliche Kopf des Stifters mit der Umschrift „ADOLPH SOUVERAINER HERZOG ZU NASSAU". Unten
am Hals „ZOLLMANN".

R: Eine von Getreide und Weinreben umrankte Säule, vor welcher eine
Pflugschar steht. Unten im Abschnitt „LANDWIRTHSCH: VEREIN /
IM / HERZOGTH: NASSAU".

Größe: 34 mm; Gewicht: in Gold 26 g, in Silber 16 g.

Band (nur falls besonders hierzu bewilligt): 36 mm breit, dunkelgrün.

Eine ähnliche Medaille in Silber mit jüngerem Bild Herzog Adolphs (48 mm
groß und 55 g schwer) war nicht zum Tragen bestimmt und ist daher hier weg-
geblieben (von Heyden Nr. 478).

942. Große silberne

943. Mittlere silberne

944. Kleine silberne und

**945. Bronzene Preismedaille des Landwirtschaftlichen Vereins mit dem
älteren Bilde des Herzogs Adolph (verliehen 1864—1866)**

Diese Medaillen wurden 1864 mit vom Münzmeister Korn in Wiesbaden neu
geschnittenen Stempeln geprägt.

V: Der nach links gewendete ältere Kopf des Herzogs mit Schnurr- und
Backenbart, darunter „KORN"; Umschrift: „ADOLPH HERZOG ZU
NASSAU".

R: Auf einer von Weinlaub umrankten Säule der gekrönte nassauische
Wappenschild, an welchen Sense und Rechen gelehnt sind. Unter.
liegen zwei Garben. Links liegend ein Ochse, eine Kuh und eine
Egge; rechts ein Widder, ein Schaf und ein Pflug. Oben bogenförmig
in zwei Zeilen: „LANDWIRTSCHAFTLICHER VEREIN / IM
HERZOGTHUM NASSAU".

Größe: Nr. 942 = 48 mm; Gewicht: 67 g; Nr. 943/944 = 36 mm; Gewicht: in Silber 30 g; Nr. 945 = 33 mm; Gewicht: 25 g.

Band: Die Medaillen wurden nur vereinzelt, besonders aber an Forst-
beamte, am dunkelgrünen Bande verliehen (35 mm breit).

**946. Dienstehrenzeichen für 50 Dienstjahre, goldenes emailliertes Kreuz
(verliehen 1856—1866)** Abbildung am Schluß des Bandes.

Gestiftet von Herzog Adolph am 13. Februar 1856, um diejenigen „Offiziere
und Militärbeamten mit Offiziersrang, welche in Unserm aktiven Dienste das
50. Dienstjahr zurückgelegt haben", durch eine besondere Auszeichnung zu
belohnen.

Das goldene Kreuz hat vier weiß emaillierte, an den Außenseiten
leicht eingebogene Arme mit schmaler Goldumrahmung. Die Mittelschildchen der Vorder- und Rückseite sind bei 14 mm Durchmesser
eigens geprägt und aufgelötet, sowie dunkelblau emailliert.

V: Im Mittelschildchen (goldumrandet) der goldene Namenszug „A" in
Zierschrift; auf den vier Armen verteilt, ebenfalls in goldenen Buchstaben umschriftartig „50 / TREUE / DIENST / IAHRE".

R: Im Mittelschildchen der verzierte Namenszug „A" (wie auf der
Vorderseite).

Das Dienstehrenzeichen für 50 Jahre hat eine kugelförmige Öse mit goldenem Tragring und ist nur fünfmal verliehen worden. Ein Exemplar befindet sich in der städtischen Münzsammlung Frankfurt, ein anderes in der Sammlung Georg Schreiber, München.

Größe: 29 mm; Gewicht: 11 g.

Band: 38 mm breit, hellblau.

947. Dienstehrenzeichen für Offiziere nach 25 Dienstjahren, bronzevergoldetes Kreuz

948. Dienstehrenzeichen für Unteroffiziere und Soldaten nach 22 Dienstjahren

949. Dasselbe nach 16 Dienstjahren

950. Dasselbe nach 10 Dienstjahren, silberne Kreuze
(verliehen 1834—1866)

Gestiftet von Herzog Wilhelm am 25. Februar 1834, bei Nr. 948—950 unter Aufhebung der am 15. Oktober 1807 eingeführten Chevrons (Bortenwinkel auf dem linken Ärmel des Waffenrockes), „um mit denselben treugeleistete Dienste und untadelhaftes Betragen bei Unseren Truppen zu belohnen".

Die Kreuze sind in der Größe und Prägung gleich. Sie haben an den Außenseiten leicht eingebogene glatte Arme sowie gewöhnliche Ösen mit Ring. Die in einem Stück mitgeprägten Mittelschildchen haben 12 mm Durchmesser.

V: Im Mittelschildchen ein gotisches „W". Auf dem oberen Arm der Kreuze „XXV", „XXII", XVI" oder „X", und auf den drei anderen Armen „TREUE (rechts) DIENST (unten, auf dem Kopf stehend) IAHRE" (links) an den Enden der Kreuzarme entlang angeordnet.

R: Im Mittelschildchen in drei Zeilen „25. / FEBRUAR / 1834.".

Größe: 27 mm; Gewicht: in Silber 13—15 g.

Band: Stets 36 mm breit, bei Nr. 947 und 948 hellblau, bei Nr. 949 hellblau mit zitronengelbem Mittelstreifen, dieser zuerst 5 mm, später 9 mm breit, bei Nr. 950 hellblau mit zwei zitronengelben, je 6,5 mm breiten Seitenstreifen mit 1 mm Abstand von den Kanten.

951. Silberne und

952. Bronzene (kupferne) nassauische Erinnerungsmedaille (verliehen 1909)

Gestiftet von der Großherzogin Maria Anna, Regentin von Luxemburg, am 26. Oktober 1909 anläßlich der Einweihung des Denkmals für den verstorbenen ehemaligen (letzten) Herzog Adolph von Nassau auf der Adolphshöhe bei Wiesbaden. Die silberne Medaille war für anwesende Fürstlichkeiten und deren Gefolge, dann die noch lebenden 29 ehemals nassauischen Offiziere sowie einige um das Zustandekommen des Denkmals verdiente Persönlichkeiten bestimmt. Die kupferne Medaille kam an 3228 damals noch lebende ehemals nassauische Unteroffiziere und Soldaten. Die Stempel schnitt Medailleur Alois Börsch an der Münchner Hauptmünze.

V: Der nach rechts gewendete Kopf des verstorbenen Herzogs (Großherzogs) Adolph, unter dem Halsabschnitt „A. BÖRSCH", darunter ein kleines Lorbeerreis. Umschrift: „ADOLPH GROSSHERZOG V · LUXEMBURG HERZOG V · NASSAU".

R: In einem aus zwei Lorbeerzweigen gebildeten Kranz dreizeilig „ZUR / ERINNERUNG / 1909".

Größe: 24 mm; Gewicht: in Silber 7 g.

Band: 25 mm breit, dunkelkornblumenblau mit orangegelben, je 1,5 mm breiten Randstreifen.

Österreich (Kaisertum)

Bis 1866 derjenige Teil des österreichischen Kaiserstaates, der zugleich Mitglied des Deutschen Bundes war, seitdem bis Ende Oktober 1918 die zisleithanische Reichshälfte der durch den „Ausgleich" mit Ungarn geschaffenen „Österreichisch-ungarischen Monarchie".

Der Kaiser von Österreich war „Chef und Souverän" des Ritterordens vom Goldenen Vließ (gestiftet am 10. Januar 1429 von Herzog Philipp dem Guten von Burgund); daneben bestanden folgende Orden: der kgl. ungarische St.-Stephans-Orden (gestiftet 5. Mai 1764), der Militärische Maria-Theresien-Orden (gestiftet am 13. Mai / 17. Juni 1757), der Österreichisch-kaiserliche Leopold-Orden (gestiftet am 8. Januar 1808), der Österreichisch-kaiserliche Orden der Eisernen Krone (gestiftet von Napoleon I. als König von Italien am 5. Juni 1805 und als österreichischer Orden übernommen und verändert am 12. Februar 1816), der kaiserlich österreichische Franz-Joseph-Orden (gestiftet am 2. Dezember 1849), der Elisabeth-Orden (gestiftet 17. September 1898), der Elisabeth-Theresien-Orden (gestiftet 1750), der Sternkreuzorden (gestiftet 2. Februar 1668). Hinzu kommen der Deutsche Ritterorden (gestiftet am 19. November 1190), das Böhmische Großpriorat des Malteserordens (mit eigenem Verdienstkreuz und Verdienstehrenzeichen) und folgende Sonderabzeichen: Das Matrikelzeichen der Tiroler Adelsgenossenschaft, das (ungarische) Erinnerungszeichen der Ritter vom Goldenen Sporn und im 18. Jahrhundert das Ordenszeichen der St. Wenzeslausritter (in Böhmen). Ordensähnlich aufgebaut war auch das Ehrenzeichen für Verdienste um das Rote Kreuz (gestiftet 17. August 1914, vgl. Nr. 1090—1093). Die letzten Verleihungen, zu denen die Allerhöchste Entscheidung notwendig war, erfolgten am 8. November 1918, Tapferkeitsmedaillen wurden bis zum 30. November an Angehörige der gesamten zerfallenen Donaumonarchie verliehen. Im Jahre 1919 wurden „Bestätigungen" für deutschösterreichische Staatsangehörige eingeführt, die das Recht zum Tragen der Dekorationen mit sich bringen; das Verfahren ist am 31. Dezember 1922 endgültig abgeschlossen worden. In Ungarn werden gemäß einer Entschließung des Reichsverwesers vom 15. September 1930 die seinerzeit in Vorschlag gebrachten Dekorationen in Miniatur auf dem Bande des neuen ungarischen „Signum laudis" getragen, falls dieses nachträglich für den Weltkrieg als „sichtbares Zeichen der Anerkennung des Reichsverwesers" verliehen worden ist. Die im Rahmen dieses Buches zu behandelnden Ehrenzeichen sind folgende:

953. Goldenes und

954. Silbernes Ehrenzeichen für Tapferkeit mit dem Bilde des Kaisers Josef II.
(verliehen 1789—1792) Abbildung am Schluß des Bandes.

Durch Handschreiben vom 19. Juli 1789 an den damaligen Präsidenten des Hofkriegsrates, Feldmarschall Graf Hadik, gestiftet auf Antrag des Feldmarschalls Laudon „als Belohnung einer im Kriege erfolgten tapferen Handlung und ein öffentliches Ehrenzeichen für diejenigen, welche sich durch eine solche Tat ausgezeichnet haben, deren aber die Qualitäten zur Erlangung des für Offiziere bestimmten Maria-Theresien-Ordens fehlt". — Die goldene Medaille wurde, wie auch noch in ihrer späteren Prägung, bis zum Schluß des Weltkrieges nur für ganz hervorragend tapfere und unerschrockene Handlungen verliehen. Beide Medaillen konnten, wenn nacheinander erworben, auch zusammen getragen werden. Bis zum Jahre 1809 war ihre amtliche Bezeichnung „Ehrenzeichen, bzw. Denkmünze für Tapferkeit", dann erst wurde der Name „Tapferkeits-Medaille" eingeführt. In der ersten Prägung mit dem Bild Josef II. gelangten Denkmünzen für Tapferkeit im Türkenkrieg 1788—1791, dann auch noch zu Beginn des ersten Koalitions-Krieges gegen Frankreich 1792 zur Verleihung. Es gibt also keine Medaillen mit dem Bilde Kaiser Leopolds (reg. 1790—1792).

Die Medaillen haben eine runde, gelötete Öse, durch welche unmittelbar das Band gezogen wurde.

V: Der nach rechts blickende lorbeergeschmückte Kopf des Stifters mit langem, offenem Haar. Darüber „IOSEPH ·II·". Unter dem Halsabschnitt (klein) „I·N·WIRT·F·" (Johann Nepomuk Wirt, geb. 1753, war Medailleur an der Kaiserlichen Münze in Wien, dort gestorben 1810).

R: Innerhalb eines unten gebundenen Lorbeerkranzes, welcher mit seiner unteren Hälfte auf einer Gruppe von vier Fahnen und zwei Standarten ruht, in zwei Zeilen „DER / TAPFERKEIT". Die beiden vorderen Fahnen zeigen, durch das Laub des Lorbeerkranzes scheinend, das österreichische Wappen (den Bindenschild), mit dem Erzherzogshut bedeckt; letzterer ist auch auf den Standarten erkennbar.

Größe: 40 mm; Gewicht: in Gold 28 g = 8 Dukaten, in Silber 17 g.

Band: 40 mm breit, dunkelrosa und weiß quer gerippt in einer Breite von 21 mm, mit zwei dunkelrosa, je 4,5 mm breiten Seitenstreifen und je 5 mm breiten weißen Rändern.

955. Goldenes und

956. Silbernes Ehrenzeichen für Tapferkeit mit dem Bilde des Kaisers Franz II., 1. Prägung
(verliehen 1792—1805)

Die Tapferkeitsmedaillen wurden von Anfang der Regierungszeit des Kaisers Franz II. (reg. 1792—1835) bis August 1805 in nachstehender Prägung verliehen, und zwar während der Koalitions-Kriege 1792—1797 und 1799—1802 gegen Frankreich.

Die Medaillen haben ebenfalls die runde, angelötete Bandöse. Feldgeistliche, welche für militärische Leistungen in der Anführung oder Aneiferung von Truppen vor dem Feinde die Goldene oder Silberne

Ehrenmünze erhalten hatten, trugen dieselbe zufolge kaiserlicher Verfügung vom 23. 11. 1801 nach der Stiftung des geistlichen Verdienstkreuzes an dessen Band (siehe auch Nr. 1045 ff.).

V: Der nach rechts gewendete lorbeerbekränzte Kopf des Kaisers mit offenem Haar, darüber „FRANZ · II ·". Am unteren Rande (klein) „I · N · Wirt · F ·".

Rückseite, Größe, Gewicht und normales Band gleichgeblieben wie bei 953/954. Band, wenn an Feldgeistliche für militärische Verdienste vor dem Feinde verliehen: 40 mm breit, zusammengesetzt aus vier weißen, je 4 mm und drei ponceauroten, je 8 mm breiten Streifen.

957. Goldenes und
958. Silbernes Ehrenzeichen bzw. Tapferkeits-Medaille mit dem Bilde des Kaisers Franz, 2. Prägung (verliehen 1805—1809)

Nach der Annahme des Kaisertitels von Österreich durch Franz II. (14. August 1804) wurde bei Neuprägung von Medaillen im Jahre 1805 auch die Abänderung der Inschrift auf deren Vorderseite verfügt. (Am 6. August 1806 verzichtete Franz II. auf die deutsche Kaiserwürde.) Außerdem erfolgte am 18. Mai 1809 eine neue Vorschrift über deren Verleihung. Gleichzeitig wurde nunmehr offiziell der Titel „Goldene" bzw. „Silberne Tapferkeits-Medaille" eingeführt. Bei Erhalt der Goldenen Tapferkeits-Medaille mußte jetzt die vorher erworbene Silberne Medaille abgelegt werden. Bei Wiederausbruch der Feindseligkeiten mit Frankreich und dessen Verbündeten kamen demzufolge Tapferkeits-Medaillen mit nachstehender Prägung zur Verleihung bis zum Wiener Frieden am 14. Oktober 1809. Die Stempel hierzu schnitt der Graveur-Adjunkt Joh. W. Harnisch, der nach dem Tode J. N. Wirts dessen Nachfolger als Kammermedailleur wurde.

V: Der nach rechts gewendete lorbeerbekränzte Kopf des Kaisers; Umschrift: „FRANZ KAISER VON OESTERREICH". Unten am Rand „J · HARNISCH · F ·".

Rückseite, Größe, Gewicht und Band gleichgeblieben wie bei Nr. 953 ff.

959. Goldene und
960. Silberne Tapferkeits-Medaille mit dem Bilde des Kaisers Franz, 3. Prägung (verliehen 1810—1839)

Außer den Medaillen Nr. 957, 958 sind auch noch solche mit Vorderseitenstempel von Wirt verliehen worden. Da Kammermedailleur J. N. Wirt im Jahre 1810 gestorben ist, muß er kurz vorher noch diese Vorderseitenstempel zur Tapferkeits-Medaille geschnitten haben.

Diese Prägeart stimmt in ihrer Vorder- und Rückseite mit Nr. 957/958 überein. Der einzige Unterschied ist die Medailleurbezeichnung unter dem Halsabschnitt mit „I. N. WIRT F." (statt J. Harnisch). Dagegen hatten die Tapferkeits-Medaillen nunmehr einen kräftigeren breitovalen Henkel mit kurzem, angeprägtem Ansatz bekommen, weil die bis dahin üblich gewesenen runden, angelöteten Ösen sehr leicht abgebrochen und dadurch sehr häufig Medaillen verlorengegangen waren.

Größe, Gewicht und Band wie bei Nr. 953 ff.

961. Goldene und

962. Silberne Tapferkeits-Medaille (1. Klasse) mit dem Bilde des Kaisers Ferdinand (verliehen 1848)

Im Jahre 1839 wurden neue Stempel zur Vorderseite der Tapferkeits-Medaillen mit dem Bilde des seit 2. März 1835 regierenden Kaisers Ferdinand (abgedankt 2. Dezember 1848) geprägt, aber erst im Kriege gegen Sardinien und im Ungarischen Aufstand 1848 verliehen. Die Stempel schnitt Kammermedailleur Johann Josef Daniel Böhm (geb. 1794, gest. 1865 als Direktor der Münzgraveur-Akademie zu Wien). Seit dem 12. August 1848 als „1. Klasse" zu bezeichnen.

Auch diese Medaillen haben den bei Nr. 959/960 schon beschriebenen liegendovalen Traghenkel.

V: Das nach rechts gewendete jugendliche Bild des Kaisers mit Lorbeerkranz; Umschrift: „FERDINAND KAISER VON OESTERREICH". Unten am Rande (klein) „I · D · BOEHM · F ·".

R: Wie bei Nr. 953 ff., jedoch statt des österreichischen Bindenschildes auf den Fahnen der kaiserliche Doppeladler.

Größe und Gewicht wie bei Nr. 953 ff.

Band: 40 mm breit, zunächst dunkelrosa, weiß gerippt, in 20 mm Breite mit anschließenden dunkelrosa (je 5 mm breiten) Seitenstreifen und ebenso breiten weißen Rändern, später aber bei gleicher Breite und Farbeneinteilung statt dunkelrosa ponceaurot.

963. Silberne Tapferkeits-Medaille 2. Klasse mit dem Bild des Kaisers Ferdinand

964. Dieselbe 2. Klasse, Stempelverschiedenheit (verliehen 1848—1849)

Eingeführt auf Antrag des Kriegsministeriums durch Kabinettsschreiben vom 19. August 1848 „zur Belohnung solcher Handlungen des Mutes und der Tapferkeit der Soldaten vom Feldwebel und Wachtmeister abwärts, denen die Verleihung der mit Löhnungszulage verbundenen Tapferkeits-Medaillen nicht zugesprochen werden kann".

Die Stempel hierzu schnitt der damalige Münzgraveur-Adjunkt Konrad Lange (von 1840—1856 in Wien tätig). Es sind zwei verschiedene Vorderseitenstempel bekannt. Die Medaille Nr. 963 hat noch den schon bei Nr. 959—962 beschriebenen breit-ovalen Henkel, während Nr. 964 eine ebenfalls breitovale, aber kleinere Öse zeigt, welche durch einen 3 mm langen Steg mit dem oberen Medaillenrand verbunden (angeprägt) ist.

V: Bei Nr. 963: Der nach rechts gewendete lorbeergeschmückte Kopf des Stifters mit älteren Gesichtszügen als bei Nr. 961/962; Umschrift: „FERDINAND KAISER VON OESTERREICH". (Das Wort „von" steht so, daß dessen Buchstabe „o" genau über der Mitte der Spitze des Lorbeerkranzes sitzt.) Unten am Rande „K · LANGE ·", wobei der Buchstabe „E" etwa 1½ mm vom Halsabschnitt absteht.

V: Bei Nr. 964: Bei der Umschrift steht der Buchstabe „V" (von) genau über der Spitze des Lorbeerkranzes, und unten berührt der letzte Buchstabe „E" (von LANGE) den Halsabschnitt.

R: Bei Nr. 963 und 964 gleich, entspricht sie, abgesehen von den geringeren Ausmaßen der Darstellungen, genau derjenigen von Nr. 953 ff., auch was die Wappen auf den Fahnen betrifft.

Größe: 30 mm; Gewicht: 17 g.

Band: Wie bei Nr. 961/962.

965. Goldene Tapferkeits-Medaille
966. Silberne Tapferkeits-Medaille 1. Klasse und
967. Silberne Tapferkeits-Medaille 2. Klasse mit dem jugendlichen Bilde des Kaisers Franz Joseph (verliehen 1849—1859)

Bald nach seiner Thronbesteigung (2. Dezember 1848) verordnete Kaiser Franz Joseph (reg. bis 21. November 1916) die Neuprägung der Tapferkeits-Medaillen mit seinem Bilde, und wenn auch noch die Restbestände der seitherigen Medaillen mit dem Bilde des Kaisers Ferdinand im Kriege 1849 gegen Sardinien ausgegeben worden sind, so gelangten im gleichen Feldzug auch schon Tapferkeits-Medaillen mit dem Kopfe des jungen Kaisers zur Verleihung. Außerdem wurde von diesem am 5. Juni 1849 verfügt, daß bei wiederholten tapferen Waffentaten „jeder brave Soldat" mit der goldenen oder silbernen Medaille 1. und 2. Klasse ausgezeichnet werden könne, ohne die vorher schon erhaltenen niederer Klasse ablegen zu müssen, so daß alle drei Ehrenzeichen die Brust eines solchen Tapferen zieren konnten.

Die Stempel stammen von Münzgraveur-Adjunkt Konrad Lange, Wien. Die Tapferkeits-Medaillen aller drei Klassen haben einen querovalen Henkel mit 3 mm hohem angeprägten Steg.

V: Das nach links gewendete jugendliche, bartlose Brustbild des Kaisers in Feldmarschallsuniform. Umschrift: „FRANZ JOSEPH I · KAISER VON OESTERREICH". Unter dem Armabschnitt (klein) „K. LANGE". Es kommen aber auch Stücke vor, bei denen der Medailleurname zum Teil oder ganz ausgeblieben ist. Hermann v. Heyden besaß und beschrieb ein Stück, welches nur 28 mm Durchmesser hatte bei sonst gleicher Prägung (v. Heyden Nr. 976).

R: Wie bei Nr. 961/962 ff. Auch bei Nr. 967 ist jetzt das Wappen auf den Fahnen geändert.

Größe und Gewicht der Goldenen und Silbernen Tapferkeits-Medaille I. Klasse und Band wie bei Nr. 961—964. Größe der Silbernen Tapferkeits-Medaille II. Klasse: 31 mm.

A n m e r k u n g : Ende der 1840er Jahre wurde es in Österreich üblich, die Ordensbänder statt, wie bisher gerade herabhängend, zum Dreieck geschlungen zu tragen. Mit dieser Neuerung dürfte auch die Einführung der breitovalen Öse mit dem länglichen Ansatz zusammenhängen. Gegen Mitte der 1860er Jahre wurden dann die fertig zusammengenähten sogenannten „Banddreiecke" offiziell eingeführt.

968. Goldene Tapferkeits-Medaille
969. Silberne Tapferkeits-Medaille 1. Klasse und
970. Silberne Tapferkeits-Medaille 2. Klasse mit dem Bilde des Kaisers Franz Joseph I., 2. Prägung (verliehen 1859—1866)

Die neuerlichen Kämpfe in der Lombardei im Jahre 1859, diesmal gegen die verbündeten Sardinier und Franzosen, brachten auch die Tapferkeits-Medaillen wieder zu neuem Aufleben. Nach Aufbrauch der seitherigen Medaillen Nr. 965 bis 967 wurde ein neuer Vorderseitenstempel hierzu im Wiener Hauptmünzamt durch Graveur-Direktor J. D. Böhm geschnitten.

V: Das Brustbild des Kaisers in Feldmarschallsuniform nach links, seinem damaligen Alter entsprechend, dargestellt mit leichtem Schnurr- und Backenbart. Umschrift: „FRANZ JOSEPH I. V. G. G. KAISER V. OESTERREICH".

Rückseite, Größe, Gewicht, Henkel und Band wie bei Nr. 965 ff.

971. Goldene Tapferkeitsmedaille
972. Silberne Tapferkeitsmedaille 1. Klasse mit dem älteren Bilde des Kaisers Franz Joseph, 3. Prägung, Stempel von Leisek (verliehen 1866—1917)

Die Tapferkeits-Medaillen Nr. 968—970 gelangten auch noch im Kriege gegen Dänemark (Schleswig-Holstein) an österreichische Unteroffiziere und Soldaten des Korps Gablenz, an Angehörige der Kaiserlichen Marine sowie auch an preußische Soldaten zur Verleihung. Ebenso waren bei Beginn des Krieges gegen Preußen bzw. Italien im Jahre 1866 noch Vorräte der seitherigen Tapferkeits-Medaillen (Stempel von Böhm) vom Jahre 1859 zur Verfügung. Nach deren Aufbrauch gelangten noch während des Krieges im Jahre 1866 Medaillen mit neuer Vorderseite zur Verleihung.

Die goldenen und die silbernen Tapferkeitsmedaillen 1. Klasse wurden fortan mit Vorderseitenstempel von Medailleurgraveur Friedrich Leisek (bis 1891 am Wiener Hauptmünzamt tätig) geprägt. Dies war die letzte Form der goldenen und silbernen Tapferkeitsmedaille mit dem Brustbild des Kaisers Franz Joseph. Sie wurde unverändert bis Anfang April 1917 auch noch im Weltkrieg verliehen. Der für diese Ehrenzeichen charakteristische liegendovale Henkel mit Ansatz ist aber seit Frühjahr 1915 durch eine kleine scharfkantige Öse mit gewöhnlichen Ring ersetzt worden.

V: Das nach rechts gewendete Brustbild des Kaisers in Feldmarschallsuniform mit starkem Schnurr- und Backenbart. Umschrift: „FRANZ JOSEPH I. V. G. G. KAISER V. OESTERREICH". Unter dem Armabschnitt (klein) „LEISEK".

Rückseite, Größe, Gewicht und Band wie bei Nr. 965 ff.

973. Silberne Tapferkeitsmedaille 2. Klasse (verliehen 1866—1917)
974. Bronzene Tapferkeitsmedaille mit dem älteren Bilde des Kaisers Franz Joseph, 3. Prägung, Stempel von Tautenhayn (verliehen 1915—1917)   Abbildung am Schluß des Bandes.

Während die goldenen und silbernen Tapferkeitsmedaillen im Jahre 1866 mit neuem Vorderseitenstempel von Leisek geprägt worden waren, stammten die nunmehrigen Vorderseitenstempel zur silbernen Tapferkeitsmedaille 2. Klasse von Münzgraveur Josef Tautenhayn (später Leiter der Wiener Graveurakademie). Diese „kleinen" silbernen Medaillen hatten zunächst auch noch den liegendovalen, angeprägten Henkel mit dem 3 mm hohen Ansatz, wie sie überhaupt in Vorder- und Rückseite genau den Nrn. 971/972 entsprechen, abgesehen von den geringeren Ausmaßen der Darstellungen und dem Graveurnamen „TAUTENHAYN" unter dem Armabschnitt des nach rechts blickenden Kaiserbildes.

Als aber unterm 14. Februar 1915 ein kaiserliches Befehlsschreiben die Einführung der bronzenen Tapferkeitsmedaillen anordnete, wurden diese aus einer Legierung von 50 Prozent Kupfer und Geschützmetallspänen hergestellt und mit einer kleinen scharfkantigen Öse versehen, in welcher ein gewöhnlicher Ring hängt. Die gleiche Öse mit Ring erhielten dann bei ihrer Neuprägung auch die silbernen Tapferkeits-Medaillen II. Klasse.

Größe, Gewicht (in Silber) sowie Band wie bei Nr. 965 ff.

975. Spangen zu den Tapferkeitsmedaillen bei mehrfacher Verleihung derselben Klasse (verliehen 1915—1918)

Unterm 29. November 1915 genehmigte Kaiser Franz Joseph, daß nunmehr die einzelnen Klassen der Tapferkeitsmedaillen auch mehrfach erworben werden konnten. Zur Kennzeichnung dieser mehrfachen Auszeichnung dienten Spangen aus rostfrei gemachtem Eisen von 8 mm Höhe, welche auf dem vorschriftsmäßigen Banddreieck derart angebracht wurden, daß bei zweimaliger Verleihung der gleichen Tapferkeitsmedaille eine Spange oben, bei dreimaliger bzw. viermaliger Verleihung aber je eine weitere Spange auf dem Band unter der ersten Spange mit 2 mm Abstand erschien.

Entsprechend der Form des Bandes werden die Spangen nach unten zu stets schmäler (trapezförmig).

Länge der Spangen, an den oberen Rändern gemessen: 50 mm bzw. 40 mm bzw. 30 mm und, gleichgültig, ob zur goldenen, silbernen oder bronzenen Tapferkeitsmedaille verliehen, stets aus hellem Eisen gefertigt.

976. Goldene Tapferkeitsmedaille

976a. Dieselbe Bronze vergoldet

977. Silberne Tapferkeitsmedaille 1. Klasse

978. Silberne Tapferkeitsmedaille 2. Klasse

979. Bronzene Tapferkeitsmedaille mit dem Bilde des Kaisers Karl (verliehen 1917—1918)

Eingeführt durch kaiserliche Verordnung vom 4. April 1917. Diese letzten Tapferkeitsmedaillen sind nach dem Modell des K. K. Professors Heinrich Kautsch, Wien, in der dortigen Hauptmünze, dann aber auch in der Kgl. Ungarischen Münze zu Kremnitz (ungarisch Körmöczbánya, slowakisch Kremnica) in der heutigen Slowakei geprägt worden. Der Mangel an Edelmetall machte im Herbst 1917 die Ausprägung der ohnehin sehr sparsam verliehenen „goldenen" Medaillen in vergoldeter Bronzelegierung nötig. Goldene Stücke mit Bildnis des Kaisers Karl sind daher sehr selten. Die „unechten" goldenen Medaillen tragen am Rande (klein) den vertieften Stempel „Bronze" Ausgegeben vom Kriegsministerium, bzw. „HMA unecht" (Wien) oder: „KB. NEM VALÓDI" (Ungarn). Sie sollten nach dem Kriege durch echte Medaillen ersetzt werden. Die goldenen (vergoldeten) und silbernen Tapferkeits-Medaillen I. Klasse haben eine kugelförmige, die silbernen Medaillen II. Klassse sowie die bronzenen Stücke jedoch eine scharfkantige Öse, stets mit gewöhnlichem Ring.

V: Das nach rechts blickende Kaiserbild in Feldmarschalluniform; Umschrift: „CAROLVS D. G. IMP. AVST. REX BOH. ETC. ET REX APOST. HVNG.". Im Armabschnitt (klein) „KAUTSCH".

R: Ein unten mit fliegendem Band gebundener Lorbeerkranz ruht mit seinem unteren Teil auf einer Gruppe von vier gekreuzten Fahnen und zwei Standarten mit Zackenrändern in den durch Schraffierung angedeuteten Farben Schwarz, Gelb, Rot, Weiß, Grün. Etwas durch die Blätter des Kranzes verdeckt, erscheint auf der rechten vordersten Fahne die österreichische Hälfte, auf der entsprechenden links befindlichen Fahne jedoch die ungarische Hälfte des gemeinsamen großen Wappens der Doppelmonarchie. In der Mitte im Feld „FORTITVDINI".

Größe, Gewicht und Band wie bei Nr. 965 ff.

980. Goldene Tapferkeitsmedaille
980a. Dieselbe, Bronze vergoldet
981. Silberne Tapferkeitsmedaille 1. Klasse für Offiziere mit dem Bilde des Kaisers Karl
(verliehen 1917—1918)

Durch kaiserliches Befehlsschreiben vom 15. September 1917 wurde angeordnet, daß die goldene und silberne Tapferkeitsmedaille (1. Klasse) nunmehr auch von Offizieren für besonders hervorragende persönliche Tapferkeit erworben werden konnte. Das Verleihungsrecht behielt sich Kaiser Karl selbst vor. In der Regel gelangte dann diese hohe Auszeichnung nur an solche Offiziere, welche schon mit anderen hohen österreichischen Kriegsorden ausgezeichnet waren, der strengen Anforderungen der Statuten des Militär-Maria-Theresien-Ordens wegen aber diesen höchsten Tapferkeitsorden für Offiziere doch nicht erhalten konnten.

Die an Offiziere verliehenen Tapferkeitsmedaillen sind denjenigen für Unteroffiziere und Mannschaften vollständig gleich. Sie haben zur Unterscheidung lediglich den erhöht geprägten vergoldeten bzw. silbernen Buchstaben „K" (in verzierter Schreibschrift, 18 mm hoch), auf dem Banddreieck angebracht (Verordnung vom 5. 10. 1917).

Größe, Gewicht und Band wie bei Nr. 965 ff.

Anmerkung: Nicht unerwähnt soll hier noch bleiben, daß während und auch noch nach dem Weltkrieg zahlreiche Nachbildungen der österreichischen Tapferkeitsmedaillen aller sämtlichen Klassen mit den Bildnissen der Kaiser Franz Joseph und Karl aufgetaucht sind. Diese sind aber leicht von den Originalprägungen zu unterscheiden durch das Fehlen des Stempelschneider-Namens, durch die gewöhnlichen Drahtösen mit Ring und durch die meist sehr mangelhafte Wiedergabe der Kaiserbildnisse.

982. Militär-Verdienstkreuz, erste Form (verliehen 1849—1860)

Gestiftet von Kaiser Franz Joseph I. am 22. Oktober 1849 (Statuten vom 24. Oktober 1849) für die Offiziere der österreichischen Armee, „welche im Kriege durch höhere Einsicht, Mut und Entschlossenheit, oder im Frieden durch hervorragenden Eifer und Thatkraft besonders ersprießliche Dienste geleistet, und dadurch einer Auszeichnung sich würdig gemacht haben".

Das Kreuz ist von Silber und hat leicht geschweifte, nach dem Mittel-schilde zu sich verjüngende Arme und in einer eckigen Öse einen läng-lichen in der Mitte eingekerbten Tragring.

V: Die vier Arme und das Mittelschild (12 mm Durchmesser) sind ge-körnt und haben einen 2 mm breiten, rot emaillierten Rand. Auf dem silbernen Teil des Mittelschildes in zwei Zeilen „VER / DIENST", darunter ein waagerechter Strich.

R: Glatt.

Band der Tapferkeits-Medaille: 40 mm breit, zuerst dunkelrosa und weiß gerippt in 20 mm Breite, mit zwei je 5 mm breiten dunkelrosa Seiten- und ebensobreiten weißen Randstreifen; später, bei gleicher Einteilung, statt dunkelrosa ponceaurot.

983. Militär-Verdienstkreuz mit der Kriegsdekoration und
984. Militär-Verdienstkreuz, zweite Form
(verliehen 1860—1918)

Nach einer kaiserlichen Entschließung vom 12. Januar 1860 (Zirkular-Ver-fügung vom 12. März 1860) wurde dem 1849 gestifteten Militär-Verdienstkreuz als Auszeichnung vor dem Feinde ein Lorbeerkranz hinzugefügt, während das-selbe sonst ohne denselben verausgabt wurde.

Die Kreuze sind aus Silber und haben eine eckige Öse mit darin ein-gehängtem länglichen, in der Mitte gekerbten Tragring. Die Form ist ganz gleich geblieben wie bei Nr. 982. Der bei Nr. 983 als Kriegs-dekoration zwischen den vier Armen angebrachte „geschoppte" Lor-beerkranz ist matt vergoldet.

V: Die weiß emaillierten, leicht geschweiften Arme und das Mittel-schildchen (12 mm Durchmesser) haben eine 2 mm breite, rot email-lierte Einfassung, welche durch einen silbernen Strich von dem weißen Teil getrennt ist. Im Mittelschildchen aufgelötet „VER / DIENST" (zweizeilig), in Silber geprägt.

R: Glatt und weiß emailliert.

Im Laufe der langen Zeit, in welcher das Militärverdienstkreuz ver-liehen worden ist, ergaben sich natürlich allerlei kleine Verschieden-heiten. Hier soll nur erwähnt werden, daß die früheren Ausgaben der 1860er Jahre ein helleres Rot in der Emaillierung zeigen bei geringerer Dicke der Kreuze und weniger sorgfältig geprägter Inschrift der Vor-derseite. Auch der Lorbeerkranz der Kriegsdekoration ist flacher und weniger gut ausgeprägt als bei den späteren Stücken.

Größe: 31 mm.

Band: Wie bei Nr. 982.

985. Militärverdienstkreuz 1. Klasse mit der Kriegsdekoration und
Schwertern   Abbildung am Schluß des Bandes.
985a. Dasselbe mit der Kriegsdekoration 1. Klasse und Schwertern
2. oder 3. Klasse
986. Dasselbe mit der Kriegsdekoration (ohne Schwerter)

18*

987. Dasselbe mit der Kriegsdekoration 2. Klasse und Schwertern
2. Klasse

987a. Dasselbe mit der Kriegsdekoration 2. Klasse und Schwertern
3. Klasse

988. Dasselbe mit der Kriegsdekoration 2. Klasse (ohne Schwerter)

989. Dasselbe mit der Kriegsdekoration 3. Klasse und Schwertern

990. Dasselbe mit der Kriegsdekoration 3. Klasse (ohne Schwerter)

991. Dasselbe, Friedensauszeichnung
(verliehen 1914—1918)

Durch kaiserliche Verordnung vom 23. September 1914 wurde das Militär-
verdienstkreuz in drei Klassen geteilt. Die erste Klasse wird in entsprechend größerer Form, als Steckkreuz auf der linken Brust getragen, die
zweite Klasse, etwas kleiner, um den Hals und die dritte Klasse in ihrer seitherigen Größe und Ausführung am dreieckigen Bande (siehe Nr. 983/984).

Die I. Klasse ist aus Silber und hat geschweifte, weiß emaillierte
Arme, welche, wie das ebenfalls weiß emaillierte Mittelschild von 27 mm
Durchmesser, eine rot emaillierte 3,5 mm breite Einfassung haben.
Letztere ist nach innen und außen von je einer silbernen Linie umgeben.
Die vier Arme selbst sind an den Kanten nach außen gewölbt.

V: Auf dem Mittelschild die erhabene vergoldete zweizeilige Umschrift:
„VER / DIENST".

R: Glatt, Silber, mit senkrechter und silberner, in einem Scharnier
beweglicher Anstecknadel. Im Mittelschild (klein) „MODELL
N. MARSCHALL".

Das Militär-Verdienstkreuz I. Klasse war nur für Generale im Rang
eines Armeekorps-Führers erreichbar und hatte, wenn unmittelbar im
Kampfe erworben, als Kriegsdekoration („K. D.") einen grün emaillierten, „geschoppten" Lorbeerkranz zwischen den vier Armen in 5 mm
Abstand vom Mittelschild sowie noch zwei vergoldete antike Schwerter
durch das letztere gekreuzt, mit ihren Griffen und Klingen auf dem
Lorbeerkranz ruhend.

Diese Schwerterdekoration wurde aber erst am 13. 12. 1916 durch
Armee- und Flottenbefehl für alle österreichischen Kriegsauszeichnungen, mit Ausnahme der Tapferkeits-Medaillen (auch rückwirkend)
eingeführt.

Wenn aber einem Besitzer des Militär-Verdienstkreuzes II. oder
III. Klasse mit „K. D." oder „K. D. und mit Schwertern" nachträglich
die I. Klasse ohne die „K. D." verliehen wurde, so hatte die letztere
den Lorbeerkranz unmittelbar anschließend an das Mittelschild zwischen den vier Armen, und zwar grün emailliert bei vorherigem Besitz
der II. Klasse mit „K. D.", aber matt vergoldet, wenn vorher nur die
III. Klasse mit der „K. D." erworben gewesen war. Dazu kamen
noch, wenn nur mit der niederen Klasse schon erhalten, die gekreuzten
Schwerter, diese dann aber nicht vergoldet, sondern aus oxydiertem
Silber (eingeführt durch kaiserliche Verordnung vom 17. 2. 1918).

Größe: 62 mm.

Tragweise: Unter der Reihe der Bänder-Dekorationen angesteckt.

991a. Kleine Dekoration zu Nr. 985

991b. Desgl. zu Nr. 985a

991c. Desgl. zu Nr. 986

991d. Desgl. zu Nr. 987

991e. Desgl. zu Nr. 987a

991f. Desgl. zu Nr. 988

991g. Desgl. zu Nr. 989

991h. Desgl. zu Nr. 990

991i. Desgl. zu Nr. 991

Als „Kleine Dekoration" des Militärverdienstkreuzes 1. Klasse wird das Militärverdienstkreuz 3. Klasse (bei Nr. 991a ohne, bei Nr. 991 b—i mit der Kriegsdekoration, vgl. Nr. 999, 1000) verwendet, wobei aber auf dem dreieckig gefalteten Bande ein Militärverdienstkreuz 1. Klasse der entsprechenden Abart auf 19 mm verkleinert aufgesteckt ist. Wenn nur Bandstreifen getragen werden, erscheinen auf diesen die gleichen Kreuze 1. Klasse in der gleichen Verkleinerung.

992. Militärverdienstkreuz 2. Klasse mit der Kriegsdekoration 2. Klasse und Schwertern 2. Klasse

992a. Dasselbe mit der Kriegsdekoration 2. Klasse und Schwertern 3. Klasse

993. Dasselbe mit der Kriegsdekoration 2. Klasse (ohne Schwerter)

994. Dasselbe mit der Kriegsdekoration 3. Klasse und Schwertern 3. Klasse

995. Dasselbe mit der Kriegsdekoration 3. Klasse (ohne Schwerter)

996. Dasselbe, Friedensauszeichnung

997. Kleiner, grün emaillierter Lorbeerkranz für als Auszeichnung vor dem Feinde wiederholte Verleihung der 2. Klasse

Das ebenfalls am 11. Oktober 1914 gestiftete Militär-Verdienstkreuz 2. Klasse glich, abgesehen von geringerer Größe, in seiner Vorderseite ganz der 1. Klasse. Nur ist hier die rot emaillierte Umrandung der weiß emaillierten Arme sowie des Mittelschildchens (18 mm Durchmesser) nur 2,5 mm breit; die Rückseite aber ist schlicht weiß emailliert.

Die Kreuze 2. Klasse haben eine rechteckige Öse mit länglichem, doppelt gerilltem silbernem Tragring.

Als „K. D." gilt wieder ein zwischen den Kreuzarmen in 3 mm Abstand vom Mittelschildchen angebrachter „geschoppter" und grün emaillierter Lorbeerkranz und, wenn dazu gleichzeitig verliehen, die vergoldeten, durch die Mitte gekreuzten Schwerter. Soweit nachträglich die 2. Klasse ohne die „K. D." an einen Besitzer der 3. Klasse mit der „K. D." (bzw. mit Schwertern und der „K. D.") verliehen wurde, kam dies dadurch zum Ausdruck, daß der Lorbeerkranz zwischen den Kreuzarmen nur matt vergoldet war, während die Schwerter dann nicht vergoldet, sondern matt silberoxydiert waren.

Die wiederholte Verleihung der 2. Klasse mit „K. D." kam dadurch zum Ausdruck, daß in der Öse des Halskreuzes ein grün emaillierter kleinerer Lorbeerkranz (von 20 mm Durchmesser) eingehängt ist, welcher oben den länglichen, doppelt gerillten Bandring trägt. (Eingeführt durch kaiserliche Verfügung vom 8. Februar 1918.) Am Kreuz veränderte sich sonst nichts.

Größe: 40 mm.

Band (um den Hals getragen): 40 mm breit, ponceaurot und weiß gerippt (in 20 mm Breite), anschließend zwei ponceaurote Seiten- und weiße Randstreifen, alle je 5 mm breit.

997a. Kleine Dekoration zu Nr. 992

997b. Kleine Dekoration zu Nr. 992a

997c. Kleine Dekoration zu Nr. 993

997d. Kleine Dekoration zu Nr. 994

997e. Kleine Dekoration zu Nr. 995

997f. Kleine Dekoration zu Nr. 996

997g. Kleine Dekoration zu Nr. 997

Als „Kleine Dekoration" des Militärverdienstkreuzes 2. Klasse wird wie bei der 1. Klasse ein Militärverdienstkreuz 3. Klasse (bei Nr. 997f ohne, bei Nr. 997a—e, g mit der Kriegsdekoration) verwendet, wobei aber auf dem dreieckig gefalteten Bande ein Militärverdienstkreuz 2. Klasse der entsprechenden Abart aufgesteckt ist. Dieses Kreuzchen ist 12 mm breit und einschließlich des kleinen roten weißgeränderten Emailbandes durch den Tragering 18 mm (bei Nr. 997g 26 mm) hoch. Wenn nur Bandstreifen getragen werden, erscheinen auf diesen die gleichen Kreuze 2. Klasse in der gleichen Verkleinerung.

998. Militärverdienstkreuz 3. Klasse mit der Kriegsdekoration und Schwertern

999. Dasselbe mit der Kriegsdekoration (ohne Schwerter)

1000. Dasselbe, Friedensauszeichnung

1001. Vergoldete Bandspangen bei zweimaliger und dreimaliger Verleihung des Militär-Verdienstkreuzes 3. Klasse

Die zuletzt ausgegebenen Militär-Verdienstkreuze 3. Klasse stimmen mit dem Militär-Verdienstkreuz von 1860 (Nr. 983/984) in Größe und Form ziemlich überein, abgesehen von den dort schon erwähnten kleinen Abweichungen. Neben der „K. D." konnten seit 13. Dezember 1916 für Auszeichnung unmittelbar im Kampfe noch die Schwerter besonders dazu verliehen werden. Diese waren aus vergoldeter Bronze und auf dem Banddreieck angebracht. Das Militär-Verdienstkreuz 3. Klasse konnte seit 1. 8. 1917 auch wiederholt erworben werden. In solchen Fällen kam auf das Band eine trapezförmige vergoldete Spange, 50 mm lang, 8 mm breit, worauf, wenn besonders verliehen, die vergoldeten Schwerter angebracht sind. Bei drittmaliger Verleihung aber wurde unter der ersten Spange eine zweite, nur mehr

40 mm lange vergoldete Spange auf das Band gestreift. Die Schwerter blieben stets auf der oberen, ersterworbenen Bandspange (lt. kaiserlicher Verordnung v. 1. 8. 1917).

Größe: 31 mm.

Band: Wie bei Nr. 992 ff., aber zum Dreieck geformt getragen.

Wenn nur Bandstreifen allein getragen werden, kommt die Anzahl der Verleihungen nicht zum Ausdruck. Schwerter werden dann in jedem Falle, sofern verliehen, direkt auf den Bandstreifen gesteckt. Diese Bandstreifen unterscheiden sich in nichts von denen des Ritterkreuzes des Franz Josef-Ordens mit der Kriegsdekoration und Schwertern.

1002. Militär-Verdienst-Medaille (sogen. „Signum laudis") am roten Band

1002a. Dieselbe am Bande des Militär-Verdienstkreuzes, vergoldete Bronze, 1. Stempel (verliehen 1890—1895)

Gestiftet von Kaiser Franz Joseph I. am 12. März 1890 und bestimmt „als sichtbares Zeichen der Allerhöchsten belobenden Anerkennung für hervorragende Leistungen im Kriege", bzw. „des Ausdruckes der Allerhöchsten Zufriedenheit für vorzügliche Dienste im Frieden".

Die Medaillen sind aus vergoldeter Bronze und von einer gefütterten, beweglichen Kaiserkrone überragt, welche den Bandring trägt.

V: Der nach rechts gewendete lorbeergekrönte ältere Kopf des Stifters mit der Umschrift „* FRANCISCVS · IOS · I · D · G · IMP · AVST · REX · BOH · ETC · ET · REX · APOST · HVNG ·". Außerhalb der Umschrift, am Rande, ein ganz schmaler Lorbeerkranz, welcher sich aus 64 kleinen Blattgruppen zusammensetzt.

R: Innerhalb eines aus 30 Blättern bestehenden Lorbeer- (links) und aus 26 Blättern bestehenden Eichenzweiges (rechts), welche unten mit Schleife zu einem Kranz gebunden sind, in zwei Zeilen „SIGNVM / LAVDIS".

Die Stempel sind nach Modellen von Professor A. Scharff, Wien, geschnitten worden.

Größe: 32 mm.

Band: Bei Verdienst im Kriege für alle Offiziere das des Militärverdienstkreuzes 3. Kl. (Nr. 998 ff.) oder der Tapferkeitsmedaille (Nr. 961 ff.), für „dem Soldatenstande nicht angehörende, in eine Rangklasse eingeteilte Personen" 37,5 mm breit, hochrot; bei Verdienst im Frieden für „sämtliche in eine Rangklasse eingeteilten Personen der bewaffneten Macht" das gleiche rote Band.

1003. Silberne Militär-Verdienstmedaille (sogen. „Signum laudis") am roten Bande

1003a. Dieselbe am Bande des Militär-Verdienstkreuzes (verliehen 1911—1917)

1003b. Dieselbe am Bande des Militär-Verdienstkreuzes mit Schwertern (verliehen 1917)

1004. Bronzene (vergoldete) Militär-Verdienstmedaille (sogen. „Signum laudis") am roten Bande (verliehen 1895—1917)

1004a. Dieselbe am Bande des Militär-Verdienstkreuzes

1004b. Dieselbe am Bande des Militär-Verdienstkreuzes mit Schwertern alle mit dem Bilde des Kaisers Franz Joseph, 2. Stempel

1005. Versilberte Bandspangen zu Nr. 1003a und b bei mehrfacher Verleihung (verliehen 1916—1918)

Die Militär-Verdienstmedaillen wurden später mit etwas veränderten Stempeln (von A. Scharff) geprägt, welche neben sonstigen unbedeutenden Abweichungen folgende Verschiedenheiten aufweisen: Auf der Vorderseite hat die schmale Lorbeerkranzleiste am Medaillenrand entlang nur 62 Blattgruppen statt 64 wie bei Nr. 1002. Auf der Rückseite besteht der Lorbeerzweig (links) aus 37, der Eichenzweig (rechts) aus 25 Blättern.

Am 26. März 1911 wurde die silberne Militär-Verdienstmedaille gestiftet für solche Personen (im Offiziersrang) der bewaffneten Macht, „denen erneut die Allerhöchste belobende Anerkennung für hervorragende Leistungen im Kriege oder der Ausdruck der kaiserlichen Zufriedenheit für vorzügliche Dienste im Frieden e r n e u e r t bekannt gegeben wird". Die vorher erhaltene bronzevergoldete Militär-Verdienstmedaille war in solchen Fällen abzulegen.

Seit dem 13. Dezember 1916 kam für die silberne und für die bronzene Militär-Verdienstmedaille die vergoldete Schwerterdekoration auf dem Banddreieck hinzu, falls der Ausdruck der belobenden oder der erneuten belobenden Anerkennung für Leistungen im Kriege unmittelbar vor dem Feinde erfolgt war, gleich wie auch beim Militärverdienstkreuz 3. Klasse (Nr. 998). Ebenso wurden auch zur Silbernen Militärverdienstmedaille gemäß kaiserlicher Entschließung vom 1. April 1916, wenn dieselbe ein zweites oder drittes Mal verdient war, eine bzw. zwei 8 mm hohe versilberte Spangen verliehen. Die erste Spange mißt an ihrer oberen Kante 48 mm, die darunter auf dem Banddreieck anzubringende zweite Spange ist jedoch nur 40 mm breit, beide trapezartig nach unten zu schmäler werdend. Wenn die vergoldeten Schwerter dazu verliehen wurden, waren diese stets auf die obere Spange aufgelötet.

Größe: 32 mm; Gewicht: in Silber 19 g.

Band: Wie Nr. 1002 und 1002a, aber mit dem Unterschied, daß rückwirkend bis auf den Anfang des Weltkrieges durch eine Zirkularverordnung des Kriegsministeriums vom 7. Oktober 1915 das Band des Militärverdienstkreuzes allgemein für Kriegsverdienst und das rote Band für Verdienst im Frieden vorgesehen wurde, so daß auch nicht dem „Soldatenstande" zugerechnete Angehörige der bewaffneten Macht das rot-weiß gerippte Band erhielten.

1006. Große Militärverdienstmedaille (sogen. „Signum laudis") am Bande für Kriegsverdienst mit dem Bilde des Kaisers Franz Joseph
Abbildung am Schluß des Bandes.

1006a. Dieselbe mit vergoldeten Schwertern

1006b. Dieselbe mit einer oder zwei vergoldeten Spangen

1006c. Dieselbe mit Spangen und Schwertern, Silber vergoldet (verliehen 1916—1917)

Am 1. April des Jahres 1916 stiftete Kaiser Franz Joseph I. als höchsten Grad die „große Militärverdienstmedaille", kurz das „goldene Signum laudis" genannt, als sichtbares Zeichen der „Allerhöchsten Besonderen belobenden Anerkennung".

Auch diese große Militärverdienstmedaille konnte zwei- und sogar dreimal erworben werden, was sich durch Anbringung von silbervergoldeten, hier 9 mm hohen Spangen auf dem Banddreieck kennzeichnet (Befehlsschreiben v. 22. 2. 1917). Waren außerdem noch die (vergoldeten) Schwerter für Leistungen unmittelbar an der Front anzulegen gewesen (eingeführt durch Armeebefehl v. 13. 12. 1916), so wurden dieselben auf der oberen 50 mm breiten Spange angebracht. Die zweite Spange bei dreimaligem Erwerb des großen „Signum laudis" war nur 40 mm breit und ebenso wie die erste (obere) Spange an ihrer unteren Seite schmäler als an der oberen. Die große Militärverdienstmedaille ist von einer beweglichen, gefütterten Kaiserkrone (20 mm hoch) überragt, um deren Stirnreif sich rechts und links je ein Lorbeerreis schlingt. Die Medaille ist matt vergoldet.

V: Das Bild des Kaisers nach rechts mit Lorbeerkranz (von Prof. A. Scharff). Umschrift: „* FRANCISCVS · IOS · I · D · G · IMP · AVST · REX · BOH · ETC · ET · REX · APOST · HVNG ·". Am Rande entlang eine schmalblättrige Lorbeerleiste.

R: Im Kranze, gebildet aus einem Lorbeerzweig (links) und einem Eichenzweig (rechts), welche unten mit einer Doppelschleife zusammengebunden sind, zweizeilig „SIGNVM / LAVDIS".

Größe (ohne Krone): 37 mm; Gewicht: 26 g.

Band (das der Tapferkeitsmedaille, bzw. des Militärverdienstkreuzes 3. Klasse): 40 mm breit, ponceaurot und weiß quer geripped (20 mm breit), anschließend zwei ponceaurote Seiten- und weiße Randstreifen, alle je 5 mm breit.

1007. Große Militärverdienstmedaille (sogen. „Signum laudis") am Bande für Kriegsverdienst mit dem Bilde des Kaisers Karl

1007a. Dieselbe mit Schwertern

1007b. Dieselbe mit einer oder zwei vergoldeten Spangen

1007c. Dieselbe mit Spangen und Schwertern
(Zuerst 1917 Silber vergoldet, seit Anfang 1918 Bronze vergoldet, zuletzt Bronze)

Unterm 28. April 1917 befahl Kaiser Karl die Prägung der großen und auch der unteren Klassen der Militärverdienstmedaille mit seinem Bild. Die Verleihungsbestimmungen blieben unverändert. Unterm 6. Dezember 1917 wurde dann noch verfügt, daß von da ab alle Grade der einer Militärperson im Offiziersrang noch verliehenen Militärverdienstmedaillen zusammen getragen werden konnten.

Die großen Medaillen „Signum laudis" sind zunächst noch aus Silber geprägt und matt vergoldet gewesen. Seit Anfang 1918 wurden dieselben jedoch nur mehr in vergoldeter Bronze hergestellt, gegen Ende des Krieges aber mußte auch noch die Vergoldung fortfallen. Die Medaillen haben oben die österreichische Kaiserkrone und die ungarische Königskrone nebeneinander, auf Lorbeer- und Eichenzweigen ruhend, angeprägt. Eine über diesen kleinen Kronen angebrachte kleine Öse trägt den länglichen flachen Bandring. Während zuerst die beiden Kronen auf der Vorderseite erhaben geprägt und auf deren Rückseite

Eichen- und Lorbeerlaub sichtbar war, ist dagegen zuletzt (1918) bei den bronzevergoldeten bzw. bronzenen Exemplaren die Rückseite der Kronen glatt.

V: Das nach rechts blickende Brustbild des Kaisers und Königs Karl in Feldmarschallsuniform, am Armabschnitt „KAUTSCH". Umschrift: „CAROLVS D. G. IMP. AVST. REX BOH. ETC. ET REX APOST. HVNG.".

Am Rande entlang zieht sich eine schmale Leiste aus kleinen Lorbeerblättern.

R: Im Kranze, gebildet von einem Lorbeerzweig (links) und einem Eichenzweig (rechts), unten mit Doppelschleife gebunden, „SIGNVM / LAVDIS" (zweizeilig). Am Medaillenrande entlang eine schmale Perlenschnur-Einfassung.

Größe (mit den Kronen): 53 mm hoch, 37 mm breit.

Gewicht (Silber vergoldet): etwa 30 g.

Band und Spangen wie bei Nr. 1006 ff.

1008. Silberne Militärverdienstmedaille (sogen. „Signum laudis") am Bande für Kriegsverdienst

1008a. Dieselbe am Bande für Kriegsverdienst und mit Schwertern

1009. Bronzene Militärverdienstmedaille (sogen. „Signum laudis") am Bande für Kriegsverdienst, vergoldet

1009a. Dieselbe am Bande für Kriegsverdienst und mit Schwertern alle mit dem Bilde des Kaisers Karl

1010. Versilberte Bandspangen hierzu bei mehrfacher Verleihung (verliehen 1917—1918)

Gleichzeitig mit den großen „Signum laudis" wurde auch die Prägung der unteren Grade der Militärverdienstmedaille am 28. April 1917 abgeändert. Die Medaillen stimmen, abgesehen von ihren geringeren Größenverhältnissen, in der Prägung mit Nr. 1007 ff. überein. Nur stehen bei den angeprägten zwei Kronen am oberen Rande die dahinter befindlichen Lorbeer- bzw. Eichenzweige weniger neben den Kronen, sondern mehr nur über denselben hervor. Seit Anfang 1918 wurden die mattsilbernen, oxydierten Medaillen nur mehr in versilberter Bronze und die bronzenen ohne Vergoldung, gegen Ende des Krieges aber beide Klassen aus grauer Zinklegierung (Kriegsmetall) hergestellt, wobei der höhere Grad wieder silbern oxydiert war. Alles schon bei Nr. 1003—1005 über Schwerter, Größe und Bänder, Bandspangen, Gesagte trifft auch hier noch zu.

1011. Kriegskreuz für Zivilverdienste I. Klasse, Silber vergoldet, weiß emailliert

1012. Dasselbe II. Klasse, Silber vergoldet, weiß emailliert (kleiner)

1013. Dasselbe III. Klasse, silbern, weiß emailliert
Abbildung am Schluß des Bandes.

282

1014. Dasselbe IV. Klasse, Bronze (verliehen 1915—1918)

Gestiftet am 16. August 1915 von Kaiser Franz Joseph I. für „alle jene Personen, welche im Zusammenhange mit dem Kriege durch hervorragenden Eifer und Opferwilligkeit besonders ersprießliche Dienste geleistet" haben. Dabei kam aber auch der Rang der damit ausgezeichneten Persönlichkeit in Betracht. Zur Erlangung von Nr. 1011 waren nur die höchsten Rangklassen ausersehen.

Alle vier Klassen wurden ohne Band als Steckkreuze auf der linken Brustseite getragen. Sie haben dementsprechend eine glatte Rückseite mit Nadel zum Anstecken. Nr. 1011 ist größer, während die drei anderen Kreuze unter sich die gleiche Größe haben.

V: Bei Nr. 1011—1013: Die vier geraden silbernen Arme, nach außen zu breiter werdend, sind an ihren äußeren Kanten doppelt geschweift; sie sind weiß emailliert, mit einer breiteren und daneben (nach innen zu) schmalen vergoldeten (bei Nr. 1011/1012) bzw. silbernen Linieneinfassung (bei Nr. 1013) umrahmt. Unter den waagerechten und über den senkrechten Armen läuft ein erhaben geprägter und besonders aufgelöteter Lorbeerkranz hindurch. In der Mitte der Kreuze erscheint erhaben der Namenszug „F J I", umgeben von einem weiß emaillierten, liegendovalen Reif mit der Inschrift „MERITO CIVILI TEMPORE BELLI (oben) · MCMXV · (unten)".

Der Lorbeerkranz und die Inschriften sind bei der I. und II. Klasse vergoldet, bei der III. Klasse aber silbern, dabei unterscheidet sich die I. und II. Klasse sonst nur durch die Größe.

Die IV. Klasse (Nr. 1014), zu deren Erlangung kein besonderer Rang erforderlich war, ist bei sonst gleicher Größe und Prägung wie die II. und III. Klasse aus vergoldeter Bronze ohne Emaille.

Größe der I. Klasse: 64 mm; Größe der übrigen drei Klassen: 44 mm.

1015. Silberne Verdienstmedaille „Palma exercitationis rhetoricae" mit dem Bilde der Kaiserin Maria Theresia (um 1770)

Gestiftet um 1770 für hervorragende Leistungen auf wissenschaftlichen Gebieten, besonders aber an höheren Lehranstalten. Die Stempel stammen von Theodor van Berckel, Medailleur in Brüssel und Wien (geb. 1730 in Herzogenbusch, gest. 1808 dortselbst).

Die Medaille hat eine angeprägte silberne, mehrfach geschweifte Öse, welche, von oben nach unten gelocht, den ovalen Ring aufnimmt.

V: Das nach rechts blickende ältere Brustbild der Stifterin mit Schleier; Umschrift: „MARIA THERESIA AVG ·".

R: In drei Zeilen „PALMA · / EXERCITATIONIS · / RHETORICAE ·". darüber klein die Symbole der Redekunst (Rhetorik), der geflügelte Stab, worauf der Medusenschild Minervas. Unten gekreuzte Palmen- und Lorbeerzweige.

Größe: 43 mm; Gewicht: 32 g.

Band: 38 mm breit, karmoisinrot.

1016. Silberne Verdienstmedaille „Proemium studii poetici" (für Dichtkunst), mit dem Bilde der Kaiserin Maria Theresia (um 1775)

Gestiftet von Kaiserin Maria Theresia Mitte der 1770er Jahre für hervorragende Leistungen auf dem Gebiete der Dichtkunst in den damals österreichischen Niederlanden. Auch hierzu schnitt Theodor van Berckel die Stempel.

Diese silberne Medaille hat die gleiche geschweifte Öse mit ovalem Ring wie Nr. 1015.

V: Das nach rechts blickende Brustbild der Stifterin mit Schleier; Umschrift: „MARIA THERESIA AVG · ", ganz unten am Rande „T. V. B." (Theodor van Berckel).

R: In drei Zeilen „PROEMIVM · / STVDII · / POETICI · ". Darunter eine bogige Eichenlaubgirlande, oben die Sinnbilder der Dichtkunst, Leier und Flöte, durch einen kleinen Kranz verbunden.

Größe: 39 mm; Gewicht: 26 g.

Band: 38 mm, karmoisinrot.

Anmerkung: Die bei v. Heyden unter den Nrn. 1089—1091a beschriebenen bronzenen Medaillen „für Auszeichnung im Unterrichtswesen" sind keine am Bande tragbaren offiziellen staatlichen Ehrenzeichen gewesen, sondern nur gehenkelte „Schulprämien". Es ist daher von deren Beschreibung im Rahmen dieses Werkes Abstand genommen worden.

1017. Goldene
1018. Große silberne   Abbildung am Schluß des Bandes.
1019. Kleine silberne und
1020. Bronzene Ehrenmedaille „VIRTVTE ET EXEMPLO" unter Joseph II. als Römischem König, Stempel von A. Wideman (verliehen 1764—1766)

Gestiftet von Kaiser Joseph II. im Jahre 1764 bei seiner Wahl zum römischen König als Belohnung hervorragender Verdienste im österreichischen Kriegsheer, dessen Oberleitung ihm Maria Theresia überlassen hatte.

Die Medaillen, zu welchen A. Wideman (Stempelschneider in Wien von 1741—1774) die Stempel schnitt, wurden teils ohne, teils mit Öse, im letzteren Falle zum Tragen um den Hals oder auf der linken Brustseite, verliehen. Die Medaillen haben angeprägte, verzierte Ösen, von oben nach unten gelocht, und große ovale Tragringe.

V: Das nach rechts gewendete jugendliche Brustbild des Stifters, mit offenem Haar und mit Lorbeer geschmückt, im Harnisch mit umgehängtem Hermelinmantel und der Kette des Goldenen Vließes. Umschrift: „IOSEPHVS II · D · G · ROM · REX · S · A · GERM · REX · HVNG · BOH · &C · PRIN · HERED · A · A · &C". Unten am Rande „A. WIDEMAN".

R: Die von Wolken umgebene, vom Auge Gottes bestrahlte Weltkugel, auf welcher, von Lorbeer und Eichenlaub umschlungen, ein Schwert und Steuerruder gekreuzt ruhen. Umschrift im oberen Teil: „VIRTVTE ET EXEMPLO".

Größe der goldenen, großen silbernen und bronzenen Medaille 50 mm, der kleinen silbernen 46 mm. Gewicht: in Gold 24 Dukaten = 84 g, der großen silbernen 54 g, der kleinen silbernen 35 g.

Band: 40 mm breit, karmoisinrot.

1021. Goldene

1022. Große silberne

1023. Kleine silberne Ehrenmedaille „VIRTVTE ET EXEMPLO" mit dem Bilde Josephs II., Stempel von A. Wideman (verliehen seit 1766)

Nach der Ernennung Josephs II. zum Mitregenten seiner Mutter, der Kaiserin Maria Theresia (18. August 1766), wurden die Ehrenmedaillen mit einer dem erweiterten Titel des römischen Kaisers entsprechenden Umschrift, bei sonstigen kleinen Verschiedenheiten, mit dem neu von A. Wideman gefertigten Stempel geprägt.

Die angeprägte verzierte Öse ist, soweit die Ehrenmedaillen in seltenen Fällen überhaupt zum Tragen bestimmt waren, die gleiche geblieben wie bei Nr. 1017 ff.

V: Das nach rechts blickende jugendliche Brustbild mit offenem Haar, Lorbeerkranz, Harnisch und Vließkette, etwas größer dargestellt als bei Nr. 1017ff.; Umschrift: „IOSEPHVS II · D · G · IMP · G · ET H · REX · COR · ET · HERES · R · H · B · A · A · D · B · ET L · M · D · H · & · C · & · C · Unten am Armabschnitt „A. / WIDEMAN" (zweizeilig).

R: Die gleiche Darstellung wie bei Nr. 1017 ff., aber die umgebenden Wolken dichter, die Umschrift (oben) größer, ebenso das Auge Gottes.

Größe, Gewicht und Band wie bei Nr. 1017 ff.

1023a. Goldene

1023b. Große silberne

1023c. Kleine silberne Ehrenmedaille „VIRTUTE ET EXEMPLO" mit dem Bilde Kaiser Josephs II., Stempel von C. Vinazer (verliehen bis 1780)

V: wie 1024 ff., aber andere Umschrift: „IOS · II · D · G · R · IMP · G · ET · H · REX · COR · ET · HERES · R · H · B · A · A · D · B · ET · L · M · D · H · & C". Unten am Armabschnitt: „C · VINAZER · F ·".

R: Ziemlich gleich wie bei Nr. 1021 ff., nur mit kleinen Verschiedenheiten in der Zeichnung; insbesondere ist die Wolkenpartie hier wesentlich gedrängter dargestellt und bedeckt den unteren Teil der Weltkugel.

1024. Goldene

1025. Große silberne

1026. Mittlere silberne und

1027. Kleine silberne Ehrenmedaille „VIRTUTE ET EXEMPLO" mit dem Bilde des Kaisers Joseph II., Stempel von J. N. Wirt (verliehen 1780—1790)

Gestiftet von Kaiser Joseph II. (reg. 1780—1790) nach dem Tode seiner Mutter zur Belohnung von Verdiensten aller Art für Personen ohne besonderen Rang. Die Stempel schnitt Joh. Nepomuk Wirt in Wien.

Auch diese Ehrenmedaillen haben, soweit zum Tragen am Bande verliehen, die verzierte Öse mit der Lochung von oben nach unten und dem ovalen großen Tragring. Als besondere Auszeichnung durfte die goldene Ehrenmedaille an einer schweren goldenen, sogenannten „Panzerkette" (40 Dukaten schwer) um den Hals getragen werden.

V: Der nach rechts gewendete ältere Stifterkopf mit Lorbeerkranz im offenen Haar. Im oberen Teil der Medaillen die Umschrift „IOSEPHVS II · AVGVSTVS", unten am Rande klein „I · N · WIRT · F ·". Bei Nummer 1027 kommen Stücke mit der Inschrift „IOSEPHVS · II · AVGVSTVS ·" vor.

R: Ziemlich gleich wie bei Nr. 1023 a—c.

Größe: 50 bzw. 46 bzw. 39 mm; Gewicht: in Silber 54, 40 bzw. 17 g.

Band: 40 mm breit, karmoisinrot.

Es gibt Stücke der kleinen silbernen Ehrenmedaille mit der Medailleurbezeichnung „I · N · WIRT" statt „I · N · WIRT · F ·".

1028. Silberne Medaille für Verdienst um die Kunst in den österreichischen Niederlanden mit dem Bilde des Herzogs Karl Alexander von Lothringen, erste Form (verliehen 1769—1778)

Gestiftet von Karl Alexander Herzog von Lothringen und Bar, Schwager der Kaiserin Maria Theresia (von 1747—1780 General-Gouverneur der österreichischen Niederlande), im Jahre 1769 als Protektor der Königlichen Maler-Akademie zu Gent.

V: Das nach rechts gewendete geharnischte Brustbild des Stifters. Umschrift: „CAR · ALEX · LOTH · ET BAR DVX ACAD · REG · GAND · PROT ·". Unter dem Armabschnitt „R" (Josef Roettiers, Medailleur in Amsterdam, dort gestorben 1772).

R: Kleine Knaben, mit Malen, Zeichnen und Skulptur beschäftigt. Einer meißelt an des Herzogs Büste. Im oberen Teil Umschrift: „ARTIS DELINEAT PREMIVM". Am Abschnitt „MDCCLXVIIII", darunter „R".

Die Medaille wird von einer fest aufsitzenden Krone überragt, in deren Reichsapfel der Ring zum Durchziehen des Bandes eingehängt ist.

Größe: 47 mm; Gewicht 50 g.

Band: Karminrot.

1029. Silberne Medaille für Verdienst um die Kunst in den österreichischen Niederlanden mit dem Bilde des Herzogs Karl Alexander von Lothringen, zweite Form (verliehen 1778—1780)

Gestiftet von Generalgouverneur Herzog Karl Alexander von Lothringen und Bar (gest. 4. Juli 1780) für Verdienste um die Kunst in den österreichischen Niederlanden. Diese Medaille hat wohl die schon im Jahre 1769 ausgegebene (Nr. 1028) ersetzt. Sie besitzt ebenfalls eine fest aufsitzende offene Krone, in deren Reichsapfel der Ring für das Band eingehängt ist.

V: Das nach rechts gewendete geharnischte Brustbild des Stifters. Umschrift: „CAROL · ALEX · LOTH · ET BAR · DVX". Auf dem Armabschnitt „1778". Unten am Rande „T. V. BERCKEL F.".

R: Kleine Knaben, mit Malen, Zeichnen und Bildhauerei beschäftigt. Einer davon meißelt an des Herzogs Büste. Umschrift: „ARTIVM LIBERALIVM TVTELA AC PRAESIDIVM". Im Abschnitt „AC ARTIVM BELGICAE", darunter „T. V. B.".

Größe: 47 mm; Gewicht: 58 g.

Band: Wie bei Nr. 1028.

1030. Große silberne

1031. Mittlere silberne und

1032. Kleine silberne Ehrenmedaille für Militärärzte und Chirurgen mit dem Bilde des Kaisers Joseph II.
(verliehen 1785—1790)

Gelegentlich der Gründung der Kaiser-Joseph-Akademie im Jahre 1785 gestiftet für Militärärzte und Chirurgen, welche sich durch besondere Tüchtigkeit und Hingebung in ihrem Berufe ausgezeichnet hatten.

Es gab drei verschiedene Stufen dieser Ehrenmedaille, und zwar haben die große und mittlere die gleiche Prägung und eine kräftige, angeprägte Öse.

Die große Ehrenmedaille zeichnet sich noch durch ungewöhnliche Dicke (5 mm) aus. Die kleine silberne Ehrenmedaille hat eine geriffelte angelötete Öse mit Ring.

V: Bei Nr. 1030 und Nr. 1031: Der Kopf des Stifters nach rechts mit Lorbeerkranz im gelockten, offenen Haar; Umschrift: „IOSEPHVS II · AVGVSTVS", unten am Rande „I · N · WIRT · F ·".

R: In fünf Zeilen „BENE MERENTIBVS / DE / ARTE MEDICO CHIRVR- / GICA / PRAEMIVM".

V: Bei Nr. 1032 wie bei Nr. 1030/1031, aber die Gesichtszüge des Kaiserbildes etwas verändert; unten am Rande „DONNER" (Ignaz Donner, geb. 1752, Stempelschneider in Wien, dort gest. 1805).

R: In vier Zeilen „ACADEMIA / MEDICO / CHIRVRGICA / MILITARIS".

Größe: 50 bzw. 43 bzw. 35 mm; Gewicht: 113, 45 bzw. 14 g.

Band: 43 mm breit, zitronengelb mit schwarzen je 10 mm breiten Randstreifen.

1033. Militär-Verdienstmedaille für Tapferkeit während des Aufstandes 1790 in den österreichischen Niederlanden, Silber

Gestiftet von Kaiser Leopold II. (reg. 1790—1792) zur Belohnung hervorragender Tapferkeit von Untertanen in den österreichischen Niederlanden während des dortigen Aufstandes im Jahre 1790 und während des Krieges 1792/93 gegen Frankreich. Die silberne Medaille ist oben gelocht und mit Ring versehen.

V: Fünfzeilige Inschrift „FIDES. / ET. / CONSTANTIA. / PATRII. / MILITIS.". Darüber, aus schwebenden Wolken hervorkommend, zwei verschlungene Hände, unter der Inschrift ein Eichenzweig (links) sowie ein Lorbeerzweig (rechts) gekreuzt und mit Schleife zusammengebunden.

R: Vierzeilige Inschrift „PAX. / ET. / SECVRITAS. / PVBLICA.“. Darüber zwei sich leerende Füllhörner, unten vier übereinanderliegende gekreuzte Fahnen, von einem kleinen Lorbeerkranz umschlungen.

Größe: 30 mm; Gewicht: 10 g.

Band: 35 mm breit, halb dunkelrosa, halb weiß.

1034. Große goldene

1035. Große silberne

1036. Mittlere goldene

1036a. Mittlere silberne

1037. Kleine goldene

1037a. Kleine silberne Ehrenmedaille „Lege et fide“ mit dem Bilde des Kaisers Franz II.
(verliehen 1792)

Vermutlich gelegentlich der feierlichen Kaiserkrönung zu Frankfurt a. M. im Jahre 1792 an Persönlichkeiten des Gefolges von verschiedenem Rang verliehen. Die große goldene Ehrenmedaille „Lege et fide“ konnte zur besonderen Auszeichnung an einer ebenfalls goldenen Kette, sonst am karmoisinroten Bande getragen werden.

Auch diese Medaillen haben eine angelötete runde Öse für das Band. Es sind aber auch Stücke ohne Öse zur Ausgabe gelangt. Die Sammlung Schreiber und die staatliche Münzsammlung Wien besitzen je ein großes goldenes Exemplar, letztere Sammlung dazu noch die große silberne, die mittlere und kleine goldene Ehrenmedaille „Lege et fide“. Daraus ist unbedingt zu schließen, daß auch mittlere und kleine silberne Exemplare seinerzeit geprägt worden sind. Leider liegen solche nicht vor, so daß deren Gewicht nicht genau festgestellt werden konnte.

V: Der nach rechts gewendete Kopf des Stifters mit Lorbeerkranz im offenen, gelockten Haar im oberen Teil der Medaille; Umschrift: „IMP · CAES · FRANCISCVS · II · P · F · AVG“, unten am Rand (klein) „I. N. WIRT F.“.

R: Über dem gekreuzten Reichsschwert und Szepter mit Reichsapfel und Palium schwebt frei die deutsche Kaiserkrone. Im oberen Teil der Medaille Umschrift: „LEGE · ET · FIDE“.

Größe von Nr. 1034 und 1035: 49 mm; Gewicht: in Gold 24 Dukaten (84 g), in Silber 35 g.

Größe von Nr. 1036 und 1036a: 43 mm; Gewicht: in Gold 8 Dukaten (28 g), in Silber ungefähr 25 g.

Größe von Nr. 1037 und 1037a: 36 mm; Gewicht: in Gold 6 Dukaten (21 g), in Silber ungefähr 20 g.

Band: 40 mm breit, karmoisinrot.

Anmerkung: Die bei v. Heyden unter Nr. 1058/59 beschriebenen goldenen und silbernen Ehrenmedaillen „LEGE ET FIDE“ waren nicht zum Tragen bestimmt und haben daher hier keine Aufnahme gefunden.

1038. Goldene Belohnungsmedaille und
1039. Silberne Belohnungsmedaille für der österreichischen Armee in Belgien geleistete Dienste, achteckig (verliehen 1792)

Gestiftet von Kaiser Franz II. im Jahre 1792 zur Belohnung von Untertanen in den damals noch österreichischen Niederlanden, die sich in freiwilligen Truppenverbänden im Kriege gegen die französische Republik ausgezeichnet oder sonst der österreichischen Armee gute Dienste geleistet hatten.

Die Medaillen sind achteckig mit kugelförmiger Öse und mit Ring.

V: Der nach rechts gewendete Kopf des Stifters: Umschrift: „FRANÇOIS II. EMP. DES ROM. ROI DE HONG. ET DE BOH.".

R: In einem unten gebundenen Lorbeerkranz in sechs Zeilen „POVR / SERVICES / RENDVES / AVX / ARMEES. / MDCCXCII.".

Größe: 33 mm; Gewicht: in Silber 13,5 g.

Band: 40 mm breit, karminrot.

1040. Goldene Belohnungsmedaille wie vorher, aber mit der Jahreszahl 1793

Hinsichtlich der Stiftung, Größe, Prägung und Band gilt das bei Nr. 1038 ff. Gesagte. Im Jahr 1793 wurden nachträglich noch vier Exemplare der goldenen Belohnungsmedaille an verdienstvolle Männer verliehen, aber auf der Rückseite mit der geänderten Jahreszahl „MDCCXCIII".

1041. Goldene und
1042. Silberne Belohnungsmedaille wie vorher, aber mit der Jahreszahl 1794

Im Jahre 1794 wurden dann nochmals 6 goldene und 20 silberne Belohnungsmedaillen an treu gebliebene, verdienstvolle Niederländer von Kaiser Franz II. verliehen. Auch diese Stücke stimmen, abgesehen von der nunmehr auf deren Rückseite erscheinenden Jahreszahl „MDCCXCIV", ganz mit der Nr. 1038 ff. überein.

1043. Goldene Ehren-Medaille für das Gefecht bei Villiers-en-Couché 1794 (an englische Offiziere verliehen)

Gestiftet von Kaiser Franz II. im Jahre 1794 für 8 Offiziere des großbritannischen 15. Chevauleger-Regiments, welche sich während der Anwesenheit des Monarchen bei den verbündeten Armeen in Belgien, im Gefecht bei Villiers-en-Couché (nahe Cambrai) am 24. April 1794 unter seinen Augen ganz hervorragend ausgezeichnet hatten. Diese englischen Offiziere erhielten eine große goldene Medaille an goldener Kette, welch letztere wie die Medaillen selbst 40 Dukaten schwer war, an Stelle des Maria-Theresien-Ordens, um den sie nachgesucht hatten, der ihnen aber als Nichtösterreicher statutengemäß damals nicht verliehen werden konnte. Nachdem jedoch im Jahre 1799 mehrere russische Offiziere mit diesem höchsten Tapferkeitsorden Österreichs beliehen worden waren, baten die acht Engländer wiederholt um ihre Aufnahme in den Maria-Theresien-Orden. Sie erhielten ihn dann auch am 7. November 1800. Die vorher verliehenen goldenen Medaillen mußten jedoch abgelegt werden und verblieben ihnen als Erinnerungszeichen (Handbillet des Kaisers Franz vom 7. November 1800 an Feldmarschall Lacy, jetzt im Archiv des Maria-Theresien-Ordens Wien).

V: Der nach rechts gewendete Kopf des Stifters mit Lorbeerkranz im offenen, gelockten Haar; Umschrift „IMP · CAES · FRANCIS-CVS · II · P · F · AVG ·". Unten am Rand, klein „I. N. WIRT F.".
R: Vierzeilige Inschrift „FORTI · BRITANNO · / IN · EXERCITV · FOED · / AD · CAMERACVM · / XXIV · APR · MDCCXCIV ·". Darunter zwei kleine gekreuzte Lorbeerzweige.

Von dieser überaus wertvollen und seltenen Auszeichnung gibt es einige zeitgenössische Silber- und Zinnabschläge, erstere 85 g schwer.

Größe: 60 mm; Gewicht der goldenen Medaille und der Kette je 40 Dukaten, das sind zusammen etwa 280 g.

1044. Silberne Verdienstmedaille für Dalmatien (verliehen 1801)

Gestiftet von Kaiser Franz II. im Jahre 1801 für Verdienste um die Verwaltung und um die Ordnung im Königreich Dalmatien. welches seit 1797 durch den Frieden von Campo Formio an Österreich gefallen war. Die Medaillen haben eine angelötete runde Öse für das Band.

V: Der nach rechts gewendete Kopf des Stifters mit gelocktem, offenem Haar und Lorbeerkranz; Umschrift: „FRANCISCVS · II · ROM · IMP · DALMATIE · REX ·"; unten am Rand, klein „I · N · WIRT · F ·".
R: Zweizeilige Inschrift „DALMATIAE / BENEMERENTI", unten am Rande kleiner und bogig „MDCCCI ·".

Größe: 42 mm; Gewicht: 26,5 g.
Band: 40 mm breit, karmoisinrot.

1045. Goldenes geistliches Verdienstkreuz „Piis meritis", 1. Form mit blau emailliertem Mittelschild (verliehen ungefähr 1801—1859)

1046. Dasselbe 2. Form, mit weiß emailliertem Mittelschild (verliehen ungefähr von 1859 bis Anfang der 1880er Jahre)

1047. Silbernes geistliches Verdienstkreuz „Piis meritis", 1. Form mit blau emailliertem Mittelschild (verliehen von 1801 bis ungefähr Anfang der 1880er Jahre)

In den Kriegen der 1790er Jahre gegen Frankreich hatten sich vielfach auch Feldkapläne in hervorragender Weise durch Aufopferung in ihrem Beruf auf den Schlachtfeldern als auch durch persönliche Tapferkeit ausgezeichnet. Sie hatten als Belohnung dann stets die goldene oder silberne „militärische Ehrenmünze" (ab 1809 Tapferkeits-Medaille genannt) erhalten. Als auf Anregung des Apostolischen Feldvikars Grafen von Hohenwerth und Erzherzog Karl und nach des letzteren Vortrag bei Kaiser Franz II. am 23. November 1801 das goldene und silberne geistliche Verdienstkreuz „Piis meritis" gestiftet worden war. erhielten diese neue Auszeichnung u. a. auch drei Feldkapläne im Umtausch gegen früher von ihnen erworbene Tapferkeits-Medaillen. Die geistlichen Verdienstkreuze in Gold und Silber wurden dann in der Folge verliehen „für vorzüglich strenge und mit Gefahr verbundene Pflichterfüllung in der Militärseelsorge auf dem Schlachtfelde oder sonst in Feindesgefahr". — Soweit aber fernerhin Feldgeistliche durch eigene militärische Tathandlungen gegen den Feind. als Anführung und Aneiferung der Truppen in Gefechten, sowie persönliche Mitwirkung sich eine Auszeichnung verdient hatten, erhielten sie nach wie vor die militärische Ehrenmünze (Tapferkeits-Medaille), jedoch stets nur am Bande des neugestifteten geistlichen Verdienstkreuzes „Piis meritis".

Zunächst waren die Kreuze in Gold und in Silber, abgesehen von der Verschiedenheit des hierzu verwendeten Metalls, ganz gleich. Sie haben vier kleeblattförmig auslaufende gerade Arme, von denen der untere länger ist als die übrigen drei. Oben ist eine angeprägte runde Bandöse angebracht. Die Arme sind von einer doppelten, vertieften Linieneinfassung umgeben. Das Mittelschildchen (20 mm Durchmesser), auf der Vorder- und Rückseite gleich, war ursprünglich bei beiden Klassen dunkelblau emailliert und trug in goldener lateinischer Schreibschrift die zweizeilige Inschrift „Piis / meritis". In späteren Jahren wurde beim goldenen geistlichen Verdienstkreuz das Mittelschildchen weiß emailliert im Gegensatz zu dem seither dunkelblau gebliebenen Mittelschildchen des silbernen Kreuzes. Auch im Charakter der Inschrift gab es natürlich im Laufe der vielen Jahre Verschiedenheiten. So z. B. sind Stücke bekannt geworden, bei denen das Wort „Piis" klein geschrieben erscheint, während unten noch ein goldener Schnörkel angebracht ist.

Größe: 53 mm hoch, 44 mm breit; Gewicht: in Gold 17 g, in Silber 20,5 g.

Band: 40 mm breit, zusammengestellt aus vier weißen, je 4 mm und drei ponceauroten, je 8 mm breiten Streifen.

1048. Geistliches Verdienstkreuz 1. Klasse, Gold, am weißen Bande
Abbildung am Schluß des Bandes.

1048a. Dasselbe am weiß-roten Bande

1048b. Dasselbe am weiß-roten Bande und mit Schwertern

1049. Geistliches Verdienstkreuz 2. Klasse, Silber, am weißen Bande

1049a. Dasselbe am weiß-roten Bande

1049b. Dasselbe am weiß-roten Bande und mit Schwertern
neuere Form (verliehen von Anfang der 1880er Jahre bzw. von 1911 an bis 1918)

Nach der Stiftung im Jahre 1801 konnte das geistliche Verdienstkreuz nur im Kriege unter den bekannten strengen Voraussetzungen verliehen werden (siehe Nr. 1045 ff.). Seit dem Feldzug 1866 war nur noch eine einzige Verleihung im Jahre 1878 bei der Okkupation von Bosnien erfolgt, und als am 9. Mai 1911 Kaiser Franz Joseph I. die Verleihungsbestimmungen für dieses Verdienstkreuz änderte, lebte keiner der früheren Besitzer mehr. Das Kreuz führte von nun ab den Namen „Geistliches Verdienstkreuz 1. bzw. 2. Klasse" und konnte ausnahmsweise jetzt auch im Frieden am weißen Bande verliehen werden „für vieljähriges, hervorragend verdienstliches und besonders pflichteifriges Wirken in der Militärseelsorge".

Die unter gleichen Bedingungen wie früher vor dem Feinde erworbenen geistlichen Verdienstkreuze hatten das seitherige rot und weiß gestreifte Band beibehalten. Ende 1916 kamen, wie auch bei anderen österreichischen Kriegsauszeichnungen, noch die vergoldeten gekreuzten Schwerter auf dem rotweißen Bande dazu, wenn die geistlichen Verdienstkreuze an der Front erworben waren. Die geistlichen Verdienstkreuze I. Klasse sind aus Gold (zuletzt ab 1917 nur noch aus vergoldetem Silber), diejenigen II. Klasse aber aus Silber gefertigt. Sie haben kleeblattförmig auslaufende Arme, wobei der untere länger

19*

ist als die übrigen drei. Die Oberfläche der Arme ist mehrfach von vertieften Linienverzierungen durchzogen, und oben befindet sich eine kugelförmige Öse mit beweglichem, gewöhnlichem Ring.

Das Mittelschildchen der I. Klasse (16 mm Durchmesser) hat auf der Vorder- und Rückseite in weißer Emaillierung und in goldenen lateinischen Versalien die zweizeilige Inschrift „PIIS / MERITIS".

Das Mittelschildchen der II. Klasse hat die gleiche Inschrift auf dunkelblauem Emaillegrund in silbernen Versalbuchstaben.

Größe: 58 mm hoch, 51 mm breit; Gewicht: in Gold 28 g, in Silber 20,5 g.

Band: Für Kriegsverdienst wie bei Nr. 1045 ff., für Verdienst im Frieden 40 mm breit, weiß.

1050. Goldene und
1051. Silberne Zivil-Ehrenmedaille mit der Aufschrift „Honori"
1. Prägung, Stempel von J. N. Wirt (verliehen 1804—1813)

Bald nachdem Kaiser Franz II. am 11. August 1804 seine Staaten unter dem Namen „Kaisertum Österreich" zu einer Gesamtmonarchie vereinigt hatte unter Annahme des Titels „Kaiser von Österreich", stiftete er goldene und silberne Ehrenmedaillen zur Belohnung verdienter Personen beiderlei Geschlechts, deren Stand nicht zur Erteilung eines Ritterordens geeignet war. Die goldene Medaille konnte als ganz besondere Auszeichnung an einer schweren goldenen, sogenannten Panzerkette, verliehen werden, an welcher sie dann um den Hals getragen wurde. Eine solche goldene Medaille an der Kette (diese 40 Dukaten = 140 g schwer) erhielt u. a. auch der Tiroler Freiheitsheld Andreas Hofer für seine vielen Kämpfe im Jahre 1809 gegen Napoleon und seine Verbündeten.

Die Zivil-Ehrenmedaillen haben eine verzierte, flache Öse, welche in ihrer von oben nach unten gehenden Lochung den ovalen Ring für das Band trägt.

V: Der nach rechts gewendete Kopf des Stifters mit offenem Haar und Lorbeerkranz; Umschrift: „FRANCISCVS AVSTRIAE IMPERATOR · ". Unten am Rande klein „I · N · WIRT · F · ".

R: Ein Tempel mit sechs Säulen, in dessen Mitte auf einem Thronsessel das österreichische Kaiserwappen ruht. Im Gebälke des Tempels ein rechteckiges Schildchen mit der Aufschrift „HONORI", im oberen Teil der Medaille die Umschrift „AVSTRIA AD IMPERII DIGNITATEM EVECTA · ". Unten im Abschnitt „MDCCXIV".

Größe: 50 mm; Gewicht: in Gold 84 g (= 24 Dukaten), in Silber 41 g.

Band: 40 mm breit, karmoisinrot.

1052. Goldene und
1053. Silberne Zivil-Ehrenmedaille mit der Aufschrift „HONORI",
2. Prägung, Stempel von Heuberger (verliehen 1813—1835)

Als im Jahre 1813 eine Neuprägung der Zivil-Ehrenmedaillen nötig wurde, schnitt hierzu der damalige Kammermedailleur Heuberger in Wien die Stempel zur Vorderseite.

Die bei Nr. 1050/1051 üblich gewesenen Ösen mit länglichem Ring sind gleichgeblieben.

V: Der nach rechts blickende, älter dargestellte Kopf des Monarchen mit Lorbeerkranz; Umschrift: „FRANC. I. AVST. IMP. HVN. BOH. LOMB. ET VEN. GAL. LOD. IL. REX A. A."; unter dem Halsabschnitt klein „HEUBERGER".

Größe, Gewicht und Band wie bei Nr. 1050/1051.

1054. Große goldene

1055. Kleine goldene

1056. Große silberne und

1057. Kleine silberne Zivil-Ehrenmedaille mit der Aufschrift „JUSTITIA REGNORUM FUNDAMENTUM"
(verliehen 1804—1835)

Gleichzeitig mit den Zivil-Ehrenmedaillen „Honori" Nr. 1050 ff. am 11. August 1804 von Kaiser Franz I. gestiftet und ebenfalls für Personen ohne besonderen Rang und hauptsächlich für solche, die im Hofdienst standen, bestimmt. Auch diese Medaillen haben eine von oben nach unten gelochte geschweifte Öse mit großem runden Tragring.

V: Bei Nr. 1054 und Nr. 1056: Der nach rechts blickende Kopf des Stifters mit offenem, gelocktem Haar und Lorbeerkranz; Umschrift: „FRANCISCVS · AVST · IMP · HVN · BOH · GAL · LOD · REX · A · A ·"; unten am Rand klein „I · N · WIRT · F ·".

V: Bei Nr. 1055 und Nr. 1057: Kopf und Stempelschneider-Zeichen wie vorher, jedoch das Wort „Franciscus" abgekürzt in „FRANC".

R: Unter der freischwebenden Kaiserkrone ein Merkurstab mit einem Zepter gekreuzt, an welchem, verbunden durch eine fliegende Bandschleife, die Waage der Gerechtigkeit hängt; im oberen Teil der Medaillen die Umschrift „IVSTITIA REGNORVM FVNDAMENTVM." (Gerechtigkeit ist die Grundlage der Reiche).

Größe: Bei Nr. 1054 und 1056 43 mm; Gewicht: in Gold 12 bzw. 8 Dukaten (= 42 g oder 28 g).
Bei Nr. 1055 und Nr. 1057 36 mm; Gewicht: in Silber 25 bzw. 19 g.

Band: 40 mm breit, karminrot.

1058. Großkreuz des Zivil-Ehrenkreuzes

1059. Goldenes und

1060. Silbernes Zivil-Ehrenkreuz für die Ereignisse der Jahre 1813 und 1814 Abbildung am Schluß des Bandes.

Gestiftet von Kaiser Franz I. und am 26. Mai 1815 persönlich an die damit Ausgezeichneten verteilt. Es waren dies meist hohe und höchste Staatsbeamte, welche sich in den Jahren 1813/14 durch eifriges Mitwirken in dem großen Kampfe gegen Frankreich vorzüglich ausgezeichnet hatten. Die Stempel zu diesem seltenen Ehrenzeichen stammten von Kammermedailleur J. W. Harnisch in Wien. Das goldene Großkreuz des Zivil-Ehrenkreuzes, um den Hals zu tragen, erhielt als einziger der dirigierende Minister des Äußeron (Staatskanzler 1821—1848) Fürst Metternich.

Es soll „noch einmal so groß" wie die normalen Kreuze gewesen sein; leider ist dieses Unikum nicht zugänglich und kann daher hier nicht ganz genau beschrieben werden. Es stimmt jedoch in der Form und in den Aufschriften mit den beiden anderen Kreuzen überein. Diese sind seinerzeit in nur 38 goldenen und 149 silbernen Stücken verteilt worden. Der Almanach der Ritterorden von F. Gottschalk (Leipzig 1819) bringt die Namen der mit den Zivil-Ehrenkreuzen beliehenen Personen. Diese konnten ihre Namen auf eigene Kosten am Rand der Kreuze eingravieren lassen.

Die Kreuze haben eine halbkreisförmige Öse und darin hängend den langgestreckten, ovalen und gerillten Tragring. Die Arme sind fein gekörnt und mit erhöhter polierter Linie eingefaßt.

V: Im oberen Arm „EUROPAE", quer über die beiden waagerechten Arme „LIBERTATA ASSERTA", im unteren Arm „MDCCCXIII · / MDCCCXIV · " (zweizeilig).

R: Oben „GRATI"; über die waagerechten Arme „PRINCEPS ET PATRIA", im unteren Aum „FRANC · / IMP · AUS · (zweizeilig).

Größe: Bei Nr. 1058 (vermutlich): 45 mm.
Bei Nr. 1059/60: 30 mm; Gewicht: in Gold 22,5 g, in Silber 10 g.

Band: Für das Halskreuz des Fürsten Metternich 42 mm, sonst 38 mm breit, schwarz-goldgelb-schwarz gleich gestreift (ohne Wässerung).

1061. Militärverdienstmedaille „Pro virtute militari", Silber (verliehen 1816) Abbildung am Schluß des Bandes.

Als nach dem Pariser Frieden von 1814 und durch die Bestimmungen des Wiener Kongresses von 1815 Österreich neben Venetien auch seine alten lombardischen Besitzungen zurückerhalten hatte, kamen mit den neuen Untertanen auch Militärpersonen in die österreichische Armee, welche für Tapferkeit in den vergangenen Kriegen den von Napoleon I. am 5. 6. 1805 gestifteten italienischen Orden der Eisernen Krone erhalten hatten. Dieser aber war am 12. Februar 1816 vom Kaiser Franz I. in den „österreichisch-kaiserlichen Orden der Eisernen Krone" umgewandelt worden, dessen unterster Grad nur Offizieren zugänglich war. Alle Ritter des aufgehobenen Ordens waren berechtigt, ihre Dekorationen gegen den entsprechenden Grad des neuen österreichischen Ordens umzutauschen. Personen aus dem Mannschaftsstande aber mußten ihre früher erhaltenen Ritterinsignien der italienischen Eisernen Krone gegen die nachstehend beschriebene, zu diesem Zweck ebenfalls am 12. 2. 1816 gestiftete silberne Militärverdienstmedaille „pro virtute militari" austauschen. Bei der außerordentlich geringen Zahl der hierzu Berechtigten ist diese Medaille entsprechend selten. Die Medaille hat eine gewöhnliche Öse mit Ring.

V: Ein aufrechtstehendes antikes Schwert.

R: „PRO / VIRTUTE / MILITARI" (dreizeilig).

Größe: 37 mm; Gewicht: 30 g.

Band: 38 mm breit, goldgelb mit je 6 mm breiten dunkelgrünen Rändern (Band des ehemaligen italienischen Ordens der Eisernen Krone).

1062. Goldene Zivil-Ehrenmedaille I. Klasse

1063. Goldene Zivil-Ehrenmedaille II. Klasse

1064. Goldene Zivil-Ehrenmedaille III. Klasse

1065. Silberne Zivil-Ehrenmedaille I. Klasse

1066. Silberne Zivil-Ehrenmedaille II. Klasse

1067. Silberne Zivil-Ehrenmedaille III. Klasse mit dem Bilde des Kaisers Ferdinand und der Aufschrift „Meritis" (verliehen 1835—1848)

Von Kaiser Ferdinand bald nach seinem Regierungsantritt (1835) unter Aufhebung der Verdienstmedaillen Nr. 1050—1057, aber zum gleichen Zweck wie jene verliehen. Als besondere Auszeichnung wurde die goldene Ehrenmedaille I. Klasse an einer goldenen, 40 Dukaten schweren Kette um den Hals getragen. Die Medaillen haben eine verzierte Öse mit Lochung von oben nach unten und einen gewöhnlichen Ring.

V: Der nach rechts gewendete lorbeergeschmückte Kopf des Stifters. Umschrift: „FERDINANDVS · I · D · G · AVSTRIAE · IMPERATOR · ". Unter dem Halsabschnitt „J. D. BOEHM F."

R: Ein Eichenlaubkranz und über demselben „MERITIS". Das Feld innerhalb des Kranzes nimmt den eingravierten Vor- und Zunamen des Empfängers auf.

Größe: 50, 39 bzw. 33 mm; Gewicht: in Gold 24, 12 bzw. 8 Dukaten, in Silber 41, 38 bzw. 25 g.

Band: 40 mm breit, karmoisinrot.

Anmerkung: Die bei v. Heyden unter Nr. 1068, 1076 und 1163 (Nachtrag) beschriebenen silbernen „Belohnungsmedaillen" mit dem Bilde der Kaiser Franz I. und Ferdinand (22 mm und 24 mm groß) sind keine am Bande tragbaren Ehrenzeichen, sondern sogenannte „Schulprämien" gewesen. Deshalb konnten dieselben hier keine Aufnahme finden. v. Heyden 1075 = kleine goldene „Zivil-Ehrenmedaille" mit dem Bilde Ferdinand I., 2 Dukaten schwer, 24 mm groß, ist eine Interimsmedaille von Nr. 1062—1064, gehört also ebenfalls nicht zu den offiziell verliehenen Ehrenmedaillen.

1068. Goldene Zivil-Ehrenmedaille I. Klasse

1069. Goldene Zivil-Ehrenmedaille II. Klasse

1070. Goldene Zivil-Ehrenmedaille III. Klasse

1071. Silberne Zivil-Ehrenmedaille I. Klasse

1072. Silberne Zivil-Ehrenmedaille II. Klasse und

1073. Silberne Zivil-Ehrenmedaille III. Klasse mit dem Brustbilde des Kaisers Franz Joseph und der Aufschrift „Meritis" (verliehen 1848—1850)

Von Kaiser Franz Joseph von seinem Regierungsantritt (2. Dezember 1848) an unter Aufhebung der bisher verliehenen Zivil-Verdienstmedaillen (Nr. 1062 bis Nr. 1067) aber zum gleichen Zwecke verliehen. Auch diese Medaillen haben die verzierte, geschweifte Öse mit Ring beibehalten und sind bei der Kürze ihrer Verleihungszeit sehr selten. (Aufgehoben mit Stiftung der goldenen und silbernen Verdienstkreuze am 2. Dezember 1849.)

V: Das jugendliche nach rechts blickende Brustbild des Kaisers; Umschrift: „FRANCISCVS IOSEPHVS I · D · G · AVSTIRIAE IMPERATOR".

Rückseite, Größe, Gewicht und Band: Wie bei Nr. 1062 ff.

1074. Goldenes Verdienstkreuz mit der Krone

1075. Dasselbe ohne Krone

1076. Silbernes Verdienstkreuz mit der Krone

1077. Dasselbe ohne Krone
erste Form (verliehen von 1850 bis etwa 1860)

An Stelle der Zivil-Ehrenmedaillen Nr. 1068 ff. stiftete Kaiser Franz Joseph I. am 2. Dezember 1849 goldene und silberne Verdienstkreuze, welche jeweils mit und ohne Krone verliehen werden konnten, „zur Belohnung treuer und tätig bewährter Anhänglichkeit an Kaiser und Vaterland, vieljähriger, anerkannt ersprießlicher Verwendung im öffentlichen Dienste oder sonstiger um das allgemeine Beste erworbener Verdienste". Die Statuten vom 16. Februar 1850 bestimmten, daß alle vier Klassen des Verdienstkreuzes gleichzeitig getragen werden konnten, wenn sie nacheinander an eine Person verliehen waren.

Die goldenen wie auch die silbernen Verdienstkreuze haben in ihrer ersten Form abgerundete bräunlichrote und durchsichtig emaillierte Arme mit abgeschrägten goldenen bzw. silbernen Rändern. Das bei den goldenen Kreuzen eigens aufgelötete runde Mittelschildchen zeigt hier auf weiß emailliertem Grund in der Mitte die erhöhten goldenen Buchstaben „F J" eingeschlossen von einer erhöhten doppelten goldenen Einfassung, zwischen welcher in Gold, ebenfalls auf weißem Email gemalt, eine Kette dargestellt ist mit den zwischen den Kettengliedern ruhenden einzelnen Buchstaben des Wahlspruches „VIRIBUS UNITIS"; oben zwei kleine verschlungene Hände.

Auf der Rückseite hat das kleinere Mittelschildchen beim goldenen Verdienstkreuz auf weiß emailliertem, goldeingefaßtem Grund die erhaben aufgelötete Zahl „1849", ebenfalls in Gold. Bei den silbernen Kreuzen sind alle Darstellungen gleich, aber in Silber geprägt und ohne Email.

Die Kaiserkrone ist 15 mm hoch und durch ein kleines Scharnier mit ihren am oberen Kreuzarm angelöteten Bändern verbunden; ihr Reichsapfel trägt den runden Bandring. Die Verdienstkreuze beider Klassen ohne Krone haben eine kugelförmige Öse mit Ring und sind kleiner als die Verdienstkreuze mit der Krone.

Die Mittelschildchen haben bei Nr. 1074 und Nr. 1076 auf der Vorderseite einen Durchmesser von 20 mm, auf der Rückseite sind sie aber nur 13 mm groß. Bei den Verdienstkreuzen ohne Krone (Nr. 1075 und Nr. 1077) ist der Durchmesser der Mittelschildchen auf der Vorderseite 17 mm, auf der Rückseite 11 mm; Größe der Kreuze mit Krone 56 mm hoch, 36 mm breit, ohne Krone 30 mm.

Band: 38 mm breit, ponceaurot.

1078. Goldenes Verdienstkreuz mit der Krone am roten Bande
1078a. Dasselbe am Bande der Tapferkeitsmedaille
1078b. Dasselbe am Bande der Tapferkeitsmedaille und mit Schwertern
1079. Goldenes Verdienstkreuz am roten Bande
1079a. Dasselbe am Bande der Tapferkeitsmedaille
1079b. Dasselbe am Bande der Tapferkeitsmedaille und mit Schwertern
1080. Silbernes Verdienstkreuz mit der Krone am roten Bande
1080a. Dasselbe am Bande der Tapferkeitsmedaille
1080b. Dasselbe am Bande der Tapferkeitsmedaille und mit Schwertern
1081. Silbernes Verdienstkreuz am roten Bande
1081a. Dasselbe am Bande der Tapferkeitsmedaille

1081b. Dasselbe am Bande der Tapferkeitsmedaille und mit Schwertern

1082. Vergoldete Spange bei wiederholter Verleihung des goldenen Verdienstkreuzes mit und ohne Krone am Bande der Tapferkeitsmedaille (bzw. mit Schwertern)
  spätere Form (verliehen bis 1917 bzw. bis 1918)

In den späteren Jahrzehnten zeigten die goldenen und silbernen Verdienstkreuze bei gleich gebliebenen Größenverhältnissen kleine Verschiedenheiten im Gepräge und in der Zeichnung der Aufschriften; auch ist die durchsichtige rote Emaillierung dunkler geworden als zuerst. Die Kronen über den Kreuzen sind nun unmittelbar mit ihren Bändern verbunden (ohne das kleine Scharnier dazwischen); sie sind auch etwas niedriger, dafür aber breiter als bei den ersten Kreuzen von 1850. Das Mittelschildchen der Rückseite ist gleich groß wie das der Vorderseite, der Rand ist durch einen stilisierten Lorbeerkranz zwischen zwei Kreislinien ausgefüllt. Zufolge Allerhöchsten Handschreibens vom 20. September 1914 wurde für Verdienste im Weltkrieg statt des roten Friedensbandes das der Tapferkeitsmedaille hierzu verliehen, da die Empfänger des Verdienstkreuzes das Militärverdienstkreuz und die Tapferkeitsmedaille nicht bekommen konnten. Für unmittelbar auf den Kriegsschauplätzen erworbene Verdienste kamen seit dem 13. Dezember 1916 hierzu noch die vergoldeten gekreuzten Schwerter auf dem Banddreieck. Gemäß einer Allerhöchsten Entschließung vom 17. Februar 1918 konnte das „goldene" Verdienstkreuz mit und ohne Krone auch ein zweites Mal erworben werden, was durch eine vergoldete Spange auf dem Bande zum Ausdruck kommt. Diese (trapezförmige) Spange ist 8 mm hoch und 50 mm breit. Wenn Schwerter zum goldenen Verdienstkreuz mit oder ohne Krone anzulegen waren, so sind diese gegebenenfalls auf der Spange angebracht. Die „goldenen" Verdienstkreuze wurden seit Ende 1916 nur mehr in vergoldetem Silber, seit Beginn des Kriegsjahres 1918 jedoch, wie auch die „silbernen" Verdienstkreuze, in vergoldetem bzw. versilbertem unedlen Metall hergestellt.

Größe: mit der Krone 54 mm hoch, 36 mm breit, ohne Krone 30 mm.

Band: 39 mm breit, ponceaurot bzw. als „Kriegsband" (40 mm) weißrot waagerecht gerippt in 20 mm Breite, anschließend je ein ponceauroter Seiten- und weißer Randstreifen, alle diese je 5 mm breit.

1083. Goldenes Verdienstkreuz, vergoldet

1084. Silbernes Verdienstkreuz, versilbert
  größere Form (verliehen 1918)

In der letzten Kriegszeit kamen die goldenen bzw. silbernen Verdienstkreuze ohne Krone, abgesehen von ihrer Ausführung in unedlem Metall, in der gleichen Größe wie die Kreuze mit der Krone zur Verleihung.

Alles über Band, Schwerter sowie Spangen bei wiederholter Verleihung des „goldenen" Verdienstkreuzes Nr. 1078 ff. Gesagte hatte bis zum Schluß des Krieges Geltung.

Größe: 36 mm

1085. Eisernes Verdienstkreuz mit der Krone am roten Bande
1085a. Dasselbe am Bande der Tapferkeitsmedaille
1085b. Dasselbe am Bande der Tapferkeitsmedaille und mit Schwertern
1086. Eisernes Verdienstkreuz am roten Bande
1086a. Dasselbe am Bande der Tapferkeitsmedaille
1086b. Dasselbe am Bande der Tapferkeitsmedaille und mit Schwertern
(verliehen 1916—1918)

Gestiftet von Kaiser Franz Joseph I. am 1. April 1916 zur Belohnung von Verdiensten während des Weltkrieges „für Personen des Mannschaftsstandes und Gagisten (= Staats- und Gemeindebediensteten) ohne Rangklasse". In der Regel erhielten diese Kreuze Sanitätssoldaten, dann Feld-Eisenbahn- und Feldpostbedienstete usw. Das Kreuz sollte für Verdienst im Kriege am Bande der Tapferkeitsmedaille, sonst am roten Bande, verliehen werden. Zivilisten konnten es nur für Verdienst im Kriege, d. h. am Bande der Tapferkeitsmedaille, erhalten. Verleihungen am roten Bande sind daher auch tatsächlich nicht vorgekommen. Für Verdienst an der Front (auch früheres) kamen seit 13. Dezember 1916 auch vergoldete Schwerter auf dem Banddreieck hinzu.

Eine kaiserliche Verfügung vom 26. September 1917 dehnte die Verleihung auf alle freiwillig im aktiven Militärdienst gebliebenen Mannschaftspersonen der Geburtsjahrgänge 1865 und 1866 aus, ebenso auf die gleich alten „Gagisten". Mannschaftspersonen und Gagisten des Jarganges 1867, wenn dieselben am 17. August 1918 freiwillig in aktiver Dienstleistung standen. (Zirkular-Verordnung vom 28. August 1918.)

Die Kreuze mit glatten, außen abgerundeten Armen sind aus rostfreiem, grauem Eisen hergestellt und haben die gleiche Form wie die goldenen und silbernen Verdienstkreuze. Soweit mit der Krone verliehen, ist diese beweglich mit ihren am oberen Kreuzarm angeprägten „Bändern" verbunden und trägt im Apfel einen gewöhnlichen Ring. Mittelschildchen (18 mm Durchmesser) der Vorderseite gleich wie bei Nr. 1084.

R: Mittelschildchen (18 mm Durchmesser) ebenfalls wie bei Nr. 1084, nur statt „1849" die erhöht geprägte Zahl „1916" innerhalb des stilisierten Lorbeerkranzes.

Band: 38 mm breit, ponceaurot, bzw. für „Verdienst im Kriege" das der Tapferkeitsmedaille, siehe Nr. 961 ff. (40 mm breit).

Die Kreuze mit und ohne Krone haben die gleiche Größe: 35 mm (die Krone selbst ist 20 mm hoch).

1087. Goldenes Ehrenzeichen für Kunst und Wissenschaft
(verliehen 1887—1918)

Gestiftet von Kaiser Franz Joseph d. d. Ischl den 18. August 1887 an Stelle der bis dahin verliehenen goldenen Medaillen für Kunst und Wissenschaft mit der Inschrift „Literis et artibus". Letztere konnten aber nicht am Bande getragen werden. Das goldene Ehrenzeichen wurde um den Hals getragen.

Es besteht in einer ovalen goldenen Medaille, welche von einem goldenen, zum Teil schwarz emaillierten Lorbeerkranz umschlossen ist, der oben, unten, sowie rechts und links von einer goldenen erhabenen Verzierung (Kartusche) gehalten wird. Die obere dieser vier kleinen Kartuschen trägt eine angeprägte Öse, in der die bewegliche, rot emailliert gefütterte goldene (21 mm hohe) Kaiserkrone mit flatternden Bändern hängt; ihr Reichsapfel hat einen kleinen runden Ring, und in letzterem hängt der langgestreckte, mehrfach eingekerbte, nach außen mit schmalem Perlenstab verzierte Tragring des Halsbandes.

V: Das nach rechts gewendete Brustbild des Stifters in der Tracht des hohen Ordens vom Goldenen Vließ. Umschrift: „FRANC · IOS · I · AVSTR · IMP · REX · BOH · ETC · ET · HVNG · REX · AP · ".

R: Zwischen zwei kranzförmigen, unten mit Doppelschleife zusammengebundenen lichten Lorbeerzweigen in drei Zeilen „LITERIS / ET / ARTIBVS".

Größe (einschl. Krone): 77 mm hoch, 43 mm breit; Gewicht: 49,5 g.

Halsband: 45 mm breit, ponceaurot.

1088. Elisabeth-Kreuz (für Frauen und Jungfrauen), Silber (verliehen 1918)

Am 30. April 1918 stiftete Kaiser Franz Joseph I. dieses silberne Kreuz als Bestandteil des am 17. September 1898 zum Andenken an seine am 10. September 1898 zu Genf ermordete Gemahlin, Kaiserin Elisabeth (geb. Herzogin in Bayern) für Frauen und Jungfrauen gestifteten „Elisabeth-Ordens". Das silberne Kreuz war, wie der Elisabeth-Orden selbst und dessen nachfolgend beschriebene Medaille, dazu bestimmt, „Verdienste, welche sich Frauen und Jungfrauen in den verschiedensten Berufssphären oder sonst auf religiösen, humanitären oder philantropischen Gebieten erworben haben, zu belohnen".

Das Elisabeth-Kreuz ist aus Silber gefertigt mit von oben nach unten gelochter kleiner Öse und darin hängendem gewöhnlichem Ring. Die glatten, bogig geschweiften vier Arme sind von einem erhaben geprägten, außen spitz zulaufenden Pfahl durchzogen. Aus den Kreuzwinkeln wachsen Rosenzweige heraus. Das aufgelötete Mittelschildchen mit erhöhter, gemusterter Umrandung zeigt auf der

V: Das erhabene, nach rechts blickende gekrönte Bild der heiligen Elisabeth, von einem kleinen Kreuz überhöht.

R: Der Namenszug „E", auf Rosenzweigen ruhend.

Größe: 40 mm.

Band 26 mm breit, weiß mit zwei karmoisinroten, je 2,5 mm breiten Seitenstreifen, diese haben 2,5 mm Abstand von den Kanten. (Zur Doppelschleife geformt getragen.)

1089. Elisabeth-Medaille, Silber (verliehen 1898—1918)

Gestiftet am 17. September 1898 zusammen mit dem Elisabeth-Orden und diesem „affiliiert" (vgl. Nr. 1088).

Die silberne Medaille hat eine kugelförmige, mit blattartiger Verzierung am oberen Rande aufsitzende Öse nebst gewöhnlichem Tragring.

V: Die Darstellung der Vorderseite des Ordenskreuzes, vgl. Vorderseite von Nr. 1088.

R: Ein verziertes „E" in lateinischer Kursivschrift, umrankt von Rosenzweigen.

Größe: 33 mm; Gewicht: 24 g.

Band: 20 mm breit, weiß mit zwei karmoisinroten, je 2 mm breiten Seitenstreifen bei 2 mm Abstand von den Kanten. (Zur Doppelschleife geformt getragen.)

1090. Silberne Ehrenmedaille vom Roten Kreuz

1091. Dieselbe mit der Kriegsdekoration

1092. Bronzene Ehrenmedaille vom Roten Kreuz

1093. Dieselbe mit der Kriegsdekoration
   (verliehen 1914 bis 1923)
   Abbildung am Schluß des Bandes.

Gestiftet zugleich mit den höheren Graden des Ehrenzeichens vom Roten Kreuz von Kaiser Franz Joseph I. am 17. August 1914 als dem fünfzigsten Jahrestag der Gründung der „Genfer Konvention". Hier haben aber nur die beiden unteren Stufen („Ehrenmedaillen") des Ehrenzeichens für Verdienste um das Rote Kreuz Aufnahme gefunden, da den höheren Graden hinsichtlich ihrer Verleihungsbedingungen Ordenscharakter zukommt.

Die ovalen mattsilbernen bzw. hellbronzenen Medaillen zeigen innerhalb einer feinen Perlschnur auf der

V: zwei geflügelte Genien auf Wolken schwebend, welche ein besonders aufgelötetes, geschweiftes, weiß emailliertes Schildchen mit dem Roten Kreuz halten, darüber ein strahlender Stern, unten (dreizeilig) „PATRIAE / AC / HUMANITAT" (das letzte Wort bogig).

R: Die Jahreszahlen „1864 / 1914" (untereinander).

Bei den Ehrenmedaillen mit der Kriegsdekoration („K.D.") sind alle Verhältnisse der Darstellungen einschließlich der beiden Jahreszahlen auf der Rückseite kleiner gehalten. Dafür schlingt sich außen herum ein fünfmal kreuzweise mit Bändern umschlungener Kranz, links aus Eichen-, rechts aus Lorbeerlaub, auch auf der Rückseite ebenso verteilt. Er ist bei beiden Klassen auf der Vorderseite dunkelgrün emailliert. Die Medaillen ohne „K.D" haben auf Vorder- und Rückseite außen am Rande entlang je eine ganz schmale Perlenschnur-Einfassung, alle Stücke aber tragen oben eine gemusterte Öse mit länglichem, mehrfach eingekerbtem Ring.

Größe: 44 mm hoch, 35 mm breit; Gewicht: in Silber etwa 26 g.

Band: 38 mm breit, weiß mit zwei karmoisinroten Streifen (3 mm) an jeder Seite, mit je 2,5 mm breitem Abstand voneinander und von den Außenkanten des Bandes (von Männern als Dreieck, von Frauen zur Schleife geformt getragen).

1094. Große goldene

1095. Kleine goldene und

1096. Silberne Denkmünze für die Freiwilligen von Limburg
   (verliehen 1790)

Gestiftet von Kaiser Leopold für die Freiwilligen aus der damaligen österreichisch-belgisch-niederländischen Provinz Limburg, die während des Aufstandes von 1790 und im Kriege gegen die französische Republik 1792/93 für die kaiserliche Sache treu gekämpft und so die Wiederbesetzung der aufrührerischen Provinz Limburg erleichtert hatten. Die großen goldenen Medaillen, von denen nur 34 Stück zur Ausgabe gelangt sind, waren für hohe Offiziere und Beamte bestimmt. Von den kleineren goldenen, für subalterne Offiziere bestimmten Medaillen sind 108 Stück verliehen worden. Die silbernen Denkmünzen aber gelangten in 1084 Exemplaren an die Unteroffiziere und Mannschaften der Limburger Freiwilligen-Verbände.

Die Medaillen sind mit einer verzierten Öse versehen, welche in ihrer von oben nach unten gehenden Lochung den Bandtragring führt.

V: der lorbeergeschmückte, nach rechts sehende Kopf des Stifters mit offenem, langem Haar; Umschrift: „LEOPOLDVS · II · AVG · DVX · LIMBVRGI ·"

R: Im unten mit Doppelschleife gebundenen Kranz aus je einem Lorbeerzweig (links) und Eichenzweig (rechts) die sechszeilige Inschrift „FIDIS · / FORTIBVSQVE · / VOLVNTARIIS · / LIMBVRGEN-SIBVS · / PALMA · / MDCCXC ·".

Größe: Bei Nr. 1094 und Nr. 1096 32 mm, bei Nr. 1095 aber 28 mm.

Gewicht: in Silber 13 g.

Band: 35 mm breit, ponceaurot mit zwei kornblumenblauen, je 5 mm breiten Seitenstreifen bei 1 mm Abstand von den Bandkanten.

1097. Goldene Ehrenmedaille für das Regiment „Latour-Dragoner" Nr. 14 (verliehen 1791)

Diese einzigartige und wertvolle Ehrenmedaille wurde von Kaiser Leopold II. im Jahre 1791 der Standarte des vorgenannten Reiterregiments (später „Windischgrätz-Dragoner" Nr. 14) verliehen für dessen tapferes Verhalten in allen vergangenen Kriegen, in welchen sich diese Truppe unvergänglichen Ruhm erworben hatte. Als im Jahre 1868 die Standarten der Kavallerie-Regimenter in Österreich abgeschafft wurden, beließ eine besondere kaiserliche Verfügung dem Dragoner-Regiment Nr. 14 sein altes ruhmreiches Feldzeichen.

Die goldene ovale Fahnen-Medaille zeigt auf der

V: das nach links gewendete Brustbild des Stifters; Umschrift: „LEOPOLDUS SECUNDUS AUGUSTUS — A LA FIDELITE ET VALEUR SIGNALEE DU REGIMENT LATOUR — DRAGONS RECONNU PAR L'EMPEREUR ET ROY.".

R: Glatt ohne Inschrift.

Größe: 135 mm hoch, 110 mm breit.

Band: Der Tapferkeitsmedaille, 40 mm breit mit dunkelrosa-weißen Querrippen (in 20 mm Breite), daneben je ein dunkelrosa Seiten- und weißer Randstreifen, alle je 5 mm breit.

1098. Silberne Medaille für die Offiziere
1099. Silberne (kleinere) Medaille für die Unteroffiziere und Mannschaften des Tiroler Aufgebots im Kampfe gegen Frankreich (verliehen 1796)

Gestiftet von Kaiser Franz II. gegen Ende 1796 „für alle Tiroler, die in Folge des Aufrufes am 12. August die Waffen ergriffen und sich im Jahre 1796 wirklich bei einer Unternehmung gegen den Feind befunden haben".

Die silbernen Medaillen der Offiziere unterscheiden sich von denjenigen der Mannschaften nur durch ihren größeren Durchmesser bei entsprechend auch etwas' größer dargestelltem Stifterkopf und Inschriften. Alle Medaillen haben eine runde, flache Öse, diese von oben nach unten gelocht.

V: Der nach rechts blickende Kopf des Kaisers mit offenem Haar und Lorbeerkranz; Umschrift: „FRANCISCVS : II · D · G · R · IMP · S · I · A · H · B · R · COMES · TIROLIS ·". Unten am Rande (klein) „I · N · WIRT · F ·".

R: In einem unten mit einer großen Schleife gebundenen Lorbeerkranz (fünfzeilig) „PRO · FIDE · / PRINCIPE · / ET · / PATRIA · / FORTITER · / PVGNANTI · " (Dem heldenmütigen Kämpfer für Treue, Fürst und Vaterland); Umschrift außerhalb des Kranzes (am Medaillenrand entlang): „TIROLIS · AB · HOSTE · GALLO · VNDIQUE · PETITA · " (oben), „ · MDCCXVI · " (unten) (Tirol vom französischen Feinde von allen Seiten bedrängt).

Größe: a) der Medaille für Offiziere 40 mm; Gewicht: 18 g;
      b) der Medaille für Unteroffiziere und Soldaten 35 mm; Gewicht: 13 g.

Band: 40 mm breit, weiß mit 7 mm breitem, ponceaurotem Mittelstreifen, der zu beiden Seiten mit je einem dünnen schwarzen Strich eingefaßt ist, sowie mit dunkelgrünen, je 6 mm breiten Rändern.

1100. Große goldene Medaille für die höheren Offiziere

1101. Kleine goldene Medaille für die sonstigen Offiziere

1102. Silberne Medaille für die Mannschaft des Tiroler Aufgebotes 1797

Gestiftet von Kaiser Franz II. im Jahre 1797 für das Tiroler Aufgebot, das in heldenmütiger Tapferkeit die österreichische Armee bei der Verteidigung des Vaterlandes, insbesondere jedoch bei der Vertreibung der Franzosen aus Tirol, unterstützt hatte. Die Offiziere erhielten in der Regel die kleinere goldene Denkmünze. Einige wenige größere goldene Exemplare scheinen dagegen an die höheren Führer verliehen worden zu sein. Es sind deren bis jetzt nur drei Exemplare bekannt geworden, darunter eines in der Sammlung Gg. Schreiber.

Die Medaillen haben eine angelötete runde, von oben nach unten gelochte Öse. Abgesehen von den verschiedenen Größen von Kopf und Inschriften sind alle drei Abarten völlig gleich in der Prägung.

V: Der nach rechts gewendete, mit Lorbeer geschmückte Kopf des Stifters; Umschrift: „FRANZ II · R · K · ERZH · ZU OEST · GEF · GRAF VON TYROL · ". Unten am Rand (klein) „I · N · WIRT · F · ".

R: In einem lichten, unten mit einer Schleife gebundenen Lorbeerkranz die sechszeilige Inschrift „DEN / TAPFEREN / VERTHEIDIGERN / DES / VATERLANDES / MDCCXCVII".

Größe: Bei Nr. 1100 und Nr. 1102 39 mm, bei Nr. 1101 35 mm; Gewicht: in Gold 35 g (10 Dukaten) bzw. 21 g (6 Dukaten), in Silber 18 g.

Band: 30 mm breit, eingeteilt in drei schwarze, je 5 mm breite und zwei goldgelbe, je 6 mm breite Streifen mit je 1 mm breiten goldgelben Rändern.

1103. Goldene Medaille für hohe und höchste Führer

1104. Silberne Medaille (Denkmünze) für die Offiziere

1105. Dieselbe (kleiner) für die Unteroffiziere

1106. Dieselbe (noch kleiner) für die Mannschaften des Niederösterreichischen Aufgebotes 1797

Um dem Vordringen der Franzosen im Jahre 1797 entgegentreten zu können, hatte der Landespräsident von Niederösterreich, Graf Saurau, ein Massen-

Aufgebot veranlaßt. Die Landesstände bildeten dabei ein eigenes Freikorps. Kaiser Franz II. bewilligte im gleichen Jahre noch den niederösterreichischen Freiwilligen besondere silberne Denkmünzen. Der Graf Saurau als Organisator, dann der Herzog von Württemberg als Kommandant des Aufgebotes, einige Kreishauptleute und höhere Regierungsbeamte erhielten goldene Medaillen. Das ganze niederösterreichische Aufgebot zählte damals 17 Bataillone Infanterie, 1 Jägerbataillon nebst 2 Eskadronen Kavallerie, dazu kam noch das sogenannte „Ständekorps" mit 450 Köpfen.

Die Medaillen haben durchweg die von oben nach unten gelochte, angelötete runde Öse und sind, abgesehen von ihrer verschiedenen Größe, sonst ganz gleich. Die größeren silbernen Offiziersmedaillen sowie die wenigen goldenen Exemplare haben eine sorgfältigere und mehr hervortretende Prägung als die Unteroffiziers- und Mannschafts-Exemplare.

V: Der nach rechts gewendete Kopf des Kaisers mit Lorbeerkranz im offenen, langen Haar; Umschrift: „FRANZ II · RÖM · KAI · ERZHERZOG ZU OESTERREICH". Unten am Rande (klein) „I · N · WIRT · F ·".

R: In einem unten mit einer Schleife gebundenen Kranz aus zwei Eichenzweigen achtzeilig „DEN / BIEDEREN / SOEHNEN / OESTERREICHS / DES / LANDESVATERS / DANK / MDCCXCVII".

Größe: Bei Nr. 1103 37 mm (in Gold), bei Nr. 1104 41 mm, bei Nr. 1105 39 mm, bei Nr. 1106 37 mm; Gewicht: in Silber 25 g bzw. 20 g bzw. 18 g.

Band: 40 mm breit, halb rosa und halb weiß.

1107. Großes metallenes Armeekreuz und

1108. Kleines metallenes Armeekreuz für 1813/1814 (genannt „Kanonenkreuz)

Kaiser Franz I. stiftete im Jahre 1814 für seine Truppen zum Andenken an die Befreiungskriege der Jahre 1813/14 ein „metallenes Armeekreuz", das später auch noch die Mitkämpfer im Kriegsjahre 1815 erhielten. Es scheint ursprünglich beabsichtigt gewesen zu sein, verschiedene Größen dieses Denkzeichens auszugeben, und es gibt auch solche „Probekreuze". Tatsächlich erhielten aber alle Kriegsteilnehmer dann das gleiche „Kanonenkreuz", ohne Unterschied ihres militärischen Ranges, wie es überhaupt nur an wirkliche Frontkämpfer verliehen worden ist. Nur der Höchstkommandierende, Feldmarschall Fürst Schwarzenberg, bekam ein größeres, um den Hals zu tragendes Armeekreuz, das sich jetzt im Wiener Heeresmuseum befindet.

Die Kreuze haben alle zwischen ihren geraden, sich gegen die Mitte stark verjüngenden Armen einen geschoppten Lorbeerkranz, gleichen sonst aber genau den unter Nr. 1059/1060 beschriebenen goldenen und silbernen Zivil-Ehrenkreuzen für 1813 und 1814. Sie sind aus Geschützmetall mit Stempeln von Kammermedailleur I. N. Harnisch geprägt. Auch die „Kanonenkreuze" haben in der halbkreisförmig angeprägten Öse einen länglichen, gerillten Tragring. Ihre Grundfläche ist mit dunkelgrüner Lackschicht überzogen, so daß die erhöhten Ränder sowie die Inschriften hell hervortreten.

V: „GRATI" (im oberen Arm) „PRINCEPS ET PATRIA" (quer über
die beiden waagerechten Kreuzarme) (Dankbar sind Fürst und
Vaterland), und „FRANC · / IMP · AUG ·" (zweizeilig im unteren
Arm).

R: Oben „EUROPAE", quer über die Mittelarme „LIBERATE —
ASSERTA" (Nachdem Europas Freiheit behauptet worden ist),
dann im unteren Arm „MDCCCXIII · MDCCCXIV ·".

Das Kreuz des Feldmarschalls Fürst Schwarzenberg ist offiziell feuervergoldet und hat einen schönen mit Laubwerk ziselierten länglichen
Tragring. Soweit sonst vergoldete Exemplare vorkommen, ist diese
Vergoldung stets eine nachträgliche private, wie auch vielfach Stücke
mit dem Namen ihrer Inhaber am Rande auf deren Kosten graviert
worden sind.

Größe des großen Armeekreuzes von Fürst Schwarzenberg 45 mm;

Größe der übrigen „Kanonenkreuze" 27 mm.

Halsband des ersteren Kreuzes 43 mm breit, sonst aber ist das Band
nur 38 mm breit, stets mit drei gleichen Streifen schwarz-goldgelb-
schwarz.

1109. Erinnerungskreuz 1814 für die Begleitgarde des böhmischen Adels im Kriegsjahre 1814, Gold

Gestiftet von Kaiser Franz I. Ende 1814 als ein dankbares Andenken für
diejenigen Glieder des böhmischen Adels, die während des ganzen Krieges gegen
Frankreich im genannten Jahre den Monarchen im Felde begleitet hatten. Diese
Adelsgarde war 100 Mann stark. Obwohl nun öfters schon bezweifelt wurde,
ob dieses Kreuz tatsächlich verliehen worden ist, so soll es doch hier, der
Schilderung v. Heyden (Nr. 1015) folgend, beschrieben werden.

V: Im rot emaillierten Mittelschildchen der silberne Wappen-Löwe
Böhmens.

R: Im weiß emaillierten Mittelschildchen die schwarz gemalte Inschrift
„NOBILIBUS BOHEMIS BELLO GALLICA FIDIS CORPORIS
CUSTODIBUS FRANCISCUS AUGUSTUS MDCCCXIV".

Größe: 30 mm.

Band: Weiß-zinnoberrot-weiß (gleichbreit gestreift).

1110. Silberne Erinnerungs-Medaille an die Huldigung in Tirol (verliehen 1838)

Gestiftet von Kaiser Ferdinand am 12. August 1838 für diejenigen Tiroler
Landsleute, die an diesem Tage offiziell an der Huldigung zu Innsbruck teilgenommen hatten.

Die silberne Medaille hat eine verzierte, von oben nach unten gelochte Öse mit Ring und ist sehr selten.

V: Der nach rechts gewendete lorbeergeschmückte Kopf des Stifters.
Umschrift: „FERDINAND KAISER VON OESTERREICH". Unter
dem Halsabschnitt (bogig) „I. D. BOEHM F.".

R: Innerhalb eines schmalen dichten Kranzes von Eichenlaub die fünfzeilige Umschrift „ANDENKEN / AN DIE / HULDIGUNG /
12. AUGUST / 1838".

Größe: 28 mm; Gewicht: 23 g.

Band: 38 mm breit, halb dunkelgrün, halb weiß.

1111. Silberne Denkmünze für die Tiroler Landesverteidiger im Jahre 1848

Kaiser Franz Joseph I. stiftete wenige Wochen nach seinem Regierungsantritt,
am 21. Dezember 1848, diese silberne Denkmünze „für diejenigen treuen Tiroler,
die während des Jahres 1848 zum Schutze des Landes in förmlich organisierten
Kompagnien oder als Landsturm ausgerückt waren". — Die Medaille erhielt
dann am 10. Januar 1849 eigene Statuten.

Sie hat, wie auch die Tapferkeitsmedaillen des Jahres 1849, eine
liegendovale Öse mit stielartigem, 3 mm hohem Ansatz.

V: Der nach links blickende, mit Lorbeer geschmückte jugendliche
Kopf des Stifters mit der Umschrift „FRANZ JOSEPH I. KAISER
VON OESTERREICH", unten am Rande „K. LANGE".

R: In einer dünnen Kreislinie eine ebenfalls kreisförmige, bogige Ver-
zierung, worin in fünf Zeilen angeordnet: „DEM / TIROLER /
LANDES / VERTHEIDIGER / 1848". Außen am Rande Umschrift:
„MIT GOTT FÜR KAISER UND VATERLAND".

Größe: 31 mm; Gewicht: 14 g.

Band: 36 mm breit, halb weiß, halb dunkelgrün.

1112. Goldene Fahnen-Medaille für das K. u. K. Infanterie-Regt. Nr. 50 (verliehen 1851)

Verliehen von Kaiser Franz Josep I. am 27. August 1851 der Fahne des
1. Bataillons genannten Regiments, welches im gleichen Jahre aus dem
2. Romanen-Grenzer-Regiment gebildet wurde. Das 1. Bataillon hatte unter den
schwierigsten Verhältnissen während des Aufstandes seine Fahne gerettet und
dem Kaiser die Treue bewahrt. Die runde goldene Medaille ist 200 Dukaten
schwer und hängt an einem längeren Bande am Schaft der Fahne.

V: Brustbild des Stifters in Uniform mit umgehängtem Mantel; Umschrift: „FRANZ JOSEPH I. V. G. G. KAISER VON OESTER-
REICH".

R: „FÜR STANDHAFTES AUSHARREN IN DER BESCHWORENEN
TREUE IM JAHRE 1848".

Größe: 90,5 mm; Gewicht: etwa 700 g (200 Dukaten).

Band: Der Tapferkeitsmedaille = 40 mm breit, dunkelrosa-weiß quer
gerippt (in Breite von 20 mm) mit anschließenden dunkelrosa
Seiten- und weißen Randstreifen, alle je 5 mm breit.

1113. Silberne Denkmünze für die Tiroler Landes-Verteidiger 1859 (verliehen 1909)

Gestiftet von Kaiser Franz Joseph I. am 4. November 1908 zu seinem
50jährigen Regierungsjubiläum für alle Personen, die „in der Zeit vom 17. Mai
bis inklusive 12. Juli 1859 in einem der in Tirol und Vorarlberg aktivierten
Landesschützenkörper einrolliert oder demselben vom Stande des Heeres zur

Dienstleistung überwiesen waren". Beim großen Landesschützenfest von Tirol im Sommer 1909 gelangten dann diese Denkzeichen an die nicht mehr zahlreichen Veteranen von 1859 zur Verteilung.

Der Vorderseitenstempel stammt vom damaligen Graveur-Assistenten (späteren Professor) Richard Placht an der Wiener Münze, derjenige der Rückseite aber vom Graveur J. Prinz in Wien.

V: Der nach rechts gewendete Kopf des Stifters mit Lorbeerkranz; Umschrift: „FRANC · IOS · I · D · G · IMP · AVSTR · REX BOH · ETC · ET AP · REX · HVNG ·". Unter dem Halsabschnitt „· R · PLACHT ·".

R: Die Zahlen „1859 / 1909" (in zwei Zeilen) eingeschlossen von einem Kranze, geformt aus einem Lorbeerzweig (rechts) und einem Eichenzweig (links), die unten mit Doppelschleife gebunden sind. Rechts unten am Rand (klein) „J. PRINZ".

Größe: 32 mm; Gewicht: 19 g.

Band: 40 mm breit, weiß mit einem zinnoberroten, schwarz gesäumten Mittelstreifen (8 mm breit) sowie zwei hellgrünen, je 8 mm breiten Randstreifen.

1114. Kriegsdenkmünze für den Feldzug gegen Dänemark 1864, aus Geschützbronze

Gestiftet am 10. Nov. 1864 von Kaiser Franz Joseph I. in Übereinstimmung mit dem damals verbündeten König Wilhelm I. von Preußen zur Erinnerung an den ruhmreich beendeten Feldzug der preußisch-österreichischen Truppen gegen Dänemark in Schleswig-Holstein.

Während Preußen aus demselben Anlaß eine fast gleiche bronzene Medaille für Kämpfer und eine Medaille aus Stahl für Nichtkämpfer geschaffen hatte, gab es in Österreich nur eine Denkmünze aus erobertem Geschützgut mit der vertieften Randschrift „AUS EROBERTEM GESCHÜTZ" und eigens eingesetzter, mehrfach gekerbter Öse nebst gewöhnlichem Ring. Die Stempel für Österreich schnitt Kammermedailleur Friedrich Leisek, Wien.

V: Die nebeneinandergestellten gekrönten Namenszüge „F J" (links) und „W" (rechts) in verzierter lateinischer Kursivschrift.

R: Im unten mit Doppelschleife gebundenen lichten Lorbeerkranz vierzeilig „UNSERN / TAPFERN / KRIEGERN / 1864".

Größe: 30 mm.

Band: 38 mm breit, schwarz mit je einem weißen und einem orangegelben Seitenstreifen von 8 mm Breite bei 2 mm Abstand von den Kanten des Bandes.

1115. Silberne Denkmünze für die Tiroler Landes-Verteidiger 1866

Gestiftet von Kaiser Franz Joseph I. d. d. Schönbrunn den 17. September 1866 zum Andenken an die Treue und Tapferkeit der Landesverteidiger Tirols, nämlich der Landesschützen-Kompagnien und des Landsturms, sowie auch der Mitglieder der Landesverteidigungs-Oberbehörde von Tirol und Vorarlberg zum Schutze der vom Feinde bedrohten Grenze Tirols während der Kriegsepoche des Jahres 1866.

Die silberne Medaille hat eine kleine kugelförmige Öse mit gewöhnlichem Ring; die Stempel hierzu schnitt Münzgraveur J. Tautenhayn d. Ä.

V: Der nach rechts gewendete lorbeergeschmückte Kopf des Stifters mit der Umschrift „FRANZ JOSEPH I · KAISER VON OESTERREICH". Unter dem Halsabschnitt „TAUTENHAYN".

R: In einem aus Lorbeer und Eichenlaub zusammengeflochtenen Kranz in fünf Zeilen „MEINEM / TREUEN VOLKE / VON / TIROL / 1866".

Größe: 31 mm; Gewicht: 15 g.

Band: 33 mm breit, halb weiß, halb rosa.

1116. Prager Bürger-Medaille für 1866, Silber

Gestiftet von Kaiser Franz Joseph I. im Jahre 1866 für die drei Korps der Bürgerwehr der Stadt Prag, die während des Krieges gegen Preußen freiwillig unter die Waffen getreten waren.

Auch diese silberne Denkmünze ist mit kleiner kugelförmiger Öse und gewöhnlichem Ring versehen. Sie wurde mit dem gleichen Vorderseitenstempel (von Tautenhayn) wie Nr. 1115 geprägt. Es gelangten davon 1080 Stück zur Verleihung.

R: In einem Kranze aus Eichenlaub, der unten mit Doppelschleife gebunden ist, „1866", darunter ein waagerechter Zierstrich.

Größe: 31 mm; Gewicht: 15 g.

Band: 33 mm breit, halb weiß, halb rosa.

1117. Kriegs-Medaille, aus Kanonenmetall
(verliehen 1873, mit Unterbrechungen bis 1916)

Am Tage seines 25jährigen Regierungsjubiläums, dem 2. Dezember 1873, stiftete Kaiser Franz Joseph I. für alle Personen ohne Unterschied des Ranges und ihrer Stellung die „Kriegs-Medaille", wenn sie einen oder mehrere Feldzüge, vom Jahre 1848 an, unter der Regierung des Kaisers mitgemacht hatten.

Die Kriegs-Medaille, zu der Münzgraveur J. Tautenhayn d. Ä. den Vorderseitenstempel schnitt, ist aus Kanonenmetall geprägt. Der Stempel zur Rückseite ist von Medailleur J. Pfeiffer. Eine kleine kantige Öse trägt den gewöhnlichen Ring. Dem Willen des Stifters entsprechend, wurden später noch die österreichischen Teilnehmer am Bosnischen Feldzug von 1878/80 und 1882, dann an der China-Expedition 1900/01 mit der Kriegs-Medaille beliehen. Auch die Teilnehmer im Weltkriege legten dieses schlichte Denkzeichen an, soweit sie schon vor dem Tode des Kaisers Franz Joseph I. (21. September 1916) im Felde gestanden hatten. — Natürlich ergaben sich bei der öfters nötig gewordenen Nachschneidung abgenützter Stempel allerlei unbedeutende Veränderungen in der Zeichnung von Zahlen und in sonstigen Darstellungen. Es gibt auch nichtoffizielle Stücke verschiedener Herkunft und Prägung. Hier soll nur der Normaltypus beschrieben werden.

V: Der nach rechts gewendete Kopf des Kaisers mit Lorbeerkranz; zwischen zwei Kreislinien am Rande entlang die Umschrift „FRANZ JOSEPH I. KAISER V. ÖSTERREICH KÖNIG V. BÖHMEN ETC. APOST. KÖNIG V. UNGARN".

R: In einem unten mit Doppelschleife gebundenen Kranze aus Lorbeer (links) und Eichenzweig (rechts) die dreizeilige Inschrift „2. / DECEMBER / 1873".

Größe: 36 mm.

Band: 40 mm breit, schwarz und goldgelb quer gerippt (in 21 mm Breite), anschließend je ein schwarzer Seitenstreifen und goldgelber Rand von je 4,5 mm Breite.

Anmerkung: Die bei von Heyden unter Nr. 1046, 1047 und 1048 beschriebenen Varianten sind nichtoffizielle Prägungen.

1118. Seereise-Medaille 1893, Bronze, auch genannt „Rammkreuzer-Elisabeth-Medaille"

Gestiftet von Kaiser Franz Joseph I. am 11. November 1893 für alle Teilnehmer an der Seereise des Erzherzogs (späteren Thronfolgers) Franz Ferdinand von Österreich-Este (geb. 1863, ermordet 1914 zu Sarajevo), die er an Bord des K. K. Rammkreuzers „Kaiserin Elisabeth" unternahm nach Ostindien, China, Japan, Australien nud nach den Südsee-Inseln. Dieses Kriegsschiff hatte 429 Mann Besatzung.

Die Erinnerungsmedaille ist aus Goldbronze und hat eine kleine kantige Öse mit Ring.

V: In der Mitte ein Anker, umgeben von zwei unten zusammengebundenen Zweigen von Tropenpflanzen, darüber schwebend ein kleiner Doppeladler mit der kaiserlichen Krone; Umschrift: „REISE S. M. SCHIFF KAISERIN ELISABETH".

R: Zwischen zwei unten mit fliegendem Band zu einem Kranz gebundenen Palmenzweigen in sechs Zeilen „OST INDIEN / AUSTRALIEN / SÜDSEE-INSELN / CHINA / JAPAN / 1892—1893", oben in Schreibschrift zwei verschlungene Buchstaben F, davon der eine in Spiegelschrift (Franz Ferdinand).

Größe: 36 mm.

Band: 40 mm breit, dunkelblau und weiß quer gerippt (in 21 mm Breite), anschließend je ein dunkelblauer Seitenstreifen (6 mm) und weiße Ränder, diese je 3,5 mm breit (Farben des Hauses Österreich-Este).

1119. Goldene und
1120. Bronzene Jubiläums-Erinnerungs-Medaille (für die bewaffnete Macht und die Gendarmerie) (verliehen 1898)

Gestiftet von Kaiser und König Franz Joseph I. am 18. August 1898 anläßlich des nahenden 50. Gedenktages seines Regierungsantritts für alle Personen, die innerhalb seiner Regierungszeit vom 2. Dezember 1848 bis 2. Dezember 1898 in der bewaffneten Macht oder in der Gendarmerie gedient hatten. Die goldene Jubiläumsmedaille insbesondere konnte nur solchen Personen verliehen werden, die bis zum 2. Dezember 1908 eine aktive Dienstzeit von 50 oder noch mehr Jahren zurückgelegt hatten.

Sie ist von einem 15 mm hohen, oben am Medaillenrande angelöteten goldenen Doppeladler überragt, welcher auf seiner glatten Rückseite die gewöhnliche Drahtöse mit Ring trägt.

Die bronzene Jubiläumsmedaille hat eine kleine scharfkantige Öse mit Ring. Die Stempel stammen von J. Tautenhayn d. J.

V: Das nach rechts blickende Brustbild des Stifters in Feldmarschallsuniform; Umschrift: „FRANC · IOS · I · D · G · IMP · AVSTR · REX · BOH · ETC · AC · AP · REX · HVNG · ".

R: Innerhalb eines unten mit Doppelschleife gebundenen Kranzes aus einem Lorbeerzweig (links) und einem Eichenzweig (rechts) ein rechteckiges Schildchen mit zweizeiliger Inschrift „SIGNVM / MEMORIAE". Im oberen Teil der Medaille (bogig) „MDCCCXLVIII—MDCCCXCVIII".

Größe (ohne Adler): 33 mm.

Band: 40 mm breit, ponceaurot.

1121. Jubiläums-Medaille für Zivil-Staatsbedienstete, Bronze (verliehen 1898)

Gleichzeitig gestiftet mit der Jubiläums - Erinnerungs - Medaille für die bewaffnete Macht (Nr. 1119/1120) für „Personen ohne Unterschied des Geschlechtes ..., welche innerhalb des Zeitraumes vom 2. Dezember 1848 bis zum 2. Dezember 1898 im Zivil-Staatsdienste oder in anderen demselben gleichgestellten öffentlichen Diensten gestanden" hatten. Alle am 2. Dezember 1898 aktiven Staatsdiener erhielten dann diese Medaille, und auch diejenigen, welche früher mindestens zehn Jahre ununterbrochen in öffentlichen Ämtern bedienstet gewesen waren, hatten Anspruch auf diese Jubiläums-Medaille.

V: Das gleiche Brustbild wie bei Nr. 1120, nur veränderte Umschrift: „FRANC · IOS · I · D · G · IMP · AVST · REX BOH · ETC · ET REX AP · HVNG · ".

Rückseite und Größe wie bei Nr. 1120.

Band: 40 mm breit, halb weiß, halb ponceaurot.

1122. Jubiläums-Hof-Medaille in Gold für Militärpersonen
1122a. Dieselbe Medaille für Zivilpersonen
1123. Jubiläums-Hof-Medaille in Silber für Militärpersonen
1123a. Dieselbe Medaille für Zivilpersonen
1124. Jubiläums-Hof-Medaille in Bronze für Militärpersonen
1124a. Dieselbe Medaille für Zivilpersonen (verliehen 1898)

Gestiftet von Kaiser und König Franz Joseph I. aus Anlaß seines bevorstehenden 50jährigen Regierungsjubiläums am 21. Oktober 1898 für alle Personen, die innerhalb der Zeit vom 2. Dezember 1848 bis 2. Dezember 1898 um den Kaiser bzw. im Hofstaate gedient hatten. Die obersten Hofchargen, Generaladjutanten usw., erhielten die goldene, die Offiziere der Leibgarde und höheren Hofbeamten usw. die silberne, die Hofdienerschaft, die Mannschaft der Leibgarden usw. die Bronze-Medaille.

Militärpersonen trugen zu der mit Öse und Ring versehenen ovalen Medaille am oberen Rande des in dreieckiger Form gefalteten Bandes eine 8 mm hohe, oben 52 mm breite, goldene, silberne bzw. Bronzespange mit der Aufschrift „1848—1898". — Die Zivilpersonen trugen zu der gleichen Medaille, bei der das Band durch eine in die Öse ein-

gehängte 36 mm breite, flache Agraffe aus Draht in gerader Form gezogen ist, eine 7 mm hohe und 31 mm breite goldene oder silberne
bzw. Bronzespange mit der erhöhten Aufschrift „1848—1898".

V: Das nach rechts gewendete Brustbild des Stifters in der Marschalls-
uniform ohne Umschrift.

R: „FRANCISCVS · JOSEPHVS · I · QVINQVAGENARII · REGNI /
DIEM · FESTVM · CELEBRANS / II. DECEMBRIS /
MDCCCXCVIII".

Größe: 39 mm hoch, 31 mm breit.

Gewicht in Silber (ohne Agraffe und Spange): 16 g.

Band: a) für Militärpersonen: 38 mm breit, ponceaurot mit weißen, je
5 mm breiten Rändern.

b) für Zivilpersonen: 30 mm breit, ponceaurot mit weißen, je
5 mm breiten Rändern.

1125. Jubiläums-Inhaber-Medaille, Gold (oval) (verliehen 1898)

Am 2. Dezember 1898 stiftete Kaiser Franz Joseph I. aus Anlaß seines
50jährigen Regierungsjubiläums für diejenigen Regimenter, deren Inhaber er
seit mindestens 50 Jahren gewesen, die Jubiläums-Inhaber-Medaille. Dieselbe
wurde zunächst folgenden zehn Regimentern verliehen: Infanterie-Regiment
Nr. 1, vier Regimentern Tiroler Kaiser-Jäger, Dragoner-Regiment Kaiser Franz
Nr. 1, Dragoner-Regiment Nr. 11, Husaren-Regiment Nr. 1, Ulanen-Regiment
Nr. 4, Ulanen-Regiment „Kaiser Joseph II." Nr. 6. Am 18. Februar 1904
erhielt auch das Korps-Artillerie-Regiment Nr. 8 nachträglich noch eine solche
Medaille.

Die Medaille ist aus Gold in ovaler Form geprägt. Stempel von
Breithut.

Sie wird an breiten Ösen mit dem Bande des Franz-Joseph-
Ordens bei der Infanterie an der Fahne, bei den Kavallerie-Regimen-
tern an eigens dazu gefertigten, silbernen, mit goldenen Reliefverzie-
rungen versehenen Ehrentrompeten, über einen reich (auf der einen Seite
mit Lorbeerlaub, auf der anderen mit zwei Wappenschildern unter der
Kaiserkrone) bestickten Goldbrokatbehang fallend getragen.

V: Das nach rechts gewendete Brustbild des Stifters in der Oberst-
Inhaberuniform des Regimentes, welchem die Medaille verliehen
worden ist. Links oben der von der Kaiserkrone überragte Schild
des Kaiserlichen Wappens; rechts unten eingraviert „FRANZ
JOSEPH I." Unten am Rande (klein) „BREITHUT FEC".

R: „DER / INHABER / SEINEM / INFANTERIE / REGIMENT NO. 1"
(bzw. der Name der betreffenden anderen Regimenter)
„1848—1898", beim Dragoner-Regiment Nr. 1, dessen Inhaber der
Kaiser seit 1843 war, „1843—1898", beim Korps-Artillerie-Regt. Nr. 8
„1848—1898", beim Dragoner-Regiment Nr. 1, dessen Inhaber der
ein Lorbeerzweig, rechts ein Eichenzweig empor.

Band: Großkreuzband des Franz Joseph-Ordens, 10 cm breit,
bei den Fahnen ½ m lang, für die Trompeten etwas kürzer,
ponceaurot, beim Fahnenband bestickt mit dem „Genealogischen

Wappen des Allerhöchsten Kaiserhauses" und daneben einem goldenen Schild mit dem verschlungenen Namenszug „F J 1" unter der mit Perlen reichbesetzten Kaiserkrone, unter den Schilden zwei gekreuzte Eichenzweige.

Gewicht: 200 Dukaten = 700 g.

Größe: 108 mm hoch, 85 mm breit.

1126. Große goldene Fahnen-Medaille

1127. Silberne und

1128. Bronzene Inhaber-Jubiläumsmedaille für das Kaiserl. russische Kexholmsche Leibgarde-Regiment „Kaiser von Österreich" (verliehen 1898)

Gestiftet von Kaiser und König Franz Joseph I. im Jahre 1898 zur Erinnerung an die 50jährige Wiederkehr des Tages seiner Ernennung zum Chef des Kaiserlich russischen Kexholmschen Leibgarde-Regiments „Kaiser von Österreich". Es erhielten die Medaille in Silber sämtliche aktiven Offiziere, Ärzte und Zahlmeister, in Bronze die Feldwebel, Fähnriche und Fahnenträger. Dieselbe Medaille in Gold, aber von wesentlich größerem Durchmesser, wurde am breiten schwarz-gelben Moirébande, geziert mit dem Wappen und dem Namenszug des Kaisers, an den Fahnen des Regiments befestigt.

Die silbernen und bronzenen Stücke haben kleine kantige Ösen mit Ring. Die Medaille ist von J. Tautenhayn sen. graviert.

V: Das nach rechts gewendete Brustbild des Kaisers in der Uniform seines russischen Regiments. Umschrift: «Франць-Іосифъ I. ИМП. Австр., Кор. Богем. и пр. и Апост. Кор. Венгр.» (d. h.: „Franz-Joseph I. KAIS. v. Österr., Kg. v. Böhm. usw. und Apost. Kg. v. Ung.").

R: Innerhalb eines oben offenen Kranzes, welcher links aus einem Lorbeer-, rechts aus einem Eichenlaubzweige besteht und unten mit einer Doppelschleife gebunden ist, in russischer Sprache: «Л. Гв. / Кексгольскому / ИМПЕРАТОРА / Австрійскаго / полку / отъ Шефа / 1848—1898» (d. h.: „Dem Leibgarde / Kexholmschen / Kaiser von Österreich / Regiment / von seinem Chef / 1848—1898".).

Größe: a) Bei den goldenen Fahnen-Medaillen 92 mm; Gewicht 200 Dukaten = 700 g.

b) Bei den silbernen und bronzenen Stücken 34 mm; Gewicht in Silber: 23 g.

Band für Nr. 1126: 118 mm breit, schwarz mit zwei je 29 mm breiten goldgelben Seitenstreifen und in 8 mm Abstand davon noch goldgelbe Kanten (je 6 mm breit), unten mit einer Agraffe geschlossen und kurz oberhalb derselben bestickt wie das Band von Nr. 1125.

Band für Nr. 1127 und 1128: 27 mm breit, schwarz mit zwei je 5$^{1}/_{2}$ mm breiten, goldgelben Seitenstreifen und in 2 mm Abstand davon goldgelbe, 1 mm breite Kanten.

1129. Große goldene Fahnen-Medaille
1130. Silberne und
1131. Bronzene Inhaber-Jubiläumsmedaille für das Königl. preußische Kaiser-Franz-Garde-Grenadier-Regiment Nr. 2 (verliehen 1899)

Gestiftet von Kaiser und König Franz Joseph I. am 11. Januar 1899 zur Erinnerung an die 50jährige Wiederkehr des Tages seiner Ernennung zum Chef des Königlich preußischen Kaiser-Franz-Garde-Grenadier-Regiments Nr. 2. Es erhielten am 11. Januar 1899 die Medaillen in Silber (88 Stück) sämtliche (70) aktiven Offiziere des Regiments, drei Generale à la suite, desgleichen vier Stabs- und Oberoffiziere ebenfalls à la suite des Regiments und vier frühere Kommandeure, in Bronze der Musikdirigent, 18 Feldwebel, 1 Regimentsschreiber, 4 Portepeefähnriche sowie vier „alte Franzer". Später wurde die Medaille in Silber noch den Ärzten, Zahlmeistern und dem Vorsitzenden des Vereins ehemaliger Angehöriger des Regiments verliehen. Dieselbe Medaille in Gold, aber von wesentlich größerem Durchmesser, wurde am schwarz-gelben Seidenbande, geziert mit dem Wappen und dem Namenszuge des Kaisers, an den vier Fahnen des Regiments befestigt.

Die zum Tragen bestimmte silberne und die bronzene Medaille haben eine kleine scharfkantige Öse mit Ring; die silbernen Exemplare haben eine matte Oberfläche. Sie sind von Medailleur Tautenhayn graviert.

V: Das nach rechts gewendete Brustbild des Kaisers in der Uniform seines preußischen Regiments. Umschrift: „FRANZ JOSEPH I · KAIS · V · OESTERR · KG · V · BOEH · ETC · U · AP · KG · V · UNG ·' '.

R: Innerhalb eines oben offenen Kranzes, welcher links aus einem Lorbeer-, rechts einem Eichenlaubzweige besteht und unten mit einer Doppelschleife gebunden ist, „DEM / KGL. PREUSSISCHEN / KAISER FRANZ / GARDE - GRENADIER - / REGIMENT Nr. 2 VON / SEINEM CHEF / 1849—1899".

Größe der goldenen Fahnen-Medaille 92 mm; Gewicht: 200 Dukaten = 700 g; der silbernen und bronzenen Medaille 34 mm; Gewicht in Silber: 23 g.

Band: a) Für die Fahnen-Medaille etwa 118 mm breit, wie bei Nr. 1126.

b) Für die übrigen Medaillen 27 mm breit, schwarz mit zwei je 5½ mm breiten goldgelben Seitenstreifen und in 2 mm Abstand davon goldgelbe 1 mm breite Kanten.

1132. Erinnerungszeichen an Feldmarschall Erzherzog Albrecht, Silber (verliehen 1899) Abbildung am Schluß des Bandes.

Gestiftet von Kaiser und König Franz Joseph I. am 21. Mai 1899 aus Anlaß der Enthüllung des Denkmals für den Erzherzog Albrecht in Wien. Das Erinnerungszeichen wurde an 34 Offiziere verliehen, welche dem 1895 verstorbenen Feldmarschall in persönlicher Dienstleistung nahe gewesen waren.

Das Erinnerungszeichen ist aus mattem Silber, einseitig, durchbrochen gearbeitet und zeigt innerhalb eines aus zwei Lorbeerzweigen gebildeten, ovalen, unten mit flatternden Bändern gebundenen Kranzes in dessen oberem Teile eine königliche Krone, den reich verzierten

Buchstaben „A", welcher auf zwei gekreuzten Marschallstäben ruht. Das Erinnerungszeichen wurde ohne Band auf der rechten Brustseite getragen.

Größe: 60 mm hoch, 38 mm breit; Gewicht: 27 g.

1133. Große goldene Fahnen-Medaille
1134. Silberne und
1135. Bronzene Inhaber-Jubiläumsmedaille für das K. bayer. 13. Infanterie-Regiment „Kaiser Franz Joseph v. Österreich" (verliehen 1901)

Gestiftet von Kaiser und König Franz Joseph I. am 15. Mai 1901 zur Erinnerung an die 50jährige Wiederkehr des Tages seiner Ernennung zum Inhaber des Königlich bayerischen 13. Infanterie-Regiments „Kaiser Franz Joseph I. von Österreich und apostolischer König von Ungarn". Es erhielten die Medaille in Silber sämtliche Offiziere, Sanitätsoffiziere und Zahlmeister des Regiments, in Bronze die Unteroffiziere (Kapitulanten). Dieselbe Medaille in Gold, aber von wesentlich größerem Durchmesser, wurde am schwarz-gelben Seidenbande, geziert mit dem Wappen und dem Namenszug des Kaisers, an den drei Fahnen des Regiments befestigt.

Die Medaillen Nr. 1134 und 1135 haben matte Oberflächen und kleine, scharfkantige Ösen mit Ring.

V: Das nach rechts gewendete Brustbild des Kaisers in der Uniform seines bayerischen Infanterie-Regiments. Umschrift: „FRANZ JOSEPH I · KAIS · V · OESTERR · KG · V · BOEH · ETC · U · AP · KG · V · UNG ·".

R: Innerhalb eines oben offenen Kranzes, welcher links aus einem Lorbeer-, rechts einem Eichenlaubzweige besteht und unten mit einer Doppelschleife gebunden ist, unter der Kaiserkrone „DEM / KGL. BAYERISCHEN / 13. / INFANTERIE-REGIMENT / VON / SEINEM INHABER / 1851—1901" (siebenzeilig).

Größe der goldenen Fahnen-Medaille: 92 mm; Gewicht in Gold: 200 Dukaten = 700 g.

Größe von Nr. 1134/1135: 34 mm; Gewicht in Silber: 23 g.

Band für 1135: 118 mm breit; Einteilung der Farbenstreifen wie bei Nr. 1126 und 1129.

Band für Nr. 1134/1135: 27 mm breit (wie bei Nr. 1130/1131 oder Nr. 1127/1128).

1136. Militärjubiläumskreuz
1137. Jubiläumskreuz für Zivil-Staatsbedienstete, Goldbronze
1138. Jubiläumshofkreuz (verliehen 1908)

Nr. 1136. Gestiftet von Kaiser und König Franz Joseph I. am 10. August 1908 „zur Erinnerung der Mir und Meiner Wehrmacht durch 60 Jahre geleisteten treuen und hingebungsvollen Dienste" und zum Andenken an den 2. Dezember 1908, den Tag seines 60jährigen Regierungsjubiläums. Es erhielten das Kreuz alle am 2. Dezember 1908 dem Berufsstande angehörenden aktiven Offiziere, Militär-, Marine-, Landwehr-Geistlichen und -Beamten usw. die innerhalb des Zeitraumes vom 2. Dezember 1848 bis zum 2. Dezember 1908 als aktive Militärpersonen dem

Berufsstande angehört hatten, und alle aktiven Mannschaften und Gendarmen, die am 2. Dezember 1908 mindestens dem zweiten Präsenzjahrgange angehörten. Gemäß einer Allerhöchsten Entschließung vom 31. Dezember 1914 wurde das Militärjubiläumskreuz auch bis 1916 an nichtaktive Offiziere u. dgl. verliehen, die bereits am 2. Dezember 1908 ernannt waren und den nunmehrigen Feldzug mitmachten.

Nr. 1137. Gestiftet von Kaiser und König Franz Joseph I. d. d. Bad Ischl am 14. August 1908 für alle Personen, ohne Unterschied des Geschlechts, die am 2. Dezember 1908 im aktiven Zivil-Staatsdienste oder in einem demselben gleichgestellten öffentlichen Dienste standen, alle Personen, die mindestens zehn Jahre ununterbrochen gedient hatten und innerhalb des verflossenen Zeitraums von 10 Jahren noch im Dienst gewesen waren, sowie alle in staatlichen Betrieben beschäftigten Arbeiten, die drei Jahre gedient und das 21. Lebensjahr überschritten hatten.

Nr. 1138. Gestiftet am 20. September 1908 aus dem gleichen Anlaß wie die Nr. 1136 und 1137 für solche Angehörige der obersten und oberen Hofchargen, die Minister des K. und K. Hauses und des Äußern, alle bei Hof dienenden sonstigen Beamten, Gardeoffiziere, Unteroffiziere, Bediensteten usw., die im allgemeinen am 2. Dezember 1908 im Dienst waren bzw. unter besonders bestimmten Bedingungen im Ruhestand lebten.

Alle drei Jubiläumskreuze stimmen in der Prägung vollständig überein und unterscheiden sich nur durch verschiedene Bänder. Sie haben geschweifte, außen abgerundete Arme, welche durch einen dichten Lorbeerkranz verbunden sind, sowie eine kantige Öse mit stielartigem Ansatz und Ring.

V: Auf dem erhöhten runden Mittelschildchen (ohne Überrand) von 21 mm Durchmesser das nach rechts blickende Brustbild des Kaisers in Uniform; links am Rande „FRANC. IOS. I.", rechts unten am Rande (in kleiner Schrift) „R. MARSCHALL" (Rudolf Marschall, Professor K. K. Kammermedailleur, Leiter der Graveur- und Medailleurschule Wien).

R: Auf dem flachen nicht abgesetzten Mittelschild „1848/1908" (zweizeilig)

Größe: 38 mm.

Band: Bei Nr. 1136: 40 mm breit, weiß mit zwei karminroten, je 5 mm breiten Seitenstreifen mit 3,5 mm Abstand von den Kanten.
Bei Nr. 1137: 38 mm breit, ponceaurot.
Bei Nr. 1138: 38 mm breit, ponceaurot mit weißen, je 7 mm breiten Randstreifen.

1139. Goldene

1140. Silberne und

1141. Bronzene Inhaber-Jubiläums-Medaille für Ausländer (verliehen 1908)

Gestiftet von Kaiser und König Franz Joseph I. am 2. Dezember 1908, den Tage seines 60jährigen Regierungsjubiläums, für die elf nicht österreichisch-ungarischen Regimenter, zu deren Inhaber oder Chef er während seiner Regierungszeit ernannt worden war. Die Medaille wurde in Silber sämtlichen Offizieren, in Bronze den Fähnrichen, Fahnenjunkern und älteren Unteroffizieren verliehen. Außerdem erhielten die Medaille in Gold die zur Beglückwünschung unter Führung des Deutschen Kaisers, Wilhelm II., gekommenen deutschen Fürstlichkeiten, deren Gefolge, je nach Rang, mit der silbernen bzw. bronzenen „Jubiläumsmedaille für Ausländer" bedacht wurde.

V: Der nach rechts gewendete mit Lorbeer geschmückte Kopf des Stifters. Umschrift: „FRANC · IOS · I · D · G · IMP · AVSTR · REX BOH · GAL · ILL · ETC · ET AP · REX HVNG ·".

R: Im Felde „IN / MEMORIAM / SEXAGESIMI / ANNI IMPERII / FELICITER / PERACTI". Links am Rande ein Lorbeer-, rechts ein Eichenlaubzweig, welche unten mit einer Doppelschleife zum Kranze gebunden sind. Auf dem Lorbeerzweige liegt ein kleines Rechteck mit der vertieften Jahreszahl „1848", auf dem Eichenlaubzweige ein solches mit der Jahreszahl „1908".

Größe: 38 mm; Gewicht in Silber: 34 g.

Band: 40 mm breit, goldgelb mit je zwei schwarzen, je 3,5 mm breiten Streifen auf jeder Seite, diese untereinander und von den Kanten wieder je 3,5 mm entfernt.

1142. Bosnisch-herzegovinische Erinnerungs-Medaille, Bronze (verliehen 1909)

Gestiftet von Kaiser und König Franz Joseph I. am 30. August 1909, verliehen am 5. Oktober 1909, dem Jahrestage der Einverleibung von Bosnien und der Herzegowina:
a) an die am 5. Oktober 1908 im bosnisch-herzegowinischen öffentlichen Dienste gestandenen Personen;
b) an die an diesem Tage beim 15. Armeekorps im aktiven Dienste gestandenen Offiziere, Militärbeamten, Fähnriche und Kadetten;
c) an die am 5. Oktober 1908 im aktiven Dienste gestandenen Beamten und Diener des k. und k. gemeinsamen Finanzministeriums und des k. ungarischen Finanzministeriums in Angelegenheiten Bosniens und der Herzegowina.

Die Medaille wurde nach dem Entwurfe des k. k. Münzamtes (von Graveurassistent Richard Placht) in der Kremnitzer und Wiener Münze geprägt. Sie hat die übliche kleine kantige Öse mit Ring.

V: Der nach rechts gewendete Kopf des Stifters. Umschrift: „FRANC · IOS · I · D · G · IMP · AVSTR · REX BOH · ETC · ET AP · REX HVNG ·". Unter dem Halsabschnitt (klein) „R · PLACHT · FEC ·".

R: Auf dem Laubwerke eines Lorbeerbaumes das mit der Lilienkrone bedeckte Wappen von Bosnien und der Herzegowina: im punktierten (goldenen) Felde ein von rechts aus Wolken ragender geharnischter, ein Schwert haltender Arm. Rechts und links vom Wappenschilde auf einer Kartusche „DIE V. OCT. / MCMVIII". Unten auf einem geschweiften Bande, welches auf dem Stamme des Lorbeerbaumes liegt, „· IN · MEMORIAM ·".

Größe: 35 mm.

Band: 40 mm breit, halb goldgelb, halb ponceaurot.

1143. Erinnerungskreuz, Tombak (verliehen 1913)

Gestiftet von Kaiser und König Franz Joseph I. am 9. Juni 1913 „für Angehörige der bewaffneten Macht, die zu Zeiten besonderer militärischer Maßnahmen durch längere Zeit in aktiver Dienstleistung standen". — Das Kreuz wurde aus Anlaß der mit der Balkankrise 1912/13 zusammenhängenden militärischen Maßnahmen allen Personen des Heeres und der Marine verliehen, welche mindestens vier Wochen bei kriegsbereiten Truppenkörpern aktiven Dienst geleistet hatten, ebenso der Gendarmerie, Grenzpolizei, Finanzwache, dem

Forstpersonal und freiwilligen Sanitätspersonal, welche im Bereiche der kriegsbereiten Armeekorps im Dienste waren, sodann den Militärattachés und Offizieren, die in offizieller Eigenschaft am Balkankriege teilgenommen hatten, sowie den nach dem Falle von Skutari dahin entsandten Personen.

Das einseitig geprägte Kreuz aus goldfarbigem Tombakmetall hat stark nach außen zu und an den Außenseiten selbst geschweifte, glatte Arme. Sie sind von einer erhöhten, schmalen Linieneinfassung umgeben. In der von oben nach unten gelochten viereckigen Öse hängt ein länglicher, mehrfach gekerbter Verbindungsring zum kleinen runden Tragring.

V: Im Mittelschildchen von 17 mm Durchmesser, das von einer doppelten Kreislinie eingeschlossen ist, in zwei Zeilen „1912 / 1913".

R: Glatt.

Größe: 35 mm.

Band: 40 mm breit, goldgelb mit zwei schwarzen Streifen an jeder Seite von 3 mm Breite, welche unter sich und von den Bandkanten ebenso weit entfernt sind.

1144. Franz Joseph-Kreuz (verliehen 1916)

Noch zu seinen Lebzeiten hatte Kaiser Franz Joseph I. verfügt, daß die während des Krieges ab 1914 bis 1916 in seiner unmittelbaren Nähe tätig gewesenen, in seiner Militärkanzlei arbeitenden Generale, sonstigen Offiziere und Militärbeamten eine sichtbare Auszeichnung in Anerkennung ihrer hervorragenden Pflichttreue und Diensteifrigkeit erhalten sollten. Der Tod des Kaisers († 21. 11. 1916) verhinderte zunächst die Verwirklichung dieser Stiftungsabsicht. Am 28. November 1916 verfügte sein Großneffe, Kaiser Karl, im Vollzug dieses Vermächtnisses die Verleihung des Franz Joseph-Kreuzes. Dasselbe ist eine außerordentlich seltene Auszeichnung geworden, denn es soll nur in 26 Exemplaren verliehen sein.

Das Kreuz aus poliertem, schwarz gebeiztem Eisen hat Malteserform mit an den Außenseiten leicht eingebogenen Armen, deren 8 Spitzen abgeschrägt sind. Die Arme haben eine oxydierte, silberne Einfassung, die wieder von einer doppelten und vergoldeten Perlenlinie umrandet ist. Zwischen den Kreuzarmen zeigt sich ein „geschoppter" vergoldeter Lorbeerkranz. Das aufgelötete Mittelschildchen (23 mm Durchmesser) hat in der Mitte auf schwarzem Eisengrund den verschlungenen vergoldeten Namenszug „F J 1", eingeschlossen von einem silberoxydierten Reif mit der goldenen Inschrift „MILITANTIBUS A LATERE MEO", unten „MCMXIV—MCMXVI".

Rückseitig ist das Franz-Joseph-Kreuz glatt und mit einer senkrecht angebrachten Nadel zum Anstecken an der rechten Brustseite versehen.

Größe: 56 mm.

1145. Gedenkzeichen an Kaiser Franz Joseph I., I. Klasse
1146. Dasselbe II. Klasse
Steckkreuze aus Eisen
(verliehen 1918)

Mit Entschließung vom 22. Juni 1918 hat Kaiser Karl diese schon am 30. November 1916 gestifteten Erinnerungszeichen (Kreuze) mit Statuten versehen. Anspruch hatten demnach auf das Gedenkzeichen I. und II. Klasse je nach

Rang alle Personen, die in der Zeit vom 2. Dezember 1848 bis zum 21. November 1916, dem Todestag Kaiser Franz Joseph I., unter ihm in seiner unmittelbaren Umgebung gedient hatten.

Das Gedenkzeichen ist ein an der rechten Brustseite zu tragendes Steckkreuz mit einer senkrecht auf der glatten Rückseite angebrachten Nadel. Es hat vier gerade nach außen zu sich verbreiternde Arme aus poliertem, geschwärztem Metall (Eisen), welche von einem hoch geprägten Lorbeerstab eingefaßt sind. Zwischen den Kreuzarmen zeigen sich 4 Strahlenbündel, welche, wie auch die Einfassung und das 23 mm große besonders aufgelötete Mittelschildchen, je nach der Klasse vergoldet oder altversilbert sind. Im Mittelschildchen das nach rechts blickende Porträtrelief des alten Kaisers, umgeben von einem Ring mit der vergoldeten (bzw. versilberten) Inschrift „IN MEMORIAM" (oben), „1848—1916" (unten).
Größe: 48 mm.

1147. Karl-Truppenkreuz, Kriegsmetall (verliehen 1916—1922)

Gestiftet durch kaiserlichen Armee- und Flottenbefehl vom 13. Dezember 1916 für „alle Angehörigen bis einschließlich der Kommandanten der Truppenkörper der Infanterie und Jägertruppe, Kavallerie, Feld-, Gebirgs- und Festungsartillerie des k. u. k. Heeres, der k. k. und k. u. Landwehr sowie der k. und k. Landsturmformationen, der landsturmpflichtigen Körperschaften und der auf Kriegsdauer errichteten Freiwilligenformationen, wenn sie eine mindestens zwölfwöchige Gesamt-Felddienstleistung vor dem Feinde bei zum Kampf bestimmten Teilen der Truppe aufweisen und während dieser Felddienstleistung bei den vorbezeichneten Teilen an einem Kampf teilgenommen haben." Sodann stand das Kreuz zu den „Angehörigen der Sappeur-, Pionier- und Eisenbahntruppe, sowie der Telegraphentruppe" unter gewissen Bedingungen, der Luftfahrttruppe nach mindestens zehn Luftfahrten über dem Feinde, den Besatzungen von Forts u. dgl., der k. u. k. Kriegsmarine, den Baukompanien, Landsturmarbeiterkompanien und ähnlichen Sonderformationen, den Gendarmeriekorps in den Grenzgebieten usw. im allgemeinen nach Ableistung einer bestimmten Felddienstzeit oder der Teilnahme an Kampfhandlungen; von diesen Bedingungen konnte Ausschluß durch Verwundung befreien.

Das Karl-Truppenkreuz, dem metallenen Armeekreuz von 1813/14 („Kanonenkreuz") nachgebildet, ist aus grau oxydiertem Zink (Kriegsmetall) hergestellt. Es hat zwischen seinen geraden gekörnten und nach außen breiter werdenden Armen einen dichten Lorbeerkranz. Die vier Arme sind von einer erhöhten Linie eingefaßt, oben befindet sich eine halbkreisförmige Öse mit dem länglichen, mehrfach gerillten Tragring.

V: Im oberen Arm „GRATI", quer über die beiden waagerechten Arme „PRINCEPS ET PATRIA", im unteren Arm (zweizeilig) „CAROLVS / IMP. ET REX.".

R: Im oberen Arm: Die kleinen Kronen Österreichs und Ungarns nebeneinander, darunter „C", quer über die beiden waagerechten Arme „VITAM ET SANGVINEM", im unteren Arm „MDCCCCXVI".
Größe: 29 mm.
Band: 40 mm breit, ponceaurot mit rot-weiß gerippten Rändern von je 12 mm Breite und weißem schmalem Vorstoß.

1148. Verwundeten-Medaille, Kriegsmetall (verliehen 1918—1922)

Gestiftet durch kaiserliches Befehlsschreiben vom 12. August 1917 und mit
Statuten versehen am 22. Juni 1918: „der vielen im Kriege verwundeten und
an ihrer Gesundheit geschädigten Angehörigen der bewaffneten Macht mit
Teilnahme gedenkend". Auf die Zuerkennung dieser Medaille hatten alle Angehörigen der Armee und Marine Anspruch, die im Weltkriege „durch un-
mittelbare oder mittelbare Einwirkung von Kampfmitteln im Kampfe oder
durch weittragende Geschütze, ferner innerhalb eines Bereiches der Armee im
Felde oder zur See durch Flieger verwundet wurden".

Die Zahl der Verwundungen ist auf dem Bande der Medaille durch
die Anzahl der roten Streifen gekennzeichnet. Erfolgte die Zu-
teilung der Verwundeten-Medaille wegen sonstiger Schädigung der
Gesundheit durch die Kriegsteilnahme, so fehlten dem Bande die roten
Mittelstreifen ganz. Die Medaillen sind aus grauem Kriegsmetall geprägt, haben eine kantige Öse mit Ring, jedoch keinen Überrand.

V: Der Kopf des Stifters nach rechts, darüber „· CAROLVS ·", darunter zwei übereinandergelegte, unten zusammengebundene Lorbeerzweige, ferner unter dem Halsabschnitt „R. PLACHT".

R: „LAESO / MILITI" (in der Mitte), dann unten kleiner „MCMXVIII".
Größe: 37 mm.

Band: 40 mm breit, grüngrau mit karminroten („blutroten"), 4 mm breiten Rändern, so verliehen bei Schädigung der Gesundheit ohne
eigentliche Verwundungen. Hierzu kommen noch: bei ein- bis fünf-
maligen oder noch häufigeren Verwundungen je 1—5 karminrote, von
dünnen schwarzen Strichen eingesäumte, 2 mm breite, gleichmäßig
verteilte Streifen auf dem Bande.

1149. Distinktionszeichen für Veteranen nach 8 Dienstjahren, ovaler Messingschild, altes Modell

1150. Dasselbe Distinktionszeichen, neueres Modell (verliehen 1780—1849)

Vermutlich schon unter der Regierung Kaiser Josephs II. eingeführt, um
längere Dienstzeit der Soldaten, vom Feldwebel abwärts, auszuzeichnen, und
die Wiederanstellung von Kapitulanten zu fördern. Wer nach vollendeter erst-
maliger achtjähriger Dienstzeit wieder auf 8 Jahre kapitulierte, erhielt das
Distinktionszeichen Nr. 1149, wer sich aber zum zweiten Male verpflichtet hatte,
erhielt das Distinktionszeichen Nr. 1151. Ebenso bekamen Inländer, die nach
vollendeter erster Dienstzeit ohne „Reengagierungsgeld" bis zur Invalidität
fortdienten, und Ausländer, die nach Vollendung der ersten Kapitulation sich
auf beständig wieder „engagieren" ließen, nacheinander die beiden Distinktionszeichen.

Das Ehrenzeichen besteht aus einem einseitigen ovalen Schilde von
Messingblech.

V: Bei Nr. 1149: Ein auf zwei Stäbe gesteckter Raupenhelm ohne
Schuppenketten. Unter demselben gekreuzt zwei Fahnen, zwei
Lanzen, ein Gewehr und ein Degen, ein Kanonenrohr und eine
Trommel, unten links zwei und rechts sieben Kanonenkugeln. Im
oberen Teil die Umschrift „VETERANIS". Der Rand des Schildes
ist von einem Lorbeerkranz umrahmt.

V: Bei Nr. 1150: Ein schwebender Raupenhelm mit herunterhängenden Schuppenketten, darunter kreuzweise gelegt dieselben, aber besser gezeichneten Kriegsgeräte wie bei Nr. 1149, unten links drei und rechts sieben Kanonenkugeln. Im oberen Teil die Umschrift „VETERANIS". Unter den Waffen „W." (Wirth). Um den Rand des Schildes ein Lorbeerkranz.

Das Ehrenzeichen wurde auf roter Tuchunterlage an der linken Brustseite so auf den Rock genäht, daß ein schmaler roter Tuchstreifen sichtbar blieb.

Größe: 65 bis 67 mm hoch, 55 bis 57 mm breit.

1151. Distinktionszeichen für Veteranen nach 16 Dienstjahren, sechseckiger Messingschild (verliehen 1780—1849)

Gleichzeitig mit dem Distinktionszeichen Nr. 1149 eingeführt und für diejenigen Individuen vom Feldwebel abwärts bestimmt, welche sich zum zweiten Male auf 8 Dienstjahre verpflichtet hatten.

Dieses Ehrenzeichen besteht aus einem einseitigen gestanzten sechseckigen Schild von Messingblech.

V: In einem oben und unten gebundenen kreisrunden geschoppten Lorbeerkranz und um eine kleine runde Mittelrosette die Umschrift „VETERANIS". Um den Lorbeerkranz läuft ein vertieftes Band, von welchem Strahlen nach den sechs gleichlangen geschweiften Seiten auslaufen.

Das Ehrenzeichen wurde auf roter Tuchunterlage an der linken Brustseite so auf den Rock genäht, daß um dasselbe ein schmaler roter Tuchstreifen sichtbar blieb.

Größe: 72 mm.

1152. Militär-Dienstzeichen II. Klasse für Offiziere nach fünfzig Dienstjahren und

1153. Militär-Dienstzeichen I. Klasse für Offiziere nach fünfundzwanzig Dienstjahren, erste Form (verliehen 1849—1890)

Gestiftet von Kaiser Franz Joseph I. am 18. Mai 1849 für die Offiziere der Land- und Seemacht nach 25- bzw. 50jähriger Dienstzeit und mit Vorschriften versehen am 19. September 1849.

Die geschweiften, an den Außenseiten eingebogenen Arme der aus Goldbronze geprägten Kreuze haben einen perlartig eingefaßten gekörnten Grund sowie glatten Rand und werden nach außen zu breiter. Ihre Rückseite ist glatt. Auf der Vorderseite liegt als Mittelschild bei den Kreuzen I. Klasse ein silberner, bei denen der II. Klasse ein goldener Reichsadler mit dem kaiserlichen Hauswappen auf der Brust. Dieser ist besonders geprägt und hat in der langen Zeit der Verleihung der Dienstzeichen für Offiziere auch mehrfach seine Form etwas verändert. Im allgemeinen gilt die Feststellung, daß frühere Kreuze den Adler im spätgotischen Charakter mit längerem Hals und Schwanz bei magerem Federschmuck, die neueren Dienstzeichen jedoch den gedrungenen und reicher im Schmuck gehaltenen Adler im Renaissancestil zeigen. Auch haben die älteren Militär-Dienstzeichen eine

kleine von oben nach unten gelochte Öse und einen langgestreckten Tragring, während die neueren Stücke eine kleine kugelförmige Öse mit gewöhnlichem Ring aufweisen. Vielfach vorkommende Exemplare, bei denen die glatte Rückseite mit Perlmutter oder mit Schildpatt besetzt ist, sind nicht offiziell gewesen.
Größe: 34—35 mm.
Band: Zuerst 43 mm breit, zitronengelb mit zwei je 9,5 mm breiten schwarzen Seitenstreifen bei 1,5 mm Abstand von den Kanten; später 40 mm breit, goldgelb mit je 8,5 mm breiten schwarzen Seitenstreifen bei 3 mm Abstand von den Kanten.

1154. Militär-Dienstzeichen I. Klasse
1155. Dasselbe II. Klasse
1156. Dasselbe III. Klasse
für Offiziere nach 50, 40 (35) und 25 Dienstjahren
(verliehen 1890—1918)

Mit kaiserlichem Befehlsschreiben vom 12. März 1890 wurden die Militär-Dienstzeichen für Offiziere in drei Klassen eingeteilt und zunächst die I. Klasse für 50 Dienstjahre, die II. Klasse für 40 und die III. Klasse für 25 Dienstjahre verliehen. Mit kaiserlicher Entschließung vom 7. August 1913 wurde dann verfügt, daß das Dienstzeichen II. Klasse schon für 35 vollendete Jahre verliehen werden konnte. Vom 19. November 1917 ab hatten außer den Offizieren des Armeestandes nun auch die Militärärzte Anspruch auf die drei Klassen des Offiziers-Dienstzeichens.

Die Kreuze gleichen in Größe und Form ganz den Nrn. 1152/1153.
V: Die I. und II. Klasse (Nr. 1155/1156) haben jedoch statt des Perlenstabes eine schwarz emaillierte Umrahmung, der aufgelötete Adler ist bei diesen beiden Klassen von Gold, während er bei der III. Klasse silbern ist. Die II. und III. Klasse sind aus vergoldeter Bronze, während das Kreuz I. Klasse sowie die das Kreuz überragende Kaiserkrone aus vergoldetem Silber bestehen. Diese gefütterte Krone mit flatternden Bändern ist mit einem länglichen, mehrfach gekerbten Verbindungsring in die rechteckige Öse des Kreuzes eingehängt. Das Kreuz II. Klasse hat in seiner ebenfalls von oben nach unten gelochten kantigen Öse den länglichen gekerbten Verbindungsring, der in einem runden Tragring hängt, während das Dienstzeichen III. Klasse mit einer kugelförmigen Öse und mit gewöhnlichem Ring versehen ist.
R: Bei allen drei Klassen glatt.
Größe: 35 mm ohne die 20 mm hohe Krone der I. Klasse.
Band: 40 mm breit, goldgelb mit zwei schwarzen, je 8,5 mm breiten Seitenstreifen, bei 3 mm Abstand von den Kanten des Bandes.

1157. Militär-Dienstzeichen II. Klasse für 16 Dienstjahre
1158. Dasselbe I. Klasse für 8 Dienstjahre
der Unteroffiziere und Mannschaften, 1. Form
(verliehen 1849—1867)

Gestiftet gleichzeitig mit den Offiziersdienstzeichen Nr. 1152/1153 und mit Vorschriften versehen am 19. September 1849 unter Aufhebung der bis dahin eingeführt gewesenen Distinktionszeichen für Veteranen (Nr. 1149 bis 1151).

Über die Form derselben gilt das bei Nr. 1152/1153 Gesagte. Die vergoldeten Bronzekreuze haben bei der I. Klasse (Nr. 1158) ein mitgeprägtes, erhöhtes· Mittelschildchen (16 mm Durchmesser), mit der Zahl „VIII". Bei der II. Klasse für 16 Jahre ist ein silbernes, besonders geprägtes Schildchen aufgelötet (17 mm Durchmesser), das auf glattem Grund die erhöhte Zahl „XVI" trägt, umrahmt von einem Eichenlaubkranz. In der von oben nach unten gelochten kleinen Öse hängt der langgestreckte Tragring.

Größe: 34 mm.

Band: 40 mm breit, zitronengelb mit zwei schwarzen je 9 mm breiten Seitenstreifen bei 1,5 mm Abstand von den Kanten.

1159. Militär-Dienstzeichen 2. Klasse für 18 Dienstjahre der Unteroffiziere und Mannschaften (verliehen 1867—1869)

1160. Dasselbe 1. (seit 1890 2.) Klasse für 12 Dienstjahre der Unteroffiziere und Mannschaften (verliehen 1867—1913)

Mit kaiserlicher Entschließung vom 14. April 1867 (Normalverord.-Blatt 22 vom 8. 5. Seite 253) wurden die zur Erlangung der Militär-Dienstzeichen für Mannschaften erforderlichen Dienstzeiten auf 12 Jahre für die 1. Klasse und auf 18 Jahre für die 2. Klasse festgesetzt. Dementsprechend wurden auch die Mittelschildchen bei sonst gleich gebliebener Prägung mit den Zahlen „XII" bzw. „XVIII" versehen, letzteres in Silber mit umgebenden Eichenlaubkranz. Das Militärdienstzeichen 1. Klasse (ab 1890 2. Klasse) für 12 Dienstjahre behielt dann seine Form bis 1913 bei. Nur hatte es später eine kleine Kugelöse mit Ring.

Größe und Band wie bei Nr. 1157/1158.

1161. Militär-Dienstzeichen 2. (seit 1890 1.) Klasse für 24 Dienstjahre der Unteroffiziere (verliehen 1869—1913)

Durch kaiserliche Entschließung vom 5. August 1869 wurde verfügt, daß das Militär-Dienstzeichen 2. Klasse für Mannschaften nunmehr erst nach 24jähriger Dienstzeit zu verleihen sei.

Dementsprechend erfolgte dann die Abänderung des silbernen Mittelschildchens durch Anbringung der Zahl „XXIV" innerhalb eines Eichenlaubkranzes. In dieser Form blieb das Kreuz dann bis 1913 unverändert, abgesehen davon, daß später anstatt des länglichen Drahtringes in der von oben nach unten gelochten Öse eine kleine kugelförmige Öse mit gewöhnlichem Tragring üblich wurde.

Durch kaiserliches Befehlsschreiben vom 12. März 1890 wurde dann auch bei dem Dienstzeichen für Mannschaften entsprechend der Anordnung vom gleichen Tag für die Offiziers-Dienstzeichen (Nr. 1154 ff.) befohlen, daß dasjenige für 12 Dienstjahre fernerhin die Bezeichnung „2. Klasse", dasjenige für 24 Jahre jedoch die Bezeichnung „1. Klasse" führen sollte. Alles übrige blieb gleich.

1162. Militär-Dienstzeichen 1. Klasse für 20 Dienstjahre der Unteroffiziere

1163. Dasselbe 2. Klasse für 10 Dienstjahre der Unteroffiziere

1164. Dasselbe 3. Klasse für 6 Dienstjahre der Unteroffiziere (verliehen 1913—1918)

Durch kaiserliche Entschließung vom 7. August 1913 (P. V. Bl. vom 6. 9. J. 245) wurde die nochmalige Änderung der Verleihungsbestimmungen bzw. der Dienstzeichen selbst verfügt. Es gab nunmehr auch für Unteroffiziere drei Klassen, nämlich für 20, 10 und 6 Dienstjahre, die sich nur durch die entsprechenden Zahlen „XX", „X" oder „VI" auf den Mittelschildchen unterschieden. Letztere (16 mm Durchmesser) waren bei Nr. 1162 und Nr. 1163 versilbert, wobei beim Kreuz für 20 Dienstjahre (Nr. 1162) noch ein Eichenkranz das Schildchen umrahmte. Das Dienstzeichen für 6 Jahre hatte ein vergoldetes, von doppelten Linien umgebenes Mittelschildchen, wie überhaupt alle drei Kreuze aus goldfarbenem Tombakmetall, wie seither, bei gleicher Form und Größe bestanden. Sie haben eine kleine Kugelöse mit gewöhnlichem Ring.

Größe: 35 mm.

Band: 40 mm breit, goldgelb mit zwei schwarzen je 8,5 mm breiten Seitenstreifen in 3 mm Abstand von den Kanten.

1165. Ehrenmedaille für 40jährige treue Dienste

1165a. Dieselbe am Bande für Militärbeamte usw. (verliehen 1898—1918)

Gestiftet von Kaiser Franz Joseph I. am 18. August 1898 aus Anlaß seines bevorstehenden 50jährigen Regierungsjubiläums „für alle Personen ohne Unterschied des Ranges, des Standes und Geschlechtes, die in einem und demselben öffentlichen oder privaten Dienste durch 40 Jahre ununterbrochen treu und zufriedenstellend gedient haben". Durch kaiserliches Befehlsschreiben vom 5. September 1898 wurde der Anspruch auf diese Ehrenmedaille auch den Militärbeamten, -ärzten und -geistlichen zuerkannt, dann dem an den militärischen Bildungsanstalten tätigen Lehrpersonal beiderlei Geschlechts sowie allen unteren Bediensteten der Heeresverwaltung. Alle diese trugen die Ehrenmedaille jedoch am Bande des Militär-Dienstzeichens.

Die Ehrenmedaillen sind aus heller Kupferbronze geprägt und haben eine kantige Öse mit gewöhnlichem Ring.

V: Das Brustbild des Stifters in der Tracht des Ordens vom Goldenen Vließ nach rechts; Umschrift: „FRANC · IOS · I · D · G · IMP · AVST · REX BOH · ETC · ET REX AP · HVNG · ". Am Rande entlang, oben und seitlich ein flach geprägter, oben, rechts und links kreuzweise gebundener Eichenlaubkranz.

R: In der Mitte in einem Strahlenkranze zweizeilig „XXXX / ANNORVM". Umschrift innerhalb einer Kreislinie „SIGNVM LABORIS FIDELITER PERACTI". Außen am Rande entlang blütenartige Verzierungen und eine schmale Perlenleiste.

Größe: 34 mm.

Band: 40 mm breit, ponceaurot (bei Nr. 1165), bzw. goldgelb mit zwei schwarzen, je 8,5 mm breiten Seitenstreifen (bei Nr. 1165a).

1166. Ehrenmedaille für 25jährige verdienstliche Tätigkeit auf dem Gebiete des Feuerwehr- und Rettungswesens, Goldbronze (verliehen 1906—1918)

Gestiftet von Kaiser und König Franz Joseph I. am 24. November 1905 für solche „Personen, welche durch 25 Jahre als aktive Mitglieder einer der in den im Reichsrat vertretenen Königreichen und Ländern bestehenden freiwilligen Feuerwehren oder freiwilligen Rettungskorps angehört und in dieser Eigenschaft eine eifrige und nützliche Tätigkeit entfaltet haben." Außerdem konnte die Ehrenmedaille bei Auszeichnung innerhalb eines 25jährigen Dienstes bei einer gleichartigen nicht freiwilligen oder beruflichen Organisation verliehen werden.

V: Der nach rechts gewendete, mit dem Lorbeerkranze geschmückte Kopf des Stifters. Am Rande ein oben gebundener, unten offener Lorbeerkranz.

R: Im Felde, auf Lorbeerzweigen ruhend, eine Kartusche mit der Aufschrift „XXV". Umschrift oben „FORTITUDINI VIRTUTI", unten „ET PERSEVERANTIAE".

Größe: 31 mm.

Band: 40 mm breit, orangegelb.

1167. Ehrenzeichen für 25jährige Mitgliedschaft bei einer landsturmpflichtigen Körperschaft

1168. Dasselbe Ehrenzeichen für 40jährige Mitgliedschaft, Bronze (verliehen 1908—1918)

Gestiftet von Kaiser und König Franz Joseph I. am 26. November 1908 aus Anlaß seines Regierungsjubiläums für „eine mindestens 25- bzw. 40jährige verdienstliche aktive Mitgliedschaft bei einer dem k. k. Ministerium für Landesverteidigung unterstehenden landsturmpflichtigen Körperschaft, deren Organisation sich mit den jeweiligen Landsturmvorschriften im Einklange befindet".

Das Ehrenzeichen besteht aus einer dunkel oxydierten Bronzemedaille, auf welcher bei derjenigen für 40jährige Mitgliedschaft der 16 mm hohe erhaben geprägte Reichsadler fest aufsitzt.

V: Bei der Medaille für 25 Dienstjahre auf einem vertieften Lorbeergrunde, bei derjenigen für 40 Dienstjahre innerhalb zweier, zum Kranze zusammengefügter Lorbeerzweige die Initialen „F J 1" unter der schwebenden Kaiserkrone. Umschrift: „CONSTANTIAE ET PATRIAE AMORI" (für Beharrlichkeit und Vaterlandsliebe).

R: Bei der Medaille für 25 Dienstjahre der Reichsadler, unten umgeben von zwei Lorbeerzweigen, oben von der Umschrift „QUINQUE LUSTRA"; bei derjenigen für 40 Dienstjahre eine Kartusche mit der Aufschrift „OCTO / LUSTRA", welche auf zwei unten mit einer Doppelschleife zum Kranze gebundenen Lorbeerzweigen ruht.

Das Ehrenzeichen für 25 Jahre (Nr. 1167) hat eine kantige Öse mit Ring; bei Nr. 1168 ist die Drahtöse mit Ring auf der flachen Rückseite des aufgelöteten Doppeladlers angebracht.

Größe: 35 mm.

Band: 38 mm breit, halb goldgelb, halb schwarz, in der schwarzen Hälfte ein goldgelber, in der gelben Hälfte aber ein schwarzer Streifen von je 1,5 mm Breite mit ebenso großem Abstand von den Bandkanten.

1169. Marianer-Halskreuz

1170. Marianer-Kreuz des Deutschen Ritterordens (verliehen 1871—1918)

Gestiftet am 26. März 1871 vom Hoch- und Deutschmeister für christliche adelige Personen beiderlei Geschlechts, die sich besondere Verdienste um die Spitäler des Deutschen Ordens erworben und sich freiwillig dem Sanitätsdienst unterzogen haben. Für ganz ausgezeichnete ebensolche Dienste und Verdienste war das größere Halskreuz bestimmt.

Beide Kreuze stimmen, abgesehen vom Größenunterschied, miteinander überein und sind aus Silber. Sie haben 4 schwarz emaillierte, weiß umrandete Arme, von denen der untere länger ist. Die weiße Emaileinfassung ist wiederum von silbernen Linien umgeben. In der von oben nach unten gelochten runden Öse hängt ein länglicher, mehrfach gerillter Tragring (beim Halskreuz größer); die Mittelschildchen (16 bzw. 14 mm Durchmesser) zeigen auf der

V: auf weißem Grund das rote Kreuz, umgeben von einem erhöhten, schwarz emaillierten Ring mit der silbernen Inschrift „ORDO TEUT: HUMANITATI".

R: Auf weiß emailliertem Grund die schwarz emaillierte Zahl „1871", umgeben von einem schwarz emaillierten Ring.

Größe von Nr. 1169: 55 mm hoch, 45 mm breit.
        von Nr. 1170: 40 mm hoch, 35 mm breit.

Band: Zunächst 40 mm breit, schwarz; ab 23. Mai 1886 jedoch geändert: 38 mm breit, weiß-schwarz quer gerippt in 20 mm Breite, anschließend je ein schwarzer Seitenstreifen (4 mm breit) und weiße Randstreifen (5 mm breit).

Damen tragen die beiden Kreuze an einer Bandschleife von 35 mm Breite in gleicher Farbeneinteilung, die weiß-schwarze Querrippung jedoch nur 15 mm breit.

1171. Silberne und

1172. Bronzene Erinnerungsmedaille mit dem Brustbild des Hoch- und Deutschmeisters, Erzherzog Eugen (verliehen 1894)

Gestiftet am 19. November 1894 bei der Inthronisation des Erzherzogs als Großmeister des Deutschen Ritterordens für die bei der Feier anwesenden Ordensritter und Beamten.

V: Brustbild des Erzherzogs nach rechts in der Ordenstracht. Am Armabschnitt „A. Scharff". Zu beiden Seiten „18 / 94". Umschrift: „EVGENIUS D · G · ARCH · AVST · ORD · TEVT · SVPR · MAG ·".

R: Das Wappen des Hoch- und Deutschmeisters Erzherzog Eugen, mit einem „Ritterhelm" besetzt und von der Kette des Goldenen Vließes umgeben, darum im oberen Teil „IVSTE ET FIRMITER". Umschrift: „PROF · 11 · JANVARII 1887 · INTHR · 19 · NOVEMBRIS 1894".

Die Medaillen haben am Rande entlang eine Perlenschnurleiste, außerdem angelötete verzierte Ösen.

Größe: 40 mm; Gewicht in Silber 20 g.

Band: 38 mm breit, schwarz.

Österreich (Bundesstaat)

Nach dem Zerfall der österreichisch-ungarischen Monarchie Gründung des restlichen „Staates (Republik) Deutsch-Österreich" am 21. Oktober 1918 und Erklärung des Anschlusses an das Deutsche Reich (12. November 1918), Annahme des Staatsnamens: „Republik Österreich" am 21. Oktober 1919 auf Grund des Vertrages von St. Germain-en-Laye vom 10. September 1919 und Abänderung in „Bundesstaat Österreich" ab 1. Mai 1934. Anschluß an das Deutsche Reich als „Land Österreich" am 13. März 1938, Einteilung in acht statt neun Länder 1938, Auflösung des Landes Österreich in Reichsgaue im Laufe des Jahres 1939, nunmehr „Ostmark".

Österreich hatte einen Orden, der als „Ehrenzeichen für Verdienste um die Republik (ab 1. 5. 1934: Bundesstaat) Österreich" am 4. November 1922 geschaffen und am 24. September 1934 in den „Österreichischen Verdienstorden" umgewandelt worden war. Außerdem bestand das „Ehrenzeichen vom Roten Kreuz" seit dem 3. November 1922 (vgl. Nr. 1189a und b). Die Ehrenzeichen im engeren Sinne sind:

1173. Goldenes Verdienstzeichen, Bronze vergoldet
1174. Silbernes Verdienstzeichen, Bronze versilbert
(verliehen 1927—1938)

Gestiftet am 17. Juni 1927 durch Verordnung der Bundesregierung im Anschluß an die höheren Klassen des am 4. November 1922 durch Bundesgesetz geschaffenen und durch Verordnung der Bundesregierung vom 28. Februar 1923 mit Statuten versehenen „Ehrenzeichens für Verdienste um die Republik (ab 1. 5. 1934: Bundesstaat) Österreich". Das „Ehrenzeichen" wurde nach der Annahme der am 1. Mai 1934 in Kraft getretenen neuen Bundesverfassung durch Bundesgesetz vom 24. September 1934 in den „Österreichischen Verdienstorden" umgewandelt. Bis dahin hießen die beiden Ehrenzeichen Nr. 1173/1174 Goldenes bzw. Silbernes Verdienstzeichen der Republik (ab 1. 5. 1934: des Bundesstaats) Österreich. Das goldene Verdienstzeichen konnte an Stelle der goldenen Medaille Nr. 1175 und das silberne an Stelle der großen silbernen Medaille Nr. 1176 verliehen werden.

Die „Verdienstzeichen" haben die Form eines „Krückenkreuzes", dessen vier gerade gekörnte Arme mit doppelter, erhöhter Umrahmung versehen sind und von denen der obere und untere etwas länger ist als die beiden Seitenarme. Oben befindet sich eine rechteckige Öse, in welcher der bewegliche längliche Ring in Form von zwei gekreuzten Schnurbündeln hängt. Vorder- und Rückseite sind gleich.

Größe: 34 mm hoch, 32 mm breit.

Band (Dreieck): 41 mm breit; a) für das goldene Verdienstzeichen: weiß mit zwei je 8 mm breiten zinnoberroten Seitenstreifen bei 1 mm Abstand von den Kanten; b) für das silberne Verdienstzeichen: zinnoberrot mit einem 5,5 mm breiten weißen Mittelstreifen und je 1 mm breiten weißen Kanten.

1175. **Goldene Medaille für Verdienste um die Republik Österreich, Bronze vergoldet**

1176. **Große silberne Medaille für Verdienste um die Republik Österreich, Bronze versilbert**

1177. **Kleine silberne Medaille für Verdienste um die Republik Österreich, Bronze versilbert (verliehen 1922—1934)**

1178. **Bronzene Medaille für Verdienste um die Republik Österreich, (verliehen 1930—1934)**

Gestiftet am 4. November 1922 als unterste Stufen des „Ehrenzeichens für Verdienste um die Republik (ab 1. 5. 1934 Bundesstaat) Österreich" und gelegentlich der Neufassung des Statuts durch Verordnung der Bundesregierung vom 8. März 1930 um die bronzene Medaille erweitert.

Die „goldenen" und „silbernen" Verdienstmedaillen sind aus vergoldeter bzw. versilberter Bronzelegierung geprägt. Sie haben alle die gleiche Prägung der Rückseite mit entsprechender Verkleinerung der Schrift bei Nr. 1177 und Nr. 1178 sowie die flachen, bei Nr. 1175/76 rechteckigen, bei Nr. 1177/78 oben runden Ösen mit den mehrfach gerillten länglichen Tragringen. Bei Verleihung einer höheren Klasse wurden die zuvor erhaltenen unteren Stufen nicht abgelegt.

V: Bei Nr. 1175 und Nr. 1176: Der einköpfige (neue) österreichische Adler mit dem (rot-weiß-roten) Brustschildchen innerhalb eines kleinblättrigen, lichten Lorbeerkranzes, auf welchem sich die neun Wappen der österreichischen Länder (auf der linken Seite Burgenland, Niederösterreich, Salzburg, Tirol, auf der rechten Seite Kärnten, Oberösterreich, Salzburg, Vorarlberg, unten Wien) befinden.

Bei Nr. 1177 und Nr. 1178 fehlt der umschließende Lorbeerkranz mit den neun Wappenschildchen.

R: Fünfzeilige Inschrift „FÜR / VERDIENSTE / UM DIE / REPUBLIK / ÖSTERREICH".

Größe: Bei Nr. 1175 und Nr. 1176: 45 mm; bei Nr. 1177 und Nr. 1178: 36 mm.

Band: 40 mm breit, zinnoberrot mit 5,5 mm breiten weißen Mittelstreifen und je 1 mm breiten weißen Kanten.

1179. **Goldene Verdienstmedaille, Bronze vergoldet**

1180. **Große silberne Verdienstmedaille, Bronze versilbert**

1181. **Silberne Verdienstmedaille, Bronze versilbert**

1182. **Bronzene Verdienstmedaille (verliehen 1934—1938)**

Nach der Änderung der österreichischen Bundesverfassung mit Wirkung vom 1. Mai 1934, in der u. a. der neue Staatsname „Bundesstaat Österreich" und die Wiedereinführung des Doppeladlers festgelegt wurde, mußten Inschrift und Bundeswappen der Verdienstmedaillen geändert werden. Alles andere blieb im Grunde unverändert.

V: Das neue Bundeswappen, ein etwas größer als bisher ausgeführter, nunmehr zweiköpfiger Adler mit dem die rot-weiß-rote Teilung durch Schraffierung andeutenden Brustschild, bei Nr. 1179 und 1180

innerhalb der gleichen, aber etwas kräftiger gehaltenen Lorbeer-
blatt- und Wappenkranzumrahmung wie bei Nr. 1175/1176.

R: Fünfzeilige Inschrift „FÜR / VERDIENSTE / UM DEN / BUNDES-
STAAT / ÖSTERREICH".

Größe bei Nr. 1179 und Nr. 1180: 45 mm.

Größe bei Nr. 1181 und Nr. 1182: 36 mm.

Band wie bei Nr. 1175 ff.

1183. Militärverdienstkreuz I. Klasse
1184. Dasselbe II. Klasse
1185. Dasselbe III. Klasse, Bronze versilbert mit Email
(verliehen 1935—1938)

Gestiftet in Anlehnung an Nr. 982 ff. durch Bundesgesetz vom 3. August
1935 und mit Statut versehen durch Verordnung vom 12. August 1935, bestimmt für „Offiziere des Bundesheeres, die durch hervorragenden Eifer und
Tatkraft besonders Ersprießliches für die bewaffnete Macht geleistet" hatten.

Das Kreuz I. Klasse wurde als Steckkreuz auf der linken Brustseite
unter der Reihe der Banddekorationen getragen. Es ist demzufolge
auf der Rückseite ohne Emaillierung, glatt versilbert und mit einer
senkrecht angebrachten Nadel versehen. In der Mitte der Name der
Herstellerfirma.

V: Die weiß emaillierten, stark nach außen und an den Außenkanten
geschweiften Arme haben zwischen zwei schmalen polierten silbernen
Linien eine dunkelrot transluzid emaillierte, unter dem Email brillantiert
gemusterte, 3 mm breite Umrandung, ebenso das Mittelschild (28 mm
Durchmesser). In letzterem der erhaben geprägte und aufgelötete vergoldete österreichische Doppeladler mit dem Brust-Wappenschildchen.
Zwischen den Kreuzarmen ein vergoldeter dichter Lorbeerkranz mit
Früchten. Die II. Klasse hat bei kleineren Ausmaßen die gleiche
Vorderseite wie die I. Klasse, nur fehlt hier der vergoldete Lorbeer-
kranz zwischen den Armen. Dafür haben die Kreuze II. Klasse oben
eine kugelförmige Öse mit kleinem runden Ring, in welchem wieder
ein länglicher, doppelt gerillter Tragring für das Halsband hängt. Die
Rückseite ist matt versilbert mit Ausnahme des weiß emaillierten,
aber leeren Mittelschildchens, Durchmesser des letzteren 21 mm (auf
Vorder- und Rückseite). Die III. Klasse entspricht hinsichtlich der
Vorder- und Rückseite, aber bei verkleinerten Maßen, der II. Klasse.
Die Mittelschildchen haben hier nur 15 mm Durchmesser. Oben befindet sich bei der III. Klasse eine quer angelötete trapezförmige Öse,
in welcher der doppeltgerillte, längliche Tragring hängt.

Größe der I. Klasse: 68 mm.

der II. Klasse: 52 mm.

der III. Klasse: 35 mm.

Band der II. und III. Klasse 41 mm breit, ponceaurot mit zwei je 8 mm
breiten weißen Seitenstreifen und ebensolchen 1,5 mm breiten
Rändern, die letzteren je mit 2,5 mm Abstand von den Seitenstreifen. Bei der II. Klasse als Halsband, bei der III. Klasse zum
Dreieck geformt getragen.

1186. Militärverdienstmedaille, Bronze vergoldet (verliehen 1935—1938)

Gestiftet gleichzeitig mit den Militärverdienstkreuzen Nr. 1183/85 am 3. August 1935 für Offiziere des Bundesheeres, die durch besonderen Eifer und Tatkraft Ersprießliches für die bewaffnete Macht geleistet hatten.

Die matt vergoldete Militärverdienstmedaille ist von einem angelöteten, 20 mm hohen, erhaben (zweiseitig) geprägten Doppeladler überragt. Eine mit den beiden Adlerköpfen verbundene kantige Öse trägt den gewöhnlichen Ring.

V: In der Mitte ein Krückenkreuz, umgeben (links) von einem Lorbeerzweig und (rechts) von einem Eichenzweig.

R: Im Felde zweizeilig „FÜR / VERDIENSTE".

Größe: 29 mm.

Band: 40 mm breit, zinnoberrot mit weißen, je 1,5 mm breiten Rändern.

1187. Ehrenzeichen für Kunst und Wissenschaft, ovale Medaille, Bronze vergoldet (verliehen 1934—1938)

Gestiftet durch Bundesgesetz vom 9. Oktober 1934 und mit Statut versehen am 9. März 1935, gelangte „an Personen des In- und Auslandes (je höchstens 24) zur Verleihung, die sich durch besonders hochstehende schöpferische Leistungen auf dem Gebiete der Kunst oder der Wissenschaft (12 Österreicher) allgemeine Anerkennung oder einen hervorragenden Namen erworben" hatten.

Das Ehrenzeichen ist eine Halsdekoration und besteht in einer ovalen Medaille aus matt vergoldeter Bronze. Es hat oben eine Verzierung in Form von zwei stilisierten, abwärts hängenden Palmzweigen angeprägt, welche eine viereckige Öse trägt, in die noch ein zweimal gerillter Ring, dann ein quadratischer kleinerer Ring und darin endlich der langgestreckte, zweimal gerillte Tragring eingehängt ist.

V: Ein schlankes Tatzenkreuz, darüber „LITTERIS", darunter „ET ARTIBVS".

R: Der zweiköpfige, neuzeitlich stilisierte Adler mit dem Bindenschild auf der Brust schwebt über zwei flachgekreuzten Lorbeerreisern und nimmt fast die ganze Fläche ein.

Größe: einschließlich der angeprägten Öse 58 mm hoch, 40 mm breit.

Band: 41 mm breit, zinnoberrot (Halsband).

1188. Verdienstkreuz I. Klasse (Steckkreuz)
1189. Verdienstkreuz (am Bande) für Kunst und Wissenschaft, Bronze vergoldet und emailliert (verliehen 1934—1938)

Gestiftet und mit Statuten versehen zusammen mit Nr. 1187; die Verdienstkreuze gelangten „an Personen des In- und Auslandes zur Verleihung, die sich durch anerkennenswerte Leistungen auf diesen Gebieten oder durch die Förderung der österreichischen Kunst und Wissenschaft Verdienste erworben" hatten.

Nr. 1188. Verdienstkreuz I. Klasse: Auf der Vorderseite rot emailliert mit aufliegendem, weiß emailliertem Krückenkreuz, letzteres in gleicher Höhe und Breite wie das rote geradarmige Kreuz, aber nur mit 2 mm breiten, golden eingefaßten Balken. An den vier

Winkeln des rot emaillierten Kreuzes entlang stabartige, an ihren Enden etwas ausgebogene Verzierungen. Über dem oberen Kreuzarm angeprägt eine vergoldete, seitlich bis zu den Querarmen herabreichende, palmenartige Verzierung. Die Rückseite ist glatt und vergoldet, sie trägt eine senkrecht angebrachte Anstecknadel.

Größe: 45 mm (ohne die Palmenverzierung).

Nr. 1189. Verdienstkreuz: In der Ausführung wie das Verdienstkreuz I. Klasse, aber kleiner und doppelseitig gleich emailliert. Oben statt der palmenartigen Verzierung eine rechteckige Öse, in welcher der zweimal gerillte, längliche Tragring hängt.

Größe: 41 mm.

Band: 40 mm breit, zinnoberrot.

1189a. Silberne,
1189b. Bronzene Ehrenmedaille vom Roten Kreuz
(verliehen 1924—1938)

Gestiftet durch Bundesgesetz vom 3. November 1922 und mit „statutarischen Bestimmungen" versehen durch Verordnung der Bundesregierung vom 30. Dezember 1924 als 5. und 6. Grad des „Ehrenzeichens vom Roten Kreuz", dessen obere Grade (1. Verdienststern, 2. Ehrenzeichen I. Klasse, 3. Offiziersehrenzeichen, 4. Ehrenzeichen II. Klasse) als ordensartig hier nicht zu behandeln sind.

Die Medaillen sind spitzoval (sphärische Zweiecke) und den Medaillen Nr. 1090 und 1092 sehr ähnlich. Sie unterscheiden sich von diesen folgendermaßen: Die Ösen sind rund.

V: Das Schildchen mit dem Genfer Kreuz ist nunmehr rund, das Kreuz gedrungener, die ganze Darstellung etwas kleiner und in die Höhe gerückt; sie ist unten von zwei gekreuzten, grün emaillierten Palmzweigen begleitet.

R: Auf glattem Grunde die große Jahreszahl „1923".

Größe: Ohne Öse 45 mm hoch, 30 mm breit.

Band: 37 mm breit, rot-weiß-rot in gleichbreiten Streifen mit schmalem weißem Vorstoß.

1190. Tiroler Landesdenkmünze 1914—1918, Bronze
(verliehen seit 1928) Abbildung am Schluß des Bandes.

Gestiftet durch ein am 7. Februar 1928 vom Tiroler Landtag beschlossenes Gesetz; bestimmt für alle Weltkriegsteilnehmer aus einer Tiroler Gemeinde sowie diejenigen Personen, „welche in den Jahren 1915 bis 1918 im Kriegsgebiete Tirols zur Verteidigung des Landes Kriegsdienste geleistet" hatten. Infolgedessen hatten auch Angehörige der deutschen Armee (des Alpenkorps) ein Anrecht auf diese Kriegsdenkmünze.

Sie ist aus heller Bronze geprägt und hat eine scharfkantige Öse mit gewöhnlichem Ring.

V: Der Tiroler Adler, darüber ein kleiner, nach unten offener Lorbeerkranz freischwebend. Am Rande der Medaille entlang eine schmale Perleneinfassung.

329

R: In einem dichten Eichengewinde, das unten kreuzweise mit einem Band gebunden ist, die siebenzeilige Inschrift „DAS / LAND TIROL / DEN / VERTEIDIGERN / DES / VATERLANDES / 1914—1918", darunter klein das Künstlerzeichen „T J".

Größe: 34 mm.

Band: 39 mm breit, zinnoberrot mit zwei je 8,5 mm breiten weißen, anschließend hellgrünen, je 1 mm breiten Seitenstreifen und 2 mm breiten weißen Kanten.

1191. Kriegserinnerungsmedaille mit Schwertern
1191a. Dieselbe ohne Schwerter, Tombak (verliehen 1933—1938)

Gestiftet durch Bundesgesetz vom 21. Dezember 1932 für alle Teilnehmer am Weltkriege. Diese Kriegsdenkmünze konnten auch Kriegsteilnehmer der verbündeten Mächte auf Ansuchen erhalten, daher sieht man sie auch oft an der Ordensschnalle reichsdeutscher Veteranen. Frontsoldaten, die den Besitz der Auszeichnungen Nr. 971 ff., 1147, 1148 oder wenigstens 12 Wochen Felddienst oder eine schwere Verwundung oder unverschuldete Kriegsgefangenschaft nachweisen konnten, erhielten die durch Verordnung des Bundesministers für Landesverteidigung vom 10. November 1933 nachträglich geschaffenen zwei gekreuzten vergoldeten Schwerter auf dem Bande.

Die Denkmünzen sind aus heller Bronze (Tombak) geprägt und haben eine scharfkantige Öse mit gewöhnlichem Ring.

V: Ein natürlicher, nach links blickender Adler, auf dem „Bindenschild" stehend. Darunter bogig „FÜR ÖSTERREICH".

R: Umgeben von einem dichten Eichenlaubkranz „1914—1918".

Größe: 35 mm.

Band: 40 mm breit, weiß, in der Mitte mit zwei je 3,5 mm breiten ponceauroten Streifen in 4 mm Abstand voneinander sowie zwei je 1 mm breiten ponceauroten Seitenstreifen, diese 2 mm von den Kanten entfernt.

1192. Ehrenmedaille für 40jährige treue Dienste, Bronze, 1. Prägung (verliehen 1927—1934)

Gestiftet durch Bundesgesetz vom 20. Januar 1927 für Beamte aller Rangklassen im öffentlichen Dienst und mit Ausführungsbestimmungen versehen durch Verordnung der Bundesregierung vom 18. November 1927.

Die Medaille ist aus heller Kupferbronze geprägt und hat eine kleine kugelförmige Öse mit gewöhnlichem Ring.

V: In einem Kranze von zwei Eichenzweigen groß die Zahl „40". Am Rande entlang die Umschrift „REPUBLIK" (oben) · „ÖSTERREICH" (unten).

R: Fünfzeilige Inschrift „FÜR / VIERZIG / JÄHRIGE / TREVE / DIENSTE", oben und unten sowie rechts und links davon je ein kleines achtstrahliges Sternchen.

Größe: 40 mm.

Band: 45 mm breit, aus drei weißen und zwei zinnoberroten Streifen von je 9 mm Breite zusammengesetzt.

1193. Ehrenmedaille für 40jährige treue Dienste, Bronze, 2. Prägung (verliehen 1934—1938)

Nach der Einführung der Bezeichnung „Bundesstaat" statt Republik" zum 1. Mai 1934 wurde die Prägung von Nr. 1192 wie folgt geändert:

V: In einem Kranze von zwei Eichenzweigen groß die Zahl „40". Außen am Rande die Umschrift „BVNDESSTAAT" (oben) „ÖSTERREICH" (unten).

Rückseite, Größe und Band gleichgeblieben wie bei Nr. 1192.

1194/95. Medaille für vieljährige eifrige und ersprießliche Tätigkeit auf dem Gebiete des Feuerwehr- und Rettungswesens, 1. Prägung (verliehen 1923—1934)

1194. für 40jährige Tätigkeit, Bronze versilbert

1195. für 25jährige Tätigkeit, Bronze

Gestiftet durch Bundesgesetz vom 3. November 1922 und mit (am 3. 7. 1931 erweiterten) Ausführungsbestimmungen versehen durch Verordnung der Bundesregierung vom 15. Juni 1923. Die Medaillen wurden an Personen beiderlei Geschlechts durch den jeweils zuständigen Landeshauptmann verliehen.

Sie haben eine scharfkantige Öse mit gewöhnlichem Ring und sind aus heller Kupferbronze geprägt, die Medaille für 40 Dienstjahre ist außerdem noch matt versilbert.

V: Der (einköpfige) Adler mit dem Wappenschildchen auf der Brust, oben und seitlich umgeben von einem unten offenen dichten Lorbeerkranz, der oben kreuzweise mit einem Band umwunden ist.

R: Auf einem mehrfach ausgezackten Schildchen die Zahl „25" bzw. „40". Um das Schildchen schlingt sich ein Lorbeerkranz. Umschrift: „FÜR VERDIENSTLICHE TÄTIGKEIT" (oben) „AUF DEM GEBIETE" (1. Zeile unten) „DES FEUERWEHR- U. RETTUNGSWESENS" (2. Zeite am unteren Rand).

Größe: 31 mm.

Band: 40 mm breit, orange.

1196/97. Medaille für vieljährige eifrige und ersprießliche Tätigkeit auf dem Gebiete des Feuerwehr- und Rettungswesens, 2. Prägung (verliehen 1934—1938)

1196. für 40jährige Tätigkeit, Bronze versilbert

1197. für 25jährige Tätigkeit, Bronze

Nach der Einführung des doppelköpfigen Adlers als Bundeswappen am 1. Mai 1934 ist auch die Vorderseite der Medaille für 40 bzw. 25 Dienstjahre bei der freiwilligen Feuerwehr geändert worden. Sie erhielt ebenfalls statt des seitherigen einköpfigen Adlers den am 3. Juli bekanntgemachten Doppeladler.

Rückseite, Größe und Band gleichgeblieben wie bei Nr. 1194/1195.

1198. Militärdienstzeichen für Offiziere I. Klasse nach 35 Dienstjahren

1199. Dasselbe II. Klasse nach 25 Dienstjahren

1200. Militärdienstzeichen für Berufsunteroffiziere I. Klasse nach 35 Dienstjahren

1201. Dasselbe II. Klasse nach 25 Dienstjahren

1202. Militärdienstzeichen für zeitverpflichtete Soldaten I. Klasse nach 12 Dienstjahren

1203. Dasselbe II. Klasse nach 5 Dienstjahren (verliehen 1934—1938)

Eingeführt mit Erlaß des Bundesministeriums für Landesverteidigung vom 14. Mai 1934 (Verordnungsblatt des genannten Ministeriums von 1934, Nr. 12) für langjährige Dienstleistung im Bundesheer unter Einrechnung der in der alten k. und k. Armee verbrachten Dienstjahre.

Die Kreuze aus Goldbronze gleichen in Form und Größe ganz den früheren Dienstalterszeichen des öst.-ungarischen Heeres. (Siehe Nr. 1152 ff.) Sie haben demzufolge stark nach außen geschweifte gekörnte Arme mit polierten Rändern, welch letztere beim Dienstzeichen I. Klasse (35 Dienstjahre) für Offiziere noch nach innen zu schwarz emailliert sind. Die beiden Dienstzeichen I. und II. Klasse für Offizere unterscheiden sich sonst dadurch voneinander, daß Nr. 1198 einen vergoldeten, Nr. 1199 aber einen versilberten, erhaben geprägten (neuen) Doppeladler auf ein rundes, in beiden Fällen goldenes, poliertes Mittelstück von 18 mm Durchmesser aufgelötet hat, und daß bei ersterem die Öse breit und kantig, diejenige des Kreuzes für 25 Dienstjahre (Nr. 1199) aber kleiner und rund ist. In beiden Ösen hängt ein länglicher, gekerbter Verbindungsring zum eigentlichen runden Tragring.

Die Kreuze der Unteroffiziere (Nr. 1200 und Nr. 1201) unterscheiden sich voneinander nur durch das matt versilberte Mittelschildchen, welches bei ersterem Kreuz, von einem schmalen dichten Eichenlaubgewinde umschlossen, die Zahl „35" trägt, während bei Nr. 1201 auf dem Mittelschildchen die Zahl „25" in erhabener Prägung, umrahmt von einer doppelten Linieneinfassung, erscheint.

Beide Kreuze haben in einem runden Öhr den mehrfach gekerbten länglichen Verbindungsring zum runden gewöhnlichen Tragring.

Die beiden Mannschaftsdienstzeichen haben vergoldete Mittelschildchen mit den erhöht geprägten Zahlen „12" oder „5", erstere von einem schmalen Eichenlaubkranz, letztere aber von doppelter Kreislinie umrahmt. Ösen und Ringe wie bei Nr. 1200/1201.

Die Rückseite ist bei allen 6 Kreuzen glatt.

Größe: 35 mm.

Band: 40 mm breit, orangegelb mit je einem schwarzen, 3 mm breiten Seitenstreifen bei 2 mm Abstand von den Kanten.

1204. Besonderes Kärntner Kreuz für „Tapferkeit"

1205. Besonderes Kärntner Kreuz für „Verdienst"

1206. Allgemeines Kärntner Kreuz für „Tapferkeit"

1207. Allgemeines Kärntner Kreuz für „Verdienst"

Gestiftet vom Land Kärnten (Statuten genehmigt durch Verordnung des Kärntner Landesrats) am 4. November 1919. Auf die „allgemeinen" Kreuze hatten Anspruch, und zwar auf das Kreuz für „Tapferkeit" alle Gefechtsteilnehmer bei der Südslawenabwehr oder durch feindliche Einwirkung Verwundeten, die Angehörigen einer Volkswehr-Alarm-Heimwehr-Formation mit wenigstens 28 Tagen Abwehrdienst und die Anführer von Kampftruppen im Gefecht, auf das Kreuz für „Verdienst", alle, „die durch ihre Arbeit auf die Bereitstellung der Kräfte und materiellen Vorsorgen direkten oder durch Werbetätigkeit indirekten Einfluß" genommen „oder als Angehöriger einer Volkswehr-Alarm-Heimwehr-Formation durch unmittelbaren Hilfsdienst als Nichtkämpfer mindestens 28 Tage in der Abwehr" gestanden haben. Die „besonderen" Kreuze wurden vom Landesverweser auf Antrag des Landesbefehlshabers an besonders ausgezeichnete Personen, teils „für hervorragende Tapferkeit oder ausgezeichnete Führung der Kampftruppen im Gefecht", teils (für „Verdienst") für „hervorragende organisatorische oder Werbearbeiten" „oder beispielhafte Aufopferung in mittelbarem Dienste der Abwehr" verliehen. Die „allgemeinen" Kreuze verlieh der Landsbefehlshaber. Die Inhaber des „besonderen" Kärntner Kreuzes besitzen ohne weiteres das entsprechende „allgemeine" Kreuz. Der Besitz eines Kreuzes für „Tapferkeit" schließt den des entsprechenden Kreuzes für „Verdienst" aus.

Die Kärntner Kreuze sind aus dunkel patiniertem Zink hergestellt. Die „besonderen" Kreuze sind Steckkreuze und bei sonst gleicher Ausführung etwas größer als die allgemeinen, am Bande zu tragenden Kärntner Kreuze. Die sämtlichen vier Abteilungen haben an den Außenseiten doppelt geschweifte gekörnte Arme, welche mit einer erhöhten schraffierten Einfassung versehen sind. Die „allgemeinen" Kreuze haben zudem noch eine eckige, von oben nach unten gelochte Öse mit länglichem, mehrfach gerilltem Ringchen.

V: Bei Nr. 1204 bis 1207 im oberen Arm „1918", quer über die beiden Mittelarme „kärntner freiheitskampf", im unteren Arm aber „1919".

R: Bei Nr. 1204 und Nr. 1206 quer über die beiden Mittelarme „für Tapferkeit", bei Nr. 1205 und 1207 aber „für Verdienst".

Bei den Kreuzen mit der Inschrift „Für Tapferkeit" befindet sich außerdem zwischen den vier Armen je ein kleiner Lorbeerkranz mit zwei Früchten.

Die Kärntner Kreuze werden auf der linken Brustseite getragen.

Größe: Bei Nr. 1204 und Nr. 1205 40 mm.

   Bei Nr. 1206 und Nr. 1207 32 mm.

Band: Für Nr. 1206/1207 27 mm breit, goldgelb-ponceaurot-weiß gestreift. Das Band wird, wenn ohne Kreuz getragen, durch das Knopfloch des Waffenrocks gezogen wie das Band des Eisernen Kreuzes II. Klasse.

Oldenburg

Bis 1829 Herzogtum, ab 28. Mai 1829 Großherzogtum bis November 1918, dann Freistaat.

Das Großherzogtum Oldenburg hatte einen Orden, den am 27. November 1838 gestifteten Haus- und Verdienstorden des Herzogs Peter Friedrich Ludwig. Die Ehrenzeichen sind:

1208. Goldene und

1209. Silberne Zivil-Verdienstmedaille
(verliehen 1813) Abbildung am Schluß des Bandes.

Gestiftet von Herzog Peter Friedrich Ludwig (reg. 1785—1829) nach seiner Rückkehr aus St. Petersburg am 27. November 1813, wohin er vor der französischen Gewaltherrschaft am 27. Februar 1810 geflohen war, „zur Belohnung der dem Herzoglichen Hause bewahrten Treue".

Die Medaillen haben eine kleine, von oben nach unten gelochte Öse mit doppeltem, großem Drahtring aus Gold bzw. Silber.

V: Eine Mauerkrone, um diese im oberen Teile der Medaille die Inschrift „OLDENBURGS BÜRGER KRONE", in der unteren Hälfte „EIN GOTT EINE WAHRHEIT EIN RECHT", durch eine schmale Kreislinie nach innen zu abgegrenzt.

R: In einem oben mit Doppelschleife gebundenen und mehrfach mit Band umwundenen dichten Eichenlaubgewinde in vier Zeilen „DAS / VATERLAND / DEM / SOHNE".

Größe: 37 mm; Gewicht: in Gold 8 Dukaten (28 g), in Silber 26 g.

Band: 38 mm breit, dunkelblau mit zwei ponceauroten, je 7,5 mm breiten Seitenstreifen bei 1 mm Kanten-Abstand.

1210. Ehrenkreuz I. Klasse, Silber vergoldet (verliehen 1838—1918)

1211. Dasselbe I. Klasse mit der goldenen Krone (verliehen 1838—1918)

1212. Dasselbe I. Klasse mit der goldenen Krone und den Schwertern (verliehen 1860—1918)

1213. Dasselbe I. Klasse mit der goldenen Krone und den Schwertern am Ringe (verliehen 1860—1918)

1214. Ehrenkreuz II. Klasse, Silber (verliehen 1838—1918)

1215. Dasselbe II. Klasse mit den Schwertern (verliehen 1860—1918)

1216. Dasselbe II. Klasse mit den Schwertern am Ringe (verliehen 1860—1918)

1217. Ehrenkreuz III. Klasse, Eisen (verliehen 1838—1918)

1218. Dasselbe III. Klasse mit Schwertern (verliehen 1860—1918), bis 1883 „Allgemeines Ehrenzeichen" genannt

Gestiftet von Großherzog Paul Friedrich August (reg. 1829—1853) in Verbindung mit dem Haus- und Verdienstorden am 27. November 1838, dem 25jährigen Jahrestage der Rückkehr seines Vaters in seine Erblande. Durch einen

Nachtrag zu den Statuten vom 11. Februar 1860 wurden die drei Klassen für Auszeichnung im Kriege mit zwei durch die Mitte der Kreuze gehenden Schwertern verliehen; bei später in Friedenszeit erfolgter Beförderung in eine höhere Klasse wurden die mit der niederen Klasse erworbenen Schwerter dann am Ringe der höheren Klasse getragen. Das Ehrenkreuz I. Klasse wurde für besonders hervorragende Verdienste auch mit der Krone verliehen. (Gesetzsammlung von 1888, Seite 307.)

Diese offene silbervergoldete Krone ist 16 mm hoch und hängt frei über dem Kreuze, mit dessen viereckiger Öse durch einen kleinen flachen Verbindungsring verbunden. Diese viereckige Öse haben auch die Kreuze mit Schwertern „am Ringe". Die Kreuze ohne Krone und ohne Schwerter haben jedoch eine gewöhnliche Drahtöse mit Ring. Seit dem 17. Januar 1883 ist der Name „Allgemeines Ehrenzeichen", der bis dahin gebräuchlich war, in „Ehrenkreuz" geändert worden. Die Kreuze selbst sind mit ihren Mittelschildchen zusammen aus einem Stück geprägt, also massiv. In der ersten Zeit ihres Bestehens waren diese hohl, d. h. aus zwei Teilen zusammengesetzt. Die Kreuze sind früher etwas kleiner und dünner gewesen; später bekamen die Mittelschildchen statt 16 mm Durchmesser einen solchen von 18 mm. Sonstige kleinere Prägungs-Abweichungen, welche mehrfach vorkommen, sind dem mehrfachen Wechsel der Hersteller zuzuschreiben. Das Ehrenkreuz I. Klasse mit Krone und Schwertern am Ringe wurde ein einziges Mal verliehen. Die Ehrenkreuze III. Klasse sind aus schwarz gebeiztem Eisen.

V: Im Mittelschilde der drei Kreuze der verschlungene und gekrönte Namenszug des Großherzogs Peter Friedrich Ludwig „P F L" und darum zwischen zwei Kreislinien die Ordens-Devise „EIN GOTT EIN RECHT EINE WAHRHEIT".

R: Im Mittelschilde das oldenburgische Hauswappen mit Mantel und Krone.

Größe: Zuerst 35 mm, später 36 mm.

Band: 35 mm breit, dunkelkornblumenblau mit zwei je 5,5 mm breiten ponceauroten Seitenstreifen bei 1 mm Abstand von den Kanten.

1219. Friedrich August-Kreuz I. Klasse   Abbildung am Schluß des Bandes

1220. Friedrich August-Kreuz II. Klasse für Verdienste im Felde

1221. Friedrich August-Kreuz II. Klasse mit der Bandspange „Vor dem Feinde"

1222. Friedrich August-Kreuz II. Klasse am „roten" Bande für Heimat-Verdienste (verliehen 1914—1918)

Gestiftet von Großherzog Friedrich August (reg. 1900—1918) am 24. September 1914 für Offiziere, Unteroffiziere und Mannschaften sowie sonstige Personen des Großherzogtums und solche, welche zu dem Stifter und seinem Lande in näherer Beziehung standen und sich im Kriege hervorragend ausgezeichnet haben.

Die erste Klasse ist größer als die zweite, wird ohne Band mittels einer rückseitig am Scharnier angebrachten Nadel auf der linken Brustseite getragen. Sie konnte aber nur nach Erwerbung der zweiten Klasse verliehen werden, sie wird stets mit dieser zusammen getragen.

Personen, die daheim während des Krieges besonders nutzbringend tätig gewesen sind, erhielten das Kreuz zweiter Klasse am „roten Bande" (mit blauen Seitenstreifen). Für Verdienste an der Front wurde der zweiten Klasse durch landesherrliche Verfügung vom 20. September 1918 eine schwarze eiserne Bandspange beigefügt. Diese ist 6 mm hoch und 34 mm breit und trägt die Inschrift „VOR DEM FEINDE" auf gekörntem Grund. Die Kreuze sind aus schwarzem Eisen geprägt. Zwischen den Armen, welche eine erhöhte Umrandung haben, liegt im Kreise herumlaufend ein dichtes Lorbeergewinde. Die II. Klasse hat eine gewöhnliche Drahtöse mit Ring. Der Entwurf zum Friedrich August-Kreuz stammt von Oberst und Flügeladjutanten von Jordan.

V: Im runden Mittelschilde mit erhöhter Umrandung der Namenszug des Stifters „F A". Im oberen Arme des Kreuzes eine Krone, im unteren „1914".

R: Wie die Vorderseite, jedoch ohne Inschriften.

Die Mittelschildchen haben bei der I. Klasse einen Durchmesser von 22 mm, bei der II. Klasse von 19 mm.

Größe: Der I. Klasse 45 mm, der II. Klasse 39 mm.

Band: Für Kämpfer 35 mm breit, dunkelkornblumenblau mit zwei ponceauroten Seitenstreifen, je 5,5 mm breit.
Für Nichtkämpfer 35 mm breit, ponceaurot mit zwei dunkelblauen Seitenstreifen, letztere je 5 mm breit bei 1,5 mm Abstand von den Kanten.

1223. Kriegsverdienstmedaille, Eisen (verliehen 1916—1918)

Abbildung am Schluß des Bandes.

Gestiftet von Großherzog Friedrich August am 21. November 1916 für Sammlerinnen und Helferinnen der Verwundetenfürsorge, die innerhalb des Großherzogtums Oldenburg mindestens ein Jahr lang im vaterländischen Interesse tätig gewesen waren und das 15. Lebensjahr vollendet hatten. Am 9. Mai 1917 wurde die Verleihung dieser Kriegsverdienstmedaille dann auch auf Männer und Frauen ohne Standesunterschied ausgedehnt, die sich in der Kriegsindustrie besonders ausgezeichnet hatten.

Die ovale Medaille besteht aus schwarz gebeiztem Eisen.

V: Der nach links gewendete Kopf des Stifters, Umschrift: „FRIEDRICH AUGUST GROSSHERZOG VON OLDENBURG". Unten am Rande „R K" (Richard Knauer, Goldschmied in Oldenburg).

R: „FÜR / TREUE DIENSTE / IM / WELTKRIEGE", oben und unten ein kleines Kreuzornament aus 5 Punkten.

Größe: 35 mm hoch, 28 mm breit.

Band: 30 mm breit, zinnoberrot, mit drei dunkelblauen, je 4 mm breiten Streifen durchsetzt mit je 8 mm Abstand bei 1 mm breiten roten Rändern, von Damen in Form einer Schleife getragen.

1224. Goldene (silbervergoldete) Medaille des Haus- und Verdienstordens des Herzogs Peter Friedrich Ludwig

1225. Silberne Medaille des Haus- und Verdienstordens des Herzogs Peter Friedrich Ludwig

1226. Bronzene Medaille des Haus- und Verdienstordens des Herzogs Peter Friedrich Ludwig (verliehen 1910—1918)

Diese Verdienstmedaillen wurden von Großherzog Friedrich August am 18. Februar 1910 gestiftet und dem schon am 28. November 1838 gestifteten (17. 7. 1903 und am 17. 1. 1906 erweiterten) Hausorden angegliedert. Sie kamen in der Regel an Nicht-Oldenburger zur Verleihung und haben gewöhnliche Drahtösen mit Ring, aber keinen Überrand. Die Stempel stammen von Medailleur Emil Weigand, Berlin.

V: Das nach links gewendete Stifterbildnis mit der Umschrift „FRIEDRICH AUGUST GROSSHERZOG V. OLDENBURG". Unter dem Halsabschnitt ein kleines fünfstrahliges Sternchen.

R: Das Kreuz (Vorderseite) des Haus- und Verdienstordens, in dessen Mittelschild der gekrönte Namenszug „P. F. L.", umgeben von der Devise „EIN GOTT, EIN RECHT, EINE WAHRHEIT".

Größe: 33 mm; Gewicht: in Silber 16 g.

Band: Wie bei Nr. 1216 ff.

1227. Verdienstmedaille für Rettung aus Gefahr, Silber (verliehen 1848—1918)

Gestiftet von Großherzog Paul Friedrich August am 17. Januar 1848 zur Belohnung von Personen „die durch ein entschlossenes und mutvolles Benehmen, ohne Berücksichtigung der ihnen selbst drohenden Gefahr, das Leben oder das Eigentum anderer gerettet oder durch außerordentliche Anstrengung zu solcher Rettung beigetragen haben, selbst wenn sie, trotz aller solcher Anstrengung nicht gelungen sein sollte." (Kapitelbeschluß vom 17. 1. 1848.)

Die Medaille hat eine längliche zylinderförmige Öse, die mit einem kleinen Stift befestigt ist und den gewöhnlichen Ring trägt.

V: Der nach links gewendete Kopf des Stifters. Umschrift: „PAUL FRIEDR. AUGUST GR: H. V. OLDENBURG". Auf dem Halsabschnitt (erhöht geprägt) „BREHMER F.".

R: In einem dichten Kranze von Eichenlaub die vierzeilige Inschrift „FÜR / RETTUNG / AUS / GEFAHR".

Größe: 30 mm.

Band: 33 mm breit, dunkelblau mit zwei ponceauroten, je 5 mm breiten Seitenstreifen mit 1,5 mm Abstand von den Kanten.

1228. Verdienstmedaille für Rettung aus Gefahr, Silber Stempelverschiedenheit von Nr. 1227

Abbildung am Schluß des Bandes.

Auf der Vorderseite ist der Name des Medailleurs Brehmer auf dem Halsabschnitt vertieft eingeprägt.

R: Der Eichenlaubkranz ist lichter gehalten als bei Nr. 1227.

Größe und Band wie bei Nr. 1227; Gewicht: 16 g.

Seit dem 8. Januar 1902 kam bei wiederholter Auszeichnung eine silberne Spange auf das Band, worauf das Datum der zweiten edlen Tat eingraviert wurde. Leider war über Größe und Form dieser Spange nichts mehr festzustellen. Die „Spange zur Rettungsmedaille" ist nur einmal — an diesem Tage — verliehen worden.

1229. Verdienstmedaille für Rettung aus Gefahr, Silber (verliehen 1927—1934)

Eingeführt durch Bekanntmachung des Staatsministeriums vom 19. Februar 1927 (veröffentlicht im Gesetzblatt für den Freistaat Oldenburg — XLV. Band 11. Stück).

Die Medaille ist in Silber matt geprägt und hat eine gewöhnliche Öse mit Ring.

V: Innerhalb eines unten mit einer Doppelschleife gebundenen starken Eichenlaubkranzes „FÜR / RETTUNG / AUS / GEFAHR" vierzeilig in Groteskschrift.

R: Das oldenburgische Landeswappen größer in der Mitte, links davon das Wappen des Landesteils Lübeck, rechts das von Birkenfeld, beide kleiner. Darüber „FREISTAAT", unten am Rande „OLDENBURG".

Größe: 30 mm.

Band: 33 mm breit, dunkelblau mit zwei je 4,5 mm breiten zinnoberroten Seitenstreifen mit 0,5 mm Abstand von den Kanten.

1230. Verdienstkreuz für Aufopferung und Pflichttreue in Kriegszeiten, Bronze vergoldet (verliehen 1871—1874)

Gestiftet von Großherzog Nicolaus Friedrich Peter (reg. 1853—1900) am 12. Juni 1871 für „Personen (Männer, Frauen und Jungfrauen) welche sich während des Krieges gegen Frankreich im Großherzogtum Oldenburg durch freiwillige Tätigkeit für durch den Krieg veranlaßte Zwecke ausgezeichnet oder durch besondere treue dienstliche Pflichterfüllung in dieser Richtung Anspruch auf Anerkennung erworben haben". (Gesetzblatt für das Großherzogtum Oldenburg XXII. Band, Seite 75—78.)

Das Kreuz hat leicht geschweifte, an den Außenseiten abgerundete und fein gekörnte Arme, gewöhnliche Öse mit Ring. Die Arme haben ferner einen erhöhten, polierten Rand.

V: In dem von einem vergoldeten Eichenkranze umgebenen, weiß emaillierten Mittelschilde das rote Kreuz. Auf dem oberen Arm des Kreuzes ein gekröntes „P" (in deutscher Schrift), auf dem unteren die Jahreszahl „$18\frac{70}{71}$".

R: Das Mittelschild ist von einer schmalen Perlenleiste umrahmt, aber ebenso wie die Arme selbst ohne Aufschrift.

Größe: 36 mm.

Band: 32 mm breit (nicht gewässert), zusammengesetzt aus drei dunkelblauen und zwei zinnoberroten Streifen von je 6 mm Breite bei je 1 mm breiten roten Kanten.

1231. Rote Kreuz-Medaille, Bronze vergoldet (verliehen 1907—1918)
Abbildung am Schluß des Bandes.

Gestiftet von Großherzog Friedrich August am 10. August 1907 „für Männer und Frauen, die sich in freiwilliger Krankenpflege (in Kriegs- oder in Friedenszeiten) oder in sonstiger Betätigung gemeinnütziger Bestrebungen besondere Verdienste erworben haben". Nach einer Bestimmung vom 20. Mai 1916 „kann das Medaillenband auch allein ohne die Medaille getragen werden, wenn letztere für Kriegsverdienste, sei es im Felde oder in der Heimat, verliehen worden ist".

Das Ehrenzeichen besteht aus dem mit der gefütterten Bügelkrone bedeckten, durchbrochen ausgeprägten und verzierten Namenszug des Stifters „F A", umgeben von einem ovalen, 3 mm breiten gekörnten, glatt umrandeten Reifen, welcher oben ein 8 mm großes kreisrundes, weiß emailliertes, goldumrandetes Medaillon mit dem roten Kreuze aufgelötet trägt. Die Rückseite ist glatt. Damen tragen auf der Bandschleife den vergoldeten, erhabenen Namenszug „E" der Großherzogin Elisabeth.

Größe: 40 mm hoch, 22 mm breit.

Band: 35 mm breit, dunkelblau mit zwei zinnoberroten Seitenstreifen von je 2,5 mm Breite bei 2,5 mm Abstand von den Bandkanten.

1232. Goldene Medaille für Verdienst um die Kunst (verliehen 1878—1903)

1232a. Dieselbe Silber vergoldet (verliehen 1903—1918)

1233. Silberne Medaille für Verdienst um die Kunst (verliehen 1878—1918)

Gestiftet von Großherzog Nicolaus Friedrich Peter am 15. November 1878 als Anerkennung für hervorragende Leistungen auf dem Gebiete der Kunst.

Diese Medaillen haben eine gewöhnliche Drahtöse mit Ring. Goldene Exemplare kamen seit 1903 nicht mehr zur Verleihung, sondern von da ab nur mehr silbervergoldete Medaillen. Die silberne Medaille für Verdienste um die Kunst scheint in dem letzten Jahrzehnt vor 1918 auch nicht mehr oft verliehen worden zu sein, denn das Oldenburgische Staatshandbuch vom Jahre 1913 führt einen einzigen Inhaber derselben auf.

V: Der nach links gewendete Kopf des Stifters mit der Umschrift „NICOL. FRIEDR. PETER GROSSHERZOG V. OLDENBURG.". Am Halsabschnitt „R. KÖLBEL" (Rudolph Kölbel, geb. 1826 zu Berlin, seit 1857 als Medailleur und Graveur in Oldenburg tätig gewesen), darunter ein fünfstrahliges Sternchen.

R: In einem Sternenkreise in vier Zeilen „FÜR / VERDIENST / UM DIE / KUNST.".

Größe: 30 mm; Gewicht: in Gold = 5 Dukaten (etwa 17,5 g), in Silber 14 g.

Band: 32 mm breit, dunkelblau, zinnoberrot, dunkelblau in drei gleichen Streifen.

Anmerkung: Eine „Medaille für Wissenschaft und Kunst" von 43 mm Durchmesser, gestiftet 1860, auf der Vorderseite übereinstimmend mit Nr. 1232 ff., auf der Rückseite im Sternenkreis die Inschrift „FÜR / WISSENSCHAFT / UND / KUNST", wurde als „goldene" und als „silberne" verliehen, war aber nicht zum Tragen bestimmt und hat daher hier keine Aufnahme gefunden.

1234. Große goldene Medaille 1. Klasse

1235. Große goldene Medaille 2. Klasse für Verdienst um die Kunst, Silber vergoldet (verliehen 1901—1918)

Abbildung am Schluß des Bandes.

Gestiftet von Großherzog Friedrich August am 20. August 1901 „für ausübende Künstler und Künstlerinnen, die sich durch hervorragende Leistungen auf dem Gebiete der Kunst auszeichnen und Inhaber der unterm 15. November 1878 gestifteten goldenen Medaille „für Verdienst um die Kunst sind". Die große Medaille I. Klasse konnte ebenfalls nur an Inhaber der II. Klasse verliehen werden.

Beide Klassen sind aus schwer feuervergoldetem reinem Silber und wurden von Herren um den Hals, von Damen mit Schleife am Ordensbande an der linken Schulter getragen. Die I. Klasse hängt mittels Scharniers an einer beweglichen offenen vergoldeten Krone, welche 25 mm hoch und 30 mm breit ist. In deren Apfel und bei der II. Klasse in deren kleinerer, von oben nach unten gelochter Öse hängt ein langgestreckter Tragring aus vergoldetem Silberdraht. Das Modell zu dem auf beiden Medaillen dargestellten Kopf des Großherzogs stammt vom damaligen ersten Medailleur (1887—1905) an der Hauptmünze Berlin, Emil Weigand, geb. 1837 zu Berlin, während die Prägung durch die Kunstanstalt von Mayer & Wilhelm in Stuttgart erfolgte. Die Medaille I. Klasse mit Krone ist nicht zur Verleihung gekommen, und auch von der II. Klasse sind nur 12 Stück verliehen worden. Nachdem aber doch einige große Medaillen I. Klasse mit der Krone angefertigt worden und später in Sammlungen gelangt sind (z. B. besitzt die Sammlung Dr. v. Hessenthal-Potsdam ein Stück), mußte dieselbe hier Aufnahme finden.

V: Der nach links gewendete Kopf des Stifters. Darunter ein fünfstrahliges Sternchen, Umschrift „FRIEDRICH AUGUST GROSSHERZOG V. OLDENBURG".

R: Innerhalb eines aus zwei kräftigen Eichenlaubzweigen gebildeten, unten mit einer Doppelschleife gebundenen Kranzes „FÜR / VERDIENST / UM DIE / KUNST.".

Größe: 50 mm; Gewicht: mit Krone 56 g, ohne Krone 47 g.

Band: 50 mm breit, dunkelblau, zinnoberrot, dunkelblau (gleichbreit gestreift).

1236. Kriegervereins-Verdienstkreuz, Silber (verliehen 1902—1918)

Gestiftet von Großherzog Friedrich August am 16. August 1902 „für solche Personen, die sich hervorragende Verdienste um oldenburgische Kriegervereine erworben haben".

Die Verleihung erfolgte auf Vorschlag des Vorsitzenden des Oldenburger Landes-Kriegerverbandes durch den Großherzog. Das mattsilberne Kreuz hat einen erhöhten gerippten Rand. Der untere Arm ist länger als die drei anderen Arme.

V: Im Mittelstück der verschlungene Namenszug des Stifters „F A". Im oberen Arm die Krone, im unteren „1902".

R: Im Mittelstück drei Eichenblätter. Im oberen Arm in deutscher Schrift „Gott", auf den mittleren Armen „Kaiser / fürst" und im unteren Arm „und / Reich".

Größe: 40 mm hoch, 32 mm breit; Gewicht: etwa 17 g.

Band: 35 mm breit, dunkelblau mit zwei je 5 mm breiten zinnoberroten Seitenstreifen und einem goldenen 2 mm breiten Mittelstreifen bei 2 mm breiten dunkelblauen Kanten.

1237. Kriegervereins-Verdienstkreuz aus Bronze für die Fahnen von Kriegervereinen.

Gestiftet gleichzeitig mit Nr. 1236 am 16. August 1902, dem Jahrestage der blutigen Schlacht bei Vionville — Mars-la-Tour 1870, für die Fahnen solcher Kriegervereine, welche ihre Fahnen mit Befugnis des Großherzogs führten, „in Anerkennung einer langjährigen vorzüglichen patriotischen Haltung".

Dieses Fahnenkreuz stimmt in der Prägung ganz mit Nr. 1236 überein, nur ist es größer und aus Bronze geprägt.

Größe: 75 mm hoch, 60 mm breit.

Band: Wie bei Nr. 1236.

1238. Militärverdienstmedaille, Kriegsdenkmünze für den Feldzug des Jahres 1815 (verliehen 1816) · Abbildung am Schluß des Bandes.

Gestiftet von Herzog Peter Friedrich Ludwig auf Antrag des Feldmarschalls Fürst Blücher von Wahlstatt am 30. April 1816 „für sämtliche im Jahre 1815 wirklich im Felde und gegen den Feind gestandenen Offiziere und Mannschaften".

Die Medaille hat eine angeprägte, von oben nach unten gelochte Öse mit langgestrecktem silbernem Ring.

V: Der gekrönte Namenszug des Stifters „P." in lateinischer Schreibschrift.

R: In einem unten mit Doppelschleife gebundenen Lorbeerkranze die Jahreszahl „1815" in Kursivschrift.

Größe: 29 mm; Gewicht: 10 g.

Band: 37 mm breit, dunkelblau.

1239. Erinnerungsmedaille für die Veteranen aus den Schleswig-Holsteinischen Kriegen von 1848 und 1849, Goldbronze (verliehen 1898)

Gestiftet von Großherzog Nicolaus Friedrich Peter am 4. Juni 1898 für alle Personen, „welche an diesen Kriegen bei den oldenburgischen Truppen ehrenvoll teilgenommen haben". Oldenburg hatte damals ein Regiment Infanterie zu drei Bataillonen und eine 6-Pfd.-Batterie im Felde.

V: Unter der Krone die verschlungenen Anfangsbuchstaben des Namens des Großherzogs Paul Friedrich August „P F A".

R: Im Felde „1848/UND/1849". Umschrift „FELDZUEGE IN SCHLESWIG-HOLSTEIN". Unten ein fünfstrahliges Sternchen.

Größe: 29 mm.

Band: 34 mm breit, aus drei ponceauroten und zwei dunkelkornblumenblauen, je 6,5 mm breiten Streifen zusammengesetzt mit 1 mm breiten dunkelblauen Kanten.

1240. Medaille zur Erinnerung an Großherzog Friedrich August, Bronze (verliehen 1853)

Gestiftet von Großherzog Nicolaus Friedrich Peter am 27. Februar 1853, dem Todestage seines Vaters, zur Erinnerung für die Diener desselben.

V: Der nach links gewendete Kopf des Verstorbenen. Umschrift „FRIEDR. AUGUST GROSSHERZOG v. OLDENBURG". Unter dem Halsabschnitt „R. KOELBEL FEC. / K. FISCHER DIR."

R: In sechs Zeilen „DER / DANKBARE SOHN / DEM TREUEN / DIENER SEINES / GELIEBTEN VATERS / 1853".

Größe: 43 mm.

Band: 38 mm breit, dunkelblau mit ponceauroten Seitenstreifen, letztere je 7,5 mm breit mit 1 mm Abstand von den Kanten.

1241. Erinnerungsmedaille an den Feldzug 1866, Bronze (verliehen 1866)

Gestiftet von Großherzog Nicolaus Friedrich Peter am 22. September 1866 für alle Offiziere, Mannschaften und Beamten, die im oldenburgischen Truppenkorps an dem Kampfe der Main-Armee gegen die süddeutschen Staaten teilgenommen hatten.

V: Der nach links gewendete Kopf des Stifters mit der Umschrift „NICOL. FRIEDR. PETER GROSSHERZOG V. OLDENBURG". Am Halsabschnitt „R. KÖLBEL", darunter ein Sternchen (übereinstimmend mit Nr. 1232 ff.).

R: Im unten mit Doppelschleife gebundenen Lorbeerkranz „1866".

Größe: 30 mm.

Band: 32 mm breit, ponceaurot mit je zwei dunkelblauen Seiten- und zitronengelben Randstreifen, erstere 3,5 mm, letztere 3 mm breit.

A n m e r k u n g : Die bei von Heyden unter Nr. 1130 (Nachtrag vom Jahre 1898) beschriebene Erinnerungsmedaille mit kleinem „D" statt „R. KOELBEL" ist eine private Nachbildung und daher hier weggelassen worden.

1242. Erinnerungsmedaille an den Krieg 1870/71, Silber
1243. Erinnerungsmedaille an den Krieg 1870/71, Bronze
(verliehen 1871) Abbildung am Schluß des Bandes.

Gestiftet von Großherzog Nicolaus Friedrich Peter am 5. Mai 1871 für „diejenigen Mitglieder seines Zivilstabes, die ihn in den Krieg begleitet und keinen Anspruch auf die deutsche Kriegsdenkmünze hatten". Diese Medaillen sind nur in wenigen Exemplaren verliehen worden; sie haben gewöhnliche Drahtösen mit Ring.

V: Wie bei Nr. 1241.

R: Über zwei unten zusammengebundenen Lorbeerzweigen „18$\frac{70}{71}$ ".

Größe: 30 mm; Gewicht: in Silber 8 g.

Band: Wie bei Nr. 1241.

1244. Medaille für Verdienst in der Feuerwehr, Goldbronze (verliehen 1911—1918)

Gestiftet von Großherzog Friedrich August am 1. November 1911 „für Mitglieder einer organisierten oldenburgischen Feuerwehr als Auszeichnung wegen langjähriger, treuer Pflichterfüllung oder wegen besonders hervorragender Leistung in der Feuerwehr". Sofern keine besonderen Verdienste in schweren Brandfällen oder um die allgemeinen Interessen der Feuerwehr vorlagen, wurde die Medaille nur verliehen an Feuerwehrmänner, wenn sie sich mindestens 25 Jahre lang als leitende Mitglieder einer Feuerwehr, oder wenn sie sich mindestens 15 Jahre lang durch dienstlichen Eifer und treue Pflichterfüllung ausgezeichnet hatten.

V: Unter der aufsitzenden Krone der verschlungene, verzierte Namenszug des Stifters „FA".

R: Innerhalb eines aus zwei Eichenlaubzweigen gebildeten, unten mit einer großen Schleife gebundenen Kranzes „FÜR / VERDIENST / IN DER / FEUERWEHR" vierzeilig.

Größe: 30 mm.

Band: 33 mm breit, kornblumenblau, zinnoberrot, kornblumenblau, in drei gleichbreite Streifen eingeteilt.

1245. Medaille für Verdienste um das Feuerlöschwesen, Goldbronze (verliehen vom Freistaat Oldenburg 1928—1934)

Durch Bekanntmachung des Staatsministeriums vom 22. Dezember 1928 (Gesetzblatt für den Freistaat Oldenburg, XIV. Band, 137 Stück) wurde die Verleihung der Medaille für Verdienste um das Feuerlöschwesen wieder aufgenommen (vgl. Nr. 1244) bei entsprechender Änderung ihrer Prägung.

Die Medaille aus Goldbronze hat eine gewöhnliche Öse mit Ring.

V: Inmitten eines dichten Eichenlaubkranzes, welcher unten mit Doppelschleife gebunden ist, die vierzeilige Inschrift „FÜR / VERDIENSTE / UM DAS / FEUERLÖSCHWESEN".

R: In der Mitte das oldenburgische Landeswappen (größer), links bzw. rechts davon die Wappen der Landesteile Lübeck und Birkenfeld in kleiner Darstellung, am oberen Rand „FREISTAAT", unten „OLDENBURG".

Größe: 30 mm.

Band: 33 mm breit, hellkornblumenblau, ponceaurot, hellkornblumenblau in drei gleichen Streifen.

1246. Kreuz für 25 Militär-Dienstjahre in Gold (für Offiziere), Silber vergoldet

1247. Dasselbe in Silber (für Militärs von der Charge eines Feldwebels abwärts) (verliehen 1838—1867)

Gestiftet von Großherzog Paul Friedrich August am 24. Dezember 1838, dem 25. Jahrestage des Aufrufes zur allgemeinen Landesbewaffnung, welchen Herzog Peter Friedrich Ludwig nach der Rückkehr in seine angestammten Lande erließ, „für Militairs aller Grade, die dem Vaterlande 25 Jahre treu gedient haben".

Die Kreuze haben glatte (polierte) Arme mit dreifacher erhöhter Linien-Einfassung und gewöhnliche Ösen mit Ring.

V: Im Mittelschild (15 mm Durchmesser) der gekrönte Namenszug „P. F. A." (in deutscher Schrift) innerhalb einer doppelten Linienumrandung.

R: Im Mittelschild „XXV.".

Größe: 33 mm; Gewicht: 10 g.

Band: 38 mm breit, zinnoberrot mit dunkelblauen Seitenstreifen, letztere je 4 mm breit bei 1,5 mm Abstand von den Kanten.

1248. Dienstauszeichnung 1. Klasse (für 18jährige Dienstzeit), vergoldete Schnalle

1249. Dienstauszeichnung 2. Klasse (für 12jährige Dienstzeit), silberne Schnalle

1250. Dienstauszeichnung 3. Klasse (für 9jährige Dienstzeit), eiserne Schnalle mit silberner Umrahmung (für Militärpersonen unter Offiziersrang)

Gestiftet von Großherzog Paul Friedrich August an Stelle der bis dahin gebräuchlichen Chevrons am 24. Dezember 1847. Mit neuen Bestimmungen versehen am 28. Oktober 1856. Die Dienstauszeichnungen (Schnallen) wurden seit dem Abschlusse der Militärkonvention mit Preußen am 15. Juli 1867, nur noch an die oldenburgische Landesgendarmerie verliehen.

Sie tragen zwischen zwei Sternen auf mattem, gekörntem Grunde den erhabenen Namenszug des Stifters „P. F. A.", in deutschen Buchstaben und sind auf ihrer Rückseite zum Aufstreifen auf das Band eingerichtet.
Größe: 42 mm lang, 13 mm hoch.
Band: Wie bei Nr. 1246/1247.

1251. Dienstauszeichnung für 18 Dienstjahre der Gendarmen, Kreuz von Kupfer (verliehen 1913—1918)

Durch großherzogliche Verfügung vom 7. August 1913 erhielten die Auszeichnungen für 18-, 12- und 9jährige Dienstzeit der Gendarmen eine veränderte Form. Die dem stehenden Heere nicht mehr angehörenden Militärpersonen und diejenigen Gendarmen, denen die Auszeichnung in der früheren Form verliehen war, hatten die Berechtigung, diese in der neuen Form sich auf eigene Kosten zu beschaffen und anzulegen.

Die Dienstauszeichnung für 18 Dienstjahre besteht aus einem Kreuz von Kupfer mit geraden, nach außen zu breiter werdenden Armen, welche von einer doppelten Linie eingefaßt sind.

V: Im runden (14 mm) Mittelschild innerhalb zweier Kreislinien der verschlungene Namenszug „F A" unter der Krone.

R: Im runden (14 mm) Mittelschild innerhalb zweier Kreislinien die Zahl „XVIII".
Größe: 33 mm hoch und breit.

1252. Dienstauszeichnung für 12 Dienstjahre der Gendarmen, Medaille von Tombak, vergoldet

1253. Dienstauszeichnung für 9 Dienstjahre der Gendarmen, Medaille von Neusilber (verliehen 1913—1918)

Gleichzeitig eingeführt mit Nr. 1251.

V: Der verschlungene, verzierte Namenszug „F A" unter der Krone darüber im Bogen „TREUE DIENSTE".

R: Die Zahl „XII" bzw. „IX" im Felde.
Größe: 30 mm.

Band: Für alle drei Klassen gleich: 34 mm breit, ponceaurot mit zwei kornblumenblauen Seitenstreifen, letztere je 4,5 mm breit bei 1,5 mm Abstand von den Kanten.

1254. Medaille für Treue in der Arbeit, Silber (verliehen 1904—1918)

Gestiftet von Großherzog Friedrich August am 16. November 1904 „für Arbeiter und Dienstboten beiderlei Geschlechts, die nach vollendetem 25. Lebensjahre, 30 Jahre ohne Unterbrechung in einem und demselben Arbeits- oder Dienstverhältnis gestanden haben und völlig unbescholten sind".

V: Das nach links gewendete Brustbild des Stifters in Generaluniform. Darunter zwischen zwei Punkten eine kleine vierblätterige Rosette. Umschrift: „FRIEDRICH AUGUST GROSSHERZOG VON OLDEN-BURG".

R: Innerhalb eines aus zwei dicken Eichenlaubzweigen gebildeten, unten mit einer Schleife gebundenen Kranzes „FÜR / TREUE / IN DER / ARBEIT".

Größe: 30 mm; Gewicht: 10 g.

Band: 35 mm breit, dunkelblau, zinnoberrot, dunkelblau, in drei gleichen Streifen. Frauen können die Medaille auch an einem schwarzen Sammetbande oder einem Kettchen um den Hals tragen.

Preußen

Königreich seit 18. Januar 1701 bis 9. November 1918, dann Freistaat.

Das Königreich Preußen hatte folgende Orden: Den Schwarzen Adler-Orden (gestiftet am 17. Januar 1701), den Verdienstorden der Preußischen Krone (gestiftet am 18. Januar 1901), den Wilhelm-Orden (gestiftet am 18. Januar 1896), den Orden pour le mérite (gestiftet 1740), die Friedensklasse des Ordens pour le mérite (gestiftet am 31. Mai 1842), den Roten Adler-Orden (gestiftet als Orden de la Sincérité am 17. November 1705, übernommen am 12. Juni 1792), den Königlichen Kronen-Orden (gestiftet am 18. Oktober 1861), den Königlichen Hausorden von Hohenzollern (gestiftet am 5. Dezember 1841, übernommen am 16. Januar 1851), den Johanniter-Orden (erneuert am 15. Oktober 1852), den Schwanenorden (gestiftet am 29. September 1440 und am 24. Dezember 1843 [erfolglos] erneuert), und den Luisen-Orden (gestiftet am 3. August 1814).

1255. Silberne Medaille für Untertanen-Treue unter Friedrich Wilhelm II. (verliehen 1794) Abbildung am Schluß des Bandes.

Gestiftet von König Friedrich Wilhelm II. (reg. 1786—1797) im Jahre 1794 zur Belohnung von Verdiensten in Friedenszeiten. Sie wurde in dem genannten Jahre nach der Dämpfung der Unruhen in der Provinz Posen an dortige Landleute verliehen, die sich durch Treue und Anhänglichkeit ausgezeichnet hatten. Die Medaille hat eine mit Stift befestigte längliche und bewegliche Öse aus flachem Silberdraht und soll mit stillschweigender Duldung der Behörden am Bande getragen worden sein.

V: Das nach links gewendete Brustbild des Stifters in Uniform mit der Umschrift „FRIEDRICH WILHELM KOENIG VON PREUSSEN"; im Armabschnitt „H" (Joh. Gottfr. Held, geb. 1734, Stempelschneider in Breslau von 1764—1799).

R: In einem oben mit Doppelschleife gebundenen Kranz von Eichenlaub in vier Zeilen „UNTER- / THANEN / TREUE / 1794".

Größe: 43 mm; Gewicht: 30 g.

Band: Das des Roten Adlerordens: 37 mm breit, weiß mit 9 mm breiten orangefarbigen Seitenstreifen (nach Angabe v. Heydens bei Nr. 517).

1256. Goldene und

1257. Silberne Militär-Verdienstmedaille unter Friedrich Wilhelm II. (verliehen 1793—1797) Abbildung am Schluß des Bandes.

Gestiftet von Friedrich Wilhelm II. am 14. Juni 1793. Die goldene Medaille war für Unteroffiziere, die silberne für Gemeine bestimmt, „die sich in den vorgefallenen kriegerischen Aktionen auf eine Art hervorgetan haben, die wahres Ehrgefühl und unverkennbare persönliche Tapferkeit bezeichnet".

Diese Medaillen haben eine breitere und eine schmale Linienumrandung nebeneinander sowie eine angeprägte, von oben nach unten gelochte Öse.

V: In einem unten mit einer Schleife gebundenen Lorbeerkranz in drei Zeilen „VERDIENST / UM / DEN STAAT". Unter der Schleife am Rande „L" (Loos).

R: Der verschlungene Namenszug des Stifters „F W II R" in lateinischer Schreibschrift unter der aufsitzenden Königskrone. Darunter „1793".

Größe: In Gold 30 mm, in Silber 39 mm; Gewicht: in Silber 22 g.

Band: 30 mm breit, schwarz.

1258. Goldene Militär-Verdienstmedaille (verliehen 1797—1814)

1259. Silberne Militär-Verdienstmedaille unter König Friedrich Wilhelm III. (verliehen 1797—1814)

Unter Friedrich Wilhelm III. (reg. 1797—1840) wurden die Militär-Verdienstmedaillen mit dessen Namenszug verausgabt, und zwar bis zum Jahre 1806 die goldenen Medaillen nur an Unteroffiziere, die silbernen nur an Gemeine. Eine Verordnung vom 30. September 1806 änderte diese Bestimmung dahin ab, daß fortan jeder Unteroffizier und Gemeine, der sich zum erstenmal „durch eine besonders tapfere Handlung hervorgetan", die silberne, „und wenn ein solcher sich „zum zweitenmal noch vorzüglicher" ausgezeichnet, die goldene Medaille erhalten sollte.

Die Medaillen haben eine doppelte Linienumrandung und Öse wie Nr. 1256/1257.

V: Der verschlungene Namenszug „F W III R" unter der Königskrone.

R: In einem unten mit einer Schleife gebundenen Lorbeerkranz in drei Zeilen „VERDIENST / UM / DEN STAAT". Unter der Schleife am Rande „L" (gleiche Stempel wie zu Nr. 1256/1257).

Größe: In Gold 30 mm, in Silber 39 mm; Gewicht: in Silber 22 g.

Band: 30 mm breit, bis 1806 ganz schwarz, vom 30. September 1806 an schwarz, nicht gewässert, mit zwei weißen Seitenstreifen, letztere je 5 mm breit bei 2 mm Abstand von den Bandkanten.

1260. Goldene allgemeine Verdienstmedaille (verliehen 1810—1817)

1261. Silberne allgemeine Verdienstmedaille (verliehen 1810—1814)

Gestiftet von Friedrich Wilhelm III. am 18. Januar 1810 „zur Belohnung für Verdienste in Friedenszeiten". In den Jahren 1816 und 1817 wurde die schon 1814 außer Gebrauch gesetzt gewesene goldene Medaille (vgl. Nr. 1258) noch nachträglich „für aufopfernde Pflege kranker und verwundeter Krieger" an fünf Frauen am weißen Bande mit schwarzen Seitenstreifen, dem Bande des Luisenordens, verliehen. Ferner erhielten danach noch zwei Frauen die silberne Medaille am weißen Bande ohne Seitenstreifen.

Vorderseite, Rückseite, Größe und Gewicht wie bei Nr. 1258/1259.

Normales Band: 35 mm breit, weiß mit zwei orangegelben Seitenstreifen, letztere 7,5 mm breit bei 2,5 mm Abstand von den Kanten.

oder

Band des Luisenordens: 35 mm breit, weiß mit zwei schwarzen Seitenstreifen, diese 6 mm breit bei 3 mm Abstand von den Kanten, bzw.
ganz weiß, stets aber zur Schleife geformt getragen.

**1262. Militär-Ehrenzeichen I. Klasse, silbernes Kreuz
(verliehen 1814—1847)**

**1263. Allgemeines Ehrenzeichen I. Klasse, silbernes Kreuz
(verliehen 1814—1830)** Abbildung am Schluß des Bandes.

Durch Kabinettsorder vom 30. September 1814 wurden die goldene Militär-
Verdienstmedaille (Nr. 1258) sowie die goldene allgemeine Verdienstmedaille
(Nr. 1260) in silberne Kreuze verwandelt, welche für Militärverdienst als
„Militär-Ehrenzeichen I. Klasse" am schwarzen Bande mit weißen Seitenstreifen,
für anderweitige Verdienste jedoch als „Allgemeines Ehrenzeichen I. Klasse"
am weißen Bande mit orangegelben Seitenstreifen verliehen wurden.

Diese Kreuze haben polierte, nach außen breiter werdende Arme.
welche von einer dreifachen erhöhten Linie an den Rändern eingefaßt
sind. Eine von oben nach unten gelochte runde Öse enthält den runden,
doppelt gewundenen Drahtring. Die Mittelschildchen von 15 mm Durchmesser sind auf Vorder- und Rückseite von einer doppelten dünnen
Linie umrandet.

V: Im Mittelschilde in drei Zeilen „VERDIENST / UM / DEN STAAT".

R: Im Mittelschilde der gekrönte königliche Namenszug „F W.".

Größe: 35 mm; Gewicht: 13,5 g.

Band: Bei Nr. 1262: 30 mm breit, schwarz (nicht gewässert) mit zwei
weißen, je 5 mm breiten Seitenstreifen bei 2 mm Abstand
von den Kanten.

Bei Nr. 1263: 35 mm breit, weiß mit orangegelben je 7,5 mm
breiten Seitenstreifen bei je 2,5 mm Abstand von den Kanten.

Bei der Umwandlung der goldenen Medaille in das vorstehend
beschriebene silberne Kreuz wurden die silberne Militär-Verdienst-
medaille und die silberne allgemeine Verdienstmedaille umbenannt in

1264. Militär-Ehrenzeichen II. Klasse, Silber, und

**1265. Allgemeines Ehrenzeichen II. Klasse, ab 1830 „Allgemeines
Ehrenzeichen", Silber
(verliehen 1814—1847)**

Zunächst wurden die bisherigen Verdienstmedaillen in ganz unveränderter Form weiter verliehen unter den vorstehenden neuen Bezeichnungen. Bei Neuanfertigung von Stempeln Anfangs der 1820er Jahre ergaben sich dann folgende Abweichungen:

V: Die Buchstaben der dreizeiligen Inschrift sind etwas größer, ebenso die Schleife, welche den Lorbeerkranz zusammenhält. Unten fehlt das „L" des Stempelschneidernamens (Loos).

R: Die Grundstriche des verschlungenen Namenszuges „F W III R" sind etwas dünner als bei Nr. 1261. Seit dem 1. Januar 1830, nach Aufhebung des Allgemeinen Ehrenzeichens I. Klasse, erhielt die II. Klasse die Bezeichnung „Allgemeines Ehrenzeichen".

Größe und Gewicht wie bei Nr. 1261.

Bänder wie bei Nr. 1262 und Nr. 1263.

1266. Militär-Ehrenzeichen I. Klasse, silbernes Kreuz, 2. Form (verliehen 1848—1864)

Am 1. Januar 1830 erhob König Friedrich Wilhelm III. das Allgemeine Ehrenzeichen I. Klasse (Nr. 1263) zum Roten-Adler-Orden IV. Klasse unter Abänderung des Mittelschildes seiner Vorderseite. Es zeigt nunmehr einen geprägten silbernen Adler statt der Inschrift „Verdienst um den Staat". Das Militär-Ehrenzeichen I. Klasse wurde beibehalten, aber mangels Gelegenheit zunächst nicht weiter verliehen.

Als dann während der Feldzüge 1848/49 und auch in späteren Jahren 1860 und 1863 (an drei russische Unteroffiziere) doch wieder Militär-Ehrenzeichen I. Klasse ausgegeben wurden, benutzte man zu deren Herstellung die Stempel des inzwischen von König Friedrich Wilhelm IV. im Jahre 1846 nochmals abgeänderten Roten-Adler-Ordens IV. Klasse, indem dessen Vorderseiten-Mittelschildchen, der rote Adler auf weiß emailliertem Grunde, ausgewechselt wurde. Die silbernen Kreuze des Militär-Ehrenzeichens I. Klasse waren dementsprechend größer geworden und ihre polierten, mit dreifacher Linie umrandeten Arme sind etwas breiter als früher bei Nr. 1262. Sie hatten nunmehr eine gewöhnliche Öse mit doppelt gewundenem Ring.

V: Im 16 mm großen Mittelschildchen die Inschrift „VERDIENST / UM DEN / STAAT" dreizeilig.

R: Im Mittelschildchen der gekrönte verschlungene Namenszug „F W.".

Die Mittelschildchen sind auf der Vorder- und Rückseite von einer doppelten feinen Linie umgeben.

Größe: 38 mm; Gewicht: 14,5 g.

Band: 36 mm breit, schwarz (nicht gewässert) mit zwei weißen, je 7 mm breiten Seitenstreifen in 2,5 mm Abstand von den Kanten des Bandes.

1267. Militär-Ehrenzeichen II. Klasse, Stempeländerung (verliehen 1847—1864)

1268. Allgemeines Ehrenzeichen, gleiche Stempeländerung, Silber (verliehen 1847—1918)

Im Jahre 1847 wurden wieder neue Stempel zur Rückseite des „Allgemeinen Ehrenzeichens" bzw. des „Militär-Ehrenzeichens II. Klasse" geschnitten. Dieselben zeigen eine unten am Reif breiter gehaltene Königskrone bei etwas veränderter Zeichnung des verschlungenen Namenszuges „F W III R".

Größe und Gewicht wie bei Nr. 1264/1265.

Band für das Militär-Ehrenzeichen II. Klasse: 36 mm breit, schwarz (nicht gewässert) mit zwei weißen je 7 mm breiten Seitenstreifen bei 2,5 mm Abstand von den Kanten.

Band für das Allgemeine Ehrenzeichen wie bei Nr. 1262/63.

1268a. Allgemeines Ehrenzeichen am Kriegsbande für Militär-Unterbeamte, Silber (verliehen 1864 und 1866)

Nach einer von König Wilhelm I. am 22. April 1864 erlassenen Verfügung erhielten Militär-Unterbeamte, denen das Allgemeine Ehrenzeichen für ausgezeichnete, während eines Krieges, jedoch nicht im feindlichen Feuer erworbene Verdienste verliehen wurde, hierzu ein besonderes Band.

Band: 36 mm breit, weiß mit zwei orangegelben je 7 mm breiten Seitenstreifen und einem schwarzen, 4 mm breiten Mittelstreifen.

Diese Auszeichnung kam dann in den Kriegen 1864 und 1866 mehrfach zur Verleihung.

1268b. Allgemeines Ehrenzeichen, Silber, am Bande der Rettungsmedaille.

Wie verschiedene andere preußische Ordensauszeichnungen, so konnte auch das Allgemeine Ehrenzeichen am Bande der Rettungsmedaille (Nr. 1302 ff.) verliehen werden, meistens in Fällen von wiederholter Lebensrettung und wenn der Auszuzeichnende die Rettungsmedaille am Bande bereits besessen hatte. Das Band war zunächst 28 mm breit, hellorangegelb mit zwei weißen Seitenstreifen von je 5 mm Breite bei 1,5 mm Abstand von den Kanten. In den späteren Jahren erhielt das Band eine sattere orangefarbige Tönung.

1269. Allgemeines Ehrenzeichen mit dem Abzeichen für 50 Dienstjahre
1270. Dasselbe mit dem Abzeichen für 60 bzw. 65 bzw. 70 Dienstjahre, Silber
(verliehen 1851—1918)

Nach einer kgl. Kabinettsorder vom 29. Dezember 1851 erhielten Personen, denen bei Gelegenheit eines Dienstjubiläums das Allgemeine Ehrenzeichen verliehen wurde, die betreffende Auszeichnung mit einem silbernen gewölbten Schildchen von 10 mm Durchmesser, das auf gekörntem Grunde die erhöht geprägte Zahl „50" trägt. Ohne förmliche Bestimmung wurden auch Schildchen mit den Zahlen „60", „65" bzw. „70" verliehen. Die Schildchen sind auf einen silbernen Ring gelötet, der mit einer kleinen, rückseitig angebrachten Öse in der Öse der Medaille hängt. Letztere ist in diesem Falle viel kleiner als bei den normalen Exemplaren des Allgemeinen Ehrenzeichens.

1271. Allgemeines Ehrenzeichen am Erinnerungsbande
1272. Dasselbe am Erinnerungsbande und mit rotem Kreuz, Silber (verliehen 1870/71)

Nach einem Erlaß von Kaiser und König Wilhelm I. vom 22. Juli 1871 wurde das Allgemeine Ehrenzeichen „an Männer, welche sich während des jetzt beendeten Krieges durch patriotische Handlungen außerhalb des Kriegsschauplatzes vorzugsweise hervorgetan haben", an einem sechsmal schwarz und fünfmal weiß gleichbreit gestreiften Bande mit roten Randstreifen verliehen. Mitglieder der freiwilligen Krankenpflege erhielten außerdem, oben auf der Vorderseite der Medaille angebracht, ein kleines, 10 mm großes, rot emailliertes Kreuz mit weißer Umrandung. Die Medaillen selbst blieben unverändert in Prägung, Größe und Gewicht.

Band: 31 mm breit, nicht gewässert, zusammengesetzt aus sechs schwarzen je 2 mm, dann fünf weißen je 3 mm breiten Streifen, sowie ponceauroten, je 2 mm breiten Rändern. („Erinnerungsband", Bezeichnung gemäß Kabinettsorder vom 30. März 1872.)

1273. Allgemeines Ehrenzeichen, Silber, 3. Form (verliehen bis 1918)

Über den Zeitpunkt der Einführung konnte nichts Näheres festgestellt werden. Er dürfte aber um die Wende des gegenwärtigen Jahrhunderts gelegen sein. Die Allgemeinen Ehrenzeichen hatten dann bis 1918 eine größere und derbere Öse, sie waren auch etwas dicker. Die Zeichnung der Schrift auf der Vorderseite sowie der Lorbeerkranz und die Bandschleife an demselben sind etwas verändert.

Das über die Abzeichen für Jubilare bei Nr. 1269/1270 und über die Verleihung des Bandes der Rettungsmedaille bei Nr. 1268b Gesagte hatte weiterhin Geltung.

Größe: 39 mm; Gewicht: 25 g.

Band: 36 mm breit, weiß mit zwei rotorangefarbigen Seitenstreifen von je 7 mm Breite bei 2,5 mm Abstand von den Kanten. Allenfalls auch das Band der Rettungsmedaille (vgl. Nr. 1268b).

1274. Allgemeines Ehrenzeichen in Gold
1275. Dasselbe mit dem Abzeichen für Jubilare
1276. Dasselbe am Bande der Rettungsmedaille (verliehen 1890—1900)

Gestiftet von Kaiser und König Wilhelm II. am 17. Juni 1890 als eine höhere Klasse des Allgemeinen Ehrenzeichens für Beamte und Personen des Unteroffizierstandes, die mindestens 30 Jahre gedient hatten, das Allgemeine Ehrenzeichen in Silber bereits besaßen und sich einer weiteren Auszeichnung würdig gemacht hatten.

Die goldene Medaille hat eine gewöhnliche Öse mit Ring. Ihre Vorderseite stammt vom Münzmedailleur Otto Schultz, die Stempel der Rückseite jedoch vom Münzmedailleur Emil Weigand. Es wurden vom August 1890 bis zum Mai 1899 im ganzen 2380 Stück in der Kgl. Münze Berlin geprägt. Am beweglichen Ringe ist, wenn die Auszeichnung anläßlich eines Dienstjubiläums erfolgte, noch ein rundes, goldenes, 8 mm großes Schildchen angebracht mit den erhöhten Zahlen „50", „60" „65" bzw. „70" auf gekörntem Grunde. Auch für Rettung von Menschenleben konnte das Allgemeine Ehrenzeichen in Gold verliehen werden, in der Regel aber nur, wenn vorher schon die Rettungsmedaille am Bande erworben war.

V: Der verschlungene gekrönte Namenszug „W R" (Wilhelmus Rex), darunter die Jahreszahl der Stiftung „1890".

R: Innerhalb eines unten mit einer Schleife gebundenen kräftigen Lorbeerkranzes die dreizeilige Inschrift „VERDIENST / UM / DEN STAAT".

Größe: 31 mm; Gewicht: 12 g.

Band: Wie bei Nr. 1273 oder wie bei Nr. 1268b (Band der Rettungsmedaille).

1277. Kreuz des Allgemeinen Ehrenzeichens, Silber

1278. Dasselbe mit (silbervergoldeter) Krone
Abbildung am Schluß des Bandes.

1279. Dasselbe mit dem Abzeichen für Jubilare

1280. Dasselbe am Bande der Rettungsmedaille (verliehen 1900—1918)

Gestiftet von Kaiser und König Wilhelm II. am 27. Januar 1900 an Stelle des Allgemeinen Ehrenzeichens in Gold (Nr. 1274). Das Kreuz wurde — wie bis dahin auch das aufgehobene Allgemeine Ehrenzeichen in Gold — nur an Personen verliehen, die das Allgemeine Ehrenzeichen in Silber schon besaßen, an Beamte und Militärpersonen des Unteroffizierstandes nach Vollendung einer mindestens 30jährigen Dienstzeit.

Bei besonderem Anlaß wurde das Kreuz des Allgemeinen Ehrenzeichens mit einer vergoldeten offenen Königskrone verliehen. Diese, 16 mm hoch, ist mit der Öse des Kreuzes durch ein unsichtbares Scharnier verbunden und trägt den gewöhnlichen Bandring. Das bei Nr. 1275 über „Abzeichen für die Jubilare" Gesagte, gilt auch für das Kreuz des Allgemeinen Ehrenzeichens, nur sind hier die runden Schildchen mit den Zahlen „50", „60", „65" bzw. „70" aus Silber, bei 8 mm Durchmesser. Auch das Band der Rettungsmedaille konnte, bei den bekannten Voraussetzungen, zum Kreuz des Allgemeinen Ehrenzeichens verliehen werden. Das silberne Kreuz hat glatte, geschweifte, an den Außenseiten abgerundete Arme. Die vergoldeten, besonders geprägten und aufgelöteten Mittelschildchen von 20 mm Durchmesser tragen auf der

V: Innerhalb eines unten mit Schleife gebundenen Lorbeerkranzes auf gekörntem Grunde „VERDIENST / UM / DEN STAAT" (dreizeilig).

R: Unter der Krone den verschlungenen und verzierten Namenszug „W R" auf gekörntem Grunde, darunter am Rande „1900".

Größe (ohne Krone): 40 mm; Gewicht: mit Krone 20 g, ohne Krone 17 g.

Band: 28 mm breit, orangegelb mit je zwei weißen Seiten- bzw. Randstreifen von 2,5 mm Breite in 2,5 mm Abstand voneinander oder das Band der Rettungsmedaille (vgl. Nr. 1268b).

1281. Allgemeines Ehrenzeichen in Bronze (verliehen 1912—1918)

1281a. Dasselbe am Bande der Rettungsmedaille

1281b. Dasselbe in grauem Kriegsmetall, Zink (verliehen seit August 1918)

Gestiftet von König Wilhelm II. am 27. Januar 1912. Die Verleihung erfolgte ohne Rücksicht auf die Staatsangehörigkeit zur Anerkennung von Verdiensten in solchen Fällen, wo die Auszeichnung mit dem Allgemeinen Ehrenzeichen in Silber nicht in Betracht kam. Meistens gelangte jedoch das Allgemeine Ehrenzeichen in Bronze an Arbeiter nach langjähriger Dienstzeit in behördlichen und privaten Betrieben.

Die Ausgabe dieser Auszeichnung war eigentlich schon im Jahre 1911 geplant, und demzufolge hatte die Berliner Hauptmünze bereits eine Anzahl von Stücken mit der Jahreszahl „1911" fertiggestellt. Diese wurden aber dann bis auf einige Exemplare wieder eingeschmolzen. (Ein solches ist später in die Sammlung Schreiber gelangt.) Auch das Allgemeine Ehrenzeichen in Bronze konnte am Bande der Rettungsmedaille verliehen werden.

Der große Mangel an Kupfer und Zinn in der letzten Kriegszeit hat auch hier zur Prägung aus sogenanntem „Kriegsmetall" geführt. Während aber die aus heller Bronze hergestellten Stücke die übliche angeprägte runde Öse trugen, hatten die gemäß Allerhöchstem Erlaß vom 27. Oktober 1916 im August 1918 hergestellten Medaillen aus Kriegsmetall (5000 Stück) eine gewöhnliche Drahtöse mit Ring.

V: Der Namenszug „W. II. R." in gotischem Schriftcharakter unter einer schwebenden Königskrone, darunter „1912".

Rückseite, Größe und Band: Wie bei Nr. 1273 bzw. 1268b.

1282. Militär-Verdienstkreuz, Gold (verliehen 1864—1914)

1282a. Dasselbe, Silber vergoldet (verliehen 1914—1918)

1283. Militär-Ehrenzeichen I. Klasse, silbernes Kreuz

1283a. Dasselbe am „weißen Bande", für Nichtkämpfer (verliehen 1864—1918) Abbildung am Schluß des Bandes.

Gestiftet am 27. Februar 1864 von König Wilhelm I. (reg. 1861—1888) unter Aufhebung des bis dahin bestandenen Militär-Ehrenzeichens I. und II. Klasse (Nr. 1266 und Nr. 1267) „zur Auszeichnung für Verdienste vor dem Feinde, welche sich Militärpersonen vom Feldwebel abwärts erworben haben".

Die beiden Kreuze Nr. 1282 und Nr. 1283 sind, abgesehen vom Metall, vollständig gleich. Sie haben gerade, glatte, nach außen zu breiter werdende Arme, welche mit dreifacher, erhöhter Linieneinfassung versehen sind. Die Öse ist gewöhnlich, mit Ring. Das goldene Militär-Verdienstkreuz wurde erstmals im Kriege 1866, und zwar nur in 16 Exemplaren verliehen. Später blieb es eine gleich seltene Auszeichnung und gelangte von 1873 bis 1884 nur an russische Garde-Unteroffiziere mit insgesamt 34 Stück zur Verleihung. Weiterhin erhielten dann noch von 1895 bis 1906 das Militär-Verdienstkreuz vier Angehörige der deutschen Schutztruppe sowie ein Unteroffizier des III. Seebataillons, letzterer im Chinafeldzug (1900).

Als der Weltkrieg ausbrach, kamen zunächst an Personen des Mannschaftsstandes in Preußen nur Eiserne Kreuze I. und II. Klasse zur Verleihung. Im späteren Verlauf des Krieges wurden aber auch noch 1763 Militär-Verdienstkreuze als höchste Auszeichnung der Tapferkeit an Personen vom Feldwebelleutnant abwärts verliehen. Von diesen Kreuzen waren jedoch nur 16 Stück aus Gold, welche bei der Generalordenskommission noch vorrätig waren. Die übrigen Kreuze waren silbervergoldet.

Das Militär-Ehrenzeichen I. Klasse kam schon in den Kriegen 1864 und 1866 sowie gelegentlich verschiedener Kriegshandlungen in den Kolonien zur Ausgabe, nicht aber im Kriege 1870/71; und im Weltkrieg nur an Ausländer, die das Eiserne Kreuz ja nur in beschränktem Umfang erhalten konnten. Personen des Nichtkämpferstandes erhielten ebenfalls öfters das Militär-Ehrenzeichen I. Klasse, aber stets am „weißen Bande".

V: Von Nr. 1282 und Nr. 1283: Im Mittelschildchen (16 mm Durchmesser), das von einer doppelten erhöhten Linie eingefaßt ist, in zwei Zeilen „KRIEGS / VERDIENST". Darunter zwei gekreuzte, mit einer Schleife zusammengebundene kleine Lorbeerzweige.

R: Im Mittelschildchen der verschlungene und gekrönte Namenszug „W R" auf gekörntem Grunde.

Größe: 38 mm; Gewicht: in Gold 17,5 g, in Silber 14 g.

Band: 35 mm breit, schwarz (nicht gewässert) mit zwei weißen, je 7,5 mm breiten Seitenstreifen bei 2 mm Abstand von den Kanten, oder für Nichtkämpfer: 35 mm breit, weiß (nicht gewässert) mit zwei schwarzen, je 7,5 mm breiten Seitenstreifen bei 2 mm Abstand von den Kanten

1284. Militär-Ehrenzeichen II. Klasse, silberne Medaille

1284a. Dasselbe am „weißen Bande", für Nichtkämpfer
    (verliehen 1864—1918)

Gleichzeitig mit Nr. 1282 und Nr. 1283 gestiftet. Die silbernen Medaillen haben eine angeprägte runde Öse (von oben nach unten gelocht); sie wurden in den Kriegen 1864, 1866, dann in den verschiedenen Kolonialkriegen und gelegentlich der China-Expedition verliehen, nicht aber im Kriege 1870/71; im Weltkrieg nur an Ausländer, die das Eiserne Kreuz ja nur in beschränktem Umfang erhalten konnten.

V: In einem unten mit Schleife gebundenen Lorbeerkranz zweizeilig „KRIEGS / VERDIENST".

R: Der verzierte und verschlungene Namenszug „W R" unter der aufsitzenden Königskrone.

Größe: 40 mm; Gewicht: 22 g.

Band: Für Kämpfer und für Nichtkämpfer wie bei Nr. 1282 oder Nr. 1283.

Anmerkung: Es können silberne und bronzeversilberte Nachbildungen vor, zum Teil mit angeprägter Öse, zum Teil auch mit gewöhnlicher Drahtöse und beweglichem Ring. Auch in der Prägung ergeben sich bei diesen nichtoffiziellen Stücken kleine Unterschiede, insbesondere ist die Schrift etwas größer, die Krone über dem Namenszug auf der Rückseite hat eine mehr geschwungene Form und ist weiter vom oberen Rande der Medaille entfernt als bei den Original-Medaillen.

1285. Großkreuz des Eisernen Kreuzes für 1813, 1814, 1815

Abbildung am Schluß des Bandes.

Gestiftet von König Friedrich Wilhelm III. d. d. Breslau, den 10. März 1813, gleichzeitig mit dem Eisernen Kreuz I. und II. Klasse „für Verdienst im wirklichen Kampf mit dem Feinde oder außerdem im Felde oder daheim in Beziehung auf diesen großen Kampf um Freiheit und Selbständigkeit". Die Idee des Eisernen Kreuzes stammt von König Friedrich Wilhelm III. selbst, ebenso die Festlegung seiner Form in einer Skizze, nach welcher dann der berühmte Meister des klassischen Stils, Karl Friedrich Schinkel, die so volkstümlich gewordene künstlerische Gestalt des Eisernen Kreuzes schuf. Das Großkreuz konnte nach § 6 der Stiftungsurkunde „ausschließlich nur für eine gewonnene entscheidende Schlacht, nach welcher der Feind seine Position verlassen muß, desgleichen für die Wegnahme einer bedeutenden Festung oder für die anhaltende Verteidigung einer Festung, die nicht in feindliche Hände fällt, der Kommandierende erhalten". Das Großkreuz wurde während der Befreiungskriege verliehen an Generalfeldmarschall Fürst Blücher von Wahlstatt für den Sieg an der Katzbach (26. August 1813); General Graf Bülow von Dennewitz für den Sieg bei Dennewitz (6. September 1813); General Graf Tauentzien von Wittenberg für den gelungenen Sturm auf Wittenberg (13. Januar 1814); General Graf York von Wartenburg für die Gefechte von Laon bis Paris.

Nach dem Kriege erhielten noch das Großkreuz des Eisernen Kreuzes: General Graf Kleist von Nollendorf für seinen Anteil an der Schlacht bei Kulm (29. August 1813), dann Kronprinz Karl Johann von Schweden (Bernadotte) und der russische Generalleutnant Graf Tolstoi, letztere beiden als Ausnahme der Regel, nach welcher das Eiserne Kreuz nur an Inländer verliehen werden sollte.

Das Großkreuz besteht, wie auch die Eisernen Kreuze I. und II. Klasse, aus schwarzem Gußeisen und ist in Silber gefaßt in der Weise, daß neben einer 1,5 mm breiten gewölbten und erhöht geprägten Einfassung mit enger Schraffierung ein flacher, vertiefter, 1 mm breiter Rand sichtbar ist. Oben befindet sich eine kleine runde, von oben nach unten gelochte Öse, welche den großen runden, silbernen Ring trägt.

V: Glatt, ohne Inschrift. Durch eine königliche Order vom 19. April 1838 wurde aber der längst schon eingeführte Brauch genehmigt, diese glatte Vorderseite als Rückseite zu betrachten.

R. (ab 1838 Vorderseite): Im oberen Kreuzarme der Namenszug „F W", darüber eine Königskrone, in der Kreuzmitte drei Eichenblätter mit vier Früchten, im unteren Arme die Jahreszahl „1813".

Größe: 65 mm.

Halsband: 57 mm breit, schwarz, nicht gewässert, mit weißen je 10 mm breiten Seitenstreifen in 3 mm Abstand von den Kanten.

Es gibt von diesem außerordentlich seltenen Ehrenzeichen Nachbildungen, welche eine wesentlich breitere Einfassung haben und bei denen die Aufschriften viel flacher gehalten sind als bei den Originalen und auch etwas in der Form der Buchstaben bzw. der Zahlen abweichen.

1286. Stern zum Großkreuz des Eisernen Kreuzes von 1813, sogen. „Blücherstern", Gold

Für den Sieg bei Belle-Alliance erhielt der Feldmarschall Fürst Blücher mittels Allerhöchster Entschließung vom 26. Juli 1815 das Eiserne Kreuz auf einem Stern mit goldenen Strahlen, welcher jetzt im Zeughaus in Berlin aufbewahrt wird.

Diese einzigartige Auszeichnung in den Kriegsjahren von 1813/15 hat folgende Form:

Auf einem goldenen, vielstrahligen Stern mit acht Spitzen ruht (aufgelötet) das Eiserne Kreuz I. Klasse mit silberner Einfassung und ohne Aufschrift in einer Größe von 33 mm. Der goldene Stern hat eine Höhe von 77 mm, eine Breite von 76,5 mm. Rückseitig befindet sich eine Nadel zum Anstecken auf der linken Brustseite.

1287. Eisernes Kreuz I. Klasse von 1813, erste Form aus Stoff

Nach der Stiftungsurkunde sollte das Eiserne Kreuz I. Klasse, das ja erst nach Besitz der II. Klasse erworben werden konnte, aus schwarzem Bande mit weißer Einfassung bestehen und mit dem Kreuz der II. Klasse zusammen, jedoch unter diesem auf der linken Brustseite getragen werden. Über die Form dieses „Bandkreuzes" bestehen verschiedene Meinungen. Louis Schneider behauptet in seinem bekannten Buch „Vom Eisernen Kreuz" (Berlin 1872, Verlag A. Duncker), es habe aus dem kreuzförmig zusammengenähten Bande des Eisernen Kreuzes II. Klasse bestanden, und gibt hiervon auch eine Zeichnung. In seinem Buch „Das Eiserne Kreuz von 1813" bestreitet jedoch Dr. Friedrich Perle (auf Seite 29) diese Angabe Schneiders und behauptet, daß das ursprüngliche Eiserne Kreuz I. Klasse aus schwarzem, samtartigem Seidenstoff mit silbernem Band verliehen worden sei. Tatsächlich hat die Schneidersche Behauptung wenig Wahrscheinliches für sich. Denn es ist wohl ohne weiteres anzunehmen, daß einer höheren Auszeichnung keine solch unschöne und vergängliche Gestalt gegeben werden sollte. Wenn jedoch dennoch am Anfang einige solche zusammengenähte Bandkreuze ausgegeben worden sein sollten, so kann es sich dabei nur um Provisorien gehandelt haben. Es sind tatsächlich auch einige Stoffkreuze mit silberner Umrandung bekannt geworden. Nach Angabe von Dr. Perle soll auch das Berliner Zeughaus ein solches Exemplar besitzen. Es ist aber nicht mehr dort. Dagegen haben der Mitverfasser Dr. von Hessenthal und Herr Aurich-Dortmund in ihren Sammlungen je ein solches Exemplar, das hier kurz beschrieben werden soll:

Es ist 40 mm groß und hat um den samtartigen schwarzen Stoffbezug eine silberne, nach innen zu erhöhte und schraffierte Umrahmung. Als Unterlage dient eine feste Pappe von etwa 0,75 mm Dicke, womit die Stoffauflage mittels schwarzen Seidenfadens vernäht ist. Jeder Schenkel zeigt rückseitig zwei im rechten Winkel angelötete Ösen. Jedenfalls sind diese Stoffkreuze außerordentlich selten, da sie — weil ebenfalls sehr wenig haltbar — sehr bald durch die metallenen Kreuze I. Klasse ersetzt worden sind.

1288. Eisernes Kreuz I. Klasse von 1813, zweite Form, aus in Silber gefaßtem Eisen   Abbildung am Schluß des Bandes.

Nachdem sich die Eisernen Kreuze I. Klasse aus Stoff wegen ihrer Vergänglichkeit nicht bewährt hatten, kamen schon im August 1813 solche von gleicher Form wie diejenigen der II. Klasse zur Verleihung.

Diese Kreuze sind aus schwarzem Gußeisen, ohne Inschrift und haben eine silberne Umrandung von 4 mm Gesamtbreite, deren innerer Teil erhöht und schraffiert erscheint, während der Außenrand glatt poliert ist. Rückseitig befindet sich eine silberne Platte mit kleinen Ösen an jeder Spitze zum Annähen des Kreuzes am Rock. Größe: 42 mm.

Es wurden in den Jahren 1813—1815 im ganzen 668 Eiserne Kreuze I. Klasse verliehen, davon nur zwei Exemplare an Zivilpersonen (Inhaber des Eisernen Kreuzes II. Klasse „am weißen Band").

1289. Eisernes Kreuz II. Klasse am „schwarzen Bande", für Kämpfer

1289a. Eisernes Kreuz II. Klasse am „weißen Bande", für Nichtkämpfer (verliehen 1813—1815)

Gleichzeitig gestiftet mit dem Großkreuz und dem Kreuz I. Klasse am 10. März 1813. Die Kreuze II. Klasse gleichen denjenigen der I. Klasse hinsichtlich ihrer Vorderseite. Erst am 19. April 1838 wurde durch Allerh. Order die in den Feldzügen 1813—1815 entwickelte Übung sanktioniert, wonach die glatte Seite die Rückseite des Eisernen Kreuzes II. Klasse darstellt.

Die silberne Umrandung zeigt verschiedene Breiten bei zum Teil recht primitiver Ausführung. Die Anfertigung der Kreuze ging nämlich bei dem bald eintretenden ziemlich erheblichen Bedarf und bei den damaligen unzureichenden technischen Hilfswerkzeugen sehr langsam vorwärts, so daß mehrere Silberarbeiter mit der Anbringung der silbernen Umrahmung beschäftigt werden mußten. Ein einziger davon hatte eine zweckentsprechende maschinelle Einrichtung (Goldschmied Neuwerker, Berlin), die ihm schnellere und vor allem genauere Arbeit erlaubte. Der Guß der eisernen Kreuze vollzog sich zum Teil in der Berliner Kgl. Eisengießerei, zum Teil aber in der Gleiwitzer Eisenhütte, woraus sich auch die kleinen Verschiedenheiten in der Zeichnung der Inschrift und der Eichenblätter auf der Rückseite erklären dürften. Die Kreuze haben eine gewöhnliche silberne Öse mit Ring.

R. (ab 1838 anerkannt als Vorderseite): Im oberen Kreuzarm der gekrönte Namenszug „F W", in der Mitte ein dreiblätteriger Eichenzweig mit zwei Früchten, im unteren Kreuzarm „1813". Es wurden 9146 Eiserne Kreuze II. Klasse an Kämpfer, sowie 869 Stück am „weißen Band" an Nichtkämpfer verliehen.

Größe: (je nach Breite der silbernen Umrahmung): 40—42 mm.

Band: a) für Kämpfer: 36 mm breit, schwarz, nicht gewässert, mit weißen, je 6,5 mm breiten Seitenstreifen mit 1 mm Abstand von den Kanten;

b) für Nichtkämpfer: 36 mm breit, weiß, nicht gewässert, mit je 6,5 mm breiten schwarzen Seitenstreifen mit 1 mm Abstand von den Bandkanten.

1290. Kulmer Kreuz für die Offiziere und

1291. Kulmer Kreuz für die Mannschaften der russischen Garde, welche 1813 in der Schlacht bei Kulm mitgekämpft haben (verliehen 1815)

Gestiftet von Friedrich Wilhelm III. am 4. Dezember 1813 für die russischen Gardetruppen, die am ersten Schlachttage von Kulm, 29. August 1813, unter den Augen des Königs in heldenmütiger Aufopferung gegen eine vierfache Übermacht gefochten hatten.

Beide Kreuze haben die Form der Eisernen Kreuze I. Klasse und wurden wie diese ohne Band auf der linken Brustseite getragen. Die Kreuze für Offiziere sind aus starkem Silberblech gefertigt, schwarz lackiert, so daß ein silberner Rand sichtbar bleibt; die Mannschaftskreuze dagegen aus schwarzem Eisenblech mit hellem versilberten Rand. Sie haben an den acht Spitzen je zwei kleine Löcher zum Annähen an den Rock.

Größe: Bei Nr. 1290 40 mm, bei Nr. 1291 42 mm.

Im Mai 1815 wurden von Berlin 443 Offizierskreuze und 11 120 Mannschaftskreuze zur Verteilung nach Petersburg geschickt, von welchen aber nur 7131 Stück tatsächlich verliehen worden sind.

1292. Großkreuz des Eisernen Kreuzes für 1870/71

Gestiftet von König Wilhelm I. gleichzeitig mit dem Eisernen Kreuz I. und II. Klasse (Nr. 1293, 1294) am 19. Juli 1870 für Auszeichnung in dem bevorstehenden Kriege mit Frankreich und in der Erinnerung an die Jahre 1813 bis 1815. Die Bestimmungen über die Verleihung des Eisernen Kreuzes blieben dieselben wie in der Stiftungsurkunde vom 10. März 1813. (Siehe auch Nr. 1285 ff.)

Das Kreuz aus schwarzem Gußeisen ist in Silber gefaßt und hat am oberen Arm eine silberne, von oben nach unten gelochte Öse, in welcher ein länglicher (22 mm) silberner Doppelring hängt zum Durchziehen des Halsbandes. Die silberne Umrahmung, deren innerer erhöhter Teil (bei 2 mm Breite) eng schraffiert ist, erscheint nach außen zu flach und poliert (2,5 mm breit).

V: In der Mitte der Namenszug „W", im oberen Arm die Königskrone, im unteren Arm „1870".

R. (wie beim Eisernen Kreuz von 1813): der Namenszug „F W" mit darüber schwebender Krone im oberen Arm. In der Mitte ein Eichenzweig mit drei Blättern und vier Eicheln, im unteren Kreuzarm „1813".

In der Zeichnung ist diese Darstellung aber etwas verändert: Die Krone ist etwas größer, die drei Eichenblätter sind breiter gezeichnet, die Jahreszahl 1813 hat etwas schlankere Grundstriche als beim Großkreuz von 1813.

Das Großkreuz wurde während des Krieges 1870/71 neunmal verliehen, und zwar:

an den Kronprinzen, späteren Kaiser Friedrich,
an den Prinzen Friedrich Carl von Preußen,
an den Kronprinzen, späteren König Albert von Sachsen,
an Generalfeldmarschall Graf Moltke,
an die Generale von Manteuffel, von Goeben und von Werder.

Kaiser Wilhelm I. legte dasselbe auf Bitten seiner Generale beim Einzuge der Truppen in Berlin am 16. Juni 1871 an und verlieh es gleichzeitig dem Großherzog von Mecklenburg-Schwerin.

Größe: 68 mm.

Band: 57 mm breit, schwarz (ohne Wässerung) mit weißen, je 10 mm breiten Seitenstreifen bei 3 mm Abstand von den Kanten

Anmerkung: Es gibt Nachbildungen, welche etwas kleiner sind und bei denen die Aufschriften, abgesehen von ihrer veränderten Zeichnung, auch weniger tief sind als bei den Originalen.

1293. Eisernes Kreuz I. Klasse für 1870/71

Gestiftet gleichzeitig mit dem Großkreuz und dem Eisernen Kreuz II. Klasse am 19. Juli 1870.

Das Kreuz von schwarzem Gußeisen hat eine silberne Umrandung von 3,5 mm Gesamtbreite, wobei deren innerer (2 mm breiter) Teil erhöht, gewölbt und schraffiert ist, während außen herum ein flacher (1,5 mm breiter) Rand bleibt. Rückseitig hat das Kreuz I. Klasse eine silberne Platte mit senkrechter Nadel und zwei silbernen Haken an beiden Seitenarmen zum Befestigen des Ehrenzeichens auf der unteren linken Brustseite. Das Originalstück hat außerdem auf seiner Rückseite eingestempelt den Silbergehalt („14. Loth") und die Herstellerfirma. Das Eiserne Kreuz I. Klasse wurde während des Krieges 1870/71 an 1903 Personen verliehen.

V: In der Mitte der Namenszug des Stifters bzw. Erneuerers „W", im oberen Kreuzarm die Königskrone, im unteren Arm „1870".

Größe: 42 mm.

1294. Eisernes Kreuz II. Klasse für 1870/71 am Bande für Kämpfer

1294a. Eisernes Kreuz II. Klasse 1870/71 am „weißen Bande" für Nichtkämpfer   Abbildung am Schluß des Bandes.

Gestiftet von König Wilhelm I. gleichzeitig mit dem Großkreuz und dem Eisernen Kreuz I. Klasse, am 19. Juli 1870, dem Todestage seiner Mutter, der Königin Luise. Es wurde am Kombattanten- und Nichtkombattantenbande zusammen an 45 768 Personen verliehen.

Das Kreuz aus schwarzem Gußeisen ist ebenfalls in Silber gefaßt und hat am oberen Arm eine gewöhnliche silberne Öse mit Ring.

V: In der Mitte der Namenszug des Stifters „W", im oberen Arm die Königskrone, im unteren „1870".

R: Im oberen Arm der Namenszug „F W" mit darüber schwebender Krone, in der Mitte drei Eichenblätter mit zwei Eicheln und unten „1813". (Übereinstimmend mit der Rückseite des Kreuzes für 1813/1815, abgesehen von kleinen Verschiedenheiten in der Zeichnung.)

Größe: 42 mm.

Band: 30 mm breit, nicht gewässert; für Kämpfer: schwarz mit zwei weißen, je 5 mm breiten Seitenstreifen mit 2 mm Abstand von den Kanten; für Nichtkämpfer: weiß mit schwarzen, je 5 mm breiten Seitenstreifen bei 2 mm Kantenabstand.

1295. Silberne Eichenblätter mit der Zahl „25" zum Eisernen Kreuz II. Klasse von 1870/71 (verliehen 1895)

Abbildung am Schluß des Bandes.

Gestiftet von Kaiser und König Wilhelm II. am 18. August 1895 „aus Anlaß der 25. Wiederkehr der Siegestage des Krieges von 1870/71" für die Besitzer des Eisernen Kreuzes II. Klasse.

Dieselben hatten sich auf eigene Kosten das Abzeichen in Gestalt von drei silbernen, rückseitig hohl gearbeiteten Eichenblättern zu beschaffen, auf deren mittlerem die erhöhte Zahl „25" erscheint. Das Abzeichen wurde dicht über dem Eisernen Kreuz II. Klasse auf dessen schwarzem bzw. weißem Bande angebracht.

Größe: 18 mm hoch, 26 mm breit.

1296. Großkreuz des Eisernen Kreuzes 1914

1297. Eisernes Kreuz I. Klasse (1. flache Form) 1914

1298. Eisernes Kreuz I. Klasse (2. gewölbte Form), (verliehen 1914 bis 1918)

1299. Eisernes Kreuz II. Klasse am schwarzen, weiß eingefaßten (schwarz-weißen) Bande für Verdienst auf dem Kriegsschauplatz, 1914

1299a. Eisernes Kreuz II. Klasse am weißen, schwarz eingefaßten (weiß-schwarzen) Bande, für Verdienst daheim, 1914 (verliehen 1914—1924)

Kaiser und König Wilhelm II. ließ durch „Urkunde" vom 5. August 1914 das von seinem Urgroßvater Friedrich Wilhelm III. am 10. März 1813 gestiftete Eiserne Kreuz beim Ausbruch des Krieges 1914 wieder aufleben. „Das Eiserne Kreuz soll ohne Unterschied des Ranges und Standes an Angehörige des Heeres, der Marine und des Landsturmes, an Mitglieder der freiwilligen Krankenpflege und an sonstige Personen, die eine Dienstverpflichtung mit dem Heere oder der Marine eingehen oder als Heeres- oder Marinebeamte Verwendung finden, als eine Belohnung des auf dem Kriegsschauplatze erworbenen Verdienstes verliehen werden". Auch solche Personen, die in der Heimat sich Verdienste um das Wohl der deutschen Streitmacht und der seiner Verbündeten erwarben, konnten das Kreuz erhalten. Die I. Klasse konnte nur nach Erwerbung der zweiten verliehen werden und wird neben dieser getragen. Die Verleihung des Großkreuzes war jedoch nicht durch vorherige Erwerbung der ersten und zweiten Klasse bedingt. Sie konnte nur erfolgen „für eine gewonnene entscheidende Schlacht, durch die der Feind zum Verlassen seiner Stellungen gezwungen wurde, oder für die selbständige, von Erfolg gekrönte Führung einer Armee oder Flotte oder für die Eroberung einer großen Festung oder für die Erhaltung einer wichtigen Festung durch deren ausdauernde Verteidigung". Die Verleihung am schwarz-weißen Bande konnte (laut Verordnung vom 16. März 1915) auch für Heimatverdienst beim Vorliegen „besonderer militärischer Verdienste" erfolgen.

Das Großkreuz ist, wie auch dasjenige von 1870/71 mit einer 4,5 mm breiten silbernen Umrandung versehen, deren innerer Teil, gewölbt, mit Schraffierung, 2 mm, der flache, äußere Rand aber 2,5 mm breit erscheint. Oben ist ebenfalls die kleine, von oben nach unten gelochte Öse mit dem länglichen silbernen Doppelring angebracht.

V: Wie bei Nr. 1292, aber statt der Jahreszahl 1870 „1914", außerdem der Buchstabe „W", seichter geprägt und etwas kleiner als dort.

R. von Nr. 1296, 1299, 1299a): Das Eichenlaub mit den vier Früchten ist etwas verändert in der Zeichnung und auch die Jahreszahl „1813" ist schlanker gehalten und etwas kleiner als beim Großkreuz von 1870.

Die 1920 unterbrochene Verleihung des Eisernen Kreuzes II. Klasse wurde 1923 wieder aufgenommen und am 31. Mai 1924 endgültig abgeschlossen.

Im Weltkriege wurden nur vier Großkreuze verliehen, und zwar an
Generalfeldmarschall von Hindenburg,
General der Infanterie Ludendorff,
Generalfeldmarschall von Mackensen,
Generalfeldmarschall Prinz Leopold von Bayern.

Außerdem legte Kaiser Wilhelm II. selbst das Großkreuz auf Bitten
Hindenburgs an.

Größe: 63 mm.

Band: 57 mm breit, schwarz, ohne Wässerung, mit 10 mm breiten
    weißen Seitenstreifen bei 3 mm Abstand von den Bandkanten.

Die ebenfalls, wie bei den früheren Eisernen Kreuzen von
1870/71 in Silber (3,5 mm breit) gefaßten Eisernen Kreuze I. und
II. Klasse aus schwarzem Gußeisen stimmen in Größe und Ausstattung
ganz mit Nr. 1293, 1294 überein bis auf die Jahreszahl „1914" statt
„1870" auf ihrer Vorderseite. Das Eiserne Kreuz I. Klasse war zuerst
flach wie früher, mit silberner Platte und Anstecknadel an der Rückseite. Im Laufe der Kriegsjahre kamen später jedoch die Eisernen
Kreuze I. Klasse bei sonst gleichgebliebener Ausstattung in einer nach
oben leicht gewölbten Form zur Ausgabe. Der immer fühlbarer werdende Edelmetallmangel nötigte dann im Jahre 1918 zur Anfertigung
der Eisernen Kreuze aus Ersatzmetall mit versilberter Einfassung.

Größe: 42 mm.

Band: Wie bei Nr. 1294, 1294a.

**1300. Spange zum Eisernen Kreuz II. Klasse für 1870/71 mit der
Jahreszahl „1914", Silber (verliehen 1915—1918)**

Abbildung am Schluß des Bandes.

Eine königliche Verordnung vom 4. Juni 1915 lautete: „Die Inhaber des
Eisernen Kreuzes 2. Klasse von 1870/71, die sich im jetzigen Kriege auf dem
Kriegsschauplatz oder in der Heimat besondere Verdienste erwerben, erhal-
ten als Auszeichnung eine auf dem Bande des Eisernen Kreuzes über dem
silbernen Eichenlaub zu tragende silberne Spange, auf der ein verkleinertes
Eisernes Kreuz mit der Jahreszahl 1914 angebracht ist."

Diese silberne Spange hat gekörnten Grund mit erhöhten, polierten
Rändern und ist 7 mm hoch und 33 mm lang. In der Mitte ist ein
kleines, 13 mm hohes und breites eisernes Kreuz von 1914 aufgelötet,
rückseitig befindet sich eine silberne Schlaufe zum Durchziehen des
Bandes.

1301. Stern zum Großkreuz des Eisernen Kreuzes 1914/18

Im März 1918 erhielt Generalfeldmarschall von Hindenburg nach der sogenannten Engländerschlacht bei Amiens—Arras eine besondere, einzigartig gebliebene Auszeichnung in Gestalt eines achtspitzigen vielstrahligen Sternes,
ähnlich dem Blücherstern (Nr. 1286) von 1813.

Dieser Stern von 84 mm Durchmesser ist aus vergoldetem Silber
gefertigt mit aufgelötetem Original des Eisernen Kreuz I. Klasse (Vorderseite) 42 mm groß. Rückseitig hat der Stern eine senkrecht
angebrachte Anstecknadel. Er ist jetzt im Hindenburgischen Familien-
archiv in Schloß Neudeck aufbewahrt.

1302. Verdienst-Ehrenzeichen für Rettung aus Gefahr (Rettungsmedaille am Bande), Silber, 1. Prägung von 1833

Nachdem schon seit dem Jahre 1802 in Preußen Medaillen für Rettung aus Lebensgefahr verliehen worden waren, welche aber nicht zum Tragen bestimmt gewesen sind, stiftete unterm 1. Februar 1833 König Friedrich Wilhelm III. nach seiner eigenen Idee für vorzügliche Aufopferung bei der Rettung von Menschen eine am Bande tragbare silberne Medaille. Die wesentlich größere, bis dahin in verschiedenen Prägungsarten verliehene Rettungsmedaille wurde daneben beibehalten „als Erinnerungsmedaille für Rettung aus Gefahr" zur Auszeichnung von minder gefahrvollen Hilfeleistungen. Die ersten Stempel zu den Medaillen stammen vom Hofmedailleur Münzrat Daniel Loos in Berlin.

Die Rettungsmedaillen haben eine gewöhnliche Drahtöse mit Ring.

V: Der nach links gewendete Kopf des Stifters, Umschrift „FRIEDRICH WILHELM III KOENIG VON PREUSSEN", oben ein kleines fünfstrahliges Sternchen.

R: Im dichten Eichenlaubkranz die vierzeilige Inschrift „FÜR / RETTUNG / AUS / GEFAHR".

Größe: 25 mm; Gewicht: 8 g.

Band: 28 mm breit, hellorangegelb mit zwei weißen, je 5 mm breiten Seitenstreifen mit 1,5 mm Abstand von den Kanten.

1303. Verdienst-Ehrenzeichen für Rettung aus Gefahr (Rettungsmedaille am Bande), Silber, 1. Stempelverschiedenheit

1304. Dieselbe, 2. Stempelverschiedenheit

1305. Dieselbe, 3. Stempelverschiedenheit von Nr. 1302 (verliehen bis 1918)   Abbildung am Schluß des Bandes.

Da im Laufe der langen Zeit seit der Stiftung der Rettungsmedaille am Bande die Stempel öfters erneuert werden mußten, ergaben sich auch kleine Abweichungen in der Prägung, und zwar bei Nr. 1303. Erst durch einen Königlichen Erlaß vom 8. April 1902 wurde die Bezeichnung „Rettungsmedaille am Bande" endgültig amtlich eingeführt. In den letzten Jahrzehnten vor 1918 wurde die ursprüngliche Rückseite (Inschriftseite) als Vorderseite getragen.

V: Die Umschrift lautet jetzt „FRIEDRICH WILHELM III KÖNIG (statt KOENIG) VON PREUSSEN", oben eine kleine Rosette.

R: Wie bei Nr. 1302.

V: Bei Nr. 1304: Die Buchstaben der Umschrift haben stärkere Grundstriche, oben ist ein kleines Kreuz statt des Sternchens.

R: Die Buchstaben haben auch hier stärkere Grundstriche.

V: Bei Nr. 1305: In der Umschrift oben ein sechsstrahliges Sternchen sonst wie bei Nr. 1304.

R: Unverändert.

Größe und Gewicht wie bei Nr. 1302.

Band: Zunächst ebenfalls gleich, später jedoch bei gleichgebliebener Breite und Einteilung von satterem Orangegelb.

1306. Rettungsmedaille des Freistaates Preußen am Bande, Silber (verliehen 1925—1934)

Gestiftet durch Beschluß des Staatsministeriums vom 9. Juni 1925 zugleich mit einer Erinnerungsmedaille für Rettung aus Gefahr, wobei letztere bei gleicher Prägung wesentlich größer und nicht zum Tragen bestimmt war. Den Stempel zur Vorderseite schnitt Münzmedailleur Kullrich, während zur Prägung der Rückseite der frühere Stempel (Nr. 1305) Verwendung fand.

Diese letzten preußischen Rettungsmedaillen am Bande haben wieder die gewöhnliche Drahtöse mit Ring.

V: Der neue preußische Adler, darüber „REPUBLIK", darunter „PREUSSEN".

R: Wie bei Nr. 1305.

Zuerst war der Vorderstempel ohne jede Inschrift gefertigt und davon auch bereits 1000 Exemplare der Rettungsmedaille „am Bande" neben 500 großen silbernen Erinnerungsmedaillen geprägt und abgeliefert. Nachträglich wurde aber dann die vorstehend erwähnte Inschrift angeordnet und die schon fertigen Medaillen ohne Inschrift zur Einschmelzung dem Hauptmünzamt Berlin zurückgegeben.

Größe: 25 mm; Gewicht: 8 g.

Band: Wie bei Nr. 1303 ff.

1307. Ovale goldene Medaille „Arbeit für das Vaterland 1870" (verliehen 1870)

Mit Genehmigung Kaiser Wilhelms I. und der Königin Augusta vom Ausbruch des Krieges 1870 an bis zur Stiftung des Verdienstkreuzes für Frauen und Jungfrauen (siehe Nr. 1308) als Auszeichnung für die Pflege Verwundeter und Erkrankter verliehen.

V: „A" unter der Königskrone. Umschrift: „Arbeit für das Vaterland".

R: Auf silbernem Grund das rote Genfer Kreuz, darunter „1870".

Größe: 20 mm breit, 24 mm hoch; Gewicht: 3,5 g.

Band: 32 mm breit, weiß mit je 6 mm breiten schwarzen Seitenstreifen und 3 mm breiten weißen Kanten.

1308. Verdienstkreuz für Frauen und Jungfrauen für 1870/71, Silber mit Email (verliehen 1871)

Gestiftet von König Wilhelm I. am 22. März 1871 für „Frauen und Jungfrauen, welche durch Pflege der im beendeten Kriege gegen Frankreich Verwundeten und Erkrankten oder durch anderweite Tätigkeit für das Wohl der Kämpfenden und deren Angehörigen sich ausgezeichnet haben".

Das silberne Kreuz ist mit schwarzem Email überzogen und von einem silbernen, erhöhten schraffierten Rande eingefaßt, in gleicher Art wie das Eiserne Kreuz. Es hat in einer kleinen, von oben nach unten gelochten Öse einen länglichen silbernen Tragring.

V: In der Mitte aufgelötet das rote, weißgeränderte Genfer Kreuz.

R: In der Mitte in Silber die verschlungenen Namensbuchstaben des Königs Wilhelm und der Königin Augusta „W" und „A", auf dem oberen Arm des Kreuzes die Königskrone, auf dem unteren Arm in zwei Zeilen „1870/1871", durch einen Zierstrich getrennt.

Größe: 34 mm.

Band: 35 mm breit, weiß mit je 6 mm breiten schwarzen Seitenstreifen mit 3 mm Abstand von den Kanten.

1309. Verdienstkreuz für Kriegshilfe, aus grauem Kriegsmetall (verliehen 1917—1924) Abbildung am Schluß des Bandes.

Gestiftet von König Wilhelm II. am 5. Dezember 1916 zur Auszeichnung besonderer Verdienste in der vaterländischen Kriegshilfetätigkeit für Personen beiderlei Geschlechts ohne Unterschied des Standes und Ranges. Kaiser Wilhelm II. legte das Kreuz selbst an und verlieh es als erstem dem Generalfeldmarschall von Hindenburg.

Es hat fein gekörnte, nach außen zu breiter werdende Arme mit acht Spitzen (Malteserform) und mit erhöhter Linieneinfassung. Eine halbrunde, von oben nach unten gelochte Öse trägt einen kleinen Verbindungsring und darin eingehängt den gewöhnlichen Drahtring für das Band.

V: Im Mittelschildchen (20 mm Durchmesser) in drei Zeilen „FÜR / KRIEGS- / HILFSDIENST", darunter zwei kleine gekreuzte, mit einer Schleife zusammengebundene Eichenzweige auf gekörntem Grunde.

R: Im Mittelschildchen der verschlungene gekrönte Namenszug „W R" auf gekörntem Grunde.

Größe: 42 mm.

Band: 30 mm breit, nicht gewässert, 6 mal schwarz und 5 mal weiß gleich breit gestreift mit zinnoberroten (1 mm breiten) Kanten.

1310. Rote Kreuz-Medaille I. Klasse (Steckkreuz), Silber vergoldet mit Email (verliehen 1898—1918) Abbildung am Schluß des Bandes.

1311. Rote Kreuz-Medaille II. Klasse, Silber mit Email (verliehen 1898—1920)

1312. Rote Kreuz-Medaille III. Klasse, Bronze (verliehen 1898—1917)

1313. Vergoldete Bandspange hierzu „Südafrika 1899/1900", „Ostasien 1900/01" und „Südwestafrika 1904/06"

1313a. Rote Kreuz-Medaille III. Klasse aus Eisen (verliehen 1916—1917)

1313b. Dieselbe aus Kriegsmetall (verliehen 1917—1918)

1313c. Dieselbe aus Weißmetall (verliehen 1918—1920)

Gestiftet von König Wilhelm II. am 1. Oktober 1898 für Verdienste von Männern und Frauen um die freiwillige Krankenpflege in Kriegs- und Friedenszeiten. Die Verleihung wurde für Verdienst in Europa am 31. Dezember 1920, für Verdienst in Außereuropa am 31. Dezember 1921 abgeschlossen. Die I. Klasse wurde mit ganz geringen Ausnahmen nur an fürstliche Personen gegeben.

Durch königlichen Erlaß vom 17. Dezember 1900 wurde die Möglichkeit geschaffen, zum Bande eine vergoldete Spange mit der Bezeichnung des Feldzuges zu verleihen, für den die Medaille verliehen wurde. Diese rechteckigen, 7,5 mm hohen und 35 mm langen Spangen tragen auf gekörntem Grunde die Aufschrift „SÜDAFRIKA 1899/1900", „OSTASIEN 1900/01" oder „SÜDWESTAFRIKA 1904/06" und haben eine polierte, erhöhte Linieneinfassung.

Die I. Klasse der Roten Kreuz-Medaille besteht aus einem silbervergoldeten 30 mm großen Kreuze, welches auf der Vorderseite, unter Freilassung einer vergoldeten Umrandung, rot durchscheinend emailliert ist und am Ende der vier geraden Arme je eine vergoldete 10 mm hohe Königskrone trägt. Auf der glatten Rückseite ist eine Nadel zum Befestigen des Ehrenzeichens auf der linken Brustseite senkrecht angebracht.

Die II. und III. Klasse besteht aus gleich großen Medaillen von Silber und Bronze. Erstere hat auf der Vorderseite ein rot emailliertes Kreuz. Die Medaillen haben gewöhnliche Drahtösen mit Ring. Die III. Klasse wurde vom September 1916 ab gemäß Allerhöchsten Erlasses vom 23. Mai 1916 in Eisen, vom Juli 1917 ab gemäß Allerhöchsten Erlasses vom 27. Oktober 1916 jedoch in Zink (Kriegsmetall) geprägt. Nach Kriegsende gelangte noch eine Anzahl von Medaillen nachträglich zur Ausgabe, welche dann aus Weißmetall (in Silbertönung) gefertigt waren. Diese drei letzten Abarten haben oben einen dreieckigen Ansatz mit Lochung, darin ein kleines Verbindungsringchen mit dem eigentlichen gewöhnlichen Tragring.

V: Die Darstellung des Kreuzes I. Klasse bei der silbernen Medaille ist rot durchscheinend emailliert. Zwischen den Armen oben „W/R" (Wilhelmus Rex), unten aber „A/V" (Auguste Viktoria) in breiten Groteskbuchstaben.

R: Am linken Rande ein Eichenzweig. Im Felde daneben „FUER VERDIENSTE UM DAS / ROTHE KREUZ".

Größe: Bis September 1916: 33 mm, dann bei der III. Klasse 37 mm hoch und 33 mm breit.

Gewicht: in Silber 21 g.

Band: 30 mm breit, zinnoberrot mit je einem 2 mm breiten schwarzen und weißen Streifen nebeneinander an jeder Seite bei 3 mm Abstand von den Kanten. In den letzten Verleihungsjahren war das Band ponceaurot bei gleich gebliebener Breite und Farbeneinteilung.

1314. Verdienstkreuz in Gold mit der Krone

1315. Dasselbe in Gold (ohne Krone), Bronze vergoldet

1316. Verdienstkreuz in Silber mit der Krone

1317. Dasselbe in Silber (ohne Krone), Silber (verliehen 1912—1918)

Gestiftet von König Wilhelm II. am 27. Januar 1912 für Verdienste von Zivil- und Militärpersonen ohne Rücksicht auf ihre Staatsangehörigkeit. Nr. 1316 wurde bei Verleihung von Nr. 1315 nicht abgelegt.

Das achtspitzige Kreuz (Malteserform) hat gekörnte Arme mit glatter, erhöhter Umrandung und trägt im gekörnten Mittelschilde auf beiden Seiten den gekrönten verschlungenen Namenszug des Stifters „W R". Die 22 mm breite, 19 mm hohe offene königliche Krone wurde als besondere Auszeichnung verliehen und ist mit einer Verzierung auf dem oberen Arm des Kreuzes fest verbunden.

Größe: Ohne Krone 40 mm; Gewicht: mit Krone in Silber 17 g, ohne Krone 14 g.

Band: 29 mm breit, hellkornblumenblau mit goldgelben (je 6,5 mm breiten) Seitenstreifen mit 2 mm Abstand von den Kanten.

1318. Rote Adler(ordens)-Medaille unter Friedrich Wilhelm IV., Silber (verliehen 1842—1871)

König Friedrich Wilhelm IV. (reg. 1840—1861) verfügte am 18. Mai 1842 die Anfertigung dieser Medaille unter dem ursprünglichen Namen „Armee-Medaille in Silber" und verlieh diese bei seiner Anwesenheit in St. Petersburg zur Feier der silbernen Hochzeit des Kaisers Nikolaus I. am 13. Juni 1842 in 128 Exemplaren an die Grenadier-Kompanie des kaiserlichen Schlosses, welche für ihn die Ehrenwache hielt. König Wilhelm I. verlieh die gleiche Medaille am 18. März 1863 an die Abordnung der russischen Armee, welche zur Grundsteinlegung des Denkmals für König Friedrich Wilhelm III. nach Berlin gekommen war. Es kam nur eine Verleihung an einen preußischen Soldaten (als besondere Auszeichnung neben dem allgemeinen Ehrenzeichen) im Jahre 1865 vor. Die Stempel zu dieser Medaille sind ebenfalls vom Münzmedailleur Brandt gefertigt.

Die auf den oberen Rand gelötete offene Königskrone (11 mm hoch, 14 mm breit), welche den beweglichen Ring zum Durchziehen des Bandes trägt, lieferte der Goldschmied Hossauer in Berlin; die Medaillen selbst wurden an der kgl. Münze geprägt.

V: Die verkleinerte Darstellung der Vorderseite des Roten Adler-Ordens IV. Klasse mit dem gekrönten Adler im Mittelschilde.

R: In gotischer Schrift den Namenszug „F W / IV" (zweizeilig).

Größe: 25 mm (ohne Krone); Gewicht: 7,5 g.

Band: Wie bei Nr. 1322/1323 auch mit der Bezeichnung „am Bande des Eisernen Kreuzes" bzw. „des Roten Adler-Ordens".

1319. Rote Adler(ordens)-Medaille unter Wilhelm I. und Wilhelm II., Silber (verliehen 1871—1908)

1319a. Dieselbe am Bande des Hausordens von Hohenzollern (verliehen 1871)

1320. Rote Adler(ordens)-Medaille, Silber vergoldet (verliehen 1908)

1320a. Dieselbe, Kupfer vergoldet (verliehen 1908—1916)

1320b. Dieselbe, Zink vergoldet (verliehen seit 1916)

Am 10. März 1871 wurde eine neue Ausführung der Roten Adler-Medaille mit veränderter Rückseite bei der Staatsmünze in Auftrag gegeben, zunächst 400 Stück. Die Kronen dazu lieferte nunmehr die Firma Sy & Wagner, die sie auch anlötete. Die erste Verleihung erfolgte an die Stabswache des Großen Hauptquartiers, und zwar nicht an den gewohnten Bändern, sondern am Bande des Hausordens von Hohenzollern. Gelegentlich eines Immediatvortrages am 25. Februar 1873 bestimmte Kaiser Wilhelm I. hinsichtlich der Roten Adler-Medaille (vgl. Nr. 1324), daß sie nur am statutenmäßigen („d. h. also weiß-orange) Bande und nur an solche Mannschaften vom Feldwebel abwärts verliehen" werde, „die einen Krieg nicht mitgemacht haben und ferner an Hof-Lakaien usw.". Nach der Bestimmung vom 1. Dezember 1888 (vgl. Nr. 1321 und 1324) sollte die Rote Adler-Medaille nur noch an Inhaber der Kriegerverdienstmedaille am weiß-orange Bande bzw. der Kronenordensmedaille verliehen werden. Seit 1893 (Bekanntmachung im Deutschen Kolonialblatt 1893, Nr. 9 vom 1. Mai S. 215) wurde sie auch „an eingeborene Zivilpersonen der deutschen Schutzgebiete" verliehen. Es scheint, daß das Reichskolonialamt die Medaille an Farbige in kleinerer Ausführung verlieh (vgl. Nr. 405 und 1321). Näheres war bisher trotz großer Mühe noch nicht zu ermitteln. Im Jahre 1910 vorgekommene Verleihungen an preußische Untertanen fanden nicht den Beifall des Kaisers. Derartige Fälle wiederholten sich nicht.

Beim Vortrag vom 24. April 1908 wurde vom Kaiser Wilhelm II. verfügt, „daß die Rote Adler-Medaille künftig aus demselben Metall bzw. in derselben Färbung herzustellen ist wie die Kronen-Ordens-Medaillen". Die damals gerade an der kgl. Hauptmünze Berlin neu geprägten 137 silbernen Medaillen wurden dann vergoldet und so ausgegeben. Seit September 1916 erfolgte die Ausprägung der Roten Adler-Medaillen in Zink mit nachträglicher Vergoldung (Gesamtzahl 1000 Stück); die Kronen sind aber hierbei gleich mitgeprägt und nachträglich zwischen den Bügeln ausgesägt worden, während früher die eigens geprägten offenen Kronen aufgelötet waren. Zum Schluß (1918) gelangten aber auch noch Exemplare mit vollen (nicht ausgesägten) Kronen zur Verleihung.

Die Kronen sind, wie bei Nr. 1320, 11 mm hoch sowie 14 mm breit und tragen im Apfel den gewöhnlichen Ring.

V: Wie bei Nr. 1320.

R: In gotischem Schriftcharakter „𝔚".

Größe (ohne Krone): 25 mm; Gewicht: in Silber 7 g.

Band: a) (allgemein): In den Farben des Roten Adler-Ordens: 25 mm breit, weiß mit 5,5 mm breiten orangegelben (später rot-orangefarbigen) Seitenstreifen mit 1,5 mm Abstand von den Kanten;

     b) für die Stabswache des Großen Hauptquartiers im Kriege 1870/71 (verliehen am 29. 4. 71 bei deren Auflösung): 25 mm breit, weiß mit einem schwarzen (1,5 mm breiten) Mittel-streifen sowie zwei ebensolchen, aber je 3 mm breiten Seitenstreifen mit 1,5 mm Abstand von den Kanten.

1321. Kronenordens-Medaille, Kupfer vergoldet (verliehen 1888—1916)
1321a. Dieselbe, Zink vergoldet (verliehen 1916—1918)

Gestiftet von Kaiser und König Wilhelm II. durch mündliche Genehmigung der unter dem 16. September 1888 bestellten Entwürfe der Staatsmünze vom 1. Dezember 1888. Die Kronenordens-Medaille wurde nach den damals ge-troffenen Bestimmungen (vgl. Nr. 1319 ff., 1324) nur an Unterbedienstete (Lakaien, Leibjäger, Kammerdiener, Hoffouriere usw.) nichtpreußischer Hof-haltungen, seit 3. Mai 1889 auch an ausländische Unterbeamte verliehen. An preußische Untertanen im Jahre 1910 vorgekommene Verleihungen haben auf Wunsch des Kaisers keine Fortsetzung gefunden; seit 1893 konnten auch „eingeborene Zivilpersonen in den deutschen Schutzgebieten" (Bekanntmachung im Deutschen Kolonialblatt 1893, Nr. 9 vom 1. Mai, S. 215) die Kronenordens-Medaille erhalten. Die Kronenordens-Medaille rangiert grundsätzlich nach der Roten Adlerordens-Medaille; Ausnahmen von dieser Regel sind selten. Es scheint, daß das Reichskolonialamt die Medaille an Farbige in kleinerer Aus-führung verlieh (vgl. Nr. 405 und 1319 ff.). Näheres war bisher trotz großer Mühe noch nicht zu ermitteln.

Die Medaille ist von einer offenen aufgelöteten Königskrone (11 mm hoch und 14 mm breit) überragt, welche im Reichsapfel den gewöhn-lichen Drahtring trägt. In der ersten Zeit kamen die Medaillen mit mat-ter Oberfläche, später jedoch mit Stempelglanz zur Verausgabung. Seit September 1916 wurden auch die Medaillen des Kronenordens in ver-goldetem Zink hergestellt, und zwar im ganzen 3600 Stück. Dabei wurde, wie auch bei der letzten Form der Roten Adler-Medaille (Nr. 1320b), die Krone gleich in einem Stück mitgeprägt und anfangs auch noch zwischen den Bügeln ausgesägt.

V: Verkleinerte Abbildung des Kronenordens IV. Klasse mit der Devise „ᏮᎧᏐᏐ ᎷᏠᏐ ᏌᏁᏕ" (in gotischen Buchstaben).

R: In gotischem Schriftcharakter „W R" (verschlungen).

Größe (ohne Krone): 25 mm.

Band: 25 mm breit, hellkornblumenblau.

1322. Krieger-Verdienst-Medaille am schwarz und weißen Bande, unter Friedrich Wilhelm III., Silber Abbildung am Schluß des Bandes.

1322a. Dieselbe, am weiß und orange Bande,

1323. Dieselbe Medaille, Stempelverschiedenheit (verliehen 1835—1863)

Von König Friedrich Wilhelm III. gestiftet und zum ersten Male verliehen 1835 bei seiner Anwesenheit in St. Petersburg an die Grenadier-Kompagnie des Kaiserlichen Schlosses, welche für ihn die Ehrenwache hielt. Sie wurde auch später von ihm nur an Soldaten fremdherrlicher Armeen, vor allem der russischen, verausgabt. Es kommen zwei Stempelverschiedenheiten vor. Die Stempel schnitt Medailleur H. F. Brandt an der königlichen Münze Berlin.

Die Medaillen haben eine gewöhnliche Drahtöse mit Ring.

V. Bei Nr. 1322: Unter der Königskrone „F W III R" in verschlungener lateinischer Schreibschrift. Bei Nr. 1323: wie bei Nr. 1318, aber der Namenszug in anderer Zeichnung. Der Anfangsstrich des „W" macht keinen Bogen nach unten, dagegen ist der Endstrich des „R" stark nach oben geschwungen.

R: In einem aus zwei Lorbeerzweigen unten mit einfacher Schleife gebundenen Kranze „KRIEGER / VERDIENST" (zweizeilig). Bei Nr. 1322 ist die Schrift kleiner; die Blätter des Kranzes und die Schleife sind größer als bei Nr. 1322.

Größe: 25 mm; Gewicht: 8 g.

Band: Für Militärs, welche die russische Pariser Medaille des Jahres 1814 trugen oder das russische St. Georgs-Kreuz besaßen, seit 1841 solche, die einen Feldzug mitgemacht hatten, 28 mm breit, schwarz (nicht gewässert), mit 5 mm breiten weißen Seitenstreifen mit 2 mm Abstand von den Kanten; für die übrigen Inhaber 36 mm breit, weiß (gewässert) mit 7,5 mm breiten orangegelben Seitenstreifen mit 2,5 mm Abstand von den Kanten.

1324. Krieger-Verdienst-Medaille am schwarz-weißen Bande, Silber (verliehen 1873—1918)

1324a. Dieselbe am weiß-schwarzen Bande (verliehen 1888—1918)

Am 6. Dezember 1872 wurden bei der Staatsmünze Krieger-Verdienst-Medaillen mit abgeänderter Rückseite bestellt. Gelegentlich eines Immediatvortrags am 25. Februar 1873 bestimmte Kaiser Wilhelm I. hinsichtlich der Kriegerverdienstmedaille (vgl. Nr. 1319 ff.), daß sie „nur am schwarz-weißen Bande und nur an Mannschaften fremder Armeen vom Feldwebel abwärts verliehen" werde, „die einen Krieg mitgemacht haben". Die Medaille vererbte sich bei der russischen Armee innerhalb des Regiments. Die Medaille wurde vielfach bei Besuchen an befreundeten Höfen an Militärs in den unteren Chargen sowie an nichtpreußische Unterbeamte und Bedienstete verliehen. Am 1. Dezember 1888 traf Kaiser Wilhelm II. die Bestimmung (vgl.

Nr. 1319 ff., 1321 ff.), daß die Krieger-Verdienst-Medaille „nur an Mannschaften nichtpreußischer Truppenteile vom Feldwebel abwärts, und zwar a) an solche von Truppen, welche unlängst an einem Feldzug teilgenommen haben, am schwarz-weißen, b) wo das nicht der Fall ist, am weiß-schwarzen Bande verliehen" werde. Auch an einzelne preußische Staatsangehörige (Unterförster usw.) ist sie verausgabt worden, doch wurde hierbei die Norm festgehalten, daß diese bereits die Kronen-Ordens-Medaille (Nr. 1321) besitzen mußten. Seit dem Erwerb von Kolonien, und zwar schon zu Wißmanns Zeit, wurde die Medaille dann auch an farbige Soldaten in den afrikanischen Kolonien (siehe Nr. 394 ff.) als Auszeichnung für Tapferkeit vor dem Feinde am schwarz-weißen Bande verliehen. Die Medaillen haben eine gewöhnliche Drahtöse mit Ring.

R: In einem unten gebundenen Lorbeerkranze in zwei Zeilen „KRIEGER / VERDIENST".

Größe: 25 mm; Gewicht: 7 g.

Band: 26 mm breit, weiß mit zwei schwarzen, je 4 mm breiten Seitenstreifen mit 2 mm Abstand von den Kanten, ausnahmsweise auch am Bande des Allgemeinen Ehrenzeichens (Nr. 1285).

1325. Frauen-Verdienstkreuz in Gold, Silber vergoldet
1326. Dasselbe in Silber (verliehen 1907—1918)

Gestiftet von König Wilhelm II. am 22. Oktober 1907, dem Geburtstag seiner Gemahlin, der Königin Auguste Viktoria. Bis zur Stiftung des Kreuzes wurde das medaillenförmige, von der aufsitzenden gefütterten Königskrone überhöhte Ehrenzeichen mit einer an der Rückseite angebrachten Nadel als Schmuckstück verliehen. Nach der Stiftungsurkunde erhielten dasselbe Frauen und Jungfrauen, die sich durch aufopfernde Tätigkeit auf dem Gebiete der Nächstenliebe besonders verdient gemacht hatten. Das silbervergoldete Kreuz konnte erst nach 10jährigem Besitz des silbernen Kreuzes verliehen werden, welches dann abzulegen und zurückzugeben war.

Das einseitige medaillenförmige, durchbrochen gearbeitete, von der aufsitzenden, gefütterten Königskrone überhöhte Ehrenzeichen besteht aus einem Balkenkreuze mit dreifach zugespitzten Armen und stilisierten Blütenzweigen zwischen denselben; es wird von einem 7 mm breiten runden Bande umschlossen, das außen herum noch eine Perlenschnur-Umrandung zeigt. Auf dem Bande steht oben die blau emaillierte Inschrift „FÜR * VERDIENSTE" in gotischen Versalien; unten liegen zwei blau emaillierte Lorbeerzweige, auf welchen die erhaben aufgelegten Initialen der Königin „A V" ruhen.

Größe: 55 mm hoch, 38 mm breit; Gewicht: 32 g.

Band: Weiß, zur Schleife geformt getragen.

1327. Medaille in Eisen für Verdienste um das Militärbrieftaubenwesen (verliehen 1918—1919)

Gestiftet vom Kriegsministerium am 17. Dezember 1917 zur Verleihung an Mitglieder des Verbandes Deutscher Militär-Brieftaubenzüchter-Vereine, „die sich unter schwierigen wirtschaftlichen Verhältnissen durch Ablieferung von Tauben hervorgetan oder sich anderweitig um die Sicherstellung des Bedarfs der Front an Tauben verdient gemacht" hatten. Im ganzen wurden nur 549 Stück im Oktober 1918 in der Berliner Münze nach dem Entwurf von Münzmedailleur Professor Sturm in grauem Eisen geprägt; hiervon wurden am

13. 10, 1918 18, am 22. 10. 1918 342, am 22. 2. 1919 39, am 8. 10. 1919 70 Stück verliehen. Mit der vorher bestehenden Staatsmedaille und mit der gleichnamigen Medaille für Militärpersonen, die nicht getragen werden können, hat die Medaille nichts zu tun.

Die Medaille hat die Form eines Kreuzes mit geraden, außen leicht abgerundeten vier Armen, hat eine kleine Öse, von oben nach unten gelocht, und darin einen gewöhnlichen Ring.

V: Im flachen Mittelschild der Kopf des Kaisers nach rechts. Auf den Armen Eichenzweige, außen herum eine flache, glatte Umrandung.

R: Über die ganze Fläche der vier Arme verteilt oben eine fliegende Brieftaube, darunter in fünf Zeilen „FÜR / VERDIENSTE / UM DAS / MILITAER / BRIEFTAUBENWESEN" (in verschieden großer Schrift). Unten Darstellung eines Schützengrabenkampfes und eines Unterstandes, in welchem Soldaten soeben eine Brieftaube frei lassen.

Größe: 38 mm.

Band: 30 mm breit, himmelblau.

1328. Kriegs-Denkmünze für 1813—1815, für Kämpfer, mit der Jahreszahl „1813"

1329. Dieselbe Kriegs-Denkmünze mit der Jahreszahl „1814"

1330. Dieselbe Kriegs-Denkmünze mit den Jahreszahlen „1813/1814"

**1331. Dieselbe Kriegs-Denkmünze mit der Jahreszahl „1815"
(auf der Vorderseite mit scharfkantigem Kreuz)**

Gestiftet von König Friedrich Wilhelm III. in Frankfurt a. M. am 24. Dezember 1813 mit Zusatz vom 3. Oktober 1815 für „jeden Krieger ohne Ausnahme", „der im Felde oder vor einer Festung wirklich mitgefochten und der während der Dauer des jetzigen Krieges seinen Pflichten treugeblieben ist".

Die Medaillen sind aus der Bronze eroberter französischer Geschütze geprägt und haben eine abgerundete, angelötete Öse mit Ring.

V: Ein Kreuz mit scharfkantigen, flachen Armen, zwischen denen Strahlenbündel hervorschießen. Auf der Mitte ruht ein aus Lorbeer- und Eichenlaub unten mit Schleife gebundener Kranz, der die Jahreszahl „1813", „1814", „1813/1814" oder „1815" umgibt.

R: Der gekrönte Namenszug „F W", darunter in zwei Zeilen „Preußens tapfern / Kriegern", und darum zwischen zwei Kreislinien „Gott war mit uns, Ihm sey die Ehre!".

Randschrift: „AUS EROBERTEM GESCHÜTZ", vertieft eingeprägt.

Größe: 29 mm.

Band: 36 mm breit, orangegelb mit schwarzen (4,5 mm breiten) und anschließend (5 mm breiten) weißen Seitenstreifen sowie je 1 mm breiten schwarzen Rändern.

1332. Kriegs-Denkmünze für 1813—1815, für Kämpfer, mit der Jahreszahl „1813"

1333. Dieselbe Kriegs-Denkmünze mit der Jahreszahl „1814"

**1334. Dieselbe Kriegs-Denkmünze mit den Jahreszahlen „1813/1814"
(auf der Vorderseite mit abgerundetem Kreuz)**

Dieselben stimmen in Form, Größe und Prägung mit den unter
Nr. 1328 ff. beschriebenen Denkmünzen überein, nur fehlt dem Kreuz
auf der Vorderseite an den vier Armen die äußere Randlinie. Dieselbe
wird durch den Rand der Medaille ersetzt, und so erscheint das Kreuz
dadurch mit abgerundeten Armen. Alles übrige, wie Größe, Band, vgl.
Nr. 1328 ff. Zur Ausprägung der Kriegs-Denkmünzen 1813—1815 waren
93 Zentner Metall von französischen Beutegeschützen nötig.

**1335. Kriegs-Denkmünze für Nichtkämpfer, mit der Jahreszahl „1813",
oval, aus schwarzem Gußeisen**

1336. Dieselbe Kriegs-Denkmünze mit der Jahreszahl „1814"

1337. Dieselbe Kriegs-Denkmünze mit den Jahreszahlen „1813 · 1814"

1338. Dieselbe Kriegs-Denkmünze mit der Jahreszahl „1815"

Gestiftet von König Friedrich Wilhelm III. am 7. Januar 1815 für solche
Personen, die „in Erfüllung ihrer Berufspflichten die Gefahren oder die Anstrengungen der Krieger geteilt haben, ohne unmittelbar zum fechtenden Stande
der Armee, d. h. zu den Kombattanten zu gehören".

Die ovalen Medaillen aus schwarzem Gußeisen haben eine angeprägte runde, von oben nach unten gelochte Bandöse. Im Volks-
mund führte diese Denkmünze, wohl wegen ihrer Form und dunklen
Färbung, den Namen „Pflaume".

V: Der gekrönte Namenszug „𝔉𝔚", darunter in drei Zeilen „𝔉ür
𝔓flichttreue / im / 𝔎riege"; Umschrift zwischen zwei Linien: „𝔊ott
war mit uns, 𝔍hm 𝔰ey die 𝔈hre!".

R: Ein Kreuz mit geraden, scharfkantigen Armen, zwischen denen vier
Strahlenbündel hervorstechen.

Größe: 32 mm hoch, 25 mm breit.

Band: 36 mm breit, weiß mit 4,5 mm breiten schwarzen Seiten- und
orangegelben Randstreifen, letztere je 4 mm breit bei 1 mm breiten
weißen Kanten.

1339. Neufchâteler Erinnerungs-Medaille, Silber (verliehen 1832)
Abbildung am Schluß des Bandes.

Gestiftet am 18. Januar 1832 von König Friedrich Wilhelm III. für diejenigen
Personen im damals noch zu Preußen gehörigen Fürstentum Neuchâtel, „die
an den militärischen Operationen gegen die Rebellen im Jahre 1831 teilgenommen und zur Aufrechterhaltung der Ordnung in ihren Gemeinden die
Waffen ergriffen hatten".

Die Stempel schnitt der in Neuchâtel geborene Hofmedailleur Professor François Henri Brandt. Es wurden 7006 Stück geprägt mit gewöhnlicher Drahtöse und Ring.

V: Der Namenszug des Stifters in französischer Sprache „F G III"
(Frédéric Guillaume III); Umschrift „FIDELITE AU DEVOIR ET A
LA PATRIE"; unten zwischen zwei Rosetten „1831".

R: Der gekrönte Wappenschild des Fürstentums Neuchâtel (Neuen-
burg), umgeben von einem Kranz, der aus einem Lorbeerzweig

(links) und einem Eichenzweig (rechts) besteht und mit Doppelschleife zusammengefügt ist.

Größe: 25 mm; Gewicht: 6 g.

Band: 28 mm breit, zusammengestellt aus sieben gleichbreiten Streifen, deren mittlerer goldgelb, rechts und links daran anschließend je ein ponceauroter, weißer und schwarzer Streifen, an den Bandkanten noch schmale weiße Striche sichtbar.

1340. Goldene Erinnerungsmedaille und

1341. Bronzene (feuervergoldete) Erinnerungsmedaille
zum 25jährigen Jubiläum des Königs Friedrich Wilhelm IV. als Chef des Kais. Russischen Infanterie-Rgts. „Kaluga" (verliehen 1843) Abbildung am Schluß des Bandes.

Gestiftet am 20. Juni 1843, dem 25. Gedenktage seiner Ernennung zum Chef des obengenannten russischen Regiments, für Offiziere, Unteroffiziere und Mannschaften desselben.

Die Medaillen wurden mit Stempel vom Hofmünzmedailleur Pfeuffer, Berlin, an der dortigen Münze geprägt, und zwar 3224 Stück in feuervergoldetem Kupfer und zwei goldene Exemplare ohne Öse und Ring als Gedenkmünzen. Lediglich 10 kupfervergoldete Stücke, dazu 8 goldene Exemplare wurden außerdem noch angefertigt mit gewöhnlicher Öse und Ring zur Verteilung an die zur Beglückwünschung in Berlin anwesende Abordnung des Infanterie-Regiments „Kaluga" (8 Offiziere und 11 ältere Unteroffiziere).

V: Oben der aus 2 „F" und 1 „W" mit der Zahl „IV" gebildete verschlungene Namenszug F W IV unter der Königskrone, darunter «ВЪ / ВОСПОМИНАНIЕ» (Zum Andenken) in zwei Zeilen.

R: Innerhalb einer am Rande entlanglaufenden Lorbeergirlande in der Mitte «1818 / 20. IЮНЯ / 1843» (1818, 20. Juni, 1843) in drei Zeilen, darüber bogig «ЦАРСКОЕСЕЛО» (Zarskoje Selo), darunter, ebenfalls bogig «БЕРЛИНЪ» (Berlin).

Größe: 32 mm; Gewicht: in Gold = 8 Dukaten = 28 g.

Band: 28 mm breit, weiß mit hellorangegelben, 5,5 mm breiten Seitenstreifen in 1,5 mm Abstand von den Kanten.

1342. Hohenzollernsche Denkmünze, für Kämpfer von 1848/49

1343. Dieselbe für Nichtkämpfer, Bronze (verliehen 1851)

Gestiftet von König Friedrich Wilhelm IV. in Verbindung mit dem „Hausorden von Hohenzollern" am 23. August 1851 für Offiziere und Soldaten der Armee, welche sich in den während der Jahre 1848 und 1849 vorgefallenen Gefechten gegen die Aufständischen bewährt hatten.

Die in der Kgl. Münze geprägten Bronzemedaillen haben eine mehrfach gerillte angelötete Öse mit gewöhnlichem Ring.

V: Die Vorderseite des Hohenzollernschen Hausordens mit dem Adler und der Umschrift „VOM FELS ZUM MEER" im Mittelschildchen.

R: In der Mitte zwischen zwei waagerechten Linien „FRIEDRICH / WILHELM IV" (zweizeilig); Umschrift zwischen zwei dünnen Kreislinien, jedoch nur bei der Denkmünze für Kämpfer, „SEINEN BIS IN DEN TOD GETREUEN KRIEGERN"; diese Umschrift fehlt bei den Medaillen für die Nichtkämpfer. In den Abschnitten über und unter den waagerechten Linien (oben) „1848" (unten) „1849". Größe: 29 mm.

Band: 30 mm breit, weiß mit schwarzem (25 mm breitem) Mittelstreifen und ebensolchen, aber 3,5 mm breiten Seitenstreifen bei je 2 mm Abstand von den Kanten.

1344. Krönungs-Medaille 1861, Goldbronze
1344a. Dieselbe am kornblumenblauen Bande, für die Kais. Russische Deputation (verliehen 1862)

Gestiftet von König Wilhelm I. am 22. März 1862 „für alle Personen, die bei der Krönung des Königspaares zu Königsberg i. Pr. am 18. Oktober 1861 dienstlich anwesend waren".

Die Medaillen sind aus Goldbronze geprägt und haben eine angelötete, mehrfach gekerbte Öse mit Ring. Es gibt hiervon gegossene und etwas nachziselierte Fälschungen. Obwohl eigentlich nur Inländer Anspruch auf die Medaille hatten, suchten die Mitglieder einer kaiserlich russischen Offiziersabordnung unter Führung des Großfürsten Nikolaus um Verleihung der Denkmünze nach und erhielten diese dann auch, aber am Bande des Kronenordens, der bei der Krönung selbst am 18. Oktober 1861 gestiftet worden war.

V: Die hintereinandergestellten Brustbilder des Königspaares im Krönungsornat. Umschrift im oberen Teil „WILHELM KOENIG · AUGUSTA KOENIGIN V. PREUSSEN"; im unteren Teil, kleiner „ZUR KROENUNG AM 18. OCT. 1861".

R: In der Mitte das Eiserne Kreuz, größtenteils verdeckt von einem mit der Königskrone gekrönten Schilde mit dem preußischen Adler, darunter gekreuzt Zepter und Schwert sowie der Reichsapfel. In dem diese Darstellung umgebenden schmalen Ring unten klein der Wahlspruch des Schwarzen Adler-Ordens: SUUM CUIQUE; außen herum im Kreise 8 Wappenschilde mit den provinzweise zusammengestellten Wappen der preußischen Landesteile, oben Brandenburg, links davon Schlesien, darunter Posen, darunter Pommern, ganz unten geteilt von Burggrafschaft Nürnberg und Hohenzollern, die restlichen drei Schilde rechts sind mehrfeldig, und zwar zu oberst geviert von Großherzogtum Niederrhein, Kleve, Jülich, Berg (Rheinland), der nächste darunter geviert von Sachsen, Magdeburg, Halberstadt, Thüringen (Provinz Sachsen), schließlich geteilt, oben gespalten von Paderborn und Münster, unten gespalten von Minden, Mark und Ravensberg mit dem Mittelschild Westfalen (Provinz Westfalen). Die 8 Schilde sind durch die Kette des Schwarzen Adler-Ordens verbunden.

Größe: 30 mm.

Band (normal): 28 mm breit, orangegelb; für die russische Militärabordnung 28 mm breit, dunkelkornblumenblau.

1345. Erinnerungs-Kriegsdenkmünze, für die Kämpfer von 1813—1815, aus heller Bronze

1346. Dieselbe aus schwarzem Eisen, für Nichtkämpfer

1347. Dieselbe aus Stahl, für Damen des Luisenordens (verliehen 1863)

Gestiftet von König Wilhelm I. am 17. März 1863, dem fünfzigsten Jahrestag des Aufrufs „An mein Volk" und der Einführung der Landwehr, als ein erneutes Zeichen der Anerkennung für die noch lebenden Krieger aus den Feldzügen der Jahre 1813, 1814 und 1815.

Die Denkmünzen sind für Kämpfer aus heller Bronze und für Nichtkämfer aus schwarz gebeiztem Eisen hergestellt. Ferner erhielten auch die Damen des Luisenordens, soweit sie denselben für Verdienste in den Kriegsjahren 1813/15 erworben hatten, die Erinnerungs-Kriegsdenkmünze in poliertem Silberstahl. Alle drei Arten dieser Denkmünze haben eine angelötete, mehrfach gerillte Öse mit gewöhnlichem Ring. Die Denkmünze für Damen des Luisenordens ist sehr selten.

V: Der nach links gewendete Kopf des Stifters, unter demselben, auf Lorbeerzweige gelegt, ein fliegendes Spruchband mit den Jahreszahlen „1813", „1814", „1815". Im oberen Teil der Medaille die Umschrift: „FRIEDR. WILHELM III KÖNIG V. PREUSSEN".

R: Der verzierte, verschlungene Namenszug „W R" unter der aufsitzenden Königskrone. Darunter gekreuzt je ein kleiner Lorbeer- und Eichenzweig. Im oberen Teil die Umschrift: „DEN 17 MÄRZ 1863".

Größe: 29 mm.

Band: a) Für Kämpfer: 33 mm breit, fünfmal gleich breit gestreift, weiß-schwarz-orangegelb-schwarz-weiß mit je 1 mm breiten schwarzen Kanten.

b) Für Nichtkämpfer: 31 mm breit, fünfmal gleich breit gestreift, orangegelb-schwarz-weiß-schwarz-orangegelb mit je 1 mm breiten weißen Kanten.

c) Für Damen des Luisenordens (ungefähr noch 40 Überlebende): Nicht besonders zur Medaille verliehen, sondern diese an der Bandschleife des Ordenskreuzes angeheftet, 35 mm breit, weiß mit 6 mm breiten schwarzen Seitenstreifen bei 2 mm breiten weißen Kanten.

1348. Düppeler Sturm-Kreuz am Bande für Kämpfer

1348a. Dasselbe am Bande für Nichtkämpfer

1348b. Dasselbe am Bande für die während des Sturmes in Reserve gestandenen Truppen, aus weißer Bronze (verliehen 1864 und 1865)

Die beiden Düppeler Kreuze Nr. 1348 und Nr. 1348a wurden gestiftet von König Wilhelm I. am 18. Oktober 1864 für sämtliche Offiziere, Unteroffiziere und Soldaten, Ärzte, Krankenträger und Geistliche, „die tätigen Anteil an der Eroberung der Schanzen oder an denjenigen Gefechten genommen haben, welche auf dem zwischen den Schanzen und dem Alsensunde gelegenen Terrain am 18. April d. J. stattfanden", sowie für die „Offiziere und Mannschaften derjenigen Geschütze, welche am 18. April d. J. in Batterie ge-

standen und den Sturm durch ihr Feuer vorbereitet haben". Das Kreuz
Nr. 1348b wurde erst nachträglich am 18. April 1865 verliehen „an diejenigen
Truppenteile, welche beim Sturm auf die Düppeler Schanzen in Reserve ge-
standen". Die Nichtkämpfer aller dieser Truppen erhielten das Kreuz Nr. 1348a.

Die Kreuze von weißer Bronze stimmen in Größe und Prägung vollkommen überein, tragen zwischen ihren glatten, mit erhöhter Linie
eingefaßten, nach außen sich bogig verbreiternden Armen einen dichten Lorbeerkranz und unterscheiden sich nur durch die drei verschiedenfarbigen Bänder.

Die Düppeler-Sturm-Kreuze haben eine angelötete, mehrfach gerillte
Öse mit Ring. Die Stempel hierzu schnitt Hofmedailleur Kullrich. Die
Berliner Hauptmünze hatte im ganzen 34 814 Stück geprägt unter
technischer Beratung des Hofgoldschmiedes Hossauer.

V: Im 19 mm großen Mittelschildchen der nach links gewendete Kopf
des Stifters; Umschrift „WILHELM KOENIG VON PREUSSEN",
außen eine erhöhte Linienumrandung.

R: Im 19 mm großen Mittelschildchen der gekrönte preußische Adler,
auf einem waagerechten Kanonenrohr stehend. Auf den vier Kreuzarmen verteilt „DÜPPEL" (oben) „18 / APR." (auf dem linken
bzw. rechten Arm) „1864" (im unteren Kreuzarm).

Größe: 32 mm.

Band: 32 mm breit;
  a) für Kämpfer (Nr. 1348): dunkelkornblumenblau mit weißen und an-
     schließend schwarzen Seitenstreifen von je 3,5 mm Breite sowie
     weißen (je 1 mm breiten) Rändern;
  b) für Nichtkämpfer (Nr. 1348a): orangefarbig mit zwei dunkelkorn-
     blumenblauen Streifen von 2,5 mm Breite mit 6 mm Abstand
     voneinander und weiß-schwarz-weißen, je 1,5 mm breiten Rand-
     streifen, die gegen den orangefarbigen Teil durch einen schwar-
     zen Strich abgesetzt sind.
  c) für Reservetruppen (Nr. 1348b): dunkelkornblumenblau mit schwar-
     zem 5 mm breitem Mittelstreifen, zu dessen beiden Seiten je 4,5
     mm breite weiße Streifen und weiße, 1 mm breite Streifen an den
     beiden Rändern.

1349. Düppeler Sturm-Kreuz 1864, aus schwarzem Eisen
(verliehen 1865)   Abbildung am Schluß des Bandes.

Gestiftet von König Wilhelm I. am 18. April 1865 für Johanniter-Ritter und
in deren Dienst gestandene Ärzte, Seelsorger, Krankenwärter und Beamte,
die während des Sturmes auf dem Schlachtfelde tätig waren.

Das Kreuz aus schwarzem Gußeisen stimmt in Prägung und Größe
genau mit Nr. 1348 ff. überein. Es hat jedoch eine angeprägte große,
von oben nach unten gelochte Bandöse.

Größe: 32 mm.

Band: Das Band des Hausordens von Hohenzollern von 30 mm Breite,
  weiß mit 2,5 mm breitem schwarzem Mittelstreifen und ebensolchen,
  aber 3,5 mm breiten Seitenstreifen bei 2 mm Abstand von den
  Kanten.

1350. Alsen-Kreuz 1864 am Bande für Kämpfer

1350a. Dasselbe am Bande für Nichtkämpfer

1350b. Dasselbe am Bande für die in Reserve gestandenen Truppen, Bronze (verliehen 1865)

Die beiden Kreuze Nr 1350 und Nr. 1350a wurden gestiftet von König Wilhelm am 7. Dezember 1864 für sämtliche Offiziere, Unteroffiziere und Soldaten sowie Ärzte, Geistliche und sonstige Personen des nicht fechtenden Standes, die „am 29. Juni d. J. im dienstlichen Auftrage den Alsensund, bis zum Schlusse der an diesem Tage auf der Insel stattgehabten Kämpfe, überschritten haben", für „die Offiziere und Mannschaften derjenigen Batterien und Truppenteile, welche den Übergang durch ihr Feuer gefördert haben", sowie für „sämtliche Offiziere und Mannschaften des fechtenden Standes, die am 29. Juni d. J. zur Leitung sowie als Bemannung und Bedienung der zum Übersetzen bestimmten Fahrzeuge tätig gewesen sind". Das Kreuz Nr. 1350b wurde erst nachträglich am 18. April 1865 verliehen an diejenigen Truppenteile, welche „bei der Eroberung der Insel Alsen zwar zur Verwendung, aber nicht zu einem tätigen Anteil an den Gefechten gekommen sind, ... da ihre Anwesenheit resp. Aufstellung in der Reserve an dem westlichen Ufer des Alsensundes zu den Erfolgen des Tages mit beigetragen hat". Die Nichtkämpfer dieser Truppen erhielten das Alsen-Kreuz Nr. 1350a.

Die Kreuze von heller Bronze stimmen in Größe und Prägung vollkommen überein, tragen zwischen den Armen einen Lorbeerkranz und unterscheiden sich nur durch die verschiedenfarbigen Bänder, an denen sie getragen wurden.

Die Kreuze entsprechen, abgesehen vom Metall, genau in Größe und Form den Düppeler Sturm-Kreuzen und haben wie diese auch die mehrfach gerillte, angelötete Öse mit gewöhnlichem Ring. Die Stempel sind ebenfalls von Münzmedailleur Kullrich gefertigt worden.

V: Der nach links blickende Kopf des Stifters; Umschrift wie bei Nr. 1348 ff.

R: Im (19 mm) Mittelschildchen ein im Meere schwimmendes Boot mit Flagge, auf welcher das Eiserne Kreuz erscheint. Darüber hinweg fliegt der preußische Adler mit einem Lorbeerkranz in den Fängen. Auf den vier Armen verteilt „ALSEN" (oben) „29" (links) „JUN." (rechts) „1864" (unten).

Größe: 32 mm.

Band: a) für Kämpfer: 32 mm breit, dunkelkornblumenblau mit rötlich-orangefarbigen, je 4,5 mm breiten Seitenstreifen, anschließend daran, durch schwarze Striche getrennt, weiße (2 mm breite), dann schwarze Seitenstreifen (2,5 mm breit) und weiße, je 1 mm breite Ränder;

b) für Nichtkämpfer: Orangegelb mit einem dunkelkornblumenblauen (3 mm breiten) Mittelstreifen und weiß-schwarzweißen Randstreifen, diese je 1,5 mm breit und durch einen schwarzen Strich vom orangegelben Teil getrennt;

c) für Reservetruppen: Dunkelkornblumenblau mit schwarzweiß-orangefarbigen Seitenstreifen von je 2 mm Breite und mit 1/2 mm breiten weißen Kanten.

1351. Alsen-Kreuz 1864, aus schwarzem Eisen (verliehen 1865)

Abbildung am Schluß des Bandes.

Gestiftet von König Wilhelm I. am 18. April 1865 für Johanniter-Ritter sowie in den Diensten des Ordens gestandene Ärzte, Seelsorger, Krankenträger, die „die bei der Eroberung der Insel Alsen auf dem Gefechtsfelde in Tätigkeit" gewesen sind.

Das Kreuz stimmt in Größe und Prägung mit den Alsenkreuzen Nr. 1350 ff. überein, ist aber aus schwarzem Gußeisen und mit einer angeprägten großen, von oben nach unten gelochten Bandöse versehen.

Band: Das Band des Hausordens von Hohenzollern (siehe Nr. 1349).

Anmerkung: Es gibt verschiedene Nachbildungen des Düppel- sowie des Alsen-Kreuzes von 1864. Alle diese nicht offiziellen Kreuze haben eine gewöhnliche Drahtöse mit Ring. Dabei sind sie meist von geringerer Metallstärke, die Arme sind an den Kanten weniger geschweift und das Bild des Königs ist meist sehr unähnlich dargestellt.

Von den sehr seltenen Düppel- bzw. Alsen-Kreuzen aus schwarzem Eisen gibt es Fälschungen, welche aus Originalen durch schwarze Beizung hergestellt sind. Diese Stücke sind kenntlich an der normalen Öse mit Ring, während ja die Originale eine angeprägte große Öse (ohne Ring) haben.

1352. Kriegs-Denkmünze 1864, für Kämpfer, aus der Bronze eroberter dänischer Geschütze (verliehen 1864)

Gestiftet von König Wilhelm I. gemeinsam mit dem verbündeten Kaiser von Österreich (siehe Nr. 1114) am 10. November 1864 für alle „Offiziere, Unteroffiziere und Soldaten sowie diejenigen Militärärzte, Geistlichen und Beamten, welche ... vom 1. Februar d. J. an bis zum Abschluß der Friedenspräliminarien am 2. August 1864, in dienstlicher Funktion die südliche Grenze von Holstein überschritten oder zu der Besatzung der aus Veranlassung des dänischen Krieges in der Ostsee in Dienst gestellten Schiffe oder zum Nordseegeschwader gehört haben".

Die an der Kgl. Münze Berlin geprägten Denkmünzen haben ebenfalls eine mehrfach gerillte Öse mit gewöhnlichem Ring.

V: Die nebeneinandergestellten verzierten Namenszüge „W" und „F J" unter der schwebenden Königs- bzw. Kaiserkrone.

R: In einem aus zwei Lorbeerzweigen gebildeten, unten mit Doppelschleife gebundenen Kranze die vierzeilige Inschrift „UNSEREN / TAPFERN / KRIEGERN / 1864".

Randschrift: „AUS EROBERTEM GESCHEUTZ".

Größe: 29 mm.

Band: 34 mm breit, schwarz mit einem weißen und einem orangegelben Seitenstreifen von je 6,5 mm Breite bei 2 mm Abstand von den Bandkanten.

Anmerkung: Bei mehrfach vorkommenden Nachbildungen fehlt die Randschrift und die gerillte Öse.

1353. Kriegs-Denkmünze 1864, für Nichtkämpfer, aus Stahl (verliehen 1864)

Gleichzeitig mit Nr. 1352 gestiftet.

Auch diese Denkmünze hat eine angelötete, mehrfach gerillte Öse mit gewöhnlichem Ring, während die vorkommenden Nachbildungen nur eine gewöhnliche Drahtöse mit Ring zeigen.

Vorderseite, Band und Größe wie bei Nr. 1352.

R: In einem dichten Eichenlaubkranz, der unten mit Doppelschleife gebunden ist, die Jahreszahl „1864".

1354. Erinnerungskreuz 1866 mit der Inschrift „Königgrätz, den 3. Juli 1866"

1355. Dasselbe 1866 mit der Inschrift „Der Main-Armee 1866"

1356. Dasselbe 1866 mit der Inschrift „Treuen Kriegern 1866", aus Geschützbronze
(verliehen 1866)

Gestiftet von König Wilhelm I. am 20. September 1866 gleichzeitig mit einem Kreuz für Nichtkombattanten (Nr. 1357) für alle „Offiziere, Beamten und Mannschaften, welche in dem jetzt beendeten Kriege an einem Gefecht teilgenommen oder zu kriegerischen Zwecken vor dem 2. August d. J. die Grenze eines der mit Preußen im Kriege gewesenen Länder überschritten haben".

Die Kreuze sind aus Bronze eroberter österreichischer Geschütze geprägt nach einer Zeichnung des Stifters. Die Stempel stammen von den Münzmedailleuren Kullrich und Weigand, Berlin. Die technische Überwachung hatte wieder Altgoldschmied Hossauer übernommen. Sie stimmen, abgesehen von der Inschrift auf den vier Armen der Vorderseite, in der Prägung überein und sind zwischen den geschweiften, an ihren Außenseiten abgerundeten Armen von einem dichten Lorbeerkranz durchzogen. Auch sie haben wieder die übliche gerillte Öse mit Ring.

V: Im Mittelschilde der verschlungene Namenszug des Stifters „W R". Umschrift: „PREUSSENS SIEGREICHEM HEERE". Auf dem oberen Arm die Königskrone, auf den zwei waagerechten Armen „GOTT / WAR / MIT / UNS / IHM / SEI", auf dem unteren Arm in zwei Linien „DIE / EHRE".

R: Im Mittelschilde der königliche Adler auf einem Geschützrohr. Auf den vier Armen des Kreuzes, bei Nr. 1354: „KÖNIGGRÄTZ / DEN 3. JULI / 1866"; bei Nr. 1355: „DER / MAIN / ARMEE 1866"; bei Nr. 1356: „TREUEN / KRIE- / GERN / 1866".

Letzteres Kreuz erhielten Krieger, die weder der Schlacht bei Königgrätz beigewohnt noch der Main-Armee angehört hatten.

Größe: 35 mm.

Band: 34 mm breit, schwarz mit weißen (3,5 mm breiten) und anschließenden orangefarbigen (4 mm breiten) Seitenstreifen bei 1 mm breiten schwarzen Rändern. Diese Seitenstreifen sind durch einen schwarzen Strich voneinander getrennt. Bei den schon vor Fertigstellung der Kreuze an die Truppen beim Einzug verteilten Bändern war dieser schwarze Trennungsstrich noch nicht vorhanden.

1357. Erinnerungskreuz für 1866, aus oxydierter Bronze, für die Nichtkämpfer (verliehen 1866)

Gestiftet von König Wilhelm I. am 20. September 1866 gleichzeitig mit den drei Kreuzen für die Kämpfer (Nr. 1354 ff.).

Form, Größe und Vorderseite stimmen mit diesen genau überein, nur haben die Kreuze für Nichtkämpfer zwischen den Armen statt des dichten Lorbeerkranzes einen ebensolchen Eichenlaubkranz auf der Vorder- und Rückseite.

R: Im Mittelschildchen (18 mm Durchmesser) der königliche Adler, auf einem waagerecht liegenden Kanonenrohr sitzend. Auf den vier Armen verteilt „PFLICHT-" (oben) „TREUE" (links), „IM" (rechts), „KRIEGE" (unten).

Größe: 35 mm.

Band: 32 mm breit, weiß mit orangefarbigen und daran anschließenden schwarzen, je 3,5 mm breiten Seitenstreifen bei 1 mm Abstand von den Kanten.

Anmerkung: Es kommen Erinnerungskreuze für Nichtkämpfer vor, bei denen für die Vorderseite aus Versehen der Vorderseitenstempel des Kreuzes für Kämpfer benutzt worden ist. Infolgedessen zeigen solche Stücke dann zwischen ihren Armen statt des Eichenkranzes einen dichten Lorbeerkranz. Selbstverständlich gibt es auch von dem Erinnerungskreuz 1866 verschiedene nichtoffizielle Prägungen, die vor allem dann an der gewöhnlichen Öse, außerdem an der geringeren Metalldicke und an den stärker geschweiften und gerundeten Armen kenntlich sind.

1358. Goldene Hochzeits-Medaille I. Klasse, aus vergoldeter Bronze mit Email

1359. Dieselbe II. Klasse, aus vergoldeter Bronze

1360. Dieselbe III. Klasse, aus dunkeloxydiertem Kupfer (verliehen 1879)

(s. bei „Deutsches Reich" Nr. 406 f—h.)

1361. Gedenkzeichen für die Kgl. Prinzen und Generaladjutanten

1362. Dasselbe für die Generale à la suite

1363. Dasselbe für die Flügeladjutanten, mit dem Namenszug des Kaisers Wilhelm I.
(verliehen 1888)

Gestiftet von Kaiser Wilhelm II. im Jahre 1888.

Die einseitig geprägten Gedenkzeichen sind durchbrochen gearbeitet mit einer an der glatten Rückseite senkrecht angebrachten Nadel zum Anstecken an der unteren linken Brustseite. In der Mitte der Namenszug „W" in gotischer Schrift unter der freischwebenden offenen Königskrone und umgeben von einem ovalen, dichten Kranz aus Lorbeer (links) und Eichenlaub (rechts), unten mit einer großen Schleife zusammengefügt. Die Prinzen des Kgl. Hauses sowie die Generaladjutanten erhielten das Gedenkzeichen in feuervergoldeter Bronze. Die Generale à la suite des Kaisers Wilhelm I. erhielten dasselbe mit vergoldetem Namenszug, vergoldeter Krone und versilbertem Kranz. Bei den Flügeladjutanten war das Gedenkzeichen ganz versilbert.

Größe: 56 mm hoch, 43 mm breit.

1364. Gedenkzeichen für die Generaladjutanten

1365. Dasselbe für die Flügeladjutanten Kaiser Friedrich III.
(verliehen 1888) Abbildung am Schluß des Bandes.

Gleichzeitig gestiftet mit Nr. 1361 ff. von Kaiser Wilhelm II. für die General-
und Flügeladjutanten seines Vaters.

Die Gedenkzeichen stimmen in Form und Größe mit Nr. 1361 ff.
überein, nur haben sie in der Mitte den verschlungenen, verzierten
Namenszug „F R" (in lateinischer Kursivschrift). Sie waren aus
Bronze, für Generalflügeladjutanten ganz vergoldet, für die Flügeladjutanten versilbert.

Größe: 56 mm hoch, 43 mm breit.

**1365a. Gedenkzeichen für die Generaladjutanten der Kaiser Wilhelm I.
und Friedrich III.**

Gleichzeitig gestiftet mit Nr. 1261.

In Form und Größe hiermit übereinstimmend, ebenfalls vergoldet,
jedoch mit einem kleinen „F" unter dem „W".

1366. Gedenkzeichen für die Generaladjutanten

1367. Dasselbe für die Generale à la suite

1368. Dasselbe für die Flügeladjutanten des Kaisers Wilhelm II.
(verliehen 1888—1918)

Ebenfalls im Jahre 1888 eingeführt für das persönliche militärische Gefolge
des Kaisers Wilhelm II.

Das Gedenkzeichen trägt in dem unten gebundenen ovalen
Kranz aus einem Lorbeerzweig (links) und einem Eichenzweig (rechts) freistehend (durchbrochen) und eigens aufgelötet
den Namenszug „W R" in gotischen Buchstaben, aber in
anderer Zeichnung als das „W" beim Gedenkzeichen für das militärische Gefolge Wilhelms I. (Nr. 1361 ff.). Im oberen offenen Teil des
Kranzes schwebt die erhöht geprägte, gefütterte Königskrone. Eine
an der glatten Rückseite senkrecht angebrachte Nadel dient zum Anstecken an der linken unteren Brustseite. Das Gedenkzeichen für
Generaladjutanten ist ganz vergoldet, jenes für Flügeladjutanten ganz
versilbert, während bei denjenigen für Generale à la suite des Kaisers
der Namenszug nebst Krone vergoldet, der umgebende ovale Kranz
jedoch versilbert ist.

Größe: 58 mm hoch, 45 mm breit.

1369. Jerusalemkreuz (verliehen 1898)
(s. bei „Deutsches Reich" 405 b.)

**1370—78. Hannoversche Jubiläums-Denkmünze (Denkmünzen für ehe-
mals Kgl. Hannoversche Truppenteile bei deren 100jährigem Bestehen), Geschützbronze**
(verliehen 1903—1913) Abbildung am Schluß des Bandes.

Diese Denkmünzen wurden gestiftet am 19. Dezember 1903 und erstmals bei
der an diesem Tage in Gegenwart Kaiser Wilhelms II. stattgehabten Jubelfeier
den Festteilnehmern verliehen, „welche früher in der Hannoverschen Armee

und zwar in denjenigen Truppenteilen gedient haben, die durch" die „Order vom 24. Januar 1899 als Stamm der jubilierenden preußischen Truppen bestimmt sind". In späteren Jahren wurden dann diese Denkmünzen bei entsprechender Änderung der auf der Rückseite erscheinenden Jubiläumsdaten noch achtmal an jubilierende Truppenteile ausgegeben, denen Nachfolge ehemals hannoverscher Regimenten bzw. Bataillone durch königliche Kabinettsorder zugebilligt war.

Die Denkmünzen sind aus Bronze eroberter Geschütze geprägt und haben eine gewöhnliche Drahtöse mit Ring.

Die Vorderseite ist bei den neun verschiedenen Abarten ganz gleich. Innerhalb einer erhöhten, mit einem dichten, rechts und links doppelt kreuzweise gebundenen Lorbeerkranz belegten Umrandung die Waterloosäule auf dem Waterloo-Platz zu Hannover mit Stadtansicht im Hintergrund.

1370. R: Im Felde (zweizeilig) „19. DEZEMBER 1803. / 19. DEZEMBER 1903.". Darunter eine mit ihrer Spitze nach links gesenkte Fahne, um deren Schaft sich ein Eichenkranz sowie ein Palmenzweig schlingen.

Diese Denkmünzen erhielten folgende Truppenteile: Füsilier-Regiment Nr. 73, Jägerbataillon Nr. 10, Königs-Ulanen-Regiment Nr. 13, Husaren-Regiment Nr. 15, Feldartillerie-Regiment Nr. 10.

1371. R: Die zweizeilige Inschrift lautet hier: „21. APRIL 1804. / 21. APRIL 1904. ", sonst alles wie bei Nr. 1370.

Diese Denkmünze erhielten damals nur die alt-hannoverschen Soldaten des Hannoverschen Pionierbataillons Nr. 10; sie ist die seltenste unter den neun Varianten.

1372. R: Die zweizeilige Inschrift lautet hier: „25. NOVEMBER 1805. / 25. NOVEMBER 1905.".

Für die alt-hannoverschen Soldaten des Dragoner-Regiments Nr. 9.

1373. R: Die zweizeilige Inschrift lautet hier: „10. DEZEMBER 1805. / 10. DEZEMBER 1905.".

Für die alt-hannoverschen Soldaten des Ulanen-Regiments Nr. 14.

1374. R: Die zweizeilige Inschrift lautet hier: „24. MÄRZ 1813. / 18. JUNI 1913.".

Für die alt-hannoverschen Soldaten des Infanterie-Regiments Nr. 165 und des Dragoner-Regiments Nr. 16.

1375. R: Die zweizeilige Inschrift lautet hier: „26. MÄRZ 1813. / 26. MÄRZ 1913.". Abbildung am Schluß des Bandes.

Für die alt-hannoverschen Soldaten des Infanterie-Regiments Nr. 77.

1376. R: Die zweizeilige Inschrift lautet hier: „27. NOVEMBER 1813. / 27. NOVEMBER 1913.".

Für die alt-hannoverschen Soldaten des Infanterie-Regiments Nr. 74.

1377. R: Die zweizeilige Inschrift lautet hier: „30. NOVEMBER 1813. / 16. AUGUST 1913.".

Für die alt-hannoverschen Soldaten des Infanterie-Regiments Nr. 78.

1378. R: Die zweizeilige Inschrift lautet hier: „27. NOVEMBER 1813. /
3. AUGUST 1913.".

Für die alt-hannoverschen Soldaten des Infanterie-Regiments Nr. 164.
Größe: 39 mm.

Band: 36 mm breit (des Allgemeinen Ehrenzeichens), weiß mit zwei
rötlich-orangefarbigen, je 7 mm breiten Seitenstreifen bei 2,5 mm
Abstand von den Bandkanten.

Anmerkung: Es kommen Nachbildungen dieser Jubiläumsdenkmünzen vor,
welche nur 37 mm groß sind, wobei die Darstellungen auf der Vorder- und
Rückseite ebenfalls etwas kleiner sind. Auch fehlen hinter den Jahreszahlen
auf der Rückseite stets die Punkte.

1379. Erinnerungszeichen zur silbernen Hochzeitsfeier des Kaisers 1906, Silber (verliehen 1906)

Gestiftet von Kaiser Wilhelm II. aus Anlaß der Feier seiner silbernen Hochzeit, am 27. Februar 1906, für dem Kaiserpaare nahestehende Personen. Das
Erinnerungszeichen wurde auch den 119 Veteranen verliehen, die vor 25 Jahren
der von dem Stifter befehligten 2. Kompanie des 1. Garde-Regiments angehört
hatten und die bei der Feier anwesend waren.

Es besteht aus einem 28 mm hohen, 30 mm breiten, durch zwei
unten mit den Stielen übereinandergelegte Myrtenzweige gebildeten
Kranze, der die silberne, erhöhte, durchbrochene Zahl „XXV" umschließt. Es wird von den Beliehenen auf dem Bande des ihnen zuletzt verliehenen preußischen Ordens getragen bzw. an dem Kriegsbande dieses Ordens. Diejenigen, welche noch keine preußische
Ordensauszeichnung besaßen, tragen das Erinnerungszeichen auf ganz
weißem Bande, die 119 Veteranen auf dem 35 mm breiten Bande des
Allgemeinen Ehrenzeichens, weiß mit rotorangefarbenen Seitenstreifen,
letztere hier aber nur 4 mm breit. Das Erinnerungszeichen zur silbernen Hochzeitsfeier ist auf einer 36 mm hohen und 34 mm breiten
versilberten Platte befestigt, über welche das einschlägige Band gespannt wurde, und die rückseitig mit einer Nadel zum Anstecken auf
der linken Brustseite versehen ist.

1379a. Erinnerungszeichen zum 70. Geburtstag Wilhelms II., Silber (verliehen 1929)

Gestiftet 1929 für einen verhältnismäßig kleinen Personenkreis.

Es besteht aus einem schmalen, 28 mm langen Rechteck mit er-
habenem, poliertem Rand, darin auf gekörntem Grund die Jahreszahlen „1859—1929"; auf dem Rechteck steht ein „W" mit aufsitzender
preußischer Königskrone; es ist getragen von der Zahl „LXX". Es ist
auf einer 33 mm hohen, 36 mm breiten Platte befestigt, über die das
Band des Hausordens von Hohenzollern (weiß mit 2,5 mm breiten
schwarzen Mittel- und 4,5 mm breiten schwarzen Seitenstreifen bei
2,5 mm Abstand vom Rand) gespannt ist und die rückseitig mit einer
Nadel zum Anstecken auf der linken Brustseite versehen ist.

1379b. Erinnerungszeichen zum 80. Geburtstag Wilhelms II., Silber (verliehen 1939)

Einigen Herren der nächsten Umgebung des vormaligen Kaisers und Königs
verliehen. Im allgemeinen wurden bei dieser Gelegenheit vergoldete Ansteck-
nadeln in gleicher Form aber kleiner Ausführung überreicht.

Das Erinnerungszeichen gleicht Nr. 1379a, wobei aber die Zahl „1929" durch „1939" und „LXX" durch „LXXX" ersetzt sowie das Ganze von einem Kranz umschlossen ist.

1380. Ölberg-Kreuz, Silber vergoldet mit Email (seit 1910 verliehen)

Gestiftet mit Genehmigung des Königs Wilhelm II. als Protektors der Balley Brandenburg des Johanniterordens von Prinz Eitel Friedrich als Herrenmeister der Balley Brandenburg des Johanniterordens am 24. Dezember 1909 zur Erinnerung an die Gründung der Kaiserin-Auguste-Viktoria-Stiftung auf dem Ölberge bei Jerusalem. Es wurde an Männer und Frauen verliehen, die sich um die Stiftung verdient gemacht hatten. Die erste Verleihung erfolgte am 10. April 1910 bei der Feier der Eröffnung des Johanniter-Hospizes auf dem Ölberge.

Das Ehrenzeichen besteht aus einem silbervergoldeten, blutrot emaillierten sogenannten Krückenkreuz mit schmaler vergoldeter Umrandung, welches in seinen vier Winkeln je ein kleines, schwarz emailliertes Kreuz trägt (Jerusalemkreuz). Auf der Mitte der Vorderseite ruht ein 17 mm großes, weiß emailliertes Johanniterkreuz. Das Ölberg-Kreuz wird an einem Scharnier von einer 20 mm hohen, beweglichen vergoldeten Agraffe überhöht, welche aus den verschlungenen Buchstaben „A V" (Auguste-Viktoria) gebildet ist und rückseitig eine flache Öse für das Band trägt.

Größe: 37 mm (ohne Agraffe).

Band: 30 mm breit, weiß; für Damen zur Schleife geformt und nur 15 mm breit.

1381—84. Kurhessische Jubiläums-Denkmünze aus Geschützbronze (verliehen 1913) Abbildung am Schluß des Bandes.

Gestiftet von König Wilhelm II. am 4. Juli 1913 „zur Erinnerung an das hundertjährige Bestehen früherer Kurfürstlich Hessischer Truppenteile". Die Denkmünze erhielten alle Teilnehmer an den betreffenden Jubiläumsfeiern, die früher in der Kurfürstlich Hessischen Armee und zwar entweder in denjenigen Truppenteilen, welche durch Erlaß vom 24. Januar 1899 als Stamm der jubilierenden preußischen Truppe bestimmt wurden oder in den Kurfürstlich Hessischen Kavallerie-Truppenteilen: Garde du Corps, 1. und 2. Husaren-Regiment, gedient hatten.

Die vier verschiedenen Denkmünzen sind aus der Bronze eroberter Geschütze in der Berliner Medaillen-Münze von Otto Oertel hergestellt worden. Sie haben eine starke, gewöhnliche Drahtöse mit Ring und stimmen auf der Vorderseite überein. Auf der Rückseite tragen sie den für die verschiedenen jubilierenden Truppenteile festgesetzten Stiftungstag und das Jahr der Jubelfeier.

V: Auf einem Sockel ein nach links gewendeter ruhender Löwe. Auf der Vorderseite des Sockels zwei gekreuzte Eichenzweige.

1381. R: In drei Zeilen „1813 / 22. NOVEMBER / 1913". Auf beiden Seiten der Jahreszahlen je eine kleine Eichenblättergruppe.

Die Medaille mit diesem Datum erhielten die kurhessischen Veteranen des Füsilier-Regiments von Gersdorff (Kurhessisches) Nr. 80 (127 Stück), des Infanterie-Regiments von Wittich (3. Kurhessisches)

Nr. 83 (224 Stück), des Husaren-Regiments König Humbert von Italien (1. Kurhessisches) Nr. 13 (48 Stück) und des 1. Kurhessischen Feld-Artillerie-Regiments Nr. 11 (196 Stück).

1382. R: „1813 / 30. NOVEMBER / 1913". Auf beiden Seiten der Jahreszahlen stilisierte kurze Eichenzweige.

Die Medaille mit diesem Datum erhielten die kurhessischen Veteranen des Husaren-Regiments Landgraf Friedrich II. von Hessen-Homburg (2. Kurhessisches) Nr. 14 (83 Stück).

1383. R: „1813 / 30. NOVEMBER / 1913". Auf beiden Seiten der Jahreszahlen stilisierte kurze Eichenzweige.

Die Medaille mit diesem Datum erhielten die 172 Altveteranen des 2. Kurhessischen Infanterie-Regiments Nr. 82.

1384. R: „1813 / 5. DEZEMBER / 1913". Auf beiden Seiten der Jahreszahlen stilisierte kurze Eichenzweige.

Die Medaille mit diesem Datum erhielten die kurhessischen Veteranen des Infanterie-Regiments Landgraf Friedrich I. von Hessen-Cassel (1. Kurhessisches) Nr. 81 (226 Stück) und des Kurhessischen Jäger-Bataillons Nr. 11 (220 Stück).

Größe bei den vier Abarten: 39 mm.

Band (das des Allgemeinen Ehrenzeichens): 35 mm breit, weiß mit zwei rotorangefarbigen Seitenstreifen, diese je 7 mm breit bei 3 mm Abstand von den Bandkanten.

Anmerkung: Es gibt von den vorstehend beschriebenen Jubiläums-Denkmünzen auch private Nachbildungen. Diese sind dadurch kenntlich, daß auf der Vorderseite die oberen Ecken des Sockels, auf dem der Löwe ruht, spitz hervortreten, während diese bei den Originalen abgerundet sind. Auf der Rückseite ist die Inschrift flacher geprägt, auch ist die Öse nicht so groß und stark wie bei den Originalen.

1385. Dienstauszeichnungskreuz für 25 Dienstjahre der Offiziere, Kupfer vergoldet, 1. Form von 1825

Gestiftet von König Friedrich Wilhelm III. gleichzeitig mit den Dienstauszeichnungen für Unteroffiziere (Nr. 1388 bis Nr. 1390) am 18. Juni 1825 für die Offiziere der preußischen Armee nach 25jährigen treuen Diensten.

Die Kreuze der ersten Ausgabe haben polierte feuervergoldete Arme, welche nach außen zu breiter werden und mit dreifacher Linieneinfassung versehen sind. Die angeprägte, von oben nach unten gelochte Öse trägt einen Doppelring für das Band.

V: Im Mittelschildchen (16 mm Durchmesser), das von einer doppelten Linie umrandet ist, der Namenszug „F. W. / III" in gotischer Schrift unter der Königskrone.

R: Im Mittelschildchen die Zahl „XXV.".

Größe: 37 mm.

Band: 36 mm breit, dunkelblau.

1386. Dienstauszeichnungskreuz für Offiziere, Kupfer vergoldet, 2. Form bis anfangs der 1870er Jahre

Das unter Nr. 1385 beschriebene Kreuz erlitt in späteren, leider nicht mehr genau feststellbaren Jahren, eine Veränderung durch Anbringung einer gewöhnlichen Drahtöse mit Ring an den nunmehr etwas dünneren und schärfer geprägten Stücken. Diese tragen in der Regel am Rande auch den Namen des Herstellers „HOSSAUER" (vertieft eingeschlagen). Vorder- und Rückseite wie bei Nr. 1385.

Größe: 36 mm.

Band: Zunächst wie bei Nr. 1385.

Seit 1864 wurden die Bestände an dunkelkornblumenblauem Band (30 mm breit) des Kronenordens zum Dienstauszeichnungskreuz ausgegeben, weil damals für den genannten Orden (gestiftet am 18. Oktober 1861) das hellere kornblumenblaue Band eingeführt worden war.

1387. Dienstauszeichnungskreuz für Offiziere, aus vergoldeter Bronze, 3. Form seit Anfang der 1870er Jahre

Anfangs der 1870er Jahre ist das Dienstauszeichnungskreuz für 25 Dienstjahre der Offiziere dann noch einmal verändert worden: Die Kreuze haben um die leicht gewölbten und gekörnten Arme einen einfachen, polierten und erhöhten Rand.

V: Im Mittelschilde in zwei Zeilen der Namenszug des Stifters in gotischen Buchstaben „F. W / III" mit darüber schwebender Königskrone in etwas geänderter Zeichnung auf gekörntem Grunde.

R: Im Mittelschilde die Zahl „XXV" auf gekörntem Grunde.

Gemäß Erlaß vom 16. August 1914 wurde das Dienstauszeichnungskreuz für Offiziere fernerhin auch den höheren, mittleren und Unterbeamten des Heeres sowie Personen des Soldatenstandes vom Feldwebel abwärts des Heeres, der Marine und der Schutztruppen verliehen.

Größe: Zunächst 36, später 37—38 mm.

Band: 36 mm breit, dunkelkornblumenblau.

1388. Dienstauszeichnung I. Klasse, Vergoldete Schnalle

1389. Dienstauszeichnung II. Klasse, Silberne Schnalle

1390. Dienstauszeichnung III. Klasse, Eiserne Schnalle mit silbernem Band
   (verliehen 1825—1913)

Gestiftet von König Friedrich Wilhelm III. gleichzeitig mit dem Dienstauszeichnungskreuz Nr. 1385 am 18. Juni 1825 zur Auszeichnung für die Unteroffiziere nach vollendeter 21-, 15- bzw. 9jähriger Dienstzeit.

Die Schnallen mit gekörntem Grund, welche auf der Rückseite mit einer Vorrichtung zum Aufstreifen auf das Band versehen sind, tragen in der Mitte der Vorderseite den polierten, erhabenen Namenszug des Stifters „F. W. III." in gotischen Buchstaben, umgeben von einer Linienumfassung.

Größe: 43 mm lang, 12 mm hoch. Die zuerst zur Verausgabung gelangten Stücke waren nur 41 mm lang, 10 mm hoch.

Band: 36 mm breit, für die I. Klasse: kornblumenblau mit 3 mm breiten orangegelben Randstreifen, für die II. Klasse: kornblumenblau mit 3 mm breiten weißen Randstreifen, für die III. Klasse kornblumenblau mit 3 mm breiten schwarzen Randstreifen.

1391. Landwehr-Dienstauszeichnung I. Klasse, silbernes Kreuz mit vergoldetem Mittelschild (verliehen 1868—1920)

Gestiftet von König Wilhelm I. am 4. Juli 1868 für die Offiziere und Ärzte des Beurlaubtenstandes, die mindestens acht Jahre über die gesetzliche Dienstzeit freiwillig im Militärverhältnis geblieben sind.

Die Kreuze mit gekörnten geraden, nach außen breiter werdenden Armen haben gewöhnliche Drahtösen mit Ring.

V: Im vergoldeten Mittelschild (16 mm groß) der gekrönte verschlungene Namenszug „W R" auf gekörntem Grund.

R: Im vergoldeten Mittelschild die Zahl „XX" auf gekörntem Grund.

Größe: 38 mm.

Band: 36 mm breit, dunkelkornblumenblau.

1392. Landwehr-Dienstauszeichnung II. Klasse, Bandschnalle (verliehen 1842—1913)

Als „Landwehr-Dienstauszeichnung" bereits gestiftet am 16. Januar 1842, im Jahre 1868 bei der Stiftung der Landwehr-Dienstauszeichnung I. Klasse (Nr. 1391) als deren II. Klasse beibehalten. Sie erhielten „nach vorwurfsfrei erfüllter Dienstpflicht in der Reserve und Landwehr (Seewehr) diejenigen Offiziere, Ärzte, Unteroffiziere und Wehrmänner..., welche einen Feldzug mitgemacht haben oder bei außergewöhnlichen Veranlassungen, im ganzen mindestens drei Monate, aus dem Beurlaubtenstande zum aktiven Dienst einberufen gewesen" waren. (Bestimmung von 1868.)

Die Landwehr-Dienstauszeichnung II. Klasse besteht in einem dunkelkornblumenblauen, nicht gewässerten Bande, in welches der Namenszug des Stifters „F. W. IV." und zwei kleine Landwehrkreuze in goldgelber Seide zwischen zwei feinen waagerechten, punktiert gelben Streifen eingewirkt sind; sie wurde in einer flachen, eisernen, schwarz lackierten Einfassung, 45 mm lang und 15 mm hoch, auf der linken Brustseite getragen.

1393. Dienstauszeichnung I. Klasse für 15 Dienstjahre, Kreuz von Kupfer (verliehen 1913—1920)

Gestiftet von König Wilhelm II. am 4. Juli 1913 (gleichzeitig mit den Dienstauszeichnungen II. und III. Klasse, Nr. 1394 und 1395) an Stelle der bis dahin ausgegebenen Dienstauszeichnungen Nr. 1388/1390 für Personen des Soldatenstandes, die dem stehenden Heere angehörten. Von ihnen schon erworbene Dienstauszeichnungen konnten gegen solche neuer Art umgetauscht werden. Die dem aktiven Dienststande nicht mehr angehörenden Personen konnten die früher erworbenen Dienstauszeichnungen in der neuen Form auf eigene Kosten beschaffen und anlegen. Die Verleihung der Dienstauszeichnungen wurde im Weltkrieg unterbrochen und nachher wieder aufgenommen. Anträge mußten — mit Ausnahme der später aus der Kriegsgefangenschaft zurückkehrenden Heeresangehörigen — bis spätestens 1. Februar 1920 eingereicht sein.

Die Dienstauszeichnung I. Klasse für vollendete 15jährige Dienstzeit besteht aus einem hellkupfernen Kreuz.

V: Im runden, 14 mm großen Mittelschild innerhalb zweier Kreislinien die Königskrone.

R: Im runden, 14 mm großen Mittelschild innerhalb zweier Kreislinien die Zahl „XV".

Größe: 35 mm.

1394. Dienstauszeichnung II. Klasse für 12 Dienstjahre, aus Tombak

1395. Dienstauszeichnung III. Klasse für 9 Dienstjahre, Medaille aus Argentan (Neusilber)

Gleichzeitig mit der Dienstauszeichnung I. Klasse Nr. 1393 gestiftet.

Die Dienstauszeichnungen II. und III. Klasse für vollendete 12- bzw. 9jährige Dienstzeit bestehen aus Medaillen von Gold-Tombak bzw. Argentan (Neusilberlegierung).

V: Im Felde die Königskrone, Umschrift im oberen Teil „Treue Dienste", im unteren „bei der Fahne".

R: Die Zahl „XII" bzw. „IX".

Größe: 30 mm.

Band für die drei Dienstauszeichnungen Nr. 1393 ff.: 36 mm breit, dunkelkornblumenblau.

1396. Landwehr-Dienstauszeichnung II. Klasse, Medaille von Kupfer (verliehen 1913—1920)

Gleichzeitig mit den Dienstauszeichnungen für das stehende Heer am 4. Juli 1913 gestiftet. Die Medaille wurde seit diesem Zeitpunkte an Stelle der bis dahin ausgegebenen, am 16. Januar 1842 gestifteten Landwehr-Dienstauszeichnung (Nr. 1392) verliehen. Diejenigen Personen, denen das Ehrenzeichen bis dahin schon verliehen worden war, konnten es in der neuen Form auf eigene Kosten beschaffen und anlegen. Die Medaille ist aus Kupfer geprägt.

V: Im Felde die Königskrone, Umschrift im oberen Teil „Treue Dienste", im unteren „Reserve Landwehr".

R: In vier Zeilen: „Landwehr / Dienstaus / zeichnung / II. Klasse".

Größe: 25 mm.

Band: 30 mm breit, dunkelkornblumenblau.

1397. Ehrenzeichen für Verdienste um das Feuerlöschwesen, Goldbronze

1397a. Dasselbe in schwarzem Kriegsmetall (verliehen 1908, bzw. 1917—1918)

Gestiftet von König Wilhelm II. am 15. Juni 1908 für 25jährige treue und eifrige Betätigung im preußischen Feuerlöschdienst. Bei besonderen Verdiensten war die Verleihung nicht an die Dienstzeit gebunden. Die Medaille ist vom Stifter selbst entworfen; ausgeführt ist sie von dem Maler Professor Hans Schadow und dem Bildhauer Max von Kawaczyński. Gemäß allerhöchstem Erlaß vom 27. Oktober 1916 wurde das Ehrenzeichen von 1917 ab in schwarzem Kriegsmetall hergestellt.

Das einseitige Ehrenzeichen aus Goldbronze besteht aus einer fast runden Platte, welche mit einer an der Rückseite angebrachten Nadel auf der linken unteren Brustseite getragen wird. Das 20 mm große runde Mittelstück zeigt das nach links gewendete Brustbild des Kaisers in Garde-du-Corps-Uniform mit der Umschrift „WILHELM · II · IMP · REX". Auf dem 6 mm breiten Rande sitzt oben die Königs-krone, unter derselben liegt ein flatterndes Band mit dem Namens-zuge „W. II. I. R.". Zwischen zwei Feuerwehrbeilen, welche das Mittelschild durchkreuzen, unten, über zwei kleinen Lorbeerzweigen, zwei seitwärts gerichtete Schlauchmundstücke. Auf dem Rande links, rechts und unten verteilt, die Umschrift

„VER | DIENST
VM | DAS
FEVER | LÖSCH
WESEN".

Es gibt von der Feuerwehr-Verdienstmedaille zahlreiche, private Nachbildungen mit verschiedenen Prägungsabweichungen. Die offi-ziellen Stücke tragen auf ihrer glatten Rückseite den vertieften Stempel „Original".
Größe: 40 mm hoch, 32 mm breit.

1398. Feuerwehr-Erinnerungszeichen des Freistaates Preußen, Gold-bronze (verliehen 1926—1934)

Durch Beschluß des Staatsministeriums vom 6. August 1925 wurde Nr. 1397 als Feuerwehr-Erinnerungszeichen wieder eingeführt. Diese gleicht fast ganz in Größe und Form dem vorigen Ehrenzeichen. Es ist einseitig geprägt, auf der glatten Rückseite mit Anstecknadel und bei offiziellen Stücken mit dem vertieften Stempel „ORIGINAL" „GES. GESCHÜTZT" versehen.

Das 20 mm große Mittelschildchen zeigt den erhöht geprägten preußischen Adler, oben „REPUBLIK", unten „PREUSSEN".

Auf der 6 mm breiten Umrandung sitzt oben ein Feuerwehrhelm mit einem in den preußischen Farben schräggeteilten Schildchen auf der Stirnseite, von vorn gesehen, unter demselben ruhen gekreuzt durch das Mittelschildchen zwei Beile, auf der Umrandung, links, rechts und unten verteilt:

„VER | DIENST
VM | DAS
FEVER | LÖSCH
WESEN",

ganz unten am Rande zwei gekreuzte Schlauchmundstücke.
Größe: 40 mm hoch, 32 mm breit

1398a. Feuerwehr-Ehrenzeichen (verliehen 1934—1936)

Das preußische Innenministerium stiftete am 21. Dezember 1933 ein neues Feuerwehr-Ehrenzeichen. Es sollte nach 25jähriger Tätigkeit bei einer Feuer-wehr oder für besondere Taten verliehen werden. Das Ehrenzeichen besteht aus einer matt versilberten, ovalen Plakette.

V: Auf der oberen Hälfte der Plakette ein bis zur Hüfte sichtbarer Feuerwehrmann mit dem preußischen Adler auf der Brust; er hält in der rechten Hand ein Horn, auf dem er bläst, in der linken Hand aber einen Spritzenschlauch; auf der unteren Hälfte erscheint ein Haus, aus dessen Dach Flammen schlagen. Um diese Darstellung ein 5 mm breiter Rand, die Umschrift in lateinischer Schrift: „FÜR VERDIENSTE UM DAS FEUERLÖSCHWESEN". Am unteren Ende ein Hakenkreuz.

R: Glatt.

Das Ehrenzeichen wurde mit einer Nadel an der Brustseite angesteckt.

Größe: 42 mm hoch, 29 mm breit.

1398b. Grubenwehr-Erinnerungszeichen, Silber (verliehen 1934—1936)

Eingeführt vom Minister für Wirtschaft und Arbeit im Mai 1934. Es war bestimmt für Grubenwehrmänner, die wenigstens 15 Jahre in einer Grubenwehr vorwurfsfrei Dienst getan, bzw. sich besonders ausgezeichnet hatten, sowie für Personen, die sich um Organisation und Ausbau besonders verdient gemacht hatten. Der Besitz eines früher erhaltenen Feuerwehr-Erinnerungszeichens schloß die Verleihung des Grubenwehr-Erinnerungszeichens aus. Ersetzt durch Nr. 440 (Reichsgrubenwehrehrenzeichen).

Das Erinnerungszeichen ist rund, umschlossen von einem 7 mm breiten Schriftring mit der Inschrift: „Für Verdienste um das Gruben-Rettungs-Wesen" und trägt ein bis an den Rand heranreichendes Johanniterkreuz auf eichenblatt-gemustertem Grunde. Vor dem Mittelpunkt des Kreuzes sind Schlägel und Eisen gekreuzt, darunter, den unteren Kreuzarm überdeckend, der preußische Adler mit abwärtsgerichteten Flügeln. Das Erinnerungszeichen wird an der linken Brustseite angesteckt getragen.

Größe: 60 mm Durchmesser.

1399. Erinnerungszeichen für Bedienstete der Staatseisenbahnen nach 25 Dienstjahren

1400. Dasselbe nach 40 Dienstjahren (verliehen 1905—1918)

Gestiftet von König Wilhelm II. am 27. Januar 1905 für vorwurfsfreie 25- bzw. 40jährige Dienstzeit der Beamten bei den preußischen Staatseisenbahnen.

Das durchbrochene, hohl gearbeitete, silberne Ehrenzeichen besteht aus einem geflügelten Rad, auf welchem die Königskrone ruht. Unter diesem Rad ein rechteckiges Schildchen mit den Zahlen „25" oder „40". Das Schildchen ist umgeben von einem in der Mitte kreuzweise gebundenen Lorbeerkranz, dessen aufwärtsgebogene Enden den unteren Teil der Flügel am Rade berühren. Beim Erinnerungszeichen für 40 Dienstjahre ist die Königskrone sowie das Schildchen mit der Zahl „40" vergoldet. Das Ehrenzeichen wird mit einer rückseitig angebrachten Nadel auf der linken Brustseite befestigt.

Größe: 54 mm breit, 43 mm hoch.

Fürstentümer
Reuß Älterer und Jüngerer Linie

Die früher selbständig gewesenen Fürstentümer der jüngeren Linie: Reuß-Lobenstein und Reuß-Ebersdorf fielen im Jahre 1848 an Reuß-Schleiz, welches somit das Gesamtgebiet der jüngeren Linie Reuß-Gera in sich vereinigte. Reuß älterer Linie (Greiz) wurde seit April 1902 von dem Fürsten der jüngeren Linie regiert. Seit 11. November 1918 Freistaaten, am 4. April 1919 zum Volksstaat Reuß vereinigt, seit 1920 zum Lande Thüringen gehörig.

Die Fürstentümer Reuß hatten einen Orden, genannt „Fürstlich Reußisches Ehrenkreuz". Dieser ist im Fürstentum jüngerer Linie am 24. Mai 1896 gestiftet und am 3. Oktober 1902 auch auf das Fürstentum älterer Linie ausgedehnt worden. Die Ehrenzeichen im engeren Sinne sind:

a) In beiden Staaten gleichmäßig verliehene Ehrenzeichen:

1401. Die dem Fürstlichen Ehrenkreuz affiliierte Goldene Verdienstmedaille mit Krone, Silber vergoldet

1401a. Dieselbe am Kriegsbande

1402. Dieselbe mit Schwertern Abbildung am Schluß des Bandes.

1403. Die dem Fürstlichen Ehrenkreuz affiliierte Goldene Verdienstmedaille, Silber vergoldet

1403a. Dieselbe am Kriegsbande

1404. Dieselbe mit Schwertern

1405. Die dem Fürstlichen Ehrenkreuz affiliierte silberne Verdienstmedaille

1405a. Dieselbe am Kriegsbande

1406. Dieselbe mit Schwertern.
(verliehen 1902, bzw. 1909, bzw. 1915—1918)

Diese Verdienstmedaillen sind durch Änderung der Vorderseite der ursprünglich in Reuß j. L. schon 1869 geschaffenen bzw. im Jahre 1897 erweiterten Verdienstmedaillen (siehe Nr. 1436 und Nr. 1437) entstanden. Zunächst wurden am 3. Oktober 1902 die goldenen (silbervergoldeten) und silbernen Medaillen nach der erwähnten Änderung auch auf das Fürstentum Reuß ä. L. ausgedehnt und dadurch zu einem gemeinsamen Fürstlich Reußischen Ehrenzeichen. Durch Verordnung des Regenten der beiden Fürstentümer Reuß, des Erbprinzen Heinrich XXVII., vom 28. Mai 1909 wurden für Verdienste im Kriege zur Verdienstmedaille silbervergoldete bzw. silberne gekreuzte Schwerter gestiftet, welche in die Medaillenöse eingehängt sind und oben eine kleine Öse mit Ring tragen. Gleichzeitig wurde auch noch zur Verdienstmedaille in Gold als besondere Auszeichnung eine (gefütterte) 15 mm hohe vergoldete Krone gestiftet. Diese sitzt fest auf dem oberen Medaillenrand bzw. ist mit einer Verzierung oben an der Schwerterdekoration befestigt. Am 9. Januar

1915 wurde dann zu den für Kriegsverdienste erworbenen Medaillen aller Stufen ein besonderes Band eingeführt und zwar sowohl zu den Verdienstmedaillen mit Schwertern als auch zu solchen ohne Schwerter, wenn die letzteren für vaterländische Dienste während des Krieges, aber nicht vor dem Feinde verliehen worden waren.

Die Medaillen haben auf der Vorder- und Rückseite eine schmale Perlenumrandung, sowie gewöhnliche Ösen mit Ring.

V: Innerhalb eines unten mit einer Doppelschleife gebundenen lichten Lorbeerkranzes die zweizeilige Inschrift „Für / Verdienst" in Frakturschrift, darunter ein kurzer, waagerechter Strich.

R: Das Monogramm des Stifters „H R". Darüber schwebt eine Krone, wenn nicht die Medaille „mit der Krone" (Nr. 1401/1402) verliehen war, denn in diesem Fall sitzt die Krone bereits auf dem Medaillenrand. Das Monogramm ist dann auch größer.

Größe (ohne Krone): 33 mm; Gewicht mit der Krone: 19 g, mit Krone und Schwertern 23 g, mit Schwertern 18 g, ohne Schwerter 14 g.

Band: a) im Frieden: 30 mm breit, „amaranth-" (lila-) rot;
b) für Kriegsverdienst: 35 mm breit, goldgelb mit 3,5 mm breiten zinnoberroten und anschließend 3 mm breiten schwarzen Seitenstreifen bei 1 mm breiten goldgelben Kanten.

1407. Kriegsverdienstkreuz, Silber, emailliert (verliehen 1915—1918)
Abbildung am Schluß des Bandes.

Gestiftet vom Fürsten Heinrich XXVII. am 23. Mai 1915. Es wurde verliehen „in einer Klasse ohne Unterschied des Ranges an Offiziere, Unteroffiziere und Mannschaften ...", die im Besitz des Eisernen Kreuzes I. Klasse" waren „oder sich sonst in hervorragender Weise durch Tapferkeit vor dem Feinde ausgezeichnet" hatten. Das Kreuz wurde in erster Linie an Offiziere, Unteroffiziere und Mannschaften derjenigen Truppenteile verliehen, deren Chef der Stifter war, sowie auch an reußische Landeskinder beider Fürstentümer in anderen Truppenteilen. Es wird ohne Band mit einer an der glatten silbernen Rückseite senkrecht angebrachten Nadel auf der linken Brustseite unter dem Eisernen Kreuz I. Klasse getragen.

V: Die leicht geschweiften Arme sind mattschwarz emailliert, silbern eingefaßt und werden von einem grünemaillierten Lorbeerkranz durchschlungen. Auf den Seitenarmen verteilt, erhöht in Silber, die Jahreszahl „19/14". Das silberne, runde Mittelstück (18 mm Durchmesser) enthält auf mattem Grunde unter einer Krone den erhöhten Namenszug „H", darunter „XXVII".

Größe: 45 mm.

1408. Medaille für aufopfernde Tätigkeit in Kriegszeit, Bronze
(verliehen 1915—1918)   Abbildung am Schluß des Bandes.

Gestiftet von Fürst Heinrich XXVII. am 10. November 1915 „als Anerkennung für verdienstliche Leistungen auf dem Gebiete der Nächstenliebe aus Anlaß des Krieges". Die Medaillen, mit gewöhnlicher Öse und Ring versehen, konnten sowohl an Männer als auch an Frauen verliehen werden.

V: Innerhalb eines oben, unten, rechts und links kreuzweise mit Band umschlungenen dichten Eichenlaubkranzes die fünfzeilige Inschrift: „FÜR / TREUES WIRKEN / IN / EISERNER ZEIT / 1914".

R: Der Namenszug „ℌ / XXVII" (zweizeilig) unter der schwebenden Fürstenkrone.

Größe: 33 mm.

Band: 30 mm breit, goldgelb mit je 2,5 mm breiten zinnoberroten und anschließend schwarzen Seitenstreifen, sowie 1 mm goldgelben Kanten. Frauen tragen das Band zur Schleife geformt an der linken Schulter.

1409. Verdienstkreuz für Kunst und Wissenschaft I. Klasse, Silber vergoldet

1410. Dasselbe II. Klasse, Silber
(verliehen 1885—1918)

Gestiftet als „goldenes" bzw. „silbernes Verdienstkreuz für Kunst und Wissenschaft" von Fürst Heinrich XIV. Reuß j. L. am 23. Mai 1885 „für besondere Verdienste und ausgezeichnete Leistungen in Kunst und Wissenschaft", am 28. Mai 1909 erweitert in einen dreiklassigen „Verdienstorden für Kunst und Wissenschaft" und unter obigem Namen als dessen zwei erste Klassen festgestellt. Die dritte Klasse bilden die Medaillen Nr. 1411 und 1412. Durch „Höchste Verordnung" vom 16. Dezember 1912 wurde der Verdienstorden für Kunst und Wissenschaft auch auf das Fürstentum Reuß ä. L. ausgedehnt.

Die beiden Kreuze stimmen in Prägung und Größe überein. Die vergoldeten bzw. silbernen Arme sind gekörnt, nach außen zu leicht geschweift und haben eine erhöhte, glatte Umrandung. Sie werden von zwei auf der Vorderseite grün emaillierten Lorbeerzweigen durchschlungen, die auf der Vorderseite des unteren Armes mit einer Bandschleife vereinigt sind. Eine von oben nach unten durchlochte Öse enthält den länglichen Ring.

V. des Mittelschildes (13 mm Durchmesser): Im glatten vergoldeten bzw. silbernen Felde der mit der Krone bedeckte reußische Wappenschild. Auf dem linken Seitenarm: „Literis et", auf dem rechten: „Artibus".

R. des Mittelschildes: Im glatten vergoldeten bzw. silbernen Felde der gekrönte Namenszug des Stifters „H".

Größe: 35 mm.

Band: 25 mm breit, zinnoberrot mit schwarzen und anschließend goldgelben, je 2 mm breiten Seitenstreifen sowie schmalen roten Randstreifen.

1411. Medaille für Kunst und Wissenschaft in Gold (Silber vergoldet)

1412. Dieselbe in Silber
(verliehen 1909—1918)

Gestiftet von Fürst Heinrich XIV. am 28. Mai 1909 als dritte Klasse des Verdienstordens für Kunst und Wissenschaft (Nr. 1409/1410). Die Medaille für Kunst und Wissenschaft wurde durch Verordnung vom 16. Dezember 1912 (s. oben bei Nr. 1409/1410) auch auf das Fürstentum Reuß ä. L. ausgedehnt.

Die 23 mm großen, runden Mittelstücke werden auf der Vorder- und Rückseite von einem 4 mm breiten, dichten erhabenen Lorbeerkranz umrahmt; oben eine gewöhnliche Drahtöse mit Ring.

V: Der verschlungene, gekrönte Namenszug des Stifters „H R" auf mattem Grunde.

R: „Litteris / et / Artibus" in Frakturschrift, oben und unten ein kleines sechsstrahliges Sternchen.

Größe: 31 mm; Gewicht: 20 g.

Band: Wie bei Nr. 1409/1410.

1413. Ehrenkreuz für die Feldzüge 1814, 1815 (Kanonenmetall) (verliehen 1815)

Im Jahre 1815 gemeinschaftlich gestiftet von den damals regierenden Fürsten Heinrich XIII. von Reuß-Greiz (1800—1817), Heinrich XLII. von Reuß-Schleiz (1784—1818), Heinrich LIV. von Reuß-Lobenstein (1801—1824) und Heinrich LI. von Reuß-Ebersdorf (1779—1822) für sämtliche Landeskinder, welche im reußischen Militärdienst am Kriege gegen Frankreich in den Jahren 1814 und 1815 teilgenommen hatten. Die damaligen Fürstentümer Reuß hatten ein Infanteriebataillon in der Stärke von 900 Mann im Felde stehen.

Das Kreuz hat gerade, nach außen zu breiter werdende Arme, deren vertiefte Stellen mit einer dunklen Lackschicht überzogen sind. Die erhöhten Teile (Inschriften usw.) erscheinen dadurch hell in Bronze. Eine halbrunde, angeprägte Öse, welche von oben nach unten durchlocht ist, trägt den länglichen, an seinen Rändern gerillten Ring für das Band. Dieses war den Kriegsteilnehmern bereits am 14. August 1814 bei einer großen Parade in Frankfurt a. Main in Gegenwart des regierenden Fürsten Heinrich XIII. von Reuß-Greiz überreicht worden.

V: In der Mitte in einem Lorbeerkranz der gemeinschaftliche Namenszug der Stifter H R (Heinrich Reuß) und auf den vier Armen die nähere Namensbezeichnung der Fürsten durch die Zahlen „XIII (oben) — XLII. (links) — LIV. (unten) — LI. (rechts).

R: In der Mitte in einem Lorbeerkranze „1814".

Größe: 32 mm.

Band: 33 mm breit, schwarz mit zitronengelben Seitenstreifen (6 mm breit) und anschließend dunkelrosa Randstreifen (3,5 mm). Die Offiziere hatten auf dem Bande noch eine kleine Schleife in dessen Farben aufgenäht.

1414. Erinnerungskreuz für Eckernförde, Eisen (verliehen 1849)
Abbildung am Schluß des Bandes.

Gemeinschaftlich gestiftet von den Fürsten Heinrich XX. älterer Linie und Heinrich LXII. jüngerer Linie im Jahr 1849 für die Offiziere und Mannschaften des Bataillons Reuß, die am 5. April 1849 an dem Gefecht bei Eckernförde in Schleswig teilgenommen hatten.

Die schwarz lackierten, nach außen breiter werdenden Arme sind mit einer erhöhten Linie eingefaßt und in den Winkeln mit kurzen Strahlenbündeln verbunden. Die kleine von oben nach unten gelochte Öse trägt einen langgestreckten Ring. [Vgl. Nr. 1784 f.]

V: Im oberen Arme des Kreuzes der gemeinschaftliche Namenszug der Stifter „H F R" (Heinrich Fürsten Reuß) in lateinischer Schreibschrift, in der Mitte: „ECKERNFOERDE", unten ein schrägstehender Anker.

R: Der Namenszug wie auf der Vorderseite, in der Mitte „D. 5. APRIL 1849", im unteren Arm ein kleiner Lorbeerkranz.

Größe: 36 mm.

Band: 40 mm breit, goldgelb mit zwei schwarzen, je 10 mm breiten Seitenstreifen und anschließend daran ponceauroten Rändern von je 1 mm Breite.

1415. Kreuz für 25 Dienstjahre der Offiziere (Gold)
1416. Dasselbe für 25 Dienstjahre der Unteroffiziere (Silber)
1. Form (verliehen 1847—1857)

Gestiftet von den Fürsten Heinrich XX. Reuß (älterer Linie) = Greiz (reg. 1836—1859), Heinrich LXXII. von Reuß-Lobenstein-Ebersdorf (reg. 1822—1848) und Heinrich LXII. von Reuß-Schleiz (reg. 1818—1854) am 20. April 1847 „zu Belohnung und ehrenvollem Anerkenntnisse treu geleisteter Dienste" bei dem gemeinschaftlichen Infanterie-Bataillon.

Die Dienstauszeichnungskreuze für Offiziere und Unteroffiziere sind in Größe und Form gleich. Sie haben geschweifte und auch an den äußeren Abschnitten eingebogene, glatte Arme mit erhöhter Linieneinfassung sowie eine kantige flache Öse mit Ring. Bei den goldenen Kreuzen für die Offiziere (Nr. 1415) sind die aufgelöteten Mittelschildchen (15 mm Durchmesser) der Vorder- und Rückseite weiß emailliert und von einem grün emaillierten schmalen Lorbeerkranze umgeben; die Inschriften sind in Goldfarbe gemalt. Bei den Kreuzen für Unteroffiziere (Nr. 1416) sind die Mittelschildchen in Silber geprägt. Diese zeigen auf der

V: Den doppelten verschlungenen Namenszug „FR".

R: Die vierzeilige Inschrift: Für 25. / jährige / treue / Dienste" stets von einem silbernen, schmalen Lorbeerkranze eingeschlossen.

Beide Kreuze sind hohl gearbeitet.

Größe: 30 mm; Gewicht in Gold: 13 g, in Silber: 12 g.

Band: 28 mm breit, karmoisinrot.

1417. Kreuz für 25 Dienstjahre der Offiziere, Gold mit Schwertern
1418. Dasselbe für 25 Dienstjahre der Unteroffiziere, Silber mit Schwertern (verliehen 1858—1867)

Auf Grund der Verfügungen der Fürsten Heinrich LXVII. von Reuß j.L. (reg. 1854—1867) und Heinrich XX. von Reuß ä. L., (reg. 1836—1859) vom 1. Januar 1858 bzw. 15. September 1858 wurden den Kreuzen Nr. 1415/1416 zwei durch das Mittelschild gekreuzte goldene bzw. silberne Schwerter hinzugefügt Die ursprünglichen beiden Kreuze wurden „Zivilehrenkreuzel I. und II. Klasse" (siehe Nr. 1421 a, b und 1433 a, c).

Die Kreuze sind den bisherigen mit folgenden Abweichungen gleich: Der Namenszug ist jetzt nicht mehr doppelt und gespiegelt, außerdem jetzt vom Fürstenhut überhöht. Hinter der „25" auf der Rückseite kein Punkt.

1419. Dienstauszeichnung I. Klasse für 15 Dienstjahre der Unteroffiziere, Kreuz aus Tombak (verliehen 1917—1918)

Gestiftet im Jahre 1917 vom Fürsten Heinrich XXVII. j. L., Regenten von Reuß ä. L., zusammen mit den Medaillen Nr. 1420/21 für die Unteroffiziere des II. Bataillons des 7. Thüringischen Infanterie-Regts. Nr. 96 und dessen

Ersatz- bzw. Reserveformationen, soweit reußische Landeskinder in Betracht kamen. Die bis dahin in Reuß ä. Linie (Nr. 1427—1429) und in Reuß j. L. (Nr. 1440—1442) ausgegebenen Dienstauszeichnungen (Schnallen) für 21, 15 und 9 Dienstjahre wurden durch diese veränderten Auszeichnungen ersetzt.

Das Kreuz für 15 Jahre hat gerade, nach außen zu breiter werdende Arme, die von einer dreifachen Linie eingefaßt sind, sowie gewöhnliche Öse mit erhöhtem Ring.

V des Mittelschildchens (13 mm): Der gekrönte Buchstabe „ℌ" in deutscher Schrift.

R des Mittelschildchens: Die Zahl „XV".

Größe: 36 mm.

1420. Dienstauszeichnung II. Klasse für 12 Dienstjahre, Medaille aus Tombak

1421. Dienstauszeichnung III. Klasse für 9 Dienstjahre der Unteroffiziere, Medaille aus Argentan (verliehen 1917—1918)

Gleichzeitig mit Nr. 1419 gestiftet. Die Medaillen aus gelbem Tombak bzw. Argentan (Neusilber) haben ebenfalls gewöhnliche Ösen mit Ring.

V: In der Mitte der Buchstabe „H", überhöht von einer frei schwebenden Krone, Umschrift: „TREUE DIENSTE" (oben) „BEI DER FAHNE" (unten) in lateinischer Groteskschrift.

R: Die Zahlen „XII" bzw. „IX".

Größe: 30 mm.

Band für Nr. 1419—1421: 25 mm breit, lilarot.

b) Reuß älterer Linie

1421a. Verdienstkreuz I. Klasse, bis 1893 Zivilehrenkreuz I. Klasse (verliehen 1858—1918)

1421b. Verdienstkreuz II. Klasse, bis 1893 Zivilehrenkreuz II. Klasse (verliehen 1858—1918)

1421c. Verdienstkreuz III. Klasse, bis 1893 Zivilehrenkreuz III. Klasse (verliehen 1886—1918)

1421d. Verdienstkreuz IV. Klasse, 1886—1893 Zivilehrenkreuz III. Klasse, zweite Abteilung, 1893—1902 Verdienstkreuz III. Klasse, zweite Abteilung, 1902—1912 aufgehoben, als IV. Klasse von 1912 bis 1918 verliehen

Am 15. September 1858 stiftete Fürst Heinrich XX. Reuß ä. L. ein Zivilehrenkreuz in zwei Klassen für treue und verdiente Männer im dortigen Hof-, Staats- und Kommunaldienst, welche bei längerer Ausübung ihres Berufes nicht nur ihre Untertanen- und Diensttreue, sondern insbesondere auch ihre Anhänglichkeit an das Fürstliche Haus betätigt hatten. Auch Persönlichkeiten, „welche eine längere Reihe von Jahren im Kirchen-, Schul- oder Kommunaldienst gestanden" hatten, konnte „bei besonderer Auszeichnung ausnahmsweise das Ehrenkreuz verliehen werden". Ein bestimmtes Dienstalter war jedoch nicht vorgeschrieben. Dagegen sollte das Kreuz I. Klasse nur an Personen erteilt werden, die eine höhere Hofcharge innehatten.

Die ursprünglichen Zivilehrenkreuze I. und II. Klasse entsprachen in ihrer Größe und Form ganz den Kreuzen für 25 Dienstjahre der Offiziere und Unteroffiziere (Nr. 1415/1416). Sie haben also ebenfalls geschweifte und an den äußeren Abschnitten eingebogene, glatte Arme mit einer erhöhten Linieneinfassung. Das goldene Kreuz I. Klasse war zunächst hohl gearbeitet, dasjenige der II. Klasse jedoch in massivem Silber. Die bei beiden Klassen eigens aufgelöteten goldenen Mittelschildchen (15 mm Durchmesser) sind weiß emailliert und von einem grün emaillierten, dichten Eichenlaubkranz umgeben. Sie zeigen auf

V: die dreizeilige Inschrift (in Gold gemalt): „Für / treue / Dienste",
    auf der
R: in Gold gemalt den doppelten, verschlungenen Namenszug „FR",
    darunter „XX" (Fürst Reuß XX.).

Durch Verordnungen vom 29. Mai 1886 und 10. Februar 1890 erweiterte Fürst Heinrich XXII. das Zivilehrenkreuz um eine dritte Klasse, die wieder in zwei Abteilungen zur Verleihung gelangte. Das Zivilehrenkreuz III. Klasse gleicht in Form und Größe den seitherigen Zivilehrenkreuzen I. und II. Klasse, nur sind seine Arme aus gekörntem Silber, wie übrigens bald darauf auch die oberen beiden Klassen gekörnte Arme erhielten, wobei die I. Klasse dann auch nicht mehr hohl in Gold gearbeitet war, sondern aus massivem, vergoldetem Silber bestand. Die Kreuze aller Stufen bekamen ferner breit verlaufende Ösen mit gewöhnlichem Ring. Diejenigen der III. Klasse erster Abteilung hatten im Mittelschildchen auf der

V: innerhalb eines grün emaillierten Eichenkranzes auf poliertem silbernem Grunde die erhöhte, vergoldete Inschrift „Für / treue / Dienste", auf der
R: auf poliertem silbernen Grund den erhöhten, vergoldeten Namenszug „ħ" / „XXII" ebenfalls umgeben von einem grün emaillierten dichten Kranz aus Eichenlaub, der oben mit einer Krone belegt ist.

Bei der zweiten Abteilung der III. Klasse waren die erhöht geprägten Inschriften auf beiden Seiten des Mittelschildchens sowie der umgebende Eichenlaubkranz aus Silber, sonst glich alles der ersten Abteilung der III. Klasse. Seit 1893 führte das Zivilehrenkreuz den Namen „Verdienstkreuz", um es besser von dem „Fürstlichen Ehrenkreuz", dem Orden, zu unterscheiden. (Vgl. Nr. 1433 a—c.) Eine landesherrliche Verordnung vom 3. Oktober 1902 hob die zweite Abteilung der III. Klasse auf, aber am 16. Dezember 1912 wurde sie als IV. Klasse des Verdienstkreuzes in unveränderter Form wieder eingeführt.

Größe bei allen Stufen: 30 mm.

Band: 35 mm breit, ultramarinblau mit zwei je 10 mm breiten ponceauroten Randstreifen.

1422. Silberne Ehrenmedaille für Treue und Verdienst (verliehen 1867—1902) Abbildung am Schluß des Bandes.

1423. Dieselbe mit (aufgelöteten) Schwertern, 1. Form

1424. Dieselbe mit Schwertern am Ringe, 2. Form (verliehen 1871)

Gestiftet von Fürst Heinrich XXII. Reuß ä. L. (reg. 1859—1902) am 1. Juli 1867 im Anschluß an das am 15. September 1858 gestiftete Zivil-Ehrenkreuz,

„um auch denjenigen eine ehrende Auszeichnung zuteil werden lassen zu können, welchen, obschon sie einer solchen sich durch treue Anhänglichkeit an das Fürstliche Haus und durch anerkennenswertes Wirken im allgemeinen oder durch eine besonders verdienstliche Handlung hierzu würdig gezeigt" hatten, das Ehrenkreuz nicht verliehen werden konnte. Gemäß einer Verfügung vom 1. Oktober 1871 wurde die Medaille für Auszeichnung vor dem Feinde mit zwei zunächst durch den Namenszug auf der Vorderseite gekreuzten kleinen silbernen Schwertern versehen, welche in Handarbeit ausgeschnitten und aufgelötet waren. Bald darauf aber wurden diese Schwerter an der Öse auf der Vorderseite der Medaille in etwas besserer und ansehnlicherer Ausführung (15 mm lang) angebracht.

V: Innerhalb eines unten mit einer Doppelschleife gebundenen Eichenkranzes der verschlungene doppelte Namenszug „F R", darunter „XXII" unter einer gefütterten Krone.

R: Innerhalb eines unten mit einer Doppelschleife gebundenen Eichenkranzes in vier Zeilen „FÜR / TREUE / UND / VERDIENST".

Größe: 26 mm; Gewicht: ohne Schwerter 10 g, mit Schwertern (Nr. 1424) 11 g.

Band bei Nr. 1422: 35 mm breit, ultramarinblau mit zwei ponceauroten, je 10 mm breiten Randstreifen, bei Nr. 1423/1424: 37 mm breit, eingeteilt in drei ultramarinblaue und zwei ponceaurote gleiche Streifen, mit je 1,5 mm breiten ponceauroten Rändern.

1425. Medaille „Merito ac dignitati" in Gold (Silber vergoldet) (verliehen 1912—1918)

1426. Medaille „Merito ac dignitati" in Silber (verliehen 1872—1918)

Gestiftet zunächst im Anschluß an das „Zivilehrenkreuz" (Nr. 1421 a—d) nur in Silber von Fürst Heinrich XXII. am 25. September 1872 „zur Belohnung hervorragender Verdienste". Am 16. Dezember 1912 wurde dazu durch den Erbprinzen Heinrich XXVII. von Reuß j. L. als Regenten des Fürstentums Reuß ä. L. noch die Medaille „Merito ac dignitati" in Gold (Silber vergoldet) gestiftet. Beide Medaillen haben eine gewöhnliche Öse mit Ring.

V: Innerhalb eines unten mit einer Doppelschleife gebundenen Eichenlaubkranzes der verschlungene doppelte Namenszug des fürstlichen Hauses „F R", darunter (klein) „XXII", darüber eine schwebende ungefütterte Krone (ganz ähnlich wie Nr. 1422 ff.).

R: Innerhalb eines unten mit einer Doppelschleife gebundenen Eichenlaubkranzes die dreizeilige Inschrift: „MERITO / AC / DIGNITATI".

Größe: 29 mm; Gewicht: 14 g.

Band: 40 mm breit, ultramarinblau mit amaranthroten, je 2,5 mm breiten Rändern.

1426a. Silberne Medaille „Merito ac dignitati" am Bande für Lebensrettung

Die silberne Medaille „Merito ac dignitati" konnte an einem besonderen Bande als Medaille für Rettung von Menschenleben verliehen werden.

Band: 35 mm breit, goldgelb, zinnoberrot, schwarz, gleichbreit gestreift.

1427. Dienstauszeichnung I. Klasse, vergoldete Schnalle

1428. Dieselbe II. Klasse, silberne Schnalle

1429. Dieselbe III. Klasse, eiserne Schnalle mit silberner Umrahmung für Unteroffiziere (verliehen 1868—1917)

Gestiftet von Fürst Heinrich XXII. beim Abschluß der Militärkonvention mit Preußen im Jahre 1868 für die Unteroffiziere des II. Bataillons des 7. Thüringischen Infanterie-Regiments Nr. 96, soweit dieselben reußische Staatsangehörige waren, ebenso für die fürstlich reußische (ä. L.). Gendarmerie nach 21, 15 oder 9 Dienstjahren.

Die vergoldeten, silbernen oder eisernen Schnallen tragen in der Mitte auf fein gekörntem Grunde den gekrönten Namenszug „ℌ . XXII." und sind von einer erhöhten Linie umgeben. Auf der Rückseite befindet sich ein angelöteter Metallstreifen mit Anstecknadel, über den das Band gestreift wird. Die Schnallen III. Klasse sind schwarz lackiert und haben eine aufgelötete silberne Einfassung von 1 mm Breite.

Größe: 41 mm lang, 10 mm hoch.

Bänder: 37 mm breit, karmoisinrot, mit 2,5 mm breiten Randstreifen, diese bei der I. Klasse goldgelb, bei der II. Klasse weiß, bei der III. Klasse schwarz.

1430. Feuerwehr-Ehrenzeichen, silberne Schnalle (verliehen 1905—1918)

Gestiftet im Namen des Fürsten Heinrich XXIV. von Fürst Heinrich XIV. Reuß j. L. (1867—1910) als Regenten des Fürstentums Reuß ä. L. am 31. Juli 1905 für die Mitglieder der freiwilligen (ausnahmsweise auch der Pflicht-) Feuerwehren, welche sich durch mindestens fünfundzwanzigjährige treue und ununterbrochene Dienstzeit oder aber durch hervorragende Leistungen auf der Brandstätte besonders verdient gemacht hatten.

Die durchbrochenen in Silber gearbeiteten, rechteckigen Platten zeigen innerhalb einer schmalen erhöhten Linienumrahmung links und rechts Feuerwehrhelme mit Beil und Seil auf Eichenzweigen ruhend. In der Mitte aber ist der vergoldete, spitz zulaufende und gekrönte Wappenschild des Fürstenhauses Reuß aufgelötet. Die Platten haben rückseitig einen angelöteten Blechstreifen mit Anstecknadel, über den das Band gestreift ist.

Größe einschließlich der Krone des Wappens: 28 mm hoch, 42 mm breit.

Band: 40 mm breit, schwarz, zinnoberrot, goldgelb gleichbreit gestreift mit gelber Kante (links) und schwarzer Kante (rechts) von je 1,5 mm Breite.

1431. Ehrenzeichen für Angestellte in Privatdiensten, Arbeiter und Dienstboten, bronzene Medaille (verliehen 1900—1918)

Gestiftet von Fürst Heinrich XXII. am 28. März 1900 für Personen „welche nach zurückgelegtem 20. Lebensjahre 30 Jahre ununterbrochen in einem und demselben Arbeits- oder Dienstverhältnisse gestanden haben". Die Medaillen in dunklem Bronzeton haben gewöhnliche Drahtösen mit Ring.

V: Innerhalb eines unten mit einer Doppelschleife gebundenen Kranzes aus zwei Eichenzweigen: „FÜR / TREUE / DIENSTLEISTUNG", wobei das letzte Wort im Halbkreis unter den beiden ersten Zeilen angebracht ist.

R: Der doppelte und verschlungene Namenszug „FR / XXII" überhöht von der schwebenden Fürstenkrone und eingeschlossen von einem mit einer Doppelschleife aus zwei Eichenzweigen gebundenen Kranze, wie Nr. 1425 ff.

Größe: 30 mm.

Band: 33 mm breit, ohne Wässerung, für Männer: zitronengelb, zinnoberrot und schwarz, gleichbreit gestreift. Weibliche Personen tragen die Medaillen an einem schmalen schwarzen Samtbande um den Hals.

c) Reuß-Lobenstein-Ebersdorf
seit 1848 mit Reuß-Schleiz vereinigt

1432. Silberne und

1433. Bronzene Verdienstmedaille (verliehen 1843—1848)

Gestiftet von Fürst Heinrich LXXII. von Reuß-Lobenstein-Ebersdorf im Jahre 1843 „für Verdienste aller Art". Die Medaillen haben eine von oben nach unten gelochte Öse mit länglichem Ring.

V: Der doppelte verschlungene und gekrönte Namenszug des Stifters „FR", darunter „LXXII".

R: Innerhalb eines unten gebundenen Kranzes aus Eichenlaub (zweizeilig): „Dem / Verdienſt" in Frakturschrift.

Größe: 32 mm; Gewicht: in Silber etwa 14 g.

Band: 37 mm breit, dunkelrosa.

d) Reuß jüngerer Linie

1433a. Goldenes Verdienstkreuz, von 1858—1872 „Civil-Ehrenkreuz I. Klasse", 1872—1893 Goldenes Ehrenkreuz

1433b. Dasselbe, silbervergoldet

1433c. Silbernes Verdienstkreuz, von 1858—1872 „Civil-Ehrenkreuz II. Klasse", 1872—1893 Silbernes Ehrenkreuz (verliehen 1858—1918)

Gestiftet von Fürst Heinrich LXVII. j. L. als „goldenes bzw. silbernes Civil-Ehrenkreuz" d. d. Schleiz den 20. Oktober 1857, mit Satzungen vom 1. Januar 1858, um denjenigen Beamten und Dienern, „die eine längere Reihe von Jahren hindurch in Unserem Hof-, Staats- oder Cameraldienst ihre Anhänglichkeit an Unser fürstliches Haus und ihre Diensttreue bewährt haben, auch ein äußeres Zeichen ehrender Anerkennung verleihen zu können". In der Regel wurde für die Verleihung eine 25jährige Dienstzeit vorausgesetzt, „ohne daß übrigens der Ablauf dieser Dienstzeit an und für sich einen Anspruch auf diese Auszeichnung" gegeben hat. Die erste Klasse konnte nur an Personen verliehen werden, die eine obere Hofcharge bekleideten.

Das Zivil-Ehrenkreuz (seit 9. Mai 1893 zur Unterscheidung vom Fürstlichen Ehrenkreuz, dem eigentlichen Orden, „goldenes" bzw. „silbernes Verdienstkreuz" genannt), hat geschweifte, an den äußeren Abschnitten eingebogene Arme und gleicht ganz demjenigen von Reuß ä.L. (siehe Nr. 1421a—d). Zunächst wurde es mit glatten, von einer erhöhten Linie eingefaßten Armen und hohl gearbeitet ausgegeben. In einer kleinen, von oben nach unten gelochten Öse hängt ein länglicher

Tragring. Späterhin wurden die Kreuzarme fein gekörnt und die silbernen Ehrenzeichen sind aus massivem Metall geprägt. Die Öse bekam eine breite, von links nach rechts gelochte Form mit gewöhnlichem Ringe. In den letzten Verleihungsjahren waren auch die goldenen Verdienstkreuze nur mehr aus vergoldetem massivem Silber. Beide Klassen haben eigens aufgelötete, weiß emaillierte, von einem grün emaillierten Eichenlaubkranz umgebene Mittelschildchen (15 mm Durchmesser). Darauf befindet sich, in goldenen Buchstaben gemalt, auf der

V: die dreizeilige Inschrift „Für / treue / Dienste", darunter eine kleine Arabeske, auf der

R: der verschlungene Namenszug der fürstlichen Familie „F R" (Fürst Reuß) unter der Fürstenkrone.

Größe: 30 mm.

Band: 30 mm breit, „amaranthrot", d. h. lilarot.

1434. Silberne (Zivil-) Verdienst-Medaille („Für treue Dienste") (verliehen 1859—1918)

1435. Silberne Verdienst-Medaille („Für treue Dienste") mit der Krone (verliehen 1909—1918) Abbildung am Schluß des Bandes.

Die silberne Medaille wurde gestiftet von Fürst Heinrich LXVII. Reuß j. L. (reg. 1854—1867) am 20. Oktober 1859 als Civil-Verdienstmedaille im Anschluß an das Civil-Ehrenkreuz (Nr. 1433 a—c), um weitere Mittel zu schaffen zur Belohnung von Beamten und Dienern, „die eine längere Reihe von Jahren hindurch im Hof-, Staats- oder Cameraldienst dem Fürstlichen Hause ihre Anhänglichkeit und Treue bewahrt" hatten. Wie beim Zivil-Ehrenkreuze (Verdienstkreuz), war auch hier der Ablauf einer 25jährigen Dienstzeit in der Regel Voraussetzung zur Verleihung. Seit 1893 hieß dieses silberne Ehrenzeichen „silberne Verdienst-Medaille". Unterm 28. Mai 1909 stiftete Fürst Heinrich XIV. hierzu als höhere Auszeichnung die „silberne Verdienst-Medaille mit der Krone".

Die Medaille ohne Krone hat eine gewöhnliche Öse mit Ring. Die silberne, gefütterte Fürstenkrone (12 mm hoch) sitzt unmittelbar auf dem oberen Medaillenrande.

V. bei Nr. 1434 und 1435 Inschrift in drei Zeilen: „FÜR / TREUE / DIENSTE".

R. bei Nr. 1434: Der verschlungene Namenszug des fürstlichen Hauses „F R" (Fürst Reuß) in lateinischer Schreibschrift unter dem freischwebenden Fürstenhut.

R. bei Nr. 1435: Die gleiche Darstellung, aber etwas größer gehalten und ohne den Fürstenhut.

Größe: ohne Krone 27 mm; Gewicht: ohne Krone 9 g, mit der Krone 10,5 g.

Band: 30 mm breit, „amaranthrot" (lilarot).

1436. Die dem (Fürstlichen) Ehrenkreuz affiliierte goldene Verdienstmedaille, Silber vergoldet (verliehen 1897—1902)

1437. Die dem (Fürstlichen) Ehrenkreuz affiliierte silberne Verdienstmedaille (verliehen 1869—1902) Abbildung am Schluß des Bandes.

Gestiftet von Fürst Heinrich XIV. Reuß j. L. am 24. Mai 1869 als „Verdienstmedaille". Die silberne Medaille diente wie das gleichzeitig gestiftete

„Fürstliche Ehrenkreuz" als dessen fünfte Stufe zur Belohnung treuer Dienste und als Anerkennung ausgezeichneter Leistungen und konnte sowohl an Reußische Staatsangehörige der unteren Rangstufen, als auch an Angehörige anderer Staaten verliehen werden. Am 18. August 1897 stiftete Fürst Heinrich XIV. hierzu noch die „goldene" (silbervergoldete) Verdienstmedaille (Nr. 1436). Seitdem ist auch die oben angegebene Bezeichnung „die dem (Fürstlichen) Ehrenkreuz affiliierte Verdienstmedaille" die amtliche.

Beide Ehrenzeichen haben eine gewöhnliche Öse mit Ring und sind auf der Vorder- und Rückseite am Rande mit einer schmalen Perlenschnur eingefaßt.

V: Innerhalb eines, unten mit einer Doppelschleife gebundenen Lorbeerkranzes die zweizeilige Inschrift: „Für / Verdienst", darunter eine kurze, waagerechte Zierleiste.

R: Der verzierte Buchstabe „H" in deutscher Schrift, überhöht von dem freischwebenden Fürstenhut.

Größe: 33 mm; Gewicht: 14 g.

Band: 30 mm breit, „amaranthrot" (lilarot).

Nach Abänderung ihrer Rückseite wurde die Medaille vom 3. Oktober 1902 an auch auf das Fürstentum Reuß ä. L. ausgedehnt (vgl. Nr. 1401—1406).

1438. Lebensrettungsmedaille, Silber (verliehen 1896—1918)

Abbildung am Schluß des Bandes.

Gestiftet von Fürst Heinrich XIV. (1867—1913) am 11. April 1896 für Rettung von Menschen aus Lebensgefahr. Die Stempel zu diesem Ehrenzeichen stammen vom Münzgraveur Hermann Weckwerth in Berlin.

Die silberne Medaille hat eine abgerundete Öse mit Ring.

V: Der nach links gewendete Kopf des Stifters: Umschrift zwischen zwei Kreislinien: „HEINRICH XIV J. L. REG. FÜRST REUSS", unten noch drei kleine sechsstrahlige Sternchen, davon der mittlere etwas größer.

R: Innerhalb eines dichten, unten mit einer großen Schleife zusammengebundenen Eichenlaubkranzes die dreizeilige Inschrift: „FÜR / LEBENS- / RETTUNG", darunter eine waagerechte Zierleiste.

Größe: 35 mm; Gewicht: 21 g.

Band: 35 mm breit, orangegelb.

1439. Erinnerungszeichen zum silbernen Ehejubiläum 1909 für fürstliche Gäste

1439a. Dasselbe am Bande für die sonstigen Festteilnehmer, Silber (verliehen 1909)

Gestiftet von Erbprinz Heinrich XXVII. j. L., mit der Vertretung in der Regierung dieses Fürstentums beauftragt und Regent des Fürstentums Reuß ä. L., am 11. November 1909, dem fünfundzwanzigsten Jahrestage seiner Vermählung mit Elise, Prinzessin zu Hohenlohe-Langenburg. Das Erinnerungszeichen erhielten alle an den Feierlichkeiten offiziell beteiligten Personen, und zwar die fürstlichen Gäste mit einer Nadel zum Anstecken auf der unteren linken Brustseite, die übrigen Festteilnehmer jedoch mit Öse und Ring. Damen erhielten letzteres mit einer rot emaillierten Ausfüllung der Krone; war das Abzeichen aber nicht am Bande, sondern s t e t s und nur als Brosche zu tragen, war die Krone nicht emailliert. Das Abzeichen durfte aber auch mit der emaillierten Krone als Brosche angelegt werden.

Das durchbrochen gearbeitete silberne Erinnerungszeichen besteht aus einem ovalen, 5 mm breiten dichten Myrtenkranze, der die verschlungenen Initialen „H E" umschließt und der eine angeprägte, 13 mm hohe Fürstenkrone trägt. Ein diesen ovalen Kranz umschlingendes Band trägt links (vertieft) die Jahreszahl „1884", unten das Datum „11. 11" und rechts „1909".

Größe: 48 mm hoch; Gewicht: 13 g.

Band: 25 mm breit, weiß mit zwei zinnoberroten, je 2,5 mm breiten Randstreifen.

1440. Dienstauszeichnung I. Klasse, vergoldete Schnalle

1441. Dieselbe II. Klasse, silberne Schnalle

1442. Dieselbe III. Klasse, Eiserne Schnalle mit silbernem Rande für Unteroffiziere usw. (verliehen 1868—1917)

Gestiftet von Fürst Heinrich XIV. beim Abschluß der Militärkonvention mit Preußen im Jahre 1868 für die Unteroffiziere des II. Bataillons des 7. Thüringischen Infanterie-Regiments Nr. 96, soweit dieselben reußische (j. L.) Staatsangehörige waren, ebenso für die Landesgendarmerie nach 21, 15 und 9 Dienstjahren.

Die rechteckigen Platten aus vergoldeter Bronze, Silber bzw. aus schwarz lackiertem Eisen, letztere mit silberner Umrahmung, tragen auf fein gekörntem Grunde die Aufschrift: „H XIV." unter dem schwebenden Fürstenhut. Außerdem haben Nr. 1440 und 1441 eine schmale erhöhte Linieneinfassung. Rückseitig ist ein Metallstreifen mit einer Nadel angelötet, durch den das Band gezogen wird.

Größe: 14 mm hoch, 41 mm lang.

Bänder: 37 mm breit, karmoisinrot, bei Nr. 1440 (21 Dienstjahre) mit goldgelben Randstreifen, bei Nr. 1441 (15 Dienstjahre) mit weißen Randstreifen, bei Nr. 1442 (9 Dienstjahre) mit schwarzen Randstreifen, letztere stets 3 mm breit.

1443. Feuerwehr-Ehrenzeichen, vergoldete Schnalle (verliehen 1892—1918)

Gestiftet von Fürst Heinrich XIV. im Jahre 1892 für die Mitglieder der im Fürstentum bestehenden freiwilligen Feuerwehren, welche sich durch 25jährige, treue und nützliche Dienste oder durch besonders hervorragende Leistungen auf der Brandstätte ausgezeichnet hatten. Das Ehrenzeichen wurde von G. A. Scharffenberg, Goldarbeiter für die Kgl. Ordenskanzlei in Dresden angefertigt.

Das silbervergoldete, rechteckige, durchbrochen gearbeitete Feuerwehr-Ehrenzeichen trägt in der Mitte aufgelötet den silbernen, gekrönten, von zwei Löwen gehaltenen reußischen Wappenschild, unter demselben Feuerwehrembleme, rechts einen Eichen-, links einen Lorbeerzweig, das Ganze innerhalb einer erhöhten Linienumrahmung.

Größe: 43 mm breit, 28 mm hoch.

Band: 40 mm breit, schwarz, zinnoberrot und goldgelb gleichbreit gestreift, mit einer goldgelben Kante (links) und einer schwarzen Kante (rechts), beide je 1 mm breit.

1444. Ehrenzeichen für Arbeiter und Dienstboten, silberne Medaille (verliehen 1896—1918)

Gestiftet von Fürst Heinrich XIV. am 11. April 1896 für männliche Personen, „die 30 Jahre ununterbrochen in einem und demselben Arbeits- beziehentlich Dienstverhältnisse gestanden haben und unbescholten und loyal gesinnt sind." Die Stempel zu dieser Medaille sind vom Münzgraveur Hermann Weckwerth in Berlin geschnitten; sie hat eine kleine abgerundete Öse mit Ring.

V: Der nach links gewendete Kopf des Stifters. Umschrift: „HEINRICH XIV J. L. REG. FÜRST REUSS".

R: Eine sitzende Frauengestalt, vor der links ein auf eine Tafel hinweisender Engel steht, stützt ihren linken Arm auf einen mit dem Bienenkorb geschmückten Schild und bietet mit der Rechten einen Lorbeerkranz dar. — Umschrift zwischen zwei Kreislinien: „FÜR TREUE DIENSTLEISTUNG", seitlich je ein kleines Sternchen, unten längliche Arabesken.

Größe: 30 mm; Gewicht: 15 g.

Band: 35 mm breit, hellkornblumenblau; Frauen tragen das Ehrenzeichen an einem schwarzsamtenen Band um den Hals.

Sachsen

Kurfürstentum bis 1806, dann Königreich; seit 13. November 1918
Freistaat

Das Königreich Sachsen hatte folgende Orden: den Hausorden der Rautenkrone, gestiftet 20. 7. 1807, den Militär-St. Heinrichsorden, gestiftet 7. 10. 1736, den Verdienstorden, gestiftet 7. 6. 1815, den Albrechtsorden, gestiftet 31. 12. 1850, außerdem zwei Damenorden: den Sidonienorden, gestiftet 14. 3. 1871, und den Maria Anna-Orden, gestiftet 15. 5. 1906. Die Ehrenzeichen sind:

1445. Goldene und

1446. Silberne Militär-Verdienstmedaille mit dem Bilde des Kurfürsten Friedrich August III. (verliehen 1796—1806)

Abbildung am Schluß des Bandes.

Gestiftet am 17. März 1796 von Kurfürst Friedrich August III. (reg. 1786 bis 1806 als Kurfürst, dann als König bis 1827) „zur Belohnung für Unteroffiziere und Soldaten, welche sich vor dem Feinde auszeichneten". Die Medaillen sind mit Stempeln des Medailleurs C. W. Hoeckner in Dresden (geb. 1749, gest. 1820) an der dortigen Münze geprägt worden. Sie haben eine liegendovale Öse mit breitem Sockel, welche von oben nach unten gelocht ist. Diese Militärverdienstmedaillen sind in den Koalitionskriegen gegen Frankreich verliehen worden und gelten als große numismatische Seltenheiten.

V: Das Brustbild des Stifters nach rechts gewendet mit Zopf; Umschrift: „FRIEDRICH AUGUST CHURFÜRST ZU SACHSEN"; unten am Rande (klein) „C. W. HOECKNER F".

R: Über einer Trophäe aus Fahnen, Standarten, letztere mit dem kurfürstlichen Wappen, Geschützrohren und eingeschlossen von einem

Lorbeerkranze die dreizeilige Inschrift „VERDIENST / UM DAS / VATERLAND".

Größe: 40 mm; Gewicht: in Gold 12 Dukaten (42 g), in Silber 30 g.

Band: 36 mm breit, hellblau mit zwei zitronengelben, je 3 mm breiten Seitenstreifen mit 1 mm Abstand von den Bandkanten.

1447. Goldene und

1448. Silberne Militär-Verdienstmedaille mit dem Bilde des Königs Friedrich August I. (verliehen 1806 bis zum Anfang der 1840er Jahre)

Nach Annahme des Königstitels im Jahre 1806 ließ Friedrich August I. die Militär-Verdienstmedaillen mit veränderter Vorderseite prägen.

V: Der nach rechts gewendete Kopf des Königs mit Umschrift „FRIEDRICH AUGUST KOENIG VON SACHSEN", unten am Rande (klein) „HOECKNER · F ·".

Rückseite, Größe, Gewicht und Band wie bei Nr. 1445/1446; jedoch sind die Wappen auf den Standarten geändert; sie zeigen den Rautenkranzschild unter der Königskrone.

1449. Goldene

1449a. Bronzevergoldete und

1450. Silberne Medaille des Militär-St. Heinrichs-Ordens, Stempel von Ulbricht

(verliehen in den Kriegen der Jahre 1848/49, 1864, 1870/71 und 1914/18) Abbildung am Schluß des Bandes.

König Anton (reg. 1827—1832) teilte die bisherigen Militär-Verdienstmedaillen beim Erlaß neuer Statuten zum Militär-St. Heinrichs-Orden am 23. Dezember 1829 diesem als V. Klasse zu.

Unter der Regierung des Königs Friedrich August II. (reg. 1836—1854) wurden die Medaillen dann mit neuen Stempeln von Friedrich Ulbricht geprägt. (Dieser war vom Beginn der 1820er Jahre bis Anfang der 1860er Jahre Stempelschneider an der Kgl. Münze in Dresden.) Im Gegensatz zu ihren beiden ersten Prägungen haben nunmehr die etwas kleiner gewordenen Medaillen des Militär-St.-Heinrichs-Ordens kugelförmige Ösen mit gewöhnlichem Ring.

V: Der nach rechts gewendete und größere Kopf des Stifters mit älteren Gesichtszügen und Zopf; Umschrift: „FRIEDRICH AUGUST KOENIG V. SACHSEN". Im Halsabschnitt „F. U." (Friedrich Ulbricht).

R: Wie bei Nr. 1447/48, wobei aber der Lorbeerkranz volleres Laub zeigt und die Schrift, ebenso auch die unten dargestellte Trophäe, schärfer, aber etwas kleiner gezeichnet sind. Auch besteht das sächsische Wappen auf den Standarten nicht mehr aus einem ovalen, sondern einem rechteckigen Schild.

Mit Ausnahme des Krieges 1866, wo eine besondere Prägung der Militär-St. Heinrichs-Medaillen in Wien erfolgte (siehe Nr. 1451/1452), gelangten diese in allen Feldzügen von 1849 bis 1918 in gleicher Prägung zur Verleihung. Beim Ausbruch des Weltkrieges wurden zunächst die noch brauchbaren alten Stempel von Peter Ulbricht verwendet, und als im Jahre 1916 eine Neuanfertigung von Stempeln nötig geworden war, erfolgte deren Herstellung so genau nach dem bisherigen Vorbilde, daß Unterschiede kaum wahrnehmbar sind. Auch die Bezeichnung „F. U." wurde auf dem Halsabschnitt des Kopfes wieder angebracht. Medaillen des Militär-St. Heinrichs-Ordens ohne dieses Zeichen und mit gewöhnlichen Drahtösen, welche sehr häufig vorkommen, sind daher stets private Nachbildungen. Bis Ende 1917 waren 97 goldene Exemplare im Weltkriege verliehen worden. Dazu kamen bis zum Kriegsende 1918 noch 53 Militär-St. Heinrichs-Medaillen aus vergoldeter Bronze sowie 8299 silberne Stücke. Über die Gesamtverleihungen der vorstehend beschriebenen Prägung in früheren Kriegen geben folgende Zahlen aus den Akten des Sächsischen Hauptstaatsarchivs zu Dresden Aufschluß: Krieg 1849 (Gefecht bei Düppel) 13 silberne Medaillen; Krieg 1870/71 77 goldene und 1108 silberne Medaillen.

Größe: 36 mm; Gewicht: in Gold 8 Dukaten (28 g), in Silber 22 g.

Band: Zunächst wie bei Nr. 1445 ff.; während des Weltkrieges kamen jedoch auch zitronengelbe Seitenstreifen bis zu 4 mm Breite vor.

1451. Goldene und
1452. Silberne Medaille des Militär-St. Heinrichs-Ordens, Stempel von Rothe-Wien (nur im Kriege 1866 verliehen)

Als unter der Regierung des Königs Johann (reg. 1854—1873) bei Ausbruch des Krieges 1866 die kgl. sächsischen Truppen das Land geräumt hatten, um an der Seite der Österreicher in Böhmen zu fechten, wurden in Wien vom dortigen Kammerjuwelier C. F. Rothe zu den Medaillen des Militär-St. Heinrichs-Ordens neue Stempel geschnitten.

Die damit geprägten Medaillen unterscheiden sich von Nr. 1449/1450, abgesehen von den etwas strenger dargestellten Zügen des Bildnisses des Königs Friedrich August I., durch den Namen „ROTHE" im Halsabschnitt (statt „F. U."). Auch sind die Buchstaben der Inschriften nicht so breit und die kugelförmigen Ösen größer als früher. Die Verleihung von Nr. 1451/1452 beschränkte sich auf den Krieg 1866, in dem 16 goldene und 261 silberne Stücke zur Ausgabe kamen.

Größe, Gewicht und Band wie bei Nr. 1449/1450.

1453. Goldene und
1454. Silberne Medaille des Civil-Verdienstordens, 1. Prägung, Stempel von Hoeckner (verliehen 1815 bis Mitte der 1820er Jahre)

Gleichzeitig gestiftet mit dem Civil-Verdienstorden als dessen IV. Klasse von König Friedrich August I. am 7. Juni 1815. Diese Medaillen sind nicht häufig verliehen worden und da sie bereits Mitte der 1820er Jahre mit veränderten neuen Stempeln geprägt wurden, auch sehr selten. Bis jetzt ist nur je ein goldenes und silbernes Exemplar (im Münzkabinett Dresden) bekannt geworden.

Die Medaillen des Civil-Verdienstordens haben kugelförmige kleine Ösen mit gewöhnlichem Ring.

V: Das nach rechts gewendete Brustbild des Stifters mit Zopf und Umschrift „FRIEDRICH AUGUST KOENIG V. SACHSEN"; unten am Rande „DEN 7. IUN. 1815"; im Halsabschnitt (klein) „HCK. F." (Hoeckner fecit).

R: Innerhalb eines schmalen Eichenlaubgewindes die vierzeilige Inschrift „FÜR / VERDIENST / UND / TREUE".

Größe: 35 mm; Gewicht: in Gold 8 Dukaten (28 g), in Silber 24 g.

Band: 36 mm breit, weiß mit zwei grasgrünen, je 4 mm breiten Seitenstreifen mit 2 mm Abstand von den Kanten.

1455. Goldene und

1456. Silberne Medaille des (Civil-) Verdienstordens, 2. Prägung, Stempel von F. Ulbricht (verliehen bis 1876)

Um die Mitte der 1820er Jahre schnitt der damals nach dem Tode Hoeckners als Graveur an der Dresdner Münze angestellt gewesene Friedrich Ulbricht neue Stempel zur Civil-Verdienstmedaille. In dieser ihrer 2. Prägung kamen die goldenen wie silbernen Medaillen bis zum 31. Januar 1876 unverändert zur Verleihung, und zwar während der Kriege 1866 und 1870/71 auch an Militärpersonen des Mannschaftsstandes für solche Verdienste vor dem Feinde, denen die Voraussetzung zur Verleihung der Medaille des Militär-St. Heinrichs-Ordens fehlte. 1866 wurden 2 silberne, 1870/71 aber 9 goldene und 69 silberne Medaillen des nunmehrigen (seit 24. September 1849) „Verdienstordens" ausgegeben.

Die Medaillen haben kleine kugelförmige Ösen mit Ring.

V: Der nach rechts gewendete, jetzt aber größer und älter dargestellte Kopf des Stifters mit gleichgebliebener Umschrift. (Bei letzterer sind jedoch die Buchstaben etwas höher und zeigen dickere Grundstriche.) Im Halsabschnitt „F. ULBRICHT".

R: In einem dicken, oben kreuzweise von einem Bande umschlungenen, unten aber mit großer Doppelschleife gebundenen Eichenlaubkranz die vierzeilige Inschrift „FÜR / VERDIENST / UND / TREUE". Auch die Buchstaben dieser Inschrift sind etwas größer und haben fettere Grundstriche als früher.

Größe und Gewicht wie bei Nr. 1453/1454.

Band: 36 mm breit, weiß mit zwei grasgrünen, je 7 mm breiten Seitenstreifen sowie 2,5 mm breiten weißen Rändern.

1457. Silbernes Verdienstkreuz des Verdienstordens

1458. Dasselbe mit Schwertern, 1. Form (verliehen 1876—1911)

Abbildung am Schluß des Bandes.

Gestiftet bei Neuaufstellung der Statuten für den Verdienstorden durch König Albert am 31. Januar 1876. Die goldenen Medaillen des Verdienstordens (Nr. 1455), welche dadurch fortfielen, konnten von ihren Inhabern gegen das silberne Verdienstkreuz (Nr. 1457) umgetauscht werden.

Dieses ist achtspitzig (Malteserform), hat fein gekörnte Arme, welche mit einer 2 mm breiten erhöhten und polierten Einfassung versehen sind, und eine gewöhnliche Öse nebst Ring. Für Auszeichnung vor dem Feinde wurden dazu noch zwei antike, durch die eigens aufgelöteten Mittelschildchen (Durchmesser 16 mm) gekreuzte Schwerter verliehen.

V: Im Mittelschilde auf poliertem Grund der gekrönte sächsische Wappenschild und zwischen zwei Kreislinien die Umschrift „FR. AUG. K. V. SACHSEN D. 7. JUNI 1815", unten ein Sternchen.

R: Im Mittelschilde, von einem schmalen Eichenlaubgewinde umgeben, in vier Zeilen „FÜR / VERDIENST / UND / TREUE", auf gekörntem Grund.

Größe: 36 mm; Gewicht: mit Schwertern 17 g, ohne Schwerter 14 g.

Band: Wie bei Nr. 1455/1456.

1459. Silbernes Verdienstkreuz des Verdienstordens

1460. Dasselbe mit Schwertern, 2. Form (verliehen 1911—1918)

Das Bestreben, durch Vereinfachung der Herstellung eine Verbilligung der kgl. sächsischen Orden zu erzielen, führte Anfangs 1911 dazu, die „Verdienstkreuze" aus einem Stück zu prägen. Die Mittelschildchen sind flacher geworden, bei 17 mm Durchmesser, während die Umschriften größere Buchstaben haben. Die gekreuzten Schwerter (bei Nr. 1460) sind auf der Rückseite glatt. Im übrigen stimmt die Ausführung mit Nr. 1457 und 1458 überein.

Größe: 35 mm; Gewicht: mit Schwertern 16 g, ohne Schwerter 13 g.

Band: Zunächst wie bei Nr. 1455 ff., zuletzt aber nur 30 mm breit, mit 5 mm breiten grasgrünen Seitenstreifen.

1461. Goldene und

1462. Silberne Verdienstmedaille des Albrechtsordens (verliehen 1861—1876)

Im Anschluß an den von König Friedrich August II. am 31. Dezember 1850 errichteten Albrechtsorden „als ein Mittel zu ausgedehnterer Belohnung" gestiftet von König Johann am 20. März 1861. Die goldene Medaille wurde seit der Stiftung des Albrechtskreuzes (Nr. 1463/1464), die silberne seit der Stiftung des Allgemeinen Ehrenzeichens (Nr. 1467) am 31. Januar 1876 nicht mehr verausgabt.

Die Stempel zu den Medaillen des Albrechtsordens schnitt ebenfalls Friedr. Ulbricht. Diese haben oben angelötet eine stilisierte blattartige Verzierung mit Lochung, in welcher der längliche, gerillte Ring eingehängt ist. Während der Kriege von 1866 und 1870/71 wurden auch die Medaillen des Albrechtsordens zur Belohnung von Verdiensten vor dem Feinde benützt, und zwar gelangten 1866 hiervon 8 goldene neben 34 silbernen Stücken, im Kriege 1870/71 jedoch 44 goldene, dazu noch 114 silberne Medaillen an Unteroffiziere und Soldaten zur Verleihung.

V: Das nach rechts gewendete Brustbild des Gründers der Albertinischen Linie, Albrechts des Beherzten (reg. 1464—1500), mit der Umschrift „ALBERTUS ANIMOSUS" zwischen ovalen Doppellinien; am Armabschnitt „F. U. FEC.".

R: Der Namenszug des Stifters „ℐ" in deutscher Schrift innerhalb reicher Arabeskenverzierungen. Am Rande entlang läuft eine feine Doppellinie und innerhalb derselben eine stilisierte Rautenkranzverzierung.

Größe: 37 mm hoch (ohne die Zieröse), 31 mm breit.

Gewicht: in Gold 8 Dukaten (28 g), in Silber 23 g.

Band: 36 mm breit, grasgrün mit zwei weißen, je 6 mm breiten Seitenstreifen mit 2,5 mm Abstand von den Kanten.

1463. Albrechtskreuz, Silber

1464. Dasselbe mit Schwertern, 1. Form (verliehen 1876—1911)

Abbildung am Schluß des Bandes.

Gestiftet bei Neuaufstellung der Statuten für den Albrechtsorden am
31. Januar 1876. Die goldene Medaille des Albrechtsordens (Nr. 1461), welche
fortfiel, konnte gegen das Albrechtskreuz umgetauscht werden. Für Verdienste
im Kriege wurde das Kreuz mit zwei silbernen antiken Schwertern verliehen,
welche durch das Mittelschildchen gekreuzt sind.

Die Arme des Kreuzes sind gegen die Außenseiten zu leicht geschweift und haben eine dreifache Linieneinfassung. Der untere Arm
ist länger als die übrigen drei. Auf dem oberen Arm ist eine stilisierte
Blattverzierung angelötet, welche in einer kugelförmigen Öse den gewöhnlichen Ring trägt. Die 17 mm großen Mittelschildchen der Vor-
der- und Rückseite sind eigens geprägt und aufgelötet; sie zeigen
auf der

V: das nach rechts gewendete Brustbild des Gründers der Albertinischen Linie, „Albrechts des Beherzten", mit der Umschrift „ALBER-
TUS ANIMOSUS", unten eine längliche Arabeskenverzierung,
dazwischen ein Sternchen, auf der

R: im Mittelschilde den gekrönten sächsischen Wappenschild, innerhalb eines Ringes, darauf oben und seitlich Arabesken- bzw. Blatt-
verzierungen, unten die Jahreszahl „1850" (Stiftungsjahr des
Albrechtsordens).

Größe: 41 mm hoch, 34 mm breit; Gewicht: ohne Schwerter 14 g, mit
Schwertern 17 g.

Band: 36 mm breit, grasgrün mit zwei weißen je 6 mm breiten Seitenstreifen, diese je 2,5 mm von den Bandkanten entfernt.

1465. Albrechtskreuz, Silber

1466. Dasselbe mit Schwertern, 2. Form (verliehen 1911—1918)

Auch beim Albrechtskreuz kam seit Ende 1911 die vereinfachte Herstellung durch dessen Prägung aus einem Stück (einschließlich der
Mittelschildchen) zur Ausführung. Die Kreuze zeigen nunmehr bei
sonst gleich gebliebener Ausführung die Mittelschildchen flacher geprägt, die Inschriften hierauf mit etwas größeren Buchstaben. Die
Schwerter (bei Nr. 1466) sind auf der Rückseite glatt.

Größe: 41 mm hoch, 34 mm breit; Gewicht: ohne Schwerter 13 g, mit
Schwertern 16 g.

Band: Zunächst wie bei Nr. 1463/1464, in der letzten Kriegszeit jedoch
nur 30 mm breit mit 5 mm breiten weißen Seitenstreifen, diese
2 mm von den Kanten entfernt.

**1467. Ehrenkreuz, früher „Allgemeines Ehrenzeichen" (verliehen
1876—1918)**

1468. Dasselbe mit Schwertern (verliehen 1901—1918)

1469. Dasselbe mit Krone (verliehen 1907—1918)

1470. Dasselbe mit Krone und Schwertern (verliehen 1907—1918) alle Bronze vergoldet Abbildung am Schluß des Bandes.

Gestiftet von König Albert (reg. 1873—1902) am 31. Januar 1876 „zur Belohnung und Anerkennung" für „rühmliche Handlungen" oder „außerordentliche verdienstliche Leistungen". Die silbernen Medaillen des Verdienstordens (Nr. 1456) und des Albrechtsordens (Nr. 1462) wurden durch dieses neue Ehrenzeichen ersetzt und konnten gegen dasselbe umgetauscht werden. Ein Nachtrag zu der Stiftungsurkunde für das Allgemeine Ehrenzeichen vom 31. Januar 1876 und zu dem Nachtrag vom 18. Januar 1901 bestimmte am 18. Oktober 1907, daß das „Allgemeine Ehrenzeichen" in Zukunft die Bezeichnung „Ehrenkreuz" erhalten solle.

Zur Erhöhung der Auszeichnung konnte dem Kreuz noch eine offene königliche Krone (17 mm hoch) beigefügt werden. Das Ehrenkreuz und das Ehrenkreuz mit Krone wurden für Auszeichnung im Kriege mit zwei durch das Mittelschild gekreuzten Schwertern verliehen. Die Ehrenkreuze haben nach außen bogig verbreiterte und dann wieder bogig zugespitzt abschließende gekörnte Arme mit erhöhter glatter Einfassung und, soweit ohne Krone verliehen, eine gewöhnliche Öse mit Ring. Die runden Mittelschildchen von 15 mm Durchmesser sind glatt mit schmaler Linienumrandung.

V: Der verschlungene Namenszug des Stifters „A R" unter der Königskrone.

R: Umgeben von einem Eichenlaubgewinde der königlich gekrönte sächsische Wappenschild.

Größe (ohne Krone): 40 mm.

Band: 34 mm breit, zusammengestellt aus vier dunkelgrünen je 5 mm und drei weißen je 4,7 mm breiten Streifen.

1471. Erinnerungskreuz für die Jahre 1870/71, Bronze vergoldet

Gestiftet von König Johann am 6. März 1871 für Männer, Frauen und Jungfrauen, „welche sich um die Krankenpflege besonders verdient gemacht oder durch andere hochherzige und aufopfernde Handlungen während des Krieges ausgezeichnet" hatten.

Die gekörnten, geschweiften Arme des Kreuzes aus vergoldeter Bronze sind links durch einen Lorbeer-, rechts durch einen Kranz von Eichenlaub in Goldbronze verbunden. Sie haben eine schmale erhöhte Linienumrandung und oben eine verzierte Öse mit Ring.

V: Im runden gekörnten Mittelschilde (12 mm Durchmesser), umgeben von einem hellblau emaillierten Band, auf welchem sich sechs goldene Sternchen zeigen, der gekrönte und verzierte Namenszug des Stifters „J".

R: Im Mittelschildchen auf gekörntem Grund „$\frac{1870}{1871}$".

Größe: 28 mm.

Band: 32 mm breit, weiß mit drei dunkelgrünen, je 4 mm breiten Streifen, welche unter sich und von den Kanten des Bandes stets 5 mm Abstand haben.

1472. Erinnerungskreuz (seit 1915 Ehrenkreuz) für freiwillige Krankenpflege im Kriege

1473. Dasselbe für freiwillige Krankenpflege im Frieden, aus vergoldeter Bronze (verliehen 1912—1916)

Gestiftet von König Friedrich August III. am 1. März 1912 im Anschluß an das Erinnerungskreuz für die Jahre 1870/71 „zur Anerkennung verdienstvoller Leistungen auf dem Gebiete freiwilliger Krankenpflege an Männer, Frauen und Jungfrauen" „im Krieg und Frieden". Eine Verordnung vom 11. Oktober 1915 bestimmte, daß das „Erinnerungskreuz" von da an die Bezeichnung „Ehrenkreuz für freiwillige Krankenpflege" erhalten solle.

Das Ehrenkreuz stimmt in Größe und Form ganz mit Nr. 1471 überein. Die Mittelschildchen der Vorder- und Rückseite (12 mm Durchmesser) sind eigens geprägt und aufgelötet.

V: Im runden Mittelschilde der verschlungene Namenszug des Stifters „F A R" unter der Königskrone auf gekörntem Grunde. Die 1,5 mm breite, mit sechs goldenen Sternen belegte Umrandung war bei Verleihungen im Kriege himmelblau, im Frieden jedoch rot emailliert.

R: Bei Verleihungen im Kriege im runden gekörnten Mittelschildchen aus Goldbronze die entsprechenden Jahreszahlen, $\frac{1914}{1915}$ bzw. $\frac{1916}{1914}$ bei Verleihungen im Frieden jedoch ein emailliertes rotes Kreuz im weißen Felde.

Größe: 28 mm.

Band: a) für Verdienste im Kriege: 35 mm breit, weiß mit drei grasgrünen, je 4 mm breiten Streifen mit je 5,5 mm Abstand untereinander und je 6 mm von den Bandkanten entfernt;

b) für Verdienste im Frieden: 35 mm breit, in der Mitte grasgrün und weiß quer gerippt (in 16 mm Breite), daneben weiße Seiten- und grasgrüne Randstreifen von je 5 mm Breite.

1474. Ehrenkreuz für freiwillige Wohlfahrtspflege im Kriege (verliehen 1916—1918) Abbildung am Schluß des Bandes.

Am 31. März 1916 wurde das Ehrenkreuz für freiwillige Krankenpflege in „Ehrenkreuz für freiwillige Wohlfahrtspflege" (im Kriege oder im Frieden) umbenannt. Bis zum Schlusse des Weltkrieges kamen nur Ehrenkreuze für entsprechende Verdienste im Kriege zur Verleihung.

Seine Form und Größe blieben zunächst ganz gleich wie bei Nr. 1472. Ungefähr seit Mitte 1916 wurde das Kreuz jedoch aus einem Stück geprägt, wobei dann die Mittelschildchen auf Vorder- wie Rückseite etwas flacher wurden, das Kreuz selbst aber geringere Metallstärke erhielt. Auf der Rückseite erscheinen in zwei Zeilen die Jahreszahlen „$\frac{1914}{1916}$" oder „$\frac{1914}{1917}$" bzw. „$\frac{1914}{1918}$". Sonst ist alles, ebenso Größe und Band wie bei Nr. 1472 geblieben.

1475. Goldene Kronprinzessin-Carola-Medaille
1476. Silberne Kronprinzessin-Carola-Medaille (verliehen 1871)

Mit Genehmigung des Königs Johann im Jahre 1871 von der damaligen Kronprinzessin Carola als Vorsteherin des am 14. September 1867 gegründeten Albert-Vereins für freiwillige Krankenpflegerinnen im Kriege verliehen für hervorragende Leistungen bei der Pflege Verwundeter und Erkrankter.

Die Medaillen haben gewöhnliche Ösen mit Ring. Es wurden nur 8 goldene Exemplare verliehen neben einer ebenfalls nicht großen Zahl von silbernen Medaillen.

V: Kopf nach links. Umschrift: „CAROLA KRONPRINZESSIN VON SACHSEN". Am Halsabschnitt „M. B." (Max Barduleck).

R: Genfer Kreuz; Umschrift im oberen Teil „EV. MATH. CAP. 25 V. 40. („Was Ihr getan habt Einem unter diesen meinen geringsten Brüdern, das habt Ihr mir getan".)

Größe: 20 mm; Gewicht: in Gold 7,5 g, in Silber 6 g.

Band: 36 mm breit, grasgrün mit zwei weißen, je 6 mm breiten Seitenstreifen mit 2,5 mm Abstand von den Kanten.

1477. Goldene

1478. Silberne und

1479. Bronzene Carola-Medaille, 1. Prägung (verliehen 1892—1915)

Gestiftet von König Albert am 17. September 1892 zur bevorstehenden 25jährigen Stiftungsfeier des unter dem Protektorat seiner Gemahlin, der Königin Carola stehenden „Albertvereins", welcher ursprünglich den Zweck verfolgte, freiwillige Krankenpflegerinnen für den Dienst im Kriege auszubilden, später sich aber auch die Ausbildung von Pflegerinnen für den Krankendienst im Frieden zur Aufgabe machte. Die Medaillen wurden vom König (ursprünglich) auf Vorschlag der Königin „zunächst für die um den Albertverein, sodann aber überhaupt auf dem Gebiete hilfreicher Nächstenliebe im Kriege oder Frieden erworbenen besonderen Verdienste ohne Unterschied an Männer, Frauen oder Jungfrauen, und zwar je nach dem Grade der Verdienste in Gold, Silber oder Bronze, verliehen".

Die Stempel schnitt der königliche Münzgraveur Max Barduleck in Dresden. Die Prägung erfolgte in der Kgl. Münze Dresden. Eine kleine runde Öse enthält den gewöhnlichen Ring.

V: Das nach rechts blickende Bildnis der Königin, auf dem Halsabschnitt „M. B." (Max Barduleck); Umschrift: „CAROLA KOENIGIN VON SACHSEN".

R: Umgeben von einem offenen, unten mit Doppelschleife gebundenen Rautenblattkranz die zehnzeilige Inschrift „GESTIFTET / ZUM 25JÄHRIGEN / BESTEHEN / DES / ALBERT-VEREINS / IN / SACHSEN / 1867—1892 / FÜR HILFREICHE / NÄCHSTENLIEBE".

Größe: 28 mm; Gewicht: in Gold 4 Dukaten (14 g), in Silber 12 g.

Band: 34 mm breit, goldgelb mit schwarzen und himmelblauen, je 3 mm breiten Seitenstreifen und 0,5 mm breiten goldgelben Kanten.

Anmerkung: Die bei der Stiftung von Nr. 1480 ff. noch vorhanden gewesenen Carola-Medaillen der 1. Prägung wurden weiterhin an Mitglieder des Albertvereins für Heimatverdienste verliehen. Es kommen auch Carola-Medaillen aller drei Klassen in normaler Größe (mit Henkel) und als Miniaturen von 16 mm Durchmesser vor, die nur die R.-Inschrift haben: „ALBERT- / VEREIN / IN / SACHSEN / 1867—1892". Es hat bisher noch nicht aufgeklärt werden können, welchen Zwecken diese Medaille gedient hat. Die öffentlich bekanntgemachten Formen sind nur Nr. 1477—1482b.

1480. Goldene Carola-Medaille

1480a. Dieselbe mit Bandspange „Weltkrieg 1914/16" für Männer

1480b. Dieselbe mit Eichenblattspange „Weltkrieg 1914/16" für Frauen

1481.· Silberne Carola-Medaille

1481a. Dieselbe mit Bandspange „Weltkrieg 1914/16" für Männer

1481b. Dieselbe mit Eichenblattspange „Weltkrieg 1914/16" für Frauen

1482. Bronzene Carola-Medaille

1482a. Dieselbe mit Bandspange „Weltkrieg 1914/16" für Männer

1482b. Dieselbe mit Eichenblattspange „Weltkrieg 1914/16" für Frauen
    2. Prägung (verliehen 1915—1918)   Abbildung am Schluß des Bandes.

Seit 26. Februar 1915 wurden die Carola-Medaillen bei gleichgebliebener Vorderseite und Größe mit veränderter Rückseite verliehen (Anmerkung zu Nr. 1477 ff.), und zwar von nun ab auch an Ärzte, Pfleger und Pflegerinnen, welche während des Krieges „ganz besondere Aufopferung bewiesen und in der Krankenpflege ihr Leben aufs Spiel gesetzt hatten".

Von der goldenen Carola-Medaille kamen in dieser Prägung nur 6 Exemplare zur Verleihung.

R: In einem oben offenen Kranze von zwei natürlichen Rautenzweigen, welche unten mit einer Doppelschleife gebunden sind, die fünfzeilige Inschrift „GESTIFTET / FÜR / HILFREICHE / NÄCHSTEN- / LIEBE".

Größe, Gewicht in Gold und Silber sowie Band wie Nr. 1477 ff.

Am 15. September 1915 wurden zu den Carola-Medaillen besondere Bandspangen für Kriegsverdienste von Männern und Frauen gestiftet. Diese Spangen bestehen für männliche Inhaber aus rechteckigen, an den vier Ecken abgerundeten Plättchen mit der erhöhten Inschrift „Weltkrieg 1914/16." auf gekörntem Grund und umgeben von einer mehrfach verschlungenen Linieneinfassung. (Höhe 8 mm, Länge 32 mm.) Weibliche Inhaber der Carola-Medaille erhielten dagegen auf das Band ein liegendes geprägtes Eichenblatt mit der Inschrift „Weltkrieg 1914/16.". Diese Bandspangen waren bei der goldenen und bronzenen Medaillen aus gelbem Tombakmetall, bei den silbernen Carola-Medaillen aus Neusilber und hatten auf ihrer Rückseite zwei Metallstiftchen zur Befestigung auf dem Bande.

1483. Kriegsverdienstkreuz, Bronze (verliehen 1915—1918)
Abbildung am Schluß des Bandes.

Gestiftet von König Friedrich August III. am 30. Oktober 1915 „zur Anerkennung besonderer vaterländischer Betätigung während des gegenwärtigen Krieges".

Das dunkel gebeizte Bronzekreuz in der Form des Albrechtsordens mit heller Umrandung und hellem 9 mm großen Mittelschild trägt zwischen den Armen einen Lorbeerkranz. Der untere Arm ist länger als die anderen. Auf dem oberen Arm sitzt eine Verzierung, in welcher der längliche Ring hängt.

V. des Mittelschildes: Das nach links gewendete Brustbild des Stifters in Uniform; Umschrift: „FRIEDRICH AUGUST KÖNIG V. SACHSEN". Im oberen Arm die Königskrone, im unteren Arm „1915".

411

R. des Mittelschildes: Der verschlungene Namenszug „F A" unter der Krone, quer über die mittleren Arme „WELT-" (links) „KRIEG" (rechts).

Größe: 41 mm hoch, ohne die Ösenverzierung, 35 mm breit.

Band: 35 mm breit, grasgrün mit zwei weißen Seitenstreifen (je 6 mm breit) und goldgelben, mit dünnen hellblauen Strichen eingefaßten Rändern.

1484. Silberne Friedrich August-Medaille am Friedensband (verliehen 1905—1918)

1484a. Dieselbe mit Bandspange „Weltkrieg 1914/16" für Männer (verliehen 1916—1918)

1484b. Dieselbe mit Eichenblattspange „Weltkrieg 1914/16" für Frauen (verliehen 1916—1918)

1484c. Silberne Friedrich August-Medaille am Band für Kriegsverdienste (verliehen 1905—1918)

1485. Bronzene Friedrich August-Medaille am Friedensband (verliehen 1905—1918)

1485a. Dieselbe mit Bandspange „Weltkrieg 1914/16" für Männer (verliehen 1916—1918)

1485b. Dieselbe mit Eichenblattspange „Weltkrieg 1914/16" für Frauen (verliehen 1916—1918) Abbildung am Schluß des Bandes.

1485c. Bronzene Friedrich August-Medaille am Band für Kriegsverdienste (verliehen 1905—1918)

1485d. Dieselbe aus verkupfertem Eisen (verliehen 1918) Abbildung am Schluß des Bandes.

Gestiftet von König Friedrich August III. (reg. 1904—1918) am 23. April 1905 „zur Anerkennung verdienstlicher Leistungen bei Mannschaften vom Feldwebel abwärts und diesen im Range gleichstehenden Zivilpersonen im Kriege und Frieden".

Diese Medaillen wurden im Kriege — bei sonst gleicher Ausführung — an einem besonderen Bande verliehen. Sie haben eine kleine kugelförmige Öse mit gewöhnlichem Ring. Frauen konnten seit 8. April 1910 ebenfalls die Friedrich August-Medaille erhalten. Vom 22. Mai 1916 an wurden die gleichen Bandspangen wie die schon seit Ende Februar 1915 zu den Carola-Medaillen gestifteten auch zum Friedensband der Friedrich August-Medaille verliehen, wenn die damit ausgezeichneten männlichen oder weiblichen Personen sich während des Weltkrieges in der Heimat „besondere vaterländische Verdienste erworben hatten". Diese Spangen in Form von waagerechten Eichenblättern für Frauen und rechteckigen, an den Ecken abgerundeten Plättchen für Männer, beide mit der Inschrift „Weltkrieg 1914/16", sind bei der silbernen Friedrich August-Medaille aus Neusilber, der bronzenen Medaille aus gelbem Tombakmetall geprägt, (Siehe Nr. 1480—1482.) Die Friedrich August-Medaillen haben folgende Prägung:

V: Der verschlungene Namenszug „F A R" unter der Königskrone, umgeben von einem unten mit einer Doppelschleife gebundenen Lorbeerkranz.

R: In zwei Zeilen „Friedrich August- / Medaille", darüber und darunter am Rand entlang ein aus dem Rautenkranz des sächsischen Wappens gebildetes Ornament von je 3 Blättern und 4 Perlspitzen.

Größe: 28 mm; Gewicht: in Silber 12 g.

Band: a) für Friedensverdienste 36 mm breit, goldgelb mit schwarzem 2 mm breitem Mittelstreifen und zwei ebensolchen Seitenstreifen von je 5 mm Breite mit 2 mm Abstand von den Bandkanten; Frauen tragen dieses Band zur Schleife geformt;

b) für Kriegsverdienste 36 mm breit, goldgelb mit zwei je 4,5 mm breiten hellblauen Seitenstreifen mit 4,5 mm Abstand von den Kanten.

1486. Goldene

1487. Silberne und

1488. Bronzene Medaille „für Lebensrettung"
mit den Bildnissen des Königs Anton und seines Mitregenten Friedrich August (verliehen 1831—1836)

Am 18. Mai 1831 gestiftet durch das „Mandat, die Rettungsprämien betreffend", von König Anton und seinem Neffen und Mitregenten Friedrich August, um „besonders verdienstliche Handlungen, wodurch jemand aus einer Lebensgefahr errettet worden, durch ein öffentliches Anerkenntnis zu belohnen und hierdurch den hohen Wert zu bezeichnen, der auf edle Handlungen zu legen ist". In weniger gefahrvollen Fällen von Lebensrettungen erfolgten nur Geldbelohnungen, sonst aber konnten je nach der Höhe der Gefahr, in welche sich der Retter begeben, und je nach der Größe seines Erfolges bronzene, silberne und goldene Ehrenmedaillen verliehen werden. Letztere kamen nur in ganz besonders seltenen Fällen zur Verleihung. Das Recht, die Medaillen für Lebensrettung am Bande tragen zu dürfen, mußte von Fall zu Fall besonders gewährt werden.

Die Medaillen haben dann eine kleine kugelförmige Öse mit gewöhnlichem Tragring. Die bronzenen Stücke sind dunkelbraun gebeizt.

V: Die hintereinandergestellten, nach rechts gewendeten und sehr flach geprägten Köpfe der Stifter mit der Umschrift „ANTON KOENIG UND FRIEDRICH AUGUST MITREGENT" (oben) „VON SACHSEN" (unten).

R: Innerhalb eines oben und unten kreuzweise mit Band umschlungenen Eichenlaubgewindes dreizeilig „FÜR / LEBENS- / RETTUNG".

Größe: 35 mm; Gewicht: in Gold 8 Dukaten (28 g), in Silber 21 g.

Band: 35 mm breit, weiß.

1489. Goldene und

1490. Silberne Medaille „für Lebensrettung" bei der Überschwemmung in Plauen 1834

Die unter Nr. 1486/1487 beschriebenen Medaillen für Rettung aus Lebensgefahr wurden für Hilfeleistung bei der Überschwemmung nach einem heftigen Wolkenbruch in Plauen i. V. mit der Aufschrift „PLAUEN DEN 22. JULI 1834" in 4 goldenen und mehreren silbernen

Exemplaren verliehen. Diese Aufschrift ist bogig unter dem Eichenlaubgewinde auf einer etwas erhöhten Umrandung der Rückseite angebracht.

Größe, Gewicht und Band wie bei Nr. 1486 und 1487.

1491. Goldene

1492 Silberne und

**1493. Bronzene Medaille „für Lebensrettung" mit dem Bild des Königs
Friedrich August II. (verliehen 1836—1854)**

Nach dem Regierungsantritt des Königs Friedrich August II. (reg. 1836—1854)
in nachstehender Prägung verausgabt, meistens aber ohne Öse und Ring. Das
Recht zum Tragen am Bande mußte besonders zuerkannt werden.

V: Der nach rechts gewendete Kopf des Königs mit der Umschrift
„FRIEDRICH AUGUST KOENIG VON SACHSEN". Unten am
Rande klein „KRÜGER F."

Rückseite, Größe, Gewicht und Band wie bei Nr. 1486 ff.

1494. Goldene

1495. Silberne und

**1496. Bronzene Medaille „für Lebensrettung" mit dem Bild des Königs
Johann (verliehen 1854—1873)**

Nach dem Regierungsantritt des Königs Johann in nachstehender
Prägung verausgabt, vielfach aber auch ohne Öse und Ring verliehen.

V: Der nach links gewendete Kopf des Königs mit der Umschrift
„IOHANN V. G. G. KOENIG VON SACHSEN", unten am Rande
klein „F. ULBRICHT FEC.".

Rückseite, Größe, Gewicht und Band wie bei Nr. 1486 ff.

**1497. Silberne Medaille für Rettung der im Steinbruch bei Schmilka
1862 Verunglückten**

Gestiftet von König Johann im Juli 1862 zur Erinnerung und Belohnung für
die an dem Rettungswerk hervorragend beteiligt gewesenen Personen.

V: Wie bei Nr. 1494.

R: Innerhalb eines von Band umwundenen Eichenlaubkranzes in acht
Zeilen „ZUR / ERINNERUNG / AN D. GELUNGENE / RETTUNGS-
WERK / IM STEINBRUCHE / BEI SCHMILKA / D. 25.—27. JAN. /
1862", unten am Rande klein „F. U." (Friedrich Ulbricht).

Größe, Gewicht und Band wie bei Nr. 1487.

1498. Goldene

1499. Silberne und

**1500. Bronzene Medaille „für Lebensrettung" mit dem Bild des Königs
Albert (verliehen 1873—1902)**

Nach dem Regierungsantritt dieses Königs (29. 10. 1873) in nachstehender Prägung verliehen:

V: Der nach rechts gewendete Kopf mit Umschrift „ALBERT KOENIG VON SACHSEN", unten am Rand klein „M. BARDULECK FEC." (Max Barduleck, geb. 15. 11. 1846 zu Dresden, war an der dortigen Münze seit 1865 als Graveur tätig.)

Rückseite, Größe, Gewicht und Band wie bei Nr. 1486 ff.

1501. Goldene

1502. Silberne und

1503. Bronzene Medaille „für Lebensrettung" mit dem Bild des Königs Georg (verliehen 1902—1904)

Seit 1902, bald nach dem Regierungsantritt des Königs Georg, mit dessen Bildnis verliehen.

V: Der nach rechts gewendete Kopf des Königs. Umschrift: „GEORG KOENIG VON SACHSEN", unter dem Halsabschnitt klein „MAX BARDULECK".

Rückseite, Größe, Gewicht und Band wie bei Nr. 1486 ff.

1504. Goldene

1505. Silberne und

1506. Bronzene Medaille „für Lebensrettung" mit dem Bild des Königs Friedrich August III. (verliehen 1904—1918)

Seit dem Regierungsantritt dieses Königs mit dessen Bildnis in nachstehender Prägung verliehen. Die Stempel hierzu stammen ebenfalls von Max Barduleck. Die bronzenen Medaillen sind nicht mehr wie früher dunkelbraun gebeizt, sondern sie haben einen helleren („Altgold"-) Ton.

V: Der nach rechts gewendete Kopf mit der Umschrift „FRIEDRICH AUGUST KÖNIG VON SACHSEN".

R: Wie früher, aber mit kräftiger gezeichneten Buchstaben der Inschrift und besser modelliertem Eichenlaubkranz.

Größe, Gewicht und Band wie bei Nr. 1486 ff.

1507. Maria Anna-Kreuz, Silber (verliehen 1906—1918)

Gestiftet von König Friedrich August III. am 15. Mai 1906 zum Andenken an seine am 15. Oktober 1904 verstorbene Mutter, die Königin Maria Anna, geborene Infantin von Portugal, als III. Klasse des Maria-Anna-Ordens für Frauen und Jungfrauen, „welche sich im öffentlichen Dienst, im Dienst am Hofe oder im Dienste gemeinnütziger Anstalten ehrenvoll ausgezeichnet oder sich durch hervorragende Leistungen besondere Verdienste um die Förderung des Gemeinwohles erworben" hatten.

Das silberne Kreuz hat stark geschweifte, an den Enden abgeschrägte, gekörnte Arme mit 1,5 mm breiter glatter Umrandung. Es trägt auf dem oberen Arm eine stilisierte Blattverzierung, in welcher ein kleiner gerillter Verbindungsring mit dem eigentlichen Tragring hängt.

V: Im runden Mittelschilde von 15 mm Durchmesser innerhalb einer erhöhten Umrandung der nach links gewendete Kopf der Königin Maria Anna.

415

R: Innerhalb einer erhöhten Umrandung die verschränkten Buchstaben „MA".

Größe: 33 mm.

Band: 32 mm breit, hellblau mit zwei weißen, je 3,5 mm breiten Seitenstreifen mit 1,5 mm Entfernung von den Bandkanten (Landesfarben des ehemaligen Königreichs Portugal).

1508. Große goldene Medaille „VIRTUTI ET INGENIO" für Wissenschaft und Kunst mit dem Bild des Königs Albert (verliehen 1873—1902)

Schon unter dem Kurfürsten Friedrich August III. (ab 1806 König Friedrich August I.) bestanden in Sachsen Auszeichnungen für wissenschaftliche und künstlerische Verdienste in Gestalt von goldenen Prämienmedaillen in zwei verschiedenen Größen und mit zwei verschiedenen Inschriften. Auch die nachfolgenden Regenten Sachsens ließen solche Medaillen mit ihren Bildnissen prägen. Stets aber waren diese Auszeichnungen ohne Öse und daher nicht zum Tragen bestimmt.

Für die große goldene Medaille „VIRTUTI ET INGENIO" war beim Regierungsantritt des Königs Albert im Jahr 1873 noch der bisherige Rückseitenstempel von C. W. Hoeckner zur Verfügung, während zu ihrer Vorderseite ein neuer Stempel vom damaligen Münzgraveur Louis Klemich in Dresden angefertigt wurde. Aber erst im April 1877 erfolgte das erstemal eine Verleihung dieser hohen Auszeichnung mit Öse und länglichem Drahtring am Halsband des Komturkreuzes des Albrechtsordens, nachdem in den vorausgegangenen Jahren schon einige Exemplare ohne Öse an berühmte Gelehrte und Schriftsteller sowie an große Künstler gelangt waren. Die Verleihungen dieser wie auch der nachfolgend beschriebenen kgl. sächsischen Medaillen für Wissenschaft und Kunst erfolgten zuerst nur auf Veranlassung des kgl. Hausministeriums, in späteren Jahren auch auf Vorschlag anderer Ministerien, stets aber durch Vermittlung des erstgenannten Ministeriums bei der Krone. Von den insgesamt verliehenen 10 großen goldenen Medaillen „VIRTUTI ET INGENIO" waren nur zwei am Bande des Albrechtsordens, eine (1902) am Bande des Verdienstordens.

V: Der nach rechts gewendete Kopf des Königs mit der Umschrift „ALBERTUS DEI GRATIA REX SAXONIAE". Unten am Rande klein „LOUIS KLEMICH".

R: Eine auf einem Steinblock sitzende Pallas mit Helm, welche, nach links gewendet, in dem erhobenen rechten Arm einen Lorbeerkranz hält; im oberen Teil die Umschrift „VIRTUTI ET INGENIO". Die ganze Darstellung hat noch den barocken Stil des ausgehenden 18. Jahrhunderts.

Größe: 48 mm; Gewicht: 16 Dukaten (56 g).

Halsband des Komturkreuzes des kgl. sächs. Verdienstordens: 56 mm breit, weiß mit zwei grasgrünen, je 11 mm breiten Seitenstreifen mit 2,5 mm Abstand von den Bandkanten. (Nur einmal im Jahre 1902 an Generalmusikdirektor von Schuch in Dresden verliehen.)

Halsband des Komturkreuzes des Albrechtsordens: 56 mm breit, grasgrün mit zwei weißen, je 11 mm breiten Seitenstreifen mit 2,5 mm
Abstand von den Kanten. (Nur zwei Verleihungen.)

**1509. Kleine goldene Medaille „VIRTUTI ET INGENIO" für Wissen-
schaft und Kunst mit dem Bild des Königs Albert
(verliehen 1873—1909)**

Das bei Nr. 1508 über die Verleihungen der Medaille „VIRTUTI ET
INGENIO" Gesagte gilt auch für deren kleinere Form. Als König Albert sich
seit April 1877 entschlossen hatte, in Ausnahmefällen auch diese Medaille
am Bande zu verleihen, bekam sie eine kleine kugelförmige Öse mit gewöhnlichem Ring. Es wurden hiervon im ganzen nur 18 Exemplare verausgabt.

V: Kopf des Stifters nach rechts mit der Umschrift „ALBERTUS DEI
GRATIA REX SAXONIAE", unten am Rande klein „LOUIS
KLEMICH".

R: Die sitzende, nach links gewendete Pallas mit Helm, in der erhobenen Rechten einen Lorbeerkranz haltend, im oberen Teil die Umschrift „VIRTUTI ET INGENIO", unten klein „F K".

Dieser Rückseitenstempel stammt noch aus der Regierungszeit des
Königs Friedrich August II. und ist von Münzmedailleur Friedrich
König (jun.) geschnitten worden (geb. 1793 zu Berlin, ab 1830 als Me-
dailleur in Dresden tätig).

Größe: 35 mm; Gewicht: 8 Dukaten (28 g).

Band (in Ausnahmefällen seit 1877): 36 mm breit, grasgrün mit zwei
weißen, je 6 mm breiten Seitenstreifen mit 2,5 mm Abstand von
den Kanten.

1510. Große goldene Medaille „VIRTUTI ET INGENIO"

**1511. Kleine goldene Medaille „VIRTUTI ET INGENIO" für Wissen-
schaft und Kunst mit dem Bild des Königs Georg**

Bald nach dem Regierungsantritt des Königs Georg (9. Juni 1902) scheinen
je einige Exemplare in der Kgl. Münze zu Muldenhütten bei Freiberg geprägt
worden zu sein, worauf aus dem Vorhandensein von Silberabschlägen im Münz-
Kabinett Dresden geschlossen werden muß. Verleihungen sind jedoch unter
der kurzen Regierung des Königs Georg nicht erfolgt. Dennoch soll der
Vollständigkeit wegen eine Beschreibung dieser beiden Medaillen hier folgen.

V: der großen und der kleinen Medaille, abgesehen von den Ausmaßen
gleich. Der nach rechts gewendete Kopf des Königs mit der Umschrift „GEORGIUS DEI GRATIA REX SAXONIAE", unten klein
„M. BARDULECK".

R: von Nr. 1510: Die Darstellung der sitzenden Pallas ist ähnlich wie
bei Nr. 1508, jedoch in gefälligerer, neuzeitlicher Auffassung, wobei
auch die Buchstaben der Umschrift „VIRTUTI ET INGENIO"
größer sind und fettere Grundstriche aufweisen.

R: von Nr. 1511: Unverändert wie bei Nr. 1509 (alter Stempel von
König).

Größe: 48 bzw. 35 mm; Gewicht: 16 bzw. 8 Dukaten.

1512. Kleine goldene Medaille „VIRTUTI ET INGENIO" für Wissenschaft und Kunst mit dem Bild des Königs Friedrich August III. (verliehen 1904—1918)

König Friedrich August III. ließ nach seinem Regierungsantritt (15. Oktober 1910) nur die kleinen Medaillen für Wissenschaft und Kunst mit neuer Vorderseite prägen und verlieh diese bis 1918 nur siebenmal am Bande des Ritterkreuzes des Albrechtsordens.

Die Medaillen haben ebenfalls eine kleine kugelförmige Öse mit gewöhnlichem Ring.

V: Der nach rechts blickende Kopf mit der Umschrift „FRIDERICUS AUGUSTUS D. G. REX SAXONIAE". (Der nicht signierte Stempel stammt von Max Barduleck.)

R: Wie bei Nr. 1509 (alter Stempel von F. König).

Größe: 35 mm; Gewicht: 8 Dukaten (28 g).

Band: 36 mm breit, grasgrün mit zwei weißen, je 6 mm breiten Seitenstreifen mit 2,5 mm Abstand von den Kanten.

1513. Große goldene Medaille „BENE MERENTIBUS"
für Verdienste um Kunst und Wissenschaft mit dem Bild des Königs Albert (verliehen 1873—1902)

Auch hier sei zunächst auf die Ausführungen bei Nr. 1508 verwiesen, denn auch die goldene Medaille „BENE MERENTIBUS" bestand in zwei Größen bereits in der Zeit des Kurfürsten Friedrich August III. König Albert ließ diese nach seiner Thronbesteigung ebenfalls mit seinem Bilde auf der Vorderseite prägen, und zwar zunächst mit dem Stempel von Louis Klemich. Die Medaille „BENE MERENTIBUS" hatte gegenüber den Medaillen „VIRTUTI ET INGENIO" geringeren Rang. Sie wurde bis April 1877 ebenfalls ohne Band, meistens an Bühnenkünstler, verliehen. Auch später erfolgte ihre Verleihung nur in einem einzigen Ausnahmefall am Bande des Komturkreuzes des Albrechtsordens.

Die Medaille hatte dann eine kleine, von oben nach unten gelochte Öse, in welcher ein langgestreckter Tragring hing.

V: Der Kopf des Königs nach rechts mit der Umschrift „ALBERTUS DEI GRATIA REX SAXONIAE", unten am Rande „LOUIS KLEMICH".

R: Eine geflügelte Siegesgöttin mit gesenktem Speer in der linken Hand und mit der Rechten einen Lorbeerkranz hochhaltend, sitzt auf einem Felsblock. Der nicht signierte Stempel hierzu stammt noch aus der Zeit des Kurfürsten Friedrich August III. und ist damals von F. W. Hoeckner geschnitten worden.

1514. Kleine goldene Medaille „BENE MERENTIBUS"
für Verdienste um Kunst und Wissenschaft mit dem Bild des Königs Albert, 1. Prägung (verliehen 1873—1889)

Die kleine Medaille „BENE MERENTIBUS", welche ebenfalls erst seit 1877 in besonderen Fällen am Bande verliehen wurde, hatte dann eine kleine kugelförmige Öse mit Ring. Bis zum Jahre 1889 gelangte sie in folgender Prägung in nur wenigen Stücken zur Ausgabe:

V: Der nach rechts gewendete Kopf des Stifters mit der Umschrift „ALBERTUS DEI GRATIA REX SAXONIAE", unten am Rande klein „LOUIS KLEMICH".

R: Die gleiche Darstellung wie bei Nr. 1513, jedoch, abgesehen von kleineren Ausmaßen, auch in der Zeichnung etwas verändert. Unten am Rand klein „F. K.".

Dieser Stempel von Friedrich König wurde schon seit Mitte der 1830er Jahre zur Prägung der kleinen, nicht tragbaren Medaille „BENE MERENTIBUS" unter König Friedrich August II. und seinen Nachfolgern auf dem Throne benutzt.

Größe: 35 mm; Gewicht: 8 Dukaten (28 g).

Band (des Ritterkreuzes vom Albrechtsorden): 36 mm breit, grasgrün mit zwei je 5 mm breiten weißen Seitenstreifen mit 2,5 mm Abstand von den Bandkanten.

1515. Kleine goldene Medaille „BENE MERENTIBUS" mit dem Bild des Königs Albert, 2. Prägung (verliehen 1889—1902)

Im Jahre 1889 erfolgte eine Neuprägung dieser Medaille. Diese hatte wieder die kleine kugelförmige Öse mit Ring und ist nur siebenmal in nachstehender Form verliehen worden.

V: Der nach rechts gewendete Kopf des Landesherrn mit Umschrift wie bei Nr. 1514. Der Stempel ist jedoch von M. Barduleck geschnitten, dessen Name unter dem Halsabschnitt in kleiner Schrift erscheint.

R: In einem lichten Lorbeerkranz, der unten mit großer Doppelschleife gebunden ist, die zweizeilige Inschrift „BENE MERENTIBUS".

Größe, Gewicht und Band wie bei Nr. 1514.

1516. Große goldene Medaille „BENE MERENTIBUS"

1517. Kleine goldene Medaille „BENE MERENTIBUS" mit dem Bild des Königs Georg

Obwohl auch die Medaillen „BENE MERENTIBUS" unter der kurzen Regierung des Königs Georg (1902—1904) nicht zur Verleihung gekommen sind, wurden doch hiervon einige Stücke geprägt und bereitgehalten, später dann wohl wieder eingeschmolzen. Das staatliche Münzkabinett in Dresden besitzt je einen Silberabschlag.

V: Das nach rechts gewendete Bildnis des Monarchen mit der Umschrift „GEORGIUS DEI GRATIA REX SAXONIAE", unten am Rand klein „M. BARDULECK".

R: von Nr. 1516 die gleiche wie zu Nr. 1513.

R: von Nr. 1517 die gleiche wie zu Nr. 1515.

Größe: 48 oder 35 mm; Gewicht: 16 Dukaten (56 g) oder 8 Dukaten (28 g).

1518. Große goldene Medaille „BENE MERENTIBUS"
1519. Kleine goldene Medaille „BENE MERENTIBUS"
mit dem Bild des Königs Friedrich August III.
(verliehen 1904—1918)

Unter der Regierung des Königs Friedrich August kamen nur kleine Medaillen „BENE MERENTIBUS" zur Verleihung, jedoch waren auch von der großen Medaille einige Stücke geprägt worden, von denen das Münzkabinett Dresden Silberabschläge besitzt. Eine besondere Bestimmung ordnet an, daß bei nachträglicher Verleihung der Medaille „VIRTUTI ET INGENIO" Nr. 1512 die allenfalls vorher erhaltene Medaille „BENE MERENTIBUS" weiter getragen werden konnte. Nachdem in geeigneten Fällen zu letzteren bis 1914 die Bänder des sächsischen Verdienstordens oder des Albrechtsordens verliehen worden waren, kam im genannten Jahre ein besonderes grünes Band zur Einführung. An diesem wurden dann noch 12 Medaillen „BENE MERENTIBUS" bis 1918 verliehen.

V: Der nach rechts blickende Kopf des Königs mit der Umschrift „FRIDERICUS AUGUSTUS D. G. REX SAXONIAE".

R: Wie bei Nr. 1515, 1517.

Größe: 48 oder 35 mm; Gewicht: 56 oder 28 g.

Band: Bis 1914 entweder das des Verdienstordens, 36 mm breit, weiß mit zwei grasgrünen, je 6 mm breiten Seitenstreifen mit 2,5 mm Abstand von den Kanten, oder das des Albrechtsordens, 36 mm breit, grasgrün mit zwei je 6 mm breiten weißen Seitenstreifen mit 2,5 mm Abstand von den Kanten.

Band seit 1914: 30 mm breit, grasgrün.

Damen trugen diese Bänder stets zur Schleife geformt an der linken Schulter.

1520. Erinnerungskreuz für Kämpfer in Schleswig-Holstein 1849, Bronze (verliehen 1874)

Gestiftet von König Albert am 20. März 1874 zum 25. Gedenktage des Gefechtes bei Düppel (13. April 1849), in welchem sich der Stifter als junger Artilleriehauptmann den sächsischen Militär-St. Heinrichs-Orden erworben hatte. Sachsen hatte damals eine Brigade zu 2 Regimentern Infanterie, 1 Schützenbataillon, 1 Kavallerieregiment, je eine 6-Pfd.- und 12-Pfd.-Batterie nebst Pionierdetachement nach Schleswig entsandt.

Das Erinnerungskreuz aus heller Bronze hat gekörnte, an den Außenseiten doppelt geschweifte Arme mit glatter erhöhter Einfassung und scharfkantiger Öse nebst gewöhnlichem Ring.

V: In der Mitte, von einem Kranz aus Lorbeer (links) und Eichenlaub (rechts) umschlossen, der verschlungene gekrönte Namenszug „A R".

R: Innerhalb eines Kranzes aus Lorbeer (links) und Eichenlaub (rechts), der unten mit einer Schleife gebunden ist, auf gekörntem Grund die Jahreszahl „1849".

Größe: 36 mm.

Band: 32 mm breit, zitronengelb mit zwei himmelblauen, je 5,5 mm und mit 5 mm Abstand davon noch zwei ebensolchen, jedoch nur je 1,5 mm breiten Seitenstreifen; Abstand der letzteren von den Kanten des Bandes 0,5 mm.

1521. Erinnerungskreuz für 1849, Bronze (verliehen 1890)

Gestiftet von König Albert am 8. August 1890 zur nachträglichen Auszeichnung aller jener Militärpersonen und Militärbeamten, welche, „ohne am Feldzuge 1849 in Holstein beteiligt gewesen zu sein, während der Dauer desselben im aktiven Dienst gestanden haben".

Das Kreuz aus heller Bronze mit nach außen zu leicht geschweiften, gekörnten Armen, welche mit einer erhöhten glatten Einfassung versehen sind, hat eine scharfkantige Öse mit Ring.

V: Auf gekörntem Grund der verschlungene Namenszug „A R", überragt von einer kleinen Krone und eingeschlossen von je einem Lorbeer- (links) und Eichenzweig (rechts), welche beide unten mit einer Doppelschleife verbunden sind.

R: Auf gekörntem Grund die Jahreszahl „1849", umschlossen von je einem Lorbeer- (links) und Eichenzweig (rechts), welche unten mit einer Doppelschleife verbunden sind.

Größe: 34 mm.

Band: 33 mm breit, hellblau mit zwei zitronengelben, je 5,5 mm breiten und mit 5 mm Abstand davon noch zwei ebensolchen, jedoch nur 1,5 mm breiten Seitenstreifen; Abstand der letzteren von den Bandkanten je 1 mm.

1522. Erinnerungskreuz für die Teilnehmer an der Bundes-Exekution 1863/64 in Holstein, Bronze (verliehen 1890)

König Albert stiftete auch dieses Erinnerungskreuz am 8. August 1890 für sämtliche Militärpersonen und -beamten, welche in den Jahren 1863/64 nachweislich an der Bundes-Exekution in Holstein teilgenommen hatten. Das Königreich Sachsen stellte eine kombinierte Infanteriebrigade von 4 Bataillonen Infanterie nebst 2 Jägerbataillonen, dazu ein kombiniertes Reiterregiment sowie eine Artillerie-Brigade zu zwei 12-Pfd.- und einer 6-Pfd.-Batterie (nebst Munitionskolonne), sowie eine Pionierabteilung.

Das Erinnerungskreuz 1863/64 aus heller Bronze stimmt, abgesehen von den in zwei Zeilen angeordneten Jahreszahlen „1863 / 1864" auf der Rückseite, genau mit Nr. 1521 überein.

Größe: 34 mm.

Band: 33 mm breit, goldgelb mit zwei je 2 mm breiten himmelblauen Seitenstreifen mit 1,5 mm Abstand von den Kanten.

1523. Erinnerungskreuz 1866 am Bande für Kämpfer
1523a. Dasselbe am Bande für Nichtkämpfer, Bronze

Gestiftet am 22. Mai 1867 von König Johann für alle Kämpfer und Nichtkämpfer seiner Armee, welche am Kriege gegen Preußen teilgenommen hatten.

Die an den Außenseiten leicht eingebogenen, leicht gekörnten Arme des Kreuzes aus heller Bronze sind mit einer erhöhten Randeinfassung versehen sowie durch kurze Strahlenbündel miteinander verbunden. Eine halbkreisförmige angeprägte, von oben nach unten gelochte Öse trägt an einem gekerbten länglichen Verbindungsring den gewöhnlichen Ring für das Band.

V: In einem aus zwei übereinandergelegten Eichenzweigen gebildeten Kranz der Namenszug „J R" unter der Königskrone.

R: Ebenfalls von einem solchen Eichenkranze umgeben die Jahreszahl „1866".

Größe: 30 mm.

Band: 34 mm breit,
> a) für Kämpfer: Zusammengesetzt aus vier goldgelben, je 5,5 mm breiten und drei himmelblauen, je 4 mm breiten Streifen;
> b) für Nichtkämpfer: Zusammengesetzt aus drei goldgelben, je 4 mm breiten und vier himmelblauen, je 5,5 mm breiten Streifen.

1523b. Erinnerungszeichen zum 25jährigen Jubiläum König Friedrich August im Besitz der Fideikommißherrschaft Sibyllenort, silbern

1523c. Dasselbe für Damen

König Friedrich August stiftete anläßlich seines 25jährigen Jubiläums im Besitz der Fideikommißherrschaft Sibyllenort ein Erinnerungszeichen, das von Herren an der linken Brustseite angesteckt und von Damen mit einer Schleife an der linken Schulter getragen wird.

Das Erinnerungszeichen besteht aus den von der Königskrone überhöhten, gegeneinandergelehnten, verzierten Buchstaben „F" und „A", die in der Mitte mit einem querrechteckigen Schildchen, darauf die Ziffer „XXV" belegt sind.

Größe von Nr. 1423b: 60 mm hoch, 35 mm breit.

Band von Nr. 1523c: halb grün, halb weiß, zur Schleife geformt, in die ein kleiner Tragering eingearbeitet ist.

1524. Silberne Medaille für 15 Dienstjahre und

1525. Bronzene Medaille für 10 Dienstjahre der Unteroffiziere und Soldaten, 1. Prägung (verliehen 1831—1874)

Gestiftet von König Anton und Friedrich August (II.), letzterem als Mitregent, am 24. Dezember 1831 „für 15 bzw. 10 treu und vorwurfsfrei geleistete Dienstjahre der Unteroffiziere und Soldaten". Die Medaillen dieser ersten Prägung haben eine gewöhnliche Drahtöse mit Ring.

V: Die ineinandergestellten Anfangsbuchstaben der Stifternamen „A F A" unter einer schwebenden Königskrone und umgeben von einem Eichenzweig (links) und einem Lorbeerzweig (rechts), welche unten durch ein fliegendes Band zusammengehalten sind.

R: In einer kreisförmigen Rautenblattverzierung die dreizeilige Inschrift „Für / lange u. gute / Dienste.".

Größe: 28 mm; Gewicht: in Silber 11 g.

Band: 32 mm breit, dunkelgrün mit zwei je 2 mm breiten weißen Seitenstreifen mit 2 mm Abstand von den Bandkanten.

1526. Silberne Medaille für 15 Dienstjahre und

1527. Bronzene Medaille für 10 Dienstjahre der Unteroffiziere und Soldaten, Stempelverschiedenheit von Nr. 1524/1525

Es gibt von vorgenannten Medaillen eine spätere Prägung mit folgenden kleinen Abweichungen.

V: Die Krone über dem Namenszug „A F A" ist etwas breitei, die umgebenden Eichen- bzw. Lorbeerzweige sind von etwas veränderter Zeichnung.

R: Die Inschrift hat größere Buchstaben, die Ösen sind abgerundet und derber als bei Nr. 1524/1525.

Größe, Gewicht in Silber und Band wie bei Nr. 1524/1525.

1528. Dienstauszeichnungskreuz für 25 Dienstjahre der Offiziere, Bronze vergoldet (verliehen 1874—1918)

Gestiftet von König Albert am 3. April 1874 zur Auszeichnung von Offizieren nach vollendeter 25jähriger aktiver Dienstzeit.

Die Kreuze haben gerade glatte, nach außen zu breiter werdende Arme, welche von einer dreifachen Linieneinfassung umgeben sind, dazu eine gewöhnliche Drahtöse nebst Ring. Die Mittelschildchen (16 mm Durchmesser) zeigen auf der

V: den verschlungenen und gekrönten Namenszug „A R" innerhalb einer erhöhten Kreislinie, auf der

R: auf gekörntem Grund innerhalb einer erhöhten Kreislinie die Zahl „XXV.".

Größe: 38 mm.

Band: 35 mm breit, grasgrün mit einem weißen 3 mm breiten Mittelstreifen sowie zwei ebensolchen, je 5 mm breiten Seitenstreifen, letztere mit 2 mm Abstand von den Bandkanten.

1529. Dienstzeichen I. Klasse, goldene Medaille

1530. Dasselbe II. Klasse, silberne Medaille

1531. Dasselbe III. Klasse, bronzene Medaille
für 21, 15 und 9 Dienstjahre der Unteroffiziere
(verliehen 1874—1913)

Gestiftet von König Albert am 23. April 1874 unter Aufhebung der silbernen und bronzenen Medaille Nr. 1524 ff. für 15 und 9 Dienstjahre zur Auszeichnung langer und treuer Dienste von Unteroffizieren der kgl. sächsischen Truppen, welche seit dem Abschluß der Militär-Konvention mit Preußen vom 7. Februar 1867 das XII. Armeekorps der deutschen Armee bildeten.

Diese neuen Dienstzeichen in Medaillenform haben gewöhnliche Ösen mit Ring.

V: Ähnlich wie bei Nr. 1524 ff. Die Ausführung der ineinandergestellten Buchstaben „A F A" mit der Krone sowie dem umgebenden Eichen-bzw. Lorbeerzweig ist jedoch sorgfältiger und schärfer.

R: Dreizeilige Inschrift „ Für/ lange u. treue / Dienste".

Größe: 29 mm; Gewicht: in Gold 4 Dukaten (14 g), in Silber 11 g.

Band: Wie bei Nr. 1528.

1532. Landwehr-Dienstauszeichnung I. Klasse, silbernes Kreuz
(verliehen 1874—1918)

Gleichzeitig gestiftet mit Nr. 1528—1531 am 23. April 1874 für die Offiziere und Ärzte des Beurlaubtenstandes, welche mindestens 8 Jahre über die gesetzliche Dienstzeit freiwillig im Militärverhältnis geblieben waren. Die silbernen Kreuze gleichen in der Form ganz dem Kreuz Nr. 1528.

Ihre nach außen breiter werdenden geraden Arme sind glatt mit dreifacher Linieneinfassung und gewöhnlicher Öse nebst Ring. Die vergoldeten Mittelschildchen (16 mm Durchmesser) sind auf der Vorder- und Rückseite aufgelötet; sie zeigen auf der

V: den verschlungenen Namenszug „A R" unter der Krone auf glattem Grund, umschlossen von einer erhöhten Kreislinie, auf der

R: auf gekörntem Grunde die Zahl „XX.", umschlossen von einer glatten erhöhten Kreislinie.

Größe: 38 mm; Gewicht: 18 g.

Band: Wie bei Nr. 1528 ff.

1533. Landwehr-Dienstauszeichnung II. Klasse, vergoldete Schnalle, 1. Form (verliehen 1874—1913)

Gleichzeitig mit der Landwehr-Dienstauszeichnung I. Klasse (Nr. 1532) gestiftet von König Albert am 23. April 1874 für diejenigen Offiziere, Ärzte, Unteroffiziere und Wehrmänner, welche ihre Dienstpflicht in der Reserve und Landwehr erfüllt und einen Feldzug mitgemacht hatten.

Die rechteckigen, vergoldeten und durchbrochen gearbeiteten Schnallen tragen in der Mitte die gekrönten Buchstaben „A R" (nebeneinander), links und rechts an den Innenseiten des Rahmens stilisierte Rautenkranzverzierungen.

Auf der Rückseite ist ein Metallstreifen mit Anstecknadel befestigt, über welchen das Band gezogen wird.

Größe: 47 mm lang, 18 mm hoch.

Band: 42 mm breit, grasgrün mit einem weißen 4 mm breiten Mittelstreifen und mit 9 mm Abstand davon zwei weißen, je 7 mm breiten Seitenstreifen.

1534. Dienstauszeichnung I. Klasse für 15 Dienstjahre der Unteroffiziere, Kreuz aus vergoldetem Kupfer

Gestiftet von König Friedrich August III. am 6. September 1913 gleichzeitig mit den Dienstauszeichnungen II. und III. Klasse (Medaillen) Nr. 1535/1536 unter Aufhebung der seitherigen Militärdienstauszeichnungen Nr. 1529/1531 für Personen, welche dem stehenden Heere angehörten. Von ihnen schon früher erworbene Dienstzeichnungen konnten gegen solche neuer Art umgetauscht werden. Die dem aktiven Dienststande nicht mehr angehörenden Personen konnten die schon erworbene Dienstauszeichnung in der neuen Form auf eigene Kosten anlegen.

Die Dienstauszeichnung I. Klasse für vollendete 15jährige Dienstzeit besteht aus einem vergoldeten Kreuz von Kupfer mit glatten Armen und dreifacher Linieneinfassung.

V: Im runden, 14 mm großen Mittelschilde innerhalb einer doppelten Kreislinie der von der Krone überragte verschlungene Namenszug des Stifters „F A R".

R: Im Mittelschildchen, innerhalb einer doppelten Kreislinie, die Zahl „XV".

Größe: 35 mm.

1535. Dienstauszeichnung II. Klasse für 12 Dienstjahre, Medaille aus Tombak

1536. Dienstauszeichnung III. Klasse für 9 Dienstjahre, Medaille aus Argentan (Neusilber) (verliehen 1913—1918)

Gleichzeitig mit der Dienstauszeichnung I. Klasse Nr. 1534 gestiftet. Auch diese Medaillen haben gewöhnliche Ösen mit Ring.

V: Unter einer schwebenden Krone der Namenszug des Stifters „F A R" umgeben von zwei unten zusammengebundenen Zweigen, links Eichenlaub, rechts Lorbeer; Umschrift im oberen Teile „Treue Dienste", im unteren „bei der Fahne".

R: Die Zahlen „XII" oder „IX".

Größe: 30 mm.

Band (bei Nr. 1534 mit Nr. 1536) gleich geblieben wie bei Nr. 1528 ff.

1537. Landwehr-Dienstauszeichnung II. Klasse, Medaille aus Tombak, 2. Form (verliehen 1913—1918)

Gleichzeitig mit den Dienstauszeichnungen für das stehende Heer am 6. September 1913 gestiftet. Die Medaille wurde von diesem Zeitpunkte an statt der bis dahin verausgabten, am 23. April 1874 gestifteten Landwehr-Dienstauszeichnung II. Klasse Nr. 1533 verliehen. Diejenigen Personen, welche die letztere besaßen, konnten die Landwehr-Dienstauszeichnung in der neuen Form auf eigene Kosten beschaffen und anlegen.

V: Im Felde, unter der schwebenden Krone, der verschlungene Namenszug des Stifters „F A R"; Umschrift im oberen Teile „Treue Dienste", unten „Reserve Landwehr".

R: „Landwehr /Dienstaus- / zeichnung / II. Klasse".

Größe: 25 mm.

Band: Wie bei Nr. 1528 ff.

1538. Feuerwehr-Ehrenzeichen, Schnalle (verliehen 1885—1918)

Gestiftet von König Albert am 11. Mai 1885 für die Mitglieder einer freiwilligen Feuerwehr, die hier „während eines ununterbrochenen Zeitraumes von 25 Jahren treue und nützliche Dienste geleistet" hatten, sowie für solche Personen (ausnahmsweise), die „sich als langjährige Mitglieder einer Berufsfeuerwehr oder in anderer Weise im Feuerwehrdienste ausgezeichnet" hatten.

Das rechteckige, silbervergoldete und durchbrochen gearbeitete Ehrenzeichen trägt, in der Mitte aufgelötet, den für sich geprägten, von der gefütterten Königskrone überragten und von zwei Löwen gehaltenen silbernen Rautenkranzschild, darunter Feuerwehr-Rüstzeug, rechts und links Eichen- und Lorbeerzweige. Das Feuerwehr-Ehrenzeichen wurde an einem Metallstreifen mit rückseitig angebrachter Anstecknadel befestigt, über welchen das Band gestreift ist.

Größe: 43 mm breit, 32 mm hoch.

Band: 39 mm breit, dunkelgrün mit 7 weißen, je 2 mm breiten Streifen mit je 3,5 mm Abstand voneinander und in 2,5 mm Entfernung von den Kanten.

1539. Ehrenmedaille für 40jährige Dienstzeit bei der Feuerwehr, Bronze (verliehen 1914—1918)

Gestiftet von König Friedrich August III. am 12. Juni 1914 für Mitglieder einer freiwilligen Feuerwehr nach 40jähriger treuer Dienstleistung.

Die Medaille aus heller Kupferbronze hat matte Oberfläche und keinen Überrand. Die Öse ist kugelförmig mit gewöhnlichem Ring.

V: Ein nackter Mann mit Keule im Kampf gegen einen am Boden liegenden feuerspeienden Drachen, links daneben (klein) „GOTT ZVR EHR / DEM NÄCHSTEN / ZVR WEHR" in drei Zeilen, rechts am Rande (ganz klein) „HÖRNLEIN" (Fritz Hörnlein, Münzgraveur in Dresden).

R: Oben das kgl. sächsische gekrönte Rautenkranzwappen, gehalten von zwei Löwen auf einem Spruchband mit der Inschrift „PROVIDENTIAE MEMOR" („Der Vorsehung eingedenk", Wahlspruch des Hausordens der Rautenkrone). Unten bogig in zwei Zeilen „FÜR 40 JÄHRIGE / TREUE DIENSTE".

Größe: 43 mm.

Band: 38 mm breit, dunkelgrün mit sieben, je 2 mm breiten weißen Streifen.

1540. Silberne Medaille „für Treue in der Arbeit" mit dem Bild des Königs Albert (verliehen 1. September 1894 bis 1902)

Gestiftet durch Ministerialverordnung vom 10. August 1894 als Ersatz für die ungewöhnlich großen, bis dahin gebräuchlich gewesenen Medaillen gleichen Gepräges, welche jedoch nicht zum Tragen bestimmt waren. Die Medaille konnten Arbeiter und Dienstboten erhalten, die „nach vollendetem 25. Lebensjahre 30 Jahre ununterbrochen in einem und demselben Arbeits- beziehentlich Dienstverhältnisse gestanden" hatten „und unbescholten und königstreu gesinnt" waren.

Die kleinere tragbare Medaille ist an der Kgl. Münze mit Stempeln von Max Barduleck hergestellt und hat eine kugelförmige Öse mit Ring.

V: Der nach rechts gewendete Kopf des Stifters, Umschrift: „ALBERT KOENIG VON SACHSEN" im Halsabschnitt (klein): „M. B.".

R: In einem oben und unten kreuzweise mit Band umschlungenen Eichenlaubkranz „FÜR / TREUE / IN DER / ARBEIT".

Größe: 28 mm; Gewicht: 12 g.

Band: 35 mm breit, grasgrün. Weibliche Personen trugen diese Medaille an einem zur Schleife geformten schmalen Samtbande.

1541. Silberne Medaille „für Treue in der Arbeit" mit dem Bild des Königs Georg (verliehen 1902—1904)

Nach der Thronbesteigung des Königs Georg im Jahre 1902 mit dessen Bildnis ausgegeben.

V: Der nach rechts gewendete Kopf des Monarchen mit der Umschrift „GEORG KOENIG VON SACHSEN", im Halsabschnitt (klein) „M. B." (Max Barduleck).

Rückseite, Größe, Gewicht und Band wie bei Nr. 1540.

1542. Silberne Medaille „für Treue in der Arbeit" mit dem Bild des Königs Friedrich August III. (verliehen 1904—1918)

Auch König Friedrich August III. ließ nach seinem Regierungsantritt im Jahre 1904 die Vorderseite der Medaille „für Treue in der Arbeit" neu prägen.

V: Kopf nach rechts mit der Umschrift „FRIEDRICH AUGUST KOENIG VON SACHSEN"; im Halsabschnitt (klein): „M. B.".

Rückseite, Größe, Gewicht und Band wie bei Nr. 1540.

Sachsen-Weimar-Eisenach

Bis 1815 Herzogtum, seit 1815 Großherzogtum, seit 9. November 1918 Freistaat, 1920 in Thüringen aufgegangen.

Das Großherzogtum Sachsen hatte einen Orden, den am 2. August 1732 gestifteten und am 18. Oktober 1815 erneuerten Orden der Wachsamkeit oder vom Weißen Falken. Die Ehrenzeichen im engeren Sinne sind:

1543. Verdienstkreuz, Silber, 1. Form (verliehen 1878—1902)

Gestiftet am 8. Juli 1878, dem 15. Gedenktage seines Regierungsantrittes, von Großherzog Carl Alexander im Anschluß an den Hausorden „der Wachsamkeit oder vom weißen Falken".

Das achtspitzige Kreuz (Malteserform) hat matt grundierte Arme mit erhöhter polierter Silbereinfassung sowie eine gewöhnliche Öse mit Ring. Die Stempel stammen vom Hofmedailleur F. Helfricht in Gotha. Die mitgeprägten Mittelschildchen haben einen Durchmesser von 16 mm, sie tragen auf der

V: den gekrönten, verschlungenen Namenszug „C A" und die Umschrift — eingeschlossen zwischen zwei erhöhten Kreislinien — „VIGILANDO ASCENDIMUS" („Durch Wachsamkeit steigen wir empor", Wahlspruch des Hausordens), unten ein Sternchen.

R: Innerhalb eines oben und unten kreuzweise und seitlich je einmal gebundenen Eichenlaubgewindes in zwei Zeilen die Inschrift „DEM / VERDIENSTE".

Größe: 36 mm; Gewicht: 16 g.

Band: 40 mm breit, schwarz mit goldgelben, je 5,5 mm breiten Seitenstreifen und dunkelgrünen, je 5 mm breiten Rändern.

1544. Goldenes (silbervergoldetes) Verdienstkreuz (verliehen 1902—1918)

1545. Dasselbe mit Schwertern (verliehen 1902—1918)

1545a. Dasselbe aus vergoldetem Zink mit Schwertern (verliehen 1917—1918)

1546. Silbernes Verdienstkreuz (verliehen 1902—1918)

1547. Dasselbe mit Schwertern (verliehen 1902—1918)

1547a. Dasselbe aus versilbertem Zink mit Schwertern (verliehen 1917—1918)
mit dem Namenszug des Großherzogs Wilhelm Ernst, 2. Form

Abbildung am Schluß des Bandes.

Zu dem silbernen Verdienstkreuz Nr. 1543 stiftete Großherzog Wilhelm Ernst (reg. 1901—1918) am 15. April 1902 das goldene (silbervergoldete) Verdienstkreuz. Dieses, wie auch das silberne Verdienstkreuz konnte für Verdienste im Kriege mit zwei antiken, durch das Mittelschild gekreuzten Schwertern verliehen werden.

Seit Ende 1917 kamen die Kreuze mit Schwertern, von denen eine
größere Anzahl damals neu angefertigt werden mußte, nur in vergoldeter bzw. versilberter Zinklegierung zur Verleihung.

Größe, Gewicht in Silber und Prägung wie bei Nr. 1543, nur erscheint
auf der Vorderseite nunmehr der verschlungene gekrönte Namenszug „W E".

Band: Zunächst wie bei Nr. 1543, seit 22. Dezember 1909 aber 38 mm
breit, zinnoberrot, das Band des Weißen Falkenordens.

1548. Wilhelm Ernst-Kriegskreuz (verliehen 1915—1918)

Abbildung am Schluß des Bandes.

Gestiftet von Großherzog Wilhelm Ernst am 10. Juni 1915 „1. für Angehörige
des Infanterie-Regiments Großherzog von Sachsen (5. Thüringisches) Nr. 94, sowie für Offiziere, Unteroffiziere und Mannschaften dieses Regiments, die während der Mobilmachung zu anderen Truppenteilen übergetreten" waren.
„2. für Staatsangehörige des Großherzogtums, die als Offiziere, Unteroffiziere
oder Mannschaften anderen Teilen der deutschen bewaffneten Macht angehörten, sofern sie das Eiserne Kreuz I. Klasse erhalten" hatten. ·

Das silberne Kreuz hat gerade, nach innen zu sich stark verjüngende
Arme, welche auf der Vorderseite weiß emailliert sind und von einem
vergoldeten, grün emaillierten, aufgelöteten Lorbeerkranz umgeben,
sowie von vergoldeten Schwertern durchkreuzt werden. Die Rückseite
der Arme ist von mattem Silber. Das Ehrenzeichen, welches dem
„Hausorden der Wachsamkeit oder vom weißen Falken" angegliedert
war, trägt an der Rückseite eine senkrechte Nadel zur Befestigung auf
der linken Brustseite neben dem Eisernen Kreuz I. Klasse.

V: Auf dem vergoldeten, runden, mit Strahlen ausgelegten Mittelschilde
(20 mm Durchmesser) der weiße, golden gezeichnete Falke des
Hausordens (24 mm breit, aufgelötet).

R: Im blau emaillierten, goldumrandeten Mittelschilde (20 mm Durchmesser) der goldene verschlungene Namenszug „WE" unter der
Krone. Auf dem unteren Arm eingraviert „1915".

Größe: 46 mm.

1549. Goldene und

1550. Silberne Verdienstmedaille mit dem Brustbild des Herzogs Carl August und der Inschrift „PROTECTORI BONARUM ARTIUM" (verliehen 1816—1822)

Gestiftet von Herzog Carl August (regierte als Herzog von 1758 bis 1815, als
Großherzog von 1815 bis 1828) im Jahre 1816 für hervorragende Verdienste um
Wissenschaft und Kunst. Diese außerordentlich seltenen Medaillen haben, so-
weit zum Tragen verliehen, gewöhnliche Ösen mit Ring.

V: Das nach links gewendete Brustbild des Stifters im Uniform-Über-
rock mit der Umschrift „CAROLUS AUGUSTUS DUX SAXONIAE".
Im Armabschnitt ein kleines „F." (Friedrich Wilh. Facius, Stempelschneider und seit 6. November 1829 Hofmedailleur, seit 5. Juni 1840
Professor in Weimar, geb. Greiz 1764, gest. 4. Mai 1843 in Weimar.)

R: In einem unten mit Doppelschleife gebundenen Kranz aus zwei Lorbeerzweigen in drei Zeilen „PROTECTORI/ BONARUM / ARTIUM".

Größe: 29 mm; Gewicht: in Gold etwa 5 Dukaten (17,5 g), in Silber 10 g.
Band (erst seit Ende 1817 nachweislich verliehen): 38 mm breit,
ponceaurot.

1551. Goldene
1552. Silberne und
1553. Bronzene Verdienstmedaille mit dem Bild des Großherzogs Carl August (verliehen 1816—1822)

Gestiftet von Großherzog Carl August während seiner Anwesenheit in Paris
1815 für hervorragende Verdienste während des Krieges gegen Frankreich. Die
Medaillen wurden anfangs immer ohne Band, gemäß Publicandum vom 20. Juni
1820 aber teilweise mit der ausdrücklichen Erlaubnis zum Tragen am Bande
des weißen Falkenordens verliehen.

Die Stempel schnitt Medailleur Bertrand Andrieu an der Pariser
Münze (geb. 1761, gest. 1822) nach einem in Wachs bossierten Porträt
des Großherzogs von Bildhauer Leonhard Posch in Weimar. Die
Prägung von 25 goldenen, sowie von je 100 silbernen und bronzenen
Exemplaren war jedoch erst Mitte 1816 beendet. Soweit zum Tragen
bestimmt gewesen, haben die Medaillen kugelförmige Ösen mit Ring.
Die bronzenen Medaillen sind dunkelbraun gebeizt.

V: Das nach rechts gewendete Bild des Stifters in antiker Gewandung.
  Am Halsabschnitt in kleiner Schrift „ANDRIEU F.".

R: Innerhalb eines unten mit einer Doppelschleife gebundenen Eichenkranzes in vier Zeilen „CAROLVS / AVGVSTVS / MAGNVS /
  DVX SAXONIAE".

Größe: 40 mm; Gewicht: in Gold 15 Dukaten (52,5 g), in Silber 42 g.
Band (ab 1820): 40 mm breit, poncaurot.

1554. Goldene
1555. Silberne und
1556. Bronzene Verdienstmedaille „MITESCUNT ASPERA SAECLA" (verliehen 1816—1822)

Gestiftet von Großherzog Carl August während seiner Anwesenheit in Paris
1815 zur Auszeichnung hervorragender Verdienste, hauptsächlich um Kunst
und Wissenschaft.

Die Medaillen wurden besonders anfangs (d. i. seit Mitte 1816) ohne
Öse, später jedoch zum Teil auch mit einer Öse und dann stets am
Bande des Falkenordens verliehen. Die bronzenen Stücke sind dunkelbraun gebeizt und haben wie die goldenen und silbernen Medaillen
kugelförmige Ösen nebst Ring. An der Pariser Münze wurden im
Sommer 1816 12 goldene, 50 silberne und 200 bronzene Exemplare geprägt und nach Weimar geliefert. Die silbernen und bronzenen Stücke
waren im Jahre 1822 noch nicht alle ausgegeben.

V: Wie bei Nr. 1551 ff.

R: Innerhalb eines aus Blumen und Feldfrüchten zusammengestellten
  Kranzes, der mehrfach von Bändern umschlungen ist, die dreizeilige Inschrift „MITESCVNT / ASPERA / SAECLA" („Mild
  werden die rauhen Zeiten").

Größe, Gewicht in Gold und Silber sowie Band wie bei Nr. 1551 ff.

Anmerkung: Es gibt gleich große Medaillen in Silber und dunkler Bronze, welche mit dem Rückseitenstempel von Nr. 1552/1553 als Vorderseite sowie mit dem Rückseitenstempel von Nr. 1555/1556 hergestellt sind. Diese wurden aber nie mit Öse und Band zum Tragen als Ehrenzeichen verliehen.

1557. Goldene

1558. Silberne und

1559. Bronzene Medaille „MERITIS NOBILIS" (verliehen 1820—1834)

Gestiftet von Großherzog Carl August am 20. August 1820 „zur Belohnung hervorragender Verdienste jeder Art um das Vaterland, um Kunst und Wissenschaft".

Die Medaillen, welche erst im Jahre 1822 an der Pariser Münze fertiggestellt worden waren, sind mit Stempeln vom Medailleur Jean Jacques Barre (dem Älteren) geprägt. Dieser war von 1820—1833 als Stempelschneider in Paris tätig. Sie haben eine kleine kugelförmige Öse mit Ring. Die bronzenen Stücke sind dunkelbraun gebeizt.

V: Der nach rechts gewendete Kopf des Stifters; Umschrift: „CAROLUS AUGUSTUS MAGNUS DUX SAXONIAE". Unten am Rande klein „BARRE F."

R: Innerhalb eines unten mit einer Schleife gebundenen Eichenlaubkranzes in zwei Zeilen „MERITIS / NOBILIS" („Edel durch Verdienste").

Größe: 35 mm; Gewicht: in Gold 8 Dukaten (28 g), in Silber 21 g.

Band unter Großherzog Carl August: 40 mm breit, zinnoberrot (Band des Hausordens vom weißen Falken); ab 1828—1834 unter der Regierung des Großherzogs Carl Friedrich jedoch 38 mm breit, schwarz mit zwei je 6 mm breiten goldgelben Seiten- und anschließenden dunkelgrünen Randstreifen, letztere je 5 mm breit.

1560. Goldene

1561. Silberne und

1562. Bronzene Verdienstmedaille „DOCTARUM FRONTIUM PRAEMIA" (verliehen 1822—1835)

Gestiftet gleichzeitig mit Nr. 1557 ff., hauptsächlich zur Auszeichnung von Gelehrten, jedoch erst im Jahre 1822 an der Pariser Münze fertiggestellt mit Stempeln von Barre (d. Ä.).

Die Medaillen mit gewöhnlicher Öse und Ring, die bronzenen Stücke dunkelbraun gebeizt, kamen auch noch unter der Regierung des Großherzogs Carl Friedrich bis zum Jahre 1835 zur Verleihung.

V: Wie bei Nr. 1557 ff.

R: In einem dichten Kranz von Blumen und Blättern die dreizeilige Inschrift „DOCTARUM / FRONTIUM / PRAEMIA" („Belohnung gelehrter Stirnen").

Größe und Gewicht wie bei Nr. 1557 ff.

Band: Zunächst 40 mm breit, zinnoberrot, ab 1828 jedoch 38 mm breit, schwarz mit zwei je 6 mm breiten goldgelben Seiten- und anschließend je 5 mm breiten dunkelgrünen Randstreifen.

1563. Goldene

1564. Silberne und

1565. Bronzene Verdienstmedaille mit dem Bild des Großherzogs Carl Friedrich (verliehen 1834—1857)

Diese drei Medaillen, ausgegeben vom September 1834 ab für Verdienste aller Art an Personen ohne Unterschied des Ranges, sind an der Kgl. Münze zu Dresden geprägt worden mit Stempeln, die der dortige Münzgraveur Friedrich König nach einer Büste des Großherzogs Carl Friedrich von der Bildhauerin Angelika Facius, Weimar, angefertigt hatte.

Die Medaillen haben gewöhnliche Ösen mit Ring, die bronzenen Stücke eine dunkelbraune Tönung. Bis zum Abschluß ihrer Verleihung (Ende 1857) waren 70 goldene, 50 silberne und 100 bronzene Stücke angefertigt, aber nicht alle verliehen worden. Der Rest wurde dann eingeschmolzen.

V: Der nach links gewendete Kopf des Stifters mit der Umschrift „CARL FRIEDRICH GROSSHERZOG ZU SACHSEN", im Halsabschnitt vertieft „A F" (Angelika Facius, Tochter des bei Nr. 1550 erwähnten F. W. Facius, geb. Weimar 14. 10. 1806, gest. Weimar 17. 4. 1887, Schülerin von Rauch).

R: In einem oben wie unten gebundenen dichten Eichenlaubkranz zweizeilig „DEM / VERDIENSTE".

Größe: 35 mm; Gewicht: in Gold 10 Dukaten (35 g), in Silber 25 g.

Band: 38 mm breit, schwarz mit zwei je 6 mm breiten goldgelben Seiten- und dunkelgrünen, je 5 mm breiten Randstreifen.

1566. Goldene

1567. Silberne und

1568. Bronzene Verdienstmedaille mit dem jugendlichen Bild des Großherzogs Carl Alexander (verliehen 1857—1892)

Großherzog Carl Alexander (reg. 1853—1901) ließ von Ende des Jahres 1857 an die Verdienstmedaillen mit seinem Bilde prägen. Eine Verordnung über deren Verleihung erschien jedoch erst am 7. Dezember 1889.

Die bronzenen Verdienstmedaillen behielten ihre dunkelbraune Tönung bei, wie auch alle Medaillen wieder gewöhnliche Drahtösen mit Ring hatten.

V: Der nach links gewendete jugendliche Kopf des Großherzogs; Umschrift: „CARL ALEXANDER GROSSHERZOG VON SACHSEN", unten am Rande „HELFRICHT F." (Professor F. Helfricht, geb. 1809 zu Zella in Thüringen, war Hofmedailleur in Gotha, dort gestorben 1892).

R: Innerhalb eines oben und unten kreuzweise gebundenen Eichenlaubkranzes in zwei Zeilen „DEM / VERDIENSTE".

Größe: 36 mm; Gewicht: in Gold 10 Dukaten (35 g), in Silber 25 g.

Band: 40 mm breit, schwarz mit hellgelben 6 mm breiten Seiten- und dunkelgrünen 5 mm breiten Randstreifen.

1569. Silberne Verdienstmedaille mit dem jugendlichen Bild des Großherzogs Carl Alexander, mit der Jahreszahl 1870

1570. Dieselbe Medaille mit silberner Bandschnalle und Schwertern

Für Verdienste in den Kriegsjahren 1870/71 verlieh Großherzog Carl Alexander die silberne Verdienstmedaille Nr. 1567 mit der Inschrift „DEM VERDIENSTE 1870“. Für Auszeichnung vor dem Feinde wurde (durch Verfügung vom 22. September 1870) zu dieser Medaille noch eine 43 mm lange und 17 mm hohe flache Schnalle aus poliertem Silber verliehen, auf welcher zwei gekreuzte antike silberne Schwerter aufgelötet sind. Diese Schnalle wurde mit einer an ihrem unteren Rande angebrachten kleinen Öse in die Medaillenöse eingehängt und mit zwei rückseitig angebrachten silbernen Haken am Rocke befestigt.

V: Wie bei Nr. 1567.

R: Innerhalb eines oben und unten kreuzweise gebundenen Eichenlaubkranzes in drei Zeilen „DEM / VERDIENSTE / 1870“.

Größe, Gewicht (ohne Schnalle) und Band wie bei Nr. 1567.

1571. Goldene
1572. Silberne und
1573. Bronzene Verdienstmedaille mit dem älteren Bild des Großherzogs Carl Alexander (verliehen 1892—1902)

Nach dem Erlaß einer neuen Verordnung über die Verleihung der Großherzoglich Sächsischen Medaillen vom 5. August 1892 (Regierungs-Blatt 1892, Nr. 23) wurden die Verdienstmedaillen fernerhin mit dem älteren Bild des Großherzogs ausgegeben. Den Stempel hierzu hatte Professor Helfricht in Gotha bereits im November 1889 nach einer Büste von Professor Hildebrand in München fertiggestellt. Die Medaillen wurden für Verdienste verliehen, „welche durch eine Wirksamkeit in Angelegenheiten des Großherzogtums Sachsen und des Deutschen Reiches erworben sind“.

Die bronzenen Medaillen hatten ihre seitherige dunkle Tönung beibehalten.

V: Der nach links gewendete Kopf des Großherzogs mit älterem Gesichtsausdruck; Umschrift: „CARL ALEXANDER GROSSHERZOG VON SACHSEN“, unten am Rande in kleinster Schrift „HELFRICHT F.“.

R: In einem oben und unten kreuzweise gebundenen dichten Eichenlaubkranz die zweizeilige Inschrift „DEM / VERDIENSTE“.

Größe: 36 mm; Gewicht: in Gold 10 Dukaten (35 g), in Silber 20 g.

Band: 40 mm breit, schwarz mit zitronengelben, je 6 mm breiten Seiten- und dunkelgrünen 5 mm breiten Randstreifen.

1574. Silberne Verdienstmedaille mit der Jahreszahl 1870
1575. Dieselbe mit silberner Bandschnalle und Schwertern (verliehen als Ersatz für 1569/1570 mit dem älteren Bild Carl Alexanders)

Durch die Befestigung der ziemlich schweren silbernen Verdienstmedaillen an den kleinen und dünnen Ösen der Bandschnalle mit Schwertern ergaben sich im Laufe der Jahre so viele Verluste und dementsprechend auch Gesuche um Ersatz der verlorengegangenen Stücke, daß gegen Mitte der 1890er Jahre die noch vorhandenen Vorräte an solchen Medaillen erschöpft waren und eine Neuprägung in Betracht gezogen werden mußte.

Diese erfolgte dann auch mit Benutzung des inzwischen neu hergestellten Vorderseitenstempels mit dem älteren Bild des Großherzogs (siehe Nr. 1572) und des ursprünglichen Rückseitenstempels mit der Aufschrift „DEM / VERDIENSTE / 1870". Es wurden nur 10 solche Ersatzmedaillen geprägt, die daher außerordentlich selten sind.

1576. Goldene
1577. Silberne und
1578. Bronzene Anerkennungs-Medaille (verliehen 1892—1902)

Gestiftet von Großherzog Carl Alexander am 25. August 1892 im Anschluß an die Verdienstmedaillen „zur Anerkennung für sonstige löbliche Leistungen und guten Dienste". (Regierungs-Blatt 1892, Nr. 23.) In dieser Form kamen die Medaillen meist an Personen deutscher Staatsangehörigkeit sowie auch an Personen zur Verleihung, die nicht die sachsen-weimarische Staatsangehörigkeit hatten.

V: Wie bei Nr. 1571ff.

R: Der verschlungene gekrönte Namenszug des Stifters „C A".

Größe, Gewicht und Band wie bei Nr. 1571 ff.

1579. Allgemeines Ehrenzeichen in Gold (Silber vergoldet)
1580. Dasselbe mit Bandschnalle und Schwertern
1581. Allgemeines Ehrenzeichen in Silber
1582. Dasselbe mit Bandschnalle und Schwertern
1583. Allgemeines Ehrenzeichen in dunkler Bronze
1584. Dasselbe mit Bandschnalle und Schwertern
alle mit der Inschrift „Dem Verdienste"

1585. Allgemeines Ehrenzeichen in Gold (Silber vergoldet)
1586. Allgemeines Ehrenzeichen in Silber
1587. Allgemeines Ehrenzeichen in Bronze
alle mit der Inschrift „Für treue Dienste"

1588. Allgemeines Ehrenzeichen in Gold (Silber vergoldet)
1589. Allgemeines Ehrenzeichen in Silber
1590. Allgemeines Ehrenzeichen in Bronze
alle mit der Inschrift „Für treue Arbeit"

(Die unter Nr. 1579—1590 aufgeführten Ehrenzeichen kamen nur an sachsen-weimarische Staatsangehörige zur Verleihung von 1902 bis 1918.)

1591. Allgemeines Ehrenzeichen in Gold (Silber vergoldet)
1592. Allgemeines Ehrenzeichen in Silber
1593. Allgemeines Ehrenzeichen in Bronze
alle mit dem gekrönten Namenszuge „W E".
(an Angehörige anderer Staaten verliehen 1902—1918)

Gestiftet von Großherzog Wilhelm Ernst am 25. Juni 1902 unter Aufhebung der in der Verordnung vom 25. August 1892 erstmals und in der Verordnung vom 25. Januar 1896 nochmals erlassenen Vorschriften (vgl. Nr. 1604) „zur Anerkennung ausgezeichneter Verdienste, insbesondere langjähriger vorbildlicher Pflichterfüllung und treuer Arbeit, sowie zur Verleihung als Zeichen Unserer Wohlgeneigtheit". Zur Anerkennung des Verhaltens vor dem Feinde wurde das Ehrenzeichen mit zwei über der Medaille auf einer Bandschnalle gekreuzten Schwertern aus gleichem Metall verliehen.

Die Allgemeinen Ehrenzeichen bestehen aus silbervergoldeten, silbernen oder bronzenen Medaillen, zu denen Bildhauer Arthur Krüger, Inhaber der Berliner Medaillenmünze, die Stempel schnitt. Die Medaillen haben eine gewöhnliche Drahtöse mit Ring. Soweit sie mit Bandschnalle und Schwertern verliehen wurden, sind diese Schnallen wie bei der silbernen Verdienstmedaille Nr. 1570 für Verdienste im Kriege 1870/71 rechteckige flache Metallrahmen von 19 mm Höhe und 44 mm Breite, auf welchen zwei gekreuzte antike Schwerter ruhen. Unten befindet sich eine kleine Öse zum Einhängen der Medaille, rückseitig aber sind zwei Metallschlaufen zum Durchziehen des Bandes angelötet. Das Metall der Bandschnallen richtet sich nach dem der hierzu gehörigen Medaillen. Das Allgemeine Ehrenzeichen in Bronze ist dunkelbraun getönt. Mit der Bandschnalle bzw. mit Schwertern kamen im Südwestafrikafeldzug 3 Stück in Gold (Silber vergoldet), 10 in Silber und 17 in Bronze an Weimarer Landeskinder zur Verleihung

Die sonst an weimarische Staatsangehörige verliehenen Allgemeinen Ehrenzeichen tragen auf der Rückseite in der Regel die Inschrift „Dem Verdienste" (Nr. 1579—1584). Diese wurden an Inländer aber auch noch mit den Inschriften „Für treue Dienste" und „Für treue Arbeit" verliehen, während Angehörige anderer Staaten stets das Allgemeine Ehrenzeichen mit dem gekrönten verschlungenen Namenszug des Stifters erhielten.

V: Der nach links gewendete Kopf des Großherzogs; Umschrift: „WILHELM ERNST GROSSHERZOG VON SACHSEN", unten am Rande in kleinster Schrift „A. KRÜGER F.".

R. bei Nr. 1579—1584: Innerhalb eines oben und unten kreuzweise gebundenen dichten Eichenlaubgewindes „DEM / VERDIENSTE".

R. bei Nr. 1585—1587: Innerhalb von zwei unten mit einer Doppelschleife zusammengebundenen Eichenlaubzweigen „FÜR / TREUE / DIENSTE".

R. bei Nr. 1588—1590: Innerhalb der zwei unten mit einer Doppelschleife zusammengebundenen Eichenlaubzweige (wie bei Nr. 1585 ff.) „FÜR / TREUE / ARBEIT".

R: Bei Nr. 1591—1593: Im glatten Felde der verschlungene Namenszug „W E" unter der Krone.

Größe, Gewicht in Silber, Band wie bei Nr. 1571 ff.

1594. Allgemeines Ehrenzeichen in Gold (Silber vergoldet)

1594a. Dasselbe in vergoldeter Zinklegierung

1595. Allgemeines Ehrenzeichen in Gold mit Bandschnalle und Schwertern (Silber vergoldet)

1595a. Dasselbe in vergoldeter Zinklegierung

1596. Allgemeines Ehrenzeichen in Silber

1596a. Dasselbe in versilberter Zinklegierung

1597. Allgemeines Ehrenzeichen in Silber mit Bandschnalle und Schwertern

1597a. Dasselbe in versilberter Zinklegierung

1598. Allgemeines Ehrenzeichen in Bronze
1598a. Dasselbe in bronzierter Zinklegierung
1599. Allgemeines Ehrenzeichen in Bronze mit Bandschnalle und Schwertern
1599a. Dasselbe (in bronzierter Zinklegierung)
alle mit der Inschrift „Dem Verdienste 1914" (verliehen während des Weltkrieges 1914/18) Abbildung am Schluß des Bandes.

Seit Beginn des Weltkrieges kam das Allgemeine Ehrenzeichen, soweit für Verdienste verliehen, welche mit diesem Kriege zusammenhingen, stets mit der vorstehenden Inschrift auf der Rückseite zur Ausgabe. Für militärische Verdienste vor dem Feinde kamen dazu noch die schon während des Krieges 1870/71 eingeführt gewesenen und später während der Kolonialkriege mehrmals verliehenen Bandspangen mit aufgelöteten antiken Schwertern. Das Allgemeine Ehrenzeichen in Gold gelangte in der Regel mit der Schwerterdekoration an ältere Portepée-Unteroffiziere, dasjenige in Silber an sonstige Unteroffiziere, das bronzene Ehrenzeichen jedoch an Mannschaften vorzugsweise des 5. Thür. Infanterie-Regiments Nr. 94 und seiner Reserveformationen. Aber auch Weimarer Landeskinder in anderen Truppenteilen konnten für Kriegsverdienste das heimatliche Ehrenzeichen erhalten.

Das Allgemeine Ehrenzeichen in Bronze hatte schon seit 1914 eine etwas hellere Tönung statt des früheren dunkelbraunen Tones erhalten. Als dann seit Mitte 1918 die drei Klassen dieser Auszeichnung aus einer vergoldeten, versilberten oder verkupferten Zinklegierung hergestellt wurden, erschien die Oberfläche aller Medaillen matt (d. i. ohne Stempelglanz).

V: Wie bei Nr. 1579 ff.

R: Innerhalb eines oben und unten kreuzweise gebundenen dichten Eichenlaubkranzes dreizeilig „DEM / VERDIENSTE / 1914".

Größe, Gewicht in Silber, Band wie bei Nr. 1571 ff.

1600. Ehrenzeichen für rühmliche Tätigkeit 1870/71, Silber, rautenförmige Medaille
Gestiftet von Großherzog Carl Alexander am 19. Juli 1871 „für Männer, Frauen und Jungfrauen …, welche während des Krieges gegen Frankreich durch pflichteifrige Erfüllung dienstlicher Obliegenheiten oder durch freiwillige Aufopferung sich ein besonderes Verdienst erworben haben".

Der Grund des rautenförmigen silbernen Ehrenzeichens ist glatt mit erhöhter Einfassung. An den vier Ecken erscheinen geradlinige, ebenfalls rautenförmige Ausbuchtungen Die Stempel hierzu schnitt Hofmedailleur F. Helfricht in Gotha, der auch die Prägung besorgte und im Dezember 1871 im ganzen 456 Stück dieses Ehrenzeichens nach Weimar lieferte. Entgegen den ursprünglichen Bestimmungen gelangten alle verliehenen Stücke nur an Frauen und Jungfrauen. Die Ehrenzeichen haben eine angelötete, von oben nach unten gelochte Öse, in welcher mit einem kleinen Verbindungsring der eigentliche (runde) Tragring eingehängt ist.

V: Der verschlungene Namenszug „C A S" (Carl Alexander und Sophie), überhöht von einer schwebenden Krone.

R: Innerhalb eines unten gebundenen Lorbeerkranzes die vierzeilige Inschrift „FÜR / RÜHMLICHE / THÄTIGKEIT / 1870/1871" (in sogen. Grotesk-Versalien).

Größe: 45 mm hoch, 38 mm breit; Gewicht: 17 g.

Band: 26 mm breit, nicht gewässert, schwarz mit zwei zitronengelben, je 2 mm breiten Seitenstreifen und anschließend 5 mm breiten dunkelgrünen Randstreifen, zur Schleife geformt getragen.

1601. Lebensrettungs-Medaille, Silber, oval (verliehen 1881—1918)

Gestiftet von Großherzog Carl Alexander am 24. Juni 1881 „für Fälle einer bei der Lebensrettung eines Verunglückten bewiesenen vorzüglichen Entschlossenheit mit Zweckmäßigkeit des Verfahrens und eines dadurch bewirkten glücklichen Erfolges".

Die Stempel zu der Medaille sind von Professor Helfricht in Gotha geschnitten worden.

V: Der sächsische Wappenschild unter der Krone und auf dem Hermelinmantel; Umschrift zwischen zwei Kreislinien „VIGILANDO ASCENDIMUS"

R: Innerhalb einer bogigen Randverzierung („Rautenkranz") in vier Zeilen „FÜR / RETTUNG / AUS / LEBENSGEFAHR" in Grotesk-Versalien.

Größe: 34 mm hoch, 31 mm breit; Gewicht: 14 g.

Band: 31 mm breit, grasgrün mit zitronengelben, je 2¹/₂ mm breiten Seitenstreifen und schwarzen, je 5 mm breiten Randstreifen.

1602. Medaille für Wissenschaft und Kunst, I. Klasse, Gold, oval (verliehen 1892—1902)

1603. Medaille für Wissenschaft und Kunst, II. Klasse, Gold, rund (verliehen 1890—1902)

Die ovale goldene Medaille wurde am 25. August 1892 von Großherzog Carl Alexander als I. Klasse „für hervorragende Verdienste auf dem Gebiete der Wissenschaft und Künste" gestiftet. (Regierungs-Blatt 1892, Nr. 23.) Die runde goldene Medaille stimmt in Größe, Prägung und Gewicht mit der goldenen Verdienstmedaille Nr. 1566 überein und wurde seit einer Verordnung vom 7. Dezember 1899 (Regierungs-Blatt 1889, Nr. 38) für Verdienste um Kunst und Wissenschaft am zinnoberroten 36 mm breiten Bande des Ritterkreuzes vom Falkenorden verliehen. Die obenerwähnte Verordnung vom 25. August 1892 bestimmte diese runde goldene Medaille dann als II. Klasse, welche bei späterer Verleihung der damals neu gestifteten I. Klasse an die Ordenskanzlei zurückzugeben war.

Die I. Klasse besteht aus einer ovalen goldenen Medaille, welche in einem profilierten Rande sitzt, um welchen sich eine zierlich gegliederte goldene Kette schlingt. An letzterer ist oben eine Öse angebracht, in welcher der mit einem schmalen gewundenen Kettchen umlegte bewegliche Ring für das am Hals zu tragende Band hängt. Professor F. Helfricht in Gotha hatte die Stempel zu dieser ovalen Medaille bereits im Dezember 1889 fertiggestellt. Es kamen nur 12 (ovale) Medaillen I. Klasse neben 39 (runden) Medaillen II. Klasse bis 1902 zur Verleihung.

V: Der nach links gewendete ältere Kopf des Stifters; Umschrift, von einem Perlenrande umgeben, „CARL ALEXANDER GROSS-HERZOG VON SACHSEN". Unter dem Halsabschnitt „HELF-RICHT F", unten am Rande ein sechsstrahliges Sternchen.

R: Innerhalb eines oben und unten kreuzweise gebundenen Lorbeerkranzes die zweizeilige Inschrift „DEM / VERDIENSTE".

Größe der (ovalen) Medaille I. Klasse ohne die Golddraht-Einfassung:
28/37 mm, einschließlich dieser jedoch 35/44 mm; Gewicht: 40 g.

Größe und Gewicht der (runden goldenen) Medaille II. Klasse: 36 mm
bzw. 35 g (wie Nr 1566).

Band (Halsband) zur I. Klasse des Komturkreuzes des Falkenordens:
55 mm breit, zinnoberrot.

Band zur II. Klasse des Ritterkreuzes des Falkenordens: 36 mm breit,
zinnoberrot.

**1604. Medaille „Dem Verdienste in der Kunst" mit dem Bild des
Großherzogs Carl Alexander, Silber (verliehen 1896—1902)**

Gestiftet von Großherzog Carl Alexander am 25. Januar 1896 im Anschluß
an die Medaillen für Kunst und Wissenschaft „zur Anerkennung rühmlichen
Wirkens, gemeinnütziger Tätigkeit und anderer löblicher Leistungen und
Dienste auf dem Gebiete der Kunst". (Regierungs-Blatt 1896, Nr. 2, wobei sonst
die Verordnung vom 25. 8. 1892 fast wörtlich wiederholt ist.)

Die runde Medaille (36 mm Durchmesser) sitzt in einem profilierten
Rande, um welchen eine altsilberne Kette mit zierlichen, engen Glie-
dern gelegt ist. An letzterer ist oben eine gewöhnliche Öse angebracht,
in welcher der Tragring hängt.

V: Der nach links gewendete ältere Kopf des Stifters; Umschrift:
„CARL ALEXANDER GROSSHERZOG VON SACHSEN", unten
am Rande „HELFRICHT F". (Gleicher Stempel wie bei Nr. 1572
oder 1577.)

R: Innerhalb eines mehrfach von einem Bande umschlungenen Lorbeergewindes in vier Zeilen „DEM / VERDIENSTE / IN DER /
KUNST".

Größe (einschließlich der Kettenumrahmung): 45 mm; Gewicht: 32 g.

Band: 37 mm breit, zinnoberrot.

**1605. Medaille für Kunst und Wissenschaft mit dem Bild des Groß-
herzogs Wilhelm Ernst, I. Klasse, Gold, oval (verliehen 1902—1918)**

Abbildung am Schluß des Bandes.

Gestiftet von Großherzog Wilhelm Ernst gleichzeitig mit den Medaillen
II. und III. Klasse Nr. 1606/1607 am 15. April 1902 in Abänderung der Verordnung vom 25. Januar 1896 „zur Anerkennung hervorragender Leistungen
auf dem Gebiete von Kunst und Wissenschaft". Die I. Klasse wird um den
Hals, die II. und III. Klasse werden auf der Brust getragen.

Die ovale Medaille I. Klasse wird von einem 5 mm breiten goldenen
Lorbeergewinde umrahmt, welches mehrfach von Bändern umschlungen und unten mit den abfliegenden Enden verziert ist. Sie hat eine
gewöhnliche kleine Öse, in welcher der längliche doppelte Ring aus
Golddraht hängt.

V: Innerhalb einer dünnen Perlenumrandung der nach links gewendete
Kopf des Großherzogs. Unter dem Halsabschnitt in Diamantschrift
„A. KRÜGER F.". Umschrift: „WILHELM ERNST GROSSHERZOG
VON SACHSEN".

R: Innerhalb einer dünnen Perlenumrandung „FÜR / KUNST UND / WISSENSCHAFT", unten ein sechsstrahliger Stern.

Größe (ohne die Lorbeerumrandung): 40 mm hoch, 30 mm breit.

Band (das Halsband des Komturkreuzes des Hausordens der Wachsamkeit oder vom weißen Falken): 55 mm breit, zinnoberrot.

1606. Medaille II. Klasse, Gold (Silber vergoldet)

1607. Medaille III. Klasse für Kunst und Wissenschaft mit dem Bild des Großherzogs Wilhelm Ernst, Silber (verliehen 1902—1918)

Gleichzeitig gestiftet mit der ovalen goldenen Medaille I. Klasse für Kunst und Wissenschaft am 15. April 1902.

Diese runden Medaillen, welche in der Prägung und Größe genau dem Allgemeinen Ehrenzeichen entsprechen, sind von einem 4 mm breiten Lorbeergewinde eingeschlossen, welches oben die gewöhnliche Öse mit Ring trägt. Bei der Medaille III. Klasse ist diese Lorbeerumrahmung aus dunkeloxydiertem Silber, bei der II. Klasse matt vergoldet; das das Lorbeergewinde umwindende Band bildet unten eine fliegende Schleife.

V: Kopf wie bei Nr. 1579 ff.

R: Gekrönter verschlungener Namenszug „WE" (wie bei Nr. 1591 und 1592).

Größe (einschließlich Lorbeerkranz): 44 mm, ohne denselben 36 mm; Gewicht: 39 g.

Band des Ritterkreuzes des weißen Falkenordens: 36 mm breit, zinnoberrot.

1608. Ehrenzeichen für Frauen I. Abteilung, ovale silberne Medaille

1609. Ehrenzeichen für Frauen II. Abteilung, ovale silberne Medaille mit silbervergoldeter Krone

1610. Ehrenzeichen für Frauen III. Abteilung, ovale silberne Medaille mit silbervergoldeter Krone und ebensolchem Olivenkranz (verliehen 1899—1918)

Gestiftet von Großherzog Carl Alexander am 31. Dezember 1899 (Regierungs-Blatt Nr. 50 vom 31. Dezember 1899) zum Gedächtnis seiner Mutter, der Großherzogin Maria Paulowna, Großfürstin von Rußland, und seiner Gemahlin, der Großherzogin Sophie, Prinzessin der Niederlande, „für Frauen und Jungfrauen, welche sich im Dienste der Vaterlands- und Nächstenliebe, insbesondere auf dem Gebiete der Kranken-, Armen- und Gemeindepflege, in Bezug auf Kinderbewahranstalten, Industrie-, Koch- und Haushaltungsschulen u. dgl., sei es als Mitglieder der Frauenvereine des Großherzogtums, oder sonst ausgezeichnet haben". Die Verleihung der ersten Abteilung setzte in der Regel eine 20jährige, die der zweiten eine 30jährige, die der dritten eine 40jährige derartige Tätigkeit voraus.

Die ovale silberne Medaille hat einen stark erhöhten abgestuften Rand und eine gewöhnliche Drahtöse mit Ring. In der II. Abteilung wird diese ovale Medaille außerdem von einer offenen, silbervergoldeten Krone (20 mm hoch), überhöht, die mit einem beweglichen Scharnier befestigt ist und im Reichsapfel den gewöhnlichen Ring trägt. In der III. Abteilung wird die Medaille noch von einem 4 mm breiten vergoldeten Lorbeergewinde umgeben, welches durch ein unsichtbares Scharnier mit der vergoldeten offenen Krone verbunden ist.

V: Der nach rechts gewendete Kopf der Großherzogin-Mutter mit antiker Haartracht und Diadem; Umschrift: „MARIA PAWLOWNA GROSSHERZ. V. SACHSEN GROSSF. V. RUSSLAND". Unten ein sechsstrahliges Sternchen, am Rande entlang eine schmale Perleneinfassung.

R: Die verschlungenen Namenszüge des Stifters und seiner Gemahlin, der Großherzogin Sophie „C A S" unter einer schwebenden Krone. Die Buchstaben „C" und „S" erscheinen dabei doppelt und letzterer mit einer Perlenverzierung auf seinen Grundstrichen. Im unteren Teil der Medaille die Umschrift „FÜR FRAUEN-VERDIENST".

Größe der I. und II. Abteilung (ohne Krone) Nr. 1608 und Nr. 1609: 41 mm hoch, 33 mm breit; der III. Abteilung (ohne Krone) Nr. 1610: 45 mm hoch, 31 mm breit.

Gewicht bei Nr. 1608: 27 g, Nr. 1609: 31 g, Nr. 1610: 41 g.

Band (als Doppelschleife an der linken Schulter getragen): 38 mm breit, zinnoberrot mit zwei je 5 mm breiten goldgelben Seitenstreifen in 0,5 mm Abstand von den Kanten.

1611. Ehrenzeichen für Frauenverdienst im Kriege, versilbertes Kriegsmetall Abbildung am Schluß des Bandes.

Gestiftet von Großherzog Wilhelm Ernst in Gemeinschaft mit seiner Gemahlin, der Großherzogin Feodora, am 15. August 1915 anläßlich der Jahrhundertfeier des Bestehens der sachsen-weimarischen Frauen-Vereine „für Frauen und Jungfrauen, welche auf dem Gebiete der Kriegsfürsorge dauernd tätig gewesen sind und sich durch besondere Opferwilligkeit und hervorragende Leistungen ausgezeichnet haben". Die Ablieferung der Medaillen erfolgte aber erst im März 1918.

Das ovale Ehrenzeichen war ursprünglich in Silber gedacht, kam aber wegen des inzwischen eingetretenen Edelmetallmangels nur in Kriegsmetall (Zink), matt versilbert, zur Ausgabe. Es hat oben eine quer angeprägte Öse, in welcher ein flacher, langgestreckter, nach oben zu breiter werdender Ring hängt. Die Stempel sind nach einem Modell des Bildhauers Professor Römer in München hergestellt worden.

V: Die nach rechts gewendeten hintereinandergestellten Bildnisse der Großherzoginnen Feodora und Maria Paulowna (Großherzogin Feodora war die Obervorsteherin, Großherzogin Maria Paulowna, Gemahlin des Großherzogs Carl Friedrich, die Gründerin der 1815 entstandenen Frauenvereine des Landes; beide waren russische Prinzessinnen). Umschrift: „FEODORA — MCMXV — MARIA — PAVLOWNA — MDCCCXV — (oben) GROSSHERZOGINNEN v. SACHSEN".

R: In der Mitte die verschlungenen Namenszüge „E W F" (Ernst Wilhelm, Feodora) unter der schwebenden Krone, darunter in zwei Zeilen „XV · AVGVST · / MCMXV ·"; Umschrift: „· FRAVEN — VERDIENST — IM KRIEGE ·".

439

Größe: 48 mm hoch, 36 mm breit.

Band: 36 mm breit, zinnoberrot mit grasgrünen 3 mm breiten Seitenstreifen und weißen 5 mm breiten Randstreifen, als Schleife an der
linken Schulter getragen.

**1612. Verdienstkreuz für Heimatverdienste während der Kriegsjahre
1914/18, aus grauem Kriegsmetall** Abbildung am Schluß des Bandes.

Gestiftet von Großherzog Wilhelm Ernst am 27. Januar 1918 für besondere
Leistungen auf dem Gebiete der Kriegsfürsorge in der Heimat.

Das Kreuz ist aus einer dunkelgrau getönten Zinklegierung (sog.
Kriegsmetall) hergestellt. Es hat nach außen verbreiterte abgerundete
gekörnte Arme mit erhöhter glatter Umrahmung, von denen der untere
länger ist; das Kreuz ist mit einer offenen Bügelkrone (20 mm hoch)
durch eine kleine Öse und einem Scharnier verbunden. Im Reichsapfel der Krone hängt der Tragring.

V: Im runden Mittelschildchen (18 mm Durchmesser) der nach links
gewendete Kopf des Stifters; am Rand entlang eine Perleneinfassung.

R: Im runden Mittelschildchen (18 mm Durchmesser) in drei Zeilen
„Für / Heimat- / Verdienst", darunter ein kleines vierblätteriges
Röschen; außen herum eine Perleneinfassung. Auf dem unteren
Kreuzarm „1918".

Größe ohne Krone: 48 mm hoch, 42 mm breit.

Band: 31 mm breit, nicht gewässert, zinnoberrot mit grasgrünen, goldgelben und schwarzen Seitenstreifen, diese alle je 3 mm breit.

**1613. Ehrenkreuz für die Krieger- und Militärvereine, Bronze
(verliehen 1902—1918)**

Gestiftet von Großherzog Wilhelm Ernst am 28. Oktober 1902 „für solche
Krieger- und Militärvereine, welche seit wenigstens 25 Jahren bestehen, dem
Großherzoglich Sächsischen Krieger- und Militär-Vereins-Bunde mindestens
10 Jahre angehören und sich besondere Verdienste um die Erhaltung und
Pflege patriotischen und kameradschaftlichen Geistes erworben haben".

Das Kreuz wurde an einem langen, 78 mm breiten Bande an der
Fahne oder Standarte befestigt. Es ist aus Bronze in matter Kupfertönung und hat gerade, nach außen hin breiter werdende gekörnte
Arme mit einer 3 mm breiten flachen Umrandung, dazu eine gewöhnliche Drahtöse mit Ring. Die in einem Stück mitgeprägten Mittelschildchen haben auf Vorder- wie Rückseite 22 mm Durchmesser und
zeigen folgende Ausstattung.

V: Eingeschlossen von einer doppelten Kreislinie mit der Umschrift
„VIGILANDO ASCENDIMUS" sowie mit drei kleinen sechsstrahli-
gen Sternchen der verschlungene gekrönte Namenszug „W E".

R: In einem unten mit einer Doppelschleife gebundenen Eichenlaubkranz „Für / deutsche / Treue" dreizeilig.

Größe: 56 mm.

Band: 78 mm breit, grasgrün mit goldgelben und schwarzen, je 7 mm
breiten Seitenstreifen sowie mit grasgrünen 6 mm breiten Randstreifen.

1614. Kriegervereins-Ehrenzeichen, Bronzekreuz (verliehen 1909—1918)

Gestiftet von Großherzog Wilhelm Ernst am 4. Juli 1909 als Ergänzung des Patentes vom 28. Oktober 1902, betreffend die Stiftung eines Fahnen-Ehrenkreuzes (siehe Nr. 1613), „für Personen, welche sich hervorragende Verdienste um die Pflege des Krieger- und Militärvereinswesens und der damit im Zusammenhang stehenden gemeinnützigen Bestrebungen erworben haben".

Das Bronzekreuz ist eine verkleinerte Nachbildung des vorher beschriebenen Fahnen-Ehrenkreuzes Nr. 1613. Die runden Mittelschildchen haben hier nur 16 mm Durchmesser, die flache Umrandung ist 2 mm breit.

V: Innerhalb einer dünnen doppelten Kreislinie mit der Umschrift „VIGILANDO ASCENDIMUS" der gekrönte verschlungene Namenszug „W E".

R: In einem unten mit einer Doppelschleife gebundenen Eichenlaubkranz die dreizeilige Inschrift „Für / deutsche / Treue".

Größe: 39 mm.

Band: 38 mm breit, grasgrün mit goldgelben und schwarzen, je 3 mm breiten Seitenstreifen und ebenso breiten grasgrünen Rändern.

1615. Medaille „für treue Krieger" in den Kriegen 1809—1815, Bronze

Gestiftet von Großherzog Carl August am 4. Dezember 1815 „für diejenigen Militärs, welche in den Feldzügen seit 1809 sich durch Bravour und Treue ihrer Schuldigkeit gemäß hervorgetan und dabei sich eines groben Exzesses oder Verbrechens nicht schuldig gemacht haben".

Die Medaille aus dunkelbraun gebeiztem Kupfer wurde von dem Hofmedailleur G. Loos in Berlin angefertigt. Sie hat eine angeprägte, runde, von oben nach unten gelochte Öse, in welcher der längliche Tragring hängt. Silberne Exemplare, welche da und dort vorkommen, sind nachträgliche Abschläge und waren nie verliehen.

V: Die Anfangsbuchstaben „C A" des Stifternamens in deutscher Schrift.

R: In zwei Zeilen „Treuen / Kriegern".

Größe: 28 mm.

Band: 36 mm breit, zinnoberrot.

1616. Goldene
1617. Silber vergoldete
1618. Silberne
1619. Bronzene Jubiläums-Medaille zur Erinnerung an die goldene Hochzeit 1892

Gestiftet von Großherzog Carl Alexander am 8. Oktober 1892 zur Erinnerung für die an jenem Tage bei der goldenen Hochzeitsfeier des großherzoglichen Paares in Weimar anwesend gewesenen Fürstlichkeiten, Gäste, den gesamten Hofstaat, die Beamten, die kommandierten Offiziere und Unteroffiziere sowie die Dienerschaft. Die Medaillen sind in der Berliner Medaillonmünze von Ostermann, vormals Loos, angefertigt worden und haben eine gewöhnliche Öse mit Ring. Von der goldenen Jubiläumsmedaille kamen nur 25 Stück an Fürstlichkeiten zur Verleihung.

V: Die nach links gewendeten, hintereinanderstehenden Köpfe des Jubelpaares. Unten am Rande „W. UHLMANN SC. G. LOOS D.".

R: In der Mitte die verschlungenen Namenszüge „C A S" (Carl Alexander, Sofie) in verzierter Schreibschrift unter einer Krone, umgeben
von zwei Myrtenzweigen, welche unten von einem fliegenden
Bande zusammengehalten werden, das die Inschrift trägt „1842 —
8. OCTOBER — 1892", ferner in vertiefter Schrift unten am Rande
klein „LOOS".

Größe: 28 mm; Gewicht: in Gold etwa 14 g, in Silber 11 g.

Band: 26 mm breit, in der Mitte mit einem 6 mm breiten orangefarbigen Streifen, anschließend nach rechts und links je ein dunkelgrüner 4 mm breiter, zitronengelber 2 mm breiter und schwarzer
3 mm breiter Streifen. Die einzelnen Farben sind durch dünne
schwarze Striche begrenzt.

1620. Dienstauszeichnungskreuz für 20 Dienstjahre
1621. Dienstauszeichnungskreuz für 10 Dienstjahre
(verliehen 1834—1872)   Abbildung am Schluß des Bandes.

Beide Kreuze wurden am 14. November 1834 vom Großherzog Carl Friedrich
gestiftet, „um lange, treue Militärdienste der Offiziere, Unteroffiziere und Soldaten zu belohnen".

Die Kreuze bestehen aus schwarz gebeiztem Gußeisen und haben
glatte gerade, nach außen breiter werdende Arme. Die Arme des Kreuzes für 20 Dienstjahre sind mit einer silbernen 3 mm breiten Einfassung
umgeben, welche außen glatt, nach innen zu aber erhöht und schraffiert
ist, in der gleichen Art wie beim preußischen Eisernen Kreuz. Diese
Einfassung trägt oben eine gewöhnliche Öse mit Ring, wie auch die für
10 Dienstjahre eine etwas derbere eiserne Öse mit Ring hat.

V: Im Mittelschildchen (13 mm Durchmesser) der gekrönte verschlungene Namenszug des Stifters „C F" innerhalb einer Kreislinie.

R: Im Mittelschildchen (14 mm Durchmesser), umrahmt von einem
schmalen Lorbeerkranz, die Zahlen „XX" bzw. „X".

Größe: Bei Nr. 1620 33 mm, bei Nr. 1621 30 mm.

Band: 30 mm breit, nicht gewässert, schwarz mit zwei zitronengelben,
je 4 mm breiten Seitenstreifen und dunkelgrünen, je 2 mm breiten
Randstreifen.

1622. Dienstauszeichnung I. Klasse, vergoldete Schnalle
1623. Dienstauszeichnung II. Klasse, silberne Schnalle
1624. Dienstauszeichnung III. Klasse, eiserne Schnalle mit silbernem
Rand mit den Buchstaben „C A" (verliehen 1872—1901)

Gestiftet von Großherzog Carl Alexander am 9. März 1872 (Regierungs-Blatt
1872, Nr. 17, vom 16. April 1872) unter Aufhebung der Dienstauszeichnungskreuze Nr. 1620/1621 für die Unteroffiziere des 5. Thüringischen Infanterie-
Regiments Nr. 94 (Großherzog von Sachsen), welches seit dem Abschluß der
Militärkonvention mit Preußen vom 26. 6. 1867 aus den ehemaligen weimari-
schen Truppen gebildet wurde.

Die rechteckigen Schnallen haben auf fein gekörntem Grund die erhöhten Buchstaben „C. A." und sind bei der I. und II. Klasse von zwei
dünnen Linien, bei der III. Klasse aber von einer angelöteten 2 mm

breiten silbernen Umrahmung eingefaßt. An den Schnallen befinden sich rückseitig Metallstreifen mit einer Anstecknadel, über welche das Band gestreift ist.

Größe: 12 mm hoch, 42 mm lang.

Band: 40 mm breit, schwarz mit zwei goldgelben, je 6 mm breiten Seiten- und dunkelgrünen, je 5 mm breiten Randstreifen.

1625. Dienstauszeichnung I. Klasse, vergoldete Schnalle

1626. Dienstauszeichnung II. Klasse, silberne Schnalle

1627. Dienstauszeichnung III. Klasse, schwarz lackierte Schnalle mit silbernem Rand mit den Buchstaben „W. E."
(verliehen 1901—1913)

Eingeführt an Stelle von Nr. 1622/1624 durch Großherzog Wilhelm Ernst am 23. Februar 1901 (Regierungs-Blatt 1901, Nr. 7, vom 21. Februar 1901) für 21, 15 bzw. 9 Dienstjahre der Unteroffiziere des 5. Thüringischen Infanterie-Regiments Nr. 94, sowie der Landgendarmerie.

Die 13 mm hohen und 42 mm breiten Schnallen sind rautenförmig grundiert und tragen die erhöhten Buchstaben „𝕎 𝔈" in gotischem Schriftcharakter sowie außen herum eine Doppellinie als Einfassung. Bei der III. Klasse sind alle Teile mit Ausnahme der Linienumrahmung schwarz lackiert, letztere erscheint hell (Silber). Die Schnallen haben rückseitig eine Metallschleife zum Durchziehen des Bandes sowie eine Anstecknadel.

Band: Wie bei Nr. 1622 ff.

1628. Dienstauszeichnung I. Klasse für 15 Dienstjahre, Kreuz aus Kupfer

Gestiftet von Großherzog Wilhelm Ernst am 20. Dezember 1913 (Regierungs-Blatt 1913, Nr. 41), gleichzeitig mit den Dienstauszeichnungen II. und III. Klasse Nr. 1629/1630, unter teilweiser Abänderung der Statuten vom 9. März 1872 und des Nachtrages dazu vom 23. Februar 1901, betreffend die Dienstauszeichnungen für die Unteroffiziere des 5. Thüringischen Infanterie-Regiments (Großherzog von Sachsen) Nr. 94 und das Großherzogliche Gendarmeriekorps. Die bis dahin zur Verausgabung gelangten Dienstauszeichnungen für 21, 15 und 9 Dienstjahre Nr. 1625—1627 wurden durch solche in neuer Form für 15, 12 und 9 Dienstjahre ersetzt. Die im stehenden Heere oder dem Gendarmeriekorps nicht mehr angehörenden Personen konnten statt der früher erworbenen Dienstauszeichnungen solche in der neuen Form auf eigene Kosten beschaffen und anlegen.

Die Dienstauszeichnung I. Klasse für vollendete 15jährige Dienstzeit besteht aus einem Kreuz von Kupfer mit nach innen sich verjüngenden Armen, welche von einer dreifachen Linieneinfassung umgeben sind.

V: Im 14 mm großen Mittelschilde der von einer Krone überragte verschlungene Namenszug des Stifters „WE" innerhalb einer doppelten Kreislinie.

R: Im 14 mm großen Mittelschilde die Zahl „XV" innerhalb einer doppelten Kreislinie.

Größe: 36 mm.

1629. Dienstauszeichnung II. Klasse für 12 Dienstjahre, Medaille aus Tombak

1630. Dienstauszeichnung III. Klasse für 9 Dienstjahre, Medaille aus Argentan (Neusilber)

Gestiftet gleichzeitig mit Nr. 1628.

V: Im Felde unter der Krone der verschlungene Namenszug „W E". Umschrift im oberen Teil „TREUE DIENSTE", im unteren Teil „BEI DER FAHNE".

R: Die Zahlen „XII" bzw. „IX".

Größe: 30 mm.

Band: Für alle drei Klassen gleich, 30 mm breit, schwarz mit zwei goldgelben, je 4,5 mm breiten Seiten- und anschließenden dunkelgrünen, je 3 mm breiten Randstreifen.

1631. Ehrenzeichen für die Feuerwehr (verliehen seit 1890)

Gestiftet von Großherzog Carl Alexander am 22. November 1890 für Mitglieder der im Großherzogtum bestehenden Feuerwehren, „welche sich im Feuerwehrdienst durch treue und nützliche Dienste oder auf der Brandstätte durch eine besonders hervorragende Leistung ausgezeichnet haben".

Das Ehrenzeichen ist durchbrochen gearbeitet. Die silberne rechteckige Platte hat in der Mitte den runden vergoldeten und gekrönten sächsischen Wappenschild mit dem herumgelegten Spruchband „VIGILANDO / ASCENDIMUS"; zu beiden Seiten desselben vergoldete Feuerwehrgerätschaften innerhalb des durchbrochenen Rahmens, welcher rückseitig eine silberne Nadel mit Scharnier zum Anstecken am Rock trägt.

Größe einschließlich der Krone: 44 mm breit, 34 mm hoch.

Gewicht: 22 g.

Größe: 40 mm breit, schwarz mit 6 mm breiten zitronengelben Seitenstreifen und 5 mm breiten dunkelgrünen Rändern.

1631a. Ehrenzeichen für Hebammen, silberne Brosche (verliehen 1914—1918)

Gestiftet von Großherzogin Feodora mit Genehmigung des Großherzogs Wilhelm Ernst am 6. Januar 1914. Dieses Ehrenzeichen wurde vom großherzoglichen Staatsministerium, Departement des Innern, an solche Hebammen verliehen, „die ihren Beruf 25 Jahre lang in einwandfreier Weise erfüllt haben".

Das mattsilberne Ehrenzeichen in Gestalt einer achteckigen Brosche zeigt auf der

V: in der Mitte den doppelten, gekrönten und verschlungenen Namenszug der Stifterin „F F" (einmal in Spiegelschrift), darunter die Zahl „25", umgeben von vertieften, bogenförmigen Verzierungen. Eine ebenfalls vertiefte, 1,5 mm breite Kreislinie umschließt die vorerwähnten Darstellungen. Die acht Ecken der Brosche sind mit kurzen Perlenstäben verziert.

R: Glatt mit waagerecht angebrachter Anstecknadel.

Größe: 32 mm; Gewicht: 14,5 g.

Sächsische Herzogtümer

Bis zum Anfang des Jahres 1825 bestanden folgende vier Herzogtümer:

Sachsen-Meiningen, Sachsen-Coburg-Saalfeld, Sachsen-Hildburghausen, Sachsen-Gotha-Altenburg.

Nach dem Aussterben der Linie Gotha-Altenburg mit Herzog Friedrich IV. am 11. Februar 1825 bestanden gemäß dem Erbteilungsvertrag vom 12. November 1826 nachstehende Herzogtümer: Sachsen-Meiningen und Hildburghausen, Sachsen-Altenburg, Sachsen-Coburg und Gotha. Seit November 1918 sind diese drei Herzogtümer Freistaaten. April 1920 sind sie im Freistaat Thüringen aufgegangen mit Ausnahme von Coburg, das zu Bayern kam.

Die drei Ernestinischen Herzogtümer haten einen am 25. Dezember 1833 gemeinsam gestifteten Orden, den Herzoglich Sachsen-Ernestinischen Hausorden. Eine Reihe von Ehrenzeichen waren ebenfalls gemeinsam.

Gemeinschaftliche Ehrenzeichen:

1632. Goldene und

1633. Silberne gemeinschaftliche Militärverdienstmedaille für das Jahr 1814 Abbildung am Schluß des Bandes.

Gestiftet von den Herzögen Bernhard Erich Freund zu Sachsen-Meiningen (reg. 1803—1866), Ernst I. zu Coburg-Saalfeld (reg. 1806—1844) und Friedrich zu Sachsen-Hildburghausen (reg. 1780—1834) nach Beendigung des Krieges 1814 zur Belohnung hervorragender Verdienste vor dem Feinde. Es sollten dabei aber nicht nur besondere Heldentaten aus diesem Kriege, sondern auch Beweise der Pflichttreue und Aufopferung ihre wohlverdiente Anerkennung finden, welche von Angehörigen des damaligen „Regiments der Herzöge von Sachsen" während der Napoleonischen Kriege von 1807—1813 in Spanien, Tirol und Rußland vollbracht worden waren. Die Medaillen wurden dann auch nach Beendigung des Feldzuges von 1815 nochmals verliehen. Die goldenen Medaillen waren für die Offiziere, die silbernen für die Feldwebel, Unteroffiziere und Soldaten bestimmt. Jedes der drei damaligen Herzogtümer behielt sich die Verausgabung von drei goldenen und neun silbernen Verdienstmedaillen vor. Es gelangten jedoch nur 8 goldene, sowie 14 silberne Medaillen zur Verleihung, während insgesamt 8 goldene und 27 silberne Stücke in der Saalfelder Münze geprägt worden waren, deren Kosten 410 Gulden, 58^{1}/$_{4}$ Kreuzer betrugen.

Diese außerordentlich seltenen Ehrenzeichen, wovon die goldenen kleiner waren, hatten eiförmige Ösen mit gewöhnlichem Ring.

V: Der spitz zulaufende sächsische Wappenschild unter einer freischwebenden Krone; Umschrift: „FÜR GOTT UND VATERLAND · " (oben), „1814" (unten).

R: Innerhalb eines unten mit einer Doppelschleife gebundenen Lorbeerkranzes die vierzeilige Inschrift „DER / TAPFERKEIT / UND DEM / VERDIENSTE.".

Größe der goldenen Medaille: 29 mm; Gewicht: 15,65 g, der silbernen Medaille: 36 mm; Gewicht: 30 g.

Band: Breite 38 mm, karmoisinrot mit je 7 mm breiten grünen Randstreifen.

1634. Silbernes Verdienstkreuz des Herzoglich Sachsen-Ernestinischen Hausordens, 1. Form vom Jahre 1833 (verliehen 1833—1866)

Gestiftet am 25. Dezember 1833 zusammen mit den höheren Klassen des vorgenannten Hausordens von den Herzögen Ernst I. von Sachsen-Coburg und Gotha, Friedrich von Sachsen-Altenburg und Bernhard Erich Freund von Sachsen-Meiningen. Im Laufe der langen Zeit bis 1918 ergaben sich eine Reihe von verschiedenen Ausführungen, vor allem bedingt durch den Umstand, daß die drei Herzogtümer verschiedene Lieferanten für diese Ehrenzeichen hatten. Die Verdienstkreuze behielten aber stets ihre achtspitzige Malteserform mit gewöhnlicher Öse nebst Ring bei.

Die erste Prägung zeigt glatte Arme, welche mit einer feinen erhöhten Linie eingefaßt sind. Die besonders geprägten und aufgelöteten Mittelschildchen von 19/20 mm Durchmesser haben auf der

V: Das nach links gewendete Brustbild des gemeinsamen Stammvaters Ernst des Frommen (Stifters des Gothaer Astes der Ernestinischen Linie, reg. 1640—1674) erhöht geprägt auf glattem Grunde und umgeben von einem dichten Lorbeerkranz.

R: Das sächsische Wappen mit dem Rautenkranz, umgeben von zwei Kreislinien, zwischen welchen als Umschrift der Ordenswahlspruch „FIDELITER & CONSTANTER" erscheint.

Größe: 36—37 mm; Gewicht: 12—15 g.

Band: 35 mm breit, lilarot mit zwei dunkelgrünen, je 3,5 mm breiten Seitenstreifen, welche an den Innenseiten mit dünnen schwarzen Strichen eingefaßt sind und je 1 mm Abstand von den Kanten haben.

Anmerkung: Das unter Nr. 721 bei v. Heyden beschriebene silberne Verdienstkreuz des Sachsen-Ernestinischen Hausordens (jetzt in der Sammlung Gg. Schreiber) muß wohl als ein nicht genehmigtes Probestück angesehen werden angesichts der Tatsache, daß die Angaben der ersten Statuten des genannten Ordens vom 25. 12. 1833 über das Verdienstkreuz nur auf Nr. 1634 passen. Das vorerwähnte Stück hat jedoch genau wie die eigentlichen Ordenskreuze auf der Vorderseite um das Bild Ernst des Frommen noch den Wahlspruch: „FIDELITER & CONSTANTER", außerdem den Eichenlaubkranz. Das auf der Rückseite des Mittelschildchens erscheinende sächsische Wappen ist hier ebenfalls zunächst von einem kreisförmigen Bande mit der Inschrift: „DEN 25. DEZEMBER 1833" und nach außen zu noch von einem Eichenlaubkranz umgeben.

1635. Silbernes Verdienstkreuz des Herzoglich Sachsen-Ernestinischen Hausordens
1636. Dasselbe mit Schwertern, 2. Form (verliehen seit etwa 1866)

Die Verdienstkreuze wurden später etwas größer und schwerer hergestellt; die glatten Arme sind nunmehr stärker gewölbt als zuerst. Die aufgelöteten Mittelschildchen (18 mm Durchmesser) zeigen kleine Abweichungen in der Zeichnung der Schrift und des Kopfes Ernst des Frommen; der umgebende Eichenlaubkranz ist breiter.

In dieser Ausführung gelangten Kreuze mit gekreuzten antiken Schwertern zwischen den Armen auch in den Kriegen 1866 und 1870/71 mehrfach zur Verleihung.

Größe: 39 mm; Gewicht ohne Schwerter: 16 g, mit Schwertern 19 g.

Band: 35 mm breit, karmoisinrot mit zwei grasgrünen, je 3,5 mm breiten, innen schwarz eingefaßten Seitenstreifen, diese in 1 mm Abstand von den Bandkanten.

1637. Silbernes Verdienstkreuz des Herzoglich Sachsen-Ernestinischen Hausordens

1638. Dasselbe mit Schwertern
(verliehen seit etwa 1890)

1639. Dasselbe mit den Zahlen „1914" — „1918", 3. Form
Abbildung am Schluß des Bandes.

In noch späteren Jahren gelangten die Verdienstkreuze in wiederum veränderter Prägung zur Ausgabe und zwar teilweise mit gekörnten, teilweise mit glatten (matten) Armen. Die Mittelschildchen der Vorderseite sind nunmehr stets in einem Stück mitgeprägt, während diejenigen der Rückseite entweder, wie seither, besonders geprägt und aufgelötet, oder auch in einem Stück mit dem Kreuze hergestellt wurden (Durchmesser 17 mm). Die Umschrift auf der Rückseite, jetzt in sogenannten Groteskversalien, zeigt den Wahlspruch vollständig ausgeschrieben „FIDELITER ET CONSTANTER".

Während des Weltkrieges kamen Verdienstkreuze wieder mit Schwertern hauptsächlich an Feldwebelleutnants und Offizierstellvertreter der Infanterie-Regimenter Nr. 95 und Nr. 153, sowie von deren Ersatzformationen für Tapferkeit vor dem Feinde zur Verleihung.

Auch Militärpersonen gleicher Rangstufen in anderen Truppenteilen konnten, soweit staatsangehörig in einem der drei Herzogtümer, das Verdienstkreuz mit Schwertern erhalten. Schon im Herbst 1914 wurde ferner verfügt, daß für Kriegsverdienste in der Heimat zum Verdienstkreuz des Sachsen-Ernestinischen Hausordens die erhöht geprägte Jahreszahl „1914" auf dem oberen Kreuzarme der Vorderseite besonders verliehen werden konnte. Erfolgte diese Auszeichnung in den späteren Kriegsjahren, so kamen dazu auf dem unteren Kreuzarm auch noch die Zahlen des Verleihungsjahres, z. B. „1914" „1915", „1914" „1916" usw.

Größe: 37 mm; Gewicht ohne Schwerter: 19 g, mit Schwertern 22 g.

Band: 35 mm breit, karmoisinrot mit zwei grasgrünen, später jedoch hellgrünen, je 3,5 mm breiten und innen schwarz gesäumten Seitenstreifen, letztere 1 mm von den Kanten entfernt.

1640. Silbernes Verdienstkreuz des Herzoglich Sachsen-Ernestinischen Hausordens

1641. Dasselbe mit Schwertern

1642. Dasselbe mit den Zahlen „1914"—„1918", 4. Form
(verliehen seit 1916) Abbildung am Schluß des Bandes.

In der zweiten Hälfte des Weltkrieges wurde, allerdings nur in Sachsen-Coburg und Gotha, das silberne Verdienstkreuz in größerer

Form mit gekrönten Armen und mit eigens geprägten Mittelschildchen für dessen Vorder- und Rückseite geprägt. Dabei ergaben sich auch wieder kleine Abweichungen in der Zeichnung der Darstellungen. Insbesondere wurde nunmehr die Umschrift auf der Rückseite wieder in gewöhnlichen Antiqua-Versalien angebracht, wobei das Wort „ET" in „&" abgekürzt ist, wie bei den Nr. 1634 bis Nr. 1636. Das bei Nr. 1637 ff. über die Schwerter und Jahreszahlen „1914" — „1918" Gesagte hat auch für diese vierte und letzte Verleihungsform Gültigkeit. Die Schwerter sind hier nur entsprechend größer.

Größe: 42 mm; Gewicht ohne Schwerter: 17 g, mit Schwertern: 20 g.

Band: Wie bei Nr. 1637 ff.

1643—1645. Militär-Dienstauszeichnungen für Unteroffiziere und Mannschaften der herzoglichen Kontingente und für Mannschaften des Gendarmeriekorps

1643. Dienstauszeichnung I. Klasse für 15 Dienstjahre, Kreuz aus Tombak
(verliehen 1913—1918)

Eingeführt statt der bis dahin von den drei Herzogtümern in verschiedenen Ausführungen verliehenen Dienstauszeichnungen (Schnallen) für 21, 15 und 9 Dienstjahre (Nr. 1710—1712, Nr. 1799—1801 und Nr. 1836—1838), und zwar in Sachsen-Altenburg am 31. August 1913, in Sachsen-Coburg und Gotha am 7. November 1913 und in Sachsen-Meiningen am 26. Juli 1913. Diese neuen Dienstauszeichnungen gelangten an die Unteroffiziere des 6. Thüringischen Infanterie-Regiments Nr. 95 (Sachsen-Coburg und Gotha und Sachsen-Meiningen), des 8. Thüringischen Infanterie-Regiments Nr. 153 (Sachsen-Altenburg) und des Gendarmeriekorps der drei Ernestinischen Herzogtümer.

V: Im runden, 13 mm großen Mittelschilde, innerhalb einer doppelten Kreislinie der ovale herzoglich sächsische Wappenschild mit aufgesetzter Krone.

R: Im runden, 13 mm großen Mittelschilde, eingefaßt von einer doppelten Kreislinie, die Zahl „XV".

Das Kreuz hat glatte, nach innen zu sich verjüngende Arme mit dreifacher Linieneinfassung, sowie eine gewöhnliche Öse mit Ring.

Größe: 35 mm.

Band: 35 mm breit, dunkelgrün.

1644. Dienstauszeichnung II. Klasse für 12 Dienstjahre, Medaille aus Tombak

1645. Dienstauszeichnung III. Klasse für 9 Dienstjahre, Medaille aus Argentan (Neusilber)

V: In der Mitte der ovale sächsische Wappenschild mit aufsitzender Krone; Umschrift im oberen Teil: „Treue Dienste", im unteren Teil: „bei der Fahne".

R: Bei Nr. 1644 die Zahl „XII", bei Nr. 1645 die Zahl „IX".

Größe: 30 mm.

Band: Wie bei Nr. 1643.

Die vorstehenden Dienstauszeichnungen konnten außer an Unteroffiziere der schon erwähnten Truppenteile in den drei Herzogtümern auch an die

Gendarmerie (in Sachsen-Meiningen „Feldjägerkorps") verliehen werden. In Sachsen-Coburg und Gotha hatten zudem auch noch die Schloßgardisten sowie die Steuer- und Strafanstalts-Aufseher bei entsprechenden Dienstzeiten Anspruch auf diese Auszeichnungen.

1646. Sachsen-Meiningen
1647. Sachsen-Coburg-Saalfeld und
1648. Sachsen-Hildburghausen, gemeinschaftliche silberne Kriegsdenkmünze für 1814 und 1815 (genannt „Campagne-Medaille")

Gemeinschaftlich gestiftet von der Herzogin Louise Eleonore von Sachsen-Meiningen, als Regentin für den unmündigen Herzog Bernhard Erich Freund, von den Herzögen Ernst I. zu Coburg-Saalfeld und Friedrich zu Sachsen-Hildburghausen im Oktober 1814 für die Teilnahme am Feldzuge 1814. Im Jahre 1816 wurden diese Denkmünzen auch noch den Teilnehmern am Feldzuge 1815 verliehen.

V: Bei Nr. 1646 in fünf Zeilen „DEM / VERTHEIDIGER / DES / VATERLANDES / 1814". Im oberen Teile die Umschrift (bogig) in zwei Zeilen „LOUISE ELEONORE / V. H. z. S. O. V. u. L. R." (Verwitwete Herzogin zu Sachsen Ober-Vormünderin und Landes-Regentin).

Bei Nr. 1647 in fünf Zeilen „DEM / VERTHEIDIGER / DES / VATERLANDES / 1814". Im oberen Teile die Umschrift „ERNST H. z. S. C. S.".

Bei Nr. 1648 in fünf Zeilen „DEM / VERTHEIDIGER / DES / VATERLANDES / 1814". Im oberen Teile die Umschrift „FRIEDRICH H. z. S. H.".

R: Bei allen drei Denkmünzen übereinstimmend, ein achtspitziges Malteserkreuz innerhalb eines unten mit einer Schleife gebundenen Eichenlaubkranzes.

Die Coburg-Saalfelder und Hildburghauser Medaillen haben breite angeprägte Bandösen, die Meininger Medaille jedoch hat eine Kugelöse mit beweglichem Ringe.

Größe: 30 mm; Gewicht: 8 g.

Band: 37 mm breit, aus drei dunkelgrünen und zwei weißen Streifen von je 7 mm Breite zusammengesetzt, wobei noch je eine 1 mm weiße Kante sichtbar ist.

Sachsen-Coburg-Saalfeld

1649. Eiserne Medaille mit breitem silbernem Rand für die Offiziere
1649a. Dieselbe mit schmalem silbernem Rand für die Freiwilligen des V. Deutschen Armeekorps 1814
(verliehen 1815)

Gestiftet von Herzog Ernst zu Sachsen-Coburg-Saalfeld als kommandierendem General des V. deutschen Armeekorps, laut Mitteilung vom 21. Juni 1814 für alle Freiwilligen, welche während der Blockade von Mainz vom Februar bis zum 4. Mai 1814 unter seinem Befehl gestanden hatten.

Die Offiziere erhielten die gleichen Medaillen wie die Unteroffiziere und Mannschaften, jedoch mit einem 4 mm breiten silbernen Rand, wogegen die Denkmünzen für die Freiwilligen einen silbernen Rand von nur 1 mm Breite hatten. Weder der Stiftungserlaß des Herzogs noch die Akten gaben Aufschluß über diese Verschiedenheit. Nur aus einem Schreiben des Generalstabschefs des V. Armeekorps an den Herzoglich Nassauischen Brigadekommandeur von Bismarck geht hervor, daß eine unterschiedliche Gestaltung der Denkmünzen für Offiziere und Mannschaften der Freiwilligen beabsichtigt war. Die Medaillen, welche erst im Sommer 1815 in der Saalfelder Münze aus schwarzem Gußeisen hergestellt wurden, gelangten dann in einer Gesamtzahl von 1708 Stücken zur Verleihung. Darunter waren 130 Stück für Offiziere.

Folgende Freiwilligenverbände hatten Anspruch auf die Medaille: Das Großherzoglich Bergische freiwillige Jäger-Bataillon, die Großherzoglich Bergische freiwillige Jäger-Eskadron, das Nassauische freiwillige Jäger-Korps, die Herzoglich Sächsische kombinierte freiwillige Jäger-Kompanie, dann eine Kompanie freiwilliger Jäger der Fürstentümer Lippe, Schaumburg-Lippe und Waldeck sowie das Banner der Kgl. Sächsischen Freiwilligen, bestehend aus 6 Kompanien Infanterie, 1 Kompanie Sappeurs, 1 sechspfündigen Batterie, 2 Eskadrons Husaren, 2 Eskadrons Dragoner und 2 Eskadrons freiwilliger berittener Jäger.

V: In neun Zeilen „Den / Freiwilligen / Vaterlands=Vertheidigern / des Fünften deutschen Armeekorps / Von ihrem Kommandirenden / General / E: H: zu S: / 1814.", darunter ein kurzer waagerechter Strich.

R: Ein Bündel Lanzen von einem Eichenkranze mit fliegenden Bändern umwunden; Umschrift „Einigkeit macht stark Vaterlandsliebe unüberwindlich.".

Die Medaillen haben eine kleine, von oben nach unten gelochte Öse mit länglichem silbernem Ring.

Größe: 37 mm.

Band: 40 mm breit, ohne Wässerung, grob gewebt mit einem 9 mm breiten schwarzen Mittelstreifen, daran anschließend je ein 5 mm breiter orangegelber, dann je ein 4 mm breiter hellgrüner und je ein 5 mm breiter schwarzer Streifen, an den Rändern noch je ein orangegelber Vorstoß.

Anmerkung: Das Banner der Kgl. Sächsischen Freiwilligen soll diese Denkmünze an einem „aus zwei weißen und drei grünen Streifen zusammengesetzten Bande" getragen haben. Aus den Akten ist hierüber nichts zu entnehmen. Wenn aber dennoch für die genannte Truppe ein besonderes Band in der angegebenen Farbenzusammenstellung ausgegeben worden sein sollte, so wird es sich dabei wohl nur um das bei Nr. 1646 ff. beschriebene Band handeln können.

Sachsen-Gotha-Altenburg

1650. Kriegsdenkmünze 1814/1815 für Offiziere, Bronze goldplattiert

1651. Dieselbe für Unteroffiziere, Bronze, Inschriften, Rand, Öse und Tragring vergoldet

1652. Dieselbe für Mannschaften, Bronze mit vergoldeten Inschriften (verliehen 1816)

Gestiftet von Herzog August von Sachsen-Gotha-Altenburg (reg. 1804—1822) am 28. Oktober 1816 für die Offiziere, Unteroffiziere und Soldaten „als eine

Auszeichnung für den während der Feldzüge von 1814 und 1815 von denselben bewiesenen Diensteifer" (Altenburgisches Intelligenzblatt vom 31. Dezember 1816 Nr. 53).

Die Medaillen wurden in Paris geprägt und haben kugelförmige große Ösen mit gewöhnlichem Ring.

V: Ein Fürstenhut mit der Umschrift in Unzial-Majuskeln: „· IM · KAMPFE · FUER · DAS · RECHT ·".

R: Die altenburgische fünfblättrige Rose, umgeben von einer zwischen zwei Kreislinien am Rande hinlaufenden bogenförmigen Verzierung.

Die Medaillen der Offiziere sind ganz goldplattiert, diejenigen der Unteroffiziere zeigen nur alle erhöhten Teile, ferner die kugelförmige Öse, den Bandring und auch den Rand in Feuervergoldung. Alles übrige erscheint in dunkler Bronze. Bei den Medaillen für die Mannschaften sind nur die erhöhten Teile (Beschriftung und sonstige Darstellungen) vergoldet, alles übrige erscheint in dunkler Bronze. Auf dem Rande vertieft eingeschlagen „* HERZOGTH. · GOTHA · VND · ALTENBVRG · MDCCCXIV · MDCCCXV *".

Größe: 41 mm.

Band: 45 mm breit, grasgrün mit je 6 mm breiten schwarzen Rändern, welche mit ebenso breiten und 3,5 mm hohen goldenen Querstreifen durchsetzt sind.

Sachsen-Altenburg

1653. Goldene (silbervergoldete) Verdienstmedaille (verliehen 1864—1871) und

1654. Silberne Verdienstmedaille des Herzoglich Sachsen-Ernestinischen Hausordens mit dem Brustbilde des Herzogs Friedrich (verliehen 1834—1871)

Die dem Herzoglich Sachsen-Ernestinischen Hausorden angegliederten Verdienstmedaillen wurden von den Herzögen Friedrich zu Sachsen-Altenburg, Ernst I. zu Sachsen-Coburg-Gotha und Bernhard Erich Freund zu Sachsen-Meiningen mit dem Hausorden zusammen am 25. Dezember 1833 gestiftet und zunächst (seit 1834) nur in Silber ausgegeben.

Sie zeigen auf der Vorderseite das Bild des regierenden Herzogs derjenigen Linie, welche die Medaille verliehen hatte, haben aber alle die gleiche Rückseite. Erst von 1864 an wurden auch „goldene", d. i. silbervergoldete Medaillen verliehen. Die Stempel zu den Verdienstmedaillen der drei Herzogtümer schnitt F. Helfricht in Gotha. Sie haben eine quer angelötete, breite Öse, durch welche das Band gezogen wurde.

V: Der nach links gewendete Kopf des Stifters in antiker Gewandung mit der Umschrift „FRIEDRICH HERZOG ZU SACHSEN", unten am Rande (klein) „F. HELFRICHT FEC."

R: Verkleinerte Abbildung des achtspitzigen Verdienstkreuzes (Rückseite von Nr. 1634 ff.), welches auf dem Mittelschildchen, von einem Eichenlaubkranze umgeben, das sächsische Wappen zeigt. Um-

schrift (am Medaillenrande entlang) „FIDELITER ET CONSTAN-
TER", unten eine kleine Rosette.

Größe: 39 mm; Gewicht: 33 g.

Band: 35 mm breit, lilarot mit zwei dunkelgrünen, je 3,5 mm
breiten Seitenstreifen, welche an ihren Innenseiten noch von einem
dünnen schwarzen Strich begrenzt sind und von den Bandkanten
1 mm Abstand haben.

1655. Goldene (silbervergoldete) und

**1656. Silberne Verdienstmedaille des Herzoglich Sachsen-Ernestini-
schen Hausordens mit dem Bilde des Herzogs Ernst I., 1. Prägung (verliehen 1871—1891)**

**1657. Silberne Verdienstmedaille, wie vorher, mit der Bandspange für
1870/71**

1658. Dieselbe mit der Bandspange und mit Schwertern für 1870/71

Unter der Regierung des Herzogs Ernst I. (reg. 1853—1908) wurden
von 1871 an die Verdienstmedaillen in kleinerer Form und mit veränderter Vorderseite geprägt. Entsprechend einer Vereinbarung
zwischen den Herzögen Georg von Sachsen-Meiningen, Ernst II. von
Sachsen-Coburg und Gotha und Ernst I. von Sachsen-Altenburg wurden die silbernen Medaillen des Sachsen-Ernestinischen Hausordens
„für Auszeichnung im Kriege 1870/71" mit einer auf dem Bande zu
befestigenden silbernen Spange verliehen, welche die Jahreszahl
„187⁰/₁ " und darüber zwei aufgelötete silberne gekreuzte Schwerter
trägt. An einzelne Nichtstreiter wurde diese Spange auch ohne die
Schwerter verausgabt. Die Bandspangen weichen jedoch in der Form
voneinander etwas ab, je nachdem sie von Sachsen-Altenburg oder
von Sachsen-Coburg-Gotha und Sachsen-Meiningen verliehen worden
sind. In Sachsen-Altenburg ist die 10 mm hohe und 20 mm breite
nach oben leicht gebogene Bandspange bei senkrechter Schraffierung
des Grundes von einer schmalen erhöhten Linie eingefaßt, dabei etwas
gewölbt. Die Verdienstmedaillen selbst hatten nunmehr eine gewöhnliche Drahtöse mit Ring.

V: Der nach links gewendete Kopf des Herzogs Ernst I., bei welchem
beide Seiten des Backenbartes neben dem freien Kinn zu sehen
sind. Umschrift „ERNST HERZOG ZU SACHSEN ALTENBURG",
unten am Rande „HELFRICHT F.".

R: Wie bei Nr. 1653/1654, aber in verkleinertem Maße dargestellt.

Größe: 29 mm; Gewicht der Medaille: 15 g, der Bandspange mit
Schwertern: 6 g, der Bandschleife allein: 3 g.

Band: 26 mm breit, lilarot mit zwei je 3 mm breiten, grasgrünen Seitenstreifen, die an ihren Innenseiten wieder von einem dünnen
schwarzen Strich begrenzt und von den Bandkanten je 1 mm entfernt sind.

1659. Goldene (silbervergoldete) und

**1660. Silberne Verdienstmedaille des Herzoglich Sachsen-Ernestini-
schen Hausordens**

1661. Silberne Verdienstmedaille, wie vorher, mit Bandspange und Schwertern
alle mit dem Bilde des Herzogs Ernst I., dargestellt mit einseitigem Backenbart, 2. Prägung (verliehen 1891—1908)

Gegen Ende des Jahres 1891 schnitt Professor Helfricht zur Verdienstmedaille einen neuen Vorderseitenstempel.

V: Der nach links gewendete Kopf, bei welchem nunmehr nur die linke Hälfte des Backenbartes neben dem freien Kinn sichtbar ist. Umschrift „ERNST HERZOG ZU SACHSEN ALTENBURG", unten am Rande (klein) „HELFRICHT F".

Rückseite, Größe und Gewicht wie bei Nr. 1656 ff.

Für Auszeichnung im Chinakriege 1900/02 und im Südwestafrikakriege 1905/06 erhielten jeweils einige Sachsen-Altenburger Landeskinder die silberne Verdienstmedaille mit silberner Bandschleife und Schwertern. Die Bandspange aber hatte eine etwas andere Form erhalten als diejenige vom Jahre 1870/71. Sie ist 10 mm hoch und 27 mm breit, leicht gewölbt, hat glatten Grund ohne Inschrift und ist oben wie unten von einer schmalen Rautenkranzleiste eingefaßt. Die gekreuzten antiken Schwerter sind wie früher aufgelötet. Gewicht der Bandspange mit Schwertern etwa 7 g.

Band: 26 mm breit, karmoisinrot (etwas heller im Ton als früher) mit zwei je 3 mm breiten Seitenstreifen, diese wieder mit schwarzen Strichen an ihren Innenseiten begrenzt und je 1 mm von den Kanten entfernt.

1662. Goldene (silbervergoldete) Verdienstmedaille des Herzoglich Sachsen-Ernestinischen Hausordens (verliehen 1908—1918)

1663. Dieselbe mit Schwertern

1664. Dieselbe mit der Bandspange „1914" (verliehen 1914—1918)

1665. Silberne Verdienstmedaille des Herzoglich Sachsen-Ernestinischen Hausordens (verliehen 1908—1918)

1666. Dieselbe mit Schwertern

1667. Dieselbe mit der Bandspange „1914" (verliehen 1914—1918)
alle mit dem Bilde des Herzogs Ernst II.

Bald nach seinem Regierungsantritte (7. 2. 1908) ließ Herzog Ernst II. (reg. bis 1918) die Verdienstmedaillen in größerer Form und mit geänderter Vorderseite prägen. Der Entwurf zu letzterer stammt vom Bildhauer Otto Pech in Altenburg. Die Prägung erfolgte in der Münzanstalt von L. Chr. Lauer in Nürnberg. Die Medaillen haben wieder gewöhnliche Ösen mit Ring.

V: Der nach links gewendete Kopf des Herzogs mit der Umschrift „ERNST II. HERZOG VON SACHSEN-ALTENBURG.". Auf dem Halsabschnitt (klein) „O. PECH", unter demselben „L. CHR. LAUER NÜRNBERG".

R: Wie bei Nr. 1659 ff., jedoch in entsprechend vergrößerten Maßen.

Für Kriegsverdienste 1914/18 gelangten mit der Verdienstmedaille zwei gekreuzte vergoldete oder silberne Schwerter zur Verleihung. Dieselben wurden mit einem rückseitig angebrachten Stift auf dem Bande befestigt. Für Verdienste in der Heimat während des Weltkrieges gelangten die Verdienstmedaillen mit einer silbervergoldeten oder silbernen Bandspange zur Ausgabe. Diese Bandspangen, wieder 10 mm hoch und 27 mm breit, zeigen auf glattem Grunde die erhöhte Jahreszahl „1914", sie sind außerdem an ihrem oberen und unteren Rande von je einer schmalen erhöhten Rautenkranzeinfassung eingesäumt.

Größe der Verdienstmedaillen: 33 mm; Gewicht: 15 g.

Gewicht der Schwerter: 3 g, Gewicht der Bandspange: 3 g.

1668. Herzog Ernst-Medaille in Gold, Silber vergoldet

1669. Herzog Ernst-Medaille, Silber (verliehen 1906—1909)

Gestiftet von Herzog Ernst I. am 16. September 1906 anläßlich seines 80. Geburtstages zur Anerkennung von Verdiensten jeder Art, insbesondere von Verdiensten um das herzogliche Haus oder das öffentliche Wohl.

Die Medaille ist matt getönt und hat eine quer laufende angeprägte Öse, aber keinen Überrand. Die goldene (silbervergoldete), in der Stiftungsurkunde nicht vorgesehene Medaille ist nur in ganz wenigen Stücken verliehen worden.

V: Das nach links gewendete Brustbild des Stifters in Uniform mit umgehängtem Mantel; Umschrift „ERNST · HERZOG · VON · SACHSEN - ALTENBURG". Unter dem Schulterabschnitt am Rande, vertieft „M. HASEROTH" (Max Haseroth, geboren 1856 zu Altenburg, herzoglich sächsischer Hofgraveur in Berlin, Sohn des Hofgraveurs C. F. Haseroth).

R: Zwei gegeneinander gestellte, verschlungene und verzierte „E" mit darüber schwebender Krone; links daneben „1826", rechts „1906", unten am Rande, bogig „· 16 SEPTEMBER ·".

Größe: 35 mm; Gewicht: 17 g.

Band: 31 mm breit, himmelblau mit zitronengelben Seitenstreifen, letztere je 6 mm breit, bei 1 mm Abstand von den Kanten (Hausfarben von Wettin).

1670. Herzog Ernst-Medaille mit dem Bilde Ernst II., Silber (verliehen 1909—1918)

1671. Dieselbe mit Schwertern

1672. Dieselbe mit Krone und Schwertern

1673. Dieselbe mit silberner Bandschleife „1914"

1674. Dieselbe mit Krone und Bandschleife „1914"

1675. Dieselbe mit Eichenlaub

1676. Dieselbe mit Eichenlaub und Schwertern (verliehen 1915—1918)

Die Herzog Ernst-Medaille wurde seit 1. August 1909 mit dem Bilde des Herzogs Ernst II. in nachstehender Prägung verliehen. Die Stempel schnitt wieder Max Haseroth. Es wurden nur noch stiftungsgemäße, d. h. silberne Medaillen verliehen.

V: Das nach rechts gewendete Bild des Herzogs in Uniform (Überrock); Umschrift zwischen zwei Kreislinien, wovon die äußere als

Perlenschnur geformt ist: „ERNST II HERZOG VON SACHSEN-ALTENBURG · ", links neben dem Kopf als Mongramm (vertieft) „M. H." (Max Haseroth).

R: Innerhalb einer Perlenschnurumrandung und eines schmalen stilisierten Lorbeerkranzes mit 8 kleinen fünfblättrigen Röschen „E II", überragt von der freischwebenden Krone.

Die Medaillen haben wieder eine quer angeprägte Öse und sind matt getönt.

Seit 31. August 1915 wurde die Herzog Ernst-Medaille zur Anerkennung besonderer Verdienste auf dem Gebiete der freiwilligen Kranken- und Wohlfahrtspflege während des Krieges mit einer die Jahreszahl „1914" tragenden Bandschleife aus Silber verliehen. In Fällen ganz hervorragender Verdienste kam dazu noch eine Krone, und zwar ohne Rücksicht auf Rang und Stand an Männer, Frauen und Jungfrauen. Seit dem gleichen Jahre kam ferner die Herzog Ernst-Medaille als Kriegsauszeichnung für Tapferkeit auch mit gekreuzten silbernen Schwertern auf dem Bande und für wiederholte und besondere Auszeichnung vor dem Feinde noch mit der oben erwähnten Krone zur Verleihung. Diese offene Krone ist 21 mm hoch, aus mattem Silber und durch einen Stift mit der Medaillenöse verbunden. Die silbernen Spangen (Bandschleifen) entsprechen in ihrer Prägung und Form genau den bei Nr. 1667 beschriebenen Bandschleifen „1914", nur sind sie hier nicht poliert, sondern aus mattem Silber. Das gleiche gilt von den gekreuzten antiken Schwertern als Kriegsdekoration auf dem Bande (vergleiche Nr. 1666). An das Gefolge des Herzogs Ernst, das ihn im Felde begleitet hatte, konnte die Herzog Ernst-Medaille mit einer Banddekoration, bestehend aus drei silbernen Eichenblättern mit den Jahreszahlen „1914/15" verliehen werden; dazu kamen, wenn die Medaille vor dem Feinde verdient worden war, auch noch die matt silbernen, gekreuzten Schwerter.

Größe der Medaille ohne Krone: 34 mm; Gewicht ohne Krone: 17 g, mit Krone: 23 g.

Gewicht der Bandspange: 3 g.

Band: Wie bei Nr. 1668/1669

1677. Herzog Ernst-Medaille I. Klasse mit Schwertern, matt Silber (als Steckkreuz verliehen 1918) Abbildung am Schluß des Bandes.

Gestiftet durch landesherrliche Entschließung vom 29. Juni 1918 von Herzog Ernst II. an Stelle der seitherigen Herzog Ernst-Medaille mit Schwertern (Nr. 1671/1672), welch letztere, wenn schon erworben, auf Antrag gegen die neue Form umgetauscht werden konnte, ebenso wie auch sonstige vorher im Weltkriege erworbene Altenburgische Kriegsauszeichnungen. Nur die Tapferkeitsmedaille (Nr. 1678 ff.) sowie die Herzog Ernst-Medaille mit Eichenlaub bzw. mit Eichenlaub und Schwertern durften neben der Herzog Ernst-Medaille I. Klasse mit Schwertern weiter getragen werden. Voraussetzung zur Verleihung der letzteren war die Staatsangehörigkeit im Herzogtum Sachsen-Altenburg oder die Zugehörigkeit zum 8. Thüringischen Infanterie-Regiment Nr. 153, ohne Unterschied des Ranges, stets aber auch der Besitz des preußischen Eisernen Kreuzes I. Klasse.

V: Die Herzog Ernst-Medaille ist in ihrer seitherigen Prägung und Größe (33 mm, siehe Nr. 1670 ff.) in ein vierarmiges mattsilbernes Kreuz eingelassen. Die fein gekörnten Arme desselben sind nach außen zu breiter, geschweift und von einer erhöhten schmalen Linie eingefaßt; ein dichter Lorbeerkranz verbindet die Arme, auf ihm ruhen die durch die Medaille gekreuzten antiken Schwerter.

R: Entspricht ebenfalls genau der Medaillenrückseite von Nr. 1670 ff., während die Rückseite der Kreuzarme, des Lorbeerkranzes und der Schwerter glatt ist. Am oberen Arm ist eine Anstecknadel mit Scharnier befestigt. Das Ehrenzeichen wurde auf der linken Brustseite neben dem E. K. I. getragen.

Größe: 47 mm; Gewicht: 38 g.

1678. Tapferkeitsmedaille aus heller Bronze

1678a. Dieselbe aus hell bronzierter Zinklegierung

1678b. Dieselbe aus verkupferter Zinklegierung

1678c. Dieselbe aus grauem Kriegsmetall
(verliehen 1914—1918) Abbildung am Schluß des Bandes.

Gestiftet von Herzog Ernst II. am 20. Februar 1915 „aus Anlaß des gegenwärtigen Krieges... für solche Unteroffiziere und Mannschaften..., welche entweder dem 8. Thüringischen Infanterie-Regiment Nr. 153 angehören oder als Staatsangehörige des „Herzogtums in anderen Truppenteilen oder der Kaiserlichen Marine stehen und sich durch besondere Tapferkeit ausgezeichnet haben". Bedingung war der vorherige Besitz des Eisernen Kreuzes II. Klasse, oder wenigstens der schon erfolgte Vorschlag zu dieser preußischen Auszeichnung.

Die Medaillen waren in der ersten Kriegszeit aus heller Bronze geprägt mit matter Oberfläche. Sie haben eine angeprägte längliche Öse, welche von oben nach unten gelocht ist und einen kleinen Verbindungsring aufnimmt, in dem der größere runde Bandring hängt. Im späteren Verlauf des Krieges erfolgte, bedingt durch den immer fühlbarer gewordenen Metallmangel, zunächst die Herstellung der Tapferkeitsmedaillen aus einer hell bronzierten, dann aus einer verkupferten Zinklegierung, zum Schluß jedoch aus grauem Kriegsmetall. Es gibt Nachbildungen, welche abgesehen von kleinen Abweichungen in der Prägung, stets eine gewöhnliche Drahtöse mit einfachem Ring haben.

V: Ein Kreuz mit vier geschweiften und an den Außenseiten abgerundeten Armen, die den Rand der Medaillen berühren. In der Mitte das sächsische Wappen im Halbrundschild, im oberen Kreuzarme eine Krone, auf den beiden waagerechten Armen „19/14.".

R: Der verzierte Namenszug „E II." unter einer schwebenden Krone
Größe: 30 mm.

Band: 32 mm breit, zunächst grasgrün, später aber hellgrün mit einem weißen, 4 mm breiten Mittelstreifen, sowie zwei ebensolchen weißen Seitenstreifen, letztere in 2 mm Abstand von den Kanten, wobei ein dünner weißer Vorstoß bleibt.

1679. Silberne Lebensrettungs-Medaille mit dem Bilde des Herzogs Ernst I. (verliehen 1882—1908)

Gestiftet von Herzog Ernst I. am 1. April 1882 „für solche, welche mit eigener Lebensgefahr das Leben eines Verunglückten gerettet haben".

Diese Medaillen wurden von F. Helfricht in Gotha geliefert und mit dem Vorderseitenstempel der Verdienstmedaillen des Hausordens (Nr. 1656) geprägt. Sie haben eine gewöhnliche Öse mit Ring und sind sehr selten, da von den insgesamt angefertigten 40 Medaillen (20 Stück im März 1882, 20 Stück im Januar 1890) bis 1908 noch nicht alle verliehen waren.

V: Der nach links gewendete Kopf des Stifters mit doppelseitigem Backenbart; Umschrift: „ERNST HERZOG ZU SACHSEN ALTENBURG". Unten am Halsabschnitt „HELFRICHT F". (Stempel von Nr. 1656.)

R: Innerhalb eines unten mit einer Doppelschleife gebundenen, dichten Eichenlaubkranzes in fünf Zeilen (in sogen. Groteskschrift) „FÜR / RETTUNG / AUS / LEBENS- / GEFAHR".

Größe: 29 mm; Gewicht: 15 g.

Band: 39 mm breit, weiß mit dunkelgrünen, je 3 mm breiten Randstreifen.

1680. Silberne Lebensrettungs-Medaille mit dem Bilde des Herzogs Ernst II. (verliehen 1908—1918)

Im Jahre 1908 wurden auch zu den Rettungs-Medaillen neue Stempel geschnitten nach einem Entwurf der Bildhauerin Julie Genthe in Leipzig.

V: Kopf des Landesherrn nach links, Umschrift „ERNST II. HERZOG VON SACHSEN-ALTENBURG", im Halsabschnitt (klein) „GENTHE".

R: Innerhalb eines unten mit einer Doppelschleife gebundenen Eichenlaubkranzes „FÜR / RETTUNG / AUS / LEBENS- / GEFAHR.".

Größe: 34 mm; Gewicht: 19 g.

Band: Wie bei Nr. 1679.

1681. Goldene (silbervergoldete) Medaille für Kunst und Wissenschaft mit der Krone

1682. Dieselbe Medaille ohne Krone

1683. Silberne Medaille für Kunst und Wissenschaft mit der Krone

1684. Dieselbe Medaille ohne Krone, mit dem Bilde des Herzogs Ernst I., 1. Form mit doppelseitigem Backenbart (verliehen 1874—1891)

Gestiftet von Herzog Ernst am 30. Dezember 1874.

Die silbervergoldeten bzw. silbernen Kronen, die mit einem unsichtbaren Scharnier in der Öse der Medaille hängen, sind 22 mm hoch und tragen im Apfel den Bandring. Die Medaillen ohne Krone haben eine gewöhnliche Öse mit Ring.

V: Der nach links gewendete Kopf, bei welchem beide Seiten des Backenbartes neben dem freien Kinn zu sehen sind. Umschrift

„ERNST HERZOG ZU SACHSEN ALTENBURG". Unten am Rande „HELFRICHT F" (gleicher Stempel wie zu Nr. 1655—1658).

R: In einem aus zwei unten zusammengebundenen Lorbeerzweigen ge- bildeten Kranze die sechszeilige Inschrift „DEM / VERDIENSTE / UM / KUNST / UND WISSEN- / SCHAFT".

Größe: 29 mm; Gewicht: ohne Krone 15 g, mit Krone 19 g.

Band: Bei der Stiftung dasjenige der Verdienstmedaillen des Sachsen- Ernestinischen Hausordens (siehe Nr. 1655 ff.), seit 1. Dezember 1883 aber 35 mm breit, hellgrün mit zwei je 4 mm breiten silbernen Seitenstreifen, in 1 mm Abstand von den Kanten.

1685. Goldene (silbervergoldete) Medaille für Kunst und Wissenschaft mit der Krone

1686. Dieselbe Medaille ohne Krone

1687. Silberne Medaille für Kunst und Wissenschaft mit der Krone

1688. Dieselbe Medaille ohne Krone mit dem Bilde des Herzogs Ernst I., 2. Form, mit nur einseitig sichtbarem Backenbart (verliehen 1891—1908)

Im Jahre 1891 wurden neue Vorderseitenstempel zu diesen Medaillen an- gefertigt.

V: Der nach links gewendete Kopf, bei dem nur die linke Seite des Backenbartes neben dem freien Kinn zu sehen ist. (Gleicher Stem- pel wie bei Nr. 1659 ff.); Umschrift „ERNST HERZOG ZU SACHSEN ALTENBURG"; unten (klein) am Rande „HELFRICHT F".

Rückseite, Größe, Gewicht und Band wie bei Nr. 1681 ff.

A n m e r k u n g : Das bei von Heyden unter Nr. 786 beschriebene Sachsen- Altenburgische Verdienstkreuz für Kunst und Wissenschaft ist nach wieder- holter Versicherung des dortigen früheren Staatsministeriums nie verliehen worden. Es kann sich hierbei allenfalls nur um ein Probestück handeln; des- halb ist hier dessen Beschreibung unterblieben.

1689. Goldene (silbervergoldete) Medaille für Kunst und Wissenschaft mit der Krone

1690. Dieselbe Medaille ohne Krone

1691. Silberne Medaille für Kunst und Wissenschaft mit der Krone

1692. Dieselbe Medaille ohne Krone mit dem Bilde des Herzogs Ernst II. (verliehen 1908—1918)

Die von Herzog Ernst I. am 30. Dezember 1874 gestifteten Medaillen für Kunst und Wissenschaft wurden nach dem Regierungsantritte des Herzogs Ernst II. im Jahre 1908 in anderer Prägung verliehen. Die alten Verleihungs- grundsätze wurden beibehalten. Die Ehrenzeichen sind nach dem Entwurfe der Bildhauerin Julie Genthe in Leipzig in der Medaillenmünze von Glaser und Sohn in Dresden hergestellt worden.

Die offenen Kronen der beiden höheren Stufen sind 22 mm hoch, 24 mm breit und mit einem unsichtbaren Scharnier an der Öse der Medaillen befestigt. Medaillen und Kronen sind matt vergoldet bzw. aus mattem Silber und haben, soweit ohne Krone, gewöhnliche Ösen mit Ring. Die Kronen tragen im Reichsapfel den gewöhnlichen Ring.

V: Der nach links gewendete Kopf des Herzogs. Umschrift „ERNST · II · HERZOG · VON · SACHSEN · ALTENBURG"; im Halsabschnitte (klein) „GENTHE".

R: Innerhalb zweier, unten mit einer Doppelschleife zum Kranze gebundener Lorbeerzweige mit Früchten „DEM / VERDIENSTE / UM / KUNST / UND / WISSEN- / SCHAFT".

Größe: 33 mm; Gewicht (ohne Krone): 16 g, mit Krone: 20 g.

Band: Zuerst wie bei Nr. 1681 ff., in den letzten Jahren aber auch 38 mm breit, mit 4 mm breiten silbernen Seitenstreifen ausgegeben.

1693. Erinnerungsmedaille für die Teilnahme am Feldzuge 1849, vergoldete Bronze (verliehen 1874)

Gestiftet am 17. April 1874 von Herzog Ernst I. im Anschluß an die 25jährige Gedächtnisfeier der Düppeler Schanzen-Erstürmung (13. April 1849) für alle Offiziere, Ärzte, Unteroffiziere und Soldaten, welche an dem Feldzuge 1849 in Schleswig-Holstein bei dem Sachsen-Altenburgischen „Kontingente teilgenommen und sich durch ihre Führung dessen würdig gemacht haben". Die Sachsen-Altenburger hatten damals ein mobiles Füsilier-Bataillon zu 4 Kompanien nebst einer Jägerkompanie gebildet. Es kamen insgesamt 654 Exemplare zur Verleihung.

V: Zwei verschlungene „E" mit darauf ruhender Herzogskrone.

R: Innerhalb eines viermal mit Band kreuzweise umwundenen Lorbeerkranzes „1849" (in gotischem Schriftcharakter).

Größe: 30 mm.

Band: 33 mm breit, dunkelgrün mit zwei weißen, je 2 mm breiten Seitenstreifen in 2 mm Abstand von den Kanten.

1694. Erinnerungsmedaille für Hilfeleistung beim Schloßbrand 1864, Bronze (verliehen 1865)

Gestiftet von Herzog Ernst I. am 3. September 1864 für die Feuerwehren, die bei dem großen Schloßbrand am 24. August 1864 in Altenburg Hilfe geleistet hatten. Es kamen 627 Medaillen am 4. März 1865 zur Verleihung, welche eine kräftige Öse mit gewöhnlichem Ring haben.

V: Der nach rechts gewendete jugendliche Kopf des Stifters mit der Umschrift „ERNST HERZOG VON SACHSEN ALTENBURG"; unten ein „B", am Rande entlang eine schmale Perlenverzierung. (Vorderseitenstempel des damaligen Taler von Sachsen-Altenburg.)

R: In neun Zeilen „IN DANKBARER ERINNERUNG / AN DIE BEI DEM BRANDE / UNSERES RESIDENZSCHLOSSES / ZU ALTENBURG / AM / 24. AUGUST 1864 / ERFOLGREICH GELEISTETEN / FEUERWEHRDIENSTE.".

Oben und unten je eine kleine vierblättrige Rosette. Die ersten und die letzten drei Zeilen dieser Inschrift sind bogig angeordnet.

Größe: 33 mm.

Band: 26 mm breit, karmoisinrot.

1695. Medaille zur Erinnerung an den Krieg 1870/71, helle Bronze (verliehen 1871)

Gestiftet von Herzog Ernst I. am 11. März 1871 für seine nächste Umgebung, die ihn in den Krieg begleitet hatte. Diese seltene Medaille wurde nur in wenigen Exemplaren durch den Stifter persönlich verteilt; sie hat eine gewöhnliche Öse mit Ring.

V: Zwei verschlungene „E" mit darauf ruhender Herzogskrone (gleicher Stempel wie bei Nr. 1693).

R: In einem viermal mit Band kreuzweise umwundenen Lorbeerkranz, getrennt durch einen waagerechten, verzierten Strich: „$\frac{1870}{1871}$" (in gotischem Schriftcharakter).

Größe: 30 mm.

Band: 30 mm breit, karmoisinrot.

1696. Medaille zur Erinnerung an das 50jährige Bestehen des Herzogtums, Silber vergoldet (verliehen 1876)

Gestiftet von Herzog Ernst am 23. November 1876, dem 50. Jahrestage des Einzugs Herzog Friedrichs von Sachsen-Hildburghausen in das ihm durch den Erbteilungsvertrag vom 12. November 1826 zugefallene Herzogtum Sachsen-Altenburg. Die Medaille wurde vom Stifter persönlich am 26. November 1876 an die wenigen Personen verliehen, die im Hof- oder Staatsdienst diesen Einzugstag miterlebt hatten.

Die Medaille ist von Silber und stark vergoldet und hat eine gewöhnliche Drahtöse mit Ring.

V: Der nach links gewendete Kopf des Stifters, an dem beide Seiten des Backenbartes neben dem freien Kinn sichtbar sind, Umschrift „ERNST HERZOG ZU SACHSEN ALTENBURG". Unten klein am Halsabschnitte „HELFRICHT F" (gleicher Stempel wie zu Nr. 1655).

R: Innerhalb eines dichten Eichenlaubkranzes, der unten durch eine doppelte Bandschleife zusammengehalten wird, in 6 Zeilen „23 / NOVEMBER / 1826. / 23 / NOVEMBER / 1876.". Zwischen den beiden Daten ist ein waagerechter verzierter Trennungsstrich.

Größe: 29 mm; Gewicht: 15 g.

Band: 35 mm breit, grasgrün mit weißen Randstreifen, letztere je 2 mm breit.

1697. Medaille zur Erinnerung an die Hilfeleistung bei der Überschwemmung im Saalegebiet 1890, Bronze vergoldet (verliehen 1891)

Gestiftet von Herzog Ernst am 30. April 1891 „zur Erinnerung an die von einer Anzahl von Personen bei Gelegenheit der am 24./25. November v. J. stattgefundenen Saale-Überschwemmung den davon Betroffenen in aufopferndster und erfolgreichster Weise geleistete Hilfe".

Die Zahl der verliehenen Medaillen war sehr gering, daher sind dieselben sehr selten. Sie sind in der Münzanstalt R. Diller in Dresden hergestellt worden und haben gewöhnliche Drahtösen mit Ring.

V: Der nach links gewendete kahle Kopf des Stifters, unter dem Halsabschnitte „D.". Umschrift zwischen zwei doppelten Kreislinien „ERNST HERZOG V. SACHSEN-ALTENBURG"; unten eine fünfblätterige Rosette.

R: „ZUR / ERINNERUNG / AN DIE BEI DER / ÜBERSCHWEM-
MUNG / DES / SAALEGEBIETES / AM / 24/25. NOVEMBER 1890 /
ERFOLGR. GELEISTETE / HILFE." (in zehn Zeilen von verschie-
dener Schriftgröße).

Größe: 34 mm.

Band: 28 mm breit, dunkelgrün.

1698. Jubiläumsmedaille in Gold

1699. Dieselbe in Silber

1700. Jubiläumsmedaille, Bronze (verliehen 1903)

Gestiftet von Herzog Ernst I. aus Anlaß der Feier seines 50jährigen
Regierungs-Jubiläums am 3. August 1903 für die dem Hofe nahestehenden und
demselben angehörigen Personen, dann für Offiziere, Hof- und Staatsbeamte.
Eine kleine Anzahl goldener Medaillen wurde an Fürstlichkeiten, einige silberne Medaillen an Generäle und höchste Beamte, sowie an Damen hohen
Ranges verliehen. Es kamen 2448 Stück bronzene, dazu zusammen 30 goldene und silberne Exemplare, und zwar nur an diesem Tage, zur Verleihung.

V: Der nach rechts gewendete Kopf des Herzogs nach einem im
Schlosse Hummelshain befindlichen Relief von Professor Melchior
Anton zur Straßen. Auf dem Halsabschnitte vertieft (klein)
„M. HASEROTH".

R: Siebenzeilige Inschrift „ERNST / HERZOG / VON / SACHSEN- /
ALTENBURG / 3 · AUGUST / · 1903 · ".

Größe: 32 mm; Gewicht in Silber: 16 g, Gewicht in Gold: etwa 18 g.

Band: 30 mm breit, grasgrün mit weißen Seitenstreifen, letztere je
5 mm breit mit 2 mm Abstand vom Rande.

1701. Dienstkreuz (für 25 Dienstjahre der Offiziere) mit dem Namens- zuge „ℑ ℱ 𝔈" (verliehen 1836—1848)

Gleichzeitig mit den drei Dienstauszeichnungen für die Unteroffiziere und
Gemeinen (Nr. 1702—1704) gestiftet von Herzog Joseph Friedrich Ernst (reg.
1834—1848) am 1. Januar 1836.

Das Kreuz ist von Silber, die nach außen bogig verbreiterten Arme
sind innerhalb eines angelöteten schmalen goldenen Randes mit silbernen Schuppen belegt; Öse und Ring sind ebenfalls aus Gold.

V: Im goldenen aufgelöteten Mittelschilde (15 mm Durchmesser) der
erhöhte, gekrönte Namenszug des Stifters „ℑ ℱ 𝔈", umgeben von
einer erhöhten Kreislinie.

R: Im goldenen aufgelöteten Mittelschilde „XXV".

Diese Kreuze sind von außerordentlicher Seltenheit.

Größe: 40 mm; Gewicht: etwa 15 g.

Band: 40 mm breit, dunkelgrün mit silbernen Seitenstreifen, letztere
je 6 mm breit und 1 mm von den Bandkanten entfernt.

1702. Dienstauszeichnung I. Klasse, vergoldete Schnalle

1703. Dienstauszeichnung II. Klasse, silberne Schnalle und

1704. Dienstauszeichnung III. Klasse, eiserne Schnalle mit schmaler silberner Umrahmung, für Unteroffiziere und Mannschaften, mit dem Namenszuge „ℑ ℱ 𝔈" (verliehen 1836—1848)

Gleichzeitig mit dem obenangeführten Dienstkreuz (Nr. 1701) von Herzog Joseph Friedrich Ernst gestiftet am 1. Januar 1836 für die Unteroffiziere und Soldaten des Sachsen-Altenburgischen Kontingents sowie für die Gendarmen nach vorwurfsfrei zurückgelegter 12-, 9- bzw. 6jähriger Dienstzeit.

Die rechteckigen Schnallen mit doppelter dünner Linieneinfassung tragen auf der Vorderseite den gekrönten Namenszug „J F E" auf fein gekörntem Grunde und haben auf der Rückseite einen angelöteten Metallstreifen zum Durchziehen des Bandes, das wieder zusammen mit der betreffenden Schnalle zwischen zwei Schlingen auf der linken Brust befestigt wurde.

Größe: 39 mm breit, 12 mm hoch.

Band: 37 mm breit, für die I. Klasse grasgrün mit goldgelben, für die II. Klasse grasgrün mit weißen, für die III. Klasse grasgrün mit schwarzen Randstreifen, letztere stets je 2 mm breit.

1705. Dienstkreuz für Offiziere nach 25jähriger Dienstzeit mit dem Namenszuge „G K F" (verliehen 1848—1853)

Das bisherige Dienstkreuz Nr. 1701 wurde nach dem Regierungsantritt des Herzogs Georg Karl Friedrich (reg. 1848—1853) auf dem Mittelschilde der Vorderseite mit dem gekrönten Namenszuge „G K F" versehen und ist nur in wenigen Stücken verliehen worden, daher überaus selten.

Rückseite, Größe, Gewicht und Band wie bei Nr. 1701.

1706. Dienstauszeichnung I. Klasse, vergoldete Schnalle

1707. Dienstauszeichnung II. Klasse, silberne Schnalle und

1708. Dienstauszeichnung III. Klasse, eiserne Schnalle mit schmaler silberner Umrahmung, für Unteroffiziere und Mannschaften, mit dem Namenszuge „G K F" (verliehen 1848—1853)

Während der Regierung des Herzogs Georg Karl Friedrich wurden auch diese Dienstauszeichnungen mit seinem gekrönten Namenszug (in Fraktur-Buchstaben) geprägt, auch sie sind, da nur kurze Zeit verliehen, sehr selten.

Ausführung, Größe und Band wie bei Nr. 1702—1704.

1709. Dienstkreuz für Offiziere nach 25jähriger Dienstzeit mit dem Namenszuge „E" (verliehen 1853—1867)

Abbildung am Schluß des Bandes.

Das Dienstkreuz der Offiziere Nr. 1705 wurde nach dem Regierungsantritt des Herzogs Ernst im Jahre 1853 auf dem Mittelschilde der Vorderseite mit der gekrönten Namenschiffre „E" versehen. Seit dem Abschluß der Militär-Konvention mit Preußen im Jahre 1867 wurde es nicht mehr verausgabt. Auch diese letzte Form des Altenburger Dienstkreuzes für Offiziere ist sehr selten.

Ausführung, Größe und Band wie bei Nr. 1701, 1705.

1710. Dienstauszeichnung I. Klasse, vergoldete Schnalle

1711. Dienstauszeichnung II. Klasse, silberne Schnalle und

1712. Dienstauszeichnung III. Klasse, eiserne Schnalle mit silberner Umrahmung mit dem Namenszuge „E", für Unteroffiziere und Mannschaften (verliehen 1853—1913)

Die Schnallen wurden seit dem Regierungsantritt des Herzogs Ernst I. im Jahre 1853 mit dem gekrönten Buchstaben „E" geprägt. Nach dem Abschluß der Militär-Konvention mit Preußen 1867 erhielten diese Ehrenzeichen die Unteroffiziere und Mannschaften des I. Bataillons des 7. Thüringischen Infanterie-Regiments Nr. 96, dem die altenburgischen Landeskinder bis zum 1. April 1897 zugeteilt und von diesem Zeitpunkte an die Unteroffiziere und Mannschaften des 8. Thüringischen Infanterie-Regiments Nr. 153, sowie das Gendarmen-Korps von Sachsen-Altenburg nach 21, 15 bzw. 9 Dienstjahren.

Die Schnallen haben auf der rückseitig angebrachten Metallschleife, durch welche das Band gezogen ist, noch eine Nadel zum Anstecken auf der linken Brustseite. Die in den ersten Jahren ausgegebenen Stücke dieser Schnallen „E" haben übrigens bei etwas abweichender Zeichnung des Buchstabens und der Krone auch etwas schmalere, erhöhte und polierte Ränder als die später verliehenen Schnallen. Am 31. August 1913 wurden diese durch die gemeinschaftlichen herzogl. sächsischen Militär-Dienstauszeichnungen Nr. 1643—1645 ersetzt.

Größe: 41 mm breit, 15 mm hoch.

Band wie bei Nr. 1706—1708.

1713. Erinnerungs-Zeichen für die Veteranen mit den Jahreszahlen „1813/1814"

1714. Dasselbe mit den Jahreszahlen „1813/1815"

1715. Dasselbe mit den Jahreszahlen „1814/1815" (verliehen 1863)

Abbildung am Schluß des Bandes.

Dasselbe wurde am 9. Oktober 1863 von Herzog Ernst bei der 50jährigen Jubelfeier der Schlacht bei Leipzig den damals noch lebenden wenigen Veteranen aus den Befreiungskriegen von 1813—1815 verliehen.

Es besteht aus einer einseitigen, 15 mm großen vergoldeten Bronze-Medaille, welche innerhalb eines Eichenlaubkranzes zwei kleine gekreuzte Schwerter und darüber und darunter die Jahreszahlen „1813" und „1814" oder „1813" und „1815" bzw. „1814" und „1815", letztere stets vertieft (eingeschlagen) trägt. Das Erinnerungszeichen wurde mit einer kleinen Öse am unteren Rande der Dienstauszeichnung I. Klasse Nr. 1710 befestigt und dann zusammen mit deren Bande auf der linken Brustseite getragen.

1716. Dienstauszeichnung für Hof- und Staatsbeamte, Geistliche und Lehrer, Silber emailliert (verliehen seit 1913)

Gestiftet von Herzog Ernst II. am 31. August 1913 „für Hof- und Staatsbeamte, Geistliche und Lehrer . . ., welche von der Zeit der ersten Anstellungs- oder Bestätigungsurkunde an im aktiven Hof- oder Staatsdienst oder im aktiven Dienst einer Kirchen- oder Schulgemeinde des Herzogtums eine 25jährige treue und vorwurfsfreie Dienstzeit zurückgelegt haben".

Die Dienstauszeichnung ist aus Silber geprägt und hat eine gewöhnliche Drahtöse mit Ring.

V: Im ovalen, 6 mm breiten, grün emaillierten, mit silbernen Früchten durchsetzten Eichenlaubkranze ein weiß emailliertes, 24 mm hohes

und 20 mm breites Kreuz mit dem gekrönten, emaillierten Sachsen-
schilde in der Mitte und kleinen Kugeln an den Spitzen. Unten auf
dem Kranze ein silbernes ovales Schildchen mit der erhabenen Zahl
„25" auf gekörntem Grunde.

R: Im silbernen (oxydierten) ovalen Eichenlaubkranz das weiß-
emaillierte Kreuz mit einem gekrönten, vergoldeten Mittelschild,
das den weiß emaillierten Namenszug „E II" trägt. Unten auf dem
Kranz ein ovales silbernes Schildchen mit dem Stiftungsjahr „1913"
in erhöhten, polierten Ziffern auf gekörntem Grunde.

Größe: 40 mm hoch, 34 mm breit.

Band: 35 mm breit, hellkarmoisinrot mit zwei weißen, je 7 mm breiten
Seitenstreifen, die ihrerseits an beiden Seiten mit hellgrünen, je
2 mm breiten Randstreifen eingefaßt sind.

1717. Ehrenzeichen für Mitglieder der Feuerwehren (verliehen 1900—1918)

Gestiftet von Herzog Ernst am 16. September 1900 „für solche Feuerwehr-
mannschaften, welche sich im Feuerwehrdienste durch langjährige treue und
nützliche Dienste oder auf der Brandstätte durch eine besonders hervorragende Leistung ausgezeichnet haben".

Das Ehrenzeichen besteht aus einer rechteckigen durchbrochen gearbeiteten, silbervergoldeten Schnalle, die in der Mitte den runden, mit
der Herzogskrone bedeckten sächsischen Wappenschild trägt. Dieser
wird von einem Schnallengürtel mit der Aufschrift „FIDELITER ET
CONSTANTER" umschlungen, und rechts und links von ihm erscheinen
Geräte des Feuerwehrdienstes. Rückseitig befindet sich ein Metallstreifen mit Anstecknadel, über den das Band gestreift ist.

Größe: 20 mm hoch, 43 mm breit.

Band: 35 mm breit, hellgrün mit silbernen Seitenstreifen, letztere
5,5 mm breit, bei je 1 mm Abstand von den Kanten.

1718. Silbernes Kreuz für langjährige treue Dienste weiblicher Dienst-boten (verliehen bis 1886)

Dieses von Herzog Ernst I. um 1880 gestiftete Kreuz wurde durch die
Ehren-Auszeichnung für Dienstboten (Nr. 1719) ersetzt.

V: Im oberen Arme ein strahlendes Sternchen, darunter „FÜR", über
die beiden Querbalken „LANGJÄHRIGE TREUE", auf dem (längeren) unteren Kreuzarme „DIEN / STE", darunter wieder ein
strahlendes Sternchen.

R: Glatt.

Das Kreuz hat einen länglichen Ring, durch den das grüne samtene
Halsband (etwa 25 mm breit) gezogen wurde.

Größe: 72 mm hoch, 47 mm breit; Gewicht: 25 g.

1719. Silberne Ehren-Auszeichnung für Dienstboten, 1. Form (verliehen 1886—1895)

Gestiftet von Herzog Ernst I. am 16. September 1886 für „Dienstboten beiderlei Geschlechts . . ., welche in ein und derselben Familie ununterbrochen
30 Jahre hindurch treu gedient haben".

464

Das Ehrenzeichen besteht aus einem silbernen Kreuze, dessen 4 Arme kleeblattförmig verlaufen und mit erhaben geprägten Verzierungen versehen sind. Das runde Mittelschildchen hat 16 mm Durchmesser. Zwischen den Kreuzarmen erscheinen vier kleine heraldische Lilien.

V. des Mittelschildchens: Auf mattem Grunde die erhöht geprägte Zahl „30"; Umschrift zwischen zwei Kreislinien „FÜR TREUE DIENSTE", unten eine Arabeske (statt der ursprünglich vorgesehen gewesenen Jahreszahl „1886").

R. des Mittelschildchens: Der verschlungene doppelte Namenszug „E", von der Krone überhöht, auf poliertem Grunde.

Die für weibliche Personen bestimmten Kreuze haben in ihrer kleinen Öse einen langgestreckten flachen Ring, an welchem das zur Schleife geformte Band befestigt ist. Für männliche Personen hat das Kreuz eine gewöhnliche Drahtöse mit Ring.

Größe: 44 mm; Gewicht: 19 g.

Band: 30 mm breit, grasgrün mit zwei je 5 mm breiten weißen Seitenstreifen, Abstand von den Kanten je 2 mm.

1720. Silberne Ehren-Auszeichnung für Arbeiter und Dienstboten nach 30 Dienstjahren, 2. Form (verliehen 1895—1918)

1721. Dieselbe nach 50 Dienstjahren

Nr. 1719 wurde am 16. September 1895 geändert und nunmehr verliehen „an Arbeiter und Dienstboten beiderlei Geschlechts . . ., welche nach vollendetem 21. Lebensjahre mindestens 30 Jahre hindurch ununterbrochen in ein und demselben Arbeits- oder Dienstverhältnisse gestanden" hatten.

Das Kreuz stimmt mit Nr. 1719 überein, hat aber als Umschrift im Mittelschilde der

V: „FÜR TREUE IN DER ARBEIT", unten ein kleines Sternchen.
(Nr. 1721 hat statt „30" die Zahl „50", letztere vergoldet.)

R: Der doppelt verschlungene Namenszug „E" ist bei beiden Klassen nunmehr vergoldet.

Größe, Gewicht und Band wie bei Nr. 1719.

Sachsen-Coburg und -Gotha

Vgl. Ergänzungen auf S. 561.

1722. Dem Herzoglich Sachsen-Ernestinischen Hausorden affilierte Verdienstmedaille (verliehen 1864—1869)

1722a. Dieselbe, Silber vergoldet (verliehen 1870—1892)

1723. Dieselbe in Silber (verliehen 1834—1892)

1724. Dieselbe mit der Bandspange für 1870/71

1725. Dieselbe mit der Bandspange und mit Schwertern für 1870/71 alle mit dem Bilde des Herzogs Ernst I. (Stempel von F. Helfricht)

Über die Stiftung dieser Verdienstmedaillen gilt das bei Nr. 1653 ff. (Sachsen-Altenburg) Gesagte. Die goldenen Verdienstmedaillen wurden erst im Jahre 1864 eingeführt und nur bis Ende 1869 in echtem Metall verliehen.

30

In der Folge kamen die Verdienstmedaillen in vergoldetem Silber und in Silber noch bis zum Jahre 1892 mit den ursprünglichen Stempeln von F. Helfricht zur Ausgabe.

Sie haben ebenfalls eine quer angelötete breite Öse, durch die das Band gezogen ist.

V: Der nach links gewendete Kopf des Stifters mit einem Lorbeerkranz auf dem Haar und der Umschrift „ERNST HERZOG ZU SACHSEN COBURG UND GOTHA", unter dem Halsabschnitt „F. HELF-RICHT FEC".

R: Wie bei Nr. 1653/1654 (Sachsen-Altenburg).

Die silbernen Bandspangen mit Schwertern, die für Kriegsverdienste 1870/71 an Sachsen-Coburg-Gothaische Landeskinder aus dem Mannschaftsstande des 6. Thüringischen Infanterie-Regiments Nr. 95 (I. und III. Bataillon) verliehen wurden, haben eine etwas andere Prägung als die in Sachsen-Altenburg ausgegebenen Bandspangen. Sie sind leicht nach oben gebogen, 10 mm hoch und 28 mm breit, dabei senkrecht schraffiert mit den erhöhten Jahreszahlen „187⁰/₁", jedoch nicht nach oben gewölbt. An der glatten Rückseite ist zum Aufstreifen auf das Band eine silberne Schlaufe angebracht. Die gekreuzten silbernen antiken Schwerter sind bei den Coburg-Gothaer Bandschleifen in einem Stück erhöht mitgeprägt. Für Heimatverdienste im Kriege 1870/71 wurden ebenfalls silberne Verdienstmedaillen mit der Bandspange (ohne die Schwerter) verliehen.

Größe der Verdienstmedaille: 39 mm.

Gewicht: in Gold 12 Dukaten (= 42 g), in Silber 30˙g; Gewicht der Bandschleife: mit den Schwertern 5 g, ohne Schwerter 3 g.

Band: Ursprünglich 35 mm breit, lilarot mit zwei dunkelgrünen, je 3,5 mm breiten Seitenstreifen, die an ihren Innenseiten von dünnen schwarzen Strichen begrenzt sind und je 1 mm Abstand von den Bandkanten haben. Später war das Band nur mehr 26 mm breit, unverändert lilarot, mit 3 mm breiten grasgrünen Seitenstreifen, diese wieder mit den schwarzen Strichen an den Innenseiten und in 1 mm Abstand von den Kanten.

1726. Dem Herzoglich Sachsen-Ernestinischen Hausorden affiliierte Verdienstmedaille in Gold (Silber vergoldet)

1727. Dieselbe in Silber
mit dem Bilde Ernst I., Stempelverschiedenheit
(verliehen 1892—1895)

Nach dem Tode des Professors Ferdinand Helfricht in Gotha (1892) wurden die Verdienstmedaillen bei L. Chr. Lauer in Nürnberg hergestellt mit einem Vorderseitenstempel, bei dem der Name „F. HELF-RICHT FEC." unter dem Kopfe des Herzogs Ernst I. fehlt. Sonst stimmt jedoch die Prägung von Vorder- und Rückseite genau mit derjenigen von Nr. 1722—1725 überein, ebenso Gewicht und Band (dieses 26 mm breit).

1728. Dem Herzoglich Sachsen-Ernestinischen Hausorden affiliierte Verdienstmedaille in Gold (Silber vergoldet)

1729. Dem Herzoglich Sachsen-Ernestinischen Hausorden affiliierte Verdienstmedaille in Silber mit dem Bilde des Herzogs Alfred (verliehen 1895—1905)

Herzog Alfred (reg. 1893—1900) verfügte unter dem 19. 10. 1894 die Herstellung neuer Verdienstmedaillen mit seinem Bilde. Diese wurden dann Anfang 1895 von der Kunstanstalt L. Chr. Lauer in Nürnberg mit Vorderseitenstempeln nach einem Modell des Bildhauers und Graveurs E. Helfricht (Sohn) in London geprägt und geliefert. Diese Verdienstmedaillen hatten wieder eine quer verlaufende Bandöse.

V: Der nach rechts blickende Kopf des Herzogs mit der Umschrift „ALFRED HERZOG VON COBURG UND GOTHA"; unter dem Halsabschnitt (klein) „LAUER".

R: Abgesehen von den kleineren Ausmaßen wie bei Nr. 1723 ff.

Größe: 30 mm; Gewicht: 15 g.

Band: Wie bei Nr. 1726/1727.

1730. Verdienstmedaille in Gold des Herzoglich Sachsen-Ernestinischen Hausordens, Silber vergoldet

1731. Dieselbe in Silber

1732. Dieselbe mit Schwertern, mit dem Bilde des Herzogs Carl Eduard, Stempel von M. v. Kawaczyński (verliehen 1905—1914)

Unter der Regentschaft des Erbprinzen Ernst von Hohenlohe-Langenburg für den minderjährigen Herzog Carl Eduard, von 1900—1905, wurden die Medaillen mit dem Bilde des Herzogs Alfred (Nr. 1728/29) noch weiter verliehen. Seit der Übernahme der Regierung durch Herzog Carl Eduard am 19. Juli 1905 (reg. bis 1918) kamen sie aber in nachstehender Prägung zur Ausgabe. Die Stempel zu diesen neuen Verdienstmedaillen schnitt M. v. Kawaczyński, herzogl. sächsischer Hofmedailleur und Bildhauer (geb. 1860 zu Eisenach, gest. 1910 in Berlin). Die Bezeichnung ist, wie oben angegeben, durch herzogliche Verfügung vom 2. Februar 1907 festgestellt worden.

Die Medaillen sind matt getönt und haben die quer verlaufende breite Bandöse wie die früheren Prägungen, jedoch fehlt ihnen der erhöhte Rand. Einigen Coburg-Gothaer Landeskindern, die sich als Soldaten der Schutztruppe im Kriege 1905/06 gegen die Hereros und Hottentotten ausgezeichnet hatten, wurde die silberne Verdienstmedaille mit gekreuzten silbernen Schwertern auf dem Bande verliehen.

V: Das nach rechts gewendete jugendliche Brustbild des Landesherrn in Gardeuniform mit umgehängtem Mantel. Umschrift „CARL · EDVARD · HERZOG · V · SACHSEN · COBVRG · V · GOTHA", links neben dem Kopfe das kleine Monogramm des Künstlers „M. v. K."

Rückseite (ohne Überrand), Größe, Gewicht und Band wie bei Nr. 1726/1727.

1733. Verdienstmedaille in Gold des Herzoglich Sachsen-Ernestinischen Hausordens, Silber vergoldet

1734. Dieselbe mit der Bandspange für Heimatverdienst im Kriege 1914—1918

1735. **Dieselbe mit der Bandspange und mit Schwertern für Kriegsverdienste 1914—1918**

1736. **Verdienstmedaille in Silber des Herzoglich Sachsen-Ernestinischen Hausordens**

1737. **Dieselbe mit der Bandspange für Heimatverdienst im Kriege
1914—1918**

1738. **Dieselbe mit der Bandspange und mit Schwertern für Kriegsverdienste 1914—1918**
**Alle mit dem Bilde des Herzogs Carl Eduard, 2. Prägung
(verliehen 1914—1918)**

Bei Neuanfertigung der Stempel zu den Verdienstmedaillen wurden
diese in der Münzanstalt L. Chr. Lauer, Nürnberg, mit einigen kleinen
Abweichungen hergestellt. Die seitherige matte Metalltönung und die
quer verlaufende Bandöse sind geblieben, auch haben die Medaillen
ebenfalls keinen Überrand. Sie sind jedoch etwas dünner, also leichter
als früher.

V: Der Kopf des Herzogs zeigt einen etwas veränderten Gesichtsausdruck und links neben dem Halskragen fehlt die vertiefte Medailleurbezeichnung „M. v. K.“.
Rückseite und Größe wie bei Nr. 1730 ff.

Gemäß einer herzoglichen Entschließung konnten seit 22. Mai 1915
die goldenen (silbervergoldeten) und silbernen Verdienstmedaillen für
Kriegsverdienste an der Front mit einer silbervergoldeten bzw. silbernen Bandspange nebst Schwertern verliehen werden. Für Heimatverdienste während des Weltkrieges kamen gleiche Bandspangen,
jedoch ohne die gekreuzten Schwerter, zur Verleihung. Bedingung
zur Erlangung dieser Kriegsauszeichnungen war Besitz der Staatsangehörigkeit im Herzogtum Sachsen-Coburg und Gotha, bei den Medaillen mit Bandspange und Schwertern außerdem noch der Besitz des
Eisernen Kreuzes II. Klasse. Die Bandspangen haben, wie früher,
einen senkrecht schraffierten Grund und sind oben und unten mit einer
dünnen, erhöhten Linie eingefaßt, dabei 8 mm hoch und 26 mm breit
sowie leicht nach oben gebogen. Rückseitig bilden sie eine Schlaufe
zum Durchziehen des Bandes. Die antiken Schwerter sind eigens geprägt und aufgelötet. Zunächst trugen diese Bandspangen die erhöht
geprägte Jahreszahl „1914“, später jedoch wurde stets neben dieser
noch die Endziffer des Verleihungsjahres angebracht, also „1914/5“,
„1914/6“, „1914/7“ oder „1914/8“.
Gewicht der Verdienstmedaillen: 17 g.
Gewicht der Bandspange mit Schwertern: 4,5 g.
Gewicht der Bandspange ohne Schwerter: 2 g.
Band: 26 mm breit, zunächst wie bei Nr. 1726 ff., in der letzten Kriegszeit von hellerer Tönung der lilaroten Farbe.

1739. Carl Eduard-Kriegskreuz, Silber mit Email (verliehen 1916—1918)
Abbildung am Schluß des Bandes.

Gestiftet von Herzog Carl Eduard am 19. Juli 1916 „in dankbarer Anerkennung der ruhmvollen Beteiligung Unserer Landeskinder an den Kämpfen im

gegenwärtigen Kriege" und „bestimmt für Angehörige des 6. Thüringischen Infanterie-Regiments Nr. 95, sowie für Offiziere, Unteroffiziere und Mannschaften dieses Regiments, die während der Mobilmachung zu anderen Truppenteilen übergetreten sind, sofern sie das Eiserne Kreuz I. Klasse erhalten haben". Das Kreuz wird an der linken Brustseite neben dem Eisernen Kreuz I. Klasse getragen. Es erfolgten bis zum Kriegsende nur 87 Verleihungen.

Das achtspitzige Malteserkreuz hat gekörnte Arme, welche von einer dünnen, erhöhten Linie umrahmt sind.

V: In dem von einer doppelten, erhöhten Linie umgebenen, runden Mittelschildchen (19 mm Durchmesser) auf gekörntem Grunde die Buchstaben „Ⓔ. Ⓔ." unter einer freischwebenden Krone. Auf den Armen ruht ein schlanker, grün emaillierter Lorbeerkranz von 30 mm Durchmesser.

R: Das Mittelschildchen (19 mm Durchmesser) zeigt das sächsische Rautenkreuzwappen, eingeschlossen von der Umschrift „FIDELITER ET CONSTANTER" in Groteskversalien zwischen zwei erhöhten Kreislinien. Am oberen Kreuzarme ist mit einem Scharnier eine senkrechte Anstecknadel befestigt, während der untere Arm einen Haken trägt.

Größe: 42 mm; Gewicht: 33 g.

1740. Lebensrettungsmedaille, Silber, 1. Prägung, mit dem Bilde des Herzogs Ernst II. (verliehen 1883—1895)

Gestiftet am 1. Mai 1883 von Herzog Ernst II. (reg. 1844—1893) „zur Anerkennung der mit Mut und Entschlossenheit sowie mit eigener Lebensgefahr vollzogenen Rettung eines Verunglückten aus Lebensgefahr". Die Stempel zu dieser Medaille schnitt F. Helfricht in Gotha.

Die Medaille hat eine gewöhnliche Öse mit Ring.

V: Der nach links gewendete Kopf des Stifters mit der Umschrift „ERNST HERZOG V. SACHSEN COBURG U. GOTHA", unter dem Halsabschnitt der Name des Herstellers „HELFRICHT F.".

R: Innerhalb eines mit Bändern mehrfach umschlungenen dichten, natürlichen Rautenkranzes in fünf Zeilen „FÜR / RETTUNG / VON / MENSCHEN- / LEBEN".

Größe: 28 mm; Gewicht: 13 g.

Band: 26 mm breit, dunkelgrün mit zwei je 4,5 mm breiten weißen Seitenstreifen, letztere mit je 2 mm Abstand von den Kanten.

1741. Lebensrettungsmedaille, Silber, 2. Prägung, mit dem Bilde des Herzogs Alfred (verliehen 1895—1907)

Die Lebensrettungsmedaille behielt nach dem Regierungsantritt des Herzogs Alfred (1893) zunächst noch ihre seitherige Prägung bei, da noch Vorräte von Medaillen mit dem Kopfe Ernsts II. vorhanden waren. Erst zu Anfang des Jahres 1895 erfolgte die Neuprägung einer kleineren Anzahl von silbernen Rettungsmedaillen mit dem Bilde des nunmehrigen Landesherrn bei der Münzanstalt L. Chr. Lauer, Nürnberg.

Die Medaillen haben aber nunmehr eine quer verlaufende breite Öse.

V: Der nach rechts blickende Kopf des Stifters; Umschrift „ALFRED HERZOG VON SACHSEN COBURG UND GOTHA". Am unteren Medaillenrande in kleiner Schrift „LAUER".

R: Wie bei Nr. 1740.

Größe: 28 mm; Gewicht: 14 g.

Band: 25 mm, nicht gewässert hellgrün mit zwei weißen, je 3,5 mm breiten Seitenstreifen, diese in 2 mm Abstand von den Kanten.

1742. Lebens-Rettungsmedaille, Silber, 3. Prägung, mit dem Bilde des Herzogs Carl Eduard (verliehen 1907—1918)

Bald nach seiner Großjährigkeitserklärung und Thronbesteigung beauftragte Herzog Carl Eduard den Bildhauer Max von Kawaczyński mit der Herstellung neuer Modelle auch für die Lebensrettungsmedaille. Es waren schon Probestücke fertiggestellt mit dem Kopfe des jungen Herzogs und der Rückseite der seitherigen Prägungen. Diese gelangten jedoch nicht zur Ausgabe, wohl wegen ihrer zu großen Ähnlichkeit mit den inzwischen ebenfalls neu geprägten Verdienstmedaillen (siehe Nr. 1733 ff.). Statt dessen kam durch herzogliche Verfügung vom 2. Februar 1907 ein anderer Entwurf des gleichen Künstlers zur Annahme und Ausführung durch die Münzanstalt L. Chr. Lauer, Nürnberg.

Auch diese Medaillen haben eine angeprägte, quer verlaufende Bandöse. Sie sind jedoch in mattem Silber ausgeführt ohne Überrand.

V: Ein gerades Kreuz, dessen unterer Arm länger ist, am oberen Ende besetzt mit einer Krone und umgeben von Strahlen, darunter ein Punkt. Umschrift „CARL EDUARD, HERZOG VON SACHSEN-COBURG UND GOTHA", unten am Rande (klein) „L. CHR. LAUER NÜRNBERG".

Rückseite, Größe und Gewicht wie bei Nr. 1741.

Band: 25 mm breit, nicht gewässert, weiß mit zwei hellgrünen, je 4 mm breiten Seitenstreifen, diese in je 2 mm Abstand von den Kanten.

1743. Goldene
1744. Silberne und
1745. Bronzene Medaille für bürgerliche Verdienste, 1. Prägung (verliehen 1835—1837)

Am 30. Januar 1835 stiftete Herzog Ernst I. (reg. 1806—1844) goldene, silberne und bronzene Medaillen „zur Belohnung und Anerkennung besonderer Verdienste im bürgerlichen Leben". Diese Medaillen wurden dann vom Hofmedailleur Ferdinand Helfricht in kleiner Anzahl im Oktober des gleichen Jahres geliefert und kamen in der kurzen Zeit, in welcher sie in ihrer ersten Prägung verliehen wurden, fast nur an Künstler zur Verleihung.

Entsprechend den Verdienstmedaillen des Hausordens, deren Vorderseitenstempel zu ihrer Herstellung Verwendung fand, haben die Medaillen für bürgerliche Verdienste ebenfalls angeprägte, quer verlaufende Bandösen, doch sollen auch Stücke ohne Öse und Band ausgegeben worden sein; die bronzenen Stücke hatten dunkelbraune Tönung.

V: Wie bei Nr. 1722 ff.

R: Innerhalb eines dichten, unten mit einer Doppelschleife umwundenen Eichenlaubkranzes die Inschrift „DEM / VERDIENSTE", in zwei Zeilen, darunter eine Mauerkrone.

Größe: 39 mm; Gewicht in Gold: 12 Dukaten = 42 g, in Silber: 30 g.

Band: 36 mm breit, dunkelgrün.

Anmerkung: Die bei v. Heyden unter Nr. 1138 beschriebene, 43 mm große vergoldete bronzene Medaille stellt sicherlich eine nicht angenommene Probe dar. Auch seine Angabe, daß von dieser Medaille goldene und silberne Exemplare bis 1860 verliehen worden seien, ist daher unrichtig. (Vgl. Nachtrag v. Heyden 1898, Seite 8 Nr. 1136 ff.)

1746. Goldene und

1747. Silberne Medaille für bürgerliche Verdienste und für Kunst und Wissenschaft, mit dem Bilde Ernst I., 2. Prägung (verliehen 1837—1858)

Die Ausgabe der größeren Medaillen „für bürgerliche Verdienste" wurde schon im Sommer 1837 eingestellt, wohl wegen der zu großen Ähnlichkeit dieser Ehrenzeichen mit den damaligen Verdienstmedaillen (gleiche Vorderseite!), dann aber auch wegen der hohen Kosten insbesondere der goldenen Medaille. Ferdinand Helfricht erhielt daher den Auftrag, kleinere Medaillen in Gold und in Silber herzustellen, von denen er am 26. Oktober 1837 je eine geringe Anzahl erstmals lieferte. Die wenigen noch vorrätigen goldenen und silbernen Stücke des seitherigen großen Formats wurden später eingeschmolzen. Wieviel goldene Medaillen dieser neuen Prägung verliehen worden sind, konnte nicht mehr festgestellt werden; jedenfalls waren sie eine außerordentlich seltene Auszeichnung.

Die nunmehrigen kleineren Medaillen gleichen in der Prägung fast ganz den Nrn. 1743 ff. Sie hatten wie diese auch eine quer verlaufende Öse, nur ist auf ihrer Vorderseite die Umschrift abgekürzt in „ERNST HERZOG ZU SACHSEN COBURG-GOTHA".

Größe: 24 mm; Gewicht: in Gold 3 Dukaten = 10,5 g, in Silber 9 g.

Band: 26 mm breit, dunkelgrün

1748. Goldene und

1749. Silberne Medaille für Kunst und Wissenschaft mit dem Bilde Ernst I., 3. Prägung (verliehen 1858—1893)

Im Juli 1858 schnitt F. Helfricht wieder neue Vorderseitenstempel zu den Medaillen Nr. 1746/1747, welche im Laufe der Jahre sich dann zu einer Auszeichnung für Kunst und Wissenschaft entwickelten und nach der Stiftung des Verdienstkreuzes für Kunst und Wissenschaft (Nr. 1750) seit 1860 die unteren Stufen dieses letzteren Ehrenzeichens bildeten. Von der goldenen Medaille (Nr. 1748) kam bis 1893 nur eine einzige Verleihung vor, nämlich an die Fahne des Kölner Männergesangvereins für dessen Meisterleistungen bei einem großen Sängerwettstreit im Jahre 1881.

Die Medaillen haben nunmehr eine gewöhnliche Drahtöse mit Ring.

V: Der nach links gewendete Kopf Ernst I. mit Lorbeerkranz, darunter der Stempelschneidername „HELFRICHT F"; die Umschrift lautet berichtigt: „ERNST HERZOG ZU SACHSEN COBURG UND GOTHA".

Rückseite, Größe und Gewicht wie bei Nr. 1746/1747.

Band: Zunächst ebenfalls wie dort, ab Anfang des Jahres 1876 25 mm breit, grasgrün mit zwei silbernen, je 3 mm breiten Seitenstreifen, letztere 1 mm von den Kanten entfernt.

1750. Silbernes Verdienst-Kreuz für Kunst und Wissenschaft, mit dem Bilde des Herzogs Ernst II., 1. Prägung (verliehen 1860—1875)

Gestiftet am 18. April 1860 von Herzog Ernst II. als höchste Auszeichnung für künstlerische und wissenschaftliche Verdienste. Mit der Herstellung dieses Ehrenzeichens war wieder Ferdinand Helfricht betraut.

Das achtspitzige Malteserkreuz hat mattsilberne Arme, welche von einer dünnen erhabenen Linie eingefaßt und mit einem grün emaillierten, silbernen Rautenkranze verbunden sind, sowie eine gewöhnliche Öse nebst Tragring.

V: Im aufgelöteten, silbernen Mittelschildchen (17 mm Durchmesser) der nach links gewendete Kopf des Stifters mit der Umschrift „ERNST HERZOG ZU SACHSEN COBURG UND GOTHA", unten klein am Rande „HELFRICHT F".

R: Im ebenfalls aufgelöteten Mittelschildchen (17 mm Durchmesser) innerhalb eines dichten, oben und unten kreuzweise mit Band umschlungenen Eichenlaubkranzes „DEM / VERDIENSTE" (zweizeilig), darunter eine kleine Mauerkrone.

Größe: 36 mm; Gewicht: 23 g.

Band: 36 mm. breit, dunkelgrün.

1751. Verdienst-Kreuz für Kunst und Wissenschaft mit dem Bilde des Herzogs Ernst II., Silber vergoldet, 2. Prägung (verliehen 1875—1892)

Um das Ende des Jahres 1875 erfolgte eine Abänderung des Verdienstkreuzes für Kunst und Wissenschaft hauptsächlich wohl, um Verwechslungen mit dem seit 23. Juli 1874 in Sachsen-Meiningen bestehenden Verdienstorden für Kunst und Wissenschaft I. Klasse (Nr. 1824) zu vermeiden.

Das nunmehr aus stark vergoldetem Silber und wieder von F. Helfricht hergestellte Kreuz ist etwas kleiner, auch haben die aufgelöteten Mittelschildchen nur noch 14 mm Durchmesser. Die Arme sind fein gekörnt.

V: Wie bei Nr. 1750.

R: Ebenfalls wie bei Nr 1750, jedoch ist der Eichenlaubkranz unten mit einer Doppelschleife gebunden.

Größe: 32 mm; Gewicht: etwa 15 g.

Band: Zunächst wie bei Nr. 1750, seit Anfang 1876 jedoch 35 mm breit, grasgrün mit zwei je 4 mm breiten silbernen Seitenstreifen, letztere 1 mm von den Kanten entfernt.

1752. Verdienst-Kreuz für Kunst und Wissenschaft mit dem Bilde des Ernst II., Silber vergoldet, 3. Prägung (verliehen 1892—1895)

Nach dem Tode des Professors und Hofmedailleurs F. Helfricht (1892) wurden diese Verdienstkreuze mit neuen Stempeln hergestellt. Sie sind etwas größer, aber dünner als Nr. 1751, jedoch ebenfalls vergoldet mit grünemailliertem Rautenkranz zwischen den gekörnten Armen und der gewöhnlichen Drahtöse nebst Ring. Die aufgelöteten, matt vergoldeten Mittelschildchen (14 mm Durchmesser) zeigen auf der

V: den nach links gewendeten (älteren) Kopf des Stifters mit der Umschrift „ERNST HERZOG ZU SACHSEN COBURG GOTHA". Der Stempelschneidername fehlt, wie auch die Ausführung von Bild und Beschriftung nicht so sorgfältig und scharf ist wie bei den vorausgegangenen Kreuzen von Helfricht.

R: Gleiche Darstellungen wie bei Nr 1751.

Größe: 34 mm; Gewicht: 12 g.

Band: Zunächst 35 mm breit, grasgrün mit zwei je 4 mm breiten silbernen Seitenstreifen, später jedoch nur noch 28 mm breit, hellgrün mit zwei je 3,5 mm breiten silbernen Seitenstreifen, diese 1 mm von den Bandkanten entfernt.

1753. Verdienstkreuz für Kunst und Wissenschaft mit dem Bilde des Herzogs Alfred, Silber vergoldet, 1. Prägung, mit der Inschrift „DEM VERDIENSTE" (verliehen seit 1895)

Durch eine Verfügung des Herzogs Alfred vom 19. Oktober 1894 wurde die Abänderung des Mittelschildchens der Verdienstkreuze für Kunst und Wissenschaft angeordnet. Die Firma L. Chr. Lauer, Nürnberg, besorgte deren Neuprägung und Anfang 1895 erfolgte die Lieferung der ersten abgeänderten Kreuze. Inhaber von Verdienstkreuzen, denen unter der Regierung Herzog Alfreds diese Auszeichnung noch mit dem Bilde des 1893 verstorbenen Herzogs Ernst II. verliehen worden waren, konnten ihre Kreuze zur Abänderung einsenden.

Das Mittelschildchen der Vorderseite (14 mm Durchmesser) zeigt den nach rechts gewendeten Kopf mit der Umschrift „ALFRED HERZOG VON SACHSEN COBURG UND GOTHA".

R: Größe, Gewicht und Ausführung der Kreuze wie bei Nr. 1752, ebenso das 28 mm breite Band.

1754. (Silberne) Verdienstmedaille für Kunst und Wissenschaft mit dem Bilde des Herzogs Alfred, 1. Prägung mit der Inschrift „DEM VERDIENSTE" (verliehen seit 1895)

Herzog Alfred ordnete am 19. Oktober 1894 auch hinsichtlich der silbernen Medaille für Kunst und Wissenschaft eine Neuprägung mit seinem Bildnisse an. Diese erfolgte anfangs 1895 in der Münzanstalt L. Chr. Lauer in Nürnberg nach einem Modell von Emil Helfricht (Sohn), London, das auch zur Herstellung der Vorderseite der Verdienstmedaillen des Herzoglich Sachsen-Ernestinischen Hausordens (Nr. 1728/1729) sowie der Rettungsmedaille (Nr. 1741) Verwendung gefunden hatte.

Die Medaillen haben eine quer verlaufende Bandöse. Goldene Stücke wurden nicht mehr angefertigt.

V: Der nach rechts gewendete Kopf mit der Umschrift „ALFRED HERZOG VON SACHSEN COBURG UND GOTHA", unten am Rande „LAUER".

R: Wie bei Nr 1749.

Größe: 25 mm; Gewicht: 9 g.

Band: 16 mm breit, grasgrün mit zwei je 2,5 mm breiten, silbernen Seitenstreifen und dünnen grasgrünen Streifen an den Kanten.

1755. Verdienstkreuz für Kunst und Wissenschaft mit dem Bilde des Herzogs Alfred, Silber vergoldet, 2. Prägung mit der Inschrift „FÜR KUNST UND WISSENSCHAFT" (verliehen bis 1905)

In den letzten Regierungsjahren des Herzogs Alfred erfuhr die Rückseite dieses Verdienstkreuzes eine Abänderung. Das 14 mm große Mittelschildchen trug nunmehr die Inschrift „FÜR / KUNST UND / WISSENSCHAFT", umgeben von einem dichten, unten mit einer Doppelschleife gebundenen Eichenlaubkranz.

Vorderseite, Größe, Gewicht, Ausstattung und Band wie bei Nr. 1752/1753.

1756. (Silberne) Verdienstmedaille für Kunst und Wissenschaft mit dem Bilde des Herzogs Alfred, 2. Prägung mit der Inschrift „FÜR KUNST UND WISSENSCHAFT" (verliehen bis 1905)

Gleichzeitig wie beim Verdienstkreuz wurde auch bei der Verdienstmedaille für Kunst und Wissenschaft in der letzten Regierungszeit die Rückseite geändert. Der Zeitpunkt dieser Änderung war jedoch nicht mehr genau festzustellen.

V: Wie bei Nr. 1754.

R: Innerhalb des dichten, unten mit einer Doppelschleife gebundenen Eichenlaubkranzes „FÜR / KUNST UND / WISSENSCHAFT" (dreizeilig).

Größe, Gewicht und Band wie bei Nr. 1754.

1757. Ehrenkreuz für Kunst und Wissenschaft (Steckkreuz), Silber vergoldet (verliehen 1907—1918) Abbildung am Schluß des Bandes.

1758. Kreuz für Kunst und Wissenschaft mit der Krone (verliehen 1907—1918)

1759. Dasselbe ohne Krone, Silber vergoldet (verliehen 1906—1918). Alle mit dem Bilde des Herzogs Carl Eduard

Während der Regentschaft des Erbprinzen Ernst von Hohenlohe-Langenburg für den minderjährigen Herzog Carl Eduard wurde die seitherige Prägung des Verdienstkreuzes sowie der silbernen Medaille für Kunst und Wissenschaft zunächst beibehalten (Nr. 1755/1756). Erst seit Anfang 1906 wurden diese Auszeichnungen mit dem Bilde des jungen Landesherrn verliehen und dann bald auch entsprechend erweitert. Das Ehrenkreuz, das Kreuz und die Medaille für Kunst und Wissenschaft bildeten zusammen die „Sachsen-Coburg-Gothaische Dekoration für Kunst und Wissenschaft". Die Bezeichnung „Verdienst-" vor „Kreuz", bzw. „Medaille" fiel am 2. Februar 1907 wegen ihres Vorkommens beim Hausorden für die Zukunft weg.

Die Kreuze für Kunst und Wissenschaft gleichen ganz den seitherigen Verdienstkreuzen mit dem Bilde des Herzogs Alfred. Sie erhielten nur ein verändertes Mittelschildchen (16 mm Durchmesser) nach einem Modell von Max von Kawaczyński, Berlin.

V. des Mittelschildchens: Das nach rechtsgewendete jugendliche Bildnis des Landesherrn in Gardeuniform mit umgehängtem Mantel; Umschrift „CARL · EDUARD · HERZOG · V · SACHSEN · CO-BURG · U · GOTHA ·".

R. des Mittelschildchens wie bei Nr. 1755.

Die beiden Mittelschildchen haben jedoch keinen erhöhten Rand und sind in matt vergoldetem Silber geprägt.

Am 2. Februar 1907 wurde dazu als höherer Grad das Kreuz für Kunst und Wissenschaft mit einer fest auf den zwei Spitzen des oberen Armes sitzenden dreitürmigen Mauerkrone gestiftet. Letztere ist 9 mm hoch, ebenfalls aus vergoldetem Silber geprägt und trägt auf ihrer glatten Rückseite eine quer angelötete Öse, durch die das Band gezogen wird.

Als höchste Klasse kam am gleichen Tage noch das „Ehrenkreuz" zur Einführung. Das Ehrenkreuz für Kunst und Wissenschaft sollte nur „für besonders hervorragende, selbstschöpferische Leistungen auf dem Gebiet der Kunst und Wissenschaft" verliehen werden. Vor einer Verleihung des Kreuzes mußte eine dreigliederige Kommission gehört werden, welche als Beirat vom Herzog auf jeweils 5 Jahre eingesetzt wurde und auch die Diplome mit unterschrieb.

Das Ehrenkreuz stimmt in Größe und Prägung mit den Kreuzen Nr. 1758 ff. überein, nur ist der Rautenkranz auf seiner Rückseite ohne das grüne Email. Die 9 mm hohe einseitig geprägte Mauerkrone ist zwischen den beiden Spitzen des oberen Armes befestigt, der auf seiner Rückseite an einem Scharnier eine senkrechte Nadel trägt, mit welcher das Ehrenkreuz für Kunst und Wissenschaft auf der linken Brustseite unter der Ordensschnalle angesteckt werden konnte.

Größe ohne Krone: 34 mm, mit Krone: 40 mm.

Band: Bei Nr. 1757 und Nr. 1758 wie bei Nr. 1753—1755.

1760. Medaille für Kunst und Wissenschaft in Gold (mit Krone) (Silber vergoldet)

1761. Medaille für Kunst und Wissenschaft in Gold (ohne Krone) (Silber vergoldet)

1762. Medaille für Kunst und Wissenschaft in Silber, mit dem Bilde des Herzogs Carl Eduard, 1. Prägung (verliehen von 1905 (1907) — 1911)

Gleichzeitig mit dem Kreuze wurde auch die silberne Medaille für Kunst und Wissenschaft durch herzoglichen Befehl im März 1905 abgeändert. Der mit der Herstellung neuer Stempel betraute Bildhauer und Medailleur von Kawaczyński stellte diese im Juli 1905 fertig. Durch eine weitere landesherrliche Verfügung vom 2. Februar 1907 (vgl. Nr. 1757—1759) wurden dann noch die Medaille „in Gold" (Silber vergoldet) und die gleiche Medaille „mit Krone" für Kunst und Wissenschaft als höhere Klassen dazu gestiftet. Sie wurden wieder in der Münzanstalt von L. Chr. Lauer in Nürnberg, und zwar erstmals im Mai 1907 geprägt.

Die Medaillen sind aus matt getöntem Silber bzw. matt vergoldet und haben keinen erhöhten Rand, aber wieder die quer verlaufende Bandöse. Die vergoldete, flach und nur einseitig geprägte dreizinnige Mauerkrone der obersten Klasse ist 7 mm hoch und sitzt fest auf dem Medaillenrande. Auf der flachen Rückseite dieser Mauerkrone befindet sich eine quer verlaufende Öse für das Band.

V: Das nach rechts gewendete Brustbild des Herzogs in Gardeuniform mit umgehängtem Mantel und mit der Umschrift „CARL · EDUARD ·

HERZOG · V · SACHSEN · COBURG · U · GOTHA"; links neben dem Halskragen (vertieft in kleinster Schrift) „MAX / v. KAWA-CZYŃSKI / n. d. Leben".

Rückseite, Größe und Band wie bei Nr. 1754 und 1756.

Gewicht ohne Krone: 9 g, mit der Krone: 11 g.

Anmerkung: Es wurden im Spätherbst 1906 von M. v. Kawaczyński auch einige silberne oder vergoldete Medaillen mit der Vorderseite von Nr. 1760 ff. und mit der früheren Rückseite („DEM VERDIENSTE"' und der kleinen Mauerkrone darunter, innerhalb eines dichten Eichenlaubkranzes) in matter Tönung hergestellt. Eine Verleihung solcher Medaillen konnte nicht nachgewiesen werden. Von Heyden führt dieselben unter Nr. 1290/1291 in seinem II. Nachtrag (v. Jahre 1906) auf.

1763. Medaille für Kunst und Wissenschaft in Gold (mit Krone) (Silber vergoldet)

1764. Medaille für Kunst und Wissenschaft in Gold (ohne Krone) (Silber vergoldet)

1765. Medaille für Kunst und Wissenschaft in Silber, mit dem Bilde des Herzogs Carl Eduard, 2. Prägung (verliehen 1911—1918)

Durch herzogliche Verfügung vom 10. März 1911 erfuhren die Medaillen für Kunst und Wissenschaft nochmals eine Abänderung.

V: Unter Beibehaltung der seitherigen Vorderseite wurde um diese noch ein dichter, 4 mm breiter Lorbeerkranz geprägt, der unten mit einem kurzen Band umschlungen ist. Der Name des Stempel-schneiders M. v. Kawaczyński fehlt jedoch neben dem Kopf des Herzogs Carl Eduard, dafür erscheint ganz klein im Brustabschnitt „L. Chr. Lauer, Nürnberg".

R: Der 4 mm breite, dichte Lorbeerkranz umschließt eine mattsilberne bzw. matt vergoldete kreisrunde Fläche von 25 mm Durchmesser, auf welcher innerhalb einer achteckigen Perlenschnur-Einfassung die dreizeilige Inschrift „FVER KUNST / UND / WISSENSCHAFT". Bei den Medaillen ohne Krone bildet eine breite Lochung über dem Kopfe des Herzogs die Öse für das Band. Bei der obersten Klasse aber hat die angeprägte 7 mm hohe dreizinnige Mauerkrone auf ihrer glatten Rückseite wieder die quer verlaufende Öse zum Durchziehen des Bandes.

Größe ohne Krone: 33 mm, mit Krone: 40 mm.

Gewicht ohne Krone: 17 g, mit Krone: 19 g.

Band: wie bei Nr. 1754 und 1756.

1766. Herzog Ernst-Medaille in Gold (Silber vergoldet)

1767. Dieselbe in Silber am Halsbande (beide verliehen 1889—1896)

1768. Dieselbe in Silber, im Knopfloch zu tragen (verliehen 1888—1896)

Für Verdienste, zu deren Belohnung weder die verschiedenen Stufen des Herzoglich Sachsen-Ernestinischen Hausordens noch die Auszeichnungen für Kunst und Wissenschaft geeignet erschienen, stiftete Herzog Ernst II. am 17. Februar 1888 ein besonderes Ehrenzeichen, die „Herzog Ernst-Medaille". Vorzugsweise gelangte diese Auszeichnung aber dann doch an Künstler, die schon Coburg-Gothaische Auszeichnungen besaßen. Die Herzog Ernst-Medaille konnte entweder zum Tragen im Knopfloche oder auch ohne Öse und Band verliehen werden. Ein Statutennachtrag vom 21. Februar 1889 bestimmte dann, daß in besonderen Fällen die Herzog Ernst-Medaille auch am breiten Halsbande bei sonst gleicher Größe und Prägung verliehen werden konnte. Ohne daß eine diesbezügliche Bestimmung bekanntgegeben wurde, erfolgte später auch noch als ganz seltene Auszeichnung die Verleihung der Herzog Ernst-Medaille in Gold (d. i. Silber vergoldet) am Halsbande. Verleihungen der letzteren Medaille erfolgten jedoch bis 1896 nur sechsmal.

Die um den Hals zu tragenden Herzog Ernst-Medaillen haben an einem 5 mm langen Stiel eine kleine, von oben nach unten gelochte Öse, in welcher der langgestreckte Tragring hängt. Die auf der Brust zu tragenden silbernen Medaillen haben dagegen eine quer verlaufende, breite Öse für das Band. Sie sind in der Münzanstalt von L. Chr. Lauer in Nürnberg geprägt.

V: Der nach links blickende Kopf des Stifters mit der Umschrift „ERNST II HERZOG VON SACHSEN COBURG UND GOTHA".

R: Auf einem Sockel ein von Strahlen umgebener Thronsessel mit dem sächsischen Wappen auf seiner Rückenlehne. Auf diesem Thronsessel liegt ein offenes Buch, dessen linkes Blatt in drei Zeilen (vertieft) die Namen folgender, vom Stifter komponierten Opern zeigt: „ZAÏRE / SANTA / CHIARA", während auf dem rechten Blatt in vier Zeilen die Namen seiner Tonwerke „DIANA / VON / SOLANGE / CASILDA" erscheinen. An den unteren Teil des Sessels lehnen sich zwei Wappenschilde, einer davon mit der Krone als dem Sinnbild der Fürstlichkeit, der andere mit dem Pegasus, dem Sinnbilde der Dichtkunst. Um diese Wappenschilde herum gruppieren sich (von links nach rechts gesehen): Eine Taube auf einem Rosenzweig, ein vom Pfeile durchbohrtes Herz, ein Palmzweig, eine Lyra mit Schwert, ein Lorbeerreis, eine Theatermaske sowie eine Eule. Auf dem Sockel erscheint in kleiner Schrift der Name des Herstellers „L. CHR. LAUER, NÜRNBERG - H. STROBEL". (H. Strobel war damals Graveur in Nürnberg.)

Am oberen Rande der Medaille die Umschrift:„PRINCEPS MUSARUM SACERDOS". Außen am Rande entlang läuft eine dünne Perlenschnur.

Größe: 50 mm; Gewicht: 50 g.

Band: a) für die am Hals zu tragenden Herzog Ernst-Medaillen (Nr. 1766 und Nr. 1767) 50 mm breit, in drei gleichen Streifen, grasgrün, weiß, grasgrün;

b) für die auf der Brust zu tragende Medaille (Nr. 1768) 35 mm breit, halb grasgrün, halb weiß.

Anmerkung: Mit Genehmigung des Herzogs Ernst fertigte die Firma L. Chr. Lauer in Nürnberg neben Miniaturmedaillen auch Medaillen von 34 mm Durchmesser mit gewöhnlicher Öse nebst Ring. Letztere wurden an Stelle der sehr großen Herzog Ernst-Medaille gerne von deren Inhabern im Knopfloche oder an der Ordensschnalle getragen. Diese kleineren, nicht offiziellen Medaillen stimmen in ihrer Prägung genau mit den Originalen überein und wiegen etwa 13 g.

1769. Herzog Ernst-Medaille in Gold, Silber vergoldet, am Halsbande

1770. Dieselbe in Silber am Halsbande

1771. Dieselbe in Silber, im Knopfloch zu tragen, Stempelverschiedenheit von Nr. 1766 ff.

Es kamen auch offizielle Herzog Ernst-Medaillen mit etwas abweichender Zeichnung der Rückseite vor, die wohl erst bei einer späteren Neuanfertigung des Stempels entstanden ist.

Auf dem Sockel ist nur noch der Name „L. CH. LAUER" (links) und „NÜRNBERG" (rechts) angebracht, ferner ist die Umschrift in kleinerer Schrift gehalten.

Vorderseite, Größe, Gewicht und Bänder wie bei Nr. 1766 ff.

1772. Große Herzog Alfred-Medaille, Silber, am Halsbande

1773. Herzog Alfred-Medaille, Silber (verliehen 1896—1905)

Gestiftet am 1. Januar 1896 und mit geänderten Statuten versehen, diente dieses Ehrenzeichen dem gleichen Zweck wie vordem die „Herzog Ernst-Medaille", deren weitere Verleihung sich Herzog Alfred in besonders geeigneten Fällen „nach Maßgabe der bisherigen Statuts" vorbehalten hatte, ebenso wie auch die Prägung von goldenen (silbervergoldeten) Herzog Alfred-Medaillen ursprünglich beabsichtigt war. Aber es kamen weder Verleihungen solcher, noch nachträgliche Verleihungen von Herzog Ernst-Medaillen unter der Regierung des Herzogs Alfred vor.

Die Herzog Alfred-Medaille hatte in ihren zwei Klassen, abgesehen von den Größen-Abstufungen die gleiche Prägung. Auch die quer verlaufenden, angelöteten Bandösen waren bei beiden Medaillen vorhanden.

V: Der nach rechts gewendete Kopf des Stifters nach dem Entwurf von Emil Helfricht, London, mit der Umschrift „ALFRED HERZOG VON SACHSEN COBURG UND GOTHA"; unten am Rande (klein) „LAUER".

R: Das von zwei Löwen gehaltene persönliche Wappen des Herzogs, dessen gekrönter Schild vom englischen Hosenband mit der Devise „· HONI · SOIT · QUI · MAL · Y · PENSE" umschlungen wird.

Unter dem Wappen befindet sich ein Spruchband mit der Inschrift „TREU UND FEST.", sowie zwei liegende Eichenzweige, während am oberen Rande die Widmung „FÜR VERDIENST" angebracht ist.

Größe: Nr. 1772 = 50 mm, Nr. 1773 = 35 mm.

Gewicht: 65 bzw. 24 g.

Bänder: Wie bei Nr 1766—1768.

1774. Große Herzog Carl Eduard-Medaille oder Herzog Carl Eduard-Medaille 1. Klasse, Silber

1775. Kleine Herzog Carl Eduard-Medaille oder Herzog Carl Eduard-Medaille 2. Klasse, Silber, 1. Prägung (verliehen 1905—1911)

Bald nach Übernahme der Regierung ersetzte Herzog Carl Eduard am 6. August 1905 die Herzog Alfred-Medaille durch eine neu gestiftete „Herzog

Carl Eduard-Medaille" in zwei Klassen, welche sich lediglich durch ihre verschiedene Größe und Tragweise voneinander unterscheiden. Das geänderte Statut sieht ebenfalls wieder die Verleihung von „goldenen" d. i. silbervergoldeten Medaillen vor, wie auch die Weiterverleihung der Herzog Ernst- und der Herzog Alfred-Medaille „in besonders geeigneten Fällen" „nach Maßgabe des bisherigen Statuts" vorbehalten blieb. Aber auch unter der Regierung des letzten Herzogs von Sachsen-Coburg und Gotha kamen weder Verleihungen von goldenen Carl Eduard-Medaillen noch der früheren Herzog Ernst- bzw. Alfred-Medaille vor.

Die Herzog Carl Eduard-Medaillen wurden wieder bei der Firma L. Chr. Lauer, Nürnberg, hergestellt nach dem bekannten, von Hofmedailleur und Bildhauer Max v. Kawaczyński in Berlin nach dem Leben geschaffenen Bildnis des Stifters. Die Medaillen sind aus matt getöntem Silber und haben keinen erhöhten Rand. Beide Klassen sind mit einer quer verlaufenden angelöteten Bandöse versehen.

V: Das nach rechts schauende Brustbild des jungen Herzogs in preußischer Gardeuniform mit umgehängtem Mantel; Umschrift „·CARL· EDUARD · HERZOG · V · SACHSEN · COBURG · U · GOTHA". Links neben dem Kopfe in vertiefter, kleiner Schrift „MAX / v. KAWACZYŃSKI / n. d. Leben" in drei Zeilen.

R: Das persönliche Wappen des Herzogs, gehalten von zwei hersehenden, mit Bügelkronen gekrönten Löwen und überhöht von einer gefütterten Krone. Hinter dem Wappen, durch dasselbe zum größten Teil verdeckt, ragt eine Eiche mit knorrigem Wurzelstocke empor. Das ganze Wappen steht auf einem liegenden Spruchband mit der Aufschrift „TREV VND BESTAENDIG", dessen nach unten geschlagenen Enden in vertiefter kleiner Schrift wieder den Namen des Stempelschneiders „v. KAWACZYŃSKI / BERLIN INV. FEC." tragen. Am oberen Rand der Medaille entlang „FVER · VERDIENST".

Größe: 50 mm, bzw. 35 um; Gewicht: 4 g, bzw. 24 g.

Bänder: Zuerst gleichgeblieben wie bei Nr. 1772 und Nr. 1773, jedoch mit herzoglicher Verfügung vom 2. Februar 1907 geändert und zwar für Nr. 1774: 53 mm breit, schwarz-goldgelb-schwarz, für Nr. 1775: 35 mm breit, halb schwarz, halb goldgelb.

Anmerkung: Es gibt von beiden Größen der Herzog Carl Eduard-Medaille sehr gut gelungene Nachprägungen in versilberter Bronze, bei welchen, abgesehen von kleinen Abweichungen in der Zeichnung des Kopfes und der Umschrift auf der Vorderseite auch die Inschrift „M. v. Kawaczyński / Berlin inv. fec." fehlt. Auf der Rückseite sind im Felde des Wappenschildes die goldenen Streifen durch erhöhte Punkte markiert, während dieselben auf den Original-Exemplaren vertieft sind; die schwarzen Streifen sind bei letzteren schraffiert, bei den Nachbildungen jedoch glatt. Auf dem oberen Rande sitzt bei der großen Medaille eine Öse mit langgestrecktem Ring, bei der Herzog Carl Eduard-Medaille II. Klasse aber eine gewöhnliche Drahtöse mit rundem Ring.

1776. Ovale silberne Herzog Carl Eduard-Medaille mit Krone (verliehen 1911—1918)

1777. Dieselbe mit Bandspange für Heimatverdienst 1914/18

1778. Dieselbe mit Bandspange und Schwertern für Kriegsverdienste 1914/18

Während die große Herzog Carl Eduard-Medaille bis zum Herbst 1918 in ihrer ursprünglichen Form, allerdings nicht häufig verliehen wurde, ergab sich bei der auf der Brust zu tragenden Medaille Nr. 1775 Anlaß zur Änderung, da diese vielfach mit der wohl etwas kleineren, aber in ihrer Vorderseite sonst ganz gleichen Verdienstmedaille des Ernestinischen Hausordens verwechselt wurde.

Die neuen Herzog Carl Eduard-Medaillen wurden auf herzoglichen Befehl vom 10. März 1911 unter Benützung des seitherigen Vorbildes in ovaler Form und mit matt getönter Oberfläche in der Kunstanstalt von L. Chr. Lauer hergestellt. Sie tragen außerdem eine festaufsitzende 14 mm hohe und 20 mm breite gefütterte matt silberne Krone, an deren flacher Rückseite eine quer verlaufende Öse für das Band angebracht ist. Für hervorragende Verdienste auf dem Gebiete der Kriegs-Wohlfahrtspflege oder einer sonstigen, mit den kriegerischen Ereignissen der Jahre 1914/18 zusammenhängenden ersprießlichen Betätigung in der Heimat, konnte die Carl Eduard-Medaille mit einer silbernen Bandspange verliehen werden, die ganz derjenigen gleicht, welche zu den silbernen Verdienstmedaillen des Hausordens seit Anfang 1915 für Heimatverdienste verliehen wurde. Die gleiche Bandspange mit aufgelöteten silbernen Schwertern zur Carl Eduard-Medaille erhielten Offiziere und Mannschaften des deutschen Feldheeres, welche als Staatsangehörige des Herzogtums das Eiserne Kreuz I. Klasse besaßen und durch den Herzoglich Sachsen-Ernestinischen Hausorden, dessen Verdienstkreuze oder die Verdienstmedaillen mit Schwertern bereits ausgezeichnet waren. Auf den senkrecht schraffierten, von einer feinen Linie eingefaßten und nach oben gebogenen Bandspangen erscheint das Verleihungsjahr in erhöht geprägten Ziffern. Bei den Bandspangen mit Schwertern ist zwischen den gekreuzten Klingen der letzteren außerdem ein flaches, geschwungenes Spruchband angebracht, auf welchem das Datum der erneuten tapferen Handlung eingraviert wurde. Die Bandspangen bilden rückwärts eine glatte Schlaufe zur Befestigung auf dem Ordensbande.

V: Wie bei Nr. 1775, aber neben dem Herzogsbildnis fehlt der Künstlername Kawaczyński und die Buchstaben der Umschrift haben hiervon veränderten Charakter, hinter „GOTHA" ein Punkt.

R: Das Wappen mit den aufrecht stehenden Löwen ist schmäler, dafür aber höher dargestellt. Die Überschrift: „FUER VERDIENST" zeigt etwas höhere Buchstaben als diejenigen bei der früheren runden Herzog Carl Eduard-Medaille (Nr. 1775). Auf den fliegenden Enden des Spruchbandes unter dem Wappen fehlt ebenfalls die Stempelschneiderbezeichnung, dafür ist ganz klein, links und rechts neben diesen Bändern der Name „L. Chr. Lauer - Nürnberg" am unteren Medaillenrande angebracht.

Größe: 39 mm hoch, 33 mm breit (ohne Krone).

Gewicht: 29 g (ohne Bandspange).

Anmerkung: Es kommen bronzene versilberte Exemplare ohne den Namen der Firma L. Chr. Lauer, Nürnberg, auf der Rückseite vor, bei welchem das Herzogsbildnis veränderte Gesichtszüge zeigt, bei denen auch die Buchstaben der Umschrift etwas von denen bei Nr. 1776 abweichen. Solche Medaillen sind meist offizielle Nachprägungen.

1778a. Carl Eduard-Medaille mit Schwertern am Ringe (verliehen 1935)

Herzog Carl Eduard verlieh die Carl Eduard-Medaille (Nr. 1776) von 1919 bis zum 14. November 1935, und gestattete den Inhabern aus Wehrmacht und Bewegung, die sie nach dem 30. Januar 1933 erhalten hatten, unter dem 16. Oktober 1935 die Anlegung von Schwertern am Ring.

1779. Ehrenzeichen für Heimatsverdienst, ovale Medaille aus dunkler Bronze (verliehen 1918)

Gestiftet von Herzog Carl Eduard am 19. 7. 1918 „für Personen ohne Unterschied des Geschlechtes, Ranges und Standes im Herzogtum, die während des Krieges mittelbar oder unmittelbar im Interesse der Kriegführung und in der Förderung gemeinnütziger Bestrebungen Hervorragendes geleistet haben". Sie wurde unmittelbar nach dem Ernestinischen Hausorden oder dessen Verdienstkreuz bzw. nach seiner Verdienstmedaille getragen.

Die ovale, von einer festaufsitzenden offenen Krone überhöhte Medaille, gleicht in Größe, Vorder- und Rückseite ganz der ovalen Herzog Carl Eduard-Medaille Nr. 1776 und hat, wie letztere, eine rückseitig an der Krone angelötete, quer verlaufende Bandöse. Bis zum Kriegsende waren von den 5000 bei L. Chr. Lauer, Nürnberg, bestellten Stücken nur ungefähr 3000 Stück angefertigt, aber nicht alle verliehen worden.

Band: 25 mm breit, schwarz mit zwei orangefarbigen, je 2,5 mm breiten und nach außen zu anschließenden, je 1,5 mm breiten dunkelgrünen Seitenstreifen, letztere in 2,5 mm Abstand von den je 1 mm breiten orangefarbigen Kanten. (Nachbildung des Bandes von Nr. 1784/85).

1780. Medaille für weibliches Verdienst, Silber vergoldet mit dem Bilde der Herzogin Alexandrine (verliehen 1869—1907)

Gestiftet von Herzog Ernst II. am 29. Januar 1869, dem 25. Gedenktage seines Regierungsantrittes, für besondere Verdienste weiblicher Personen in seinem Herzogtum bei der Unterstützung Armer und Kranker. Die Medaille wurde stets am 29. Januar verliehen.

Die Stempel schnitt wieder Ferdinand Helfricht in Gotha. Die Medaillen kamen nur in stark vergoldetem Silber zur Verleihung. Sie haben ein kleines, von oben nach unten gelochtes Öhr, in welchem ein länglicher Ring hängt.

V: Der nach links gewendete Kopf der Herzogin Alexandrine (geb. Prinzessin von Baden, gest. 1904) mit der Umschrift „ALEXANDRINE HERZOGIN V. SACHS. COBURG-GOTHA", unter dem Halsabschnitt klein „HELFRICHT F".

R: Innerhalb eines dichten Lorbeerkranzes, der unten mit einer Doppelschleife zusammengebunden ist, die dreizeilige Inschrift „FÜR / WEIBLICHES / VERDIENST".

Größe: 26 mm; Gewicht: 11 g.

Band: 28 mm breit, dunkelgrün-weiß-dunkelgrün, gleichbreit gestreift, als Schleife gelegt zu tragen.

Anmerkung: Es wurden niemals silberne Medaillen „für weibliches Verdienst" mit dem Bilde der Herzogin Alexandrine verliehen. Das bei v. Heyden unter Nr. 778 aufgeführte Stück kann daher nur ein gehenkelter Silberabschlag sein.

1781. Goldene Medaille für weibliches Verdienst mit Krone, Silber vergoldet

1782. Goldene Medaille für weibliches Verdienst, Silber vergoldet

1783. Silberne Medaille für weibliches Verdienst
(verliehen 1907—1917)

Gemäß der Verfügung des Herzogs Carl Eduard über eine Neuregelung der Verleihung von Orden vom 2. Februar 1907 wurde die Medaille für weibliches Verdienst in zwei Klassen (Nr. 1781 und 1782) geteilt, wozu durch eine Verfügung vom 24. Dezember 1907 noch die unterste Klasse (Nr. 1783) hinzukam. Die Verleihung der Medaille erfolgte nur am 31. Dezember. Sie zeigt nunmehr das Bild der Gemahlin des Herzogs, der Herzogin Victoria Adelheid, Prinzessin zu Schleswig-Holstein-Sonderburg-Glücksburg, die amtliche Abkürzung heißt daher auch „V. A. Medaille 1., bzw. 2., bzw. 3. Klasse". Der korrekte amtliche Name lautet aber stets wie oben angegeben. Die zweite Klasse wurde in der Regel nur einmal, die dritte Klasse nur dreimal im Jahre verliehen. Für die Verleihung der ersten Klasse war mindestens zehnjähriger Besitz der zweiten Klasse Voraussetzung.

Die silberne Medaille konnte zur Anerkennung einer mindestens 30jährigen Dienstzeit bei der gleichen Familie auch an weibliche Dienstboten verliehen werden.

Die Stempel zu der Vorderseite wurden in der Münzanstalt L. Chr. Lauer in Nürnberg hergestellt auf Grund eines nach dem Leben gefertigten Modells des englischen Künstlers Theodore Spicer-Simson, damals in Gotha, später in Paris.

Die Medaillen für weibliches Verdienst haben eine mattgetönte Oberfläche und bei der II. und III. Klasse, wie früher, ein kleines Öhr mit länglichem Ringe; bei der I. Klasse trägt der Reichsapfel der Krone einen gewöhnlichen runden Ring. Diese Krone ist 19 mm hoch.

V: Der nach links gewendete jugendliche Kopf der Herzogin, Umschrift: „VICTORIA ADELHEID HERZOGIN von SACHSEN COBURG V. GOTHA". Im Halsabschnitt der abgekürzte Namenszug des Künstlers. Die Umschrift ist unter dem Halse durch eine kleine fünfblätterige Rosette getrennt.

Rückseite und Größe wie bei Nr. 1780; Gewicht: mit der Krone 12 g, ohne Krone 9 g.

Band: 19 mm breit, zinnoberrot mit zwei je 2,5 mm breiten weißen Seitenstreifen und in 1,5 mm Entfernung davon noch 1 mm breiten weißen Rändern. Dieses Band wurde, stets zu einer Doppelschleife geformt, an der linken Achsel getragen.

1784. Erinnerungskreuz für das Gefecht bei Eckernförde 1849, aus versilberter Bronze für Offiziere

1785. Dasselbe aus Bronze für Unteroffiziere und Mannschaften
(verliehen 1851)

Sachsen-Coburg-Gotha hatte im Frühjahr 1849, dem Rufe der Reichsmilitärgewalt Folge leistend, ein mobiles Musketier-Bataillon zu 4 Kompanien in der Stärke von 21 Offizieren und 758 Mann nach Schleswig-Holstein entsandt. Diese Truppe fand dort Gelegenheit, sich besonders im Gefecht bei Eckernförde am 5. April 1849 zu bewähren, wenn sie auch nicht selbst in den Kampf eingreifen konnte. Am 5. April 1851, dem Gedenktage dieses Gefechts, gab Herzog Ernst II. gelegentlich einer Parade und Erinnerungsfeier in Gotha die

Stiftung eines Kreuzes bekannt „zur wehmütigen Erinnerung, wie das gesamte Deutschland für die ehrenvolle gerechte Sache der Herzogtümer eingestanden". Er überreichte dann dieses Ehrenzeichen persönlich den hierzu Berechtigten.

Das Kreuz für die Offiziere ist stark versilbert, sonst aber demjenigen für die Mannschaften gleich. Es hat leicht nach außen zu geschweifte Arme und eine kugelförmige Öse mit Ring. Eine doppelte erhöhte Linie umgibt die gekörnten Kreuzarme auf deren Vorder- und Rückseite. Ferdinand Helfricht lieferte am 4. April 1851 30 versilberte und 820 bronzene Exemplare.

V: Der gekrönte Buchstabe „ℭ" im oberen Kreuzarm, quer über die beiden waagerechten Arme „ECKERNFOERDE" und auf dem unteren Arme ein aufrechter klarer Anker.

R: Im oberen Arme gleichfalls der gekrönte Buchstabe „ℭ", quer über die beiden waagerechten Arme „D. 5 APRIL 1849" und auf dem unteren Arme ein kleiner Kranz aus zwei Eichenzweigen. (Vgl. Nr. 1414.)

Größe: 30 mm.

Band: 38 mm breit, schwarz mit zwei orangegelben, je 5 mm, sowie zwei dunkelgrünen, je 3,5 mm breiten Seitenstreifen und in 2,5 mm Abstand von letzteren noch orangegelben (1 mm breiten) Rändern.

1786. Medaille zur Erinnerung an die silberne Hochzeit des Herzogs Alfred 1899, Silber

Am 23. Januar 1899 stiftete Herzog Alfred diese Erinnerungsmedaille für die an diesem Tage bei der silbernen Hochzeitsfeier zu Gotha zugegen gewesenen Fürstlichkeiten, deren Gefolge, den herzoglichen Hofstaat, die Staats- und Hofbeamten sowie die diensttuenden Offiziere usw. Auch verschiedene fürstliche Persönlichkeiten, welche dem Feste nicht beiwohnten, jedoch in nahen Beziehungen zum Coburg-Gothaer Herzogshause standen, erhielten diese Jubiläumsmedaille.

Diese Medaille ist aus mattem Silber ohne Überrand geprägt nach einem Modell des Bildhauers Max von Kawaczyński; sie hat eine gewöhnliche Öse mit Ring.

V: Die nach rechts blickenden Brustbilder des Herzogs Alfred in Generaluniform mit umgehängtem Mantel und seiner Gemahlin Marie (geb. Großfürstin von Rußland). Im oberen Teil der Medaille die Umschrift „ALFRED 1874—1899 MARIE". Unter den Bildnissen befindet sich ein kleiner Rosenzweig, ferner hart am Rande der Medaille hinlaufend und vertieft der Name des Künstlers „Max von Kawaczyński ad viv. fec.".

R: Die beiden aneinandergelehnten Wappenschilde, welche durch eine Bandschleife verbunden und von der Herzogskrone, sowie von einem bogigen Spruchbande mit der Inschrift „TREU UND FEST" überhöht sind. Hinter dem vorderen (persönlichen) Wappenschild des Herzogs steht ein Eichenzweig hervor, während hinter dem hinteren (russischen) Schild ein Lorbeerzweig sich empor rankt. Beide Wappenschilde ruhen auf einem Sockel mit der Inschrift „23. JANUAR" und dem klein und vertieft angebrachten Künstlersignum „M. v. K. fec. Berlin".

Größe: 34 mm; Gewicht: 20 g.

Band: 28 mm breit, zusammengesetzt aus drei grasgrünen, je 5 mm breiten und zwei weißen, je 6,5 mm breiten Streifen.

1787. Hochzeits-Erinnerungsmedaille 1905, Silber

Gelegentlich der Vermählung des Herzogs Carl Eduard mit Prinzessin Viktoria Adelheid von Schleswig-Holstein-Sonderburg-Glücksburg in Glücksburg am 11. Oktober 1905 gestiftet für die fürstlichen Gäste, deren Gefolge sowie für die diensttuenden Hofchargen, Offiziere, Beamte und Hofbediensteten.

Die mattsilberne Medaille hat keinen Überrand. Sie ist nach dem Modell von Max v. Kawaczyński in der Münzanstalt L. Chr. Lauer zu Nürnberg mit gewöhnlicher Öse und Ring hergestellt worden.

V: Die hintereinander gestellten nach links gewendeten Brustbilder des Brautpaares (der Herzog in Husarenuniform mit umgehängtem Pelz); Umschrift „VICTORIA · ADELHEID = CARL · EDUARD". Neben dem Herzogbildnis befindet sich klein und vertieft die Bezeichnung des Künstlers „MAX v. KAWACZYŃSKI n. d. Leben".

R: Die beiden Wappenschilde besetzt mit Helm und zugehöriger Helmzier, sowie überhöht von der Herzogkrone. Diese Wappenschilde sind mit einem Bande am Stamme eines Rosenbäumchens befestigt, das aus einem Sockel in der Mitte der Medaille emporwächst. Der Sockel, welcher auch dem Wappenschildchen als Ruhepunkt dient, trägt das Datum „11 · OKTOBER · 1905", darunter (ganz klein) in vertiefter Schrift „MAX v. KAWACZYŃSKI fecit.". Am oberen Rande entlang zieht sich ein Spruchband mit der Inschrift „TREU · UND · FEST".

Größe: 35 mm; Gewicht: 20 g.

Band: 30 mm breit, zusammengesetzt aus drei dunkelrosafarbenen und zwei weißen Streifen von je 6 mm Breite.

1788. Kriegs-Erinnerungskreuz 1914/18, Bronze (verliehen 1918)

Abbildung am Schluß des Bandes.

Gestiftet von Herzog Carl Eduard im Sommer 1918 als Denkzeichen an die Kriegsteilnahme seiner Sachsen-Coburg-Gothaer Landeskinder, nachdem die Absicht, ein solches Denkzeichen für die heimischen Frontkämpfer zu schaffen, bereits seit September 1914 bestanden hatte. Die Kreuze aus dunkeloxydiertem Kupfer waren erst zu einem kleinen Teil bei Kriegsbeendigung fertiggestellt, außerdem verhinderten die inzwischen eingetretenen politischen Verhältnisse deren Ausgabe im Sinne ihres Stifters. Immerhin sind davon einige hundert Stücke im Herbst 1918 noch verliehen worden.

Sie sind dem „Eckernförder Kreuz" (Nr. 1784/1785) nachgebildet, jedoch von geringerer Metallstärke und mit gewöhnlicher Öse nebst Ring versehen. Die Arme sind von einer dünnen doppelten Linie eingefaßt und zeigen auf glattem Grunde auf der

V: im oberen Arme die gekrönten Buchstaben „C. E.", in der Mitte die Jahreszahl „1914" und im unteren Arme einen Lorbeerzweig;

R: in der Mitte den spitz zulaufenden herzoglich sächsischen Wappenschild.

Größe: 30 mm.

Band: 25 mm breit, schwarz mit zwei orangefarbigen, je 2,5 mm breiten und anschließend daran zwei dunkelgrünen Seitenstreifen, letztere je 1,5 mm breit; dann in 2,5 mm Abstand orangefarbige, je 1 mm breite Kanten (gleiches Band wie bei Nr. 1779).

1789. Dienstauszeichnungskreuz für Offiziere nach 25 Dienstjahren (verliehen 1846—1866)

Gleichzeitig gestiftet mit den drei nachfolgend unter Nr. 1790—1792 beschriebenen Dienstauszeichnungen für Unteroffiziere und Mannschaften am 28. Februar 1846 von Herzog Ernst II. Seit Abschluß der zweiten Militär-Konvention mit Preußen (6. Juni 1867) kam das Offiziersdienstauszeichnungskreuz in Sachsen-Coburg-Gotha nicht mehr zur Verleihung.

Die Dienstauszeichnungskreuze für die Offiziere gleichen, abgesehen vom Mittelschildchen der Rückseite, ganz den Sachsen-Altenburger Dienstkreuzen (Nr. 1709). Ihre stark nach außen zu geschweiften silbernen Arme sind geschuppt und mit goldenen Rändern eingefaßt, Öse und Tragring bestehen aus Gold.

V: Im goldenen Mittelschildchen (15 mm Durchmesser), das eigens geprägt und aufgelötet ist, die Zahl „XXV" auf gekörntem Grunde.

R: Im goldenen, aufgelötetem Mittelschildchen der gekrönte Namenszug „𝕰", umgeben von einer erhöhten Kreislinie auf gekörntem Grunde.

Größe: 40 mm; Gewicht: etwa 15 g.

Band: 40 mm breit, dunkelgrün mit silbernen, je 6 mm breiten Seitenstreifen, diese in 1 mm Abstand von den Bandkanten.

1790. Auszeichnung für Unteroffiziere und Mannschaften nach 21 Dienstjahren, vergoldete Schnalle

1791. Dieselbe Auszeichnung nach 15 Dienstjahren, silberne Schnalle

1792. Dieselbe Auszeichnung nach 9 Dienstjahren, eiserne Schnalle mit silberner Einfassung
1. Form, mit dem Namenszuge „𝕰" (verliehen 1846—1888)

Gleichzeitig gestiftet mit dem Kreuz Nr. 1789.

Die Dienstauszeichnungen für Personen des Mannschaftsstandes vom Feldwebel abwärts bestanden aus bronzevergoldeten, silbernen und eisernen rechteckigen Platten, welche bis 1867 nach 21, 15 oder 9 Dienstjahren beim Sachsen-Coburg-Gothaischen Militär, sowie bei der Landesgendarmerie ausgegeben wurden. Sie wurden vom Medailleur F. Helfricht in Gotha hergestellt. Nach dem Abschlusse der zweiten Militär-Konvention mit Preußen, am 6. Juni 1867, gelangten die Schnallen nach 21, 15 oder 9 Dienstjahren zur Verleihung an die Unteroffiziere des damals neugebildeten 6. Thüringischen Infanterie-Regiments Nr. 95 (I. u. III. Bataillon).

Diese Dienstauszeichnungen haben den erhöhten, gekrönten Buchstaben „𝕰" in der Mitte auf fein gekörntem Grunde und sind von einer ebenfalls erhöhten, doppelten dünnen Linie eingefaßt. Die Schnalle aus schwarzem Eisen für 9 Dienstjahre hat zudem noch eine aufgelötete silberne Umrahmung von 1,5 mm Breite. Rückseitig befindet sich ein Metallstreifen, über den das Band gezogen ist.

Größe: 12 mm hoch und 39 mm lang.

Bänder: 38 mm breit, grasgrün mit goldgelben bzw. weißen bzw. schwarzen Randstreifen, diese letzteren stets je 2 mm breit.

1793. Dienstauszeichnung I. Klasse, vergoldete Schnalle

1794. Dienstauszeichnung II. Klasse, silberne Schnalle

1795. Dienstauszeichnung III. Klasse, Schnalle aus schwarzer Bronze mit silberner Einfassung für Unteroffiziere nach 21, 15 oder 9 Dienstjahren, 2. Form mit dem Namenszuge „E" nebst Eichenlaub (verliehen 1888—1894)

Im Jahre 1888 verfügte Herzog Ernst II. die Neuanfertigung der Militärdienstauszeichnungen in veränderter Form. Die rechteckigen Schnallen erhielten fortan den gekrönten Buchstaben „E" in etwas größerer und anderer Zeichnung auf waagerecht schraffiertem Grunde, sowie rechts und links vom Namenszug je einen kleinen Eichenzweig. Sie sind von einer einfachen erhöhten Linie eingefaßt; die III. Klasse hat eine aufgelötete silberne Umrahmung von 2 mm Breite. Rückseitig befindet sich ein Metallstreifen, nunmehr mit einer Anstecknadel, aufgelötet, über den das Band gestreift ist. Auch diese Dienstauszeichnungen sind von F. Helfricht geliefert worden.

Größe: 14 mm hoch; 41 mm lang.

Bänder: 40 mm breit, hellgrün, bei der I. Klasse mit goldgelben, bei der II. Klasse mit weißen und bei der III. Klasse mit schwarzen, stets 4 mm breiten Seitenstreifen, die letzteren 1 mm von den Bandkanten entfernt. Die Bänder für die I. und II. Klasse sind ohne Wässerung.

1796. Dienstauszeichnung I. Klasse, vergoldete Schnalle

1797. Dienstauszeichnung II. Klasse, silberne Schnalle

1798. Dienstauszeichnung III. Klasse, Schnalle aus geschwärzter Bronze mit silberner Einfassung, für Unteroffiziere nach 21, 15 oder 9 Dienstjahren, 3. Form mit dem Namenszuge „A" (verliehen 1894—1901)

Herzog Alfred erließ am 30. Juni 1894 Nachtragsbestimmungen über die Verleihung der Mannschafts-Dienstauszeichnungen, welche dann in nochmals abgeänderter Form am 6. August 1894, dem Geburtstage des Landesherrn, erstmals ausgegeben wurden.

Die Dienstschnallen hatten nunmehr bei gleich gebliebener Größe und Form zwischen zwei kleinen Eichenzweigen den gekrönten Buchstaben „A" auf waagerecht schraffiertem Grunde.

Bänder wie bei Nr. 1793 ff., aber nunmehr auch für die III. Klasse ohne Wässerung.

1799. Dienstauszeichnung I. Klasse, vergoldete Schnalle

1800. Dienstauszeichnung II. Klasse, silberne Schnalle

1801. Dienstauszeichnung III. Klasse, Schnalle aus geschwärzter Bronze mit silberner Einfassung für Unteroffiziere nach 21, 15 oder 9 Dienstjahren, 4. Form, mit dem Namenszuge „C E" (verliehen 1901—1913)

Am 14. Juni 1901 verfügte Erbprinz Ernst von Hohenlohe-Langenburg in seiner Eigenschaft als Vormund des jugendlichen Herzogs Carl Eduard neue Bestimmungen über die militärischen Dienstauszeichnungen.

Diese Schnallen, welche bis zur Einführung der gemeinschaftlichen Dienstauszeichnungen (Nr. 1643/1645) am 7. November 1913 an die Unteroffiziere des I. und III. Bataillons des 6. Thüringischen Infanterie-Regiments Nr. 95, sowie an die Landesgendarmen verliehen wurden, tragen bei sonst ganz gleicher Größe und Ausstattung auf waagerecht schraffiertem Grunde zwischen zwei kleinen Eichenzweigen den gekrönten und verschlungenen Namenszug „C E".

Bänder wie bei Nr. 1793 ff.

1802. Feuerwehr-Ehrenzeichen (verliehen 1909—1918)

Gestiftet am 19. Juli 1909 von Herzog Carl Eduard für die Mitglieder der freiwilligen Feuerwehren, „welche sich durch mindestens 25jährige treue Dienste, durch eine besonders hervorragende Leistung auf der Brandstätte, oder durch besondere Verdienste um das Feuerlöschwesen ausgezeichnet haben".

Das Ehrenzeichen in Form eines rechteckigen, 23 mm hohen und 47 mm breiten, durchbrochen gearbeiteten silbernen Rahmens, hat in der Mitte den gekrönten, vergoldeten, unten spitz zulaufenden sächsischen Wappenschild (33 mm hoch) aufgelötet. Innerhalb des silbernen Rahmens, links und rechts vom Wappenschild vergoldete Feuerwehr-Geräte (Helm, Beile, Schlauch usw.). An die Schnalle ist rückseitig ein 42 mm hoher Metallstreifen mit einer Anstecknadel angelötet, über den das Band gestreift ist und der den Namen des Herstellers „L. Chr. Lauer, Nürnberg-Berlin", trägt. Das Ehrenzeichen wurde auf der linken Brustseite unter der Ordensschnalle getragen.

Band: 42 mm breit, hellgrün mit zwei weißen, je 5,5 mm breiten Seitenstreifen, die je 3 mm von den Bandkanten entfernt sind.

1802a. Silberne Medaille zur Erinnerung an die Regierungsübernahme des Herzogs Carl Eduard (verliehen 1930)

Gestiftet von Herzog Carl Eduard am 19. Juli 1930, dem 25. Gedenktag der Übernahme seiner Regierung im damaligen Herzogtum Sachsen-Coburg und Gotha. Diese aus mattem Silber mit gewöhnlicher Öse und Ring hergestellte Erinnerungsmedaille verteilte der Stifter an ihm nahestehende Persönlichkeiten sowie an die Gäste bei der Jubiläumsfeier.

V: Der nach rechts gewendete Kopf mit der Umschrift „CARL EDVARD HERZOG VON SACHSEN COBVRG VND GOTHA".

R: In der Mitte der gekrönte sächsische Wappenschild umgeben von zwei streng stilisierten Palmzweigen, darunter ein Spruchband mit der Inschrift „19 · 7 · 1930"; Umschrift „ZVR ERINNERVNG AN D. VBERNAHME D. REGIERVNG AM 19. 7. 1905".

Größe: 35 mm; Gewicht: 20 g.

Band: 24 mm breit, zusammengesetzt aus 4 gleichbreiten Streifen, grasgrün, weiß, gold und schwarz.

Sachsen-Meiningen

1803. Verdienstmedaille des Herzoglich Sachsen-Ernestinischen Hausordens, Silber, mit dem jüngeren Bilde des Herzogs Bernhard Erich Freund (verliehen 1836—1853)

Über die Stiftung dieser Medaille gilt ebenfalls das bei Nr. 1653/1654 (Sachsen-Altenburg) Gesagte. In Sachsen-Meiningen gelangten diese Auszeichnungen aber erst vom September 1835 an zur Verleihung, wobei den damit Bedachten zunächst nur das Band ausgehändigt werden konnte. Die Ehrenzeichen selbst wurden nämlich erst Anfang 1836 von Ferdinand Helfricht in Gotha fertiggestellt. Sie hatten ebenfalls eine quer verlaufende breite Bandöse.

V: Der nach links gewendete Kopf des Stifters mit Schnurr- und Backenbart, Umschrift „BERNHARD ERICH FREUND HERZOG ZU SACHSEN MEININGEN.", sowie ein kleines Röschen, unter dem Halsabschnitt „HELFRICHT F.".
Rückseite, Größe, Gewicht und Band wie bei Nr. 1653/1654 (Sachsen-Altenburg).

1804. Goldene (silbervergoldete) Verdienstmedaille des Herzoglich Sachsen-Ernestinischen Hausordens (verliehen 1864—1867)

1805. Silberne Verdienstmedaille des Herzoglich Sachsen-Ernestinischen Hausordens mit dem älteren Bilde des Herzogs Bernhard Erich Freund (verliehen 1853—1867)

Abbildung am Schluß des Bandes.
Die Verdienstmedaillen wurden seit dem Jahre 1853 mit einem von F. Helfricht neu angefertigten Vorderseitenstempel geprägt, der das Bildnis des Herzogs mit älteren Gesichtszügen zeigt. Die goldenen (silbervergoldeten) Verdienstmedaillen wurden auch in Sachsen-Meiningen erst im Jahre 1864 eingeführt. Da aber bereits 1867 infolge des vorausgegangenen Thronwechsels wieder eine Neuprägung mit geänderter Vorderseite erfolgte, sind Verdienstmedaillen dieser zweiten Ausgabe in vergoldetem Silber außerordentlich selten. Im Dezember des Jahres 1871 hat F. Helfricht übrigens noch 6 silberne Stücke (Nr. 1805) nachgeprägt, wohl als Ersatz für verloren gegangene Medaillen.

V: Der nach links gewendete Kopf des Stifters mit Schnurr- und Backenbart, sowie spitzem Kinnbart und mit kahlem Scheitel; Umschrift „BERNHARD HERZOG ZU SACHSEN MEININGEN", unten am Rande (klein) „HELFRICHT F.".
Rückseite, Größe, Gewicht und Band wie bei Nr. 1653/1654.

1806. Goldene (silbervergoldete) und

1807. Silberne Verdienstmedaille des Herzoglich Sachsen-Ernestinischen Hausordens, mit dem jüngeren Bilde des Herzogs Georg (verliehen 1867—1871)

Nach dem Regierungsantritt des Herzogs Georg (1866) kamen noch kurze Zeit die Medaillen Nr. 1804/1805 zur Verleihung. Im Jahre 1867 erfolgte jedoch deren Änderung durch F. Helfricht in Gotha.

V: Der nach rechts gewendete Kopf des Herzogs mit Schnurr- und Backenbart, Umschrift: „GEORG HERZOG ZU SACHSEN MEININGEN", unten am Rande (klein) „HELFRICHT F.".
Auch diese Medaillen sind sehr selten.
Rückseite, Größe, Gewicht und Band wie bei Nr. 1653/1654.

1808. Goldene (silbervergoldete) Verdienstmedaille des Herzoglich Sachsen-Ernestinischen Hausordens (verliehen 1871—1890)

1809. Silberne Verdienstmedaille, wie vorher

1810. Dieselbe mit der Bandspange für 1870/71

1811. Dieselbe mit der Bandspange und mit Schwertern für 1870/71, alle mit dem älteren Bilde des Herzogs Georg

Im Frühjahre 1871 wurden die Verdienstmedaillen in kleinerer Form und mit dem älteren Bilde des Herzogs Georg von Prof. F. Helfricht hergestellt und in dieser Form dann bis zum Jahre 1890 unverändert verliehen.

Die Medaillen haben nunmehr eine gewöhnliche Drahtöse mit Ring. Für Auszeichnung im Kriege 1870/71 gelangten auch in Sachsen-Meiningen die silbernen Verdienstmedaillen des Ernestinischen Hausordens mit einer silbernen, auf dem Bande zu befestigenden Spange zur Verleihung, welche die Jahreszahlen „187^0/$_1$" und darüber zwei aufgelötete gekreuzte Schwerter trägt. An einzelne Nichtkämpfer wurde diese Bandspange ohne die Schwerter verliehen. Sie weicht etwas von den in Sachsen-Altenburg und Sachsen-Coburg-Gotha ausgegebenen Bandspangen für 1870/1 ab, hat aber ebenfalls einen senkrecht schraffierten Grund und die dünnen erhöhten Einfassungslinien; die Bandspange ist 9 mm hoch und 25 mm breit. Die Verdienstmedaillen zeigen auf der

V: den nach rechts blickenden Kopf des Herzogs mit älteren Gesichtszügen und starkem Vollbart; Umschrift „GEORG HERZOG ZU SACHSEN MEININGEN", unten, klein am Rande „HELFRICHT F.".

R: Abgesehen von den kleineren Ausmaßen wie bei Nr. 1806, 1807.

Größe: 29 mm, Gewicht 15 g.

Band: 26 mm breit, lilarot mit zwei je 2,5 mm breiten, grasgrünen Seienstreifen, die an ihren inneren Seiten von dünnen schwarzen Strichen begleitet sind und 1 mm Abstand von den Kanten haben.

1812. Goldene (silbervergoldete) Verdienstmedaille des Herzoglich Sachsen-Ernestinischen Hausordens

1813. Silberne Verdienstmedaille, wie vorher, mit dem älteren Bilde des Herzogs Georg, Stempelverschiedenheit von Nr. 1808 ff. (verliehen 1890—1914)

Die Verdienstmedaillen wurden auf herzogliche Anordnung im Jahre 1890 mit abgeänderter Umschrift auf ihrer Vorderseite versehen.

V: Der nach rechts gewendete Kopf mit starkem Vollbart hat nunmehr folgende Umschrift „GEORG HERZOG VON SACHSEN MEININGEN", unten am Rande „HELFRICHT F".

Rückseite, Größe, Gewicht und Band wie bei Nr. 1808 ff.

1814. Goldene (silbervergoldete) Verdienstmedaille des Herzoglich Sachsen-Ernestinischen Hausordens

1815. Dieselbe Medaille mit der Bandspange „1914"

1816. Dieselbe Medaille mit der Bandspange „1914" und mit Schwertern

1817. Silberne Verdienstmedaille des Herzoglich Sachsen-Ernestinischen Hausordens

1818. Dieselbe Medaille mit der Bandspange „1914"

1819. Dieselbe Medaille mit der Bandspange „1914" und mit Schwertern, alle mit dem Bilde des Herzogs Bernhard (verliehen 1914—1918)

Im Dezember 1914 ließ Herzog Bernhard (reg. 1914—1918) die Verdienstmedaillen in veränderter Größe und Prägung an der Münchener Hauptmünze herstellen mit Stempeln, die der dortige Medailleur Alois Börsch gefertigt hatte. Seit Frühjahr 1915 wurden für Kriegsverdienste an Sachsen-Meininger Landeskinder als Angehörige des 6. Thüringischen Infanterie-Regiments Nr. 95 (II. Bataillon) die Verdienstmedaillen mit einer silbervergoldeten bzw. silbernen Bandspange und mit Schwertern verliehen. Die gleiche Auszeichnung erhielten auch Sachsen-Meininger, die in anderen Truppenteilen des deutschen Feldheeres sich während der Kriegsjahre 1914/18 ausgezeichnet und das Eiserne Kreuz II. Klasse vorher erworben hatten. Für Kriegsverdienste in der Heimat kam diese Bandspange ohne Schwerter zur Verleihung.

Sie ist, ähnlich derjenigen für 1870/71, wieder senkrecht schraffiert mit schmaler erhöhter Linieneinfassung am oberen wie unteren Rande, 10 mm hoch und 23 mm breit; sie trägt die erhöhte Jahreszahl „1914". Die gekreuzten vergoldeten bzw. silbernen Schwerter sind eigens geprägt und aufgelötet. Die Verdienstmedaillen selbst haben eine gewöhnliche Öse mit Ring.

V: Der nach links blickende Kopf des Landesherrn mit der Umschrift „BERNHARD HERZOG VON SACHSEN MEININGEN"; unter dem Halsabschnitt (klein) „A. BÖRSCH", ganz unten am Rande ein kleines fünfblätteriges Röschen.

R: Wie vorher bei Nr. 1808 ff.

Größe: 35 mm; Gewicht: 19 g.

Band: 30 mm breit, lilarot mit zwei hellgrünen, je 3,5 mm breiten Seitenstreifen, welche nach innen zu noch von einem dünnen schwarzen Strich gesäumt und von den Bandkanten je 1,5 mm entfernt sind.

1820. Kreuz für Verdienst im Kriege, Bronze, am Bande für Kämpfer

1820a. Dasselbe aus grauem Kriegsmetall

1820b. Kreuz für Verdienst im Kriege, Bronze, am Bande für Nichtkämpfer.

1820c. Dasselbe aus grauem Kriegsmetall
(verliehen 1915—1918) Abbildung am Schluß des Bandes.

Gestiftet von Herzog Bernhard am 7. März 1915 „für im Kriege erworbene besondere Verdienste".

Das Kreuz aus braun getönter Bronze hat geschweifte, fein gekörnte Arme und trägt in seinen vier Winkeln je drei kleine Blätter des sächsischen Rautenkranzes. Es wird umschlossen von einem 4 mm breiten Ringe, über dem die 22 mm hohe bewegliche halbhochgefütterte Krone schwebt. Im Reichsapfel der Krone hängt der Ring zum Durchziehen des Bandes.

V: Der das Kreuz umschließende Ring stellt ein oben rechts, links und unten kreuzweise gebundenes dichtes Eichenlaubgewinde dar. Im runden Mittelschilde des Kreuzes der Buchstabe „B".

R: Auf dem das Kreuz umschließenden Ringe oben „FÜR VER-DIENST", in der unteren Hälfte „IM KRIEGE 1914/15", beide Inschriftteile durch je einen Punkt abgetrennt. Im runden Mittelschilde des Kreuzes das sächsische Wappen.

Der Mangel an Kupfer machte in der letzten Kriegszeit die Herstellung dieser Kreuze aus einem grauen Ersatzmetall (Zinklegierung) notwendig. Die Prägung blieb die gleiche.

Größe (ohne Krone): 39 mm.

Bänder: a) für Kämpfer zunächst 40 mm breit, schwarz mit zwei je 7 mm breiten zitronengelben Seitenstreifen und weißen, 5,5 mm breiten Rändern, die mit kleinen hellgrünen Vierecken durchwebt sind. In der zweiten Kriegshälfte war dieses Band nur noch 30 mm breit, die zitronengelben Seitenstreifen 5,5 mm, die weißen Ränder mit den grünen Vierecken nur noch 4 mm breit.

b) für Nichtkämpfer zunächst 40 mm breit, schwarz mit zwei je 6 mm breiten zitronengelben und zwei je 3 mm breiten weißen Seitenstreifen, sowie dunkelgrünen Randstreifen, letztere 3,5 mm breit. Auch dieses Band war später nur noch 30 mm breit, wobei die zitronengelben und weißen Seitenstreifen je 4,5 mm, bzw. 3,5 mm, die dunkelgrünen Ränder aber 2 mm breit sind.

1821. Medaille für Verdienst im Kriege

1821a. Dieselbe aus grauem Kriegsmetall

1821b. Medaille für Verdienst im Kriege, Bronze, am Bande für Nichtkämpfer

1821c. Dieselbe aus grauem Kriegsmetall (verliehen 1915—1918)

Gleichzeitig mit dem Kreuze Nr. 1820 „für Verdienst im Kriege" gestiftet.

Die Medaille ist jedoch nicht durchbrochen, sondern in braun getönter Bronze voll geprägt. Sie trägt auf der Vorder- und Rückseite das Kreuz und die Umrandung wie Nr. 1820, nur erscheint im oberen Kreuzarme der Vorderseite noch eine kleine Krone; außerdem ist die Medaille mit einer gewöhnlichen Öse nebst Ring versehen.

In der letzten Kriegszeit wurden diese Medaillen ebenfalls aus grauem Kriegsmetall geprägt. Im Gegensatz zu den „Kreuzen für Verdienst im Kriege" gelangten die Medaillen an Unteroffiziere und Mannschaften oder an sonstige Persönlichkeiten ohne besonderen Rang.

Größe: 39 mm.

Bänder: Hier gilt ebenfalls das bei Nr. 1820 ff. Gesagte.

1822. Kreuz für Verdienst von Frauen und Jungfrauen in der Kriegs-fürsorge, Bronze

1822a. Dasselbe aus grauem Kriegsmetall (verliehen 1915 bzw. 1917 bis 1918)

Gestiftet von der Herzogin Charlotte (geb. Prinzessin von Preußen) als Landesregentin während der Abwesenheit des Herzogs im Felde am 3. März 1915 „für Frauen und Jungfrauen", die „wegen besonders opferwilliger Tätigkeit und hervorragender Leistungen im Dienste der Kriegsfürsorge der Auszeichnung würdig" befunden wurden.

Die Ehrenzeichen wurden zunächst aus dunkelgetönter Bronze, in der zweiten Kriegshälfte jedoch aus grauem Kriegsmetall (einer Zinklegierung) hergestellt. Sie haben geschweifte und gekörnte Arme, umschlossen von einem 3 mm breiten Ringe, auf dem die 17 mm hohe, bewegliche Krone ruht. Im Reichsapfel der Krone hängt der Ring zur Befestigung der Bandschleife.

V: Der das Kreuz umschließende Ring ist aus einem oben, links, rechts und unten kreuzweise gebundenen Eichenlaubkranz gebildet. Im runden Mittelschildchen des Kreuzes der dreifache wiederholte, verschlungene Buchstabe „C".

R: Auf dem das Kreuz umschließenden Ringe oben „FÜR VERDIENST", unten „IM KRIEGE 1914/15", getrennt durch je einen kräftigen Punkt; im runden Mittelschildchen des Kreuzes das sächsische Wappen.

Größe (ohne Krone): 30 mm.

Band: 15 mm breit, zur Doppelschleife zusammengenäht aus zwei übereinanderliegenden Bändern, von denen eines die Farben weiß-grasgrün, das andere jedoch die Farben schwarz-weiß trägt. Die weiße Hälfte dieser Bänder hat einen grünen bzw. schwarzen Rand, die schwarze und grasgrüne Hälfte einen weißen bzw. gras-grünen Rand von jeweils 1 mm Breite. In einigen Ausnahmefällen gelangte das Frauenkreuz auch am Bande für Nichtkämpfer (30 mm breit), wie bei Nr. 1820 b und c und 1821 b und c zur Verleihung.

Anmerkung: Die Kreuze und Medaillen Nr. 1820 bis 1822a sind nach Zeichnungen des herzoglichen Hofbaurats K. Behlert in Meiningen von der Awes-Münze zu Berlin hergestellt worden.

1823. Lebensrettungsmedaille, Silber (verliehen 1903—1918)

Gestiftet von Herzog Georg am 28. Februar 1903 „zur Anerkennung der mit Mut und Entschlossenheit, sowie mit eigener Lebensgefahr erfolgten Rettung eines Verunglückten aus Lebensgefahr".

Der Kopf des Herzogs auf der Vorderseite ist nach einem Hochrelief von K. von Zumbusch, Professor an der K. u. K. Akademie in Wien, vom Münzmedailleur A. Börsch in München geschnitten. Von letzterem stammt auch die Rückseite. Die Rettungsmedaillen haben eine abgerundete kräftige Öse mit Ring.

V: Der nach links gewendete Kopf des Stifters mit starkem, wallendem Bart. Unter dem Halsabschnitte „A. BÖRSCH", Umschrift GEORG II HERZOG VON SACHSEN MEININGEN". Unten am Rande ein kleiner Lorbeerzweig.

492

R: Innerhalb eines Rautenkranzes mit 16 Blättern in fünf Zeilen „FÜR / RETTUNG / VON / MENSCHEN- / LEBEN".

Größe: 33 mm; Gewicht: 21 g.

Band: 30 mm breit, weiß mit zwei je 5,5 mm breiten grasgrünen Seitenstreifen, die 2 mm von den Bandkanten entfernt sind.

1824. Verdienstorden für Kunst und Wissenschaft I. Klasse, Silbernes Kreuz

1825. Verdienstorden für Kunst und Wissenschaft II. Klasse, silbervergoldete Medaille

**1826. Derselbe II. Klasse. Silberne Medaille,
1. Prägung, mit der Inschrift „GEORG HERZOG ZU SACHSEN MEININGEN"
(verliehen 1874—1890)**

Gestiftet von Herzog Georg am 23. Juli 1874, aber erst im März 1875 durch Ferdinand Helfricht in Gotha fertiggestellt.

Dem silbernen Kreuz I. Klasse hat offenbar das Coburg-Gothaische Verdienstkreuz für Kunst und Wissenschaft (Nr. 1750) in seiner ersten Prägung vom Jahre 1860 als Vorbild gedient, mit welchem das Sachsen-Meininger Kreuz, abgesehen von den Mittelschildchen, ganz übereinstimmt. Auch dieses hat den grün emaillierten Rautenkranz zwischen seinen matt silbernen, achtspitzigen Armen. Die Mittelschildchen, die als verkleinerte Nachbildung des Verdienstordens II. Klasse für Kunst und Wissenschaft Nr. 1825, 1826, mit 17 mm Durchmesser eigens geprägt und aufgelötet sind, zeigen auf der

V: den nach rechts gewendeten Kopf des Stifters mit starkem Vollbart und der Umschrift „GEORG HERZOG ZU SACHSEN MEININGEN"; unter dem Halsabschnitte (klein) „HELFRICHT F.".

R: Von einem dichten und oben wie unten kreuzweise mit Band umschlungenen Eichenlaubgewinde eingeschlossen, die zweizeilige Inschrift „DEM / VERDIENSTE", darunter eine sechszinnige Mauerkrone.

Die Prägung der silbervergoldeten Medaille (Verdienstorden II. Kl.) stimmt, abgesehen von den Größenverhältnissen, genau mit derjenigen der Mittelschildchen der I. Klasse überein. Einige, wohl aus Versehen ohne Vergoldung gebliebenen silbernen Exemplare der II. Klasse wurden in den 1870er Jahren ebenfalls verliehen, bildeten jedoch keine weitere Abstufung der Herzoglich Sachsen-Meiningenschen Auszeichnungen für Kunst und Wissenschaft.

Größe der I. Klasse (silbernes Kreuz): 36 mm; Gewicht: 22 g.

Größe der II. Klasse (Medaille): 29 mm; Gewicht: 15 g.

Band für die I. Klasse: 35 mm breit, für die II. Klasse 25 mm breit, dunkelgrün, von Frauen zur Schleife geformt nahe der linken Achsel getragen.

1827. Verdienstorden für Kunst und Wissenschaft I. Klasse, silbernes Kreuz

1828. Verdienstorden für Kunst und Wissenschaft II. Klasse, silber-vergoldete Medaille, 2. Prägung, mit der Inschrift „GEORG HERZOG VON SACHSEN-MEININGEN"
(verliehen 1890—1918)

Gleich wie bei den Verdienstmedaillen des Sachsen-Ernestinischen Hausordens (Nr. 1812/1813), wurde auch die Umschrift der Vorderseite bei den zwei Klassen des Verdienstordens für Kunst und Wissenschaft im Jahre 1890 abgeändert. Dieselbe lautete nunmehr: „GEORG HERZOG VON SACHSEN MEININGEN". Alles übrige ist gleichgeblieben bis zum Ende der Regierung des letzten Herzogs Bernhard. Größe, Gewicht und Bänder wie bei Nr. 1824/1826.

1829. Dienstauszeichnungs-Kreuz für 25 Dienstjahre der Offiziere, Bronze vergoldet (verliehen 1852—1867)

Gestiftet von Herzog Bernhard Erich Freund am 17. Dezember 1852. Bei dem kleinen Offizierskorps des früheren Sachsen-Meininger Militärs (ein Bataillon nebst dem Feldjägerkorps) und der verhältnismäßig kurzen Zeitspanne, innerhalb welcher das dortige Dienstauszeichnungs-Kreuz bestanden hat, mußte dieses eine sehr seltene Auszeichnung bleiben. Es wurde nach dem Abschluß der Militärkonvention mit Preußen vom 1. Oktober 1867 nicht mehr verliehen.

Das Kreuz hat gerade, nach außen zu breiter werdende, fein gekörnte Arme, welche mit einer dünnen erhöhten Linie eingefaßt sind. Die runden Mittelschildchen (16 mm Durchmesser) sind auf der Vorder- und Rückseite in einem Stück mit dem Kreuze geprägt, sowie von einer doppelten, erhöhten Linie umrandet.

V: Auf fein gekörntem Grunde der gekrönte Anfangsbuchstabe „ℬ" des herzoglichen Namens.

R: Auf fein gekörntem Grunde die Zahl „XXV".

Größe: 38 mm.

Band: 36 mm breit, dunkelgrün.

1830. Dienstauszeichnung I. Klasse, vergoldete Schnalle

1831. Dienstauszeichnung II. Klasse, silberne Schnalle

1832. Dienstauszeichnung III. Klasse, eiserne Schnalle mit silberner Umrahmung,

1. Form unter Herzog Bernhard (verliehen 1852—1867)
Abbildung am Schluß des Bandes.

Gestiftet von Herzog Bernhard Erich Freund am 17. Dezember 1852 für vollendete 24-, 16- oder 8jährige Dienstzeit der Unteroffiziere und Soldaten seines Kontingentes, sowie für die Gendarmerie (Feldjägerkorps).

Die rechteckigen Schnallen tragen auf fein gekörntem Grunde und, von einer doppelten dünnen Linie eingefaßt, bei der I. und II. Klasse die Aufschrift „ℬ. ℌ. ℨ. ℌ. ℳ." und haben rückseitig einen angelöteten Metallstreifen, über den das Band gestreift wurde. Die Schnalle I. Klasse ist aus vergoldeter Bronze, die II. Klasse aus Silber, die III. Klasse aus geschwärztem Eisen mit silberner (1,5 mm breiter) Umrahmung.
Größe: 12 mm hoch, 39 mm lang.

Bänder: 36 mm breit, dunkelgrün und zwar bei der I. Klasse mit goldgelben, bei der II. Klasse mit weißen und bei der III. Klasse mit
schwarzen Rändern, letztere stets 2,5 mm breit.

1833. Dienstauszeichnung I. Klasse, vergoldete Schnalle

1834. Dienstauszeichnung II. Klasse, silberne Schnalle

**1835. Dienstauszeichnung III. Klasse, eiserne Schnalle mit silberner
Umrahmung,**
2. Form unter Herzog Georg (verliehen 1866—1888)

Von Herzog Georg bald nach seinem Regierungsantritt (1866) in dieser
Prägung verausgabt. Nach dem Übergang der Militärverwaltung an Preußen
wurden diese Auszeichnungen vom 1. Oktober 1867 an die Unteroffiziere des
II. Bataillons des 6. Thüringischen Infanterie-Regiments Nr. 95, das sich aus
meiningischen Landeskindern zusammensetzte, sowie an das Feldjägerkorps
nach 21-, 15 bzw. 9jähriger Dienstzeit verliehen.

Die Schnallen tragen die Aufschrift „G. fj. 3. S. M.", jedoch haben
diese Buchstaben eine etwas andere Form als bei Nr. 1830 ff. Der
an der Rückseite angelötete Metallstreifen zum Überstreifen des Bandes trägt eine Anstecknadel.
Größe: 12 mm hoch, 41 mm lang.
Bänder: Wie bei Nr. 1830—1832.

1836. Dienstauszeichnung I. Klasse, vergoldete Schnalle

1837. Dienstauszeichnung II. Klasse, silberne Schnalle

**1838. Dienstauszeichnung III. Klasse, Schnalle aus geschwärzter
Bronze mit silberner Umrahmung,**
3. Form unter Herzog Georg (verliehen 1888—1913)

In dieser Prägung von 1888 bis Juli 1913 an die Unteroffiziere des 6. Thüringischen Infanterie-Regiments Nr. 95 (II. Bataillon) verliehen nach 21, 15
bzw. 9 Dienstjahren, ebenso an das herzogliche Feldjägerkorps (Gendarmerie).
Mit der Einführung neuer gemeinsamer Dienstauszeichnungen in den drei
Herzogtümern (siehe Nr. 1643 bis Nr. 1645), hörte auch in Sachsen-Meiningen
die Verleihung dieser Schnallen am 26. Juli 1913 auf.

Die letzten Sachsen-Meininger Dienstschnallen zeigen auf waagerecht schraffiertem Grunde und eingefaßt von einer schmalen erhöhten
Linie in der Mitte den gekrönten Buchstaben „G", sowie links und rechts
davon je einen Eichenzweig. Sie gleichen ganz den in Sachsen-
Coburg-Gotha von 1892 bis 1895 eingeführt gewesenen Schnallen
(Nr. 1793 ff.) und sind wie letztere von Professor F. Helfricht in Gotha
entworfen und geliefert worden. Die III. Klasse hat eine silberne Umrahmung von 2 mm Breite. An die Dienstauszeichnungen ist ferner
rückseitig ein Blechstreifen (35 mm hoch), der eine Anstecknadel trägt,
zum Überstreifen des Bandes angelötet.
Größe: 14 mm hoch, 40 mm lang.
Bänder: Wie bei Nr. 1830—1832 ff.

Salzburg

Souveränes Erzbistum, seit 1802 bis 1805 Kurfürstentum, dann mit Österreich, 1810 mit Bayern, 1814 größtenteils mit Österreich vereinigt.

Der Kurfürst erhielt 1805 Würzburg.

Salzburg hatte einen Orden, den am 12. Mai 1701 gestifteten St.-Rupertus-Orden.

1839. Goldene Militär-Verdienst-Medaille

1840. Silberne Militär-Verdienst-Medaille
(verliehen 1800—1801)   Abbildung am Schluß des Bandes.

Gestiftet vom Fürst-Erzbischof Hieronymus v. Colloredo am 17. Dezember 1799 für besonders tapfere Handlungen von Unteroffizieren und Soldaten des salzburgischen Feldbataillons in den Kriegen 1793—1799. (Von 2010 in dieser Zeit ausmarschierten Kriegern des Fürsterzbistums Salzburg kehrten nur 420 Mann am 5. Mai 1801 heim.) — Besonders beim Bombardement (6.—11. September 1799) und der dreimaligen Blockade der Reichsgrenzfestung Philippsburg a. Rhein hatten sich die Salzburger als Verteidiger gegen die Franzosen ganz besonders ausgezeichnet.

Die Stempel zu diesen Tapferkeitsmedaillen schnitt der Graveur und damalige Medailleuradjunkt Franz Xaver Matzenkopf an der Salzburger Münze, der dritte Sproß aus der gleichnamigen, schon im 17. Jahrhundert nach dort berufenen Graveurfamilie. Es wurden 10 goldene und 50 silberne Exemplare um Mitte Februar 1800 geprägt, davon aber nur ein goldenes und fünf silberne Stücke verliehen.

V: Ein ovaler, von einem Fürstenhut überhöhter und mit einer Draperie umgebener Schild mit dem verschlungenen Namenszuge „H. P. S." (Hieronymus Princeps Salisburgensis) in lateinischer Schreibschrift; als Schildhalter (links) eine Kinderfigur, unten im Abschnitte „MDCCIC.".

R: In vier Zeilen „DEN / KAEMPFERN / FÜR'S / VATERLAND", darüber ein etwas schräg gerichteter Eichenlaubkranz.

Das Gepräge ist bei der goldenen und silbernen Medaille, abgesehen von den geringeren Ausmaßen bei ersterer, vollständig gleich.

Größe: 28 mm bei der goldenen und 40 mm bei der silbernen Medaille.

Gewicht: in Gold 3 Dukaten (10,5 g); in Silber 19 g.

Band: etwa 38 mm breit, ponceaurot mit zwei je etwa 6 mm breiten schwarzen Seitenstreifen (gleich dem Bande des schon 1701 gestifteten Salzburgischen St.-Rupertus-Ritterordens).

Schleswig-Holstein

Provisorische Regierung von 1848—1850

1841. Erinnerungs-Kreuz für die schleswig-holsteinische Armee an die Kriegsjahre 1848, 1849, Eisen

Gestiftet von der provisorischen Regierung von Schleswig-Holstein d. d. Kiel den 2. Juli 1850 für die gesamte schleswig-holsteinische Armee zur Erinnerung an den Krieg gegen Dänemark 1848/49. Die Kreuze sind aus dem Eisen von Kanonen des bei Eckernförde am 5. April 1849 genommenen dänischen Linienschiffes „Christian VIII." gefertigt und schwarz gebeizt.

V: In dem senkrecht geteilten Mittelschilde links das Wappen von Schleswig: Zwei übereinander schreitende Löwen, rechts das Wappen von Holstein: Der von drei Nägeln und drei Nesselblättern umgebene kleine Schild. Auf den waagerechten Armen des Kreuzes links „1848", rechts „1849".

R: Glatt.

Größe: 28 mm.

Band: 26 mm breit, dunkelkornblumenblau, weiß und ponceaurot in drei gleichbreiten Streifen.

1842. Kreuz für Offiziere nach 30jähriger Dienstzeit, Silber vergoldet mit stahlblauem Email Abbildung am Schluß des Bandes.

1843. Kreuz für Offiziere nach 20jähriger Dienstzeit, Silber mit stahlblauem Email (verliehen 1850—1851)

Gestiftet von der provisorischen Regierung der Herzogtümer am 23. Januar 1850. Die in fremdherrlichen Militärdiensten zugebrachte Zeit wurde bei Erteilung des Schleswig-Holsteiner Dienstkreuzes für Offiziere mitgerechnet. Ein „Regulativ" vom 9. Juni 1850 setzte über die Verleihung dieser Kreuze ebenso wie der schon im Jahre 1849 eingeführten Mannschaftsdienstauszeichnungen alles Nähere fest. Bereits Ende März 1851 wurde die schleswig-holsteinsche Armee wieder aufgelöst, und die Verleihung der dortigen Dienstauszeichnungen hörte auf. Die Kreuze sind daher außerordentlich selten. (Die Sammlung Dr. von Hessenthal, Potsdam, besitzt davon je ein Exemplar.)

Die mit gewöhnlicher Öse und Ring versehenen Kreuze haben geschweifte, stahlblau emaillierte Arme und sind zu beiden Seiten mit einer stärkeren und einer dünneren vergoldeten bzw. silbernen Linie eingefaßt. In der Mitte befindet sich auf der Vorder- und Rückseite die vergoldete Zahl „XXX" bzw. die silberne Zahl „XX". Goldschmied Georg Hossauer, Berlin, hat diese Ehrenzeichen angefertigt und seinen Namen auf dem Rande des unteren Kreuzarmes in vertiefter, kleiner Schrift eingeschlagen.

Größe: 31 mm; Gewicht: 8 g.

Band: 35 mm breit, kornblumenblau, weiß, ponceaurot in drei gleichen Streifen.

1844. Dienstauszeichnung (silbervergoldete Schnalle) für Unteroffiziere nach 16jähriger Dienstzeit Abbildung am Schluß des Bandes.

1845. Dienstauszeichnung (silberne Schnalle) für Unteroffiziere nach 8jähriger Dienstzeit (verliehen 1849—1851)

Gestiftet von der provisorischen Landesregierung am 17. November 1849 (Amtsblatt für die Herzogtümer Schleswig-Holstein vom 31. Januar 1849). „Als Tag des Diensteintrittes gilt derjenige Tag, an welchem nach der Gesetzgebung der Heimat die Dienstzeit als begonnen betrachtet wurde". Die Zeit in fremdherrlichen Diensten wurde gleich wie bei den Kreuzen für Offiziere Nr. 1842/1843 mitberechnet. Mit dem Besitze der Dienstauszeichnung für 8 Dienstjahre war eine tägliche Löhnungszulage von 4 Schillingen, mit derjenigen für 16jährige Dienstzeit aber eine Zulage von 5 Schillingen verbunden.

Die Dienstauszeichnungen bestehen aus rechteckigen, silbernen Platten, welche auf fein gekörntem Grunde und umgeben von einem 2 mm breiten erhöhten, polierten Rand und einer feinen Linie die gleichfalls erhaben geprägten Ziffern „XVI" bzw. „VIII" tragen. Die Schnalle für 16 Jahre ist zudem noch stark vergoldet. (Nach dem Wortlaute des „Regulativs vom 9. Juni 1850" sollte diese Auszeichnung „aus blauem Stahl mit vergoldetem Rande und ebensolcher Ziffer XVI" bestehen.) Auf der Rückseite der Schnallen ist ein Metallstreifen zum Durchziehen des Bandes angebracht, auf welchem in vertiefter, kleiner Schrift der Herstellername „HOSSAUER, / BERLIN" sowie die Feingehaltsbezeichnung „15 LOTH" erscheint. Auch diese kurzlebigen Dienstschnallen der Elbherztogtümer sind sehr selten und mit je einem Stück in den Sammlungen Schreiber und Dr. v. Hessenthal vertreten.

Größe: 12,5 mm hoch, 35 mm lang.

Band: Wie bei Nr. 1842/1843.

1846. Medaille zur Erinnerung an die Proklamierung Friedrich VIII. zum Herzog, Bronze (verliehen 1864—1866)

Friedrich Herzog zu Schleswig-Holstein-Sonderburg-Augustenburg, geboren 1829, welcher schon 1848—1850 in der schleswig-holsteinschen Armee gegen Dänemark gekämpft hatte, erklärte durch die Proklamation vom 16. November 1863, daß er als berechtigter Erbe die Regierung der Großherzogtümer Schleswig und Holstein antrete. Er wurde dann in der Volksversammlung in Elmshorn am 27. Dezember 1863 als rechtmäßiger Landesherr proklamiert, auch von einer Anzahl deutscher Fürsten als Herzog Friedrich VIII. anerkannt. Als solcher stiftete er die nachstehend beschriebene Erinnerungs-Medaille, welche von 1864 an bis zur Vereinigung der Herzogtümer mit Preußen im Jahre 1866 vielfach an seine Anhänger verteilt wurde.

V: Das nach rechts gewendete Brustbild des Stifters in Zivilkleidung, Umschrift „FRIEDR. VIII HERZ. v. SCHLESW.-HOLST." (oben); „MEIN RECHT EURE RETTUNG. 1863" (unten), die Umschriftteile sind durch Punkte abgetrennt.

R: Die personifizierten Herzogtümer bekämpfen am Meeresgestade vor der links aufgehenden Sonne ein Seeungeheuer mit der Jakobinermütze, rechts ein Segelschiff mit der dänischen Kriegsflagge. Umschrift „KEINE MACHT DER ERDE SOLL UNS TRENNEN" (oben), „1864" (unten).

Größe: 30 mm.

Band: 28 mm breit, blau, weiß, rot gleichbreit gestreift, mit weißem Vorstoß an den beiden Kanten.

1846a. Medaille zur Erinnerung an den 50. Geburtstag des Herzogs Ernst Günther zu Schleswig-Holstein, Silber (verliehen 1913)

1846b. Dieselbe, Bronze vergoldet

Diese Medaille wurde aus dem genannten Anlaß im Jahre 1913 vor allem an Beamte und Angestellte der damaligen Fideikommißherrschaft Primkenau verliehen.

V: Der Kopf des Herzogs nach rechts; Umschrift: „ERNST GÜNTHER HERZOG ZU SCHLESWIG-HOLSTEIN". Unten ganz klein „A. L. H. G.". Am Rande eine feine Perlenlinie.

R: Innerhalb eines unten mit einer Doppelschleife gebundenen, aus zwei kräftigen Eichenzweigen gebildeten Kranzes das herzogliche Wappen mit den Feldern Schleswig, Holstein im gevierten Schild mit dem Mittelschild Oldenburg, bedeckt mit der fünfbügeligen Herzogskrone.

Die Medaille hat eine kleine von rechts nach links gelochte Öse, in der der Bandring hängt.

Größe: 36 mm; Gewicht in Silber: 35 g.

Band: 35 mm breit, orangegelb mit 2,5 mm breiten dunkelblauen, anschließend 3 mm breiten weißen, dann 2,5 mm breiten roten Seiten- bzw. Randstreifen; die gelbe Webkante ist erkennbar.

Schwarzburg

Beide Fürstentümer standen seit 1909 (Aussterben der Linie zu Sondershausen) unter einem gemeinsamen Regenten, ohne vereinigt zu sein; sie wurden November 1918 Freistaaten und gingen im Jahre 1920 in Thüringen auf.

Der gemeinsame Orden, das Fürstlich Schwarzburgische Ehrenkreuz, ist am 20. 5. 1853 als Fürstl. Schwarzburg-Rudolstädtische Dienst-Auszeichnung gestiftet und durch die vom Fürsten von Schwarzburg-Rudolstadt am 9. Juni 1857 und vom Fürsten von Schwarzburg-Sondershausen erlassenen Statuten in einen Orden überführt worden. Weitere gemeinsame Ehrenzeichen sind erst nach 1909 entstanden, vgl. Nr. 1904 ff.

Schwarzburg-Rudolstadt

1847. Dienst-Auszeichnung IV. Klasse, silberne Medaille (verliehen 1853—1857)

Gestiftet am 20. Mai 1853 von Fürst Friedrich Günther (reg. 1807—1867) als unterste Klasse der Fürstlich Schwarzburg-Rudolstädtischen Dienst-Auszeichnung, die damals „zur Belohnung langjähriger Dienste Fürstlicher Diener", die sich durch Einsicht und Treue, durch aufopfernde Ergebenheit und Anhänglichkeit besonders ausgezeichnet haben, gestiftet worden ist, und zwar wurde diese Medaille „an Diener niederen Grades verliehen". Da diese Dienst-auszeichnung bereits im Jahre 1857 zu einem Orden, dem Ehrenkreuz, und hierbei die Medaille in die „Ehren-Medaille" Nr. 1848 ff. umgeändert worden ist, sind nicht allzuviel Verleihungen erfolgt.

Diese Medaille hat eine von oben nach unten gelochte Öse, in welcher ein länglicher Ring hängt.

V: Der doppelt verschlungene Namenszug „F G" unter einer schweben-den Fürstenkrone.

R: Der nach links schreitende, aufrechte, gekrönte schwarzburgische Löwe über zwei mit einer Schleife gebundenen Eichenzweigen. Im oberen Teil der Medaille die Umschrift „DEM TREUEN DIENER".

Größe: 28 mm; Gewicht: 7 g.

Band: 28 mm breit, goldgelb mit dunkelblauem Mittelstreifen und eben-solchen Randstreifen, alle je 3 mm breit.

1848. Ehren-Medaille in Gold

1848a. Dieselbe, Silber vergoldet (verliehen 1866—1918)

1849. Dieselbe, Silber vergoldet mit Eichenbruch „1914/15"

1849a. Dieselbe aus vergoldetem Metall mit Eichenbruch „1914/15" (verliehen 1915—1918)

1850. Ehren-Medaille in Silber (verliehen 1857—1918)

1851. Dieselbe mit vergoldetem Eichenbruch „1914/15"

1851a. Dieselbe aus versilbertem Metall mit vergoldetem Eichenbruch „1914/15" (verliehen 1915—1918)

Gestiftet von Fürst Friedrich Günther, gemeinschaftlich mit Fürst Günther Friedrich Carl II. von Schwarzburg-Sondershausen (reg. 1835—1880), gleich-zeitig mit dem Schwarzburgischen Ehrenkreuz (Hausorden) I., II. und III. Klasse. Durch Vereinbarungen über die Überführung der „Fürstlich Schwarzburg-Rudolstädtischen Dienst-Auszeichnung" in den Orden „Ehrenkreuz" und mit Bestimmungen d. d. Rudolstadt. 9. Juni 1857 und Sondershausen 28. Mai 1857 versehen; durch gemeinschaftliche Verordnung vom 27. März/10. April 1866 um die Ehren-Medaille in Gold (anfangs „1. Klasse") erweitert. Die Medaillen dienten (wie das Ehrenkreuz) „zur Belohnung treuer Dienste und Anerkennung ausgezeichneter Leistungen"; sie wurden hauptsächlich an untere Beamte und Militärpersonen, sowie an sonstige Persönlichkeiten ohne bestimmten Rang verliehen.

Die goldene Ehrenmedaille wurde in späteren Jahren nur mehr in vergoldetem Silber geprägt. In der letzten Kriegszeit gelangten sogar Medaillen aus einer vergoldeten unedlen Metall-Legierung zur Aus-gabe, wie auch die silbernen Ehrenmedaillen zum Schlusse nur mehr versilbert waren. Der am 19. Januar 1915 aus Anlaß seines 25jährigen Regierungsjubiläums von Fürst Günther von Schwarzburg-Rudolstadt und -Sondershausen gestiftete, vergoldete „Eichenbruch" diente als besondere Auszeichnung zur Ehrenmedaille beider Klassen für Per-sonen, die „zwar nicht vor dem Feinde gestanden, sich aber sonst be-sondere Verdienste um das Heer oder für die Kriegsbereitschaft des Vaterlandes erworben haben". Diese Auszeichnung (22 mm hoch) trägt auf ihren drei Eichenblättern verteilt die Jahreszahlen „19" - „14" - „15". Rückseitig ist eine senkrechte längliche Öse zum Durchziehen des

Bandes angebracht, während eine weitere kleine Öse am unteren Ende des Eichenbruches zum Einhängen in die Medaillenöse dient. Die Medaillen selbst haben eine von oben nach unten gelochte Öse und, wenn ohne den Eichenbruch verliehen, einen länglichen Tragring.

V: Der nach links schreitende aufrechte, gekrönte Löwe auf zwei mit einer Doppelschleife zusammengebundenen Eichenzweigen. Umschrift „FÜR TREUE UND VERDIENST".

R: Der doppelte, verschlungene Namenszug „F G" unter einer freischwebenden Fürstenkrone.

Größe: 32 mm; Gewicht in Gold: 6 Dukaten = 21 g; Gewicht in Silber: 16 g.

Band: 28 mm breit, orangegelb mit einem dunkelkornblumenblauen Mittelstreifen und ebensolchen Rändern, alle je 3,5 mm breit.

1852. Ehrenmedaille für Kriegsverdienst 1870, Silber (verliehen 1870—71)

Gestiftet von Fürst Georg (reg. 1869—1890) aus Veranlassung des Krieges mit Frankreich d. d. Sannois bei Paris den 21. Oktober 1870, „für Verdienst vor dem Feinde für Militärpersonen vom Feldwebel abwärts". Es kam nur eine geringe Zahl dieser Ehrenzeichen an Rudolstädter Landeskinder im III. Bataillon des 7. Thüringischen Infanterie-Rgts. Nr. 96 zur Verleihung.

V: Im unten mit einer Schleife gebundenen Lorbeerkranz in drei Zeilen „VERDIENST / IM / KRIEGE".

R: Der doppelte, verschlungene Buchstabe „G" des fürstlichen Namens, darüber eine freischwebende Fürstenkrone, darunter „1870".

Am Medaillenrande entlang läuft auf der Vorder- und Rückseite eine dünne Perlenschnur. Die Ehrenmedaille für Kriegsverdienste hat eine angelötete, von oben nach unten gelochte Bandöse.

Größe: 38 mm; Gewicht: 30 g.

Band: wie bei Nr. 1448 ff.

1853. Goldene (Silber vergoldete) Verdienst-Medaille (verliehen 1898—1918)

1853a. Dieselbe mit der Spange 1917 (verliehen 1917)

1853b. Dieselbe mit der Spange 1917 am blauen Bande (verliehen 1918)

1854. Silberne Verdienst-Medaille (verliehen 1899—1918)

1854a. Dieselbe mit der Spange 1917

1854b. Dieselbe mit der Spange 1917 am blauen Bande (verliehen 1918)

Gestiftet von Fürst Günther (reg. 1890—1918) am 8. Februar 1899 gleichzeitig mit der Anerkennungs-Medaille (Nr. 1855, 1856) „für hervorragende Verdienste um Kunst und Wissenschaft, um Handel und Gewerbe oder um die Landwirtschaft". Durch einen „Höchsten Erlaß" vom 21. August 1917 wurde zur Verdienst-Medaille (Nr. 1853/54) und zur Anerkennungs-Medaille (Nr. 1855/56) eine Spange mit der Aufschrift 1917 gestiftet, um „denjenigen eine besondere Auszeichnung zu verleihen, die sich in der gegenwärtigen Kriegszeit durch treue Arbeit, gute Dienste oder sonst löbliche Leistungen um das Vaterland verdient gemacht" hatten. Gemäß dem „Höchsten Erlaß" vom

1. Januar 1918 wurde für künftige Verleihungen das „blaue Band" (wie bei Nr. 1904b) vorgeschrieben und gleichzeitig den früher Beliehenen die Anlegung eben diesen „blauen Bandes" gestattet.

Diese matt vergoldeten bzw. matt silbernen Medaillen haben eine gewöhnliche Öse mit Ring, jedoch keinen erhöhten Rand.

V: Der nach rechts blickende Kopf des Fürsten Günther.

R: Umgeben von zwei unten mit einer Doppelschleife zum Kranze gebundenen Eichenzweigen die zweizeilige Inschrift „DEM / VERDIENSTE".

Größe: 29 mm; Gewicht: 16 g.

Band bei Nr. 1853, 1853a, 1854, 1854a: 26 mm breit, hellblau mit weißen Mittel- und ebensolchen Randstreifen, je 3,5 mm breit.

Band bei Nr. 1853b, 1854b: 28 mm breit, dunkelkornblumenblau mit zwei je 3 mm breiten, goldgelben Seitenstreifen, diese 0,5 mm von den Bandkanten entfernt.

1855. Silberne Anerkennungs-Medaille (verliehen 1899—1918)

1855a. Dieselbe mit der Spange 1917 (verliehen 1917)

1855b. Dieselbe mit der Spange 1917 am blauen Bande (verliehen 1918)

1856. Bronzene Anerkennungs-Medaille (verliehen 1899—1918)

1856a. Dieselbe mit der Spange 1917 (verliehen 1917)

1856b. Dieselbe mit der Spange 1917 am blauen Bande (verliehen 1918)

Gleichzeitig mit Nr. 1853/1854 gestiftet. Die Medaillen wurden nach § 1 der Statuten vom 8. Februar 1899 „für löbliche Handlungen oder gute Dienste" verliehen.

Die Bestimmungen betreffend die Spange (vom 21. August 1917) und das „blaue Band" (vom 1. Januar 1918) zur Verdienst-Medaille (Nr. 1853/1854) sind ohne Einschränkung auch für die Anerkennungs-Medaille getroffen worden.

Diese haben ebenfalls eine gewöhnliche Öse mit Ring, auch fehlt ihnen der Überrand. Die bronzenen Stücke hatten ursprünglich einen dunkelbraunen Ton im Stempelglanz. In der letzten Verleihungszeit jedoch erhielten sie eine matte Kupfertönung. Die silbernen Medaillen hatten dagegen von Anfang an eine matte Oberfläche.

V: wie bei Nr. 1853/54.

R: Zwei verschlungene „G" in verzierter Schreibschrift, darüber eine freischwebende Fürstenkrone.

Größe, Gewicht und Bänder wie bei Nr. 1853/54, bzw. 1853b/1854b.

1857. Erinnerungskreuz für 1814/15, Silber (verliehen 1816)
Abbildung am Schluß des Bandes.

Gestiftet von Fürst Friedrich Günther am 2. Juli 1816 für diejenigen Krieger seines Kontingentes, „welche in den Jahren 1814 und 1815 im Linienbataillon oder im Landwehrbataillon Schwarzburg am Kriege gegen Frankreich teilgenommen".

Die nach außen zu breiter werdenden geraden Arme des matt-silbernen Kreuzes sind durch einen dichten Lorbeerkranz verbunden und von einer erhöhten Linie eingefaßt. Die Armwinkel sind abgeschrägt. In der halbrunden angelöteten Öse hängt ein länglicher, gerillter Tragring. Vorder- und Rückseite des Kreuzes sind gesondert geprägt und nachträglich zusammengelötet worden.

V: Im oberen Arm zweizeilig „Schwarz / burgs", quer über die breiten Seitenarme „braven Kriegern für", im unteren Arme (dreizeilig) „Deutsch / lands / Befreiung".

R: Im ovalen Mittelschild „1814 / 1815" in zwei Zeilen.

Größe: 26 mm; Gewicht: 7 g.

Band: 35 mm breit, hellblau mit 1 mm breiten weißen Rändern.

1858. Dienstzeichen für Offiziere nach 20 Dienstjahren, silbervergoldetes Kreuz (verliehen 1850—1867) Abbildung am Schluß des Bandes.

Gestiftet von Fürst Friedrich Günther gleichzeitig mit den drei nachstehend beschriebenen Dienstzeichen für die Unteroffiziere und Soldaten am 17. Juli 1850. Alle diese Dienstauszeichnungen wurden seit dem Abschluß der Militär-Konvention mit Preußen (1. Oktober 1867) nicht mehr verausgabt.

Das silbervergoldete, hohle Kreuz hat stark geschweifte und fein gekörnte Arme; auf beiden Seiten ist je ein weiß-emailliertes, von einem grünen Lorbeerkranz eingefaßtes Mittelschild (16 mm Durchmesser) aufgelötet. Der obere Arm trägt eine flache, abgerundete, von oben nach unten gelochte Öse, in welcher der längliche Ring hängt.

V: Auf weiß-emailliertem Grunde der doppelte Namenszug „F G" in Gold gemalt.

R: des Mittelschildchens trägt ebenfalls auf weißem Grunde die in Gold gemalte, vierzeilige Inschrift „Für 20 / jährige / treue / Dienste".

Größe: 32 mm; Gewicht: 8 g.

Band: 35 mm breit, hellblau mit zwei je 8 mm breiten schwarzen Seitenstreifen und anschließend daran je 1 mm breiten goldgelben Rändern.

1859. Dienstzeichen für Unteroffiziere nach 25jähriger Dienstzeit, silbernes Kreuz (verliehen 1850—1867)

Gestiftet von Fürst Friedrich Günther gleichzeitig mit dem Kreuze Nr. 1858 am 17. Juli 1850.

Das Dienstauszeichnungskreuz für Unteroffiziere stimmt in Form und Größe ganz mit Nr. 1858 überein, nur sind seine geschweiften, gekörnten Arme aus mattem Silber und die mitgeprägten silbernen Mittelschildchen ohne Email. Das hohle Kreuz hat eine gewöhnliche Drahtöse mit Ring.

V: Im Mittelschildchen (16 mm Durchmesser) der erhöhte und verschlungene doppelte Namenszug „F G", umgeben von einem schmalen Lorbeergewinde.

R: Im Mittelschildchen die vierzeilige Inschrift „Für 25 / jährige / treue / Dienste", umgeben von einem schmalen Lorbeergewinde.

Größe: 32 mm; Gewicht: 6 g.

Band: wie bei Nr. 1858.

1860. Dienstzeichen für Unteroffiziere nach 16jähriger Dienstzeit, silberne Medaille (verliehen 1850—1867)
Über deren Stiftung gilt ebenfalls das bei Nr. 1858 Gesagte.

Die mattsilberne, ovale Medaille ist von einem 1,5 mm breiten, erhöhten Rande eingefaßt und hat eine von oben nach unten gelochte Öse mit länglichem Ring.

V: Der doppelte und verschlungene Namenszug „F G" unter der schwebenden Fürstenkrone.

R: Die Zahl „XVI".

Größe: 26 mm hoch, 22 mm breit; Gewicht: 6 g.

Band: wie bei Nr. 1858 ff.

1861. Dienstzeichen für Soldaten nach 9jähriger Dienstzeit, Medaille aus geschwärzter Bronze mit silbernem Rand (verliehen 1850—1867)
Über deren Stiftung gilt ebenfalls das bei Nr. 1858 Gesagte.

Die runde Medaille aus schwarz lackierter Bronze hat eine angelötete 1 mm breite neusilberne Umrandung, die eine gewöhnliche Öse mit Ring trägt.

V: Der doppelte und verschlungene Namenszug „F G" unter der schwebenden Fürstenkrone.

R: Die Zahl „IX".

Größe: 27 mm.

Band: wie bei Nr. 1858 ff.

1862. Dienstauszeichnung I. Klasse, vergoldete Schnalle

1863. Dienstauszeichnung II. Klasse silberne Schnalle

1864. Dienstauszeichnung III. Klasse, eiserne Schnalle mit silbernem Rande (verliehen 1867—1914)
Gestiftet von Fürst Georg infolge der 1867 mit Preußen abgeschlossenen Militärkonvention für die Unteroffiziere des III. Bataillons 7. Thüringischen Infanterie-Regiments Nr. 96, welchem seine Landeskinder zugeteilt wurden, sowie für die fürstliche Gendarmerie nach 21, 15 bzw. 9 Dienstjahren. Mit der Stiftung der gemeinschaftlichen Schwarzburgischen Dienstauszeichnungen (Nr. 1907/1909) am 6. Juni 1914 hörte die Verleihung der Schwarzburg-Rudolstädter Dienstschnallen auf.

Die rechteckigen Schnallen haben in der Mitte auf fein gekörntem Grunde ein von der Fürstenkrone überhöhtes „G" und sind umrahmt von einer dünnen, erhöhten Linie. Die III. Klasse, aus schwarz lackiertem Eisen, hatte ursprünglich eine aufgelötete silberne Umrahmung von 2 mm Breite. Diese silberne Umrahmung war jedoch in den letzten Verleihungsjahren 3 mm breit.

Größe: 14 mm hoch, 39 mm lang.

Bänder: 36 mm breit, dunkelblau mit goldgelben (I. Klasse), weißen (II. Klasse) bzw. schwarzen Randstreifen (III. Klasse), von je 3 mm Breite.

Schwarzburg-Sondershausen

1865. Ehren-Medaille in Gold

1865a. Dieselbe, Silber vergoldet

1866. Dieselbe, Silber vergoldet, mit vergoldetem Eichenbruch „1914/15"

1867. Ehren-Medaille in Silber

1868. Dieselbe mit vergoldetem Eichenbruch „1914/15"
(verliehen zwischen 1857 und 1918) Abbildung am Schluß des Bandes.

Über die Stiftung dieser Medaillen gilt das bei Nr. 1848 ff. Gesagte.

Die Ehrenmedaillen von Schwarzburg-Sondershausen sind jedoch kleiner als die von Schwarzburg-Rudolstadt verliehenen und haben gewöhnliche Ösen mit Ring. Die goldenen Exemplare wurden nach Aufbrauch kleiner Vorräte schon nach Ablauf des ersten Weltkriegsjahres in vergoldetem Silber hergestellt und verliehen. Der am 19. Januar 1915 gestiftete vergoldete Eichenbruch mit den Jahreszahlen „19"-„14"-„15" auf seinen drei Blättern wurde auch in Schwarzburg-Sondershausen zu den beiden Klassen der Ehren-Medaille verliehen für „besondere Verdienste um das Heer oder um die Kriegsbereitschaft des Vaterlandes" (siehe ebenfalls Nr. 1848 ff.).

V: Der aufrecht nach links schreitende, gekrönte Schwarzburger Löwe über zwei kleinen, mit einer Doppelschleife zusammengebundenen Eichenzweigen; im oberen Teile der Medaille die Umschrift „FÜR TREUE UND VERDIENST".

R: Der von einer freischwebenden Fürstenkrone überhöhte, verschlungene Namenszug „G F C" (Günther Friedrich Carl).

Größe: 25 mm; Gewicht in Gold: 2 Dukaten = 7 g, in Silber: 5 g.

Band: 28 mm breit, zunächst goldgelb, später jedoch orangegelb mit einem 3 mm breiten dunkelblauen Mittelstreifen und zwei ebensolchen Randstreifen.

1869. Silberne Ehren-Medaille für Kriegsverdienst 1870 (verliehen 1871)

Gestiftet von Fürst Günther Friedrich Carl II. (reg. 1835—1880) aus Veranlassung des Krieges gegen Frankreich d. d. Sondershausen 14. April 1871. Die Medaillen gelangten nur in wenigen Stücken zur Verleihung an Unteroffiziere und Mannschaften des 3. Thüringischen Infanterie-Regiments Nr. 71, soweit dieselben Sondershauser Landeskinder waren.

Diese Medaillen haben im Gegensatz zu der auch in Schwarzburg-Rudolstadt schon unterm 21. Oktober 1870 gestifteten Ehrenmedaille für Kriegsverdienste (Nr. 1852) eine gewöhnliche Öse mit Ring.

V: Innerhalb eines unten mit einer Schleife gebundenen Lorbeerkranzes die dreizeilige Inschrift: „VERDIENST / IM / KRIEGE".

R: Der von einer aufsitzenden Fürstenkrone überhöhte, verschlungene Namenszug „G F C", darunter die entsprechend verzierte Zahl „1870".

Größe: 39 mm; Gewicht: 20 g.

Band: wie bei Nr. 1865 ff.

1870. Silberne Medaille für Rettung aus Gefahr, 1. Prägung (verliehen 1868—1890) Abbildung am Schluß des Bandes.

Gestiftet von Fürst Günther Friedrich Carl II. im Jahre 1868 „zur Belohnung derjenigen, welche zur Rettung Anderer aus Gefahr, sich in eigene Lebensgefahr begeben haben".

Diese silberne Medaille in der Größe der Ehren-Medaille hat ebenfalls eine gewöhnliche Öse mit Ring. Sie ist während ihres 22jährigen Bestehens nur sehr selten verliehen worden.

V: Wie die Rückseite von Nr. 1865 ff.

R: Innerhalb eines dicken Eichenlaubkranzes die vierzeilige Inschrift „FÜR / RETTUNG / AUS / GEFAHR". (In der Prägung übereinstimmend mit der kgl. preußischen Medaille für Rettung aus Lebensgefahr Nr. 1303 ff.)

Größe: 25 mm; Gewicht: 6 g.

Band: 25 mm breit, goldgelb.

1871. Goldene und
1872. Silberne Medaille für Rettung aus Gefahr, 2. Prägung (verliehen 1890—1898)

Fürst Karl Günther, welcher nach der Verzichtleistung seines Vaters, des Fürsten Günther Friedrich Carl II. am 17. Juli 1880 die Regierung übernommen hatte (reg. 1880—1890), ließ schon einige Jahre später neue Stempel mit seinem Bilde herstellen, welche aber erst im Jahre 1890 zur Prägung der Medaille „für Rettung aus Gefahr" Verwendung fanden. Bis dahin gelangten die noch vorrätig gewesenen seitherigen silbernen Medaillen (Nr. 1870) zur Ausgabe. Von den nunmehr hauptsächlich als Auszeichnung für wiederholte Lebensrettung vorgesehenen goldenen Medaillen dürften nur einzelne Stücke zur Verleihung gelangt sein.

Auch diese Medaillen haben eine gewöhnliche Öse mit Ring.

V: Der nach rechts gewendete Kopf des Stifters, Umschrift „KARL GÜNTHER FÜRST Z. SCHWARZB.SONDERSHAUSEN".

R: Innerhalb eines dicken, aus Lorbeer- und Eichenlaub gebundenen Kranzes, die vierzeilige Inschrift „FÜR / RETTUNG / AUS / GEFAHR".

Größe: 30 mm; Gewicht in Gold: 5 Dukaten (17,5 g), in Silber: 13 g.

Band: wie bei Nr. 1870.

1873. Goldene und
1874. Silberne Medaille für Rettung aus Gefahr, 3. Prägung (verliehen 1898—1918)

Nach Aufbrauchung der Medaillen Nr. 1871/1872 erfolgten Neuprägungen mit dem Vorderseitenstempel der im Jahre 1896 gestifteten Ehrenzeichens Nr. 1901, jedoch nicht vor 1898. Ob in dieser dritten Prägung auch goldene Rettungsmedaillen hergestellt worden sind, konnte nicht ermittelt werden. Jedenfalls lassen sich auf viele Jahre zurück keine Verleihungen von solchen feststellen.

Die Vorderseite der 3. Prägung unterscheidet sich von derjenigen der 2. Prägung (Nr. 1871/1872) nur dadurch, daß der Kopf des Fürsten bei ersterer etwas schärfer gezeichnete Züge trägt und mit der Spitze seines Halsabschnittes den unteren Medaillenrand berührt, während bei der 2. Prägung die Spitze des Halsabschnittes ungefähr 1,5 mm vom Medaillenrande absteht.

Rückseite, Größe, Gewicht und Band wie bei Nr. 1871/1872.

1875. Goldene und

1876. Silberne Medaille für Kunst und Wissenschaft mit dem jüngeren Bilde des Fürsten Günther Friedrich Carl II., 1. Prägung (verliehen 1846—1857)

Gestiftet von vorgenanntem Fürsten im Jahre 1846 für hervorragende Verdienste um Kunst und Wissenschaft. Diese Medaillen wurden meistens ohne Öse und Band verliehen, doch sollen auch einige Stücke mit der Erlaubnis zum Tragen auf der Brust zur Verleihung gelangt sein. Die Herstellung erfolgte in der Berliner Medaillenmünze von G. Loos.

V: Der nach links gewendete Kopf des Stifters mit jüngeren Gesichtszügen ohne Backenbart; Umschrift „GÜNTHER CARL II FÜRST ZU SCHWARZBURG SONDERSHAUSEN", unter dem Halsabschnitt (klein) „G. LOOS".

R: Innerhalb eines dicken aus Lorbeer- und Eichenlaub gewundenen Kranzes die vierzeilige Inschrift „FÜR / VERDIENST / UM KUNST UND / WISSENSCHAFT".

Größe: 42 mm; Gewicht in Gold: 11 Dukaten = 38,5 g, in Silber: 28 g.
Band: 28 mm breit, dunkelblau.

1877. Goldene und

1878. Silberne Medaille für Kunst und Wissenschaft mit dem älteren Bilde des Fürsten Günther Friedrich Carl II., 2. Prägung (verliehen 1857—1889)

Im Jahre 1857 stellte G. Loos in Berlin neue Vorderseitenstempel zu der Medaille für Kunst und Wissenschaft her, die dann am 9. Juni 1857 Statuten erhielt. Auch fernerhin kamen noch häufig nicht tragbare Medaillen zur Verleihung.

Soweit am Bande verliehen, hatten sie eine gewöhnliche Öse mit Ring.

V: Der nach links gewendete Kopf des Stifters mit älteren Gesichtszügen und mit Schnurr- und Backenbart. Umschrift „GÜNTHER FRIEDRICH CARL II. FÜRST Z. SCHWARZB. SONDERSH.".

Rückseite, Größe, Gewicht und Band wie bei Nr. 1875/1876.

1879. Goldene und

1880. Silberne Medaille für Kunst und Wissenschaft, 3. Prägung

1881. Goldene und

1882. Silberne Medaille für gewerbliches Verdienst

1883. Goldene und

1884. Silberne Medaille für landwirtschaftliches Verdienst mit dem Bilde des Fürsten Karl Günther (verliehen 1889—1898)

Gestiftet am 7. Dezember 1889 und mit Statuten versehen von Fürst Karl Günther „für hervorragende Verdienste um Wissenschaft und Kunst, um Handel und Gewerbe, oder um die Landwirtschaft".

Diese Medaillen konnten auch ohne Öse und Band verliehen werden.

V: Der nach rechts gewendete Kopf des Stifters mit der Umschrift „KARL GÜNTHER FÜRST Z. SCHWARZB. SONDERSHAUSEN.". Die Spitze des Halsabschnittes steht ungefähr 1,5 mm vom unteren Medaillenrande ab. (Gleicher Stempel wie zu Nr. 1871/1872.)

R: In einem dicken Kranze von Lorbeer- und Eichenblättern bei Nr. 1879/1880 „FÜR / VERDIENST / U. KUNST U. / WISSEN- / SCHAFT." (fünfzeilig); bei Nr. 1881/1882 „FÜR / GEWERB / LICHES / VERDIENST" (vierzeilig); bei Nr. 1883/1884 „FÜR / LAND- WIRTH- / SCHAFTLICHES / VERDIENST" (vierzeilig).

Größe: 30 mm; Gewicht: in Gold 5 Dukaten (17,5 g), in Silber 13 g.

Band: 25 mm breit, schwarzblau.

Anmerkung: Schon Fürst Günther Friedrich Carl II. hatte für Verdienste um die Landwirtschaft seit 1846 goldene, silberne und bronzene Medaillen verliehen. V. Heyden führt drei verschiedene Prägungen hiervon auf, nämlich: Nr. 848/849, 850/851 und 852/853 auf Seite 202/203 seines Buches. Da aber diese Medaillen, entgegen der Angabe v. Heydens, stets ohne Öse und Band ausgegeben worden sind, unterbleibt hier deren Beschreibung.

1885. Goldene und

1886. Silberne Medaille für Kunst und Wissenschaft

1887. Goldene und

1888. Silberne Medaille für gewerbliches Verdienst

1889. Goldene und

1890. Silberne Medaille für landwirtschaftliches Verdienst, mit dem Bilde des Fürsten Karl Günther, Stempelverschiedenheit von Nr. 1879/1884, 3. Prägung (verliehen 1898—1918)

Wie zu der Rettungs-Medaille (3. Prägung Nr. 1873/1874), so wurde auch zur Herstellung der vorstehend benannten Verdienstmedaillen seit 1898 der Vorderseitenstempel des Ehrenzeichens Nr. 1901 benutzt. Dementsprechend zeigt der Kopf des Fürsten Karl Günther etwas schärfer ausgeprägte Züge, außerdem berührt die Spitze des Halsabschnittes den unteren Medaillenrand.

Rückseite, Größe, Gewicht und Bänder wie bei Nr. 1879 ff.

1891. Kriegsdenkmünze für 1814/15, Bronze (verliehen 1815)
Abbildung am Schluß des Bandes.

Gestiftet von Fürst Günther Friedrich Carl I. (reg. 1794—1835) im Jahre 1815 für diejenigen Krieger seines Truppenkontingentes, welche in den Jahren 1814 und 1815 im Linienbataillon oder im Landwehrbataillon Schwarzburg am Kriege gegen Frankreich teilgenommen hatten. Die Prägung der dunkelbraun getönten bronzenen Medaillen erfolgte in Berlin bei G. Loos.

Sie haben eine kleine, von oben nach unten gelochte Öse, in welcher der Tragring hängt.

V: Innerhalb eines unten mit einer Doppelschleife gebundenen Kranzes der aus einem Lorbeer- (rechts) und einem Palmenzweig (links) gebildet ist, der verschlungene Namenszug „G F C" in lateinischer Schreibschrift unter dem schwebenden Fürstenhut.

R: In der Mitte die siebenzeilige Inschrift „IM / DEUTSCHEN / FREI-
HEITS- / KAMPFE / 1814 / UND / 1815"; Umschrift „SCHWARZ-
BURG-SONDERSHAUSEN", unten eine fünfblätterige Rosette.

Größe: 32 mm.

Band: 36 mm breit, weiß mit zwei je 4 mm breiten himmelblauen
Seitenstreifen in 1,5 mm Abstand von den Kanten.

1892. Regierungs-Jubiläumsmedaille, Silber (verliehen 1905)

Gestiftet von Fürst Karl Günther am 17. Juli 1905 aus Anlaß der Feier seines
25jährigen Regierungsjubiläums. Die matt silberne Medaille hat eine gewöhnliche Öse mit Ring. Sie ist von Bildhauer Paul Fliegner in Hanau am Main
entworfen worden.

V: Der nach rechts gewendete Kopf des Stifters, unten umrankt von
einem Lorbeerzweige (links) und einem Eichenlaubzweige (rechts).
Umschrift „KARL GÜNTHER FÜRST Z. SCHWARZB. SON-
DERSH".

R: Der nach links vorn aufrecht schreitende gekrönte Löwe hält in
seinen Pranken den schräg gelehnten schwarzburgischen Wappenschild, welcher den Doppeladler im Felde und im Schildfuß die
Gabel und den Kamm zeigt. Links unten am Wappenschilde
„P. FLIEGNER". Im Abschnitte ein barockes Schild mit der Aufschrift „25 JAEHR · REGIERUNGS-IUBILAEUM / 1880 — 17 · IULI
— 1905".

Größe: 33 mm; Gewicht: 16 g.

Band: 25 mm breit, weiß mit zwei je 4 mm breiten hellblauen Seitenstreifen, in 1,5 mm Abstand von den Kanten.

1893. Dienstauszeichnungskreuz (für Offiziere nach 20 Dienstjahren), Kupfer vergoldet (verliehen von 1838 bis etwa 1852)

Gestiftet von Fürst Günther Friedrich Carl II., gleichzeitig mit den unter
Nr. 1896/1897 beschriebenen Dienstauszeichnungen für Personen des Mannschaftsstandes am 22. März 1838 für Offiziere nach 20 Dienstjahren.

Das Kreuz ist aus vergoldetem Kupfer geprägt mit glatten achtspitzigen Armen (Malteserform) und gewöhnlicher Öse nebst Ring.
Goldschmied Georg Hossauer, Berlin, lieferte im Jahre 1838 10 solche
Kreuze nach Sondershausen. Die Arme sind von einer doppelten,
dünnen Linie eingefaßt, deren Zwischenraum bei den in einem Stück
mitgeprägten Mittelschildchen (von 17 mm Durchmesser) noch ge-
rieffelt ist.

V: Im Mittelschildchen die Anfangsbuchstaben des fürstlichen Namens
„Ⓖ Ⓕ Ⓒ" über einer II und unter einem kleinen schwebenden
Fürstenhut.

R: Im Mittelschildchen die Zahl „XX".

Größe: 41 mm.

Band: 40 mm breit, dunkelblau mit zwei weißen, je 5 mm breiten
Seitenstreifen, diese in 3 mm Abstand von den Kanten.

1894. Dienstauszeichnungskreuz für Offiziere nach 20 Dienstjahren, 2. Form, Kupfer vergoldet (verliehen etwa 1852—1867)
Abbildung am Schluß des Bandes.

1895. Offiziers-Dienstauszeichnungskreuz für 20 Dienstjahre fürstlicher Personen, Silber vergoldet mit Email und Krone (verliehen etwa 1855—1867)

Das Dienstauszeichnungskreuz wurde in späteren Jahren (jedenfalls vor Juni 1852) mit einer beweglichen fünfbügeligen gefütterten Krone versehen (18 mm hoch und 23 mm breit), welche mit dem oberen Kreuzarme durch eine dreieckige Verzierung verbunden ist. Die Prägung des Kreuzes selbst hat, abgesehen von einer schärferen und sorgfältigeren Ausführung, keine Änderung erfahren.

Die in der Chronik der Ritterorden von H. Schulze (1855) gegebene Abbildung von 1855 geht auf eine amtliche Auskunft vom 16. 6. 1852 zurück.

Größe ohne Krone: 41 mm.

Dagegen wurde an Angehörige des Schwarzburger Fürstenhauses für 20jährige Dienstzeit beim Sondershauser Infanteriebataillon seit August 1855 ein besonderes Kreuz verliehen, von dem die Sammlung v. Heyden ein Exemplar besaß, wie auch ein weiteres Stück vor ungefähr 30 Jahren durch das damalige fürstliche Ministerium der Sammlung Georg Schreiber, München, überwiesen worden ist. Die Angabe im Supplementband (1870) der Chronik der Ritterorden von Schulze, daß diese Form seit August 1855 allgemein eingeführt worden sei, muß ein Irrtum sein.

Diese außerordentlich seltenen, silbervergoldeten Kreuze haben achtspitzige, weiß emaillierte Arme mit breiten vertieften und gekörnten Rändern. Die Mittelschildchen (17 mm Durchmesser) aus Gold mit einer schmalen, schraffierten Umrahmung sind eigens geprägt und aufgelötet.

V: Auf himmelblauem Grunde in Gold die Buchstaben „$\frac{\text{G. F. C.}}{\text{II}}$" unter einer kleinen Fürstenkrone.

R: Auf himmelblauem Grunde die goldene Zahl „XX".

Eine gefütterte, bewegliche Fürstenkrone aus vergoldetem Silber, 20 mm hoch, 23 mm breit, überhöht das Kreuz, sie enthält im Reichsapfel den runden Tragring.

Größe: ohne Krone 42 mm.

Band für Nr. 1894 und 1895: Wie bei Nr. 1893.

1896. Dienstauszeichnung I. Klasse, vergoldete Schnalle

1897. Dienstauszeichnung II. Klasse, silberne Schnalle (verliehen 1838—1867)

Gestiftet von Fürst Günther Friedrich Carl II., gleichzeitig mit dem Dienstauszeichnungskreuz für Offiziere (Nr. 1893) am 22. März 1838 für 15- bzw. 10jährige treue Dienstzeit der „Militärpersonen und Gensdarmen, die nicht zu den Offizieren gehören". Diese Dienstauszeichnungen wurden seit der Einverleibung des Schwarzburger Kontingentes in das 3. Thüringische Infanterie-Regiment Nr. 71, am 1. Oktober 1867, nur noch an die fürstlichen Gensdarmen verausgabt.

Die rechteckigen Schnallen tragen in der Mitte auf fein gekörntem Grunde die Buchstaben „G. F. C. II."; sie haben eine schraffierte Umrahmung zwischen zwei schmalen erhöhten Linien. Rückseitig befindet sich ein Metallstreifen zum Durchziehen des Bandes, welcher in kleiner, vertiefter Schrift den Namen des Herstellers „HOSSAUER/BERLIN" trägt.

Größe: 15 mm breit, 43 mm lang.
Band: Wie bei Nr. 1893 ff.

1898. Dienstauszeichnung I. Klasse, vergoldete Schnalle

1899. Dienstauszeichnung II. Klasse, silberne Schnalle
für die Gendarmerie, 2. Form (verliehen nach 1867 bis 1914)

Im Laufe der Jahre erfuhren die Dienstauszeichnungen Nr. 1896, 1897, welche seit 1. Oktober 1867 nur noch an die fürstliche Gendarmerie nach 15 bzw. 9 Dienstjahren verliehen worden sind, eine Änderung in der Größe und Prägung. In dieser Form wurden sie dann bis zur Einführung der gemeinschaftlichen Schwarzburger Dienstauszeichnungen Nr. 1907—1909 am 6. Juni 1914 ausgegeben.

Die vergoldeten oder silbernen Schnallen sind nunmehr 14 mm hoch und 42 mm lang. Die Buchstaben „G. F. C. II." sind von etwas anderer Zeichnung auf mattem Grunde. Rückseitig sind die Schnallen auf einem, mit einer Anstecknadel versehenen Blechstreifen befestigt, über welchen das Band gestreift ist.

Band: 36 mm breit, dunkelblau mit zwei je 6 mm breiten weißen Seitenstreifen, in 1,5 mm Abstand von den Kanten.

1900. Feuerwehr-Ehrenzeichen (verliehen 1895—1918)

Gestiftet von Fürst Karl Günther am 11. Juni 1895 „für solche Feuerwehr-Mitglieder, welche sich im Feuerwehrdienste durch eine treue und gewissenhafte, mindestens 25jährige Dienstzeit oder auf der Brandstätte durch eine besonders hervorragende Leistung ausgezeichnet haben".

Das Ehrenzeichen besteht aus einer rechteckigen, durchbrochen gearbeiteten, silbernen Schnalle, welche in der Mitte den vergoldeten mit der gefütterten Fürstenkrone bedeckten, aufgelöteten schwarzburgischen Wappenschild mit dem Doppeladler trägt. Zu beiden Seiten des Schildes sind vergoldete Embleme des Feuerwehrdienstes angebracht. Die einseitige Schnalle ist rückseitig an einem Blechstreifen befestigt, über welchen das Band gestreift wird und der mit einer Anstecknadel versehen ist.

Größe: 33 mm hoch (einschließlich Krone), sowie 43 mm breit.

Band: 38 mm breit, dunkelblau mit zwei je 5 mm breiten weißen Seitenstreifen in 2 mm Abstand von den Kanten.

1901. Ehrenzeichen für männliche Dienstboten und Arbeiter, silberne
Medaille (verliehen 1896—1918)

1902. Dieselbe mit dem silbernen Eichenbruch für „50" bzw. für „60"
Dienstjahre (verliehen 1901—1918)

Gestiftet von Fürst Karl Günther am 20. Oktober 1896 „für solche unbescholtene männliche Personen, welche während eines ununterbrochenen Zeitraumes von 40 Jahren in einem und demselben Dienst- oder Arbeitsverhältnis gestanden und sich durch Treue gegen den Landesherrn und durch Vaterlandsliebe ausgezeichnet haben". „Für Verleihung des Ehrenzeichens an diejenigen Dienstboten, welche zum eigentlichen Hausgesinde gehören", sollte „eine ununterbrochene Dienstzeit von 25 Jahren hinreichend sein." Nach 50jähriger Dienstzeit wurde auf dem Medaillenbande ein am 9. Mai 1901 gestiftetes dreifaches, aus Silber erhöht geprägtes Eichenlaub befestigt (23 mm breit, 20 mm hoch), das die Zahl „50" trägt, für 60jährige Dienstzeit wurde ein entsprechendes Eichenlaub mit der Zahl „60" verliehen.

Die Medaille selbst hat eine gewöhnliche Öse mit Ring.

V: Der nach rechts gewendete Kopf des Stifters, Umschrift: „KARL GÜNTHER FÜRST Z. SCHWARZB. SONDERSHAUSEN". Die Spitze des Halsabschnittes berührt den unteren Medaillenrand.

R: Zwischen zwei, unten mit einer einfachen Schleife zu einem Kranze gebundenen Eichenlaubzweigen, in vier Zeilen, in deutscher Schrift „für / Treue / in der / Arbeit".

Größe: 30 mm; Gewicht: 14 g.

Band: 25 mm breit, dunkelblau mit weißen, je 2 mm breiten Rändern.

1903. Auszeichnung für langjährige Diensttreue weiblicher Dienstboten und Arbeiter, silbernes Kreuz mit Krone (verliehen 1896—1918)

Gestiftet von Fürst Karl Günther am 20. Oktober 1896 zusammen mit Nr. 1901 und unter den gleichen Bedingungen (40 bzw. 25 Jahre), aber nicht vom Fürsten, sondern von der Fürstin Marie zu verleihen. Die Fürstin Marie erließ unter dem 25. November 1896 die entsprechenden Bestimmungen.

Das matt silberne Kreuz wird von einer vergoldeten 13 mm hohen Fürstenkrone überhöht, welche an ihrer glatten Rückseite eine senkrechte Öse zum Durchziehen des Bandes trägt. Das Kreuz wurde um den Hals getragen.

V: Im oberen Arme (schraffiert) graviert „FÜR" und quer über die kürzeren, waagerechten Arme „TREUE IN DER ARBEIT". Der längere untere Arm ist glatt.

R: In der Mitte der gravierte, schraffierte und verzierte Namenszug der Fürstin „M" (Marie, geborene Prinzessin von Sachsen-Altenburg), mit darüber schwebender Fürstenkrone.

Größe mit Krone: 83 mm hoch, 42 mm breit; Gewicht: 15 g.

Band: 40 mm breiter schwarzer Samt.

1903a. Auszeichnung für Hebammen (Brosche)

Gestiftet von Fürst Karl Günther am 2. April 1908 und „für Hebammen bestimmt, welche 30 Jahre hindurch im Fürstentum ihren Beruf treu ausgeübt haben". Ein Exemplar dieser Auszeichnung konnte zur Zeit nicht beigebracht werden, auch eine Beschreibung war nicht zu erlangen.

In Schwarzburg-Rudolstadt und -Sondershausen gemeinsam verliehene Ehrenzeichen

1904. Silberne Medaille für Verdienst im Kriege 1914 am Bande des Ehrenkreuzes
1904a. Versilberte Medaille wie vorher

1904b. Silberne Medaille für Verdienst im Kriege 1914 am „blauen Bande"

**1904c. Versilberte Medaille wie vorher
(verliehen 1914—1918)** Abbildung am Schluß des Bandes.

Die in Schwarzburg-Rudolstadt am 21. Oktober 1870 und in Schwarzburg-Sondershausen am 14. April 1871 für den Krieg 1870/71 gestiftete Medaille „für Verdienste vor dem Feinde für Militärpersonen vom Feldwebel abwärts" (Nr. 1852 und 1869) wurde seit dem Ausbruche des Weltkrieges gemäß Verfügung vom 21. August 1914 bzw. 1. Januar 1916 von Fürst Günther von Schwarzburg in abgeänderter Prägung wieder verliehen, und zwar in erster Linie an Staatsangehörige der beiden Fürstentümer. Die Medaille wurde am Bande des Ehrenkreuzes für Verdienst „vor dem Feinde" bzw. am „blauen Bande" verliehen. Letzteres war bestimmt für solche Militärpersonen, die zwar nicht Gelegenheit gefunden haben, sich vor dem Feinde auszuzeichnen, die sich aber durch besonders treue und gewissenhafte Pflichterfüllung, insbesondere bei den Etappen und den Besatzungstruppen, ein Verdienst im Kriege erworben haben".

Die Medaillen haben eine gewöhnliche Öse mit Ring, sie wurden in den letzten Kriegsjahren aus einer versilberten Metall-Legierung hergestellt.

V: In einem unten mit einer Schleife gebundenen Lorbeerkranze die dreizeilige Inschrift „VERDIENST / IM / KRIEGE".

R: Der von einer Fürstenkrone bedeckte verschlungene, doppelte Buchstabe „G", darunter die entsprechend verzierte Zahl „1914".

Größe: 40 mm; Gewicht in Silber: 22 g.

Band: a) für Verdienst „vor dem Feinde" das des Ehrenkreuzes (Hausordens) wie Nr. 1848 ff. und 1865 ff., 28 mm breit. Auf diesem Band dürfen, sofern es ohne die Medaille getragen wird, zwei kleine gekreuzte silberne Schwerter angebracht werden (goldene Schwerter bedeuten die Verleihung des Ehrenkreuzes selbst);

b) für Verdienst im Kriege: 28 mm breit, dunkelkornblumenblau mit zwei je 3 mm breiten, goldgelben Seitenstreifen, diese 0,5 mm von den Bandkanten entfernt.

**1905. Anna Luisen-Verdienstzeichen, mattsilberoxydiert
(verliehen 1918)**

„Im Hinblick auf die große und hervorragende Betätigung der Frauen auf den meisten vaterländischen Arbeitsgebieten als äußeres Zeichen der Anerkennung", gestiftet von Fürst Günther am 19. Februar 1918 für beide Fürstentümer und seiner Gemahlin Anna Luise zur Verleihung an Frauen und Jungfrauen übertragen.

V: Die ovale, silberne (oxydierte) Medaille mit gewöhnlicher Öse und Ring zeigt auf gekörntem Grunde in lateinischer Kursivschrift den verschlungenen Namenszug „A L" überragt von der Fürstenkrone. Das Mittelschild ist umgeben von einem breiten Band mit der Inschrift „VERDIENST UMS VATERLAND"; unter dem Namenszug auf einem Schildchen die Zahl „1918", oberhalb von kreuzweise gebundenen Eichenzweigen auf dem Medaillenrand.

R: Glatt.

Größe: 40 mm hoch, 32 mm breit; Gewicht: 20 g.

Band: Für Verdienste in Kriegszeit, 28 mm breit, dunkelblau mit zwei goldgelben (je 3 mm breiten) Seitenstreifen, diese in 0,5 mm Abstand von den Kanten.

Für Verdienste in Friedenszeiten war ein ebenfalls 28 mm breites dunkelblaues Band mit weißen, von einem roten schmalen Streifen durchzogenen Rändern vorgesehen. Dieses Band ist aber nicht zur Ausgabe gelangt und nach Mitteilung des früheren Schwarzburgischen Ministeriums überhaupt gar nicht angefertigt worden.

1906. Verdienstorden für Kunst und Wissenschaft (verliehen 1912—1918)

Gestiftet von Fürst Günther am 21. August 1912 „als Auszeichnung und Anerkennung für hervorragende Verdienste um Kunst und Wissenschaft". (Gesetzsammlung für das Fürstentum Schwarzburg-Rudolstadt. 15. Stück vom Jahre 1912.) Der Orden, welcher um den Hals getragen wurde, ist nach einem Entwurfe des Professors Lucas von Cranach hergestellt worden. (Professor Lucas von Cranach, Maler in Berlin, geboren in Stargard, Pommern, am 27. September 1861.)

Die Auszeichnung besteht aus einem silbervergoldeten, an einem grün emaillierten Lorbeerkranze hängenden Vierpaß, aus dessen Ecken Flammen züngeln.

V: Von einem grün emaillierten Perlstab umrandet, die stehende, nach rechts gewendete Göttin Athene als Beschützerin von Kunst und Wissenschaft mit dem Speer und der auf ihrem linken Arme sitzenden Eule. Umschrift in weißer Emaille auf der durchbrochenen Umrandung „ARTI / ET / LITTERIS"; rechts unten ein kleines Monogramm „L C".

R: Das Herzschild des fürstlichen Wappens: Der doppelköpfige Adler mit der Krone des alten Römischen Reiches deutscher Nation, unten am Rande in kleinster Schrift „L. Ch. Lauer / Nuernberg".

Größe ohne Lorbeerkranz: 66 mm hoch, 56 mm breit.

Band: 55 mm breit, karmoisinrot mit eingewebten hellgrünen Lorbeerranken an beiden Seiten.

1907. Dienstauszeichnung 1. Klasse für 15 Dienstjahre der Unteroffiziere, kupfernes Kreuz (verliehen 1914—1918)

Gestiftet von Fürst Günther gleichzeitig mit den Dienstauszeichnungen 2. und 3. Klasse (Nr. 1908/1909) am 6. Juni 1914 „unter teilweiser Abänderung der Verordnung, die Stiftung einer Militärdienstauszeichnung betreffend, vom 17. Dezember 1869" (Gesetzsammlung von Schwarzburg-Rudolstadt 1869 S. 209) bzw. vom 1. April 1870 (Gesetzsammlung von Schwarzburg-Sondershausen 1870 S. 18). Die bis dahin an die Unteroffiziere des III. Bataillons 7. Thüringischen Infanterie-Regts. Nr. 96 und an die Gendarmerie der beiden Fürstentümer Schwarzburg zur Verausgabung gelangten Dienstauszeichnungen Nr. 1862/1864 und 1898/1899 wurden durch solche in einer anderen Form für 15, 12 und 9 Dienstjahre ersetzt. Bereits erworbene Dienstauszeichnungen alter Art waren gegen Dienstauszeichnungen neuer Art umzutauschen. Dem aktiven Dienst nicht mehr angehörende Personen konnten die erworbenen Dienstauszeichnungen in der neuen Form auf eigene Kosten anlegen.

Die Dienstauszeichnung 1. Klasse für vollendete 15jährige Dienstzeit besteht aus einem Kreuz von Kupfer, dessen gerade, nach außen zu breiter werdende Arme von drei Linien eingefaßt sind.

V: Im runden Mittelschilde (14 mm Durchmesser) innerhalb zweier schmaler Kreislinien unter einer Fürstenkrone der doppelte, verschlungene Namenszug „G".

R: Im runden Mittelschilde (14 mm Durchmesser) innerhalb zweier schmaler Kreislinien die waagerecht schraffierte Zahl „XV".

Größe: 35 mm.

Band: 30 mm breit, dunkelblau mit zwei je 4 mm breiten weißen Seitenstreifen in 1 mm Abstand von den Bandkanten.

1908. Dienstauszeichnung 2. Klasse für 12 Dienstjahre, Medaille aus Tombak

1909. Dienstauszeichnung 3. Klasse für 9 Dienstjahre der Unteroffiziere, Medaille aus Argentan (Neusilber) (verliehen 1914—1918)

Gleichzeitig gestiftet mit dem Kreuz Nr. 1907 für vollendete zwölfjährige bzw. neunjährige Dienstzeit.

Die Medaillen aus Tombak bzw. Argentan (Neusilber) haben wie die Kreuze für 15 Dienstjahre gewöhnliche Ösen mit Ring.

V: Unter der schwebenden Fürstenkrone der doppelte, verschlungene Buchstabe „G". Umschrift „TREUE DIENSTE BEI DER FAHNE".

R: Die waagerecht schraffierte Zahl „XII" bzw. „IX".

Größe: 30 mm.

Band: Wie bei Nr. 1907.

1910. Ehrenzeichen I. Klasse (verliehen 1911—1918)

1911. Ehrenzeichen II. Klasse für die Feuerwehren, silberne, teilweise vergoldete Schnalle (letztere verliehen in Schwarzburg-Sondershausen von 1895—1908, in Schwarzburg-Rudolstadt von 1911 bis 1918)

Das Ehrenzeichen I. Klasse wurde am 21. August 1911 von Fürst Günther von Schwarzburg-Rudolstadt und -Sondershausen gestiftet „als besondere Auszeichnung und Anerkennung für hervorragende Leistungen auf der Brandstätte", die zweite Klasse „als eine Anerkennung für treue und gewissenhafte Dienstzeit von mindestens 25 Jahren bei der Feuerwehr" verliehen.

Dabei wurde als II. Klasse für beide Fürstentümer das in Schwarzburg-Sondershausen schon seit 11. Juni 1895 bestandene „Feuerwehr-Ehrenzeichen" (Nr. 1900) unverändert übernommen. Es kann also auf dessen Beschreibung verwiesen werden.

Beim Feuerwehrehrenzeichen I. Klasse (Schnalle) kam hierzu noch eine vergoldete Spange von 4 mm Höhe und 44 mm Länge mit der Aufschrift: „Für Verdienst a. d. Brandstätte" in polierter, erhöhter Schrift auf gekörntem Grunde, welche unter der Schnalle auf derem Bande befestigt wurde.

Größe: 33 mm hoch, 43 mm breit.

Band: a) für das Ehrenzeichen I. Klasse, 38 mm breit, dunkelblau, mit zwei goldgelben und anschließend daran zwei weißen Seitenstreifen von je 4,5 mm Breite, letztere in 2 mm Abstand von den Bandkanten;

b) für das Ehrenzeichen II. Klasse, 38 mm breit, dunkelblau mit zwei je 5 mm breiten weißen Seitenstreifen in 2 mm Abstand von den Kanten (gleiches Band wie zu Nr. 1900).

Thüringen

Seit 1920 Freistaat, gebildet aus den vorherigen Bundesstaaten Sachsen-Weimar-Eisenach, Sachsen-Altenburg, Sachsen-Gotha, Sachsen-Meiningen, Reuß sowie Schwarzburg-Rudolstadt und -Sondershausen (Coburg schloß sich dem Lande Bayern an).

1912. Silberne Rettungsmedaille (verliehen 1926—1934)

Gestiftet durch Verordnung des Thüringischen Staatsministeriums vom 9. März 1926. Die Thüringische Rettungsmedaille wurde in solchen Fällen verliehen, „in denen die Rettung mit einer besonders erheblichen Lebensgefahr für den Retter verbunden und durch einen besonderen Beweis von Entschlossenheit und Selbstaufopferung bedingt war".

Die silberne Medaille hat eine gewöhnliche Öse mit Ring.

V: Innerhalb eines unten mit einer Doppelschleife gebundenen Kranzes aus zwei Eichenzweigen, die vierzeilige Inschrift „FÜR / RETTUNG / AUS / GEFAHR".

R: Das Wappen des Landes Thüringen mit den 7 Sternen und der Umschrift „LAND — THÜRINGEN". Zwischen beiden Worten befinden sich noch kleine, aufrechtstehende Eichenzweige.

Größe: 30 mm; Gewicht: 16 g.

Band: 25 mm breit, zusammengestellt aus fünf weißen und vier zinnoberroten Streifen.

Trier (Kurtrier)

Bis 1801 Kurfürstentum.

1913. Goldene Tapferkeits-Medaille (verliehen 1796—1801)

Gestiftet von Kurfürst Clemens Wenzeslaus (reg. 1768—1802), dem Sohne Friedrich August III., Königs von Polen und Kurfürsten von Sachsen, im Jahre 1796 mit Statuten vom 9. Januar 1797. Diese goldene Medaille, welche, wie die gleichzeitig gestiftete silberne Tapferkeits-Medaille Nr. 1914 zur Belohnung besonders tapferer Handlungen von Personen des Mannschaftsstandes vom Feldwebel abwärts bestimmt war, kam hauptsächlich während der Verteidigung der kurtrierischen Festung Ehrenbreitstein (von 1795—1799) zur Verleihung. Ein „Tagebuch der Belagerung von Ehrenbreitstein von Major und Commandanten der K. K. Sappeurs, Fortifications-Director Fourquin" gibt die Namen von fünf bei dieser Kriegshandlung mit der goldenen Tapferkeits-Medaille ausgezeichneten kurtrierischen Soldaten an. Jedoch sind außerdem noch weitere drei Stücke dieses außerordentlich seltenen Ehrenzeichens verliehen worden. Die kurtrierischen Truppen hatten eine Gesamtstärke von 1600 Mann.

Die Tapferkeits-Medaillen haben eine angelötete, von oben nach unten gelochte Bandöse.

V: Der vom Kurhute bedeckte, von zwei unten mit einer Schleife gebundenen Lorbeerzweigen umgebene verschlungene Namenszug des Stifters „C W E" (Clemens Wenceslaus Elector).

R: In drei Zeilen „VERTHEIDIGER / DES / VATERLANDES".

Größe: 25 mm; Gewicht: 2 Dukaten = 7 g.

Band: 40 mm breit, hellblau mit 5 mm breiten goldgelben Randstreifen.

1914. Silberne Tapferkeits-Medaille (verliehen 1796—1801)

Abbildung am Schluß des Bandes.

Gleichzeitig gestiftet mit Nr. 1913, jedoch bestimmt zur Belohnung „für minder tapfere Handlungen der Kurtrier'schen Unteroffiziere und Soldaten". In dem schon erwähnten Tagebuche der Belagerung von Ehrenbreitstein wird angegeben, daß nur 18 silberne Tapferkeits-Medaillen zur Verleihung gekommen wären. Diese Zahl dürfte aber ebenso etwas zu niedrig gegriffen sein. Jedenfalls ist auch die silberne Medaille von großer Seltenheit.

Sie hat, wie die goldene Tapferkeits-Medaille, eine angelötete, große Bandöse.

V: Der vom Kurhut bedeckte, von zwei unten mit einer Schleife gebundenen Lorbeerzweigen umgebene, verschlungene Namenszug des Stifters „C W E" (Clemens Wenceslaus Elector).

R: In drei Zeilen „VERTHEIDIGER / DES / VATERLANDES".

Größe: 40 mm; Gewicht: 34 g.

Band: Wie vorher bei Nr. 1913.

Anmerkung: Der Vollständigkeit halber sei hier auch einer Tapferkeits-Medaille gedacht, welche bei v. Heyden unter Nr. 872 beschrieben ist und von welcher seine Sammlung ein „kupferversilbertes Exemplar" besessen hatte, das zweifellos einen versilberten Kupferabschlag darstellt. Möglicherweise sind aber doch schon von dieser Prägung im Kriegsjahre 1792 gegen Frankreich Medaillen in Gold oder in Silber verliehen worden. Festzustellen war dies jedoch nicht; v. Heyden beschreibt sein Stück wie folgt:

V: Das nach rechts gewendete Brustbild des Kurfürsten im Hermelin-Mantel mit umgehängtem Kreuz. Umschrift „D. G. CLEMENS WENC. A. E. T. S. R. I. P. G. ET R. A. A. C. ET P. E." (Dei Gratia Clemens Wenceslaus, Archi-Episcopus Trevirensis, Sacri Romani Imperii per Galliam et Regnum Arelatense Archi-Cancellarius et Princeps Elector). Unten am Rande „1768" und „E. G." (Elias Gervais, Stempelschneider in Neuwied und Koblenz 1750—1777). — Die Darstellung stimmt überein mit der Vorderseite des Trierer Talers von 1768.

R: In drei Zeilen „VERTHEIDIGER / DES / VATERLANDES"; die Schrift ist größer als bei Nr. 1914.

Größe: 41 mm.

Waldeck

Fürstentum bis November 1918, dann Freistaat, bis am 1. April 1929 die Vereinigung des Landes mit Preußen erfolgte.

Das Fürstentum Waldeck hatte einen Orden, das am 14. Januar 1871 zunächst in zwei Klassen gestiftete Verdienstkreuz, das am 4. Juli 1899 zu einem vierklassigen Orden gleichen Namens erweitert worden war.

1915. Ehrenkreuz, Silber (verliehen 1899—1918)

1916. Ehrenkreuz mit Schwertern, Silber (verliehen 1915—1918)

Abbildung am Schluß des Bandes.

Gestiftet am 4. Juli 1899 von Fürst Friedrich (reg. 1893—1918) „für Verdienste um das fürstliche Haus oder des Landes". Nach einer Mitteilung des fürstlichen Kabinetts vom 27. März 1915 wurden durch mündliche Bestimmungen des Fürsten das Ehrenkreuz ebenso wie auch die nachstehend beschriebenen goldenen (silbervergoldeten) und silbernen Verdienst-Medaillen an Militärpersonen unter dem Range eines Leutnants seit Anfang März 1915 für besondere Auszeichnung vor dem Feinde mit Schwertern verliehen. Im allgemeinen sollten die in Vorschlag gebrachten Personen waldeckische Staatsangehörige und bereits mit dem Eisernen Kreuz ausgezeichnet sein.

Beim Ehrenkreuz durchkreuzen die antiken silbernen Schwerter die für sich geprägten und aufgelöteten Mittelschildchen von 15 mm Durchmesser. Die gekörnten, mattsilbernen Arme sind von einer schmalen erhöhten Linie eingefaßt.

V: Das mit einer doppelten vergoldeten Linie umgebene Mittelschildchen zeigt auf weiß emailliertem Grunde das rote, goldgesäumte Pyrmonter Ankerkreuz.

R: Im vergoldeten Mittelschildohen, von einer erhöhten Doppellinie eingeschlossen, auf gekörntem Grunde die zweizeilige Inschrift „FÜR / VERDIENST".

Größe: 38 mm; Gewicht ohne Schwerter: 15 g, mit Schwertern: 18 g.

Band: a) für Nr. 1915: 33 mm breit, orangegelb mit zwei ponceauroten und anschließend daran schwarzen Seitenstreifen von je 3 mm Breite, wobei die letzteren 1 mm Abstand von den Kanten haben.

b) für Nr. 1916: 33 mm breit, weiß mit je zwei zitronengelben, ponceauroten und schwarzen Seitenstreifen von je 2 mm Breite, die letzteren mit 1 mm Abstand von den Kanten.

1917. Silberne Verdienstmedaille am Bande für Zivilverdienste

1917a. Dieselbe am Bande für Militärverdienste (verliehen 1878—1899)

Gestiftet von Fürst Georg Victor (reg. 1845—1893) am 26. September 1878 für besondere Verdienste von Zivilpersonen und Angehörigen der bewaffneten Macht der unteren Rangstufen.

Die Medaille für Militärverdienste unterscheidet sich von jener für Zivilverdienste nur durch ein andersfarbiges Band. Die silberne Medaille hat eine gewöhnliche Öse mit Ring und zeigt auf der

V: die Anfangsbuchstaben des Stifternamens „G D" unter einem freischwebenden Fürstenhut; auf der

R: in zwei Zeilen die Inschrift „FÜR / VERDIENST".

Größe: 30 mm; Gewicht: 13 g.

Band: a) für Nr. 1917: wie bei Nr. 1915.
     b) für Nr. 1917a: wie bei Nr. 1916.

1918. Goldene (silbervergoldete) Verdienstmedaille (verliehen 1899—1917)

1919. Dieselbe mit Schwertern (verliehen 1915—1917)

1919a. Dieselbe aus vergoldeter Legierung mit Schwertern (verliehen 1917—1918)

1920. Silberne Verdienstmedaille (verliehen 1899—1918)

1921. Dieselbe mit Schwertern (verliehen 1915—1917)

1921a. Dieselbe aus versilberter Legierung mit Schwertern (verliehen 1917—1918)   Abbildung am Schluß des Bandes.

Am 4. Juli 1899 wurde zu der schon bestehenden silbernen Verdienstmedaille als höherer Grad eine solche in Gold (aus vergoldetem Silber) gestiftet. In Friedenszeiten wurden diese beiden Medaillen dann ohne Unterschied und am gleichen Bande sowohl an Militär- wie Zivilpersonen der unteren Rangstufen verliehen.

Durch mündlichen Befehl des Fürsten Friedrich wurden Anfang März 1915 hierzu noch für Auszeichnung vor dem Feinde die gekreuzten antiken Schwerter gestiftet, die, zunächst aus vergoldetem Silber bzw. aus Silber gefertigt, mit einer kleinen, von oben nach unten gelochten Öse in die Medaillenöse eingehängt sind und in einer gewöhnlichen Öse den Bandring tragen. Diese Schwerterdekoration wurde in der zweiten Kriegshälfte ebenso wie die dazugehörigen Verdienstmedaillen aus einer vergoldeten bzw. versilberten Metallegierung geprägt. Die Verdienstmedaillen ohne Schwerter gelangten dagegen bis zum Kriegsende in echtem Silber zur Ausgabe.

V. bei Nr. 1918/1919a: Der achtspitzige waldeckische Stern aus Strahlenbündeln gebildet, mit dem Pyrmonter Ankerkreuz auf einem runden, erhöhten Mittelschildchen.

V. bei Nr. 1920/21a: Wie bei Nr. 1917, jedoch haben die beiden Buchstaben „G D" etwas breitere Grundstriche.

R. bei Nr. 1918—1921: Ebenfalls wie bei Nr. 1917, die Inschrift jedoch mit etwas kräftigeren Grundstrichen.

Die vergoldeten und versilberten Stücke haben zudem eine größere Dicke.

Größe: 30 mm; Gewicht: in Silber ohne Schwerter 13 g, mit Schwertern 16 g; in vergoldetem Silber ohne Schwerter 15 g, mit Schwertern 18 g.

Band für Verdienste im Frieden: 26 mm breit, orangegelb mit zwei ponceauroten und anschließenden schwarzen Seitenstreifen von je 2,5 mm Breite, die letzteren mit 1 mm Abstand von den Kanten.

Band für Kriegsverdienste: 26 mm breit, weiß mit je 2 mm breiten zitronengelben, ponceauroten und schwarzen Seitenstreifen, die letzteren mit 1 mm Abstand von den Kanten.

1922. Medaille für Kunst und Wissenschaft, Silber vergoldet mit Email (verliehen 1857—1918) Abbildung am Schluß des Bandes.

Gestiftet von Fürst Georg Victor am 3. Juli 1857 zunächst als „Verdienstmedaille" für Personen, „welche sich um Unser Fürstliches Haus oder um das Wohl des Landes anerkennenswerte Verdienste erworben haben". Die Medaille ist bei der Stiftung des „Verdienstkreuzes" am 14. Januar 1871 zu dessen zweiter Klasse erklärt worden. Bei der Erweiterung dieses Ordens am 4. Juli 1899 erhielt diese Medaille die Bezeichnung „Medaille für Kunst und Wissenschaft" und wurde in der Folge nur noch für Verdienste auf diesem Gebiete verliehen. Nach der Stiftung der großen Medaille „für Kunst und Wissenschaft" (Nr. 1923) am 28. Juni 1903 wurde die seitherige Medaille zu deren II. Klasse erklärt.

V: Ein achtspitziger, schwarz emaillierter Stern (Wappenbild von Waldeck), aus Strahlenbündeln gebildet, mit einem Mittelschilde, welches in goldener Einfassung auf weißem Grunde das rote, golden gesäumte Ankerkreuz von Pyrmont trägt. Der schwarze Stern ruht auf matgoldenem Grunde, der von einem kornblumenblauen, golden eingefaßten Ring umschlossen wird, auf welchem sich in Gold die Inschrift „Dem Ver - dien - ste" sowie oben zwei kleine Sterne befinden. Die oberste Spitze des schwarzen Sternes trägt die vergoldeten, brillantierten Buchstaben „G V", darüber einen kleinen rot und weiß emaillierten Fürstenhut auf zwei vergoldeten Eichenblättern ruhend, die mit ihrem Stiel die Verbindung zu der gewöhnlichen Öse mit Ring herstellen.

R: Glatt vergoldet und stark gewölbt.

Größe: 40 mm hoch, 33 mm breit.

Band: 33 mm breit, orangegelb mit je 3 mm breiten ponceauroten und schwarzen Seitenstreifen, letztere mit 1 mm Abstand von den Bandkanten.

1923. Große Medaille für Kunst und Wissenschaft, Silber vergoldet mit Email (verliehen 1903—1918)

Gestiftet von Fürst Friedrich am 28. Juni 1903 für hervorragende Leistungen auf dem Gebiete der Kunst und Wissenschaft. Die seitherige Medaille für Kunst und Wissenschaft (Nr. 1922) wurde als niederer Grad beibehalten.

Die große Medaille, welche um den Hals getragen wird, hat einen länglichen Tragring, der in einer kleinen, von oben nach unten gelochten Öse hängt. Es sind nur fünf Verleihungen dieser seltenen Auszeichnung erfolgt, welche der kleinen Medaille für Kunst und Wissenschaft nachgebildet ist. Sie unterscheidet sich von letzterer durch ihre etwas größeren Ausmaße und dadurch, daß ein mattvergoldeter dichter Lorbeerkranz den blau emaillierten Ring mit der Inschrift „Dem Ver · dien · ste." umschließt. Der rot und weiß emaillierte Fürstenhut

ist 18 mm hoch, die beiden vergoldeten Eichenblätter am oberen Medaillenrande fehlen bei der großen Medaille.

Größe: 57 mm hoch, 45 mm breit.

Band (das des Verdienstordens II. Klasse): 42 mm breit, orangegelb
mit 3 mm breiten ponceauroten und 2,5 mm schwarzen Seitenstreifen, letztere mit 1 mm Abstand von den Kanten.

1924. Kriegsvereins-Ehrenzeichen, goldbronzene Medaille (verliehen 1912—1918)

Gestiftet von Fürst Friedrich am 20. Januar 1912 „zur ehrenden Anerkennung für die Kriegervereine, welche die Erhaltung und Pflege vaterländischer
Gesinnung und Treue sich zum Ziele gesetzt haben und dadurch für das Wohl
des gesamten deutschen Vaterlandes so segensreich wirken. Das Kriegs-
vereins-Ehrenzeichen soll verliehen werden zur Anerkennung hervorragender
Leistungen und Verdienste auf dem Gebiete des Kriegsvereinswesens."

Die Medaille ist aus Goldbronze hergestellt und wird von einem 4 mm
breiten dichten Lorbeergewinde in erhabener Prägung umrahmt; sie
hat eine von oben nach unten gelochte Öse, in der, durch einen kleinen
runden Ring verbunden, der längliche Tragring hängt.

V: Im glatten Felde der von einem Fürstenhut überhöhte, verzierte
Namenszug des Stifters „F". Darum, zwischen zwei erhöhten Kreislinien, auf gekörntem Grunde „FÜR DEUTSCHE TREUE" (oben)
„· 1912 ·".

R: Im glatten Felde der von einem Fürstenhut überhöhte verschlungene und verzierte Namenszug „G V", darunter „1870—71".

Band: 33 mm breit, weiß mit zitronengelben, ponceauroten und
schwarzen, je 2 mm breiten Seitenstreifen und 1 mm breiten weißen
Rändern.

1925. Friedrich-Bathildis-Medaille, Bronze (verliehen 1915—1918)

Abbildung am Schluß des Bandes.

Gestiftet von Fürst Friedrich am 24. Dezember 1915 als Anerkennung für
verdienstliche Leistungen auf dem Gebiete der Nächstenliebe während des
Krieges. „Die Medaille soll ohne Ansehen des Ranges und Standes verliehen
werden an Männer, Frauen und Jungfrauen, die sich während der schweren
Zeit des Krieges im Dienste der Nächstenliebe durch hervorragende opferwillige Tätigkeit auf dem Gebiete der Kriegsfürsorge besonders ausgezeichnet
haben."

An der Medaille, welche keinen erhöhten Rand hat, ist eine breite
Öse für das Band angeprägt.

V: Die nach links gewendeten, hintereinander gestellten Köpfe des
Fürsten und der Fürstin. Umschrift „FRIEDRICH · BATHILDIS
F. u. F. z. W. u. P."; unten am Rande „· R. KOWARZIK ·".

R: Innerhalb eines Kranzes aus stilisierten Palmenzweigen (von 23 mm
Durchmesser), auf welchen oben und unten je ein kleines Herz
ruht, die fünfzeilige Inschrift „· FÜR · / TREUES WIRKEN /
· IN · / EISERNER · ZEIT / · 1915 ·".

Größe: 38 mm.

Band: 36 mm breit, ponceaurot mit goldenen und schwarzen, je 3 mm
breiten Randstreifen; der goldene Streifen nach innen zu noch
von einem dünnen schwarzen Strich begrenzt.

1926. Ehrenzeichen für Verdienste um das Feuerlöschwesen, silberne Medaille (verliehen 1913—1918)

Gestiftet von Fürst Friedrich im Jahre 1913 für besondere Verdienste um das Feuerlöschwesen und für langjährige Dienstzeit in der freiwilligen Feuerwehr des Landes.

Die silberne Medaille hat eine gewöhnliche Öse mit Ring.

V: Ein Feuerwehrhelm auf zwei gekreuzten Beilen und Schlauchmundstück ruhend, darunter ein zusammengelegtes Seil, Umschrift: „FÜR VERDIENSTE UM DAS FEUERLÖSCHWESEN 1913".

R: Im Felde der verzierte Buchstabe „F" unter einer freischwebenden Fürstenkrone, Umschrift „* GOTT ZUR EHR * DEM NÄCHSTEN ZUR WEHR".

Größe: 34 mm; Gewicht: 14 g.

Band: 34 mm breit, schwarz mit ponceauroten, je 3 mm breiten Seiten- und anschließenden goldgelben Randstreifen, letztere 2,5 mm breit.

1927. Feldzugsmedaille für 1813—1815, Kanonenmetall (verliehen 1850)

Gestiftet von der Vormünderin-Regentin Emma, welche für ihren minderjährigen Sohn, den Fürsten Georg Viktor von 1845—1852 die Regentschaft führte, am 14. Januar 1850 für Verdienste vor dem Feinde, vorzugsweise in den Jahren 1813—1815.

Die Medaille ist aus Geschützgut gefertigt und hat eine derbe, abgerundete Öse mit Ring.

V: Innerhalb eines unten kreuzweise gebundenen Lorbeerkranzes die Anfangsbuchstaben „G. V." des fürstlichen Namens.

R: Innerhalb eines aus zwei Eichenzweigen gebildeten Kranzes ein aufrecht stehendes Schwert, zu dessen beiden Seiten die Jahreszahlen der vom Inhaber mitgemachten Feldzüge wie folgt eingraviert sind: „18 13" „18 13" „18 14" „18 13" „18 15" „18 14" 14 15".

Größe: 29 mm.

Band: 34 mm breit, ponceaurot mit goldenen Seiten- und anschließenden, je 3 mm breiten schwarzen Randstreifen, die goldenen Streifen nach innen zu noch von einem dünnen schwarzen Strich begrenzt. (Die Stiftungsurkunde schreibt hingegen die goldenen Streifen nach außen und die schwarzen nach innen zu vor.)

1928. Feldzugsmedaille für 1849, Bronze (verliehen 1862)

Fürst Georg Viktor verlieh am 6. Juni 1862 den Teilnehmern am Kriege gegen Dänemark 1849 die Feldzugsmedaille. Waldeck hatte im April des Jahres 1849 ein Infanterie-Bataillon im Verbande der (kombinierten) Reserve-Division 2. Aufgebotes der deutschen Bundestruppen nach Schleswig-Holstein entsandt.

Die Medaille stimmt in Größe und Prägung mit Nr. 1927 überein, nur ist zu beiden Seiten des Schwertes auf der Rückseite die Jahreszahl „18 / 49" eingraviert.

Band: Wie bei Nr. 1927.

1929. Militär-Verdienst-Kreuz (für Offiziere nach 25 Dienstjahren), Silber vergoldet mit Email (verliehen 1854—1867)

Gestiftet von Fürst Georg Viktor am 14. Januar 1854 für die Offiziere seines Kontingentes. Seit Abschluß der Militärkonvention mit Preußen (18. Juli 1867) wurde dieses Ehrenzeichen nicht mehr verliehen.

Das achtspitzige, silbervergoldete Kreuz (Malteserform) hat auf der Vorderseite weiß emaillierte Arme, auf der Rückseite jedoch erscheinen diese in polierter Vergoldung. Auf der

V. des aufgelöteten, rot emaillierten Mittelschildchens (15 mm Durchmesser) die erhöhten, vergoldeten Buchstaben „G D" unter der Fürstenkrone. Auf der

R. des mit dem Kreuze zusammen geprägten, matt vergoldeten Mittelschildchens die Zahl „XXV".

Größe: 38 mm.

Band: 34 mm breit, schwarz mit zwei, je 2,5 mm breiten ponceauroten Seiten- und 3 mm breiten goldenen Randstreifen.

1930. Dienstauszeichnung I. Klasse, vergoldete Schnalle

1931. Dieselbe II. Klasse, silberne Schnalle

1932. Dieselbe III. Klasse, eiserne Schnalle mit silberner Umrahmung für Unteroffiziere und Mannschaften (verliehen seit 1848) Abbildung am Schluß des Bandes.

Gestiftet von der Regentin-Vormünderin Emma am 10. Juni 1848 für die Soldaten des damaligen waldeckischen Kontingents vom Feldwebel abwärts nach zurückgelegtem 20-, 15- bzw. 10jährigen treuen Dienst. Nach Abschluß der Militärkonvention mit Preußen (Akzessions-Vertrag vom 18. Juli 1867) wurden diese Dienstauszeichnungen nur noch an die Gendarmerie des Fürstentums nach 20-, 15 und 10jähriger Dienstzeit verliehen.

Die rechteckigen Platten tragen zwischen zwei Eichenblättern die Buchstaben „G. D." auf fein gekörntem Grunde, von einer erhöhten Linie umrahmt. Die Dienstauszeichnung I. Klasse ist ganz vergoldet, bei der II. Klasse ist der Grund silbern, die erhöhten Teile jedoch vergoldet. Die Dienstauszeichnung III. Klasse ist aus schwarz gebeiztem Eisen mit aufgelöteter silberner Umrahmung. Auf der Rückseite der Platten ist ein Metallstreifen angelötet, über den das Band gestreift wurde und der mit einer Nadel zur Befestigung der Ehrenzeichen auf der linken Brustseite versehen ist.

Größe: 36 mm hoch, 10 mm lang.

Band: Wie bei Nr. 1929.

1933. Dienstauszeichnung I. Klasse, vergoldete Schnalle

1934. Dieselbe II. Klasse, silberne Schnalle

1935. Dieselbe III. Klasse, eiserne Schnalle mit silberner Umrahmung für die Gendarmerie (verliehen bis 1918)

Die Dienstauszeichnungen Nr. 1929/1931, welche seit 18. Juli 1867 nur mehr an die Gendarmen des Fürstentums nach 20, 15 bzw. 10 Dienstjahren verliehen wurden, erhielten in späteren Jahren eine veränderte Gestalt. Der Zeitpunkt dieser Änderung konnte nicht mehr festgestellt werden. Die rechteckigen Metallplatten haben auf gekörntem Grunde wieder die Buchstaben „G. D." jedoch in etwas anderer Zeichnung und ohne Eichenblätterverzierung, sowie, bei der I. und II. Klasse, eine doppelte dünne Linienumrahmung. Die Dienstauszeichnungen sind je nach ihrer Klasse vergoldet, silbern oder aus schwarz gebeiztem Eisen, in letzterem Falle mit einer aufgelöteten, erhöhten silbernen Umrahmung von 1,5 mm Breite versehen. Rückseitig befindet sich an den Dienstauszeichnungen ein Metallstreifen nebst Anstecknadel, über welchen das Band gezogen ist. Letzteres entspricht genau demjenigen von Nr. 1929 ff.

Größe: 12 mm hoch, 42 mm lang.

Westphalen

Von 1807 bis 1813 Königreich.

1936. Ehrenmedaille in Gold

1936a. Dieselbe in Silber, 1. Prägung, rund (vermutlich verliehen 1809)

Das von Napoleon I. errichtete, aus verschiedenen nord- und mitteldeutschen Länderteilen zusammengesetzte Königreich Westphalen hatte 1807 in des Franzosenkaisers jüngstem Bruder Jérôme (Hieronymus) seinen Regenten erhalten. König Hieronymus (reg. bis 1813) stiftete neben dem „Orden der Westphälischen Krone" am 17. Juni 1809 auch eine goldene und silberne Medaille, die zur Belohnung hervorragender Kriegstaten oder langjähriger Dienstzeit der Unteroffiziere und Soldaten der westphälischen Truppen bestimmt waren. (Westphälischer Moniteur, Kassel 1808 Nr. 92, des Gesetzes-Bulletins II. Teil Seite 416/423.)

Die silberne Tapferkeitsmedaille konnte nach Artikel 3 des Stiftungs-dekrets „jedem Unteroffizier und Soldaten zuerkannt werden, dessen Betragen während 10 Dienstjahren musterhaft war". Diese 10 Jahre wurden aber bei solchen Militärpersonen nicht erfordert, „welche im Kriege durch eine ausgezeichnete Tat sich hervorgetan" hatten. Die goldene Medaille jedoch konnte nur nach 30 Jahren zuerkannt werden, „wovon jedoch gleichfalls der Fall einer ausgezeichneten Tat im Kriege, welche einer solchen Belohnung würdig gefunden wird, ausgenommen" blieb. Bei Verleihung der goldenen Medaille war die silberne abzulegen.

Die Tapferkeitsmedaille hatte zuerst eine kreisrunde Form, in welcher sie auch auf den Verleihungsdiplomen abgebildet ist. Ein einziges Exemplar der silbernen Medaille befindet sich in der Sammlung M. J. Mattei (Abb. bei L. Bourdier, Les Ordres Français et les Récompenses Nationales, Paris 1927). Die Sammlung von Heyden besaß einen Bronzeabschlag.

V: Innerhalb eines Zickzackornamentes auf dem breiten Rand auf einem aus zwei unten gekreuzten Zweigen gebildeten Lorbeer-kranze zwei gekreuzte, mit ihren Spitzen nach oben gerichtete antike Schwerter.

R: Innerhalb eines einfachen Linienornamentes auf dem breiten Rand die vierzeilige Inschrift: „FÜR / TAPFERKEIT / UND GUTES / BETRAGEN", darunter zwei kleine, gekreuzte Lorbeerzweige.

Größe: 34 mm.

Band: 36 mm breit, hellblau mit zwei weißen, je 2,5 mm breiten Randstreifen.

1937. Ehrenmedaille in Gold und

1938. Dieselbe in Silber, 2. Prägung, oval (verliehen 1809—1813) Abbildung am Schluß des Bandes.

An Stelle der runden Medaille trat noch im gleichen Jahr eine ovale Medaille.

Die ovale Medaille in Gold ist von ganz außerordentlicher Seltenheit, wie auch die silberne Tapferkeitsmedaille während der kurzen Zeit ihres Bestehens nur in sehr wenigen Stücken zur Verleihung gelangt ist. Es kommen Stücke mit quer angeprägter breiter Bandöse vor, während wohl späterhin die beiden Medaillen auch mit einer kugelförmigen Öse nebst Ring ausgegeben worden sind.

V: Umgeben von einem Eichenzweig (links) und Lorbeerzweig (rechts), die unten zum Kranze gebunden sind, der verschlungene Namenszug „H N" (Hieronymus Napoleon) in lateinischer Schreibschrift unter der Königskrone und über der kleinen Jahreszahl „1809".

R: Ein Küraß und darüber, auf einen glatten Stab gestülpt, ein Raupenhelm, umgeben von einem Gewehr mit Bajonett, zwei Standarten und zwei Kanonenrohren, einer Lanze mit Wimpel und aufgehäuften Kanonenkugeln. Umschrift „FÜR TAPFERKEIT UND GUTES BETRAGEN"; unten eine fünfblätterige Rosette.
(Es gibt Stücke, bei denen die Punkte über dem „U" beim Worte „FÜR" ausgeblieben sind.)

Größe: 37 mm hoch, 32 mm breit; Gewicht: in Gold 5,5 Dukaten (18,7 g), in Silber 18—20 g.

Band: Wie bei Nr. 1936.

Anmerkung: Es gibt von dieser seltenen Tapferkeitsmedaille neben galvanoplastischen Nachbildungen (Fälschungen), auch eine nichtoffizielle, aber sehr gut gelungene spätere Prägung. Dieselbe ist offenbar in Paris für Sammelzwecke erfolgt und wurde bei von Heyden (unter Nr. 885/886) als deren „II. Prägung" beschrieben.

Diese nachgebildeten Tapferkeitsmedaillen sind bei etwas veränderter Zeichnung, insbesondere der Trophäe, auf der Rückseite auch schärfer ausgeprägt als die Originalstücke. Bei den Kanonenrohren sitzen die Ringe sehr nahe an der Mündung, der Raupenhelm sitzt auf einem knorrigen Stab und die rechte Kugelpyramide enthält sieben statt sechs Kanonenkugeln; die Öse ist ebenfalls größer und nahezu eiförmig.

Größe: 38 mm hoch, 32 mm breit; Gewicht: in Silber 21 g.

Band wie bei Nr. 1936 ff.

Württemberg

Bis zum 25. Februar 1803 Herzogtum, bis Ende 1805 Kurfürstentum, vom 1. Januar 1806 Königreich bis 9. November 1918, dann Freistaat.

Das Königreich Württemberg hatte folgende Orden: den Orden der Württembergischen Krone (gestiftet 23. September 1818), den Friedrichsorden (gestiftet 1. Januar 1830), den Militär-Verdienstorden (gestiftet als Militär-Carlsorden 11. Februar 1759, erneuert 6. November 1799, umgestaltet 23. September 1818). Der Kronorden ist hervorgegangen aus der Vereinigung des württembergischen Jagdordens (gestiftet 1702, umgewandelt in den Orden des goldenen Adlers 6. März 1807) und des Zivil-Verdienstordens (gestiftet 6. November 1806) am 23. September 1818. Die Ehrenzeichen sind:

1939. Goldene Militär-Verdienst-Medaille (verliehen 1800—1806)

1940. Silberne Militär-Verdienst-Medaille, 1. Prägung mit der Inschrift „Ludwig Eugen" (verliehen 1794—1806)
Abbildung am Schluß des Bandes.

Am 30. Mai 1794 verwirklichte Herzog Ludwig Eugen (reg. 1793—1795) die schon von seinem Vorgänger, Herzog Karl Eugen (reg. 1744—1793), kurz vor dessen Tode gehabte Absicht, eine silberne „Belohnungsmedaille" für Unteroffiziere und Soldaten zu stiften. Die württembergischen Truppen kämpften damals im Elsaß gegen die französische Republik in der Stärke von 7000 Mann. Noch im Stiftungsjahre erfolgten die ersten Verleihungen der neugeschaffenen silbernen Militärverdienstmedaillen. Erst fünf Jahre später, im 2. Koalitionskrieg, ergab sich 1799 eine weitere Gelegenheit zur Erlangung dieser Tapferkeitsauszeichnung und im Jahre 1800 schuf Herzog Friedrich II. (reg. seit 1797) dazu auch noch eine goldene Medaille, die er allerdings nur Offizieren für besondere Verdienste im Kriege zuerkannte. In der gleichen Prägung kam die Militärverdienstmedaille dann noch bis zum Jahre 1816 zur Verleihung.

Sie hat eine derbe runde Bandöse mit zwei runden seitlich gelochten Zargen, welche den oberen Rand der ebenfalls durchlochten Medaille umfassen und mit letzterer durch einen dünnen Stift verbunden sind.

V: Innerhalb eines dichten, unten mit einer Doppelschleife gebundenen Lorbeerkranzes in zwei Zeilen „Ludwig / Eugen".

R: Umgeben von einem aus zwei Eichenzweigen zusammengebundenen Kranze die vierzeilige Inschrift „Der / Tapferkeit / und / Treue".

Größe: 36 mm; Gewicht: in Gold 8 Dukaten (28 g), in Silber 24 g.

Band: 36 mm breit, zuerst zitronengelb, seit 1799 ebenso, jedoch mit zwei schwarzen, je 3 mm breiten Seitenstreifen, letztere mit 1 mm Abstand von den Bandkanten.

1941. Goldene und

1942. Silberne Militär-Verdienst-Medaille mit dem Namenszug „FR" des Königs Friedrich I. (verliehen 1806—1818)
Abbildung am Schluß des Bandes.

Am 6. November 1806 erließ König Friedrich I. (reg. 1797—1803 als Herzog Friedrich II., bis Ende 1805 als Kurfürst, seit 1. 1. 1806—1816 als König) neue

Bestimmungen über die Verleihung des württembergischen Militärverdienstordens sowie der Militärverdienstmedaille. Die goldene Medaille konnte nunmehr auch an Unteroffiziere, die silberne wie seither an Unteroffiziere und
Soldaten verliehen werden.

Obwohl diese Medaillen in den Kriegen der Jahre 1806/07, 1809,
1812, 1813/14 nicht allzu häufig verliehen worden sind, bestehen hiervon nicht weniger als fünf verschiedene Prägungsabarten. Es scheint
daher, daß gleichzeitig mehrere Stempelpaare in Benutzung gewesen
sind, welche in ihrem etwas steifen und unbeholfenen Schnitt ganz
augenfällige Unterschiede sowohl auf der Vorder- als auf der Rückseite zeigen. Besonders die beiden Eichenzweige auf der Vorderseite
nebst den unten angebrachten Bandschleifen, sowie der Lorbeerkranz
auf der Rückseite weichen bei den fünf Varianten erheblich voneinander ab, ebenso der gekrönte Namenszug. Das staatliche Münzkabinett
in Stuttgart und die Sammlung Georg Schreiber in München besitzen
alle fünf Verschiedenheiten in Silber. Auch gibt es bei diesen Militär-
verdienstmedaillen dreierlei verschiedene Ösen. Die ursprünglichen
Ösen sind rund und mittels zweier abgerundeter Zargen sowie mit
einem dünnen Stift an den durchlochten Medaillen befestigt. Späterhin
wurden dann die Militärverdienstmedaillen mit einer größeren Lochung
versehen, in der ein ovaler, scharfkantiger und mehrfach gerillter
Tragring hängt. In der letzten Zeit ihrer Ausgabe erhielten diese
Ehrenzeichen eine Drahtöse mit beweglichem, gewöhnlichem Ring.
Diese Öse ist wieder mit zwei abgerundeten Zargen und einem dünnen
Stift an der Medaille befestigt.

V: Innerhalb eines unten mit einer Doppelschleife aus zwei Lorbeerzweigen gebundenen Kranzes der gekrönte verschlungene Namenszug „F R" in lateinischer Schreibschrift.

R: Innerhalb zweier, unten mit einer Schleife oder mit einer Doppelschleife gebundener Eichenzweige, die vierzeilige Inschrift
„Der / Tapferkeit / und / Treue".

Größe: 36 mm; Gewicht: in Gold 8 Dukaten (28 g), in Silber schwankend zwischen 23 und 31 g.

Band: Wie bei Nr. 1939/1940.

1943. Goldene und

**1944. Silberne Ehrenmedaille für den Sieg am 1. Februar 1814 bei
Brienne (verliehen 1814)** Abbildung am Schluß des Bandes.

Die württembergischen Truppen hatten unter dem Kommando des Kronprinzen Wilhelm und unter dem Oberbefehl Blüchers ruhmvollen Anteil am
Siege bei Brienne (La Rothière) am 1. und 2. Februar 1814. „Als bleibendes
Denkmal" dieser Schlacht schuf König Friedrich I. gemäß Bekanntmachung
vom 8. Februar 1814 „ein eigenes Ehrenzeichen", „welches nur für diese Tage
bestimmt" war. Die Offiziere erhielten eine goldene, die Unteroffiziere und
Soldaten jedoch eine silberne Ehrenmedaille, der dann der Rang vor der
goldenen Militärverdienstmedaille zuerkannt wurde.

Diese Medaille hat eine große, runde Öse mit seitlich angebrachten
Zargen, die über den Rand des Ehrenzeichens greifen und dort mittels
eines dünnen Stiftes festgehalten werden. Sowohl die goldene, als

auch die silberne Ehrenmedaille für den 1. Februar 1814 sind sehr selten zu finden.

V: Innerhalb eines unten mit einer Schleife gebundenen Kranzes aus zwei Lorbeerzweigen die vierzeilige Inschrift „Für / den Sieg / am / 1. Febr. 1814." Darunter der verschlungene Namenszug „FR" unter der Königskrone.

R: Innerhalb eines unten mit einer Schleife gebundenen Kranzes aus zwei Lorbeerzweigen, die vierzeilige Inschrift „König / und Vater= land / dem / Tapfern".

Größe: 36 mm; Gewicht: in Gold 8 Dukaten (28 g), in Silber 22—23 g.

Band: 36 mm breit, dunkelrosa. (Gleiche Bandfarbe wie beim württembergischen Orden des goldenen Adlers.)

1945. Goldene und

1946. Silberne Ehrenmedaille für den Sieg am 1. Februar 1814 bei Brienne, Stempelverschiedenheit von Nr. 1943/1944

Zur Prägung der Vorderseite wurde noch ein zweiter Stempel benutzt mit folgenden Abweichungen: Der Lorbeerkranz hat etwas größere und dichtere Blattgruppen mit zahlreicheren Früchten. Der verschlungene Namenszug „FR" ist dagegen etwas kleiner ausgeführt als bei Nr. 1943/1944.

Rückseite, Größe, Gewicht und Band wie dort.

1947. Goldene und

1948. Silberne Ehrenmedaille für den Sieg am 25. März 1814 bei la Fère Champenoise

Eine Bekanntmachung vom 16. April 1814 besagt, daß König Friedrich I. sich bewogen gefunden habe, „als bleibendes Denkmal des ruhmvollen Benehmens des königlichen Armeekorps unter dem Kommando seiner kgl. Hoheit des Kronprinzen am 25. und 30. März, für jeden Tag ein eigenes Ehrenzeichen zu stiften". Dieses Ehrenzeichen bestand wieder in einer goldenen Medaille für Offiziere und in einer silbernen Medaille für Unteroffiziere und Mannschaften.

Die Ehrenmedaille für den Sieg bei La Fère Champenoise am 25. März hat, wie auch die nachstehend beschriebene Medaille für die Schlacht bei Paris am 30. März 1814, oben nahe dem Rande eine Lochung, durch die ein ovaler, mehrfach gekerbter Tragring gesteckt ist.

V: Innerhalb zweier unten mit einer Schleife zum Kranze gebundener lichter Lorbeerzweige der verschlungene Namenszug „FR", darunter in vier Zeilen „Für / den Sieg / am / 25. März 1814".

R: Innerhalb eines lichten Kranzes aus zwei unten mit einer Schleife gebundenen Lorbeerzweigen, die vierzeilige Inschrift „König / und Vaterland / dem / Tapfern".

Größe: 30 mm; Gewicht: in Gold 6 Dukaten (21 g), in Silber 15—16 g.

Band: Wie bei Nr. 1943 ff.

1949. Goldene und

1950. Silberne Ehrenmedaille für den Sieg vom 25. März 1814 bei la Fère Champenoise, Stempelverschiedenheit von Nr. 1947/1948

Von diesen Ehrenmedaillen wurde ein Teil mit einem veränderten Vorderseitenstempel geprägt.

V: Innerhalb zweier lichter Lorbeerzweige, die mit einer einfachen Schleife zum oben offenen Kranz gebunden sind, die vierzeilige Inschrift „Für / den Sieg / am / 25. Merz 1814", darunter der verschlungene gekrönte Namenszug „FR" in etwas geänderter Zeichnung.

Rückseite, Größe, Gewicht und Band wie bei Nr. 1947/1948.

1951. Goldene und

1952. Silberne Ehrenmedaille für Paris (30. März 1814)

Zum Andenken an die siegreiche Schlacht vor Paris am 30. März 1814, gleichzeitig mit Nr. 1947/1950 gestiftet und mit diesen beiden Ehrenmedaillen hinsichtlich Rückseite, Größe, Öse und Gewicht übereinstimmend.

V: Innerhalb zweier, unten mit einer Schleife zum lichten Kranz gebundener Lorbeerzweige der gekrönte, verschlungene Namenszug „F R" in lateinischer Schreibschrift. Darunter getrennt durch einen waagerechten Strich, die dreizeilige Inschrift „Für Paris / am 30. März / 1814."

1953. Goldene und

1954. Silberne Ehrenmedaille für Paris (30. März 1814), Stempelverschiedenheit von Nr. 1949/1950

Es gibt zu diesen Medaillen einen zweiten Vorderseitenstempel mit folgenden Abweichungen: Der verschlungene Namenszug „F R", ebenso wie die über demselben schwebende Krone sind bei veränderter Zeichnung etwas kleiner dargestellt; die Inschrift, unbedeutend abweichend in der Form der Buchstaben, lautet „Für Paris / am 30." März / 1814".

Rückseite und alles übrige wie bei Nr. 1951/1952.

1955. Goldenes Ehrenzeichen

1956. Silbernes Ehrenzeichen   Abbildung am Schluß des Bandes.

1957. Silberne Ehrenmedaille für den Feldzug 1815

Am 3. Juli 1815 stiftete König Friedrich I. laut Bekanntmachung vom 8. Juli „für diejenigen, die sich in dem gegenwärtigen Feldzuge auszeichnen, eine besondere Dekoration in drei Klassen". Die erste Klasse bestand in einem goldenen, die zweite Klasse in einem silbernen, achtspitzigen Malteserkreuz, während als dritte Klasse die seitherige silberne Militärverdienstmedaille galt. Der kurze Feldzug gab den Württembergern wenig Gelegenheit zur Auszeichnung, und so sind nur in vereinzelten Fällen Verleihungen des goldenen Kreuzes an höhere Offiziere und des silbernen Ehrenzeichens an Subalternoffiziere erfolgt. Diese beiden Kreuze gehören denn auch zu den größten Seltenheiten. Es ist bis jetzt in Sammlungen kein einziges goldenes Stück bekannt geworden und auch nur ein silbernes Ehrenzeichen (in der Sammlung

Schreiber). Das staatliche Münzkabinett in Stuttgart besitzt hiervon nur einen Probeabschlag in Zinn.

Die Stempel sind vom Medailleur Johann Ludwig Wagner in Stuttgart angefertigt worden, von dem auch diejenigen zu den vorher beschriebenen Militärverdienstmedaillen und Ehrenmedaillen für 1814 stammen. (J. L. Wagner war von 1798 bis 1837 an der Stuttgarter Münze tätig.) Die achtspitzigen Kreuze haben fein gekörnte Arme mit erhöhter Linieneinfassung und eine rechteckige, von oben nach unten gelochte Öse, in welcher der scharfkantige flache Tragring hängt.

V: Im oberen Kreuzarm „DER", im linken Arm „TAPFER", im rechten Arm „KEIT", im unteren Arm, zweizeilig „UND / TREUE".

Das runde, in einem Stück mitgeprägte Mittelschildchen (14 mm Durchmesser), zeigt auf glattem Grund den verschlungenen Namenszug „F R" in lateinischer Schreibschrift, überhöht von der Königskrone; unten, getrennt durch einen waagerechten Strich, die Jahreszahl „1815".

R: Glatt.

Größe: 35 mm; Gewicht: in Silber 11 g.

Hinsichtlich der silbernen Ehrenmedaillen für 1815 hat die Beschreibung von Nr. 1942 Geltung.

Band: 38 mm breit, dunkelrosa, schwarz, zitronengelb, in drei gleichen Streifen. (Unter König Friedrich I. waren die Landesfarben von Württemberg rot, schwarz, gold.)

1958. Goldene und

1959. Silberne Militär-Verdienst-Medaille
mit dem jüngeren Bildnis des Königs Wilhelm I., 1. Prägung (verliehen 1818 bis ungefähr 1840)

Bei der Neuaufstellung der Statuten für den Militärverdienstorden am 23. September 1818 durch König Wilhelm I. (reg. 1816—1864) wurden die seitherigen Militärverdienstmedaillen demselben zugeteilt und von da ab in veränderter Prägung verliehen.

Die Stempel schnitt wieder Münzmedailleur Joh. Ludwig Wagner. Die Medaillen haben eine gewöhnliche Drahtöse mit beweglichem Ring.

V: Der nach rechts gewendete jugendliche Kopf des Landesherrn mit dünnem Backenbart, Umschrift „Wilhelm Koenig von Wirtemberg", unter dem Halsabschnitt klein „W." (Wagner).

R: Innerhalb eines aus zwei Lorbeerzweigen gebildeten und unten mit einer Doppelschleife gebundenen Kranzes die dreizeilige Inschrift „Für / Tapferkeit / und Treue".

Größe: 28 mm; Gewicht in Gold 5 Dukaten (17 g), in Silber 12 g.

Band: 36 mm breit, dunkelblau.

1960. Goldene und

1961. Silberne Militär-Verdienst-Medaille
mit dem älteren Bildnis des Königs Wilhelm I., 2. Prägung (verliehen ungefähr von 1840—1864)

Nach dem Abgang des Münzmedailleurs J. L. Wagner (1837) wurden zur Militär-Verdienst-Medaille von Carl Friedrich Voigt in München neue Stempel geschnitten. Die Medaille hat ihre gewöhnliche Öse mit Ring beibehalten.

V: Der nach links gewendete Kopf mit kurzem Schnurrbart, Umschrift „WILHELM KÖNIG V. WÜRTTEMBERG", unten am Rande „VOIGT".

R: Innerhalb zweier unten mit einer Doppelschleife zum Kranze gebundener Lorbeerzweige die dreizeilige Inschrift „FÜR / TAPFERKEIT / UND TREUE".

Größe, Gewicht und Band wie bei Nr. 1958/1959.

1962. Goldene und

1963. Silberne Militär-Verdienst-Medaille mit dem Bildnis des Königs Karl
(verliehen von 1864—1892)

Nach dem Regierungsantritt des Königs Karl (reg. 1864—1891) erfolgte bald die Neuprägung der Militär-Verdienst-Medaille mit einer veränderten Vorderseite, zu der Medailleur Christian Schnitzspahn (damals noch in Berlin) den Stempel schnitt. Im Kriegsjahr 1866 kamen erstmals diese Militär-Verdienst-Medaillen zur Verleihung; sie haben eine gewöhnliche Öse mit Ring.

V: Der nach rechts gewendete Kopf mit der Umschrift „KARL KOENIG VON WUERTTEMBERG", unten am Rand klein „C. SCHNITZSPAHN F.".

Rückseite, Größe, Gewicht und Band wie bei Nr. 1960 ff.

1964. Goldene und

1965. Silberne Militär-Verdienst-Medaille
mit dem Bildnis des Königs Wilhelm II. (verliehen 1892—1918)
Abbildung am Schluß des Bandes.

Die Militär-Verdienst-Medaille wurde zufolge einer kgl. Order vom 26. Juni 1892 mit dem Bildnis Wilhelm II. auf der Vorderseite verliehen. Die Stempel schnitt Münzmedailleur Karl Schwenzer in Stuttgart. (Karl Schwenzer war von 1876 bis zu seinem Tode im Jahre 1904 an der dortigen Hauptmünze tätig.) Auch in dieser ihrer letzten Abart hat die Medaille wieder eine gewöhnliche Öse mit Ring. Als im Weltkriege Mangel an Edelmetall eintrat, wurde die goldene Militär-Verdienst-Medaille, welche zu Anfang des Krieges noch aus 14karätigem Gold bestanden hatte, nach und nach in ihrem Feingehalt bis auf 8 Karat herabgesetzt. Ebenso wurde auch bei den silbernen Stücken der Feingehalt nach und nach bis auf ein Drittel ermäßigt. Personen des Mannschaftsstandes konnten die goldene Medaille nur dann erhalten, wenn sie vorher schon mit dem Eisernen Kreuz I. Klasse ausgezeichnet worden waren. Nachdem der goldenen Militär-Verdienst-Medaille der Rang vor dem Ritterkreuz II. Klasse mit Schwertern des Friedrichsordens zugebilligt worden war, hatten auch Subalternoffiziere Anspruch auf Auszeichnung mit derselben, sofern ihnen nicht für die erneute tapfere Handlung das Ritterkreuz des Militärverdienstordens zukam.

V: Der nach rechts gewendete Kopf des Landesherrn, Umschrift „WILHELM II. KOENIG VON WUERTTEMBERG", unter dem Halsabschnitt, klein „K. SCHWENZER"; unten am Rande eine kleine fünfblätterige Rosette.

Rückseite und Größe wie bei Nr. 1960 ff.

Gewicht: in Gold (14 Karat) 17 g, zuletzt nur 14 g; in Silber 12—13 g.

Band: Zunächst 36 mm breit, dunkelblau, durch Verfügung vom 8. April 1914 jedoch 35 mm breit, zitronengelb mit zwei schwarzen, je 6,5 mm breiten Seitenstreifen, letztere mit 2 mm Abstand von den Kanten. In der letzten Kriegszeit war das Band nur mehr 26 mm, die schwarzen Seitenstreifen 4 mm breit. Wenn das Band allein angelegt wird, wird zur Kennzeichnung der Besitzer der goldenen Militär-Verdienst-Medaille ein kleiner goldener Lorbeerkranz auf dem Bande angebracht (Allerhöchste Order vom 30. November 1917).

Anmerkung: Vielfach kommen Militär-Verdienst-Medaillen ohne Stempelschneidernamen in vergoldetem Silber, in Silber, in vergoldeter oder versilberter Metall-Legierung vor. Diese zeigen oft sonstige kleine Prägungsverschiedenheiten gegenüber Nr. 1964/1965. Alle diese Stücke sind private Nachbildungen.

1966. Goldene und

1967. Silberne Zivil-Verdienst-Medaille mit dem Namenszug des Königs Friedrich I. (verliehen 1806—1818)

Gleichzeitig mit der Militär-Verdienst-Medaille (Nr. 1941/1942) am 6. November 1806 gestiftet.

Die Zivil-Verdienst-Medaille stimmt hinsichtlich Größe und Gestaltung ihrer Rückseite mit der ersteren überein. Die Stempel zeigen jedoch wieder einige Abweichungen. Die Zivil-Verdienst-Medaille kam zunächst mit einer runden Bandöse zur Ausgabe, die mittels eines Stiftes und zweier Zargen am Medaillenrande befestigt war. In den letzten Jahren ihrer Verleihung erhielt sie, wie ja auch die Militär-Verdienst-Medaille, eine Drahtöse mit beweglichem Ring, die ebenfalls mittels kleiner Zargen und eines Stiftes an der durchlochten Medaille befestigt war.

V: In einem dichten, unten mit einer Schleife gebundenen Eichenlaubkranz die vierzeilige Inschrift „Für / Treue / und / Verdienst".

R: Umschlossen von zwei unten mit einer Doppelschleife zum lichten Kranze gebundenen Lorbeerzweigen der verschlungene und gekrönte Namenszug „FR", in lateinischer Schreibschrift.

Größe: 36 mm; Gewicht: in Gold 8 Dukaten (28 g), in Silber 24—26 g.

Band: 36 mm, schwarz, mit zwei zitronengelben, je 3,6 mm breiten Seitenstreifen und dünnen schwarzen Randstrichen.

1968. Goldene und

**1969. Silberne Zivil-Verdienst-Medaille
mit dem Namenszuge des Königs Friedrich I.
Stempelverschiedenheit von Nr. 1966/1967.**
Abbildung am Schluß des Bandes.

Zur Prägung der Zivil-Verdienst-Medaille diente noch ein zweites Stempelpaar, welches ebenfalls von J. L. Wagner hergestellt worden ist.

V: Die vierzeilige Inschrift „Für / Treue / und / Verdienst" ist von zwei unten mit einer großen Schleife zum lichten Kranz gebundenen Eichenzweigen mit Früchten umgeben.

R: Der verschlungene Namenszug „FR" mit der Krone ist größer dargestellt; der Lorbeerkranz hat größere, jedoch weniger zahlreiche Blattgruppen als bei Nr. 1966/1967 und ist mit einer einfachen Schleife zusammengebunden.

Größe, Gewicht und Band wie bei Nr. 1966/1967.

1970. Goldene und

**1971. Silberne Zivil-Verdienst-Medaille
mit dem jugendlichen Bildnis des Königs Wilhelm I.
1. Prägung (verliehen 1818 bis ungefähr 1825)**
Abbildung am Schluß des Bandes.

Bei der Aufstellung der Statuten für den neuen „Orden der Württembergischen Krone" am 23. September 1818 wurden die seitherigen Zivil-Verdienst-Medaillen diesem Orden zugeteilt und von da an in einer veränderten Prägung verliehen.

Die Medaille, zu der wieder J. L. Wagner die Stempel herstellte, hat eine gewöhnliche Drahtöse mit beweglichem Ring.

V: Der nach rechts blickende jugendliche Kopf des Königs mit kurzem, schmalem Backenbart, Umschrift „Wilhelm Koenig von Wirtemberg", unter dem Halsabschnitt klein „W" (siehe auch Nr. 1958/1959).

R: In der Mitte ein gekröntes „W", umgeben von zwei unten mit einem langen fliegenden Band zum Kranze gebundenen Eichenzweigen; im oberen Teile der Medaille Umschrift „Furchtlos und treu".

Größe: 28 mm; Gewicht: in Gold 4 Dukaten (14 g), in Silber 12—13 g.

Band: 36 mm breit, karmoisinrot mit zwei schwarzen, je 2 mm breiten Seitenstreifen, mit 2 mm Abstand von den Kanten (Band des Ritterkreuzes des Ordens der Württembergischen Krone).

1972. Goldene und

**1973. Silberne Zivil-Verdienst-Medaille mit dem jugendlichen Bildnis
des Königs Wilhelm I.,
2. Prägung (verliehen zwischen 1825 und 1840)**

Um Mitte der 1820er Jahre schnitt J. L. Wagner eine neue Rückseite zu der Zivil-Verdienst-Medaille. Diese Prägung behielt die Medaille dann vermutlich bis zum Ende der 1830er Jahre. Genauere Zeitpunkte ließen sich leider nicht feststellen. Den beiden Prägungen mit dem jugendlichen Bilde des Königs Wilhelm I. kommt jedenfalls ein hoher Seltenheitswert zu.

V: wie bei Nr. 1970/1971.

R: In einem dichten Kranz von Eichenlaub, der unten mit einer Doppelschleife gebunden ist, in zwei Zeilen „Dem / Verdienſte".

Größe, Gewicht und Band wie bei Nr. 1970/1971.

1974. Goldene und

1975. Silberne Zivil-Verdienst-Medaille mit dem älteren Bildnis des Königs Wilhelm I., 3. Prägung (verliehen bis 1864)

Anfangs der 1840er Jahre erhielt Medailleur Carl Friedrich Voigt in
München den Auftrag zur Herstellung neuer Stempel zur Militär- und
Zivil-Verdienst-Medaille.

V: Der nach links gewendete, bartlose Kopf des Landesherrn mit der
Umschrift „WILHELM KÖNIG V. WÜRTTEMBERG", unten am
Rande klein „VOIGT" (gleicher Stempel wie zu 1960/1961).

R: Innerhalb eines mit einer großen Doppelschleife gebundenen dichten
Kranzes von Eichenlaub „DEM / VERDIENSTE".

Größe, Gewicht und Band wie bei Nr. 1970 ff.

1976. Goldene und

1977. Silberne Zivil-Verdienst-Medaille mit dem Bilde des Königs Karl (verliehen 1864—1891)

Die Zivil-Verdienst-Medaille wurde unter der Regierung des Königs
Karl in nachstehend beschriebener Prägung verliehen. Die Medaille
hat, wie schon seither, eine gewöhnliche Öse mit Ring.

V: Der nach rechts gewendete Kopf mit der Umschrift „KARL KOENIG
VON WUERTTEMBERG". Unten am Rande klein „C. SCHNITZ-
SPAHN F." (gleicher Stempel wie zu Nr. 1962/1963).

Rückseite, Größe, Gewicht wie bei Nr. 1970.

Band: 33 mm breit, karmoisinrot mit zwei, je 2 mm breiten schwarzen
Seitenstreifen.

1978. Verdienst-Medaille des Kronordens, Gold, mit dem Bilde des Königs Wilhelm II. (verliehen 1892—1918)

Nachdem König Wilhelm II. bereits am 20. Juni 1892 die Neuprägung der
Zivil-Verdienst-Medaillen angeordnet hatte, verfügte er durch die Verordnung
vom $\frac{11.\ August}{1.\ September}$ 1892, betreffend Neue Statuten des Ordens der Württembergischen Krone, daß nurmehr die goldene Zivil-Verdienst-Medaille mit dem
genannten Orden verbunden bleiben solle. Durch eine weitere Verordnung
vom gleichen Datum erhielt sie die neue Bezeichnung „Verdienst-Medaille des
Kronordens". Die silberne Medaille wurde dagegen eine selbständige Auszeichnung (siehe Nr. 1980).

Die goldene Zivil-Verdienst-Medaille wurde bis 1907 aus 900/1000
feinem Gold, später 0,585 fein (14 Karat), ab Oktober 1916 aber nur
mehr mit einem Drittel Goldgehalt (8 Karat) in der Stuttgarter Hauptmünze mit Stempeln vom dortigen Medailleur Karl Schwenzer geprägt;
sie besitzt eine gewöhnliche Öse mit Ring.

V: Der nach rechts gewendete Kopf des Stifters mit kurzem Haupt-
haar und spitz zulaufendem Vollbart, Umschrift „WILHELM II ·
KOENIG VON WUERTTEMBERG", unten am Halsabschnitt ganz
klein „K. SCHWENZER".

R: Innerhalb eines Kranzes aus zwei unten mit einer kleinen Schleife
gebundenen dichten Eichenzweigen die zweizeilige Inschrift „DEM /
VERDIENSTE", darunter ein sechsstrahliges Sternchen.

Größe: 29 mm; Gewicht: 4 Dukaten (14 g), zuletzt 13 g.

Band: 34 mm breit, nunmehr karminrot mit zwei schwarzen, je 2 mm
breiten Seitenstreifen in 1,5 mm Abstand von den Bandkanten.

1979. Verdienst-Medaille des Friedrichsordens, Silber vergoldet (verliehen 1892—1918)

Gestiftet von König Wilhelm II. durch eine Verordnung vom $\frac{11.\ August}{1.\ September}$ 1892.

Diese Medaille hat ebenfalls eine gewöhnliche Öse mit Ring; sie
steht im Range nach der Verdienst-Medaille des Kronordens (Nr. 1978).

V: wie bei Nr. 1978.

R: Die verkleinerte Darstellung des Kommenturkreuzes des Friedrichsordens mit geschweiften Armen, zwischen denen Strahlenbündel
hervortreten; im Mittelschildchen ein gekröntes „F" mit der Umschrift „GOTT * UND * MEIN * RECHT". Im oberen Teil der Medaille, zwischen zwei schmalen Kreislinien „DEM VERDIENSTE",
unten zwei schmale Lorbeerzweige, die durch ein sechsblätteriges
Röschen verbunden sind.

Größe: 29 mm; Gewicht 12 g.

Band: 33 mm breit (später 26 mm), königsblau, d. i. hellkornblumenblau.

1980. Silberne Verdienst-Medaille (verliehen 1892—1918)

Gestiftet von König Wilhelm II. durch Abtrennung der seitherigen silbernen
Zivil-Verdienst-Medaille (Nr. 1977) vom Kronorden durch Verordnung vom
$\frac{11.\ August}{1.\ September}$ 1892 (vgl. Nr. 1978). Die bisherigen Inhaber der „silbernen
Zivil-Verdienst-Medaille" waren nunmehr Inhaber der „silbernen Verdienst-
Medaille" und erhielten auf Ansuchen von der Ordenskanzlei das neue Band.

Die silberne Verdienst-Medaille wurde mit den gleichen Stempeln
geprägt wie die goldene Zivil-Verdienst-Medaille (des Kronordens,
Nr. 1978). Es kann also von einer nochmaligen Beschreibung abgesehen
werden.

Größe: 28 mm; Gewicht: 12 g.

Band: 34 mm breit, zunächst zinnoberrot mit einem 4 mm breiten
schwarzen Mittelstreifen, seit dem Erlaß einer Verordnung vom
14. Dezember 1894 aber in gleicher Farbe, jedoch mit zwei je 1,5 mm
breiten, 2 mm voneinander entfernten schwarzen Mittelstreifen,
sowie zwei schwarzen, je 4 mm breiten Seitenstreifen, diese letzteren in 1,5 mm Abstand von den Kanten.

1981. Verdienstkreuz, Silber (verliehen von 1900—1918)

1982. Verdienstkreuz mit Schwertern (verliehen 1915—1918)

Abbildung am Schluß des Bandes.

Gestiftet von König Wilhelm II. am 2. Juli 1900 für Verdienste jeder Art. Das Verdienstkreuz stellte bis zur Stiftung des Wilhelmskreuzes (Nr. 1988 ff.) die oberste Stufe der Württembergischen Ehrenzeichen dar. Seit 29. Januar 1915 wurde das Verdienstkreuz „zur Belohnung militärischer Verdienste im Krieg" mit zwei vergoldeten, durch das Mittelschild gekreuzten Schwertern verliehen, und zwar erhielten diese Auszeichnung in der Regel Feldwebelleutnants sowie ältere Portepee-Unteroffiziere württembergischer Staatsangehörigkeit, soweit sie bereits mit dem Eisernen Kreuz ausgezeichnet oder hierzu vorgeschlagen waren.

Das Kreuz hat geschweifte, an den Außenseiten abgerundete, gekörnte Arme mit erhöhter Linieneinfassung sowie eine kleine, von oben nach unten gelochte Öse, in der ein ovaler Ring hängt. Die Mittelschildchen von 15 mm Durchmesser sind eigens geprägt und zeigen auf der

V: den gekrönten Buchstaben „W" in gotischer Schrift auf gekörntem Grunde, eingefaßt von einer schmalen, erhöhten Kreislinie; auf der

R: auf gekörntem Grunde die kreisförmig angeordnete Inschrift „VER-DIENST", unten ein sechsstrahliges Sternchen, ebenfalls innerhalb einer schmalen erhöhten Kreislinie.

Größe: zunächst 31 mm, später 33 mm, Gewicht: ohne Schwerter 10—12 g, mit Schwertern 14 g.

Band: wie (seit 1894) bei Nr. 1980.

1983. Olga-Orden, silbernes Kreuz mit rotem Email (verliehen 1871—1918) Abbildung am Schluß des Bandes.

Gestiftet von König Karl am 27. Juni 1871 im Andenken an das von der Königin Olga während des Krieges gegen Frankreich gegebene Beispiel und bestimmt zur Belohnung besonderer Verdienste von Männern, Frauen und Jungfrauen „auf dem Felde der freiwillig helfenden Liebe im Krieg oder Frieden". Seit 18. Oktober 1905 war der Besitz der Karl-Olga-Medaille in Silber (Nr. 1984) für die Verleihung des Olga-Ordens Voraussetzung.

Das mattsilberne Kreuz hat gerade Arme, die an ihren Enden kleeblattartig auslaufen und auf beiden Seiten mit rotem Email in Form eines schmalen Genfer Kreuzes belegt sind. Der Olga-Orden hat eine runde, von oben nach unten gelochte Öse mit länglichem doppelten Ring. Die Mittelschildchen von 13 mm Durchmesser sind eigens geprägt und zeigen auf der

V: auf mattsilbernem Grund innerhalb einer erhöhten silbernen Kreislinie, die erhöht geprägten vergoldeten verschlungenen Namensbuchstaben „K" und „O".

R: innerhalb einer Kreislinie auf mattsilbernem Grunde die erhöhten Jahreszahlen „1870" und „1871" übereinander und durch eine Linie abgeteilt.

Größe: 36 mm; Gewicht: 9—10 g.

Band: 35 mm breit, schwarz mit zwei karmoisinroten, späterhin ponceauroten, je 7,5 mm breiten Seitenstreifen in 2 mm Abstand von den Kanten. Dieses Band wurde von Frauen zur Doppelschleife geformt, nahe der linken Achsel getragen.

1984. Karl-Olga-Medaille in Silber

1985. Karl-Olga-Medaille in Bronze
(verliehen 1889—1918)

Mit königlicher Genehmigung und von König Karl erlassenen Verleihungsbestimmungen vom 16. Juni 1889 gestiftet von der Königin Olga, der 1892 verstorbenen Gemahlin König Karl I. (geb. Großfürstin von Rußland), zur Feier von dessen 25jährigem Regierungs-Jubiläum und zunächst genannt „Karl-Olga-Medaille für Verdienste um das rote Kreuz". Der Stiftung lag die Absicht zu Grunde, die Wirksamkeit des unter dem Protektorat der Königin stehenden Württembergischen Sanitätsvereines vom roten Kreuz zu unterstützen. Am 17. Februar 1893, nach dem Tod der Königin Olga, wurde die Medaille, um ihre Fortdauer zu sichern, dem Olga-Orden (Nr. 1983) angeschlossen, und wie dieser an Männer, Frauen und Jungfrauen „für Verdienste auf dem Felde der freiwilligen, helfenden Liebe im Kriege und Frieden" verliehen. Seit dem 18. Oktober 1905 war der Besitz der Karl-Olga-Medaille in Silber förmliche Voraussetzung für die Verleihung des Olga-Ordens.

Die silbernen und bronzenen Medaillen sind am oberen Rand der Vorderseite von einem 13 mm hohen, einseitig rot emaillierten Genfer-Kreuz überragt. An seiner glatten Rückseite hat dieses Kreuz oben eine senkrechte Drahtöse für das Band und am unteren Arme einen kleinen Stift, mit welchem es an der Medaille befestigt ist.

V: Innerhalb einer Kreislinie die nach rechts blickenden hintereinandergestellten Köpfe des Königspaares, auf dem Halsabschnitt des Kopfes der Königin „SCHWENZER"; Umschrift „KARL UND OLGA KÖNIG UND KÖNIGIN VON WÜRTTEMBERG".

R: Innerhalb einer Kreislinie „FÜR / VERDIENSTE / UM DAS / ROTE KREUZ" (vierzeilig), darunter ein sechsstrahliges Sternchen. Umschrift „· VON DER PROTEKTORIN DES WÜRTT. SANITÄTS-VEREINS VOM ROTEN KREUZ ·".

Größe: 28 mm; Gewicht: in Silber 12 g.

Band: 27 mm breit, schwarz mit zwei je 5 mm breiten ponceauroten Seitenstreifen, letztere 1,5 mm von den Bandkanten entfernt.

Anmerkung: Von der gleichen Medaille gibt es eine am 25. Juni 1889 von der Königin Olga „für Verdienste um Werke der Nächstenliebe" gestiftete, nicht tragbare Abart mit der Inschrift „ORA / ET / LABORA" auf der Rückseite, die mit den Strahlen einer mit dem Auge der Vorsehung belegten Sonne ausgefüllt ist. Auf der Vorderseite der Medaille fehlt das rote Kreuz. Am Bande von Nr. 1984/85 vorkommende Stücke sind Privatanfertigungen.

1986. Rettungsmedaille in Gold

1987. Rettungsmedaille, Silber, mit dem Bilde des Königs Wilhelm II.
(verliehen 1897—1918)

Gestiftet am 18. Juni 1897 „für mutvolle und opferwillige, mit eigener Lebensgefahr ausgeführte Rettung von Menschenleben". „Für Ausnahmefälle besonders hervorragender Art" blieb „die Verleihung der Rettungsmedaille in Gold" vorbehalten. Ebenso konnte die goldene Medaille für wiederholte Lebensrettung an einen Inhaber der silbernen Medaille verliehen werden, wobei jedoch die letztere abzulegen und zurückzugeben war. Inhaber der Verdienstmedaille des Kronordens (Nr. 1978) oder silbernen Verdienstmedaille (Nr. 1980), sofern ihnen diese Ehrenzeichen für Rettung eines Menschenlebens verliehen worden waren, erhielten hierzu auf Ansuchen das Band der Rettungsmedaille.

Die Rettungsmedaille hat eine gewöhnliche Öse mit Ring.

V: Das nach rechts gewendete Brustbild des Stifters in Generals-uniform, unter dem Schulterabschnitt klein „K. SCHWENZER"; Umschrift „WILHELM II KOENIG VON WUERTTEMBERG".

R: Innerhalb eines aus zwei dichtbelaubten Eichenzweigen gebildeten, unten mit einer Doppelschleife gebundenen Kranzes, die fünfzeilige Inschrift „FÜR / RETTUNG / AUS / LEBENS- / GEFAHR", dar-unter ein sechsstrahliges Sternchen.

Größe: 29 mm; Gewicht: in Gold 5 Dukaten (17 g), in Silber 15 g.

Band: 34 mm breit, schwarz mit zwei zitronengelben, je 5 mm breiten Seitenstreifen mit 1,5 mm Abstand von den Bandkanten.

1987a. Goldene und

1987b. Silberne Rettungsmedaille des Freistaates Württemberg (verliehen 1924—1934)

Nachdem seit November 1918 die seitherige Rettungs-Medaille nicht mehr verliehen worden war, stiftete die württembergische Landesregierung 1924 eine neue goldene und silberne Rettungs-Medaille. Die Voraussetzungen für deren Verleihung blieben die gleichen wie früher (siehe Nr. 1986/1987). Goldene Rettungsmedaillen sollen jedoch nicht verliehen worden sein.

V: Ein Mann trägt einen Geretteten. Umschrift „FÜR RETTUNG AUS LEBENSGEFAHR".

R: Die drei Hirsch-Geweihstangen aus dem württembergischen Wap-pen; Umschrift „WUERTTEMBERG · ".

Größe: 29 mm; Gewicht: in Gold 17,5 g, in Silber 14 g.

Band: 34 mm breit, schwarz mit zinnoberroten, je 4,5 mm breiten Seitenstreifen, in 1,5 mm Abstand von den Kanten.

1988. Wilhelmskreuz mit Schwertern und Krone (Steckkreuz)
Abbildung am Schluß des Bandes.

1989. Wilhelmskreuz mit Schwertern

1990. Dasselbe (ohne Schwerter) für Verdienste während des Krieges (in der Heimat)

1991. Dasselbe (ohne Schwerter) für sonstige Verdienste um die öffentliche Wohlfahrt (verliehen 1915—1918)

Gestiftet durch königliche Verordnung vom 13. September 1915 für Männer, „die sich während Unserer Regierung, insbesondere aus Anlaß des dermaligen Kriegs, ohne an ihm unmittelbar teilzunehmen, in dienstlicher oder freiwilliger Tätigkeit namhafte Verdienste um die öffentliche Wohlfahrt erworben haben". An Militärpersonen konnte das Wilhelmskreuz „mit Schwertern" sowie nach dessen Erwerb auch noch als Steckkreuz „mit Schwertern und Krone" ver-liehen werden. Die aus Anlaß von Verdiensten während des Kriegs mit und ohne Schwerter verliehenen Kreuze (Nr. 1989, 1990) haben im Mittelschilde ihrer Rückseite die Inschrift „Kriegsverdienst", die bei den Kreuzen ohne Schwerter dann fehlt, wenn der Anlaß zur Auszeichnung nicht unmittelbar mit dem Kriege zusammenhing (Nr. 1991).

Die Kreuze aus dunkeloxydierter Kupferbronze haben gekörnte, nach außen zu geschweift breiter werdende, an den Enden abgerundete Arme, die von einer erhöhten Linie eingefaßt sind. Im oberen Arme befindet sich bei Nr. 1989—1991 auf der Vorderseite eine kleine Krone, im unteren Kreuzarme jedoch bei Nr. 1988—1990 die erhöht geprägte Jahreszahl „1915". Zwischen den Armen erscheinen bei Nr. 1988 und 1989 zwei gekreuzte Schwerter. Das Wilhelmskreuz mit Schwertern und Krone ist stark nach oben gewölbt und hat an seiner glatten Rückseite eine Nadel zum Anstecken auf der linken Brustseite unter der Ordensschnalle. Die hier nicht auf dem Kreuzarm dargestellte, sondern ihn überhöhende angeprägte offene Königskrone ist 20 mm hoch und 23 mm breit. Das mitgeprägte Mittelschildchen von 22 mm Durchmesser zeigt bei allen vier Abarten auf der

V: den gotischen Buchstaben „𝔚" innerhalb eines dichten, oben und unten kreuzweise mit Bändern umschlungenen Gewindes aus Eichenlaub. Bei den Kreuzen Nr. 1989, 1990 außerdem noch auf der

R: die zweizeilige Inschrift „KRIEGS / VERDIENST", ebenfalls umschlossen von einem dichten Kranz aus Eichenblättern, der oben wie unten kreuzweise von Bändern umschlungen ist. Bei Nr. 1991 ist das Mittelschildchen der Rückseite ohne Inschrift.

Die Kreuze 1989/1991 haben eine von oben nach unten gelochte abgerundete Öse, in welcher mit einem kleinen Verbindungsring, der gewöhnliche runde Tragring hängt.

Größe (ohne Krone): 45 mm.

Band für Nr. 1989/1991: 34 mm breit, zitronengelb mit zwei je 3 mm breiten schwarzen Seitenstreifen und, in 4 mm Abstand davon, ebensolchen, je 1,5 mm breiten Rändern.

Anmerkung: Es gibt Nachbildungen des Wilhelmskreuzes, die bei geringerer Metallstärke mit gewöhnlichen Drahtösen mit Ring versehen sind.

1992. Charlottenkreuz, Silber (verliehen 1916—1918)

Zu Ehren der Königin Charlotte (geb. Prinzessin von Schaumburg-Lippe) gestiftet von König Wilhelm II. am 5. Januar 1916 für „solche Personen ohne Unterschied des Standes und Geschlechtes..., die im Felde oder in der Heimat besondere Verdienste um die Pflege der Verwundeten und Erkrankten oder auf dem Gebiet der allgemeinen Kriegsfürsorge erworben haben".

Das mattsilberne, in der kgl. Münze in Stuttgart geprägte Kreuz hat gleichlange, in Kleeblattform auslaufende Arme, die mit einer vertieften Linieneinfassung versehen sind. Die keilförmige, von oben nach unten gelochte Öse trägt in Verbindung mit einem kleineren Ringe den gewöhnlichen runden Ring.

V: Im runden Mittelschilde (13 mm Durchmesser), auf gekörntem Grunde, umgeben von einem erhöhten Rande, die verschlungenen Namensbuchstaben des Königs „W" und der Königin „C".

R: Im Mittelschilde auf gekörntem Grunde, umgeben von einem erhöhten Rand, die Jahreszahl „1916".

In der letzten Kriegszeit wurde das Charlottenkreuz aus einer Legierung hergestellt, die nur noch zu 50 Prozent aus Silber bestand.

Größe: 40 mm; Gewicht: 10 g.

Band: 33 mm breit, goldgelb mit zwei je 1,5 mm breiten schwarzen
Seitenstreifen und in 2 mm Abstand hiervon zwei weiteren
schwarzen Seitenstreifen von je 3,5 mm Breite, letztere 1,5 mm
von den Bandkanten entfernt. Frauen tragen das Band zur Schleife
geformt.

1993. Große goldene Medaille für Kunst und Wissenschaft mit dem jüngeren Bilde des Königs Wilhelm I., 1. Prägung (verliehen zwischen 1824 und 1840)

Gestiftet von König Wilhelm I. am 14. März 1824 „zur Belohnung für gelungene literarische Werke, für neue industrielle Produktionen und der-
gleichen". Besondere Statuten waren nicht erlassen worden. Diese Medaillen
wurden nur in einzelnen Fällen am Bande des Kommenturkreuzes des Ordens
der Württembergischen Krone oder des Friedrichsordens verliehen. In der
Regel kamen sie ohne Öse zur Verleihung.

Soweit zum Tragen bestimmt, haben sie einen langgestreckten Ring
aus doppeltem Golddraht, welcher in der von oben nach unten gelochten Medaillenöse hängt.

V: Der nach rechts gewendete Kopf des Stifters mit jugendlichen
Zügen und leichtem, kurzem Backenbart, unter dem Halsabschnitt
klein „WAGNER F". Umschrift „FRIEDERICH WILHELM KÖNIG
V. WÜRTTEMBERG".

R: Auf einem Sockel ein Globus, umgeben von den Sinnbildern der
Künste und Wissenschaften, wie Lyra, Fernrohr, Malerpalette,
Maschinenrad, Baupläne, Buch usw., darunter ein Sternchen und
zwei kleine Lorbeerzweige; Umschrift im oberen Teil der Medaille
„DEM VERDIENSTE". Im Abschnitt (unten) „MDCCCXXIV".

Größe: 49 mm; Gewicht: 20 Dukaten (68 g).

Band: 48 mm breit, a) das des Kommenturkreuzes des Ordens der
Württembergischen Krone, karmoisinrot mit zwei je 3 mm breiten
schwarzen Seitenstreifen, diese mit je 2 mm Abstand von den
Kanten, b) das des Kommenturkreuzes des Friedrichsordens
„königsblau" (damals gleichbedeutend mit himmelblau).

1994. Kleine goldene Medaille für Kunst und Wissenschaft mit dem jugendlichen Bilde des Königs Wilhelm I., 1. Prägung (verliehen 1836 bis ungefähr 1840)

Gestiftet von König Wilhelm I. durch Entschließung vom 1. Dezember 1836
als eine niedere Klasse der großen goldenen Medaille (Nr. 1993). Auch für
diese kleine Medaille bestanden keine Statuten. Sie wurde ebenfalls nur in
besonderen Fällen mit gewöhnlicher Öse und Ring am Ritterkreuzbande des
Kronen- oder Friedrichordens verliehen, in der Regel jedoch ohne Öse und
Band.

V: Der nach rechts gewendete Kopf des Stifters mit jüngeren Gesichtszügen und mit kurzem Backenbart, unter dem Halsabschnitt „L W"
(Ludwig Wagner). Umschrift „Wilhelm Koenig von Württemberg".

R: Innerhalb eines lichten Kranzes, der aus zwei unten mit einem
flatternden Bande gebundenen Eichenzweigen geformt ist, der ge-

540

krönte Anfangsbuchstabe „𝔴" des Stifternamens in gotischer Schrift.

Größe: 34 mm; Gewicht: 10 Dukaten (34 g).

Band: 36 mm breit, das des Ritterkreuzes der Württembergischen Krone, karmoisinrot mit zwei je 2 mm breiten Seitenstreifen, letztere 1,5 mm von den Kanten entfernt, bzw. das des Friedrichsordens, „königsblau" (= himmelblau).

1995. Große goldene Medaille für Kunst und Wissenschaft mit dem älteren Bilde des Königs Wilhelm I., 2. Prägung (verliehen von Anfang der 1840er Jahre bis 1864)

Vermutlich anfangs der 1840er Jahre wurde vom Medailleur C. Voigt in München ein neuer Stempel zur Vorderseite der großen Medaille für Wissenschaft geschnitten. Auch fernerhin blieben Verleihungen dieser Auszeichnung sehr selten und erfolgten nur in Ausnahmefällen mit der Berechtigung zum Tragen am Kommenturbande des Friedrichordens oder, als höchster Grad, am Kommenturbande des Ordens der Württembergischen Krone.

V: Der nach rechts gewendete Kopf des Stifters ohne Bart mit älteren Gesichtszügen, unter dem Halsabschnitt „C. VOIGT", Umschrift „FRIEDRICH WILHELM KÖNIG VON WÜRTTEMBERG".

Rückseite, Größe, Gewicht und Bänder wie bei Nr. 1993.

1996. Kleine goldene Medaille für Kunst und Wissenschaft mit dem älteren Bilde des Königs Wilhelm I. (verliehen von Anfang der 1840er Jahre bis 1864)

Auch zur kleinen goldenen Medaille für Kunst und Wissenschaft wurde, vermutlich zu Anfang der 1840er Jahre, von Medailleur C. Voigt ein neuer Vorderseitenstempel geschnitten.

V: Der nach links blickende ältere, bartlose Kopf des Stifters; Umschrift „WILHELM KÖNIG VON WÜRTTEMBERG".

Rückseite, Gewicht und Bänder wie bei Nr. 1994.

1997. Große goldene Medaille für Kunst und Wissenschaft mit dem Bilde des Königs Karl (verliehen 1865—1892)

Seit 1865 trugen die Medaillen für Kunst und Wissenschaft das Bild des 1864 zur Regierung gelangten Königs Karl. Der frühere Gebrauch, diese Auszeichnung nur in Ausnahmefällen am Kommenturbande des Kronen- oder Friedrichsordens zu verleihen, in der Regel jedoch ohne Öse und Band, blieb beibehalten.

Die Stempel wurden von Hofmedailleur Christian Schnitzspahn (damals in Berlin) neu geschnitten. Die Medaillen haben in einer von oben nach unten gelochten kleinen Öse einen langgestreckten Ring aus doppelt gewundenem Golddraht.

V: Der nach rechts gewendete Kopf des Monarchen, Umschrift „KARL KOENIG VON WUERTTEMBERG", unter dem Halsabschnitt klein „C. SCHNITZSPAHN".

R: Innerhalb eines oben offenen, unten mit einer doppelten Schleife gebundenen natürlichen Kranzes aus zusammengeflochtenen Eichen- und Lorbeerzweigen ein verzierter Sockel mit der Aufschrift „DEM VERDIENSTE". Auf diesem Sockel ein Globus, um den sich Sinnbilder der Künste und Wissenschaften, wie Lyra, Fernrohr, eine Büste, ein Maschinenrad, ein Säulenkapitäl usw., gruppieren. Unten ganz klein am Rande „C. SCHNITZSPAHN F".

Größe: 49 mm; Gewicht: 25 Dukaten (= 85 g).

Bänder: Wie bei Nr. 1993 und 1995.

1998. Kleine goldene Medaille für Kunst und Wissenschaft mit dem Bilde des Königs Karl (verliehen 1865—1892)

Gleichzeitig mit der großen Medaille wurde auch die kleine goldene Medaille für Kunst und Wissenschaft im Jahre 1865 mit neuen Stempeln von Christian Schnitzspahn geprägt.

Soweit zum Tragen bestimmt, haben die Medaillen eine gewöhnliche Öse mit Ring.

V: Der nach rechts gewendete Kopf des Königs mit der Umschrift „KARL KOENIG VON WUERTTEMBERG"; unter dem Halsabschnitt klein „C. SCHNITZSPAHN F".

R: Innerhalb eines Kranzes von Efeu der gekrönte Buchstabe „ℜ".

Größe: 34 mm; Gewicht: 10 Dukaten (34 g).

Bänder: Wie bei Nr. 1994 und 1996, jedoch nur mehr 34 mm breit.

1999. Große goldene Medaille für Kunst und Wissenschaft mit dem Bilde des Königs Wilhelm II. (verliehen 1892—1918)

Wie für die sonstigen württembergischen Ehrenzeichen in Medaillenform, so wurde im Juni 1892 auch für die große und kleine Medaille für Kunst und Wissenschaft eine Neuprägung mit veränderten Stempeln verordnet. Die Bedingungen der Verleihung blieben jedoch die gleichen wie seither. Demnach waren tragbare große Medaillen am Kommenturbande des Kronen- oder Friedrichsordens die Ausnahme und meistens erfolgte die Verleihung ohne Öse und Band.

Zur Vorderseite schnitt Medailleur K. Schwenzer an der Stuttgarter Hauptmünze einen neuen Stempel. Die tragbaren großen Medaillen sind von einer offenen Königskrone überhöht, in deren Reichsapfel der längliche, doppelte Ring für das Band hängt.

V: Der nach rechts blickende Kopf des Landesherrn mit der Umschrift „WILHELM II KOENIG VON WUERTTEMBERG"; unter dem Halsabschnitt, klein „K. SCHWENZER".

Rückseite, Größe und Gewicht (ohne Krone) wie bei Nr. 1997.

Bänder: Das 48 mm breite Band des Ordens der Württembergischen Krone ist nicht mehr karmoisin-, sondern karminrot mit zwei je 3 mm breiten schwarzen Seitenstreifen, letztere mit 2 mm Abstand von den Kanten. Das 48 mm breite Kommenturband des Friedrichordens ist nunmehr hellkornblumenblau.

2000. Kleine goldene Medaille für Kunst und Wissenschaft mit dem Bilde des Königs Wilhelm II. (verliehen 1892—1918)

Bei dieser Medaille erfuhren Vorder- und Rückseite eine Neugestaltung. Die tragbaren Stücke haben wieder eine gewöhnliche Öse mit Ring.

V: Wie bei Nr. 1999, mit entsprechend geringeren Ausmaßen.

R: Innerhalb zweier unten mit einer Doppelschleife zum natürlichen Kranz gebundener Eichenzweige der reich verzierte deutsche Buchstabe „W" unter einer frei schwebenden Königskrone.

Größe: 34 mm; Gewicht: 37 g.

Band: 34 mm breit, das des Ritterkreuzes des Ordens der Württembergischen Krone, karminrot mit zwei je 2 mm breiten schwarzen Seitenstreifen, diese je 1,5 mm von den Kanten entfernt, bzw. das des Friedrichsordens: hellkornblumenblau.

Kriegsdenkmünzen für die Kriege von 1793 bis 1815, Geschützmetall, mit dem Namenszuge des Königs Wilhelm I. (verliehen 1840):

2001. „Für treuen Dienst in einem Feldzuge"

2002. „Für treuen Dienst in zwei Feldzügen"

2003. „Für treuen Dienst in drei Feldzügen"

2004. „Für treuen Dienst in vier Feldzügen"

2005. „Für treuen Dienst in fünf Feldzügen"

2006. „Für treuen Dienst in sechs Feldzügen"

2007. „Für treuen Dienst in sieben Feldzügen"

2008. „Für treuen Dienst in acht Feldzügen"

2009. „Für treuen Dienst in neun Feldzügen"

2010. „Für treuen Dienst in zehn Feldzügen"

2011. „Für treuen Dienst in elf Feldzügen"

2012. „Für treuen Dienst in zwölf Feldzügen"

2013. „Für treuen Dienst in dreizehn Feldzügen"

2014. „Für treuen Dienst in vierzehn Feldzügen"

Gestiftet von König Wilhelm I. am 1. Januar 1840 für sämtliche Offiziere, Militärbeamte, Unteroffiziere und Soldaten, welche in württembergischen Diensten einen Feldzug mitgemacht, dabei „entweder den Kriegsschauplatz selbst betreten oder doch wenigstens die feindliche Grenze überschritten" hatten. Als einzelne Feldzüge galten die Kriegsjahre 1793, 1794, 1795, 1796, 1799, 1800, 1805, 1806, 1807, 1809, 1812, 1813 (nach Sachsen), 1813/1814 (gegen Frankreich), 1815. Es ist nicht gewiß, ob tatsächlich Kriegsdenkmünzen für mehr als elf Feldzüge ausgegeben worden sind, jedoch besteht immerhin die Möglichkeit, daß dies der Fall war. In der ehemaligen Sammlung des † Senators Justus Strandes in Hamburg befand sich ein Stück „für treuen Dienst in elf Feldzügen".

Die Stempel zu diesen aus Metall eroberter Geschütze in der Stuttgarter Münze geprägten Denkmünzen stammen von Gottlob August Dietelbach, der von 1837 bis 1870 dort als Medailleur tätig war.

Die Kriegsdenkmünzen haben eine kräftige Drahtöse mit Ring.

V: Innerhalb eines schmalen steifen, aus 30 kleinen Lorbeerblattgruppen gebildeten Kranzes, der oben und unten kreuzweise gebunden ist, der gekrönte Anfangsbuchstabe „𝕎" des königlichen Namens.

R: Auf einem unten halbkreisförmig gebogenen, oben jedoch dreifach geschweiften Schilde, der an seinen beiden äußeren Enden kleine Löwenköpfe trägt und auf zwei in den Scheiden steckenden gekreuzten Schwertern ruht, die fünfzeilige Inschrift „Für / treuen Dienst / in / einem / Feldzuge" bzw. „Für / treuen / Dienst / in / .... / Feldzügen".
Dieser Schild ist in der Regel 20 mm breit.

Größe: 30 mm.

Band: 33 mm breit, ponceaurot mit schwarzem Mittel- und ebensolchen Seitenstreifen von je 6 mm Breite; die letzteren sind je 1,5 mm von den Bandkanten entfernt.

2015. Kriegsdenkmünze für die Kriege 1793 bis 1815 mit dem Namenszuge „𝕎" aus Geschützmetall (Stempelverschiedenheit von Nr. 2001 ff.)

Es kommen auch Kriegsdenkmünzen für treuen Dienst in einem oder in mehreren der vorerwähnten Feldzüge vor, welche mit geänderten Stempeln geprägt sind. Es ist anzunehmen, daß Medailleur G. A. Dietelbach diese Stempel etwas später als diejenigen zu Nr. 2001 ff. geschnitten hat, vielleicht zu Nachprägungen von Ersatzstücken für verlorengegangene Denkmünzen.

V: Der steife Lorbeerkranz hat nur 20, aber etwas größere Blattgruppen mit Früchten. Im unteren kreuzweise geschlungenen Band erscheinen die kleinen (vertieften) Buchstaben „A" „D" (August Dietelbach), der Buchstabe „𝕎" und die Krone über demselben sind größer.

R: Das abgerundete und geschweifte Schildchen ist hier 24 mm breit und zeigt dementsprechend auch die Inschrift in größeren Buchstaben.

Größe und Band wie bei Nr. 2001 ff.

Anmerkung: Die häufig zu beobachtende Vergoldung von Kriegsdenkmünzen beider Prägungen ist stets eigenmächtig erfolgt, also nicht offiziell.

2016. Kriegsdenkmünze mit dem Namenszug „W" „für treuen Dienst in einem Feldzuge"

2017. Kriegsdenkmünze mit dem Namenszuge „𝕎" „für treuen Dienst in zwei Feldzügen", aus Geschützmetall, andere spätere veränderte Prägung (verliehen 1849)

Als im Jahre 1849 nach dem Feldzuge in Schleswig-Holstein 1848 wieder ein Anlaß zur Verleihung der Kriegsdenkmünze bestand, wurde die Vorderseite derselben mit einem neuen Stempel hergestellt. Diese Kriegsdenkmünzen sind selten, denn Württemberg hatte nur ein Bataillon Infanterie nach Schleswig gesandt. Einige Angehörige dieser Truppe, welche bereits die seitherige Kriegsdenkmünze „für treuen Dienst in einem Feldzuge" (Nr. 2001) besaßen, erhielten dafür eine solche der neuen Prägung mit der Inschrift „für treuen Dienst in zwei Feldzügen".

V: Innerhalb eines dichten Lorbeerkranzes mit Früchten, der unten mit einer flatternden Schleife gebunden ist, der Anfangsbuchstabe „W" unter einer schwebenden Königskrone. Unten am Rande zwischen den Enden der Bandschleife ein kleines „D" (Dietelbach).

R: Wahlweise mit dem Stempel zu Nr. 2001 ff. oder zu Nr. 2015 geprägt.

Größe und Band wie bei Nr. 2001 ff.

2018. Kriegsdenkmünze für treuen Dienst in einem Feldzuge

2019. Kriegsdenkmünze für treuen Dienst in zwei Feldzügen mit dem Namenszuge „K" des Königs Karl (verliehen 1866)

Den Teilnehmern am Kriege gegen Preußen im Jahre 1866 verlieh König Karl ebenfalls die württembergische Kriegsdenkmünze in einer nochmals veränderten Prägung.

Der neue Stempel zur Vorderseite stammte wieder von G. A. Dietelbach. Soweit Kriegsteilnehmer bereits die Denkmünze Nr. 2016 für Schleswig-Holstein besaßen, erhielten sie im Austausch dagegen die Kriegsdenkmünze mit dem Namenszuge „K" und mit der Inschrift „für / treuen Dienst / in / zwei / Feldzügen".

V: Innerhalb eines unten mit einer Doppelschleife gebundenen dichten Lorbeerkranzes mit Früchten der Buchstabe „K" in Frakturschrift unter einer freischwebenden Königskrone.

R: wie bei Nr. 2001 ff., mit dem kleineren, 20 mm breiten Schildchen.

Größe und Band wie bei Nr. 2001 ff.

Anmerkung: Es kommen häufig auch Kriegsdenkmünzen vor, bei denen, abgesehen von sonstigen Verschiedenheiten in der Prägung, die Inschrift der Rückseite in Antiqua-Versalien erscheint (vgl. v. Heyden Nr. 919). Diese Stücke sind stets private Nachprägungen.

2020. Goldene

2021. Silberne und

2022. Bronzene Erinnerungsmedaille zum 25jährigen Regierungsjubiläum König Karls 1889

Gestiftet von König Karl und verliehen gelegentlich seines 25jährigen Regierungsjubiläums am 25. Juni 1889 zur Erinnerung für die geladenen Gäste, die diensttuenden Hof- und Staatsbeamte, Offiziere sowie für die Hofbediensteten. Die goldenen Medaillen wurden in sehr geringer Anzahl nur an die fürstlichen Gäste verteilt.

Die Jubiläumsmedaille hat eine gewöhnliche Öse mit Ring und ist in der kgl. Münze zu Stuttgart geprägt worden. Auf der Vorder- und Rückseite läuft am Rande entlang eine dünne Perlenschnureinfassung.

V: Das nach rechts gewendete Brustbild des Jubilars in Uniform mit Hermelinmantel; Umschrift „KARL KÖNIG V. WÜRTTEMBERG", am Schulterabschnitt, klein „K. SCHWENZER".

R: Innerhalb eines unten mit einer Doppelschleife gebundenen Kranzes, der aus einem dichten Lorbeerzweig (links) und einem Eichenzweig (rechts) gebildet ist, unter einer kleinen Krone die sechszeilige Inschrift „ZUM / 25 JÄHRIGEN / REGIERUNGS- / JUBILÄUM / 25. JUNI / 1864—1889" und ein sechsstrahliges Sternchen.

Größe: 30 mm; Gewicht: in Gold ungefähr 17,5 g, in Silber 15 g.

Band: 34 mm breit, zinnoberrot mit zwei, je 7,5 mm breiten, schwarzen Streifen in 3,5 mm Entfernung voneinander.

2023. Erinnerungszeichen an König Karl I., Silber vergoldet (verliehen 1891)

Gestiftet von König Wilhelm II. durch Verfügung vom 24. Dezember 1891 zur Erinnerung für das militärische Gefolge und den Hofdienst des am 6. Oktober 1891 verstorbenen Königs Karl.

Das durchbrochen gearbeitete einseitige, langgestreckte ovale Erinnerungszeichen wird mittels einer an der Rückseite befestigten Nadel auf der linken Brustseite getragen. Es zeigt den matt vergoldeten, aufgelöteten verzierten Namenszug „K" unter einer offenen Königskrone, umgeben von einem ovalen, 5 mm breiten mattsilbernen Bande mit polierten Rändern, auf welchem rechts und links von der Krone das Datum „6. Octb." „1891" erscheint und das unten verschlungen und mit einer Schnalle geschlossen ist.

Größe: 58 mm hoch, 35 mm breit; Gewicht: 27,5 g.

2024. Abzeichen für das militärische Gefolge des Königs Wilhelm II. Silber mit goldenem Namenszuge „W." (verliehen 1897—1918)

Dieses Adjutantenabzeichen wurde von König Wilhelm II. am 12. März 1897 für sein militärisches Gefolge eingeführt.

Es stimmt in der Ausstattung mit dem Erinnerungszeichen an König Karl I. (Nr. 2023) überein, trägt aber innerhalb des 7 mm breiten, langgestreckten, ovalen, mattsilbernen Bandes mit polierten Rändern in echtem mattem Golde den gotischen Buchstaben „W" aufgelötet mit darüber stehender Krone.

Größe: 62 mm hoch, 38 mm breit.

2025. Silberne Hochzeitsmedaille (verliehen 1911)

Gestiftet von König Wilhelm II. für die Teilnehmer an der Feier seiner silbernen Hochzeit am 8. April 1911.

Die Vorderseite wurde von Professor Ludwig Habich modelliert. Mit den Stempeln aus der Prägeanstalt von Wilh. Mayer und Frz. Wilhelm in Stuttgart sind 2020 Stück mattsilberne Erinnerungsmedaillen in der kgl. Münze zu Stuttgart geprägt worden.

Sie haben eine angeprägte, viereckige, von oben nach unten durchlochte Öse, in der ein länglicher, flacher, nach oben zu breiter werdender Tragring hängt.

V: Die nach rechts gewendeten, hintereinander gestellten Köpfe des königlichen Paares, der Kopf des Königs im Vordergrunde. Darunter „LH.".

R: „WILHELM / CHARLOTTE / 1886—1911." in drei Zeilen.

Größe: 28 mm, Gewicht: 14 g.

Band: 35 mm breit, zitronengelb mit zwei schwarzen, je 3,5 mm breiten Seitenstreifen, diese je 1 mm von den Kanten entfernt.

2026. Dienst-Ehrenzeichen I. Klasse, bronzevergoldetes Kreuz

2027. Dienst-Ehrenzeichen II. Klasse, silbernes Kreuz
1. Form (verliehen 1833—1850)

Gestiftet von König Wilhelm I. am 9. September 1833. Die erste Klasse war für Offiziere und Ranggleiche nach 25jähriger, die zweite Klasse für Unteroffiziere und Soldaten nach 20jähriger Dienstzeit (ohne erhebliche Strafen) erreichbar. Am 7. Juni 1839 wurden die Statuten ohne Veränderung der Form der Dienst-Ehrenzeichen abgeändert.

Die beiden Kreuze sind von gleicher Größe und Form. Sie haben nach außen breiter werdende, ganz leicht geschweifte und gekörnte Arme, die von einer schmalen, erhöhten Linie umrandet sind, dazu eine von oben nach unten durchlochte runde Öse, in welcher der längliche Drahtring hängt. Im runden Mittelschildchen von 17 mm Durchmesser, das ebenfalls von einer erhöhten Linie umschlossen ist, befindet sich innerhalb eines aufgelöteten vergoldeten Lorbeerkranzes der Buchstabe „W" in gotischer Schrift. Beim bronzevergoldeten Dienst-Ehrenzeichen I. Klasse (für Offiziere) ist dieser Lorbeerkranz grün emailliert.

R: glatt und stark gewölbt.

Größe: 36 mm.

Band: 38 mm breit, ponceaurot mit zwei kornblumenblauen Seitenstreifen von je 5,5 mm Breite in 1 mm Entfernung von den Kanten.

2028. Dienst-Ehrenzeichen I. Klasse, bronzevergoldetes Kreuz

2929. Dienst-Ehrenzeichen II. Klasse, silbernes Kreuz
2. Form (verliehen 1850—1864)

Am 18. Dezember 1850 wurden wegen der militärischen Dienstauszeichnungen neue Bestimmungen erlassen. Nunmehr bekamen die Unteroffiziere schon nach 18 Dienstjahren (ohne wesentliche Strafe) das Ehrenzeichen II. Klasse und konnten nach ebenso gut vollendeten 30 Dienstjahren das Dienst-Ehrenzeichen I. Klasse verliehen erhalten.

Form und Größe der Kreuze hatten sich, wohl um die gleiche Zeit, ebenfalls etwas verändert. Vor allem hatten die Militär-Dienst-Ehrenzeichen beider Klassen fortan eine gewöhnliche Drahtöse mit Ring, auch ist die Oberfläche der stärker gekörnten Arme etwas nach oben gewölbt. Das Mittelschildchen hat einen Durchmesser von 19 mm. Die glatte Rückseite ist dagegen nicht mehr so stark gewölbt wie bei den beiden Kreuzen Nr. 2026 und 2027.

Größe: zuerst 36 mm, später nur mehr 34 mm.

Band: 36 mm breit, ponceaurot mit zwei je 4,5 mm breiten hellkornblumenblauen Seitenstreifen, letztere in 2 mm Abstand von den Kanten.

2030. **Dienstalterszeichen für 6 Dienstjahre**

2031. **Dienstalterszeichen für 12 Dienstjahre**

2032. **Dienstalterszeichen für 18 Dienstjahre**

2033. **Dienstalterszeichen für 24 Dienstjahre und**

2034. **Dienstalterszeichen für 30 Dienstjahre**
der Unteroffiziere und Soldaten, Schnallen in verschiedenem Metall (verliehen 1851—1870)

Gestiftet von König Wilhelm I. am 2. und 17. Dezember 1850 (Dekret des Kriegsministeriums vom 18. Dezember 1850) unter Aufhebung der bis dahin gebräuchlich gewesenen sogenannten „Chevrons" (Bortenwinkel), die nach 6 bzw. 12 Dienstjahren oben am linken Ärmel des Waffenrockes angebracht wurden. Die Dienstalterszeichen für 6 und für 12 Dienstjahre wurden in allen Fällen bei entsprechender Dienstzeit ausgegeben. Diejenigen für 18, 24 und 30 Dienstjahre erhielten dagegen nur solche Militärpersonen, denen infolge Nichterfüllung der Bedingungen (Führung ohne wesentliche Strafen) das Dienst-Ehrenzeichen II. Klasse bzw. I. Klasse nicht verliehen werden konnte; auch die Dienstalterszeichen, konnten nur an Personen verliehen werden, die sich deren nicht unwürdig zeigten. Im übrigen war es nur gestattet, die Dienstalterszeichen auf der Uniform zu tragen, niemals dagegen auf dem bürgerlichen Kleide.

Die Auszeichnungen bestehen aus Metallrahmen, welche die durchbrochen gearbeiteten römischen Zahlen der Dienstjahre tragen. Auf ihrer Rückseite haben sie einen angelöteten Metallstreifen zum Durchziehen des Bandes und eine Nadel zum Befestigen des Ehrenzeichens auf der linken Brust. Die Dienstauszeichnung für 6 Jahre zeigt in einer schwarz lackierten Umrahmung die versilberte Zahl „VI", diejenige für 12 Jahre in einer neusilbernen Umrahmung die vergoldete Zahl „XII", für 18 Jahre in einer vergoldeten Umrahmung die neusilberne Zahl „XVIII" und für 24 bzw. 30 Jahre in einer vergoldeten Umrahmung die vergoldeten Zahlen „XXIV" oder „XXX".

Größe: von Nr. 2030: 20 mm hoch, 43 mm breit; von Nr. 2031, 2032: 22 mm hoch, 44 mm breit; von Nr. 2033, 2034: 22 mm hoch, 47 mm breit.

Band: 36 mm breit, ponceaurot mit zwei hellkornblumenblauen, je 4,5 mm breiten Seitenstreifen in 2 mm Abstand von den Kanten.

2035. **Dienst-Ehrenzeichen I. Klasse, vergoldetes Kreuz,**

2036. **Dienst-Ehrenzeichen II. Klasse, silbernes Kreuz,**
mit dem Namenszuge „K" unter König Karl
(verliehen 1874—1892)

Das Dienst-Ehrenzeichen I. Klasse für 25 Dienstjahre der Offiziere wurde unter der Regierung des Königs Karl von 1864 bis 1891 mit dessen Namenszug auf dem Mittelschilde verliehen. Das Ehrenzeichen zweiter Klasse wurde unter Aufhebung der Dienstalterszeichen Nr. 2030 ff. nach Abschluß der Militärkonvention mit Preußen vom 25. November 1870 gemäß einer Allerhöchsten Order vom 16. März 1874 entsprechend den preußischen Bestimmungen für 21 Dienstjahre der Unteroffiziere ausgegeben.

Die vergoldeten oder silbernen Kreuze haben leicht geschweifte, gekörnte Arme, die nach außen zu breiter werden und, ebenso wie die runden Mittelschildchen (17 mm Durchmesser), auf der Vorder- und Rückseite mit einer erhöhten Linie eingefaßt sind. Die Kreuze sind mit einer gewöhnlichen Drahtöse nebst Ring versehen.

V. des Mittelschildchens: auf gekörntem Grunde, umrahmt von einem schmalen, grün emaillierten Lorbeerkranz der Buchstabe „ℜ" in Frakturschrift.

R. des Mittelschildchens: auf gekörntem Grunde zwei kleine gekreuzte Schwerter mit der Umschrift „FÜR TREUE DIENSTE".

Größe: 35 mm.

Band: 35 mm breit, zinnoberrot mit zwei himmelblauen, je 3 mm breiten Seitenstreifen mit 2 mm Abstand von den Kanten.

2037. Dienstauszeichnung I. Klasse für 15 Dienstjahre

2038. Dienstauszeichnung II. Klasse für 9 Dienstjahre der Unteroffiziere unter König Karl (verliehen 1874—1892)

Gestiftet von König Karl am 16. März 1874 auf Grund der Militärkonvention mit Preußen vom 25. November 1870 nach den dort geltenden Bestimmungen für 15 und 9 Dienstjahre der Unteroffiziere.

Die Dienstauszeichnungen bestehen aus schwarz gebeizten, rechteckigen Metallplatten, welche für 15 Dienstjahre mit einem vergoldeten, für 9 Dienstjahre jedoch mit einem silbernen Rahmen mit dem durchbrochen gearbeiteten verschlungenen Namenszuge „K R" in lateinischer Schreibschrift belegt sind. Auf dieser Umrahmung sitzt eine kleine, vergoldete bzw. silberne, 11 mm hohe Krone. Auf der Rückseite ist ein Metallstreifen zum Durchziehen des Bandes und eine waagerechte Nadel zum Befestigen des Ehrenzeichens auf der linken Brustseite unter der Ordensschnalle angelötet.

Größe: Ohne die Krone: 14 mm hoch, 44 mm lang.

Band: Wie bei Nr. 2035, 2036.

2039. Dienstehrenzeichen I. Klasse, vergoldetes Kreuz (verliehen 1891—1921)

2040. Dienstehrenzeichen II. Klasse, silbernes Kreuz mit dem Namenszuge „𝔚" unter König Wilhelm II. (verliehen 1891—1921)

Die Bestimmungen über die Verleihung der Dienstehrenzeichen wurden durch Allerhöchste Order vom 24. August 1914 dahingehend geändert, daß die 1. Klasse nunmehr „nach 25jähriger aktiver Dienstzeit sämtlichen Offizieren, höheren, mittleren und Unterbeamten sowie den Personen des Soldatenstandes vom Feldwebel abwärts, das Dienstehrenzeichen 2. Klasse nach 21jähriger Dienstzeit den Personen des Soldatenstandes vom Feldwebel abwärts sowie den Unterbeamten" verliehen wurde.

Die militärischen Dienstehrenzeichen beider Klassen wurden nach dem Regierungsantritt des Königs Wilhelm II. seit 1891 mit dem Anfangsbuchstaben „𝔚" in gotischer Schrift im Mittelschildchen ihrer Vorderseite ausgegeben.

Rückseite, Größe, Ausstattung und Band blieben unverändert.

2041. Dienstauszeichnung I. Klasse für 15 Dienstjahre
2042. Dienstauszeichnung II. Klasse für 9 Dienstjahre
der Unteroffiziere unter König Wilhelm II.
(verliehen 1891—1913)

Auch diese Dienstaltersauszeichnungen (Schnallen) wurden seit 1891 mit dem verschlungenen Namenszuge „WR" in gotischer Schrift versehen. Im übrigen stimmen diese Dienstauszeichnungen genau mit Nr. 2037 und Nr. 2038 überein. Ihre Verleihung hörte mit der Einführung der Dienstauszeichnungen Nr. 2043/2045 ebenfalls auf.

2043. Dienstauszeichnung I. Klasse für 15 Dienstjahre,
Kreuz, Tombakbronze (verliehen 1913—1921)

Gestiftet von König Wilhelm II. am 19. Juli 1913 gleichzeitig mit den Dienstauszeichnungen II. und III. Klasse in Abänderung der Ordre vom 16. März 1874, betreffend die Dienstauszeichnungen für Personen des Soldatenstandes, welche dem stehenden Heere angehörten. Von ihnen schon erworbene Dienstaltersauszeichnungen konnten gegen solche neuer Art umgetauscht werden. Die dem aktiven Heere nicht mehr angehörenden Personen konnten die erworbenen Dienstauszeichnungen in der neuen Form auf eigene Kosten anlegen. Beim Umtausch waren nicht die Klassenbezeichnungen, sondern die Dienstjahre zugrunde zu legen.

Die Dienstauszeichnung I. Klasse für vollendete 15jährige Dienstzeit besteht aus einem Kreuz von braun gebeizter Tombakbronze mit geraden, nach außen breiter werdenden glatten Armen, die von einer breiteren und einer ganz schmalen Linie eingefaßt sind.

V: Im runden Mittelschilde (15 mm Durchmesser) innerhalb einer schmalen Lorbeerumrandung die Königskrone.

R: Im runden Mittelschilde (15 mm Durchmesser) innerhalb einer schmalen Lorbeerumrandung die Zahl „XV".

Größe: 37 mm.

Band: 34 mm breit, zinnoberrot mit zwei je 3 mm breiten, himmelblauen Seitenstreifen in 1,5 mm Abstand von den Kanten.

2044. Dienstauszeichnung II. Klasse für 12 Dienstjahre,
Medaille aus gelbem Tombak (verliehen 1913—1921)
2045. Dienstauszeichnung III. Klasse für 9 Dienstjahre,
Medaille aus Neusilber (Argentan) (verliehen 1913—1917)
2045a. Dieselbe aus schwarz gebeiztem Eisen (verliehen 1917—1921)
Gleichzeitig mit Nr. 2043 eingeführt.

Die Dienstauszeichnungen II. und III. Klasse stimmen, abgesehen von der Metallfarbe und der Zahl der Dienstjahre auf der Rückseite ganz überein.

V: Im Felde innerhalb eines dichten Lorbeerkranzes, der oben von einer Agraffe, unten von einem gekreuzten Band zusammengehalten wird, die offene Königskrone.

R: In deutscher Schrift, dreizeilig „für / treue Dienste / bei der fahne", darunter in einem kleinen Eichenkranze die Zahlen „XII" bzw. „IX".

Größe: 31 mm.

Band: Wie vorher bei Nr. 2043.

2046. Landwehr-Dienstauszeichnung I. Klasse, silbernes Kreuz, mit dem Namenszuge „K" unter König Karl (verliehen 1879—1891)

Gestiftet von König Karl am 14. April 1879 für Offiziere und Ärzte des Beurlaubtenstandes übereinstimmend mit den in Preußen geltenden Bestimmungen gleichzeitig mit der Landwehr-Dienstauszeichnung II. Klasse (Nr. 2047) für längere, treu geleistete Dienste im Beurlaubtenstande und vorwurfsfreie Erfüllung der gesetzlichen Dienstzeit.

Das silberne Kreuz mit fein gekörnten, von einer erhöhten Linie eingefaßten Armen und mit gewöhnlicher Öse nebst Ring, stimmt in der Form und Größe mit dem Militär-Dienst-Ehrenzeichen II. Klasse (Nr. 2036) überein. Es hat jedoch eine größere Dicke. Die Mittelschildchen von 17 mm Durchmesser zeigen auf der vergoldeten

V: den gekrönten Buchstaben „K",auf der silbernen

R: die Zahl „XX".

Größe: 35 mm.

Band: 35 mm breit, zinnoberrot mit zwei je 3 mm breiten himmelblauen Seitenstreifen mit 2 mm Abstand von den Kanten.

2047. Landwehr-Dienstauszeichnung II. Klasse unter König Karl, vergoldete Schnalle (verliehen 1879—1891)

Über die Stiftung vergleiche das unter Nr. 2046 Gesagte.

Die Schnalle besteht aus einem vergoldeten Metallrahmen, welcher ein durchbrochen gearbeitetes, mit der Königskrone besetztes „K" umschließt und das dahinter liegende Band durchblicken läßt. An der Rückseite ist ein Metallstreifen zum Durchziehen des Bandes und eine Nadel zum Befestigen des Ehrenzeichens auf der linken Brustseite unter der Ordensschnalle angelötet.

Größe: 20 mm hoch, 40 mm breit.

Band: wie vorher bei Nr. 2046.

2048. Landwehr-Dienstauszeichnung I. Klasse, silbernes Kreuz, mit dem Namenszuge „W" unter König Wilhelm II. (verliehen 1891—1921)

Seit dem Regierungsantritt des Königs Wilhelm II. wurde die Landwehr-Dienstauszeichnung I. Klasse bei sonst ganz gleich gebliebener Form und Größe mit dem gekrönten Buchstaben „W" in gotischer Schrift ausgegeben.

Größe und Band wie bei Nr. 2046 ff.

2049. Landwehr-Dienstauszeichnung II. Klasse, vergoldete Schnalle, unter König Wilhelm II.

Auch die Landwehr-Dienstauszeichnung II. Klasse erhielt im Jahre 1891 bei sonst ganz gleich gebliebener Form den gekrönten und verzierten Buchstaben „W" in gotischem Charakter.

Größe und Band wie bei Nr. 2046 ff.

2050. Landwehr-Dienstauszeichnung II. Klasse, Medaille aus Tombakbronze (verliehen 1913—1921)

Gleichzeitig mit den Dienstauszeichnungen für das stehende Heer (Nr. 2043 ff.) am 19. Juli 1913 gestiftet.

Die Medaille wurde von diesem Zeitpunkte an an Stelle der bis dahin gebräuchlich gewesenen Landwehr-Dienstauszeichnung Nr. 2049 verliehen. Sie ist aus braun getönter Tombakbronze geprägt und hat eine gewöhnliche Drahtöse mit Ring.

V: Inmitten eines dichten Lorbeergewindes die Königskrone.

R: In fünf Zeilen die Inschrift „Für / treue Dienſte / in der Reſerve / und Land- / wehr".

Größe: 25 mm.

Band: 34 mm breit, zinnoberrot mit zwei je 3 mm breiten himmelblauen Seitenstreifen, in 1,5 mm Abstand von den Kanten.

2051. Jubiläums - Ehrenzeichen für Hofbedienstete nach 50jähriger Dienstzeit (verliehen 1895—1918)

Gestiftet von König Wilhelm II. im Oktober 1895 für Hofbedienstete nach 50jähriger Dienstzeit.

Das durchbrochen gearbeitete einseitige Ehrenzeichen wurde mit einer an der Rückseite befestigten Nadel auf der linken Brustseite angesteckt. Es besteht aus einem ovalen, langgestreckten, 7 mm breiten, mattsilbernen Bande mit polierten Rändern, das die aufgelötete arabische Zahl „50" mit der darüber befindlichen Königskrone in echt mattem Golde umschließt.

Größe: 62 mm hoch, 28 mm breit.

2052. Feuerwehrdienstehrenzeichen, 1. Form (verliehen 1885—1912)

Gestiftet durch königliche Entschließung vom 20. Dezember 1885 „in Anerkennung des gemeinnützigen Wirkens der freiwilligen Feuerwehren" für solche Mitglieder, „die 25 Jahre lang ununterbrochen und vorwurfsfrei gedient haben".

Das durchbrochen gearbeitete einseitige Ehrenzeichen besteht aus einem hochovalen vergoldeten Ringe, dessen Mitte eine ebenfalls (heller) vergoldete Kartusche mit dem württembergischen Wappen einnimmt. Oben am Rande des ovalen Ringes sitzt ein aufgelötetes, verziertes Schildchen mit dem schwarz emaillierten Buchstaben „K" und mit einer kleinen Königskrone, in der der Ring für das Band hängt. Im oberen Teile des Ringes die vertiefte, schwarz emaillierte Inschrift „XXV Jährige / Dienstzeit", auf dem unteren Teile (aufgelötet) und hinter der Kartusche verteilt, in Silber erhöht geprägte Feuerwehrgeräte.

Das ganze Ehrenzeichen ist auf einer rückseitigen vergoldeten Platte befestigt, auf der die Herstellerfirma „Stuttg. Metallwarenfab. / Wilh. Mayer & / Frz. Wilhelm / · Stuttgart · " eingeprägt ist.

Größe: 55 mm hoch, 40 mm breit.

Band: 35 mm breit, zinnoberrot mit sechs schwarzen, je 2,5 mm breiten Streifen, die unter sich je 3,5 mm Abstand haben; an den Kanten sind noch 1,5 mm breite rote Ränder sichtbar.

2053. Feuerwehrdienstehrenzeichen, 2. Form, Bronzene Medaille (verliehen 1912—1919)

Nach einer Bekanntmachung des Ministeriums des Innern vom 27. Dezember 1912 wurde mit königlicher Genehmigung bestimmt, daß an Stelle des am 20. Dezember 1885 gestifteten, durchbrochen gearbeiteten Ehrenzeichens Nr. 2052 in Zukunft die nachstehend beschriebene Bronze-Medaille zur Verausgabung gelangen solle.

V: Innerhalb eines schmalen Lorbeerkranzes im vertieften, sechseckigen Felde ein Feuerwehrhelm vor zwei sich kreuzenden Feuerwehrbeilen und einer senkrecht stehenden Leiter. Umschrift „·:· FÜR 25 JÄHRIGE DIENSTZEIT ·:· " und darüber am oberen Medaillenrande ein ovales Schildchen mit dem königlichen Namensbuchstaben „W".

R: „FÜR ⁄ 25 JÄHRIGE / DIENSTZEIT". Unten am Rande klein „W". MAYER & FR. WILHELM". Über dem oberen Rande der Medaille ist eine 14 mm hohe offene Königskrone aufgelötet. Der Bandring sitzt hier mit einer kleinen Öse am oberen rückseitigen Rande der Medaille.

Größe: 36 mm (ohne Krone).

Band: 37,5 mm breit, dreimal zinnoberrot und zweimal schwarz, je 7,5 mm breit gestreift.

2054. Feuerwehr-Ehrenzeichen des Freistaates Württemberg, bronzene Medaille (verliehen bis 1934)

Die württembergische Staatsregierung führte an Stelle des Ehrenzeichens für 25jährige Dienstzeit in der Feuerwehr (Nr. 2053) im Jahre 1920 ein neues Feuerwehr-Ehrenzeichen ein, das demselben Zwecke diente.

Die bronzene Medaille mit gewöhnlicher Öse und Ring ist in der Stuttgarter Hauptmünze geprägt worden.

V: Ein Feuerwehrhelm, dahinter eine Leiter sowie ein mit einem Pickel gekreuztes Beil. Das Ganze innerhalb eines auf die Spitze gestellten Sechsecks und umgeben von einem schmalen Lorbeerkranze. Am Rande entlang die Umschrift „FÜR 25JÄHRIGE DIENSTZEIT ···".

R: Dreizeilige Inschrift „FÜR / 25JÄHRIGE / DIENSTZEIT". Unten, klein „W. M. A. ST." (Württembergisches Münz-Amt Stuttgart).

Größe: 36 mm.

Band: Auf einen unten zugespitzten, rückseitig mit einer Anstecknadel versehenen Blechstreifen genäht: 37,5 mm breit, zusammengesetzt aus drei zinnoberroten und zwei schwarzen, je 7,5 mm breiten Streifen.

2055. Goldenes (Silber vergoldetes) und

2056. Silbernes Ehrenzeichen für weibliche Dienstboten (verliehen 1883—1918)

Gestiftet von Königin Olga, geborenen Großfürstin von Rußland, Gemahlin König Karls, am 7. November 1883 „für langjährige, treue Dienste in derselben Familie oder in demselben Anwesen". Bei einer Dienstzeit von 25 bis 50 Dienstjahren wurde das silberne, bei einer Dienstzeit von über 50 Jahren das silbervergoldete Kreuz verliehen.

Die Kreuze sind einseitig geprägt und haben gekörnte, stark geschweifte Arme mit erhöhter Linieneinfassung und abgeschrägten Spitzen. Der untere Kreuzarm ist länger als die übrigen. Eine runde, von oben nach unten gelochte Öse trägt den länglichen Ring.

V: Im Mittelschildchen (12,5 mm Durchmesser) der nach rechts gewendete Kopf der Königin Olga mit Diadem.

Größe: 46 mm hoch, 36 mm breit.

Band: Schwarzer Samt.

2057. Anerkennungs-Medaille der König-Karl-Jubiläums-Stiftung, Silber, 1. Form (verliehen 1893—1921)

Im Jahre 1891 wurde anläßlich des silbernen Regierungs-Jubiläums König Karls die „König-Karl-Jubiläums-Stiftung" ins Leben gerufen. Diese Wohlfahrtseinrichtung, welche unter der Aufsicht und Verwaltung des württembergischen Innenministeriums stand, hatte die Aufgabe, notleidenden ländlichen Ortsviehversicherungen mit Unterstützungen beizustehen, ebenso bestehenden oder neu zu gründenden Klein- und Hausindustriezweigen. Zur Anerkennung langjähriger und ersprießlicher Dienstleistungen bei solchen Vereinigungen stiftete König Wilhelm II. im Jahre 1899 eine silberne Medaille, die mit seiner Genehmigung durch das Ministerium des Innern verliehen wurde.

Diese in der Stuttgarter Hauptmünze geprägte Medaille hat eine gewöhnliche Öse mit Ring. Auf dem Bande ist eine rechteckige (19 mm hohe und 37 mm breite), reich verzierte und durchbrochen gearbeitete Schnalle aus schwarzem Eisen angebracht. In der Mitte derselben befindet sich auf einem hochovalen Schildchen der gekrönte Buchstabe „W". Rückseitig hat die Schnalle einen Metallstreifen mit Anstecknadel angelötet, durch welchen das Band gezogen ist. Die silberne Medaille zeigt auf der

V: den nach rechts blickenden Kopf des Stifters mit der Umschrift „WILHELM II KOENIG VON WUERTTEMBERG". Unter dem Halsabschnitt, klein „K. SCHWENZER"; auf der

R: in vier Zeilen die Inschrift „FÜR / LANGJÄHRIGE / TREUE / DIENSTE", umgeben von einem aus Eichenzweigen gebildeten, oben offenen Kranze, Umschrift „KOENIG-KARL-JUBILAEUMS-STIFTUNG".

Größe: 26 mm; Gewicht: 12 g.

Band: 28 mm breit, zinnoberrot mit zwei schwarzen, je 6 mm breiten Streifen, in 3 mm Abstand voneinander.

2058. Anerkennungs-Medaille der König-Karl-Jubiläums-Stiftung, Kupfer versilbert, 2. Form (verliehen 1921—1934)

Im Jahre 1921 wurde die Anerkennungs-Medaille der König-Karl-Jubiläums-Stiftung in einer neuen Prägung hergestellt; sie hat wieder eine gewöhnliche Öse mit Ring und eine rechteckige Schnalle mit Anstecknadel auf dem Bande. Letztere ist durchbrochen gearbeitet aus dunkelbraun oxydiertem Metall und hat eine Höhe von 17 mm bei 36 mm Breite. Ihre ganze Oberfläche bedeckt eine Zierleiste aus Eichenlaub, die oben und unten kreuzweise von Bändern umschlungen ist, während sich an den vier Ecken der Schnalle Ornamente befinden.

V: Der Kopf des Königs Karl mit der Umschrift „KOENIG KARL-JUBILAEUMS-STIFTUNG".

R: Innerhalb eines dichten Kranzes von Eichenlaub die vierzeilige Inschrift „FÜR / LANGJÄHRIGE / TREUE / DIENSTE".

Größe: 26 mm.

Band: 28 mm breit, zinnoberrot mit zwei je 6 mm breiten schwarzen Streifen, letztere in der Mitte 3 mm voneinander entfernt.

Würzburg

Großherzogtum von 1806 bis 1814.

Der Großherzog von Würzburg stiftete am 19. März 1807 mit Statuten vom 19. März 1808 den großherzoglich würzburgischen St. Josephs-Orden, der 1814 auf Toskana überging und dort im Jahre 1817 förmlich erneut worden ist. Das Großherzogtum Würzburg hatte daneben nur ein Ehrenzeichen.

2059. Goldene und
2060. Silberne Tapferkeitsmedaille
(verliehen 1806—1814)   Abbildung am Schluß des Bandes.

Gestiftet von Großherzog Ferdinand (von 1790 bis 1801 und von 1814 bis 1824 als Ferdinand III. Großherzog von Toskana, von 1802 bis 1805 Kurfürst von Salzburg, von 1805 bis 1806 Fürst und von da bis 1814 Großherzog von Würzburg) im Jahre 1806 (nach seinem Beitritt zum Rheinischen Bunde) zur Belohnung besonders tapferer Handlungen im Kriege für die Unteroffiziere und Soldaten der würzburgischen Truppen. Großherzog Ferdinand war ein jüngerer Bruder des Kaisers Franz I. von Österreich. Er ließ zu seiner Tapferkeitsmedaille in Wien vom Schöpfer des damaligen österreichischen „Ehrenzeichens für Tapferkeit", Kammermedailleur Joh. Nep. Wirt, die Stempel herstellen.

Die Vorderseite der Würzburger Tapferkeitsmedaille ist derjenigen ihres österreichischen Vorbildes auch täuschend ähnlich geworden, ebenso die querovale Öse mit dem breiten Ansatz. Die Würzburger Tapferkeitsdemaille, insbesondere natürlich die goldene, gehört heute zu den großen numismatischen Seltenheiten.

V: Der nach rechts blickende Kopf des Stifters mit gelocktem, offenem Haar, Umschrift „FERDINAND GROSSHERZOG VON WÜRZBURG", unter dem Halsabschnitt, klein „· I · N · WIRT · F · ".

R: Innerhalb zweier, unten mit einer großen Schleife zum Kranze gebundener Lorbeerzweige die dreizeilige Inschrift „LOHN / DER / TAPFERKEIT".

Größe: 37 mm; Gewicht: in Gold ungefähr 6 Dukaten (20 g), in Silber 18 g.

Band: 40 mm breit, dunkelrosa und weiß gerippt in einer Breite von 21 mm, mit je 4,5 mm breiten dunkelrosa Seitenstreifen und je 5 mm breiten weißen Rändern. (Dieses Band entspricht genau demjenigen der zeitgenössischen österreichischen Tapferkeitsmedaille.)

Nationalsozialistische Deutsche Arbeiterpartei (NSDAP.)

2061. Ehrenzeichen vom 9. November 1923 (Blutorden), silberne Medaille

Dieses Ehrenzeichen wurde vom Führer im März 1934 gestiftet und den aktiven Teilnehmern am 8. und 9. November 1923 in München, sofern sie bis zum 31. Dezember 1931 der NSDAP. wieder beigetreten waren, verliehen. Der Führer verfügte ferner, daß der Blutorden auch an solche Parteigenossen verliehen wird, die im alten Reich und in den österreichischen und sudetendeutschen Gauen im Kampf für die Bewegung

a) zum Tode verurteilt, dann zu lebenslänglichem Kerker begnadigt wurden,
b) Freiheits- bzw. Kerkerstrafen (auch in österreichischen Anhaltelagern) von mindestens einem Jahr verbüßt haben,
c) besonders schwer verletzt wurden.

Das Ehrenzeichen besteht aus einer silbernen Medaille von 40 mm Durchmesser.

V: Ein sich aufwärts schwingender Adler, der in den Fängen einen Eichenkranz hält, in dessen Mitte zweizeilig das Datum „9. / NOV." in lateinischer Schrift steht. Auf der rechten Seite des Kranzes, unterhalb des Halses des Adlers, in drei Zeilen die Inschrift „MÜNCHEN '/ 1923- / 1933".

R: Die Feldherrnhalle in München, darüber ein Hakenkreuz auf Strahlengrund, darüber im Halbkreis die Inschrift „UND JHR HABT DOCH GESIEGT" in lateinischer Schrift.

Band: 34 mm breit, rot mit je 3 mm breiten weißen Seiten- und ebenso breiten schwarzen Randstreifen.

Das Ehrenzeichen ist am Bande im Knopfloch der Patte der rechten oberen Rocktasche, in Zivil die Zivilschleife auf dem linken Rockaufschlag zu tragen.

2062. Goldenes Ehrenzeichen der NSDAP.

Dieses Ehrenzeichen wurde vom Führer am 13. Oktober 1933 gestiftet und wird an solche Parteigenossen und -genossinnen verliehen, welche die Mitgliedsnummer unter 100 000 besitzen und seit ihrem Eintritt ununterbrochen der Partei angehören. Es kann ferner für besonders hervorragende Dienste um die nationalsozialistische Bewegung und Erreichung ihrer Ziele verliehen werden.

Das Ehrenzeichen besteht aus einem goldenen Schilde, das auf der

V. in einem weiß-emaillierten Mittelfelde von 8 mm Durchmesser das schwarze Hakenkreuz zeigt. Das Mittelfeld ist von einem rotemaillierten, 4 mm breiten Ring umgeben mit der Inschrift „NATIONALSOZIALISTISCHE D. A. P.". Das Ganze ist umzogen von einem unten gebundenen, goldenen Eichenkranz von 3 mm Durchmesser.

R: Glatt. In ihr wird die Mitgliedsnummer eingraviert.

Größe: 30 mm.

Das Ehrenzeichen wird mittels Anstecknadel auf der Mitte der linken Rocktasche der Partei-Uniform getragen. Auf dem Zivilanzug wird dagegen ein kleineres Ehrenzeichen getragen, das nur 25 mm Durchmesser hat.

2063. „Ehrenzeichen der HJ." („goldenes Hitlerjugend-Abzeichen")

Dieses Ehrenzeichen wurde am 23. Juni 1934 gestiftet. Der Reichsjugendführer hat es mit Genehmigung des Führers allen denen, die der HJ. vor dem 1. Oktober 1932 angehört haben und seitdem in ihr, der Partei oder einer ihrer Gliederungen Dienst getan haben, verliehen.

Das Ehrenzeichen besteht aus einer aufrecht stehenden Raute, deren V. von rotem und weißem Email schräggeviert ist. Die Felder sind in der Mitte mit einem goldenen, auf der Spitze stehenden Quadrat belegt, in dem sich ein schwarzes Hakenkreuz befindet. Das Ehrenzeichen ist mit einem 2 mm breiten goldenen Rande umgeben. In ganz besonderen Fällen besteht der goldene Rand in einem goldenen Eichenlaubkranz.

R: Glatt mit Anstecknadel.

Das Ehrenzeichen darf zum HJ.-Dienstanzug und zum Zivilanzug getragen werden.

2064. Coburger Ehrenzeichen

Das Coburger Ehrenzeichen wurde anläßlich des Coburger Parteitages am 14./15. Oktober 1922 für alle Teilnehmer geschaffen. Es ist durch die Verordnung des Stellvertreters des Führers vom 6. November 1936 als besonderes Ehrenzeichen der Partei bestimmt worden.

Das Ehrenzeichen ist ein ovaler Ring mit der Inschrift „MIT HITLER IN COBURG" (oben) / „1922 1932" (unten) in lateinischer Schrift. Der äußere Rand des Ringes ist mit einem Lorbeerkranze geschmückt. Oberhalb des Ringes erscheint die Silhouette der Veste Coburg. In der Mitte des Ringes befindet sich ein Hakenkreuz. Dieses sowie der Ring ist von einem aufrecht stehenden Schwerte überdeckt. Größe: 39 mm breit und 54 mm hoch.

Das Ehrenzeichen wird an der linken Brustseite getragen.

2065. Nürnberger Parteitagabzeichen 1929

Dieses Abzeichen wurde vom Führer für alle Teilnehmer geschaffen und ist durch die Verordnung des Stellvertreters des Führers vom 6. November 1936 als besonderes Ehrenzeichen der Partei bestimmt.

Das Ehrenzeichen besteht aus einem metallenen, unten spitz zulaufenden Schilde. In der Mitte befindet sich ein mit dem Hakenkreuz innerhalb eines Kranzes bezeichneter Stahlhelm, auf dem ein auffliegender Adler sitzt. Links vom Adler die Zahl „1914", rechts vom Adler in drei Zeilen die Zahl „1919" und die Buchstaben „N. S. D. / A. P.". Unterhalb des Stahlhelms in drei Zeilen die Inschrift „PARTEI / TAG / 1929". Am oberen Schildesrande das Wort „NÜRNBERG", darüber die Silhouette der Burg von Nürnberg. Größe: 20 mm breit und 47 mm hoch.

Das Ehrenzeichen wird mittels Anstecknadel an der linken Brustseite getragen.

2066. Abzeichen vom SA.-Treffen in Braunschweig 1931

Das Ehrenzeichen wurde für alle Teilnehmer beim SA.-Treffen in Braunschweig 1931 gestiftet und ist durch die Verordnung des Stellvertreters des Führers vom 6. November 1936 als besonderes Ehrenzeichen der Partei bestimmt.

Das Ehrenzeichen besteht aus einem metallenen, ovalen Schilde, der von einem breiten, unten mit einer Schleife gebundenen Eichenkranze umgeben ist. In der Mitte in fünf Zeilen die Inschrift „S-A / TREFFEN / BRAUNSCHWEIG / 17/18 OKTOBER / 1931". Über der Inschrift das Hoheitszeichen.

Größe: 36 mm breit, 50 mm hoch.

Das Ehrenzeichen wird mittels Anstecknadel an der linken Brustseite getragen.

2067. Ehrenzeichen des NSD.-Studentenbundes

Das Abzeichen des NSD.-Studentenbundes ist eine Hakenkreuzraute, umgeben von einem silbernen länglichen Eichenlaubkranz. Das Abzeichen wird als Anstecknadel getragen. Das Ehrenzeichen des NSD.-Studentenbundes wurde an verdiente Kameraden des NSDSTB. verliehen, die in der Zeit vor dem 30. Januar 1933 im NSD.-Studentenbund aktiv gearbeitet haben. Es wurde in silberner Ausführung verliehen.

2068. Traditions-Gauabzeichen der Gaue: Sachsen, Bayerische Ostmark, Halle - Merseburg, Hessen - Nassau, Magdeburg - Anhalt, Mecklenburg

Die Gau-Ehrenzeichen werden von den Gauleitern an alte Kämpfer und für besondere Verdienste verliehen.

Das Ehrenzeichen besteht aus einem metallenen, schwarzgetönten Hakenkreuz, in dessen Mitte in heller Färbung die Jahreszahl „1923" bzw. „1925" erscheint. Das Hakenkreuz ruht mit seinen Enden auf einem dichtgewundenen Eichenkranz.

Größe: 45 mm breit und hoch.

Das Ehrenkreuz wird als Steckkreuz an der linken Brustseite getragen.

2069. Traditions-Gauabzeichen des Gaues Berlin 1926

Das Ehrenzeichen besteht aus einer silbernen Plakette, umgeben von einem grünemaillierten Eichenlaubkranz, der unten gebunden ist und auf dessen Schleife das Wort „BERLIN" steht. In der Mitte der Plakette das Hoheitszeichen der Partei, links davon die Zahl „1926", rechts davon die Zahl „1936". Das Ehrenzeichen wird auch in Gold verliehen.

Größe: 37 mm hoch und breit.

Das Ehrenzeichen wird an der linken Brustseite angesteckt getragen.

2070. Traditions-Gauabzeichen des Gaues Danzig

Das Ehrenzeichen besteht aus einem silbernen, ovalen Schilde, in dessen Mitte das Hakenkreuz mit dem Danziger Wappen belegt erscheint. Oberhalb des Hakenkreuzes das Wort „ALTER", unterhalb das Wort „KÄMPFER" in lateinischer Schrift. Das Ganze ist umgeben von einem dichten, dreimal kreuzweise gebundenen Eichenkranz.
Größe: 32 mm breit und 40 mm hoch.
Die 2. Ausführung hat durchbrochenen Grund und trägt deshalb keine Inschrift.
Das Ehrenzeichen wird an der linken Brustseite angesteckt getragen.

2071. Traditions-Gauabzeichen des Gaues Baden

Das Ehrenzeichen besteht aus dem Hoheitszeichen der Partei, umgeben von einem aus zwei Blattreihen bestehenden Eichenkranz, auf dessen unterem Teil sich ein Schild befindet mit der Inschrift „GAU BADEN" in lateinischer Schrift.
Größe: 32 mm breit und 43 mm hoch.
Das Ehrenzeichen wird in Gold und Silber verliehen. Das Ehrenzeichen wird auch in kleinerer runder Form in Silber als Brosche für Parteigenossinnen verliehen. Es hat einen Durchmesser von 27 mm.
Das Ehrenzeichen wird an der linken Brustseite angesteckt getragen.

2072. Traditions-Gauabzeichen des Gaues Thüringen

Das Ehrenzeichen besteht aus einem stilisierten, aufwärts fliegenden Adler, der in seinen Fängen ein Hakenkreuz hält, das in der Mitte die Inschrift trägt „FÜR TREUE". Oberhalb dieser Inschrift rechts die Buchstaben „N. S. D. A. P.", links unterhalb das Wort „THÜRING.".
Das Ehrenzeichen ist aus Silber gefertigt und wird an der linken Brustseite angesteckt getragen.

2073. Traditions-Gauabzeichen des Gaues Ost-Hannover

Das Ehrenzeichen ist ein metallener Schild, umgeben von einem oben offenen Eichenkranz. In der Mitte des Schildes ein Hakenkreuz, darüber die Inschrift „GAUTAG OSTHANNOVER". Um das Hakenkreuz herum die Inschrift „IM JAHRE DER NATIONALSOZIAL. ERHEBUNG" in lateinischer Schrift. Am oberen Rande des Schildes eine ovale, am Rande schnurartig verzierte Platte, in deren Mitte das hannoversche Wappentier, ein laufendes Pferd, sichtbar ist, unter ihm die Zahl „1933".
Größe: 40 mm breit und 50 mm hoch.
Das Ehrenzeichen wird in Gold, Silber und Bronze verliehen und wird an der linken Brustseite angesteckt getragen.

2074. Traditions-Gauabzeichen des Gaues Essen

Das Ehrenzeichen besteht aus einem aufwärtsgerichteten Schwert mit zwei gekreuzten Hämmern mit den Jahreszahlen 1925 und 1935. Das Abzeichen wird in Gold und Silber verliehen.

2075. Traditions-Gauabzeichen des Gaues Ostpreußen

Das Ehrenzeichen trägt auf einem ovalen Rahmen mit Eichenlaubverzierung den Hoheitsadler. Den Hintergrund bildet ein Wappenschild. Das Ehrenzeichen wird in Silber verliehen.

2076. Die Dienstauszeichnung der NSDAP. für 25jährige Dienstzeit, vergoldetes, emailliertes Kreuz

2077. Dieselbe für 15jährige Dienstzeit, silbernes, emailliertes Kreuz

2078. Dieselbe für 10jährige Dienstzeit, bronzenes Kreuz.

Am 12. April 1939 stiftete der Führer die Dienstauszeichnung der NSDAP., um allen Parteigenossen eine Anerkennung für treue Pflichterfüllung zu gewähren. In Frage kommen Politische Leiter, Angehörige einer Gliederung oder eines angeschlossenen Verbandes, die hauptamtlich oder ehrenamtlich tätig sind.

Die Auszeichnung wird in drei Stufen verliehen, für 25-, 15- und 10jährige Dienstzeit. Die Auszeichnung besteht aus einem Kreuz mit bogig sich verbreiternden, mehrfach gerieft geränderten Armen, deren Fläche für 25 Jahre weiß, für 15 Jahre dunkelblau emailliert ist. Zwischen den Kreuzarmen befindet sich je ein Bündel von fünf scharfkantigen Strahlen im Metall des Kreuzes. Dieses ist für 25 Jahre bronzevergoldet, für 15 Jahre versilbert, für 10 Jahre bronzen.

Auf den Interimsspangen wird das Band mit einer Miniatur des Mittelstücks besteckt.

V: In dem von einem Eichenlaubkranz umzogenen runden, wie die Kreuzarme emaillierten (bzw. metallenen) Mittelschild, mit der Flügelspitze darüber hinausragend, das Hoheitszeichen der NSDAP.

R: Wie die Vorderseite, in dem gegebenenfalls auch emaillierten, von einem Eichenlaubkranz umzogenen Mittelschild die Inschrift „Treue / für Führer / und / Volk" in vier Zeilen.

Band: 30 mm breit (für Frauen am Hals oder zur Schleife gelegt zu tragen: 15 mm breit).

Für 25 Jahre (Nr. 2076) rot mit weißen, durch einen goldenen ¾ mm breiten Streifen unterbrochenen 4,5 mm breiten Seitenstreifen in 1 mm Abstand von der Kante.

Für 15 Jahre (Nr. 2077) blau mit weißen, durch einen blauen ¾ mm breiten Streifen unterbrochenen 4,5 mm breiten Seitenstreifen in 1 mm Abstand von der Kante.

Für 10 Jahre (Nr. 2078) dunkelbraun mit weißen, durch einen dunkelbraunen ¾ mm breiten Streifen unterbrochenen 4,5 mm breiten Seitenstreifen in 1 mm Abstand von der Kante.

Berichtigungen und Ergänzungen

Seite 56:

Die Nr. 215 fehlt.

Seite 104:

390—390aa. Kreuz von Danzig

Einzelne Verleihungen des Kreuzes von Danzig kamen nachträglich noch im Jahre 1940 vor.

Seite 294:

1068—1073. Goldene Zivil-Ehrenmedaille muß es heißen:

V: Das jugendliche nach links blickende Brustbild des Kaisers; Umschrift: „FRANCISCVS ˙ IOSEPHVS ˙ I ˙ D ˙ G ˙ AVSTRIAE ˙ ˙ IMPERATOR". Unter dem Halsabschnitt „K. LANGE".

Seite 119:

Großkreuz des Eisernen Kreuzes.

Die äußere Einfassung ist gemäß einer Anordnung des Führers vom 3. Juni 1940 nicht golden, sondern ebenfalls silbern zu halten.

Ritterkreuz des Eisernen Kreuzes

Der Führer und Oberste Befehlshaber der Wehrmacht hat durch Verordnung vom 3. Juni 1940 ein Eichenlaub zum Ritterkreuz des Eisernen Kreuzes gestiftet, das als besondere Auszeichnung an Inhaber des Ritterkreuzes des Eisernen Kreuzes verliehen wird. Das Eichenlaub besteht aus drei nebeneinanderliegenden silbernen Blättern und liegt auf der Bandspange auf.

Seite 465:

1639a. Verdienstkreuz des Herzoglich Sachsen-Ernestinischen Hausordens mit Schwertern am Ring.

Der Herzog von Coburg genehmigte „unter dem 16. Oktober 1935, dem 13. Jahrestag des Freiheitsmarsches des Nationalsozialismus unter Adolf Hitler nach Coburg, den von ihm nach dem 30. Januar 1933 beliehenen Freunden aus Bewegung und Wehrmacht das Tragen des Hausordens" — also auch des angeschlossenen Verdienstkreuzes, der Verdienstmedaille (Nr. 1733 ff.) und der Carl-Eduard-Medaille (Nr. 1778a) — „mit Schwertern am Ring".

1738a. Verdienstmedaille in Gold des Herzoglich Sachsen-Ernestinischen Hausordens mit Schwertern, Silber vergoldet.

1738b. Dieselbe in Silber (verliehen 1935).

Die Medaille Nr. 1733 ff. wurde gemäß einer Verfügung des Herzogs Carl Eduard vom „16. Oktober 1935, dem 13. Jahrestag des Freiheitsmarsches des Nationalsozialismus unter Adolf Hitler nach Coburg, den von ihm nach dem 30. Januar 1933 beliehenen Freunden aus Bewegung und Wehrmacht" mit Schwertern am Ringe zu tragen gestattet; die gleiche Regelung erfolgte für den Hausorden, dessen Verdienstkreuz (Nr. 1637 ff.) und die Carl-Eduard-Medaille (Nr. 1778a).

Seite 481:

1778. Vgl. 1738 a, b.

LITERATUR UND QUELLEN

Hermann v. Heyden, Ehren-Zeichen (Kriegs-Denkzeichen, Verdienst- und Dienstalters-Zeichen) der erloschenen und blühenden Staaten Deutschlands und Österreich-Ungarns, 296 S., Meiningen 1897; Nachtrag, 19 S., Meiningen 1898; II. Nachtrag (1898—1906), 70 S., Frankfurt a. M. 1906; III. Nachtrag (1906 bis 1910), 31 S., V Tf., Wiesbaden 1910.

Derselbe, Der Concordien-Orden, die Ehren-Medaillen, sowie die Feldzugs- und Dienstalterszeichen des Großherzogtums, des General-Gouvernements und der Freien Stadt Frankfurt. In: Archiv für Frankfurts Geschichte und Kunst, 3. Folge, Band III, 108 S., III Tf., Frankfurt a. M. 1890.

Georg Schreiber, Die Orden und Ehrenzeichen Anhalts wie der Sächsischen Herzogtümer, 151 S., XV Tf., München 1906.

Friedrich Gottschalck, Almanach der Ritterorden, 3 Bände (Jahrgänge), 8°, 339, 324 + 104, 339 S., mehrere Tafeln, Leipzig 1817, 1818, 1819.

Gustav Adolph Ackermann, Ordensbuch sämmtlicher in Europa blühender und erloschener Orden und Ehrenzeichen, 255 S., XLIV Tf., Annaberg 1855.

H. Schulze, Chronik sämtlicher bekannten Ritter-Orden und Ehrenzeichen etc., 2°, XVIII + 1164 S., XXXXV Tf., Berlin 1855; Supplément-Band, XIX + 522 S., LXVII Tf., Berlin 1870; Supplément-Band II, XXVII + 230 S., XXVIII Tf., Berlin 1878.

Ludwig Schneider, Das Buch vom Eisernen Kreuze, 148 + 64 S., I Tf., Berlin 1872.

Derselbe, Das Düppeler Sturm-Kreuz, 9+3 S., I Tf., Berlin 1867.

Derselbe, Das Erinnerungs-Kreuz für den Feldzug 1866, 18 S., I Tf., Berlin 1867.

Derselbe, Die Kriegsdenkmünze für den Feldzug 1870—71, 19 S., I Tf., Berlin 1872.

Derselbe, Das Buch vom Rothen Adler-Orden, gr. 4°, 139 + 106 S., XXI Tf., Berlin 1857, ergänzt 1863.

Derselbe, Der Louisen-Orden, 43 + 16 S., II Tf., Berlin 1867.

Derselbe, Die Medaille für Rettung aus Gefahr, 18+17 S., I Tf., Berlin 1867.

Derselbe, Das Verdienstkreuz für Frauen und Jungfrauen, Berlin 1872.

Derselbe, Der Fürstliche Haus-Orden von Hohenzollern, 8 + 4 S., 1 Tf., Berlin 1869.

F. W. Hoeftmann, Der Preußische Ordens-Herold, 204 S., XVIII Tf., Berlin 1868; Nachtrag, 20 S., Tf. XIX, Berlin 1871; Zweiter Nachtrag, 12 S., Tf. XX—XXI, Berlin 1900.

August Holzmann, Badens Orden und Ehrenzeichen, Wappen, Flaggen etc., Karlsruhe 1909.

Jakob Leser und Oskar Leser, Die Ritter- und Verdienstorden, Ehren-, Verdienst- und Denkzeichen, sowie Dienstaltersauszeichnungen des Königsreichs Bayern, 253 + 1 S. (Nachtrag), 16 Tf., Straubing 1910.

August Finkam, Die an Braunschweiger und Hannoveraner verliehenen Ehrenzeichen für Krieg, Verdienst und Dienstalter, 39 S., 20 Abb., Hannover 1901.

Behrendt Pick, Die Arbeiten des Gothaer Stempelschneiders Ferdinand Helfricht, 8°, 86 S., II Tf., Gotha 1916.

Strack von Weißenbach, Geschichte des königlich Württembergischen Militärverdienstordens und der sonstigen königlich Württembergischen Militärehrenzeichen, Stuttgart 1907.

Christian Binder, Württembergische Münz- und Medaillen-Kunde, neu bearbeitet von Jul. Ebner, I. Bd., 293 S., XX Doppeltf.

Hans Stuckenschmidt, Das Bremische Feldbataillon 1813—1867 (II. Teil). In: Bremisches Jahrbuch, 36. Bd., Bremen 1936 (S. 302—303).

Heinrich Behrens, Münzen und Medaillen der Stadt und des Bistums Lübeck, Berlin 1905, S. 232 f.

August v. Müller Wandau, Die Tapferkeitsmedaille. In: Mitteilungen d. österr. Gesellschaft für Münz- und Medaillenkunde in Wien, XIV (XXIX), Wien 1918, Nr. 5, S. 49—53, Nr. 6, S. 61—64, Nr. 7, S. 73—76, Nr. 8, S. 81—83.

Heinrich F. Michetschläger, Das Ordensbuch der gewesenen Österreichisch-Ungarischen Monarchie, gr. 2° quer, 40 S., XXVI Tf., Wien 1918/19.

Akten der meisten einschlägigen Ministerien- und Staatsarchive ehemaliger deutscher Bundesstaaten, die Ordens- und Ehrenzeichensammlungen der beiden Verfasser sowie die Statutensammlung von Dr. O. Neubecker, Berlin-Kleinmachnow.

ANHALT

TAFEL 1

BADEN

74,75. Karl Friedrich-Militär-Verdienstmedaille.

150. Verdienstkreuz vom Zähringer Löwen.

90,91. Civil-Verdienstmedaille mit Brustbild Großherzog Carl Friedrichs.

106-109. Civil-Verdienstmedaille mit dem Bild des Prinzregenten Friedrich.

95. Civil-Verdienstmedaille mit Bild des Großherzogs Ludwig.

118. Civil-Verdienstmedaille mit dem geänderten jüngeren Bild Großherzog Friedrichs I.

151. Erinnerungskreuz für freiwillige Hilfstätigkeit während des Krieges 1870/71.

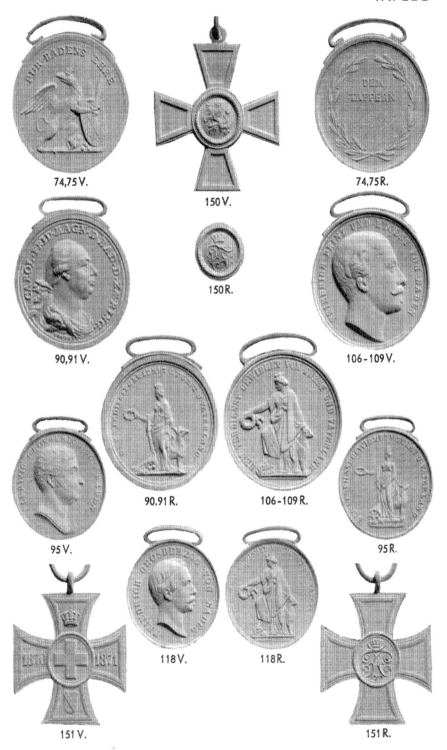

74,75 V.

150 V.

74,75 R.

90,91 V.

150 R.

106-109 V.

95 V.

90,91 R.

106-109 R.

95 R.

151 V.

118 V.

118 R.

151 R.

BADEN

126,132. Verdienstmedaille mit dem Bild Großherzog Friedrichs II.

146,148. Medaille für Rettung mit dem Bild Großherzog Friedrichs II.

152. Kreuz für freiwillige Kriegshilfe.

154. Kriegsverdienstkreuz.

177. Dienstauszeichnungskreuz für 25 Dienstjahre der Offiziere.

153. Kreuz für freiwillige Kriegshilfe mit Eichenkranz.

BAMBERG

212. Militair-Verdienstmedaille.

BAYERN

213,214. Militär-Verdienstmedaille mit Brustbild des Kurfürsten Carl Theodor.

256. Civilverdienst-Medaille mit Brustbild des Kurfürsten Carl Theodor.

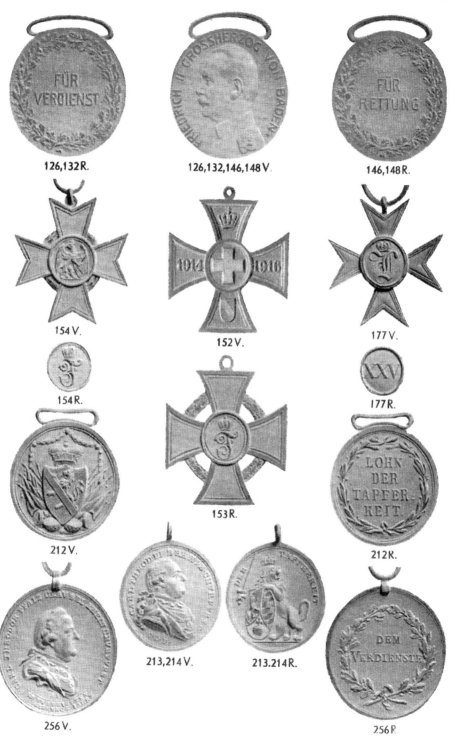

126,132 R.

126,132,146,148 V.

146,148 R.

154 V.

152 V.

177 V.

154 R.

177 R.

212 V.

153 R.

212 R.

256 V.

213,214 V.

213.214 R.

256 R.

BAYERN

228,229. Militär-Sanitätsehrenzeichen.

231. Militär-Verdienstkreuz mit Schwertern (Kriegsdekoration).

244. Militär-Verdienstkreuz III. Klasse mit Krone.

221-223. Militär-Verdienst- (Tapferkeits-) Medaille mit dem (größeren) Brustbild Max Josef I.

289,290. St. Georgs-Medaille.

274,275. Ludwigs-Medaille für Wissenschaft und Kunst.

276,277. Ludwigs-Medaille für Industrie.

228,229 V.

231 V.

228,229 R.

221-223 V.

244 R.

221-223 R.

289,290 V.

244 V.

289,290 R.

274,275 R.

274-277 V.

276,277 R.

BAYERN

272. Rettungsmedaille, Silber, 1. Form.

271,338,339. König Ludwig-Kreuz und Jubiläumskreuz für Offiziere und Unteroffiziere des K. u. K. (ungarischen) Infanterie-Regts. Nr. 62 „Ludwig III. König v. Bayern".

299. Ehrenkreuz des Ludwigsordens für 50 Dienstjahre.

282. Prinzregent Luitpold-Medaille mit der Krone.

278-286. Prinzregent Luitpold-Medaille.

328. Jubiläumsmedaille (für die Armee).

302. Ehrenmünze des Ludwigsordens.

298. Erinnerungszeichen für Zivilärzte 1866.

272 V.

271, 338, 339 V.

272 R.

271 R.

338 R.

299 V

282 V.

299 R.

278-286 R.

328 R.

302 V.

298

302 R.

BRAUNSCHWEIG

349. Militärverdienstmedaille für 1815.

350. Zivil-Verdienstmedaille.

353. Militär-Verdienstkreuz 1914/18.

359. Rettungsmedaille.

373,374. Kreuz für den Feldzug 1809.

365,366. Ehrenmedaille für die Feldzüge in Spanien und Portugal 1810—1814 mit dem Herzoglichen Namenszug „C".

354. Kriegsverdienstkreuz I. Klasse.

342. Verdienstkreuz I. Klasse mit Schwertern des Ordens Heinrichs des Löwen.

345. Verdienstkreuz II. Klasse mit Schwertern des Ordens Heinrichs des Löwen.

358. Kriegs-Verdienstkreuz für Frauen und Jungfrauen.

349R.

349V.

350V.

350R.

353V.

359V.

359R.

373,374V.

353R.

373,374R.

365,366V

354

365,366R.

342

358V.

358R.

345

DEUTSCHES REICH

407. Rettungsmedaille am Bande.

394,395. Kriegsverdienst-Medaille I. Klasse.

412. Deutsche Olympia-Erinnerungsmedaille.

411b. Deutsches Olympia-Ehrenzeichen II. Klasse.

442. Deutsche Verdienstmedaille.

408. Ehrenkreuz für Teilnehmer am Weltkriege, für Frontkämpfer.

441. Grubenwehr-Ehrenzeichen, neue Form.

443. Medaille des Deutschen Roten Kreuzes.

444. Medaille zur Erinnerung an den 13. März 1938.

407 V.

394, 395 V.

394, 395 R.

407 R.

412 V.

411 b

412 R.

442 V.

408

442 R.

441 V.

441 R.

443 V.

444 V.

444 R.

443 R.

DEUTSCHES REICH

411. Deutsches Schutzwall-Ehrenzeichen.

444a. Medaille zur Erinnerung an den 1. Oktober 1938.

444b. Spange zur Medaille zur Erinnerung an den 1. Oktober 1938.

444c. Medaille zur Erinnerung an die Heimkehr des Memellandes.

407g. Kriegsverdienstkreuz 1. Klasse mit Schwertern.

407j. (407i ist zu streichen.) Kriegsverdienstkreuz 2. Klasse ohne Schwerter.

407i,407jR. muß heißen: 407g,407hR.

410g-410k. Verwundetenabzeichen.

407f. Silberspange mit dem Hoheitsabzeichen und der Jahreszahl 1939 zum Eisernen Kreuz des Weltkrieges 2. Klasse.

413. Dienstauszeichnung für die Wehrmacht I. Klasse mit Eichenlaub, für 40 Dienstjahre.

407b. Ritterkreuz des Eisernen Kreuzes.

433. ⚡-Dienstauszeichnung 3. Stufe.

407e. Silberspange mit dem Hoheitsabzeichen und der Jahreszahl 1939 zum Eisernen Kreuz des Weltkrieges 1. Klasse.

411 V.

EIN REICH EIN
VOLK
1.
OKTOBER
1938
FÜHRER EIN

444 a R.

444 a, 444 b, 444 c V.

ZUR
ERINNERUNG
AN DIE HEIM
KEHR DES
MEMELLANDES
22 MÄRZ
1939

444 c R.

FÜR
ARBEIT
ZUM
SCHUTZE
DEUTSCH
LANDS

411 R.

407 g

410 g -   410 k

1939

407 i, 407 j R.

407 i, 407 j V.

407 f

1939

407 b V.

413

433 V.

407 e

1939

FÜR
TREUE DIENSTE
IN DER

433 R.

DEUTSCHES REICH

434. ᛋᛋ-Dienstauszeichnung 4. Stufe.

410a-410c. Spanien-Kreuz mit Schwertern.

410f. Ehrenkreuz für Hinterbliebene deutscher Spanienkämpfer

422a. Zollgrenzschutz-Ehrenzeichen.

443a. Medaille für deutsche Volkspflege.

412a-412c. Ehrenkreuz der deutschen Mutter.

406j. Schlesisches Bewährungsabzeichen (Schlesischer Adler) I. Stufe.

406i. Kolonialabzeichen sog. Elefantenorden.

440. Reichsgrubenwehr-Ehrenzeichen, erste Form.

434 V.

410a- 410c

434 R.

422a V.

410 f

422a R.

443a V.

412a-412c

443a R.

406j

440

406i

DEUTSCHES REICH

436. Luftschutz-Ehrenzeichen 2. Stufe.

438,439. Feuerwehr-Ehrenzeichen.

435. Luftschutz-Ehrenzeichen 1. Stufe, Kreuz.

415,416. Dienstauszeichnung für die Wehrmacht III. Klasse.

419. Treudienst-Ehrenzeichen der Sonderstufe für Angestellte und Arbeiter der freien Wirtschaft (für 50jähr. treue Dienstleistung).

413a. Dienstauszeichnung für die Wehrmacht I. Klasse.

414. Dienstauszeichnung für die Wehrmacht II. Klasse.

436 V.

438, 439

436 R.

415, 416 V.

435 V.

435 R.

415 R.

419 V.

413 a. R.

414 R.

413 a. V.

419 R.

414 V.

DEUTSCHES REICH

420,421. Polizei-Dienstauszeichnung.

423-430. Dienstauszeichnung für den Reichsarbeitsdienst.

422. Polizei-Dienstauszeichnung 3. Stufe.

FRANKFURT A. M.

448,449. Ehrenmedaille mit dem Bild Großherzog Carls.

454. Ehrenkreuz für die Offiziere der Linie.

445-447. Ehrenmedaille mit dem Bild des Fürstprimas.

452. Ehrenkreuz für die Offiziere der treugebliebenen Freiwilligen des 2. Landwehr-Bataillons (Fulda).

420,421 V.

423-430 R.

420,421 R.

423-426 V.

427-430 V.

422 V.

422 R.

V. 448,449 R.

454 V.

454 R.

V. 445-447 R.

452 V.

452 R.

HANNOVER

492. Waterloo-Medaille, 1815.

468. Verdienstkreuz des Ernst August-Ordens.

487. Verdienst-Medaille für Rettung aus Gefahr, 1. Prägung.

486. Goldene Ehren-Medaille für Kunst und Wissenschaft, Stempel von Brehmer.

501. Wilhelms-Medaille mit dem (jüngeren) Bild des Königs Ernst August.

497. Ernst August-Kreuz.

FREIE HANSESTÄDTE
BREMEN, HAMBURG, LÜBECK

507. Gemeinsame Kriegsdenkmünze für die Hanseatische Legion.

524. Ovale Medaille für 50jährigen Dienst im Bürger-Militär.

492 V.

468 V.

492 R.

487 V.

468 R.

487 R.

486 V.

486 R.

501 V.

501 R.

507 V.

497 V.

507 R.

524 V.

497 R.

524 R.

FREIE HANSESTÄDTE
BREMEN, HAMBURG, LÜBECK

508-510. Das Hanseatenkreuz.

520. Kreuz für 20 Dienstjahre für sämtliche Militärpersonen aller Grade.

516. Der Eiserne Roland.

HESSEN-KASSEL
(KURHESSEN)

669,670. Militär-Verdienst-Medaille.

671,672. Civil-Verdienstmedaille.

667. „Eiserner Helm" für Tapferkeit, erste Form, auf dem „Brabanter Kreuz".

668. „Eiserner Helm", zweite Form, auf dem „Deutschen Kreuz".

508 V.

508-510 R.

669, 670 V.

509 V.

510 V.

669, 670 R.

671, 672 V.

520 V.

671, 672 R.

520 R.

667

516

668

HESSEN
HESSEN-HOMBURG, HESSEN-KASSEL

687-688. Dienstauszeichnung für Unteroffiziere.

665. Dienstalterszeichen der Unteroffiziere und Soldaten.

679,680. Verdienstkreuz mit scharfkantigen Armen, letzte Form.

675-678. Verdienstkreuz mit dem Namenszug des Kurfürsten Friedrich Wilhelm.

659b. Schwerterkreuz für 1814 und 1815.

660. Feldienstzeichen, Kriegsdenkmünze.

592. Ehrenzeichen für Verdienste während der Wassernot 1882/83.

Bei 592 R. ist noch zu setzen: 576 R.

576. Allgemeines Ehrenzeichen mit der R.-Inschrift: Für Rettung aus Lebensgefahr.

614. Ehrenzeichen für Kriegsfürsorge.

582-591a. Allgemeines Ehrenzeichen mit Bild des Großherzogs Ernst Ludwig.

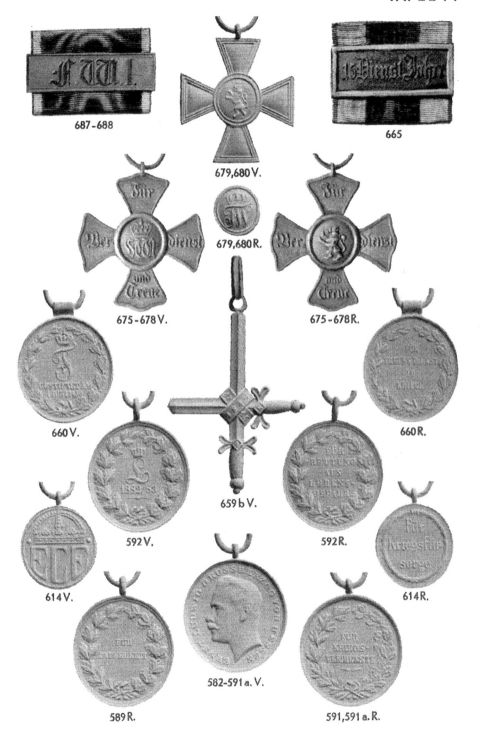

687–688

679,680 V.

665

675–678 V.

679,680 R.

675–678 R.

660 V.

660 R.

659 b V.

592 V.

592 R.

614 V.

614 R.

589 R.

582–591 a. V.

591,591 a. R.

HESSEN
HESSEN-HOMBURG, HESSEN-KASSEL

619,620. Verdienstmedaille mit Bild der Großherzogin Alice.

623. Militärisches Erinnerungszeichen für Kriegsveteranen von 1792—1815.

608,610-613. Militär-Sanitäts-Kreuz.

606. Kriegerehrenzeichen.

HOHENZOLLERN

696,698. Ehrenmedaille mit Schwertern.

708. Dienstauszeichnungskreuz für 25 Dienstjahre der Offiziere.

ISENBURG

712a,712b. Kriegsdenkmünze für 1814 und 1815.

LIPPE

723. Zivil-Verdienstmedaille.

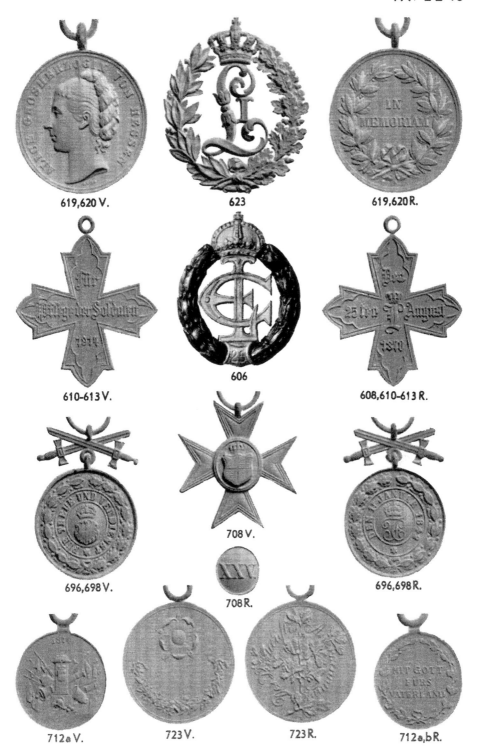

619, 620 V.

623

619, 620 R.

610–613 V.

606

608, 610–613 R.

696, 698 V.

708 V.

708 R.

696, 698 R.

712 a V.

723 V.

723 R.

712 a, b R.

LIECHTENSTEIN

716. Dienstauszeichnung I. Klasse.

LIPPE

725. Militär-Verdienstmedaille mit Schwertern, 2. Prägung.

746,747. Kriegsverdienstkreuz (für Kämpfer).

745. Kriegsehrenkreuz für heldenmütige Tat.

SCHAUMBURG-LIPPE

779,779a. Militärverdienst-Medaille mit Schwertern.
Militärverdienst-Medaille mit „Rotem Kreuz".
(Band ist Vorderseite, nicht Rückseite.)

789. Militär-Denkmünze für die Kriege 1808—1815.

781,783. Kreuz für treue Dienste.

MAINZ (KURMAINZ)

812-814. Tapferkeits-Medaille.

725 V.

716

725 R.

746, 747 V.

746, 747 R.

745

779 V.

789 V.

789 R.

779 a. R.

812-814 V.

781, 783

812-814 R.

MAINZ (KURMAINZ)

815. Tapferkeits-Medaille für den Kurmainzer Landsturm 1799 und 1800.

816,817. Verdienst-Medaille.

MECKLENBURG-SCHWERIN

822,823. Verdienstmedaille mit dem Bilde des Herzogs Friedrich Franz.

851. Militär-Verdienstkreuz I. Klasse.

820,821. Ovale Militär-Verdienstmedaille für 1813/15.

862. Medaille für opferwillige Hilfe in der Wassernot.

865. Silberne Schnalle mit den Jahreszahlen 1813—1863.

855. Friedrich Franz-Kreuz.

864. Kriegs-Denkmünze für 1808—1815.

815 V.

816, 817 V.

816, 817 R.

815 R.

822, 823 V.

851

822, 823 R.

820, 821 V.

820, 821 R.

862 V.

862 R.

865

855 V.

864 V.

864 R.

855 R.

MECKLENBURG-SCHWERIN

869. Offiziers-Dienstkreuz.

MECKLENBURG-STRELITZ

901. Adolf Friedrich-Kreuz.

889. Kreuz I. Klasse für Auszeichnung im Kriege.

NASSAU

927,928. Tapferkeitsmedaille mit dem Bilde des Herzogs Adolph.

923-928. Tapferkeitsmedaille.

932. Civil-Verdienst-Medaille mit dem älteren Bilde des Herzogs Adolph.

935,936. Medaille für Kunst und Wissenschaft.

933. Medaille für Rettung aus Lebensgefahr mit dem jüngeren Bilde des Herzogs Adolph.

938a. Erinnerungsmedaille an das Gefecht bei Eckernförde 1849.

869 V.

869 R.

889

901 R.

901 V.

927,928 V.

932 V.

923–928 R.

935,936 V.

935,936 R.

933 V.

932 R.

938a. V.

933 R.

938a. R.

NASSAU

937,938. Waterloo-Medaille.

946. Dienstehrenzeichen für 50 Dienstjahre.

OESTERREICH

1059,1060. Zivil-Ehrenkreuz für die Ereignisse der Jahre 1813 und 1814.

985. Militärverdienstkreuz 1. Klasse mit der Kriegsdekoration und Schwertern.

1061. Militärverdienstmedaille „Pro virtute militari".

1012,1013. Kriegskreuz für Zivilverdienste.

1017,1018. Ehrenmedaille.

937,938 V.

946 V.

946 R.

937,938 R.

1059,1060 V.

1059,1060 R.

985

1061 V.

1061 R.

1017,1018 V.

1012,1013

1017,1018 R.

OESTERREICH

953,954. Ehrenzeichen für Tapferkeit mit dem Bilde des Kaisers Josef II.

973,974. Tapferkeitsmedaille mit dem älteren Bilde des Kaisers Franz Joseph.

1006. Große Militärverdienstmedaille mit dem Bilde des Kaisers Franz Joseph.

1032. muß heißen **1132.** Erinnerungszeichen an Feldmarschall Erzherzog Albrecht.

1190. Tiroler Landesdenkmünze 1914—1918.

1090-1093. Ehrenmedaille vom Roten Kreuz.

1048. Geistliches Verdienstkreuz 1. Klasse.

953,954 V.

973,974 V.

973,974 R.

953,954 R.

1006 V.

1032

1006 R.

1190 V.

1190 R.

1090–1093 V.

1048 V.R.

1090–1093 R.

OLDENBURG

1208,1209. Zivil-Verdienstmedaille.

1219. Friedrich August-Kreuz I. Klasse.

1235. Große goldene Medaille 2. Klasse für Verdienst um die Kunst.

1231. Rote Kreuz-Medaille.

1228. Verdienstmedaille für Rettung aus Gefahr.

1238. Militärverdienstmedaille, Kriegsdenkmünze für den Feldzug des Jahres 1815.

1242,1243. Erinnerungsmedaille an den Krieg 1870/71.

1223. Kriegsverdienstmedaille.

1208,1209 V.

1219

1208,1209 R.

1235 V.

1231

1235 R.

1228 V.

1238 V.

1238 R.

1228 R.

1242,1243 V.

1223 V.

1223 R.

1242,1243 R.

PREUSSEN

1255. Medaille für Untertanen-Treue unter Friedrich Wilhem II.

1285. Großkreuz des Eisernen Kreuzes für 1813, 1814, 1815.

1318. Kriegerverdienst-Medaille am schwarz und weißen Bande unter Friedrich Wilhelm III.

1262,1263. Militär-Ehrenzeichen I. Klasse / Allgemeines Ehrenzeichen I. Klasse.

1288. Eisernes Kreuz I. Klasse von 1813.

1257. Militär-Verdienstmedaille unter Friedrich Wilhelm II.

1305. Verdienst-Ehrenzeichen für Rettung aus Gefahr.

1255 V.

1255 R.

1318 V.

1318 R.

1285

1262, 1263 V.

1262, 1263 R.

1288

1257 V.

1305 V.

1305 R.

1257 R.

PREUSSEN

1282-1283a. Miltär-Verdienstkreuz.

1294,1295,1300. Eisernes Kreuz II. Klasse für 1870/71.

1339. Neufchâteler Erinnerungs-Medaille.

1340,1341. Erinnerungsmedaille zum 25jährigen Jubiläum des Königs Friedrich Wilhelm IV.

1364,1365. Gedenkzeichen für die Generaladjutanten und für die Flügeladjutanten Kaiser Friedrich III.

1278. Kreuz des Allgemeinen Ehrenzeichens.

1309. Verdienstkreuz für Kriegshilfe.

1310. Rote Kreuz-Medaille I. Klasse.

1282-1283 a. V.

1282-1283 a. R.

1339 V.

1294 V. 1295,1300

1339 R.

1340,1341 V.

1340,1341 R.

1278 R.

1364,1365

1309 R.

1278 V.

1310

1309 V.

PREUSSEN

1349. Düppeler Sturm-Kreuz 1864.

1351. Alsen-Kreuz 1864.

1375 V. muß heißen:

1375,1370-1378 V. Hannoversche Jubiläums-Denkmünze.

1381. Kurhessische Erinnerungsdenkmünze.

REUSS
Reuß ä. L. / Reuß j. L.

1407. Kriegsverdienstkreuz.

1422. Ehrenmedaille für Treue und Verdienst.

1436,1437. Die dem (Fürstlichen) Ehrenkreuz affiliierte Verdienstmedaille.

1349R.

1351R.

1349,1351 V.

1375 V.

1375 R.

1381 V.

1381 R.

1422 V.

1422 R.

1436,1437 V.

1407

1436,1437 R.

REUSS
Reuß ä. L. / Reuß j. L.

1402. Die dem Fürstlichen Ehrenkreuz affiliierte Verdienstmedaille mit Schwertern.

1414. Erinnerungskreuz für Eckernförde.

1438. Lebensrettungsmedaille.

1408. Medaille für aufopfernde Tätigkeit in Kriegszeit.

1435. Verdienst-Medaille mit der Krone.

SACHSEN

1464. Albrechtskreuz mit Schwertern.

1445,1446. Militär-Verdienstmedaille mit dem Bilde des Kurfürsten Friedrich August III.

1402 V.

1414 V.

1402 R.

1438 V.

1414 R.

1438 R.

1408 V.

1464 V.

1408 R.

1464 R.

1445, 1446 V.

1435 V.

1435 R.

1445, 1446 R.

SACHSEN

1449,1450. Medaille des Militär-St.-Heinrichs-Ordens.

1484b,1485b, Friedrich August- Medaille.
1484ff.

    1483. Kriegsverdienstkreuz.

    1474. Ehrenkreuz für freiwillige Wohlfahrtspflege im Kriege.

    1458. Verdienstkreuz des Verdienstordens mit Schwertern.

    1470. Ehrenkreuz, früher „Allgemeines Ehrenzeichen" mit Krone und Schwertern.

  1480ff. Carola-Medaille.

1449,1450 V.

1484 b.,1485 b. V.

1449,1450 R.

1483 V.

1484 ff. R.

1483 R.

1458 V.

1474 V.

1474 R.

1470 V.

1458 R.

1480 ff. V.

1480 ff. R.

1470 R.

SACHSEN-WEIMAR-EISENACH

1620. Dienstauszeichnungskreuz.

1594ff. Allgemeines Ehrenzeichen.

1605. Medaille für Kunst und Wissenschaft mit dem Bild des Großherzogs Wilhelm Ernst, I. Klasse.

1548. Wilhelm Ernst-Kriegskreuz.

1545,1547. Verdienstkreuz mit Schwertern.

1611. Ehrenzeichen für Frauenverdienst im Kriege.

1620 V.

V.   1594 ff.   R.

1620 R.

1605 V.

1548

1605 R.

1545, 1547 V.

1545, 1547 R.

1611 V.

1611 R.

SACHSEN-WEIMAR-EISENACH

1612. Verdienstkreuz für Heimatverdienste während der Kriegs-jahre 1914/18.

SÄCHSISCHE HERZOGTÜMER

1633. Gemeinschaftliche Militärverdienstmedaille für das Jahr 1814.

1641aV. muß heißen:

1639,1642V. Verdienstkreuz des Herzoglich Sachsen-Ernestinischen Hausordens.

1640ff. Verdienstkreuz des Herzoglich Sachsen-Ernestinischen Hausordens.

SACHSEN-ALTENBURG

1678ff. Tapferkeitsmedaille.

1677. Herzog Ernst-Medaille I. Klasse mit Schwertern.

1713. Erinnerungs-Zeichen für Veteranen.

SACHSEN-COBURG-GOTHA

1739. Carl Eduard-Kriegskreuz.

1757. Ehrenkreuz für Kunst und Wissenschaft.

1633 V.

1612 V.

1633 R.

1641 a. V.

1612 R.

1640 ff. R.

1678 ff. V.

1677

1678 ff. R.

1739

1713

1757

ZU TAFEL 29

SACHSEN-COBURG-GOTHA

1788. Kriegserinnerungskreuz 1914/18.

SACHSEN-ALTENBURG

1709. Dienstkreuz für Offiziere.

SACHSEN-MEININGEN

1804,1805. Verdienstmedaille des Herzoglich Sachsen-Ernestinischen Hausordens.

1820ff. Kreuz für Verdienst im Kriege.

1830,1831. Dienstauszeichnung I. und II. Klasse.

SALZBURG

1839. Militär-Verdienst-Medaille.

SCHLESWIG-HOLSTEIN

1842. Kreuz für Offiziere nach 30jähriger Dienstzeit.

1844. Dienstauszeichnung für Unteroffiziere nach 16jähriger Dienstzeit.

1788 V.

1709 R.

1788 R.

1804, 1805 V.

1709 V.

1804, 1805 R.

1820 ff. V.

1839 V.

1839 R.

1820 ff. R.

1830, 1831

1842

1844

SCHWARZBURG-RUDOLSTADT UND -SONDERSHAUSEN

1857. Erinnerungskreuz für 1814/15.

1904ff. Medaille für Verdienst im Kriege 1914.

1891. Kriegsdenkmünze für 1814/15.

SCHWARZBURG-SONDERSHAUSEN

1894. Dienstauszeichnungskreuz für Offiziere nach 20 Dienstjahren.

1858. Dienstauszeichnung für Offiziere nach 20 Dienstjahren, silbervergoldetes Kreuz.

1865ff,1870. Ehren-Medaille und Medaille für Rettung aus Gefahr.

TRIER (KURTRIER)

1914. Tapferkeits-Medaille.

1904 ff. V.

1857 V.

1857 R.

1904 ff. R.

1891 V.

1894 V.

1891 R.

1858 V.

1894 R.

1858 R.

1865 ff., 1870 V.

1914 V.

1865 ff. R.

1870 R.

1914 R.

WALDECK

1925. Friedrich-Bathildis-Medaille.

1916. Ehrenkreuz mit Schwertern.

1919. Verdienstmedaille mit Schwertern.

1922. Medaille für Kunst und Wissenschaft.

1930-1932. Dienstauszeichnung, Schnalle.

WESTPHALEN

1937,1938. Ehrenmedaille.

WÜRTTEMBERG

1941,1942. Militär-Verdienst-Medaille mit dem Namenszug „F R".

1955,1956. Ehrenzeichen für den Feldzug 1815.

1925 V.

1916 V.

1925 R.

1916 R.

1919 V.

1922

1919 R.

1937,1938 V.

1930–1932

1937,1938 R.

1941,1942 V.

1955,1956

1941,1942 R.

WÜRTTEMBERG

1982. Verdienstkreuz mit Schwertern.

1983. Olga-Orden.

1988. Wilhelmskreuz mit Schwertern und Krone.

1970,1971. Zivil-Verdienst-Medaille.

1943,1944. Ehrenmedaille für den Sieg am 1. Februar 1814 bei Brienne.

1964ff. Militär-Verdienst-Medaille.

1941,1942V.R. muß heißen:

1968,1969V.R. Zivil-Verdienst-Medaille mit dem Namenszuge des Königs Friedrich I.

WÜRZBURG

2061,2062. muß heißen:

2059,2060. Tapferkeitsmedaille.

1982 V.

1983 V.

1982 R.

1988

1983 R.

1943,1944 V.

V.   1970,1971   R.

1943,1944 R.

1941,1942 V.

V.   1964 ff.   R.

1941,1942 R.

2061,2062 V.

2061,2062 R.